SECCIÓN DE OBRAS POLÍTICA Y DERECHO

MANUAL DE DERECHO AMBIENTAL MEXICANO

RAÚL BRAÑES

Manual de derecho ambiental mexicano

FUNDACIÓN MEXICANA PARA LA EDUCACIÓN AMBIENTAL
FONDO DE CULTURA ECONÓMICA

Primera edición, 1994
Segunda edición, 2000
Tercera reimpresión, 2012

Brañes, Raúl
Manual de derecho ambiental mexicano / Raúl Brañes. — 2ª ed. — México : FCE, Fundación Mexicana para la Educación Ambiental, 2000
770 p. ; 24 × 16 cm — (Colec. Política y Derecho)
ISBN 978-968-16-6169-4

1. Derecho ambiental — México I. Ser. II. t.

LC HN208 Dewey 344.0463 Br257m

Distribución mundial

Comentarios y sugerencias: editorial@fondodeculturaeconomica.com
Tel.: (55)5227-4672. Fax: (55)5227-4640

ISBN 978-968-16-6169-4

Impreso en México • *Printed in Mexico*

PREFACIO A LA SEGUNDA EDICIÓN

El favor que el público le dispensó a la primera edición de este *Manual de derecho ambiental mexicano* (1994), así como las numerosas modificaciones que experimentó la legislación ambiental mexicana en los siguientes años, hicieron necesaria la elaboración de esta segunda edición.

Los cambios más significativos en este período fueron la creación de la Secretaría de Medio Ambiente, Recursos Naturales y Pesca (diciembre de 1994) y las modificaciones a la Ley General del Equilibrio Ecológico y la Protección al Ambiente (diciembre de 1996), que se expresaron en la reforma a 161 de los 194 artículos originales de la Ley, en 60 adiciones a diversos preceptos suyos y, como consecuencia de lo anterior, en la derogación de 20 artículos. A estos cambios se sumaron muchos otros, que exigieron revisar de cerca de 60% del texto de la primera edición y, asimismo, un mayor desarrollo de sus contenidos. Esto último hizo necesario que se eliminara el Apéndice de derecho ambiental latinoamericano incluido en la primera edición.

El libro ha mantenido, sin embargo, su estructura y propósitos originales: hasta donde era posible, se mantuvo el esquema de la primera edición y, además, se procuró seguir proporcionando una visión general del derecho ambiental mexicano, que abarcara todos los temas que comprende, pero sin la pretensión de tratarlos de una manera exhausiva. Por esta razón, el libro mantiene su denominación original de "Manual".

Agradezco el interés con que fue recibida la primera edición, tanto en México como en otros países. Ese interés y la generosa disposición de los editores de esta obra fueron un importante estímulos en el proceso de preparación de esta segunda edición. También expreso mi reconocimiento a la maestra Julia Carabias, Secretaria de Medio Ambiente, Recursos Naturales y Pesca, por la oportunidad que me concedió en su momento para seguir de cerca la discusión de algunos de los temas de las modificaciones de 1996, lo que espero haber aprovechado correctamente en el análisis de esos temas en la edición que el lector tiene ahora en sus manos.

RAÚL BRAÑES

PREFACIO A LA PRIMERA EDICIÓN

En enero de 1987, concluí la preparación de un libro sobre el derecho ambiental mexicano. El propósito de ese libro era ofrecer una visión de conjunto, lo más exhaustiva posible, del sistema jurídico mexicano para la protección del medio ambiente. La entonces Fundación Universo Veintiuno, A.C., que hoy es la Fundación Mexicana para la Educación Ambiental, A.C., y que había apoyado la realización de este trabajo, lo publicó en abril de 1987 bajo el título *Derecho ambiental mexicano* y como el primero de una colección de ocho estudios destinados a diversos temas ambientales de México.

En el mismo año de 1987, se inició en México un proceso de perfeccionamiento de la legislación ambiental vigente que, aunado al hecho de que la edición del *Derecho ambiental mexicano* se había agotado en forma rápida, llevaron a la misma Fundación y al autor del libro a iniciar una revisión de su texto, que estuviera en consonancia con los cambios que se estaban desarrollando en el campo de la legislación ambiental mexicana. Es casi innecesario decir que la reforma de 1987 a los artículos 27 y 73 constitucionales, así como la aprobación por el Congreso de la Unión en el mismo año de la Ley General del Equilibrio Ecológico y la Protección al Ambiente, hacían más que necesaria esa revisión. Esta tarea fue iniciada en 1988.

Sin embargo, la velocidad con que se comenzaron a impulsar los cambios que estaban promoviendo la reforma constitucional y la propia Ley, determinaron que la revisión se transformara en algo semejante a los trabajos de Sísifo y, por consiguiente, que la conclusión de esta tarea se reiniciara de manera periódica. En la segunda mitad de 1991, las modificaciones introducidas en materia de propiedad agraria originaron otro ciclo de cambios que aparentemente está concluyendo a fines de 1992 con la expedición de una nueva Ley Forestal y la Ley de Aguas Nacionales. Todo esto ha determinado que el contenido original del libro se haya modificado en forma progresiva, hasta el extremo de que puede decirse que la versión que el lector tiene ahora en sus manos es un nuevo libro: cerca del 70% de sus páginas han sido reescritas. Pero, se ha procurado conservar, hasta donde era posible, la estructura original del libro anterior.

Tantos cambios se explican fundamentalmente por las transformaciones que ha experimentado la legislación ambiental mexicana durante estos últimos años. Las mismas propuestas que se habían formulado en la versión anterior para el perfeccionamiento de esa legislación, han debido ser reformuladas: muchas de ellas, en buena hora, han sido superadas con los importantes cambios que experimentó dicha legislación en este breve lapso. Por otra parte, el contexto político-jurídico mundial de los asuntos ambientales ha cambiado también de una manera sensible dentro de este mismo lapso. Como se dice en forma reiterada en este libro, la revolución científico-tecnológica y los nuevos conocimientos sobre la interdependencia ecológica a nivel planetario, están generando profundas transformaciones en el tratamiento de los asuntos ambientales y, por tanto, en el enfoque jurídico de los mismos.

Al concluir la elaboración de lo que se inició como una revisión del *Derecho ambiental mexicano*, estimé que esta nueva obra requería también de un nuevo título que tuviera la virtud de describir de un modo más preciso sus propósitos y sus límites. Un bondadoso comentario que el maestro Guillermo J. Cano le dedicó a esa obra en la revista *Ambiente y Recursos Naturales* (La Ley, Buenos Aires, vol. IV-2, abril-junio 1987, pp. 127 y 128), me facilitó esta tarea. El maestro Cano escribió allí que el libro estaba inspirado en el propósito de contribuir a la definición del derecho ambiental mexicano. Ésa era su finalidad, como es también el objetivo de la presente obra: proporcionar una visión sistemática del derecho ambiental mexicano, que incluya todos los temas que parecen propios de la disciplina, aunque ninguno de ellos pueda ser considerado con la profundidad necesaria. Por eso, esta nueva obra se presenta al público bajo el título de *Manual de derecho ambiental mexicano*, lo que en mi opinión deja en claro sus propósitos, pero también sus límites.

En la elaboración del libro se ha utilizado una bibliografía que algunas veces pudiera parecer excesiva. La verdad es que se trata de una bibliografía mínima, si se tiene en cuenta la variedad de los temas que son tratados y la copiosa literatura que hoy existe sobre esos temas. Se ha puesto un énfasis especial en la bibliografía que pudiera estar indicando las grandes tendencias del pensamiento mundial en los asuntos ambientales. También se ha recurrido a un número importante de ordenamientos jurídicos nacionales, extranjeros e internacionales, para mostrar no sólo la estructura del sistema jurídico para la protección del medio ambiente en México, sino también los enfoques del derecho comparado e internacional que pudieran favorecer el desarrollo futuro del sistema jurídico nacional. Pero, de nuevo, se trata de referencias mínimas a un universo de ordenamientos jurídicos que ni siquiera se han podido extender a todos los que corresponden al orden nacional. Por lo pronto, se ha excluido toda referencia al derecho ambiental local, que en estos momentos se encuentra en pleno desarrollo legislativo y reglamentario.

Como toda obra escrita por un jurista, este libro está escrito principalmente para juristas, en especial para quienes se inician en el estudio del derecho ambiental. Las someras informaciones que se proporcionan sobre los asuntos ambientales a nivel nacional, regional y mundial, están dirigidas, en primer término, a mis colegas. Las he considerado indispensables para su comprensión del derecho ambiental, como en su momento lo han sido para mí. Sin embargo, este libro también ha sido escrito para un público más amplio, que recién comienza a interesarse por los asuntos ambientales y que requiere, como me lo ha enseñado la experiencia vivida con mi *Derecho ambiental mexicano*, no sólo una información jurídica, sino también una información sobre las cuestiones que configuran la problemática ambiental. Este libro ha sido escrito, por último, para los especialistas en los distintos temas sustantivos de la problemática ambiental, que espero sabrán pasar por alto las inexactitudes o insuficiencias de mis incursiones en los temas que son de su dominio. Es muy importante que estos especialistas se aproximen al derecho ambiental y que, a partir de su comprensión del derecho ambiental como un instrumento necesario para alcanzar las metas de la ordenación del medio ambiente y el desarrollo sostenible, colaboren con los juristas en el perfeccionamiento del derecho ambiental y su aplicación. Por eso, en la redacción del libro se procuró en todo momento evitar que un exceso de tecnicismo en el lenguaje restringiera su lectura sólo a los juristas.

Concluyo este prólogo con una excusa para todos aquellos que puedan llegar a interesarse en mi *Manual de derecho ambiental mexicano*. Recurriendo a las palabras del mayor exponente de nuestra lengua, deseo decirles que en todo momento quise que "este libro, como hijo del entendimiento, fuera el más hermoso, el más gallardo y discreto que pudiera imaginarse; pero no he podido yo contravenir al orden de naturaleza, que en ella cada cosa engendra a su semejante".

RAÚL BRAÑES

México, D.F., diciembre de 1992

México es un país dotado de un rico patrimonio ambiental.
Este libro ha sido escrito en defensa de ese patrimonio, hoy amenazado.
De México dijo Pablo Neruda que es "el último de los países mágicos;
de antigüedad y de historia, mágico de música y de geografía".
A ese país mágico y a su pueblo, el autor dedica esta obra.

AGRADECIMIENTOS

Este libro no hubiera podido ser escrito y ver la luz pública sin el apoyo que la Fundación Mexicana para la Educación Ambiental, A.C., antes llamada Fundación Universo Veintiuno, A.C., le prestó en todo momento. Mi más profundo reconocimiento para quienes, desde dentro de la Fundación, siempre han participado de mi inquietud por el derecho ambiental mexicano y han hecho posible que este libro fuera una realidad. Un agradecimiento muy especial al licenciado Fernando A. Vázquez Pando que, desde fuera de la Fundación, contribuyó con su reconocida sabiduría jurídica al perfeccionamiento del manuscrito de mi *Derecho ambiental mexicano* y una parte del manuscrito de este *Manual*.

Ha comprometido mi gratitud la oportunidad que me concedió el Gobierno de la República para asesorar en su momento a los autores del anteproyecto de la Ley General del Equilibrio Ecológico y la Protección al Ambiente. De allí mis agradecimientos al entonces Presidente de la República, licenciado Miguel de la Madrid, así como al entonces secretario de Desarrollo Urbano y Ecología, licenciado Manuel Camacho Solís. Esta oportunidad me permitió entender más de cerca los problemas ambientales de México y los alcances del que llegaría a ser el principal ordenamiento jurídico ambiental del país, lo que espero se refleje de una manera correcta en este libro.

El Programa de las Naciones Unidas para el Medio Ambiente (PNUMA) ha sido para mí una escuela de formación en los asuntos ambientales y ha apoyado mi desarrollo personal en el campo del derecho ambiental. Aprovecho la ocasión de expresar mi profunda gratitud a mis colegas de la Oficina Regional para América Latina y el Caribe del PNUMA y, en general, a quienes han colaborado con ella en estos últimos más de tres lustros, por el fructífero intercambio de ideas que hemos procurado mantener siempre. Por otra parte, mi trabajo en las Naciones Unidas me ha llevado a conocer a muchas personas, especialmente de los demás países de América Latina y el Caribe, así como de otras agencias internacionales que trabajan en la región. Esto me ha permitido recibir valiosas enseñanzas, que de alguna manera se expresan en este libro.

Un reconocimiento muy especial me merecen los cada vez más numerosos juristas que se interesan en el derecho ambiental, especialmente los juristas de América Latina y el Caribe que se ocupan del desarrollo del derecho ambiental en nuestra región. Les agradezco mucho su amistad y su confianza en mi trabajo, así como los estímulos que muchas veces he recibido de ellos para seguir adelante con mis contribuciones a esta disciplina. Este *Manual de derecho ambiental mexicano* ha sido escrito en buena medida como una respuesta a algunas de sus muchas inquietudes, en particular las que plantean los más jóvenes.

Mi familia me ha apoyado siempre en estas verdaderas aventuras que representa la preparación de un libro, en tanto demandan mi siempre escaso tiempo libre y por consiguiente introducen intervalos en nuestra convivencia. Aquí dejo testimonio de mi reconocimiento por la comprensión de todos ellos, incluidos mis nietos. También agradezco la colaboración prestada por Florencia Hastings y Mayra Santoyo, quienes se ocuparon de la elaboración de los índices y de la revisión del manuscrito, respectivamente.

I. INTRODUCCIÓN

1. ¿Qué es el derecho ambiental? 2. El concepto de ambiente. 3. Ambiente y ecología. 4. Ambiente y calidad de la vida. 5. La definición del concepto de derecho ambiental. 6. El derecho ambiental y la relación sociedad-naturaleza. 7. Ambiente y desarrollo. Del ecodesarrollo al desarrollo sostenible. 8. La evolución histórica del derecho ambiental. 9. La legislación propiamente ambiental. 10. El derecho ambiental como disciplina jurídica. 11. La especificidad del objeto del derecho ambiental. 12. El desarrollo del derecho ambiental como disciplina jurídica. 13. El contenido de la disciplina. 14. Las fuentes del derecho ambiental. 15. El plan de exposición del libro.

1. ¿Qué es el derecho ambiental?

Habitualmente las obras que tratan de la totalidad de una disciplina jurídica se ocupan antes que nada de definirla. Esto se hace, de ordinario, por medio de una definición de su objeto. Definir el objeto de una disciplina jurídica significa identificar el campo que le sería propio.

Estas definiciones tienen como propósito dejar claramente establecido el contenido de la disciplina en cuestión y, hasta donde es posible en la ciencia jurídica, la autonomía de tal disciplina, lo que implica que cumplen también una función legitimadora.

En muchos casos, la existencia de un amplio consenso sobre el significado de la expresión que se está definiendo y, si se trata de una disciplina jurídica, sobre su autonomía, determina que sea innecesario definirla.

Sin embargo, en el caso del derecho ambiental, parece una tarea de rigor. En efecto, hasta ahora no hay acuerdo entre los juristas sobre el sentido que cabría atribuir a la expresión "derecho ambiental" o a otra similar, sea cuando se le emplea para designar un conjunto de normas jurídicas, o cuando se le utiliza para designar la disciplina que se ocupa de dichas normas. Incluso, hay fuertes dudas sobre si existe "algo" a lo que podría denominársele así. La definición del derecho ambiental no puede entonces estar ausente en ninguna obra que se refiera a dicha disciplina.

La verdad es que este tipo de definiciones no goza de muchas simpatías, hoy en día, entre los juristas. En parte, el hecho se explica por el rechazo que suscita el uso y abuso que se ha hecho de las definiciones de conceptos. Pero la poca simpatía por esta tarea tiene también que ver con el temor que provoca la fabilidad que se encuentra ínsita en toda definición. Nuestra posición al respecto se puede resumir diciendo, en primer término, que la definición de un concepto y, en especial, de una disciplina, forma parte de una tarea epistemológica que es propia de toda ciencia. Por ciencia entendemos todo cuerpo de ideas que "puede caracterizarse como conocimiento racional, sistemático, exacto, verificable y por consiguiente falible",[1] como es el caso de la ciencia jurídica, que a lo largo de muchos siglos ha construido un cuerpo de ideas de esas características respecto de aquel dato social que son los sistemas jurídicos. En consecuencia, la ciencia jurídica no puede ni debe renunciar a formular de las definiciones que sean necesarias para resolver sus problemas epistemológicos. Esta actividad ha sido criticada algunas veces porque se le ha identificado con una cierta tendencia al formalismo, que en verdad es censurable.[2] Pero es un error confundir las actividades de esta tendencia al formalismo con la epistemología jurídica. En segundo término, hay que decir que toda definición debe entenderse como una hipótesis de trabajo, antes que como una verdad inmutable. En general, la ciencia moderna no pretende establecer verdades definitivas, que hipótesis que pueden ser cambiadas en cualquier momento por otras que expliquen mejor la realidad. Porque en la actualidad, como se ha dicho con mucha propiedad, se prefiere el progreso a la certeza científica. Por consiguiente, no es lícito que se rehuya la formulación de aquellas definiciones de conceptos que contribuyen al avance científico de una disciplina jurídica, con el pretexto de que esas definiciones pueden llegar a ser incompletas o deficientes.

En una primera aproximación, quizás la manera más simple de definir al derecho ambiental, sea refiriéndolo al conjunto de reglas que se ocupan de la protección jurídica de aquellas condiciones que hacen posible la vida, en todas sus formas.

Como se sabe, la vida sobre la Tierra fue el resultado de un complejo proceso, que todavía no es suficientemente conocido. Sin embargo, es claro que la vida del hombre y, en general, de todos los organismos vivos, es posible sólo dentro de la biosfera, que es el espacio que contiene los ambientes biológicamente habitables y en el que se integran la litosfera, la hidrosfera y la atmósfera, esto es, suelos, aguas y aire. En este escenario —sobre el cual el hombre ha construido una tecnosfera—, se desarrolla la vida. El conjunto de las normas jurídicas que están orientadas a la protección de la biosfera (considerando la tecnosfera) en tanto escenario que hace posible la vida, es lo que aquí se denomina "derecho ambiental".

[1] *Cf.* Mario Bunge, *La ciencia, su método y su filosofía*, Siglo Veinte, Buenos Aires, 1978, p. 9.

[2] Es lo que hace por ejemplo John Henry Merryman en *An Introduction to the Legal Systems of Western Europe and Latin America* (Stanford University Press, Stanford, California, 1969), para quien la ciencia jurídica hegemónica en esta parte del mundo se caracteriza por una "tendencia a elevarse sobre los hechos" y se interesa fuertemente "por las definiciones y clasificaciones", que luego "se enseñan de una manera más bien mecánica y acrítica". "Dentro de esa ciencia —dice Merryman—, algunos hombres experimentados plantean serios argumentos acerca de la 'autonomía' de ciertas ramas del derecho, como el derecho mercantil o el derecho agrario." (*cf.* la traducción *La tradición jurídica romana-canónica*, FCE, México, 1a. reimpresión de 1979, p. 9 *et passim*).

En consecuencia, el derecho ambiental tiene que ver con la continuidad de la vida sobre la Tierra. La idea de la continuidad de la vida sobre la Tierra tiene que ver, a su vez, con el mantenimiento de las condiciones que la hicieron posible. Hasta ahora, las formas de vida que conocemos han descansado sobre los grandes soportes naturales que son los suelos, las aguas y el aire. Los organismos vivos, incluido el hombre, han aparecido en la Tierra y se han desarrollado y reproducido en una íntima relación con tales soportes, pero también en una estrecha relación entre ellos. Esta relación se ha expresado en el funcionamiento conjunto de elementos bióticos (vivos) y abióticos (no vivos), a la manera de un sistema o ecosistema. Más adelante, se examina con algún detenimiento el concepto de ecosistema. Por ahora, simplemente se llama la atención sobre la importancia que presenta el mantenimiento del equilibrio de los ecosistemas o, si se quiere, del "equilibrio ecológico", para que la vida siga siendo posible. Por eso, en una segunda aproximación, el derecho ambiental puede ser definido como el conjunto de reglas que se ocupan de la protección jurídica del equilibrio ecológico.

Este equilibrio se encuentra amenazado permanentemente por factores naturales o antropogénicos (humanos), que han estado presentes a lo largo de toda la historia del planeta. En efecto, la naturaleza se ha ido modificando a sí misma, de manera periódica y desde siempre. Se trata de verdaderos "ajustes naturales", que algunas veces llegan a asumir la forma de catástrofes ambientales. Por su parte, el hombre ha estado modificando la naturaleza, también de manera constante y desde siempre, para satisfacer sus necesidades. En ciertas ocasiones, estas modificaciones se han expresado en graves desajustes de los ecosistemas, como lo testimonian por ejemplo los desiertos creados hace ya muchos siglos por prácticas agrícolas inapropiadas.

Pero estos desajustes se han incrementado velozmente, en cantidad y calidad, allí donde ha florecido lo que llamamos la "civilización moderna". Los procesos productivos que corresponden a esta forma de civilización, han tomado poco o nada en cuenta las consideraciones ambientales mínimas y han instaurado prácticas nocivas para la conservación del ambiente. Los peligros que se ciernen sobre el mantenimiento de las condiciones que hacen posible la vida son, en la actualidad, altamente preocupantes. La posibilidad de una guerra nuclear y del consiguiente "invierno nuclear" sobre el planeta, constituye la amenaza extrema y final para la vida en la Tierra.

Con todas estas cosas tiene que ver el derecho ambiental, cuya función consiste, como se ha dicho, en la protección de las condiciones que hacen posible la vida, en todas sus formas. Sin embargo, tales condiciones no deben considerarse de manera estática, sino dinámica, tal como se presentan en la realidad. Por eso, la protección de que estamos hablando debe tener en cuenta que dentro de la biosfera existe una tecnosfera y que en este escenario la vida se desarrolla a través de un conjunto de relaciones entre los elementos bióticos y abióticos. El derecho ambiental se ocupa, entonces, de la protección de la vida, pero lo hace tomando en consideración los numerosos elementos y las complejas relaciones que, momento a momento, permiten que la vida sea posible. Este conjunto de elementos y relaciones se denomina "ambiente".

2. El concepto de ambiente[3]

La verdad es que no se puede formular ninguna definición del derecho ambiental sino a partir de una determinada visión del ambiente.

El ambiente debe ser entendido como un sistema, vale decir, como un conjunto de elementos que interactúan entre sí,[4] pero con la precisión de que estas interacciones provocan la aparición de nuevas propiedades globales, no inherentes a los elementos aislados, que constituyen el sistema. Esto implica, por otra parte, que el ambiente debe ser considerado como un todo, o como también suele decirse "holísticamente" (del griego *holos*, todo), pero teniendo claro que ese "todo" no es "el resto del Universo", pues algo formará parte del ambiente sólo en la medida en que pertenezca al sistema ambiental de que se trate.

La visión sistémica del ambiente —que hemos adoptado desde hace ya algunos años—,[5] nos parece no sólo fundamental, sino además fe-

[3] ¿"Ambiente" o "medio ambiente"? El carácter aparentemente redundante de esta última expresión, sigue provocando polémicas. En la época en que la expresión "medio ambiente" se incorporó a los usos de la lengua española, las palabras "medio" y "ambiente" no eran estrictamente sinónimos, pero el primero de ellos estaba implicado en el segundo, como se puede verificar, por ejemplo, en la 19a. edición (l970) del Diccionario de la Real Academia Española. En efecto, en ese Diccionario el término "medio" era definido, entre otras acepciones, como el fluido material dentro del cual un sistema está inmerso y a través del cual se realizan los intercambios de materia y energía del mismo sistema con el exterior, lo que indudablemente era algo implicado en el término "ambiente" (de *ambiens* o *ambientis*, que es lo que rodea o cerca). Por consiguiente, la expresión "medio ambiente" presentaba una cierta redundancia interna, cuando ella fue difundida a partir de 1972 y como una secuela idiomática de la ya histórica Conferencia de las Naciones Unidas sobre el Medio Humano (celebrada ese año en la ciudad de Estocolmo). En efecto, el centro de interés de esa Conferencia se fue desplazando del "medio humano" (*human environment* o *environnement humain*) al "medio" en general (*environment* o *environnement*) por lo que se estimó necesario sustituir la expresión española "medio humano" por otra más apropiada. Pero, en vez de sustituirla por "medio" o "ambiente", se prefirió acuñar por razones que desconocemos la nueva expresión "medio ambiente", que en nada contribuía a hacer explícita la idea de "medio" o "ambiente" en general y que, en cambio, se prestaba para las numerosas críticas que se le han hecho (en las que, por otra parte, hemos participado). A pesar de todo, la expresión ha terminado adquiriendo a través de su uso una cierta legitimidad, que la propia Real Academia Española ha reconocido, como se puede ver en la 20a. edición (1984) de su Diccionario, en la que "medio ambiente" aparece incorporado como una expresión de la lengua española que denota el "conjunto de circunstancias físicas que rodean a los seres vivos" y, por extensión, el "conjunto de circunstancias físicas, culturales, económicas, sociales, etc., que rodean a las personas".

[4] Ésta es la definición de sistema que ofrece el "padre" de la teoría de los sistemas, Ludwig von Bertalanffy, en su *General System Theory* de 1968 (*cf.* la trad. esp. intitulada *Teoría general de los sistemas*, FCE, México, 3a. reimpresión, 1982, p. 56).

[5] Primero, en el Seminario sobre "Medio Ambiente y Marco Legal", que se llevó a cabo

cunda en consecuencias jurídicas, pues permite delimitar el objeto del derecho ambiental y entender hacia dónde se encamina.

A continuación se exponen algunos elementos que pudieran contribuir a una aproximación a la idea del ambiente como un sistema y que hemos extraído de un conjunto de trabajos que ni siquiera podrían enumerarse aquí.[6]

La palabra ambiente se utiliza para designar genéricamente todos los sistemas posibles dentro de los cuales se integran los organismos vivos. Estos organismos, a su vez, se presentan como sistemas. En consecuencia, la palabra "ambiente" no se emplea sólo para designar el ambiente "humano" —o más exactamente el ambiente del "sistema humano"—, sino también todos los ambientes posibles de los sistemas de los organismos vivos en general. Sin embargo, el concepto de ambiente será analizado a continuación con referencia a los sistemas humanos, para de esa manera facilitar la comprensión de ese concepto.[7]

en 1979 en San José de Costa Rica (nuestra ponencia fue publicada con el título *La legislación ambiental en América Latina: visión comparativa,* UAM, México, 1981, 107 pp. Colección Reportes de Investigación); luego, en el Seminario sobre "Medio Ambiente y Ordenamiento Jurídico", que se llevó a cabo en 1982 en Mérida, Venezuela (nuestra ponencia fue publicada bajo el título *El derecho ambiental en América Latina,* CIFCA, Madrid, 1982, 39 pp. Colección Opiniones); y finalmente en las Jornadas del mismo nombre que organizó el CIFCA en Madrid, durante 1983 (nuestra ponencia versó sobre "Las diversas interpretaciones del derecho ambiental. El derecho ambiental como disciplina jurídica" y permanece inédita). Esta visión sistémica del ambiente y sus implicaciones jurídicas fueron desarrolladas en las mismas Jornadas por Fernando Fuentes Bodelón, cuyas ideas al respecto pueden encontrarse en la Introducción que ese jurista español escribió para *Calidad de vida, medio ambiente y ordenación del territorio. Textos internacionales (cf.* el vol. I de esa publicación de CEOTMA-CIFCA, Madrid, 1982, pp. XXIII y *ss.).*

[6] Sin embargo, por lo menos dejaremos constancia de que nos han sido particularmente útiles para este efecto los estudios elaborados en Venezuela en el proyecto conocido como "VEN/79/011-Plan Nacional del Ambiente" (Caracas), así como otros estudios hechos dentro de la llamada "Red Latinoamericana sobre Sistemas Ambientales" y los seminarios llevados a cabo por esa Red en México (en 1985 y 1986). Un interesante y último desarrollo de esta línea de pensamiento puede verse en Gilberto Gallopín "Ecología y ambiente", publicado en *Los problemas del conocimiento y la perspectiva ambiental del desarrollo* (Enrique Leff, coordinador), Siglo XXI, México, 1986, pp. 152 y *ss.*

[7] Algunas veces, la preocupación por la protección del ambiente oscila entre dos concepciones extremas, como son el "antropocentrismo" y el "naturocentrismo". En efecto, la visión antropocéntrica de la vida conduce a que la protección del ambiente se concentre exclusivamente en aquel que concierne al ser humano, mientras que la visión naturocentrista de la vida lleva precisamente a lo contrario. Para nosotros, es claro que, en todo orden de cosas, el hombre debe ser considerado como el centro de las preocupaciones del propio hombre. Por consiguiente, entendemos que la protección del ambiente es una función que ha de estar encaminada, en última instancia, a la protección de la existencia humana. Así es entendido también universalmente, como lo ha dejado en claro el principio 1 de la Declaración aprobada en la Conferencia de las Naciones Unidas sobre el Medio Ambiente y el Desarrollo (Río de Janeiro, 3 al 14 de junio de 1992): "Los seres humanos constituyen el centro de las preocupaciones relacionadas con el desarrollo sostenible. Tienen derecho a una vida saludable y productiva en armonía con la naturaleza." Pero, en la tarea de proteger el ambiente no hay que perder de vista que el hombre es un producto de la naturaleza, que forma parte indisolublemente de ella y que su existencia depende de la misma naturaleza. Por otra parte, pensamos que no hay ninguna razón para que todas las formas

Pues bien, entrando en materia hay que comenzar por decir que el "ambiente" de un sistema humano no consiste simplemente en el conjunto de los elementos que están en las cercanías de ese sistema, contra lo que pudiera dar a entender el sentido literal de la palabra "ambiente". En efecto, expresar que el ambiente de un sistema humano es su "espacio circundante" o "entorno" o quizás el "resto del Universo" que está en sus cercanías, representa sólo una primera aproximación al concepto de ambiente. Lo que debe identificarse para arribar a un concepto de ambiente del sistema humano son las interacciones específicas que ese sistema tiene con el "resto del Universo", esto es, aquellas variables que integran ese "resto del Universo" y que intervienen de manera significativa en las interacciones que se dan entre el sistema humano y dicho "resto del Universo".

De ahí que entonces el ambiente del sistema humano debe conceptuarse, inicialmente, como el conjunto de variables no pertenecientes al mismo, que interactúan directamente con los elementos de dicho sistema o con el sistema en su totalidad. Con base en esa definición, el ambiente del sistema humano estaría configurado por aquellas variables que interactúan directamente con él. Así, por ejemplo, si se trata de un sistema humano compuesto por una persona, su ambiente estaría integrado por aquellas variables fisicoquímicas, biológicas, sociales, etc., que interactúan directamente con esa persona.

Pero, a su vez, tales variables pueden interactuar con otras que constituyen el ambiente de otro sistema y que, por tanto, no influyen directamente sobre el sistema humano, sino sólo indirectamente. Tales influencias no son de desdeñar. Por el contrario, este segundo tipo de variables podrá ser determinante en la forma como el primer tipo de variables interactúa directamente con el sistema humano. Así, en el mismo ejemplo del sistema humano compuesto por una persona, las variables que integran su ambiente en tanto interactúan directamente con dicho sistema (fisicoquímicas, biológicas, sociales, etc.), estarán condicionadas por otras variables (también fisicoquímicas, biológicas, sociales, etc.), que determinarán cómo interactuarán las primeras con el sistema humano de nuestro interés. Este conjunto de variables —las que interactúan directamente con el sistema humano y las que lo hacen indirectamente con el mismo, al interactuar con las primeras—, puede ser denominado "sistema de ambiente" en tanto también se presenta como un conjunto de elementos cuyas interacciones producen la aparición de nuevas propiedades globales, no inherentes a los elementos aislados que constituyen el sistema.

El ambiente de un sistema humano no puede entonces ser conceptuado sólo como un conjunto de variables que interactúan directamente con dicho sistema, sino como otro sistema —"sistema de ambiente"—

de vida no sean respetadas por el hombre, cuando ellas son compatibles con la vida humana. Al contrario, creemos que hay que confiar en la lógica de la evolución, que por lo demás fue la que condujo a la aparición del del hombre sobre la Tierra y la que ha favorecido te planeta.

que se integra con tales variables, pero también con aquellas que interactúan con las mismas variables. En el caso de un sistema humano más complejo que el hasta ahora propuesto —en el caso de una sociedad humana, sea una simple comunidad o todo un pueblo, identificable o no como nación o Estado—, su ambiente, o mejor dicho su sistema de ambiente, estará compuesto por variables más o menos complejas en tanto presentarán un mayor nivel de integración, pero de idéntica naturaleza a las del primer caso.

Así, habrán variables que interactuarán directamente con esa sociedad humana, que tendrán una naturaleza fisicoquímica, biológica o social, sólo que en otra dimensión. Pero, también habrán variables que no influyan directamente sobre esa sociedad, sino sólo indirectamente, es decir, a través de sus interacciones con las que interactúan directamente. Aquellas variables podrán configurar el ambiente de otro sistema, por ejemplo el de una segunda sociedad humana, pero en cuanto interactuantes con variables que interactúan directamente con una primera sociedad humana, habrá que considerarlas como parte del sistema de ambiente de esta última sociedad.

Hasta aquí el concepto de ambiente se ha manejado, para simplificar el análisis, como referido a un "sistema humano". Sin embargo, los sistemas de vida sobre el planeta son, como se ha dicho, numerosos y variados. Cada uno de ellos cuenta con su propio sistema de ambiente. A esos sistemas de ambiente se les puede aplicar las mismas consideraciones que se han hecho respecto de los sistemas de ambiente que interesan desde la perspectiva del sistema humano. El concepto de ambiente, en consecuencia, se define teniendo en cuenta el conjunto de sistemas de ambientes que tienen que ver con todas las formas de vida posibles.

3. Ambiente y ecología

"Ambiente" no es sinónimo de "ecología". La palabra ecología fue acuñada en 1869 por el biólogo alemán Ernst Haeckel, para designar una disciplina que estudiaba las relaciones entre el hombre y su ambiente (*oikos:* casa y *logos*: ciencia). La evolución de la ecología y del pensamiento que se ha generado al respecto, es extraordinariamente rica y compleja y ha sido descrita muchas veces.[8]

Sin embargo, ese término ha concluido incorporado al lenguaje popular y, además, al lenguaje jurídico, con un sentido distinto al que le corresponde. En efecto, como ha señalado Odum, la palabra "ecología" es con frecuencia empleada de manera errónea como sinónimo de "ambiente".[9]

[8] *Cf.* por ejemplo Jaime Hurtubia, "Ecología y desarrollo: evolución y perspectivas del pensamiento ecológico" en Osvaldo Sunkel y Nicolo Gligo (comps.), *Estilos de desarrollo y medio ambiente en América Latina,* FCE, México, 1980, vol I, pp. 158 a 204, así como la extensa bibliografía allí citada. *Cf.* también Gilberto Gallopin, *op. cit.,* nota 6, pp. 126 y *ss.*

[9] *Cf.* Eugene P. Odum, *Ecología: el vínculo entre las ciencias naturales y las sociales,* trad.

Lo cierto es que, como lo ha dicho Margalef en una de sus obras, "en los últimos tiempos, la palabra ecología ha rebasado su contexto original y se usa con una reiteración inusitada", de modo que "más urgente que introducir el tema con una definición de ecología sería quizás comentar lo que no es o no era ecología".[10]

No es de la misma opinión Krebs, que inicia una de sus obras con la siguiente definición: "La ecología es el estudio científico de las interacciones que regulan la distribución y la abundancia de los organismos." A juicio de ese autor, la concepción de Haeckel de la ecología como "el total de las relaciones de los animales con sus medios ambientes orgá-

esp. de M.A. Marrón, Cía. Editorial Continental, México, 6a. impresión, 1984, p. 5. En México, desde hace algún tiempo la palabra ecología se está usando como sinónimo de ambiente o medio ambiente (son innumerables las referencias que se hacen, por ejemplo, a la "protección de la ecología", en todo tipo de artículos periodísticos y de discursos políticos). En un plano jurídico, sin embargo, la palabra ecología no vino a ser empleada sino hasta la iniciativa de la pasada administración, que en diciembre de 1982 propuso la creación de la Secretaría de Desarrollo Urbano y "Ecología", incluyendo entre sus facultades la de formular y conducir la política general de "ecología" (como lo expresó el texto que en esa época pasó a tener el artículo 37 de la Ley Orgánica de la Administración Pública Federal). Antes de esa época, la legislación sobre la materia empleaba la expresión "ambiente" o "medio ambiente" o "medio", pero no usaba la expresión "ecología", sino que, algunas veces, las de "sistemas ecológicos" o "equilibrio ecológico", para designar con toda propiedad a los ecosistemas o al equilibrio dinámico de sus componentes. En efecto, circunscribiéndonos al periodo que se inicia en 1971 con la promulgación de la Ley Federal para Prevenir y Controlar la Contaminación Ambiental (LFPCCA) y que concluye a principios de 1982 con la puesta en vigor de la Ley Federal de Protección al Ambiente (LFPA), hay que decir que la primera de esas leyes incorporó a la legislación federal la expresión "medio ambiente" al describir el objeto de la Ley (artículo 1o.) y la expresión "sistemas ecológicos" al calificar los contaminantes que deben ser materia de prevención y control por parte del Ejecutivo Federal (artículo 3º). Por otra parte, a principios de los años setenta, se comenzó a manejar la expresión "ambiente", concretamente con la creación de la Subsecretaría de Mejoramiento del Ambiente en 1972, tendencia que se siguió expresando en el Código Sanitario de 1973, que incorporó un título especial a lo que denominó "saneamiento del ambiente", utilizando como sinónimos dentro del mismo las expresiones "ambiente", "medio ambiente" y "medio", pero distinguiéndolas de la expresión "sistemas ecológicos". La LFPA no se separó de esa tendencia, ya que utilizó la expresión "ambiente" tanto en su denominación como a lo largo de todo su articulado, distinguiéndola de otras expresiones tales como "sistemas ecológicos", "condiciones ecológicas", "ecosistemas", etc. Hay que señalar, sin embargo, que las reformas y adiciones a la LFPA que entraron en vigor en 1984, sustituyeron muchas veces la expresión "ambiente" por "medio ambiente", aunque la denominación de la Ley no fue nunca modificada. En todo caso, hay que señalar que la LFPA no empleó jamás la expresión "ecología" como sinónimo de "ambiente" o de "medio ambiente". Tanto la reforma constitucional de 1987 como la Ley General del Equilibrio Ecológico y la Protección del Ambiente (LGEEPA) también rehuyeron identificar el "ambiente" o "medio ambiente" con la "ecología", no obstante que el adjetivo "ecológico" o "ecológica" fue utilizado profusamente por la LGEEPA para calificar todo lo ambiental. Sin embargo, cuando fue necesario designar al bien jurídicamente tutelado por esa Ley, ella siempre empleó la expresión "ambiente" o "medio ambiente". Por otra parte, los programas sobre la materia se denominan ahora "Programa Nacional para la Protección del Medio Ambiente 1990-1994" o "Programa de Medio Ambiente 1995-2000) (antes, "Programa Nacional de Ecología 1984-1988").

[10] *Cf.* Ramón Margalef, *La ecología, la tierra y la vida,* Editorial Planeta, Barcelona, 3a. ed., 1983, p. 13.

nico e inorgánico" es tan amplia que en verdad es poco lo que no queda incluido en ella. Por su parte, la concepción de Eugene Odum de la ecología como "el estudio de la estructura y el funcionamiento de la naturaleza", si bien tiene sus méritos, no es lo suficientemente clara. Se requiere, pues, de una definición limitante y clara.[11]

Independientemente de cómo se entienda la ciencia de la ecología, nos parece importante rescatar una idea que desarrolla Margalef y que se refiere a la ecología como "ciencia de síntesis", pues algo similar se puede decir del derecho ambiental como disciplina jurídica. Señala Margalef que "la ecología se ha desarrollado al revés de otras ciencias. Mientras el normal progreso de cualquier disciplina consiste en una paulatina diversificación de las materias, conducente a la especialización, la ecología, por el contrario, ha ido combinando conocimientos científicos, para intentar formar con ellos un cuerpo unificado de doctrina..." Estos conocimientos científicos se han ido formando en la edafología, la botánica, la zoología, la climatología, la geografía física, la oceanografía, etc. Por otra parte, "la agricultura, la ganadería y la explotación de la caza, de la pesca y de los bosques han contribuido mucho a la ecología".[12] La ecología es, entonces, una disciplina de síntesis.

4. Ambiente y calidad de la vida

"Ambiente" tampoco es sinónimo de "calidad de la vida", aunque al igual que en el caso anterior, ambas expresiones se encuentran íntimamente ligadas. Esta relación se explica por el hecho de que la calidad de la vida depende en una buena medida de la calidad del ambiente.

La expresión "calidad de la vida" ha terminado introduciéndose en el campo del derecho, no obstante el rechazo que provoca su uso entre los juristas, por razones que tienen que ver con la vaguedad de la expresión. Uno de los puntos de partida más importantes del empleo de dicha expresión en la legislación —pero que también propició que se le entendiera como sinónimo de "ambiente"—, fue la creación de un "Ministerio de la Calidad de la Vida" en Francia (1974), que absorbió y amplió las funciones del Ministerio del Ambiente preexistente (desde 1971).

Sin embargo, es claro que su uso en la legislación ambiental está orientado a designar un objetivo que se pretende alcanzar a través de dicha legislación y que consiste en la protección de la calidad de la vida. Por otra parte, hay que tener en cuenta que el mismo concepto, expresado con palabras diversas, se encuentra por doquier en la legislación ambiental, desde antes que se comenzara a difundir su empleo con la fórmula "calidad de la vida".[13]

[11] *Cf.* Charles E. Krebs, *Ecología. Estudio de la distribución y la abundancia,* Harla, México, 2a. ed. esp., pp. 3 y 4.

[12] *Cf. op.cit.,* en nota 10, p. 21 *et passim.*

[13] Algunos ejemplos pueden contribuir a ilustrar el uso que dicha expresión ha llegado a

El concepto que estamos examinando es eminentemente antropocéntrico, pues está referido a la calidad de la vida de las "personas". Como señala un autor, "la calidad de la vida es concebida como la resultante de la salud psicosomática de una persona (evaluada objetiva o intersubjetivamente) y del sentimiento (subjetivo) de satisfacción".[14] Así entendido el concepto, es evidente que las condiciones del ambiente físico influyen en la calidad de la vida de las personas; pero, no menos evidente es que también incide y de manera principal lo que se denomina el ambiente social de las personas. La idea de la calidad de la vida de las personas excede entonces la de calidad del ambiente físico, que es el objetivo en el cual habitualmente se centra la atención de la legislación ambiental.[15]

El concepto de calidad de vida está asociado estrechamente con el de "desarrollo humano". La idea de que el desarrollo es algo más que el crecimiento económico, no es nueva. Lo nuevo es la importancia que de manera progresiva se le está dando en los círculos económicos tanto al concepto como a los índices que reflejarían el desarrollo humano, a partir de las ideas expuestas en los informes que, desde 1990 y anualmente, elabora el Programa de las Naciones Unidas para el Desarrollo (PNUD). En el primero de esos informes se define el desarrollo humano como "el proceso de ampliar las opciones de las personas". Una de estas opciones es el acceso a un medio ambiente limpio y seguro. El concepto de desarrollo humano y sus índices de medición son revisados año con año. En el informe correspondiente a 1992 se sigue avanzando en la exploración del concepto de desarrollo humano y se considera de una manera especial la interacción entre las personas y el medio ambiente. Allí se dice: "Si el objetivo del desarrollo es mejorar las oportunidades de las personas,

tener en la legislación ambiental, como ocurre con la Ley Orgánica del Ambiente venezolana de 1976, que en su artículo 1º declara que ella tiene por objeto establecer los principios rectores para la protección del ambiente "en beneficio de la calidad de la vida". La misma expresión ha llegado a incorporarse a normas de rango constitucional, como sucede en España, donde la Constitución Política de 1978 prescribe que es voluntad de la nación española promover, entre otras cosas, el progreso de la cultura y de la economía para asegurar a todos "una digna calidad de vida", idea que la Constitución asocia, aunque no exclusivamente, a la utilización racional de los recursos naturales, en tanto subordina su uso a la protección y mejoramiento de la "calidad de la vida" y a la defensa y restauración del "medio ambiente" (artículo 45.2). Pero, la verdad es que, como se ha dicho, la misma idea suele expresarse en la legislación ambiental, por lo general, con expresiones tales como "el bienestar general", "el bienestar o la salud de las personas", etc. En México, la fórmula "calidad de la vida" es mencionada en la Ley de Planeación, con motivo de la enunciación de los objetivos de la planeación nacional del desarrollo. Sin embargo, esa idea se encuentra también presente, aunque expresada con otras palabras, en muchos otros ordenamientos jurídicos y, actualmente ha sido incorporada a la LGEEPA (*v. gr.* en la fracción V de su artículo 15).

[14] *Cf.* Gilberto Gallopín, *op. cit.*, nota 6, p. 158.

[15] La calidad de la vida también se ha analizado, entre otros enfoques, desde la perspectiva de lo que se ha denominado "el proceso de humanización", (*cf.* Emilio Carretero *et al.*, *La calidad de la vida en el proceso de humanización*, Editorial Medio Ambiente, Madrid, 1980).

debe hacerlo no sólo para la generación actual, sino también pensando en las generaciones futuras. En otras palabras, el desarrollo debe ser sostenible."[16]

En todos los informes sobre el desarrollo humano se destaca la importancia que tiene el crecimiento económico equitativo. Lo cierto es que en nuestra región nos encontramos muy lejos de este tipo de crecimiento. Por el contrario, en ella se han ido profundizando las brechas que existían en materia de equidad. Lo dicho queda claramente ilustrado en el importante documento que contiene la propuesta de la Secretaría de la Comisión Económica para América Latina y el Caribe (CEPAL) a los gobiernos de sus Estados miembros para el desarrollo de los países de América Latina y el Caribe en el decenio de los noventa y más adelante, en donde se plantea una "transformación productiva con equidad" en la región. En materia de equidad, el documento subraya el carácter regresivo del ajuste de la década de los ochenta y el deterioro social que trajo consigo, así como el hecho de que el imperativo de la equidad exige que la transformación productiva esté acompañada de medidas redistributivas. En el tratamiento del tema de la equidad, la CEPAL señala que en los últimos decenios ningún país de la región ha alcanzado de una manera simultánea los objetivos del crecimiento económico y la equidad social. "Esto puede afirmarse —dice la CEPAL— incluso en el marco de criterios comparativos relativamente conservadores sobre crecimiento del producto y distribución del ingreso." El criterio de dinamismo empleado por la CEPAL considera el ritmo de expansión que han alcanzado en promedio los países avanzados en los últimos veinte años, que es el 2.4% del producto interno bruto por habitante; y la definición de equidad es formulada a partir de la relación entre el ingreso del 40% de la población de ingresos más bajos y el 10% de la de ingresos más altos, adoptándose un valor 0.4 como línea divisoria, que corresponde a la mitad del que se registró en los países industrializados a fines de 1970 y comienzos de 1980, según estimaciones hechas por el Banco Mundial en 1986. Pues bien, a partir de esos criterios la CEPAL observa que varios países de la región, que representan aproximadamente dos tercios del producto interno bruto de la misma y una proporción mayoritaria de la población, registraron desempeños favorables en términos de dinamismo económico, pero mostraron niveles poco satisfactorios de equidad. Sin embargo, aplicando los mismos criterios comparativos sobre crecimiento del producto y distribución del ingreso —señala la CEPAL—, "puede apreciarse que numerosos países de Europa y Asia, de la más diversa configuración económica e institucional, han logrado mayor compatibilización entre niveles satisfactorios de crecimiento y determinadas metas de equidad social."[17]

El incremento de la pobreza no sólo en nuestra región sino en otras

[16] Las citas están extraídas del documento del PNUD titulado *Desarrollo humano. Informe 1992* publicado por Tercer Mundo Editores, Bogotá, 1992.

[17] Para todo lo anterior, véase CEPAL, *Transformación productiva con equidad*, Editorial Universitaria, Santiago de Chile, 1990, pp. 15, 36, 63 *et passim*.

partes del mundo, ha llevado a hablar con más precipitación que reflexión de la "contaminación de la pobreza" y ha favorecido la difusión de la hipótesis de que "los pobres contaminan". Como bien se ha dicho, esta hipótesis, planteada en términos inespecíficos, "no parece correcta ni útil para comprender la evolución social y ambiental actual. Pobreza y deterioro ambiental podrían concebirse mejor como efectos paralelos e interactuantes de un mismo proceso global de desarrollo deformante."[18]

5. La definición del concepto de derecho ambiental

Los elementos que hasta aquí se han proporcionado, permiten por fin construir una definición del concepto de derecho ambiental que recoja sus notas esenciales y que remplace las que se hicieron inicialmente, pero en el entendido de que esta definición habrá de considerarse, como ya se dijo, a la manera de hipótesis de trabajo (véase la sección 1).

Antes de hacerlo, quizás sea menester explicar que la expresión "derecho ambiental" puede asumir, por lo menos, un doble significado. En general, cuando el sustantivo "derecho" se presenta adjetivado con otra palabra que designa un sector del sistema jurídico —*v. gr.* "derecho civil" o "derecho penal"—, la expresión así compuesta puede referirse precisamente a aquel sector del sistema jurídico de que se trata y, en consecuencia, designar al conjunto de normas jurídicas que integran ese sector, pues la expresión "derecho", en este caso, estará siendo empleada en el sentido de "derecho positivo". Pero la misma palabra puede referirse a un conjunto de proposiciones que se formulan respecto de dichas normas, cuando con ella se quiere designar una determinada "ciencia jurídica". Junto con estas dos acepciones principales de la palabra "derecho", existen otras que no viene a cuenta mencionar.

Con la expresión "derecho ambiental" ocurre lo mismo, es decir, se utiliza indistintamente para denominar el conjunto de las normas jurídicas que regulan cuestiones ambientales y la ciencia jurídica que se ocupa de tales normas. Por lo habitual, queda a cargo del lector entender el significado de la expresión, según el contexto en que se emplee. El doble uso lingüístico a que nos estamos refiriendo, no se ha podido evitar en este libro; pero, en la medida de lo posible, se ha procurado que quede claro el sentido en que se está empleando, en cada caso, la expresión "derecho ambiental".

Por eso, debemos señalar desde ya que la definición del concepto de derecho ambiental que se enuncia a continuación se refiere al "derecho positivo", esto es, al sector del sistema jurídico que integra lo que también se conoce habitualmente como la "legislación ambiental" (en sentido lato). Como es obvio, de esta definición puede derivarse la que co-

[18] *Cf.* Programa de las Naciones Unidas para el Medio Ambiente-Oficina Regional para América Latina y el Caribe, *Desarrollo y medio ambiente en América Latina y el Caribe: una visión evolutiva,* MOPU, Madrid, 1991, p. 162.

rresponde al concepto de derecho ambiental entendido como disciplina jurídica, en tanto el "derecho positivo", así definido, es el objeto específico de dicha disciplina. Esto no significa, como se dice más adelante, que el derecho ambiental deba limitarse a estudiar sólo las implicancias lógicas de las normas jurídicas que constituyen su objeto específico.

En nuestra opinión, el derecho ambiental puede definirse como *el conjunto de normas jurídicas que regulan las conductas humanas que pueden influir de una manera relevante en los procesos de interacción que tienen lugar entre los sistemas de los organismos vivos y sus sistemas de ambiente, mediante la generación de efectos de los que se espera una modificación significativa de las condiciones de existencia de dichos organismos*.

Esta definición del concepto de derecho ambiental recoge como notas esenciales las siguientes: *1)* la expresión "derecho ambiental" se refiere a un conjunto de normas jurídicas que regulan ciertas conductas humanas que pueden considerarse de interés ambiental (es obvio, pero no está de más decirlo, que el derecho ambiental no puede regular las conductas de la naturaleza); *2)* las conductas humanas de interés ambiental son aquellas que pueden influir en los procesos de interacción que tienen lugar entre los sistemas de los organismos vivos y sus sistemas de ambiente (tal como esos sistemas han sido descritos más atrás); y *3)* dichas conductas humanas interesan al derecho ambiental sólo en la medida en que ellas, al influir sobre tales procesos, pueden modificar de una manera importante las condiciones de existencia de los organismos vivos (al derecho ambiental no le interesan los llamados efectos *de minimus* que pueden generar las conductas humanas). Con la expresión "condiciones de existencia" se designan tanto aquellos elementos que hacen posible la vida como los que determinan su calidad.

La definición que se ha formulado del concepto de derecho ambiental contribuye a precisar sus fronteras, lo que por cierto no es una tarea fácil. Lo que no es difícil, con base en esa definición, es mostrar el simplismo de aquel reproche que se le suele formular a la idea de derecho ambiental, cuando se dice que éste sería prácticamente "todo" el derecho, dado que está referido a "todo" el contorno del ser humano o, peor aún, al contorno de "todos" los organismos vivos, como resulta de la visión no antropocéntrica que se está manejando.

En efecto, de acuerdo con la definición que se ha hecho, el derecho ambiental no se refiere al "resto del Universo" que configuraría el "contorno" o "medio circundante" de los seres humanos o de los organismos vivos en general, sino a lo que aquí se ha denominado "sistemas de ambiente" de los organismos vivos. Por otra parte, el derecho ambiental no es "todo" el derecho de los elementos que integran los sistemas de ambiente, en tanto no se refiere a todas las conductas humanas posibles respecto de esos elementos, sino sólo a aquellas que pueden influir en los procesos de interacción que se dan entre los sistemas de ambiente que ellos configuran y los correspondientes sistemas de organismos vivos.

Finalmente, esta influencia interesa al derecho ambiental sólo en la medida en que ella pueda ser determinante en la generación de consecuencias ambientales significativas.

Sin embargo, el espacio que ocupa el derecho ambiental dentro de un sistema jurídico es amplio. Esto tiene que ver con la complejidad del fenómeno del cual se ocupa el derecho ambiental: la llamada "problemática ambiental". El eje en torno al cual está estructurada dicha problemática es la relación sociedad-naturaleza, esto es, son las vinculaciones o nexos entre la sociedad y la naturaleza. De estas vinculaciones o nexos nos ocupamos, someramente, en la parte inicial del presente capítulo. Quizás sea oportuno, ahora, regresar a ese tema para buscar una visión más acotada de la problemática a la que se enfrenta el derecho ambiental y, por consiguiente, una mejor comprensión del derecho ambiental y de qué cuestiones se ocupa.

6. El derecho ambiental y la relación sociedad-naturaleza

El tema de la relación sociedad-naturaleza ha sido explorado muchas veces con resultados que ponen de manifiesto sus profundas y variadas implicaciones en cualquier análisis que se haga de la cuestión ambiental.[19] Aquí nos limitaremos a reseñar algunos aspectos de esa relación, siguiendo una descripción que nos parece especialmente apropiada para los efectos que perseguimos, que no es otro que comprender el concepto de derecho ambiental, aunque simplificándolo de una manera quizás excesiva.[20]

El vínculo entre la sociedad y la naturaleza se establece a través de dos grandes tipos de factores: "el conjunto de las acciones humanas que inciden sobre el sistema ecológico natural y el conjunto de efectos ecológicos generados en la naturaleza y que inciden sobre el sistema social."[21] Hay que tener en cuenta que "los efectos ecológicos pueden representar respuestas de los sistemas naturales a las acciones humanas o pueden ser fenómenos espontáneos derivados del funcionamiento de los sistemas ecológicos", así como que "las acciones humanas pueden ser acciones espontáneas de la sociedad [...] o pueden representar la reacción social frente a efectos ecológicos naturales o inducidos antrópicamente...".[22]

El hecho es que la sociedad y la naturaleza se influyen de manera recíproca. En este proceso de interacciones es importante determinar no sólo las acciones de la sociedad respecto de la naturaleza y los efectos

[19] Héctor Sejenovich, quien ha estudiado este tema durante muchos años, nos facilitó una primera aproximación a los intrincados vericuetos de dicho tema, lo que aquí agradecemos.

[20] *Cf.* Gilberto Gallopín en *op. cit.* en nota 6, pp. 161-168.

[21] *Ibid.*, p. 162.

[22] *Idem.*

generados por ésta que inciden en la sociedad, sino también otros elementos que están presentes en dicho proceso. Desde la perspectiva de la sociedad, dichos elementos son: *1)* los sujetos que llevan a cabo tales acciones (¿quiénes?); *2)* las razones que los inducen a realizar esas acciones (¿por qué?); *3)* los sujetos en los que inciden, en términos favorables o desfavorables, los efectos de las mismas acciones (¿a quiénes?); y *4)* la manera como dichos efectos inciden en la sociedad (¿cómo?). Por su parte, desde la perspectiva de la naturaleza, tales elementos son: *1)* la manera como las acciones humanas afectan a la naturaleza (¿cómo?); *2)* los elementos naturales afectados por dichas acciones (¿a cuáles?); *3)* los elementos o funciones ecológicas afectadas por la eventual transmisión de los efectos generados por las mismas acciones (¿cuáles?); y *4)* la manera como se reorganiza la naturaleza de acuerdo con su lógica interna (¿cómo?), lo que en definitiva la llevará a generar ciertos efectos que incidirán en la misma sociedad de donde nacieron las acciones que condujeron a una transformación de la naturaleza.

Esta descripción permite explicar con más claridad lo que entendemos por derecho ambiental y, en especial, su participación en la regulación jurídica general de las relaciones sociales, así como las tendencias que presenta el desarrollo del mismo derecho ambiental. En efecto, la manera como la naturaleza es mediada por la sociedad tiene que ver, por lo general, con la forma como está organizada la sociedad. En otras palabras, las relaciones entre los hombres en sociedad determinan, muchas veces, las modalidades que asume el nexo entre la sociedad y la naturaleza.

De la regulación de esas relaciones se ocupa el sistema jurídico. La norma jurídico-ambiental participa en la regulación de tales relaciones, pero desde la perspectiva que le es propia, es decir, a partir de su interés por la protección del ambiente. Pero la protección del ambiente no depende sólo de la manera como esté regulada directamente la relación sociedad-naturaleza, sino también y de modo principal como estén reguladas las relaciones sociales en general. Por eso, el derecho ambiental tiende a incorporar sus criterios a las normas jurídicas que regulan las relaciones sociales desde otro punto de vista, en especial (pero no exclusivamente) desde un punto de vista económico, para que así el sistema jurídico en su conjunto quede al servicio de la idea de la protección del ambiente.

Dicho de otro modo: el derecho ambiental tiene la tendencia de proyectarse hacia el campo de la regulación jurídica general de las relaciones sociales, porque ello es necesario para la protección del ambiente. Pero no pretende sustituir dicha regulación por otra exclusivamente ambiental, sino más bien participar en esa regulación.

Esto determina a su vez que la disciplina que se denomina derecho ambiental se ocupe principalmente de las normas jurídicas que regulan lo que podrían llamarse las relaciones más inmediatas entre sociedad y naturaleza y, por consiguiente, vuelque su atención en las normas jurídicas que han sido establecidas específica y exclusivamente para proteger el ambiente, a través de la ordenación de las conductas humanas que directamente pueden influir de una manera relevante en las condiciones de existencia de los organismos vivos. En consecuencia, las obras que se refieren al derecho ambiental se estructuran —como lo hace también este libro— en torno a dos temas fundamentales: la protección del ambiente natural y la ordenación del ambiente construido. Pero esto no significa que el tema de la regulación jurídica de las relaciones sociales que tienen que ver con la protección del ambiente natural y con la ordenación del ambiente construido —que configuran el marco jurídico más general dentro del cual se desarrollan estas actividades—, esté ausente en dichas obras. Por el contrario, este tema es algo así como el telón de fondo del escenario sobre el cual se presentan los temas fundamentales del derecho ambiental.

La identificación que se ha hecho de los factores críticos de la relación sociedad-naturaleza, tiene también importancia para el derecho ambiental desde la perspectiva de la política legislativa para la protección del ambiente. En efecto, esa identificación pone de manifiesto que la eficiencia de la norma jurídico-ambiental depende en buena medida de que en su formulación se evalúen correctamente los efectos que las acciones humanas podrían generar en la naturaleza, pues sólo así se tendrá como resultado una norma "técnicamente" apropiada. Sin embargo, cuando se dice que el derecho ambiental es eminentemente "técnico", se alude sólo a su dependencia del dato técnico "natural" que permite hacerlo eficiente, sin tener en cuenta que la eficiencia de la norma jurídico-ambiental está, además, estrechamente vinculada a una correcta evaluación de los factores sociales que se encuentran presentes en la relación sociedad-naturaleza, es decir, al dato técnico "social", que es el que permite generar una norma "técnicamente" adecuada, desde un punto de vista social. De este último atributo carecen, por cierto, las normas jurídico-ambientales que son formuladas sin considerar todos los factores críticos de índole social que se hallan involucrados en la relación sociedad-naturaleza y, sobre todo, el porqué de ciertas acciones que se estiman desfavorables para el ambiente. Pero, dicho aspecto "técnico" del derecho ambiental —que hace patente la importancia de los estudios sociales sobre el ambiente—, suele ser olvidado, con la consecuencia de que el derecho ambiental, en muchos casos, termina siendo poblado por normas que son socialmente ineficientes y que, por lo mismo, tienen una existencia sólo formal. Este tema se retoma en el capítulo final de esta obra, que trata de la política legislativa para la protección del ambiente.

7. Ambiente y desarrollo. Del ecodesarrollo al desarrollo sostenible

El hecho de que la problemática ambiental se explique a través de las relaciones o nexos que existen entre la sociedad y la naturaleza, pone de manifiesto la importancia que tiene dentro de esa problemática la cuestión del desarrollo. El tema de ambiente y desarrollo ha sido también explorado muchas veces, por lo que una vez más nos circunscribiremos a destacar ciertos aspectos de esta relación que pueden contribuir a precisar de mejor manera la problemática ambiental y, por ende, a esclarecer lo que es el derecho ambiental y, sobre todo, sus tendencias.

La relación entre ambiente y desarrollo ha sido examinada en América Latina desde diversas perspectivas, pero con un énfasis especial desde el punto de vista del "estilo de desarrollo" predominante en la región.[23] Estilo de desarrollo es, según Aníbal Pinto, "la manera en que dentro de un determinado sistema se organizan y asignan los recursos humanos y materiales con objeto de resolver los interrogantes sobre qué, para quiénes y cómo producir los bienes y servicios" o, como dice Jorge Graciarena con un enfoque más sociológico que económico, "la modalidad concreta y dinámica adoptada por un sistema en un ámbito definido y en un momento histórico determinado".[24]

Por lo general, a través de esta categoría no se explican las razones más profundas por las que el desarrollo asume en América Latina las características que éste presenta en la región. Sin embargo, dicho enfoque es particularmente apropiado para describir las relaciones concretas entre ambiente y desarrollo y para establecer también la manera concreta como la problemática ambiental se encuentra determinada por las modalidades específicas del desarrollo que históricamente ha tenido lugar dentro de América Latina.

Los efectos en el ambiente del estilo de desarrollo predominante en la región en las últimas décadas, han sido descritos elocuentemente: crecimiento industrial con sus implicaciones de contaminación e hiperconcentración urbana; modernización agrícola con el predominio de las consideraciones de rentabilidad sobre las ecológicas y, por ende, con agresiones al medio natural; urbanización acelerada con deterioro de la calidad de la vida de los habitantes de las ciudades, etcétera.[25]

En oposición a este paradigma se ha manejado la idea del "desarrollo sustentable" o "desarrollo sostenible", es decir, de un paradigma de crecimiento económico en el largo plazo compatible con la base natural que hace posible dicho crecimiento. La idea del desarrollo sostenible no es ajena a ciertas corrientes del pensamiento económico latinoamericano de la década de los años sesenta; pero la contribución que ha recibido del pensamiento ambientalista la ha reforzado considerablemente. En síntesis, dicho pensamiento ha destacado que las condiciones para la sostenibilidad del desarrollo son múltiples y complejas. Tales condiciones no tienen, sin embargo, un carácter puramente económico. Así, por ejemplo, una de las condiciones fundamentales para garantizar dicha soste-

[23] *Cf.* por ejemplo los trabajos compilados por Osvaldo Sunkel y Nicolo Gligo en *op. cit.*, en nota 8.

[24] *Ibid.*, p. 25.

[25] *Ibid.*, pp. 28 y *ss.*

nibilidad, se encuentra constituida por la base natural a partir de la cual son posibles los procesos productivos.

Esta contribución del pensamiento ambientalista se encuentra íntimamente vinculada a lo que desde los años setenta se ha venido llamando el "ecodesarrollo". La expresión ecodesarrollo fue acuñada en los prolegómenos de la Conferencia de Estocolmo de 1972, para designar una estrategia de desarrollo especialmente aplicable a los países del Tercer Mundo, que postulaba un estilo de desarrollo ecológicamente viable.

Lanzada con éxito en el seno de esa Conferencia, la idea de ecodesarrollo fue sometida a análisis posteriores que le dieron un contenido más profundo,[26] al asociarla —dicho con palabras de Ignacy Sachs, que es su principal expositor—,[27] a "un desarrollo endógeno y dependiente de sus propias fuerzas, sometido a la lógica de las necesidades de la población total y no de la producción erigida en fin en sí misma, consciente, finalmente, de su dimensión ecológica y buscando una simpatía entre el hombre y la naturaleza".[28]

Como dice el mismo Sachs,

> el ecodesarrollo es un estilo de desarrollo que busca con insistencia en cada ecorregión soluciones específicas a los problemas particulares, habida cuenta de los datos ecológicos, pero también culturales, así como de las necesidades inmediatas, pero también las de largo plazo. Así, el ecodesarrollo actúa con criterios de progreso relativo, referentes a cada caso, y en él desempeña un papel importante la adaptación al medio, postulada por los antropólogos. Sin negar la significación de los intercambios [...] el ecodesarrollo trata de reaccionar contra la moda predominante de las soluciones pretendidamente universales y las fórmulas maestras...[29]

En consecuencia, lo que se propone a través de esta idea es un estilo de desarrollo alternativo, que implique el abandono de los criterios productivistas imperantes y su remplazo por criterios ecoproductivistas adecuados, esto es, por criterios que tomen en cuenta la base natural que hace posible los procesos productivos. Esto significa, dentro del sistema capitalista, renunciar a la lógica predominante de la maximización de la tasa de ganancia en el corto plazo, lo que implica oponer a la "racionali-

[26] Son especialmente importantes para este efecto, la Declaración del Simposio de Cocoyoc sobre estrategias para el ambiente y el desarrollo (México, 1974) y el informe "¿Qué hacer?" de la Fundación Hammarskjöld (Upsala, 1979). Sobre el mismo tema puede verse también Hurtubia *et al.*, *Hacia una conceptualización del ecodesarrollo* (PNUMA-ORPALC, mimeógrafo, México, 1976).

[27] Los trabajos más importantes de Sachs sobre este tema, han sido publicados en español en un libro que lleva el título de *Ecodesarrollo: desarrollo sin destrucción* (El Colegio de México, México, 1982, 201 pp.), con un prólogo de Vicente Sánchez, a quien le cupo la responsabilidad de esa edición.

[28] Así entiende Sachs el principal postulado del mencionado informe "¿Qué hacer?" de la Fundación Hammarksjöld. *Cf.* "Medio ambiente y desarrollo" en *op. cit.*, en la nota anterior, p. 97.

[29] *Cf.* "Ambiente y estilos de desarrollo", en *op. cit. supra*, p. 42.

dad económica", es decir, al principio universal de la maximización de resultados con el mínimo de medios, una nueva racionalidad: la "racionalidad ambiental".[30]

Por otra parte, la idea del ecodesarrollo se opone a lo que Sachs denomina "el ecologismo a ultranza", es decir, el conservacionismo en su sentido más tradicional, que se encuentra fundado en una visión naturocentrista y que no deja de tener adeptos. La misma idea se opone también a esa influyente corriente de pensamiento neomalthusiana, que desde la década de los setenta viene postulando el llamado "crecimiento cero".[31]

La idea del ecodesarrollo fue criticada en su momento por sus imprecisiones e insuficiencias, por su inviabilidad en el sistema económico vigente, por sus presuntos alcances políticos, etc., sin repararse en que era sólo una propuesta de revisión de ciertos aspectos de las teorías sociales predominantes y, en ese sentido, era una crítica dirigida en primer término, pero no exclusivamente, a la economía política. Por eso, es menester hablar de la "idea" del ecodesarrollo y no de una "teoría" del ecodesarrollo.

En efecto, el ecodesarrollo nunca se presentó a sí mismo, por lo menos en los términos planteados por Sachs, como una teoría, es decir, como un cuerpo de proposiciones abstractas que permiten analizar una realidad en su totalidad. El propio Sachs expresa en uno de sus trabajos que la revolución ambiental "constituye un desafío para las ciencias sociales en general y para la teoría económica en particular" y asevera que una economía política del medio ambiente puede ser construida siempre y cuando reconozcamos la necesidad de revisiones de mayor alcance, de una gran cantidad de teoría.[32] Esto es lo que, hasta ahora, no se ha hecho: construir una verdadera economía política del medio ambiente, que permita interpretar la realidad y formular políticas apropiadas para modificar las tendencias que se observan en esa realidad. Por cierto, no se trata de una tarea fácil.

Lo que se observa en los últimos años son algunos análisis vinculados tanto a la teoría económica convencional,[33] como a los clásicos del marxismo,[34] que ponen de manifiesto la necesidad, como dice Sachs, de

[30] Lo cierto es que no existe una racionalidad exclusivamente económica y, en todo caso, lo que se entiende por tal debe ser considerada siempre en el marco de una sociedad dada. Como bien señala Maurice Godelier, no existen una racionalidad en sí, ni una racionalidad absoluta, pues lo que es racional hoy puede ser irracional mañana y lo que es racional en una sociedad puede ser irracional en otra (*cf.* su *Racionalidad e irracionalidad en economía*, publicado en español por Siglo XXI, México, 1967). La racionalidad ambiental puede ser entendida de diversas maneras y, por cierto, como una contribución al enriquecimiento de la racionalidad económica.

[31] *Cf.* el conocido libro de D. H. Meadows, *Los límites del crecimiento* (FCE, México, 1976).

[32] *Cf.* "En torno a una economía política del medio ambiente" en *op. cit. supra*, p. 19.

[33] *Cf.* por ejemplo Pablo Biffani, *Desarrollo y medio ambiente*, CIFCA, Madrid, 1980, dos vols.

[34] Las ideas de Marx y Engels en esta materia se encuentran dispersas a lo largo de toda su obra. Son recomendables los análisis hechos por Alfred Schmidt en 1962 (*El concepto de naturaleza en Marx*, Siglo XXI, México, 1976) y por Giuseppe Prestipino en 1973 (*El*

revisar una gran cantidad de teoría. Por ejemplo, se ha transformado en un verdadero lugar común hablar de "externalidades" para designar los impactos ambientales cuyos valores no se expresan en precios de mercado y que, por consiguiente, son costos a internalizarse. Pero, el mero empleo de este instrumento conceptual del pensamiento neoclásico para explicar ese fenómeno no implica, como se entenderá, la construcción de una economía política del medio ambiente.

Sin embargo, también se observan algunos avances en el campo de la construcción de una economía política del medio ambiente, como es el caso, por ejemplo, de los trabajos encabezados por Juan Martínez Alier en España. Ese autor destaca el debate que existe entre dos visiones diferentes de la economía: la visión de la economía neoclásica y la visión de la economía ecológica. La primera analiza los precios (es una "crematística") y tiene una concepción de la realidad económica como un *perpetuuem mobile* lubricado por el dinero: las empresas venden bienes y servicios y, con esto, remuneran los factores de producción (tierra, trabajo y capital). La segunda, ve al planeta Tierra como un sistema abierto a la entrada de energía solar. La economía necesita entradas de energía y materiales. Su funcionamiento exige de un suministro apropiado de ambos (así como del mantenimiento de la diversidad biológica) y, además, poder disponer de los residuos de manera no contaminante. Los servicios que presta la naturaleza a la economía humana no están bien valorados en el sistema de contabilidad crematística propio de la economía neoclásica.[35]

Las relaciones entre medio ambiente y desarrollo fueron posteriormente examinadas por la Comisión Mundial sobre el Medio Ambiente y el Desarrollo creada por la Asamblea General de las Naciones Unidas. A esa Comisión se le encomendó la elaboración de "un programa global para el cambio". De los trabajos de la Comisión resultó un informe denominado "Nuestro futuro común" (o informe "Brundtland", por el nombre de la presidenta de esa Comisión), que ha sido difundido en forma amplia.[36]

Es mérito del informe Brundtland la difusión que ha tenido en todo el mundo la idea de "desarrollo sostenible", que es una propuesta de "ecodesarrollo". Por ahora, se destaca el hincapié que pone este importante documento en el medio ambiente como prerrequisito del desarrollo, así como la definición que proporciona sobre el concepto de "desarrollo sostenible", mediante las siguientes citas:

pensamiento filosófico de Engels. Naturaleza y sociedad en la perspectiva teórica marxista, Siglo XXI, México, 1979).

[35] *Cf.* para lo anterior y, en general, para introducirse en la economía ecológica su *Curso básico de economía ecológica* (escrito con la colaboración de Jordi Roca y Jeannette Sánchez), publicado por el Programa de las Naciones Unidas para el Medio Ambiente (México, 1995, 114 pp.).

[36] Este informe se encuentra publicado en español por Alianza Editorial, Madrid, 1987, 460 pp.

> En el pasado, nos preocupábamos de los efectos del crecimiento económico sobre el medio ambiente. Ahora nos vemos obligados a preocuparnos de la presión ecológica —el deterioro de los suelos, las aguas, la atmósfera y los bosques— sobre nuestras perspectivas económicas. En el pasado más reciente nos hemos visto obligados a hacer frente a un notable aumento de la interdependencia económica de las naciones. Y ahora estamos obligados a acostumbrarnos a una creciente interdependencia ecológica entre esas mismas naciones. La ecología y la economía se entreveran cada vez más —en los planos local, regional, nacional y mundial— hasta formar una red inconsútil de causas y efectos.
>
> [El desarrollo sostenible es un modelo de crecimiento] que satisface las necesidades de la generación presente sin comprometer la capacidad de las generaciones futuras para satisfacer sus propias necesidades.
>
> [El desarrollo sostenible es] un proceso de cambio social en el cual la explotación de los recursos, el sentido de las inversiones, la orientación del desarrollo tecnológico y las reformas institucionales se realizan en forma armónica, ampliándose el potencial actual y futuro para satisfacer las necesidades y aspiraciones humanas.[37]

Nótese cómo estas ideas son recogidas por la Declaración de Río en diversos principios suyos, tales como los siguientes:

> El derecho al desarrollo debe ejercerse en forma tal que responda equitativamente a las necesidades de desarrollo y ambientales de las generaciones presente y futuras *[principio 3]*.
>
> A fin de alcanzar el desarrollo sostenible, la protección del medio ambiente deberá constituir parte integrante del proceso de desarrollo y no debe considerarse en forma aislada *[principio 4]*.
>
> Para alcanzar el desarrollo sostenible y una mejor calidad de vida para todas las personas, los Estados deberían reducir y eliminar los sistemas de producción y consumo insostenibles y fomentar políticas demográficas adecuadas *[principio 8]*.

El reconocimiento de las relaciones existente entre medio ambiente y desarrollo, ha sido un hecho fecundo en consecuencias. Por lo pronto, este avance conceptual ha permitido que se comience a privilegiar el tratamiento de las causas de los problemas ambientales antes que el de sus efectos y, por consiguiente, ha abierto la posibilidad de que éstos sean enfrentados eficientemente. Por otra parte, dicho reconocimiento ha permitido entender que el tratamiento integral de los problemas ambientales locales, regionales y globales sólo puede darse dentro de un escenario mundial diferente, vale decir, en el marco de un orden internacional más equitativo que contribuya al establecimiento de un modelo de desarrollo sostenible a escala mundial.

[37] Los párrafos transcritos se encuentran en las pp. 25, 67 y 70, respectivamente, del informe citado en la nota anterior.

A estos temas se regresa en el capítulo final de este libro. Por ahora, ellos son tratados sólo para destacar aquella tendencia del derecho ambiental que consiste en incorporar sus criterios a la legislación que se ocupa del desarrollo, para desempeñar correctamente su función de instrumento esencial en la ordenación racional del ambiente. En efecto, esta función no podría ser cumplida de manera apropiada si el derecho ambiental se limitara a establecer reglas que, en definitiva, serían contradictorias con aquellas que regulan el desarrollo y propician la generación de efectos opuestos a los que busca el derecho ambiental.

8. La evolución histórica del derecho ambiental

Una visión histórica del desarrollo del derecho ambiental, parece también necesaria para destacar la manera como se han ido configurando los sistemas jurídicos de protección del ambiente y, en especial, para examinar sus tendencias.

El derecho ambiental es antiguo como la humanidad, porque la verdad es que la norma jurídica ambiental hizo su aparición en las comunidades primitivas, donde por lo demás ocupó un lugar principal. En efecto, dentro de ellas había una idea muy clara sobre las relaciones de mutua dependencia que existen entre el hombre y la naturaleza, como lo ponen de manifiesto muchos testimonios. Sin embargo, el progresivo dominio del hombre sobre la naturaleza hizo caer en el olvido uno de los extremos de esa relación, como ocurre con frecuencia en las situaciones de dominación, determinando que la regla de derecho ambiental fuera perdiendo importancia e, incluso, que en muchos casos desapareciera. En pocas palabras, los seres humanos comenzaron a olvidar el apotegma de Francis Bacon: "La naturaleza, para ser dominada, debe ser obedecida." Sin embargo, hubo también quienes lo recordaron. En ese sentido, es célebre el pasaje de Federico Engels, donde a la vez que marcaba la diferencia entre la "utilización" de la naturaleza por el animal y su "dominación" por el hombre, se agrega lo siguiente:

> No debemos, sin embargo, lisonjearnos demasiado de nuestras victorias humanas sobre la naturaleza. Ésta se venga de nosotros por cada una de las derrotas que le inferimos. Es cierto que todas ellas se traducen principalmente en los resultados previstos y calculados, pero acarrean además otros imprevistos, con los que no contábamos y que, no pocas veces, contrarrestan los primeros. Quienes desmontaron los bosques de Mesopotamia, Grecia, el Asia Menor y otras regiones para obtener tierras roturables no soñaban con que al hacerlo, echaban las bases para el estado de desolación en que actualmente se hallan dichos países, ya que *[etcétera]*.[38]

[38] *Cf.* el artículo "El papel del trabajo en el proceso de transformación del mono en hombre", probablemente escrito hacia 1876. Este artículo forma parte de los trabajos de Engels compilados en un libro que lleva el título de *Dialéctica de la naturaleza,* edición en español de Grijalbo, México, 1959. La cita está tomada de la página 151 de ese libro.

El hecho es que la metafóricamente llamada "venganza de la naturaleza" ha colocado al hombre moderno en la ineludible necesidad de establecer un sistema de protección jurídica de las condiciones que hacen posible la vida, sistema cuya complejidad corre a pareja con la complejidad que asume la relación sociedad-naturaleza, hasta donde ella es conocida hoy en día. Por eso es que se dice que el derecho ambiental es un derecho nuevo, que se encuentra en una etapa de construcción, aunque lo cierto es que sus raíces son antiguas y, muchas veces, le son útiles, como útil es al científico moderno el conocimiento empírico del hombre de antaño.

A continuación se hará una rápida reseña de la evolución histórica del derecho ambiental pero circunscrita a los sistemas jurídicos capitalistas para poner en claro, hasta donde es posible, el objeto de estudio del derecho ambiental en tanto disciplina jurídica.

El derecho del capitalismo es, inicialmente, un derecho inspirado en principios que tienen poco que ver con los del derecho ambiental. Quizás nadie ha expresado mejor esos principios que el jurista Cambacéres, quien en 1794 resumió las ideas centrales del futuro Código Civil de los franceses, en los siguientes términos: "Tres cosas son necesarias y suficientes para el hombre en su vida social: ser dueño de su persona, contar con bienes para satisfacer sus necesidades y poder disponer en su propio interés de su propia persona y de sus bienes. Todos los derechos civiles se reducen entonces a los derechos de libertad, de propiedad y de contratar."[39]

Sobre esos principios se fundó el derecho del capitalismo,[40] que hizo de la libertad económica uno de sus pilares fundamentales y que generalizó la propiedad privada, permitiendo la apropiación por los particulares de las cosas que la naturaleza no hubiera hecho común a todos los hombres y, además, un uso y disposición arbitraria de ellas, a la manera de un derecho absoluto. La vigencia de esos principios se ha extendido, parcialmente, hasta nuestros días. Ellos conforman el régimen jurídico de lo que hoy se llama economía social de mercado.

Aparentemente, las normas que expresan estos principios no tienen ninguna relación con la protección del ambiente y no deberían considerarse como una parte del derecho ambiental. Sin embargo, lo cierto es que, aunque no son normas que hayan sido expedidas con ese propósito, ellas son normas que generan "efectos ambientales" en tanto se ocupan de elementos ambientales como los recursos naturales y contribuyen a definir su régimen jurídico. Pero el campo de aplicación de estas normas es mucho más amplio aún: en todo lo no previsto especialmente por la legislación sobre la materia, la protección del medio ambiente queda entregada a este tipo de normas jurídicas, como son las

[39] *Cf.* A. Sorel su prólogo al *Livre du Centenaire,* I, p. XXIX, Arthur Rousseau, Editor, París, 1904.

[40] *Cf.* por ejemplo la clásica obra de Georges Ripert, *Aspects juridiques du capitalisme moderne,* LGD, París, 1946.

normas civiles, penales, procesales y administrativas que concurren a disciplinar un conjunto de materias que interesan al derecho ambiental: éste es el caso de la propiedad privada, la responsabilidad extracontractual y la responsabilidad penal, la manera de hacer efectivas tales responsabilidades, los procedimientos administrativos, etc. Se trata de una legislación que tiene una relevancia ambiental "casual", cuya influencia en la legislación ambiental vigente se examina más adelante.[41]

En una segunda época, el derecho del capitalismo asumió una orientación claramente dirigista, que implicó una transformación de la propia naturaleza del Estado y que se proyectó en el plano jurídico en muchas direcciones diversas. Lo que aquí interesa destacar es que, entre otras nuevas funciones, el Estado asumió la de proteger el medio ambiente, en términos que fueron distintos de país en país y que se han ido modificando con el correr de los años. Pero a todas estas manifestaciones de protección del medio ambiente fue y es común su carácter eminentemente sectorial. No existía aún una visión del ambiente como un todo, que condujera a la protección de los elementos ambientales considerando el conjunto de sus procesos de interacción. La propia ecología no había arribado aún a la conceptuación del ecosistema como eje temático de dicha disciplina. En consecuencia, la protección del medio ambiente fue una preocupación que se expresó, en el campo jurídico, a través de la protección de cada uno de los elementos ambientales que se consideraron más relevantes.

Los ordenamientos jurídicos que se expidieron para la protección de los recursos naturales renovables, ilustran con mucha claridad esta situación. Las leyes sobre aguas, suelos, bosques, flora, fauna, etc., fueron y son ordenamientos jurídicos que regulan cada uno de estos elementos ambientales, sin considerar, por lo general, las relaciones que existen entre ellos y con otros elementos ambientales. Todavía no había la idea de expedir, por ejemplo, una ley sobre la protección de la naturaleza. Esta idea y otras similares, iban a aparecer más tarde, bajo la influencia del pensamiento de los ecólogos, inaugurándose un nuevo periodo al que nos referiremos a continuación. Sólo resta decir que las normas protectoras de los elementos ambientales que se generaron en esta época, establecieron importantes principios al respecto y, en la práctica, son el ccomponente mayoritario del derecho ambiental vigente. Por cierto, de

[41] A este tipo de normas jurídicas se refiere Rafael Valenzuela cuando señala que, históricamente, la incidencia del derecho en materias ambientales ha sido de dos clases: casual y deliberada, con la precisión de que "su incidencia ha sido casual cada vez que el ordenamiento jurídico ha operado efectos relevantes sobre los factores ambientales o sobre las relaciones que los enlazan sin que estos efectos hayan sido buscados como consecuencias previstas de sus efectos prescriptivos" (cf. "El derecho ambiental ante la enseñanza e investigación", que es un trabajo presentado a las Jornadas sobre Medio Ambiente y Ordenamiento Jurídico organizadas por el Centro Internacional de Formación en Ciencias Ambientales y llevadas a cabo en Madrid del 1º al 5 de marzo de 1983. Este trabajo se encuentra publicado en la *Revista de Ciencias Sociales* de la Facultad de Ciencias Jurídicas, Económicas y Sociales de la Universidad Católica de Valparaíso (Chile), núm. 23, segundo semestre, 1983, pp. 179-220).

esas normas también puede decirse que, en estricto rigor, no son normas ambientales propiamente tales, en tanto no se encuentran inspiradas en una concepción adecuada de lo que es el ambiente. Sin embargo, lo cierto es que esas normas son las que hasta ahora han cumplido la función de proteger al ambiente. A este tipo de legislación la denominamos "legislación sectorial de relevancia ambiental".

La concepción holística y sistémica del ambiente está transformando profundamente al derecho ambiental, hasta el punto de que por lo general se considera que los ordenamientos jurídicos inspirados en esa concepción son el hito que marca el nacimiento del derecho ambiental. La nueva legislación ha tendido a expresarse fundamentalmente en leyes que se superponen a la legislación preexistente, para establecer principios que tienen que ver con la protección del ambiente en su conjunto y a los cuales quedan subordinados los contenidos en la legislación sectorial. Se trata de las llamadas "leyes marco", "leyes orgánicas" o "leyes generales". Rara vez se ha seguido, en cambio, el camino de codificar la legislación ambiental, como se hizo en los últimos dos siglos respecto de la legislación civil, penal, procesal, etc. En América Latina, existen sólo dos ordenamientos jurídicos nacionales relativos al ambiente que llevan la denominación de Código. Al conjunto de ordenamientos jurídicos que se inspiran en dicha concepción lo denominamos "legislación propiamente ambiental".

9. La legislación propiamente ambiental

Una visión panorámica de lo que ha estado ocurriendo en estos últimos años en el mundo, puede contribuir a la comprensión de este proceso de transformación. Esta visión nos indica, por ejemplo, que la legislación para la protección del ambiente ha tenido, en esta última etapa de su evolución, un importante desarrollo en los países industrializados. En un estudio realizado a principios de los años setenta,[42] lo anterior fue puesto de manifiesto a través de un análisis comparativo de los sistemas jurídicos para la protección del ambiente de Suecia, Japón y los Estados Unidos.[43]

El caso de los Estados Unidos de América es especialmente interesante para nosotros, no sólo por los progresos del derecho estadunidense en la materia (que en algunas oportunidades han sido adoptados por el derecho mexicano, como ocurre por ejemplo con el mecanismo de la eva-

[42] *Cf.* Peter Sand, *Legal systems for environment protection: Japan, Sweden, United States*, FAO, Roma, 1972, *Legislative Studies*, núm. 4.

[43] Estos tres países fueron seleccionados para ese estudio por su alto nivel de desarrollo en sus respectivas regiones y porque pueden tomarse como punto de referencia para proyecciones regionales o globales; pero, al mismo tiempo, porque son representativos de las principales "familias jurídicas": Suecia, como una variante del *civil law* europeo; Estados Unidos, como una variante del *common law* anglosajón (aunque su desarrollo más reciente lo está haciendo algo atípico); y Japón, como un sistema "mixto" *(ibid.*, p. 4).

luación del impacto ambiental), sino también por razones de vecindad geográfica y, en términos más generales, habida consideración de que las profundas y complejas relaciones con ese país determinan que sus problemas ambientales, tengan o puedan tener repercusiones en México (y viceversa). La suscripción de un Tratado de Libre Comercio con ese país (y con Canadá) y de un "acuerdo paralelo", que es el Acuerdo de Cooperación Ambiental, pusieron de manifiesto el interés recíproco de México y los Estados Unidos de América por las cuestiones relativas a la protección del medio ambiente en sus respectivos territorios. Por otra parte, el hecho de que el desarrollo del derecho ambiental estadounidense se haya ido encauzando dentro del *statutory law* (derecho legislado) antes que del *common law* (derecho basado en el precedente judicial) ha facilitado su conocimiento y el uso de sus técnicas. Con esto no se quiere decir que el *common law* sea ajeno al derecho ambiental estadunidense. La verdad es que —como bien se ha señalado— "el derecho ambiental (estadounidense), tal como es conocido hoy, es una amalgama de derecho común (*common law*) y de principios estatutarios (*statutory principles*)".[44] En efecto, "las raíces más profundas del moderno derecho ambiental están fundadas en los principios del daño (*nuisance*)", pero también se encuentran en otras instituciones del *common law*, aunque es de señalarse que ellas han sido muchas veces modificadas por la legislación, pues como bien se ha dicho, "las modificaciones estatutarias del derecho común sobre daño son una legión". [45]

La legislación ambiental estadunidense a nivel federal está encabezada por la Ley sobre Política Nacional del Ambiente de 1969 *(National Environmental Policy Act*, NEPA), que ha sido calificada como "la Sherman Act del derecho ambiental", pero también como "un tigre de papel".[46] El hecho es que se trata de un ordenamiento jurídico de extraordinaria importancia. Esa Ley está acompañada de muchas otras sobre materias más específicas, que la han precedido o lo han seguido. Algunas de esas leyes son mencionadas en los capítulos que corresponden a sus respectivas materias. Por su parte, las legislaturas estatales han expedido sus propias leyes sobre cuestiones generales y especiales de la protección del ambiente, como es el caso de la importante Ley de Protección al Ambiente del Estado de Michigan, de 1970 *(Michigan Environmental Protection Act)*, y de muchas otras.

Los propósitos de la NEPA consisten en "declarar una política nacional que fomente una armonía productiva y agradable entre el hombre y su ambiente; promover esfuerzos para prevenir o eliminar los daños al ambiente y a la biosfera y estimular la salud y el bienestar del hombre; enriquecer el conocimiento de los sistemas ecológicos y de los recursos naturales importantes para la nación; y establecer un Consejo de la Cali-

[44] William H. Rodgers, Jr., *Environmental Law*, West Publising Co., St. Paul, Minn., 1977 (con 1984 Pocket Part), p. 100.

[45] *Ibid.*, pp. 100, 136 *et passim.*

[46] *Ibid.*, p. 697.

dad del Ambiente" (sección 2). En consonancia con lo anterior, la NEPA enuncia las políticas nacionales ambientales y sus objetivos (Título I, estructurado por cinco secciones) y crea el Consejo de la Calidad del Ambiente, estableciendo sus atribuciones (Título II, estructurado por nueve secciones). Uno de los aspectos más relevantes de la NEPA es, sin lugar a dudas, el mecanismo de la evaluación del impacto ambiental, que ha sido calificado como "el corazón de la NEPA"[47] y que se ha constituido en un modelo seguido por diversas leyes en otros países.

La NEPA declara que "es una política permanente del gobierno federal, con la cooperación de los gobiernos estatales y locales y otros organismos públicos y privados competentes, utilizar todos los medios y medidas posibles, incluida la asistencia financiera y técnica, de una manera calculada para fomentar y promover el bienestar general, crear y mantener las condiciones bajo las cuales el hombre y la naturaleza pueden existir en armonía productiva, y satisfacer los requerimientos sociales, económicos y otros de las generaciones presentes y futuras de los americanos" (sección 101, inciso a). De allí que sea una responsabilidad permanente del Gobierno Federal utilizar todos los medios, "congruentemente con las demás consideraciones esenciales de la política nacional, para mejorar y coordinar los planes, actividades, programas y recursos federales a fin de que la nación pueda" alcanzar los objetivos que detalla la propia NEPA (sección 101, inciso b). La misma Ley reconoce "que cada persona tiene derecho a gozar de un ambiente sano y que cada persona tiene la responsabilidad de contribuir a la preservación y mejoramiento del ambiente" (sección 101, inciso c).

En Francia, existen dos grandes ordenamientos jurídicos básicos, que son la Ley de Protección de la Naturaleza, del 16 de julio de 1976 *(Loi No. 76-629, relative à la protection de la nature)* y la Ley sobre Instalaciones Clasificadas para la Protección del Ambiente, del 19 de julio de 1976 *(Loi No. 76-663, relative aux installations classées pour la protection de l'environnement)*. En Suecia, hay también dos grandes ordenamientos jurídicos básicos, que son la Ley de Conservación de la Naturaleza de 1964 *(Naturvardslag)* —ya modificada extensamente y complementada por la Ordenanza de 1976—, y la Ley sobre Protección al Ambiente de 1969 *(Miljöskyddslag)*, que también cuenta con una Ordenanza de su misma fecha y que ha sido modificada en 1974. En el Reino Unido, por su parte, la Ley sobre el Control de la Contaminación de 1974 *(Control of Pollution Act)* sigue siendo probablemente la expresión más importante de su moderna legislación ambiental. Una mención especial debe hacerse al caso de Japón, que es un país que cuenta con una importante legislación ambiental. El ordenamiento jurídico fundamental en esta materia está constituido por la Ley para el Control de la Contaminación Ambiental, de 1967 *(Kogai Taisaku Kihonhon)*, posteriormente modificada, a la que ha seguido una profusa y variada legislación sobre diversos

[47] *Ibid.*, p. 725.

aspectos específicos de la protección del ambiente. El último de los grandes ordenamientos jurídicos para la protección del ambiente en los países industrializados es la Ley canadiense sobre la Protección del Ambiente, la Vida Humana y la Salud (conocida como Canadian Environmental Protection Act, de 1988).

En América Latina, a su vez, existen algunos ordenamientos jurídicos que responden a las mismas características. Entre ellos deben mencionarse el Código Nacional de Recursos Naturales Renovables y de Protección al Medio Ambiente en Colombia (1974); la Ley Orgánica del Ambiente en Venezuela (1976); la Ley para la Prevención y Control de la Contaminación Ambiental en Ecuador (1976); la Ley núm. 33 sobre Protección del Medio Ambiente y del Uso Racional de los Recursos Naturales en Cuba, que se sustituyó por la Ley núm. 81 del Medio Ambiente en 1997; la Ley núm. 6 938 que dispone sobre Política Nacional del Medio Ambiente; sus fines y mecanismos de formulación y aplicación y establece otras providencias en Brasil (1981); la Ley para la Protección y Mejoramiento del Medio Ambiente en Guatemala (1986); la Ley General del Equilibrio Ecológico y la Protección al Ambiente en México (1988), que estuvo precedida por otras dos leyes (la Ley Federal para Prevenir y Controlar la Contaminación Ambiental y la Ley Federal de Protección al Ambiente, de 1971 y 1982, respectivamente); el Código del Medio Ambiente y los Recursos Naturales en Perú (1990); la Ley General del Medio Ambiente en Bolivia (1992); la Ley General del Ambiente en Honduras (1993); la Ley núm. 19 300, sobre Bases Generales del Medio Ambiente en Chile (1994); y la Ley Orgánica del Ambiente en Costa Rica (1996). Cabe señalar que otros países latinoamericanos tienen proyectos o anteproyectos de ordenamientos jurídicos de la misma naturaleza.*

El Código colombiano es un ordenamiento que regula fundamentalmente los recursos naturales renovables, antes que la protección del ambiente en su conjunto, ya que de sus 340 artículos, cerca de 300 tratan exclusivamente de dichos recursos. Sin embargo, sus primeros 40 artículos configuran un cuerpo sistemático de normas jurídicas para la protección del ambiente como un todo, que incluye principios tales como los siguientes: el ambiente es patrimonio común y en su preservación y manejo deben participar el Estado y los particulares (artículo 1º); el ambiente se encuentra integrado no sólo por los recursos naturales renovables, sino también por otros elementos que se califican como ambientales y se enumeran de una manera no taxativa (artículo 3º); toda persona tiene derecho a disfrutar de un ambiente sano (artículo 7º), etc. Los factores que deterioran el ambiente son enumerados por el Código de una manera enunciativa y se extienden más allá de aquellos que generan contaminación (artículo 8º). El Código dispone, además, que toda persona natural o jurídica, pública o privada, que pro-

* Véase Addenda, § 10.

yecte realizar o realice cualquier obra o actividad susceptible de producir deterioro ambiental, está obligada a declarar el peligro presumible que sea consecuencia de la obra o actividad (artículo 27). Para la ejecución de obras, el establecimiento de industrias o el desarrollo de cualquier otra actividad que, por sus características, pueda producir deterioro grave a los recursos naturales renovables o al ambiente, o introducir modificaciones considerables o notorias al paisaje, el Código prescribe que será necesario el estudio ecológico y ambiental previo y, además, obtener licencia (artículo 28), etcétera.

La Ley Orgánica del Ambiente de Venezuela, a diferencia del Código colombiano, no regula ningún elemento ambiental en particular, sino que es una "ley marco", cuyo objeto es establecer, dentro de la política del desarrollo integral de la nación, los principios rectores para la conservación, defensa y mejoramiento del ambiente (artículo 1º). La Ley venezolana prescribe la necesidad de una autorización para las actividades susceptibles de degradar el ambiente en forma no irreparable y que se consideran necesarias por cuanto reporten beneficios económicos o sociales evidentes, previendo que habrán garantías, procedimientos y normas para su corrección (artículo 21). La misma Ley establece una serie de otros mecanismos para la protección ambiental, tales como la planificación ambiental, la Procuraduría del Ambiente, las medidas de seguridad, etcétera.

Esta descripción de la moderna legislación ambiental o "legislación propiamente ambiental" quedaría incompleta si no se recordara la varias veces mencionada tendencia que consiste en la incorporación de los criterios para la protección del ambiente en la legislación que regula de una manera más general las relaciones sociales y, en especial, el desarrollo económico. En efecto, dicha tendencia tiene expresiones concretas, que indican que se ha entendido correctamente que la legislación ambiental corre el riesgo de transformarse en un repertorio de normas jurídicas "extravagantes" en el sentido etimológico de la palabra (de *extra*, fuera de, y *vagans*, *-antis*, errante), si ella se limita a constituirse en un cuerpo relativamente poco integrado al sistema jurídico general.

Algunas de esas expresiones concretas son, por ejemplo, las disposiciones constitucionales que establecen que es deber del Estado y de la sociedad en su conjunto propiciar un tipo de desarrollo ambientalmente apropiado, así como las disposiciones legales que incorporan la dimensión ambiental en la legislación sobre planificación del desarrollo y en otros ordenamientos jurídicos que se refieren a la intervención del Estado en la economía. Sin embargo, este campo se encuentra aún poco explorado y, en consecuencia, la legislación ambiental padece de una "extravagancia" bastante significativa, en detrimento de su eficiencia y eficacia. A este tema se regresa en el capítulo final de la obra, que trata de la política legislativa para la protección del ambiente.

10. El derecho ambiental como disciplina jurídica

Hasta ahora se ha tratado el tema del derecho ambiental como un sector del sistema jurídico. A partir de este párrafo nos ocuparemos, en cambio, de la disciplina que se ha estado construyendo con base en la legislación ambiental, bajo la denominación de "derecho ambiental" u otras similares, como "derecho ecológico" o "derecho del entorno".

Digamos de paso que estas tres expresiones son utilizadas para designar, por lo general, lo mismo. En España, Ramón Martín Mateo opta por el uso de la primera, rechazando la segunda por parecerle "excesivamente amplia" y la tercera por sus "evocaciones urbanísticas".[48] Como se habrá visto, nosotros coincidimos con Ramón Martín Mateo en preferir el uso de la expresión "derecho ambiental" para designar a esta disciplina. En efecto, nos parece claro que la materia de que se ocupa dicha disciplina no es, por lo pronto, la "ecología", como lo sugiere la expresión "derecho ecológico", sino el "ambiente" (recuérdese lo que se dice sobre ambiente y ecología en la sección 3). Por tanto, no compartimos el uso de tal expresión porque nos parece absolutamente equivocado y no porque nos parezca "excesivamente amplia". Al contrario, en la medida en que la expresión "derecho ecológico" nos remite a la idea de "ecología" y ésta a su vez puede remitirnos a la de "ecosistemas naturales", dicha expresión representa incluso el peligro de llegar a asumir un sentido más bien limitado. Por otra parte, tampoco participamos del uso de la expresión "derecho del entorno", porque no divisamos razón alguna para que una palabra de uso actual, "ambiente", sea sustituida por una palabra en desuso como "entorno" (a la que la propia Real Academia de la Lengua califica de "anticuada" o "antigua", prefiriendo "contorno"). Hay que decir, además, que aunque esta última pudiera parecer más castiza que la primera, la verdad es que ambas son igualmente castizas, en tanto no provienen sino de la lengua española. En consecuencia, el empleo de una palabra en desuso —que es el recurso extremo del casticismo para evitar la utilización de un extranjerismo—, no cabe en este caso. Asimismo, la palabra "entorno" o, más modernamente, "contorno", tiene una connotación de proximidad física, que no corresponde de manera estricta a la idea de ambiente.

Esta disciplina la entendemos como el estudio de aquel sector del derecho positivo que hemos definido como derecho ambiental (en la sección 5) y, al igual que las demás disciplinas jurídicas, como una rama del derecho que se ocupa básicamente del estudio de las implicancias lógicas de las normas jurídicas que constituyen ese sector (que es lo que le da su especificidad al conocimiento jurídico), pero que busca entender el fenómeno jurídico en todas sus dimensiones sociales, esto es, que

[48] *Cf.* su *Derecho ambiental,* Instituto de Estudios de Administración Local, Madrid, 1977, p. 72.

no está limitada a las cuestiones puramente formales.[49] Por eso este libro pretende ser, hasta donde las capacidades de su autor lo permiten, algo más que un ejercicio "jurídico" tradicional.

Lo primero que se examinará aquí es si el derecho ambiental puede ser considerado como una disciplina jurídica, en todo el sentido de la expresión. Se trata de una cuestión que pudiera considerarse como puramente académica —propia de una discusión entre profesores de una Facultad de Derecho—, pero que trasciende esa frontera, porque tiene que ver con el desarrollo de la legislación ambiental. En general, la legislación no avanza independientemente de la ciencia jurídica. El Código Civil de los franceses no hubiera sido posible, por ejemplo, sin la tarea científica que lo precedió (en un desarrollo de más de cien años de estudios, que van de Domat a Pothier).

La verdad es que existe, por lo habitual, una desconfianza inicial —a veces justificada—, frente a cualquier pretensión de identificar un nuevo sector del ordenamiento jurídico y a la posibilidad de que, en torno del mismo, pueda construirse una disciplina científica relativamente autónoma. En el caso del derecho ambiental —al igual de lo que ha sucedido con el derecho económico—, la cuestión es más complicada aún porque, como alguna vez se ha advertido, el derecho ambiental "penetra" en diversos sectores más o menos tradicionales de los ordenamientos jurídicos. La desconfianza se transforma entonces en una verdadera defensa del "campo" que cada jurista considera propio de la disciplina que cultiva.

En contra de la idea del derecho ambiental como una nueva disciplina jurídica, se manejan fundamentalmente dos tipos de argumentos, que tienen que ver con su eventual naturaleza de "disciplina en formación" y con su presunta "falta de autonomía". Ambos argumentos deben ser examinados con detenimiento.

El argumento que se fundamenta en el carácter de "disciplina en formación" que tendría el derecho ambiental y que obstaría a que se le pudiera considerar como tal, parte de un hecho cierto, al que sin embargo se le atribuye una consecuencia que no le corresponde. Efectivamente, el derecho ambiental es una disciplina jurídica "en formación", en tanto su objeto —la legislación ambiental—, se encuentra en una etapa de construcción de sus principios y de sus técnicas, a la luz de lo que hoy se considera como ambiente y de las exigencias que plantea su protección. Pero, de este hecho no puede arrancarse la conclusión de que no es aún una disciplina jurídica. Las disciplinas jurídicas y en general las disciplinas científicas, no son tales a partir de una determinada etapa de su

[49] Compartimos, desde esa perspectiva, el punto de vista de José Luis Serrano, quien define el derecho ambiental como "el sistema de normas, instituciones, prácticas e ideologías jurídicas eventualmente útiles para la tutela del equilibrio de los ecosistemas", en el sentido de que la disciplina que llamamos derecho ambiental es algo más (quizás mucho más) que el estudio puramente formal de lo que hemos definido como derecho ambiental, en tanto derecho positivo (cf. *Ecología y derecho 1. Principios de derecho ambiental y ecología jurídica*, ECORAMA, Granada, 1992, 2a. ed., p. 42).

desarrollo —que por lo demás es una cuestión difícil de determinar—, sino de la definición de un objeto que le es específico y de un método que es apropiado para su estudio.

El argumento de la "falta de autonomía" del derecho ambiental, por su parte, está referido a la carencia de un objeto que le sería propio como disciplina jurídica. Este argumento enfatiza que aquello que se llama derecho ambiental se encuentra constituido, de manera principal, por un conjunto de normas jurídicas que "pertenecen" a sectores perfectamente definidos del sistema jurídico. Lo que se denomina derecho ambiental, por tanto, no es sino un reagrupamiento de normas jurídicas preexistentes que pertenecen a diversos sectores y que, por lo mismo, implica un recorrido horizontal del sistema jurídico. El derecho ambiental sería —de acuerdo con dos felices expresiones de Michel Prieur—, un "derecho de reagrupamiento" y un "derecho horizontal", esto es, lo que podría entenderse como algo que no tiene nada nuevo.

La verdad es que este argumento discurre a partir de un hecho que es sólo parcialmente cierto, pero no sólo lo generaliza, sino que además lo interpreta de manera errónea y, en definitiva, lo utiliza para fundamentar conclusiones que son falsas. En efecto, dicho razonamiento se concentra exclusivamente en el hecho de que el derecho ambiental se interesa en un conjunto de normas jurídicas preexistentes, a las que les atribuye una anterior "pertenencia". El argumento olvida, por consiguiente, lo "nuevo" que el derecho ambiental trae consigo en materia de principios y técnicas, es decir, ignora la moderna legislación ambiental o, por lo menos, no le concede, sin fundamento alguno, la importancia suficiente como para que ella pueda transformarse en el campo de una disciplina jurídica.

Pero el error más grave de dicho argumento consiste en que no repara en la "novedad" del enfoque en que se basa el derecho ambiental y que es, en definitiva, lo que le da la especificidad necesaria a su objeto. En efecto, a partir de un razonamiento equivocado sobre la cuestión de la "pertenencia" de las normas jurídicas a una determinada disciplina —que es un razonamiento unidimensional y anticientífico—, este argumento ignora que la especificidad del objeto de una disciplina está dada por la legitimidad de su enfoque y que la "pertenencia" de un objeto a una disciplina es una consecuencia de lo anterior, lo que por otra parte no puede considerarse en los términos de exclusividad y de exclusión en que se hace.

11. La especificidad del objeto del derecho ambiental

El argumento de la "falta de autonomía" del derecho ambiental tiene que ver, en última instancia, con la negación de la especificidad de su objeto. Esta especificidad es examinada a continuación, considerándose en primer término el hecho de que, muchas veces, el derecho ambiental se ocupa efectivamente de normas jurídicas que se encuentran incorporadas en ordenamientos en torno a los cuales se han constituido "antes" ciertas disciplinas jurídicas o que, en todo caso, son de interés para dichas disciplinas porque tienen que ver con su campo de estudio también constituido desde "antes".

Aunque sea obvio, hay que decir que el derecho ambiental se ocupa de esas normas porque ellas presentan una relevancia ambiental, en tanto se refieren a conductas humanas que pueden incidir en el campo de la protección del ambiente. Así ocurre, por ejemplo, con las normas que tratan la llamada responsabilidad civil extracontractual, que son normas que por lo general se encuentran en los Códigos civiles y que son objeto de estudio por la disciplina denominada derecho civil; pero, que también son de interés para el derecho ambiental, desde la perspectiva del daño ambiental. A este ejemplo se pueden agregar muchos otros. Los más significativos se encuentran constituidos quizás por las normas jurídicas que se han transformado en el campo de estudio de ciertas disciplinas relativamente nuevas y que se refieren a los recursos naturales (*v. gr.* el derecho de aguas, el derecho agrario, el derecho de minería, etc.), o a la protección de la salud humana (el derecho sanitario) o a los asentamientos humanos (el derecho urbanístico), etc. Pero al derecho ambiental también le interesan muchas de esas normas por la relevancia ambiental que ellas tienen.

Pues bien, este interés del derecho ambiental por tales normas es un interés legítimo desde un punto de vista científico y, por lo demás, no es incompatible con el que tienen respecto de las mismas normas otras disciplinas. En efecto, cualquier realidad puede ser considerada bajo diversas perspectivas, todas ellas igualmente válidas. En ese sentido, hay que tener claro que ninguna norma jurídica "pertenece", de manera exclusiva y excluyente, a una disciplina jurídica determinada, si esa norma es susceptible de ser analizada desde perspectivas distintas. El mismo sistema jurídico en su conjunto no "pertenece", de manera exclusiva y excluyente, a la ciencia jurídica (en sentido formal), pues dicho sistema puede también ser examinado, por ejemplo, desde perspectivas sociológicas o históricas.

Esto es lo que hace el derecho ambiental cuando se ocupa de normas que son parte del campo de interés de otras disciplinas. Dicho de manera sintética: en estos casos, el derecho ambiental hace una "lectura" distinta de esas normas, porque su enfoque es diverso al que asumen tales otras disciplinas. Y la legitimidad de ese enfoque es indiscutible. En consecuencia, en dichos casos el derecho ambiental tiene la autonomía que le confiere la especificidad de su objeto, pero esa especificidad está referida a la manera como tal objeto es analizado.

Así, por ejemplo, la institución de la propiedad privada —en torno de la cual gira casi todo el derecho civil—, es también una institución que interesa al derecho ambiental, pero no desde la misma perspectiva del derecho civil, que es preponderantemente económica. En efecto, al derecho ambiental le interesa el uso que se le puede dar a determinados bienes que están colocados bajo un régimen de propiedad privada ("elementos ambientales"), en la medida que ese uso tenga que ver con los procesos de interacciones entre los sistemas de los organismos vivos y sus sistemas de ambiente, mientras que al derecho civil también le interesa el uso que de los bienes que son de su propiedad puede hacer un particular, pero en un sentido casi exclusivamente económico. No hay entonces tal disputa, por mucho que ambas disciplinas estén ocupándose de una misma institución, establecida en unas mismas normas jurídicas. Esto no excluye, por cierto, la posibilidad de que respecto de esa misma institución se formulen distintos juicios de valor, porque no está dicho que lo que parece bueno para el derecho civil deba ser bueno para el derecho ambiental y viceversa. Así puede ocurrir, en general, cuando se hacen dos "lecturas" distintas de una misma institución.

En consecuencia, en tales casos el derecho ambiental no es un "derecho de reagrupamiento" o "derecho horizontal", en los términos en que es presentado, sino algo "nuevo", porque es el producto de una "lectura" diversa a la que otras disciplinas pudieran haber hecho de las mismas normas. En estos casos, el derecho ambiental es, como la ecología, una disciplina de síntesis, porque recoge conocimientos científicos que se han generado en otras disciplinas jurídicas y, luego de darles el alcance que corresponde al enfoque propio del derecho ambiental, los combina para formar un cuerpo nuevo y unificado de proposiciones jurídicas. Por supuesto, el derecho ambiental no puede ser colocado al lado de la mayor parte de las disciplinas jurídicas, que se han constituido con arreglo a un criterio de sistematización que no tiene nada que ver con el enfoque del derecho ambiental y que, en definitiva, es un criterio puramente histórico, cuyo fundamento (la *summa divisio* derecho público-derecho privado) es de dudosa validez científica.

En resumen: el derecho ambiental tiene un objeto específico. La especificidad de este objeto está dada, en muchos casos, no por la pertenencia a lo que se ha identificado como legislación ambiental, de manera exclusiva y excluyente, de las normas jurídicas respectivas, sino por la especificidad del enfoque propio del derecho ambiental. En otros casos, sin embargo, a dicha especificidad se agrega la que resulta del hecho de que la norma en cuestión ha sido exclusivamente concebida para efectos ambientales y no tiene ninguna otra relevancia. El derecho ambiental es una disciplina que ha logrado, como suele decirse, "construir su objeto". Por tanto, es una disciplina autónoma.

Con todo, esa autonomía no tiene un sentido absoluto, como ocurre por lo demás con todas las disciplinas jurídicas, que en estricto rigor son sólo relativamente autónomas. La relatividad de esta autonomía se explica por la pertenencia de cada sector a un sistema global —el sistema jurídico— donde se encuentran los principios que son comunes a todos los subsistemas (los llamados "principios generales del derecho"), así como los numerosos elementos que forman parte de un determinado subsistema, pero que tienen influencia en otros subsistemas (de donde nacen las llamadas "relaciones" entre las disciplinas jurídicas y que no son otra cosa que la expresión de estas interrelaciones).

12. El desarrollo del derecho ambiental como disciplina jurídica

La disciplina jurídica descrita en las dos secciones anteriores, se ha venido formando sobre la base de una literatura especializada, que no tiene más de 25 años, pero que ya ha experimentado importantes desarrollos.

Cronológicamente hablando, los primeros trabajos de derecho ambiental aparecieron en los países industrializados. Así, por ejemplo, en Francia desde 1973 se dispone de una importante obra de derecho ambiental, que es el tratado escrito sobre la materia por Jean Lamarque,[50] a la que lo siguen otros trabajos, incluso monografías sumamente importantes.[51] Entre esos trabajos debe mencionarse, como uno de los más interesantes, el libro de Michel Prieur.[52] En ese país, existe, además, una revista de derecho ambiental.[53] En España, Ramón Martín Mateo entrega en 1977 un importante libro sobre derecho ambiental,[54] que estuvo precedido y ha sido seguido por significativas contribuciones monográficas.[55] En Italia, Massimo Severo Giannini, a partir de 1973, hizo los primeros aportes al derecho ambiental con algunos ensayos que ahora son clásicos,[56] abriendo camino a muchos otros trabajos.[57] En la imposibilidad de citar aquí ni siquiera lo que es más significativo para el desarrollo del derecho ambiental en cada uno de los países industrializados, concluimos esta breve reseña indicando la importancia que tiene la literatura jurídica estadounidense sobre la materia,[58] así como las monografías y revistas especializadas.[59]

[50] *Cf. Droit de la protection de la nature et de l'environnement*, LGDJ, París, 1973.

[51] Entre ellas no pueden dejar de mencionarse los trabajos de G. Martin, *Le droit à l'environnement. De la responsabilité civile pour faits de pollution*, PPS, Lyon, 1978, y de F. Caballero, *Essai sur la notion juridique de nuissance*, LGDJ, París, 1981.

[52] Nos referimos a su *Droit de l'environnement*, Dalloz, París, 1984 (que ya va en su tercera edición).

[53] *Cf. Revue juridique de l'environnement*, PPS, Lyon (desde 1976).

[54] *Cf. Derecho ambiental, cit. supra* en nota 48. Hoy existe un *Tratado de derecho ambiental* del mismo autor, publicado en tres volúmenes (Trivium, Madrid, 1991, 1992, 1997).

[55] *Cf.* entre tantos otros, los trabajos compilados por Luis Rodríguez Ramos en *Derecho y medio ambiente*, CEOTMA, Madrid, 1981.

[56] *Cf.* "Ambiente: saggio sui suoi aspetti giuridici" en *Rivista trimestrale di diritto pubblico*, núm. 1, 1973, pp. 15 *ss.*, así como "Primi rilievi sulle nozioni di gestione del ambiente e del territorio", en la misma *Rivista*, núm. 2, 1975, pp.479 *ss.*

[57] *Cf.* entre otros, Amedeo Postiglione, *Il diritto all'ambiente*, Jovene, Nápoles, l982.

[58] La bibliografía estadounidense sobre la materia es sumamente extensa. Aparte del trabajo precursor de Peter Sand *cit.* en la nota 42, recomendamos la lectura de algunos de los varios textos de derecho ambiental que existen, como el de William H. Rodgers, Jr., así como su *Tratado sobre Derecho Ambiental* que está comenzando a publicar la misma editorial (4 volúmenes), *cit.* en la nota 44, y el de Roger W. Findley y Daniel A. Farber, *Environmental Law*, West Publishing Co., St. Paul Minn., 1983.

[59] Entre las revistas, debe mencionarse a *Ecology Law Quaterly* (Berkely, desde 1971), que es la más antigua sobre la materia.

América Latina cuenta también con un importante desarrollo del derecho ambiental, que se expresa en primer término en los trabajos precursores de Guillermo J. Cano en Argentina,[60] a los que le han seguido muchos otros en ese país y en toda América Latina. En la primera edición de este libro hicimos una reseña de la literatura jurídica generada en América Latina en materia de derecho ambiental. En la actualidad, la cantidad y variedad de esa literatura hace difícil, sino imposible, una reseña de esta naturaleza. En consecuencia, remitimos al lector a un libro cuya publicación coordinamos en 1996 y que pretende dar cuenta de dicha literatura.[61] Es posible que, incluso, este libro no refleje toda su riqueza. Como dijimos en la presentación de dicho libro, este tipo de obras se encuentra muy lejos de estar exenta de errores y omisiones.[62]

En todo caso, queremos dejar testimonio del enorme esfuerzo que se ha hecho en casi todos los países de América Latina para generar un pensamiento específicamente latinoamericano sobre el derecho ambiental, superando las dificultades que supone la falta de estímulos para las tareas creativas que lamentablemente caracterizan a esta región. En efecto, en un lapso relativamente breve se han publicado un conjunto de libros y trabajos que muestran un futuro promisorio para el desarrollo del derecho ambiental en América Latina. También queremos dejar testimonio del estímulo permanente que esta literatura ha representado para el autor de este libro.[63]

De México en particular, cabe decir lo mismo. Si no estamos equivocados, lo primero que fue publicado en México sobre derecho ambiental es el ensayo de Fernando Vázquez que contiene un análisis del sistema jurídico mexicano sobre contaminación ambiental, en 1974.[64] En el mismo año, el Instituto de Investigaciones Jurídicas de la Universidad Autónoma de México convocó a un simposio internacional sobre derecho ambiental, del que resultó una publicación en lengua inglesa.[65] Por su parte, Ramón Ojeda, fundador de la Academia Mexicana de Derecho Ambiental, ha escrito diversos artículos sobre el tema.[66] De su lado,

[60] Varios trabajos de Cano fueron publicados en un libro que lleva el título de *Derecho, política y administración ambientales*, Depalma, Buenos Aires, 1979.

[61] *Cf.* PNUMA, *Bibliografía y hemerografía sobre el derecho ambiental en América Latina y el Caribe*, México, 1996, 143 pp.

[62] *Ibid.* p. 6.

[63] A lo que se agrega el contacto personal con muchos de los autores latinoamericanos y otros juristas, que ha sido sumamente enriquecedor desde todo punto de vista para el autor de este libro.

[64] *Cf.* sus "Notas para el estudio del sistema jurídico mexicano en materia de contaminación del ambiente" en la revista *Jurídica*, Universidad Iberoamericana, México, 1974, núm. 6.

[65] *Cf. Legal protection of the environment in developing countries*, UNAM, México, 1976.

[66] En la primera edición de este libro citamos, a modo de ejemplo, su trabajo "Notas sobre la legislación mexicana referente a la contaminación" (publicado en *Ambiente y recursos naturales*, núm. 1, 1984) Hoy, es difícil reseñar las muchas contribuciones que ha hecho al desarrollo del derecho ambiental.

Lucio Cabrera escribió en 1981 un libro sobre derecho ambiental.[67] También en 1981 apareció un libro sobre la misma materia, de que es autor Américo J. Flores.[68] A esos libros se sumó en 1987 nuestro *Derecho ambiental mexicano* y, posteriormente, nuestro *Manual de derecho ambiental mexicano*.[69] También existen algunas contribuciones significativas que provienen de tesis profesionales, en diversas universidades del país, cuyo número y calidad va creciendo.[70] Remitimos nuevamente al lector a la publicación que figura en la nota 61. Por último, cabe destacar que en los momentos en que se estaba elaborando la segunda edición de este libro se han publicado algunos trabajos importantes que toman en cuenta las transformaciones recientes del derecho ambiental mexicano.

En un plano internacional, cabe mencionar, además, la importante contribución de la Unión Internacional para la Conservación de la Naturaleza (UICN), hoy Unión Mundial para la naturaleza que mantiene un banco de datos sobre derecho ambiental en la ciudad de Bonn, Alemania, y publica una revista especializada.[71] Por su parte, el Programa de Naciones Unidas para el Medio Ambiente (PNUMA), con sede en Nairobi, Kenya, ha impulsado un conjunto de publicaciones sobre derecho internacional del ambiente, que serán citadas a lo largo de esta obra, haciendo de esta manera aportes significativos al desarrollo de esta disciplina.

El derecho ambiental no cuenta aún con un espacio académico adecuado para su desarrollo. En efecto, son contados los casos de las universidades que han acogido la enseñanza de esta disciplina dentro de sus planes de estudio, a nivel de licenciatura o de posgrado, por lo menos en América Latina. La verdad es que, por su naturaleza, el derecho ambiental presenta dificultades para ser insertado dentro del plan de estudios de una licenciatura en derecho, ya que no es una disciplina que se pueda poner al lado de las disciplinas tradicionales, desde el momento en que es el producto de un enfoque diverso de los sistemas jurídicos y recoge algunos contenidos de otras disciplinas, para hacer una lectura distinta de los mismos. Las posibilidades de la enseñanza del derecho ambiental se encuentran más bien en los diversos niveles de posgrado, a manera de cursos de especialización, o de maestría, o de doctorado. Otro tanto cabe decir de la investigación y la difusión del derecho ambiental. Nos correspondió desde el PNUMA coordinar un trabajo que pretende ser una contribución para el desarrollo de la enseñanza del derecho ambiental y que ya está siendo utilizado para diversos fi-

67 *El derecho de protección al ambiente*, UNAM, México, 1981.

68 *Cf.* sus *Breves consideraciones sobre derecho ambiental*, Tlazatecutli, México, 1981.

69 Fundación Universo Veintiuno, México, 1987, y Fondo de Cultura Económica-Fundación Mexicana para la Educación Ambiental, México, 1994.

70 Entre ellas debemos mencionar el estudio hecho por María del Carmen Carmona en sus *Aspectos jurídicos de los problemas ambientales en México* (Escuela Libre de Derecho, México, 1981), por su carácter pionero.

71 *Environmental law and policy* (Bonn, desde 1976).

nes docentes en varios países.[72] A este tema se regresa en el capítulo final del libro.

13. El contenido de la disciplina

La definición que se ha formulado del derecho ambiental, así como las precisiones que se han hecho de la problemática ambiental desde las perspectivas de las relaciones sociedad-naturaleza y ambiente-desarrollo, permiten que hagamos una descripción de los grandes contenidos del derecho ambiental como disciplina jurídica.

Más atrás, se ha dicho que el derecho ambiental es el conjunto de normas jurídicas que regulan las conductas humanas que pueden influir de una manera relevante en los procesos de interacción que tienen lugar entre los sistemas de los organismos vivos y sus sistemas de ambiente, mediante la generación de efectos de los que se espera una modificación significativa de las condiciones de existencia de dichos organismos. Este conjunto de normas jurídicas es un "sector" del sistema jurídico general, esto es, un "subsistema", que se ha identificado con base en el concepto de ambiente, que es el bien jurídicamente tutelado.

Dicho subsistema presenta, en nuestra opinión, un núcleo principal, a partir del cual se pueden organizar los grandes contenidos del derecho ambiental como disciplina jurídica. Este núcleo principal se halla constituido por la legislación que se refiere a lo que antes hemos denominado las "relaciones más inmediatas" entre la sociedad y la naturaleza, esto es, las conductas humanas que directamente pueden influir de una manera relevante en las condiciones de existencia de los organismos vivos.

Ahora bien, si se tiene presente que esas condiciones de existencia son los elementos que configuran la biosfera, pero que la biosfera no puede ser considerada de manera independiente de la tecnosfera que se ha levantado dentro de ella, resulta claro que el núcleo principal de que estamos hablando se encuentra constituido por la legislación que se refiere a la protección del ambiente natural y a la ordenación del ambiente construido. Sobre este punto existe un gran consenso por parte de quienes se ocupan de la disciplina, pues el mayor número de sus cultores coinciden en que por "ambiente" debe entenderse tanto el "medio natural" como el "medio artificial". Sin embargo, también hay quienes limitan el concepto de ambiente al medio natural e, incluso, sólo a ciertos elementos del medio natural, por lo que circunscriben la disciplina al estudio de aquel medio o de estos elementos.[73]

[72] Se trata una propuesta para la enseñanza del derecho ambiental que se diseñó con la colaboración diversos expertos de la región y de la Universidad Autónoma Metropolitana, de México y que fue publicada por el PNUMA con el título *Plan general para la formación en derecho ambiental en América Latina y el Caribe* (México, 1996, 206 pp.).

[73] *Cf.* nuestro trabajo sobre *Las diversas interpretaciones del derecho ambiental. El derecho ambiental como disciplina jurídica,* cit. *supra* en nota 5, donde analizamos las concep-

La moderna legislación ambiental tiende a concentrar la protección del ambiente natural y la ordenación del medio construido en unas mismas normas jurídicas, pues la verdad es que estos dos conceptos no son sino las dos caras de una misma medalla. Esta legislación se orienta, por tanto, a regular la protección del ambiente en su conjunto. El estudio de las normas que se ocupan de la protección del ambiente en su conjunto, constituye el primer gran contenido del derecho ambiental como disciplina jurídica.

El segundo de tales contenidos se encuentra constituido por la legislación que regula la protección del medio natural, que por lo general está organizada sectorialmente, lo que significa que ella regula por separado la protección de cada elemento del ambiente natural. Esto determina que se deba examinar de manera independiente la legislación sobre áreas naturales protegidas, aguas continentales, aguas marítimas, suelos, flora y fauna silvestres, recursos naturales no renovables, recursos energéticos y atmósfera, a menos que el sistema jurídico en estudio cuente con una legislación global sobre protección de la naturaleza o, por lo menos, sobre protección de algún conjunto significativo de sus elementos.

El tercero de los grandes contenidos del derecho ambiental como disciplina jurídica se halla constituido por la legislación que regula la ordenación del medio construido. La ordenación del medio construido se lleva a cabo a través de la regulación de las obras materiales que integran el llamado ambiente artificial, o de las actividades que se realizan dentro de ese medio, o de los problemas relevantes para el ambiente que se presentan dentro del mismo medio. Nuevamente, la organización eminentemente sectorial de la respectiva legislación, determina por lo general que se deban estudiar por separado materias tales como la ordenación de los asentamientos humanos, la regulación de las actividades industriales, la normatividad sobre los efectos en el ambiente del ruido en general, etcétera.

Existe un cuarto gran contenido del derecho ambiental como disciplina jurídica, que no tiene el mismo nivel de amplitud de los anteriores. Se trata de la protección de la salud humana ante los efectos nocivos del ambiente. La verdad es que esta idea se encuentra presente a lo largo de toda la legislación ambiental. Sin embargo, todo sistema jurídico cuenta con una legislación más específica sobre la materia, que es la legislación sanitaria. Una vez más, la materia legislada es la protección del ambiente; pero, la óptica con que la legislación sanitaria aborda ese tema tiene su propia especificidad.

Las normas jurídicas que son materia de estudio en cada uno de estos grandes contenidos, son las que regulan las conductas humanas que pueden influir de una manera relevante en las condiciones de existencia de los organismos vivos. Pero, es menester enfatizar que tales normas no son sólo las que regulan las "relaciones más inmediatas" entre la socie-

ciones "amplias" y las concepciones "restrictivas" del derecho ambiental en América Latina y en algunos países de Europa.

dad y la naturaleza, sino también las que regulan aquellas relaciones sociales más generales que influyen a su vez en la relación sociedad-naturaleza. Porque la relación sociedad-naturaleza no consiste simplemente en una relación directa entre el "hombre" y las "cosas", sino también y de una manera principal en el conjunto de relaciones entre los hombres que determinan, a su vez, la manera como los hombres se relacionan con las cosas. El campo de estudio del derecho ambiental se extiende, por consiguiente, a normas jurídicas que regulan materias que sólo en apariencia no tienen nada que ver con la problemática ambiental y que, en cambio, son una parte importante de dicha problemática, como se ha explicado más atrás (véanse las secciones 6 y 7).

14. Las fuentes del derecho ambiental

El derecho ambiental tiene un carácter "difuso". Con este término se designa el fenómeno de la dispersión de las normas jurídicas que tratan, directa o indirectamente, de la protección del ambiente. Es importante entonces contar con un "mapa" del derecho ambiental, que a continuación reseñamos, teniendo en cuenta lo que sería un derecho ambiental "tipo" en América Latina.

En esta exposición seguiremos de cerca los lineamientos de una metodología elaborada por Guillermo J. Cano,[74] pero señalando antes que los países de la región latinoamericana que son histórica, económica, social y políticamente afines, tienen actualmente un ordenamiento jurídico que se genera a partir de su constitución como naciones independientes en el siglo XIX. La Constitución Política suele ser entonces no sólo la primera de sus fuentes por la jerarquía de sus normas, sino también por razones de orden cronológico. En torno de esas Constituciones de carácter liberal —que por lo general en el siglo XX serán sustituidas por Constituciones de carácter dirigista—, se estructura un ordenamiento jurídico compuesto principalmente por Códigos (civil, de comercio, penal, de procedimientos, etc.), de inspiración también liberal. En el siglo XX, algunos de estos Códigos son remozados, pero también irrumpe, en consonancia con los tiempos, una nueva legislación de carácter administrativo, fiscal, laboral, agraria, minera, etc., que se superpone a la anterior, algunas veces también bajo la forma de Códigos (del trabajo o de aguas o fiscal). No es poco frecuente encontrar contradicciones internas, que se explican por el hecho de que la legislación vigente no responde a una misma concepción política.

Pues bien, en los ordenamientos jurídicos así constituidos históricamente, las fuentes del derecho ambiental están presididas, como se ha dicho, por la Constitución Política. En los casos de países federales (Argen-

[74] *Cf.* su "Metodología para el relevamiento de las instituciones ambientales y para la legislación integrada sobre el ambiente y los recursos naturales en América Latina" en *op. cit.*, *supra* en nota 59, pp. 163 y *ss.*

tina, Brasil, México y Venezuela, en América Latina), deben tomarse en consideración también las Constituciones locales (provinciales, estaduales o estatales). Las Constituciones suelen resolver una serie de cuestiones de interés para el derecho ambiental, que Cano detalla adecuadamente.[75] Nosotros quisiéramos simplemente recalcar aquí la importancia que tiene determinar el régimen jurídico-económico que resulta de la Constitución (la "constitución económica"), régimen que será el marco dentro del cual se realizará una política ambiental.

La segunda fuente del derecho ambiental está constituida por la legislación ambiental moderna o "legislación propiamente ambiental", es decir, por aquella que se refiere al conjunto de los problemas ambientales. Esta última es poco común en América Latina, pero es clara la tendencia a establecerla (Colombia y Venezuela son los primeros casos, seguidos más tarde por Cuba, Brasil y otros países que se han mencionado más atrás). En cambio, es más común la legislación que se refiere a problemas ambientales específicos o sectoriales (la "legislación sectorial de relevancia ambiental"). Dentro de este rubro colocaríamos, entre otras, la legislación sobre recursos naturales renovables, por lo general inspirada en criterios conservacionistas de cada recurso (Cano la considera como legislación cuya materia principal no es ambiental). Creemos que una mención especial debe hacerse a los Códigos administrativos y a los Códigos rurales que existen en algunos países de la región, porque son verdaderos compendios de derecho ambiental elaborados principalmente en el siglo XIX, y relegados, sin embargo, a segundo término (aunque no abrogados) por la legislación sobre recursos naturales renovables y no renovables de este siglo (Códigos o leyes sobre aguas, tierras, suelos urbanos, bosques, flora y fauna silvestre, etc.) y por la legislación sobre saneamiento ambiental (Códigos o leyes sanitarias).

La tercera fuente del derecho ambiental está constituida por las normas de relevancia o interés ambiental contenidas en una legislación que versa sobre otros temas. Aquí deben incluirse los Códigos civiles, los Códigos de minería y su legislación conexa (que a diferencia de la legislación sobre recursos naturales renovables, no tienen un sentido protector del ambiente), los Códigos penales, los Códigos de procedimientos y, en fin, una serie de Códigos o leyes que detalla Cano con mucha precisión, que podrían contener normas de relevancia o interés ambiental, dentro de la cual destaca la legislación económica (en sentido amplio). Remitimos al lector a ese detalle.[76]

Por cierto, la jurisprudencia y la costumbre, en los pocos casos en que dentro de América Latina son fuentes de derecho, también deben ser consideradas en una tarea de relevamiento del derecho ambiental.

También deben considerarse como fuentes del derecho ambiental las disposiciones de todo orden que se refieran a la administración pública

[75] *Ibid.*, pp. 166 y 167.
[76] *Ibid.*, pp. 168 a 172.

del ambiente, sea que se trate de organismos públicos creados exclusivamente con ese fin o no. En rigor, estas fuentes tienen también el carácter de legislación ambiental específica o de legislación que, versando sobre otras materias, se refiere también a cuestiones ambientales. Sin embargo, la especificidad y muchas veces la complejidad de la materia, hacen aconsejable que esta legislación sea analizada aparte.

Hasta este momento hemos considerado exclusivamente fuentes del derecho ambiental que provienen del derecho interno. Pero, también el derecho internacional debe ser considerado como fuente del derecho ambiental. Más aún, a diferencia de lo que ocurre con el derecho no ambiental, el derecho internacional constituye una fuente importante del derecho ambiental y con toda seguridad llegará a tener aún más relevancia. En efecto, es oportuno recordar que el carácter de fuente del derecho ambiental lo tienen no sólo los tratados y convenciones internacionales formalmente concluidas que se refieren en todo o parte a cuestiones de carácter ambiental, sino también una serie de actos que derivan y que se realizan a través de los mismos que denominaremos, como lo hace la doctrina, "procedimientos simplificados de arreglo" (para poner de manifiesto su parcial carencia de formalidades), así como los numerosos actos que configuran lo que se denomina el derecho internacional "emergente" (*v.gr.* las resoluciones de los organismos intergubernamentales y las cada vez más numerosas declaraciones políticas sobre cuestiones ambientales internacionales).

Los principios básicos del derecho internacional para la protección del ambiente se encuentran tanto en la Declaración de la Conferencia de las Naciones Unidas sobre el Medio Humano, que se llevó a cabo en Estocolmo (Suecia), del 5 al 16 de junio de 1972, como en la Declaración de la Conferencia de las Naciones Unidas sobre el Medio Ambiente y el Desarrollo, que tuvo lugar en Río de Janeiro (Brasil), del 3 al 14 de junio de 1992. En efecto, ambas Declaraciones —adoptadas por consenso de los gobiernos participantes— consignan algunas reglas fundamentales sobre la materia, siendo de señalarse que la Declaración de Río, como se expresa en sus consideraciones, reafirma la Declaración de Estocolmo e intenta basarse en ella.

Una de estas reglas fundamentales se refiere al deber de los Estados de velar porque las actividades que se realicen dentro de su jurisdicción o bajo su control no perjudiquen el ambiente de otros Estados o de zonas internacionales. En efecto, el principio 21 de la Declaración de Estocolmo y el 2 de la Declaración de Río establecen, respectivamente:

> De conformidad con la Carta de las Naciones Unidas y con los principios del derecho internacional, los Estados tienen el derecho soberano de explotar sus propios recursos en aplicación de su propia política ambiental y la obligación de asegurarse de que las actividades que se lleven a cabo dentro de su jurisdicción o bajo su control no perjudiquen el ambiente de otros Estados o de zonas internacionales *[Estocolmo].*

Por su parte, la Declaración de Río reafirma este principio en los siguientes términos:

> De conformidad con la Carta de las Naciones Unidas y los principios del derecho internacional, los Estados tienen el derecho soberano de aprovechar sus propios recursos según sus propias políticas ambientales y de desarrollo y la responsabilidad de velar porque las actividades realizadas dentro de su jurisdicción o bajo su control no causen daños al medio ambiente de otros Estados o de zonas que estén fuera de los límites de la jurisdicción nacional *[Río]*.

Este principio se vincula con otro principio más antiguo del derecho internacional, en virtud del cual ningún Estado puede alterar su propio territorio en desventaja del territorio vecino.[77] Pero, no menos importantes son otras reglas que apuntan al desarrollo del derecho internacional para la protección del ambiente, desarrollo que como todo el derecho internacional tiene un carácter eminentemente progresivo.[78] Así, por ejemplo, en materia de cooperación los principios 22 de la Declaración de Estocolmo y 13 de la Declaración de Río expresan, respectivamente:

> Los Estados deben cooperar para continuar desarrollando el derecho internacional en lo que se refiere a la responsabilidad y a la indemnización de las víctimas de la contaminación y otros daños ambientales que las actividades realizadas dentro de la jurisdicción o bajo control de tales Estados causen a zonas situadas fuera de su jurisdicción *[Estocolmo]*.

Este principio tiene su contrapartida en otro de la Declaración de Río:

> Los Estados deberán desarrollar la legislación nacional relativa a la responsabilidad y la indemnización respecto de las víctimas de la contaminación y otros daños ambientales. Los Estados deberán cooperar asimismo de manera expedita y más decidida en la elaboración de nuevas leyes internacionales sobre responsabilidad e indemnización por los efectos adversos de los daños ambientales causados por las actividades realizadas dentro de su jurisdicción, o bajo su control, en zonas situadas fuera de su jurisdicción *[Río]*.

Hay que decir que en esa época la cuestión de la responsabilidad de los Estados por los efectos de la contaminación, tenía una serie de desarrollos importantes en el derecho internacional.[79] De otro lado, a partir de la Conferencia de Estocolmo se suscribieron y ratificaron un conjunto de tratados y convenciones internacionales sobre la protección del ambiente, que se han sumado a otros que ya se encontraban en vigor.[80] Esperamos que lo mismo suceda con la Conferencia de Río.

[77] *Cf.* César Sepúlveda, *Derecho internacional*, Porrúa, México, 12a. ed., 1981, p. 172.

[78] El carácter progresivo de este derecho lo destaca Alexander Ch. Kiss en la introducción de su *Recueil de Traités multilateraux relatifs a la protection de l'environnement*, UNEP, Nairobi, 1982.

[79] *Cf.* Luis Miguel Díaz, *Responsabilidad del Estado y contaminación. Aspectos jurídicos*, Porrúa, México, 1982.

[80] *Cf.* el *Recueil* recién citado.

Los diversos principios de la Declaración de Río son examinados a lo largo de este libro. Por ahora, lo que importa es destacar que la Declaración representa un fuerte impulso al desarrollo del derecho internacional ambiental y llamar la atención sobre su principio 27 y último, que establece:

> Los Estados y los pueblos deberán cooperar de buena fe y con espíritu de solidaridad en la aplicación de los principios consagrados en esta Declaración y el ulterior desarrollo del derecho internacional en la esfera del desarrollo sostenible.

15. El plan de exposición del libro

Este libro versa principalmente sobre el derecho ambiental mexicano. En su desarrollo, se siguen ciertas pautas que tienen que ver con lo que se ha dicho en los párrafos anteriores sobre el objeto y el contenido del derecho ambiental. En consecuencia, su estructura se ajusta a ciertos criterios que resultan de la visión que su autor tiene respecto del derecho ambiental. Pero, ella tiene en cuenta, además, la manera como se encuentra legislada la protección del ambiente en México.

La primera parte del libro está referida a la protección jurídica del ambiente en su conjunto. Por tanto, en esta primera parte se examinan las disposiciones que regulan la materia, considerando al ambiente como un todo, o por lo menos teniendo en cuenta un importante grupo de elementos ambientales, como por ejemplo los recursos naturales. Se trata del estudio de lo que podría denominarse la legislación propiamente ambiental de México, en especial de la Ley General del Equilibrio Ecológico y la Protección al Ambiente. Esta primera parte se encuentra estructurada por cuatro capítulos, que tratan sucesivamente de las bases constitucionales, de la gestión ambiental, de la política ambiental, y de los instrumentos de la política ambiental.

La segunda parte del libro está dedicada a la protección jurídica de los ecosistemas naturales terrestres. En esa parte se estudian los sistemas de protección existentes que se refieren a la diversidad biológica y la flora y fauna silvestres, las áreas naturales protegidas, los recursos forestales, los suelos, las aguas continentales, los recursos naturales no renovables y los recursos energéticos, esto es, los elementos ambientales que configuran los ecosistemas naturales terrestres. Esta segunda parte se halla estructurada por siete capítulos, en los que se examinan los sistemas de protección jurídica que existen respecto de cada uno de estos elementos.[81]

[81] Existen diversas clasificaciones más rigurosas de los componentes de un ecosistema terrestre e, incluso, denominaciones más correctas para designarlos. Sin embargo, en este libro se ha debido seguir un criterio de organización que tienen que ver con la manera como se encuentran habitualmente legislados. Así, por ejemplo, los energéticos son examinados en forma separada, habida consideración de que existen ordenamientos jurídicos

La tercera parte del libro se ocupa de la protección jurídica de los ecosistemas marinos, cuestión que es analizada en dos capítulos, que tratan de esa protección desde el punto de vista del derecho interno y del derecho internacional, respectivamente.

La cuarta parte del libro concluye el examen de los elementos que integran el ambiente natural, con el estudio del sistema de protección de la atmósfera y del espacio ultraterrestre.

La quinta parte del libro trata de la ordenación del ambiente construido, a través del examen de las normas jurídicas que disciplinan los asentamientos humanos y la vivienda; las actividades industriales; las vías generales de comunicación y el transporte; los efectos ambientales de la energía térmica y lumínica, el ruido y las vibraciones; el turismo y el patrimonio cultural.

La sexta parte del libro se refiere a la protección de la salud humana de los efectos del ambiente, distinguiendo entre las reglas jurídicas que tratan de los efectos del ambiente en general sobre la salud humana y los efectos del ambiente laboral en la salud de los trabajadores.

La séptima parte, en fin, se aboca al tema de la política legislativa para la protección del ambiente. Con ese objeto, se hace un balance de los méritos y deméritos de la legislación mexicana para la protección del ambiente y se formulan algunas propuestas que miran al desarrollo progresivo del derecho ambiental mexicano y a su aplicación.

El plan de exposición del libro se basa en la idea de "ecosistema", que es un concepto fundamental dentro de la ecología, definido en 1935 por el botánico inglés Tasley como "un sistema total que incluye no sólo los complejos orgánicos sino también el complejo total de factores que constituyen lo que llamamos medio ambiente". Este concepto fue aceptado por la comunidad científica y, a partir de él, se inició la tercera fase de evolución de la ecología, transformada ahora en la ciencia de síntesis e integración que conocemos, cuya unidad de estudio es presisamente el ecosistema.[82]

específicos que los regulan. Por otra parte, en este libro se mantiene la terminología tradicional de "recursos naturales renovables y no renovables" para efectos de su mejor comprensión, no obstante que la cuestión de la renovabilidad de los recursos se expresa de manera más exacta con los calificativos "de génesis actual" y "de génesis antigua".w En cambio, las expresiones "recursos vivos (bióticos)" y "recursos no vivos (abióticos)" —que son básicas en el lenguaje de la ecología— no son empleadas sino ocasionalmente en este libro, por no haberse incorporado aún al lenguaje de las normas jurídicas.

[82] *Cf.* Jaim Hurtubia "Ecología y desarrollo: evolución y perspectivas del pensamiento ecológico", en Osvaldo Sunkel y Nicolo Gligo (comps.), *Estilos de desarrollo y medio ambiente en América Latina*, FCE, 1980, vol. I, pp. 172 y 173. Allí ese autor define el ecosistema como !una unidad estructural, funcional y de organización, consistente en organismos (incluido el hombre) y las variables ambientales (bióticas y abióticas) de un área determinada!. Legalmente, entre nosotros el ecosistema es definido como "la unidad funcional básica de los organismos vivos entre sí y de éstos con el ambiente, en un espacio determinados" (artículo 3º, fracción XIII, de la Ley General del Equilibrio Ecológico y la Protección al Ambiente)

Primera Parte

LA PROTECCIÓN DEL AMBIENTE EN SU CONJUNTO

II. LAS BASES CONSTITUCIONALES

16. La protección del ambiente en la Constitución Política. 17. La conservación de los recursos naturales en la Constitución Política. 18. La historia del establecimiento del artículo 27 constitucional. 19. El análisis ambiental del artículo 27 constitucional. 20. La prevención y el control de la contaminación ambiental en la Constitución Política. 21. Los alcances jurídicos de la reforma constitucional de 1971. 22. La protección del ambiente en la Constitución Política a partir de 1983. 23. Algunas conclusiones sobre las bases constitucionales vigentes hasta 1987 para la protección del ambiente en su conjunto. 24. Las reformas constitucionales de 1987 a los artículos 27 y 73. 25. La división de las facultades en materia ambiental entre la Federación y los estados. 26. Las facultades del municipio en materia ambiental. 27. La protección constitucional del ambiente en el derecho comparado. 28. ¿Existe entre nosotros el derecho constitucional a un medio ambiente adecuado?

16. La protección del ambiente en la Constitución Política

La idea de la "supremacía de la Constitución", que es uno de los principios fundamentales del constitucionalismo clásico, es también una de las reglas básicas del sistema jurídico mexicano. En efecto, la Constitución Política de los Estados Unidos Mexicanos es la Ley Suprema de la Unión, según lo dispone el artículo 133 de esa Carta Fundamental.[1] El principio de la supremacía de la Constitución hace aconsejable en este caso, como en otros, iniciar el examen del sistema jurídico de la protección del ambiente en su conjunto, con las disposiciones constitucionales que se refieren a esta materia, denominadas aquí "bases constitucionales" dado que a partir de ellas se construye el sistema jurídico en cuestión.

Al lado de esas disposiciones existen otras que están dispersas en toda la Constitución Política y que se refieren a ciertos elementos ambientales o a determinadas actividades que pueden generar efectos ambientales, como las tierras y las aguas, los mares, la atmósfera, los minerales, la energía eléctrica, la energía nuclear, los asentamientos humanos, las ac-

[1] Así lo establecía, además, el artículo 126 de la anterior Constitución de 1857. El modelo que se siguió fue el de la Constitución estadunidense de 1787, que había iniciado la era del constitucionalismo clásico. En esa Constitución se prescribe que "this Constitution... shall be the supreme Law of the Land..." (artículo VI, sección 2a.), lo que en la interpretación hecha por la Suprema Corte de ese país en 1803 se transformó en el principio de la "supremacía de la Constitución", con la consecuencia de que los jueces pasaron a tener el deber de no aplicar las leyes contrarias a las mismas (en el famoso caso Marbury *vs.* Madison).

tividades industriales, el patrimonio cultural, etc. Éstas son también "bases constitucionales" respecto de cada una de las materias de que se ocupan, pero por razones de método su examen queda reservado para los capítulos que tratan de los elementos y actividades a que ellas se refieren. En consecuencia, este capítulo se concentra en el análisis de las bases constitucionales que tratan los aspectos más generales de la protección del ambiente, en consonancia con la idea de que esta parte del libro se ocupe de la protección del ambiente en su conjunto.

La primera de esas bases es la disposición contenida en el párrafo tercero del artículo 27 constitucional, que se refiere a la idea de la conservación de los recursos naturales. La norma que contiene esta idea pertenece al texto original de la Constitución Política de 1917 y, no obstante los cambios que ha experimentado el párrafo tercero del artículo 27 (el último de ellos en 1992), ha permanecido inalterable. El hecho de que el Constituyente haya tenido en cuenta dicha idea cuando diseñó el proyecto nacional que subyace en la Carta Fundamental de México, es algo verdaderamente singular para su época y confirma, una vez más, el carácter precursor de la Constitución Política de 1917, que en el momento de su aparición fue una auténtica obra maestra del constitucionalismo social del presente siglo.

La segunda de esas bases es la disposición contenida en la fracción XVI del artículo 73 constitucional, que se refiere a la prevención y control de la contaminación ambiental. Esta idea fue incorporada explícitamente a la Constitución Política de 1917, y es otro de los elementos principales de la protección del ambiente.

Finalmente, la tercera de estas bases es la disposición contenida en el párrafo sexto del artículo 25 constitucional, que se refiere al cuidado del medio ambiente, con motivo de la regulación del uso de los recursos productivos por los sectores social y privado. Esta idea fue incorporada a la Constitución Política en 1983. Se trató de la primera ocasión en que la Carta Fundamental mencionó al "ambiente" o "medio ambiente", como tal.

En 1987, estas bases fueron ampliadas y modificadas mediante sendas reformas a los artículos 27 y 73 constitucionales, que incorporaron el deber del Estado de preservar y restaurar el equilibrio ecológico, así como la facultad del Congreso de la Unión para establecer un sistema de concurrencia entre la Federación, los estados y los municipios en materia de preservación y restauración del equilibrio ecológico y protección al ambiente. Tales reformas se examinan también en este capítulo, que precisa las consecuencias que implican en la división de facultades entre los tres niveles de gobierno, en comparación con el anterior régimen de distribución de atribuciones. El análisis de cómo se reparten esas facultades hará necesario, a su vez, que se examinen las facultades de los municipios en materia de protección del ambiente.

Luego, en este capítulo, se analiza cómo se ha tratado en el derecho comparado la protección constitucional del ambiente en su conjunto. Como esto último nos plantea la cuestión del derecho fundamental a un ambiente adecuado, el capítulo concluye con una revisión de la reforma de 1983 al artículo 4º constitucional, en la parte relativa al derecho a la protección de la salud.

17. La conservación de los recursos naturales en la Constitución Política

La incorporación del principio de la conservación de los recursos naturales en general a la Constitución Política de 1917, debe ser considerada junto con el profundo cambio que ella estableció respecto del sistema de propiedad y, más específicamente, con la idea de la función social de la propiedad privada que la Constitución consagró, en sustitución de la idea de la propiedad privada como un derecho absoluto. En efecto, el artículo 27 de la Constitución Política del 5 de febrero de 1857, hasta entonces vigente, establecía en su párrafo primero:

> La propiedad de las personas no puede ser ocupada sin su consentimiento, sino por causa de utilidad pública y previa indemnización. La ley determinará la autoridad que deba hacer la expropiación y los requisitos con que ésta haya de verificarse.

Tratábase de la concepción de la propiedad privada (o "de las personas") como un derecho absoluto, que iban a desarrollar los Códigos civiles locales, como ocurrió con los Códigos civiles para el Distrito Federal de 1870 y 1884. Dentro de esa concepción, no tenía cabida la idea de la protección de los recursos naturales, pues de acuerdo con la misma el dueño de las cosas tenía el derecho de usar y disponer de ellas a su libre arbitrio.[2]

Hay que decir que, respecto a la propiedad territorial, esta concepción tuvo, en el seno del Congreso General Constituyente de 1856, un decidido impugnador: el diputado Ponciano Arriaga, quien, sin renunciar a los principios jusnaturalistas que fundamentaban la propiedad privada sino más bien a partir de los mismos, sostuvo vigorosamente la necesidad de modificar el régimen territorial entonces vigente para resolver los graves problemas sociales que aquejaban al país. "Mientras que pocos individuos están en posesión de inmensos e incultos terrenos, que podrían dar subsistencia para muchos millones de hombres —decía Ponciano Arriaga— un pueblo numeroso, crecida mayoría de ciudadanos, gime en la más horrenda pobreza, sin propiedad, sin hogar, sin industria ni trabajo". El diputado Arriaga estimaba que si bien "el derecho de propiedad consiste en la ocupación o posesión, teniendo los requisitos legales", dicho derecho "no se declara, confirma y perfecciona, sino por medio del trabajo y

[2] El texto de la Constitución Política de 1857 puede consultarse en Felipe Tena Ramírez, *Leyes fundamentales de México. 1808-1973*, Porrúa, México, 1973, 5a. ed. rev. y aum. y puesta al día, pp. 595 y *ss.*

la producción", concluyendo entonces que "la acumulación en poder de uno o pocas personas, de grandes posesiones territoriales, sin trabajo, cultivo, ni producción, perjudica el bien común y es contraria a la índole del gobierno republicano y democrático". Por tanto, proponía un sistema de limitación de aquella propiedad territorial que excediera de quince leguas cuadradas (cuando ella no fuera deslindada y cultivada), que permitiera el acceso a la propiedad de la tierra de otras personas, con la obligación de cercarla y cultivarla. El voto particular del señor Arriaga fue discutido en Comisión y, en definitiva, no tuvo consecuencia en el texto de la Constitución Política de 1857. Pero sus ideas no cayeron en el olvido, pues en cierto sentido reaparecieron sesenta años más tarde y se incorporaron a la Constitución Política vigente.[3]

Es importante señalar que el señor Arriaga consideraba que la propiedad no es una "creación de la ley civil", que "la propiedad es sagrada porque representa el derecho de la persona misma", que "la persona tiene derecho de ocupar las cosas y ocupándolas se las apropia" y que "después del derecho del primer ocupante, viene el derecho que nace del trabajo y la producción" que "confirma y desarrollan el derecho de propiedad". En este punto, el señor Arriaga no se separaba, sin embargo, del pensamiento clásico del liberalismo político. En efecto, para John Locke, por ejemplo, el derecho de propiedad tiene su fundamento en el trabajo y su medida está dada por el propio trabajo y por las necesidades de vida de los individuos. Jean-Jacques Rousseau, por su parte, al mismo tiempo que establece que el derecho a la propiedad de las cosas lo tiene el primer ocupante, también puntualiza que los fundamentos de la propiedad son la necesidad y el trabajo. En consecuencia y tal como lo subrayábamos en nuestro *Derecho ambiental mexicano* de 1987, el llamado "liberalismo social" del siglo XIX, que tenía en Ponciano Arriaga un ilustre exponente, era fiel a las raíces históricas del liberalismo político, aunque presentara una connotación "social"; pero, sin lugar a dudas era antagónico al liberalismo económico, que a fines del siglo XVIII y a partir de Adam Smith había difundido la idea de que las relaciones entre los hombres e, implícitamente las relaciones de propiedad, asumen la forma de "relaciones normales", en un último estadio de la evolución de la sociedad, en tanto responden a un orden natural, que es dado por una razón universal y metahistórica.

Regresando a la Constitución Política de 1917, hay que decir que el nuevo sistema de propiedad descansaba en una premisa ideológica-jurídica, a saber, que la propiedad de las tierras y de las aguas correspondía originariamente a la nación, que había tenido y tiene el derecho de transmitir el dominio de ésas a los particulares, constituyendo la propiedad privada, que fue el principio que quedó establecido en el párrafo primero de su artículo 27. Así se expresaba la idea de que la nación mexicana, al igual que su antecesora —la Corona española—, tenía una propiedad plena de las

[3] El voto del señor Arriaga puede consultarse en *ibid.*, pp. 573 y *ss*.

tierras y las aguas, lo que le permitía constituir a su respecto la propiedad privada a través de un acto de desmembramiento de esa propiedad plena, que consistía en otorgar el dominio directo a los particulares, pero conservando el dominio eminente de las mismas y quedando siempre a salvo su facultad de reunificar lo que se había desmembrado a través del ejercicio del derecho de reversión, que en la Constitución Política asumía la forma de derecho de expropiación.

Con base en esa premisa, la Constitución dejó asentada, en el párrafo tercero de su artículo 27, la idea fundamental de que la nación tenía en todo tiempo el derecho de imponer a la propiedad privada las modalidades que dictare el interés público, lo que significaba consagrar el principio de la función social de la propiedad privada, que más tarde iba a figurar prácticamente en todas las constituciones políticas del mundo y, en primer lugar, en la Constitución de Weimar de 1919, con la que Alemania iniciaría su accidentada vida republicana. En consecuencia, lo que en otros países sería un principio fundado por lo general en razones de solidaridad, en México en cambio quedó establecido a partir de una teoría histórico-jurídica de la propiedad, que la Constitución Política de 1917 hizo suya.

Las ideas que siguen en el párrafo tercero del artículo 27 constitucional y que son las que interesan especialmente en una lectura ambiental de ese precepto, están vinculadas estrechamente a las anteriores. Se trata de la disposición en virtud de la cual se estableció que la nación tendría en todo tiempo el derecho de regular, en beneficio social, el aprovechamiento de los recursos naturales —que la Constitución denomina "elementos naturales"—, susceptibles de apropiación. El objeto de tal regulación consistiría en hacer una distribución equitativa de la riqueza pública y cuidar de su conservación. Así se introdujo en la Constitución el principio de la conservación de los recursos naturales.

Todas estas ideas serán examinadas a continuación, luego de que se haga somera historia del establecimiento del artículo 27 constitucional, que parece necesaria para la mejor comprensión del análisis de ese precepto que se llevará a cabo en las secciones subsiguientes.

18. La historia del establecimiento del artículo 27 constitucional

El proyecto de Constitución presentado por Venustiano Carranza, el 1º de diciembre de 1916, a la consideración del Congreso Constituyente reunido en la ciudad de Querétaro (1916-1917), no modificaba en forma sustancial el sistema de propiedad hasta entonces vigente. En efecto, la idea del señor Carranza era mantener las disposiciones contenidas en el párrafo primero del artículo 27 de la Constitución de 1857, con una pequeña modificación. Ello quedó perfectamente claro tanto en el proyecto como en el mensaje con que éste se envió al Congreso Constituyente.

En efecto, en el mensaje se decía:

El artículo 27 de la Constitución de 1857 faculta para ocupar la propiedad de las personas sin el consentimiento de ellas y previa indemnización, cuando así lo exija la utilidad pública. Esta facultad es, a juicio del Gobierno de mi cargo, suficiente para adquirir tierras y repartirlas en la forma que se estime conveniente entre el pueblo que quiera dedicarse a los trabajos agrícolas, fundando así la pequeña propiedad, que debe fomentarse a medida que las necesidades públicas lo exijan.

A continuación, expresaba el mismo mensaje:

La única reforma que con motivo de este artículo se propone, es que la declaración de utilidad sea hecha por la autoridad administrativa correspondiente, quedando sólo a la autoridad judicial la facultad de intervenir para fijar el justo valor de la cosa de cuya expropiación se trata.

Por su parte, el párrafo primero del artículo 27 del proyecto, estaba concebido en los siguientes términos: "La propiedad privada no puede ocuparse para uso público, sin previa indemnización. La necesidad o utilidad de la ocupación deberá ser declarada por la autoridad administrativa; pero la expropiación se hará por la autoridad judicial, en el caso de que haya desacuerdo sobre sus condiciones entre los interesados."[4] Años más tarde, el constituyente ingeniero Pastor Rouaix recordaría que

si la presentación del artículo 5º del proyecto de la Primera Jefatura produjo una intensa conmoción en la Cámara por encontrarlo insuficiente para satisfacer las ansias populares, el artículo 27 que se refería a la propiedad de las tierras y a los derechos del poseedor, causó mayor desconsuelo entre los constituyentes porque sólo contenía innovaciones de interés secundario sobre el artículo vigente de la Constitución de 1857, sin atacar ninguna de las cuestiones vitales cuya resolución exigía una revolución que había sido provocada e impulsada por la necesidad de una renovación absoluta de la propiedad rústica...[5]

De allí que en el Congreso Constituyente prevaleció una idea sustancialmente diversa que se estimó más acorde con la ideología de la Revolución Mexicana. No fue ésta la única discrepancia que hubo entre el entonces llamado Primer Jefe del Ejército Constitucionalista y el propio carrancismo en el seno del Congreso Constituyente. Tampoco fue la primera.

En efecto, desde la misma suscripción del Plan de Guadalupe, que dio

[4] *Cf. Los derechos del pueblo mexicano. México a través de sus Constituciones*, publicación de la L Legislatura de la Cámara de Diputados del Congreso de la Unión (Porrúa, México, 2a. ed., 1978, t. IV, pp. 637 y 638).

[5] *Cf.* la clásica obra de Pastor Rouaix, *Génesis de los artículos 27 y 123 de la Constitución Política*, en una segunda edición patrocinada por el Patronato del Instituto de Estudios Históricos de la Revolución y prologada por Antonio Díaz Soto y Gama (México, 1959). La cita está extraída de la p. 143 de esa edición. Hay que decir, sin embargo, que Pastor Rouaix reconoce en su obra la absoluta libertad que Carranza dispensó a los Constituyentes para llevar a cabo su labor y, en general, vincula los cambios que se hicieron a su proyecto con ideas de las que participaba el mismo Carranza (*passim*).

inicio a la lucha armada contra la dictadura de Huerta (26 de marzo de 1913), comenzaron a aflorar divergencias en el movimiento constitucionalista. En la versión de Francisco J. Múgica, que fue testigo de la suscripción de dicho Plan, a continuación de la lectura por Carranza de ese documento, en el que "sólo campeaba la idea legalista, motivo y principio de aquella campaña (...) empezaron las propuestas para agregar al proyecto del señor Carranza lineamientos agrarios, garantías obreras, reivindicaciones y fraccionamiento de latifundios, absolución de deudas y abolición de tiendas de raya...". Las razones tácticas esgrimidas por Carranza en orden a que lo primero era acabar "con el gobierno usurpador" y su promesa de formular, una vez concluida la lucha, un programa social apropiado, determinaron que el documento fuera suscrito por todos los presentes en la Hacienda de Guadalupe.[6] Unos meses más tarde, Carranza haría explícitamente suyos algunos de estos planteamientos.[7] Sin embargo, su proyecto de Constitución no recogió estas ideas y el propio movimiento carrancista, entre ellos el entonces diputado Francisco J. Múgica, estuvo por la aprobación de un nuevo texto para el artículo 27 de la Constitución (que fue aceptado por unanimidad de 150 votos).

La iniciativa estuvo a cargo de un grupo de diputados, encabezados por el ingeniero Pastor Rouaix, a la sazón ministro de Fomento del gobierno de Carranza. En su formulación, se contó con la importante asesoría de Andrés Molina Enríquez, quien en 1909 había publicado *Los grandes problemas nacionales*, obra que rápidamente se convirtió en un ideario del proceso revolucionario que se estaba iniciando en aquellos años.[8]

La redacción de la iniciativa no estuvo exenta de dificultades. En efecto, Andrés Molina Enríquez presentó una primera versión de la misma, que en opinión del ingeniero Rouaix produjo "desilusión completa", pues era "algo semejante a una tesis jurídica con ideas totalmente distintas de las que debían figurar en el artículo 27 y redactada con una terminología inapropiada para su objeto", mientras que según el propio Andrés Molina Enríquez era un sistema con ventajas "que los diputados no pudieron comprender a fondo", por lo que "pidieron se redactara por el sistema de afirmaciones directas y de las enumeraciones precisas", lo que fue necesario hacer así.[9]

[6] *Cf.* Jesús Silva Herzog, *Breve historia de la Revolución Mexicana*, FCE, México, 7a. reimpresión, 1973, pp. 26 y 27, donde se transcribe el testimonio de Francisco J. Múgica.

[7] *Ibid.*, pp. 59 a 64, que contiene el texto completo del discurso pronunciado por Carranza, el 24 de septiembre de 1923, en la ciudad de Hermosillo.

[8] *Cf.* la edición de esa obra y otros textos (1911-1919), con un prólogo de Arnaldo Córdova (Era, México, 4a. ed., 1983). De ese prólogo rescatamos la feliz comparación hecha por Luis Cabrera en orden a que "Molina Enríquez fue, para la Revolución agraria lo que don José María Luis Mora fue para la Revolución de Reforma", o en palabras del mismo Arnaldo Córdova, "uno de sus mejores ideólogos, el que mejor ubicó los problemas a que se enfrentaba el movimiento revolucionario y el que, atalayando más lejos que sus contemporáneos, supo de antemano cuáles eran las soluciones para tales problemas" (*ibid.*, p. 24).

[9] *Cf. op. cit.* en nota 84 p. 148 y, además, p. 149, donde se transcribe la opinión de Andrés Molina Enríquez, vertida en su obra *La revolución agraria de México*.

En definitiva, la iniciativa que se presentó incluía todos los elementos que se consideran en este capítulo para un análisis ambiental del artículo 27 constitucional vigente, a saber la propiedad originaria de la nación sobre las tierras y las aguas y la constitución de la propiedad privada sobre las mismas, así como el derecho de la nación para imponer modalidades a la propiedad privada y para regular el aprovechamiento de los elementos naturales susceptibles de apropiación, con el objeto de hacer una distribución más equitativa de la riqueza pública y para cuidar su conservación.

La iniciativa fue presentada el 25 de enero de 1917. En ella se preveía un texto para el artículo 27 que incluía la declaración de que "la propiedad de las tierras y aguas comprendidas dentro de los límites del territorio nacional corresponde originariamente a la nación, la cual ha tenido y tiene el derecho de transmitir el dominio directo de ellas a los particulares, constituyendo la propiedad privada" (párrafo primero). Esta declaración correspondía a la aguda teoría político-jurídica elaborada por Andrés Molina Enríquez con base en sus estudios del derecho colonial, a la que no podríamos hacer justicia aquí ni siquiera con una rápida reseña.[10] El mismo texto también preveía que "la nación tendrá en todo tiempo el derecho de regular la propiedad privada y el aprovechamiento de los elementos naturales susceptibles de apropiación para hacer una distribución más equitativa de la riqueza pública y para cuidar su conservación", así como la posibilidad de que se dictaran las medidas necesarias, entre otros fines, "para evitar la destrucción de los elementos naturales y los daños que la propiedad pueda sufrir en perjuicio de la sociedad" (fracción IX). Además, quedaba prescrito en ese texto que "la nación se reserva el dominio directo de todos los minerales o substancias que en vetas, mantos, masas o yacimientos, cualquiera que sea su forma, constituyen depósitos cuya naturaleza sea distinta de los componentes del terreno" (fracción X). Finalmente, se establecía que "son de propiedad de la nación y estarán a cargo del Gobierno federal: las aguas de los mares territoriales[...]; las de las lagunas y esteros de las playas; las de los lagos interiores de formación natural que estén ligados directamente a corrientes constantes; las de los ríos principales o arroyos afluentes de corrientes permanentes desde el punto donde ésta comience" etc. (fracción XI) [11]

El sentido general de la iniciativa era claro. El mismo Pastor Rouaix lo hizo explícito más tarde, con las siguientes palabras: "...el propósito fundamental que teníamos los diputados de Querétaro, interpretando el sentimiento unánime de los revolucionarios todos, era el de que en la legislación mexicana quedara establecido como principio básico, sólido e inalterable, que sobre los derechos individuales a la propiedad, estuvie-

[10] Por lo que nos remitimos a la misma obra de Molina Enríquez citada en la nota 87.

[11] El texto completo de la iniciativa, así como su exposición de motivos, pueden consultarse en las pp. 640 y *ss.* de la *op. cit.*, nota 83.

ran los derechos superiores de la sociedad, representada por el Estado, para regular su repartición, su uso y su conservación...".[12]

La iniciativa fue dictaminada por una comisión integrada por los diputados Francisco J. Múgica, Alberto Román, L.G. Monzón y Enrique Colunga. La comisión aprobó esa iniciativa, limitándose en lo que ahora interesa a sustituir el concepto de "regular la propiedad privada" por el de "imponer a la propiedad privada las modalidades que dicte el interés público" y a darle otra ubicación a la norma que contiene ese concepto. El dictamen de la Comisión suscitó un debate que se llevó a cabo los días 29, 30 y 31 de enero de 1917. El histórico cambio de ideas que tuvo lugar en esos días no se puede reproducir aquí.[13] Bástenos decir que ese dictamen no fue modificado por el Congreso Constituyente y, en consecuencia, la iniciativa, con los cambios propuestos por la Comisión, fue incorporada como el texto definitivo del artículo 27 de la Constitución Política de los Estados Unidos Mexicanos, que se publicó el 5 de febrero de 1917.

19. El análisis ambiental del artículo 27 constitucional

El texto del artículo 27 constitucional aprobado en 1917 contiene tres principios que son especialmente relevantes desde un punto de vista ambiental y que, por otra parte, están íntimamente vinculados entre sí.

El primer principio está contenido en el párrafo primero del artículo 27 constitucional y se refiere a la naturaleza derivada de la propiedad privada sobre las tierras y las aguas, dentro de la concepción asentada en la Constitución sobre la propiedad originaria de la nación respecto de dichas tierras y aguas. Como se ha dicho, prescribe el párrafo inicial del artículo 27 constitucional —en un texto que no ha sufrido modificaciones desde 1917—, lo que sigue:

> La propiedad de las tierras y aguas comprendidas dentro de los límites del territorio nacional corresponde originariamente a la nación, la cual ha tenido y tiene el derecho de transmitir el dominio de ellas a los particulares, constituyendo la propiedad privada.

Esto significa que la propiedad privada existente sobre esos bienes quedó vinculada en la Constitución a la propiedad que la nación mexicana, como sucesora de la Corona española, tuvo y tiene sobre los mismos y con base en el cual pudo y puede constituir a su respecto la propiedad de los particulares, de la misma manera como lo hacían los reyes de España, por un acto que Andrés Molina Enríquez calificaba de "desprendimiento" y que podía asumir la forma de "dominio directo en favor de los particulares, y en forma de propiedad individual". La consecuencia quizás más importante de lo anterior consistía en que la Corona conserva-

[12] *Cf. op. cit.*, en la nota 84, p. 154.
[13] *Cf.* la misma *op. cit.*, nota 83, pp. 652 y *ss*.

ba siempre el llamado derecho de reversión para hacer efectivos sus derechos de propiedad plena. Pero, la nación también puede hacer valer ese derecho de reversión respecto de los particulares a través del mecanismo de la expropiación prevista en el párrafo segundo del artículo 27, precisamente porque detenta la propiedad originaria de las tierras y las aguas. Así lo entendía Andrés Molina Enríquez, para quien "la Nación tendrá en todo tiempo el derecho de ejercer el derecho de reversión sobre todos los derechos de dominio en que consistía la propiedad privada, pero no podrá ejercer ese derecho, sino bajo la forma de expropiación, en el caso de la utilidad pública, y mediante en todo caso la correspondiente indemnización".[14]

El cambio introducido por el Congreso Constituyente de Querétaro no debe, sin embargo, entenderse como encaminado a la supresión de la propiedad privada de los medios de producción, pues decididamente no era ése su propósito. El mismo Andrés Molina Enríquez se refería a este punto, hacia el año 1922, afirmando lo siguiente:

> El artículo 27 de la Constitución de Querétaro no quiso imponer el sistema establecido desde la época colonial y desde esa época consentido, dentro y fuera del país, por todo el mundo. El cargo de haber pretendido establecer un sistema radicalmente comunista, en nada se funda. El artículo 27 no hizo sino reconocer los hechos tales cuales los encontró, referir a ellos los principios jurídicos que les eran aplicables y estaban vigentes, equilibrar en lo posible esos principios para evitar conflictos entre los intereses por ellos creados en los hechos, y poner las bases sobre las cuales evolucionar los mismos principios en lo futuro, para que puedan adaptarse sin mayor esfuerzo a las condiciones en que tenga que evolucionar la población total del país...[15]

Esta afirmación hace necesarias, sin embargo, algunas precisiones. En efecto, el cambio que introdujo la Constitución no consistió tanto en un restablecimiento de una concepción "regalista" o "estatista" de la propiedad, sino más bien en la sustitución de una concepción de la misma como un derecho absoluto, "consentida" en el siglo pasado, "fuera y dentro del país, por todo el mundo", por una concepción del derecho de propiedad como una función social, que ya campeaba en el plano de las ideas político-jurídicas, pero que aún no había tenido una expresión en el derecho positivo. Que esta concepción haya sido vinculada a un intento de rectificación histórica respecto del reconocimiento que tuvo la propiedad privada en el país durante el siglo XIX, no quita ni pone nada a la voluntad del Constituyente de 1917 para que de allí en adelante la nación tuviera en todo tiempo el derecho de imponer a la propiedad privada las mo-

[14] *Cf.* especialmente la carta que nuestro autor dirigió a los señores ministros de la Suprema Corte de Justicia de la Nación sobre la interpretación genuina del artículo 27 constitucional, en enero de 1919. Esa carta está publicada junto con la *op. cit.*, nota 87, en pp. 495 y *ss.* La cita está extraída de la p. 500.

[15] *Cf. El artículo 27 de la Constitución*, publicado en la *op. cit.*, nota 87. La cita corresponde a las pp. 467 y 468 de esa obra.

dalidades que dictara el interés público, que es uno de los aspectos más fundamentales del cambio introducido en el sistema de propiedad.

Así entendidas las cosas, no deja de tener alguna razón el ingeniero Pastor Rouaix cuando expresa, analizando retrospectivamente la génesis del artículo 27, lo siguiente:

> ...nos hubiera bastado la consideración de que un Estado como representante, director y organizador del conglomerado humano que forma una nacionalidad, tiene facultades y derechos ingénitos superiores a los que individualmente puede tener cada uno de los habitantes y por lo tanto sin el apoyo artificial de tradiciones injustas (las tradiciones coloniales invocadas por Andrés Molina Enríquez), ha tenido y tiene autoridad bastante para imponer a la propiedad privada las modalidades, limitaciones y reglamentos que exija la utilidad social, la que está muy por encima de los intereses particulares...[16]

Pero, este razonamiento no toma en cuenta que el cambio que se estaba introduciendo quizás requería en ese momento de estas razones histórico-jurídicas, frente a la generalizada creencia de que la propiedad privada era un derecho anterior y superior a cualquier legislación, de acuerdo con el hipotético pacto social que marcó el paso del "estado natural" al "estado civil".

Con esta portada ideológica del artículo 27 constitucional se vincula de la manera ya vista el segundo principio atinente a nuestro tema, que en los términos utilizados en el párrafo tercero de ese precepto se formula diciendo que "la Nación tendrá en todo tiempo el derecho de imponer a la propiedad privada las modalidades que dicte el interés público...". El principio está en la primera parte del párrafo tercero del mismo artículo 27 y no ha sido objeto de modificaciones en los 75 años de vigencia de la Constitución. A través de este precepto se consagra la función social de la propiedad privada, pues queda en claro que los atributos propios del dominio pueden ser limitados por razones de interés público. La norma se refiere a toda clase de bienes y no solamente a las tierras y aguas, como podría inducir a pensar su ubicación. En efecto, al igual que la norma del párrafo segundo del artículo 27 que se refiere a "las expropiaciones", ella no aparece limitada a las tierras y las aguas, por lo que debe entenderse que comprende todos los bienes que pueden ser materia del dominio privado, especialmente en ausencia de otras normas constitucionales que se refieren a la propiedad privada. La relevancia ambiental de esta concepción de la propiedad privada como función social es evidente, si se repara en que la protección del ambiente puede muchas veces exigir, en una sociedad donde existe de una manera generalizada esa forma de propiedad, la limitación de ciertos atributos del dominio privado.

Pero en el artículo 27 se dejó consignado, además, un tercer principio, en virtud del cual la nación tendría en todo tiempo el derecho "de regular

[16] *Cf.* p. 163, *op. cit.*, nota 84.

el aprovechamiento de los elementos naturales susceptibles de apropiación, con objeto de hacer una distribución equitativa de la riqueza pública y cuidar su conservación...". Más aún, a continuación dispuso que "con ese objeto se dictarán las medidas necesarias para [...] evitar la destrucción de los elementos naturales y los daños que la propiedad pueda sufrir en perjuicio de la sociedad".

Hay que señalar que estas normas están en el mismo párrafo tercero del artículo 27 y que tampoco han sido materia de modificaciones, aunque al referido párrafo se le han agregado nuevas disposiciones. En efecto, luego de las reformas al artículo 27 constitucional publicadas en el *Diario Oficial de la Federación* del 6 de enero de 1992, el párrafo tercero de ese precepto ha quedado como sigue:

> La Nación tendrá en todo tiempo el derecho de imponer a la propiedad privada las modalidades que dicte el interés público, así como el de regular, en beneficio social, el aprovechamiento de los elementos naturales susceptibles de apropiación, con objeto de hacer una distribución equitativa de la riqueza pública, cuidar su conservación, lograr el desarrollo equilibrado del país y el mejoramiento de las condiciones de vida de la población rural y urbana. En consecuencia, se dictarán las medidas necesarias para ordenar los asentamientos humanos y establecer adecuadas provisiones, usos, reservas y destinos de tierras, aguas y bosques, a efecto de ejecutar obras públicas y de planear y regular la fundación, conservación, mejoramiento y crecimiento de los centros de población; para preservar y restaurar el equilibrio ecológico; para el fraccionamiento de los latifundios; para disponer, en los términos de la ley reglamentaria, la organización y explotación colectiva de los ejidos y comunidades; para el desarrollo de la pequeña propiedad rural; para el fomento de la agricultura, de la ganadería, de la silvicultura y de las demás actividades económicas en el medio rural, y para evitar la destrucción de los elementos naturales y los daños que la propiedad pueda sufrir en perjuicio de la sociedad.

No es posible menos que sorprenderse frente al grado de especificación que presentan tales normas, si se consideran desde un punto de vista ambiental y teniendo en cuenta la época en que fueron emanadas. En efecto, el mencionado párrafo tercero del artículo 27 constitucional no sólo se limitó a establecer antes que otros países la concepción de la función social de la propiedad privada en general, sino que también incluyó con mayor anticipación aún reglas sobre la protección de los recursos naturales.

Las ideas contenidas en esta parte del párrafo tercero del artículo 27 constitucional apuntan en dos direcciones que, sin embargo, son convergentes: la distribución equitativa de la riqueza pública constituida por los recursos naturales y la conservación de los mismos. En efecto, la regulación del aprovechamiento de tales recursos —"en beneficio social", como dejó establecido la reforma constitucional de 1976— debe procurar simultáneamente tanto su distribución equitativa como su conservación, ideas que están vinculadas entre sí, porque no pocas veces la desigualdad en dicha distribución acarrea el deterioro, por sobreexplotación, de los recursos naturales.

La idea de la "conservación" de los recursos naturales, tal como ella está establecida en la Constitución Política, no se opone por cierto al "aprovechamiento" de los mismos. Al contrario, la prescripción del Constituyente de 1917 está encaminada a dejar en claro que la nación tendrá en todo tiempo el derecho de regular, en beneficio social, el aprovechamiento de los recursos naturales susceptibles de apropiación, entre otros fines para cuidar de su conservación. "Aprovechamiento" y "conservación" son, por tanto, ideas vinculadas entre sí, ya que el aprovechamiento de los recursos naturales se encuentra subordinado, entre otras modalidades, a la conservación de los mismos.

La conclusión más general a extraerse de esta norma se puede resumir diciendo que el Constituyente de 1917 estableció que los recursos naturales debían ser utilizados racionalmente, esto es, de acuerdo con una lógica productiva que considerara su conservación. En otras palabras, el Constituyente de 1917 prescribió que los recursos naturales debían ser aprovechados de acuerdo con la racionalidad productiva que les era propia, independientemente de la lógica productiva, individual o social, en que estuviere inspirado el resto del sistema económico.

Esta preocupación del Constituyente por la utilización racional de los recursos naturales se expresó también en la norma que impone al Estado el deber de adoptar las medidas necesarias para evitar la destrucción de los recursos naturales, contenida en el mismo párrafo tercero del artículo 27 y que fue enunciada a manera de corolario de las ideas de la primera parte de ese párrafo. Sobre la naturaleza de estas medidas cabe recordar que la autorizada opinión de Andrés Molina Enríquez ha dicho que "son y tienen que ser medidas de administración, semejante a las que en idénticos casos y fuera de la acción de los tribunales, se dictaban en la época colonial".[17]

En esa época, no existía el concepto de desarrollo sostenible, tal como lo entendemos hoy. Sin embargo, lo cierto es que las ideas del Constituyente de 1917 que se acaban de reseñar postulaban un modelo de desarrollo similar, que se fundamentaba en la conservación de los recursos naturales y que promovía medidas para impedir su destrucción, de modo de permitir no sólo la satisfacción de las necesidades básicas de las generaciones presentes, sino también las de las generaciones futuras.

20. La prevención y el control de la contaminación ambiental en la Constitución Política

La segunda de las bases constitucionales de la protección del ambiente en su conjunto que se examina en este capítulo, es la relativa a la preven-

[17] *Cf.* su trabajo "*El espíritu de la Constitución de Querétaro*", *op. cit.*, nota 87 (p. 477).

ción y control de la contaminación ambiental, que como se ha dicho es una idea que se incorpora explícitamente a la Ley Fundamental de México en 1971.

El concepto de contaminación ambiental se refiere estrictamente a la presencia en el ambiente de uno o más contaminantes, o cualquiera combinación de ellos, que degrada al ambiente en su conjunto y/o a algunos elementos. Así entendida, la contaminación ambiental es uno de los componentes fundamentales de esta problemática, en términos de que su prevención y control es sin lugar a dudas una de las funciones principales de la protección del ambiente. Sin embargo, no es posible identificar sin más la problemática de la contaminación ambiental con la de la protección del ambiente, pues la segunda no sólo contiene, sino que también excede a la primera. La problemática de la protección de los recursos naturales, por ejemplo, no está restringida sólo a la contaminación de tales recursos.

Hacia finales de la década de los sesenta, sin embargo, predominaba casi sin contrapeso la idea de que la protección del ambiente tenía que ver exclusivamente con el peligro de la contaminación. Dicho enfoque estaba vinculado, a su vez, con la naturaleza de los problemas ambientales de las sociedades industrializadas, que eran de contaminación. Este tipo de problema también se había hecho presente entre nosotros. Por eso, la manera jurídica de enfrentarlo fue por medio de un nuevo ordenamiento jurídico, que de acuerdo con la visión que existía de la problemática ambiental, se denominó Ley Federal para Prevenir y Controlar la Contaminación Ambiental.

Además de expedirse esa Ley, se reformó también la Constitución Política, en la parte relativa a las atribuciones del Consejo de Salubridad General. En efecto, la reforma en cuestión agregó a las atribuciones constitucionales de dicho Consejo, la de adoptar medidas "para prevenir y combatir la contaminación ambiental". De esta manera, la idea de la prevención y control de la contaminación ambiental fue incorporada explícitamente a la Carta Fundamental de México.

Para comprender esta reforma constitucional, debe recordarse que, hasta 1908, la Federación carecía de atribuciones para intervenir en materias de salubridad, por lo que cabía entender que esta facultad pertenecía exclusivamente a los estados. La reforma constitucional de ese año le otorgó al Congreso de la Unión la facultad de dictar leyes sobre "salubridad general de la República". Sin embargo, como no se definió lo que debía entenderse por "salubridad general de la República", quedó en manos del mismo Congreso de la Unión determinar el alcance de esa nueva facultad. Esta facultad tiene por cierto sus límites: el Congreso de la Unión no puede transformar de manera arbitraria algo que es "local" en "general", en el sentido propio de la palabra. En el proyecto presentado por Carranza al Congreso de Querétaro, se mantuvo la idea de que el Congreso de la Unión estaba facultado para legislar sobre "salubridad general de la República". En efecto, el proyecto sometido a la consideración de los constituyentes incluyó entre las facultades del Congreso de la Unión la de "dictar leyes sobre ciudadanía, naturalización, colonización, emigración e inmigración y salubridad general de la República" (artículo 73, fracción XVI). Por iniciativa del diputado doctor J. M. Rodríguez, empero, se puso en discusión en el Congreso Constituyente la idea de agregar a esa fracción cuatro nuevos incisos —las hoy llamadas cuatro "bases" de la fracción XVI del artículo 73 constitucional—, idea que fue aprobada por 143 votos contra 3, luego de un intenso debate que se centró fundamentalmente en la amplitud de las atribuciones que se otorgaban al Consejo de Salubridad General que se estaba creando y al entonces Departamento de Salubridad, así como en las facultades que se estaría cercenando a los estados. En esas bases quedó establecido lo que sigue:

> 1a. El Consejo de Salubridad General dependerá directamente del Presidente de la República, sin intervención de ninguna Secretaría de Estado, y sus disposiciones generales serán obligatorias. 2a. En caso de epidemias de carácter grave o peligro de invasión de enfermedades exóticas en el país, el Departamento de Salubridad tendrá obligación de dictar inmediatamente las medidas preventivas indispensables, a reserva de ser después sancionadas por el Presidente de la República. 3a. La autoridad sanitaria será ejecutiva y sus disposiciones serán obedecidas por las autoridades administrativas del país. 4a. Las medidas que el Consejo haya puesto en vigor en la campaña contra el alcoholismo y la venta de sustancias que envenenan al individuo o degeneran la especie humana, serán después revisadas por el Congreso de la Unión en los casos que le competen.[18]

Pues bien, la iniciativa de la reforma constitucional de 1971 que se está comentando se formuló como una adición a la base 4a. de la fracción XVI del artículo 73 constitucional, que proponía introducir la expresión "así como las adoptadas para prevenir y combatir la contaminación ambiental" en el texto de esa base, de modo que la idea de la contaminación ambiental fuera incluida en las funciones vinculadas al concepto de "salubridad general de la República"(como ya lo estaba "la campaña contra el alcoholismo y la venta de sustancias que envenenan al individuo o degeneran la especie humana").

En definitiva, la adición propuesta para la base 4a. de la fracción XVI del artículo 73 de la Constitución Política, fue aprobada sin mayor debate por el Poder Constituyente Permanente y publicada en el *Diario Oficial de la Federación* el 6 de julio de 1971, entrando en vigor cinco días después. De esta manera, la mencionada base pasó a tener el siguiente texto:

> Las medidas que el Consejo haya puesto en vigor en la campaña contra el alcoholismo y la venta de sustancias que envenenan al individuo o degeneran la

[18] *Cf. Los derechos del pueblo mexicano. México a través de sus Constituciones*, cit. nota 83, pp. 743 y *ss.*

especie humana, así como las adoptadas para prevenir y combatir la contaminación ambiental, serán después revisadas por el Congreso de la Unión en los casos que le competan.

21. Los alcances jurídicos de la reforma constitucional de 1971

La reforma constitucional que se acaba de describir adolece de excesos y de omisiones. Los excesos tienen que ver con la manera como fue federalizada la prevención y control de la contaminación ambiental; las omisiones, con que dicha federalización no le proporcionó a la Ley que se había expedido recientemente sobre la materia el fundamento constitucional que le era necesario. La verdad es que dicha reforma hubiera cumplido con un cometido verdaderamente útil si se hubiere limitado, por ejemplo, a establecer en la fracción XVI del artículo 73 constitucional que el Congreso de la Unión tenía facultad para legislar sobre la protección del ambiente. Por otra parte, la idea de otorgarle atribuciones al Consejo de Salubridad General para adoptar medidas destinadas a prevenir y combatir la contaminación ambiental, fue poco feliz. Todos estos comentarios serán desarrollados a continuación.

En primer término, debemos decir que compartimos la autorizada opinión del maestro Felipe Tena en cuanto a que las materias de salubridad que aparecen mencionadas en la fracción XVI del artículo 73 constitucional son materias federales. Por consiguiente, entendemos que al pasar a ser mencionadas la prevención y control de la contaminación ambiental en ese precepto, se transformaron constitucionalmente en una materia federal y, por tanto, quedó fuera de las atribuciones de cada estado la facultad de legislar sobre la misma materia, como una cuestión de salubridad local. Esta federalización irrestricta de la facultad de legislar sobre la prevención y control de la contaminación ambiental fue un exceso.[19]

Esta consecuencia jurídica de la reforma de 1971 ha sido modificada, sin embargo, por la reforma que se hizo en 1983 al artículo 4º constitucional y que se examina más adelante (véanse las secciones 28 y 256). En efecto, a raíz de esta última reforma, se dispuso que la ley establecería "la concurrencia de la Federación y las entidades federativas en materia de salubridad general, conforme a lo que dispone la fracción XVI del ar-

[19] Señala el maestro Tena que corresponde al Congreso de la Unión federalizar las cuestiones de salubridad; pero, al hacerlo, debe tener en cuenta, en primer lugar, que "ya están federalizados en la Constitución ciertos aspectos de salubridad, como son a los que se refiere la fracción XVI del artículo 73: epidemias de carácter grave, invasión de enfermedades exóticas en el país, venta de sustancias enervantes..." (a las que ahora habría que añadir la contaminación ambiental). Agrega que los ordenamientos sobre salubridad que expida el Congreso no pueden omitir estas materias, que ya quedaron federalizadas por una voluntad superior a la suya. En estos casos, la verdad es que "el Congreso no funciona como constituyente, sino como ejecutor de una voluntad constituyente". *Cf.* su *Derecho constitucional mexicano*, Porrúa, México, 21a. ed., 1985, p. 383.

tículo 73 constitucional...". Esto significa, en nuestra opinión, que la prevención y control de la contaminación ambiental desde la perspectiva de la protección de la salud humana —que fue constitucionalmente federalizada como materia de salubridad general en 1971—, puede dejar de serlo en la forma que disponga el Congreso de la Unión, pues la salubridad general ya no es una materia comprendida de manera necesaria en la órbita de las facultades exclusivas de la Federación. La forma en que la Ley del ramo vigente ha tratado este asunto, se examina en el Capítulo XXII de este libro. Por cierto, las facultades del Congreso de la Unión en esta materia, no pueden afectar de manera alguna las atribuciones constitucionales que la reforma de 1971 asignó al Consejo de Salubridad General.

Pero la reforma de 1971 fue también omisa, en tanto no le proporcionó a la Ley Federal para Prevenir y Controlar la Contaminación Ambiental el tipo de fundamento constitucional apropiado. En efecto, dicha Ley no era sólo un ordenamiento jurídico referido a una materia de salubridad —esto es, a la prevención y control de la contaminación ambiental desde la perspectiva de la salud humana—, sino también a la contaminación ambiental en general y, en un cierto modo, a la protección del ambiente, más allá de la cuestión de la salud humana. En consecuencia, la materia a federalizarse era la protección del ambiente y no la contaminación ambiental en función de la salud humana.

En efecto, la Ley Federal para Prevenir y Controlar la Contaminación Ambiental establecía que sus disposiciones y las de sus reglamentos regirían en toda la República, "como medidas de salubridad general" (artículo 2º). En otras palabras, dicha Ley se calificaba a sí misma como un ordenamiento jurídico referido a la salubridad general. Pero, el texto de la Ley contenía algo más que medidas de salubridad general. Por lo pronto, su artículo 1º disponía que ella y sus reglamentos regirían la prevención y el control de la contaminación en general (en tanto no la remitían exclusivamente a aquélla que tiene que ver con la salud humana) y, además, "el mejoramiento, conservación y restauración del medio ambiente", aunque la verdad es que la Ley se circunscribía realmente a regular la primera de esas materias e, incluso, lo hacía en función de la contaminación del aire, de las aguas y del suelo. Pero, el bien jurídicamente tutelado no era sólo la salud humana, sino también la flora, la fauna y, en general, los recursos o bienes del Estado o de los particulares: el artículo 10 de la Ley calificaba la contaminación atmosférica no sólo en función del perjuicio que pudiera causar a la salud o a la vida humana, sino también a "la flora, la fauna y, en general, los recursos o bienes del Estado o de los particulares", mientras que el artículo 14 de la Ley calificaba la contaminación de las aguas en función de las sustancias que fueran dañinas "a la salud de las personas, o a la flora o a la fauna, o a los bienes". Por su parte, las disposiciones sobre contaminación del suelo estaban encaminadas a la protección de ese recurso natural, considerado como un bien en sí mismo (artículos 23 a 28).

Finalmente, la reforma constitucional de 1971 fue poco feliz, en tanto contribuyó a consolidar una situación constitucionalmente anómala mediante la asignación de nuevas atribuciones al Consejo de Salubridad General y, de paso, a generar ciertas dudas sobre si la prevención y control de la contaminación ambiental se había transformado en una materia de la exclusiva competencia de dicho Consejo.

Con lo primero, nos referimos a lo que el maestro Felipe Tena describe como "la dictadura verdaderamente singular que instituyen tocante a la salubridad los párrafos 2º y 4º la fracción XVI del artículo 73", esto es, al hecho de que simples dependencias como el Departamento de Salubridad y el Consejo de Salubridad General hayan quedado facultadas para ejercer atribuciones propias de los Poderes Legislativo y Ejecutivo, lo que por cierto contrasta con el sistema constitucional y es una situación anómala dentro de la Constitución.[20] Pues bien, esta situación fue reforzada por la reforma de 1971, que le confirió nuevas atribuciones al Consejo de Salubridad General, que al igual que las que tenía desde 1917, son de una naturaleza legislativa y ejecutiva, tal como lo destaca Fernando Vázquez en un análisis específico que hace de esta reforma.[21]

Con lo segundo nos referimos a que la asignación de estas nuevas atribuciones al Consejo de Salubridad General, podría crear dudas sobre si dicho Consejo ha pasado a monopolizar desde 1971 la facultad de adoptar medidas para prevenir y combatir la contaminación ambiental. Sin embargo, nos parece claro que, en consonancia con las razones para establecer el Consejo de Salubridad General en el Congreso Constituyente de 1917, estas nuevas atribuciones deben entenderse como una facultad a ejercerse en casos de emergencia y no excluyen la facultad del Congreso de la Unión para legislar sobre la misma materia, así como la facultad del Ejecutivo Federal para proveer en la esfera administrativa a la observancia de las leyes que se refieran a dicha materia. Pero también nos parece claro que en el ejercicio de tal facultad, el Consejo de Salubridad General puede adoptar cualquier tipo de medidas, sin que sea necesario que tengan algún fundamento en la legislación preexistente y sin otras limitaciones que las que le imponen las disposiciones constitucionales. Tales medidas, en todo caso, tienen una naturaleza esencialmente provisional, pues deben ser revisadas por el Congreso de la Unión en los casos que le competen —según lo hace explícita la misma base 4a. de la fracción XVI del artículo 73 constitucional—, así como por el Ejecutivo Federal en los casos que sean de su competencia.

[20] *Cf.*, *op. cit.*, nota anterior, p. 379.

[21] Señala este último autor que el Consejo de Salubridad General es un órgano, por sus facultades, "dictatorial". En efecto, siendo ese órgano "una mera dependencia del Ejecutivo", ha sido "dotado de facultades legislativas y ejecutivas y, por si fuera poco, las primeras son ejercidas sin aprobación previa del Congreso —el cual se limita a revisar lo ya hecho—, y las segundas sin necesidad de acuerdo previo del Presidente...". El Consejo de Salubridad General es claramente un órgano "espúreo [...] en un sistema constitucional cuyo punto de partida es la división de los poderes, y que establece un sistema presidencialista...". Sin embargo, ese órgano "no sólo es suprimido, sino que, en alarde dictatorial, se le suma facultades...". El mismo autor pone también de relieve el carácter centra-

22. La protección del ambiente en la Constitución Política a partir de la reforma de 1983

La reforma del artículo 25 constitucional que entró en vigor en 1983, incorporó explícitamente a la Constitución Política la idea de la protección del ambiente en su conjunto por medio de la expresión "cuidado del medio ambiente". En nuestra opinión, esta reforma profundizó la misma idea contenida en el artículo 27 constitucional, al llevarla más allá de la cuestión de la conservación de los recursos naturales; pero, no lo hizo en los términos amplios que hubieran sido deseables, según se verá a continuación.

En diciembre de 1982, la Administración que entró en funciones el día 1º de ese mes remitió al Congreso de la Unión un conjunto de iniciativas que reformaban y adicionaban diversos preceptos constitucionales. Una de ellas reformaba y adicionaba los artículos 16, 25, 26, 27, 28 y 73 constitucionales, que es la que presenta un particular interés para nuestro tema.

En efecto, con base en esa iniciativa fue reformado totalmente el artículo 25 constitucional, para incorporar en ese precepto la idea de la rectoría estatal de la economía y otras relativas al funcionamiento de la economía mixta en el país, entre las que está la que ahora contiene el párrafo sexto del nuevo artículo 25, con el siguiente texto:

> Bajo criterios de equidad social y productividad se apoyará e impulsará a las empresas de los sectores social y privado de la economía, sujetándolas a las modalidades que dicte el interés público y al uso, en beneficio general, de los recursos productivos, cuidando su conservación y el medio ambiente.*

El énfasis inicial de esta norma está colocado en el apoyo y el impulso que el Estado, en ciertas condiciones, debe dispensar a las empresas no estatales en un sistema de economía mixta, haciendo explícito un principio que estaba implícito en la constitución económica del país y que tenía tras de sí una larga práctica política.

Sin embargo, la parte final de la misma norma agrega algo nuevo: la disposición en virtud de la cual el Estado puede "sujetar" a los sectores social y privado, "a las modalidades que dicte el interés público y al uso, en beneficio general, de los recursos productivos, cuidando su conservación y el medio ambiente". La novedad de la disposición consiste no sólo en que la Constitución por vez primera menciona al ambiente (como "medio ambiente"), sino también y fundamentalmente en la conceptualización que de manera implícita hace de éste, pues al separarlo de la idea de los recursos productivos, le da la connotación globalizadora que le es propia. El ambiente así entendido debe ser "cuidado", en los términos que establece el párrafo sexto del nuevo artículo 25 constitucional.

lizador de esta reforma, que se suma a la tendencia centralizadora "que ha inspirado gran parte de las reformas constitucionales...". *Cf. op. cit.*, nota 62, p. 703.

* Véase Addenda, § 10.

Esta disposición pudiera considerarse, desde diversos aspectos, como una reiteración de otras preexistentes. En efecto, la idea de sujetar a los sectores social y privado "a las modalidades que dicte el interés público", parece una reiteración de la contenida en el párrafo tercero del artículo 27 constitucional, de la cual extrae su terminología. Pero, son dos ideas diversas, aunque vinculadas entre sí: la primera se refiere a la propiedad privada y la segunda al quehacer, en general, de las empresas. La relación que debe establecerse entre la nueva norma y el texto original de la Constitución, tiene más que ver con su artículo 5º, que además de consagrar la libertad económica, señala que ésta puede ser sometida a restricciones.[22]

El hecho de que las actividades de las empresas de los sectores social y privado puedan quedar constitucionalmente sujetas a las modalidades que dicte el interés público, tiene importancia desde un punto de vista ambiental. En efecto, la legislación ambiental establece, muchas veces, restricciones a las actividades de las empresas en beneficio de la protección del ambiente. El nuevo texto del párrafo sexto del artículo 25 constitucional, por tanto, le proporciona a ese tipo de restricciones legales, su necesario fundamento en la Constitución Política. Sin embargo, la verdad es que tal fundamento constitucional está previsto, desde 1917 y de una manera más amplia, en el artículo 5º constitucional, que además de establecer uno de los principios básicos del sistema económico —el principio de la libertad económica—, prescribe también que dicha libertad puede quedar sometida a restricciones que tienen que ver con los intereses generales de la sociedad, dentro de los cuales debe entenderse comprendido lo que podría denominarse el interés general de la protección del ambiente. En consecuencia, la legislación ambiental, considerada desde la perspectiva de las restricciones que ella impone a las actividades económicas, ha tenido siempre en el artículo 5º el fundamento constitucional que le era indispensable.

Más importancia tiene la idea de sujetar el uso que los sectores social y privado hagan de los recursos productivos, a la necesidad de cuidar su conservación y el ambiente. Nuevamente, aquí parece reiterarse otra norma constitucional preexistente: el mismo párrafo tercero del artículo 27 constitucional, en la parte relativa a la conservación de los recursos na-

[22] El párrafo primero del artículo 5º de la Constitución Política establece, a la letra, lo que sigue: "A ninguna persona podrá impedirse que se dedique a la profesión, industria, comercio o trabajo que le acomode, siendo lícitos. El ejercicio de esta libertad sólo podrá vedarse por determinación judicial, cuando se ataquen los derechos de tercero, o por resolución gubernativa, dictada en los términos que marque la ley, cuando se ofendan los derechos de la sociedad..." En otras palabras, toda persona es libre de desarrollar la actividad económica que considere de su interés; pero, esta libertad no tiene carácter irrestricto. La idea contenida en el nuevo texto del artículo 25 constitucional respecto de la eventual sujeción de las actividades de las empresas de los sectores social y privado "a las modalidades que dicte el interés público", puede considerarse como una parte de la idea más general contenida en el artículo 5º constitucional respecto de las restricciones de que puede ser objeto la libertad económica.

turales. Sin embargo, la idea de la nueva disposición constitucional es más amplia: por una parte, comprende los recursos productivos en general y no sólo los recursos naturales susceptibles de apropiación; por otra, expresa una preocupación por la conservación del ambiente en su conjunto.

En consecuencia, a partir de esta reforma, la Constitución Política contiene un principio sobre la protección del ambiente de alcances más extensos, en tanto el ambiente en su conjunto —el "medio ambiente"— es reconocido por la Carta Fundamental como tal, la que además establece que el uso de todos los recursos productivos por los sectores social y privado estará subordinado a la protección —el "cuidado"—, que se le debe dispensar. Pero las limitaciones de este principio son también evidentes. *Primus,* el principio se refiere al uso que hagan de los recursos productivos los sectores social y privado, es decir, no incluye el uso que haga el sector público. Y *secundus,* el principio se refiere exclusivamente al uso de los recursos productivos como factor eventual de la degradación del ambiente, es decir, el principio no considera todos los elementos que pueden contribuir a dicha degradación.

23. Algunas conclusiones sobre las bases constitucionales vigentes hasta 1987 para la protección del ambiente en su conjunto

El examen de las bases constitucionales vigentes hasta 1987 para la protección del ambiente en su conjunto, deja en claro que la Constitución Política se ocupa de dicha protección desde tres perspectivas diferentes bastante amplias, como son la conservación de los recursos naturales susceptibles de apropiación; la prevención y control de la contaminación ambiental que afecta a la salud humana, y el cuidado del medio ambiente frente al uso de los recursos productivos por los sectores social y privado.

Estos tres enfoques son el resultado de tres visiones de la problemática ambiental que, cronológicamente, corresponden a épocas diversas. En los dos primeros no está aún presente una concepción del ambiente y de la función de su protección global, como la que se describe en el capítulo I. En efecto, el primero de los enfoques tiene que ver con una visión que identifica la problemática ambiental con el aprovechamiento irracional de los recursos naturales, mientras que el segundo identifica dicha problemática con los efectos nocivos que genera la contaminación ambiental para la salud humana. Ambas visiones se refieren a elementos principales de la problemática ambiental, pero que, en estricto rigor, no representan toda esa problemática. En cambio, el tercer enfoque razona sobre la base de una concepción moderna del ambiente, pero limita el alcance del principio del "cuidado del medio ambiente" a la situación en la cual queda inscrito dicho principio, esto es, al uso de los recursos productivos por los sectores social y privado.

El principio de la conservación de los recursos naturales susceptibles de apropiación ha sido sin lugar a dudas la base constitucional más importante para la protección del ambiente en su conjunto. A partir de él se han estructurado no sólo los principales ordenamientos jurídicos que regulan la conservación de ciertos recursos naturales, sino también la misma Ley Federal para Prevenir y Controlar la Contaminación Ambiental y, más tarde, la Ley Federal de Protección al Ambiente, en algunos de sus aspectos relativos a la protección del medio natural.

El precepto que contiene este principio está ubicado dentro de una de las disposiciones que configuran lo que, en términos modernos, se denomina la "constitución económica" del país. La idea de la conservación de los recursos naturales forma parte de la concepción del desarrollo que está presente en el proyecto nacional que subyace en la Constitución Política. Esta concepción del desarrollo tiene que ver a su vez con la idea de "desarrollo sostenible" o del "ecodesarrollo", descrita en el capítulo I. En efecto, ese precepto indica que el Constituyente de 1917 previó que la actividad fundamental para el crecimiento económico nacional —el aprovechamiento de los recursos naturales susceptibles de apropiación— habría de tener en cuenta la conservación de los mismos. Esto es lo que hoy se llama "desarrollo sostenible" o "ecodesarrollo". El imperio de este principio ha quedado, sin embargo, confiado a la legislación ambiental, pues la verdad es que la legislación económica propiamente tal, debiendo hacerlo, aún no lo proyecta a cabalidad.

El principio de la prevención y control de la contaminación ambiental que afecta la salud humana, ha sido otra base constitucional importante para la protección del ambiente en su conjunto. Esta idea forma parte de otra más amplia, que es la de la salubridad general. Antes de que ella fuera hecha explícita por la reforma constitucional de 1971, la legislación sanitaria federal había desarrollado las reglas fundamentales sobre la materia, por lo cual, como se ha dicho, no era jurídicamente necesaria. La manera como se llevó a cabo, tampoco fue afortunada. Sin embargo, el principio en sí mismo es importante como fundamento constitucional de una parte esencial de la legislación ambiental, que no queda cubierta por el principio de la conservación de los recursos naturales.

El principio del cuidado del medio ambiente frente al uso de los recursos productivos por los sectores social y privado, ha sido también una base importante para la protección del ambiente en su conjunto. En efecto, este principio identifica por primera vez "ambiente" o "medio ambiente" como tal y, además no sólo confirma, sino también amplía, la idea contenida en el párrafo tercero del artículo 27 constitucional, en la medida en que subordina el desarrollo de los procesos productivos a la exigencia de la protección del ambiente en su conjunto. Desde ese punto de vista, este principio hace las veces de una base constitucional para la formulación de reglas que ponen la utilización de ciertos recursos productivos, como los recursos financieros, al servicio de la protección del ambiente.

En conclusión, las bases que la Constitución Política estableció hasta 1987 para la protección del ambiente en su conjunto se refieren a los aspectos principales de esa función. Sin embargo, no parten de una visión holística y sistémica del ambiente, como la descrita en el capítulo I, lo que impide considerar que esta función queda absolutamente cubierta por dichas bases. La excepción es la disposición que se refiere al principio del cuidado del medio ambiente, que sin embargo limita los alcances de este principio a la situación en la cual lo inscribe. Este hecho determinaba que la legislación ambiental vigente que se inspiraba en una visión holística y sistémica del ambiente, como era la Ley Federal de Protección al Ambiente, careciera de un fundamento constitucional sólido. Por otra parte, estas bases constitucionales transformaban la protección del ambiente en materia federal, centralizando la gestión ambiental de una manera inconveniente.

24. Las reformas constitucionales de 1987 a los artículos 27 y 73

Esa situación se modificó de manera sustancial con las reformas que se introdujeron durante 1987 a los artículos 27 y 73 constitucionales, mismas que fueron publicadas en el *Diario Oficial de la Federación* del 10 de agosto de ese año y entraron en vigor al día siguiente.

La reforma que se hizo al artículo 27 constitucional consistió en una adición a su párrafo tercero, en virtud de la cual quedó incorporada en ese texto la idea de que, como consecuencia del derecho que la nación tiene en todo tiempo de imponer a la propiedad privada las modalidades que dicte el interés público, así como de regular, en beneficio social, el aprovechamiento de los elementos naturales susceptibles de apropiación, se dictarían las medidas necesarias, entre otras, "para preservar y restaurar el equilibrio ecológico". Con esta reforma pasó a formar parte de la Constitución Política el principio de que es un deber del Estado velar por la protección del ambiente, entendida en el sentido de una protección integral del mismo.

Dicho principio no era totalmente ajeno a la Carta Fundamental, pues, como se ha visto, diversos preceptos suyos ya se ocupaban de manera parcial de la protección del ambiente. La reforma del artículo 27 constitucional superó esta idea de la protección del ambiente circunscrita a la protección de ciertos componentes suyos o de la regulación de algunas actividades que lo afectan, mediante la incorporación de una concepción de la protección integral del ambiente. En efecto, "preservar y restaurar el equilibrio ecológico" significa preservar y restaurar esa relación de estabilidad dinámica entre todos los elementos que configuran un determinado ambiente y que es, en último término, la que hace posible las formas de vida que existen en su interior.

Con ello, el Constituyente Permanente estableció las bases para la regulación integral de la materia en la Ley General del Equilibrio Ecológico y la Protección al Ambiente, como quedó en claro durante la discusión de la iniciativa en el Congreso de la Unión.[23]

Hay que decir que la incorporación de este principio a la Constitución Política, junto con otros lineamientos de reformas constitucionales, fue planteada en nuestro *Derecho ambiental mexicano* publicado en 1987, como se puede leer en su página 479 (este libro entró en prensas antes de que el Ejecutivo Federal formulara la iniciativa que se está examinando). Pero allí también se sugirió que la función de protección al ambiente quedara explícitamente vinculada a la idea de desarrollo, como lo hacen en la actualidad algunas constituciones latinoamericanas, mediante una ampliación de la concepción del "desarrollo integral" que consagra el artículo 25 constitucional en vigor a la del "desarrollo ambientalmente sostenible", por lo que se propuso que este principio se incorporara precisamente a ese precepto. Pese a ello, no nos parece desacertada la incorporación de este principio en el artículo 27 constitucional, ni tampoco como se hizo, porque en definitiva lo importante, desde nuestro punto de vista, era la introducción del principio en la "constitución económica" del país, de manera que se reformulara la concepción del desarrollo que subyace en la Carta Fundamental y se incorporara la idea del "desarrollo ambientalmente sostenible". Como se sabe, el artículo 27 forma parte de la "constitución económica" del país y, en consecuencia, su contenido concurre a precisar la concepción del desarrollo que subyace en la Carta Fundamental, por lo que la idea del desarrollo ambientalmente sostenible puede entenderse ahora como uno de los elementos que tiene la Constitución Política de la concepción del desarrollo.*[24]

[23] En el dictamen de las Comisiones Unidas Primera de Gobernación, de Puntos Constitucionales y de Asentamientos Humanos y Ecología del Senado de la República se dice, entre otras cosas, que "tiene particular relevancia inscribir en el texto constitucional, como una guía para la orientación de la política que debe seguir el gobierno mexicano, la referencia a la necesidad de preservar y restaurar el equilibrio ecológico...", con lo que se pone de relieve la importancia que tiene este principio como punto de referencia básico de la política ambiental. Por su parte, en el dictamen de la Comisión de Ecología y Medio Ambiente de la Cámara de Diputados se lee lo que sigue: "En lo que se refiere a la reforma del artículo 27 constitucional, nos parece de la mayor importancia hacer énfasis en el doble contenido que la fundamenta: por un lado, actualiza lo que el propio Constituyente previó en 1917 en relación al aprovechamiento social y a la conservación de los recursos naturales, y por otro, eleva a rango constitucional una de las principales preocupaciones de la sociedad, sentando las bases para una legislación integral en la materia." Y más adelante: "La iniciativa presenta una concepción integral de la problemática ecológica que define las orientaciones para actualizar el marco jurídico sobre la materia." Con esto se pone de manifiesto la significación que tiene establecer este principio en un nivel constitucional, para la legislación que habrá de desarrollarlo.

* Véase Addenda, § 1.

[24] Por eso, pensamos que quizás lo único criticable de esta reforma al artículo 27 sea la terminología empleada para ese efecto o, más exactamente, la diversidad terminológica en los artículos 27 y 73, pues mientras el primero se refiere a la función de "preservar y restaurar el equilibrio ecológico", el segundo se refiere a la misma función y, además, a la "protección al ambiente", como si fueran funciones diferentes. Habría sido más conveniente que la reforma hubiese empleado, en ambos preceptos, el concepto de "protección

El cambio que se introdujo en el artículo 73 constitucional no fue menos importante: consistió en incorporar un inciso "G" a la fracción XXIX de ese precepto, con el objeto de facultar al Congreso de la Unión "para expedir las leyes que establezcan la concurrencia del Gobierno Federal, de los gobiernos de los estados y de los municipios, en el ámbito de sus respectivas competencias, en materia de protección al ambiente y de preservación y restauración del equilibrio ecológico".

La expresión "concurrencia" suele generar algunas confusiones. Ella es una creación de la jurisprudencia y la doctrina en los Estados Unidos de América, que designa aquellas facultades reservadas a la Federación, que sin embargo pueden ser ejercidas por los estados mientras no lo haga la Federación. En la lengua española, "concurrentes" son dos o más acciones que coinciden en el mismo punto o en el mismo objeto. Como bien se ha dicho, "las facultades concurrentes en el sentido castizo de la palabra, que propiamente deberían llamarse coincidentes, son las que se ejercen simultáneamente por la Federación y por los estados",[25] esto es, algo diverso de lo que en Estados Unidos de América se entiende por facultades concurrentes. En México, la idea de la concurrencia se introdujo, primero, en materia de asentamientos humanos (1976), luego en materia de salubridad general (1985) y, por último, en materia de preservación y restauración del equilibrio ecológico y protección al ambiente (1987).

En todos estos casos, la idea de la concurrencia ha sido manejada, invariablemente, como un sistema de distribución de competencias respecto de una misma materia que lleva a cabo el Congreso de la Unión entre los tres diversos órdenes de gobierno existentes en la República, teniendo en cuenta los distintos componentes que integran dicha materia, pero en la que subyace también la idea de que esas facultades se deben ejercer de una manera coordinada por tratarse, en definitiva, de una misma materia y, por consiguiente, de una misma gestión.

De allí que pueda decirse que por facultades concurrentes se entiende, en el derecho y la práctica constitucional mexicana, aquéllas que, coincidiendo en la misma materia, que en este caso sería la preservación y restauración del equilibrio ecológico y la protección al ambiente, se ejercen de manera simultánea por la Federación, los estados y los municipios, mediante una distribución de competencias entre todos ellos, que tiene en cuenta los diversos componentes de esa materia y los asigna como facultades exclusivas de la Federación, los estados y los municipios. La concurrencia es, por consiguiente, un sistema de distribución de

al ambiente", siguiendo de esta manera la tradición establecida por la Ley en ese entonces vigente sobre la materia, así como incorporado el concepto de "desarrollo sostenible". Más adelante, se señala como la Ley General del Equilibrio Ecológico y la Protección al Ambiente modificó el sentido natural de ese último concepto, al identificarlo con la "protección contra la contaminación", probablemente a la luz de una visión equivocada de lo que era la Ley Federal de Protección al Ambiente.

[25] *Cf.* Felipe Tena, *Derecho constitucional mexicano*, Porrúa, México, 17a. ed., 1980, p. 121.

competencias que se refieren a los distintos componentes de una misma materia. Pero precisamente por tratarse de una misma materia, que exigen a su respecto una gestión integral e integrada, estas facultades deben ejercerse de manera coordinada.

El propósito de la reforma de 1987 que se está comentando fue, en consecuencia, permitir la participación de los gobiernos de los estados y de los municipios en los asuntos ambientales, que de acuerdo con las disposiciones constitucionales en vigor en ese entonces estaban prácticamente concentradas en la Federación. De este modo se establecieron las bases de una tan saludable como necesaria descentralización. La técnica para hacerlo fue, indudablemente, la más conveniente: por una parte, se dejó en manos del Congreso de la Unión la facultad de hacer una división de atribuciones que implicara una descentralización que se podría profundizar de manera paulatina, sea mediante modificaciones a la ley, sea mediante el mecanismo de los convenios de coordinación previstos en la Constitución, que permiten la transferencia de funciones de la Federación a los estados y de los estados a los municipios.

Estas ideas fueron también planteadas en nuestro *Derecho ambiental mexicano*, como se puede leer en su página 480. Por eso, ahora sólo nos cabe decir que compartimos ampliamente la idea de la descentralización cuyas bases fueron establecidas en la reforma del artículo 73 constitucional, así como la técnica que se utilizó para ese propósito. Esto último, porque es evidente que la descentralización en esta materia, para que sea en verdad eficaz, debe ser entendida como un proceso que se llevará a cabo de manera paulatina, lo que no habría sido posible si la distribución de competencias hubiere sido hecha por la propia Constitución Política.

En síntesis, las reformas a los artículos 27 y 73 de la Carta Fundamental de México vinieron a "constitucionalizar" algunos principios fundamentales de la protección del ambiente, en consonancia, por lo demás, con lo que está ocurriendo en otras partes del mundo. En efecto, la "constitucionalización" de la protección del ambiente es un hecho que se está generalizando en todo el orbe, como se señala más adelante.

25. La división de las facultades en materia ambiental entre la Federación y los estados

México está constituido como una República federal, compuesta por estados libres y soberanos en todo lo concerniente a su régimen interior, pero unidos en una Federación establecida según los principios de la Constitución Política (artículo 40). En México, el pueblo ejerce su soberanía por medio de los poderes de la Unión, en los casos de la competencia de éstos, y los de los estados, en lo que toca a sus regímenes interiores, en los términos establecidos por la Constitución federal y las particulares de los estados, las que en ningún caso pueden contravenir las estipulaciones del Pacto Federal (artículo 41, párrafo primero).

En esta sección se examina la manera como se encontraban y se encuentran repartidas las facultades en materia ambiental entre la Federación y los estados. Sin embargo, este examen no agota el estudio de la división de las facultades en materia ambiental dentro del país, pues los municipios también cuentan con algunas de esas facultades.

Como se ha dicho, corresponde a la Constitución Política delimitar el ámbito de las jurisdicciones entre la Federación y los estados. Esta cuestión la resuelve la Constitución mediante una regla que dispone, a la letra, lo que sigue: "Las facultades que no están expresamente concedidas por esta Constitución a los funcionarios federales, se entienden reservadas a los estados" (artículo 124). En consecuencia, corresponden a los estados todas las facultades que no están expresamente concedidas por la Constitución a los órganos de la Federación. Sin embargo, la verdad es que la Constitución concede a los órganos de la Federación una cantidad tan importante de facultades, que la regla en cuestión está lejos de tener los alcances que pudieran suponer.[26]

Algo parecido ocurría hasta 1987 en materia ambiental, pues las facultades que correspondían a los estados en este ámbito eran escasas y de poca significación, ya que la propia Constitución había concedido dichas facultades, casi sin excepciones, a los órganos de la Federación. En efecto, aunque la Constitución todavía no contenía una norma que globalizara la función de la protección del medio ambiente y menos aún una norma que depositara en la Federación todas las facultades sobre la materia, las normas vigentes hasta esa época dejaban prácticamente sin aplicación el artículo 124 constitucional, al conferirle a la Federación la mayor parte de las atribuciones sobre la materia. Así sucedía en lo relativo a la conservación de los recursos naturales susceptibles de apropiación; a la prevención y control de la contaminación ambiental desde la perspectiva de la protección de la salud humana, y al cuidado del medio ambiente frente al uso de los recursos productivos por los sectores social y privado. Como es obvio, estas facultades permitían, hasta 1987, que el Congreso de la Unión pudiera expedir a su vez leyes sobre tales materias, como parte de sus "facultades implícitas".

Pero, además, hay que recordar que el artículo 73 constitucional fa-

[26] El artículo 124 constitucional sigue el modelo establecido por la Enmienda X de la Constitución Política de los Estados Unidos de América, país en el que el sistema federal tuvo su origen, como se sabe, en un pacto entre las trece colonias recientemente liberadas de la monarquía inglesa y en virtud del cual conservaron su propio gobierno en todo lo que no fue expresamente otorgado por la Constitución Política al gobierno nacional. Más de una vez se ha puesto en entredicho la oportunidad de la adopción de este principio en un país como México, que tenía una tradición colonial unitaria y en el que, en consecuencia, no se daba en los hechos el supuesto de que el sistema federal —que ya establecieron las Constituciones de 1824 y de 1857—, hubiera tenido su origen en un pacto entre estados preexistentes, que entregaban ciertas facultades al poder central y se reservaban las restantes.

culta al Congreso de la Unión para legislar sobre un conjunto de cuestiones que se refieren a elementos ambientales o a actividades que pueden generar efectos ambientales, lo que implica que dichas cuestiones deben ser consideradas como materia federal, sin perjuicio de que muchas veces también lo son porque dichas cuestiones han sido colocadas expresamente por otras disposiciones de la Constitución dentro de la jurisdicción de la Federación (aguas, minerales, hidrocarburos, energía eléctrica y nuclear, etc.). Esto significaba, hasta 1987, que el Congreso de la Unión podía legislar sobre los aspectos ambientales involucrados en esas materias. Para entender los alcances de esta concentración de las facultades ambientales en la Federación, recordemos que el mencionado precepto constitucional faculta al Congreso de la Unión para legislar en toda la República sobre hidrocarburos, minería y energía eléctrica nuclear, así como para expedir las leyes del trabajo (fracción X); para dictar leyes sobre colonización, emigración e inmigración, junto con las ya mencionadas sobre salubridad general de la República (fracción XVI); para dictar leyes sobre vías generales de comunicación y sobre el uso y aprovechamiento de las aguas de jurisdicción federal (fracción XVII); para legislar sobre monumentos arqueológicos, artísticos e históricos cuya conservación sea de interés social (fracción XXV); para expedir las leyes que establezcan la concurrencia del Gobierno Federal, de los estados y de los municipios, en el ámbito de sus respectivas competencias, en materia de asentamientos humanos (fracción XXIX-C); para expedir leyes sobre planeación nacional del desarrollo económico y social (fracción XXIX-D); para expedir leyes tendientes a la transferencia de tecnología y la generación, difusión y aplicación de los conocimientos científicos y tecnológicos que requiere el desarrollo nacional (fracción XXIX-F); y, en general, para expedir todas las leyes que sean necesarias para hacer efectivas sus facultades y todas las otras concedidas por la Constitución a los Poderes de la Unión (fracción XXX). Esta última disposición es la fuente de las ya mencionadas facultades implícitas.[27]

En el ejercicio de estas facultades implícitas, el Congreso de la Unión podía legislar sobre la conservación de los recursos naturales que son susceptibles de apropiación, así como sobre las demás materias que la Constitución había colocado expresamente dentro de la jurisdicción de la Federación. Así, el Congreso de la Unión se concedía a sí mismo esta facultad implícita y podía otorgarle a los otros dos Poderes las facultades necesarias para el cumplimiento de los cometidos que les son propios a dichos Poderes en relación con las mismas materias.

Todo esto ha sido modificado por la reforma de 1987 al artículo 73 constitucional ya examinada. En efecto, el hecho de que la Constitución fa-

[27] Como se ha señalado con mucha precisión, "mientras las facultades explícitas son las conferidas por la Constitución a cualquiera de los Poderes federales, las facultades implícitas son las que el Poder Legislativo puede concederse a sí mismo o a cualquiera de los otros dos Poderes federales como medio necesario para ejercer alguna de las facultades explícitas". *Cf.* Felipe Tena, *op. cit.*, nota 98, p. 116.

culte ahora al Congreso de la Unión "para expedir las leyes que establezcan la concurrencia del Gobierno Federal, de los gobiernos de los estados y de los municipios, en el ámbito de sus respectivas competencias, en materia de protección al ambiente y de preservación y restauración del equilibrio ecológico", significa que éste puede y debe distribuir los asuntos ambientales en los tres niveles de gobierno, en la forma que el mismo Congreso de la Unión determine. Por consiguiente, las atribuciones ambientales que estaban concentradas en la Federación, pueden ser otorgadas a los gobiernos de los estados y municipios, como lo ha hecho la LGEEPA.

Este cambio era más que necesario. El hecho de que la materia ambiental fuera eminentemente federal, no sólo era contradictorio con el sistema federal, sino también era un obstáculo para una gestión ambiental adecuada. En efecto, la problemática ambiental tiene una naturaleza principalmente regional y como tal debe ser abordada por la gestión ambiental. Es de suma importancia, por consiguiente, que los problemas regionales sean enfrentados con políticas específicas, que consideren las particularidades de cada ecosistema. Estas políticas sólo pueden ser diseñadas y aplicadas de manera correcta dentro del respectivo contexto regional, lo cual no se opone a la existencia de una política nacional del ambiente, que por cierto es necesaria, pero ineficiente cuando no va acompañada de políticas específicas para cada región. Más adelante se examina cómo la Ley General del Equilibrio Ecológico y la Protección al Ambiente (LGEEPA) hace compatible la existencia de la política ecológica nacional con la política ecológica local.

Lo mismo cabe decir de la legislación ambiental. Ésta debe ser entendida, básicamente, como una legislación local que, dentro de los marcos establecidos por la legislación federal, permita el diseño y la aplicación de políticas que tengan en consideración la variedad de los ecosistemas de cada región y establezca un sistema también local para la gestión ambiental. A este propósito propende la LGEEPA.

26. Las facultades del municipio en materia ambiental

La descripción de cómo reparte la Constitución Política las facultades en materia ambiental entre la Federación y los estados, no ofrece una visión completa sobre la división de tales facultades dentro del país, pues los municipios también cuentan con algunas de ellas.

Uno de los aspectos más relevantes de la Constitución Política de 1917 fue su propósito de reafirmar la existencia del municipio como la base del sistema político del país. El municipio había sido una de las instituciones que, en la época colonial, había tomado rápidamente un lugar importante en la vida de la sociedad novohispana y que, no obstante haber sido ahogado más tarde por los órganos de los poderes centrales, conservó por lo menos el vigor necesario para estar presente en las luchas por la emancipación. En efecto, se conoce la participación que tuvieron los municipios tanto en México como en otros países de Hispanoamérica, como órganos a través de los cuales se encauzaron las primeras demandas reivindicativas de la soberanía nacional. El municipio tuvo azarosa existencia en el México del siglo XIX. La Revolución Mexicana de 1910 se propuso enmendar esta situación y, en el Congreso Constituyente de 1917, el proyecto presentado por Carranza incluyó la idea del municipio libre, la que mantuvo a lo largo de todo el debate y, finalmente, se incorporó en el texto de la Constitución.[28]

Como se ha señalado con mucha propiedad,[29] la Constitución de 1917 se refiere al municipio en diversas y numerosas disposiciones (artículos 3º, 5º, 10, 16, 21, 27, 31, 73, 117 y 130); pero, su regulación sistemática se encuentra en el artículo 115, que comienza por instituir el municipio libre. El párrafo inicial del artículo 115 de la Constitución establece:

> Los estados adoptarán, para su régimen interior, la forma de gobierno republicano, representativo, popular, teniendo como base de su división territorial, y de su organización política y administrativa, el Municipio Libre, conforme a las bases siguientes...[30]

El gobierno municipal corresponde a un ayuntamiento de elección popular directa, como lo establece la fracción I del párrafo primero del artículo 115 constitucional. La norma respectiva no ha sido modificada desde 1917, no obstante que ha sido materia de diversas adiciones. Por otra parte, los municipios están revestidos de personalidad jurídica y manejan su patrimonio conforme a la ley, pues así lo prescribe la fracción II del mencionado primero.[31]

Es de mucha importancia para el derecho ambiental la modificación que la última reforma constitucional introdujo en esta misma fracción II y que se refiere a la llamada "autonomía municipal", esto es, a la potestad de los municipios para expedir por sí mismos las normas que fueren necesarias en los asuntos que son de su competencia. Esta potestad había sido puesta algunas veces en entredicho. La reforma dejó claramente establecido que "los ayuntamientos poseerán facultades para expedir

[28] Sobre el establecimiento del artículo 115 que instituye el municipio libre, véase *Los derechos del pueblo mexicano. México a través de sus constituciones*, *op. cit.*, en nota 83, pp. 291 y *ss*.

[29] *Cf*. Salvador Valencia, "La nueva estructura constitucional del municipio", en J. F. Ruiz y D. Valadés (comp.), *Nuevo derecho constitucional mexicano*, Porrúa, México, 1983, pp. 221 y *ss*.

[30] El contenido de este párrafo no ha sido modificado, pese a que el artículo 115 ha sido objeto de diversas modificaciones en los más de 75 años de su vigencia, la última de ellas en 1987.

[31] En el texto original de la Constitución quedó establecido que "los Municipios serán investidos de personalidad jurídica para todos los efectos legales" (fracción III). Con las reformas vigentes a partir de 1983, esa idea fue incorporada a la actual fracción II, que en su parte inicial previene lo siguiente: "Los municipios estarán investidos de personalidad jurídica y manejarán su patrimonio conforme a la Ley."

de acuerdo con las bases normativas que deberán establecer las Legislaturas de los estados, los bandos de policía y buen gobierno y los reglamentos, circulares y disposiciones administrativas de observancia general dentro de sus respectivas jurisdicciones". Como los municipios tienen competencia en asuntos de naturaleza ambiental, el precepto pone de manifiesto que los municipios participan en la gestión ambiental no sólo a través de la ejecución de actos materiales, sino también del establecimiento de normas jurídicas de carácter general y abstracto sobre la materia. Estas normas son una de las fuentes de la legislación ambiental. Como es obvio, las proyecciones que puede tener el derecho municipal dentro del derecho ambiental son vastísimas, dentro de una adecuada distribución de las competencias para regular la protección del ambiente.

Tradicionalmente, los municipios han tenido a su cargo la prestación de ciertos servicios públicos que son de interés local. La Constitución de 1917 no estableció ninguna disposición al respecto. En silencio de la Constitución y de acuerdo con las prácticas centralizadoras, muchos de esos servicios han terminado por ser excluidos de la órbita municipal. Ello no ha ocurrido sólo en México.[32] La reforma de 1983 al artículo 115 constitucional, sin embargo, dispuso que los municipios tendrán a su cargo los siguientes servicios públicos: agua potable y alcantarillado; alumbrado público; mercados y centrales de abasto; panteones; rastros; calles, parques y jardines; seguridad pública y tránsito; y los demás que determinen las Legislaturas locales según las condiciones territoriales y socioeconómicas de los municipios, así como su capacidad administrativa y financiera. Así lo establece la nueva fracción III del artículo 115.

Debe señalarse además que, previsoramente y frente a la realidad de que no todos los municipios pueden asumir por sí solos los servicios públicos que deben tener a su cargo, la misma fracción III prescribe que "cuando así fuere necesario y lo determinen las leyes", los municipios tendrán a su cargo tales servicios públicos "con el concurso de los estados", añadiendo los municipios de un mismo estado, previo acuerdo entre sus ayuntamientos y con sujeción a la ley, "podrán coordinarse y asociarse para la más eficaz prestación de los servicios públicos que les correspondan".

La competencia de los municipios no se agota con esta enunciación que hace la fracción III del artículo 115 respecto de los servicios públicos que tendrán a su cargo, sino que se extiende a las materias señaladas en la fracción V del mismo artículo, que dispone que los municipios, "en los términos de las leyes federales y estatales relativas, estarán facultados para formular, aprobar y administrar la zonificación y planes de desarrollo urbano municipal; participar en la creación y administración de sus reservas territoriales; controlar y vigilar la utilización del suelo en sus jurisdicciones territoriales; intervenir en la regularización de la tenencia

32 Sobre el particular, nos remitimos a lo que hemos escrito sobre el municipio latinoamericano y la gestión ambiental, en *El derecho ambiental en América Latina*, CIFCA, Madrid, 1982 (Colección Opiniones), pp. 17 y 18.

de la tierra urbana; otorgar licencias y permisos para construcciones, y participar en la creación de zonas de reservas ecológicas...". Y agrega que los municipios, "para tal efecto y de conformidad del artículo 27 de esta Constitución, expedirán los reglamentos y disposiciones administrativas que fueren necesarios".[33]

Este campo de atribuciones de los municipios se refiere a materias que parecen propias del desarrollo urbano y tiene el mérito de precisar las competencias de los municipios en estas materias, como se ha señalado con mucha exactitud.[34] Sin embargo, por lo menos en un punto, el precepto excede lo que hasta ese momento se podía entender por desarrollo urbano, a la luz de las disposiciones constitucionales y de la Ley General de Asentamientos Humanos. Se trata de la categoría de "zonas de reservas ecológicas" hasta ese entonces jurídicamente inédita y que, por tanto, fue creada por la reforma del artículo 115 constitucional. En efecto, el artículo 27 constitucional y la Ley General de Asentamientos Humanos preveían el establecimiento de provisiones, usos, reservas y destinos de tierras, aguas y bosques, a efecto de ejecutar obras públicas y planear y regular la fundación, conservación, mejoramiento y crecimiento de los centros de población; pero no contemplaban la creación de estas zonas de reservas ecológicas. La innovación fue posteriormente incorporada a la Ley General de Asentamientos Humanos, que en su artículo 16 (apartado A, fracción I, inciso e), prescribe que corresponde a los poderes de las entidades federativas, en el ámbito de sus competencias, "fijar las normas a que se sujetarán los Municipios [...] en la creación y administración de zonas de reservas ecológicas".

Creemos que el establecimiento de las zonas de reserva ecológica por la reforma constitucional de 1983 y la participación que se les concede a los municipios en su creación y administración representan una oportuna medida.

27. La protección constitucional del ambiente en el derecho comparado

Una visión comparatista puede proporcionar una idea de las tendencias que prevalecen en la protección constitucional del ambiente y, de alguna

[33] A partir de 1976 había quedado establecido en la fracción VI del artículo 115 constitucional que "los estados y municipios, en el ámbito de sus competencias, expedirán las leyes, reglamentos y disposiciones administrativas que sean necesarias para cumplir con los fines señalados en el párrafo tercero del artículo 27 de esta Constitución en lo que se refiere a los centros urbanos y de acuerdo con la Ley Federal de la materia". Este cambio se correspondía con sendas modificaciones de los artículos 27 y 73, que introducían la idea de la ordenación de los asentamientos humanos y la concurrencia de la Federación, los estados y los municipios en esta materia. La reforma constitucional de 1983 implicó la supresión de esa fracción IV y su remplazo por la recién transcrita fracción V.

[34] *Cf.* Jorge Carpizo, "Evolución y perspectivas del régimen municipal en México", en J. F. Ruiz y D. Valadés, *Nuevo derecho constitucional mexicano*, *op. cit.*, en nota 108. Véanse las pp. 233 y *ss.* Véase además el trabajo de Salvador Valencia *cit.* en nota 108.

manera, entregar ciertos elementos que por lo menos deben considerarse, si fuere el caso, en la tarea de perfeccionar las ideas que ya contiene la Constitución Política mexicana.

En general, de esas tendencias es posible decir que, a partir de una concepción amplia del ambiente, apuntan, por una parte, a dejar establecido que la función del Estado es velar por la protección del ambiente y, por otra, que todos los habitantes tienen derecho a un ambiente adecuado, pero también tienen el deber de cuidar su conservación, en el contexto de una idea más fundamental, que tiene que ver con la necesidad de modificar los procesos productivos y de armonizarlos con la base natural que los sustenta. En efecto, una rápida revisión de las Constituciones más modernas, pone de manifiesto que todas o algunas de estas ideas, se han incorporado a la mayor parte de las Leyes Fundamentales expedidas después de la segunda Guerra Mundial, con un énfasis que cambia de país en país, pero que expresa siempre la idea fundamental de la protección del ambiente en su conjunto como una condicionante de la lógica productiva de cada sistema económico.

Así ocurrió con casi todas las Constituciones políticas de Europa del Este que, en su momento, establecieron principios que tenían como propósito la lógica productiva de los sistemas económicos entonces vigentes —el crecimiento económico para satisfacer de manera cada vez más completa las necesidades de la población—, el uso racional de los recursos naturales y la protección del ambiente, que eran elementos no considerados inicialmente por la lógica de dichos sistemas.[35]

La disposición que sobre el tema contenía la Constitución Política de 1977 de la desaparecida Unión Soviética, puede ilustrar el modelo que ofrecían las keyes fundamentales de tales países. Esa disposición, siguiendo de cerca a la anterior Constitución de la URSS, prescribía: En interés de la presente y de las futuras generaciones, se adoptan en la URSS las medidas necesarias para la protección y el uso racional, científicamente fundamentado, de la tierra y el subsuelo, de los recursos acuáticos, de la flora y la fauna, para conservar limpios el aire y el agua, asegurar la reproducción de las riquezas naturales y el mejoramiento del medio ambiente" (artículo 18).[36]

[35] Sobre esta materia, pueden consultarse la Constitución de Bulgaria de 1971 (artículo 31), la Constitución de la extinta República Democrática Alemana de 1968, revisada en 1974 (artículo 15), la Constitución de Hungría de 1949, revisada en 1972 y 1975 (artículos 57 y 69), la Constitución de Albania de 1976 (artículo 20), la Constitución de Polonia de 1952 (artículo 71), y la Constitución de la desaparecida Yugoslavia de 1974 (artículos 85, 87, 192 y 193), así como lo que se ha escrito al respecto. *Cf.* para todo lo anterior a Luis Rodríguez, "El medio ambiente en la Constitución española", en Luis Rodríguez (comp.), *Derecho y medio ambiente*, CEOTMA, Madrid, 1981, pp. 33 y *ss*.

[36] Esta norma debe entenderse en el contexto de aquéllas que establecían que la base del sistema económico del país "es la propiedad socialista de los medios de producción" (artículo 10) y que la forma fundamental de la propiedad socialista estaba constituida por la propiedad del Estado, que de acuerdo con la Constitución era "patrimonio común de todo el pueblo soviético" y se encontraba integrada, entre otros bienes, por la "tierra, el subsuelo, las aguas y los bosques", que "son propiedad exclusiva del Estado" (artículo 11).

En consecuencia, la lógica productiva del sistema económico estaba constitucionalmente condicionada en la Unión Soviética al uso racional de los recursos naturales, que como lo decía explícitamente su Constitución debía estar "científicamente fundado" y debía "asegurar la reproducción de las riquezas naturales y el mejoramiento del medio ambiente".

En cambio, en las Constituciones políticas de los países de Europa Occidental, es menos frecuente hallar este tipo de disposiciones. La verdad es que los casos se encuentran limitados a Grecia, Suiza, Portugal y España.

En efecto, la Constitución griega de 1975 establece que constituye una obligación del Estado la protección del ambiente natural y cultural (artículo 25). La Constitución suiza, revisada en 1957, 1962 y 1975, distribuye la competencia para la protección del ambiente entre la Confederación y los cantones (artículos 24 y 25). La Constitución portuguesa de 1976 establece que todos tendrán derecho a un ambiente humano de vida, saludable y ecológicamente equilibrado, y el deber de defenderlo, así como otras disposiciones (artículo 66). La Constitución española de 1978, en fin, también prevé la existencia de este derecho-deber, así como otras reglas, que serán examinadas a continuación.[37]

La Constitución española de 1978 proporciona el modelo más reciente de protección constitucional del ambiente en Europa Occidental. La disposición básica es su artículo 45, que establece que "todos tienen el derecho de disfrutar de un ambiente adecuado para el desarrollo de la persona, así como el deber de conservarlo"; luego prescribe que "los poderes públicos velarán por la utilización racional de todos los recursos naturales, con el fin de proteger y mejorar la calidad de la vida y defender y restaurar el medio ambiente, apoyándose en la indispensable solidaridad colectiva"; y concluye con una norma que previene que "para quienes violen lo dispuesto en el apartado anterior, en los términos que la ley fije se establecerán sanciones penales o, en su caso, administrativas, así como la obligación de reparar el daño causado".[38]

Del conjunto de estas disposiciones resulta, como hemos tenido la oportunidad de señalarlo,[39] que la Constitución española, al imponerle a los poderes públicos la obligación de velar por la utilización racional

[37] Sobre el artículo 66 de la Constitución portuguesa puede consultarse el trabajo de Sebastião Duarte Pestana de Vasconcelos da Costa Pereira, "O direito do ambiente em Portugal con particular referencia a Constituição de 1976", en la revista *Ambiente y Recursos Naturales*, La Ley, Buenos Aires, enero-marzo 1985, vol. II, núm. 1, pp. 88 y *ss*.

[38] Tal disposición debe entenderse en el contexto de aquellas que configuran el sistema económico español, como es el caso del artículo 38, donde "se reconoce la libertad de empresa en el marco de la economía de mercado", y del artículo 33, donde "se reconoce el derecho a la propiedad privada y a la herencia", pero con el importante alcance de que "la función social de estos derechos delimitará su contenido, de acuerdo con las leyes".

[39] *Cf.* nuestro trabajo sobre "El derecho ambiental y el manejo integrado de los recursos naturales", en Enrique Leff (coordinador), *Los problemas del conocimiento y la perspectiva ambiental del desarrollo*, Siglo XXI-UNAM, México, 1986, pp. 363 a 393.

de los recursos naturales, ha introducido un nuevo principio en el sistema económico, en virtud del cual los recursos naturales deben ser empleados de acuerdo con la racionalidad que le es propia a dichos recursos y no de acuerdo con la lógica productiva, individual o social, que están en la base del sistema capitalista.[40]

Esta tendencia de hacer constitucionales los principios fundamentales de la protección del ambiente, se ha expresado con más fuerza aún en las constituciones políticas de los países de América Latina que se han expedido a partir de 1972. En un trabajo sobre el tema,[41] hemos subrayado el surgimiento de un constitucionalismo ambiental latinoamericano. En efecto, la compleja historia política reciente de la gran mayoría de los 20 países que componen América Latina ha llevado a renovar sus instituciones, lo que se ha reflejado, entre otras cosas, en cambios constitucionales: en los últimos veinticinco años, 14 de los 20 países de la región se han dado nuevas Constituciones políticas, que de diversas maneras han procurado incorporar las modernas preocupaciones de la sociedad latinoamericana.

Esto ha permitido, entre otras muchas novedades, que en estas nuevas constituciones figuren un número importante de disposiciones que se refieren a la preocupación por la protección del medio ambiente y la promoción de un modelo de desarrollo sostenible. Se trata de lo que hemos llamado un "enverdecimiento" *(greening)* de las Constituciones políticas de la región, que paulatinamente se han ido ocupando más y más de establecer las bases para el desarrollo de una legislación ambiental moderna. A este enverdecimiento de nuestras Constituciones no han sido ajenas, por cierto, las dos grandes conferencias de las Naciones Unidas sobre el Medio Ambiente (1972 y 1992).

Así ha ocurrido con las Constituciones de Panamá (1972), Cuba (1976), Perú (1979, sustituida en 1993), Ecuador (1979), Chile (1980), Honduras (1982), Haití (1982), El Salvador (1983), Guatemala (1985), Nicaragua (1987), Brasil (1988), Colombia (1991), Paraguay (1992) y Argentina (1994). En todas estas Constituciones hay normas que establecen principios ambientales. Algunas veces estos principios han sido incorporados por reformas a Constituciones anteriores a 1972, como ha sucedido con la Constitución mexicana de 1917 (reformada en 1987), con la Constitución costarricense de 1949 (reformada en 1994) y con la Constitución uruguaya de 1966 (reformada en 1996). Otras veces, los principios ambientales establecidos han sido profundizados, como ha sucedido con las Constituciones Políticas de Panamá, Cuba y Ecuador.*

[40] *Ibid.*, pp. 373 a 375.

[41] Se trata de una ponencia preparada para la VII Conferencia Internacional de la Fundación Corte Internacional del Medio Ambiente sobre "Medio ambiente y cultura: el patrimonio común de la humanidad" (Paestum, Italia, 5-10 de junio de 1997) y publicada con el título "O constitucionalismo ambiental latino americano" en la *Revista da Associação dos Juízes Federais do Brasil* año 16, núm. 55, 1997).

* Véase Addenda, § 10.

El enverdecimiento de las Constituciones latinoamericanas se ha dado dentro de una tradición constitucional propia de los países de la región, constituida por las disposiciones que establecen prescripciones sobre la protección de los recursos naturales. Esta tradición, instaurada por la Constitución mexicana en 1917, ha sido continuada hasta hoy, pero en el contexto más amplio que proporcionan las ideas de protección del ambiente en su conjunto y de promoción del desarrollo sostenible inscritas en las nuevas Constituciones.

Básicamente, los nuevos principios constitucionales se refieren al desarrollo sostenible, el deber del Estado y de la sociedad de proteger el medio ambiente, el deber de proteger ciertos componentes específicos del medio ambiente, la regulación de ciertas actividades, la protección del patrimonio cultural, el derecho a un medio ambiente adecuado y las garantías de dicho derecho, el deber de accionar en defensa de los intereses ambientales, la responsabilidad por el daño ambiental, el derecho de participación de la sociedad y el derecho de información.

En toda Constitución subyace un modelo de desarrollo económico que se establece mediante un conjunto de disposiciones que configuran lo que se llama la "constitución económica". La idea de desarrollo que se encuentra en las Constituciones políticas de América Latina se ha enriquecido en los últimos años con la incorporación de la idea del *desarrollo sostenible*, que de acuerdo con la conocida fórmula del Informe de la Comisión Brundtland (1987) es un modelo de crecimiento que satisface las necesidades de la generación presente sin comprometer la capacidad de las generaciones futuras para satisfacer sus propias necesidades. Es cierto que la prescripción constitucional de que el Estado y la sociedad civil deben proteger el medio ambiente implica, por sí misma, la idea de que la Constitución promueve un modelo de desarrollo sostenible. Sin embargo, esta idea ha comenzado a hacerse explicíta en diversos textos constitucionales.

El *deber del Estado y de la sociedad de proteger el medio ambiente* es, cronológicamente, el primero de los principios que aparece en las nuevas Constituciones latinoamericanas. Este deber es vinculado algunas veces explícitamente a disposiciones que autorizan restricciones al ejercicio de ciertos derechos fundamentales cuando ello sea necesario para proteger el medio ambiente, en especial cuando se trata del ejercicio del derecho de propiedad. Pero también las nuevas Constituciones políticas han tendido a reconocer la función ambiental de la propiedad, como una derivación de la función social general del derecho de propiedad.

Algunas de las nuevas Constituciones latinoamericanas se destacan por su interés en la *protección de ciertos componentes del medio ambiente*. En efecto, además de las prescripciones sobre la protección del medio ambiente en general, incluyen reglas específicas para la protección de la fauna y la flora, la protección del patrimonio genético y de la diversidad biológica, la protección de ciertas zonas geográficas del país y el establecimiento de áreas naturales protegidas, para citar sólo algunos casos.

En ciertas ocasiones, esas Constituciones establecen *regulaciones específicas sobre materias* tales como la prohibición del ingreso al territorio nacional de residuos peligros, actividades y sustancias peligrosas, evaluación del impacto ambiental, efectos ambientales de la minería, localización de las industrias que tengan reactores nucleares, etcétera.

La *protección del patrimonio cultural* es otra de las materias que ocupa un lugar especial no sólo en las nuevas Constituciones latinoamericanas sino en todas las Constituciones de la región. Ello tanto por la importancia de ese patrimonio, especialmente el patrimonio cultural precolombino (como en los casos de México y Perú, para citar sólo aquellos más conocidos mundialmente), como por los peligros a que siempre ha estado sometida su integridad.

En correspondencia con el deber de la sociedad de proteger el medio ambiente, se ha comenzado a generalizar en las nuevas Constituciones latinoamericanas la consagración del *derecho de todas las personas a un medio ambiente adecuado*, que de esta manera está pasando a integrar el catálogo de los derechos fundamentales. Junto con ello, se ha extendido a este derecho, explícita o implícitamente, la aplicación de las acciones constitucionales establecidas para la protección de todos los derechos fundamentales. Se trata de un hecho trascendental, que ha sido fecundo en consecuencias prácticas. Este punto es examinado con más detalles en la sección siguiente.

El *deber de ciertos funcionarios de accionar en defensa de los intereses ambientales* es otro de los principios que ha comenzado a aparecer en las nuevas Constituciones latinoamericanas. Este deber ha sido asignado, en algunos casos, al Defensor del Pueblo y, en otros, al Ministerio Público.

La *responsabilidad por el daño ambiental* es otro tema importante que ha comenzando a estar presente en las nuevas Constituciones latinoamericanas, en sus variantes penal y civil. La responsabilidad civil por el daño ambiental es una cuestión de suma importancia, que como se dice en el capítulo V no ha recibido la atención que merece en tanto instrumento económico para la aplicación de la política ambiental.

Finalmente, las nuevas Constituciones latinoamericanas han favorecido el *derecho de participación de la sociedad civil en la gestión ambiental y el derecho a la información ambiental*, mediante normas generales que establecen el primero de esos derechos respecto de todos los procesos de toma de las decisiones públicas que afectan a la sociedad civil y el segundo de esos derechos como corolario del anterior.

En conclusión, puede decirse que estamos en presencia durante este último cuarto de siglo de un verdadero fenómeno de "enverdecimiento" de las Constituciones latinoamericanas, que se ha ido dando poco a poco e, incluso, dentro de una determinada progresión histórica: primero, se establece el deber del Estado de proteger el medio ambiente; luego, este deber se extiende a la sociedad en su conjunto y se autorizan restricciones al ejercicio de los derechos fundamentales; al mismo tiempo, se comienza a incorporar el derecho a un medio ambiente apropiado junto con los demás derechos fundamentales y a garantizar su ejercicio; más tarde, se inicia el establecimiento de la vinculación que existe entre el medio ambiente y el desarrollo, prescribiéndose que la economía debe orientarse hacia un modelo de desarrollo sostenible; y, finalmente, se entra a establecer ciertas bases constitucionales en temas específicos que serán desarrolladas por la legislación ambiental.

28. ¿EXISTE ENTRE NOSOTROS EL DERECHO CONSTITUCIONAL A UN MEDIO AMBIENTE ADECUADO?*

Una de las tendencias constitucionales que se ha venido expresando con mucha fuerza, especialmente en América Latina, es la que se refiere a la consagración constitucional del derecho fundamental de todas las personas a un medio ambiente adecuado.

En México, se ha planteado en varias oportunidades la conveniencia de que la Constitución Política incorpore en el capítulo de las garantías individuales un derecho de esta naturaleza (entre otras, en nuestro *Derecho ambiental mexicano* de 1987 y en la primera edición de este *Manual de derecho ambiental mexicano* de 1994, como se puede leer en las páginas 480 y 617, respectivamente, de esas obras). Sin embargo, este planteamiento ha sido recogido, aunque en un sentido que no se corresponde por esa propuesta, sólo por la Ley General del Equilibrio Ecológico y la Protección al Ambiente.

En efecto, en 1988 la LGEEPA incluyó entre los principios de la política ambiental uno que se refiere a este derecho, al establecer en la fracción XI de su artículo 15 que "toda persona tiene derecho a un ambiente sano". En las modificaciones de 1996 se amplió esta disposición, en los siguientes términos: "Toda persona tiene derecho a disfrutar de un ambiente adecuado para su desarrollo, salud y bienestar. Las autoridades en los términos de ésta y otras leyes, tomarán las medidas para garantizar este derecho" (fracción XII del artículo 15). Más aún, las mismas modificaciones colocaron como el primer de los propósitos de la LGEEPA "garantizar el derecho de toda persona a vivir en un medio ambiente adecuado para su desarrollo, salud y bienestar" (fracción I del artículo 1º).

El derecho fundamental a un medio ambiente no debe confundirse con el "derecho a la protección a la salud", que fue incorporado a la Constitución Política como parte de las modificaciones que entraron en vigor en 1983. En efecto, en ese año se incorporó al artículo 4º constitucional un nuevo párrafo del siguiente tenor:

> Toda persona tiene derecho a la protección de la salud. La Ley definirá las bases y modalidades para el acceso a los servicios de salud y establecerá la concurrencia de la Federación y las entidades federativas en materia de salu-

* Véase Addenda, § 1.

bridad general, conforme a lo que dispone la fracción XVI del artículo 73 de esta Constitución.

La disposición estaba encaminada, primeramente, a establecer lo que se denominó "derecho a la protección a la salud" y, en seguida, a crear un sistema de concurrencia en materia de salubridad general. La adición fue publicada en el *Diario Oficial de la Federación* el día 3 de febrero de 1983 y, en la actualidad, figura como el párrafo cuarto del artículo 4º constitucional.

En nuestra opinión, el derecho a la protección de la salud comprende de manera parcial, por así decirlo, el derecho a un medio ambiente sano, en los términos de la LGEEPA, porque incluye la idea de la protección de la salud humana ante los efectos adversos del ambiente. Desde esa perspectiva, el derecho de protección a la salud lleva implícito el derecho a un ambiente sano. Tanto, que la Ley General de Salud que se puso en vigor el 1º de julio de 1984 y que reglamenta el derecho de protección a la salud, al precisar que es materia de salubridad general, entre otras, "la prevención y el control de los efectos nocivos de los factores ambientales en la salud del hombre" (artículo 4º, fracción XIII), regula también los efectos del ambiente en la salud humana, mediante normas que se examinan más adelante (véase el capítulo XXII de este libro). Por otra parte, hay que consignar que la misma exposición de motivos de la iniciativa presidencial relativa al derecho de protección a la salud, aunque no estableció la vinculación que se está haciendo, no dejó de evocar las medidas adoptadas por el Estado para la protección del ambiente, en el contexto más amplio de la protección a la salud.

Sin embargo, el derecho a un medio ambiente adecuado comprende también otros elementos que no están incluidos en la idea de la protección a la salud. En efecto, el derecho a un medio ambiente adecuado no se refiere sólo a lo que le es "sano" desde el punto de vista de la salud humana o a lo que sería "saludable" para el hombre, sino también a lo que sería ecológicamente apropiado, esto es, benéfico para el respectivo ecosistema, incluido el hombre. Ello tiene que ver con la productividad de los ecosistemas y además con elementos culturales y estéticos, que no necesariamente se vinculan con la salud humana.

La consagración del derecho de protección a la salud, empero, tiene una gran importancia para el derecho ambiental, porque por lo pronto implica darle un rango constitucional a un aspecto fundamental del derecho a un medio ambiente adecuado. De allí que sea oportuno explorar por lo menos una de sus particularidades. Del derecho de protección a la salud se ha dicho, al igual que de otros derechos constitucionales, que tiene un carácter "programático", lo que significa, como lo indica en general una cierta doctrina constitucional, que la respectiva norma contendría sólo una directiva de acción para los poderes constituidos.[42] Lo

[42] *Cf.* José Francisco Ruiz, "El contenido programático de la Constitución y el nuevo

anterior debe ser matizado, en este caso concreto, con la afirmación de la exposición de motivos que dice que la protección de la salud es una responsabilidad no sólo del Estado, sino que "atañe a todos y cada uno de los mexicanos...", lo que significa que, como también se ha dicho, no se restringiría al Estado el carácter de sujeto pasivo de este derecho.[43] Estas consideraciones son de gran interés para comprender no sólo el alcance jurídico de esta disposición, sino también la de otras declaraciones análogas referidas directamente a la protección del ambiente, si fueran inscritas en la Constitución Política. En efecto, el derecho a un medio ambiente adecuado lo entendemos como un "derecho", en el sentido propio de la expresión, que en consecuencia debe ser establecido en normas preceptivas que permitan su tutela jurisdiccional y no mediante normas puramente programáticas. La importancia de la tutela jurisdiccional de ese derecho se ha manifestado en algunos de los países cuyas Constituciones establecen dicho derecho.

Existe una tendencia mundial a reconocer el derecho fundamental de los seres humanos a un medio ambiente adecuado. Es quizá conveniente destacar que una de las expresiones más importantes de esa tendencia son los proyectos de principios jurídicos para la protección del medio ambiente y el desarrollo duradero, adoptados por el grupo de expertos jurídicos de la Comisión Mundial sobre el Medio Ambiente y el Desarrollo, como se puede ver en el resumen de esos proyectos que figuran como Anexo I del Informe publicado por la Comisión. Allí se incluye, en primer término, la siguiente disposición: "Todos los seres humanos tienen el derecho fundamental a un medio ambiente adecuado para su salud y bienestar."

Como se ha dicho al inicio de esta sección, esta tendencia se ha expresado con mucha fuerza en América Latina, en correspondencia con el deber de la sociedad de proteger el medio ambiente. En efecto, de las catorce Constituciones expedidas en los últimos veinticinco años, ocho han incorporado ese derecho, en distintas formas (en orden alfabético, Argentina, Brasil, Chile, Colombia, Ecuador, Nicaragua, Paraguay y Perú). Por su parte, una reforma de 1994 introdujo ese derecho a la Constitución de Costa Rica de 1949. En síntesis, el derecho de todas las personas a un medio ambiente apropiado está pasando a integrar el catálogo de los derechos fundamentales en nuestra región.[44]

derecho a la protección de la salud", en *Nuevo derecho constitucional*, comp. por J.F. Ruiz y D. Valadés (Porrúa, México, 1983, pp. 417 y *ss.).*

[43] *Ibid.*, pp. 419 y 420.

[44] La Constitución de Argentina de 1994 dispone que "todos los habitantes gozan del derecho a un ambiente sano, equilibrado, apto para el desarrollo humano y para que las actividades productivas satisfagan las necesidades presentes sin comprometer las de las generaciones futuras" (artículo 41). La Constitución de Brasil de 1988, por su parte, establece que "todos tienen derecho a un medio ambiente ecológicamente equilibrado" (artículo 225). La Constitución de Chile de 1980 prescribe, de su lado, que ella asegura a todas las personas "el derecho a vivir en un medio ambiente libre de contaminación" (artículo 19). La Constitución de Colombia de 1991, a su vez, dispone que "todas las personas tienen derecho a gozar de un ambiente sano" (artículo 79). De otro lado, la Constitución de Costa

Norberto Bobbio ha señalado alguna vez que el problema de los derechos fundamentales ya no consiste en su reconocimiento, sino en la posibilidad de hacerlos efectivos. Pues bien, las nuevas Constituciones latinoamericanas, junto con establecer el derecho a un medio ambiente apropiado, han extendido a este derecho, explícita o implícitamente, la aplicación de las acciones constitucionales establecidas para la protección de todos los derechos fundamentales.[45] En la práctica, la intervención de los tribunales en los conflictos jurídico-ambientales se ha basado principalmente en el ejercicio que se ha hecho de las acciones constitucionales previstas para la defensa de los derechos fundamentales, en estos países donde el derecho a un medio ambiente apropiado ha pasado a tener un rango constitucional. Ello se explica por las dificultades que aún presentan en nuestros países los sistemas de acciones y, en general, los sistemas procesales respecto de la tutela de los intereses colectivos y difusos. En pocas palabras, la "justicia ambiental" en esos países es básicamente, por ahora, una "justicia constitucional".

En consecuencia, se trata de un hecho trascendental, que como se ha dicho en la sección anterior, ha sido fecundo en consecuencias prácticas. Por cierto, no se puede propiciar que esta solución se mantenga, de manera indefinida, como la vía apropiada para la protección de esos intereses. A este tema se regresa en el capítulo final de este libro. Lo que por ahora se pretende dejar en claro es que, cuando se habla del derecho fundamental de todas las personas a un medio ambiente apropiado no se está haciendo referencia a un derecho "programático", sino que, como se ha dicho, a un derecho en el sentido propio de la palabra, que requiere de las correspondientes garantías procesales para hacerse efectivo.

Rica de 1949, a partir de la reforma de 1994, establece que "toda persona tiene derecho a un ambiente sano y ecológicamente equilibrado" (artículo 50). La Constitución de Ecuador de 1979, por su parte, incluye entre los derechos de las personas "el derecho de vivir en un medio ambiente libre de contaminación" (artículo 19). La Constitución de Nicaragua de 1987, a su vez, dispone que "los nicaragüenses tienen derecho a habitar en un ambiente saludable" (artículo 60). La Constitución de Paraguay de 1992, de su lado, prescribe que "toda persona tiene derecho a habitar en un ambiente saludable y ecológicamente equilibrado" (artículo 7°). Y, finalmente, la Constitución de Perú de 1993, al igual que su antecesora de 1979, establece que toda persona tiene derecho "a gozar de un ambiente equilibrado y adecuado al desarrollo de su vida" (artículo 2º).

[45] La Constitución de Colombia de 1991 proporciona un ejemplo de explicitación de esta garantía constitucional, en tanto prescribe que "toda persona tendrá acción de tutela para reclamar ante los jueces, en todo momento y lugar, mediante un procedimiento preferente y sumario, por si misma o por quien actúe a su nombre, la protección inmediata de sus derechos constitucionales fundamentales, cuando quiera que estos resulten vulnerados o amenazados por la acción u omisión de cualquier autoridad pública" (artículo 86), lo que obviamente comprende el "derecho a gozar de un ambiente sano" que establece la misma Constitución (artículo 79). Lo mismo hace la Constitución de Argentina de 1994, que dispone que "toda persona puede interponer acción expedita y rápida de amparo [...] contra todo acto u omisión [...] que en forma actual o inminente lesione, restrinja, altere o amenace, con arbitrariedad o ilegalidad manifesta, derechos o garantías reconocidos por esta Constitución", agregando que "en lo relativo a los derechos que protegen al ambiente", entre otros, esta acción podrá ser interpuesta por "el afectado, el Defensor del pueblo y las asociaciones que propendan a esos fines" (artículo 43).

III. LA GESTIÓN AMBIENTAL

29. El contenido del capítulo. 30. La Ley General del Equilibrio Ecológico y la Protección al Ambiente. 31. Las modificaciones de 1996 a la LGEEPA. 32. El objeto de la LGEEPA. 33. Un análisis comparativo del objeto de la LGEEPA con el de las leyes federales que la precedieron. 34. La naturaleza jurídica de la LGEEPA. 35. La gestión ambiental. 36. La organización de la gestión ambiental. Centralización y descentralización. 37. La inserción de la gestión ambiental dentro de la estructura administrativa del Estado. Sectorización y transectorización. 38. Los modelos administrativos para la gestión ambiental. 39. Algunas experiencias latinoamericanas de Ministerio del Ambiente. 40. La crítica de los modelos administrativos de gestión ambiental. 41. El modelo del Sistema Nacional del Ambiente. 42. La organización de la gestión ambiental en México a nivel federal. Centralización y descentralización. 43. La distribución de competencias entre la Federación y los estados y municipios. 44. Las competencias de la Federación. 45. Las competencias de los estados y los municipios. El caso del Distrito Federal. 46. La organización de la gestión ambiental en México a nivel federal. Sectorización y transectorización. 47. El Consejo de Salubridad General. 48. La gestión ambiental dentro de la Administración Pública Federal. 49. La Secretaría de Desarrollo Urbano y Ecología. 50. La Secretaría de Desarrollo Social. 51. La Secretaría de Medio Ambiente, Recursos Naturales y Pesca. 52. La coordinación de la Federación, los estados, los municipios y el Distrito Federal. 53. La participación social en la gestión ambiental y el derecho a la información. 54. Algunas conclusiones sobre la gestión ambiental en México.

29. El contenido del capítulo

En este capítulo se inicia el análisis de la protección del ambiente en su conjunto en la legislación federal que se deriva de esas bases constitucionales, reservándose el estudio de la protección de cada uno de sus elementos y de las actividades que generan efectos ambientales para los capítulos que integran las partes segunda, tercera, cuarta y quinta de este libro, que se ocupan de la protección de los ecosistemas terrestres, de los ecosistemas marítimos y de la atmósfera y el espacio ultraterrestre, así como de la ordenación del ambiente construido.

Esto significa que el examen que se comienza a continuación se circunscribe fundamentalmente al estudio de la Ley General del Equilibrio Ecológico y la Protección al Ambiente, que es el principal ordenamiento jurídico vigente en materia de protección al ambiente en su conjunto. Sin perjuicio de lo anterior, es necesario señalar que la misma Ley también regula por separado ciertos elementos ambientales y los efectos ambientales de algunas actividades, que tienen que ver con las materias que se abordan en otras partes de este mismo libro, donde se retoma el estudio de esta Ley.

Los análisis que se llevan a cabo en este capítulo y en el siguiente, están organizados en torno de la idea de la gestión ambiental y sus componentes: la política, la legislación y la administración ambientales. Los aspectos conceptuales más generales de estos temas los hemos desarrollado en un trabajo relativamente reciente, al que recurriremos con frecuencia.[1] Por razones de método, que tienen que ver con la estructura de la LGEEPA, en este capítulo se trata el tema de la gestión ambiental en general y de la administración ambiental en particular.

Las materias más específicas de que se ocupa este capítulo son: la presentación de la Ley General del Equilibrio Ecológico y la Protección al Ambiente; la gestión ambiental; la organización de la gestión ambiental en México; la distribución de los asuntos que comprende la gestión ambiental entre la Federación, los estados y municipios; el régimen ahora vigente para ese efecto en el territorio del Distrito Federal; el sistema de coordinación para la gestión ambiental; el sistema de administración para la gestión ambiental a nivel federal; y la participación social en la gestión ambiental.

30. La Ley General del Equilibrio Ecológico y la Protección al Ambiente

Como se ha dicho, la Ley General del Equilibrio Ecológico y la Protección al Ambiente (LGEEPA) es el principal ordenamiento jurídico vigente en materia de protección del ambiente en su conjunto. Dicha Ley tuvo su origen en una iniciativa del Ejecutivo Federal que fue formulada en los primeros días de noviembre de 1987.

Esa iniciativa era esperada con mucho interés, desde el momento en que el Presidente de la República anunció, el 1º de septiembre de 1987, su propósito de someter a la consideración del Poder Legislativo de la Federación, durante el periodo de sesiones que en ese día se inauguró, un proyecto de ley sobre la materia. La verdad es que esta iniciativa formaba parte de un proceso de perfeccionamiento de la legislación ambiental, que se había iniciado con la reforma a los artículos 27 y 73 constitucionales que recientemente había entrado en vigor, de la cual la iniciativa era su indispensable corolario.[2]

[1] Se trata de un documento elaborado por el autor de este libro para el PNUMA-ORPALC, que fue titulado "La política nacional del ambiente y su marco jurídico-institucional en América Latina" y que fue presentado en la Reunión de Alto Nivel sobre la Gestión Ambiental en América Latina, celebrada en Caracas (Venezuela) los días 25 a 28 de abril de 1988. Este trabajo está publicado, bajo el mismo título, en *Ambiente y Recursos Naturales* (Revista de derecho, política y administración), La Ley, Buenos Aires, julio-septiembre 1988, vol. V, núm. 3, pp. 19-36.

[2] En su oportunidad analizamos en un artículo periodístico el significado que tenía tal

El día 12 de ese mismo mes, el entonces secretario de Desarrollo Urbano y Ecología, licenciado Manuel Camacho, compareció ante la Cámara de Diputados del Congreso de la Unión, para informar sobre los alcances del proyecto. Éste fue examinado con especial detenimiento por la Comisión de Ecología de la misma Cámara, introduciéndosele un número importante de modificaciones que, en general, contribuyeron a su perfeccionamiento. El texto propuesto por dicha Comisión fue posteriormente aprobado por unanimidad, tanto en la Cámara de Diputados como en el Senado. La LGEEPA fue promulgada por el Ejecutivo Federal y publicada en el *Diario Oficial de la Federación* del 28 de enero de 1988, para entrar en vigor, como lo señalaba su artículo 1º transitorio, el día 1º de marzo del mismo año.

La LGEEPA vino a sustituir a la Ley Federal de Protección al Ambiente, que estaba vigente desde 1982 y que fue abrogada de manera expresa por el párrafo primero del artículo 2º transitorio de la LGEEPA, junto con las demás disposiciones legales que se opusieran a ella. Por su parte, la Ley Federal de Protección al Ambiente había sustituido a la Ley Federal para Prevenir y Controlar la Contaminación Ambiental, en vigor desde 1971.

En el momento de su expedición, la LGEEPA estaba integrada por 194 disposiciones permanentes, que se organizaban en seis Títulos cuyos contenidos eran los siguientes: disposiciones generales, áreas naturales protegidas, aprovechamiento racional de los elementos naturales, protección al ambiente, participación social, y medidas de control y de seguridad y sanciones. Esta estructura fue modificada en 1996, en la forma que se señala en la siguiente sección.

31. Las modificaciones de 1996 a la LGEEPA.

Durante casi ocho años la LGEEPA rigió la materia de que se ocupa con arreglo al mismo texto que entró en vigor en 1988. Esta situación se modificó en 1996 con la expedición de un Decreto que reformó, adicionó y derogó un importante conjunto de sus disposiciones[3] (*Diario Oficial de la*

iniciativa. Allí dijimos que respondía a las características que le fueron predeterminadas por la mencionada reforma constitucional. En efecto, la iniciativa proponía un nuevo ordenamiento jurídico que, por una parte, establecía un sistema de concurrencia de la Federación, las entidades federativas y los municipios en los asuntos ambientales, y por otra parte, regulaba integralmente la materia, a partir de una concepción amplia del ambiente, que conducía a considerar la problemática de que ella se ocupaba como algo que iba más allá de la contaminación ambiental y que requería de acciones que tuvieran en cuenta las complejidades propias de los ecosistemas. En este último punto, la iniciativa superaba largamente las leyes federales que con anterioridad habían regido esta materia y, en varios aspectos, proponía disposiciones que podían considerarse incluso más avanzadas que las contenidas en los ordenamientos jurídicos que se habían puesto en vigor durante los últimos años en varios países. *Cf.* el artículo titulado "La iniciativa de Ley del Equilibrio Ecológico y la Protección al Ambiente", que fue publicado por el periódico *Excélsior* del día 12 de noviembre de 1987.

[3] Una primera idea de los alcances de estas modificaciones la puede quizá proporcionar

Federación del 13 de diciembre de 1996), así como con la expedición del Decreto que incluyó un capítulo de delitos ambientales en el Código Penal para el Distrito Federal en Materia Común y para toda la República en Materia Federal[4] (*Diario Oficial de la Federación* de la misma fecha). Estas modificaciones entraron en vigor el 14 de diciembre de 1996.

La iniciativa comenzó a gestarse en 1995, con motivo de la Consulta Nacional sobre Legislación Ambiental convocada ese año por las Comisiones de Ecología y Medio Ambiente de las Cámaras de Diputados y Senadores, con la estrecha cooperación del Poder Ejecutivo Federal y de los Congresos de los Estados de la Federación.[5] El intenso trabajo que se desarrolló a partir de la Consulta Nacional para plasmar esas ideas en un cuerpo de normas cuyas ideas fueran compartidas por el Estado y la sociedad, permitió finalmente que el 15 de octubre de 1996 la iniciativa fuera presentada a la Cámara de Diputados del Congreso de la Unión con la firma del Presidente de la República y de diversos senadores y diputados miembros de las mencionadas Comisiones legislativas, que eran integrantes de los cuatro partidos políticos representados en el Congreso de la Unión. En octubre de 1996 la Secretaria de Medio Ambiente, Recursos Naturales y Pesca, maestra Julia Carabias, compareció ante el Pleno de la Cámara de Diputados de ese Congreso para informar sobre los alcances de la iniciativa. Luego de un breve proceso parlamentario, que en este caso se explica por el hecho de que la iniciativa fue generada de manera conjunta por los poderes colegisladores, ésta fue aprobada por unanimidad en ambas Cámaras. Algo similar, pero no idéntico, ocurrió con la iniciativa que incluía un capítulo de delitos ambientales en el Código Penal.

Siguiendo el esquema que presentó la Exposición de Motivos de la misma iniciativa de reformas, adiciones y derogaciones a la LGEEPA, cabe decir que las modificaciones hechas estuvieron orientadas a cambiar la distribución de competencias en materia ambiental entre los tres órdenes de gobierno, adecuar los instrumentos existentes para la política ambiental e incorporar otros, regular la diversidad biológica, modificar algunos aspectos de las normas sobre contaminación ambiental, ampliar los espacios para la participación social y reglamentar el derecho a la in-

el hecho de que se reformaron 161 de los 194 artículos originales de la LGEEPA, se hicieron 60 adiciones en diversas partes de la Ley y, como consecuencia de lo anterior, se derogaron 20 artículos de la misma Ley (incluidos los que tipificaban los delitos ambientales del orden federal).

[4] Las disposiciones de este capítulo pasaron a remplazar los artículos 183 a 187 de la LGEEPA, que tipificaban los delitos ambientales que se consideraron indispensables en el texto original de esa Ley.

[5] Una publicación de diciembre de 1996 de la Comisión de Ecología y Medio Ambiente de la Cámara de Diputados detalla que en el proceso de consultas se recibieron 916 propuestas de diversas instituciones, grupos e individuos, que correspondían a sectores de naturaleza gubernamental, no gubernamental, académico, privada, internacional o, como se ha dicho, a individuos (véase H. Congreso de la Unión, LVI Legislatura, Cámara de Diputados, *Reformas, adiciones y derogaciones a diversas disposiciones de la Ley General del Equilibrio Ecológico y la Protección al Ambiente. Memoria*, pp. 45 a 50).

formación ambiental, y revisar las disposiciones existentes sobre procedimientos de inspección, vigilancia y aplicación de sanciones, incluidas las normas sobre recurso de revisión y denuncia popular.

En la actualidad, la LGEEPA está integrada por 204 artículos permanentes, que están acompañados de numerosas disposiciones "bis". Esas normas se encuentran agrupadas en seis Títulos, que regulan, de manera sucesiva, las siguientes materias: disposiciones generales, biodiversidad, aprovechamiento sustentable de los elementos naturales, protección al ambiente, participación social e información ambiental, y medidas de control y de seguridad y sanciones. En esta primera parte del libro se examinan las normas de la LGEEPA que se refieren a la protección del ambiente en su conjunto, es decir, las materias de que tratan los Títulos Primero, Quinto y Sexto de la Ley. Los restantes Títulos de la LGEEPA se analizan en las partes segunda, tercera, cuarta y quinta del libro.

32. EL OBJETO DE LA LGEEPA

El artículo 1º de la LGEEPA establece que esa Ley "es reglamentaria de las disposiciones de la Constitución Política de los Estados Unidos Mexicanos que se refieren a la preservación y restauración del equilibrio ecológico, así como a la protección del ambiente, en el territorio nacional y en las zonas sobre las que la Nación ejerce su soberanía y jurisdicción", agregando que sus normas tienen por objeto propiciar el desarrollo sustentable y establecer las bases para los efectos que se señalan a continuación y a lo largo de diez fracciones (parte inicial del párrafo primero).[6]

Con lo dicho, ese precepto deja en claro, en primer término, que sus reglas tienen por propósito desarrollar no sólo las normas introducidas a los artículos 27 y 73 constitucionales, sino todas las disposiciones de la Constitución Política que se refieren a la preservación y restauración del equilibrio ecológico y de la protección al ambiente. Esto nos parece acertado dado que dichas disposiciones, como se precisa a continuación, no están circunscritas únicamente a las nuevas normas de los artículos 27 y 73 constitucionales.

El mismo precepto establece, en segundo término, que el objeto de la LGEEPA es regular la preservación y restauración del equilibrio ecológico y la protección al ambiente, de donde por lo demás se deriva la denominación de la propia Ley. Es claro que el precepto pretende apegarse a la terminología constitucional, que por cierto no es del todo afortunada.[7]

[6] El texto vigente es igual al original, con excepción de la referencia hecha al "desarrollo sustentable", que fue introducida por las modificaciones de 1996.

[7] *Cf.* la nota 24 del capítulo I. Respecto de la denominación de la Ley, hay que decir que también pretende apegarse a la terminología constitucional, pero la verdad es que omite mencionar las acciones de "preservación y restauración". Esta elipsis induce a pensar que la Ley busca regular el "equilibrio ecológico", lo que es a todas luces absurdo si se tiene presente la propia definición que de ese concepto hace la LGEEPA.

El concepto de "preservación y restauración del equilibrio ecológico" se explica por sí mismo. Pero la LGEEPA se ocupa de definir entre otras cosas cada uno de los términos empleados en este concepto, en tres fracciones de su artículo 3º Así, el "equilibrio ecológico" se define como "la relación de interdependencia entre los elementos que conforman el ambiente que hace posible la existencia, transformación y desarrollo del hombre y demás seres vivos" (fracción XIV). La "preservación" se define a su vez como "el conjunto de políticas y medidas para mantener las condiciones que propician la evolución y continuidad de los ecosistemas y hábitats naturales, así como conservar las poblaciones viables de especies en sus entornos naturales y los componentes de la biodiversidad fuera de sus hábitats naturales" (fracción XXIV). La "restauración" se define, finalmente, como el "conjunto de actividades tendientes a la recuperación y establecimiento de las condiciones que propician la evolución y continuidad de los procesos naturales" (fracción XXXIII). De donde resulta que, jurídicamente, por preservación y restauración del ambiente debemos entender, dicho con pocas palabras, el mantenimiento y, en su caso, la recuperación de la relación de interdependencia de los elementos que conforman la biosfera.

La "protección al ambiente" también se explica por sí misma. Pero, al igual que en el caso anterior, el artículo 3º de la LGEEPA se ocupa de definir los respectivos términos. En efecto, el "ambiente" se define como "el conjunto de elementos naturales y artificiales o inducidos por el hombre que hacen posible la existencia y desarrollo de los seres humanos y demás organismos vivos que interactúan en un espacio y tiempo determinados" (fracción I), mientras que la "protección" se define como "el conjunto de políticas y medidas para mejorar el ambiente y controlar su deterioro" (fracción XXVI).[8] Por consiguiente, la protección al ambiente comprende todas las acciones encaminadas a mejorar y controlar el deterioro de ese conjunto de elementos naturales y artificiales o inducidos por el hombre, que hacen posible la existencia y desarrollo de los seres humanos y demás organismos vivos y que interactúan en un espacio y tiempo determinados.

Así entendida, la función de proteger el ambiente no parece diversa de la de preservar y restaurar el equilibrio ecológico, si nos atenemos a las definiciones formuladas por la propia Ley. Sin embargo, y quizás para hacer coherente la distinción hecha por el Constituyente Permanente, la LGEEPA emplea en la denominación de su Título Cuarto este concepto en un sentido que se opone al que le debe ser asignado de acuerdo con las propias definiciones de la Ley. En efecto, allí por "protección al ambiente" se entiende la prevención y control de la contaminación ambien-

[8] La definición de "ambiente" fue perfeccionada por las modificaciones de 1996. El texto original lo definía como "el conjunto de elementos naturales o inducidos por el hombre que interactúan en un tiempo y espacios determinados", dando lugar a críticas como las que se expresaron en la primera edición de este libro (p. 101). Lo mismo sucedió con la definición de "protección".

tal, que es la materia regulada en ese Título Cuarto. Esta circunstancia pudiera quizás explicarse, pero no justificarse, con base en que la Ley Federal de Protección al Ambiente se ocupaba de regular precisamente la contaminación ambiental. Pero esto es cierto sólo de manera parcial.

Un cambio significativo de las modificaciones de 1996 consistió en hacer explícito que la Ley tiene por objeto "propiciar el desarrollo sustentable".[9] Y hablamos de "hacer explícito" porque todo ordenamiento jurídico que protege el medio ambiente, en definitiva, propicia el desarrollo sostenible. Hubiera sido deseable, incluso, que esta idea se incorporara a la propia denominación de la Ley, como lo hemos sugerido para otros casos,[10] así como que hubiera sido consignado como el objeto más general de esta Ley, del que derivan la preservación y restauración del equilibrio ecológico y la protección del ambiente de manera de poner de manifiesto desde un principio una orientación que cada vez parece más clara en el desarrollo del derecho ambiental.[11]

De la idea del desarrollo sostenible nos hemos ocupado más atrás (véase la sección 7) y nos volvemos a ocupar más adelante. Aquí, lo importante es consignar que las modificaciones de 1996, junto con hacer explícito que la LGEEPA propicia el desarrollo sostenible, lo define como "el proceso evaluable mediante criterios e indicadores de carácter ambiental, social y económico que tiende a mejorar la calidad de la vida y la productividad de las personas, que se funda en medidas apropiadas de preservación del equilibrio ecológico, protección del ambiente y aprovechamiento de re-

[9] ¿Desarrollo "sustentable" o "sostenible"? Hasta hoy no existe consenso sobre el adjetivo a emplearse correctamente cuando se califica este tipo de desarrollo. El autor de este libro nunca ha encontrado una explicación clara sobre las diferencias que existirían entre uno y otro, como no sea la que se puede inferir de su origen: ambos son voces aceptadas por la lengua española, que derivan de sendos verbos, "sustentar" y "sostener", los que a su vez derivan de los verbos latinos *sustentare* y *sustinere*, respectivamente, cuya diferencia en latín se explica porque el primero representa una "intensificación" del segundo. Los usos españoles de esas voces, sin embargo, son prácticamente iguales (*cf.* la vigésima edición del Diccionario de la Real Academia de la Lengua). La preferencia que se da en esta obra a "sostenible" no tiene otra razón que el uso de este adjetivo se encuentra más extendido, especialmente en el ámbito internacional.

[10] En una propuesta de Ley Básica para la Protección del Medio Ambiente y la Promoción del Desarrollo Sostenible, elaborada por Ricardo Koolen con la supervisión del autor de este libro. Esta propuesta fue preparada para los países de América Central, a petición de la Comisión Centroamericana de Ambiente y Desarrollo, y se encuentra publicada, junto con los antecedentes que la generaron, por el Programa de las Naciones Unidas para el Medio Ambiente-Oficina Regional para América Latina y el Caribe, con el título *Propuesta de Ley Básica de Protección Ambiental y Promoción del Desarrollo Sostenible* (Serie de Documentos sobre Derecho Ambiental, núm. 1, México, 1993, 96 pp.). Otra versión de esta propuesta, con algunas modificaciones mínimas, se encuentra en una publicación del Parlamento Centroamericano y se conoce como "modelo Parlacen".

[11] Nos referimos a la naturaleza de "derecho del desarrollo sostenible" que va asumiendo, paulatinamente, el derecho ambiental, en consonancia con la importancia de las relaciones entre medio ambiente y desarrollo, yendo en consecuencia más allá de los aspectos puramente tutelares del medio ambiente que hasta hoy lo caracterizan. Sin embargo, quizás aún no está clara la manera como debería reformularse nuestra disciplina a partir de un enfoque del desarrollo sostenible.

cursos naturales, de manera que no se comprometa la satisfacción de las necesidades de las generaciones futuras" (artículo 3°, fracción XI). En este punto, la LGEEPA desarrolla una idea que, en nuestra opinión, se encuentra presente en el proyecto nacional que subyace en la Constitución Política, más específicamente en el concepto de desarrollo inscrito en lo que se denomina la "constitución económica" del país (véase la sección 23)

La caracterización del objeto de la Ley es completada por las diez fracciones incluidas en el párrafo primero de su artículo 1º, donde se desagregan las materias cuyas bases son establecidas por la propia LGEEPA. De acuerdo con las modificaciones de 1996, esas materias son: *1)* garantizar el derecho de toda persona a vivir en un medio ambiente adecuado para su desarrollo, salud y bienestar; *2)* definir los principios de la política ambiental y los instrumentos para su aplicación; *3)* la preservación, la restauración y el mejoramiento del ambiente; *4)* la preservación y protección de la biodiversidad, así como el establecimiento y administración de las áreas naturales protegidas; *5)* el aprovechamiento sustentable, la preservación y, en su caso, la restauración del suelo, el agua y los demás recursos naturales, de manera que sean compatibles la obtención de beneficios económicos y las actividades de la sociedad con la preservación de los ecosistemas; *6)* la prevención y el control de la contaminación del aire, agua y suelo; *7)* garantizar la participación corresponsable de las personas, en forma individual o colectiva, en la preservación y restauración del equilibrio ecológico y la protección al ambiente; *8)* el ejercicio de las atribuciones que en materia ambiental corresponde a la Federación, los estados, el Distrito Federal y los municipios, bajo el principio de concurrencia previsto en el artículo 73 fracción XXIX-G de la Constitución; *9)* el establecimiento de los mecanismos de coordinación, inducción y concertación entre autoridades, entre éstas y los sectores social y privado, así como con personas y grupos sociales, en materia ambiental; y *10)* el establecimiento de medidas de control y de seguridad para garantizar el cumplimiento y la aplicación de esta Ley y de las disposiciones que de ella se deriven, así como para la imposición de las sanciones administrativas y penales que correspondan. El nuevo texto mejora notablemente el anterior, que carecía de una jerarquización adecuada y era a veces demasiado general o específico, incluso reiterativo.

33. UN ANÁLISIS COMPARATIVO DEL OBJETO DE LA LGEEPA CON EL DE LAS LEYES FEDERALES QUE LA PRECEDIERON

Se ha dicho que la LGEEPA representó un avance considerable respecto de los ordenamientos jurídicos federales sobre la materia que la habían precedido, es decir, de la Ley Federal para Prevenir y Controlar la Contaminación Ambiental de 1971 (LFPCCA) y de la Ley Federal de Protección al Ambiente de 1982 (LFPA). Esto se comprueba, en sus términos más generales, si se analiza comparativamente el objeto de estas tres leyes.

En efecto, el artículo 1º de la LFPCCA estableció en su oportunidad que "esta Ley y sus reglamentos regirán la prevención y el control de la contaminación y el mejoramiento, conservación y restauración del medio ambiente", colocando entonces en primer término como su objeto la contaminación ambiental y, sólo en segundo término, la protección del ambiente. Sin embargo, lo cierto es que sus disposiciones se ocuparon, exclusivamente, de la contaminación ambiental, en estricta concordancia con la denominación de la Ley, es decir, tanto de la contaminación en general (artículos 1º a 9º), como de la contaminación del aire, de las aguas y de los suelos (artículos 10 a 28).

Por su lado, el artículo 1º de la LFPA, reformado en 1984, estableció lo que sigue: "Las disposiciones de esta Ley son de orden público e interés social, rigen en todo el territorio nacional y tienen por objeto establecer las normas para la conservación, protección, preservación, mejoramiento y restauración del medio ambiente, de los recursos que lo integran, y para la prevención y control sobre los contaminantes y las causas reales que los originan." En consecuencia, el objeto de la Ley se refería, por una parte, a la conservación, protección, preservación, mejoramiento y restauración del ambiente, así como de los recursos que lo integran; y, por otra parte, a la prevención y control de los contaminantes y las causas reales que los originan. Sin embargo, la verdad es que la LFPA, contra lo que su denominación y la propia definición de su objeto permitían entender, no cambió mucho las cosas. En efecto, no obstante que estableció algunas disposiciones que regulaban la protección del ambiente en su conjunto, fue claro que el tema dominante en la Ley continuó siendo la contaminación ambiental, como que la mayor parte de sus 78 artículos regularon precisamente ese tema. Más aún, la LFPA conservó, aunque aumentándola, la estructura de la LFPCCA e, incluso, reprodujo una parte importante de sus preceptos, a veces en forma literal y sin ningún sentido crítico.

En cambio, el objeto de la LGEEPA es propiciar el desarrollo sostenible y, en ese contexto, preservar y restaurar el equilibrio ecológico, así como proteger el ambiente, en los términos que se han visto en la sección anterior. Por cierto, estos equivalen, en muchos sentidos, al de la protección del ambiente que aparece como el segundo objeto de la LFPCCA y como el primer objeto de la LFPA. La diferencia entre la LGEEPA y las otras dos leyes no consiste entonces tanto en como todas enuncian su objeto, sino más bien en el hecho de que la LGEEPA, a diferencia de la LFPCCA y la LFPA, no se limita a regular el tema de la contaminación ambiental, sino que dedica la mayor parte de sus reglas a tratar los temas de la protección del ambiente en su conjunto y de la protección de los recursos naturales, constituyéndose así en el primer ordenamiento jurídico que regula integralmente la protección del ambiente en el país.

En la edición anterior de este libro decíamos que 35% de los 194 artículos que en esa época integraban la LGEEPA estaban destinados a la protección del ambiente en su conjunto (artículos 1° a 43 y 160 a 194) y

34% a la protección de los recursos naturales (artículos 44 a 109), mientras que sólo 31% de los artículos de la misma Ley estaban destinados al tema de la contaminación ambiental (artículos 110 a 156). Esta orientación se ha confirmado con las modificaciones de 1996, que desde un punto de vista formal la transformaron en una Ley integrada por 204 artículos, pero desde un punto de vista material por 238 artículos (si se consideran los artículos incorporados como bis y se restan los artículos derogados): en su texto vigente la LGEEPA destina 58% de sus artículos a la protección al ambiente en su conjunto, 20% a la protección de los recursos naturales y 22% a la contaminación ambiental. En otras palabras, la protección del ambiente en su conjunto, que es el tema principal de un ordenamiento jurídico de esta naturaleza, ha pasado a ocupar el lugar que le corresponde.

34. La naturaleza jurídica de la LGEEPA

Es frecuente que en el campo ambiental se expidan leyes que presentan la naturaleza jurídica de una "ley marco". La LGEEPA es una "ley marco". Así se denomina comúnmente a los ordenamientos jurídicos que se han expedido en los últimos tiempos en esta materia, cuando ellos, al regular el conjunto de la protección del ambiente, no agotan este tema y, en consecuencia, dejan subsistentes los ordenamientos jurídicos preexistentes que versan sobre temas específicos que tienen que ver con la misma protección al ambiente. Las "leyes marco", por decirlo así, se superponen a la legislación ambiental preexistente, modificándola mediante reglas generales sobre la materia, a cuyas prescripciones quedan por lo habitual subordinadas las reglas especiales contenidas en los ordenamientos jurídicos preexistentes, en el sentido de que se aplican sólo de manera supletoria. En otras palabras, las disposiciones de la "ley marco" prevalecen sobre las de las leyes especiales. Como se comprenderá, la "supletoriedad" es un mecanismo que busca asegurar una vigencia irrestricta de la correspondiente "ley marco".

La tendencia de expedir "leyes marco" en el campo ambiental, se explica por la manera como ha evolucionado la legislación sobre la materia. En efecto, la mayor parte de la legislación ambiental vigente está integrada por ordenamientos jurídicos que se limitan a regular ciertos elementos ambientales o los efectos ambientales de algunas actividades, sin considerar la pertenencia de esos elementos a un sistema dado, ni sus relaciones con la totalidad del sistema. Como suele decirse, la legislación ambiental vigente es eminentemente sectorialista y reduccionista. Para superar ese estado de cosas, se expiden las llamadas "leyes marco", que incorporan a la legislación ambiental una visión holística y sistémica del ambiente, mediante reglas que regulan los elementos y efectos ambientales desde una perspectiva que considera al ambiente como un todo organizado a la manera de un sistema. Estas reglas no regulan los temas ambientales en todos sus detalles. Ello ocurre sólo cuando se expide un "Código" ambiental, lo que no es frecuente (sobre los problemas de la codificación ambiental, véase el Capítulo XXIV). En consecuencia, no es posible abrogar los ordenamientos jurídicos que tratan algunos temas ambientales específicos. Pero, la respectiva "ley marco" se encarga de precisar que las disposiciones de estos últimos se aplicarán sólo a falta de una regla sobre la materia en dicha ley, para asegurarse de esta manera que, en caso de conflicto, sus disposiciones prevalecerán sobre las reglas preexistentes.

Así lo hicieron tanto la LFPCCA como la LFPA. En efecto, el artículo 34 de la LFPCCA declaró "supletorios de esta Ley y sus Reglamentos el Código Sanitario de los Estados Unidos Mexicanos, la Ley Federal de Ingeniería Sanitaria, las demás que rijan en materias de tierras, aguas, aire, flora y fauna y sus correspondientes reglamentaciones". Por su parte, el artículo 2º de la LFPA, modificado en 1984, estableció: "Son supletorias de esta Ley, la Ley General de Salud, la Ley Federal de Aguas (hoy, la Ley de Aguas Nacionales), la Ley de Sanidad Fitopecuaria de los Estados Unidos Mexicanos y los demás ordenamientos en materia de suelo, subsuelo, agua, aire, flora y fauna."

La LGEEPA, en su texto original, se separó de esta tendencia. En efecto, el párrafo final de su artículo 1º prescribía: "Las disposiciones de esta Ley se aplicarán sin perjuicio de las contenidas en otras leyes sobre cuestiones específicas que se relacionan con las materias que regula este propio ordenamiento". Por consiguiente, si la LGEEPA contenía una disposición general sobre una determinada materia, pero otras leyes contenían disposiciones en contrario más específicas sobre la misma materia, estas últimas se aplicaban con preferencia a las primeras, lo que en buenas cuentas significaba que la LGEEPA era supletoria de las leyes sectoriales que regulaban la protección de ciertos recursos naturales o los efectos ambientales de algunas actividades. La regla del párrafo primero del artículo 1º, que sólo puede explicarse con las resistencias que encontró la LGEEPA durante el proceso de su elaboración en diversos sectores, estaba complementada por el párrafo primero del artículo 160, que encabeza el Título relativo a las medidas de control y seguridad y sanciones. Prescribía ese precepto que las disposiciones de ese Título se aplicarían a los asuntos de competencia federal regulados por la LGEEPA, "salvo que otras leyes regulen en forma específica dichas cuestiones, en relación con las materias de que trata este propio ordenamiento". Lo anterior no implicaba que la LGEEPA no fuera una "ley marco", en tanto regulaba el conjunto de las materias propias de la protección del ambiente, sino que sólo la privaba del mecanismo de la supletoriedad que es característico de este tipo de leyes, restándole una vigencia irrestricta a sus disposiciones.

Esta situación cambió parcialmente con las modificaciones de 1996, que le dio el siguiente nuevo texto al mencionado párrafo final del artículo 1º: "En todo lo no previsto en la presente Ley, se aplicarán las disposiciones contenidas en otras leyes relacionadas con la materia que regula este ordenamiento". De esta manera, las disposiciones contenidas en leyes especiales pasaron a ser supletorias de las disposiciones de la LGEEPA, revirtiéndose la anómala situación creada por el texto de 1988. En cambio, el párrafo primero del artículo 160 quedó igual, de modo que las disposiciones del Título sobre medidas de control y seguridad y sanciones siguen siendo supletorias de las contenidas en leyes especiales.

35. La gestión ambiental

La gestión ambiental es el conjunto de las actividades humanas que tienen por objeto el ordenamiento del ambiente. Sus componentes principales son la política, el derecho y la administración ambientales. En consecuencia, la gestión ambiental comprende no sólo los actos materiales que supone el manejo del medio ambiente, como se suele pensar, sino también todo aquello que tiene que ver con dicho manejo. Éste es el caso de los actos normativos con arreglo a los cuales debe llevarse a cabo dicho manejo. Por eso, la formulación de la política y la legislación ambientales es una actividad que forma parte de la gestión ambiental. En síntesis, la gestión ambiental supone un conjunto de actos normativos y materiales que buscan una ordenación del ambiente, que van desde la formulación de la política ambiental hasta la realización de acciones materiales que tienen ese propósito.

La gestión ambiental es principalmente una función pública o función del Estado. Por eso se dice que ella es un "cometido" o "competencia" o "misión" o "prerrogativa" o "atribución" del Estado, que son expresiones que se emplean para designarla. Pero, a diferencia de otros cometidos del Estado, la gestión ambiental no es una función exclusivamente pública. Por el contrario, entre sus objetivos está su transformación en una función compartida por el Estado y la sociedad civil.

La incorporación de la gestión ambiental a la función del Estado es relativamente reciente. Dicha incorporación es consecuencia directa de que la ordenación del medio ambiente fue concebida como un fin estatal. En general, la calificación de un objetivo social como un fin estatal implica la creación de un nuevo cometido del Estado. Corresponde al propio sistema jurídico estatal establecer esa calificación y delimitar el ámbito de la nueva función pública.

Este hecho forma parte de un proceso más general de ampliación de la función pública que ha tenido lugar durante el presente siglo y que tiene su explicación en el hecho de que la concepción que prevaleció en el siglo pasado, en torno a los fines del Estado, se modificó sensiblemente a medida que comenzó a imponerse la idea de que la realización de ciertos objetivos sociales, cuyo número se incrementó progresivamente, requería de la participación del Estado, a falta de mecanismos autorregulatorios apropiados. En esos casos, la "mano pública" empezó a sustituir de manera abierta a la "mano invisible" y, consecuentemente, las actividades estatales se multiplicaron de una manera importante. Uno de los ejemplos más conspicuos de este fenómeno y quizás más aplicable al caso de México, es la responsabilidad que ha asumido el Estado moderno respecto del desarrollo económico y social, aunque sus grados y matices no han sido siempre iguales, incluso en un mismo país.

El punto de partida más claro de la incorporación de la gestión ambiental a la función del Estado, por lo menos en América Latina y tal como entendemos ahora esa gestión, está sin lugar a dudas en la Conferencia de las Naciones Unidas sobre el Medio Humano, celebrada en 1972 en Estocolmo, Suecia. Allí, los gobiernos reunidos declararon solemnemente que había llegado el momento de la historia en que debíamos orientar nuestros actos en todo el mundo atendiendo con mayor cuidado a las consecuencias que pudieran tener para el medio ambiente. Además, hicieron un llamamiento a los gobiernos y a los pueblos de todo el mundo para que aunaran sus esfuerzos tendientes a preservar y mejorar el medio humano en beneficio del hombre y su posteridad.

A esta gran tarea fueron convocados ciudadanos y comunidades, empresas e instituciones, en todos los planos, a quienes se les pidió que aceptaran las responsabilidades que les incumbía y que participaran equitativamente en la labor común. Pero, también se dijo: "Corresponderá a las administraciones locales y nacionales, dentro de sus respectivas jurisdicciones, la mayor parte de la carga en cuanto al establecimiento de normas y la aplicación de medidas en gran escala sobre el medio." Con estas palabras se recalcó la participación principal que le cabía al Estado, por lo pronto en el campo del establecimiento de las normas que fueran necesarias para la ordenación del ambiente, pero también en el campo de la administración ambiental y, más concretamente, en la aplicación de medidas que pudieran influir de una manera importante en dicha ordenación.[12]

36. La organización de la gestión ambiental. Centralización y descentralización

La organización de un sistema de gestión ambiental se puede examinar desde tres puntos de vista: la centralización y descentralización de dicho sistema; la sectorización y transectorización del mismo; y la cabida de la participación social en ese sistema. A continuación se analiza la centralización y descentralización, así como la sectorización y transectorización de la misma. El tema de la participación social se reserva para la parte final de este capítulo.

Toda estructura pública prevé por lo menos dos sistemas de gobierno (en sentido amplio), esto es, un sistema de gobierno nacional y un siste-

[12] *Cf.* la Declaración de Estocolmo formulada con motivo de esa Conferencia, en PNUMA, *Compendio de las bases legislativas*, Pergamon Press, Oxford, 1978, pp. 9 y 10.

ma de gobierno local (municipal, en sentido también amplio). En los países que se organizan como federaciones existe, además, un sistema de gobierno para cada una de las entidades federadas. En los países que se organizan unitariamente, en cambio, suelen encontrarse instancias políticas o administrativas intermedias, que corresponden a sus divisiones político-administrativas (regiones, provincias, departamentos, etcétera).

En estos últimos países, la forma como se distribuyen las funciones públicas entre las autoridades político-administrativas indica el grado de centralización o de descentralización de la correspondiente estructura estatal, según el número y la importancia de las funciones que se asignan a los gobiernos nacionales y a los gobiernos locales, así como a sus instancias intermedias. En esos países, la estructura estatal, es por lo general, altamente centralizadora. En cambio, en los países que se organizan como federaciones, prevalece, como es obvio, el principio de la descentralización de las funciones públicas. Sin embargo, no siempre ocurre así.

La incorporación de la gestión ambiental a la estructura del Estado plantea algunos requerimientos de descentralización de funciones fuertemente centralizadas. En efecto, es un principio inconcuso en gestión ambiental que se lleve a cabo con un alto grado de descentralización, pues se considera que el aprovechamiento de las capacidades locales es uno de los requisitos indispensables para una gestión ambiental apropiada. Con todo, la necesidad de que, además, haya una gestión integral e integrada del ambiente —esto es, referida a todos sus elementos y desde una perspectiva de conjunto—, determina que ésta debe contar también con una cierta centralización. En consecuencia, el problema es armonizar adecuadamente los requerimientos de descentralización y centralización de la gestión ambiental, de modo que ésta pueda alcanzar un nivel de globalidad que es necesario, pero sin caer en la generalidad y la abstracción que caracterizan a la gestión ambiental altamente centralizada, lo que sólo puede evitarse por medio de un sistema descentralizado.

En los países fuertemente centralizados, la incorporación de la gestión ambiental a la estructura del Estado ha traído consigo un principio de descentralización, allí donde se ha procurado darle un marco adecuado. El problema que persiste en esos países es que la descentralización de la gestión ambiental no puede consolidarse en un sistema cuyas demás características son centralizadoras. En los países cuya estructura estatal es, en cambio, altamente descentralizada, como los Estados Unidos de América, se ha dado el proceso inverso, esto es, un cierto grado de "federalización" de la gestión ambiental, que se ha estimado necesario para el manejo integral e integrado del ambiente.[13]

[13] El tema del federalismo y el ambiente en ese país lo analizan con mucha claridad Roger W. Findley y Daniel A. Farber, *Environmental Law*, *cit.*, nota 58 del capítulo I.

Desde esa perspectiva, es oportuno señalar que Alemania tiene un modelo de gestión ambiental en el que parecen armonizarse de una manera apropiada sus requerimientos de descentralización y centralización. En efecto, la Constitución de Alemania (*Grundgesetz*) distribuye las funciones de protección del ambiente entre la Federación, los estados y los municipios, correspondiéndole a la primera, de una manera principal, el perfeccionamiento de la legislación ambiental, puesto que tiene, por lo pronto, la facultad exclusiva de legislar sobre tránsito aéreo y vías férreas públicas, comercio exterior y acuerdos sobre navegación internacional. También tiene la facultad concurrente con los estados para legislar sobre disposición de residuos, control de la calidad del aire, abatimiento de ruido, explotación de energía nuclear y protección de radiaciones, tráfico por carreteras y ferrocarriles, mares, costas, y navegación interior, energía, pesca, promoción de la producción agrícola y forestal, alimentos, protección de animales y plantas, así como control de epidemias y medicamentos. Hay que señalar que en estos casos las leyes federales pueden remplazar a las leyes que hayan sido expedidas a nivel de los estados. La Federación, además, tiene la facultad de expedir regulaciones generales respecto del ahorro del agua, la protección de la naturaleza y otras materias.

Los estados *(Länder),* sin embargo, están involucrados en la legislación federal a través del Consejo Federal *(Bundesrat),* que está constituido precisamente por representantes de los mismos estados. En todo caso, los estados tienen atribuciones para completar la legislación general de la Federación con sus propias leyes y tienen la facultad de legislar concurrentemente con la Federación sobre las materias señaladas en el sentido recién precisado.

Por su parte, las autoridades de los municipios y distritos tienen autonomía para resolver los problemas locales, en el marco de la legislación federal y estatal. Sus funciones incluyen la instrumentación de la protección del ambiente a través de diversas medidas.[14]

37. La inserción de la gestión ambiental dentro de la estructura administrativa del Estado. Sectorización y transectorización

La inserción de la gestión ambiental en la estructura administrativa del Estado —por lo general, en la Administración Central del Estado— encuentra su primer obstáculo en la sectorización de esa estructura. Con la palabra "sectorización" se designa aquella característica de la Administración Pública que consiste en su división en sectores definidos. Entre esos sectores están algunos que tradicionalmente han ejercido funciones

[14] *Cf.* la publicación de la Agencia Federal del Ambiente de la RFA *(Umweltbundesamt), Functions and organization of environmental protection in the Federal Republic of Germany,* Berlín, 1984, p. 9 *et passim.*

repecto de determinados elementos ambientales. Sin embargo, la gestión administrativa del ambiente presenta ciertas características especiales, que determinan la necesidad de establecer un tipo de estructura jurídico-administrativa también especial, diversa de las estructuras jurídico-administrativas establecidas para el conjunto de la gestión estatal. Esta exigencia resulta de que el ambiente debe ser entendido principalmente como un sistema donde se organizan los elementos que hacen posible la existencia y el desarrollo de los organismos vivos. En consecuencia, la gestión ambiental no puede concebirse únicamente como referida a cada uno de los elementos del ambiente por separado, sino que además, y preferentemente, referida a todos los elementos en su conjunto y en sus procesos de interacción. De allí nace entonces la necesidad de una estructura jurídico-administrativa distinta de la tradicional.

En síntesis: la gestión ambiental tiene una naturaleza eminentemente transectorial, que no guarda ninguna relación con los criterios de sectorización o subsectorización que han determinado la organización jurídico-administrativa del Estado. En otras palabras, la gestión ambiental no puede ser concebida como un sector o un subsector más del aparato jurídico-administrativo del Estado, porque es una gestión de tipo transectorial. En esto consiste el llamado problema de la "sectorización" de la administración pública central del Estado, frente a los requerimientos de una gestión ambiental que debe ser integral e integrada, esto es, que debe referirse al conjunto de los elementos ambientales y tener en consideración todos los procesos de interacción entre estos elementos.

Con lo anterior no se quiere negar que, junto con una gestión integral del ambiente, no debe haber una gestión sectorial del mismo. La sectorización de la gestión ambiental presenta, además, algunas ventajas que no se pueden desconocer. En efecto, los distintos sectores de la Administración Pública que tienen a su cargo la gestión ambiental poseen el control del recurso o elemento ambiental de que se trate o de la actividad en que incide. Sin embargo, en la práctica la gestión sectorial del ambiente tiene un carácter secundario frente a los requerimientos de producción y productividad que se le hacen a los sectores correspondientes y, por lo general, carece del enfoque holístico necesario.

38. Los modelos administrativos para la gestión ambiental

La necesidad de una estructura jurídico-administrativa que permita un tipo de gestión integral e integrada del ambiente ha conducido al establecimiento de diversos modelos administrativos en varios países. Simplificando lo que se ha hecho en esos países y, también, lo que se ha escrito sobre el particular,[15] cabe decir que existen tres modelos básicos

[15] *Cf.* Pedro Miguel, "El medio ambiente y la administración del Estado: aspectos estructurales", Luis Rodríguez (coordinador), *Derecho y medio ambiente, cit.* nota 55 del

para la gestión ambiental, que se describen a continuación tomando en cuenta cómo se han constituido:

1) *El reforzamiento de una estructura jurídico-administrativa preexistente,* esto es, la asignación a una determinada estructura jurídico-administrativa preexistente —generalmente la que estaba revestida de mayores competencias ambientales—, de nuevas competencias ambientales, lo que es acompañado, en algunos casos, de la función de velar por la protección del ambiente en su conjunto. Esta potenciación ha tenido lugar, por lo habitual, en los Ministerios de Salud o de Agricultura, sea reforzándolos en su conjunto, sea reforzando algunas de las unidades que los integran. Sin embargo, la misma potenciación también ha tenido lugar en instituciones autónomas del Estado que estaban dotadas de competencias ambientales importantes.

2) *La creación de una estructura jurídico-administrativa especial,* es decir, el establecimiento de una estructura jurídico-administrativa *ad hoc* para la gestión ambiental. En este modelo es posible distinguir dos grandes submodelos, que a su vez presentan ciertas diferencias entre sí: *a) creación de un Ministerio del Ambiente,* que puede ser concebido como un superministerio o como un ministerio especializado o como un ministerio puramente coordinador. El primer caso se da cuando en el Ministerio del Ambiente se integran todos los ministerios con competencias ambientales importantes; el segundo, cuando se integran en él sólo aquellas unidades con competencias ambientales específicas; y el tercero, cuando el nuevo ministerio coexiste con las estructuras jurídico-administrativas anteriores —que no son desprovistas de sus competencias ambientales específicas—, y se limita a coordinar sus funciones; y *b) creación de un organismo ambiental ad hoc,* que no tiene el rango de un ministerio y que se ubica por lo general bajo la dependencia del jefe de gobierno o de los órganos de la planificación nacional. Este segundo submodelo puede presentar también numerosas diferencias respecto a las competencias del nuevo organismo, pues además de ser una instancia en la que se globaliza la política ambiental, aunque sea sólo a nivel propositivo, es posible que dicho organismo sea concebido también para funciones de ejecución y/o de control de las mismas políticas.

3) *La creación de una instancia de coordinación de la gestión ambiental,* esto es, el establecimiento de un Ministerio del Ambiente puramente coordinador, pero con más frecuencia de comisiones de alto nivel a las cuales se les asigna la función de elaborar la política ambiental y, por lo general, controlar su ejecución (es el caso muy común de las comisiones interministeriales o intersecretariales). Una variante de este modelo consiste en la asignación de la coordinación de la gestión ambiental a los órganos de planificación nacional, como un aspecto de sus funciones más

capítulo I, pp. 84-101, cuyo trabajo se sigue de cerca en lo que se dice respecto de los modelos para la gestión ambiental.

generales de coordinación de la gestión del desarrollo. En todos estos casos, las estructuras jurídico-administrativas preexistentes conservan las competencias ya asignadas.

4) *La combinación de algunos elementos de los diversos modelos.* Lo más común es que los nuevos modelos para la gestión ambiental resulten de una combinación de algunos elementos de los modelos antes descritos. Así, es frecuente que se refuerce una estructura jurídico-administrativa preexistente, otorgándole nuevas competencias ambientales; pero, al mismo tiempo, que se cree una instancia de coordinación de la gestión ambiental a través de comisiones de alto nivel (comisiones interministeriales o intersecretariales).

Éste es el caso de México desde 1982 hasta 1994. En efecto, ese año se reforzó una estructura jurídico-administrativa preexistente —la ex Secretaría de Asentamientos Humanos y Obras Públicas— mediante su transformación en la Secretaría de Desarrollo Urbano y Ecología (SEDUE), a la cual se le asignaron además competencias ambientales de otras secretarías de Estado, para luego crearse en 1985, como instancia de coordinación, la hoy desaparecida Comisión Nacional de Ecología. Esto no implicó la creación de una estructura jurídico-administrativa especial, sea en forma de un Ministerio del Ambiente (en alguna de sus modalides de superministerio o ministerio especializado o ministerio puramente coordinador), sea en forma de un organismo ambiental *ad hoc* (en cualesquiera de sus diversas modalidades), sino que, como se ha dicho, el reforzamiento de una estructura jurídico-administrativa. Algo similar había ocurrido en la década anterior, aunque en un grado menor, con la potenciación de la entonces Secretaría de Salubridad y Asistencia y la posterior creación de diversas comisiones intersecretariales. Esta situación no se modificó en 1992 con la supresión de la SEDUE y la creación de la Secretaría de Desarrollo Social (SEDESOL), que no concentró más atribuciones ambientales que las que tenía la SEDUE, sino que por el contrario no recibió algunas de ellas.

En 1994, en cambio, la creación de La Secretaría de Medio Ambiente, Recursos Naturales y Pesca trajo consigo una transformación del modelo seguido hasta ese año. En efecto, como se explica de manera detallada más adelante (véase la sección 51), la nueva Secretaría se aproxima al modelo del "superministerio", dado que tiene a su cargo la protección del medio ambiente y la gestión de una cantidad importante de recursos naturales.

39. Algunas experiencias latinoamericanas de Ministerios del Ambiente

En América Latina existen diversas experiencias de Ministerios del Ambiente. En esta sección se examinan sólo los casos que parecen más relevantes para los propósitos de este libro, como es, en primer término, el caso de Venezuela, donde a mediados de los años setenta la Ley

Orgánica de la Administración Central (*Gaceta Oficial* del 28 de diciembre de 1976) creó un Ministerio del Ambiente y de los Recursos Naturales Renovables, cuyas funciones fueron descritas en el artículo 36 de esa Ley, en términos generales, de la siguiente manera:

> Corresponde al Ministerio del Ambiente y de los Recursos Naturales Renovables la planificación y la realización de las actividades del Ejecutivo Nacional para el fomento de la calidad de la vida, del ambiente y de los recursos naturales renovables; la elaboración de los programas de conservación, defensa, mejoramiento, regulación, aprovechamiento y uso de las aguas, de los bosques, de la tierra y de los suelos; el catastro, la conservación, defensa, mejoramiento y regulación de la fauna y de la flora silvestre; los parques nacionales y, en particular, las siguientes actividades (que fueron enunciadas en 23 numerales).

Debe señalarse que a este Ministerio se le encomendaron numerosas funciones que antes estaban asignadas al ex Ministerio de Obras Públicas, con base en el cual se creó el nuevo Ministerio, así como otras funciones que estaban encomendadas a los Ministerios de Agricultura y Cría, de Sanidad y Asistencia Social, de Minas e Hidrocarburos, y a otros organismos del Ejecutivo Nacional. Lo anterior no implicó que todas las funciones relacionadas con el ambiente fueran concentradas en el nuevo Ministerio. En efecto, de acuerdo con la misma Ley Orgánica de la Administración Central, al Ministerio de Sanidad y Asistencia Social le fueron asignadas "las actividades de saneamiento ambiental y la construcción de obras relacionadas con dichas actividades requeridas para protección de la salud, que no estén atribuidas a otras entidades gubernamentales", así como otras actividades similares (artículo 30). De otro lado, algunos ministerios continuaron a cargo de ciertas funciones relacionadas con el ambiente, las que, sin embargo, pasaron a ejercer en coordinación con el Ministerio del Ambiente y de los Recursos Naturales Renovables. Éste es el caso del mismo Ministerio de Sanidad y Asistencia Social, al cual le correspondió "el establecimiento, en coordinación con el Ministerio del Ambiente y de los Recursos Naturales Renovables, de normas técnico-sanitarias dirigidas a evitar o reducir los riesgos para la salud que impliquen la realización de los procesos de industrialización, de desarrollo agrícola, de desarrollo urbanístico y otros" (artículo 30). Éste es también el caso del Ministerio de Agricultura y Cría, al cual le correspondió "el Catastro Rural en los términos establecidos en la Ley de Reforma Agraria, en coordinación con el Ministerio del Ambiente y de los Recursos Naturales Renovables" (artículo 31). Lo mismo puede decirse del Ministerio de Energía y Minas, al que le fue asignado, "en coordinación con el Ministerio del Ambiente y de los Recursos Naturales Renovables, la prevención de la contaminación del medio ambiente derivado de explotaciones energéticas, mineras o de hidrocarburos" (artículo 35). Algo similar cabe decir del Ministerio del Desarrollo Urbano, al que la Ley le asignó "la programación y el establecimiento de prioridades de las obras de vialidad urbana, en coordinación con el Ministerio del Transporte y Comunicaciones y el Ministerio del Ambiente y de los Recursos Naturales Renovables" (artículo 37).

Sobre la estructura del Ministerio del Ambiente y de los Recursos Naturales Renovables, hay que señalar que le fueron adscritos tres organismos descentralizados: el Instituto Nacional de Obras Sanitarias, el Instituto Nacional de Parques y el Instituto de Aseo Urbano para el Área Metropolitana de Caracas. El Ministerio fue organizado con base en cinco áreas de proceso: de Servicios Administrativos y Gerenciales; de Investigación y de Información Básica; de Planificación y Ordenamiento del Ambiente; de Administración del Ambiente; y de Infraestructura. El Ministerio estableció 14 zonas administrativas, a nivel nacional, de acuerdo con criterios de homogeneidad ecológica y socioeconómicos. En cada zona existe una dirección, así como cuatro divisiones ejecutoras de programas básicos.

A lo anterior cabe agregar que, junto a estos órganos de administración, se crearon otros que cumplen funciones de planificación, de coordinación y de vigilancia del ambiente, como el Consejo Nacional del Ambiente, la Oficina Nacional del Ambiente y la Procuraduría del Ambiente, los que fueron gestados en su momento por la Ley Orgánica del Ambiente. El Consejo Nacional del Ambiente es un cuerpo colegiado adscrito a la Presidencia de la República y que forma parte del sistema nacional de coordinación y planificación. La Oficina Nacional del Ambiente, por su parte, está también adscrita a la Presidencia de la República y cumple fundamentalmente funciones de vigilancia, por sí misma o a través de otros organismos. Finalmente, la Procuraduría del Ambiente tiene a su cargo la representación del interés público en los procesos civiles y administrativos a seguirse contra los infractores de las leyes especiales y los reglamentos (artículos 8º, 11, 14, 15 y 30 de la Ley Orgánica del Ambiente).

El modelo de Venezuela fue seguido en las décadas siguientes, con diversas variantes, por otros países de América Latina, que optaron por colocar a la cabeza de sus sistema de gestión ambiental. Este es el caso, para citar sólo algunos de los ejemplos últimos, de Argentina, Bolivia, Brasil y Colombia, que se reseñan a continuación.[16]

En Argentina, el Decreto núm. 2 419 de 1991 creó la Secretaría de Recursos Naturales y Ambiente Humano, que es un organismo centralizado, con rango ministerial, dependiente directamente del Presidente de la

[16] La fuente principal para dicha reseña es el documento titulado *Estudio comparativo de los diseños institucionales para la gestión ambiental en los países de América Latina y el Caribe*, preparado por Ricardo Koolen con la supervisión del autor de este libro. Este documento fue elaborado para el Programa de las Naciones Unidas para el Medio Ambiente-Oficina Regional para América Latina y el Caribe y presentado a la X Reunión Preparatoria de Expertos de Alto Nivel Designados por los Gobiernos sobre Medio Ambiente en la región, que tuvo lugar en Buenos Aires, Argentina, del 31 de octubre al 2 de noviembre de 1996 (documento UNEP/LAC-IC-2/7).

República. Sus funciones principales son: *1)* Asistir al Presidente en las acciones relacionadas con el fomento, protección, recuperación y control del medio ambiente y la conservación de los recursos naturales renovables, así como en la realización de convenios, acuerdos y tratados con gobiernos extranjeros y organismos internacionales; y *2)* actuar como autoridad de aplicación en todas las leyes nacionales referidas a la promoción, preservación, protección, recuperación y control de los recursos animales y vegetales silvestres y de la calidad del aire, agua y suelo, así como en lo que haga a la generación, manipulación, transportes, tratamiento y disposición final de sustancias peligrosas y protección de la capa de ozono. Por las características del régimen federal argentino, en aquellas materias que no son de competencia exclusiva del Gobierno Nacional, la Secretaría es la encargada de coordinar la aplicación de sus políticas con las autoridades ambientales provinciales. Cabe señalar, por último, que de la Secretaría dependen dos importantes organismos autárquicos o descentralizados: la Administración de Parques Nacionales (APN) y el Instituto Nacional de Ciencia y Técnica Hídricas (INCYTH). A fines de 1996, el Decreto núm. 1831 reorganizó dicha Secretaría, mediante la creación de la Secretaría de Recursos Naturales y Desarrollo Sustentable, con dos subsecretarías: la de Política Hídrica y Ordenamiento Ambiental y la de Desarrollo Sustentable. Esta reorganización implicó la disolución del Instituto Nacional de Ciencia y Técnica Hídrica y la creación, en su reemplazo, del Instituto Nacional del Agua y del Ambiente.*

En Bolivia, por su parte, la Ley núm. 1493 creó un Ministerio de Desarrollo Sostenible y Medio Ambiente, cuyas principales funciones son: *1)* Actuar en todo lo concerniente al desarrollo armónico del país, articulando los aspectos humanos, la calidad ambiental, el mantenimiento y recuperación de los recursos naturales renovables y su aprovechamiento económico racional; *2)* ser el órgano rector del Sistema Nacional de Planificación, articulando los programas sectoriales y elaborando la Estrategia Nacional de Desarrollo Sostenible; *3)* elaborar estrategias, políticas y normas referidas al uso de los recursos naturales renovables, evaluarlos y promover y dispone investigaciones sobre tecnologías apropiadas; *4)* establecer mecanismos de uso racional de los recursos naturales y de evaluación y vigilancia de las actividades socioeconómicas que afecten al medio ambiente, aplicando las sanciones e incentivos previstos en las leyes; *5)* establecer las normas sobre evaluación de impacto ambiental de los proyectos públicos y privados y aplicar las sanciones que correspondan en caso de incumplimiento; y *6)* proponer normas ambientales y controlar su cumplimiento por el sector privado y público, a nivel nacional, departamental, municipal y comunitario. El Ministerio debe coordinar sus acciones con los demás ministerios, gobiernos departamentales y municipales. El Ministerio, además, tutela el Fondo Nacional de Des-

* Véase Addenda, § 10.

arrollo Regional y el Fondo Nacional de Medio Ambiente. Además, del Ministerio depende el Instituto Boliviano de Ciencias y Tecnología Nuclear.*

En Brasil, a su vez, creó en 1993 por la Ley núm. 8490 un Ministerio de Medio Ambiente y de Amazonía Legal, cuyas funciones principales son: *1)* El planeamiento, coordinación, supervisión y control de las actividades relativas al medio ambiente; *2)* la formulación y ejecución de la política nacional de medio ambiente; *3)* la articulación y coordinación de acciones de política integrada para la Amazonía Legal, procurando la mejoría de la calidad de vida de las poblaciones amazónicas; *4)* articular con los ministerios, órganos y entidades de la Administración Federal, acciones de ámbito internacional e interno, relacionadas con la política nacional de medio ambiente y con una política nacional integrada para la Amazonía Legal; *5)* la preservación, conservación y uso racional de los recursos naturales renovables; y *6)* la instrumentación de acuerdos internacionales en las áreas de su competencia.

En Colombia, finalmente, la Ley núm. 99 de 1993 creó un Ministerio del Ambiente, cuyos objetivos son actuar como organismo rector de la gestión del medio ambiente y de los recursos naturales renovables, encargado de impulsar una relación de respeto y armonía del hombre con la naturaleza y de definir las políticas y regulaciones a las que se sujetarán la recuperación, conservación, protección, ordenamiento, manejo, uso y aprovechamiento de los recursos naturales renovables y el medio ambiente de la nación, a fin de asegurar el desarrollo sostenible. Si bien el Ministerio es un organismo centralizado, opera en las regiones en que se subdivide la administración colombiana por medio de las Corporaciones Autónomas Regionales, las que eligen sus propias autoridades, de conformidad con lo establecido en la Constitución Política. El Ministro de Medio Ambiente también preside un Consejo Nacional Ambiental.

40. La crítica de los modelos administrativos de gestión ambiental

Desde un punto de vista formal, se pueden formular algunas críticas a los diversos modelos que han pretendido superar el problema de la sectorización.

Por ejemplo, los modelos que se basan en una concentración de funciones, sea que se refuerce una estructura jurídico administrativa preexistente, sea que se cree una estructura jurídico administrativa *ad hoc*, siempre dan lugar a un complicado proceso de transferencia y, en todo caso, las funciones que se transfieren pierden algunas de las propiedades que tenían en su sector original. Esto se advierte claramente si se piensa que, por regla general, este tipo de modelo implica la separación de la gestión ambiental de la gestión económica.

* Véase Addenda, § 10.

Por su parte, los modelos que consisten en la creación de instancias de funciones de coordinación sin facultades decisorias, muchas veces terminan ejerciéndolas en el vacío.

Sin embargo, la crítica de los modelos sólo puede hacerse a la luz de la realidad de cada país, porque lo cierto es que no existe ningún modelo válido para todas las realidades posibles.

Incluso, yendo más allá de las críticas formales, la verdad es que los modelos de gestión ambiental, tal como han sido concebidos y funcionan en la práctica, carecen por lo general de la fuerza administrativa necesaria para que por medio de ellos se lleve a cabo una gestión ambiental apropiada.

En efecto, la mayoría de los modelos de gestión ambiental que se han creado se han transformado rápidamente en soluciones que tienen un carácter más formal que real, pues sus posibilidades de incidir en un cambio significativo del manejo del ambiente han resultado muchas veces inferiores a las potencialidades que se les atribuyeron cuando se establecieron.

41. El modelo de Sistema Nacional del Ambiente

Desde hace ya algunos años se ha venido formando en América Latina una nueva experiencia sobre gestión ambiental, que consiste en la creación y funcionamiento de los llamados Sistemas Nacionales del Ambiente. Desde un punto de vista jurídico administrativo, la expresión "sistema" denota un conjunto de órganos públicos, que aparecen relacionados entre sí en razón de las funciones que están llamados a cumplir. La palabra sistema designa entonces una organización funcional que, en el caso que ahora interesa, está colocada al servicio de la gestión del ambiente. La idea de sistema no es una novedad en el campo jurídico-administrativo, pues ha tenido una recepción más o menos amplia en materia de planificación del desarrollo (por ejemplo, en la propia Ley de Planeación de México).

En esta sección quisiéramos detenernos en el caso de Brasil, no sólo porque es una de las experiencias más antiguas en la región (1981), sino además porque se lleva a cabo en un país que, al igual que México, está organizado como una Federación. Este modelo no es excluyente del hecho de que la gestión ambiental a nivel federal aparezca encabezada por un Ministerio, como es el caso precisamente de Brasil, sino más bien es complementario de ésta y otras formas de organización de la gestión ambiental en el ámbito nacional, que tiende a romper las rigideces creadas por las formas de centralización y sectorización existentes y que, por consiguiente, tiende a favorecer una gestión ambiental integral e integrada. En el caso de Brasil, ello parece indispensable dado que este Sistema se inscribe en un marco constitucional que le confiere a la gestión ambiental el cáracter de una "competencia común" a los tres órdenes de gobierno: federal, estatal y municipal (artículo 23 de la Constitución Política de 1988).

La materia se encuentra regulada por la Ley núm. 6 938, del 31 de agosto de 1981, sobre Política Nacional del Medio Ambiente (LPNMA), reformada en 1990, así como por otras disposiciones complementarias. El texto actual del artículo 6º de esa Ley dispone que "los organismos y entidades de la Unión, de los estados, del Distrito Federal, de los territorios y de los municipios, así como las fundaciones creadas por el Poder Público, responsables de la protección y mejoramiento de la calidad ambiental, constituirán el Sistema Nacional del Medio Ambiente, SISNAMA...".[17]

A continuación, el artículo 7º de la LPNMA creó el Consejo Nacional del Medio Ambiente (CONAMA) y le confirió un conjunto de atribuciones, entre ellas establecer normas, criterios y patrones ambientales (artículo 8°), sin perjuicio de las atribuciones de los estados, en la esfera de sus competencias y en las áreas de su jurisdicción, para elaborar "normas supletorias y complementarias y patrones relacionados con el medio ambiente, con observancia de los que fueran establecidos por el CONAMA" (parágrafo 1º del artículo 6º), así como de las atribuciones de los municipios para elaborar las mismas normas, "observando las normas y los patrones federales y estaduales" (parágrafo 2º del artículo 6º).

Es menester señalar que la instauración de este Sistema Nacional del Medio Ambiente en 1981 y su reglamentación representa una etapa dentro de un proceso de formación de un modelo de gestión ambiental, que se inicia con más fuerza en los estados miembros de la Unión, como lo enfatiza Flora Cerqueira con el caso del Estado de Bahía,[18] que en la propia Unión.

La experiencia del SISNAMA ha sido en términos generales bastante po-

[17] De acuerdo con ese precepto, el SISNAMA se integra con: *1)* el Consejo de Gobierno, que cumple la función de asesorar al Presidente de la República en la formulación de la política nacional y de las directrices gubernamentales para el medio ambiente y los recursos ambientales; *2)* el Consejo Nacional del Medio Ambiente (CONAMA), que cumple la función de asesorar, estudiar y proponer al Consejo de Gobierno directrices de políticas gubernamentales para el medio ambiente y los recursos naturales y deliberar, en el ámbito de su competencia, sobre las normas y patrones compatibles con un medio ambiente ecológicamente equilibrado y esencial para una calidad de vida saludable; *3)* el Ministerio del Medio Ambiente y la Amazonía Legal, que hace las veces de órgano central; *4)* los llamados órganos sectoriales, que son los organismos o entidades integrantes de la Administración Pública Federal directa o indirecta, así como las Fundaciones creadas por el poder público, cuyas actividades estén asociadas a la protección de la calidad ambiental o aquellas de regulación del uso de los recursos ambientales; *5)* los llamados órganos seccionales, que son los organismos o las entidades estaduales responsables de la ejecución de programas y proyectos y del control y fiscalización de las actividades capaces de provocar la degradación ambiental; y *6)* los llamados órganos locales, que son los organismos o entidades municipales responsables del control y fiscalización de esas actividades, dentro de sus respectivas áreas de jurisdicción.

[18] *Cf.* "Incorporación de la dimensión ambiental en una Administración Pública sectorializada y centralizada. Aspectos legales, institucionales y técnicos" en PLASA, *Sistemas ambientales, planificación y desarrollo*, SIAP, México, 1987.

sitiva, no obstante la opinión de algunos críticos. Es posible que ella no haya correspondido a todas las expectativas que en su momento se crearon en torno a este modelo de coordinación vertical y horizontal para la gestión ambiental, pero la verdad es que hasta ahora ha representado un avance digno de tomarse en cuenta. En todo caso, siempre queda planteada la duda de si todos estos empeños por definir un sistema de gestión ambiental adecuado pueden influir efectivamente sobre la protección del ambiente, incluso frente a los grandes proyectos del propio Estado, pues, como dice Flora Cerqueira, todo el esfuerzo jurídico "para la incorporación de la dimensión ambiental (en la administración pública) tiene sus límites en la falta de poder de decisión de las instituciones definidas legalmente como responsables, lo que trae como consecuencia una tendencia al formalismo".[19]

42. LA ORGANIZACIÓN DE LA GESTION AMBIENTAL EN MÉXICO. CENTRALIZACIÓN Y DESCENTRALIZACIÓN

Como se ha dicho en el capítulo anterior, hasta 1987 el régimen de la gestión ambiental en México era eminentemente centralizado. La reforma del artículo 73 constitucional que se llevó a cabo ese año fijó las bases para establecer un sistema de concurrencia, que permitiera su descentralización.

Como también se ha dicho en el capítulo anterior, por facultades concurrentes se entiende en el derecho y la práctica constitucional mexicana aquéllas que, coincidiendo en la misma materia (que en este caso sería la preservación y restauración del equilibrio ecológico y la protección al ambiente), se ejercen de manera simultánea por la Federación, los estados y los municipios, mediante una distribución de competencias entre todos ellos, que tiene en cuenta los diversos componentes de esa materia y los distribuye como facultades exclusivas de la Federación, los estados y los municipios. La concurrencia es, por consiguiente, un sistema de distribución de competencias que se refieren a los distintos componentes de una misma materia. Pero, precisamente por tratarse de una misma materia, estas facultades deben ejercerse de manera coordinada.

El sistema de concurrencia previsto en la LGEEPA en 1988 estaba presidido por dos ideas básicas, que fueron desarrolladas en su exposición de motivos:

> primero, la transferencia de las facultades que hasta ahora han estado radicadas en la Federación debe ser materia de un proceso gradual, sujeto a la existencia de las condiciones necesarias para que la descentralización opere exitosamente; y, segundo, es necesario que estas condiciones, cuando no existan, sean creadas por el concurso de la Federación, a través de un cuidadoso pero también vigoroso impulso de los convenios de coordinación y delegación, de

[19] *Ibid.*, p. 8.

modo que paulatinamente pueda irse ampliando el campo de las facultades a transferirise a las entidades federativas y municipios.

En consecuencia, la LGEEPA estableció sólo la primera etapa de un proceso de descentralización, que futuras reformas podrían ir profundizando, en la medida en que se fueran creando, con el concurso de la propia Federación y por medio de los convenios a que se refiere la fracción VI (hoy, fracción VII) del artículo 116 constitucional, las condiciones necesarias para avanzar más en esta materia. El propósito de la LGEEPA fue, entonces, que el régimen definitivo de la descentralización de la gestión ambiental fuera construido, primero, en los hechos y, luego, en el derecho. Tal era por lo menos el propósito del Ejecutivo Federal al momento de la presentación del proyecto de Ley.

Las modificaciones de 1996 insistieron en este punto, a partir de una interpretación sobre los alcances del artículo 73, fracción XXIX-G que se contiene en la exposición de motivos de esa iniciativa. En efecto, allí se dice que "la función que la Constitución asigna a la legislación que expida el Congreso de la Unión consiste, por una parte, en establecer los mecanismos de coordinación entre los tres órdenes de gobierno que hagan posible una gestión ambiental integral y, por otra parte, en precisar el esquema de distribución de competencias en materia ambiental que se deriva, en forma explícita o implícita, de la propia Constitución". La concurrencia es, entonces, el ejercicio coordinado de atribuciones cuya distribución parecería encontrarse en la propia Constitución, ya que la Ley sólo se limitaría a precisar un esquema preexistente, según lo precisa la misma exposición de motivos. Consecuentemente, se cambió la denominación del capítulo que se ocupa de este tema, sustituyendo "Concurrencia entre la Federación, las entidades federativas y los municipios" por "Distribución de competencias y coordinación".

La distribución de competencias en la LGEEPA respetaba el principio de que corresponde a los estados determinar, en forma autónoma ("soberana") su régimen interior, tal como lo establece el artículo 40 de la Constitución Política, dejando en manos de las legislaturas locales establecer qué facultades ambientales locales quedaban en la órbita de la competencia de los gobiernos de los municipios. Las modificaciones de 1996, sin embargo, permitieron hacer una distribución de las facultades ambientales entre los estados y municipios, en contra de lo que entendemos es el principio de la soberanía de los estados consagrado en el mencionadol artículo 40. Por cierto, la letra de la fracción XXIX-G del artículo 73 constitucional apoya este criterio de distribuir las competencias ambientales entre los estados y los municipios, pero no nos parece que eso sea congruente con el espíritu del federalismo.[20]

En todo caso, la LGEEPA, al hacer esta distribución, tiene en conside-

[20] Esto parece aún menos apropiado si se tiene en cuenta la diversidad que presenta la realidad municipal en el país.

ración las facultades ambientales que la Constitución Política de los Estados Unidos Mexicanos ha asignado directamente a los municipios, en especial las contenidas en las fracciones III y V de su artículo 115.[21]

La división de competencias que hacía la LGEEPA incluía un régimen especial para el Distrito Federal, que tenía su base en la división general de competencias que establecían los artículos 4º a 6º de la LGEEPA, pero modificado en la forma que señalaba el artículo 9° de la propia Ley. Este sistema fue modificado en 1996, al disponerse en el artículo 9º que corresponden al Gobierno del Distrito Federal, en materia de preservación del equilibrio ecológico y la protección al ambiente, conforme a las disposiciones legales que expida la Asamblea Legislativa del Distrito Federal, las facultades a que se refieren los artículos 7º y 8º de la LGEEPA.

43. La distribución de competencias entre la Federación, los estados y los municipios

Hasta 1996, la distribución de competencias que hacía la LGEEPA se basaba en la distinción que hacía su artículo 4º entre los "asuntos de alcance general en la Nación" o "asuntos de interés de la Federación" enunciados uno a uno en el artículo 5º de la Ley, que quedaban reservados a ésta, y los "demás asuntos", que competían a los estados y municipios. Esta idea de los "demás asuntos" se encontraba, por lo pronto, en el artículo 4º, que luego de disponer en una primera fracción que eran asuntos de competencia federal los de alcance general en la Nación o de interés de la Federación, prescribía en una segunda fracción que competían a los estados y municipios los asuntos no comprendidos en la fracción anterior, conforme a las facultades que la propia LGEEPA y otras leyes les otorgaban, para ejercerlas en forma exclusiva o participar en su ejercicio con la Federación, en sus respectivas circunscripciones. La misma idea se encontraba, además, en el artículo 6º de la LGEEPA, que enunciaba uno a uno los asuntos que eran de competencia de los estados y municipios, incluyendo en una de sus fracciones "la preservación y restauración del equilibrio ecológico y la protección al ambiente que se realicen en bienes y zonas de jurisdicción de las entidades federativas y de los municipios, salvo cuando se refieran a asuntos reservados a la Federación por ésta u otras leyes" (fracción II). Esta disposición establecía, con alguna limitación, lo que podría llamarse la "competencia residual" de los poderes locales y recogía el principio consignado en el artículo 124 de la Constitución Política, en virtud del cual las facultades

[21] La LGEEPA se cuida de incluir expresamente entre los asuntos ambientales municipales tales como "la preservación y restauración del equilibrio ecológico y la protección al ambiente en los centros de población en relación con los efectos derivados de los servicios de alcantarillado, limpia, mercados, centrales de abasto, panteones, rastros, tránsito y transporte locales" (artículo 8º –IX), en consonancia con la fracción III del artículo 115 constitucional.

que no están expresamente concedidas por la Constitución a los funcionarios federales se entienden reservadas a los estados.

Por otra parte, la distribución de competencias entre los estados y municipios de los "demás asuntos" correspondía a las leyes locales (artículo 6º, párrafos primero y penúltimo), en consonancia con la naturaleza "libre y soberana" de los estados, que entre otras cosas le permite establecer el régimen de sus municipios, aunque con arreglo a lo que dispongan sobre el particular la Constitución Política de los Estados Unidos Mexicanos y las constituciones políticas locales.

Las modificaciones de 1996 eliminaron la distinción entre los "asuntos de alcance general en la Nación" o "asuntos de interés de la Federación" y lo que hemos llamado los "demás asuntos", pues la Ley procedió a enunciar una a una las facultades de la Federación (artículo 5º), así como a hacer ella misma la distribución de las facultades de los estados y los municipios, las que también quedaron enunciadas una a una (en los artículos 7º y 8º, respectivamente), esto último en nuestra opinión en contradicción con la naturaleza libre y soberana de los estados a que nos acabamos de referir.

Pero, en esta distribución de facultades no se dejó de incluir disposiciones de carácter genérico, que permiten seguir hablando de una distribución de competencias que tiene su punto de partida en el artículo 124 constitucional, que reserva a los estados las atribuciones que no están expresamente encomendadas a los funcionarios federales, es decir, estableciendo una "competencia residual" de los poderes locales. A continuación se precisan cada uno de estos extremos.

El artículo 5º establece, mediante 21 fracciones, *las facultades de la Federación*. Dos de ellas tienen un carácter genérico: la fracción II, que reserva a la Federación "la regulación de las acciones para la preservación y restauración del equilibrio ecológico y la protección al ambiente que se realicen en bienes y zonas de jurisdicción federal", así como la fracción XXI, que reserva a la Federación las facultades no enunciadas en el artículo 5º, pero atribuidas a ésta por la propia LGEEPA u otras disposiciones legales. Para los propósitos de lo que se está analizando, es menester llamar la atención sobre la primera de esas reglas, que al establecer una especie de competencia material y territorial excluye de las facultades de los estados y municipios la regulación de las acciones para la preservación y restauración del equilibrio ecológico y la protección al ambiente que se realicen en bienes y zonas de jurisdicción federal, contribuyendo a delimitar la competencia de los estados y municipios, que es el tema que se examina a continuación.

El artículo 7º establece, también mediante 21 fracciones, *las facultades de los estados*. Como en el caso anterior, dos de ellas tienen un carácter genérico: la fracción II, que reserva a los estados "la preservación y restauración del equilibrio ecológico y la protección al ambiente que se realicen en bienes y zonas de jurisdicción estatal, en las materias que no estén expresamente atribuidas a la Federación", así como la fracción XXI, que les entrega "la atención de los demás asuntos que en materia de preservación del equilibrio ecológico y protección al ambiente les conceda esta Ley u otros ordenamientos en concordancia con ella y que no estén expresamente otorgados a la Federación".

Finalmente, el artículo 8º establece, mediante 16 fracciones, *las facultades de los municipios*, empleando la misma técnica que en el caso de los estados. En efecto, su fracción II reserva a los municipios "la preservación y restauración del equilibrio ecológico y la protección al ambiente que se realicen en bienes y zonas de jurisdicción municipal, en las materias que no estén expresamente atribuidas a la Federación o a los estados", mientras que su fracción XIV les entrega "la atención de los demás asuntos que en materia de preservación del equilibrio ecológico y protección al ambiente les conceda esta Ley u otros ordenamientos en concordancia con ella y que no estén expresamente otorgados a la Federación o a los estados".

De donde se sigue que, en términos generales, compete a los estados la preservación y restauración del equilibrio ecológico y la protección al ambiente en todo el territorio de la nación, con excepción de los asuntos que la LGEEPA u otras leyes encomienden a la Federación o a los municipios.

44. Las competencias de la Federación

Como se ha dicho, las competencias de la Federación son enunciadas por el artículo 5º de la LGEEPA. Dado que más adelante se regresa a muchas de ellas cuando se examina cada una de las materias federales, aquí dichas competencias son presentadas de manera sumaria, mediante una distinción que se hace entre las siguientes cinco categorías de asuntos: *1)* los asuntos relativos a la política ambiental nacional y sus instrumentos; *2)* los asuntos relativos a la protección y aprovechamiento sostenible de los recursos naturales; *3)* los asuntos que por su importancia son atribuidos a la Federación; *4)* los asuntos de naturaleza federal; y *5)* los asuntos relativos a la participación social y la información ambiental y la aplicación de la LGEEPA y los ordenamientos que derivan de ella.

1) Los asuntos relativos a la política ambiental nacional y sus instrumentos. A esta materia se refieren las fracciones I, II, V, IX y X del artículo 5º, así como los artículos 17 a 43, todos ellos de la LGEEPA. Los dos primeros preceptos se refieren a "la formulación y conducción de la política ambiental nacional" y a "la aplicación de los instrumentos de la política ambiental previstos en esta Ley, en los términos en ella establecidos". Los siguientes preceptos se refieren a ciertos instrumentos específicos de la política ambiental nacional, como son las normas oficiales mexicanas, el ordenamiento ecológico general del territorio y el ordenamiento ecológico marino, y la evaluación del impacto ambiental. Todos ellos son parte de los instrumentos de dicha política que se incluyen dentro de los artículos 17 a 43 de la LGEEPA y, por consiguiente, deben considerarse un componente de las facultades de la Federación, aunque no hubieren sido mencionados explícitamente.

2) Los asuntos relativos a la protección y aprovechamiento sostenible de los recursos naturales. Este rubro comprende los asuntos señalados en las fracciones VIII, XI, XIII y XIV del artículo 5º de la LGEEPA. Se trata del "establecimiento, regulación, administración y vigilancia de las áreas naturales protegidas de competencia federal" (fracción VIII); la "regulación del aprovechamiento sustentable, la protección y la preservación de los recursos forestales, el suelo, las aguas nacionales, la biodiversidad, la flora, la fauna y los demás recursos naturales" de competencia de la Federación (fracción XI); del "establecimiento de las disposiciones que deben observarse para el aprovechamiento sustentable de los energéticos" (fracción XIII); y de "la regulación de las actividades relacionadas con la exploración, explotación y beneficio de los minerales, substancias y demás recursos del subsuelo que corresponden a la Federación, en lo relativo a los efectos que dichas actividades puedan generar sobre el equilibrio ecológico y el ambiente (fracción XIV).

3) Los asuntos ambientales que por su importancia son atribuidos a la Federación. Dentro de este grupo quedan comprendidas las materias señaladas en las fracciones VI, VII, XII, XIII y XV del artículo 5º de la LGEEPA, a saber: "la regulación y el control de las actividades consideradas como altamente riesgosas, y de la generación manejo y disposición final de materiales y residuos peligrosos para el ambiente o los ecosistemas, así como para la preservación de los recursos naturales" (fracción VI); "la participación en la prevención y el control de emergencias y contingencias ambientales, conforme a las políticas y programas de protección civil que al efecto se establezcan" (fracción VII); "la regulación de la contaminación de la atmósfera de todo tipo de fuentes emisoras" (fracción XII); "el fomento de la aplicación de tecnologías, equipos y procesos que reduzcan las emisiones y descargas contaminantes provenientes de cualquier fuente, en coordinación con las autoridades de los estados, el Distrito Federal y los municipios" (fracción XIII); y "la regulación de la prevención de la contaminación ambiental originada por ruido, vibraciones, energía térmica, lumínica y olores perjudiciales para el equilibrio ecológico y el ambiente" (fracción XV).

4) Los asuntos de naturaleza federal. Dentro de este rubro quedan comprendidas las materias que su propia naturaleza hace federales, como son los asuntos relativos a los bienes y zonas de jurisdicción federal, los asuntos internacionales y los asuntos que afecten a dos o más entidades federativas. Ellos son incluidos como asuntos propios de la Federación en las fracciones II, III, IV, XII y XX del artículo 5º de la LGEEPA, en los siguientes términos: "La regulación de las acciones para la preservación y restauración del equilibrio ecológico y la protección al ambiente que se realicen en bienes y zonas de jurisdicción federal" (fracción II); "la atención de los asuntos que afecten el equilibrio ecológico en el territorio nacional o en las zonas sujetas a la soberanía y jurisdicción de la Nación, originados en el territorio o zonas sujetas a la soberanía o jurisdicción de otros Estados, o en zonas que estén más allá de la jurisdicción de cualquier Estado" (fracción III); "la atención de los asuntos que, originados en territorio nacional o las zonas sujetas a la soberanía o jurisdicción de la Nación, afecten el equilibrio ecológico del territorio o de las zonas sujetas a la soberanía o jurisdicción de otros Estados, o a las zonas que están más allá de la jurisdicción de cualquier Estado" (fracción IV); "la prevención y el control (de la contaminación atmosférica) en zonas o en caso de fuentes fijas y móviles de jurisdicción federales" (fracción XII); y "la atención de los asuntos que afecten el equilibrio ecológico de dos o más entidades federativas" (fracción XX).

5) Los asuntos relativos a la participación social y la información ambientales y la aplicación de la LGEEPA y los ordenamientos que derivan de ella. Dentro de este rubro cabe incluir las materias enunciadas en las fracciones XVI a XIX del artículo 5º de la LGEEPA, a saber: "La promoción de la participación de la sociedad en materia ambiental, de conformidad con lo dispuesto en esta Ley" (fracción XVI); "la integración del sistema nacional de información ambiental y su puesta a disposición del público en los términos de la presente Ley" (fracción XVII); "la emisión de recomendaciones a autoridades federales, estatales y municipales, con el propósito de promover el cumplimiento de la legislación ambiental" (fracción XVIII); y "la vigilancia y promoción, en el ámbito de su competencia, del cumplimiento de esta Ley y los demás ordenamientos que de ella deriven" (fracción XIX).

Dispone el artículo 6º de la Ley que estas atribuciones y otras que le encomiende la Ley deben ser ejercidas por el Poder Ejecutivo Federal a través de la Secretaría de Medio Ambiente, Recursos Naturales y Pesca, salvo las que directamente correspondan al Presidente de la República por disposición expresa de la ley (párrafo primero). Agrega el mismo precepto que cuando, por razón de la materia y de conformidad con la Ley Orgánica de la Administración Pública Federal u otras disposiciones legales aplicables, se requiera de la intervención de otras dependencias, la Secretaría ejercerá sus atribuciones en coordinación con las mismas (párrafo segundo). Y concluye el propio precepto prescribiendo que las dependencias y entidades de la Administración Pública Federal que ejerzan atribuciones que les confieren otros ordenamientos cuyas disposiciones se relacionen con el objeto de la presente Ley, ajustarán su ejercicio a los criterios para preservar el equilibrio ecológico, aprovechar sustentablemente los recursos naturales y proteger el ambiente en ella incluidos, así como a las disposiciones de los reglamentos, normas oficiales mexicanas, programas de ordenamiento ecológico y demás normatividad que de la misma se derive (párrafo tercero). A este tema se regresa en la sección 51, donde se examina la Secretaría de Medio Ambiente, Recursos Naturales y Pesca, en la que se concentran las competencias ambientales dentro de la Administración Pública Federal.

45. Las competencias de los estados y de los municipios. El caso del Distrito Federal

Ya se ha dicho que *las competencias de los estados* son enunciadas por el artículo 7º de la LGEEPA. A continuación se hace una presentación breve de las mismas, distinguiéndose para ese efecto entre las siguientes seis categorías de asuntos: *1)* los asuntos relativos a la política ambiental local y sus instrumentos; *2)* los asuntos relativos a la protección y aprovechamiento sostenible de los recursos naturales; *3)* los asuntos relativos a la prevención y control de la contaminación ambiental; *4)* los asuntos relativos a los efectos ambientales de ciertas actividades; *5)* los asuntos de naturaleza estatal; y *6)* otros asuntos.

1) Los asuntos relativos a la política ambiental local y sus instrumentos. La fracción I del artículo 7º de la LGEEPA dispone que compete a los estados "la formulación, conducción y evaluación de la política ambiental estatal", agregando su fracción II que les corresponde, además, "la aplicación de los instrumentos de política ambiental previstos en las leyes locales en la materia". En lo que concierne a dichos instrumentos, el mismo artículo 7º hace una referencia a los programas de ordenamiento ecológico del territorio mencionados en el artículo 20 bis de la propia LGEEPA (fracción IX), así como a la evaluación del impacto ambiental de las obras y actividades que no se encuentran expresamente reservadas a la Federación (fracción XVI). Por supuesto, no puede entenderse que estas referencias limiten en modo alguno las facultades de los estados para crear otros instrumentos de su política ambiental y aplicarlos.

2) Los asuntos relativos a la protección y aprovechamiento sostenible de los recursos naturales. De acuerdo con el artículo 7° de la LGEEPA, dentro de esta categoría están comprendidos los siguientes asuntos: "El establecimiento, regulación, administración y vigilancia de las áreas naturales protegidas previstas en la legislación local, con la participación de los gobiernos municipales" (fracción V); y "la regulación del aprovechamiento sustentable[…] de las aguas de jurisdicción estatal; así como de las aguas nacionales que tengan asignadas" (fracción VIII); y la prevención y control.

3) Los asuntos relativos a la prevención y control de la contaminación ambiental. De acuerdo con el mismo precepto legal, dentro de esta categoría están comprendidos los siguientes asuntos: "la prevención y control de la contaminación atmosférica generada por fuentes fijas que funcionen como establecimientos industriales, así como por fuentes móviles, que conforme a lo establecido en esta Ley no sean de competencia federal" (fracción III); "la regulación de los sistemas de recolección, transporte, almacenamiento, manejo, tratamiento y disposición final de los residuos sólidos e industriales que no estén considerados como peligrosos de conformidad con lo dispuesto en el artículo 137 de la presente ley" (fracción VI); la prevención y control de la contaminación generada por la emisión de ruido, vibraciones, energía térmica, lumínica y olores perjudiciales al equilibrio ecológico o al ambiente, proveniente de fuentes fijas que funcionen como establecimientos industriales, así como, en su caso, de fuentes móviles" (fracción VII); y "la prevención y control de la contaminación de aguas de jurisdicción estatal; así como de las aguas que tengan asignadas" (fracción VIII).

4) Los asuntos relativos a los efectos ambientales de ciertas actividades. Siempre de acuerdo con el mismo precepto legal, dentro de esta categoría están incluidos los siguientes asuntos: "la regulación de las actividades que no sean consideradas altamente riesgosas para el ambiente, de conformidad con lo dispuesto en el artículo 149 de la presente Ley" (fracción IV); y "la prevención y control de la contaminación generada por el aprovechamiento de las sustancias no reservadas a la Federación, que constituyan depósitos de naturaleza similar a los componentes de los terrenos, tales como rocas o productos de su descomposición que sólo puedan utilizarse para la fabricación de materiales para la construcción u ornamento de obras" (fracción X).[22]

5) Los asuntos de naturaleza estatal. Hay asuntos que por su naturaleza tienen un carácter estatal. El artículo 7º de la Ley incluye dentro de las facultades de los estados los siguientes: la importante y ya mencionada facultad relativa a "la preservación y restauración del equilibrio ecológico y la protección al ambiente que se realicen en bienes y zonas de jurisdicción estatal, en las materias que no estén expresamente atribuidas a la Federación" (fracción II), que es la más amplia de las facultades de los estados; "la atención de los asuntos que afecten el equilibrio ecológico o el ambiente de dos o más municipios" (fracción XI); y "la atención coordinada con la Federación de asuntos que afecten el equilibrio ecológico de dos o más entidades federativas, cuando así lo consideren conveniente las entidades federativas respectivas" (fracción XX).

6) Otros asuntos. Dentro de esta categoría deben incluirse algunos asuntos que no corresponden a ninguna de las categorías anteriores y que el artículo 7º considera como asuntos de la competencia de los estados. Este es el caso de "la participación en emergencias y contingencias

[22] El otorgamiento de esta última facultad a los estados no es contrario a la facultad que el artículo 73 constitucional confiere al Congreso de la Unión para legislar en toda la República sobre "minería", dado que ésta última debe entenderse referida sólo a la actividad que se ejerce respecto de los minerales o sustancias reservados a la Federación.

ambientales, conforme a las políticas y programas de protección civil que al efecto se establezcan" (fracción XII); "la conducción de la política estatal de información y difusión en materia ambiental" (fracción XIV); "la promoción de la participación de la sociedad en materia ambiental, de conformidad con lo dispuesto en esta Ley" (fracción XV); "el ejercicio de las funciones que en materia de preservación del equilibrio ecológico y protección al ambiente les transfiera la Federación, conforme a lo dispuesto en el artículo 11 de este ordenamiento" (fracción XVII); y "la emisión de recomendaciones a las autoridades competentes en materia ambiental, con el propósito de promover el cumplimiento de la legislación ambiental" (fracción XIX).

Por su parte, el artículo 8º de la LGEEPA enuncia *las competencias de los municipios* en 16 fracciones. Estas facultades se pueden agrupar en las siguientes cinco categorías: *1)* los asuntos relativos a la política ambiental municipal y sus instrumentos; *2)* los asuntos relativos a la protección de los recursos naturales; *3)* los asuntos relativos a la prevención y control de la contaminación ambiental; *4)* los asuntos de naturaleza municipal; y *5)* otros asuntos.

1) Los asuntos relativos a la política ambiental municipal y sus instrumentos. Dentro de esta categoría se incluyen las facultades de los municipios establecidas en el artículo 8º de la Ley que se refieren a "la formulación, conducción y evaluación de la política ambiental municipal" (fracción I), así como a "la aplicación de los instrumentos de política ambiental previstos en las leyes locales" (fracción II). Más adelante, el mismo artículo 8º menciona tres de esos instrumentos, en los siguientes términos: "la formulación y expedición de los programas de ordenamiento ecológico local del territorio a que se refiere el artículo 20 bis 4 de esta Ley, en los términos en ella previstos, así como el control y vigilancia del uso y cambio de uso del suelo, establecidos en dichos programas" (fracción VIII); "la participación en la evaluación del impacto ambiental de obras o actividades de competencia estatal, cuando las mismas se realicen en el ámbito de su circunscripción territorial" (párrafo XIV); y "la formulación, ejecución y evaluación del programa municipal de protección al ambiente" (fracción XV). Al igual de lo que se dijo en el caso de los estados, parece claro que estas menciones no limitan en modo alguno la posibilidad de que se establezcan otros instrumentos para la política ambiental municipal y de que éstos sean aplicados por los propios municipios.

2) Los asuntos relativos a la protección de los recursos naturales. Dentro de esta categoría debe incluirse sólo la facultad prevista en el artículo 8º de la Ley para los municipios que se refiere a "la creación y administración de zonas de preservación ecológica de los centros de población, parques urbanos, jardínes públicos y demás áreas análogas previstas por la legislación local" (párrafo V).

3) Los asuntos relativos a la prevención y control de la contaminación ambiental. Dentro de esta categoría cabe incluir las siguientes materias enunciadas por el artículo 8º de la LGEEPA como facultades de los municipios: "La aplicación de las disposiciones jurídicas en materia de prevención y control de la contaminación atmosférica generada por fuentes fijas que funcionen como establecimientos mercantiles o de servicios, así como de emisiones de contaminantes a la atmósfera provenientes de fuentes móviles que no sean consideradas de jurisdicción federal, con la participación que de acuerdo con la legislación estatal corresponda al gobierno del estado" (fracción III); "la aplicación de las disposiciones jurídicas relativas a la prevención y control de los efectos sobre el ambiente ocasionados por la generación, transporte, almacenamiento, manejo, tratamiento y disposición final de los residuos sólidos e industriales que no estén considerados como peligrosos, de conformidad con lo dispuesto por el artículo 137 de la presente Ley" (fracción IV); "la aplicación de las disposiciones jurídicas relativas a la prevención y control de la contaminación por ruido, vibraciones, energía térmica, radiaciones electromagnéticas y lumínica y olores perjudiciales para el equilibrio ecológico y el ambiente, proveniente de fuentes fijas que funcionen como establecimientos mercantiles o de servicios, así como la vigilancia del cumplimiento de las disposiciones que, en su caso, resulten aplicables a las fuentes móviles excepto las que conforme a esta Ley sean consideradas de jurisdicción federal" (fracción VI); y "la aplicación de las disposiciones jurídicas en materia de prevención y control de la contaminación de las aguas que se descarguen en los sistemas de drenaje y alcantarillado de los centros de población, así como de las aguas nacionales que tengan asignadas, con la participación que conforme a la legislación local en la materia corresponda a los gobiernos de los estados" (fracción VII).

4) Los asuntos de naturaleza municipal. A esta categoría pertenecen las siguientes facultades enunciadas en el artículo 8º de la LGEEPA: "la preservación y restauración del equilibrio ecológico y la protección al ambiente en bienes y zonas de jurisdicción municipal, en las materias que no estén expresamente atribuidas a la Federación o a los estados" (fracción II); "la preservación y restauración del equilibrio ecológico y la protección al ambiente en los centros de población, en relación con los efectos derivados de los servicios de alcantarillado, limpia, mercados, centrales de abasto, panteones, rastros, tránsito y transporte locales, siempre y cuando no se trate de facultades otorgadas a la Federación o a los Estados en la presente Ley" (fracción IX); y "la participación en la atención de los asuntos que afecten el equilibrio ecológico de dos o más municipios y que generen efectos ambientales en su circunscripción territorial" (fracción X).

5) Otros asuntos. Finalmente, en esta categoría pueden agruparse algunos asuntos que no corresponden a ninguna de las categorías anteriores y que el artículo 8º considera como asuntos de la competencia de los municipios, a saber: "La participación en emergencias y contingencias ambientales conforme a las políticas y programas de protección civil que al efecto se establezcan" (fracción XI); "la vigilancia del cumplimiento de las normas oficiales mexicanas expedidas por la Federación, en las materias y supuestos a que se refieren las fracciones III, IV, VI y VII de este artículo" (fracción XII); y "la formulación y conducción de la política municipal de información y difusión en materia ambiental".

En lo que hace a las competencias ambientales del *Distrito Federal*, hay que decir que la LGEEPA establecía un régimen especial para la gestión ambiental dentro de esa parte integrante de la Federación, distinguiendo entre las atribuciones que correspondían a la entonces Secretaría de Desarrollo Urbano y al Departamento del Distrito Federal (artículo 9º). Las modificaciones de 1996 suprimieron ese régimen y, en concordancia con las reformas constitucionales respecto del Distrito Federal, establecieron lo que sigue: "Corresponden al Gobierno del Distrito Federal, en materia de preservación del equilibrio ecológico y la protección al ambiente, conforme a las disposiciones legales que expida la Asamblea Legislativa del Distrito Federal, las facultades a que se refieren los artículos 7º y 8º de esta Ley". En consecuencia, en la actualidad el régimen de las competencias ambientales del Distrito Federal es igual al de los estados y municipios.

Las facultades que la LGEEPA entrega a los poderes locales deben ser reguladas por éstos. A ese efecto, el artículo 10 de la LGEEPA dispone: "Los Congresos de los Estados, con arreglo a sus respectivas Constituciones y la Asamblea Legislativa del Distrito Federal, expedirán las disposiciones legales que sean necesarias para regular las materias de su competencia previstas en esta Ley. Los ayuntamientos, por su parte, dictarán los bandos de policía y buen gobierno, los reglamentos, circulares y disposiciones administrativas que correspondan, para que en sus respectivas circunscripciones, se cumplan las previsiones del presente ordenamiento" (párrafo primero).

Pero las disposiciones que expidan estos órganos locales deben ajustarse a las prescripciones de la LGEEPA y las de los ordenamientos que de ella deriven. Así lo prescribe el mismo artículo 10 cuando establece: "En el ejercicio de sus atribuciones, los Estados, el Distrito Federal y los Municipios, observarán las disposiciones de esta Ley y las que de ella se deriven" (párrafo segundo).

De allí que las modificaciones de 1996 dispongan en el tercero de sus artículos transitorios que "los gobiernos de las entidades federativas, así como los ayuntamientos, deberán adecuar sus leyes, reglamentos, ordenanzas, bandos de policía y buen gobierno y demás disposiciones aplicables, a lo dispuesto en el presente Decreto".

46. La organización de la gestión ambiental en México en el nivel federal. Sectorización y transectorización

La forma como se ha incorporado la función de la protección del ambiente en el nivel federal, tiene que ver con la estructura de la Federación y, en especial, con su estructura administrativa, pero también con las modificaciones que se le han hecho para dar cabida a la gestión ambiental.

El Supremo Poder de la Federación se divide, para su ejercicio, en legislativo, ejecutivo y judicial (artículo 49). El Poder Legislativo se deposita en un Congreso General, que se divide en dos Cámaras: una de Diputados y otra de Senadores (artículo 50). El ejercicio del Poder Ejecutivo se deposita en un solo individuo que se denomina Presidente de los Estados Unidos Mexicanos (artículo 80). El ejercicio del Poder Judicial de la Federación se deposita en una Suprema Corte de Justicia y en otros tribunales que le son dependientes jerárquicamente (artículo 94).

Por su parte, el poder de cada estado se organiza de la manera que disponga su propia Constitución Política; pero sin que ella pueda contravenir, como se ha dicho, las estipulaciones del Pacto Federal (artículo 41). Cada estado debe adoptar, para su régimen interior, la forma de gobierno republicano, representativo, popular, teniendo como base de su división territorial y de su organización política y administrativa, el municipio libre, conforme a las bases establecidas por la Constitución Federal, que prevén que cada municipio será administrado por un ayuntamiento de elección popular directa (artículo 115).

El Distrito Federal cuenta con una organización distinta. En efecto, en los términos de actual artículo 122 constitucional (reformado en 1993, como se puede ver en el *Diario Oficial de la Federación* del 25 de octubre de ese año), su gobierno está entregado a los Poderes Federales y a los órganos Ejecutivo, Legislativo y Judicial de carácter local, que son la Asamblea Legislativa, el Jefe de Gobierno del Distrito Federal y el Tribunal Superior de Justicia. La distribución de competencias entre los Poderes de la Unión y las autoridades locales del Distrito Federal se encuentra reglada por el mismo artículo 122. Esa distribución prevé, entre otras muchas facultades, que corresponde al Congreso de la Unión establecer el Estatuto de Gobierno del Distrito Federal, en el que deberá incluirse necesariamente, también entre otras muchas facultades, la atribución de la Asamblea Legislativa de legislar en materia de "preservación del medio ambiente y protección ecológica".[23]

[23] El Estatuto de Gobierno del Distrito Federal fue expedido en 1994 y publicado en el *Diario Oficial de la Federación* del 26 de julio de ese año. En el artículo 42 de ese Estatuto se dispuso que la Asamblea Legislativa tendría, entre otras facultades, la ya mencionada de legislar en materia de "preservación del medio ambiente y protección ecológica" (fracción IX), pero en el artículo 44 del mismo Estatuto se estableció que las leyes y decretos que expidiera dicha Asamblea en materia de "función social educativa, salud, asentamien-

A continuación se examina como se ha venido estructurando, históricamente, la gestión ambiental en México a nivel federal. Con ese objeto, se analiza la existencia del Consejo de Salubridad General y la manera como la gestión ambiental se incorporó a la Administración Pública Federal a partir de 1972, con la creación de la Subsecretaría de Mejoramiento del Ambiente. En ese recuento, se examina, además, la creación en 1982 de la Secretaría de Desarrollo Urbano y Ecología (SEDUE) y su desaparición en 1994, así como la creación en ese último año de la Secretaría de Desarrollo Social (SEDESOL), que pasó a desempeñar, entre otras funciones, aquéllas que correspondían a la SEDUE. Finalmente, se examina la creación en 1994 y las atribuciones de la Secretaría de Medio Ambiente, Recursos Naturales y Pesca, que es en la actualidad el órgano rector de la gestión ambiental en el nivel federal.

47. El Consejo de Salubridad General

En principio, uno de los principales actores de la gestión ambiental es el Consejo de Salubridad General. Así resulta de la propia Constitución Política, que en la ya examinada base 4a. de la fracción XVI del artículo 73, le encomienda la función de adoptar medidas para prevenir y combatir la contaminación ambiental. De ahí que la LFPCCA, en su momento, dispuso que la aplicación de esa Ley y de sus Reglamentos competería al Ejecutivo Federal, "por conducto de la Secretaría de Salubridad y Asistencia y del Consejo de Salubridad General" (artículo 5º).

Originalmente, la LFPA reprodujo la misma disposición; pero, la reforma de 1984 determinó que se omitiera mencionar al Consejo de Salubridad General, al lado de la Secretaría de Desarrollo Urbano y Ecología, como una de las principales autoridades para la aplicación de esa Ley. La verdad es que la LFPA tenía un ámbito más amplio que el de la prevención y control de la contaminación ambiental, lo que sin embargo no era razón suficiente para excluir al Consejo de las autoridades encargadas de la aplicación de la Ley. Por otra parte, aunque la LFPA no lo hubiera dicho, el Consejo de Salubridad General era una autoridad encargada de la aplicación de esa Ley mientras mantuviera sus atribuciones constitucionales en orden de adoptar medidas para la prevención

tos humanos, protección al ambiente, preservación y restauración del equilibrio ecológico y demás en que la Constitución Política de los Estados Unidos Mexicanos determine materias concurrentes" deberán sujetarse a lo dispuesto en las leyes generales que dicte el Congreso de la Unión en dichas materias. El caso es que la Asamblea Legislativa expidió en 1996, antes de las modificaciones de ese año a la LGEEPA, la Ley Ambiental del Distrito Federal (*Diario Oficial de la Federación*, 9-VII-1996), que ahora deberá ser ajustada a dichas modificaciones. Recuérdese que, además, el tercero de los artículos transitorios de la LGEEPA dispone que "los gobiernos de las entidades federativas [...] deberán adecuar sus leyes [...] a lo dispuesto en el presente Decreto".*

* Véase Addenda § 8.

y control de la contaminación ambiental, atribuciones que por demás están reiteradas por la vigente Ley General de Salud. Esta situación se mantiene hasta el día de hoy, porque la LGEEPA tampoco incluyó al Consejo de Salubridad General entre las autoridades llamadas a aplicar sus disposiciones.

El Consejo de Salubridad General es un órgano que depende directamente del Presidente de la República. Su organización y funcionamiento se rigen por un Reglamento Interior, formulado por el propio Consejo y sometido a la aprobación del Presidente de la República para su expedición. El Reglamento vigente fue expedido en 1974 (*Diario Oficial de la Federación* del 11-XI-1974, con reformas en *Diario Oficial de la Federación* del 17-I-1983). El Consejo está integrado por un presidente que es el secretario de Salud, un secretario, 13 vocales titulares (dos de los cuales serán los presidentes de la Academia Nacional de Medicina y de la Academia Mexicana de Cirugía), y los vocales que el propio Reglamento determine. Esto es lo que disponen los artículos 15 y 16 de la Ley General de Salud (el primero de esos preceptos fue modificado, como se puede ver en el *Diario Oficial de la Federación* del 14-VI-1991). La misma Ley se encarga de precisar las atribuciones del Consejo, colocando en primer término la de "dictar medidas contra el alcoholismo, venta y producción de sustancias tóxicas, así como las que tengan por objeto prevenir y combatir los efectos nocivos de la contaminación ambiental en la salud, las que serán revisadas después por el Congreso de la Unión, en los casos que le competan" (artículo 17, fracción I). Repárese en que este precepto legal circunscribe el campo de tales medidas a la prevención y control "de los efectos nocivos de la contaminación ambiental en la salud". No lo hacía así, en cambio, el precepto correspondiente del Código Sanitario de 1973, abrogado por la Ley General de Salud, cuyas disposiciones sobre el Consejo de Salubridad pasaron a esta última, con esa modificación.

Hay que decir que en todos estos años, el Consejo de Salubridad General no ha ejercido sus atribuciones constitucionales y legales en materia de prevención y control de la contaminación ambiental. Si lo hiciera, habrá que tener presente que, de acuerdo con la Constitución Política, sus disposiciones generales son obligatorias en todo el país y que deben ser revisadas después por el Congreso de la Unión "en los casos que le competan", lo que hace suponer que el Consejo puede, incluso, adoptar medidas que excedan el marco jurídico vigente en materia de prevención y control de la contaminación ambiental.

48. La gestión ambiental dentro de la Administración Pública Federal

Las funciones de proveer en la esfera de lo administrativo la exacta observancia de las leyes que la fracción I del artículo 89 constitucional encomienda al Presidente de la República, se llevan a cabo, fundamentalmente a través de la Administración Pública Federal, que de acuerdo con el artículo 90 constitucional es centralizada y paraestatal. El mismo precepto dispone que la Ley orgánica que expida el Congreso de la Unión —que es la Ley Orgánica de la Administración Pública Federal de 1976—, distribuirá los negocios del orden administrativo de la Federación que estarán a cargo de las secretarías de Estado y departamentos administrativos y definirá las bases generales de creación de las entidades paraestatales y la intervención del Ejecutivo Federal en su operación.

La Ley Orgánica de la Administración Pública Federal (*Diario Oficial de la Federación*, 29-XII-1976, muchas veces modificada) establece las bases de la Administración Pública Federal, centralizada y paraestatal, disponiendo que la primera estará integrada por "la Presidencia de la República, las Secretarías de Estado, los Departamentos Administrativos y la Procuraduría General de la República", mientras que la segunda lo estará por "los organismos descentralizados, las empresas de participación estatal, las instituciones nacionales de crédito, las organizaciones auxiliares nacionales de crédito, las instituciones nacionales de seguro y de fianzas y los fideicomisos" (artículo 1º).

La LOAPF regula la Administración Pública Centralizada, para lo cual establece ciertas reglas generales, así como el número y las atribuciones de las dependencias que integran dicha Administración (artículos 10 a 44). Las secretarías de Estado y los departamentos administrativos tienen igual rango y, por tanto, no hay entre ellos preeminencia alguna (artículo 10). Los titulares de las dependencias ejercen las funciones de su competencia por acuerdo del Presidente de la República (artículo 11). Los reglamentos interiores de las dependencias, que son expedidos por el Presidente de la República, determinan las atribuciones de sus unidades administrativas (artículo 18).

La misma LOAPF regula la Administración Pública Paraestatal (artículos 45 y siguientes), prescribiendo que el Presidente de la República agrupará a las entidades que la integran en sectores definidos, para cuyo efecto habrá de considerar el objeto de cada una de dichas entidades en relación con la esfera de competencia que la propia LOAPF y otras leyes atribuyen a las secretarías de Estado y departamentos administrativos (artículo 48). Cada sector tiene como coordinador a la dependencia que corresponda, según la manera como se haya hecho el agrupamiento. La organización, funcionamiento y control de las entidades paraestatales de la Administración Pública Federal está regulada en forma detallada por la Ley Federal de las Entidades Paraestatales (*Diario Oficial de la Federación*, 14-V-1986).

La manera como se inserta la gestión ambiental en la estructura de la Administración Pública Federal está regulada entonces por la Ley Orgánica de esa Administración, que distribuye las respectivas competencias entre las dependencias que integran dicha Administración. Sin embargo, el tema de la distribución de las competencias administrativas no se agota con la Ley Orgánica de la Administración Pública Federal, ya que la verdad es que existe una tendencia a incluir disposiciones sobre competencias administrativas en todo tipo de ordenamientos jurídicos, lo que también ocurre en el campo ambiental.

El modelo de gestión ambiental establecido actualmente en la LOAPF es la expresión de un proceso de transición iniciado en 1972, durante la vigencia de la Ley de Secretarías y Departamentos de Estado de 1958, con la creación de la Subsecretaría de Mejoramiento del Ambiente. En la formación de este modelo han influido de manera determinante, en un principio la LFPCCA, luego la LFPA y, finalmente, la LGEEPA.

La primera de esas leyes transformó la prevención y el control de la contaminación ambiental en una función del Ejecutivo Federal, que de alguna manera debía ser centralizada en una dependencia de la Administración Pública Federal, sin perjuicio de que las dependencias que tenían competencia para la prevención y control de la contaminación de ciertos elementos ambientales o de la generada por ciertas actividades económicas, continuaran ejerciendo esas atribuciones, pero ahora en coordinación con la dependencia sobre la cual recaería fundamentalmente la responsabilidad de la prevención y control de la contaminación ambiental.[24]

De esta manera, la entonces Secretaría de Asistencia y Salubridad (hoy Secretaría de Salud) —acompañada por el Consejo de Salubridad General—, se transformó en la dependencia rectora de la prevención y control de la contaminación ambiental. Esto implicó una modificación de la Ley de Secretarías y Departamentos de Estado de 1958 entonces vigente, que le encomendaba la función más restringida de atender el saneamiento ambiental. Por lo demás, esa modificación permitió la creación de la mencionada Subsecretaría de Mejoramiento del Ambiente, como se dejó en claro en el acuerdo respectivo, que invocó precisamente el artículo 5º de la LFPCCA como fundamento de dicha creación (*Diario Oficial de la Federación*, 20-I-1972).

Que la Secretaría de Salubridad y Asistencia se transformara en la de-

[24] El artículo 5º de la LGEEPA dispuso que "la aplicación de esta Ley y sus Reglamentos compete al Ejecutivo Federal por conducto de la Secretaría de Salubridad y Asistencia y del Consejo de Salubridad General" (párrafo primero); pero, agregó a continuación que "serán competentes también, en coordinación con la Secretaría de Salubridad y Asistencia: la Secretaría de Recursos Hidráulicos, en materia de prevención y control de la contaminación de las aguas; la Secretaría de Agricultura y Ganadería en materia de prevención y control de la contaminación de los suelos; y la Secretaría de Industria y Comercio en materia de prevención y control de la contaminación por actividades industriales o comerciales" (párrafo segundo). A lo anterior se añadió que habría, además, "autoridades auxiliares" para la aplicación de la Ley y sus reglamentos. Para ese efecto, el mismo artículo 5º puntualizó que "son autoridades auxiliares: todos los funcionarios y empleados que dependan del Ejecutivo Federal, de los Ejecutivos de los estados, de los Territorios y de los Ayuntamientos" (párrafo tercero).

pendencia rectora de la prevención y control de la contaminación ambiental, significó que en el ámbito de la Administración Pública Federal comenzaron a darse aquellos cambios que eran y son necesarios para que pueda tener cabida una gestión integral e integrada del ambiente. Aunque limitado a la contaminación ambiental, este nuevo modelo de gestión correspondía a la experiencia de otros países, que habían optado por reforzar una estructura jurídico-administrativa preexistente, ampliando el campo de su competencia.

En 1976, la Ley Orgánica de la Administración Pública Federal se ocupó de este nuevo campo de atribuciones que la LFPCCA había asignado a la Secretaría de Salubridad y Asistencia y que, dos años más tarde, el Código Sanitario le había confirmado, por medio de las disposiciones que otorgaban atribuciones a esa dependencia en lo relativo al "saneamiento del ambiente".

Aunque el concepto de saneamiento ambiental por lo general se limita a las acciones relativas a los elementos ambientales que tienen que ver con la salud humana, el Código Sanitario de 1973 incorporó una idea de "saneamiento del ambiente" que se refería no sólo a "actividades de mejoramiento, conservación y restauración del medio ambiente tendiente a preservar la salud, así como de prevención y control de aquellas condiciones del ambiente que perjudican la salud humana" (artículo 44) —que es lo habitual—, sino que se extendía además a investigaciones y programas cuya finalidad fuera "la preservación de los sistemas ecológicos y el mejoramiento del medio, así como aquellos para el desarrollo de técnicas y procedimientos que permitan prevenir, controlar y abatir la contaminación del ambiente (artículo 46).

A la luz de estas disposiciones, debe fijarse el alcance que tenía la atribución que la LOAPF le encomendó a la Secretaría de Salubridad y Asistencia para "planear y conducir la política de saneamiento ambiental", que era una facultad más amplia que lo que pudiera suponerse.[25] Aunque la ahora vigente Ley General de Salud no emplea el concepto de "saneamiento ambiental" o "saneamiento del ambiente", la LOAPF la siguió utilizando con estas dos acepciones, para encomendarle, primero a la Secretaría de Desarrollo Urbano y Ecología y luego a la Secretaría de Desarrollo Social, la función de formular y conducir la política de saneamiento ambiental (artículo 32, fracción XXIV, del texto reformado en mayo de 1992 de la Ley Orgánica de la Administración Pública Federal), para finalmente asignársela a la Secretaría de Medio Ambiente, Recursos Naturales y Pesca (artículo 32 bis, fracción II, del texto reformado en diciembre de 1994 de la misma Ley).

Por ahora, lo que interesa destacar es que este sistema de gestión glo-

[25] De este precepto se dijo alguna vez que, "plenamente ejercido y acatado en cualquier lugar y tiempo, sería suficiente para coordinar a las diferentes autoridades competentes en aspectos ambientales, para atender y resolver situaciones de deterioro o daño al medio ambiente". *Cf.* Enrique Flores, "Instrumentos jurídicos", Manuel López Portillo (comp.), *El medio ambiente en México: temas, problemas y alternativas*, FCE, México, 1982, p. 331.

bal se fue consolidando progresivamente. Como ocurre en estos casos, el problema que debía resolverse era la coordinación de la gestión sectorial. La LOAPF se había circunscrito a recordar, en la fracción XL del artículo 35, que a la Secretaría de Agricultura y Recursos Hidráulicos le correspondía regular las aguas residuales para evitar la contaminación que ponga en peligro la salud pública o degrade los sistemas ecológicos, "en coordinación con las Secretarías de Asentamientos Humanos y Obras Públicas y de Salubridad y Asistencia". A ello se agregaban, como es obvio, las disposiciones del artículo 5º de la LFPCCA y de otros ordenamientos jurídicos. Pero, este sistema de coordinación era notoriamente insuficiente. De allí que por Acuerdo expedido en 1978 se creó una Comisión Intersecretarial de Saneamiento Ambiental (*Diario Oficial de la Federación*, 25-VIII-1978), que hasta 1982 coordinó las acciones de las diversas dependencias involucradas en la gestión ambiental. Por otra parte, la Ley Federal de Protección al Ambiente, que entró en vigor a principios de 1982, puso un claro énfasis en la coordinación que debería haber en el ejercicio de las funciones ambientales que ella le asignó a más de una Secretaría, como se verá más adelante.

49. La Secretaría de Desarrollo Urbano y Ecología

La búsqueda de un sistema administrativo de gestión ambiental apropiado continuó con la Administración que inició sus funciones el 1º de diciembre de 1982. En efecto, una de las primeras medidas de esa Administración consistió en proponer una reforma de la Ley Orgánica de la Administración Pública Federal, que incluía entre otras cosas la creación de la hoy desaparecida Secretaría de Desarrollo Urbano y Ecología. La idea que estaba detrás de esa iniciativa quedó perfectamente explícita en su exposición de motivos, en la que se dijo lo siguiente:

> El desarrollo económico del país ha traído al pueblo de México una mejora notable en la satisfacción de sus necesidades básicas, tanto físicas como sociales. Sin embargo, dicho progreso no debe sustentarse en una producción de bienes y servicios a partir de una explotación inadecuada de los recursos naturales que origine su deterioro y una creciente contaminación del medio ambiente; de ahí la necesidad de integrar en un solo órgano las facultades relativas a ecología, medio ambiente, asentamientos humanos y ordenamiento territorial de la República, como medida para que, con un carácter integrador de los elementos de protección del medio ambiente y la ecología, se apoyen en forma congruente las acciones del desarrollo socioeconómico, cuyo objetivo primordial lo constituye precisamente el mejoramiento de la calidad de la vida de la población.
>
> Por ello, se propone transformar a la actual Secretaría de Asentamientos Humanos y Obras Públicas en una nueva dependencia que además del desarrollo urbano y los asentamientos humanos, se complemente con las facultades relativas a la protección ecológica, mejoramiento del ambiente y la con-

ducción de la política de vivienda, dando origen a la Secretaría de Desarrollo Urbano y Ecología.

Consecuentemente, a dicha Secretaría se le atribuyen las facultades para preservar los recursos forestales, de la flora y de la fauna silvestres con que cuenta la geografía nacional y contrarrestar de manera decidida, los efectos nocivos de la excesiva concentración industrial.

En atención al propósito de descentralizar la vida nacional se pretende, asimismo, una participación activa de los gobiernos estatales y municipales en la definición y desarrollo de programas de vivienda, y de agua potable y alcantarillado, que respondan a su propia problemática y al manejo del sistema de reservas territoriales.

Resulta en igual orden de importancia la adición que se propone para que dicha Secretaría, además de promover el desarrollo urbano de la comunidad, esté facultada para fomentar la organización de cooperativas de vivienda y materiales de construcción a fin de coadyuvar a resolver los agudos problemas que en este renglón se presentan en nuestro país.

Como se ha dicho, la Secretaría de Desarrollo Urbano y Ecología correspondía al modelo de reforzamiento de una estructura administrativa preexistente —en este caso la ex Secretaría de Asentamientos Humanos y Obras Públicas—, mediante la asignación de competencias ambientales que antes ejercían otras secretarías —en este caso, principalmente la ex Secretaría de Salubridad y Asistencia, pero también en alguna medida la Secretaría de Agricultura y Recursos Hidráulicos—, así como mediante la asignación de nuevas competencias ambientales. Como también se ha dicho, la creación de la Secretaría de Desarrollo Urbano y Ecología no podía identificarse con el modelo de la creación de una estructura jurídico-administrativa especializada, porque esta Secretaría ni absorbió las demás secretarías con competencias ambientales, ni se integraron en ella por lo menos las unidades ambientales de esas secretarías, ni asumió las veces de una instancia coordinadora, que son las tres formas de acuerdo con las cuales se crea un Ministerio del Ambiente.

Las competencias ambientales de la Secretaría, que pasó a contar con una Subsecretaría de Ecología, estaban consignadas en el artículo 37 de la Ley Orgánica de la Administración Federal y en otros ordenamientos jurídicos, especialmente en la LGEEPA. A la luz de lo que disponía ese precepto de la LOAPF, estas competencias se podían agrupar en aquellas que correspondían a la ex Secretaría de Asentamientos Humanos y Obras Públicas, en aquellas que correspondían a otras secretarías, y en aquellas que no correspondían a otra Secretaría y, por tanto, eran nuevas. De esta agrupación resultaba que la Secretaría de Desarrollo Urbano había conservado prácticamente todas las atribuciones de la ex Secretaría de Asentamientos Humanos y Obras Públicas, que se referían fundamentalmente a los temas de los asentamientos humanos, el desarrollo urbano, los bienes nacionales y, en menor medida, la vivienda, que fue un tema que adquirió una mayor dimensión en la nueva Secretaría, mientras que desaparecía el énfasis en las obras públicas que tenía la antigua Secretaría. Por otra parte, la nueva Secretaría recibió de la Secretaría de Salubridad y Asistencia la atribución de formular y conducir la política de saneamiento ambiental, aunque en la inteligencia de que ello debía hacerlo en coordinación con dicha Secretaría, lo que implicó que la nueva Secretaría tomara a su cargo la protección del ambiente, de acuerdo con el sentido que tenía la expresión saneamiento ambiental en la legislación vigente en esa época (en especial, en el Código Sanitario). Por otra parte, a la nueva Secretaría se le asignaron diversas atribuciones que tenía la Secretaría de Agricultura y Recursos Hidráulicos en materia de flora y fauna terrestres, así como en materia específicamente forestal. Por último, a la nueva Secretaría le fueron asignados cometidos inéditos en la organización de la Administración Pública Federal, como los relativos a la protección de los ecosistemas naturales, aunque este tema ya estaba en la Ley Federal de Protección al Ambiente.

Hay que señalar, sin embargo, que la LGEEPA se preocupó de reformular las competencias ambientales de la SEDUE, a la luz de las nuevas normas que introdujo en el sistema jurídico mexicano para la protección del ambiente. Esto lo hizo en su artículo 8º, pero la verdad es que muchas otras de sus disposiciones volvieron sobre el mismo tema. A continuación se ofrece una visión general de las competencias ambientales de la SEDUE, tal como ellas fueron establecidas en el artículo 8º de la LGEEPA, para posteriormente examinar la manera como estas competencias han sido reformuladas con motivo de la creación de la SEDESOL y la supresión de la SEDUE. Para ese efecto, las atribuciones ambientales de la desaparecida SEDUE se agrupan en cinco categorías.

1) *Atribuciones en materia de política ambiental.* Correspondía a la SEDUE "formular y conducir la política general de ecología" (fracción I); "formular y conducir la política de saneamiento ambiental, en coordinación con la Secretaría de Salud, en lo referente a la salud humana" (fracción X); y "formular los criterios ecológicos que deberán observarse en la aplicación de la política general de ecología; la protección de la flora y fauna silvestres y acuáticas; el aprovechamiento de los recursos naturales; el ordenamiento ecológico general del territorio; y la prevención y control de la contaminación del aire, agua y suelo; con la participación que en su caso corresponda a otras dependencias" (VIII).

2) *Atribuciones en materia de expedición de normas y de su aplicación.* Correspondía a la SEDUE "expedir las normas técnicas ecológicas que serán observadas en todo el territorio nacional" (fracción VII); "expedir las normas técnicas ecológicas que deberán incorporarse a las normas oficiales mexicanas que se establezcan para productos utilizados como combustibles o energéticos" (XIII); y "aplicar, en la esfera de su competencia, esta Ley, sus reglamentos y las normas técnicas ecológicas que expida y vigilar su observancia" (fracción II).

3) *Atribuciones en materia de propuestas al Ejecutivo Federal para la adopción de disposiciones.* Correspondía a la SEDUE "formular este tipo de propuestas en las materias de preservación y restauración del equilibrio ecológico" (fracción XV); "de regulación de las actividades relacionadas con materiales o residuos peligrosos, en coordinación con la Secretaría de Salud" (fracción XI); "de regulación de los efectos ecológicos de los plaguicidas, fertilizantes y sustancias tóxicas, en coordinación con las Secretarías de Agricultura y Recursos Hidráulicos, de Salud, y de Comercio y Fomento Industrial" (fracción XIV); y "de prevención y control de las contingencias ambientales" (fracción XVI).

4) *Atribuciones en materia de formulación y aplicación de programas.* Correspondía a la SEDUE "formular y desarrollar programas para preservar y restaurar el equilibrio ecológico y propiciar el manejo integral de los recursos naturales" (fracción V); "programar el ordenamiento ecológico general del territorio del país" (fracción VII); y "formular y desarrollar programas para promover el uso de tecnologías apropiadas para el aprovechamiento de los recursos naturales" (fracción XIX).

5) *Atribuciones en materia de realización de acciones para la preservación y restauración del equilibrio ecológico.* Correspondía a la SEDUE, en general, "realizar las distintas acciones que le competen a fin de preservar, proteger y restaurar el equilibrio ecológico y el ambiente" (fracción III); "coordinar estudios y acciones para proponer al Ejecutivo Federal la creación de áreas naturales protegidas" (fracción IV); "evaluar el impacto ambiental en las actividades a que se refieren los artículos 28 y 29 de esta Ley" (fracción IX); "determinar la aplicación de tecnologías que reduzcan las emisiones contaminantes de los vehículos automotores" (fracción XII); "coordinar la aplicación por parte de las dependencias y entidades de la Administración Pública Federal, de las medidas que determine el Ejecutivo Federal para la prevención y control de contingencias ambientales" y "aplicarlas en el ámbito de su competencia" (fracciones XVII y XVI, respectivamente); y "concertar acciones con los sectores social y privado" (fracción XVIII).

Finalmente, cabe decir que en 1985 se creó la Comisión Nacional de Ecología (CONADE), en virtud del Acuerdo Presidencial publicado en el *Diario Oficial de la Federación* del 18 de abril de ese año. La creación de la CONADE fue consolidada en 1988, si así pudiera decirse, por el artículo 12 de la LGEEPA, que le dio a su existencia rango de ley. Ese precepto definió a la CONADE como "un órgano permanente de coordinación intersecretarial, que fungirá además como instancia para promover la concertación entre la sociedad y el Estado en la materia" (párrafo primero), agregando a continuación que "dicho órgano tendrá la naturaleza de comisión intersecretarial" (párrafo segundo). El hecho de que en ella debían participar en ciertos casos los representantes de los gobiernos de los estados y municipios, empero, le otorgaba además el carácter de órgano de coordinación con las autoridades locales. La CONADE sustituyó a la Comisión Intersecretarial de Saneamiento Ambiental, creada por Acuerdo Presidencial en 1978 y extinguida de hecho en 1982, debido a la reestructuración que tuvo lugar en ese año en la Administración Pública Federal. Algo similar ocurrió con la CONADE en 1992, pero el artículo 12 de la LGEEPA que la mencionaba sólo desapareció con las modificaciones de 1996.

50. La Secretaría de Desarrollo Social

Por iniciativa del Ejecutivo Federal, en 1992 el Congreso de la Unión aprobó un conjunto de reformas, adiciones y derogaciones a la Ley Orgánica de la Administración Pública Federal, que fueron publicadas en el *Diario Oficial de la Federación* del 25 de mayo de 1992. A continuación, se expidió el Reglamento Interior de la nueva Secretaría (*Diario Oficial de la Federación* del 4 de junio de 1992), que entre otras muchas cosas suprimió la Subsecretaría de Ecología y creó el Instituto Nacional de Ecología y la Procuraduría Federal de Protección al Ambiente, como órganos desconcentrados de la misma Secretaría, con plena autonomía técnica y administrativa. El Instituto fue dotado de facultades técnicas administrativas y la Procuraduría de facultades de control y atención de las demandas ciudadanas. Más tarde, se expidió el Acuerdo Secretarial que regula la organización y funcionamiento interno de ambos organismos (*Diario Oficial de la Federación* del 17 de julio de 1992).

En virtud de estas reformas, adiciones y derogaciones, se creó la Secretaría de Desarrollo Social y se suprimió la Secretaría de Desarrollo Urbano y Ecología, pasando sus principales atribuciones en el campo ambiental a la entonces Secretaría de Desarrollo Social (otras pasaron a las entonces Secretaría de Agricultura y Recursos Hidráulicos y Secretaría de Pesca). En efecto, el artículo 32 de la LOAPF le confirió a la nueva Secretaría las siguientes atribuciones ambientales:

1) Formular, conducir y evaluar la política general de ecología (fracción I).

2) Promover y apoyar mecanismos de financiamiento para la protección al ambiente, con la participación de las correspondientes dependencias y entidades de la Administración Pública Federal, de los gobiernos estatales y municipales, y los sectores social y privado (fracción XIV).

3) Promover la construcción de obras de infraestructura y equipamiento para la protección y restauración del ambiente, en coordinación con los gobiernos estatales y municipales y con la participación de los sectores social y privado (fracción XV).

4) Promover el ordenamiento ecológico general del territorio nacional, en coordinación con las correspondientes dependencias y entidades de la Administración Pública Federal y los gobiernos estatales y municipales, y con la participación de los sectores social y privado (fracción XXIII).

5) Formular y conducir la política general de saneamiento ambiental, en coordinación con la Secretaría de Salud y demás dependencias competentes (fracción XXIV).

6) Establecer normas y criterios ecológicos para el aprovechamiento de los recursos naturales y para preservar y restaurar la calidad del ambiente (fracción XXV).

7) Determinar las normas y, en su caso, ejecutar las acciones que aseguren la conservación o restauración de los ecosistemas fundamentales para el desarrollo de la comunidad, en particular en situaciones de emergencia o contingencia ambiental, con la participación que corresponda a otras dependencias y a los gobiernos estatales y municipales (fracción XXVI).

8) Vigilar en coordinación con las autoridades federales, estatales y municipales, cuando no corresponda a otra dependencia, el cumplimiento de las normas y programas para la protección, defensa y restauración del ambiente, a través de los órganos competentes, y establecer mecanismos, instancias y procedimientos administrativos que procuren el cumplimiento de tales fines, en los términos de las leyes aplicables (fracción XXVII).

9) Normar el aprovechamiento racional de la flora y fauna silvestres, marítimas, fluviales y lacustres con el propósito de conservarlos y desarrollarlos, con la participación que corresponda a las Secretarías de Agricultura y Recursos Hidráulicos y de Pesca (fracción XXVIII).

10) Establecer los criterios ecológicos y normas de carácter general que deban satisfacer las descargas de aguas residuales, para evitar la contaminación que ponga en peligro la salud pública o degrade los sistemas ecológicos, en coordinación con las dependencias competentes y con la participación de los gobiernos estatales y municipales, así como vigilar el cumplimiento de los criterios y normas mencionados cuando esta facultad no esté encomendada expresamente a otra dependencia (fracción XXIX).

11) Proponer al Ejecutivo Federal el establecimiento de áreas naturales protegidas de interés de la Federación y promover la participación de las autoridades federales o locales en su administración y vigilancia (fracción XXX).

12) Evaluar las manifestaciones de impacto ambiental de proyectos de desarrollo que le presenten los sectores público, social y privado, de acuerdo con la normatividad aplicable (fracción XXXI).

13) Promover, fomentar y realizar investigaciones relacionadas con la ecología (fracción XXXII).

Cabe señalar que las atribuciones ambientales de la nueva Secretaría pasaron a ser ejercidas mediante los ya mencionados Instituto Nacional de Ecología y Procuraduría Federal de Protección al Ambiente, en los términos establecidos en el Reglamento Interior de la SEDESOL y el Acuerdo que regulaba la organización y funcionamiento de ambos organismos.

51. La Secretaría de Medio ambiente, Recursos Naturales y Pesca

La Administración que entró en funciones el 1º de diciembre de 1994 propuso una modificación del esquema del sistema administrativo para la gestión ambiental establecido en 1992, a partir de su separación de la gestión del desarrollo social y su unificación con la gestión de los recursos naturales en una nueva Secretaría, que se crearía con base en la ya existente Secretaría de Pesca. En efecto, el 9 de diciembre de ese año el Ejecutivo Federal presentó a la consideración del Congreso de la Unión un conjunto de reformas, adiciones y derogaciones a la Ley Orgánica de la Administración Pública Federal, que entre otras cosas creaban la Secretaría de Medio Ambiente, Recursos Naturales y Pesca (SEMARNAP). Luego de la aprobación de la iniciativa y su publicación en el *Diario Oficial de la Federación* del día 28 del mismo mes y año, se expidió el Reglamento Interior de la nueva Secretaría (*Diario Oficial de la Federación* del 8 de julio de 1996).

Como se expresa en la exposición de motivos de la mencionada iniciativa, su idea básica fue establecer una nueva dependencia "encargada de coordinar la administración y fomentar el aprovechamiento de los recursos naturales y la protección al medio ambiente para un desarrollo sustentable" o, en términos más generales, una dependencia "que coordine los esfuerzos de gobierno y sociedad en la consecución de un desarrollo sustentable en el largo plazo".

Aparentemente, el modelo que se siguió para la creación de la nueva Secretaría fue una variante de lo que más atrás se denominó "el reforzamiento de una estructura jurídico-administrativa preexistente" (véase la sección 38), en tanto se asignaron a una estructura jurídico-administrativo preexistente (en este caso, la Secretaría de Pesca) nuevas competencias ambientales y, en general, la función de velar por la protección del ambiente en su conjunto, en la perspectiva de la consecución de un estilo de desarrollo sostenible. Sin embargo, esta potenciación consistió en verdad en una reubicación y concentración de competencias ambientales que estaban radicadas en otras Secretarías, en especial en la Secretaría de Desarrollo Social y, además, en las ex Secretarías de Agricultura y Recursos Hidráulicos (ahora, Secretaría de Agricultura, Ganadería y Desarrollo Rural) y de Energía, Minas e Industria Paraestatal (ahora, Secretaría de Energía), con lo que la Secretaría de Pesca quedó convertida en algo parecido a lo que más atrás se ha llamado un "superministerio" de Medio Ambiente y Recursos Naturales.

La nueva Secretaría presenta desde el punto de vista competencial algunas similitudes con el Ministerio del Ambiente y de los Recursos Naturales Renovables creado en Venezuela en la década de los setentas, así como con otros Ministerios creados en diversos países de América Latina (véase la sección 39). En efecto, se trata de una Secretaría en la que se depositan las atribuciones necesarias para la protección del medio ambiente, así como para la gestión y protección de los recursos naturales, lo que hace de ella no sólo una dependencia encargada de la protección del medio ambiente, incluido los recursos naturales, sino también de la explotación de dichos recursos.

A continuación se describen de manera sumaria esas atribuciones, reservándose su examen para los capítulos donde se tratan las materias a que ella se refieren. En esta descripción se distingue entre las atribuciones relativas al medio ambiente y las relativas a ciertos recursos naturales, porque si bien es cierto que las segundas deben entenderse comprendidas entre las primeras (en rigor, los recursos naturales son un componente del medio ambiente), el hecho es que el artículo 32 bis de la LOAPF, que establece esas atribuciones, está diseñado con base en esa distinción. Las atribuciones conferidas por la LOAPF en 1994 a la SEMARNAP deben concordarse, en todo caso, con las facultades que las modificaciones de 1996 a la LGEEPA le atribuyeron a la Federación, mismas que conforme lo dispone el artículo 6º de esta última Ley son ejercidas por el Poder Ejecutivo Federal a través de la Secretaría.

En lo que hace a *las atribuciones vinculadas al medio ambiente*, cabe decir que, en términos generales, corresponde a la Secretaría fomentar la protección, restauración y conservación de los bienes y servicios ambientales (artículo 32 bis, fracción I). La expresión "bienes y servicios ambientales" es ambigua. A falta de una definición legal que hubiera sido indispensable, es posible entender por tales los componentes del medio ambiente que no son precisamente ecosistemas y recursos naturales (el precepto introduce una diferencia entre éstos y los bienes ambientales), así como las funciones ambientales que éstos cumplen.

A partir de lo anterior, se detallan en la LOAPF un conjunto de atribuciones relacionadas con *la formulación y conducción de la política ambiental nacional y otras políticas*.

Establece la fracción II del artículo 32 bis que corresponde a la Secretaría "formular y conducir la política nacional [...] en materia de ecología". Se trata en verdad de la formulación y conducción de la política ambiental nacional (téngase presente lo que se dice en la sección 3 sobre el mal uso de la palabra ecología), error que ha sido corregido por las modificaciones de 1996 a la LGEEPA en el nuevo texto de la fracción I de su artículo 5º.

En la misma fracción se incluyen, junto con esta atribución genérica en materia de política, algunas más específicas: la formulación y conducción de la política nacional en materia de saneamiento ambiental y regulación ambiental del desarrollo urbano, así como otras relativas a los recursos naturales.

Una mención especial debe hacerse a la atribución que explícitamente se le asigna a la Secretaria en cuanto ella es la dependencia competente para "conducir las políticas nacionales sobre cambio climático y sobre protección de la capa de ozono" (fracción XVI), que son dos problemas ambientales globales particularmente críticos (véanse las secciones 220 y 221).

Antes de las modificaciones de 1996, había que incluir entre las atribuciones de la Secretaría en materia de política ambiental la de "formular los criterios ecológicos que deberán observarse en la aplicación de la política general de ecología" (al tenor de lo que disponía el artículo 8º, fracción VIII), dado que los criterios ecológicos deben también considerarse como principios de la política ecológica, aunque más específicos. Esta atribución fue eliminada por dichas modificaciones, pero la idea de "criterios ecológicos" no desapareció de la LGEEPA, sino que quedó referida a principios formulados en la propia Ley o en otros ordenamientos, como se explica más adelante (véase el capítulo IV).

Además de las anteriores atribuciones, la nueva Secretaría cuenta con un conjunto de otras relativas a los instrumentos para la aplicación de la política ambiental nacional, a saber:

1) *Normas oficiales mexicanas*. Corresponde a la Secretaría establecer, con la participación que corresponda a otras dependencias y a las autoridades estatales y municipales, normas oficiales mexicanas sobre la preservación y restauración de la calidad del medio ambiente (fracción IV). El mismo precepto hace una mención especial a las normas oficiales mexicanas sobre materiales peligrosos y residuos sólidos y peligrosos. La LGEEPA refrenda esta atribución de la SEMARNAP, en los términos que se examinan más adelante (véase el capítulo V).

2) *Vigilancia*. Corresponde a la Secretaría vigilar y estimular, coordinadamente con las autoridades federales, estatales y municipales, el cumplimiento de las leyes, normas y programas relacionados con el medio ambiente, así como imponer las sanciones procedentes (fracción V). La LGEEPA desarrolla esta atribución de la SEMARNAP en la forma que se analiza más adelante (véase el capítulo V).

3) *Evaluación del impacto ambiental*. Corresponde a la Secretaría evaluar y dictaminar las manifestaciones de impacto de proyectos de desarrollo que le presenten los sectores público, social y privado (fracción X). La LGEEPA regula la manera como la SEMARNAP debe ejercer esta atribución, en los términos que se examinan más adelante (véase el capítulo V).

4) *Estudios de riesgo ambiental y programas para la prevención de accidentes*. Corresponde a la Secretaría resolver sobre los estudios de riesgo

ambiental, así como sobre los programas para la prevención de accidentes con incidencia ecológica (fracción XI). El estudio de riesgo ambiental es reglamentado por la LGEEPA con motivo de la regulación de las actividades altamente riesgosas (véase el capítulo XVII).

5) *Tecnologías y formas de uso que inciden en la calidad ambiental de los procesos productivos, de los servicios y del transporte*. Corresponde a la Secretaría elaborar, promover y difundir las tecnologías y formas de uso que inciden en la calidad ambiental de los procesos productivos, de los servicios y del transporte (fracción XII). Esta atribución de la SEMARNAP es desarrollada en diversas disposiciones de la LGEEPA.

6) *Evaluación de la calidad del ambiente y sistema de información ambiental*. Corresponde a la Secretaría evaluar la calidad del ambiente y establecer y promover el sistema de información ambiental, con la cooperación de las autoridades estatales y municipales, las instituciones de investigación y educación superior, y las dependencias y entidades que correspondan (fracción XIV). Las modificaciones de 1996 a la LGEEPA regulan ampliamente esta materia, en especial la relativa al sistema de información ambiental (véase la sección 53 de este mismo capítulo).

7) *Participación social y de la comunidad científica*. Corresponde a la Secretaría promover la participación social y de la comunidad científica en la formulación, aplicación y vigilancia de la política ambiental, y concertar acciones e inversiones en los sectores social y privado para la protección y restauración del ambiente (fracción XVII). De nuevo, cabe decir que las modificaciones de 1996 a la LGEEPA regulan ampliamente esta materia (véase la misma sección 53 de este capítulo).

8) *Formación, capacitación y actualización*. Corresponde a la Secretaria coordinar, concertar y ejecutar proyectos de formación, capacitación y actualización para mejorar la capacidad de la gestión ambiental, así como otras atribuciones similares (fracción XXIII). El tema se encuentra especialmente desarrollado en la LGEEPA, en los términos que se examinan en el capítulo V de este libro.

9) *Estímulos fiscales y financieros*. Corresponde a la Secretaría participar con la Secretaría de Hacienda y Crédito Público en la determinación de los criterios generales para el establecimiento de los estímulos fiscales y financieros necesarios para el cuidado del medio ambiente (fracción XXXVII). Esta facultad es regulada por las modificaciones de 1996 a la LGEEPA de la manera que se detalla en el capítulo V de este libro.

10) *Otros instrumentos económicos*. Corresponde a la Secretaría diseñar y operar, con la participación que compete a otras dependencias y entidades, la adopción de otros instrumentos económicos para la protección, restauración y conservación del medio ambiente (fracción XLIII). De nuevo, hay que decir que esta facultad es regulada por las modificaciones de 1996 a la LGEEPA de la manera que se detalla en el capítulo V de este libro.

En lo que se refiere a *las atribuciones vinculadas a la protección de de los recursos naturales*, cabe señalar que la fracción I del artículo 32 bis le entrega a la Secretaría la función genérica de fomentar la protección, restauración y conservación de los ecosistemas y recursos naturales. A partir de allí se detallan en ese mismo precepto legal las atribuciones de la nueva Secretaría, respecto de las cuales también es posible hacer una distinción entre aquellas relativas a la política ambiental nacional sobre la materia y las relativas a los instrumentos para su aplicación.

En materia de *política ambiental nacional*, las nuevas disposiciones establecen que corresponde a la Secretaría "formular y conducir la política nacional en materia de recursos naturales, siempre que no estén encomendados expresamente a otra dependencia..." (fracción II). La referencia a los recursos naturales en general permite entender que el precepto abarca todos ellos, con excepción de los energéticos, respecto de los cuales el artículo 33, fracción I, establece que corresponde a la Secretaría de Energía "conducir la política energética del país". Por otra parte, la atribución que se está examinando no está limitada a los aspectos ambientales de la política sobre los recursos naturales, sino que a todos los elementos de una política en esta materia. Finalmente, la misma fracción II extiende esta atribución de la nueva Secretaría a dos cuestiones específicas de los recursos naturales: el agua y el desarrollo de la actividad minera y pesquera. La LGEEPA, como se ha dicho, regula ampliamente la protección de los recursos naturales (artículos 44 a 109), estableciendo un conjunto de políticas a su respecto.

Para llevar a cabo la política ambiental nacional sobre los recursos naturales, la Secretaría cuenta con un importante conjunto de *instrumentos de aplicación*, a saber:

1) *Administración, regulación del uso y promoción del aprovechamiento sostenible de los recursos naturales*. Se trata de una modificación importante en lo que era el esquema de la administración de los recursos naturales de la Federación. En efecto, dichos recursos eran administrados hasta 1994 por diversas dependencias y entidades. Hoy, la administración de todos ellos, con excepción del petróleo y todos los carburos de hidrógenos líquidos, sólidos y gaseosos, ha pasado a la nueva Secretaría (fracción III). Este cambio va acompañado de la atribución de regular el uso de los mencionados recursos y, lo que es muy importante, de promover el aprovechamiento sostenible de los mismos. El tema es regulado por las ya mencionadas disposiciones de la LGEEPA (artículos 44 a 109).

2) *Normas oficiales mexicanas*. Corresponde a la Secretaría establecer, con la participación que corresponda a otras dependencias y a las autoridades estatales y municipales, normas oficiales mexicanas sobre los ecosistemas naturales; sobre el aprovechamiento sostenible de los recursos naturales y de la flora y fauna silvestre, terrestre y acuática; sobre descargas de aguas residuales, y en materia minera (fracción IV). La materia es desarrollada por los artículos 36 a 37 bis de la LGEEPA.

3) *Vigilancia*. Corresponde a la Secretaría vigilar y estimular, coordinadamente con las autoridades federales, estatales y municipales, el cumplimiento de las leyes, normas y programas relacionados con los recursos naturales (fracción V). El precepto menciona a continuación las aguas, los bosques, la flora, la fauna y la pesca, para regresar a una mención genérica de los asuntos que son de competencia de la Secretaría, así como para dejar en claro que corresponde a la misma imponer las sanciones procedentes. El tema es regulado por diversas disposiciones de la LGEEPA.

4) *Áreas naturales protegidas*. Corresponde a la Secretaría proponer al Ejecutivo Federal su establecimiento y otras atribuciones (fracciones VI y VII). Las modificaciones de 1996 a la LGEEPA regulan ampliamente este tema, como se puede ver en el capítulo VII de este libro.

5) *Playas, zona federal marítimo terrestre, terrenos ganados al mar y salinas*. Corresponde a la Secretaría ejercer la posesión y propiedad de la nación en esos espacios, así como regular la explotación de salinas ubicadas en terreno de propiedad nacional y en las formadas directamente por las aguas del mar (fracción VIII). Algunos de estos temas son regulados por la LGEEPA, en los términos que se señalan en el capítulo VI de este libro.

6) *Ordenamiento ecológico del territorio*. Corresponde a la Secretaría promover dicho ordenamiento, en coordinación con las autoridades federales, estatales y municipales, y con la participación de los particulares (fracción X). El concepto de ordenamiento ecológico del territorio trasciende el tema de los recursos naturales, ya que de acuerdo con su actual definición en la LGEEPA debe entenderse como la regulación o inducción del uso del suelo y las actividades productivas no sólo para la preservación y aprovechamiento sustentable de los recursos naturales, sino también para la protección del medio ambiente en general. Se trata de un importante instrumento de la política ambiental, a cuya regulación la LGEEPA destina sus artículos 19 a 20 bis 7.

7) *Tecnologías y formas de uso*. Corresponde a la Secretaría elaborar, promover y difundir las tecnologías y formas de uso requeridas para el desarrollo sostenible de los ecosistemas (fracción XII). Las disposiciones de la LGEEPA sobre la materia se encuentra en diversas partes de esa Ley.

8) *Evaluación de la calidad del ambiente y sistema de información ambiental*. Como se ha dicho más atrás, corresponde a la Secretaría evaluar la calidad del ambiente y establecer y promover el sistema de información ambiental. El precepto respectivo especifica que lo anterior incluirá los sistemas de monitoreo atmosférico, de suelos y de cuerpos de agua de jurisdicción federal, y los inventarios de recursos naturales y de población animal, con la cooperación de las autoridades estatales y municipales, las instituciones de investigación y educación superior, y las dependencias y

entidades que correspondan (fracción XIV). Como se ha dicho, las modificaciones de 1996 a la LGEEPA regulan ampliamente esta materia.

9) *Cuentas patrimoniales*. Corresponde a la Secretaría desarrollar y promover metodologías y procedimientos de valuación económica del capital natural y de los bienes y servicios ambientales que éste presta, así como cooperar con dependencias y entidades para desarrollar un sistema integrado de contabilidad ambiental y económica (fracción XV). Como puede apreciarse, el precepto incorpora a la legislación ambiental mexicana la idea de las cuentas patrimoniales. El artículo 15 de la LGEEPA desarrolla esta idea, introduciendo el concepto de Producto Interno Neto Ecológico, como componente del Sistema de Cuentas Nacionales, según se explica en el capítulo IV de este libro.

10) *Flora y fauna silvestres*. Corresponde a la Secretaría un conjunto de atribuciones relativas a la protección de la flora y fauna silvestres (fracciones XIX, XX y XXI), así como apoyar técnicamente a la Secretaría de Comercio y Fomento Industrial en materia de exportaciones e importaciones de especies de la flora y la fauna silvestre (fracción XXXIX). También le corresponde a la Secretaría fomentar y realizar programas de reforestación y restauración ecológica. Estas atribuciones, que son refrendadas por la LGEEPA, son examinadas en los capítulos VIII y IX de este libro.

11) *Meteorología, climatología, hidrología y geohidrología*. Corresponde a la Secretaría dirigir los estudios, trabajos y servicios meteorológicos, climatológicos, hidrológicos y geohidrológicos, así como el sistema meteorológico nacional (fracción XXII). La LGEEPA también contiene algunas disposiciones sobre la materia.

12) *Formación, capacitación y actualización*. Corresponde a la Secretaria coordinar, concertar y ejecutar proyectos de formación, capacitación y actualización para mejorar el uso sostenible de los recursos naturales, así como otras atribuciones similares (fracción XXIII), atribuciones que son refrendadas por la LGEEPA y examinadas en el capítulo V de este libro.

13) *Aguas*. En las fracciones XXIV a XXXIII, así como en otras, se incluyen como atribuciones de la Secretaría algunas de las competencias relativas a las aguas que figuraban en la LOAPF como atribuciones de la antigua Secretaría de Agricultura y Recursos Hidráulicos, de acuerdo con las modificaciones introducidas en 1992 a su artículo 35. Estas atribuciones también son refrendadas por la LGEEPA y examinadas en el capítulo X de este libro.

14) *Pesca*. Corresponde a la Secretaría el ejercicio de algunas de las atribuciones relativas a la pesca que correspondían a la antigua Secretaría de Pesca (fracciones XXXIV, XXXV, XXXVI, XXXVIII y XL, en los términos del artículo 43 de la LOAPF, modificado en 1991 y 1992), así como otras

(fracción XLI). Estas atribuciones, que la LGEEPA desarrolla en diversas disposiciones, son examinadas en el capítulo XIII de este libro.

15) *Estímulos fiscales y financieros*. Corresponde a la Secretaría participar con la Secretaría de Hacienda y Crédito Público en la determinación de los criterios generales para el establecimiento de los estímulos fiscales y financieros necesarios para el aprovechamiento sostenible de los recursos naturales (fracción XXXVII). Como se ha dicho, la LGEEPA contiene disposiciones sobre la materia, que son analizadas en el capítulo V de este libro.

16) *Otorgamiento de contratos, concesiones, licencias, permisos, autorizaciones y asignaciones, así como reconocimiento de derechos*. Las atribuciones de la Secretaría en el campo de los recursos naturales determinan que corresponda a la misma la realización de los actos recién mencionados en materia de aguas, forestal, ecológica, pesquera, minera y para la explotación de la flora y fauna silvestre, así como sobre playas, zona federal marítimo terrestre y terrenos ganados al mar (fracción XXXIX). Las disposiciones relativas de la LGEEPA son examinadas en diversos capítulos de este libro.

Cabe señalar que aparte de las atribuciones que se han reseñado, la Secretaría tiene explícitamente algunas *atribuciones vinculadas a los asuntos internacionales*. En efecto, la fracción IX del artículo 32 bis le asigna la facultad de intervenir en foros internacionales respecto de las materias que son de su competencia, con la participación que corresponda a la Secretaría de Relaciones Exteriores, así como proponer a ésta la celebración de tratados y acuerdos internacionales en tales materias. Estas atribuciones se hacen más específicas cuando la fracción XXII del mismo artículo establece que corresponde a la Secretaría participar en los convenios internacionales sobre meteorología, climatología, hidrología y geohidrología

Junto con estas atribuciones consignadas en el artículo 32 bis de la LOAPF deben considerarse las demás que le atribuyan expresamente a la Secretaría las leyes y reglamentos, como lo señala la fracción XLIV del mismo precepto. Entre éstas se hallan, por lo pronto, las que establece la propia LOAPF, como es el caso de la participación que le corresponde a la Secretaría en la distribución y comercialización de productos y el abastecimiento de los consumos básicos de la población, junto con la Secretaría de Comercio y Fomento Industrial y otras (fracción IX del artículo 34). Sin embargo, son muchas más aún las atribuciones de la Secretaría que están en otros ordenamientos jurídicos, como es el caso de la LGEEPA y de los reglamentos que de ella se derivan. En ese sentido, es conveniente tener presente que el sexto de los artículos transitorios de la iniciativa de modificaciones de la LOAPF que se está examinando dispone que "las referencias que se hagan en otras leyes, reglamentos y en general en cualquier disposición, respecto de las secretarías cuyas funciones se reforman en virtud de este Decreto, se entenderán hechas a las dependencias que, respectivamente, absorben tales funciones".

52. La coordinación de la Federación, los estados, los municipios y el Distrito Federal

Hasta ahora, se ha visto como las modificaciones de 1996 redistribuyeron las competencias ambientales entre la Federación, los estados y los municipios. También se ha visto como las atribuciones de la Federación son ejercidas por la Secretaría de Medio Ambiente, Recursos Naturales y Pesca. Corresponde ahora ver como la LGEEPA, en los términos de las modificaciones de 1996, completa el sistema de concurrencia mediante el mecanismo de la coordinación. En efecto, como se dijo más atrás uno de los propósitos de la LGEEPA es establecer un sistema de división de competencias que se ejercen de manera coordinada. La coordinación, por tanto, es un mecanismo básico de la LGEEPA dentro de la reglamentación del sistema de concurrencia a que se refiere el artículo 73, fracción XXIX-G, de la Constitución. A ese propósito la Ley destina sus artículos 11 a 14 bis.

La coordinación, tal como la concibe la LGEEPA, puede asumir dos formas: la delegación de funciones y la ejecución de acciones en común. La primera forma de coordinación es en verdad un método de descentralización de funciones, que tiene su fundamento constitucional en la actual fracción VII del artículo 116, que a la letra dice:

> La Federación y los estados, en los términos de ley, podrán convenir la asunción por parte éstos del ejercicio de sus funciones, la ejecución de obras y la prestación de servicios públicos, cuando el desarrollo económico y social lo haga necesario.
>
> Los estados estarán facultados para celebrar esos convenios con sus municipios, a efecto de que éstos asuman la prestación de los servicios o la atención de las funciones a las que se refiere el párrafo anterior.

Este mecanismo constitucional está previsto para llevar a cabo una descentralización paulatina, que guarde correspondencia con las diversas situaciones que pueden presentarse en los diversos estados y en el interior de los mismos, incluso con respecto a una misma materia. En 1988, la LGEEPA tuvo en cuenta este hecho, como aparece reflejado en su exposición de motivos mediante el señalamiento de dos ideas básicas sobre la descentralización promovida por esa Ley, transcritos en la sección 43 de este libro. En consecuencia, lo que la LGEEPA hizo en 1988 fue establecer sólo la primera etapa de un proceso de descentralización, que futuras reformas podrían ir profundizando, en la medida en que se fueran creando, con el concurso de la propia Federación y por medio de los convenios a que se refería la entonces fracción VI, hoy fracción VII, del artículo 116 constitucional.

Algo similar iba a ocurrir con las modificaciones de 1996. En efecto, esas modificaciones, junto con precisar de mejor manera el sistema existente de distribución de competencias, amplió el campo de aquéllas que corresponden a los estados y municipios y, al mismo tiempo, desarrolló las disposiciones constitucionales recién transcritas para establecer, como lo dice la exposición de motivos, "un sistema gradual de transferencia de facultades a favor de los gobiernos de las entidades federativas y de los municipios de parte de la Federación". A ese propósito están destinados los artículos 11 y 12 de la Ley.

El primero de ellos dispone que la Federación, por conducto de la Secretaría, podrá suscribir convenios o acuerdos de coordinación con el objeto de que los estados o el Distrito Federal asuman las siguientes funciones: *1)* El manejo y vigilancia de las áreas naturales protegidas de competencia federal (fracción I); *2)* el control de los residuos peligrosos considerados de baja peligrosidad conforme a las disposiciones de la LGEEPA (fracción II); *3)* la prevención y control de la contaminación de la atmósfera proveniente de fuentes fijas y móviles de jurisdicción federal (fracción III); *4)* el control de acciones para la protección, preservación y restauración del equilibrio ecológico y la protección al ambiente en la zona federal marítimo terrestre, así como en la zona federal de los cuerpos de agua considerados como nacionales (fracción IV); *5)* la protección, preservación y restauración de los recursos naturales a que se refiere esta Ley, y de la flora y fauna silvestre, así como el control de su aprovechamiento sustentable (fracción V); *6)* la realización de acciones operativas tendientes a cumplir con los fines previstos en este ordenamiento (fracción VI); y *7)* la realización de acciones para vigilar el cumplimiento de las disposiciones de esta Ley (fracción VII). Recuérdese que, como se dijo más atrás, la fracción XVII del artículo 7º incluye explícitamente entre las facultades de los estados el ejercicio de las funciones que en materia de preservación del equilibrio ecológico y protección al ambiente les transfiera la Federación, como son las que se acaban de enunciar.

Las funciones que la Federación transfiera a los estados pueden ser entregadas a su vez por éstos a sus municipios, previo acuerdo con la propia Federación. Así lo establece el párrafo final del artículo 11. De esta manera, la descentralización que la Federación lleve a cabo contractualmente con los estados puede extenderse a los municipios, que son por definición la instancia más apropiada para la gestión ambiental.

Los convenios o acuerdos de coordinación a que nos estamos refiriendo, incluidos los que celebren los estados con sus municipios, deben ajustarse a las bases establecidas por el artículo 12 de la Ley para ese efecto, a saber: *1)* deben definir con precisión las materias y actividades que constituyan el objeto del convenio o acuerdo (fracción I); *2)* su propósito debe ser congruente con las disposiciones del Plan Nacional de Desarrollo y con la política ambiental nacional (fracción II); *3)* deben describir los bienes y recursos que aporten las partes esclareciendo cuál será su destino específico y su forma de administración (fracción III); *4)* deben especificar la vigencia del convenio o acuerdo, sus formas de terminación y de solución de controversias y, en su caso, de prórroga (fracción IV); *5)* deben definir el órgano u órganos que llevarán a cabo las acciones que resulten de los convenios o acuerdos de coordinación, incluyendo las de evaluación (fracción V); y *6)* deben contener las demás estipulaciones que las partes consideren necesarias para el correcto cumplimiento del convenio o acuerdo (fracción VI). Agrega el párrafo final del mismo artículo 12 que dichos convenios o acuerdos deben ser publicados en el *Diario Oficial de la Federación* y en el órgano oficial del gobierno local respectivo.

La segunda forma de coordinación, vale decir, la ejecución de acciones en común, es desarrollada en los artículos 13 y 14, el primero de ellos relativo a la coordinación de las entidades federativas y de los municipios entre sí y el segundo a la coordinación de las dependencias y entidades dentro de la Administración Pública Federal.

Dispone el artículo 13 que los estados podrán suscribir entre sí y con el Gobierno del Distrito Federal, en su caso, convenios o acuerdos de coordinación y colaboración administrativa, con el propósito de atender y resolver problemas ambientales comunes y ejercer sus atribuciones por medio de las instancias que al efecto determinen, atendiendo a lo dispuesto en las leyes locales que resulten aplicables. Y agrega que las mismas facultades podrán ejercer los municipios entre sí, aunque pertenezcan a entidades federativas diferentes, de conformidad con lo que establezcan las propias leyes locales.

Por su parte, el artículo 14 se limita a establecer una regla para el caso específico de los desastres al disponer que las dependencias y entidades de la Administración Pública se coordinarán con la Secretaría para realizar las acciones conducentes, cuando exista peligro para el equilibrio ecológico de alguna zona o región del país, como consecuencia de desastres producidos por fenómenos naturales, o por caso fortuito o fuerza mayor. En todo caso, recuérdese lo dicho más atrás en el sentido de que, cuando, por razón de la materia y de conformidad con la Ley Orgánica de la Administración Pública Federal u otras disposiciones legales aplicables, se requiera de la intervención de otras dependencias, la Secretaría ejercerá sus atribuciones en coordinación con las mismas (artículo 6º, párrafo segundo). Recuérdese, además, que las dependencias y entidades de la Administración Pública Federal que ejerzan atribuciones que les confieren otros ordenamientos cuyas disposiciones se relacionen con el objeto de la LGEEPA deben sujetar su ejercicio a los criterios para preservar el equilibrio ecológico, aprovechar sustentablemente los recursos naturales y proteger el ambiente en ella incluidos, así como a las disposiciones de los reglamentos, normas oficiales mexicanas, programas de ordenamiento ecológico y demás normatividad que de la misma se derive (artículo 6º, párrafo tercero).

Las disposiciones sobre coordinación concluyen con un precepto, el artículo 14 bis, que ordena la integración de un órgano por las autoridades ambientales de la Federación y de las entidades federativas. Este órgano debe reunirse periódicamente para: *1)* Coordinar los esfuerzos de esas autoridades en materia ambiental; *2)* analizar e intercambiar opiniones en relación con las acciones y programas en la materia; *3)* evaluar y dar seguimiento a dichas acciones; *4)* convenir otras acciones; y *5)* formular las recomendaciones pertinentes, particularmente en lo que se refiere a los objetivos de la LGEEPA y los principios de la política ambiental nacional, establecidos en los artículos 1º y 15 de la Ley, respectivamente.

53. La participación social en la gestión ambiental en México

La participación social es considerada universalmente como un requisito *sine qua non* de toda gestión ambiental apropiada. En ese sentido, cabe recordar que el principio 10 de la Declaración de Río establece:

> El mejor modo de tratar las cuestiones ambientales es con la participación de todos los ciudadanos interesados, en el nivel que corresponde. En el plano nacional, toda persona deberá tener acceso adecuado a la información sobre el medio ambiente de que dispongan las autoridades públicas, incluida la información sobre los materiales y las actividades que ofrecen peligro en sus comunidades, así como la oportunidad de participar en los procesos de adopción de decisiones. Los Estados deberán facilitar y fomentar la sensibilización y la participación del público poniendo la información a disposición de todos. Deberá proporcionarse acceso efectivo a los procedimientos judiciales y administrativos, entre éstos al resarcimiento de daños y los recursos pertinentes.

La misma Declaración presta una especial atención a la participación de la mujer y de los jóvenes:

> Las mujeres desempeñan un papel fundamental en la ordenación del medio ambiente y en el desarrollo. Es, por tanto, imprescindible contar con su plena participación para lograr el desarrollo sostenible [*principio 20*].
>
> Debería movilizarse la creatividad, los ideales y el valor de los jóvenes del mundo para forjar una alianza mundial orientada a lograr el desarrollo sostenible y asegurar un mejor futuro para todos [*principio 21*].

En México, el sistema de la participación social en la gestión ambiental debe examinarse a la luz del régimen de democracia representantiva consagrado en los artículos 40 y 41 de la Constitución Política, que determina que el pueblo ejerce su soberanía por medio de los Poderes de la Unión, en los casos de la competencia de éstos, y por los de los estados, en lo que toca a sus regímenes interiores, en los términos respectivamente establecidos por la Constitución Federal y las particulares de los estados, las que en ningún caso podrán contravenir las estipulaciones del Pacto Federal.

En el nivel federal, la existencia de este régimen determina que la participación social en el ejercicio de la soberanía se limite a los casos de excepción que establece la propia Constitución, los cuales están restringidos al ámbito del Distrito Federal, con arreglo a lo que dispone la base 4a. de la fracción VI del artículo 73 constitucional. En efecto, allí se establece: *1)* que la facultad de iniciativa para el ejercicio de las facultades de la Asamblea en materia de expedición de bandos, ordenanzas y reglamentos de policía y buen gobierno corresponde no sólo a los miembros de la propia Asamblea, sino también a los representantes de los vecinos organizados en los términos que señala la ley correspondiente; *2)* que, además, el derecho de iniciativa respecto de las materias que son de competencia de la Asamblea puede ser ejercido por un mínimo de 10 000 ciudadanos debidamente identificados, en los términos que señale el reglamento para el gobierno interior de la Asamblea, y *3)* que la ley establecerá los medios y mecanismos de participación ciudadana que permitan la oportuna gestión y continua supervisión comunitaria de la acción del gobierno del Distrito Federal, dirigida a satisfacer sus derechos e intereses legítimos y a mejorar la utilización y aplicación de los recursos disponibles. Así lo disponen las reformas constitucionales de 1987 (en 1977, otras reformas constitucionales establecieron en esa misma base 4ª los mecanismos del referéndum y de la iniciativa popular).

En este marco, el Gobierno Federal ha procurado salvar la distancia entre su gestión y la ciudadanía, a través de la llamada "consulta popular". La consulta popular fue una práctica que se institucionalizó sólo con la Ley de Planeación de 1983 y para los propósitos de ese ordenamiento jurídico. En efecto, dicha Ley instauró el llamado "Sistema Nacional de Planeación Democrática", que incluye la consulta popular. Pero este Sistema no ha sido aún reglamentado, como lo manda la Ley de Planeación. Con todo, se han llevado a cabo consultas populares para formular los Planes Nacionales de Desarrollo 1983-1988, 1989-1994 y 1995-2000.[26]

En 1988, la LGEEPA incorporó la participación social a sus disposiciones, en distintas formas que incluyen la consulta popular. El propósito que perseguía la LGEEPA consistía, como lo dijo en su momento su exposición de motivos, "una gestión democrática de la política ecológica y, con ello, la base para fortalecer crecientemente la corresponsabilidad social en la materia".[27] A ese efecto la Ley destinó su Título V (artículos 157 a 159) a lo que denominó la "participación social". Sin embargo, la verdad era que muchas otras disposiciones de la Ley se referían al mismo

[26] En materia ambiental, en 1984 tuvo lugar la Primera Reunión Nacional de Ecología, que estuvo precedida por varias reuniones regionales. El propósito que llevó a la SEDUE a organizar estos actos fue proporcionar un foro donde pudieran expresarse todo tipo de opiniones sobre la política ambiental. Sin embargo, la verdad es que como ha ocurrido por lo general en foros de la misma naturaleza, la participación quedó restringida a relativamente pocas personas. A pesar de todo, fue un avance en la materia. Por otra parte, en esa reunión participó oficialmente un partido político de la oposición, lo que no era frecuente en estos casos.

[27] *Cf.* la p. 27 de esa exposición.

tema. En consecuencia, en la LGEEPA existía una regulación "difusa" y, al mismo tiempo, una regulación "sistemática" de dicho tema.

Estas disposiciones fueron confirmadas y ampliadas por las modificaciones de 1996 a la LGEEPA. En efecto, en palabras de la exposición de motivos de la correspondiente iniciativa, uno de sus elementos más importantes fue "la ampliación de los espacios para la participación social en la gestión ambiental". Con ese propósito, las normas del Título V fueron reformadas y adicionadas con disposiciones sobre el derecho a la información, que es el indipensable correlato del derecho a la participación de la sociedad, pasando a denominarse dicho Título "participación social e información ambiental", lo que refleja exactamente su contenido: un capítulo I sobre participación social (artículos 157 a 159) y un capítulo II sobre el derecho a la información ambiental (artículos 159 bis a 159 bis 6).

En la actualidad, la regulación "difusa" de la *participación social* comprende un conjunto de preceptos que aquí sólo se mencionan, pues se examinan por separado cuando se trata la materia a que corresponden. Las primeras referencias a la participación social aparecen en el propio objeto de la Ley (artículo 1º, fracciones I, VII y IX); luego, en la enunciación de las facultades de la Federación y los estados (artículos 5º, fracción XVI, y 7º, fracción XV, respectivamente); a continuación, en los principios de la política ambiental nacional (artículo 15, fracciones III, X, XII y XIII); más adelante, en las disposiciones sobre el ordenamiento ecológico del territorio (artículos 20 bis y 20 bis 5); en seguida, en la evaluación del impacto ambiental (artículo 34); más tarde, en la regulación de las áreas naturales protegidas (artículos 47, 56 bis, 65 y 66); luego, en la regulación de las zonas de restauración (artículos 78 y 78 bis); a continuación, en las normas sobre flora y fauna silvestres (artículo 79, fracciones VI y X); más adelante, en las normas sobre aprovechamiento sustentable del agua y de los ecosistemas acuáticos (artículos 88 y 96); luego, en las reglas sobre prevención y control de la contaminación del agua y de los ecosistemas acuáticos (artículo 117); y, por último, en la normatividad sobre la contaminación del suelo (artículo 134).

Las normas de la LGEEPA que regulan en forma sistemática la participación social en la gestión ambiental están presididas por el artículo 157 que ordena al Gobierno Federal "promover la participación corresponsable de la sociedad en la planeación, ejecución, evaluación y vigilancia de la política ambiental y de recursos naturales". Para ese efecto, el artículo 158 dispone que la SEMARNAP deberá:

1) Convocar, "en el ámbito del Sistema Nacional de Planeación Democrática, a las organizaciones obreras, empresariales, de campesinos y productores agropecuarios, pesqueros y forestales, comunidades agrarias, pueblos indígenas, instituciones educativas, organizaciones sociales y privadas no lucrativas y demás personas interesadas para que manifiesten su opinión y propuestas" (fracción I). El precepto se refiere a la consulta popular instituida por la Ley de Planeación de 1983, sin separarse mucho de la estructura eminentemente corporativa que presenta el Sistema Nacional de Planeación Democrática.

2) Celebrar "convenios de concertación con organizaciones obreras y grupos sociales para la protección del ambiente en los lugares de trabajo y unidades habitacionales; con pueblos indígenas, comunidades agrarias y demás organizaciones campesinas para el establecimiento, administración y manejo de áreas naturales protegidas, y para brindarles asesoría ecológica en las actividades relacionadas con el aprovechamiento sustentable de los recursos naturales; con organizaciones empresariales, en los casos previstos en esta Ley para la protección del ambiente; con instituciones educativas y académicas, para la realización de estudios e investigaciones en la materia; con organizaciones civiles e instituciones privadas no lucrativas, para emprender acciones ecológicas conjuntas; así como con representaciones sociales y con particulares interesados en la preservación y restauración del equilibrio ecológico para la protección al ambiente" (fracción II). El precepto regula el mecanismo de la concertación, que tiene una enorme importancia en este campo de la gestión pública. En efecto, es difícil que la gestión ambiental pueda ser eficiente sin el concurso de la población. La concertación en materia ambiental tiene una historia en México, como lo acredita por ejemplo una publicación oficial de la hoy desaparecida Secretaría de Desarrollo Urbano y Ecología.[28]

3) Celebrar "convenios con los medios de comunicación masiva para la difusión, información y promoción de acciones de preservación del equilibrio ecológico y la protección al ambiente"(fracción III). Esta forma de concertación también tiene una historia en México.

4) Promover "el establecimiento de reconocimientos a los esfuerzos más destacados de la sociedad para preservar y restaurar el equilibrio ecológico y proteger el ambiente" (fracción IV).

5) Impulsar "el fortalecimiento de la conciencia ecológica, a través de la realización de acciones conjuntas con la comunidad para la preservación y mejoramiento del ambiente, el aprovechamiento racional de los recursos naturales y el correcto manejo de desechos. Para ello, la Secretaría podrá, en forma coordinada con los estados y municipios correspondientes, celebrar convenios de concertación con comunidades urbanas y rurales, así como con diversas organizaciones sociales" (fracción V). La importancia del precepto es obvia.

6) Concertar "acciones e inversiones con los sectores social y privado y con instituciones académicas, grupos y organizaciones sociales, pueblos indígenas y demás personas físicas y morales interesadas, para la preservación y restauración del equilibrio ecológico y la protección al ambiente" (fracción VI). Esta regla, introducida por las modificaciones

[28] *Cf. Ecología. Concertación de voluntades,* SEDUE, México, 1988.

de 1996, parecería una reiteración de la contenida en la fracción II, a no ser por la mención que se hace a las inversiones que se pueden concertar, lo que le da una cierta especificidad.

Finalmente, el artículo 159 prevé el establecimiento de órganos de consulta por la propia SEMARNAP, en los siguientes términos: "La Secretaría integrará órganos de consulta en los que participen entidades y dependencias de la administración pública, instituciones académicas y oganizaciones sociales y empresariales. Dichos órganos tendrán funciones de asesoría, evaluación y seguimiento en materia de política ambiental y podrán emitir las opiniones y observaciones que estimen pertinentes. Su organización y funcionamiento se sujetará a los acuerdos que para el efecto expida la Secretaría" (párrafo primero). Y agrega: "Cuando la Secretaría deba resolver un asunto sobre el cual los órganos a que se refiere el párrafo anterior hubiesen emitido una opinión, la misma deberá expresar las causas de aceptación o rechazo de dicha opinión" (párrafo segundo). De esta manera, se procura que las opiniones de los órganos de consulta, que por definición no tienen una naturaleza vinculante, sean por lo menos consideradas de modo explícito en la decisiones que finalmente adopte la Secretaría sobre las materias consultadas.

En correspondencia con todo lo que se ha dicho sobre participación social, la fracción XVII del artículo 32 bis de la LOAPF, modificado en 1994, establece que corresponde a la Secretaría de Medio Ambiente, Recursos Naturales y Pesca promover la participación social y de la comunidad científica en la formulación, aplicación y vigilancia de la política ambiental, y concertar acciones e inversiones en los sectores social y privado para la protección y restauración del ambiente.

El *derecho a la información ambiental* es, como se ha dicho, el indispensable correlato de la partición social: para ser eficiente, la participación social debe ser informada.[29] Las modificaciones de 1996 a la LGEEPA incorporaron las normas sobre la materia que a continuación se examinan y que deben entenderse como reglamentarias en el campo ambiental del derecho a la información recientemente incorporado a la Constitución Política.[30]

Establece el párrafo primero del mismo artículo 159 bis: "Toda persona tendrá derecho a que la Secretaría, los Estados, el Distrito Federal y los Municipios pongan a su disposición la información ambiental que les soliciten, en los términos previstos por esta Ley...".

Por información ambiental se entiende "cualquier información escrita, visual o en forma de base de datos, de que dispongan las autoridades

[29] Cf. el artículo de Ramón Martín Mateo sobre el derecho a la información ambiental publicado en la revista *Política y derecho ambientales en América Latina y el Caribe* (PNUMA-FARN, Buenos Aires, vol. I, 1994)

[30] Las nuevas disposiciones de la LGEEPA toman en cuenta las prescripciones de la Directiva 313 de la Comunidad Económica Europea (20 de junio de 1990), siendo incluso más liberales que las allí contenidas.

ambientales en materia de agua, aire, suelo, flora, fauna y recursos naturales en general, así como sobre las actividades o medidas que les afectan o puedan afectarlos" (párrafo segundo del artículo 159 bis 3).

La manera como se ejerce este derecho está regulada por la Ley en los siguientes términos: *1)* Toda petición de información ambiental deberá presentarse por escrito; *2)* en la petición se debe especificar claramente la información que se solicita y los motivos de la petición; y *3)* los solicitantes deberán identificarse indicando su nombre o razón social y domicilio (párrafo tercero del artículo 159 bis 3).

La solicitud puede contestarse negativamente por las autoridades requeridas sólo en los siguientes casos: *1)* cuando se considere por disposición legal que la información es confidencial o que por su propia naturaleza su difusión afecta la seguridad nacional; *2)* cuando se trate de información relativa a asuntos que son materia de procedimientos judiciales o de inspección y vigilancia, pendientes de resolución; *3)* cuando se trate de información aportada por terceros, si esos terceros no están obligados por disposición legal a proporcionarla; o *4)* cuando se trate de información sobre inventarios e insumos y tecnologías de proceso, incluyendo la descripción del mismo (artículo 159 bis 4).

A continuación, la LGEEPA regula el procedimiento a seguirse cuando la autoridad requerida es la "autoridad ambiental", lo que cabe entender como una referencia a la propia Secretaría. Dispone la Ley que la autoridad ambiental deberá responder por escrito a los solicitantes de información ambiental en un plazo no mayor a veinte días a partir de la recepción de la petición respectiva. En caso de que la autoridad ambiental conteste negativamente la solicitud, deberá señalar las razones que motivaron su determinación, mismas que deben corresponder a las causales de denegación previstas en el artículo 159 bis 4. La Ley aclara que si no se da respuesa escrita a la solicitud dentro de ese plazo, ésta se entenderá resuelta negativamente para el promovente. Si la información ha sido generada o es de propiedad de una persona distinta, la autoridad ambiental deberá notificarle, dentro de los diez días siguientes a la solicitud de información, la recepción de la misma (artículo 159 bis 5, párrafos primero, segundo y tercero).

Si la información ha sido solicitada a la Secretaría, los afectados por sus actos pueden impugnarlos mediante la interposición del recurso de revisión, de conformidad con lo dispuesto en la LGEEPA y en la Ley Federal de Procedimiento Administrativo (artículo 159 bis 5, párrafo cuarto).

Por último, cabe señalar que quienes reciban información ambiental de las autoridades competentes se harán cargo de los gastos que se generen con motivo de la solicitud y, además, serán responsables de la adecuada utilización de dicha información, debiendo responder por los daños y perjuicios que se ocasionen por su indebido manejo (artículos 159 bis 3, párrafo primero, y 159 bis 6).

Independientemente del derecho a la información, pero en estrecha relación con ese derecho, la LGEEPA establece dentro del mismo capítulo un conjunto de importantes deberes de la Secretaría, a saber: *1)* el desarrollo de un Sistema Nacional de Información Ambiental y de Recursos Naturales; *2)* la elaboración y publicación, bianualmente, de un informe detallado de la situación general existente en el país en materia de equilibrio ecológico y protección al ambiente; y *3)* la edición de una Gaceta[31] en la que se publicarán las disposiciones jurídicas, normas oficiales mexicanas, decretos, reglamentos, acuerdos y demás actos administrativos, así como otra información que señala la Ley (artículos 159 bis, 159 bis 1 y 159 bis 2).

Sobre el Sistema Nacional de Información Ambiental y de Recursos Naturales, cabe decir que su objeto consiste en registrar, organizar, actualizar y difundir la información ambiental nacional, misma que estará disponible para su consulta y que se coordinará y complementará con el Sistema de Cuentas Nacionales a cargo del Instituto Nacional de Estadística, Geografía e Informática (artículo 159 bis, párrafo primero).

En dicho Sistema, la Secretaría deberá integrar, entre otros elementos, información relativa a: *1)* los inventarios de recursos naturales existentes en el territorio nacional; *2)* los mecanismos y resultados obtenidos del monitoreo de la calidad del aire, del agua y del suelo; *3)* el ordenamiento ecológico del territorio; *4)* el inventario de emisiones atmosféricas, descargas de aguas residuales en cuerpos receptores federales o que se infiltren al subsuelo, materias y residuos peligrosos de competencia federal, los registros que al respecto se establezcan y las autorizaciones, licencias o permisos que en la materia se otorguen; y *5)* los registros, programas y acciones que se realicen para la preservación del equilibrio ecológico y la protección al ambiente (artículo 159 bis, párrafo segundo).

Para ese efecto, la Secretaría deberá reunir informes y documentos relevantes que resulten de las actividades científicas, académicas, trabajos técnicos o de cualquier otra índole en materia ambiental y de preservación de recursos naturales, realizados en el país por personas físicas o morales, nacionales o extranjeras, los que serán remitidos al Sistema Nacional de Información Ambiental y de Recursos Naturales (artículo 159 bis, párrafo tercero).

54. Algunas conclusiones sobre la gestión ambiental en México

A lo largo de este capítulo se ha visto como en México se ha configurado un sistema de gestión ambiental, que se creó como un sistema centrali-

[31] La *Gaceta Ecológica* es una publicación periódica de la Secretaría, existente desde 1988. Dispone la Ley que allí se publicará, además, la información de interés general en materia ambiental que se publiquen por el Gobierno Federal o los gobiernos locales, o documentos internacionales en materia ambiental de interés para México, independientemente de su publicación en el *Diario Oficial de la Federación* o en otros órganos de difusión. Igualmente en dicha Gaceta se publicará información oficial relacionada con las áreas naturales protegidas y la preservación y el aprovechamiento sustentable de los recursos naturales (artículo 159 bis 2).

zado, sectorializado y sin participación social, pero que últimamente se ha transformado en un sistema más descentralizado y participativo, aunque no más transectorializado.

Sin embargo, hasta ahora el peso de la gestión ambiental sigue recayendo excesivamente en la Federación, pues los mecanismos de descentralización operan con dificultades. La creación en 1994 de la Secretaría de Medio Ambiente, Recursos Naturales y Pesca ha fortalecido la gestión ambiental a nivel federal. Pero los obstáculos que debe enfrentar la gestión ambiental a nivel federal son imponentes. Su objetivo final, es decir, la transformación del estilo de desarrollo predominante en otro sin destrucción, quizás está más lejos que antes. La crisis económica de fines de 1994 ha hecho más difícil de alcanzar este objetivo.

Esto se debe a muchas causas. Mirada desde la perspectiva que ofrece más de un cuarto de siglo de gestión ambiental, se advierte que la gestión ambiental ha estado mal estructurada durante muchos años, empezando por su excesiva centralización. Incluso, las estructuras jurídico administrativas que han hecho las veces de su soporte han sido por lo general un componente sumamente débil dentro de la Administración Pública Federal, dotados de insuficientes recursos humanos, materiales y financieros. De hecho, esas estructuras han sido especialmente vulnerables frente a la crisis financiera del país y se han deteriorado visiblemente en los años que siguieron a su establecimiento.

En esas condiciones, la gestión ambiental federal se ha expresado siempre como una función propensa a actividades generales y abstractas, que no han influido decisivamente en el cambio ambiental. La misma inserción de la gestión ambiental en la Administración Pública Federal se ha dado dentro de un esquema de sectorización que le ha restado fuerza. El principio de corresponsabilidad de la sociedad civil en la gestión ambiental ha sido llevado a la práctica con retardo y con muchas dificultades, así como con algunas reticencias. Además, las instancias de coordinación que han funcionado en el pasado, no han tenido facultades decisorias, por lo que sus funciones muchas veces se han ejercido en el vacío. Los propios cambios que operaron en su momento en la Administración Pública Federal para la "creación del sector de la ecología", implicaron, por una parte, un confuso proceso de transferencia de funciones y, por la otra, una cierta pérdida de las propiedades que estas funciones tenían en su sector original.

No obstante todas estas precariedades, la gestión ambiental federal está alcanzado ahora algunos logros importantes en la solución de ciertos problemas y en la prevención de otros. Esto demuestra que los problemas ambientales tienen una solución cuando se cuenta con los medios para enfrentarlos.

En efecto, los cambios que se hicieron en 1994 con la creación de la SEMARNAP superaron la preocupación que había provocado en algunos sectores la desaparición de la SEDUE en 1992 y le confirieron a la gestión ambiental a nivel federal un nuevo impulso. Ese período intermedio, sin embargo, mostró avances mediante la creación del Instituto Nacional de Ecología y la Procuraduría Federal de Protección al Ambiente. Las modificaciones de 1996 a la LGEEPA, por su parte, le han dado a la nueva Secretaría más y mejores herramientas para llevar a cabo sus labores. Su reducido presupuesto, sin embargo, sigue siendo un obstáculo importante para reforzar de la gestión ambiental en el nivel federal.

Lo que en definitiva cuenta es que los cambios iniciados se deben impulsar mediante una práctica gubernamental inaplazable, en el marco de una reforma del Estado que parece indispensable. La verdad es que la gestión ambiental no podrá avanzar como debe hacerlo, dentro de un Estado cuyas formas administrativas están más vinculadas a las tradiciones borbónicas o napoleónicas, que a los requerimientos de una sociedad moderna. En muchos conceptos, la gestión ambiental es parte sustantiva de un proceso incompleto de modernización del Estado, que es necesario acelerar para que México pueda ingresar al siglo XXI en condiciones más sólidas. Los cambios políticos en curso, marcados por las elecciones generales del 6 de julio de 1997, pueden generar un conjunto de transformaciones promisorias en el Estado mexicano que, entre otras cosas, consoliden la gestión ambiental.

La gestión ambiental en México debe fortalecerse considerablemente en todos sus niveles. Las tendencias de descentralización, transectorización y participación en curso deben profundizarse. Es especialmente importante reforzar la gestión local, en los términos de la legislación ambiental vigente y de sus propósitos de largo plazo. Es también especialmente importante que se fortalezcan los mecanismos de coordinación existentes. Por último, es vital que se promueva en forma activa la participación social.

En este sentido, hay que tener en cuenta que en México se han desarrollado importantes movimientos sociales en torno de los problemas ambientales. Muchos de estos movimientos tienen una naturaleza circunstancial, en tanto se han organizado en función de algunos problemas importantes, pero en todo caso específicos. Otros han pasado a tener una presencia más permanente en la vida del país. Algunas veces, los movimientos sociales más permanentes han asumido con mucha fuerza determinados problemas ambientales. El país cuenta ahora con un partido político que se define como "verde", con representación en el Congreso de la Unión y en diversas zonas del país. Sin embargo, lo que se requiere es un "enverdecimiento" de todos los partidos políticos y de la sociedad en general.

Hasta ahora, ha sido difícil que los movimientos sociales ambientalistas se conviertan en interlocutores válidos permanentes de un sistema político que, con tantas dificultades, ha empezado a aceptar la diversidad de los partidos políticos y de la propia sociedad. Sin embargo, se han hecho avances importantes en este campo. Por otra parte, es menester que en la relación entre Estado y sociedad, que esperamos termine expresando una reconciliación de la nación con el Estado, se renuncie definitivamente a las tradicionales formas paternalistas de control político y se entienda que la sociedad civil no puede hacer las veces de un mero espejo que le devuelve a la sociedad política la imagen que ésta quiere tener de sí misma. Ese tipo de "participación social" no sirve a nadie: ni a la nación ni al Estado.

Sin embargo, la verdad es que la participación de la sociedad civil en la gestión ambiental y, en términos más generales, en la promoción del desarrollo sostenible, tiene un largo camino por recorrer para asentarse como una práctica social exitosa.[32] Para ello es menester no sólo un conjunto de cambios jurídicos que propicien dicha participación, sino además superar una cultura dominante que niega lo que es esencial en el concepto de ciudadanía. Un ciudadano, dicho de manera muy simple, es una persona que tiene la capacidad y la oportunidad de participar en la generación de las decisiones de lo afectan, así como en su aplicación. En términos filosóficos, un ciudadano es una persona que tiene la capacidad y la oportunidad de elegir, es decir, de ejercer su libertad de elegir. La cultura dominante reduce esta libertad de elegir a un problema de mercado e, incluso, hace abstracción de ese notable fenómeno moderno que es la publicidad y que permite a la oferta crear su propia demanda. La cultura dominante promueve un tipo de ciudadano conformista que, a partir de la convicción de que nada cambiará con su participación, renuncia anticipadamente a ejercer su libertad. El ambientalismo, en cambio, consciente de que los seres humanos somos la única especie no programada y, por consiguiente, la única especie que puede transitar de la esfera de la necesidad a la esfera de la libertad, promueve un tipo de ciudadano activo.

Lo dicho tiene por propósito subrayar la importancia que tiene la creación de una conciencia ciudadana impregnada en los valores del ambientalismo, que permita que las formas jurídicas establecidas y por establecerse que conceden nuevos derechos ambientales tengan un contenido real, es decir, que sean oportunidades en las que, efectivamente, se ejerza la libertad de elegir en qué tipo de planeta queremos vivir y qué tipo de planeta queremos legar a nuestros descendientes.

Por último, no hay que olvidar que ni la democracia participativa ni la cultura de la participación se construyen sólo desde el ambientalismo. Se trata de fenómenos que rebasan con mucho esta perspectiva. En ese sentido, los esfuerzos que se hacen desde el ambientalismo deben considerarse como avances que van creando espacios que deben generalizarse posteriormente, incluso para su propia consolidación.

[32] Lo que sigue son ideas que desarrollamos en la exposición que hicimos sobre los derechos y los deberes jurídicos de los ciudadanos de América Latina, en un seminario organizado por el Programa de Ciudadanía Ambiental del PNUMA (México, 14 y 15 de julio de 1997).

IV. LA POLÍTICA AMBIENTAL

55. INTRODUCCIÓN

EN ESTE capítulo se examina el tema de la política ambiental, que es el primer componente de la gestión ambiental. El análisis de los mecanismos jurídicos para la aplicación de la política ambiental se reserva para el capítulo siguiente, que trata el derecho ambiental, que es el segundo componente de esa gestión, en tanto instrumento para la ejecución de dicha política. El tercer componente, la administración ambiental, se examinó, por razones de método, en el capítulo anterior.

Lo primero que aquí se analiza es el concepto de política ambiental y su importancia en la gestión ambiental. Luego, este capítulo se ocupa de revisar los métodos a través de los cuales se formula la política ambiental, distinguiendo entre la vía legislativa y la administrativa, que incluye la planeación. Esta distinción es fundamental para determinar las jerarquías internas de la política ambiental y sus alcances jurídicos diferentes. A continuación, se examina la formulación de la política ambiental en México por la vía legislativa, poniéndose de relieve la significación que tiene su establecimiento en el sistema jurídico federal y sus efectos jurídicos en el plano nacional y local. Lo mismo se hace respecto de la formulación de la política ambiental en México por la vía de la planeación del desarrollo y de la propia Administración Pública Federal. Por último, se analiza la aplicación de la política ambiental, precisándose quiénes son los destinatarios de sus mandatos.

Las páginas que siguen están destinados a examinar la política ambiental en México en el pasado más o menos inmediato y en el presente. La división entre estas dos épocas está dada por la entrada en vigor de la LGEEPA en 1988. En consecuencia, este capítulo se ocupa primeramente de pasar revista a la política ambiental en vigor en el período 1970-2000 y, luego, a la política ambiental que se ha establecido, hasta ahora, para el período 1995-2000. Pero, entre medio, se destaca el gran marco jurídico para la política ambiental establecido por la LGEEPA a partir de 1988. Con ese objeto se estudian los principios de la política ambiental nacional y los criterios ecológicos que la complementan. La última sección se destina a evaluar la política ambiental que ha estado en vigor en el país, para destacar sus problemas y las perspectivas.

56. La política ambiental

Como se dijo en el capítulo anterior, la política ambiental es el conjunto de acciones que se diseñan para lograr la ordenación del ambiente.

La existencia de la política ambiental supone la convicción de que el objetivo de la ordenación del ambiente no puede alcanzarse sin el concurso de algunas acciones concebidas especialmente para modificar la realidad o, dicho de otra manera, sin la mediación de algunas acciones que generen ciertos efectos ambientales, que de acuerdo con las tendencias prevalecientes de esa realidad no se generarían espontáneamente. Mediante la política ambiental se da respuesta a la pregunta de qué hacer para conseguir una ordenación del medio ambiente, cuando se estima que dicha ordenación no puede lograrse sino mediante una intervención deliberada del hombre sobre la realidad.

Así entendida, la política ambiental es el marco de referencia permanente de la gestión ambiental. En estricto rigor, toda gestión ambiental supone la existencia de una política ambiental, que la sobredetermina en todo momento. Sin embargo, en la realidad no ocurre siempre así: es común, por lo menos en esta parte del mundo, que la política ambiental no sea formulada clara, suficiente y congruentemente. Hay países que incluso carecen de una política ambiental, al menos establecida de manera explícita. Hay que subrayar que las deficiencias en la formulación de la política ambiental en un país, explican en parte las insuficiencias que se observan en el conjunto de la gestión ambiental del mismo país, como se puede constatar con cierta facilidad.

En México, el establecimiento por la Federación de una política nacional para la protección del ambiente ha llevado muchos años. Quizás, dicha política no reúne aún los atributos de claridad, suficiencia y congruencia que sería de desear, pero los avances que se han hecho son innegables. En este capítulo se examinan los desarrollos que ha experimentado la formulación de una política nacional para la protección del ambiente en México, desde 1971 hasta 1989. Un hito decisivo de este proceso se encuentra constituido por la expedición de la Ley General del Equilibrio Ecológico y la Protección al Ambiente, que establece los principios de la política ecológica nacional.

57. Los métodos para la formulación de la política ambiental

Como se ha señalado, el sistema jurídico estatal determina cuáles son los fines del Estado y, por tanto, cuál es el ámbito de la función pública. Además, el mismo sistema jurídico estatal señala las formas que el Estado empleará para realizar las actividades propias de la función pública y a qué régimen se sujetarán.

Por tanto, el régimen de los métodos para la política ambiental del Estado hay que buscarlo en el sistema jurídico estatal, que en principio nos debe decir quién o quiénes formulan la política ambiental y cómo se formula, así como sus alcances.

De hecho, los sistemas jurídicos estatales, además de crear un régimen explícito o implícito de autorizaciones para la formulación de la política ambiental, establecen directamente reglas de política ambiental. Por eso, la primera manifestación de la política ambiental del Estado está constituida por su propio sistema jurídico, en tanto éste por lo general contiene un número importante de reglas que nos dicen cómo debe ordenarse el ambiente. En estricto rigor, cada regla jurídica de carácter ambiental es por lo general la expresión total o parcial de una política ambiental. Estas reglas, establecidas por los procedimientos legislativos vigentes en cada país, son jerárquicamente superiores a cualesquiera otras y sobredeterminan el conjunto de la gestión ambiental.

Pero la política ambiental del Estado se formula también por vías administrativas, esto es, por medio de las mismas autoridades facultadas para llevar a cabo la gestión del medio ambiente y, en los casos de la existencia de un sistema de planificación nacional, por las autoridades encargadas de dicha planificación.

Los alcances de la política ambiental están directamente ligados a cómo esté formulada. En efecto, la política ambiental formulada mediante los sistemas jurídicos para la protección del ambiente, es obligatoria para el Estado y el conjunto de la sociedad. En cambio, la política ambiental formulada por las autoridades facultadas para realizar la gestión ambiental, es obligatoria sólo para la Administración Pública, pero de conformidad con lo que establezcan los ordenamientos que rigen el funcionamiento de dicha Administración. Por su parte, la política ambiental formulada a través de la planificación, obliga en los mismos términos en que pueden obligar los planes, de acuerdo con las particularidades de cada sistema de planificación. Esto último significa que la política ambiental puede tener desde un carácter puramente inductivo, incluso para la propia Administración Pública, hasta un carácter estrictamente vinculante no sólo para el Estado, sino también para el conjunto de la sociedad.

58. La formulación de la política nacional del ambiente en México por la vía legislativa

En México, las principales políticas ambientales se encuentran establecidas por la vía legislativa. En efecto, la fuente más importante en esta materia es la Ley General del Equilibrio Ecológico y la Protección al Ambiente, en tanto establece los principios de lo que denomina en su artículo 15 la "política ambiental" (antes de las modificaciones de 1996, la "política ecológica general"), así como un conjunto de "criterios ecológicos", que no son sino una especificación de esos principios en ciertas materias. Es de hacer notar que este tema es de los más relevantes en la LGEEPA: "La política ecológica y sus instrumentos ocupan un lugar importante dentro de esta iniciativa", expresaba en su momento la exposición de motivos de la Ley, "porque se estima que un ordenamiento jurídico de esta naturaleza debe ser un repertorio de políticas y de mecanismos para su ejecución, como lo son las leyes más avanzadas de otros países en la materia" (*v. gr.* las ya mencionadas Ley sobre la Política Nacional del Ambiente de los Estados Unidos de América y Ley que dispone sobre Política Nacional del Medio Ambiente de Brasil). Pero la LGEEPA no agota el tema de la política ecológica general del país, porque la verdad es que de ella se ocupan, en alguna medida, todos los ordenamientos jurídicos que estructuran el sistema vigente para la protección del ambiente en México.

Los principios de la política ambiental establecidos en la LGEEPA tienen efectos vinculantes para el Ejecutivo Federal, pero también para las entidades federativas y los municipios. Lo primero está claro en la parte inicial del artículo 15, donde se dice que "para la formulación y conducción de la política ambiental y la expedición de normas oficiales mexicanas y demás instrumentos previstos en esta Ley, en materia de preservación y restauración del equilibrio ecológico, el Ejecutivo Federal observará los siguientes principios". Lo segundo lo deja de manifiesto el artículo 16 de la LGEEPA, cuando dispone que "las entidades federativas y los municipios en el ámbito de sus competencias, observarán y aplicarán los principios a que se refieren las fracciones I al XV del artículo anterior" (se excluyen las fracciones XVII y XVIII, dado que se refieren a principios de política internacional, así como las fracciones XVI y XIX por otras razones).

Los principios de la política ambiental no están dirigidos a los particulares, pues por su naturaleza son mandatos concebidos para orientar las actividades de las autoridades públicas. Las normas jurídicas que son la expresión de esos principios, en cambio, son vinculantes para los particulares. Sin embargo, como se dice más adelante, estos principios pueden devenir indirectamente en obligatorios por la vía de los convenios de concertación que puede celebrar la Federación con los particulares interesados dentro del sistema jurídico de la planeación del desarrollo nacional.

59. LA FORMULACIÓN DE LA POLÍTICA NACIONAL DEL AMBIENTE EN MÉXICO POR LA VÍA ADMINISTRATIVA: LA PLANEACIÓN NACIONAL DEL DESARROLLO

La existencia de un sistema formal de planeación nacional del desarrollo en México ha determinado que, al lado de la formulación de la política ambiental por la vía legislativa, haya cobrado importancia el establecimiento de la misma política mediante dicha planeación. De hecho, el marco más importante para la formulación de la política ambiental en el país estuvo constituido, hasta la expedición de la LGEEPA, por la planeación nacional del desarrollo, cuya Ley no se refiere específicamente a la planeación ambiental, pero tampoco la excluye. Ello hizo posible que en México se hiciera planeación ambiental desde 1983 y hasta la fecha.

A lo anterior hay que agregar que la propia LGEEPA se encargó de incorporar jurídicamente la dimensión ambiental en la planeación nacional del desarrollo, al disponer su artículo 17 que en ésta "será considerada la política ecológica general y el ordenamiento ecológico que se establezcan de conformidad con esta Ley y las demás disposiciones en la materia". Sobre los alcances de esta última norma se regresa más adelante.

La incorporación de la dimensión ambiental en la planificación del desarrollo, ha sido estudiado ampliamente, por lo menos en la región latinoamericana, aunque la verdad es que aún quedan muchos problemas por examinarse. Ello ha sido favorecido por la existencia de un proyecto CEPAL/PNUMA denominado "Incorporación de la dimensión ambiental en los procesos de planificación del desarrollo: estudios de casos, aspectos metodológicos y cooperación horizontal", en el que se ha acumulado una importante cantidad de conocimientos sobre el tema. Dentro de ese proyecto, se generaron dos trabajos que se refieren a este tema desde el punto de vista jurídico y a los que nos remitimos ante la imposibilidad de tratar aquí el problema con la amplitud que sería requerida.[1]

Las bases jurídicas de la planeación nacional del desarrollo en México están en los artículos 25 y 26 de la Constitución Política, los que de acuerdo con el texto que tienen desde 1983, disponen: *1)* que corresponde al Estado la rectoría del desarrollo nacional, para lo cual planeará, conducirá, coordinará y orientará la actividad económica del país; *2)* que el Estado organizará un sistema de planeación democrática del desarrollo; *3)* que los objetivos de la planeación están determinados por los fines

[1] *Cf.* Ricardo Koolen, "La organización institucional del Estado en relación con la incorporación de la dimensión ambiental en la planificación del desarrollo" y Raúl Brañes, "La incorporación jurídica de la dimensión ambiental en la planificación del desarrollo", ambos publicados en CEPAL/ILPES/PNUMA, *La dimensión ambiental en la planificación del desarrollo*, I, Grupo Editor Latinoamericano, Buenos Aires, 1986, pp. 47-89 y 91-107, respectivamente. Nuestro trabajo es una versión revisada y actualizada de otro denominado "Notas sobre la incorporación jurídica de la dimensión ambiental en la planificación del desarrollo, publicado en la *Revista Interamericana de Planificación* (SIAP, México, vol. XVIII, núm. 68, marzo de 1984).

del proyecto nacional contenido en la propia Constitución Política, y *4)* que habrá un plan nacional de desarrollo al que se sujetarán obligatoriamente los programas de la Administración Pública Federal.

La Ley de Planeación (*Diario Oficial de la Federación*, 5-I-1983) desarrolla estas bases constitucionales, a partir de la definición de la planeación nacional del desarrollo (artículo 3º) y del señalamiento de sus objetivos (artículo 2º), entre los que figura la atención de las necesidades básicas de la población y la mejoría, en todos sus aspectos, de la calidad de la vida, para lograr una sociedad más igualitaria (fracción III). La conducción de la planeación es responsabilidad del Ejecutivo Federal, con la participación democrática de los grupos sociales, para lo cual la misma Ley establece las bases de un Sistema Nacional de Planeación Democrática (artículos 4º y 12 a 20). El corazón de la planeación está constituido por el Plan Nacional de Desarrollo, que contiene las previsiones que se refieren al conjunto de la actividad económica y social. A ese Plan se subordinan los programas sectoriales, institucionales, regionales y especiales que se formulen (artículo 26). En la actualidad, y luego de la supresión de la Secretaría de Programación y Presupuesto, la elaboración del Plan Nacional de Desarrollo compete a la Secretaría de Hacienda y Crédito Público, tal como lo dispone la fracción I del artículo 31 de la Ley Orgánica de la Administración Pública Federal (modificada por el Decreto publicado en el *Diario Oficial de la Federación*, 21-II-1992).

Es importante señalar que una vez aprobados el Plan y los programas, devienen obligatorios para las dependencias de la Administración Pública Federal, así como para las entidades paraestatales, de acuerdo con las disposiciones legales que resulten aplicables (artículos 9º y 32). Hay que agregar que el Ejecutivo Federal puede convenir con los gobiernos de los estados la coordinación que se requiera para que estos gobiernos coadyuven, en el ámbito de sus respectivas jurisdicciones, a la consecución de los objetivos de la planeación del desarrollo (artículo 33), así como concertar con las representaciones de los grupos sociales o con los particulares interesados la ejecución del Plan y los programas (artículo 37). Por otra parte, el Ejecutivo Federal, mediante el ejercicio de las atribuciones que le confiere la Ley, debe inducir las acciones de los particulares y, en general, del conjunto de la población, a fin de propiciar la consecución de los objetivos y prioridades del Plan y los programas (artículos 32, 40 y 41).

Aquí es donde ha llegado a adquirir prioridad la política ambiental, pues las prescripciones del Plan y los programas son, como se ha dicho, obligatorias para la Administración Pública Federal, pudiendo también llegar a serlo para el sector público no federal y para los particulares, lo que implica que la política ambiental así formulada alcanza o puede alcanzar, según los casos, una fuerza vinculante similar a la que se deriva de las normas jurídicas. Por otro lado, la política ambiental vigente en México, diversa de la expresada en la legislación ambiental, es la que se define en la planeación nacional del desarrollo.

60. La formulación de la política nacional del ambiente en México por la via administrativa: las atribuciones de la SEMARNAP sobre la materia

En México, la política ambiental puede también establecerse fuera de la planeación ambiental, es decir, por una vía que podría denominarse puramente administrativa. Ello es posible porque la legislación federal faculta a ciertas dependencias y, en especial, a la SEMARNAP, para formular políticas sobre la materia. Como es claro, estas atribuciones se deben ejercer en el marco de lo que dispone el sistema jurídico para la protección del ambiente y los instrumentos de la planeación del desarrollo vigentes.

La norma fundamental sobre la materia es la fracción II del artículo 32 bis de la LOAPF que, como se ha dicho, faculta a la SEMARNAP para "formular y conducir la política nacional en materia de recursos generales, siempre que no estén encomendados expresamente a otra dependencia, así como en materia de ecología, saneamiento ambiental, agua, regulación ambiental del desarrollo urbano y desarrollo de la actividad pesquera, con la participación que corresponda a otras dependencias y entidades". Por su parte, la fracción I del artículo 5º de la LGEEPA establece que es facultad de la Federación "la formulación y conducción de la política ambiental nacional", especificando a continuación el párrafo primero del artículo 6º de la misma Ley que las atribuciones otorgadas a la Federación por esa Ley serán ejercidas por el Ejecutivo Federal, a través de la Secretaría de Medio Ambiente, Recursos Naturales y Pesca.[2]

Cabe señalar que antes de las modificaciones de 1994 a la LOAPF la Secretaría encargada de los asuntos ambientales era la SEDESOL y estaba facultada para "establecer normas y criterios ecológicos para el aprovechamiento de los recursos naturales y para preservar y restaurar la calidad del ambiente, con la participación que en su caso corresponda a otras dependencias" (fracción XXV del artículo 32) y, en correspondencia con lo anterior, la fracción VIII del artículo 8º de la LGEEPA facultaba a la SEDESOL (antes a la SEDUE) para "formular los criterios ecológicos que deberán observarse en la aplicación de la política general de ecología; la protección de la flora y fauna silvestres y acuáticas; el aprovechamiento de los recursos naturales; el ordenamiento ecológico general del territorio; la prevención y control de la contaminación del aire, suelo y agua; con la participación que corresponda a otras dependencias". Esta facultad desapareció de la LOAPF con las modificaciones de 1994 y también desapareció de la LGEEPA con las modificaciones de 1996, que ahora define los criterios ecológicos como los lineamientos obligatorios establecidos en la propia LGEEPA (fracción X del artículo 3º)

[2] La parte inicial del artículo 15 de la LGEEPA dispone que "para la formulación y conducción de la política ambiental [...] el Ejecutivo Federal observará los siguientes principios". Esto podría inducir a pensar que dicha política es formulada y conducida por el Presidente de la República. Sin embargo, es evidente que el propósito de la Ley es que el Ejecutivo Federal formule y conduzca la política ambiental a través de la Secretaría.

El sentido que tiene la expresión "política ambiental" en el artículo 15 de la LGEEPA es claro: se trata de la política federal para la protección del ambiente, tal como éste es definido en la LGEEPA (en la fracción I del artículo 2º, ya examinada). En este caso, como en muchos otros, la Ley utilizaba, antes de las modificaciones de 1996, el adjetivo "ecológica" para calificar esa política. En general, en el texto de 1988 se utilizaba mucho la palabra "ecología", que no estaba ni está definida por la LGEEPA, como una sustitución impropia de las palabras "ambiente" o "medio ambiente".

El sentido de los llamados "criterios ecológicos" es también claro: de acuerdo con su definición legal, son los lineamientos obligatorios contenidos en la LGEEPA "para orientar las acciones de preservación y restauración del equilibrio ecológico, el aprovechamiento sustentable de los recursos naturales y la protección al ambiente", destinados a preservar y restaurar el equilibrio ecológico y proteger el ambiente" (artículo 3º, fracción VIII), es decir, políticas ambientales que se expresan por la propia Ley, habitualmente a un nivel más específico. La definición legal, sin embargo, los califica de manera equivocada como "instrumentos de la política ambiental".

La política ambiental establecida por esta vía puramente administrativa es obligatoria sólo para la Administración Pública Federal y, además, para las entidades federativas y municipios, en los términos de la fracción I del artículo 6º de la Ley. Pero, también puede llegar a serlo para los particulares, en la forma que dispongan los convenios de concertación que se celebren con éstos.

61. La aplicación de la política ambiental del Estado

La aplicación de la política ambiental es el elemento esencial de la gestión ambiental. A través de ella se lleva a la práctica la ordenación del ambiente, que es el objetivo propio de toda gestión ambiental.

La aplicación de la política ambiental del Estado incumbe a los destinatarios de los mandatos contenidos en dicha política. Por lo general, estos destinatarios son los mismos organismos del Estado que participan en la gestión ambiental. Sin embargo, la política ambiental no se limita a establecer mandatos para los organismos públicos. Así, por ejemplo, la política ambiental que se enuncia diciendo que "los recursos naturales deben explotarse racionalmente", es un mandato dirigido a todos aquellos que están en posibilidad de explotar recursos naturales, sean personas privadas o públicas. Estos mandatos tienen un carácter vinculante para el sector privado cuando son establecidos por medio del sistema jurídico del Estado.

Con todo, en la mayoría de los casos la responsabilidad principal de la aplicación de la política ambiental del Estado corresponde a los propios organismos del Estado que participan en la gestión ambiental, sea porque el sistema jurídico estatal les encomienda la función de ejecutar los actos materiales a través de los cuales se lleva a cabo dicha política, sea porque les asigna el deber de regular, promover, concertar, vigilar, etc., la ejecución de esos actos, así como aplicar las sanciones en los casos de infracciones a las disposiciones jurídicas sobre la materia.

La aplicación de la política ambiental del Estado requiere que éste establezca, mediante su sistema jurídico, los organismos públicos apropiados y el régimen con arreglo al cual desarrollarán sus actividades, así como que le asignen los recursos humanos, materiales y financieros necesarios para el cumplimiento de sus funciones.

En México, la aplicación de la política ambiental nacional le corresponde al Gobierno Federal y, en alguna medida, a los gobiernos de las entidades federativas y municipios. En efecto, los mandatos contenidos en la política ambiental nacional establecida en la LGEEPA deben ser aplicados no sólo por el gobierno federal, sino también por las entidades federativas y municipios, en los términos señalados en el artículo 16 de la Ley (véase la sección 58). En cambio, el deber de aplicar los mandatos contenidos en la política ambiental nacional establecida por la vía administrativa, a través de la planeación nacional del desarrollo y del ejercicio de las facultades de la SEMARNAP sobre la materia, corresponde exclusivamente al gobierno federal, a menos que por medio de los convenios de coordinación las entidades federativas y, en su caso, los municipios, se obliguen a ejecutar la política ecológica general.

La aplicación de la política ambiental nacional supone la realización de un conjunto de actos, como son: *1)* la regulación de los actos materiales necesarios para ejecutar dicha política, como es el caso de la expedición de reglamentos y normas oficiales mexicanas; *2)* la realización de los mismos actos; *3)* la celebración de convenios de coordinación y de concertación que coadyuven a la ejecución de la política ambiental nacional; y *4)* la vigilancia respecto de la aplicación de la política ecológica general y, en su caso, la imposición de las sanciones establecidas para ese efecto.

62. La política ambiental en México (1970-2000)

Las grandes directrices para la protección de los recursos naturales fueron establecidas por la Constitución Política de 1917, como se vio en el Capítulo II. Las leyes reglamentarias del artículo 27 constitucional en materia de recursos naturales son, por consiguiente, las primeras expresiones de una política ambiental en el país. Sin embargo, la política para la protección del medio ambiente en su conjunto, o por lo menos en sus aspectos más generales, sólo se establece en México durante la Administración del presidente Luis Echeverría (1970-1976), con motivo de la expedición de la Ley Federal para Prevenir y Controlar la Contaminación Ambiental de 1971, de los reglamentos de esa Ley, y del nuevo Código

Sanitario de 1973, que reguló el "saneamiento del ambiente". De manera paralela, se crearon órganos para la formulación de la política ambiental, como fue una comisión intersecretarial instituida por acuerdo verbal del Presidente de la República en 1971 (de cuya labor no existe una información suficiente) y del Grupo Intersecretarial de Asuntos Internacionales sobre el Medio Ambiente, creado en 1973 para delinear una política ambiental que facilitara la participación de México en las reuniones y programas internacionales.[3]

Durante la Administración del presidente José López Portillo (1976-1982), se expidió la Ley Orgánica de la Administración Pública Federal de 1976, que encomendó a la entonces Secretaría de Salubridad y Asistencia "planear y conducir la política de saneamiento ambiental (artículo 39, fracción VI). También durante esa Administración se creó la Comisión Intersecretarial de Saneamiento Ambiental (1978), con objeto de establecer un mecanismo de coordinación horizontal para las diversas dependencias federales que tenían a su cargo la formulación de políticas de protección al ambiente. Esta Comisión elaboró un Programa Coordinado para Mejorar la Calidad del Aire en el Valle de México, que fue aprobado oficialmente (*Diario Oficial de la Federación*, 7-XII-1979). Finalmente, durante la misma Administración se expidió la Ley Federal de Protección al Ambiente de 1982, que vino a sustituir a la LFPCCA y a ensanchar el espacio que ocupaba la formulación de la política ambiental en México.

La Administración del presidente Miguel de la Madrid (1982-1988) hizo muchos avances importantes en materia de formulación de la política ambiental, tanto por la vía legislativa como por la vía administrativa. En efecto, durante esa administración se creó, en primer término, la Secretaría de Desarrollo Urbano y Ecología, como consecuencia de una iniciativa de reformas y adiciones a la LOAPF que entró en vigor el 1º de enero de 1983. Luego, se formuló la política ambiental del sexenio, primero, en el Plan Nacional de Desarrollo 1983-1988 (*Diario Oficial de la Federación*, 31-V-1983) y, luego, en el Programa Nacional de Ecología 1984-1988 (*Diario Oficial de la Federación*, 26-IX-1984). Aunque este último no fue formalmente modificado, cabe entender que por lo menos fue complementado por dos importantes disposiciones del Ejecutivo Federal, que fueron conocidas como las "21 medidas" (1986) y las "100 medidas" (1987). Las primeras fueron instrumentadas por medio del "Decreto por el que las Dependencias y Entidades de la Administración Pública, procederán en el ejercicio de las atribuciones de su competencia o en la realización de los programas y actividades a su cargo, a ejecutar los ajustes o modificaciones conducentes a efecto de observar y dar pleno cumplimiento a las medidas previstas en este Ordenamiento (*Diario Oficial de la Federación*, 14-II-1986). Finalmente, correspondió a

[3] Existe un informe de labores de esa Comisión, que cubre el periodo 1973-1976, editado por la Secretaría de Relaciones Exteriores en septiembre de 1976 (dos volúmenes).

esa Administración el mérito de la iniciativa de la reforma constitucional a los artículos 27 y 73, así como la iniciativa de la LGEEPA, que estableció los principios de la política ecológica general de México. Una parte de la instrumentación jurídica de la política ambiental de esa Ley también fue llevada a cabo por esa administración mediante la expedición de reglamentos y normas técnicas ecológicas.

La Administración del presidente Carlos Salinas (1988-1994), por su parte, estableció su política ambiental mediante el Plan Nacional de Desarrollo 1989-1994 y el Programa Nacional para la Protección del Medio Ambiente 1990-1994. Durante esa Administración, además, fue suprimida la SEDUE y creada la Secretaría de Desarrollo Social, así como dos órganos desconcentrados suyos: el Instituto Nacional de Ecología y la Procuraduría Federal de Protección al Ambiente, lo que en su momento implicó una reorganización del sistema administrativo federal para la gestión ambiental.

Por último, la Administración del presidente Ernesto Zedillo (1994-2000) se inició, como se ha dicho, con la creación de la Secretaría de Medio Ambiente, Recursos Naturales y Pesca. La política ambiental nacional para el sexenio fue establecida en el Plan Nacional de Desarrollo 1995-2000 y en el Programa de Medio Ambiente 1995-2000, así como en otros programas sectoriales, a saber: el Programa Forestal y de Suelos 1995-2000, el Programa Hidráulico 1995-2000 y el Programa de Pesca y Acuacultura 1995-2000. Este tema se desarrolla en la sección 65.

63. La política ambiental en México a partir de la LGEEPA: los principios de la política ambiental nacional

Tal como se ha señalado, la LGEEPA implicó un cambio profundo en materia de política ambiental. En efecto, estableció de manera formal los principios para la formulación de la política ambiental de México (artículo 15), así como un conjunto de criterios ecológicos que deben considerarse como parte de dichos principios.

El artículo 15 de la LGEEPA, modificado en 1996, contiene dos categorías de principios de la política ambiental nacional: la primera está conformada por los principios que llamaremos "descriptivos", porque son formulados como proposiciones que se limitan a establecer relaciones de ser o realidad; la segunda, por principios que llamaremos "prescriptivos", o más exactamente "normativos", porque proponen una situación actual como exigencia de conducta que "debe ser". Sólo estos últimos son propiamente reglas jurídicas. Sin embargo, los primeros desempeñan un papel importante en la definición de una política ambiental.[4]

[4] Por ejemplo, el principio de que "la prevención de las causas que generan los desequilibrios ecológicos es el medio más eficaz para evitarlos", contenido en la fracción VI del

El primero de los *principios descriptivos* nos dice que "los ecosistemas son patrimonio común de la sociedad" (fracción I). El sentido de este precepto es difícil de precisar, en tanto la palabra "patrimonio" se emplea en este caso en un sentido distinto del que es común en el derecho moderno, es decir, no implica "propiedad", sino que "pertenencia" y, más aún, "pluripertenencia", con algunas características adicionales que es menester precisar.[5]

En efecto, en el derecho civil se entiende por patrimonio el conjunto de derechos y obligaciones presentes o futuros de una persona que son susceptibles de valorizarse pecuniariamente. En otras palabras, el patrimonio es una masa de bienes, derechos, obligaciones y cargas apreciables en dinero, que configuran una universalidad jurídica (*universitas juris*), y que en buenas cuentas no son otra cosa que el resultado económico, real o virtual, de un atributo de la personalidad. Porque, como se acostumbra a decir en los textos clásicos de derecho civil, el patrimonio es una verdadera "emanación de la personalidad". La relación entre persona y patrimonio es semejante a la que tiene un propietario sobre una cosa, es decir, un derecho exclusivo y excluyente. La diferencia consiste en que el patrimonio es una universalidad de cosas.[6]

En cambio, en el derecho ambiental esta expresión asume otro significado, que en alguna medida se vincula más a su origen, pues "patrimonio" procede de la voz latina *patrimonium* y ésta de *patrem monet*, que en el derecho romano designaba los bienes del padre y que, consecuentemente, evoca la idea de un conjunto de bienes que se transmite de generación en generación, que por lo mismo deben conservarse para que puedan transmitirse. Es difícil precisar el momento en que se inició este uso de la expresión "patrimonio" en el derecho ambiental" pero pa-

artículo 15 de la LGEEPA, es una típica proposición descriptiva y, por tanto, es susceptible de ser juzgada desde el punto de vista de la verdad o falsedad, lo que no ocurre con las proposiciones prescriptivas o normativas. La inclusión del mencionado principio dentro de la política ecológica general tiene sin embargo importancia porque le indica a la autoridad facultada para formularla un criterio que ésta debe tener en cuenta.

[5] El tema lo tratamos, primero, en 1988, con motivo de un trabajo que elaboramos sobre el objeto jurídicamente tutelado por los sistemas de protección cultural y natural de México, que fue publicado en Enrique Florescano (compilador), *El patrimonio cultural de México* (Fondo de Cultura Económica y Consejo Nacional para la Cultura y las Artes, México, 1994, pp. 381-405). Sobre este tema regresamos en la primera edición de este libro. En la revisión que ahora se hace del mismo se considera especialmente lo leído y escuchado del jurista italiano Paolo Maddalena, en particular la ponencia que expuso en la la VII Conferencia Internacional de la Fundación Corte Internacional del Medio Ambiente sobre "Medio ambiente y cultura: el patrimonio común de la humanidad" (Paestum, Italia, 5-10 de junio de 1997). Al lector de lengua española le recomendamos su trabajo "Las transformaciones del derecho a la luz del problema ambiental: aspectos generales", publicado en la *Revista de derecho industrial* (Buenos Aires, núm. 41, 1992, pp. 345-372).

[6] En sentido figurado, la palabra patrimonio se utiliza también para designar a los bienes propios adquiridos a cualquier título. En consecuencia, la idea de patrimonio en este caso lleva consigo, al igual que en el anterior, la de propiedad sobre una universalidad de cosas, en el sentido civil de la palabra propiedad, pero en el entendido de que estas cosas son exclusivamente bienes.

rece claro que la generalización de dicho uso se puede atribuir a la Convención para la Protección del Patrimonio Mundial, Cultural y Natural (París, 1992).

El caso es que este giro que ha asumido dicha expresión en el derecho ambiental, que se inscribe dentro de las transformaciones del derecho que estamos presenciando hacia los fines de este milenio, implica tres ideas básicas: *1)* que el medio ambiente (no los ecosistemas, como dice la fracción I del artículo 15 de la LGEEPA) es, desde el punto de vista jurídico, un bien, aunque compuesto por una universalidad de cosas (*universitas juris*). En consecuencia, es susceptible de pertenencia y de protección jurídica; *2)* que este bien, independientemente de la propiedad singular que pueda constituirse sobre algunas de las cosas que lo componen, es un bien colectivo (no *res nullius*, sino *res communes omnium*), que pertenece a todos, de donde deriva el derecho de toda persona a un medio ambiente apropiado y el reconocimiento del derecho de cualquiera para reclamar su tutela judicial, pues quien actúa como miembro del *populus* lo hace en el interés propio y en el interés de todos los demás (como lo enseñaban los juristas romanos); y *3)* se trata de un bien que está fuera del comercio humano y que debe conservarse, en beneficio de las generaciones presentes y futuras.

Es claro que las nociones de patrimonio que son frecuentes en el derecho moderno no se acomodan al uso que se da a la misma palabra en el terreno que ahora se está examinando y quizás por esta razón dicho uso es resistido por los juristas. Lo que hay de común en estos usos es la designación mediante la palabra patrimonio de un bien que está integrado por una universalidad de cosas que pertenecen a alguien. Pero el sentido que asume en estos casos la expresión "cosas" e incluso la expresión "pertenencia" es distinto. Así, por ejemplo, las cosas que integran el patrimonio natural de la nación (del Estado o del *populus*) no son bienes, derechos, obligaciones y cargas susceptibles de valorizarse en dinero, sino exclusivamente bienes que forman parte de ese patrimonio en la medida en que tienen un significado ambiental determinado para la nación, independientemente de que sean o no susceptibles de valorizarse pecuniariamente. Por otra parte, la relación de pertenencia entre la nación y esos bienes no implica necesariamente que ésta sea su propietaria, en el sentido civil de la expresión, sino más bien que la nación tiene una potestad sobre tales bienes que le permite regular el uso y disposición de los mismos, incluso en los casos en que ellos son civilmente de propiedad de personas físicas o morales distintas de la nación.

El segundo de los principios descriptivos nos dice que del equilibrio de los ecosistemas "dependen la vida y las posibilidades productivas del país" (fracción I). El principio vincula correctamente las relaciones existentes entre medio ambiente y vida (en todas sus formas), así como entre medio ambiente y desarrollo (el primero no es sólo un resultado del desarrollo, sino también un prerrequisito del mismo, que es lo que destaca el precepto). El principio se inspira en las ideas que vienen del ecodesarrollo y se expresan en las concepciones del desarrollo sostenible o sustentable (o sostenido o duradero o sin destrucción).

El tercero de los principios descriptivos subraya que "la prevención de las causas que los generan es el medio más eficaz para evitar los desequilibrios ecológicos" (fracción V). La propia LGEEPA está estructurada sobre esta idea esencial.

El cuarto principio descriptivo subraya la importancia de la coordinación y de la concertación (fracción IX). El principio destaca el carácter transectorial de la gestión ambiental y la necesidad de que se lleve a cabo en forma concertada con la sociedad. Este principio se encuentra complementado por otro que dice que el sujeto principal de la concertación ecológica son no solamente los individuos, sino también los grupos y organizaciones sociales, precisando que el propósito de la concertación de acciones ecológicas es reorientar la relación entre la sociedad y la naturaleza (fracción X).

El quinto de los principios descriptivos puntualiza que es necesario erradicar la pobreza para el desarrollo sostenible (fracción XIV), subrayando la importancia que tiene este fenómeno social, pero sin precisar la vinculación que existe entre pobreza y desarrollo insostenible (véase la sección 230).

El sexto de estos principios subraya la importante función que cumplen las mujeres en la protección, preservación y aprovechamiento sustentable de los recursos naturales y en el desarrollo, destacando que su participación es esencial para lograr el desarrollo sostenible (fracción XV).

El séptimo de los principios descriptivos indica que son elementos fundamentales para elevar la calidad de la vida de la población, los siguientes: *1)* el control y la prevención de la contaminación ambiental; *2)* el adecuado aprovechamiento de los elementos naturales; y *3)* el mejoramiento del entorno natural de los asentamientos humanos (fracción XVI).

Finalmente, el octavo principio descriptivo subraya que "es interés de la Nación que las actividades que se lleven a cabo dentro del territorio nacional y en aquellas zonas donde ejerce soberanía y jurisdicción, no afecten el equilibrio ecológico de otros países o de zonas de jurisdicción nacional" (fracción XIII). El precepto recoge un viejo principio del derecho internacional que fue reformulado, en términos similares a los recién señalados, por la Declaración de Estocolmo de 1972 y, 20 años más tarde, por la Declaración de Río.

Por su parte, el primero de los *principios prescriptivos*, o más propiamente *normativos*, dispone que "los ecosistemas y sus elementos deben ser aprovechados de manera que se asegure una producción óptima y sostenida, compatible con su equilibrio e integridad" (fracción II). Se trata de un principio básico para la protección del medio ambiente. La idea es que el aprovechamiento de los ecosistemas asegure una producción no sólo óptima, sino también sostenible, es decir, que dicho aprovechamiento no sea un obstáculo para la reproducción de los procesos de aprovechamiento de los mismos ecosistemas o de sus elementos. En estrecha consonancia con esto último, se prescribe que dicho aprovechamiento debe ser compatible con el equilibrio y la integridad de esos ecosistemas y sus elementos.

El segundo de los mismos principios normativos prescribe que "las autoridades y los particulares deben asumir la responsabilidad de la protección del equilibrio ecológico" (fracción III), con la precisión de que "la responsabilidad respecto al equilibrio ecológico, comprende tanto las condiciones presentes como las que determinarán la calidad de la vida de las futuras generaciones" (fracción V). Este deber de las autoridades y de los particulares de velar por la protección del equilibrio ecológico es la expresión de un principio de solidaridad social, que tiene la particularidad de presentar las características de un deber intergeneracional.

Existe un tercer principio normativo íntimamente vinculado al anterior, que en el texto original de la LGEEPA se enunciaba diciendo que "toda persona tiene derecho a disfrutar de un medio ambiente sano" y que, a partir de las modificaciones de 1996, se enuncia diciendo que "toda persona tiene derecho a disfrutar de un medio ambiente adecuado para su desarrollo, salud y bienestar" (fracción XII). La consagración de este derecho va acompañada de otra prescripción que contiene el mismo precepto: "Las autoridades, en los términos de ésta y otras leyes, tomarán las medidas para preservar ese derecho". La importancia de la consagración del derecho de toda persona a un medio ambiente apropiado se ha examinado de manera más detenida en el capítulo II de este libro.

El cuarto principio normativo de la política ecológica general se refiere a los recursos naturales renovables (o de "génesis nueva"). En efecto, la fracción VII del artículo 15 de la LGEEPA dispone al respecto que "el aprovechamiento de los recursos naturales renovables debe realizarse de manera que se asegure el mantenimiento de su diversidad y renovabilidad". Esta fracción fue agregada en la Cámara de Diputados. El precepto persigue dos importantes objetivos: la conservación de la diversidad biológica y el aseguramiento de la renovabilidad de estos recursos. No hay que perder de vista que algunos de ellos, en ciertas circunstancias, como las que han establecido las sociedades industrializadas y otras, son de difícil renovación.

El quinto de los principios normativos de la política ecológica general tiene que ver con los recursos naturales no renovables (o de "génesis antigua"). Prescribe a este respecto la fracción VIII del mismo artículo 15: "Los recursos naturales no renovables deben utilizarse de modo que se evite el peligro de su agotamiento y la generación de efectos ecológicos adversos". Nuevamente, se persiguen dos objetivos con este precepto: la conservación de dichos recursos y los efectos ambientales negativos de su exploración y explotación.

El sexto principio normativo de la política ecológica general es de una importancia extraordinaria. Se trata, ni más ni menos, del condicionamiento del ejercicio de las atribuciones que las leyes confieren al Estado (al Ejecutivo Federal) en el campo económico y social, a la observancia de la política ambiental. Dispone la fracción XI del artículo 15 de la LGEEPA: "En el ejercicio de las atribuciones que las leyes confieren al Estado, para regular, promover, restringir, prohibir, orientar y, en general, inducir las acciones de los particulares en los campos económico y social, se considerarán los criterios de preservación y restauración del equilibrio ecológico". La regla comprende el ejercicio de todas las importantes atribuciones que le otorga al Ejecutivo Federal la legislación económica vigente. Las proyecciones de este precepto son enormes, pues como se ha dicho reiteradamente, la mayor parte de la problemática ambiental se encuentra ligada de una manera estrecha al estilo de desarrollo predominante, promovido entre otros medios a través del ejercicio discrecional de las facultades económicas del Ejecutivo Federal. Esta discrecionalidad ha quedado limitada por los objetivos de la política ecológica general.

El séptimo principio normativo de la política ecológica general es una expresión del principio de la cooperación internacional en este campo, consagrado por la Declaración de Estocolmo de 1972 y, ahora, reafirmado por la Declaración de Rio de 1992. Dispone la fracción XIV de la LGEEPA: "Las autoridades competentes en igualdad de circunstancias ante las demás naciones, promoverán la preservación y restauración del equilibrio de los ecosistemas regionales y globales". La importancia de dicho principio salta a la vista: la seguridad ambiental de México está estrechamente vinculada a la seguridad ambiental de la región y, en definitiva, de todo el planeta. La naturaleza y gravedad de los actuales problemas ambientales globales exigen la cooperación de todas las naciones para su solución, en la medida de sus responsabilidades y posibilidades.

Finalmente, el octavo principio normativo, incorporado por las modificaciones de 1996, establece el deber de que se calcule el Producto Interno Neto Ecológico, por medio de la cuantificación del costo de la contaminación del ambiente y del agotamiento de los recursos naturales provocados por las actividades económicas en un año determinado, con la puntualización de que el Instituto Nacional de Estadística, Geografía e Informática deberá integrar dicho Producto al Sistema de Cuentas Nacionales (fracción XIX). Se trata de la elaboración de las llamadas "cuentas patrimoniales" y su incorporación al sistema de cuentas nacionales, que es una medida que permitirá valorizar el costo de la degradación ambiental y, esperamos, valorizar también la importancia que tiene la gestión ambiental para evitar o disminuir ese costo.

64. Los criterios ecológicos

Como se ha dicho, la LGEEPA establece, junto con los principios para la política ecológica general, un conjunto de "criterios ecológicos". Como también se ha dicho, los mencionados criterios ecológicos son principios de política ambiental más específicos que los contenidos en el artículo 15 de la LGEEPA.

Ellos serán examinados por separado, cuando se trate de las materias a que se refieren. Por ahora, sólo se mencionarán los temas en que inciden. Estos son: *1)* los criterios para el ordenamiento ecológico (artículo 19); *2)* los criterios para la regulación ambiental de los asentamientos humanos (artículo 23); *3)* los criterios para la flora y fauna silvestre (artículo 79); *4)* los criterios para el aprovechamiento sostenible del agua y de los ecosistemas acuáticos (artículo 88); *5)* los criterios para la preservación y el aprovechamiento sostenible del suelo (artículo 98); *6)* los criterios para la protección de la atmósfera (artículo 110); *7)* los criterios para la prevención y control de la contaminación del agua (artículo 117); y *8)* los criterios para la prevención y control de la contaminación del suelo (artículo 134).

La técnica que sigue la LGEEPA en todos estos casos consiste en vincular tales criterios, inmediatamente a continuación de haberlos enunciado, a los actos de las autoridades que tienen que ver con la materia, incluidos los actos normativos. La manera como esta técnica se aplica en cada caso, se examina más adelante.

65. LA POLITICA AMBIENTAL NACIONAL EN LA PLANEACIÓN NACIONAL DEL DESARROLLO VIGENTE. EL PLAN NACIONAL DE DESARROLLO 1995-2000 Y EL PROGRAMA DE MEDIO AMBIENTE 1995-2000

Como se ha dicho, la Administración del presidente Ernesto Zedillo (1994-2000) estableció su política ambiental nacional para el sexenio en el Plan Nacional de Desarrollo 1995-2000 y en el Programa de Medio Ambiente 1995-2000, así como en otros Programas sectoriales, a saber: el Programa Forestal y de Suelos 1995-2000, el Programa Hidráulico 1995-2000 y el Programa de Pesca y Acuacultura 1995-2000. A continuación se señalan cuáles son las directrices básicas de ese Plan Nacional de Desarrollo (PND) y los principales componentes del Programa de Medio Ambiente 1995-2000.

El PND establece, en materia de regulación ambiental, que la estrategia se centrará en consolidar e integrar la normatividad y garantizar su cumplimiento. Además, el PND define lineamientos en cuatro campos: *1)* el freno de las tendencias de deterioro ecológico; *2)* la inducción de un ordenamiento del territorio nacional, tomando en cuenta que el desarrollo sea compatible con las aptitudes y capacidades amientales de cada región; *3)* el aprovechamiento de manera plena y sostenible de los recursos naturales, como condición básica para la superación de la pobreza; y *4)* el cuidado del ambiente y los recursos naturales, a partir de una reorientación de los patrones de consumo y un efectivo cumplimiento de las leyes.

El PND presta una especial atención al uso de los instrumentos económicos como un factor de promoción en la regulación ambiental, postulando el establecimiento de un sistema de incentivos que alienten a productores y consumidores a tomar decisiones que apoyen la protección del ambiente y el desarrollo sostenible. El PND subraya que el uso de instrumentos económicos evitará que quienes provoquen daños ambientales trasladen sus costos a los demás productores y consumidores y permitirá, asimismo, que quienes protejan el ambiente y los recursos naturales reciban estímulos permanentes.

El PND destaca la importancia que tiene una estrategia de descentralización en materia de gestión ambiental y de los recursos naturales, así como el fortalecimiento de la capacidad de gestión local, en particular de los municipios, lo que incluye la inducción de nuevas formas de planeación regional para el aprovechamiento sostenible de los recursos naturales.

Por último, el PND puntualiza la importancia de sustentar la política ambiental en nuevos esquemas de corresponsabilidad y participación social, que impliquen mejorar la información a la sociedad y fortalecer las actuales formas de involucramiento ciudadano en esta política.

Por su parte, el Programa de Medio Ambiente 1995-2000 comienza por caracterizar el reto del desarrollo sostenible en México y formula un diagnóstico general de los siguientes temas: *1)* el desarrollo rural, los recursos naturales y la diversidad biológica; *2)* los recursos marinos y ecosistemas costeros; *3)* el desarrollo urbano; 4) el crecimiento industrial; *5)* el desarrollo regulatorio e institucional; y *6)* el contexto internacional.[7]

El objetivo general del Programa es caracterizado en los siguientes términos: "Frenar las tendencias de deterio del medio ambiente, los ecosistemas y los recursos naturales y sentar bases para un proceso de restauración y recuperación ecológica que permita promover el desarrollo económico y social de México, con criterios de sustentabilidad". Por su parte, los objetivos particulares del Programa son enunciados en la siguiente forma: *1)* "Fortalecer mecanismos e instrumentos para la conservación y aprovechamiento sustentable de la biodiversidad, ampliar la participación y corresponsabilidad de la sociedad, y lograr una mayor cobertura y representatividad de las áreas naturales protegidas, consolidando su funcionamiento, administración y manejo"; *2)* "Promover nuevos sistemas de regulación y promoción ecológica para el desarrollo urbano y regional, identificando nuevas opciones basadas en el uso sustentable de los ecosistemas y los recursos naturales"; *3)* "Modernización de la regulación y promoción de nuevos mercados y sectores económicos orientados al desarrollo de infraestructura ambiental"; *4)* "Fortalecimiento de la capacidad de gestión y participación de la sociedad, en el marco de un activo proceso de cumplimiento de la ley, nuevos sistemas de información y descentralización de la gestión ambiental";

[7] Las citas hechas a dicho Programa lo son a la edición preparada por la SEMARNAP en 1996.

5) "Aprovechamiento de oportunidades de cooperación y financiamiento, presencia activa y desempeño eficaz en el contexto internacional"; y *6)* "Elevar los niveles de cumplimiento de la legislación ambiental a través de una estrategia que se oriente al logro de metas ambientales y que combine una mayor cobertura de las acciones de inspección y vigilancia, el fomento al cumplimiento voluntario de la normatividad y la participación social".

A continuación, y luego de precisar la variada gama de instrumentos de que dispone la política ambiental para llevar a cabo sus fines, el Programa de Medio Ambiente 1995-2000 desarrolla las estrategias, proyectos y acciones prioritarias para el sexenio. Se trata de 15 líneas de actividades, cuyo análisis no es posible hacer aquí. Sin embargo, parece útil señalar por lo menos los campos en que inciden estas actividades, para que el lector pueda relacionarlas con los objetivos del Programa: *1)* Conservación y aprovechamiento sustentable de la biodiversidad y áreas naturales protegidas; *2)* recuperación, activación y descentralización de parques nacionales; *3)* diversificación productiva y vida silvestre en el sector rural; *4)* protección ambiental de las zonas costeras; *5)* ordenamiento ecológico del territorio para el desarrollo regional; *6)* modernización de la regulación ambiental; *7)* reducción y manejo seguro de residuos peligrosos; *8)* promoción de infraestructura ambiental y diversificación productiva; *9)* promoción de un desarrollo urbano sustentable; *10)* desarrollo del sistema nacional de información ambiental; *11)* federalismo y descentralización de la gestión ambiental; *12)* educación, capacitación e investigación para el desarrrollo sustentable; *13)* fomento a la participación ciudadana; *14)* presencia activa y desempeño eficaz en el contexto internacional; y *15)* estímulo y vigilancia del cumplimiento de la normatividad ambiental.

66. Problemas y perspectivas de la política ambiental en México

Hasta ahora, en México se han hecho avances conceptuales y sustantivos importantes para establecer una política ambiental apropiada. Sin embargo, el estado del medio ambiente en el país no es satisfactorio. La hipótesis que se podría formular, en consecuencia, sería que la aplicación de la política ambiental presenta graves deficiencias. Es posible que así sea. La pregunta, entonces, es en qué consisten esas deficiencias y, sobre todo, cuáles son las razones que las explican.

La respuesta no es fácil. Quizás nadie esté en condiciones de contestar adecuadamente esa pregunta, lo que ya es indicativo de la gravedad de la situación. En general, no existe una información completa y confiable sobre el estado del medio ambiente en México. Lo que existe es una información sobre ciertos hechos inquietantes, cuya agregación permite formarse una visión de conjunto sobre la materia. Tampoco existen evaluaciones acabadas de la aplicación de la política ambiental. Lo habitual es transitar de un sexenio a otro, que se inaugura con diagnósticos generales que muestran un empeoramiento de la situación.

Hasta hace pocos años, los grandes documentos oficiales no llenaban este vacío. Entre ellos incluimos, en primer término, los informes presidenciales que, de acuerdo con el artículo 69 constitucional, el presidente de la República debe presentar anualmente, a la apertura de las sesiones del Congreso de la Unión, sobre el estado general que guarda la Administración Pública del país; y, en segundo término, los informes de ejecución del Plan Nacional de Desarrollo que, de conformidad con lo prescrito en el artículo 6º de la Ley de Planeación, el Ejecutivo Federal debe presentar anualmente al Congreso de la Unión. Estos últimos son, por lo general, un mero recuento de acciones.

Pero esta función tampoco la cumplían los documentos oficiales que emanaban de la entonces Secretaría de Desarrollo Urbano y Ecología. Si se exceptúan los diagnósticos que contenía el Programa Nacional de Ecología 1984-1989, así como el Informe sobre el estado del medio ambiente en México que fue publicado por esa Secretaría en 1986, en esa época no había una información oficial que permitiera conocer la situación ambiental del país y hacer algunas hipótesis sobre política ambiental. Aunque a finales del sexenio 1982-1988 se publicaron algunos importantes informes de labores,[8] la verdad es que esas publicaciones adolecían del defecto de limitarse a enumerar acciones realizadas y otras por realizarse, que no dan cuenta de toda la realidad.

Esta situación, sin embargo, está evolucionando de manera favorable. En efecto, la LGEEPA institucionalizó en 1988 "el informe del estado del medio ambiente" y, por consiguiente, la Administración anterior generó tres informes sobre la situación general en materia de equilibrio ecológico y protección al ambiente, que cubren los períodos 1989-1990, 1991-1992 y 1993-1994. El deber de la Secretaría de elaborar y publicar bianualmente un informe detallado de la situación general existente en el país en materia de equilibrio ecológico y protección al ambiente, aparece ahora consignado en el artículo 159 bis 1.[9]*

[8] Se trata de la ya mencionada publicación *Ecología: concertación de voluntades* (*cit. supra* bajo nota 28 de este capítulo) y de un informe de labores propiamente tal, que cubre el período que va del 1º de septiembre de 1986 al 31 de agosto de 1987.

[9] La Ley sobre Política Nacional del Ambiente de los Estados Unidos de América estableció que el presidente de la República remitirá anualmente al Congreso, a partir del 1° de julio de 1970, un informe sobre la calidad del ambiente (*Environmental Quality Report*), cuyo contenido es minuciosamente regulado por la misma Ley (sección 201). En Francia, el decreto de 28 de julio de 1975, relativo al Alto Comité del Ambiente, estableció la obligación de ese Comité de presentar cada año un informe al gobierno. Pero la verdad es que no se trata de un documento como el que se elabora en los Estados Unidos, pues está destinado a la información del gran público y no contiene una evaluación crítica del ambiente. Según la opinión de Michel Prieur en *op. cit.* en nota 51, en relación con el primer informe francés sobre el estado del ambiente, que cubre los años 1976 y 1977. Por lo demás, actualmente ese Comité no es responsable de la preparación del mencionado informe, sino que es consultado al respecto.

* Véase Addenda, § 9.

Nuestra hipótesis sobre los problemas de la política ambiental se está desplazando del campo de la formulación de la política ambiental al campo de su aplicación. En efecto, es un hecho que, de manera paulatina, se ha ido perfeccionando la formulación de la política ambiental en materia de claridad, suficiencia y congruencia. Los instrumentos de planeación en vigor dan cuenta de este hecho. Los problemas de la política ambiental se encuentran en su escasa presencia en las prácticas gubernamentales generales y, de manera particular, en las que se refieren al desarrollo de la economía. Esto sucede en todo el mundo. Los problemas coyunturales de la economía, que son el producto de crisis recurrentes, han seguido determinando que se privilegien políticas de corto plazo, que enfatizan la importancia de la recuperación económica, con medidas que a veces entran en conflicto con las políticas de largo plazo y la idea del desarrollo sostenible.

Así ha ocurrido con la primera gran política ambiental que se puso en vigor en el país, hace 80 años, que es la política relativa a la conservación de los recursos naturales. Después de muchos años de instrumentación de esa política mediante leyes y programas, que encomienda a diversas dependencias federales la tarea de aplicarlos, el balance sobre la vigencia efectiva de esa política es francamente desolador. El deterioro de los recursos naturales del país ha llegado a extremos críticos. Lo mismo ha ocurrido con la otra gran política ambiental en vigor desde hace muchos años, como es el caso de la política que se refiere a la prevención y control de la contaminación ambiental que afecta a la salud humana, que se puso en vigor explícitamente a partir de 1971. Esta política no presenta resultados apreciables de ninguna especie. Por el contrario, en estas últimas tres décadas los niveles que ha alcanzado la contaminación atmosférica en todo el país y, en especial, en algunas ciudades (ciudad de México, Guadalajara y Monterrey) no tienen precedentes.

Si el análisis se circunscribe al período 1982-1994, que fue pródigo en la formulación de la política ambiental nacional, el balance de su aplicación es igualmente malo. Como se ha dicho más atrás, la política nacional del ambiente fue reformulada a través del Programa Nacional de Ecología 1984-1988. Pues bien, el informe sobre el estado del medio ambiente de 1986,[10] no obstante que fue concebido como un diagnóstico antes que como una evaluación de la política ambiental, permite afirmar, por la vía de la comparación de los diagnósticos, que entre 1984 y 1986 no hubo avances sustanciales en la ejecución del Programa Nacional de Ecología. Es cierto que durante un período relativamente breve como ése era difícil que hubiera cambios sustanciales, pero ya en ese entonces eran preocupantes las dificultades que estaba encontrando la ejecución del Programa. En efecto, las políticas de ajuste que se habían puesto en vigor significaron entre otras cosas una importante reducción de los recursos humanos y financieros de la SEDUE en general

[10] *Cf. Informe sobre el estado del medio ambiente en México*, SEDUE, México, 1986, 81 pp.

y de la Subsecretaría de Ecología en particular. De esta manera, uno de los supuestos básicos para la ejecución del Programa se debilitó notablemente. En 1986, la expedición de las 21 medidas hizo evidentes las dificultades por las que estaba atravesando la ejecución del Programa. En 1987, la puesta en vigor de las 100 medidas puso en claro que los esfuerzos del gobierno federal se concentrarían preferentemente en la aplicación de estas medidas. Finalmente, el diagnóstico que presentó sobre la situación ambiental del país el Programa Nacional para la Protección del Medio Ambiente 1988-1994 mostró indirectamente que los objetivos y metas de ese Programa estuvieron lejos de ser cumplidos. Algo similar ha sucedido con el período 1988-1994 y el diagnóstico contenido en el Programa de Medio Ambiente 1995-2000.

El conjunto de la información disponible indica, en nuestra opinión, que la política ambiental no estuvo suficientemente presente en la política general del país y, en especial, en las decisiones económicas y sociales más importantes que se adoptaron para el corto plazo durante los años ochenta y en los inicios de esta década, en el contexto de la crisis económica más generalizada, prolongada y profunda que ha vivido México en su historia reciente. El hecho no tiene nada de sorprendente. Lo mismo ha ocurrido en muchas otras partes del mundo, como es el caso de los países de América Latina. La llamada "década perdida" lo fue también para el medio ambiente. La aparente recuperación económica de los inicios de la presente década, que desembocó en una crisis más aguda, tampoco fue favorable para el medio ambiente.

Hay que decir, sin embargo, que la escasa presencia que la política ambiental ha tenido hasta ahora en las acciones del Gobierno Federal no le resta mérito a los progresos que se han hecho en el campo de su establecimiento: una de las bases para una gestión ambiental eficiente es la formulación de una política ambiental clara, suficiente y coherente. Por otra parte, creemos firmemente que a la gestión ambiental en México le esperan mejores tiempos. Ha habido importantes avances en la formación de una conciencia ambiental en todos los sectores de la sociedad mexicana. La demanda de un medio ambiente adecuado se ha transformado en una demanda política. La clase política nacional no ha sido insensible a esa demanda, por lo menos en el nivel del discurso tanto oficial como opositor. Por otra parte, la gestión ambiental ha solucionado algunos problemas y ha prevenido otros, lo que ha puesto de manifiesto que los problemas ambientales pueden resolverse si existe la voluntad y los medios para hacerlo. Se ha avanzado en el conocimiento de esos problemas y de sus soluciones. En fin, el país cuenta con un conjunto de factores que harían posible iniciar un cambio importante en este campo. Lo que es importante es que esto ocurra ahora.

V. LOS INSTRUMENTOS PARA LA APLICACIÓN DE LA POLÍTICA AMBIENTAL

67. Los instrumentos para la aplicación de la política ambiental

En el capítulo anterior se ha examinado la política ambiental, tanto desde el punto de vista de sus aspectos conceptuales como del desarrollo que ha alcanzado en México. En este capítulo se analizan los mecanismos previstos en la legislación ambiental para la aplicación de dicha política. En diversas partes de este libro se afirma que el derecho ambiental es un instrumento esencial para la ordenación del medio ambiente. Este hecho se pone claramente de manifiesto cuando se examinan la cantidad y calidad de las herramientas que la legislación ambiental pone a disposición del Estado y de la sociedad para la aplicación de la política ambiental.

Si fuera necesario explicar la función que cumplen tales instrumentos, bastaría con decir que, así como la política ambiental es la respuesta al ¿qué hacer? en materia de ordenación del medio ambiente, los instrumentos de la política ambiental representan la respuesta a la pregunta del ¿cómo hacer?, que sigue de una manera natural y necesaria a la definición de una política ambiental. De allí que la LGEEPA destine una parte significativa de sus preceptos a la materia de los instrumentos de la política ambiental. La propia exposición de motivos destaca este hecho, cuando expresa:

> La política ecológica y sus instrumentos ocupan un lugar importante dentro de esta iniciativa, porque se estima que un ordenamiento jurídico de esta naturaleza debe ser un repertorio de políticas y de mecanismos para su ejecución, como lo son las leyes más avanzadas de otros países en la materia.

En efecto, por lo menos a partir de la ya señalada Ley estadunidense de política nacional del ambiente de los Estados Unidos de América (1969), la legislación ambiental se ha ocupado preferentemente de regular tales instrumentos. Un caso relevante en América Latina es la ya mencionada Ley brasileña que dispone sobre política nacional del medio ambiente, sus fines y mecanismos de formulación y aplicación, etcétera.

Un hecho que vale la pena destacar es la preocupación de la legislación ambiental moderna por establecer mecanismos preventivos para la protección del medio ambiente. Este hecho la ha llevado a desarrollar un número importante de instrumentos que son una creación propia del derecho ambiental. Lo anterior también se destaca en la exposición de motivos de la LGEEPA, con las siguientes palabras:

> En lo que respecta a los instrumentos para su ejecución [de la política ecológica], se privilegian los que tienen por objeto prevenir la ocurrencia de situaciones ecológicas nocivas, con base en la consideración de que, por lo general, la eliminación del daño ecológico tiene un costo más alto para la sociedad que su prevención e, incluso, que no siempre esa eliminación es posible.

Más aún, entre estos mecanismos de la política ambiental deben considerarse, como lo dice la exposición de motivos, "no sólo los instrumentos diseñados específicamente para su ejecución, sino también los instrumentos más generales del desarrollo". El punto es especialmente importante porque, como se expresa de manera reiterada en este libro, las causas más profundas del deterioro del medio ambiente deben buscarse en el estilo de desarrollo predominante.

Cabe señalar que estas ideas son ahora reconocidas universalmente. Así, en materia de prevención, la Declaración de Río recoge el llamado "criterio de precaución" o "criterio precautorio", cuando establece lo que sigue:

> Con el fin de proteger el medio ambiente, los Estados deberán aplicar primeramente el criterio de precaución conforme a sus capacidades. Cuando haya peligro de daño grave e irreversible, la falta de certeza científica absoluta no deberá utilizarse como razón para postergar la adopción de medidas eficaces

en función de los costos para impedir la degradación del medio ambiente *[principio 15]*.

Lo mismo ocurre con la utilización de los instrumentos del desarrollo:

Las autoridades nacionales deberían procurar fomentar la internalización de los costos ambientales y el uso de instrumentos económicos, teniendo en cuenta el criterio de que el que contamina debería, en principio, cargar con los costos de la contaminación, teniendo debidamente en cuenta el interés público y sin distorsionar el comercio ni las inversiones internacionales *[principio 16]*.

Pero que se privilegien tales instrumentos no significa excluir otros más tradicionales. De allí que la misma exposición agregue:

El énfasis que este proyecto pone en los mecanismos preventivos, no excluye el perfeccionamiento de los mecanismos correctivos, que son también indispensables para tutelar apropiadamente el equilibrio ecológico y la protección al ambiente.

Se trata de instrumentos tales como las sanciones administrativas y penales, que durante mucho tiempo ocuparon un lugar de excepción en la legislación ambiental, pero que también mostraron una clara ineficiencia e ineficacia para combatir el deterioro del medio ambiente.

Las modificaciones de 1996 a la LGEEPA, por su parte, subrayaron la importancia de los instrumentos para la aplicación de la política ambiental, al perfeccionar los mecanismos existentes e introducir los llamados instrumentos económicos, los que sin embargo son circunscritos a instrumentos fiscales, financieros y de mercado.[1] Sobre el particular, dice la exposición de motivos de dicha iniciativa:

Hasta el momento, la aplicación de la normatividad ambiental se ha basado exclusivamente en el sistema regulatorio tradicional de permisos, inspecciones y sanciones. Este sistema debe ser complementado con otro tipo de instrumentos [...] El desarrollo sustentable y una política ecológica eficiente y efectiva requieren que el sistema de precios conlleve de manera plena información ambiental sobre las consecuencias, beneficios y costos de decisiones de producción y de consumo. Esto puede lograrse a través del uso de instrumentos económicos que tiendan a hacer compatibles las decisiones privadas con los intereses colectivos de protección ambiental y desarrollo sustentable.

A continuación se examinan uno a uno los instrumentos de la política ambiental que prevé la LGEEPA, estableciéndose además sus vínculos con otros mecanismos regulados en diversos ordenamientos jurídicos. La

[1] La gama de instrumentos económicos es más amplia: comprende, por ejemplo, un sistema efectivo de responsabilidad civil, que es un mecanismo que induce a los agentes causantes de daños ambientales a adoptar medidas eficientes para evitarlos (véase la sección 91).

materia aparece normada en el capítulo V del Título I de la Ley, inmediatamente después de la regulación de la política ambiental. Los preceptos respectivos son los artículos 17 a 41, que se agrupan en las ocho secciones que la Ley destina a cada uno de sus instrumentos de la política ambietal. Sin embargo, entre dichos instrumentos también deben considerarse a las medidas de control y de seguridad, así como las sanciones administrativas y penales, reguladas en el Título Sexto de la Ley (artículos 160 a 204).

Estos instrumentos pueden clasificarse, de acuerdo con la distinción que se ha hecho más atrás, en instrumentos preventivos y correctivos, aunque la verdad es que lo adecuado es hablar de "preferentemente" preventivos y correctivos (incluso los instrumentos correctivos, como por ejemplo las sanciones penales, cumplen también una función preventiva o de intimidación). Desde ese punto de vista, entre los primeros habría que incluir los siguientes instrumentos de la LGEEPA: *1)* la planeación ambiental; *2)* el ordenamiento ecológico del territorio; *3)* los instrumentos económicos; *4)* la regulación ambiental de los asentamientos humanos; *5)* la evaluación del impacto ambiental; *6)* las normas oficiales mexicanas en materia ambiental; *7)* la autorregulación y las auditorías ambientales; *8)* medidas de protección de áreas naturales; y *9)* la investigación y educación ecológicas. Entre los segundos, en cambio, deberían incluirse las medidas que se expresan en los procedimientos inspección y vigilancia, las medidas de seguridad y las sanciones administrativas, así como las sanciones penales y las sanciones civiles que se derivan de los hechos ambientalmente ilícitos que, como todos los mecanismos correctivos, tienen también una función preventiva o de intimidación. Estos mecanismos pueden calificarse como verdaderos "instrumentos de control", en el sentido de que su propósito es asegurar la aplicación de la LGEEPA y de las disposiciones que derivan de ella.

En los años recientes se ha difundido una clasificación que distingue entre los mecanismos de "comando y control" y los mecanismos "económicos", que subraya las bondades de estos últimos frente a los problemas que ha presentado la aplicación de los primeros. Lo cierto es que, nuevamente, debe matizarse esta clasificación, mediante algunas precisiones, así como prevenir sobre la tendencia de caer en los mitos de las presuntas ventajas de ciertos instrumentos o tipos de instrumentos sobre otros.[2]

Por instrumentos de "comando y control" se entiende el conjunto de regulaciones que prescriben conductas apropiadas para la consecución de los fines de la política ambiental, así como los mecanismos establecidos en esas regulaciones para su aplicación, incluso de una manera

[2] Respecto de la tendencia a exagerar las bondades de algunos instrumentos o cierto tipo de instrumento, *cf.* el prólogo de la publicación conjunta del Ministerio Federal de Cooperación Económica y Desarrollo de Alemania y la GTZ, que lleva por título *Instrumentos económicos y política ambiental en los países en desarrollo* y que recoge los resultados de un proyecto sobre la materia (1995).

coactiva. Por instrumentos económicos, en cambio, se entiende un conjunto de regulaciones que, de alguna manera, busca valerse de los intereses de los agentes económicos para fines propios de la política ambiental. Los instrumentos de comando y control, que serían los instrumentos "tradicionales" (si es posible hablar de una "tradición" dentro de la breve historia del derecho ambiental), han incluido, sin embargo, desde un principio instrumentos "económicos". El énfasis está puesto, en verdad, en los instrumentos de "mercado". Sobre este tema se regresa en la sección 69.

Finalmente, hay que decir que este capítulo no se ocupa de los importantes instrumentos de regulación directa de que dispone la Secretaría de Medio Ambiente, Recursos Naturales y Pesca para la aplicación de la política sobre recursos naturales. Como se ha dicho, la Secretaría ha pasado a tener la administración de los recursos naturales de la Federación y la facultad de formular y conducir la política sobre la materia, así como la de regular su uso y promover un aprovechamiento sostenible de los mismos. Consecuentemente, la Secretaría está facultada para "otorgar contratos, concesiones, licencias, permisos, autorizaciones, asignaciones, y reconocer derechos, según corresponda, en materia de aguas, forestal, ecológica, pesquera, minera y para la explotación de la flora y fauna silvestres, así como sobre playas, zona federal marítimo terrestre y terrenos ganados al mar" (artículo 32 bis, fracción XLII, de la LOAPF). Se trata de instrumentos que exceden la cuestión de la aplicación de la política ambiental, aunque se encuentran vinculados de una manera estrecha a ella, que se examinan en los capítulos que les corresponde a cada uno de ellos.

68. LA PLANEACIÓN AMBIENTAL Y EL ORDENAMIENTO ECOLÓGICO

Los instrumentos que primero deben examinarse son la planeación ambiental y el ordenamiento ecológico, que se analizan conjuntamente porque presentan importantes nexos entre sí e, incluso, se encuentran regulados en la LGEEPA de manera sucesiva (artículos 17 a 18 y 19 a 20 bis 7, respectivamente). En efecto, el ordenamiento ecológico es también un proceso de planeación, como se dice a continuación, cuyo objeto es regular o inducir el uso del suelo y las actividades productivas de una manera ambientalmente racional.

En estricto rigor, la *planeación* no es un instrumento específico de la política ambiental, sino que es un mecanismo propio de la política económica y, especialmente, de la política de desarrollo. En general, la planeación del desarrollo es un proceso de determinación de las acciones que deben realizarse y de los medios necesarios a ese efecto, para alcanzar un crecimiento económico que sea socialmente adecuado. Entre nosotros, la planeación nacional del desarrollo está definida por la Ley sobre la materia como "la ordenación racional y sistemática de acciones que, en base al ejercicio de las atribuciones del Ejecutivo Federal en materia de regulación y promoción de la actividad económica, social, política y cultural, tiene como propósito la transformación de la realidad del país, de conformidad con las normas, principios y objetivos que la propia Constitución y la Ley establecen" (párrafo primero del artículo 3° de la Ley de Planeación).

Las bases jurídicas del sistema de planeación del desarrollo ya se examinaron. Los progresos del país en materia de planeación ambiental dentro de ese sistema también han sido analizados. Corresponde ahora examinar como la LGEEPA incluye entre los instrumentos de la política ambiental nacional lo que denomina la "planeación ambiental" (antes de las modificaciones de 1996, la planeación "ecológica"). Las disposiciones que regulan esta materia son los artículos 17 y 18 de la LGEEPA. Estos preceptos no establecen propiamente un sistema de planeación ambiental, por medio de los cuales se formularían planes, programas y proyectos ambientales, lo que por cierto sería inconducente en un país como México que cuenta con un sistema nacional de planeación del desarrollo. Lo que esos preceptos hacen es incorporar jurídicamente la política ambiental y el ordenamiento ecológico a la planeación nacional del desarrollo, vincular también jurídicamente la política ambiental que se defina en la planeación del desarrollo a las actividades del gobierno y de la administración pública federales y reiterar el carácter participativo de la planeación en lo que hace a sus aspectos ambientales.

En lo que se refiere a la *incorporación jurídica de la dimensión ambiental en la planeación nacional del desarrollo*, dispone el párrafo primero del artículo 17 de la Ley: "En la planeación nacional del desarrollo se deberá incorporar la política ambiental y el ordenamiento ecológico que se establezcan de conformidad con esta Ley y las demás disposiciones en la materia." Repárese en que lo que debe incorporarse a la planeación nacional del desarrollo es no sólo la política ambiental tal como ella se encuentre establecida en la legislación sobre la materia y especialmente en la propia LGEEPA, sino además el ordenamiento ecológico que se formule de conformidad con las disposiciones de la misma LGEEPA. De esta manera, la Ley le da un carácter vinculante al ordenamiento ecológico respecto de los encargados de la planeación nacional del desarrollo.

En cuanto a la *vinculación jurídica de la política ambiental que se defina en la planeación del desarrollo a las actividades del gobierno y de la administración pública federales*, prescribe el segundo párrafo del mismo artículo 17: "En la planeación y realización de las acciones a cargo de las dependencias y entidades de la administración pública federal, conforme a sus respectivas esferas de competencia, así como en el ejercicio de las atribuciones que las leyes confieran al Gobierno Federal para regular, promover, restringir, prohibir, orientar y en general inducir las acciones de los particulares en los campos económico y social, se observarán los lineamientos de política ambiental que establezcan el Plan Nacional de Desarrollo y los programas correspondientes". Se trata de una norma de extraordinaria importancia, que ya contenía el texto original de la LGEEPA.[3] Esta norma hace obligatorios los lineamientos de política ambiental contenidos en el PND y en sus programas cuando se ejercen las atribuciones que las leyes confieren al Gobierno Federal para orientar las actividades de los particulares en el campo económico y social. Lo mismo ocurre con la planeación y realización de acciones a cargo de la administración pública federal. Las proyecciones de este precepto son enormes. En efecto, la mayor parte de los problemas ambientales están vinculados al estilo de desarrollo predominante, que es básicamente insostenible. Y ese estilo de desarrollo insostenible está vinculado, a su vez, al ejercicio discrecional de las facultades económicas del Ejecutivo Federal, que contribuye a promover dicho estilo de desarrollo insostenible. Tal discrecionalidad, sin embargo, encuentra un límite en el texto del precepto que se está examinando: las facultades económicas del Ejecutivo Federal no pueden continuar ejerciéndose de manera discrecional, sino que deben tener en cuenta los lineamientos de política ambiental contenidos en el PND y en sus programas. En otras palabras, el ejercicio de dichas facultades debe contribuir a establecer de un estilo de desarrollo sostenible.

El artículo 17 de la LGEEPA establece, entonces, un circuito que se inicia con el deber que tienen los encargados de la planeación nacional del desarrollo de incorporar la política ambiental y el ordenamiento ecológico en dicha planeación y que se cierra con el deber por parte del gobierno y la administración pública federal de observar los lineamientos de política ambiental contenidos en los productos de la misma planeación.

Finalmente, en lo que concierne al *carácter participativo de la planeación en lo que hace a sus aspectos ambientales*, el artículo 18 de la LGEEPA prescribe: "El Gobierno Federal promoverá la participación de los dis-

[3] La misma idea general contenida en este párrafo segundo del artículo 17 aparecía enunciada, aunque de maneras diversas, en primer término, en la fracción X (hoy fracción XI) del artículo 15 (como principio de la política ambiental) y, en segundo término, en el artículo 21 (como parte de lo que se llamaba "criterios ecológicos en la promoción del desarrollo"). El primero de esos preceptos disponía que "en el ejercicio de las atribuciones que las leyes confieren al Estado en el campo económico y social para regular, promover, restringir, prohibir, orientar y, en general, inducir las acciones de los particulares en los campos económico y social, se considerarán los criterios de preservación y restauración del equilibrio ecológico". Y el segundo disponía, con palabras similares a las empleadas en el segundo párrafo del artículo 17: "En la planeación y realización de las acciones a cargo de las dependencias y entidades de la administración pública federal, conforme a sus respectivas esferas de competencia, que se relacionen con las materias objeto de este ordenamiento, así como en el ejercicio de las atribuciones que las leyes confieran al Gobierno Federal para regular, promover, restringir, prohibir, orientar y en general inducir las acciones de los particulares en los campos económico y social, se observarán los criterios ecológicos generales que establezcan esta Ley y demás disposiciones que de ella emanen". En la primera edición de este libro explicamos los alcances de estos preceptos y, además, señalamos que el segundo de esos preceptos incurría respecto del primero en una cierta, deliberada y en definitiva innecesaria reiteración. El actual párrafo segundo del artículo 17, con mejor técnica, vincula jurídicamente la política ambiental al quehacer del Ejecutivo Federal y de la administración pública federal.

tintos grupos sociales en la elaboración de los programas que tengan por objeto la preservación y restauración del equilibrio ecológico y la protección al ambiente, según lo establecido en esta Ley y las demás aplicables". Esta idea es desarrollada, como se ha visto, en los preceptos que la LGEEPA destina específicamente a la participación social (véase la sección 53).

El *ordenamiento ecológico del territorio* es el segundo instrumento de la política ambiental nacional que se examina en esta sección. El ordenamiento ecológico fue introducido por la LFPA en 1982, modificado en 1984 y nuevamente normado por la LGEEPA en 1988. Las modificaciones de 1996, a su vez, implicaron una revisión a fondo de las disposiciones establecidas en 1988, empezando por la propia definición del concepto de ordenamiento ecológico, que ahora se encuentra en la fracción XXIII de su artículo 3º:

> Ordenamiento ecológico: El instrumento de política ambiental cuyo objeto es regular o inducir el uso del suelo y las actividades productivas, con el fin de lograr la protección del medio ambiente y la preservación y el aprovechamiento sustentable de los recursos naturales, a partir del análisis de las tendencias de deterioro y las potencialidades de aprovechamiento de los mismos.[4]

Este tipo de ordenamiento, que la LGEEPA denomina también "ordenamiento ecológico del territorio", presenta más semejanzas con lo que en otras partes se denomina "ordenamiento ambiental", que con lo que también en otras partes se llama "ordenamiento del territorio". Sin embargo, el uso de estas denominaciones no tiene siempre el mismo sentido.[5] El hecho es que, entre nosotros, el ordenamiento ecológico, en cuanto "ordenamiento", implica un proceso de planeación, que se fundamenta por lo menos en un diagnóstico de las tendencias de deterioro y las potencialidades de aprovechamiento de los recursos naturales y que va acompañado de medidas regulatorias o inductivas de conductas del uso del suelo y de las actividades productivas que favorezcan la protección del

[4] El mismo artículo 3º definía el ordenamiento ecológico del territorio como "el proceso de planeación dirigido a evaluar y programar el uso del suelo y el manejo de los recursos naturales en el territorio nacional y en las zonas sobre las que la nación ejerce su soberanía y jurisdicción, para preservar y restaurar el equilibrio ecológico y proteger el ambiente" (fracción XX). El ordenamiento ecológico era, entonces, un proceso de planeación limitado al uso del suelo y el manejo de los recursos naturales, mientras que ahora se extiende al uso del suelo y las actividades productivas, en general.

[5] *Cf.* por ejemplo la definición de ordenamiento ambiental que se contiene en el *Glosario de términos ambientales* del que son autores Vicente Sánchez y Beatriz Guiza (El Colegio de México, México, 1982) y la que hacía, antes de la reforma del artículo 4º de la LFPA, el Arq. Mario Fernández, a la sazón Director General de Ordenamiento Ecológico e Impacto Ambiental de la SEDUE, en su ponencia sobre "El ordenamiento ecológico y su regulación jurídica para los centros de población" en I Reunión Regional sobre Legislación Ambiental (publicación de la LII Legislatura de la Cámara de Diputados al Congreso de la Unión y de la SEDUE, México, 1984).

medio ambiente y la preservación y el aprovechamiento sostenible de dichos recursos.

Existen cuatro tipos de ordenamiento ecológico: el ordenamiento ecológico "general", el ordenamiento ecológico "regional", el ordenamiento ecológico "local" y el ordenamiento ecológico "marino". La LGEEPA reserva a la Federación, como se ha dicho, la formulación, aplicación y evaluación del primero y del último. Consecuentemente, la Ley se ocupa básicamente de regular estos dos tipos de ordenamiento ecológico, aunque la verdad es que también contiene algunas prescripciones sobre los ordenamientos ecológicos "regional" y "local", en sus artículos 19 a 20 bis 7.

En efecto, las dos primeras disposiciones de la sección que se ocupa de esta materia establecen reglas sobre los criterios que deben considerarse en la formulación de cualquier ordenamiento ecológico y, además, sobre la forma como deben formularse los distintos tipos de ordenamiento. Respecto de los criterios, las cinco fracciones que integran el artículo 19 prescriben que éstos serán los siguientes:

I. La naturaleza y características de los ecosistemas existentes en el territorio nacional y en las zonas sobre las que la nación ejerce soberanía y jurisdicción;

II. La vocación de cada zona o región, en función de sus recursos naturales, la distribución de la población y las actividades económicas predominantes;

III. Los desequilibrios existentes en los ecosistemas por efecto de los asentamientos humanos, de las actividades económicas o de otras actividades humanas o fenómenos naturales;

IV. El equilibrio que debe existir entre los asentamientos humanos y sus condiciones ambientales; y

V. El impacto ambiental de nuevos asentamientos humanos, vías de comunicación y demás obras o actividades.

En lo que se refiere a la forma que debe revestir el ordenamiento ecológico, el artículo 19 bis, junto con puntualizar que existen los diversos tipos de ordenamiento ecológico ya mencionados, dispone que ellos serán formulados "a través de programas de ordenamiento ecológico".

El *programa de ordenamiento general del territorio* debe ser formulado por la SEMARNAP, en el marco del Sistema Nacional de Planeación. Así lo establece el artículo 20 de la LGEEPA. Esto significa que su formulación debe ajustarse a las prescripciones de la Ley de Planeación, como lo aclara a continuación el artículo 20 bis de la misma LGEEPA. De acuerdo con el mismo precepto, lo mismo debe ocurrir con la expedición, ejecución y evaluación de dicho programa. En todo caso, el artículo 20 bis dispone que la Secretaría deberá promover, se entiende que en todas las fases del programa, la participación de grupos y organizaciones sociales y empresariales, instituciones académicas y de investigación, y demás personas interesadas, de acuerdo con lo establecido en esta Ley, así como en las demás disposiciones que resulten aplicables.

El *objeto* del programa de ordenamiento ecológico general del territorio, en los términos del artículo 20 de la Ley, es el siguiente: *1)* La regionalización ecológica del territorio nacional y de las zonas sobre las que la nación ejerce soberanía y jurisdicción, a partir del diagnóstico de las características, disponibilidad y demanda de los recursos naturales, así como de las actividades productivas que en ellas se desarrollen y, de la ubicación y situación de los asentamientos humanos existentes; y *2)* los lineamientos y estrategias ecológicas para la preservación, protección, restauración y aprovechamiento sustentable de los recursos naturales, así como para la localización de actividades productivas y de los asentamientos humanos.

Los *programas de ordenamiento ecológico marino* son también formulados por la SEMARNAP, en coordinación con las dependencias competentes. Lo mismo ocurre con su expedición y ejecución. Así lo establece el artículo 20 bis 6 de la Ley, que no hace en este caso ninguna remisión a la Ley de Planeación. El *objeto* de estos programas es, de acuerdo con el mismo precepto legal, establecer los lineamientos y previsiones a que deberá sujetarse la preservación, restauración, protección y aprovechamiento sustentable de los recursos naturales existentes en áreas o superficies específicas ubicadas en zonas marinas mexicanas, incluyendo las zonas federales adyacentes. El *contenido* de estos programas es determinado por las tres fracciones que integran el párrafo primero del artículo 20 bis 7, que dispone que ellos deberán contener, por lo menos, lo siguiente:

I. La delimitación precisa del área que abarcará el programa;

II. La determinación de las zonas ecológicas a partir de las características, disponibilidad y demanda de los recursos naturales en ellas comprendidas, así como el tipo de actividades productivas que en las mismas se desarrollen, y

III. Los lineamientos, estrategias y demás previsiones para la preservación, protección, restauración y aprovechamiento sustentable de los recursos naturales, así como la realización de actividades productivas y demás obras o actividades que puedan afectar los ecosistemas respectivos.

Como quiera que sea, advierte el párrafo final del artículo 20 bis 7 que en la determinación de tales previsiones deberán considerarse los criterios establecidos en la LGEEPA, las disposiciones que de ella se deriven, los tratados internacionales de los que México sea parte y demás ordenamientos que regulen la materia.

Finalmente, la LGEEPA estable que las entidades federativas y los municipios podrán participar en las consultas y emitir las recomendaciones que estimen pertinentes para la formulación de los programas de ordenamiento ecológico general del territorio y de ordenamiento ecológico marino (artículo 20 bis 1, párrafo segundo).

En lo que se refiere a los *programas de ordenamiento ecológico regional y local*, la participación de la SEMARNAP se reduce a apoyar técnicamente su formulación y ejecución, en los términos previstos por la propia LGEEPA (artículo 20 bis 1, párrafo primero), de conformidad con lo dispuesto en esta Ley. En efecto, de acuerdo con lo que dispongan las respectivas leyes locales, corresponde a los gobiernos de los estados y del Distrito Federal formular y expedir de los primeros, mientras que corresponde a las autoridades municipales, o en su caso a las del Distrito Federal, expedir los segundos (artículos 20 bis 2 y 20 bis 4, respectivamente).

Los *programas de ordenamiento ecológico regional* están referidos por la LGEEPA al concepto de "región ecológica", que puede comprender la totalidad o una parte de una entidad federativa (artículo 20 bis 2, párrafo primero). Pero una región ecológica puede también ubicarse en el territorio de dos o más entidades federativas. En ese caso, el programa de ordenamiento ecológico regional debe ser formulado por el gobierno de la Federación, así como por los gobiernos estatales y municipales que correspondan y, en su caso, por el gobierno del Distrito Federal, en el ámbito de sus competencias, debiendo la Federación celebrar los acuerdos o convenios de coordinación procedentes con los gobiernos locales involucrados (artículo 20 bis 2, párrafo segundo).

Los programas de ordenamiento ecológico regional deben tener un contenido mínimo, que es fijado por las tres fracciones que integran el artículo 20 bis 3 en los siguientes términos:

I. La determinación del área o región a ordenar, describiendo sus atributos físicos, bióticos y socioeconómicos, así como el diagnóstico de sus condiciones ambientales y las tecnologías utilizadas por los habitantes del área;

II. La determinación de los criterios de regulación ecológica para la preservación, protección, restauración y aprovechamiento sustentable de los recursos naturales que se localicen en la región de que se trate, así como para la realización de actividades productivas y la ubicación de asentamientos humanos, y

III. Los lineamientos para su ejecución, evaluación, seguimiento y modificación.

Por su parte, los *programas de ordenamiento ecológico local*, que como se ha dicho, son expedidos por las autoridades municipales, y en su caso del Distrito Federal, tienen un *objeto* predeterminado por las tres fracciones que integran el artículo 20 bis 4 de la LGEEPA, en los siguientes términos:

I. Determinar las distintas áreas ecológicas que se localicen en la zona o región de que se trate, describiendo sus atributos físicos, bióticos y socioeconómicos, así como el diagnóstico de sus condiciones ambientales, y de las tecnologías utilizadas por los habitantes del área de que se trate;

II. Regular, fuera de los centros de población, los usos del suelo con el propósito de proteger el ambiente y preservar, restaurar y aprovechar de manera sustentable los recursos naturales respectivos, fundamentalmente en la realización de actividades productivas y la localización de asentamientos humanos, y

III. Establecer los criterios de regulación ecológica para la protección, preservación, restauración y aprovechamiento sustentable de los recursos naturales dentro de los centros de población, a fin de que sean considerados en los planes o programas de desarrollo urbano correspondientes.

Pero, la LGEEPA no se limita a predeterminar el objeto de los programas de ordenamiento ecológico local, sino también establece las *bases* a que deben ajustarse las leyes locales que regulen la formulación, aprobación, expedición, evaluación y modificación de dichos programas, prescribiendo en las ocho fracciones que integran su artículo 20 bis 5 que las leyes estatales o del Distrito Federal en la materia observarán las siguientes disposiciones:

I. Existirá congruencia entre los programas de ordenamiento ecológico marinos, en su caso, y general del territorio y regionales, con los programas de ordenamiento ecológico local;

II. Los programas de ordenamiento ecológico local cubrirán una extensión geográfica cuyas dimensiones permitan regular el uso del suelo, de conformidad con lo previsto en esta Ley;

III. Las previsiones contenidas en los programas de ordenamiento ecológico local del territorio, mediante las cuales se regulen los usos del suelo, se referirán únicamente a las áreas localizadas fuera de los límites de los centros de población. Cuando en dichas áreas se pretenda ampliar centro de población o la realización de proyectos de desarrollo urbano, se estará a lo que establezca el programa de ordenamiento ecológico respectivo, el cual sólo podrá modificarse mediante el procedimiento que establezca la legislación local en la materia;

IV. Las autoridades locales harán compatibles el ordenamiento ecológico del territorio y la ordenación y regulación de los asentamientos humanos, incorporando las previsiones correspondientes en los programas de ordenamiento ecológico local, así como en los planes o programas de desarrollo urbano que resulten aplicables.

Asimismo, los programas de ordenamiento ecológico local preverán los mecanismos de coordinación, entre las distintas autoridades involucradas, en la formulación y ejecución de los programas.

V. Cuando un programa de ordenamiento ecológico local incluya un área natural protegida, competencia de la Federación, o parte de ella, el programa será elaborado y aprobado en forma conjunta por la Secretaría y los gobiernos de los estados, del Distrito Federal y de los municipios, según corresponda;

VI. Los programas de ordenamiento ecológico local regularán los usos del suelo, incluyendo a ejidos, comunidades y pequeñas propiedades, expresando las motivaciones que lo justifiquen;

VII. Para la elaboración de los programas de ordenamiento ecológico local, las leyes en la materia establecerán los mecanismos que garanticen la participación de los particulares, los grupos y organizaciones sociales, empresariales y demás interesados. Dichos mecanismos incluirán, por lo menos, procedimientos de difusión y consulta pública de los programas respectivos.

Las leyes locales en la materia, establecerán las formas y los procedimientos para que los particulares participen en la ejecución, vigilancia y evaluación de los programas de ordenamiento ecológico a que se refiere este precepto, y

VIII. El Gobierno Federal podrá participar en la consulta a que se refiere la fracción anterior y emitirá las recomendaciones que estime pertinentes.

Estas son las reglas que rigen el ordenamiento ecológico en la LGEEPA, que como se ha visto es un instrumento de enorme importancia para proteger del medio ambiente y promover el desarrollo sostenible. En efecto, mediante el ordenamiento ecológico es posible llegar a establecer una normatividad que efectivamente contribuya a conseguir esos objetivos, especialmente si éste tiene un carácter obligatorio, como lo tiene en la LGEEPA, para las propias autoridades.

Por último, cabe señalar que la Ley Orgánica de la Administración Pública Federal, luego de las modificaciones de 1994, encomienda esta función a la Secretaría de Medio Ambiente, Recursos Naturales y Pesca, cuando prescribe en la fracción X del artículo 32 que corresponde a esa Secretaría "promover el ordenamiento ecológico del territorio nacional, en coordinación con las autoridades federales, estatales y municipales, y con la participación de los particulares."

69. Los instrumentos económicos

Desde siempre y en todos los lugares del mundo, la legislación ambiental ha procurado valerse de los instrumentos generales de la política de desarrollo para los fines propios de la política ambiental, por razones que tienen que ver con las relaciones entre medio ambiente y desarrollo. Esto no tiene nada de extraordinario, porque en definitiva se trata de fines coincidentes con los de la política de desarrollo, en la medida en que pesiguen un cierto tipo de desarrollo: el desarrollo sostenible.

De los instrumentos económicos se ha dicho que ellos "comprenden el conjunto de regulaciones de tipo normativo y/o de formación de precios que se valen de los intereses económicos de los actores para impulsar los objetivos de la política ambiental" y que "abarcan una multitud de mecanismos que pueden aplicarse en función específica a resolver", incluyendo medidas tales como "tarifas ambientales, políticas de precios para materias primas e insumos, gravámenes e impuestos ecológicos, subvenciones, fondos de protección ambiental, derechos y licencias negociables, flexibilización de normativas, depósitos reembolsables para asegurar la devolución de productos, derechos de uso/propiedad, así como leyes de responsabilidad civil". Lo distintivo de estos instrumentos es su característica de "proporcionar incentivos económicos que inducen a los agentes causantes a adoptar medidas eficientes destinadas a evitar la contaminación o a conservar los recursos naturales."[6]

Las modificaciones de 1996 a la LGEEPA sustituyeron la sección III sobre "criterios ecológicos en la promoción del desarrollo" del capítulo relativo a los instrumentos de la política ambiental, por otra denominada "instrumentos económicos", cuyos artículos 21 a 22 bis reemplazaron los artículos 21 y 22 del texto original de la Ley. Las nuevas disposiciones, sin embargo, no innovaron en la materia, salvo en la incorporación de una nueva categoría de instrumento, los llamados "instrumentos de mercado", pero sin entrar a regular los mismos.[7]

El párrafo primero artículo 22 de la LGEEPA define los instrumentos económicos como *los mecanismos normativos y administrativos de ca-*

[6] *Cf. op. cit.* nota 154. Allí se dice, además, que los enfoques normativos y de control comportan un elevado costo de aplicación, pero se previene que los instrumentos económicos también suponen un elevado costo administrativo y de control y que, en todo caso, su eficacia va ligada a determinadas condiciones. En definitiva, se trata de no sustituir las normativas técnicas por incentivos económicos, sino más bien de reorientar el conjunto total de políticas, teniendo en cuenta los problemas ambientales específicos y las condiciones económicas, legales e institucionales que influyen sobre ellos (p. IV).

[7] Antes de que estos permisos fueron incorporados a la LGEEPA, se introdujeron en la NOM-ECOL-085/1994, que de una manera incompleta estableció el llamado "sistema de burbujas" (véase el numeral 4.4 que define los certificados de emisión como el documento "que acredita la cantidad de contaminantes que puede emitir una fuente fija en un año de acuerdo a su capacidad y el nivel regional de emisiones").

rácter fiscal, financiero o de mercado, mediante los cuales las personas asumen los beneficios y costos ambientales que generen sus actividades económicas, incentivándolas a realizar acciones que favorezcan el ambiente.

De acuerdo con la exposición de motivos de la iniciativa de modificaciones de 1996, "los instrumentos económicos constituyen un mecanismo idóneo para hacer efectivos dos principios de la política ambiental: el que indica que quien contamine, haga un uso excesivo de recursos naturales, o altere los ecosistemas, debe asumir los costos inherentes a su conducta y el que señala que quien conserve los recursos e invierta en la conservación ecológica, reconstruyendo el capital ambiental de la nación, debe recibir, por ello, un estímulo o una compensación". Y agrega: "Además, los instrumentos económicos pueden abrir espacios de oportunidad para el logro de objetivos ambientales, permitir una mayor equidad social y una real solidaridad intergeneracional en la distribución de costos y beneficios asociados a la política ambiental".

Estos tres tipos de instrumentos económicos son también definidos por el mismo precepto legal. En efecto, el párrafo segundo define los *instrumentos económicos de carácter fiscal* como "los estímulos fiscales que incentiven el cumplimiento de los objetivos de la política ambiental", precisando que, "en ningún caso, estos instrumentos se establecerán con fines exclusivamente recaudatorios". Por su parte, el párrafo tercero señala que son *instrumentos financieros* "los créditos, las fianzas, los seguros de responsabilidad civil, los fondos y los fideicomisos, cuando sus objetivos estén dirigidos a la preservación, protección, restauración o aprovechamiento sustentable de los recursos naturales y el ambiente, así como al financiamiento de programas, proyectos, estudios e investigación científica y tecnológica para la preservación del equilibrio ecológico y protección al ambiente". Finalmente, el párrafo cuarto indica que son *instrumentos de mercado* "las concesiones, autorizaciones, licencias y permisos que corresponden a volúmenes preestablecidos de emisiones de contaminantes en el aire, agua o suelo, o bien, que establecen los límites de aprovechamiento de recursos naturales, o de construcción en áreas naturales protegidas o en zonas cuya preservación y protección se considere relevante desde el punto de vista ambiental". Respecto de estos últimos, el párrafo final del artículo 22 dispone que las prerrogativas de ellos "serán transferibles, no gravables y quedarán sujetos al interés público y al aprovechamiento sustentable de los recursos naturales".

Pero la LGEEPA no establece propiamente esos instrumentos, sino que se limita a prescribir en su artículo 21 que "la Federación, los estados y el Distrito Federal, en el ámbito de sus respectivas competencias, diseñarán, desarrollarán y aplicarán instrumentos económicos que incentiven el cumplimiento de los objetivos de la política ambiental", precisando en sus cuatro fracciones los objetivos que se buscarán mediante tales instrumentos, a saber:

I. Promover un cambio en la conducta de las personas que realicen actividades industriales, comerciales y de servicios, de tal manera que sus intereses sean compatibles con los intereses colectivos de protección ambiental y de desarrollo sustentable;

II. Fomentar la incorporación de información confiable y suficiente sobre las consecuencias, beneficios y costos ambientales al sistema de precios de la economía;

III. Otorgar incentivos a quien realice acciones para la protección, preservación o restauración del equilibrio ecológico. Asimismo, deberán procurar que quienes dañen el ambiente, hagan un uso indebido de recursos naturales o alteren los ecosistemas, asuman los costos respectivos;

IV. Promover una mayor equidad social en la distribución de costos y beneficios asociados a los objetivos de la política ambiental, y

V. Procurar su utilización conjunta con otros instrumentos de política ambiental, en especial cuando se trate de observar umbrales o límites en la utilización de ecosistemas, de tal manera que se garantice su integridad y equilibrio, la salud y el bienestar de la población.

La única disposición sustantiva sobre la materia en esta sección se encuentra en el artículo 22 bis, que declara prioritarias para otorgar estímulos fiscales las actividades que allí se enuncian. Antes de las modificaciones de 1996, la LGEEPA le otorgaba este carácter prioritario a todas las "actividades relacionadas con la preservación y restauración del equilibrio ecológico y la protección al ambiente" (artículo 22). Actualmente, el artículo 22 bis de la Ley enuncia algunas actividades específicas que tendrán el carácter de prioritarias para efectos del otorgamiento de los estímulos fiscales que se establezcan conforme a la Ley de Ingresos de la Federación, pero concluye expresando que, en general, tendrán este carácter todas las actividades relacionadas con la preservación y restauración del equilibrio ecológico y la protección al ambiente, es decir, repite la fórmula del texto original del artículo 22. De todas maneras, a continuación se reproduce el texto de las seis fracciones que ahora integran el artículo 22 bis de la Ley, donde se dice que tendrán dicho carácter prioritario las actividades relacionadas con:

I. La investigación, incorporación o utilización de mecanismos, equipos y tecnologías que tengan por objeto evitar, reducir o controlar la contaminación o deterioro ambiental, así como el uso eficiente de recursos naturales y de energía;

II. La investigación e incorporación de sistemas de ahorro de energía y de utilización de fuentes de energía menos contaminantes;

III. El ahorro y aprovechamiento sustentable y la prevención de la contaminación del agua;

IV. La ubicación y reubicación de instalaciones industriales, comerciales y de servicios en áreas ambientalmente adecuadas;

V. El establecimiento, manejo y vigilancia de áreas naturales protegidas, y

VI. En general, aquellas actividades relacionadas con la preservación y restauración del equilibrio ecológico y la protección al ambiente.

Otras disposiciones de la Ley, sin embargo, se ocupan también del tema de los instrumentos económicos de carácter fiscal. Por lo pronto, el artículo 23 sobre regulación ecológica ambiental de los asentamientos humanos, que se examina en la sección siguiente, dispone que las autoridades de la Federación, los estados, el Distrito Federal y los municipios, en la esfera de su competencia, promoverán la utilización de instrumentos económicos, fiscales y financieros de política urbana y ambiental, para inducir conductas compatibles con la protección y restauración del medio ambiente y con un desarrollo urbano sustentable (fracción VI). Luego, el artículo 64 bis, fracción III, prescribe que el Ejecutivo Federal, por medio de la Secretaría y en coordinación con la Secretaría de Hacienda y Crédito Público, así como los gobiernos de las entidades federativas y de los municipios, en el ámbito de sus respectivas competencias, "establecerán los incentivos económicos y los estímulos fiscales para las personas, y las organizaciones sociales, públicas o privadas, que participen en la administración y vigilancia de las áreas naturales protegidas, así como para quienes aporten recursos para tales fines o destinen sus predios a acciones de preservación en términos del artículo 59 de esta Ley". Lo mismo hace el artículo 105, que dispone que "en los estímulos fiscales que se otorguen a las actividades forestales, deberán considerarse criterios ecológicos de manera que se promuevan el desarrollo y fomento integral de la actividad forestal, el establecimiento y ampliación de plantaciones forestales y las obras para la protección de suelos forestales, en los términos de esta Ley y de la Ley Forestal". Y, por último, algo similar ocurre con el artículo 116, que enuncia los criterios que deben tenerse en cuenta para otorgar estímulos fiscales en materia de prevención y control de la contaminación de la atmósfera.

También otras disposiciones de la Ley se ocupan de los instrumentos financieros. Desde luego, el ya mencionado artículo 23, fracción VI, que se refiere tanto a los instrumentos fiscales como a los instrumentos financieros. Luego, el mismo artículo 64 bis, fracción II, que prescribe que el Ejecutivo Federal, así como los gobiernos de las entidades federativas y de los municipios, en el ámbito de sus respectivas competencias, "establecerán o en su caso promoverán la utilización de mecanismos para captar recursos y financiar o apoyar el manejo de las áreas naturales protegidas".

La *Ley Orgánica de la Administración Pública Federal* también se ocupa de esta materia. En efecto, de conformidad con las modificaciones introducidas a la LOAPF en 1994, corresponde a la Secretaría de Medio Ambiente, Recursos Naturales y Pesca "participar con la Secretaría de Hacienda y Crédito Público en la determinación de los criterios generales para el establecimiento de los estímulos fiscales y financieros necesarios para el aprovechamiento sustentable de los recursos naturales y el cuidado del medio ambiente" (artículo 32 bis, fracción XXXVII). Además, corresponde a la Secretaría, de acuerdo con esas modificaciones, "diseñar y operar, con la participación que compete a otras dependencias y entidades, la adopción de instrumentos económicos para la protección, restauración y conservación del medio ambiente" (artículo 32 bis, fracción XLIII).

El manejo desde una perspectiva económica del medio ambiente, incluidos los recursos naturales, supone mínimamente su *adecuada valorización y la integración de su manejo económico a las cuentas nacionales*. Por eso, las modificaciones de 1994 a la LOAPF agregan a las atribuciones de la Secretaría la de "desarrollar y promover metodologías y procedimientos de valuación económica del capital natural y de los bienes y servicios ambientales que éste presta, así como cooperar con dependencias y entidades para desarrollar un sistema integrado de contabilidad ambiental y económica" (artículo 32 bis, fracción XV). Trátase de la incorporación a la legislación ambiental mexicana de la idea de las *cuentas patrimoniales* y de su vinculación a las cuentas nacionales.

70. La regulación ambiental de los asentamientos humanos

Los asentamientos humanos es una materia normada por la Constitución Política y un conjunto de ordenamientos jurídicos que se examinan en el capítulo XVI de este libro. Sin embargo, corresponde tratar aquí un lista de criterios que la planeación del desarrollo urbano y la vivienda deben tomar en cuenta, sin perjuicio de lo establecido en dichos ordenamientos.

Originalmente, esta materia se encontraba regulada en los artículos 23 a 27 de la LGEEPA, bajo la denominación de "regulación ecológica de los asentamientos humanos". Esta regulación fue simplificada por las modificaciones de 1996, que se limitaron a establecer en el artículo 23 de la LGEEPA, a lo largo de nueve fracciones, los criterios ambientales a tenerse en cuenta en la planeación del desarrollo urbano y la vivienda que se consideraron necesarios para contribuir a lograr los objetivos de la política ambiental. Estos criterios son, a la letra, los siguientes:

I. Los planes o programas de desarrollo urbano deberán tomar en cuenta los lineamientos y estrategias contenidas en los programas de ordenamiento ecológico del territorio;

II. En la determinación de los usos del suelo, se buscará lograr una diversidad y eficiencia de los mismos y se evitará el desarrollo de esquemas segregados o unifuncionales, así como las tendencias a la suburbanización extensiva;

III. En la determinación de las áreas para el crecimiento de los centros de población, se fomentará la mezcla de los usos habitacionales con los productivos que no representen riesgos o daños a la salud de la población y se evitará que se afecten áreas con alto valor ambiental;

IV. Se deberá privilegiar el establecimiento de sistemas de transporte colectivo y otros medios de alta eficiencia energética y ambiental;

V. Se establecerán y manejarán en forma prioritaria las áreas de conservación ecológica en torno a los asentamientos humanos;

VI. Las autoridades de la Federación, los estados, el Distrito Federal y los municipios, en la esfera de su competencia, promoverán la utilización de instrumentos económicos, fiscales y financieros de política urbana y ambiental, para inducir conductas compatibles con la protección y restauración del medio ambiente y con un desarrollo urbano sustentable;

VII. El aprovechamiento del agua para usos urbanos deberá incorporar de manera equitativa los costos de su tratamiento, considerando la afectación a la calidad del recurso y la cantidad que se utilice;

VIII. En la determinación de áreas para actividades altamente riesgosas, se establecerán las zonas intermedias de salvaguarda en las que no se permitirán los usos habitacionales, comerciales u otros que pongan en riesgo a la población, y

IX. La política ecológica debe buscar la corrección de aquellos desequilibrios que deterioren la calidad de vida de la población y, a la vez, prever las tendencias de crecimiento del asentamiento humano, para mantener una relación suficiente entre la base de recursos y la población, y cuidar de los factores ecológicos y ambientales, que son parte integrante de la calidad de la vida.

71. La evaluación del impacto ambiental. Aspectos generales

La evaluación del impacto ambiental es un mecanismo que apareció por vez primera en los Estados Unidos, dentro de la Ley sobre Política Nacional Ambiental de 1969 de los Estados Unidos de América (National Environmental Policy Act, NEPA), cuya sección 102, núm. 2, letra C, establece literalmente lo siguiente:

> Todas las Agencias del Gobierno Federal deberán incluir en cada recomendación o informe sobre propuestas para legislación, y otras acciones federales importantes que afecten significativamente la calidad del ambiente humano, una declaración detallada hecha por el oficial responsable sobre el impacto ambiental de la acción propuesta y demás circunstancias descritas en esta sección.

La evaluación del impacto ambiental, entonces, fue creada dentro del sistema jurídico de los Estados Unidos como un mecanismo de declaración del impacto ambiental que hace el oficial público responsable, cuando estima estar frente a una acción federal que puede afectar de manera significativa o que afecta significativamente la calidad del ambiente humano.

El mecanismo ganó rápidamente prestigio y se incorporó en 1976 a la Ley sobre la Protección de la Naturaleza de Francia (Ley 76/629), para pasar luego a otros países de Europa. Hay que decir que la Comunidad Económica Europea adoptó en 1985 la Directiva 337 sobre evaluación del impacto ambiental en ciertas obras públicas y privadas, la que posteriormente fue incorporada en Alemania mediante la Ley sobre Compatibilidad Ambiental de 1990 (aunque ya en 1972 se había introducido en ese país el mecanismo por medio de una decisión interministerial que estableció una serie de reglas sobre el particular) y en España mediante el Real Decreto Legislativo 1302 de 1986, al que siguió el Real Decreto 1131 de 1988, que completó el marco jurídico de este mecanismo (sin perjuicio de las disposiciones que se comenzaron a establecer a nivel local de conformidad con el régimen de las autonomías de dicho país).

Al mismo tiempo, la evaluación del impacto ambiental comenzó a aparecer en el derecho internacional, en especial en los tratados que se refieren al derecho del mar, como por ejemplo el Convenio regional de Kuwait sobre cooperación para la protección del medio marino (1978), la propia Convención de las Naciones Unidas sobre el Derecho del Mar (1982) y el Convenio de Cartagena para la protección y desarrollo del Gran Caribe (1983), para señalar sólo algunos casos. Pero la evaluación del impacto ambiental también comenzó a incorporarse a otros acuerdos internacionales distintos de los tratados sobre el derecho del mar, como fue el caso de la importante Convención sobre la evaluación de los efectos en el medio ambiente en un contexto transfronterizo (1991). En esta apretada síntesis debe incluirse, además, la recién mencionada Directiva 337 de la Comunidad Económica Europea, que siguió a la adición de un nuevo Título sobre "Medio Ambiente" que el Acta Unica Europea introdujo al Tratado de Roma.

En el campo del derecho internacional de *lege ferenda* (el ahora llamado *soft law*), cabe mencionar entre otros muchos documentos importantes la decisión 14/25 del Consejo de Administración del Programa de las Naciones Unidas para el Medio Ambiente (1987), que establece metas y principios para la evaluación del impacto ambiental y que de alguna manera ha contribuido a orientar la regulación de la evaluación del impacto ambiental en muchas partes del mundo. Otro documento que tampoco puede dejar de mencionarse por su importancia política universal es la Declaración de Río (1992), que se refiere a este mecanismo en diversos principios suyos (2, 12, 17 y 19) y que establece entre otras cosas lo que sigue:

> Deberá emprenderse una evaluación del impacto ambiental, en calidad de instrumento nacional, respecto de cualquier actividad propuesta que probablemente haya de producir un impacto negativo considerable en el medio ambiente y que esté sujeta a la decisión de una autoridad nacional competente *[principio 17]*.

La evaluación del impacto ambiental fue también recogida en la mayoría de los países de América Latina, pero de maneras que han sido diversas de un país a otro. En efecto, en un estudio realizado por el autor de este libro[8] se determinó que lo habitual era que la EIA se incorporara a los sistemas jurídicos para la protección del medio ambiente a través de las leyes generales sobre la materia que han caracterizado el desarrollo del derecho ambiental en la región, como uno de los instrumentos que se iban estableciendo para llevar a cabo la política ambiental nacional. Sin embargo, en ciertos países como Paraguay y Uruguay la EIA fue incorporada por medio de leyes específicas sobre la evaluación del impacto ambiental, que introducían este mecanismo para todos los casos que se considera indispensable incluir dentro de su campo de aplicación. En otros países, en cambio, la EIA fue incorporada mediante leyes especiales para ser aplicada sólo a los casos también especiales regulados por esas leyes, como ocurrió en un principio en Brasil o como ocurre en Argentina. Incluso, la EIA llegó a tener un nivel constitucional, como sucedió en Brasil, donde la Constitución de 1988 la incluyó en una de sus disposiciones.

Entre nosotros, la evaluación del impacto ambiental (EIA) hizo su aparición en la Ley Federal de Protección al Ambiente de 1982, cuyo artículo 7º prescribía lo que sigue:

> Los proyectos de obras públicas o de particulares que puedan producir contaminación o deterioro ambiental que excedan los límites mínimos previsibles marcados en los reglamentos y normas, deberán presentarse a la Secretaría de Desarrollo Urbano y Ecología, para que ésta los revise y pueda resolver sobre su aprobación, modificación o rechazo, con base en la información relativa a una manifestación de impacto ambiental, consistente en las medidas técnicas

[8] Se trata de una ponencia titulada *El marco jurídico-institucional de la evaluación del impacto ambiental en América Latina*, que fue presentada a un taller sobre intercambio de experiencias sobre la aplicación de la evaluación del impacto ambiental en algunos países de América Latina, celebrado en Santiago de Chile los días 29 de noviembre a 2 de diciembre de 1994. Esta ponencia examina la normatividad sobre la EIA en 10 de los 20 países de América Latina.

preventivas y correctivas para minimizar los daños ambientales durante su ejecución o funcionamiento.[9]

El texto de este artículo fue modificado en 1984, sustituyéndose la referencia a la Secretaría de Salubridad y Asistencia en su versión original, por la Secretaría de Desarrollo Urbano y Ecología.

Sin embargo, las notorias deficiencias e insuficiencias del precepto, así como la carencia de la reglamentación necesaria, hicieron bastante accidentada su aplicación, por lo que la verdad es que sólo a partir de la LGEEPA y, en especial, de la reglamentación de la EIA, se puede hablar seriamente de la existencia de ese mecanismo en nuestra legislación.[10]

La LGEEPA reguló en 1988 la evaluación del impacto ambiental en sus artículos 28 a 35. Estas normas fueron desarrolladas en el Reglamento de la Ley General del Equilibrio Ecológico y la Protección al Ambiente en Materia de Evaluación de Impacto Ambiental (*Diario Oficial de la Federación*, 7-VII-1988). Como lo expresa su propia denominación y, además, el artículo 1º de ese Reglamento, su objeto es proveer en la esfera de lo administrativo la exacta observancia de las disposiciones de la LGEEPA "en lo que se refiere a la materia de impacto ambiental" (dicho con propiedad, a la materia de la "evaluación del impacto ambiental", que es el nombre que tiene en la LGEEPA). El Reglamento entró en vigor el 8 de julio de 1988 (artículo 1º transitorio).

El texto de todas las normas de la LGEEPA sobre la materia fueron profundamente revisadas con motivo de las modificaciones de 1996, a la luz de las experiencias hechas en casi ocho años de aplicación de las mismas. En la actualidad, la LGEEPA regula la evaluación del impacto ambiental mediante disposiciones que se ocupan de establecer definiciones (artículos 3º, fracciones XIX y XX, y 28), de asignar competencias (artículos 5º, fracción X, 7º, fracción XVI y 8º, fracción XIV) y de normar la materia propiamente tal (artículos 28 a 35 bis 3, complementados por referencias hechas en al artículo 154 y en el noveno de los artículos transitorios).

Las normas del Reglamento se encuentran vigentes en lo que no contravengan a las modificaciones de 1996, mientras no se expidan las que se derivan de esas modificaciones (artículo décimo transitorio de las

[9] Debe hacerse notar que la LFPCCA, si bien no contenía este mecanismo preventivo para la protección del ambiente en su conjunto, incluía algo similar, pero referido específicamente a la protección de los suelos y, en todo caso, sin que fuera exigible una manifestación del impacto ambiental. En efecto, el artículo 28 de esa Ley establecía que "la utilización y explotación de los suelos para fines urbanos, industriales, agropecuarios, recreativos y otros, deberán realizarse con sujeción a las leyes y reglamentos existentes y a los que al efecto dicte el Ejecutivo Federal" (párrafo primero), agregando que "las obras e instalaciones necesarias para llevar a cabo dicha utilización y explotación, deberán ser sometidas a la aprobación de la Secretaría de Salubridad y Asistencia por conducto de las dependencias a que se refiere esta Ley, a fin de evitar la contaminación, erosión, degradación o destrucción de los suelos" (párrafo segundo).

[10] Según informaciones oficiales, en 1988 se presentaron 22 manifestaciones de impacto ambiental, mientras que en 1991 se presentaron 799.

mismas modificaciones). La verdad es que este Reglamento debe ser revisado a fondo para adecuarlo a los cambios de 1996 y, sobre todo, para hacer operativas las disposiciones que establecen nuevas normas sobre la materia, como es el caso por ejemplo de las disposiciones sobre la consulta pública.

En las siguientes secciones se examinan las reglas de la LGEEPA que se refieren a las definiciones y a la distribución de competencias entre la Federación, los estados y los municipios, para analizar a continuación el procedimiento de la evaluación del impacto ambiental y la conclusión de ese procedimiento. Aquí sólo cabe recordar que la Ley Orgánica de la Administración Pública Federal establece que corresponde a la Secretaría de Medio Ambiente, Recursos Naturales y Pesca evaluar y dictaminar las manifestaciones de impacto de proyectos de desarrollo que le presenten los sectores público, social y privado, así como resolver sobre los estudios de riesgo ambiental (artículo 32 bis, fracción XI, de la LOAPF, modificada en 1994).

72. LA DEFINICIÓN DEL CONCEPTO DE EVALUACIÓN DEL IMPACTO AMBIENTAL Y LA DISTRIBUCIÓN DE COMPETENCIAS ENTRE LA FEDERACIÓN, LOS ESTADOS Y LOS MUNICIPIOS

Es necesario definir el concepto de evaluación del impacto ambiental para distinguirlo de otras figuras jurídicas que se le asemejan. Se trata, por cierto, de una tarea compleja, como se viene diciendo desde hace tiempo.[11] Una primera aproximación al tema se puede hacer a partir de la ya mencionada decisión 14/25 del Consejo de Administración del Programa de las Naciones Unidas para el Medio Ambiente (1987), que establece metas y principios para la evaluación del impacto ambiental. En efecto, si se toman en cuenta diversos pasajes de ese documento puede concluirse que éste entiende por evaluación del impacto ambiental *la determinación previa que, con miras a lograr un desarrollo adecuado y sostenible, se hace de los efectos que una actividad dada que se ha planeado realizar podría tener sobre el medio ambiente, cuando por su alcance, naturaleza y ubicación dicha actividad puede afectarlo considerablemente*.[12]

La definición jurídica del concepto de evaluación del impacto ambiental puede hacerse desde distintos puntos de vista.[13] En nuestro caso, en

[11] Así, por ejemplo, decían Yusuf J. Ahmad y George K. Sammy, que "no existe hasta ahora una definición clara y concisa de la evaluación del impacto ambiental", pero en su trabajo sobre la materia tampoco proponían esa definición, sino que se limitaban a identificar cinco elementos que estarían siempre presentes en la EIA (*cf*. *Guideline to environmental impact assesment in developing countries*, Hodder and Stoughton, Londres, 1985, p. 1).

[12] *Cf.*la nota 1, párrafo inicial, así como el principio 1 de ese documento.

[13] Así, por ejemplo, Marcelo Cousillas en Uruguay define la EIA como "un conjunto de actividades sobre los efectos (impactos) que tiene una determinada actividad sobre el ambiente (natural y construido o aun cultural), que se realiza con el objetivo de tener un

la primera edición de este libro proponíamos, a falta de una definición en la LGEEPA sobre este mecanismo, una definición que entendíamos podía desprenderse de diversas disposiciones de la misma Ley.[14] Las modificaciones de 1996 incorporaron una definición similar en la primera parte del texto del artículo 28:

> La evaluación del impacto ambiental es el procedimiento a través del cual la Secretaría establece las condiciones a que se sujetará la realización de obras y actividades que puedan causar desequilibrio ecológico o rebasar los límites y condiciones establecidos en las disposiciones aplicables para proteger el ambiente y preservar y restaurar los ecosistemas, a fin de evitar o reducir al mínimo sus efectos negativos sobre el ambiente...

La definición destaca la naturaleza de procedimiento de la EIA, como a veces se hace en el derecho comparado.[15] El único reparo que quizás merece dicha definición es su ubicación en el artículo 28 y no en el artículo 3º sobre definiciones. En este último precepto, la LGEEPA define, además, el impacto ambiental y la manifestación del impacto ambiental (fracciones XIX y XX, respectivamente). Estas definiciones, junto con la de ambiente (fracción I), contribuyen a precisar el sentido de la definición de la EIA contenida en la propia Ley.

La evaluación del impacto ambiental de que se está hablando debe diferenciarse de otras figuras que se le asemejan, como es el caso de la evaluación ambiental estratégica y de la llamada evaluación del impacto ambiental "impropia".

La *evaluación ambiental estratégica* es un componente del proceso de planificación, en el sentido de que es la evaluación que se hace dentro de ese proceso respecto de los posibles impactos ambientales de las grandes obras o actividades que son los productos del proceso de planificación. La importancia de esta forma de evaluación del impacto ambiental es clara: una adecuada evaluación estratégica elimina la ocurrencia del hecho, por desgracia bastante frecuente, de que el gobierno impulse grandes proyectos que luego deben revisar sus propios funcionarios dentro del proceso de la evaluación de su impacto en el medio ambiente, bajo la presión de que ha habido una decisión política de alto nivel a ese respecto. Se trata, entonces, de un mecanismo que tiene por

elemento más, a la hora de decidir acerca de la conveniencia o de la mejor forma de llevar a cabo esa actividad" (*Cf.* su *Evaluación del impacto ambiental*, Instituto de Estudios Empresariales de Montevideo, Montevideo, 1994, p. 22).

[14] Nuestra definición conceptualizaba a la EIA como "el procedimiento que tiene por objeto evitar o mitigar la generación de efectos ambientales indeseables que serían la consencuencia de obras o actividades humanas, mediante la estimación previa de las modificaciones del ambiente que traerían consigo tales obras o actividades" (p. 180).

[15] Como por ejemplo, en América Latina, la Ley de Bases Generales del Medio Ambiente chilena de 1994, que define la EIA como "el procedimiento, a cargo de la Comisión Nacional del Medio Ambiente o de la Comisión Regional respectiva, en su caso, que, en base a un Estudio o Declaración de Impacto Ambiental, determina si el impacto ambiental de una actividad o proyecto se ajusta a las normas vigentes" (artículo 2º, letra "j").

propósito prevenir desde el proceso de planificación la realización de obras o actividades que pudieran deteriorar de manera significativa el medio ambiente. Quizás sea conveniente recordar aquí que, en el marco de la Comunidad Económica Europea, se formuló en 1991 una interesante propuesta que consiste en un borrador de Directiva sobre evaluación ambiental de políticas, planes o programas.

La *evaluación del impacto ambiental "impropia"* tiene lugar cuando la legislación exige al titular de un proyecto cuya realización debe ser autorizada para otros efectos por algún órgano administrativo, que presente entre otros documentos una evaluación del impacto ambiental del proyecto. Se trata de una evaluación del impacto ambiental "impropia"[16] porque el objetivo del procedimiento no es llevar a cabo tal evaluación, sino más bien considerar el probable impacto ambiental del proyecto entre otros factores a tenerse en cuenta para otorgar o denegar una autorización, que no implica sin embargo una EIA. Más adelante se ofrece un ejemplo de evaluación del impacto ambiental impropia que se encuentra en el artículo 104 de la Ley General del Equilibrio Ecológico y la Protección al Ambiente (véase la sección siguiente).

En materia de distribución de competencias entre la Federación, los estados y municipios para llevar a cabo la evaluación del impacto ambiental, la LGEEPA establece que es facultad de la Federación la evaluación del impacto ambiental de las obras o actividades a que se refiere el artículo 28 de la propia Ley y, en su caso, la expedición de las autorizaciones correspondientes (artículo 5º fracción X). Consecuentemente, la LGEEPA prescribe que corresponde a los estados evaluar el impacto ambiental de las obras o actividades que no se encuentran expresamente reservadas a la Federación por esa Ley y, en su caso, la expedición de la autorizaciones correspondientes, cuando se trate de obras o actividades que por su ubicación, dimensiones o características produzcan impactos ambientales significativos sobre el medio ambiente y estén expresamente contempladas en la legislación ambiental estatal (artículos 7º, fracción X, y 35 bis 2).

Las mismas disposiciones se aplican en el caso del Distrito Federal. En cambio, la LGEEPA asigna a los municipios sólo la facultad de participar en la evaluación del impacto ambiental de obras o actividades de competencia estatal, cuando las mismas se realicen en el ámbito de su circunscripción territorial (artículo 8º, fracción XIV).

La Federación ejerce esta facultad por medio de la Secretaría de Medio Ambiente, Recursos Naturales y Pesca, al igual que lo que ocurre con todas las atribuciones que la LGEEPA otorga a la Federación (artículo 6º). El Reglamento Interior de la SEMARNAP confía el ejercicio de esta facultad al Instituto Nacional de Ecología (artículo 54, fracción XI).

[16] Tomamos esta expresión y sus alcances de la obra de Juan Rosas Moreno, *Régimen jurídico de la evaluación de impacto ambiental*, Trivium, Madrid, 1993, 364 pp.

73. El campo de aplicación de la evaluación del impacto ambiental

En esta sección se inicia el examen de las disposiciones que regulan el procedimiento de la EIA en el nivel federal, con el análisis de las obras y actividades que quedan sometidas a este procedimiento a cargo de la Secretaría. Las disposiciones aplicables en este caso son el artículo 28 de la LGEEPA, así como las que desarrollan este precepto en el Reglamento sobre la materia.

Uno de los principales problemas que presenta la evaluación del impacto ambiental es la delimitación de su campo de aplicación. El derecho comparado enseña que el dilema es resuelto por la legislación con base en sistemas aparentemente antitéticos: por una parte, un sistema discrecional, con arreglo al cual no se especifica cuáles son los proyectos de obras o actividades que deben someterse a dicha evaluación, y por la otra un sistema reglado, dentro del cual se especifican, uno a uno, los proyecto de obras o actividades a evaluarse. El primero es el llamado "modelo estadounidense", en razón de que este criterio de delimitación del campo de aplicación de la EIA fue el que se estableció en la ya mencionada Ley sobre Política Nacional Ambiental de 1969.[17] El segundo, en cambio, es el llamado "modelo europeo" o modelo de "listas", dado que es el que prevalece en los países de Europa y se caracteriza por la formulación de detalladas listas de los casos de evaluación. Sin embargo, la verdad es que, por una parte, la jurisprudencia de los tribunales estadounidense ha ido acotando el campo de aplicación de la evaluación del impacto ambiental y, por la otra, las listas europeas se han hecho cada día más flexibles mediante la introducción de disposiciones más amplias que permiten a la administración incluir o excluir determinados proyectos según las circunstancias.[18]

En América Latina prevalece indudablemente el sistema de listas. Así lo muestra el caso de los países que se consideraron en el documento mencionado en la nota 8 de este capítulo, dado que sólo uno de los 10

[17] Dispone la NEPA que deben someterse a evaluación todo tipo de actividades que pueden influir significativamente en la calidad del medio humano, incluidas las políticas, programas y propuestas de legislación, así como reglamentaciones, tratados y acuerdos internacionales.

[18] El documento sobre metas y principios de la evaluación del impacto ambiental puntualiza que "los criterios y procedimientos para determinar si es probable que una actividad afecte considerablemente al medio ambiente y esté por tanto sujeta a una evaluación del impacto ambiental deben quedar claramente definidos por leyes, reglamentos u otros medios, de modo que puedan identificarse las actividades en cuestión con rapidez y seguridad y que pueda emprenderse la evaluación del impacto ambiental cuando se planifique la actividad" (principio 2). El mismo documento propone diversos mecanismos para ese efecto, entre otros las listas por tipo de actividades, de zonas, de recursos y de problemas ambientales; pero recomienda que en estos casos los Estados se reserven la facultad de exigir la preparación de un informe sobre la EIA cuando se estime oportuno, para contar así con la flexibilidad necesaria en casos imprevistos.

países considerados adopta el modelo estadounidense. Este hecho, sin embargo, ha sido criticado porque uno de los principales problemas que en la práctica ha mostrado la aplicación de este mecanismo es la enorme cantidad de proyecto que quedan sometidos a evaluación, haciendo difícil una correcta aplicación de dicho mecanismo. En el caso de México, a partir de la entrada en vigor de la LGEEPA y del Reglamento sobre la materia se incrementó considerablemente el número de manifestaciones de impacto ambiental. En efecto, en 1988 se presentaron sólo 22, mientras que en 1989 se presentaron cerca de 1 000. El hecho es que en 1994 ya se había generado un rezago de 2 386 proyectos, que ha ido disminuyendo paulatinamente mediante un conjunto de medidas adoptadas a partir de 1995.

La verdad es que en muchas partes se ha incurrido en el error inicial de pretender que la EIA prevenga por sí misma prácticamente todos los problemas ambientales, sin considerar que es un instrumento de excepción, que sólo puede operar de manera adecuada si está inserta dentro de un sistema que incluye otros mecanismos preventivos indispensables, como son, básicamente, la evaluación ambiental estratégica y el ordenamiento ambiental del territorio. En efecto, la EIA es un mecanismo, como se diría en lenguaje financiero, de "segundo piso", que debe reservarse para proyectos cuya calificación no puede hacerse a través de la evaluación ambiental estratégica o con base en la normatividad existente, en especial con aquella que deriva del ordenamiento ambiental del territorio. La EIA es un proceso complejo y costoso, tanto desde el punto de vista del promovente como de la propia administración. Su aplicación, por consiguiente, debe restringirse a ciertos casos que verdaderamente lo ameriten.

Entrando en la regulación del campo de aplicación de la EIA en el nivel federal, cabe decir que el párrafo primero del artículo 28 de la Ley, luego de definir la evaluación del impacto ambiental, establece que "en los casos que determine el Reglamento que al efecto se expida, quienes pretendan llevar a cabo alguna de las siguientes obras o actividades, requerirán previamente la autorización en materia de impacto ambiental de la Secretaría" (mismas que se enuncian en las 13 fracciones que integran ese párrafo primero). Es importante precisar que, a continuación, el párrafo segundo del mismo precepto dispone lo siguiente: "El Reglamento de la presente Ley determinará las obras o actividades a que se refiere este artículo, que por su ubicación, dimensiones, características o alcances no produzcan impactos ambientales significativos, no causen o puedan causar desequilibrios ecológicos, ni rebasen los límites y condiciones establecidos en las disposiciones jurídicas referidas a la preservación del equilibrio ecológico y la protección al ambiente, y que por lo tanto no deban sujetarse al procedimiento de evaluación de impacto ambiental previsto en este ordenamiento". En consecuencia, el campo de aplicación de la Ley queda entregado a lo que prescriba el Reglamento sobre la materia, el que puede acotar la aplicación del artículo 28 de la Ley a los casos en que se considere que efectivamente se generen o se puedan generar efectos ambientales indeseables. Dicho cuerpo de normas es el ya mencionado Reglamento de la Ley General del Equilibrio Ecológico y la Protección al Ambiente en Materia de Evaluación del Impacto Ambiental de 1988, vigente en lo que no contravenga a las disposiciones contenidas en las modificaciones de 1996.

A continuación se señalan cuáles son las obras y actividades que están comprendidas dentro de las facultades de la Federación, de acuerdo con el artículo 28 de la LGEEPA. Las primeras son *las obras hidráulicas, vías generales de comunicación, oleoductos, gasoductos, carboductos y poliductos* (fracción I).[19]

Luego, el artículo 28 de la LGEEPA incluye entre las actividades sometidas a la EIA la *industria del petróleo, petroquímica, química, siderúrgica, papelera, azucarera, del cemento y eléctrica* (fracción II). En el texto anterior del artículo 28 no se incluía de manera explícita a la industria del petróleo, porque ella quedaba comprendida dentro del concepto de "obra pública federal". En cambio, ese precepto incluía la industria automotriz y de bebidas. Por otra parte, el precepto se refería a la industria eléctrica como de "transmisión de electricidad". El artículo 5º del Reglamento vigente se limita a reproducir en forma literal el precepto del antiguo artículo 28, sin establecer excepciones de ninguna especie (fracción V).

Más adelante, el mismo artículo 28 de la LGEEPA incluye entre esas actividades la *exploración, explotación y beneficio de minerales y sustancias reservadas a la Federación en los términos de las Leyes Minera y Reglamentaria del Artículo 27 Constitucional en Materia Nuclear* (fracción IV). El texto anterior del artículo 28 no contenía la referencia que ahora se hace a las sustancias nucleares, aunque la verdad es que el artículo 154 de la misma LGEEPA dejaba en claro, como lo sigue haciendo, que correspondía a la Secretaría la evaluación del impacto ambiental de las actividades relacionadas con la industria nuclear. El Reglamento vigente reitera la norma contenida originalmente en el artículo 28, pero exceptúa de la exigencia de la EIA a las actividades de prospección gravimétrica, geológica superficial, geoeléctrica, magnetotelúrica de susceptibilidad magnética y densidad (VI). Por otra parte, en lo que se refiere a las sustancias nucleares, el Reglamento vigente, aunque no menciona dichas sustancias, se refiere a ellas en su artículo 24 en los siguientes términos: "Sin perjuicio de lo establecido en la Ley Reglamentaria del Artículo 27 Constitucional en Materia Nuclear, y en cumplimiento de lo que se previene en el artículo 154 de la Ley, la Secretaría realizará la evaluación de la manifestación del impacto ambiental de las obras o actividades

[19] Antes de las modificaciones de 1996, esta lista era encabezado por la "obra pública federal", sin excepciones de ninguna naturaleza. Ahora, la obra pública federal se encuentra sometida a la EIA si comparte algunas de las características de las obras descritas en el artículo 28 de la Ley.

relacionadas con la energía nuclear, que puedan causar desequilibrios ecológicos, o rebasar los límites y condiciones señalados en los Reglamentos y las normas técnicas ecológicas emitidas por la Federación para proteger al ambiente, excepto en los casos de usos no energéticos cuando se trate de utilización de material radiactivo con propósitos industriales, médicos, agrícolas o de investigación".

Luego, el artículo 28 de la LGEEPA menciona *las instalaciones de tratamiento, confinamiento o eliminación de residuos peligrosos, así como residuos radiactivos* en el listado de las obras que deben someterse a la EIA (fracción IV). El texto es idéntico al anterior. El Reglamento por ahora vigente trata por separado estos dos tipos de residuos.

A continuación, el artículo 28 incluye los *aprovechamientos forestales en selvas tropicales y especies de difícil regeneración* entre las actividades que deben someterse a una previa evaluación de su impacto ambiental (fracción V). El texto anterior del artículo 28 se refería a "los aprovechamientos forestales de bosques y selvas tropicales y de especies de difícil regeneración, en los casos previstos en el segundo párrafo del artículo 56 de la Ley Forestal" de 1986 (reemplazada en 1992 por otra Ley Forestal). El Reglamento vigente se limita a reproducir el texto anterior del artículo 28 de la LGEEPA. A este tema se regresa más adelante.

Inmediamente después, el artículo 28 menciona las *plantaciones forestales* como otra de las obras sometidas a la EIA a nivel federal (fracción VI). Se trata de una innovación incorporada por las modificaciones de 1996. Como es obvio, el Reglamento vigente es omiso a este respecto.

Luego, el mismo precepto legal, también como consecuencia de las modificaciones de 1996, incluye entre las actividades cuyo impacto ambiental debe evaluarse previamente por la Federación a los *cambios de uso del suelo de áreas forestales, así como en selvas y zonas áridas* (fracción VII) y los *parques industriales donde se prevea la realización de actividades altamente riesgosas* (fracción VIII), así como los *desarrollos inmobiliarios que afecten los ecosistemas costeros* (fracción IX). Esta última fracción reemplaza, en cierto sentido, la exigencia que contenía el texto original del artículo 28 en el sentido de someter a la EIA los desarrollos turísticos federales.

A continuación, el artículo 28 de la Ley extiende la evaluación del impacto ambiental a otras obras o actividades no contempladas en su texto original. Se trata de *las obras y actividades en humedales, manglares, lagunas, ríos, lagos y esteros conectados con el mar, así como en sus litorales o zonas federales* (fracción X); de las *obras en áreas naturales protegidas de competencia de la Federación* (fracción XI); *y de las actividades pesqueras, acuícolas o agropecuarias que puedan poner en peligro la preservación de una o más especies o causar daños a los ecosistemas* (fracción XII). Respecto de las actividades pesqueras debe puntualizarse que el artículo 95 de la Ley, en su texto original, prescribía que la Secretaría entonces competente (primero, la SEDUE y, luego, la SEDESOL) podría solicitar a la entonces Secretaría de Pesca la realización de "estudios de impacto ambiental" previos al otorgamiento de autorizaciones para actividades pesqueras cuando el aprovechamiento de las especies pusiera en peligro su preservación o pudiera causar desequilibrios ecológicos. Se trataba de un caso de "evaluación del impacto ambiental impropia", como se le ha denominado más atrás. Aunque la mantención de este artículo 95 no se justificaba luego de las modificaciones de 1996, el hecho es que tales modificaciones no lo eliminaron, sino que se limitaron a adecuar su texto a los cambios generados con la transformación de la Secretaría de Pesca en la SEMARNAP. En efecto, el texto actual del artículo 95 de la LGEEPA prescribe que la Secretaría deberá solicitar a los interesados, en los términos señalados en la propia Ley, la realización de estudios de impacto ambiental previo al otorgamiento de concesiones, permisos y en general, autorizaciones para realizar actividades pesqueras, cuando el aprovechamiento de las especies ponga en peligro su preservación o pueda causar desequilibrio ecológico.

Finalmente, el artículo 28 de la LGEEPA contiene una norma de carácter amplio que incluye dentro del listado a todas las *obras o actividades que correspondan a asuntos de competencia federal, que puedan causar desequilibrios ecológicos graves e irreparables, daños a la salud pública o a los ecosistemas, o rebasar los límites y condiciones establecidos en las disposiciones jurídicas relativas a la preservación del equilibrio ecológico y la protección del ambiente* (fracción XIII). Este precepto es uno de los cambios introducidos por las modificaciones de 1996. Anteriormente, el artículo 5º del Reglamento extendía la exigencia de la EIA a ciertos casos no previstos expresamente en la LGEEPA, que presentaban las características de ser asuntos de naturaleza federal. Ahora, la Secretaría puede extender, en los casos específicos que así lo ameriten, el campo de aplicación de la EIA a obras o actividades no incluidas en listado del artículo 28 de la Ley, en los términos que señala la propia Ley.

En efecto, dispone el párrafo final de ese precepto que, para los efectos a que se refiere su fracción XIII, la Secretaría notificará a los interesados su determinación para que sometan al procedimiento de evaluación de impacto ambiental la obra o actividad que corresponda, explicando las razones que lo justifiquen, con el propósito de que aquéllos presenten los informes, dictámenes y consideraciones que juzguen convenientes, en un plazo no mayor a diez días. Con esa documentación, la Secretaría, en un plazo no mayor a treinta días, debe comunicarles si procede o no la presentación de una manifestación de impacto ambiental, así como la modalidad y el plazo para hacerlo. Si así no lo hace, se entenderá que no es necesaria la presentación de una manifestación de impacto ambiental (se trata de un caso en que el silencio administrativo genera un efecto positivo o, como suele decirse, de un caso de "positiva ficta").

El hecho de que determinadas obras o actividades de competencia federal no requieran de la evaluación previa de su impacto ambiental, no implica que ellas queden fuera de toda normatividad y que su impacto sobre el ambiente quede fuera de todo control. En efecto, recuerda el artículo 29 de la LGEEPA que dichas obras o actividades estarán sujetas en lo conducente a las disposiciones de la misma Ley, sus reglamentos, las normas oficiales mexicanas en materia ambiental y la legislación sobre recursos naturales que resulte aplicable, así como que sus efectos negativos serán controlados a través de los permisos, licencias, autorizaciones y concesiones que conforme a dicha normatividad se requiera.

Además de estos casos de evaluación del impacto ambiental propiamente tal, la LGEEPA establece por lo menos en una oportunidad lo que más atrás se ha llamado "evaluación del impacto ambiental impropia". Se trata del caso del artículo 104, donde se ordena a la SEMARNAP que promueva ante la Secretaría de Agricultura, Ganadería y Desarrollo Rural la realización de "estudios de impacto ambiental" previos al otorgamiento de autorizaciones para efectuar cambios del uso del suelo, cuando existan elementos que permitan prever grave deterioro de los suelos afectados y del equilibrio ecológico en la zona. En efecto, lo que la norma que se está examinando persigue es que se lleve a cabo un estudio de impacto ambiental dentro de los procedimientos de cambio de uso del suelo, como uno de los elementos a tenerse en cuenta para conceder o denegar la autorización de los cambios del uso del suelo.

En síntesis, se puede concluir que la LGEEPA, en los términos establecidos por las modificaciones de 1996, establece un sistema de lista, pero dotado de una cierta flexibilidad reglamentaria y administrativa: flexibilidad reglamentaria en razón de lo dispuesto en el párrafo segundo del artículo 28 y administrativa en razón de lo dispuesto en la fracción XIII del párrafo primero de ese artículo y en el parráfo tercero del mismo artículo. Este sistema tiene en cuenta, por una parte, la necesidad de otorgar certeza sobre los casos en que se aplicará el mecanismo de la EIA, limitándolo a las obras y actividades que parecen estrictamente ameritarlo y, por otra parte, la necesidad de extenderlo a los casos concretos que no se hubieran tenido en consideración al momento de regularse la materia, pero no de una manera discrecional sino fundada.

Dicho sistema pudiera ser criticable a la luz de lo anunciado en la exposición de motivos de la iniciativa de modificaciones de 1996, donde se dice que las modificaciones a la Ley en esta materia tienen, entre otros propósitos, incorporar "una relación precisa de aquellas obras o actividades cuyo impacto ambiental corresponderá evaluar al Gobierno Federal", así como "que los particulares tengan mayor certeza jurídica al conocer con precisión las actividades que requieran autorización". Sin embargo, la verdad es que esta flexibilidad, además de ser necesaria, no implica necesariamente incertidumbre (que es lo contrario a la "certeza"), sino un nivel de discrecionalidad reglamentaria y administrativa, de la que por otra parte no puede hacerse un ejercicio arbitrario, sino que conforme a ciertos parámetros que son dados por la razón.

74. El procedimiento de la evaluación del impacto ambiental

La mayor parte de las disposiciones de la LGEEPA destinadas a regular la evaluación del impacto ambiental, se ocupan del procedimiento con arreglo al cual se pone en movimiento este instrumento de la política ambiental nacional. Estas disposiciones están complementadas por numerosas disposiciones del Reglamento vigente sobre la materia, las que por cierto deberán ser actualizadas y concordadas con los muchos cambios incorporados por las modificaciones de 1996.

El primer punto que debe ponerse en claro es el relativo al *carácter previo* del procedimiento de la EIA. En efecto, dicho procedimiento debe iniciarse y concluirse antes del comienzo de las obras o actividades, como lo subrayan los artículos 28 de la Ley y 6º, párrafo primero, del Reglamento. La iniciación de las obras o actividades que debiendo hacerlo no se someten a esa exigencia, puede ser materia de denuncia popular (artículos 41 y 42 del Reglamento) y ameritar sanciones administrativas (artículo 47 del Reglamento), sin perjuicio de que, con base en los artículos 170 de la LGEEPA y 42 del Reglamento, se adopte alguna medida de seguridad a su respecto.

El *inicio del procedimiento* está reglado por los artículos 32 de la LGEEPA y 6º a 12 del Reglamento. De acuerdo con esos preceptos, el procedimiento se puede iniciar mediante: *1)* un informe preventivo, o *2)* una manifestación del impacto ambiental.

El *informe preventivo* como método para la iniciación del procedimiento de la EIA no estaba contemplado originalmente en la LGEEPA, sino que era una tan oportuna como necesaria creación de los artículos 7º y 8º del Reglamento. Las modificaciones de 1996 le dieron un rango legal a dicho informe, en los términos que establece el actual artículo 31 de la Ley. Dispone ese precepto legal que la realización de las obras y actividades a que se refieren las fracciones I a XII del artículo 28 requerirán la presentación de un informe preventivo y no una manifestación de impacto ambiental, cuando concurra cualquiera de las siguientes circunstancias que señalan las tres fracciones que se reproducen a continuación:

I. Existan normas oficiales mexicanas u otras disposiciones que regulen las emisiones, las descargas, el aprovechamiento de recursos naturales y, en general, todos los impactos ambientales relevantes que puedan producir las obras o actividades;

II. Las obras o actividades de que se trate estén expresamente previstas por un plan parcial de desarrollo urbano o de ordenamiento ecológico que haya sido evaluado por la Secretaría en los términos del artículo siguiente, o

III. Se trate de instalaciones ubicadas en parques industriales autorizados en los términos de la presente sección.

En los casos anteriores, la Secretaría, una vez analizado el informe preventivo, determinará, en un plazo no mayor de 20 días, si se requiere la presentación de una manifestación de impacto ambiental en alguna de las modalidades previstas en el reglamento de la presente Ley, o si se está en alguno de los supuestos señalados.

La Secretaría publicará en su *Gaceta Ecológica*, el listado de los informes preventivos que le sean presentados en los términos de este artículo, los cuales estarán a disposición del público.

La disposición contenida en la fracción II del artículo 31 se encuentra complementada por lo previsto en el artículo 32 de la misma LGEEPA, que a la letra prescribe:

> En el caso de que un plan o programa parcial de desarrollo urbano o de ordenamiento ecológico del territorio incluyan obras o actividades de las señaladas en el artículo 28 de esta Ley, las autoridades competentes de los Estados, el Distrito Federal o los Municipios, podrán presentar dichos planes o programas a la Secretaría, con el propósito de que ésta emita la autorización que en materia de impacto ambiental corresponda, respecto del conjunto de obras o actividades que se prevean realizar en un área determinada, en los términos previstos en el artículo 31 de esta Ley.

El texto del artículo 31 de la Ley pone de manifiesto una vez más el propósito de la LGEEPA de reservar la evaluación del impacto ambiental a los casos que, a falta de una normatividad sobre la materia, la requieran.

La fracción I del artículo 31 es aparentemente contradictorio con lo señalado en el artículo 28, en tanto de acuerdo con ese precepto se deben someter a evaluación de impacto ambiental las obras que "puedan causar desequilibrio ecológico" o "rebasar los límites y condiciones establecidas en las disposiciones aplicables para proteger el ambiente".

Sin embargo, la verdad es que esa fracción tiene sentido, si lo que se pretende allí decir es que requieren de informe preventivo aquellas obras o actividades enumeradas en el artículo 28 de la Ley cuando, existiendo normas oficiales mexicanas u otras disposiciones que regulen las emisiones, las descargas, el aprovechamiento de recursos naturales y, en general, todos los impactos ambientales relevantes que puedan producir las obras o actividades, las respectivas obras o actividades no rebasan los límites o condiciones establecidos en dicha normatividad. El procedimiento iniciado en estos casos mediante la presentación de un informe preventivo permitirá determinar si ello es efectivamente así. El propósito de esa fracción I es reducir el campo de aplicación de la evaluación del impacto ambiental, en los casos en que exista una normatividad que así lo permita.[20]

[20] En cambio, las fracciones II y III del mismo artículo 31 son absolutamente innecesarias, toda vez que es evidente que no requiere de evaluación del impacto ambiental un proyecto de obra o de actividades ya evaluado en su conjunto.

La *manifestación del impacto ambiental* (MIA) está definida en el texto actual de la fracción XX del artículo 3º como "el documento mediante el cual se da a conocer, con base en estudios, el impacto ambiental, significativo y potencial que generaría una obra o actividad, así como la forma de evitarlo o atenuarlo en caso de que sea negativo". Recuérdese que dos de los componentes de esta definición se encuentran, a su vez, definidos por el propio artículo 3º: ambiente e impacto ambiental (fracciones I y XIX, respectivamente).

La presentación de la MIA está reglada, por su parte, en los artículos 30 de la LGEEPA y 6º, 9º a 13 y otros del Reglamento por ahora vigente. Dispone el primero de esos preceptos que para obtener la autorización a que se refiere el artículo 28 de esta Ley, los interesados deberán presentar a la Secretaría una manifestación de impacto ambiental, que deberá contener, por lo menos, lo siguiente: *1)* Una descripción de los posibles efectos en el o los ecosistemas que pudieran ser afectados por la obra o actividad de que se trate, considerando el conjunto de los elementos que conforman dichos ecosistemas; y *2)* las medidas preventivas, de mitigación y las demás necesarias para evitar y reducir al mínimo los efectos negativos sobre el ambiente (párrafo primero).

Además, el mismo precepto legal exige que, cuando se trate de actividades consideradas altamente riesgosas en los términos de la LGEEPA, la manifestación incluya el *estudio de riesgo* correspondiente (párrafo segundo). Esta exigencia se encontraba prevista en el texto anterior de dicho precepto legal, de modo que las modificaciones de 1996 se limitaron a precisar que dicho estudio sería procedente sólo en los casos de actividades consideradas altamente riesgosas (lo que por otra parte ya había precisado el Reglamento de 1988). El estudio de riesgo se diferencia de la manifestación de impacto ambiental en que, en el primero, está presente la idea de un accidente posible, es decir, de una eventual modificación del ambiente como una consecuencia anormal de la obra o actividad de que se trate, que obligaría a tomar algunas medidas especiales.

Es importante tener presente que las *modificaciones al proyecto de la obra o actividad* de que se trate pueden hacer necesaria la presentación de información adicional. En efecto, previene el mismo artículo 31 que, si después de la presentación de una manifestación de impacto ambiental se realizan tales modificaciones, los interesados deberán hacerlas del conocimiento de la Secretaría, a fin de que ésta, en un plazo no mayor de 10 días, les notifique si es necesaria la presentación de información adicional para evaluar los efectos al ambiente, que pudiesen ocasionar tales modificaciones, en términos de lo dispuesto en la propia Ley (párrafo tercero).

Los *contenidos del informe preventivo*, así como las *características y las modalidades de las manifestaciones de impacto ambiental y los estudios de riesgo* deben ser establecidos por el Reglamento de la LGEEPA. Así lo indica el párrafo final del artículo 30 de la Ley.

En lo que se refiere a *los contenidos del informe preventivo*, el artículo 8º del Reglamento vigente prescribe que éste se formulará conforme a los instructivos que para ese efecto expida la Secretaría y deberá contener al menos la información que señala ese mismo precepto, sin perjuicio de la facultad de la Secretaría para requerir a los interesados información complementaria.

Por lo que hace a *las características y las modalidades de las manifestaciones de impacto ambiental*, el artículo 9º del Reglamento dispone que éstas se pueden presentar en las siguientes modalidades: *1)* general; *2)* intermedia; y *3)* específica. La MIA en su modalidad general procede en todos los casos del artículo 5º. del Reglamento. La MIA en sus modalidades intermedia o específica procede sólo a requerimiento de la Secretaría, una vez presentada la MIA en su modalidad general, cuando las características de la obra o actividad, su magnitud o considerable impacto en el ambiente, o las condiciones del sitio en que pretenda desarrollarse, hagan necesaria la presentación de diversa y más precisa información. Las manifestaciones de impacto ambiental deberán sujetarse a los instructivos expedidos por la Secretaría para ese efecto y, en todo caso, deberán contener como mínimo la información que señalan para cada una de sus modalidades posibles los artículos 10, 11 y 12 del Reglamento. Así lo establece el mismo artículo 9º del Reglamento.

Finalmente, respecto de *las características y las modalidades de los estudios de riesgo*, el Reglamento por ahora vigente nada dispone sobre el particular, como no sea que su contenido deberá sujetarse a lo que prevengan los ordenamientos que rigen las actividades consideradas como altamente riesgosas (artículo 6º, párrafo segundo). Pero la definición que hace el mismo Reglamento de dichos estudios permite entender que, a lo menos, dichos estudios deben analizar los riesgos de las acciones proyectadas y los riesgos que ellas representan, así como las medidas a adoptarse en caso de posibles accidentes. En efecto, establece esa definición que el estudio de riesgo es el "documento mediante el cual se da a conocer, a partir del análisis de las acciones proyectadas para el desarrollo de una obra o actividad, los riesgos que dichas obras o actividades representan para el equilibrio ecológico o el ambiente, así como las medidas técnicas de seguridad, preventivas y correctivas, tendientes a evitar, mitigar minimizar o controlar los efectos adversos al equilibrio ecológico en caso de un posible accidente, durante la ejecución u operación normal de la obra o actividad de que se trate" (fracción II del artículo 3º del Reglamento).

Los informes preventivos, manifestaciones de impacto ambiental y estudios de riesgo pueden ser elaborados por *personas que presten servicios de impacto ambiental*, mismas que serán responsables ante la Secretaría de esos documentos y declararán bajo protesta de decir verdad que en ellos se incorporan las mejores técnicas y metodologías existentes, así como la información y medidas de prevención y mitigación más efectivas. Estos mismos documentos pueden ser presentados por los *in-*

teresados, instituciones de investigación, colegios o asociaciones profesionales, en cuyo caso la responsabilidad respecto del contenido del documento corresponderá a quien lo suscriba. Así lo establece el artículo 35 bis 1 de la LGEEPA, cuyas modificaciones de 1996 eliminaron el registro previsto en el artículo 32 del texto original de la Ley y regulado en los artículos 43 a 46 del Reglamento.

Una vez *iniciado el procedimiento*, su curso dependerá de cómo ha comenzado. *Si el procedimiento se ha iniciado con un informe preventivo*, la Secretaría deberá, tal como lo prescribe el párrafo segundo del artículo 31 de la LGEEPA, analizarlo y determinar, en un plazo no mayor de 20 días, si se requiere la presentación de una manifestación de impacto ambiental en alguna de las modalidades previstas en el Reglamento sobre la materia o si, efectivamente, se está en alguno de los supuestos señalados en ese artículo, todo ello sin perjuicio de su publicación en los términos señalados en el párrafo tercero del mismo precepto legal.

Si el procedimiento se ha iniciado con una manifestación de impacto ambiental (o ésta ha seguido a la presentación de un informe preventivo), la Secretaría deberá, con arreglo a lo previsto en los términos del párrafo primero del artículo 35, comenzar el proceso de evaluación, para lo cual revisará que la solicitud se ajuste a las formalidades previstas en esta Ley, su Reglamento y las normas oficiales mexicanas aplicables, debiendo integrar el expediente respectivo en un plazo no mayor de 10 días. Agrega el artículo 35 bis que la Secretaría deberá emitir la resolución correspondiente dentro del plazo de 60 días contados a partir de la recepción de la manifestación de impacto ambiental (párrafo primero).

Sin embargo, este último precepto legal también dispone que la Secretaría podrá solicitar aclaraciones, rectificaciones o ampliaciones al contenido de la manifestación de impacto ambiental que le sea presentada, en cuyo caso se suspenderá el término que restare para concluir el procedimiento. En ningún caso la suspensión podrá exceder el plazo de 60 días, contados a partir de que ésta sea declarada por la Secretaría, y siempre y cuando le sea entregada la información requerida. Sólo cuando por la complejidad y las dimensiones de una obra o actividad la Secretaría requiera de un plazo mayor para su evaluación, éste se podrá ampliar hasta por 60 días adicionales, siempre que se justifique conforme en los términos a lo dispuesto en el reglamento de la presente Ley.

Además, en cumplimiento de lo dispuesto en el artículo 33 de la LGEEPA, la Secretaría deberá, en el caso de las obras y actividades a que se refieren las fracciones IV, VIII, IX y XI del artículo 28, notificar a los gobiernos estatales y municipales o del Distrito Federal, según corresponda, que ha recibido la manifestación de impacto ambiental respectiva, a fin de que éstos manifiesten lo que a su derecho convenga. Hay que advertir que, conforme lo previene el mismo precepto, la autorización que expida la Secretaría no obligará en forma alguna a las autoridades locales para expedir las autorizaciones que les corresponda en el ámbito de sus respectivas competencias.

Una vez integrado el expediente, *la Secretaría debe ponerlo a disposición del público, con el fin de que pueda ser consultado por cualquier persona*. Pero los promoventes de la obra o actividad pueden a su vez requerir que se mantenga en reserva la información que haya sido integrada al expediente y que, de hacerse pública, pudiera afectar derechos de propiedad industrial, y la confidencialidad de la información comercial que aporte el interesado. Así lo disponen los párrafos primero y segundo del artículo 34 de la LGEEPA, que no se separa mucho del texto original del artículo 33 de la Ley, modificado en 1996. Allí se estableció, desde 1988, el mecanismo de la *consulta del expediente*, desarrollado por los artículos 39 a 42 del Reglamento y de escasa significación como instrumento para la participación social.

Lo verdaderamente importante es la introducción del mecanismo de la *consulta pública* en el procedimiento de evaluación del impacto ambiental, como consecuencia de las mismas modificaciones de 1996. En efecto, establece el párrafo tercero y final del artículo 34 de la LGEEPA que la Secretaría, a solicitud de cualquier persona de la comunidad de que se trate, podrá llevar a cabo una consulta pública, conforme a las bases que se señalan en las cinco fracciones que integran ese mismo precepto y que se reproducen literalmente a continuación:

I. La Secretaría publicará la solicitud de autorización en materia de impacto ambiental en su *Gaceta Ecológica*. Asimismo, el promovente deberá publicar a su costa, un extracto del proyecto de la obra o actividad en un periódico de amplia circulación en la entidad federativa de que se trate, dentro del plazo de cinco días contados a partir de la fecha en que se presente la manifestación de impacto ambiental a la Secretaría;

II. Cualquier ciudadano, dentro del plazo de diez días contados a partir de la publicación del extracto del proyecto en los términos antes referidos, podrá solicitar a la Secretaría ponga a disposición del público en la entidad federativa que corresponda, la manifestación de impacto ambiental;

III. Cuando se trate de obras o actividades que puedan generar desequilibrios ecológicos graves o daños a la salud pública o a los ecosistemas, de conformidad con lo que señale el reglamento de la presente Ley, la Secretaría, en coordinación con las autoridades locales, podrá organizar una reunión pública de información en la que el promovente explicará los aspectos técnicos ambientales de la obra o actividad de que se trate;

IV. Cualquier interesado, dentro del plazo de 20 días contados a partir de que la Secretaría ponga a disposición del público la manifestación de impacto ambiental en los términos de la fracción I, podrá proponer el establecimiento de medidas de prevención y mitigación adicionales, así como las observaciones que considere pertinentes, y

V. La Secretaría agregará las observaciones realizadas por los interesados al expediente respectivo y consignará, en la resolución que emita, el proceso de consulta pública realizado y los resultados de las observaciones y propuestas que por escrito se hayan formulado.

El precepto recién transcrito amerita algunas aclaraciones, que probablemente la reglamentación que se haga de dicho precepto se encargará de desarrollar.

Como se obvio, la consulta pública es algo diverso de la consulta del expediente. En efecto, la consulta pública es un procedimiento que tiene por propósito permitir la intervención de los ciudadanos en la evaluación del impacto ambiental de que se trate, agregar al expediente las observaciones que formulen y considerarlas en el momento de la decisión que recaiga sobre la solicitud de autorización.

El procedimiento de la consulta no tiene lugar en todos los casos en que se esté llevando a cabo una evaluación del impacto ambiental: para ello es menester que medie una "solicitud de cualquier persona de la comunidad de que se trate", como lo indica el encabezado del párrafo tercero del artículo 34. Tal como se encuentra regulado el tema en la LGEEPA, cabe entender que esa persona es el "ciudadano" a que se refiere la fracción II, quien dentro del plazo allí indicado puede solicitar a la Secretaría "ponga a disposición del público en la entidad federativa que corresponda, la manifestación de impacto ambiental", dando inicio al procedimiento de la consulta. Repárese en que esta puesta a disposición del público del expediente es algo diverso de la puesta a disposición del público del expediente mencionada en el párrafo primero del artículo 34: la última procede siempre, pero para el solo efecto de la consulta del expediente, mientras que la primera procede sólo si así se ha solicitado para efectos de una consulta pública y, además, debe hacerse precisamente en la entidad federativa de que se trate.

De acuerdo con la fracción IV del artículo 34, a partir del momento en que se ponga el expediente a disposición del público en la entidad federativa (la referencia a la fracción I que allí se hace debe entenderse hecha a la fracción II) comienza a correr un plazo de 20 días para que "cualquier interesado" pueda formular las observaciones que considere pertinentes y proponer, en su caso, el establecimiento de medidas de prevención y mitigación adicionales. "Cualquier interesado" es toda persona que tenga interés en involucrarse en la consulta, como lo indica la lógica de la participación social en la gestión ambiental: esta mención no puede entenderse como limitada a quién solicitó la consulta pública, ni menos aún a quién demuestre tener un interés personal comprometido.

La consulta puede incluir una *reunión pública de información*, en la que el promovente de la evaluación del impacto ambiental explicará los aspectos técnicos ambientales de la obra o actividad de que se trate. Esta reunión procederá en los casos que señale la futura reglamentación de la consulta pública y será organizada por la Secretaría, en coordinación con las autoridades locales. Así lo establece la fracción III del artículo 34. Sería deseable que esa reglamentación procurare evitar el desfase que pudiera haber entre la celebración de la reunión y el plazo establecido por la Ley para formular observaciones y proponer medidas.

Haya o no reunión pública de información, el hecho es que la Secretaría debe agregar las observaciones formuladas por los interesados al expediente y, en la resolución que en definitiva emita, debe referirse al proceso de consulta pública realizado y pronunciarse sobre las observaciones y propuestas que por escrito se hayan formulado. En otras palabras, estas observaciones y propuestas no tienen un carácter vinculante para la autoridad, pero ésta tiene el deber de tenerlas en consideración, explícitamente, en el momento de la decisión.

75. La conclusión del procedimiento de evaluación del impacto ambiental

El procedimiento de la EIA concluye con la *evaluación de la manifestación de impacto ambiental* y con la *resolución de la solicitud de autorización*. Se trata de dos actos: uno de razonamiento y otro de decisión, que tiene su fundamento en el anterior, mediante el cual la Secretaría manifiesta su voluntad respecto de la autorización solicitada. Esta distinción la hace la propia LGEEPA, cuando establece en el párrafo cuarto de su artículo 35 que "una vez evaluada la manifestación de impacto ambiental, la Secretaría emitirá, debidamente fundada y motivada, la resolución correspondiente", en la que podrá autorizar o denegar la solicitud (o autorizarla de manera condicionada). Los plazos de que dispone la Secretaría para ese efecto han sido examinados en la sección anterior.

En lo que concierne al acto de *evaluación de la manifestación de impacto ambiental*, es importante tener presente que la LGEEPA señala con claridad cuáles son los *elementos* que la Secretaría debe tomar en cuenta en este proceso de evaluación, a saber: *1)* Lo establecido en la propia LGEEPA, en su Reglamento y en las normas oficiales mexicanas aplicables, así como los programas de desarrollo urbano y de ordenamiento ecológico del territorio, las declaratorias de áreas naturales protegidas y las demás disposiciones jurídicas que fueran procedentes; y *2)* los posibles efectos de las respectivas obras o actividades en el o los ecosistemas de que se trate, *considerando el conjunto de elementos que los conforman y no únicamente los recursos que, en su caso, serían sujetos de aprovechamiento o afectación*. Esto es lo que disponen los párrafos segundo y tercero del artículo 35 de la Ley. La EIA es, por consiguiente, no sólo un mecanismo para aplicar la política ambiental nacional, sino también un mecanismo para controlar la aplicación de otros mecanismos de la misma política o,si se pudiera decir así, un "instrumento de instrumentos".

En lo que toca al acto de *resolución de la solicitud de autorización*, el mismo artículo 35 dispone que éste puede consistir en una autorización pura y simple para la realización de la obra o actividad de que se trate o en una autorización condicionada de las mismas o en una negativa. A continuación se examinan estos últimos dos supuestos.

Autorizar de manera condicionada la obra o actividad de que se trate signica subordinar su realización a la modificación del proyecto o al establecimiento de medidas adicionales de prevención y mitigación, a fin de que se eviten, atenúen o compensen los impactos ambientales adversos susceptibles de ser producidos en la construcción, operación normal y en caso de accidente. En estos casos, la Secretaría habrá de señalar los requerimientos que deban observarse en la realización de la obra o actividad prevista.

La autorización solicitada debe ser denegada en cualquiera de los siguientes tres casos: *1)* cuando se contravenga lo establecido en la LGEEPA, sus reglamentos, las normas oficiales mexicanas y demás disposiciones aplicables; *2)* cuando la obra o actividad de que se trate pueda propiciar que una o más especies sean declaradas como amenazadas o en peligro de extinción o cuando se afecte una de dichas especies; y *3)* cuando exista falsedad en la información proporcionada por los promoventes, respecto de los impactos ambientales de la obra o actividad de que se trate.

Sin perjuicio de lo anterior, el párrafo penúltimo del artículo 35 agrega que la Secretaría podrá exigir el otorgamiento de *seguros o garantías* respecto del cumplimiento de las condiciones establecidas en la autorización, en aquellos casos expresamente señalados por la futura reglamentación de la Ley, cuando durante la realización de las obras puedan producirse daños graves a los ecosistemas.

Finalmente, el último párrafo del mismo artículo 35 acota que la resolución de la Secretaría sólo se referirá a los aspectos ambientales de las obras y actividades de que se trate. Sin embargo, esta resolución puede integrarse, por razones de simplificación administrativa, con otros actos. En efecto, dispone el segundo párrafo del artículo 35 bis 3 que la Secretaría, a solicitud del promovente, integrará a la autorización en materia de impacto ambiental los demás permisos, licencias y autorizaciones de su competencia que sean requeridos para la realización de las obras y actividades mencionados en el artículo 28 de la Ley. En cambio, cuando algunas de esas obras requiere, además de la autorización en materia de impacto ambiental, contar con autorización de inicio de obra, se deberá verificar que el responsable ya tiene la autorización de impacto ambiental expedida en términos de lo dispuesto en este ordenamiento (párrafo primero del artículo 35 bis 3).[21]

[21] *Cf.* el Acuerdo que establece los mecanismos y procedimientos para obtener la licencia ambiental única, mediante un trámite único, así como la actualización de la informa-

Con lo dicho concluye el ánalisis de la evaluación del impacto ambiental en el nivel federal. Quizás sólo reste decir que cabe esperar que cuando se apliquen de las modificaciones de 1996 se supere el actual estado de cosas. La EIA es un mecanismo joven. En muchas partes se ha incorporado de una manera apresurada, que a veces tiene que ver con las exigencias de las instituciones financieras internacionales, por lo menos en el caso de los proyectos financiados por esas instituciones. Esto explica una parte importante de los problemas que presenta su regulación jurídica, como son su muchas veces defectuosa normatividad y su relativa ineficacia. Esta defectuosa normatividad se expresa no sólo en vacíos y contradicciones, sino además en regulaciones carentes de un sustento técnico que las haga apropiadas para las situaciones que deben resolver. Así suele ocurrir con las instituciones jurídicas que se adoptan de manera apresurada e inmadura, es decir, sin estar acompañadas de un proceso de reflexión previo que oriente de manera correcta su regulación.

La incorporación de la EIA en México no ha sido ajena a este cuadro. Sin embargo, en pocos años se ha generado una reacción que finalmente se ha plasmado de alguna manera en las importantes modificaciones de 1996. En definitiva, estimamos que la evaluación del impacto ambiental llegará a funcionar de manera apropiada como instrumento de la política ambiental, a nivel de proyecto (que es como debe ser), cuando forme parte de un sistema completo de protección del medio ambiente y promoción del desarrollo sostenible, que contenga políticas de desarrollo y de protección al medio ambiente, planes y programas adecuados para implementar esas políticas y la evaluación ambiental estratégica y ordenamiento ecológico del territorio. Las modificaciones de 1996 ya han dado un paso en ese sentido.

76. LAS NORMAS OFICIALES MEXICANAS

Una de las causas más frecuentes de la ineficiencia de la legislación ambiental, está constituida por su insuficiente desarrollo, es decir, por la inexistencia de normas que tengan ese grado de especificidad que hace posible, jurídicamente hablando, la aplicación del sistema para la protección del medio ambiente. Como se dice más adelante, el hecho de que se ponga en vigor una determinada norma legal para la protección del medio ambiente, no significa necesariamente que la situación a que ella se refiere haya quedado regulada con la suficiencia requerida. En efecto, por

ción de emisiones mediante una cédula de operación, publicado en el *Diario Oficial de la Federación* del 11 de abril de 1997, así como el aviso por el que se dan a conocer al público en general, el instructivo general para obtener la licencia ambiental única para establecimientos industriales de jurisdicción federal y el formato de cédula de operación para establecimientos industriales de jurisdicción federal, publicado en el *Diario Oficial de la Federación* del 18 de agosto de 1997.*

* Véase Addenda, § 5.

lo general es indispensable para su aplicación que su contenido sea desarrollado, hasta un cierto nivel de especificación, por reglamentos y, sobre todo, por normas técnicas, que determinen con precisión lo que está prohibido y lo que está permitido.

En el sistema jurídico para la protección del medio ambiente vigente en México, esta necesidad fue satisfecha durante mucho tiempo a través de las llamadas "normas oficiales mexicanas" (NOM), establecidas con base en la Ley General de Normas y de Pesas y Medidas (*Diario Oficial de la Federación*, 7-IV-1961), más tarde remplazada por la Ley Federal sobre Metrología y Normalización (*Diario Oficial de la Federación*, 26-I-1988, con erratas en *Diario Oficial de la Federación*, 9-II-1988). Esta situación fue modificada por la LGEEPA, que introdujo en la legislación ambiental las llamadas "normas técnicas ecológicas", como un instrumento de la política ecológica general. El régimen de las normas técnicas ecológicas fue modificado, a su vez, por la Ley Federal sobre Metrología y Normalización, publicada en el *Diario Oficial de la Federación* del 1º de julio de 1992, que abrogó la Ley sobre la materia de 1988 y que ya ha sido varias veces modificada (véase los *Diarios Oficiales de la Federación* del 24-XII-1996 y 20-V-1997). Por consiguiente, las modificaciones de 1996 se limitaron a adecuar las disposiciones de la LGEEPA a las disposiciones vigentes sobre metrología y normalización, lo que hizo en los artículos 36 a 37 bis.

Establecen esas disposiciones que las dependencias competentes de la Administración Pública Federal sólo podrán expedir normas o especificaciones técnicas, criterios, reglas, instructivos, circulares, lineamientos y demás disposiciones de naturaleza análoga de carácter obligatorio, en las materias a que se refiere esa Ley, siempre que se ajusten al procedimiento establecido y se expidan como normas oficiales mexicanas (artículo 3°, fracción XI). Cabe señalar que el artículo 40 de la Ley incluye entre las materias de las normas oficiales mexicanas "las características y/o especificaciones, criterios y procedimientos que permitan proteger y promover el mejoramiento del medio ambiente y los ecosistemas, así como la preservación de los recursos naturales" (fracción X) y otras materias vinculadas a este tema (fracciones I, III, V, VI, VII, XII, XIII y XVII). Por su parte, el artículo 38 de la Ley dispone que corresponde a las dependencias de la Administración Pública Federal, en el ámbito de su competencia, expedir normas oficiales mexicanas en las materias relacionadas con sus atribuciones.

En consonancia con esas normas, el párrafo inicial del artículo 36 de la LGEEPA establece que, "para garantizar la sustentabilidad de las actividades económicas, la Secretaría emitirá normas oficiales mexicanas en materia ambiental y para el aprovechamiento sustentable de los recursos naturales", cuyo *objeto* es descrito en las seis fracciones que integran dicho párrafo en los siguientes términos:

I. Establecer los requisitos, especificaciones, condiciones, procedimientos, metas, parámetros y límites permisibles que deberán observarse en regiones, zonas, cuencas o ecosistemas, en aprovechamiento de recursos naturales, en el desarrollo de actividades económicas, en el uso y destino de bienes, en insumos y en procesos;

II. Considerar las condiciones necesarias para el bienestar de la población y la preservación o restauración de los recursos naturales y la protección al ambiente;

III. Estimular o inducir a los agentes económicos para reorientar sus procesos y tecnologías a la protección del ambiente y al desarrollo sustentable;

IV. Otorgar certidumbre a largo plazo a la inversión e inducir a los agentes económicos a asumir los costos de la afectación ambiental que ocasionen, y

V. Fomentar actividades productivas en un marco de eficiencia y sustentabilidad.

Agrega el párrafo final del mismo artículo 36 que la *expedición y modificación de las normas oficiales mexicanas en materia ambiental* se sujetará al procedimiento establecido en la Ley Federal sobre Metrología y Normalización.

La siguiente disposición se ocupa de regular una materia importante. En efecto, prescribe el artículo 37 de la Ley que, en la formulación de normas oficiales mexicanas en materia ambiental, deberá considerarse que el cumplimiento de sus previsiones debe realizarse de conformidad con las características de cada proceso productivo o actividad sujeta a regulación, *pero sin que ello implique el uso obligatorio de tecnologías específicas*. Así lo establece el párrafo primero de ese artículo.

Sin embargo, esas normas también se ponen en la situación de que se deba establecer el uso de equipos, procesos o tecnologías específicos. En esos casos, los destinatarios de las normas oficiales mexicanas en materia ambiental pueden proponer a la Secretaría para su aprobación, *los equipos, procesos o tecnologías alternativos* mediante los cuales se ajustarán a las previsiones correspondientes. Para tal efecto, los interesados deberán acompañar a su propuesta la justificación en que ésta se sustente para cumplir con los objetivos y finalidades establecidos en la norma oficial mexicana de que se trate. Una vez recibida la propuesta, la Secretaría en un plazo que no excederá de 30 días debe emitir la resolución respectiva. En caso de que no se emita dicha resolución en el plazo señalado, se considerará que ésta es negativa. Si la resolución es favorable, ella debe publicarse en un órgano de difusión oficial y surtirá efectos sólo en beneficio de quien lo solicite, quien deberá respetar, en su caso, los derechos adquiridos en materia de propiedad industrial. Esto es lo que prescriben los párrafos tercero a quinto del artículo 37.

Finalmente, el artículo 37 bis dispone que las normas oficiales mexicana en materia ambiental deberán señalar su *ámbito de validez*, así como la *vigencia y gradualidad* en su aplicación. En todo caso, ellas serán de cumplimiento obligatorio en todo el territorio nacional.

La Ley Orgánica de la Administración Pública Federal también se ocupa de esta materia, cuando dispone que la Secretaría debe establecer, con la participación que corresponda a otras dependencias y a las autoridades estatales y municipales, normas oficiales mexicanas sobre la preservación y restauración de la calidad del medio ambiente (fracción IV). El mismo precepto hace una mención especial a las normas oficiales mexicanas sobre materiales peligrosos y residuos sólidos y peligrosos.

77. La autorregulación y las auditorias ambientales

Uno de los cambios de las modificaciones de 1996 a la LGEEPA consistió en incorporar a ésta dos nuevos instrumentos específicos para la aplicación de la política ambiental nacional: la autorregulación y las auditorías ambientales.

La palabra *autorregulación* denomina el establecimiento, por los propios destinatarios de las regulaciones ambientales, de normas que contengan prescripciones más estrictas que las existentes en la normatividad vigente o que vengan a llenar vacíos de dicha normatividad, en términos de que su acatamiento implique un mejoramiento de su desempeño ambiental. Los beneficios de este tipo de normas para la gestión ambiental, allí donde ellas tienen un significado jurídico y no constituyen una mera obligación autoimpuesta, que por lo mismo no genera consecuencias jurídicas, son indiscutibles.

El artículo 38 de la LGEEPA se ocupa de la autorregulación y de otras materias relacionadas con ella. Prescribe su párrafo primero que "los productores, empresas u organizaciones empresariales podrán desarrollar procesos voluntarios de autorregulación ambiental, a través de los cuales mejoren su desempeño ambiental, respetando la legislación y normatividad vigente en la materia y se comprometan a superar o cumplir mayores niveles, metas o beneficios en materia de protección ambiental". Y, a continuación, su párrafo segundo dispone que la SEMARNAP, en el ámbito federal, inducirá o concertará las actividades que se señalan mediante cuatro fracciones, cuya reproducción literal se hace a continuación para efectos de su posterior análisis:

I. El desarrollo de procesos productivos adecuados y compatibles con el ambiente, así como sistemas de protección y restauración en la materia, convenidos con cámaras de industria, comercio y otras actividades productivas, organizaciones de productores, organizaciones representativas de una zona o región, instituciones de investigación científica y tecnológica y otras organizaciones interesadas;

II. El cumplimiento de normas voluntarias o especificaciones técnicas en materia ambiental que sean más estrictas que las normas oficiales mexicanas o que se refieran a aspectos no previstos por éstas, las cuales serán establecidas de común acuerdo con particulares o con asociaciones u organizaciones que los representen. Para tal efecto, la Secretaría podrá promover el establecimiento de normas mexicanas conforme a lo previsto en la Ley Federal sobre Metrología y Normalización;

III. El establecimiento de sistemas de certificación de procesos o productos para inducir patrones de consumo que sean compatibles o que preserven, mejoren o restauren el medio ambiente, debiendo observar, en su caso, las disposiciones aplicables de la Ley Federal sobre Metrología y Normalización, y

IV. Las demás acciones que induzcan a las empresas a alcanzar los objetivos de la política ambiental superiores a las previstas en la normatividad ambiental establecida.

El sentido general del artículo 38 de la Ley es facultar a la Secretaría, como lo dice la fracción IV de su segundo párrafo, para que induzca a las empresas a alcanzar objetivos superiores a los previstos en la política ambiental establecida en la normatividad vigente.

A efectos de alcanzar este propósito, la Secretaría está facultada, incluso, para concertar, entre otras cosas, el cumplimiento de normas o de especificaciones técnicas, más estrictas que las normas oficiales mexicanas o que se refieran a aspectos no previstas por éstas, las cuales, dice la fracción II del artículo 38, serán establecidas de común acuerdo con particulares o con asociaciones u organizaciones que los representen. Se trata, entonces, de una autorregulación "concertada", que transforma las normas o especificaciones asumidas voluntarias en reglas contractuales, cuyos efectos sin embargo no son regulados por la Ley. Dicha fracción se limita a decir que, "para tal efecto", la Secretaría podrá promover el establecimiento de normas mexicanas conforme a lo previsto en la Ley Federal sobre Metrología y Normalización, lo cual significa que la Secretaría deberá procurar que, cuando corresponda, estas reglas asuman el carácter de normas de referencia que es propio de las normas mexicanas.

Las otras dos fracciones del artículo 38 regulan otros temas, que no se refieren precisamente a la autorregulación en el sentido que se ha definido más atrás, pero que son atinentes al propósito de obtener desempeños ambientales más apropiados que los prescritos por la legislación sobre la materia. El primero de ellos es el desarrollo de *procesos productivos adecuados y compatibles con el ambiente, así como sistemas de protección y restauración en la materia* (fracción I). El desarrollo de estos procesos y sistemas puede ser convenido por la Secretaría con cámaras de industria, comercio y otras actividades productivas, organizaciones de productores, organizaciones representativas de una zona o región, instituciones de investigación científica y tecnológica y otras organizaciones interesadas. El segundo de ellos es el establecimiento de *sistemas de certificación de procesos o productos* para inducir patrones de consumo que sean compatibles o que preserven, mejoren o restauren el medio ambiente (fracción III). En este último caso deben observarse las disposiciones de la Ley de Metrología y Normalización, que contiene disposiciones específicas sobre certificación.

La *auditoría ambiental* es, como resulta del párarafo primero del artículo 38 bis de la Ley, el proceso que llevan a cabo en forma voluntaria los responsables del funcionamiento de una empresa y mediante el cual realizan el examen metodológico de sus operaciones respecto de la contaminación y el riesgo que generan, así como el grado de cumplimiento de la normatividad ambiental y de los parámetros internacionales y de buenas prácticas de operación e ingeniería aplicables, con el objeto de definir las medidas preventivas y correctivas necesarias para proteger el medio ambiente.

Se trata de un proceso voluntario, pero la Secretaría, en los términos del párrafo segundo del mismo artículo 38, debe desarrollar un programa dirigido a fomentar la realización de auditorías ambientales y, además, puede supervisar su ejecución.

Con ese propósito, la Secretaría deberá desarrollar un conjunto de actividades que detalla ese párrafo segundo, a lo largo de cinco fracciones que, a la letra, dicen lo siguiente:

I. Elaborará los términos de referencia que establezcan la metodología para la realización de las auditorías ambientales;

II. Establecerá un sistema de aprobación y acreditamiento de peritos y auditores ambientales, determinando los procedimientos y requisitos que deberán cumplir los interesados para incorporarse a dicho sistema, debiendo, en su caso, observar lo dispuesto por la Ley Federal sobre Metrología y Normalización.

Para tal efecto, integrará un comité técnico constituido por representantes de instituciones de investigación, colegios y asociaciones profesionales y organizaciones del sector industrial;

III. Desarrollará programas de capacitación en materia de peritajes y auditorías ambientales;

IV. Instrumentará un sistema de reconocimientos y estímulos que permita identificar a las industrias que cumplan oportunamente los compromisos adquiridos en las auditorías ambientales;

V. Promoverá la creación de centros regionales de apoyo a la mediana y pequeña industria, con el fin de facilitar la realización de auditorías en dichos sectores, y

VI. Convendrá o concertará con personas físicas o morales, públicas o privadas, la realización de auditorías ambientales.

Estas actividades de la Secretaría pueden transformar la auditoría ambiental en un proceso concertado por las empresas auditadas con la propia Secretaría, que se lleva a cabo con metodologías y por peritos y auditores oficiales. La LGEEPA, sin embargo, no regula sus consecuencias jurídicas.[22]

Finalmente, el artículo 38 bis 1 dispone que la SEMARNAP pondrá los programas preventivos y correctivos derivados de las auditorías ambientales, así como el diagnóstico básico del cual derivan, a disposición de quienes resulten o puedan resultar directamente afectados, con la consabida reserva de que deberán observarse las disposiciones legales relativas a la confidencialidad de la información industrial y comercial.

El artículo 38 bis 2 cierra la sección de autorregulación y auditorías ambientales con una norma en virtud de la cual los estados y el Distrito Federal podrán establecer sistemas sobre estas materias en el ámbito de sus respectivas competencias.

78. La investigación y educación ecológicas

La *investigación y educación ecológicas*, incluida la capacitación, son instrumentos de la más alta importancia para aplicar la política ambiental y, en general, para el desarrollo sostenible en cualquier parte del mundo. En ese sentido, no es exagerado afirmar que la creciente formación de una conciencia ambiental en la sociedad civil y en la sociedad política de un país es un prerrequisito indispensable para una gestión ambiental verdaderamente exitosa.

La legislación mexicana se viene ocupando de ese tema desde hace tiempo. Incluso, las disposiciones sobre educación ambiental cuentan con un marco constitucional. En efecto, el artículo 3º de la Carta Fundamental prescribe que la educación que se imparta atenderá, entre otros elementos, al aprovechamiento de los recursos del país. La vigente Ley General de Educación (*Diario Oficial de la Federación*, 29-XI-1993), por su parte, prescribe que la educación tendrá, entre otros fines, "hacer conciencia de la necesidad de un aprovechamiento racional de los recursos naturales y de la protección del ambiente" (artículo 7º, fracción XI).[23] El también vigente Programa de Desarrollo Educativo 1995-2000 (*Diario Oficial de la Federación*, 29-XI-1993) incluye la educación ambiental entre las grandes tendencias que la educación debe atender.[24]

[22] Es obvio que las auditorías que asumen la forma de convenios de concertación no eximen a la respectiva empresa de las sanciones administrativas en que incurra.

[23] Otro tanto hacía la anterior Ley Federal de Educación (*Diario Oficial de la Federación*, 29-XI-1973), que dispuso en su momento que la educación que se imparta debería tener, entre otros objetivos, hacer conciencia de la necesidad de un mejor aprovechamiento social de los recursos naturales y contribuir a preservar el equilibrio ecológico (artículo 5º).

[24] En la introducción del Programa se dice: "El deterioro ecológico mundial exige crear

La legislación ambiental, como es obvio, también se ha venido ocupando de estos temas. Así lo hizo la Ley Federal para Prevenir y Controlar la Contaminación Ambiental en 1971 (artículo 8º), así como la Ley Federal de Protección al Ambiente en 1982 (artículos 5º, fracción VI, 8º y 10). Estos son los antecedentes de los artículos 39 a 41 de la LGEEPA, que desde 1988 son los preceptos que rigen esa materia.

En materia de *educación ambiental*, el párrafo primero del artículo 39 de la LGEEPA prescribe que "las autoridades competentes promoverán la incorporación de contenidos ecológicos en los diversos ciclos educativos, especialmente en el nivel básico, así como en la formación cultural de la niñez y la juventud". El precepto comprende entonces tanto la educación formal como la educación no formal. Debe señalarse que el Acuerdo Nacional para la Modernización de la Educación Básica (*Diario Oficial de la Federación*, 19-V-1992) destaca la importancia que tiene la protección del medio ambiente al tratar de la reformulación de los contenidos educativos. Por otra parte y en estrecha relación con lo anterior, el párrafo segundo del artículo 39 dispone que las mismas autoridades "propiciarán el fortalecimiento de la conciencia ecológica, a través de los medios de comunicación masiva", lo que debe relacionarse con las facultades que asigna a la SEMARNAP la fracción III del artículo 158 de la LGEEPA.

La *formación profesional* en el campo ambiental está considerada por una regla especial, que fue incorporada a la LGEEPA por la Comisión de Ecología de la Cámara de Diputados como párrafo tercero del mismo artículo 39 y que a la letra dice:

> La Secretaría, con la participación de la Secretaría de Educación Pública, promoverá que las instituciones de educación superior y los organismos dedicados a la investigación científica y tecnológica, desarrollen planes y programas para la formación de especialistas en la materia en todo el territorio nacional y para la investigación de las causas y efectos de los fenómenos ambientales.

La *capacitación* es otra de las preocupaciones de la LGEEPA. Sobre el particular, dispone su artículo 40 que "la Secretaría del Trabajo y Previsión Social, promoverá el desarrollo de la capacitación y adiestramiento en y para el trabajo en materia de protección al ambiente, y de preservación y restauración del equilibrio ecológico, con arreglo a lo que establece esta Ley y de conformidad con los sistemas, métodos y procedimientos que prevenga la legislación especial. Asimismo, propiciará la incorporación de contenidos ecológicos en los programas de las comisiones mixtas de seguridad e higiene".

conciencia acerca de la gravedad del problema y la necesidad de adoptar conductas que favorezcan el equilibrio y el mejoramiento de la ecología. La educación deberá incluir, cada vez más, contenidos orientados a la creación de una cultura ecológica que detenga la destrucción del medio ambiente y garantice la cooperación de la población en las acciones de mejoramiento ambiental."

En lo que se refiere a la *investigación ambiental*, recién se ha visto que el párrafo tercero del artículo 39 de la LGEEPA prescribe que la SEMARNAP promoverá la investigación de las causas y los efectos de los fenómenos ambientales, en los términos allí señalados. Pues bien, el artículo 41 de la misma LGEEPA agrega, por su parte, que "el Gobierno Federal, las entidades federativas y los municipios con arreglo a lo que dispongan las legislaturas locales, fomentarán investigaciones científicas y promoverán programas para el desarrollo de técnicas y procedimientos que permitan prevenir, controlar y abatir la contaminación, propiciar el aprovechamiento racional de los recursos naturales y proteger los ecosistemas. Para ello se podrán celebrar convenios con instituciones de educación superior, centros de investigación, instituciones del sector social y privado, investigadores y especialistas en la materia".

En concordancia con todo lo anterior, las modificaciones de 1994 a la Ley Orgánica de la Administración Pública Federal incluyeron como atribución de la SEMARNAP la de

> coordinar, concertar y ejecutar proyectos de formación, capacitación y actualización para mejorar la capacidad de gestión ambiental y el uso sustentable de recursos naturales, estimular que las instituciones de educación superior y los centros de investigación realicen programas de formación de especialistas, proporcionen conocimientos ambientales e impulsen la investigación científica y tecnológica en la materia; promover que los organismos de promoción de la cultura y los medios de comunicación social contribuyan a la formación de actitudes y valores de protección ambiental y de conservación de nuestro patrimonio natural; y en coordinación con la Secretaría de Educación Pública, fortalecer los contenidos ambientales de planes y programas de estudios y los materiales de enseñanza de los diversos niveles y modalidades de educación [artículo 32 bis, fracción XXII].

Las mismas modificaciones de 1994 facultaron a la SEMARNAP para "elaborar, promover y difundir las tecnologías y formas de uso requeridas para el desarrollo sostenible de los ecosistemas y sobre la calidad ambiental de los procesos productivos, de los servicios y del transporte" (artículo 32 bis, fracción XII).

79. LOS INSTRUMENTOS PARA LOS CASOS DE CATÁSTROFES AMBIENTALES

Desde 1988 la LGEEPA cuenta con normas para los casos de *catástrofes ambientales*, es decir, de eventos que tienen el carácter de desastres y que afectan al medio ambiente en su conjunto. En ese año, la LGEEPA introdujo en el sistema jurídico mexicano para la protección del ambiente las ideas de "contingencia ambiental" y "emergencia ecológica", como situaciones a regularse por la propia LGEEPA, sin perjuicio de las demás disposiciones sobre las catástrofes o desastres.

El artículo 3º de la LGEEPA define la contingencia ambiental como la "situación de riesgo, derivada de actividades humanas o fenómenos naturales, que puede poner en peligro la integridad de uno o varios ecosistemas" (fracción VI), mientras define la emergencia ecológica como la "situación derivada de actividades humanas o fenómenos naturales que al afectar severamente a sus elementos, pone en peligro a uno o varios ecosistemas" (fracción XIII). Entre una y otra hay, entonces, una diferencia de grado.

Establece la facción VII del artículo 5º de la LGEEPA que es facultad de la Federación "la participación en la prevención y control de emergencias y contingencias ambientales, conforme a las políticas y programas de protección civil que al efecto se establezcan". Esta atribución es ejercida por el Poder Ejecutivo Federal, por medio de la Secretaría de Medio Ambiente, Recursos Naturales y Pesca (artículo 6º de la LGEEPA). Una atribución similar es establecida en la LGEEPA respecto de los estados y municipios, en los artículos 7º, fracción XII, y 8º, fracción XI, respectivamente.

La misma LGEEPA contiene otras disposiciones que se refieren a emergencias y contingencias. En materia de emergencias, dispone el artículo 145 que la Secretaría promoverá que en la determinación de los usos del suelo se especifiquen las zonas en las que se permita el establecimiento de industrias, comercios o servicios considerados riesgosos por la gravedad de los efectos que puedan generar en los ecosistemas o en el ambiente, tomándose en consideración, entre otros elementos, "la infraestructura existente y necesaria para la atención de emergencias ecológicas" (fracción V). En materia de contingencias, el artículo 66 prescribe que el programa de manejo de las áreas naturales protegidas deberá contener, entre otras menciones, acciones de prevención y control de contingencias (fracción II). Además, el artículo 150 prescribe que la Secretaría expedirá las normas oficiales mexicanas para la evaluación de riesgo e información sobre contingencias y accidentes que pudieran generarse por el manejo de materiales y residuos peligrosos (párrafo tercero). Por último, las normas que se refieren a la prevención y control de la contaminación de la atmósfera, facultan a la Secretaría para expedir las normas oficiales mexicanas que establezcan las previsiones a que deberá sujetarse la operación de fuentes fijas que emitan contaminantes a la atmósfera en caso de contingencias y emergencias ambientales (artículo 111, fracción XIV), disponiendo asimismo que los gobiernos locales tomarán las medidas preventivas necesarias para evitar contingencias ambientales por contaminación atmosférica (artículo 112, fracción VIII).

Estas disposiciones de la LGEEPA deben considerarse en el contexto que proporciona la legislación federal sobre protección civil a la que se remite la misma LGEEPA, que a partir de los sismos que en septiembre de 1985 afectaron gravemente a la ciudad de México y dentro de lo que podría denominarse la "educación a través del desastre", comenzó a preocuparse de las catástrofes. En efecto, después de esos sismos se creó un Comité de Prevención de Seguridad Civil, que elaboró las bases para establecer de un Sistema Nacional de Protección Civil. Estas bases, junto con el Programa de Protección Civil que contenían, fueron aprobadas por decreto publicado en el *Diario Oficial de la Federación* del 6 de mayo de 1986, integrándose al sistema de planeación vigente en el país. Posteriormente, se creó el Centro Nacional de Prevención de Desastres, con el carácter de órgano desconcentrado jerárquicamente subordinado a la Secretaría de Gobernación, con el objeto de que estudiara, desarrollara, aplicara y coordinara tecnologías para la prevención y mitigación de desastres, promoviera la capacitación profesional y técnica sobre la materia, y apoyara la difusión de medidas de preparación y autoprotección a la población ante la contingencia de un desastre (*Diario Oficial de la Federación*, 20-IX-1988). Más tarde, un Decreto creó el Consejo Nacional de Protección Civil, como órgano consultivo de coordinación de acciones y de participación social en la planeación de la protección civil (*Diario Oficial de la Federación*, 11-V-1990).

Lamentablemente, México es un país expuesto a variados riesgos de desastre. El *Programa de Protección Civil 1995-2000* hace un recuento de las experiencias históricas más recientes: el derrame de hidrocarburos provocados por el Pozo Ixtoc I en la Sonda de Campeche en 1979, la erupción del Volcán Chichón en 1982, el accidente de San Juan Ixhuatepec en 1984, los sismos de 1985, el impacto del Huracán Gilberto en 1988, el incendio forestal de 1989 en Quintana Roo, la erupción del Volcán de Colima en 1991, las explosiones en el sector Reforma de Guadalajara en 1992, el Huracán Gert en 1993, la erupción del Popocatépetl que se inició en 1994, los diversos huracanes, sismos e inundaciones que afectaron diversas partes del territorio nacional en 1995, etc. A ellos se suma, en los momentos en que se concluye la elaboración de la segunda edición de este libro, el huracán Paulina en 1997, de desvastadores efectos en Oaxaca y Guerrero.[25]

En la aplicación de las disposiciones sobre la materia, debe tenerse presente que la Ley Orgánica de la Armada de México (*Diario Oficial de la Federación*, 24-XII-1993) así como la Ley Federal del Ejército y la Fuerza Aérea Mexicanos (*Diario Oficial de la Federación*, 26-XII-1986) encomiendan a esas instituciones la misión de participar en casos de desastres.[26] Además, hay que tener presente que la Ley General de Población establece que corresponde a la Secretaría de Gobernación "adoptar las medidas necesarias para coordinar las actividades de las dependencias del sector público federal, estatal y municipal, así como las de los organismos privados para el auxilio de la población en las áreas en que se prevea u ocurra algún desastre" (artículo 3º, fracción XIII).

[25] Cf. la introdución de ese Programa (*Diario Oficial de la Federación*, 17-VII-1996).

[26] Las disposiciones que se refieren a las misiones que las autoridades militares deben desempeñar en caso de catástrofe no son congruentes con el texto del artículo 129 constitucional, que en su parte inicial dispone que "en tiempos de paz, ninguna autoridad militar puede ejercer más funciones que las que tengan exacta conexión con la disciplina mili-

En los casos de catástrofe ambientales son también aplicables las disposiciones de la Ley General de Salud. En efecto, esa Ley regula lo se que denomina "acción extraordinaria en materia de salubridad general" (artículos 181 a 184), estableciendo que: *1)* en caso de epidemia de carácter grave, peligro de invasión de enfermedades transmisibles, situaciones de emergencia o catástrofe, la Secretaría de Salud dictará inmediatamente las medidas indispensables para prevenir y combatir los daños a la salud, a reserva de que tales medidas sean después sancionadas por el Presidente de la República. Las dos primeras hipótesis para el ejercicio de la acción extraordinaria en materia de salubridad general, están previstas en la Constitución desde 1917 (base 2a. de la fracción XVI del artículo 73). Las siguientes no lo están, por lo que no es posible considerarlas como parte del singular sistema allí establecido (véase el párrafo 21); y *2)* en caso de emergencia causada por deterioro súbito del ambiente que ponga en peligro inminente a la población, la misma Secretaría adoptará las medidas de prevención y control indispensables para la protección de la salud, sin perjuicio de la intervención que corresponda al Consejo de Salubridad General y a la SEMARNAP (artículos 181 a 182). La referencia que se hace al Consejo de Salubridad General tiene que ver con las facultades constitucionales de dicho Consejo para adoptar medidas que tienen por objeto prevenir y combatir la contaminación ambiental (artículo 73, fracción XVI, base 4ª) y la que se hace a la SEMARNAP con las diversas atribuciones que le confiere la LGEEPA para la protección del ambiente.

tar...". Sin embargo, no son contradictorias, en nuestra opinión, con el espíritu del artículo 129 constitucional y, en todo caso, son necesarias. El artículo 129 constitucional es una reproducción textual del artículo 122 de la Constitución Política de 1857. Como quedó claro desde esa época, el propósito del precepto es evitar que las autoridades militares interfieran en las actividades de las autoridades civiles y, en definitiva, mantener subordinadas las primeras a las segundas. Así lo confirman, además, otras disposiciones constitucionales, en especial el artículo 89, fracción VI. Este propósito no es desvirtuado por el hecho de que el Ejército y la Fuerza Aérea tengan asignados, de acuerdo con su Ley Orgánica (que en este punto es casi igual a la que la precedió), la misión de prestar auxilio en caso de desastre, porque se trata de una misión que sólo tiene un carácter ocasional ("en caso de desastre") y, en consecuencia, no da pie para que esas instituciones participen permanentemente en funciones civiles y generen situaciones indeseables; pero, además, porque en el ejercicio de esta función tales instituciones siguen subordinadas, como está prescrito constitucionalmente y reafirmado por su Ley Orgánica, a la autoridad del Presidente de la República, así como al sistema jurídico. El mismo razonamiento es aplicable en el caso de la Armada. Por otra parte, creemos que una interpretación excesivamente apegada a la letra del artículo 129 constitucional conduce en este caso ni más ni menos a la conclusión de que la sociedad debe renunciar a que una parte de ella misma participe en la lucha contra circunstancias especialmente adversas, que involucran a toda la sociedad. Si esta interpretación prevaleciera alguna vez, creemos que sería conveniente revisar el artículo 129 constitucional, cuyo sentido original mantiene su vigencia, pero que en nuestra opinión no reflejaría entonces cabalmente la función que los institutos armados deben cumplir hoy en día dentro de una sociedad. No está de más señalar que la idea de mantener a dichos institutos como órganos prácticamente extraños a la sociedad, ha contribuido muchas veces a que en otros países ellos se transformen en el brazo armado de sectores minoritarios de la sociedad, con nefastas consecuencias para el país y para los propios institutos.

En ambos casos, el Ejecutivo Federal puede declarar, mediante decreto, que la región o regiones amenazadas queden sujetas, durante el tiempo que sea necesario, a la acción extraordinaria de salubridad, que ejerce la Secretaría de Salud y que consiste en un conjunto de medidas que señala la misma Ley (artículos 183 y 184).

A lo anterior hay que agregar la existencia de una Ley sobre el Sistema Nacional de Asistencia Social (*Diario Oficial de la Federación*, 9-I-1986), que tiene por objeto establecer las bases y procedimientos de un sistema que promueva la prestación de los servicios de asistencia social que establece la Ley General de Salud y coordine el acceso a los mismos, garantizando la concurrencia y colaboración de la Federación, las entidades federativas y los sectores social y privado. En esta Ley se declara que son sujetos de la recepción de los servicios de asistencia social preferentemente, entre otros, "las personas afectadas por desastres" (artículo 4º fracción XII). La misma Ley establece el Sistema Nacional para el Desarrollo Integral de la Familia como un organismo público descentralizado (antes conocido por su sigla DIF) y le asigna a ese organismo en los casos de desastre, como inundaciones, terremotos, derrumbes, explosiones, incendios y otros de naturaleza similar que causen daños a la población, la función de promover la atención y coordinación de las acciones de los distintos sectores sociales que actúe en beneficio de los damnificados, en el ámbito de su competencia y sin perjuicio de las atribuciones en la materia de otras dependencias y entidades (artículos 13 y 16).[27]

En algunos casos, es posible que las catástrofes ambientales hagan necesaria una suspensión de garantías. Ello es factible porque así lo permite el artículo 29 constitucional, que prescribe lo que sigue: "En los casos de invasión, perturbación grave de la paz pública, o de cualquier otro que ponga a la sociedad en grave peligro o conflicto, solamente el Presidente de los Estados Unidos Mexicanos, de acuerdo con los Titulares de las Secretarías de Estado, los Departamentos Administrativos y la Procuraduría General de la República y con aprobación del Congreso de la Unión y, en los recesos de éste, de la Comisión Permanente, podrá suspender en todo el país o en un lugar determinado las garantías que fuesen obstáculo para hacer frente, rápida y fácilmente a la situación; pero deberá hacerlo por tiempo limitado, por medio de prevenciones generales y sin que la suspensión se contraiga a determinado individuo. Si la suspensión tuviese lugar hallándose el Congreso reunido, éste concederá las autorizaciones que estime necesarias para que el Ejecutivo haga frente a la situación, pero si se verificase en tiempo de receso, se convocará sin demora al Congreso para que las acuerde". El precepto es aplicable a los casos de desastres ambientales, pues la Constitución

[27] Véase, además, el Estatuto Orgánico del Sistema Nacional para el Desarrollo Integral de la Familia vigente, publicado en el *Diario Oficial de la Federación* del 13 de septiembre de 1991, que remplazó el anterior publicado en el mismo periódico oficial del 30 de junio de 1986.

incluye entre las hipótesis que justifican la suspensión de garantías, a cualquier caso "que ponga a la sociedad en grave peligro". La suspensión de garantías no es, en general, una situación deseable. Así se ha entendido en la práctica. Los graves sismos que afectaron especialmente a la ciudad de México los días 19 y 20 de septiembre de 1985, por ejemplo, no dieron lugar a una suspensión de garantías, que hubiera sido a todas luces absurda, si se tiene en cuenta la notable manera como la sociedad civil enfrentó esta calamidad pública.

La gravedad que tienen o pueden llegar a tener ciertos desastres ambientales hace necesaria o deseable la cooperación internacional. En 1966, se constituyó la Organización Internacional de Protección Civil, de la que México no forma parte. Esta Organización fue creada para "intensificar y coordinar a escala mundial el desarrollo y el perfeccionamiento de la planificación, de los métodos y de los medios técnicos que permitan prevenir y atenuar las consecuencias de las catástrofes naturales en tiempo de paz, o del empleo de las armas en tiempo de guerra", según se expresó en el Preámbulo de su Constitución. Por su parte, la Organización de las Naciones Unidas creó una Oficina especializada para la atención de los casos de catástrofes naturales.

Además, en 1980, el gobierno de los Estados Unidos Mexicanos y el gobierno de los Estados Unidos de América suscribieron, en la ciudad de México, un Acuerdo sobre Cooperación en Casos de Desastres Naturales, que fue aprobado y debidamente promulgado (*Diario Oficial de la Federación*, 4-V-1981; con erratas en *Diario Oficial de la Federación*, 11-V-1981).

El Acuerdo se refiere a los desastres en las zonas fronterizas comunes y establece un Comité Consultivo México-Estados Unidos de América en materia de Desastres Naturales, que debe considerar medios de cooperación al hacer planes para enfrentarse a desastres naturales tales como huracanes, inundaciones, incendios, terremotos, deslizamientos de tierra, nevadas y erupciones volcánicas, u otras catástrofes de ese carácter, calificados estrictamente como tales por ambas Partes, a fin de proteger la vida, los bienes y la salud y salvaguardar a los habitantes de las zonas fronterizas comunes que resulten afectados. Asimismo, el Comité debe recomendar a las Partes programas concretos de cooperación en los aspectos de planificación para evitar desastres y de apoyo a la acción nacional y asistencia después del desastre, en el entendido de que la asistencia después del desastre estará limitada, excepto que se convenga en forma diferente, a la zona fronteriza común que ambas Partes determinen como tal. Sin perjuicio de lo anterior, el Comité puede servir de foro para intercambiar información relativa a la prevención, atención y rehabilitación en caso de desastres naturales fuera de sus zonas fronterizas comunes si la Parte afectada expresa su interés. Así lo establecen los Artículos I, II y III del Acuerdo.

En 1983, los mismos gobiernos suscribieron el importante Convenio sobre Cooperación para la Protección y Mejoramiento del Medio Ambiente en la Zona Fronteriza, que entre otros objetivos incluye "proveer un marco para el desarrollo de un sistema de notificación para situaciones de emergencia" (Artículo 1). El Convenio es, desde esta óptica, complementario del Acuerdo de 1980, que continúa en vigencia. Así lo aclara, por lo demás, el mismo Convenio, cuando establece que nada de lo contenido en él "será entendido en perjuicio de otros acuerdos vigentes o futuros entre las dos Partes, ni afectará los derechos y obligaciones de las Partes conforme a acuerdos internacionales de los que son parte" (Artículo 17).

Por otra parte, el 10 de abril de 1987 el gobierno de los Estados Unidos Mexicanos y el gobierno de Guatemala suscribieron, en la ciudad de Guatemala, un Acuerdo sobre Cooperación para la Prevención y Atención en Casos de Desastres Naturales, que fue aprobado y debidamente promulgado (*Diario Oficial de la Federación*, 23-III-1988). El Acuerdo establece un Comité Consultivo México-Guatemala en materia de prevención y atención de desastres naturales a fin de reducir, en lo posible, sus efectos en las poblaciones fronterizas.

En un plano regional, hay que recordar, en fin, que el Convenio de Panamá, constitutivo del Sistema Económico Latinoamericano, incluye entre los objetivos de ese organismo no sólo "estimular la cooperación para la protección, conservación y mejoramiento del medio ambiente", sino también, específicamente, "apoyar los esfuerzos de ayuda a los países que afronten situaciones de emergencia...provenientes de desastres naturales" (incisos "k" y "l", respectivamente, del núm. 1 del Artículo 5). México es parte contratante en este Convenio (*Diario Oficial de la Federación*, 8-IV-1976).

A lo anterior, cabe agregar que el principio 18 de la Declaración de Río establece lo que sigue:

> Los Estados deberán notificar inmediatamente a otros Estados de los desastres naturales u otras situaciones de emergencia que puedan producir efectos nocivos súbitos en el medio ambiente de esos Estados. La comunidad internacional deberá hacer todo lo posible por ayudar a los Estados que resulten afectados [principio 18].

80. Los intrumentos de control de la aplicación de la política ambiental

En esta sección se inicia el examen de los instrumentos de control de la política ambiental, es decir, de todos los mecanismos preventivos y correctivos establecidos en la LGEEPA para asegurar su propia aplicación, así como la aplicación de las disposiciones que derivan de ella. En estricto rigor, la LGEEPA y las disposiciones que derivan de ella son un instrumento de la política ambiental, en tanto contribuyen a establecer esa política y, a su vez, crean los instrumentos para su aplicación. Lo que llamamos "instrumentos de control" son, por tanto, mecanismos que tienen por objeto asegurar la aplicación de la política ambiental y sus instrumentos, mediante la imposición, incluso por la fuerza, de las disposiciones jurídicas que los establecen, en el caso de desviaciones de las conductas humanas a las prescripciones jurídicas, es decir, en caso de conflictos jurídicos.

Como se sabe, el derecho es una técnica social específica que procura inducir a los seres humanos a comportarse de una determinada manera. Lo específico de esa técnica consiste precisamente en la amenaza de una consecuencia jurídica, generalmente una sanción que puede incluso aplicarse mediante la fuerza, para quienes no se comporten de la manera prescrita por el derecho y, por tanto, generen un conflicto jurídico. Pero la consecuencia jurídica puede consistir también en una medida de seguridad, de naturaleza preventiva, cuyo objeto es evitar un daño que parece inminente.

De esta materia se ocupa el Título Sexto y final de la Ley (artículos 160 a 204), cuya denominación es "medidas de control y seguridad y sanciones" y que a través de sus siete capítulos trata, sucesivamente, las siguientes materias: disposiciones generales, inspección y vigilancia, medidas de seguridad, sanciones administrativas, recurso de revisión, delitos de orden federal y denuncia popular. Las disposiciones pertinentes de la Ley regulan, entonces, materias sustantivas y otras adjetivas o procesales vinculadas a éstas. Tales disposiciones fueron objeto de una importante revisión y ampliación por las modificaciones de 1996 a la LGEEPA, que entre otras cosas remitieron la tipificación de los delitos ambientales al Código Penal e incorporaron una disposición sobre la responsabilidad civil por el daño ambiental.

En las secciones que siguen se examinan estos instrumentos de control, que se pueden clasificar en medidas administrativas, penales y civiles. De manera paralela, se analizan los mecanismos procesales existentes para la solucionar los conflictos jurídico que se generen e imponer de esas medidas.

Las medidas administrativas pueden consistir en la imposición por la autoridad administrativa de medidas correctivas o de urgente aplicación, medidas de seguridad y sanciones administrativas. Estas se adoptan en procedimientos administrativos regidos por la LGEEPA y la Ley Federal de Procedimiento Administrativo. Las resoluciones definitivas dictadas en estos procedimientos pueden ser impugnadas mediante la interposición de un recurso de revisión. El recurso de revisión previsto en la LGEEPA, sin embargo, tiene alcances más amplios, como se dice más adelante.

Las medidas penales consisten en la imposición por la autoridad judicial de sanciones de esa naturaleza en los casos de los delitos tipificados como delitos ambientales federales, por medio de los procedimientos establecidos en el Código Federal de Procedimientos Penales.

Las medidas civiles consisten en la reparación del daño ambiental causado. Se trata de una materia local, regulada por los Códigos civiles de las entidades federativas y que debe ventilarse ante la autoridad judicial local, con arreglo a los términos establecidos en los Códigos de procedimientos civiles que corresponda.

Las disposiciones generales del Título sobre la materia de la LGEEPA en esta materia se limitan a precisar el ámbito material de los preceptos contenidos en los artículos 160 a 204, mediante la regla consignada en el párrafo primero del artículo 160 en virtud de la cual dichos preceptos se aplicarán "cuando se trate de asuntos de competencia federal regulados por esta Ley". Sin embargo, si estos asuntos están regulados también por otras leyes y ellas contienen disposiciones específicas en materia de actos de inspección y vigilancia, ejecución de medidas de seguridad, determinación de infracciones administrativas y de comisión de delitos y sus sanciones, y procedimientos y recursos administrativos, se aplicarán esas disposiciones específicas. Agrega el párrafo final de ese artículo que, tratándose de materias tratadas en la LGEEPA que se encuentran reguladas por leyes especiales, la LGEEPA "será de aplicación supletoria por lo que se refiere a los procedimientos de inspección y vigilancia".

Por último, el párrafo segundo del artículo 160 deja en claro que en estas materias "se aplicarán supletoriamente las disposiciones de las Leyes Federales de Procedimiento Administrativo y sobre Metrología y Normalización".

Junto con estas disposiciones de la LGEEPA cabe recordar las modificaciones introducidas a la Ley Orgánica de la Administración Pública Federal a fines de 1994, en virtud de las cuales corresponde a la SEMARNAP vigilar y estimular, coordinadamente con las autoridades federales, estatales y municipales, el cumplimiento de las leyes, normas y programas relacionados con los recursos naturales, medio ambiente, aguas, bosques, flora, fauna y pesca, y demás materias competencia de la Secretaría, así como, en su caso, imponer las sanciones procedentes (artículo 32 bis, fracción V).

Se trata de atribuciones vinculadas no sólo al cumplimiento de las leyes sobre la materia, sino también al estímulo para que dicho cumplimiento tenga lugar. Por otra parte, estas atribuciones se extienden más allá de las cuestiones ambientales vinculadas a los recursos naturales.

Estas y otras atribuciones conexas son ejercidas por la Procuraduría Federal de Protección al Ambiente, de conformidad con lo previsto en el Reglamento Interior de la Secretaría (artículo 62). Las atribuciones de vigilancia de la Procuraduría respecto de los recursos naturales se extienden únicamente a los aspectos ambientales de éstos.

81. La inspección y vigilancia. Las visitas de inspección

El ejercicio de los instrumentos de control supone que la SEMARNAP, por conducto de la Procuraduría Federal de Protección al Ambiente, ejerce la facultad de vigilancia contemplada en el artículo 32 bis, fracción V, de la Ley Orgánica de la Administración Pública Federal. Al procedimiento para el ejercicio de dicha facultad se refiere, con la denominación de "inspección y vigilancia", el capítulo II del Título VI de la LGEEPA, cuya disposición inicial prescribe que "la Secretaría realizará los actos de inspección y vigilancia del cumplimiento de las disposiciones contenidas en el presente ordenamiento, así como de las que del mismo se deriven" (artículo 161).

Lo que allí se regula son las *visitas de inspección*, así como los procesos administrativos a que puedan dar origen las visitas de inspección. En esta sección se examinan sólo el primero de esos temas.

Las reglas de las visitas de inspección no se separan mucho de la regulación tradicional de las visitas domiciliarias que establecen diversos ordenamientos jurídicos federales, con fundamento en el artículo 16 constitucional.[28] Dispone ese precepto constitucional que "nadie puede ser molestado en su persona, familia, domicilio, papeles o posesiones, sino en virtud de mandamiento escrito de la autoridad competente, que funde y motive la causa legal del procedimiento" (párrafo primero). La autoridad competente que puede expedir ese mandamiento escrito es la autoridad judicial mediante una orden de cateo, donde se habrá de expresar, según el mismo precepto constitucional, "el lugar que ha de inspeccionarse, la persona o personas que hayan de aprehenderse y los objetos que se buscan, a lo que únicamente debe limitarse la diligencia, levantándose al concluirla un acta circunstanciada, en presencia de dos testigos propuestos por el ocupante del lugar cateado o en su ausencia o negativa, por la autoridad que practica la diligencia" (párrafo noveno). Sin embargo, agrega ese precepto constitucional que "la autoridad administrativa podrá practicar visitas domiciliarias únicamente para cerciorarse de que se han cumplido los reglamentos sanitarios y de policía; y exigir la exhibición de los libros y papeles indispensables para comprobar que se han acatado las disposiciones fiscales, sujetándose en estos casos a las leyes respectivas y a las formalidades prescritas para los cateos" (párrafo décimo segundo).

En esta última norma constitucional se fundamenta la facultad que el párrafo primero del artículo 162 de la LGEEPA confiere a las autoridades competentes para "realizar, por conducto de personal debidamente autorizado, visitas de inspección, sin perjuicio de otras medidas previstas en las leyes que puedan llevar a cabo para verificar el cumplimiento de este ordenamiento". Esto ha sido cuestionado algunas veces con el

[28] Sobre el particular, véase el trabajo de Artemio Roque publicado con título "Bases constitucionales de las visitas de inspección y vigilancia en materia ambiental" en la revista *Vínculo jurídico* de la Facultad de Derecho de la Universidad Autónoma de Zacatecas (Núm. 18, abril-junio de 1994). Allí se recuerdan la garantías de legalidad establecida en el artículo 16, así como la garantía de audiencia establecida en el artículo 14, y se analiza la manera como la LGEEPA desarrolla estas materias con motivo de las visitas domiciliarias.

argumento de que las normas ambientales no tienen la naturaleza de "reglamentos de policía", por lo que las visitas de inspección serían inconstitucionales. Sin embargo, la verdad es que la palabra "policía" es usada en la Constitución Política en el sentido de "policía administrativa", que es el sentido que le da la doctrina francesa. En efecto, se trata de una forma de intervención de las autoridades administrativas que consiste en la imposición de algunas limitaciones a las libertades de los individuos para asegurar la vigencia del orden público.

Los preceptos que siguen desarrollan el procedimiento de estas visitas, con arreglo a las normas constitucionales que regulan las órdenes de cateo.[29] Estas reglas han sido perfeccionadas por las modificaciones de 1996 a la LGEEPA. Por lo pronto, el párrafo segundo del artículo 162 prescribe que el personal, al realizar las visitas de inspección, deberá contar con el *documento oficial que los acredite o autorice a practicar la inspección o verificación, así como la orden escrita debidamente fundada y motivada, expedida por autoridad competente*, en la que se precisará el lugar o zona que habrá de inspeccionarse, el objeto de la diligencia y el alcance de ésta. Agrega el artículo 163 que el personal autorizado, al iniciar la inspección, se identificará debidamente con la persona con quien se entienda la diligencia, así como exhibirá la orden respectiva y le entregará copia de la misma con firma autógrafa, requiriéndola para que en el acto designe dos testigos. En caso de negativa o de que los designados no acepten fungir como testigos, el personal autorizado podrá designarlos, haciendo constar esta situación en el acta administrativa que al efecto se levante, sin que esta circunstancia invalide los efectos de la inspección.

Durante la visita, la persona con quien se entienda la diligencia no sólo está obligada a permitir al personal autorizado el *acceso* al lugar o lugares sujetos a inspección en los términos previstos en la orden escrita a que se hace referencia en el artículo 162, sino además a proporcionar toda clase de *información* que conduzca a la verificación del cumplimiento de la Ley y demás disposiciones aplicables, con excepción de lo relativo a derechos de propiedad industrial que sean confidenciales conforme a derecho. La información deberá mantenerse por la autoridad en absoluta reserva, si así lo solicita el interesado, salvo en caso de requerimiento judicial. Así lo establece el artículo 165. A continuación, el artículo 166 prescribe que la autoridad competente podrá solicitar el *auxilio de la fuerza pública* para efectuar la visita de inspección, cuando alguna o algunas personas obstaculicen o se opongan a la práctica de la diligencia, independientemente de las sanciones a que haya lugar.

Un elemento fundamental de la visita de inspección es el *levantamiento de un acta*, en la que, de acuerdo con el párrafo primero del artículo 164, "se harán constar en forma circunstanciada los hechos u omisiones

[29] Como se señala en la *op. cit.* en la nota anterior, la jurisprudencia ha establecido claramente que la referencia hecha por la Constitución a la necesidad de que las órdenes de visitas administrativas se sujeten a las formalidades prescritas para los cateos, se aplica a todas ellas y no en exclusiva a las específicamente fiscales (p.18).

que se hubiesen presentado durante la diligencia, así como lo previsto en el artículo 67 de la Ley Federal de Procedimiento Administrativo".

En todo caso, concluida la inspección se debe dar oportunidad a la persona con la que se entendió la diligencia para que en el mismo acto formule *observaciones* en relación con los hechos u omisiones asentados en el acta respectiva y, además, para que ofrezca las *pruebas* que considere convenientes o haga uso de ese derecho en el término de cinco días siguientes a la fecha en que la diligencia se hubiere practicado. Esto es lo que establece el párrafo segundo del mismo artículo 164.

Finalmente, se debe proceder a la *firma* del acta por la persona con quien se entendió la diligencia, por los testigos y por el personal autorizado, quien entregará *copia* del acta al interesado. Pero si la persona con quien se entendió la diligencia o los testigos se negaren a firmar el acta, o el interesado se negare a aceptar copia de la misma, dichas circunstancias se asentarán en ella, sin que esto afecte su validez y valor probatorio (párrafos tercero y cuarto del artículo 164).

El acta de inspección debe ponerse a disposición de la autoridad que ordenó la visita de inspección, para que ésta disponga, si fuera el caso, la iniciación de un proceso administrativo (artículo 167), dentro del cual se podrán adoptar las diversas medidas administrativas previstas por la LGEEPA, a saber las medidas correctivas o de urgente aplicación, las medidas de seguridad y sanciones administrativas, que se examinan a continuación. El proceso administrativo dentro del que se adoptan estas medidas, que es común a todas ellas, se analiza posteriormente.

82. LAS MEDIDAS CORRECTIVAS O DE URGENTE APLICACIÓN

La existencia de estas medidas se encuentra prevista en el párrafo primero del artículo 167 de la LGEEPA que, como se dijo recientemente, prescribe que el acta de la inspección deberá ser puesta a disposición de la autoridad ordenadora, para que ésta disponga, si fuera el caso, la iniciación de un proceso administrativo. Pues bien, en ese momento la autoridad puede requerir al interesado para que "adopte de inmediato las *medidas correctivas o de urgente aplicación* necesarias para cumplir con las disposiciones jurídicas aplicables, así como con los permisos, licencias, autorizaciones o concesiones respectivas". El texto anterior de este precepto ya contemplaba estas medidas como "medidas correctivas de urgente aplicación". Las modificaciones de 1996, al introducir la conjunción "o", de suyo ambigua en nuestra lengua, quizás quisieron establecer una distinción entre medidas que tengan por propósito corregir una situación ambientalmente indeseable y medidas encaminadas a impedir la generación de situaciones de ese tipo.

Las medidas correctivas o de urgente aplicación son *diferentes e independientes* de las medidas de seguridad y de las sanciones administrativas. Probablemente, las medidas de urgente aplicación, entendidas de la manera que se acaba de exponer, se pueden confundir con las medidas de seguridad; pero la verdad es que, como se dice más adelante, las medidas de seguridad pueden consistir solamente en la clausura, el aseguramiento precautorio y la neutralización o cualquier acción análoga de materiales y residuos peligrosos. Por su parte, las sanciones administrativas son penas que se imponen a los infractores de la LGEEPA, sus reglamentos y las disposiciones que de ella emanen.

Las medidas correctivas o de urgente aplicación debe cumplir con ciertos *requisitos*, a saber: *1)* deben ser adoptadas por la autoridad ordenadora, a continuación de una visita de inspección; *2)* deben ser fundadas y motivadas, teniéndose presente que su propósito es que se cumpla con las disposiciones jurídicas aplicables, así como con los permisos, licencias, autorizaciones o concesiones respectivas; *3)* debe señalarse en ellas el plazo para su cumplimiento; y *4)* debe otorgarse en ellas un término de 15 días al interesado para que exponga lo que a su derecho convenga y, en su caso, aporte las pruebas que considere procedentes, en relación con la actuación de la Secretaría. El requerimiento debe *notificarse* personalmente o por correo certificado con acuse de recibo, debiendo el interesado dar *cumplimiento de inmediato* a dichas medidas, sin perjuicio del uso que posteriormente haga de su derecho de defensa.

83. LAS MEDIDAS DE SEGURIDAD

De las medidas de seguridad se ocupan los artículos 170 y 170 bis de la LGEEPA, en los términos que señalan las modificaciones de 1996. Dispone el primero de esos preceptos:

> Cuando exista riesgo inminente de desequilibrio ecológico, o de daño o deterioro grave a los recursos naturales, casos de contaminación con repercusiones peligrosas para los ecosistemas, sus componentes o para la salud pública, la Secretaría, fundada y motivadamente, podrá ordenar alguna o algunas de las siguientes medidas de seguridad:
>
> I. La clausura temporal, parcial o total de las fuentes contaminantes, así como de las instalaciones en que se manejen o almacenen especímenes, productos o subproductos de especies de flora o de fauna silvestre, recursos forestales, o se desarrollen las actividades que den lugar a los supuestos a que se refiere el primer párrafo de este artículo;
>
> II. El aseguramiento precautorio de materiales y residuos peligrosos, así como de especímenes, productos o subproductos de especies de flora o de fauna silvestre o su material genético, recursos forestales, además de los bienes, vehículos, utensilios e instrumentos directamente relacionados con la conducta que da lugar a la imposición de la medida de seguridad, o

III. La neutralización o cualquier acción análoga que impida que materiales o residuos peligrosos generen los efectos previstos en el primer párrafo de este artículo.

Asimismo, la Secretaría podrá promover ante la autoridad competente, la ejecución de alguna o algunas de las medidas de seguridad que se establezcan en otros ordenamientos.

Por su parte, prescribe el artículo 170 bis:

> Cuando la Secretaría ordene alguna de las medidas de seguridad previstas en esta Ley, indicará al interesado, cuando proceda, las acciones que debe llevar a cabo para subsanar las irregularidades que motivaron la imposición de dichas medidas, así como los plazos para su realización, a fin de que una vez cumplidas éstas, se ordene el retiro de la medida de seguridad impuesta.

Las hipótesis necesarias para adoptar una medida de seguridad son la existencia de: *1)* un riesgo inminente de desequilibrio ecológico o de daño o deterioro grave a los recursos naturales; y *2)* casos de contaminación con repercusiones peligrosas para los ecosistemas, sus componentes o para la salud pública. Estas hipótesis incluyen ahora el riesgo inminente de daño o deterioro grave a los recursos naturales.

Frente a cualquiera de estas situaciones, la Secretaría puede, *mediante resolución fundada y motivada*, ordenar alguna o algunas de las medidas de seguridad previstas en el artículo 170. La aplicación de estas medidas es una facultad que la Secretaría ejerce por conducto de la Procuraduría Federal de Protección al Ambiente (artículo 62 del Reglamento Interior). Pero la Secretaría puede también promover la ejecución ante la autoridad competente, en los términos de las leyes sobre la materia, de alguna o algunas de las medidas de seguridad que se establecen en dichos ordenamientos (como es el caso, por ejemplo, de la Ley General de Salud).

La LGEEPA no establece otros requisitos para la adopción de esas medidas. Sin embargo, compartimos la opinión de que, a menos que las hipótesis que las autorizan sean evidentes, estas medidas deben adoptarse a continuación de una visita de inspección que permita fundarlas y motivarlas.[30]

La medida de seguridad puede consistir, en primer término, en la *clausura temporal, parcial o total de las fuentes contaminantes*, si se trata de casos de contaminación como los señalados en el párrafo primero del artículo 170. Las modificaciones de 1996 agregaron como medida de seguridad la *clausura temporal, parcial o total, de las instalaciones en que se manejen o almacenen especímenes, productos o subproductos de especies de flora o de fauna silvestre, recursos forestales, o se desarrollen las actividades que den lugar a los supuestos a que se refiere el primer párrafo del artículo 170*. De esa manera, se eliminó el reproche que hacíamos en la primera edición de este libro al texto anterior de ese pre-

[30] Es la opinión de Artemio Roque en la *op. cit.* en la nota 172 (p. 15).

cepto legal, en tanto limitaba la aplicación de la medida a los casos de contaminación y no permitía, por consiguiente, aplicarla en los casos de desequilibrio ecológico. Lo mismo ocurría con la medida de decomiso, prevista en el texto anterior del artículo 170.

La clausura sólo puede tener un carácter temporal, a diferencia de lo que ocurría en la LFPA, que también incluía, en ciertas circunstancias, la clausura definitiva. Esta última medida, sin embargo, se puede adoptar como sanción administrativa, como se dice más adelante (véase la sección siguiente). La clausura implica una limitación a la libertad económica establecida en el artículo 5º constitucional. A ese precepto nos referimos anteriormente (véase la sección 22) y, por tanto, nos remitimos a lo allí dicho para sostener que la constitucionalidad de la clausura no merece dudas de ninguna especie. En efecto, el mismo artículo 5º constitucional establece que la libertad de profesión, industria, comercio y trabajo puede quedar sometida a restricciones en los casos que comprometa los intereses generales de la sociedad. A mayor abundamiento, el párrafo sexto del artículo 25 constitucional dispone que las actividades de las empresas de los sectores social y privado pueden quedar sujetas a las modalidades que dicte el interés público y al uso, en beneficio general, de los recursos productivos, cuidando su conservación y el medio ambiente.

La medida de seguridad puede consistir, en segundo término, en el *aseguramiento precautorio* de materiales y residuos peligrosos, así como de especímenes, productos o subproductos de especies de flora o de fauna silvestre o su material genético, recursos forestales, además de los bienes, vehículos, utensilios e instrumentos directamente relacionados con la conducta que da lugar a la imposición de la medida de seguridad. Esta medida ha pasado a sustituir al *decomiso* de materiales o sustancias contaminantes previsto originalmente en el artículo 170, que en nuestra opinión era una medida carente de fundamento constitucional. En efecto, el aseguramiento precautorio se puede entender como una modalidad del derecho de propiedad y, por consiguiente, fundamentarse con base en el párrafo tercero del artículo 27 constitucional. En cambio, el decomiso (y lo mismo puede decirse de la destrucción) implica la pérdida de la propiedad del objeto decomisado y, en consecuencia, afecta la garantía individual del derecho de propiedad, en circunstancias que la Constitución Política sólo permite la ocupación de la propiedad mediante el pago de una indemnización, como claramente lo establece el párrafo segundo de su artículo 27. El decomiso es, por tanto, una medida que no tiene ningún fundamento constitucional. En defensa de la constitucionalidad de esta medida de seguridad podría invocarse, sin embargo, el mandato contenido en el párrafo tercero del mismo precepto de la Carta Fundamental, que ordena adoptar las medidas necesarias "para preservar y restaurar el equilibrio ecológico", lo que comprendería el decomiso. Además, podría argumentarse que, en caso de conflicto entre los intereses generales de la sociedad y los intereses individuales de los particulares, aquéllos deben prevalecer sobre éstos, de acuerdo con el principio general en esta materia, que subyace en la Constitución Política. Pero la verdad es que este tipo de razonamientos haría nugatoria cualquier garantía individual y, por lo pronto, la garantía individual del derecho de propiedad. Con lo dicho no se pretende desconocer la importancia que tiene el decomiso como medida de seguridad. Por eso sería deseable que se incorporara a la Constitución Política, como ya lo han hecho otras Constituciones (véase la sección 27) y como también se propuso en nuestro *Derecho ambiental mexicano* (véanse las páginas 125 y 479), así como en la primera edición de este libro (véase la página 219) una regla que autorice a la ley no sólo para establecer restricciones específicas al ejercicio de determinados derechos o libertades que contribuyeran a la protección del medio ambiente, sino también algunas medidas de excepción como el decomiso.[31]

La medida de seguridad puede consistir, por último, en la *neutralización o cualquier acción análoga que se lleve a cabo respecto de los materiales o residuos peligrosos*, en términos de impedir que éstos generen cualquiera de los efectos previstos en el primer párrafo del artículo 170.

Para concluir, cabe decir que las medidas de seguridad pueden suscitar otras dudas en torno a su constitucionalidad, diversas de aquellas que se acaban de exponer en torno a la clausura y el aseguramiento precautorio. Como se ha visto más atrás, el Consejo de Salubridad General tiene la facultad constitucional de dictar las medidas que tengan por objeto prevenir y combatir los efectos nocivos de la contaminación ambiental en la salud. También se ha dicho que esta facultad debe entenderse como una atribución a ejercerse en casos de emergencia y que, en ningún caso, excluye la facultad del Congreso de la Unión para legislar sobre la misma materia y, además, la facultad del Ejecutivo Federal para proveer en la esfera administrativa a la observancia de las leyes que se refieren a la misma materia (véase la sección 21). La cuestión constitucional que se plantea es si, incluso en casos de emergencia como son los que dan lugar a las medidas de seguridad previstas en el artículo 170 de la LGEEPA, es posible asignarle la facultad de adoptarlas a una dependencia del Ejecutivo Federal, como es la SEMARNAP. Repárese que en uno y otro caso se trataría de medidas que tienen que ver con emergencias que están referidas a la contaminación ambiental, pero con la diferencia de que las facultades de la SEMARNAP no se circunscriben sólo a los casos de peligro para la salud pública, sino que se extienden a los casos de peligro para los ecosistemas o sus componentes, que por

[31] Es interesante recordar que el Código civil para el Distrito Federal y para toda la República en asuntos del orden federal contiene una regla al respecto, en virtud de la cual "la autoridad puede, mediante indemnización, ocupar la propiedad particular, deteriorarla y aun destruirla, si eso es indispensable para prevenir o remediar una calamidad pública, para salvar de un riesgo inminente una población o para ejecutar obras de evidente beneficio colectivo" (artículo 836). De esta manera, el Código resuelve, con apego a la letra de la Constitución, una situación que implica una pérdida del dominio, que es lo que no hace la LGEEPA.

cierto pueden también muchas veces implicar un peligro para la salud pública. En nuestra opinión, en esta última hipótesis la LGEEPA efectivamente invade el campo de las atribuciones del Consejo de Salubridad General. Lo recomendable sería, a todas luces, que se eliminara esta criticada atribución constitucional del Consejo.

84. Las sanciones administrativas. La responsabilidad administrativa

Dispone el artículo 171 de la LGEEPA, en los términos fijados por las modificaciones de 1996, que *las violaciones a los preceptos de esa Ley, sus reglamentos y las disposiciones que de ella emanen serán sancionadas administrativamente por la Secretaría, con una o más de las sanciones allí indicadas, que son la multa, la clausura, el arresto administrativo, el decomiso y la suspensión o revocación de las concesiones, licencias, permisos o autorizaciones correspondientes*. Nótese que el nuevo texto del artículo 171 no hace la reserva que hacía su texto original, en el sentido de que la aplicación de estas sanciones administrativas procedería en asuntos de competencia de la Federación "no reservados a otras dependencias". En otras palabras, estas sanciones las aplica siempre la Secretaría, lo que por otra parte hace a través de la Procuraduría Federal de Protección al Ambiente, como órgano desconcentrado suyo (artículo 62 del Reglamento Interior).

Respecto de la *multa* como sanción administrativa, hay que decir que ella se mantiene en los mismos términos fijados desde la reforma de 1984 a la LFPA y confirmados por la LGEEPA, es decir, el equivalente de veinte a veinte mil días de salario mínimo vigente en el Distrito Federal al momento de imponerse la sanción (fracción I del artículo 171). Cabe advertir que la autoridad no está facultada para moverse dentro de esa escala arbitrariamente en el momento de determinar la multa a aplicarse en un caso concreto, sino que debe atenerse a los criterios establecidos en el artículo 173 para la graduación de todas las sanciones administrativas. En todo caso, debe tenerse presente que, de acuerdo con el artículo 21 constitucional, si el infractor no pagare la multa que se le hubiese impuesto, se le permutará por el arresto correspondiente, que no excederá en ningún caso de 36 horas. Además, debe tenerse presente que si el infractor fuese jornalero, obrero o trabajador, no podrá ser sancionado con multa mayor del impuesto de su jornal o salario de un día. Tratándose de trabajadores no asalariados, en cambio, la multa no excederá del equivalente a un día de su ingreso.

Las modificaciones de 1996 introdujeron en el párrafo final del artículo 173 la modalidad de que la autoridad puede darle al infractor la opción de no pagar la multa si realiza inversiones equivalentes en la adquisición e instalación de equipo para evitar contaminación o en la protección, preservación o restauración del ambiente y los recursos naturales. Dispone ese precepto:

La autoridad correspondiente podrá otorgar al infractor, la opción para pagar la multa o realizar inversiones equivalentes en la adquisición e instalación de equipo para evitar contaminación o en la protección, preservación o restauración del ambiente y los recursos naturales, siempre y cuando se garanticen las obligaciones del infractor, no se trate de alguno de los supuestos previstos en el artículo 170 de esta Ley y la autoridad justifique plenamente su decisión.

Con ello se privilegia, como lo dice la exposición de motivos de las modificaciones de 1996, "las conductas que tengan efectos directos sobre las condiciones del medio ambiente". Esta especie de conmutación de la multa exige la concurrencia de tres requisitos: *1)* que se garanticen las obligaciones de inversión e instalación del infractor; *2)* que no exista riesgo inminente de desequilibrio ecológico o de daño o deterioro grave a los recursos naturales, o que no se trate de casos de contaminación con repercusiones peligrosas para los ecosistemas, sus componentes o para la salud pública; y *3)* que la autoridad justifique plenamente su decisión de otorgar esta opción.

La *clausura* establecida en la fracción II del artículo 171 puede ser temporal o definitiva, total o parcial. Las modificaciones de 1996 a la LGEEPA regularon los casos en que podía aplicarse esta medida, cuya imposición dejó por tanto de ser una facultad discrecional y pasó ser una facultad reglada. Como dice la exposición de motivos, uno de los propósitos de dichas modificaciones fue precisamente limitar "el arbitrio de la autoridad en materia de sanciones, específicamente respecto de la clausura, determinándose las hipótesis en que puede tener lugar". Tales hipótesis son: *1)* que el infractor no hubiere cumplido en los plazos y condiciones impuestos por la autoridad, con las medidas correctivas o de urgente aplicación ordenadas; *2)* en casos de reincidencia cuando las infracciones generen efectos negativos al ambiente; y *3)* se trate de desobediencia reiterada, en tres o más ocasiones, al cumplimiento de alguna o algunas medidas correctivas o de urgente aplicación impuestas por la autoridad (artículo 171, fracción II). El infractor es *reincidente* cuando incurre "más de una vez en conductas que impliquen infracciones a un mismo precepto, en un periodo de dos años, contados a partir de la fecha en que se levante el acta en que se hizo constar la primera infracción, siempre que ésta no hubiese sido desvirtuada" (párrafo final del artículo 171).

Cuando se impone la *clausura temporal*, la Secretaría debe indicar al infractor las medidas correctivas y acciones que debe llevar a cabo para subsanar las irregularidades que motivaron dicha sanción, así como los plazos para su realización. Así lo dispone el párrafo segundo del artículo 174, incoporado por las modificaciones de 1996. En todo caso, cuando procede como sanción la clausura temporal o definitiva, total o parcial, el personal comisionado para ejecutarla debe proceder a levantar *acta* detallada de la diligencia, observando las disposiciones aplicables a la realización de inspecciones (párrafo primero del mismo artículo 174).

Para concluir con la clausura como sanción administrativa, es necesario ocuparse de las dudas que pudiera plantear la constitucionalidad de dicha medida a la luz de lo que dispone el artículo 21 de la Constitución Política, que circunscribe el *ius punendi* de la Administración a las multas y al arresto. En nuestra opinión la clausura en general y, con mayor razón la clausura como sanción administrativa, tiene un fundamento claro en el artículo 5º constitucional, en virtud del cual el ejercicio de la libertad económica puede ser vedado "por resolución gubernativa, dictada en los términos que marque la ley, cuando se ofendan los derechos de la sociedad".

El *arresto administrativo* puede imponerse como sanción por la Secretaría, con base en el recién mencionado artículo 21 constitucional y en la fracción III del artículo 171 de la LGEEPA, hasta por 36 horas.

El *decomiso* es una sanción administrativa que la Secretaría puede imponer respecto de los *instrumentos, ejemplares, productos o subproductos directamente relacionados con infracciones relativas a recursos forestales, especies de flora y fauna silvestre o recursos genéticos*, como lo precisa la fracción IV del artículo 171 de la Ley.

Esta medida, cuya naturaleza es diversa al aseguramiento precautorio establecido como medida de seguridad en el artículo 170, no estaba prevista como sanción administrativa en el texto original de la LGEEPA, como lo hacía en cambio la Ley Federal de Protección al Ambiente, de modo que fue reintroducida como tal por las modificaciones de 1996. Más atrás hemos expuesto nuestra opinión en el sentido de que el decomiso administrativo en general es una medida que carece de un fundamento constitucional y viola el artículo 27 de la Carta Fundamental, en tanto atenta contra la garantía de la propiedad (véase la sección anterior). Aquí cabe agregar que su establecimiento como sanción administrativa viola, además, el artículo 21 constitucional, que establece que "la imposición de las penas es propia y exclusiva de la autoridad judicial" y que puntualiza que "compete a la autoridad administrativa la aplicación de sanciones por las infracciones de los reglamentos gubernativos y de policía, las que únicamente consistirán en multas y arrestos hasta por 36 horas". No está de más señalar que la Suprema Corte de Justicia de la Nación destaca esta limitación del *ius punendi* administrativo en un caso de decomiso, como puede leerse en la tesis contenida en el *Semanario Judicial de la Federación*, t. IV, quinta época, p. 878.

Sin embargo, los términos en que el decomiso fue reintroducido por las modificaciones de 1996 en la legislación ambiental, son diversos a los establecidos en su momento por la LFPA. En efecto, el decomiso es una sanción administrativa que la Secretaría puede imponer sólo en los casos de infracciones relativas a recursos forestales, especies de flora y fauna silvestre o recursos genéticos y sólo respecto de los instrumentos, ejemplares, productos o subproductos directamente relacionados con dichas infracciones.

Al igual de lo que sucede con la clausura, el personal comisionado para ejecutar el decomiso debe proceder a levantar *acta* detallada de la diligencia, observando las disposiciones aplicables a la realización de inspecciones (párrafo primero del mismo artículo 174).

El *destino de los bienes decomisados* es regulado por el artículo 174 bis de la LGEEPA, donde se dice que la Secretaría debe dar a los bienes decomisados cualquiera de los siguientes cuatro destinos: 1) La *venta directa* en aquellos casos en que el valor de lo decomisado no exceda de 5,000 veces el salario mínimo general vigente en el Distrito Federal al momento de imponer la sanción; 2) el *remate en subasta pública* cuando el valor de lo decomisado exceda de 5,000 veces el salario diario mínimo general vigente en el Distrito Federal al momento de imponer la sanción; 3) la *donación* a organismos públicos e instituciones científicas o de enseñanza superior o de beneficencia pública, según la naturaleza del bien decomisado y de acuerdo con las funciones y actividades que realice el donatario, siempre y cuando no sean lucrativas. Tratándose de especies y subespecies de flora y fauna silvestre, éstas pueden ser donadas a zoológicos públicos siempre que se garantice la existencia de condiciones adecuadas para su desarrollo; y 4) la *destrucción* cuando se trate de productos o subproductos, de flora y fauna silvestre, de productos forestales plagados o que tengan alguna enfermedad que impida su aprovechamiento, así como artes de pesca y caza prohibidos por las disposiciones jurídicas aplicables.

Sin embargo, la venta directa y el remate en subasta pública sólo serán procedentes dichos supuestos, cuando los bienes decomisados sean susceptibles de apropiación conforme a las disposiciones jurídicas aplicables. Como quiera que sea, en la determinación del valor de los bienes sujetos a remate o venta, la Secretaría debe considerar el precio que respecto de dichos bienes corra en el mercado al momento de realizarse la operación. Por último, en ningún caso los responsables de la infracción que hubiera dado lugar al decomiso podrán participar ni beneficiarse de los actos de enajenación de los bienes decomisados. Todo esto lo establece el artículo 174 bis 1.

La sanción administrativa de *suspensión o revocación de las concesiones, licencias, permisos o autorizaciones correspondientes*, finalmente, está prevista en la fracción V del artículo 171 de la LGEEPA y desarrollada en el artículo 172 de la misma Ley, donde se dice que cuando la gravedad de la infracción lo amerite, la autoridad solicitará a quien los hubiere otorgado, la suspensión, revocación o cancelación de la concesión, permiso, licencia y en general de toda autorización otorgada para la realización de actividades comerciales, industriales o de servicios, o para el aprovechamiento de recursos naturales que haya dado lugar a la infracción. La medida estaba contemplada en el texto original del artículo 172 de la LGEEPA, pero sólo para el caso de que la gravedad de la infracción la ameritara.

Para imponer cualquiera de las sanciones por infracciones a esta Ley, la Secretaría deberá tomar en cuenta los criterios establecidos en el nuevo texto del artículo 173, que se reproducen a continuación:

I. La gravedad de la infracción, considerando principalmente los siguientes criterios: impacto en la salud pública; generación de desequilibrios ecológicos; la afectación de recursos naturales o de la biodiversidad; y, en su caso, los niveles en que se hubieran rebasado los límites establecidos en la norma oficial mexicana aplicable;

II. Las condiciones económicas del infractor;

III. La reincidencia, si la hubiere;

IV. El carácter intencional o negligente de la acción u omisión constitutiva de la infracción, y

V. El beneficio directamente obtenido por el infractor por los actos que motiven la sanción.

En el caso en que el infractor realice las medidas correctivas o de urgente aplicación o subsane las irregularidades en que hubiere incurrido, previamente a que la Secretaría imponga una sanción, dicha autoridad deberá considerar tal situación como atenuante de la infracción cometida.

La aplicación de las sanciones administrativas debe ir acompañada del *mandato para subsanar la o las infracciones que se hubieren cometido*, así como del establecimiento de un plazo para ese efecto. Si vencido ese plazo subsisten, podrán imponerse multas por cada día que transcurra sin obedecer el mandato, sin que el total de las multas exceda del monto máximo permitido. Pero, en caso de *reincidencia*, la multa podrá ser hasta dos veces el monto originalmente impuesto, sin exceder del doble del máximo permitido. En el mismo caso, también podrá imponerse la clausura definitiva. Esto es lo que establecen los dos últimos párrafos del artículo 171, en concordancia con lo previsto en el párrafo primero del artículo 169.[32]

Independientemente de todo lo anterior, la Secretaría puede promover ante las autoridades federales o locales competentes, con base en los estudios que haga para ese efecto, la *limitación o suspensión de la instalación o funcionamiento de industrias, comercios, servicios, desarrollos urbanos, turísticos o cualquier actividad que afecte o pueda afectar el ambiente, los recursos naturales, o causar desequilibrio ecológico o pérdida de la biodiversidad*. Se trata de una regla no vinculada necesariamente a la aplicación de una sanción administrativa y, por tanto, está mal ubicada en la sección destinada a dichas sanciones. En efecto, ella fue origi-

[32] El mandato de subsanar la infracción cometida deja, por cierto, sin solución el problema de los daños y perjuicios que esa infracción pudiera haber causado. La indemnización correspondiente sólo puede reclamarse por la vía judicial. A los problemas que implica el cobro de la indemnización nos referimos en la sección 92.

nalmente prevista en el artículo 16 de la Ley Federal de Protección al Ambiente de 1982 como una de las disposiciones generales de esa Ley, pero en 1988 pasó a tener en la LGEEPA la ubicación que actualmente tiene. Las modificaciones de 1996 se limitaron a perfeccionar su texto.

Las disposiciones de la LGEEPA concluyen con una norma sobre el destino de los ingresos que se obtengan de las multas por infracciones a lo dispuesto en la Ley, sus reglamentos y demás disposiciones que de ella se deriven, así como los que se obtengan del remate en subasta pública o la venta directa de los bienes decomisados. En efecto, prescribe el artículo 175, incorporado a la LGEEPA por las modificaciones de 1996, que dichos ingresos se destinarán a la integración de fondos para desarrollar programas vinculados con la inspección y la vigilancia en las materias a que se refiere la misma Ley.

85. El proceso administrativo

La aplicación de las sanciones administrativas se lleva a cabo dentro de un proceso, cuyo desarrollo debe ajustarse a las prescripciones de los artículos 167 y siguientes de la LGEEPA y, supletoriamente, las de la Ley Federal de Procedimiento Admistrativo y la Ley Federal sobre Metrología y Normalización, como lo previene el párrafo segundo del artículo 160 de la misma LGEEPA.

Este proceso administrativo se inicia con la resolución de la autoridad que ha ordenado una visita de inspección, cuando con el mérito del acta correspondiente dicha autoridad resuelve, en los términos del párrafo primero del artículo 167 de la Ley requerir al interesado o presunto infractor para que adopte de inmediato las medidas correctivas o de urgente aplicación que han sido examinadas más atrás (véase la sección 82) y, al mismo tiempo, para que dentro del término de 15 días exponga lo que a su derecho convenga y, en su caso, aporte las pruebas que considere procedentes, en relación con la actuación de la Secretaría.

Este acto de encausamiento del presunto infractor representa el inicio de un procedimiento administrativo que procura respetar la garantía de audiencia establecida en el párrafo segundo del artículo 14 constitucional, en virtud del cual "nadie podrá ser privado de la vida, de la libertad o de sus propiedades, posesiones o derechos, sino mediante juicio seguido ante los tribunales previamente establecidos, en el que se cumplan las formalidades esenciales del procedimiento y conforme a las leyes expedidas con anterioridad al hecho".

La resolución que inicia este procedimiento administrativo debe notificarse al presunto infractor personalmente o por correo con acuse de recibo, como lo dispone el párrafo primero del artículo 167.

A partir de esa notificación comienza a correr el plazo de que éste dispone para exponer lo que a su derecho convenga y, en su caso, aportar las pruebas que considere procedentes, conforme lo dispuesto en el mismo párrafo primero del artículo 167. Recuérdese que la Ley también concede, a la persona con la que se entendió la respectiva visita de inspección y al momento de concluir esa diligencia, el derecho de formular observaciones en relación con los hechos u omisiones asentados en el acta y, además, el derecho de ofrecer las pruebas que considere convenientes, lo que incluso puede hacer dentro de los cinco días siguientes a la fecha en que la diligencia se hubiere practicado, tal como lo dispone el párrafo segundo del artículo 164. Se trata, evidentemente, de una nueva oportunidad de formular alegaciones y presentar pruebas, esta vez en favor del presunto infractor, sea o no la persona con la que se entendió la visita de inspección. Esta nueva oportunidad se justifica más aún en el caso de que se hubiera hecho uso de los derechos concedidos por el párrafo segundo del artículo 167, porque es de entenderse que la autoridad no ha considerado suficientes tales observaciones y pruebas para desvirtuar el mérito de lo asentado en el acta.

Una vez admitidas y desahogadas las pruebas ofrecidas por el presunto infractor, o transcurrido el plazo de 15 días sin que se haya hecho uso del derecho otorgado por el párrafo primero del artículo 167, se deberán poner a disposición del presunto infractor las actuaciones, para que en un plazo de tres días hábiles presente por escrito sus alegatos. Esto es lo que dispone el párrafo segundo del mismo artículo 167.

Agotada esta etapa, la Secretaría deberá dictar la resolución definitiva que corresponda. En efecto, prescribe el artículo 168 de la LGEEPA que, una vez recibidos los alegatos o transcurrido el término para presentarlos, la Secretaría procederá, dentro de los 20 días siguientes, a dictar por escrito la resolución respectiva, misma que se notificará al interesado, personalmente o por correo certificado con acuse de recibo.

Agrega el párrafo primero del artículo 169 que "en la resolución administrativa correspondiente, se señalarán o, en su caso, adicionarán, las medidas que deberán llevarse a cabo para corregir las deficiencias o irregularidades observadas, el plazo otorgado al infractor para satisfacerlas y las sanciones a que se hubiere hecho acreedor conforme a las disposiciones aplicables". Como es evidente, el precepto se pone en la situación de que la resolución definitiva es condenatoria. En ese caso, junto con aplicarse las sanciones administrativas en los términos señalados en la sección anterior, se debe expedir un mandato, como también se dijo en la sección anterior, para subsanar la o las infracciones que se hubieren cometido, así como el plazo de que dispone el infractor para ese efecto. A esta materia se refiere el párrafo primero del artículo 169, esto es, a las medidas de corrección o de urgente aplicación que se pueden decretar desde el inicio del procedimiento (en cuyo caso, deben formar parte de la resolución con que se encausa al presunto infractor) o en la resolución definitiva.

Puntualiza el párrafo segundo del mismo artículo 169 que, dentro de los cinco días hábiles que sigan al vencimiento del plazo otorgado al infractor para subsanar las deficiencias e irregularidades observadas, éste deberá comunicar por escrito y en forma detallada a la autoridad ordenadora, haber dado cumplimiento a las medidas ordenadas en los términos del requerimiento respectivo. Y agrega el párrafo tercero del mismo precepto legal que, cuando se trate de segunda o posterior inspección para verificar el cumplimiento de un requerimiento o requerimientos anteriores, y del acta correspondiente se desprenda que no se ha dado cumplimiento a las medidas previamente ordenadas, la autoridad competente podrá imponer además de la sanción o sanciones administrativas que procedan, una multa adicional que no exceda de los límites máximos señalados en la Ley.

Las modificaciones de 1996 a la LGEEPA incorporaron, además, una importante norma en el párrafo cuarto del precepto que se está examinando, que a la letra dice: "En los casos en que el infractor realice las medidas correctivas o de urgente aplicación o subsane las irregularidades detectadas, en los plazos ordenados por la Secretaría, siempre y cuando el infractor no sea reincidente, y no se trate de alguno de los supuestos previstos en el artículo 170 de esta Ley, ésta podrá revocar o modificar la sanción o sanciones impuestas."

Se trata de una facultad excepcional que la LGEEPA confiere a la SEMARNAP para *revocar o modificar la sanción o sanciones impuestas*, cualesquiera que ellas sean, cuando concurren copulativamente los siguientes requisitos: *1)* que el infractor realice las medidas correctivas o de urgente aplicación o subsane las irregularidades detectadas, en los plazos ordenados por la Secretaría. Nótese que el precepto no exige en todos los casos la realización de esas medidas: basta que el infractor subsane las irregularidades detectadas; *2)* que el infractor no sea reincidente; y *3)* que no exista riesgo inminente de desequilibrio ecológico o de daño o deterioro grave a los recursos naturales, o que se trate de casos de contaminación con repercusiones peligrosas para los ecosistemas, sus componentes o para la salud pública.

Esta facultad, que pudiera parecer sorprendente, se corresponde sin embargo con lo que es la tendencia general del derecho ambiental de buscar la solución de los problemas ambientales antes que la represión de quiénes los generan. Este mismo espíritu se encuentra detrás de la facultad ya examinada de la Secretaría de conmutar el pago de una multa por inversiones equivalentes en la adquisición e instalación de equipo para evitar contaminación o en la protección, preservación o restauración del ambiente y los recursos naturales. Una vez más se privilegia, como lo dice la exposición de motivos de las modificaciones de 1996 respecto de esta segunda facultad, "las conductas que tengan efectos directos sobre las condiciones del medio ambiente".

Sin embargo, subsanar las irregularidades detectadas dentro del proceso administrativo que se está examinando no significa necesariamente reparar de manera completa el daño ambiental causado. En efecto, subsanar esas irregularidades significa poner fin a las infracciones que motivaron ese proceso. Esto no implica por sí mismo restablecer el medio ambiente a sus condiciones originarias. Además, esas irregularidades pueden haber originado daños y perjuicios, que el solo hecho de que cesen e, incluso, de que se restablezca el medio ambiente a sus condiciones originarias, si ello es posible, no implica por cierto su reparación. Mucho menos aún si dicho restablecimiento no es posible. La cuestión del restablecimiento del medio ambiente a sus condiciones originarias y de los daños y perjuicios es un asunto de naturaleza civil y la sede administrativa no es el espacio donde deba ventilarse ese tipo de asuntos. Por consiguiente, el mandato de subsanar las irregularidades detectadas no comprende el restablecimiento del medio ambiente a sus condiciones originarias y la indemnización de los daños y perjuicios causados. A este importante tema se regresa en la sección 92.

Las disposiciones de la LGEEPA sobre el proceso administrativo concluyen con una norma en virtud de la cual la autoridad federal debe hacer del conocimiento del Ministerio Público la realización de actos u omisiones constatados en el ejercicio de sus facultades que pudieran configurar uno o más delitos (párrafo final del artículo 169).

En contra de las resoluciones definitivas dictadas en estos procesos administrativos procede el recurso de revisión, que se analiza en la siguiente sección. Sin embargo, debe subrayarse desde ya que dicho recurso de revisión no es un medio de impugnación previsto sólo para las resoluciones definitivas dictadas en estos procesos administrativos.

86. EL RECURSO DE REVISIÓN

Dentro del mismo Título Sexto de la LGEEPA que se ha venido examinando, se regula el recurso de revisión que sustituye al recurso de inconformidad previsto en la LGEEPA antes de las modificaciones de 1996. La materia está normada en los artículos 176 a 181 del capítulo V, que lleva como denominación "recurso de revisión". Sin embargo, lo cierto es que en ese capítulo se regulan también otros temas.

El recurso de revisión procede en contra de "las resoluciones definitivas dictadas en los procedimientos administrativos con motivo de la aplicación de esta Ley, sus reglamentos y disposiciones que de ella emanen" (artículo 176, párrafo primero).

Dos puntualizaciones deben hacerse. Primero, el recurso se puede interponer sólo respecto de resoluciones que tengan el carácter de "definitivas". El texto anterior a las modificaciones de 1996 se refería a las resoluciones dictadas en esos procedimientos, sin especificar si se trataba o no de resoluciones "definitivas". Y, segundo, el recurso se puede interponer contra las resoluciones definitivas dictadas en cualquier procedimiento administrativo que implique una aplicación de la Ley, sus reglamentos y disposiciones que de ellas emanen.

La ubicación de las reglas sobre el recurso pudiera inducir a pensar que éste sólo cabe en los procedimientos administrativos que siguen a una visita de inspección y que, como ocurría con la LFPA, sólo podría interponerse en contra de las resoluciones que aplicaban una medida de seguridad o una sanción administrativa. En la primera edición de este libro sosteníamos que, en nuestra opinión, ese recurso se podía hacer valer dentro de cualquier procedimiento administrativo, como por ejemplo dentro del procedimiento de evaluación del impacto ambiental, dado que la LGEEPA no establecía, a diferencia de la LFPA, ninguna limitación en ese sentido. Las modificaciones de 1996 han contribuido de alguna manera a confirmar esta opinión. En efecto, la interposición de este recurso aparece ahora explícitamente prevista en el artículo 159 bis para los casos de procedimientos administrativos en los que se ha ejercido el derecho de información.

Este recurso puede ser interpuesto sólo por los afectados por la resolución de que se trate (artículo 176, párrafo primero). Por "afectado" debe entenderse quien ha sido parte en el procedimiento en que se dictó esa resolución definitiva y resulta agraviado por la misma. Esta limitación es contradictoria con un recurso que debería ser un componente de un sistema de garantías jurídicas del derecho a un medio ambiente apropiado para las generaciones presentes y futuras, esto es, con un recurso que debería estar a disposición de cualquier persona que fuera afectada en ese derecho. Por cierto, el otorgamiento del recurso en términos amplios se puede prestar a un uso abusivo del mismo, pero no menos cierto es que ese peligro puede evitarse estableciendo ciertas condicionantes que dificulten la posibilidad de recursos temerarios. De hecho, la mencionada limitación es atenuada por la misma Ley en el artículo 180, donde se establece que cualquier persona física o moral de la "comunidad afectada" puede interponer dicho recurso en determinados casos y en determinadas condiciones.

El recurso de revisión debe interponerse dentro de los 15 días hábiles siguientes a la fecha de su notificación (artículo 176, párrafo primero). Agrega esa disposición que también puede interponerse ante las instancias jurisdiccionales competentes.

El recurso de revisión se debe interponer directamente ante la autoridad que emitió la resolución impugnada, quien en su caso, acordará su admisión, y otorgar o denegar la suspensión del acto recurrido, turnando el recurso a su superior jerárquico para su resolución definitiva (artículo 176, párrafo segundo).

Junto con la interposición del recurso, se puede solicitar, si fuera el caso, la suspensión del decomiso. La autoridad puede ordenar la devolución de los bienes respectivos al interesado, siempre que sea procedente el recurso y, además, se exhiba garantía por el monto del valor de lo decomisado, el cual será determinado por la Secretaría, de acuerdo con el precio que corra en el mercado al momento en que deba otorgarse dicha garantía (artículo 177, párrafo primero). Si no se cumplen esos requisitos, la Secretaría determinará el destino final de los productos perecederos y de las especies de flora y fauna silvestre vivas, de conformidad con lo dispuesto en esta Ley y las demás disposiciones que resulten aplicables (artículo 177, párrafo segundo). Si se trata de otros bienes, éstos se mantendrán en depósito y no podrá disponerse de ellos hasta en tanto cause estado la resolución correspondiente (artículo 177, párrafo tercero).

Hay casos, sin embargo, en que no procede nunca la suspensión del decomiso, a saber: *1)* Cuando se trate de especies de flora y fauna silvestre que carezcan de la concesión, permiso o autorización correspondiente; *2)* cuando se trate de especies de flora y fauna silvestre extraídas o capturadas en época, zona o lugar no comprendidos en la concesión, permiso o autorización respectivos, así como en volúmenes superiores a los establecidos; *3)* cuando se trate de especies de flora y fauna silvestre declaradas en veda o sean consideradas raras, amenazadas, en peligro de extinción o sujetas a protección especial conforme a esta Ley u otras disposiciones jurídicas aplicables; *4)* cuando se trate de especies de flora y fauna silvestre decomisadas a extranjeros, o en embarcaciones o transportes extranjeros; *5)* cuando se trate de productos o subproductos de flora y fauna silvestre, armas de caza, artes de pesca y demás objetos o utensilios prohibidos por la normatividad aplicable; y *6)* cuando se trate de materias primas forestales maderables y no maderables, provenientes de aprovechamientos para los cuales no exista autorización (artículo 178).

En todo lo demás, la sustanciación del recurso de revisión a que se refiere el artículo 176 del presente ordenamiento, se rige por lo dispuesto en la Ley Federal de Procedimiento Administrativo (artículo 179).

87. El recurso de revisión establecido en el artículo 180

El recurso de revisión presenta una importante variante en ciertos casos, al tenor de lo que dispone el artículo 180 de la LGEEPA. Dispone ese precepto legal:

> Tratándose de obras o actividades que contravengan las disposiciones de esta Ley, los programas de ordenamiento ecológico, las declaratorias de áreas naturales protegidas o los reglamentos y normas oficiales mexicanas derivadas de la misma, las personas físicas y morales de las comunidades afectadas tendrán derecho a impugnar los actos administrativos correspondientes, así como a exigir que se lleven a cabo las acciones necesarias para que sean observadas las disposiciones jurídicas aplicables, siempre que demuestren en el procedimiento que dichas obras o actividades originan o pueden originar un daño a los recursos naturales, la flora o fauna silvestre, la salud pública o la calidad de vida. Para tal efecto, deberán interponer el recurso de revisión a que se refiere este capítulo.

Este precepto, que fue una adición introducida a la Ley por las modificaciones de 1996, recoge de alguna manera lo que, en palabras de la exposición de motivos de esa iniciativa, es "una de las principales demandas en torno a la reforma a la legislación ambiental", esto es, "la ampliación de la capacidad jurídica de los ciudadanos para utilizar medios jurídicos en defensa del medio ambiente". Se trata de un paso importante en una dirección que parece correcta, pero que es aún insuficiente por las razones que se examinan más adelante.

El precepto que se está comentando hace aplicable en estos casos el recurso de revisión, que de conformidad con lo dispuesto en el actual artículo 176 pueden interponer los afectados respecto de "las resoluciones definitivas dictadas en los procedimientos administrativos con motivo de la aplicación de esta Ley [la LGEEPA], sus reglamentos y disposiciones que de ellas emanen" (artículo 176, párrafo primero). La sustanciación de este recurso de revisión, en lo no previsto por la LGEEPA, queda sujeto a lo dispuesto por la Ley Federal de Procedimiento Administrativo.

Pero los términos en que se establece el recurso de revisión a que se refiere el artículo 180 presenta dos importantes diferencias: *1)* El recurso lo pueden interponer no sólo los "afectados", sino en general "las personas físicas y morales de las comunidades afectadas", las que de paso también tienen derecho "a exigir que se lleven a cabo las acciones necesarias para que sean observadas las disposiciones jurídicas aplicables"; *2)* el recurso procede respecto de los "actos administrativos" que incidan en "obras o actividades" que contravengan las disposiciones de la Ley o cualquiera de los demás ordenamientos señalados en el artículo 180, con independencia de si se trata o no de resoluciones definitivas dictadas en los procedimientos administrativos con motivo de la aplicación de la misma LGEEPA, los reglamentos y disposiciones que de ellas emanen; y *3)* los recurrentes deben demostrar en el procedimiento que dichas obras o actividades originan o pueden originar un daño a los recursos naturales, la flora o la fauna silvestre, la salud pública o la calidad de vida.

El precepto extiende el campo de la legitimación para obrar, lo que suele denominarse el "interés jurídico", a las personas físicas y morales de las comunidades afectadas, sean o no directamente perjudicados, con lo que se amplía efectivamente, retomando las palabras de la exposición de motivos, "la capacidad jurídica de los ciudadanos para utilizar medios jurídicos en defensa del medio ambiente".

Esta ampliación de la legitimación para obrar aparece condicionada por el hecho de que los recurrentes "demuestren en el procedimiento que dichas obras o actividades originan o pueden originar un daño a los recursos naturales, la flora o fauna silvestre, la salud pública o la calidad de vida." Se trata de una exigencia razonable. En estricto rigor, todo promovente debe acreditar su interés jurídico. De otra manera, su recurso puede ser desechado por improcedente. Así lo establece la Ley Federal de Procedimiento Administrativo, que es aplicable en la especie.

Lo importante ahora es determinar en qué momento debe acreditarse el interés jurídico. En general, un recurso puede desecharse por improcedente en el inicio del procedimiento, cuando es manifiesto que el promovente carece de interés jurídico. Recuérdese que la Ley Federal de Procedimiento Administrativo establece que el escrito de interposición del recurso debe expresar, entre otras cosas, las pruebas que ofrezca el recurrente, que tengan relación inmediata y directa con la resolución o acto impugnado debiendo acompañar las documentales con que cuente, incluidas las que acrediten su personalidad cuando actúen en nombre de otro o de personas morales. Sin embargo, este pronunciamiento también puede darse como una cuestión de fondo, con el mérito de las pruebas que se produzcan dentro del procedimiento, es decir, transformarse en una materia de fondo, a decidirse en la resolución que ponga término a la sustanciación del recurso de revisión.

En este caso, es claro que la legitimación para obrar es una cuestión de fondo, desde el momento en que el artículo 180 dispone que los requisitos que la condicionan deben acreditarse "en el procedimiento". En otras palabras, el hecho del daño o del riesgo del daño debe probarse durante el procedimiento ante la autoridad que conoce del recurso y en los términos establecidos por la Ley Federal de Procedimiento Administrativo, para darse o no por establecidos por la misma autoridad en la resolución que le ponga término. Es obvio que el daño o riesgo de daño a probarse durante el procedimiento debe ser de una entidad tal que permita hablar de una "comunidad afectada" y no sólo de una persona o algunas personas afectadas, en correspondencia con la facultad que se le otorga a cualquier persona física o moral de esa comunidad para interponer el recurso de revisión, aunque no esté directamente afectada.

El artículo 181 de la LGEEPA extiende a otros casos el campo de aplicación del recurso de revisión previsto en el artículo 180. En efecto, dispone el primero de esos preceptos que serán nulas y no producirán efecto legal alguno las licencias, permisos, autorizaciones o concesiones expedidas en contravención a la LGEEPA (y los servidores públicos responsables serán sancionados conforme a lo dispuesto en la legislación en la materia). Pues bien, dicha nulidad podrá ser exigida por medio del recurso que se está examinando, es decir, cualquiera persona física o moral de la comunidad afectada puede solicitar esa nulidad.

88. El contencioso administrativo

Los conflictos jurídicos que se han venido examinando pueden pasar a tener la naturaleza de un "contencioso administrativo", es decir, de un litigio entre la administración y el administrado, cuando éste impugna ante las autoridades judiciales competentes una resolución administrativa, en los casos autorizados por la ley.

En el sistema jurídico federal, una resolución administrativa puede ser impugnada por la vía del juicio de nulidad ante el Tribunal Fiscal de la Federación, cuando se trate de la aplicación de una multa, o por la vía del juicio de amparo cuando se trate de la violación de una garantía constitucional. Para que la resolución administrativa pueda impugnarse ante el

Tribunal Fiscal de la Federación es menester que sea definitiva, entendiéndose por tal la que no admita recurso administrativo o, admitiéndolo, su interposición sea facultativa. La sentencia definitiva expedida en el juicio de nulidad por el Tribunal Fiscal de la Federación puede, a su vez, ser impuganda por la vía del juicio de amparo.

Los efectos del amparo consisten en la orden de la justicia federal a las autoridades responsables para que restituyan al quejoso en el goce de la garantía violada, lo que puede implicar la orden de que queden sin efecto los actos que violaron dicha garantía (*v. gr.* levantamiento de la clausura, etc.). El quejoso puede también obtener por la vía civil la indemnización de los daños y perjuicios causados, de los que responderán los funcionarios que hayan ordenado el acto que se declaró inconstitucional o el Estado.

89. Las sanciones penales. La responsabilidad penal

Al igual de lo que sucede en muchos otros nuevos campos regulados por el derecho, las normas jurídicas que protegen el medio ambiente han comenzado a criminalizar las conductas que lo deterioran de una manera especialmente grave.[33] Así lo hizo la Ley Federal de Protección al Ambiente de 1982 y la propia Ley General del Equilibrio Ecológico, que en 1988 tipificó cinco delitos ambientales en sus artículos 183 a 187.

Como se ha dicho en la sección 31, en 1996 se revisaron las normas sobre la materia, a partir de una iniciativa que se presentó en forma paralela a las modificaciones que se propusieron para la LGEEPA. En esta iniciativa del Presidente de la República y diversos senadores y diputados miembros de las comisiones legislativas competentes, se propuso básicamente que los delitos ambientales tipificados en la LGEEPA, pero reformulados en los términos que se examinan en esta sección, fueran trasladados a un nuevo Título que se adicionó con la forma de un capítulo único al Código Penal para el Distrito Federal en materia de fuero común y para la República en materia de fuero federal, aunque también se propuso que allí se incorporaran otros tipos de delitos previstos en la Ley Forestal y en la Ley Federal de Caza y se facultara a los jueces para imponer algunas medidas adicionales de suma importancia.

La iniciativa fue aprobada por unanimidad, junto con las modificaciones a la LGEEPA, y publicada en el *Diario Oficial de la Federación* del 13 de diciembre de 1996, entró en vigencia al día siguiente de esa publicación.

Por consiguiente, la propuesta de modificaciones a la LGEEPA incluyó la derogación de los artículos 183 a 187, quedando en vigor, dentro del

[33] Como es el caso, en el ámbito de América Latina, de Venezuela, donde existe desde 1992 una Ley Penal del Ambiente.*

* Véase Addenda, § 10.

capítulo sobre delitos de orden federal de esa Ley, sólo los artículos 182 y 188, aunque con un nuevo texto.

Prescribe el párrafo primero del artículo 182 que, en aquellos casos en que, como resultado del ejercicio de sus atribuciones, la Secretaría tenga conocimiento de actos u omisiones que pudieran constituir delitos conforme a lo previsto en la legislación aplicable, formulará ante el Ministerio Público Federal la denuncia correspondiente. Recuérdese que este deber de la Secretaría se encuentra también previsto en la LGEEPA dentro de las normas sobre inspección y vigilancia (párrafo final del artículo 169). De acuerdo con el artículo 62 del Reglamento Interior de la SEMARNAP, corresponde a la Procuraduría Federal de Protección al Ambiente denunciar ante el Ministerio Público Federal los actos, omisiones o hechos ilícitos que impliquen la comisión de delitos, a efecto de proteger y defender el ambiente (fracción XII).

Por su parte, el párrafo segundo del mismo artículo 182 dispone que toda persona podrá presentar directamente las denuncias penales que correspondan a los delitos ambientales previstos en la legislación aplicable. En su texto anterior, el artículo 182 establecía que para proceder penalmente por los delitos previstos en la Ley era necesario que, previamente, la Secretaría formulara la denuncia correspondiente, salvo en los casos de delito flagrante. Esta condición de procedibilidad, por consiguiente, desapareció como producto de las modificaciones de 1996.

Finalmente, el párrafo tercero del artículo 182 prescribe que la Secretaría proporcionará, en las materias de su competencia, los dictámenes técnicos o periciales que le soliciten el Ministerio Público o las autoridades judiciales, con motivo de las denuncias presentadas por la comisión de delitos ambientales. Una norma similar, pero no idéntica, se establece en el artículo 204 para los casos de daños y perjuicios.

De su lado, el artículo 188 dispone que las leyes de las entidades federativas establecerán las sanciones penales y administrativas por violaciones en materia ambiental del orden local.

A continuación se reseña el catálogo de 15 delitos ambientales que se tipifican en este capítulo único del nuevo Título Vigésimo Quinto del Código Penal, reservándose en todos los casos el examen de cada uno de ellos para las secciones de este libro que regulan la materia en que inciden esos delitos.

El primer delito que se tipifica en el capítulo único sobre delitos ambientales del Título Vigésimo Quinto del Código Penal se refiere a la *realización ilegal de actividades altamente riesgosas* (artículo 414), antes previsto en el artículo 183 de la LGEEPA. El examen de las normas que tratan de las actividades altamente riesgosas se hace en la sección 237 de este libro, donde se analiza este tipo delictivo.

El segundo delito que se tipifica en ese mismo capítulo se refiere al *manejo ilegal de materiales o residuos peligros* (artículo 415, fracción I), antes establecido en el artículo 184, párrafo primero, de la LGEEPA, aunque en términos un tanto distintos.

El tercer delito tipificado en ese capítulo se refiere a la *contaminación de la atmósfera* (artículo 415, fracción II), previsto en el texto original del artículo 185 de la LGEEPA, aunque también en términos algo diversos.

El cuarto delito tipificado en el mismo capítulo se refiere a la *generación ilegal de ruido, vibraciones, y energía térmica o lumínica* (artículo 415, fracción III), que en el texto original de la LGEEPA se encontraba establecido en su artículo 187.

El quinto delito tipificado en el capítulo sobre delitos ambientales se refiere a la *contaminación del agua y el suelo* (artículo 416, fracciones I y II), que en el texto originario de la LGEEPA estaba previsto en su artículo 186.

El sexto delito tipificado en ese capítulo incursiona en un tema nuevo, como es la *destrucción, desecación y relleno de humedales, manglares, lagunas, esteros o pantanos* (artículo 416, fracción III).

El séptimo delito tipificado en el mismo capítulo se refiere a la *introducción al territorio nacional o comercialización de recursos forestales, flora o fauna silvestre viva, sus productos o derivados o cadáveres que padezcan o hayan padecido de enfermedades contagiosas* (artículo 417).

El octavo delito tipicado en este nuevo capítulo del Código Penal se refiere al *desmonte o destrucción de la vegetación natural y al corte, arranque, derribo o tala de árboles, así como a la realización de aprovechamientos forestales o cambios de uso del suelo* (artículo 418, párrafo primero).

El noveno delito tipificado en ese capítulo se refiere a los *incendios en bosques, selva o vegetación natural* (artículo 418, párrafo segundo).

El décimo delito tipificado en el mismo capítulo se refiere al *transporte, comercio, acopio o transformación de troncos de árboles procedentes de aprovechamientos forestales no autorizados* (artículo 419).

El décimo primer delito tipificado en ese capítulo se refiere a la *captura, daño o privación de algún mamífero o quelonio marino o la recolección o comercialización de sus productos o subproductos* (artículo 420, fracción I).

El décimo segundo delito tipificado en dicho capítulo se refiere a la *captura, transformación, acopio, transporte, destrucción o comercio de especies acuáticas declaradas en veda* (artículo 420, fracción II).

El décimo tercer delito tipificado en este nuevo capítulo del Código Penal se refiere a la *caza, pesca o captura de especies de fauna silvestre utlizando medios prohibidos por la normatividad aplicable o que amenace la extinción de las mismas* (artículo 420, fracción III).

El décimo cuarto delito tipificado en ese mismo capítulo se refiere a la *realización de cualquier actividad con fines comerciales con ciertas especies, así como sus productos o subproductos y demás recursos genéticos*.

Finalmente, el décimo quinto delito tipicado en ese capítulo se refiere al *daño de ciertas especies de flora y fauna silvestres* (artículo 420, fracción V).

Como ya se dijo, las modificaciones de 1996 al Código Penal para el

Distrito Federal en materia de fuero común y para toda la República en materia de fuero federal facultaron también a los jueces para imponer algunas medidas adicionales a las penas previstas en el nuevo capítulo sobre delitos ambientales, que se corresponden con la tendencia general del derecho ambiental de buscar la solución de los problemas ambientales antes que la represión a quiénes los generan, a la que ya se ha hecho referencia. En efecto, dispone el párrafo primero del artículo 421 del Código Penal que el juez podrá, sin perjuicio de la aplicación de la pena prevista para el delito de que se trate, imponer alguna o algunas de las siguientes señaladas a lo largo de sus siguientes cuatro fracciones:

I. La realización de las acciones necesarias para restablecer las condiciones de los elementos naturales que constituyen los ecosistemas afectados, al estado en que se encontraban antes de realizarse el delito;

II. La suspensión, modificación o demolición de las construcciones, obras o actividades, según corresponda, que hubieren dado lugar al delito ambiental respectivo;

III. La reincorporación de los elementos naturales, ejemplares o especies de flora y fauna silvestre, a los hábitat de que fueron sustraídos; y

IV. El retorno de los materiales o residuos peligrosos o ejemplares de flora y fauna silvestres amenzados o en peligro de extinción, al país de origen, considerando lo dispuesto en los tratados y convenciones internacionales de que México sea parte.

La primera de esas medidas o "pena", como la califica el Código, consiste en la *realización de las acciones necesarias para restablecer las condiciones de los elementos naturales que constituyen los ecosistemas afectados, al estado en que se encontraban antes de realizarse el delito.* Es casi innecesario subrayar aquí su importancia. Más atrás se ha visto que, en sede administrativa, la Secretaría puede ordenar que se subsanen las irregularidades detectadas, lo que significa poner fin a las infracciones que motivaron el respectivo proceso administrativo. Pero ello no implica necesariamente restablecer el medio ambiente a sus condiciones originarias, que es el própósito de esta medida contemplada ahora en el Código Penal, misma que puede ejecutarse, si es preciso, de manera coactiva. Repárese en que para este efecto no es necesario ejercer una acción civil: el juez, de oficio, puede imponer la realización de dichas acciones.

La segunda medida, que consiste en la *suspensión modificación o demolición de las construcciones, obras o actividades que hubieren dado lugar al respectivo delito ambiental*, es igualmente importante. La misma medida puede adoptarse en sede administrativa, mediante el mandato de subsanar las irregularidades detectadas, pero dicha medida no puede llevarse a la práctica de manera coactiva, como no sea mediante apremios consistentes en multas administrativas. En cambio, decretada como pena por un juez en los términos del artículo 421 del Código Penal, la misma medida puede ser aplicada coactivamente.

La tercera medida, que consiste en la *reincorporación de los elementos naturales, ejemplares o especies de flora y fauna silvestre a los hábitat de que fueron sustraídos*, es una especificación de lo que representa restablecer el medio ambiente a sus condiciones originarias y sus ventajas son las mismas que se han señalado para las dos medidas anteriores.

Lo mismo puede decirse de la cuarta medida, que consiste en el *retorno al país de origen de los materiales o residuos peligrosos o ejemplares de flora y fauna silvestres amenzados o en peligro de extinción*, considerando lo dispuesto en los tratados y convenciones internacionales de que México sea parte.

La aplicación de estas medidas supone que el juez debe determinar técnicamente en qué consistirán las acciones específicas a realizarse para dar cumplimiento a las mismas. Por eso, el párrafo final del mismo artículo 421 establece que para los efectos a que se refiere ese precepto el juez deberá solicitar a la dependencia federal competente la expedición del dictamen técnico correspondiente. La petición de dicho dictamen es obligatoria para el juez, pero el contenido del mismo no tiene efectos vinculantes para el mismo juez que lo solicitó.

Las demás disposiciones contenidas en este capítulo único sobre delitos ambientales se limitan a establecer el deber de las dependencias de la administración pública de proporcionar al juez los dictámenes técnicos o periciales que se requieran con motivo de las denuncias presentadas por la comisión de los delitos ambientales allí tipificados (artículo 422) y a aclarar que los trabajos en favor de la comunidad que se ordene hacer con arreglo al artículo 24 del Código Penal consistirán en actividades relacionadas con la protección del ambiente o la restauración de los recursos naturales (artículo 423).

90. El proceso penal

La aplicación de las penas previstas para los delitos penales se lleva a cabo dentro de un proceso penal que debe ajustarse a las prescripciones del Código Federal de Procedimientos Penales y demás disposiciones relativas.

Como se ha visto, en materia procesal la LGEEPA se limita a establecer el deber de denuncia de la Secretaría y las facultades de que disponen los jueces para aplicar algunas medidas adicionales a las penas previstas para los delitos ambientales.

A lo anterior, cabe agregar que la Procuraduría Federal de Protección al Ambiente, en el ámbito de sus atribuciones, está facultada de manera explícita para iniciar las acciones que procedan ante las autoridades judiciales competentes, cuando conozca de actos, hechos u omisiones que constituyan violaciones a la legislación administrativa o penal. Así lo dispone el artículo 202 de la LGEEPA, modificado en 1996.

91. Las sanciones civiles. La responsabilidad civil

De la comisión de hechos ambientalmente ilícitos pueden derivarse daños y perjuicios que deban ser reparados. Se trata de las consecuencias civiles o "sanciones civiles" como aquí se les denomina, que configuran la responsabilidad civil que comúnmente se denomina "responsabilidad extracontractual", en contraposición a la llamada "responsabilidad contractual".[34]

Se trata de un "instrumento económico" de la política ambiental, que rara vez es mencionado como tal,[35] no obstante que es un método para internalizar, *ex post* y en el caso concreto de que se trate, los costos ambientales, aunque también es un método disuasivo, y por tanto preventivo, que puede tener alcances generales. Ello se debe quizás a que no proporciona incentivos económicos, que parece ser el enfoque que prevalece en este tema, sino más bien desincentivos económicos. Pero el hecho es que, desde un punto de vista económico, es un mecanismo que induce a los agentes causantes a adoptar medidas eficientes para evitar la contaminación o el deterioro de los recursos naturales, como se supone que lo hacen los demás instrumentos económicos.

Entre los juristas que se ocupan de los asuntos ambientales, la responsabilidad civil por el daño ambiental no es objeto de la debida atención, quizás por la vinculación que tiene este tema con el derecho civil, al que de manera equivocada se le considera como ajeno al derecho ambiental y a la política ambiental. Sin embargo, en los últimos años el tema ha comenzado a tornarse en motivo de una especial preocupación en el campo del derecho ambiental.[36]

En general, la responsabilidad extracontractual se hace efectiva mediante el restablecimiento de la situación anterior a la comisión del hecho ilícito, cuando ello sea posible, o a través del pago de daños y perjuicios. Esto es suficiente para entender la importancia de las sanciones civiles como instrumentos correctivos para aplicar la política ambiental. En

[34] En contra de esta distinción y a favor de la tesis unitaria de la responsabilidad civil, *cf.* entre otros Jesús Hernández Torres, *Teoría del hecho ilícito*, Editorial Stylo, México, 1968.

[35] Una de las excepciones a este olvido es el trabajo mencionado en la nota 2 de este capítulo sobre instrumentos económicos y política ambiental en los países en desarrollo, donde se incluye a las leyes sobre responsabilidad civil entre los mecanismos económicos propios de la política ambiental.

[36] En lo que hace a América Latina, remitimos al lector a un trabajo que nos correspondió coordinar y que fue publicado por el PNUMA con el título *La responsabilidad por el daño ambiental* (México, 1996, 669 pp.). Allí se expresan muchas de las preocupaciones en torno a las deficiencias como este tema es tratado en la legislación de los países de la región, en contraste con los avances que se han hecho en países como Canadá y Estados Unidos de América.

efecto, mediante estas sanciones se hace posible la restauración del medio ambiente afectado o, en su defecto, la adopción de otras medidas que mitiguen o contrarresten los efectos ambientales indeseables generados. Por otra parte, la aplicación de estas sanciones funciona por lo general como un importante mecanismo de disuasión frente a la posibilidad de que se continúe con la comisión de los hechos ambientales ilícitos que han dado lugar a la reparación o se inicie la comisión de otros.

Sin embargo, la LGEEPA destinaba sólo un precepto a la regulación de la responsabilidad civil derivada de los hechos ambientalmente ilícitos: el artículo 194 y final de dicho ordenamiento jurídico. Luego de las modificaciones de 1996, la situación no cambió de manera radical, ya que estas modificaciones se limitaron a reproducir, con un ligero cambio, el mencionado artículo 194, que ahora figura como artículo 204 y final de la LGEEPA, así como a incorporar otra disposición sobre la materia, que figura como artículo 203.

Dispone el artículo 203 de la LGEEPA:

> Sin perjuicio de las sanciones penales o administrativas que procedan, toda persona que contamine o deteriore el ambiente o afecte los recursos naturales o la biodiversidad, será responsable y estará obligada a reparar los daños causados, de conformidad con la legislación civil aplicable.
> El término para demandar la responsabilidad ambiental, será de cinco años contados a partir del momento en que se produzca el acto, hecho u omisión correspondiente.

Y agrega el artículo 204 de la misma LGEEPA:

> Cuando por infracción a las disposiciones de esta Ley se hubieren ocasionado daños o perjuicios, los interesados podrán solicitar a la Secretaría, la formulación de un dictamen técnico al respecto, el cual tendrá valor de prueba, en caso de ser presentado en juicio.

El primero de esos preceptos adiciona la LGEEPA una disposición sobre la responsabilidad civil y sobre la prescripción de la responsabilidad civil, en sendos párrafos.

El párrafo inicial se refiere a la responsabilidad civil que genera la contaminación o deterioro del medio ambiente o la afectación de los recursos naturales o la diversidad biológica, al disponer que su autor estará obligado a reparar los daños causados, de conformidad con la legislación civil aplicable. En general, la legislación civil establece que el que cause daño a "otro" estará obligado a repararlo, esto es, plantea como exigencia que el daño sea causado a una persona determinada o a sus bienes. El precepto genera, entonces, algunos interrogantes, que no son fáciles de responder.

El párrafo siguiente establece un plazo especial de cinco años para la prescripción de la obligación de reparar este tipo de daño, que en materia civil es generalmente de dos años. El plazo se cuenta desde el momento se produzca el acto, hecho u omisión que provocó el daño, lo que en materia de daño ambiental no es lo más apropiado dado que muchos de estos daños se hacen perceptibles sólo después de un tiempo a veces considerable.

Por su parte, el artículo 204 establece una regla importante en materia de prueba de daños y perjuicios, que consiste en darle valor de prueba en juicio a los dictámenes técnicos que los interesados pueden solicitar a la Secretaría. Con esto se obvia uno de los muchos problemas que presenta el ejercicio de la acción de reparación, que en materia ambiental es especialmente complicada. Corresponde a la Procuraduría Federal de Protección al Ambiente formular estos dictámenes técnicos (artículo 62 del Reglamento Interior).

A falta de otras disposiciones de la LGEEPA, la legislación aplicable en estos casos es la legislación civil de las entidades federativas, a la que se remite por lo demás el artículo 203 de la propia LGEEPA. Ellas pueden ser ilustradas con el caso del Código civil para el Distrito Federal en materia común y para toda la República en materia federal, cuyas disposiciones suelen ser seguidas por los Códigos civiles de las demás entidades federativas. Estas disposiciones son las del capítulo V del Título Primero de la Primera Parte del Libro Cuarto del Código, que tratan de las obligaciones que nacen de los actos ilícitos (artículos 1910 a 1934).

La regla básica está contenida en el artículo 1910 del Código, que dispone lo que sigue: "El que obrando ilícitamente o contra las buenas costumbres cause daño a otro, está obligado a repararlo, a menos que demuestre que el daño se produjo como consecuencia de culpa o negligencia inexplicable de la víctima". De acuerdo con la doctrina, el precepto consagra el principio tradicional de la "responsabilidad subjetiva" o "responsabilidad por culpa".[37] A ella se contrapone la responsabilidad objetiva fundada en la teoría del riesgo que establece el artículo 1913 de dicho Código, en los siguientes términos: "Cuando una persona hace uso de mecanismos, aparatos o sustancias peligrosas por sí mismos, por la velocidad que desarrollen, por su naturaleza explosiva o inflamable, por la energía de la corriente eléctrica que conduzcan, está obligada a responder del daño que cause, aunque no obre ilícitamente, a no ser que demuestre que ese daño se produjo por culpa o negligencia inexcusable de la víctima". Aquí desaparece la exigencia de ilicitud del artículo 1910.[38]

[37] *Cf.* por ejemplo Rafael Rojina, *Compendio de derecho civil. Teoría general de las obligaciones* (Porrúa, México, 1962), donde se dice que "el Código define la culpa a través del hecho ilícito o del acto que se ejecuta contra las buenas costumbres" y, además, que "hubiera sido preferible conservar la fórmula tradicional", la que podría expresarse así: "El que obrando con negligencia, falta de previsión o cuidado, causare un daño a otro, está obligado a repararlo, etc." (pp. 310 y 312). De este opinión participa, por ejemplo, Ernesto Gutiérrez, para quien "la esencia del hecho ilícito es la culpa" (*Cf.* su *Derecho de las obligaciones*, Editorial Cajica, México, 4a. reimpresión de la 5a. edición, 1974, p. 451).

[38] Como se dice en la nota anterior, la ilicitud sería el elemento al cual ha sido desplaza-

El sistema de responsabilidad subjetiva dificulta que ésta se haga efectiva, porque debe probarse la culpa o negligencia de quien causa el daño. El sistema de la responsabilidad objetiva es, evidentemente, más apropiada para la tutela del medio ambiente.

Otra disposición relevante es el artículo 1912 del mismo Código, que prescribe: "Cuando al ejercitar un derecho se cause daño a otro, hay obligación de indemnizarlo si se demuestra que el derecho sólo se ejercitó a fin de causar el daño, sin utilidad para el titular del derecho". El precepto recoge la teoría del "abuso del derecho", que teniendo su origen en la concepción medieval de los actos de emulación, encontró acogida en la jurisprudencia francesa a mediados del siglo XIX y, posteriormente, en el derecho positivo. La teoría del abuso del derecho es un elemento que facilita de una manera importante la reparación del daño ambiental, en tanto elimina la exigencia de la ilicitud que está en la base de la responsabilidad extracontractual.[39]

Las consecuencias civiles que se derivan de la comisión de un daño se asientan en el párrafo primero del artículo 1915 del Código, en los siguientes términos: "La reparación del daño debe consistir a elección del ofendido en el restablecimiento de la situación anterior, cuando ello sea posible, o en el pago de daños y perjuicios". El restablecimiento de la situación anterior, que es lo que interesa desde el punto de vista ambiental, queda a la elección de quien aparece como ofendido por el daño ambiental.

La verdad es que éstas, y otras disposiciones sobre la materia, regulan de manera insuficiente las cuestiones que tienen que ver con la responsabilidad por el daño ambiental. Como es obvio, ellas no toman en cuenta las características específicas del daño ambiental, así como muchos otros problemas, que ya han sido analizados por la doctrina y ensayados en el derecho comparado. El tema es vasto y complejo. Aquí sólo se formularán las consideraciones que parecen más relevantes.

Las *características específicas del daño ambiental* han sido descritas muchas veces. Hace algunos años, un autor las describía en los siguientes términos: "Las consecuencias perjudiciales de un atentado al medio ambiente son irreversibles (no se reconstruye un biotipo o una especie en vías de extinción); ellas están con frecuencia vinculadas a los progresos tecnológicos; la contaminación tiene efectos acumulativos y sinergéticos que hacen que ellas se sumen y se acumulen entre sí; la acumulación de daños a lo largo de la cadena alimenticia puede tener consecuencias catastróficas (enfermedad de Minamata en Japón); los efectos del daño ecológico se pueden manifestar más allá de la vecindad (efectos aguas abajo de una contaminación de las aguas, lluvias ácidas debido al transporte a través de la atmósfera y a larga distancia de anhídrido sulfúrico);

da la noción de culpa que se emplea en la formulación del sistema de responsabilidad subjetiva.

[39] Este tema lo hemos tratado en nuestro trabajo sobre "El derecho ambiental y el manejo integrado de los recursos naturales" *cit. supra*, nota 118.

son daños colectivos por sus causas (pluralidad de autores, desarrollo industrial, concentración urbana) y sus efectos (costos sociales); son daños difusos en su manifestación (aire, radiactividad, contaminación de aguas) y en el establecimiento de la relación de causalidad; repercuten en la medida en que ellos implican primero un atentado a un elemento natural y por rebotes a los derechos de los individuos".[40]

Otro autor destaca como características de los daños ambientales, pero refiriéndose especialmente a los daños por contaminación, las siguientes: *1)* se trata de daños relativamente calculados y, por ello, sometidos a un mayor control del agente, que muchas veces tienen un carácter acumulativo; *2)* se trata de daños de una naturaleza difusa, en tanto comprenden un gran número de víctimas potenciales, muchas veces desconocidas y muchas veces en la curiosa situación de ignorar ellas mismas que son víctimas, porque el daño no se ha hecho aún patente dado su carácter acumulativo, siendo del caso señalar también que este carácter difuso hace difícilmente identificables a los propios causantes; y *3)* se trata de daños en los que está presente el interés social como ingrediente particularmente importante de la situación.[41]

Las características del daño ambiental se pueden apreciar también a partir de la diferenciación que hace una autora entre los siguientes tipos de daños: *1)* el *daño ambiental colectivo*, que afecta un bien que por su naturaleza pertenece a todos los integrantes de un grupo, comunidad o nación, o a todos los habitantes de este planeta, como la atmósfera y las aguas, la flora y fauna silvestres o el paisaje; *2)* el *daño ambiental individual*, que afecta de manera particular y diferenciada a individuos particulares, por lo general en lo que se refiere a su salud y a su propiedad; y *3)* el *daño ambiental común*, que es una categoría intermedia referida a los daños sufridos por individuos identificables, pero comunes a muchas personas que forman parte de un grupo o colectividad también claramente identificable.[42]

En una línea de pensamiento más o menos similar, otro autor había hecho antes la distinción entre "los daños de contaminación que serían sufridos por patrimonios identificables y particulares y los daños ecológicos propiamente tales sufridos por el medio natural en sus elementos inapropiados e inapropiables y que afectan el equilibrio ecológico como patrimonio colectivo", pero con la precisión de que "a menudo un mismo hecho trae consigo los dos tipos de daños".[43]

[40] *Cf.* Michel Prieur, *op. cit.*, nota 52 del capítulo I, pp. 1038 y 1039.

[41] *Cf.* Fernando de Trazegnies, *Derecho y contaminación. Estrategias para una defensa del medio ambiente por los particulares* (pp.18 a 20). La reseña está extraída de una conferencia dada por el autor en Lima, el 19 de julio de 1988, misma que fue editada por la Fundación Peruana para la Conservación de la Naturaleza, con un prólogo de Jorge Caillaux.

[42] *Cf.* Silvana Graf, *La responsabilidad civil ambiental y la tutela de los intereses colectivos. Aspectos sustantivos y procesales* (tesis profesional, Pontificia Universidad Católica del Perú, Lima, julio de 1988).

[43] *Cf.* Michel Prieur, *op. cit.*, nota 52 del capítulo I, p. 1038.

Esta caracterización del daño ambiental pone de manifiesto, en primer término, que su regulación no puede hacerse sólo desde la óptica del derecho civil, es decir, como un asunto que concierne sólo a los intereses de los particulares. En efecto, dicho daño puede afectar no sólo a las personas individualmente consideradas y a sus bienes, sino también a la sociedad en su conjunto como titular del patrimonio ambiental y, además, a las generaciones que nos sucederán.

La misma caracterización permite entender, en segundo término, que estos daños suelen tener una naturaleza "colectiva" y "difusa". Como aún no hay acuerdo sobre el uso de las palabras, debemos precisar que con estas expresiones designamos, primero, el eventual involucramiento de muchas personas en el daño ambiental como autores y víctimas del mismo (daño "colectivo"), y segundo la posible indeterminación de la totalidad de esas personas (daño "difuso").[44]

La lógica individual decimonónica que inspira a todo el derecho civil y, en el caso que ahora interesa, a la regulación de la responsabilidad por el daño que generan los hechos ilícitos, no contempla la situación de daños que están más allá de los intereses de las personas individualmente consideradas.

Repárese, por ejemplo, en que, entre nosotros, el medio ambiente es considerado como "patrimonio común" de la nación. En efecto, la LGEEPA dice que "los ecosistemas [debería decir 'el medio ambiente'] son patrimonio común de la sociedad [debería decir 'de la nación']" (artículo 15, fracción X) y, por consiguiente, hace ilícitas las conductas que dañan ese patrimonio común, mediante disposiciones que hacen ilícitas las conductas que causan daño al medio ambiente y al equilibrio ecológico, es decir a un conjunto de elementos y funciones que se definen como medio ambiente, o algunos de sus componentes o propiedades como los recursos naturales y la diversidad biológica. Desde ese punto de vista, un hecho o una omisión que puede afectar a una persona o a un grupo de personas puede representar también un daño al patrimonio común de la nación. La reparación de ese daño específico al patrimonio común de la nación carece de la regulación específica que requiere.

Esa misma lógica individual decimonónica exige, por ejemplo, que para que haya responsabilidad por el daño de que se trate exista una relación de causalidad precisa entre ese daño y el hecho que lo habría causado. Esta relación es difícil, sino imposible, de establecer cuando se trata, por ejemplo, de la contaminación de la atmósfera, donde los fenómenos relevantes de contaminación son provocados por la acción concurrente de una pluralidad de agentes, cuya identificación y participación en la generación del daño causado no es posible determinar. Las disposiciones establecidas por los Códigos civiles no son suficientes para resolver esos problemas.

[44] En ciertas ocasiones la expresión "difusos" se utiliza para caracterizar los intereses que son compartidos por un grupo social o una sociedad determinada y que se refieren a los valores propios de ese grupo o sociedad.

En conclusión, las disposiciones civiles vigentes no son apropiadas para una reparación adecuada del daño ambiental, cuyas características específicas ameritan un tratamiento jurídico también específico. Esto es más claro aún en el caso de los procesos civiles por medio de los cuales se debería hacer efectiva la responsabilidad civil por el daño ambiental, que es el tema de que trata la siguiente sección.

92. El acceso a la justicia civil en materia ambiental

El acceso a la justicia, entendido como la posibilidad de obtener la solución expedita y completa por las autoridades judiciales de un conflicto jurídico, presenta problemas preocupantes en el campo ambiental, especialmente en materia civil. Ello hace necesario revisar exhaustivamente los mecanismos previstos para la solución de esos conflictos.

En términos generales, la remisión de los conflictos civiles que genera la responsabilidad por el daño ambiental a la legislación civil, concebida para la tutela de los intereses individuales, transforma estos conflictos en litigios subordinados exclusivamente a los intereses de los particulares, en circunstancias en que por lo general hay un interés social involucrado en ellos. Los intereses que en este caso se tutelan jurisdiccionalmente tienen que ver sólo con los daños causados a las personas individualmente consideradas o a sus bienes. Por otra parte, de acuerdo con esta misma lógica, el conflicto jurídico generado queda enmarcado por las disposiciones procesales previstas para la composición de los litigios en los que están involucrados intereses individuales.

En el derecho comparado, sin embargo, se está dando una lenta transformación, que desde la perspectiva de un insigne procesalista significa la "declinación de una concepción individualista del proceso", que aparece cada día más insuficiente para tutelar "los nuevos intereses difusos y de grupo, que han llegado a ser vitales para las sociedades modernas".[45]

Como se ha dicho, la cuestión del acceso a la justicia en materia ambiental es algo más complejo que los problemas que presenta la legitimación para accionar (o "interés jurídico"), que es sólo uno de los componentes de lo que se podría llamar "la justicia para el medio ambiente".

La justicia para el medio ambiente está vinculada a dos ideas jurídicas básicas: el deber del Estado de proteger el medio ambiente y promover el desarrollo sostenible en beneficio de las generaciones presentes y futuras, así como el derecho de toda persona a un medio ambiente apropiado, también en beneficio de las generaciones presentes y fu-

[45] *Cf.* Mauro Cappelletti, *Formaciones sociales e intereses de grupo frente a la justicia civil* (Boletín Mexicano de Derecho Comparado, 1978, XI, No. 32, UNAM, México), que es una traducción al español que hicimos de su trabajo *Formazioni sociali e interessi di gruppo davanti a la giustizia civile*, publicado en la *Rivista di Diritto Processuale* (CEDAM, Padova, julio-septiembre 1975).

turas. Ambas ideas han sido incorporadas por la legislación ambiental mexicana, pero de una manera incompleta, que obsta tanto al adecuado cumplimiento de ese deber como al ejercicio irrestricto de ese derecho.

Las *soluciones que se han ensayado en el derecho comparado* para resolver los problemas que presenta la reparación del daño ambiental son variadas. Una de las experiencias más interesantes la ofrece el derecho estadounidense con la llamada "acción de clase" (*class action*), mediante la cual uno o varias personas pueden intentar una acción judicial en representación de un grupo de personas o de una colectividad cuyos miembros comparten el mismo interés, sin necesidad de haber recibo previamente poderes para ese efecto de ese grupo de personas o colectividad.[46] Este mecanismo elimina los inconvenientes que presenta el sistema clásico de las acciones civiles y sus reglas sobre la legitimación para accionar, que en la práctica han contribuido a la impunidad civil de los grandes depredadores del medio ambiente. La figura del *Ombusdman* u otras similares, dónde éstas existen, o la institución de una Procuraduría del Medio Ambiente, como titulares de las acciones derivadas de los daños ambientales, en concurrencia con los particulares afectados, son también mecanismos que contribuyen o pueden contribuir de una manera importante a su adecuada reparación.[47] Otra variante posible para el mismo propósito consiste en una reestructuración del *Ministerio Público* tradicional, que inserte dentro de sus actividades la función de la protección procesal del medio ambiente. Hay que señalar que una experiencia interesante se ha formado en los Estados Unidos con la figura del llamado "Interventor Público" (*Public Interventor*), como parte de equipo del Fiscal General (*Attorney General*), pero con autonomía en el ejercicio de sus funciones.[48]

Una experiencia especialmente interesante para nosotros es la que se ha comenzado a generar desde 1985 en Brasil, con motivo de la Ley 7 347, que regula la *llamada acción civil pública de responsabilidad por daños causados al medio ambiente*, al consumidor, a los bienes y derechos de valor artístico, etc. También son de mucho interés otros mecanismos procesales que se han comenzado a ensayar con éxito en América Latina, como ocurre con el ejercicio de las *garantías constitucionales establecidas para la protección de los derechos fundamentales*, allí donde el derecho a un medio ambiente apropiado ha sido reconocido constitucionalmente como uno de ellos. En efecto, la justicia constitucional ambiental está contribuyendo en esos países a la prevención de los daños ambientales o a la cesación de los que se están causando, de una manera expedita.

[46] *Cf. op. cit.*, nota 42 de este capáitulo, pp. 45 y siguientes, donde se examinan los requisitos para que proceda la acción y las ventajas que presenta este mecanismo.

[47] A estas figuras no puede ser asimilada la Procuraduría Federal de Protección al Ambiente creada en México en 1992, que es un organismo puramente administrativo carente de atribuciones jurisdiccionales.

[48] La experiencia de que estamos hablando se refiere al Estado de Winsconsin y ha sido descrita en la *op. cit.*, nota 42 de este capítulo, pp. 64 a 66.

Un mecanismo procesal que parece idóneo para ese efecto, pero de una manera más limitada, son los *interdictos posesorios*.[49] A este propósito, es de recordarse la existencia en el derecho estadounidense del mecanismo de la *injuction*, entendida como la orden judicial de hacer o no hacer que tiene como fin impedir que se realicen o que se continúe con la realización de acciones u omisiones injustas o dañosas, cuyo uso en materias ambientales es frecuente en ese país del Norte y cuya incorporación a las legislaciones ambientales de nuestros países, con los principios limitantes que ha establecido la jurisprudencia estadounidense, sería de mucha importancia para la protección del medio ambiente.[50]

Los problemas que plantea lo que hemos denominado el acceso a la justicia ambiental en el campo civil se extienden a muchas otras cuestiones, como son por ejemplo las que se refieren al régimen cautelar especial que debe introducirse en estos procesos, habida consideración de su naturaleza eminentemente preventiva; al sistema de pruebas y de su valoración, que debe tener en cuenta las complejidades técnicas de los hechos en que se fundamentan las acciones ejercidas y que debe dar mayores facultades al juez para ponderar las pruebas; a la facultad del juez para extender la sentencia a puntos no sometidos a su consideración, hacer una condena por el daño global originado y, en su caso, establecer el destino de la indemnización, velando en todo momento por la ejecución del fallo; a la posibilidad de revisión del fallo más de los límites habituales de la cosa juzgada, teniendo en cuenta el interés social involucrado en estos casos; y, en general, a la necesidad de que se otorguen al juez amplias facultades para orientar el proceso, modificando la naturaleza eminentemente dispositiva del proceso civil.

Dentro de estas cuestiones debe considerarse el establecimiento de *fondos especiales*, que como bien se ha dicho son mecanismos de distribución social de la indemnización pagada por los causantes de daños colectivos ambientales.[51] Aunque asociados a la existencia de un sistema de acciones de clase, estos fondos pueden y deben establecerse como parte integrante de cualquier sistema que propenda a la indemnización de los daños colectivos ambientales.

Para concluir, quisiéramos decir que la responsabilidad civil en materia ambiental es a veces identificada con el *principio "contaminador-pagador"*, del que se ha difundido más su denominación que su contenido. La verdad es que, como se ha dicho con mucha propiedad, el principio "contaminador-pagador" significa que el costo de las medidas dispuestas por los poderes públicos debe repercutir en el costo de los bienes y servicios que son la causa de la contaminación, por el hecho de su producción y/o consumo, de modo que "este principio no es funda-

[49] *Cf.* por ejemplo Fernando de Trazegnies en la *op. cit.* recordada en la nota anterior (p. 32).

[50] Sobre el particular, *cf.* Silvana Graf *op. cit.*, nota 42 de este capítulo, pp. 30 y *ss.*

[51] *Ibid.*, p. 58.

mentalmente un principio jurídico que implique el reparto de responsabilidades por la contaminación: apunta a repartir los costos de las medidas de prevención y de la lucha contra la contaminación".[52] Este principio ha sido aceptado en el ámbito internacional por la Comunidad Económica Europea, que lo define en los siguientes términos: "Las personas naturales o jurídicas, sea que estén regidas por el derecho público o por el privado, deben pagar los costos de las medidas que sean necesarias para eliminar dicha contaminación o para reducirla hasta el límite fijado por los estándares o medidas equivalentes adoptados para asegurar la calidad, y cuando ellos no fueren fijados, con los estándares o medidas equivalentes fijados por la autoridad pública".[53] La confusión se genera porque cuando se hace efectiva la responsabilidad por el daño ambiental, los costos de la contaminación o del deterioro de los recursos naturales son internalizados, pero sólo en el caso concreto de que se trata.

93. La denuncia popular

La denuncia popular es un mecanismo que, además de ampliar el campo de la participación ciudadana, contribuye a la aplicación de los instrumentos de la LGEEPA que han sido examinados. La denuncia popular es un instrumento cuyo uso se está incrementado velozmente. Entre 1992 y 1995 el número de denuncias recibidas casi se triplicó (de 1 317 se pasó a 3 860).[54]*

Se trata de una materia que ya estaba regulada en la LFPA (artículos 71 a 75) y, antes de ella, en la LFPCCA (artículo 33), con la impropia denominación de "acción popular".[55] La LGEEPA regresó sobre este tema en 1988,

[52] *Cf.* Alexander Kiss, "El principio 'contaminador-pagador' en Europa Occidental" en *El principio contaminador-pagador* (aspectos jurídicos de su adopción en América), publicación de la Comisión Interamericana para el Derecho y la Administración del Ambiente (Editorial Fraterna, Buenos Aires, 1983, p. 75). El tema ha sido tratado recientemente por Rafael Valenzuela (*cf. El principio "el que contamina paga"*, publicado por la CEPAL como documento LC/R. 1005, Sem. 61/3, de 18 de junio de 1991). En ese documento, entre otras cosas, se delimitan con mucha claridad las diferencias entre el principio que se está examinando y la responsabilidad civil extracontractual que se puede derivar de un ilícito ambiental.

[53] La cita está extraída de Guillermo J. Cano, "Introducción al tema de los aspectos jurídicos del principio 'contaminador-pagador'", en la primera *op. cit.* en la nota anterior, p. 15.

[54] *Cf.* el *Programa de Medio Ambiente 1995-2000* (p. 67)

* Véase Addenda, § 9.

[55] En estos casos, no estamos frente a una "acción" en el sentido procesal de la palabra, sino a la facultad de denunciar ciertos hechos y, por consiguiente, a una de las expresiones del derecho constitucional de petición. Tal circunstancia la señalamos en nuestro *Derecho ambiental mexicano* de 1987 (p. 14), destacando también como la doctrina extranjera había reparado en el carácter de "mera denuncia que tenía un mecanismo semejante establecido en el Reglamento para la prevención y control de la contaminación atmosférica originada por la emisión de humos y polvos (cf. Ramón Martín Mateo, *op. cit.* nota 48 del capítulo I, p. 119, nota 137 bis).

pero normándolo de una manera más apropiada (artículos 189 a 193). Estas disposiciones, sin embargo, fueron revisadas a fondo en 1996 y ahora figuran en los artículos 189 a 202 de la Ley.

De acuerdo con el párrafo primero del artículo 189 de la LGEEPA, *toda persona, grupos sociales, organizaciones no gubernamentales, asociaciones y sociedades podrán denunciar ante la Procuraduría Federal de Protección al Ambiente o ante otras autoridades* todo hecho, acto u omisión que produzca o pueda producir desequilibrio ecológico o daños al ambiente o a los recursos naturales, o contravenga las disposiciones de la presente Ley y de los demás ordenamientos que regulen materias relacionadas con la protección al ambiente y la preservación y restauración del equilibrio ecológico. Agrega el párrafo segundo del mismo precepto que, si en la localidad no existiere representación de la Procuraduría Federal de Protección al Ambiente, la denuncia se podrá formular ante la autoridad municipal o, a elección del denunciante, ante las oficinas más próximas de dicha representación. Y concluye el párrafo tercero de ese precepto expresando que, si la denuncia fuera presentada ante la autoridad municipal y resulta del orden federal, deberá ser remitida para su atención y trámite a la Procuraduría Federal de Protección al Ambiente.

La denuncia popular puede ser formulada por cualquier persona, precisa el artículo 190, pero debe hacerse *por escrito* (o ratificarse por escrito, si es hecha por vía telefónica). El mismo artículo detalla el contenido del escrito de denuncia, puntualizando que no se admitirán denuncias notoriamente improcedentes o infundadas, aquéllas en las que se advierta mala fe, carencia de fundamento o inexistencia de petición, lo cual se notificará al denunciante.

Una vez recibida la denuncia, la Procuraduría Federal de Protección al Ambiente *acusará recibo de su recepción, le asignará un número de expediente y la registrará*. Registrada la denuncia, la Procuraduría, dentro de los 10 días siguientes a su presentación, notificará al denunciante el acuerdo de calificación correspondiente, señalando el trámite que se le ha dado a la misma. Si la denuncia presentada fuera competencia de otra autoridad, la Procuraduría acusará de recibo al denunciante pero no admitirá la instancia y la turnará a la autoridad competente para su trámite y resolución, notificándole de tal hecho al denunciante, mediante acuerdo fundado y motivado. Así lo dispone el artículo 191.

Si la denuncia es admitida, la Procuraduría deberá llevar a cabo la identificación del denunciante y *hará del conocimiento la denuncia a la persona o personas, o a las autoridades a quienes se imputen los hechos denunciados o a quienes pueda afectar el resultado de la acción emprendida*, a fin de que presenten los documentos y pruebas que a su derecho convenga en un plazo máximo de 15 días hábiles, a partir de la notificación respectiva (artículo 192, párrafo primero). Asimismo, la Procuraduría deberá efectuar las diligencias necesarias con el propósito de determinar la existencia de actos, hechos u omisiones constitutivos de la denuncia y, en los casos previstos por la LGEEPA, podrá iniciar los procedimientos de inspección y vigilancia que fueran procedentes (artículo 192, párrafos segundo y tercero).

El denunciante puede participar en la investigación que lleve a cabo la Procuraduría. En efecto, dispone el artículo 193 que "el denunciante podrá coadyuvar con la Procuraduría Federal de Protección al Ambiente, aportándole las pruebas, documentación e información que estime pertinentes. Dicha dependencia deberá manifestar las consideraciones adoptadas respecto de la información proporcionada por el denunciante, al momento de resolver la denuncia".

En la investigación de los hechos denunciados, la Procuraduría puede solicitar a las *instituciones académicas, centros de investigación y organismos del sector público, social y privado*, la elaboración de estudios, dictámenes o peritajes sobre cuestiones planteadas en las denuncias que le sean presentadas (artículo 194).

Además, las *autoridades y servidores públicos* involucrados en asuntos de la competencia de la Procuraduría que por razón de sus funciones o actividades puedan proporcionar información pertinente, deberán cumplir en sus términos con las peticiones que dicha dependencia les formule en tal sentido (artículo 200, párrafo primero). Las autoridades y servidores públicos a los que se les solicite información o documentación que se estime con carácter reservado, conforme a lo dispuesto en la legislación aplicable, lo comunicarán a la Procuraduría Federal de Protección al Ambiente. En este supuesto, dicha dependencia deberá manejar la información proporcionada con la más estricta confidencialidad (artículo 200, párrafo segundo).

Si del resultado de la investigación realizada por la Procuraduría se desprende que se trata de actos, hechos u omisiones en que hubieren incurrido autoridades federales, estatales o municipales, emitirá las *recomendaciones* necesarias para promover ante éstas la ejecución de las acciones procedentes. Estas recomendaciones serán públicas, autónomas y no vinculatorias (artículo 195).

Entre otros muchos cambios, las modificaciones de 1996 facultaron a la Procuraduría para desempeñar las funciones de conciliador, cuando la denuncia popular no implicara violaciones a la normatividad ambiental, ni afectara cuestiones de orden público e interés social. En efecto, dispone el artículo 196 que, en esos casos, la Procuraduría podrá sujetar la denuncia a un *procedimiento de conciliación*, escuchando a las partes involucradas. De esta manera, la Ley proporciona un nuevo mecanismo para solucionar conflictos en torno de asuntos ambientales.

En caso de que *no se comprueben que los actos, hechos u omisiones denunciados producen o pueden producir desequilibrio ecológico o daños al ambiente o a los recursos naturales o contravengan las disposiciones de la presente Ley, la Procuraduría Federal de Protección al Ambiente* lo hará del conocimiento del denunciante, a efecto de que éste emita las observaciones que juzgue convenientes. Así lo dispone ei artículo 197.

En todo caso, previene el artículo 198 que la formulación de la denuncia popular, así como los acuerdos, resoluciones y recomendaciones que emita la Procuraduría, *no afectarán el ejercicio de otros derechos o medios de defensa que pudieran corresponder a los afectados conforme a las disposiciones jurídicas aplicables*, no suspenderán ni interrumpirán sus plazos preclusivos, de prescripción o de caducidad. Esta circunstancia deberá señalarse a los interesados en el acuerdo de admisión de la instancia.

La *conclusión de los expedientes de denuncia popular* que hubieren sido abiertos está regulada por el artículo 199, que señala como causas de dicha conclusión las siguientes: *1)* La incompetencia de la Procuraduría para conocer de la denuncia popular planteada; *2)* la expedición de la recomendación correspondiente; *3)* el hecho de que no existan contravenciones a la normatividad ambiental; *4)* la falta de interés del denunciante en los términos de la LGEEPA; *5)* el hecho de que se hubiera expedido anteriormente un acuerdo de acumulación de expedientes; *6)* la solución del conflicto que motivó la denuncia popular mediante conciliación entre las partes; *7)* la emisión de una resolución derivada del procedimiento de inspección; y *8)* el desistimiento del denunciante.

Las disposiciones sobre denuncia popular concluyen con dos preceptos importantes. El primero de ellos dispone que las leyes de las entidades federativas establecerán el procedimiento para atender la denuncia popular cuando se trate de actos, hechos u omisiones que produzcan o puedan producir desequilibrios ecológicos o daños al ambiente, por violaciones a la legislación local ambiental (artículo 201). Y el segundo prescribe que la Procuraduría Federal de Protección al Ambiente en el ámbito de sus atribuciones está facultada para iniciar las acciones que procedan, ante las autoridades judiciales competentes, cuando conozca de actos, hechos u omisiones que constituyan violaciones a la legislación administrativa o penal.

94. LOS INSTRUMENTOS PARA LA APLICACIÓN DE LA POLÍTICA AMBIENTAL INTERNACIONAL

Hasta ahora se han examinado los instrumentos de la política ambiental nacional desde el punto de vista de sus aspectos internos. Ha llegado entonces el momento de considerar los instrumentos de la política ambiental internacional, pero desde el punto de vista de sus aspectos internacionales.

Como se ha visto en el capítulo anterior, la política ambiental internacionall establecida en el artículo 15 de la LGEEPA comprende algunos principios que se refieren a los asuntos internacionales, como son los asentados en las fracciones XIII y XIV. Los instrumentos para la aplicación de esa política son los mismos que se han examinado, tal como ellos se encuentran establecidos en la LGEEPA. Pero, en algunos casos hay que considerar además los mecanismos específicos creados por el derecho internacional, allí donde se hayan establecido.

Existen muchos asuntos ambientales que tienen un carácter internacional y que, por tanto, exigen las correspondientes reglas jurídicas internacionales para su adecuado tratamiento. La administración de los llamados "espacios comunes" o zonas internacionales, como los océanos y el espacio ultraterrestre, junto con la protección integral de los ecosistemas compartidos por dos o más países, son típicamente asuntos ambientales de carácter internacional que requieren de reglas concertadas entre las naciones para su manejo apropiado.

Pero también son materias propias del derecho internacional para la protección del ambiente los asuntos que se relacionan con la contaminación transfronteriza y, en general, con las modificaciones negativas que puede experimentar el medio ambiente de algunos países como consecuencia de actividades realizadas en territorios sometidos a la soberanía y jurisdicción de otros países. Estas modificaciones se han incrementado progresivamente de manera cuantitativa y cualitativa, hasta llegar a alcanzar niveles globales, poniendo en peligro el equilibrio ecológico de la totalidad del planeta. Una parte importante del desarrollo del derecho internacional para la protección del ambiente está concentrado en la actualidad en este tipo de materias globales, como en el caso de los acuerdos internacionales que buscan prevenir la destrucción de la capa de ozono.

La carrera armamentista resta recursos que son indispensables para el desarrollo y representa una amenaza cierta para el medio ambiente. La guerra, en todas sus formas, es un método de destrucción del medio ambiente. La posibilidad de una guerra nuclear y del consiguiente "invierno nuclear", constituyen la amenaza extrema y final para la vida en la Tierra. En consecuencia, la paz entre las naciones es un asunto que interesa al derecho internacional para la protección del ambiente. En este punto, cabe recordar los principios que sobre la materia establece la Declaración de Río:

> La guerra es, por definición, enemiga del desarrollo sostenible. En consecuencia, los Estados deberán respetar el derecho internacional proporcionando protección al medio ambiente en épocas de conflicto armado, y cooperar para su ulterior mejoramiento, según sea necesario *[principio 24]*.
>
> La paz, el desarrollo y la protección del medio ambiente son interdependientes e inseparables *[principio 25]*.
>
> Los Estados deberán resolver todas sus controversias sobre el medio ambiente por medios pacíficos y con arreglo a la Carta de las Naciones Unidas *[principio 26]*.

Una situación especialmente dolorosa es la constituida por los pueblos sometidos a opresión, dominación y ocupación. La Declaración de Río establece al respecto lo siguiente:

> Deben protegerse el medio ambiente y los recursos naturales de los pueblos sometidos a opresión, dominación y ocupación *[principio 23]*.

Los nuevos conocimientos sobre la interdependencia planetaria han puesto de manifiesto que los ecosistemas nacionales son parte integrante e indisoluble de ese gran ecosistema global que es el planeta Tierra. Mucho de lo que ocurre en el medio ambiente de cualquier parte del mundo, es importante para la protección del medio ambiente global. La verdad es que, parafraseando los títulos de dos de los informes mundiales más importantes en esta materia, vivimos en "una sola Tierra", de modo que el destino de la especie humana debe entenderse como "nuestro futuro común".

El derecho internacional para la protección del ambiente es uno de los instrumentos esenciales para llevar a cabo la cooperación entre las naciones que es indispensable para la supervivencia del planeta Tierra y de la vida sobre el mismo. En efecto, mediante el derecho internacional los Estados asumen los compromisos de realizar las acciones que se consideran necesarias para proteger el medio ambiente y establecen los procedimientos que se estiman convenientes para la coordinación internacional de dichas acciones. El derecho internacional de que estamos hablando se expresa fundamentalmente en tratados y otros acuerdos internacionales vigentes para la protección del ambiente, que se han puesto en vigor de una manera progresiva. Éstos tienen un carácter mundial, regional o bilateral.

Los primeros instrumentos internacionales mundiales comenzaron a aparecer por lo menos hacia el año 1921,[56] mientras que los de carácter regional y bilateral se remontan a más de 100 años atrás.[57] Sin embargo, la verdad es que el derecho internacional para la protección del ambiente se ha desarrollado con especial vigor sólo en los últimos 25 años, lo que ha determinado que en la actualidad estén en vigor más de un centenar de tratados y otros acuerdos internacionales mundiales y regionales.[58] Como señala un autor, "el número de los acuerdos internacionales relativos al medio ambiente no ha hecho sino crecer".[59] Sin embargo, hay muchos temas que carecen de una regulación internacional apropiada, como se señala de manera detallada en el capítulo final de este libro. Más aún, no existe un marco jurídico general que regule los asuntos ambientales a nivel mundial. Tampoco existe dicho marco a nivel de nuestra región.

México ha contribuido a la formación de ese derecho internacional

[56] *Cf.* PNUMA, *Registro de tratados y otros acuerdos internacionales relativos al medio ambiente* (Nairobi, mayo de 1985), donde aparece encabezando esa compilación el Convenio relativo al empleo de la cerusa en la pintura (Ginebra, 1921).

[57] La Convención revisada para la navegación del Rhin, del 17 de octubre de 1868, es frecuentemente citada como el más antiguo de los acuerdos internacionales para la protección del ambiente de carácter regional.

[58] *Cf.* la publicación del PNUMA, *cit. supra* en nota 56.

[59] *Cf.* el prólogo de Alexandre Charles Kiss a su *Recueil de traités multilatéraux relatifs à la protection de l'environnement* (PNUMA, Nairobi, 1982), que incluye el texto de 76 acuerdos internacionales multilaterales (mundiales y regionales), considerados como principales en materia de protección del ambiente.

para la protección del ambiente, en todos sus niveles. En efecto, el país forma parte de un número significativo de los instrumentos internacionales en vigor a nivel mundial y regional. También se ha preocupado de desarrollar un derecho internacional para la protección del ambiente de carácter bilateral, con un énfasis especial en la protección de sus zonas fronterizas.

Los tratados y otros acuerdos internacionales de los que México es parte contratante se examinan en los capítulos que tratan de las materias sobre las cuales versan. Aquí se mencionan aquellos que tienen un alcance más amplio y que, por lo mismo, pueden ser considerados como instrumentos para la aplicación de la política ambiental general. Nos referimos, en primer término, al Tratado de Libre Comercio de América del Norte,[60] así como al Acuerdo de Cooperación Ambiental de América del Norte[61] y al Acuerdo entre el Gobierno de los Estados Unidos Mexicanos y el Gobierno de los Estados Unidos de América sobre el Establecimiento de la Comisión de Cooperación Ecológica Fronteriza y el Banco de Desarrollo de América del Norte.[62] Otro hecho importante está marcado por el ingreso de México a la Organización de Cooperación y Desarrollo Económicos.[63] Y nos referimos, en segundo término, a los convenios para la cooperación y mejoramiento del medio ambiente en la zona fronteriza que México ha suscrito con los Estados Unidos de América y con Guatemala.[64]

El Tratado de Libre Comercio para América del Norte, no obstante su naturaleza de acuerdo comercial, contiene disposiciones que se refieren a asuntos ambientales. Esta característica del Tratado se evidencia desde su preámbulo y el establecimiento de sus objetivos. La naturaleza de este libro impide hacer un examen detallado de las implicaciones ambientales del Tratado. Pero al menos deben subrayarse ciertas prescripciones esenciales, como es el caso del derecho que se reconoce a cada país de adoptar, mantener o aplicar sus propias normas ambientales, incluyendo prohibiciones a la importación o prestación de servicios desde el territorio de otro lugar. El Tratado permite que cada país fije el nivel de protección que considere conveniente cuando se trate de lograr objetivos legítimos en materia, entre otras, de protección a la vida y a la salud humana, a la vida animal y vegetal, y en términos más generales de protección del medio ambiente y desarrollo sostenible. Sin embargo,

[60] El Tratado fue publicado en el *Diario Oficial de la Federación* del 20 de diciembre de 1993.

[61] El Acuerdo fue publicado en el *Diario Oficial de la Federación* del 20 de diciembre de 1993.

[62] Publicado en el *Diario Oficial de la Federación* del 27 de diciembre de 1993.

[63] La Declaración del Gobierno de los Estados Unidos Mexicanos sobre la aceptación de sus obligaciones como miembro de la Organización fue publicada en el *Diario Oficial de la Federación* del 27 de diciembre de 1993.

[64] El primero de ellos fue publicado en el *Diario Oficial de la Federación* del 22 de marzo de 1984 y el segundo en el *Diario Oficial de la Federación* del 30 de mayo de 1988.

el Tratado también contiene el compromiso a futuro de compatibilizar normas entre los países miembros, en el mayor grado posible, lo que debe hacerse sin reducir la exigencia de las mismas. En todo caso, ninguna de las partes puede elaborar, adoptar, mantener o aplicar normas que tenga por objeto o efecto crear obstáculos innecesarios al comercio entre ellas.

El Acuerdo de Cooperación Ambiental de América del Norte o "Acuerdo ambiental paralelo", cuyos antecedentes son sobradamente conocidos, reafirma el derecho soberano de los estados en materia ambiental y, tomando en cuenta las diferencias ecológicas, económicas y tecnológicas entre los tres países, subraya la importancia de la cooperación internacional para lograr el desarrollo sostenible y de mejorar los niveles de protección ambiental, con la participación de la sociedad. El Acuerdo reconoce el derecho de cada una de las partes de establecer, en lo interno, sus propios niveles de protección ambiental y de políticas y prioridades de desarrollo ambiental, así como de adoptar y modificar, en consecuencia, sus leyes y reglamentos ambientales; pero también establece que cada una de las partes garantizará que sus leyes y reglamentos prevean altos niveles de protección ambiental y se esforzará por mejorar dichas disposiciones. El Acuerdo agrega que, con el objeto de lograr altos niveles de protección del ambiente y de cumplimiento con sus leyes y reglamentos, cada una de las partes aplicará de manera efectiva sus leyes y reglamentos ambientales mediante medidas gubernamentales adecuadas y garantizará que los procedimientos administrativos, "cuasijudiciales" y judiciales sean justos, abiertos y equitativos. El Acuerdo establece una Comisión de Cooperación Ambiental y un Secretariado. El Secretariado puede examinar peticiones de cualquier persona u organizacdión sin vinculación gubernamental que asevere que una parte está incurriendo en omisiones en la aplicación efectiva de su legislación ambiental. Este mecanismo ya se ha utilizado. Además, el Acuerdo establece métodos para solucionar las controversias que puedan surgir sobre la existencia de una pauta persistente de omisiones en la aplicación efectiva de la legislación ambiental de algunas de las partes. Estas controversias pueden desembocar, como última medida, en contribuciones monetarias y la suspensión de beneficios derivados por el Tratado de Libre Comercio. En todo caso, el Acuerdo establece, de manera explícita, que ninguna de sus disposiciones se interpretará en el sentido de otorgar derecho a las autoridades de una de las partes a llevar a cabo actividades de aplicación de su legislación ambiental en territorio de otra parte, es decir, excluye la aplicación extraterritorial de la legislación ambiental de cualquiera de las partes.

El propósito de la Comisión de Cooperación Ecológica Fronteriza es apoyar la conservación, la protección y el mejoramiento de la ecología de la zona fronteriza, para aumentar el bienestar de la población de México y de Estados Unidos. En el desempeño de sus funciones, la Comisión coopera, según sea conveniente, con el Banco de Desarrollo de

América del Norte y otras fuentes de financiamiento, para los proyectos de infraestructura ambiental.

El Convenio sobre Cooperación y Mejoramiento del Medio Ambiente en la Zona Fronteriza establece que ambos países acuerdan cooperar en el campo de la protección ambiental en la zona fronteriza sobre la base de igualdad, reciprocidad y beneficio mutuo, quedando asentado que los objetivos del mismo son establecer las bases para la cooperación entre las partes en la protección, mejoramiento y conservación del medio ambiente y los problemas que lo afectan, así como acordar las medidas necesarias para prevenir y controlar la contaminación en la zona fronteriza, y proveer el marco para el desarrollo de un sistema de notificación para situaciones de emergencia. Para ese efecto, las partes se comprometen, en la medida de lo posible, a adoptar las medidas apropiadas para prevenir, reducir y eliminar fuentes de contaminación en su territorio respectivo que afecten la zona fronteriza de la misma, dejándose establecido que ellas coordinarán sus esfuerzos, de conformidad con sus propias legislaciones nacionales y acuerdos bilaterales vigentes, para atender problemas de contaminación del aire, agua y suelos en la zona fronteriza. Este Convenio presenta un conjunto de desarrollos respecto de las distintas materias específicas de que se ocupa.

Por último, el Convenio entre los Estados Unidos Mexicanos y la República de Guatemala sobre la Protección y Mejoramiento del Ambiente en la Zona Fronteriza establece que las partes acuerdan cooperar entre sí en las tareas de protección y mejoramiento ambiental y en las de conservación de los recursos naturales en la zona fronteriza, sobre las bases de igualdad, reciprocidad y beneficio mutuo y de conformidad con sus respectivas leyes, reglamentos y políticas nacionales en la materia, lo que debe entenderse "sin perjuicio de la cooperación que las Partes pudieran llevar a cabo fuera de la zona fronteriza. Con ese objeto, las partes se comprometen, en la medida de lo posible, a adoptar las medidas para prevenir, reducir y eliminar en su territorio, las fuentes de contaminación que afecten la zona fronteriza.

Un tema importante es el intercambio de información que debe darse entre los Estados. Sobre el particular, la Declaración de Río establece el siguiente principio en materia de efectos ambientales nocivos transfronterizos:

> Los Estados deberán proporcionar la información pertinente, y notificar primeramente y en forma oportuna, a los Estados que puedan verse afectados por actividades que puedan tener considerables efectos ambientales nocivos transfronterizos, y deberán celebrar consultas con esos Estados en una fecha idónea y de buena fe *[principio 19]*.

Segunda Parte

PROTECCIÓN DE LOS ECOSISTEMAS TERRESTRES

VI. LA CONSERVACIÓN DE LA DIVERSIDAD BIOLÓGICA Y LA PROTECCIÓN DE LA FLORA Y FAUNA SILVESTRES

95. La protección de los ecosistemas naturales y el derecho de protección de la naturaleza

Con este capítulo se inicia el análisis de los aspectos jurídicos de la protección de los ecosistemas naturales, mediante el examen de la legislación que se ocupa de dichos ecosistemas y de los ordenamientos jurídicos que regulan cada uno de sus elementos.

Se trata de lo que en otros lugares se denomina el "derecho de protección de la naturaleza" y que no pocas veces se entiende como un sinónimo del derecho ambiental, al restringirse el campo de estudio de éste a ese tipo de normas jurídicas. Sin embargo, el radio de acción del derecho ambiental se extiende también a lo que llamamos el "derecho de la tecnosfera", que presenta como eje central la idea de la ordenación del ambiente construido, antes que la idea de la protección del ambiente natural, aunque también participa de este último propósito.

El hecho de que los distintos componentes de los ecosistemas naturales estén asociados entre sí, haría aconsejable el estudio conjunto de todos ellos. Sin embargo, la manera como se halla configurado el sistema jurídico que se está examinando, hace necesario el examen de las disposiciones que se refieren, de manera separada, a cada uno de los componentes de los ecosistemas naturales. En efecto, dicho sistema no regula los ecosistemas naturales como tales, ni mucho menos hace distinciones entre ellos, salvo en contados casos y, por lo general, no como ecosistemas naturales, sino como ecosistema global, a la manera de la legislación que se refiere al medio ambiente en su conjunto.

En otras palabras, no existe en este sistema una categoría que pudiera unificar jurídicamente a todos o algunos de esos elementos, como la idea de "naturaleza", que en Francia ha servido como punto de partida para una Ley sobre la protección de la naturaleza, o la idea de "patrimonio natural", utilizada en algunos acuerdos internacionales. Sin embargo, entre nosotros sería posible construir, por la vía de la integración un "derecho de protección de la naturaleza", que organizara el estudio de todas las normas que se refieren a la materia. En esta parte segunda, que se ocupa de la protección de los ecosistemas terrestres, así como en las partes tercera y cuarta, que tratan de la protección de los ecosistemas marinos y de la atmósfera y del espacio ultraterrestre, se pretende hacer un primer esfuerzo en este sentido.

La parte segunda sobre protección de los ecosistemas terrestres se compone de cuatro capítulos. En ellos se examinan, sucesivamente, la conservación de la diversidad biológica y la protección de la flora y fauna silvestres, las áreas naturales protegidas, la protección de los recursos forestales, la protección de los suelos y la protección de las aguas continentales, teniendo en cuenta la manera como se encuentran legisladas estas materias en el derecho ambiental mexicano. En la parte tercera se examina la protección de los ecosistemas marinos, mediante dos capítulos que tratan del derecho interno y el derecho internacional vigentes sobre este tema, respectivamente. Y, finalmente, en la parte cuarta se analizan las disposiciones sobre protección de la atmósfera y del espacio ultraterrestre. El conjunto de las normas que se ocupan de esta materia configuran el "derecho de la naturaleza" de México.

En este "derecho de la naturaleza" coexisten, por cierto, normas de variada índole, expedidas en épocas diversas y con propósitos distintos. Sin embargo, es posible distinguir en este conjunto abigarrado de normas dos tipos básicos de reglas: las que se refieren a la conservación de los recursos naturales y las que se refieren a la prevención y control de la contaminación de algunos de ellos, lo que se refleja incluso en el tratamiento separado que muchas veces se hace de estos dos temas. Las evoluciones más recientes del "derecho de la naturaleza" muestran, con todo, una tendencia hacia la unificación legislativa de ambos temas, a partir de la premisa del aprovechamiento sostenible de los recursos naturales.

La conservación de la diversidad biológica y, por consiguiente, la protección de la flora y fauna silvestres, son el punto de partida del tratamiento del derecho de la naturaleza mexicano. De este tema se ocupa el presente capítulo. En el siguiente se examinan las áreas naturales protegidas, que son el instrumento por excelencia, pero no el único, para la conservación de la diversidad biológica. A continuación, se destina un capítulo especial a la protección de los recursos forestales, que amerita un tratamiento separado en razón de que cuenta con una legislación especial. La protección de los suelos y las aguas, que es materia de sendos capítulos, cierra esta parte segunda sobre protección de los ecosistemas terrestres.

Sobre la importancia de la conservación de la diversidad biológica o biodiversidad en países como México, cuya riqueza en materia de flora y fauna silvestres, así como de los peligros a que está expuesta, es casi ocioso abundar. En general, la preservación de la diversidad biológica se ha transformado en una preocupación mundial, frente a la acelerada extinción de la flora y fauna silvestres en todo el planeta.

En México, esa preocupación se ha expresado, a nivel jurídico, mediante la ratificación en 1993 del Convenio sobre la Diversidad Biológica y las modificaciones de 1996 a la LGEEPA, que incorporaron a la Ley un capítulo especial sobre el tema que se denomina Biodiversidad y en el que se agruparon y revisaron las normas sobre áreas naturales protegidas, zonas de restauración y flora y fauna silvestres (en ese orden), teniéndose presente en varios casos las disposiciones del Convenio sobre la Diversidad Biológica.

Este capítulo se inicia con una síntesis de los problemas que presenta la conservación de la diversidad biológica en México y continúa con el estudio de las disposiciones de la Ley General del Equilibrio Ecológico y la Protección al Ambiente sobre protección de la flora y fauna silvestres, cuyas modificaciones de 1996 han venido a llenar un importante vacío en esta materia al establecer políticas específicas para este efecto, así como medidas concretas de protección. Dicho examen se extiende a los alcances que en esta materia tienen la Ley Federal de Sanidad Vegetal y la Ley Federal de Variedades Vegetales. Luego, se examinan detenidamente las reglas de la Ley Federal de Caza, que contienen lo medular en materia de protección de la fauna silvestre terrestre, así como las disposiciones de la Ley Federal de Sanidad Animal. A continuación, se revisan las atribuciones de la Secretaría de Medio Ambiente, Recursos Naturales y Pesca en materia de protección de la flora y fauna silvestres. Una sección especial es destinada a las zonas de restauración, que es una de las atribuciones de que dispone la Secretaría en este tema.

Por último, la protección de la flora y fauna silvestres se analiza desde la perspectiva del derecho internacional, mediante el examen de los principales tratados y otros acuerdos internacionales mundiales y regionales sobre la materia en los que México es parte contratante, a saber: la Convención para la Protección de la Flora, Fauna y Bellezas Escénicas Naturales de los Países de América; la Convención relativa a los Humedales de Importancia Internacional especialmente como hábitat de aves acuáticas, así como sus enmiendas; la Convención para la Protección del Patrimonio Mundial, Cultural y Natural; la Convención sobre el Comercio Internacional de las Especies Amenazadas de Fauna y Flora Silvestres, más conocido por su sigla en inglés CITES; y el Convenio Internacional de Protección Fitosanitaria. Dada su trascendencia, en la última sección de este capítulo se analiza con algún detalle el Convenio sobre la Diversidad Biológica.

96. La diversidad biológica de México[1]

México es un país dotado de una extraordinaria diversidad biológica. En efecto, México es uno de los doce países que en el mundo concentran aproximadamente 65% de la diversidad biológica del planeta. Su riqueza florística y faunística, así como sus endemismos, lo hacen comparable sólo a países como Australia, Brasil, China, Colombia e Indonesia. En el mundo, México es uno de los cuatro países mejor dotados en plantas con flores, anfibios, reptiles y mamíferos.

La vegetación natural mexicana expresa esa riqueza de múltiples maneras. Quizás la expresión más espectacular sean las plantas con flores: en el mundo hay 250 000 especies de plantas con flores, de las cuales 21 600 se encuentran en México y de las que, a su vez, 9 300 son endémicas. La cobertura vegetal forestal es también impresionante: abarca aproximadamente 141 millones de hectáreas, de las cuales 34 millones son arboladas, distribuyéndose la mitad en áreas templadas y la otra mitad en áreas tropicales. Los bosques templados son los más variados del planeta y cuentan, al menos con 55 especies de pino y 138 especies de encinos, de las cuales son endémicas 85% de las primeras y 70% de las segundas. Los desiertos, por su parte, contribuyen a esta riqueza con la mayor variedad de cactáceas del mundo, muchas de las cuales son también endémicas.

La riqueza faunística del país se corresponde con su biodiversidad florística. México ocupa el primer lugar en el mundo en materia de diversidad de reptiles del mundo (705 especies, de las cuales 368 son endémicas), el segundo lugar en diversidad de mamíferos (466 especies, de las cuales 136 son endémicas) y el cuarto lugar en diversidad de anfibios (259 especies, de las cuales 174 son endémicas). La avifauna, tanto de especies residentes como migratorias, es también especialmente rica: de las 9 000 aves registradas en el mundo, 1 060 se encuentran en México. La fauna de vertebrados terrestres es también excepcionalmente rica: 2 300 especies, de las cuales 600 son endémicas.

Se trata, en buenas cuentas, de un singular capital ecológico, que ofrece bienes y servicios ambientales cuya importancia no se termina de ponderar de manera suficiente cuando se hacen análisis económicos generales, que incluyen los costos que demanda su conservación.

En efecto, en el mejor de los casos esos análisis recuerdan la rentabilidad en el corto plazo que ofrecen algunos pocos componentes de dicho capital en términos de recursos y materias primas y, en ciertas oportunidades, de recreación o turismo. Pero olvidan la rentabilidad de ese capital en el largo plazo, en especial la que puede ofrecer a partir del desarrollo de la investigación científica y tecnológica y la implantación

[1] La información proporcionada en esta sección se basa en el diagnóstico que contiene el *Programa de Medio Ambiente 1995-2000 del Poder Ejecutivo Federal*, publicado en el *Diario Oficial de la Federación* del 3 de abril de 1996.

de sistemas productivos diversos de los tradicionales, así como las múltiples funciones ambientales que dicho capital cumple: la regulación de la composición química de la atmósfera, la regulación del clima, la protección de cuencas, la captación y saneamiento de aguas superficiales y subterráneas, la protección costera, la protección contra la erosión y el control de sedimentos, el control biológico de plagas y enfermedades, etc., para recordar sólo algunas de las más importantes de esas funciones.

Lo primordial es, entonces, conservar el capital ecológico de la nación, que es el producto de un largo e irrepetible proceso natural, de manera que se favorezca la continuidad de los procesos evolutivos y el manteniento del patrimonio genético, como las bases indispensables de un auténtico desarrollo sostenible.

La destrucción de ese capital es, por tanto, un verdadero "crimen de lesa humanidad" o, en su caso, de "lesa nación", si se nos permite la expresión. Lamentablemente, México no es una excepción en un planeta donde se ha generalizado la comisión de ese crimen. La destrucción del hábitat, el comercio ilegal, la caza furtiva, la contaminación ambiental y las actividades recreativas y turísticas inapropiadas son las principales presiones a que se encuentra expuesta la superviviencia de la flora y fauna silvestres.

Las cifras oficiales sobre extinción de la flora y la fauna silvestres en el país no permiten tener una idea clara sobre la magnitud de este hecho: en el *Programa Nacional para la Protección del Medio Ambiente 1990-1994*, por ejemplo, se dice que 582 especies de plantas superiores y 342 especies de fauna silvestre están amenzadas o en riesgo de extinción. En el *Programa de Medio Ambiente 1995-2000* se habla de una disminución drástica de ciertas especies, como es el caso de algunas especies de cactus y orquídeas, así como de la cotorra de frente roja y algunos felinos como el ocelote. Pero las cifras oficiales sobre deforestación en México permiten por lo menos hacernos una idea indirecta sobre dicha magnitud, si se tiene en cuenta que una de las principales causas de la extinción de la flora y fauna silvestres consiste en la pérdida de su hábitat, que por lo general es la consecuencia de la deforestación. En efecto, en el último de esos programas se señala que la tasa de deforestación de México es una de las más altas del mundo y se estima entre 300 mil y 1 millón de hectáreas anuales. Esa pavorosa cifra es suficiente para entender que el proceso de extinción a que nos estamos refiriendo marcha a paso acelerado.

Por eso tiene una enorme importancia la creación de la Comisión Nacional para el Conocimiento y Uso de la Biodiversidad, establecida por Acuerdo Presidencial publicado en el *Diario Oficial de la Federación* del 16 de marzo de 1992. El objeto de esa Comisión es coordinar las acciones y estudios relacionados con el conocimiento y la preservación de las especies biológicas, así como promover y fomentar actividades de investigación científica para la exploración, estudio, protección y utilización de los recursos biológicos tendientes a conservar los ecosistemas del país y a generar criterios para su manejo sostenible. La Comisión tiene una naturaleza intersecretarial y está integrada por el Ejecutivo Federal, que la preside, y los siguientes secretarios: de Relaciones Exteriores, de Hacienda y Crédito Público, de Energía, Minas e Industria Paraestatal, de Comercio y Fomento Industrial, de Agricultura y Recursos Hidráulicos, de Medio Ambiente, Recursos Natuales y Pesca (que es el Secretario Técnico de la Comisión), de Educación Pública, de Salud y de Pesca. La Comisión cuenta con un Coordinador Nacional, designado por el Presidente de la República a propuesta de los miembros de la propia Comisión.

97. La protección de la flora y fauna silvestres en la Ley General del Equilibrio Ecológico y la Protección al Ambiente.

La LGEEPA destina todo un capítulo al tema de "flora y fauna silvestres" en el Título Tercero relativo a las biodiversidad (artículos 79 a 87 bis 2). Este capítulo tuvo cambios importantes con motivo de las modificaciones de 1996, que reformó siete de los nueve artículos originales de dicho capítulo y le adicionó otros tres artículos.

El sentido general de estas normas, sin embargo, no ha cambiado. En efecto, las normas de la LGEEPA sobre esta materia están destinadas principalmente a la formulación de ciertos criterios, es decir, de principios de política nacional ambiental que se refieren específicamente a la preservación y aprovechamiento sostenible de la flora y la fauna silvestres, así como al establecimiento de ciertas medidas que favorecen su protección. Estas normas se extienden a la flora y fauna acuáticas y están complementadas por las disposiciones que se encuentran en otras leyes, como por ejemplo la Ley Federal de Caza y la Ley de Pesca, que concurren a disciplinar esta materia.

El artículo 3º de la LGEEPA define a la flora silvestre como "las especies vegetales así como los hongos, que subsisten sujetas a los procesos de selección natural y que se desarrollan libremente, incluyendo las poblaciones o especímenes de estas especies que se encuentran bajo control del hombre" (fracción XVIII). El mismo precepto legal define a la fauna silvestre como "las especies animales que subsisten sujetas a los procesos de selección natural y que se desarrollan libremente, incluyendo sus poblaciones menores que se encuentran bajo control del hombre, así como los animales domésticos que por abandono se tornen salvajes y por ello sean susceptibles de captura y apropiación" (fracción XVII).

De acuerdo con el artículo 82 de la LGEEPA, sus disposiciones sobre la materia son aplicables a la *posesión, administración, preservación, repoblación, propagación, importación, exportación y desarrollo de la flora y fauna silvestre y material genético*, sin perjuicio de lo establecido en otros ordenamientos jurídicos.

En lo que respecta a los *criterios que deben observarse para la preservación y aprovechamiento sostenible de estos elementos naturales*, la LGEEPA consigna como tales los siguientes: *1)* la preservación de la biodiversidad y del hábitat natural de las especies de flora y fauna que se encuentran en el territorio nacional y en las zonas donde la nación ejerce su soberanía y jurisdicción; *2)* la continuidad de los procesos evolutivos de las especies de flora y fauna y demás recursos biológicos, destinando áreas representativas de los sistemas ecológicos del país a acciones de preservación e investigación; *3)* la preservación de las especies endémicas, amenazadas, en peligro de extinción o sujetas a protección especial;[2] *4)* el combate al tráfico o apropiación ilegal de especies; *5)* el fomento y creación de las estaciones biológicas de rehabilitación y repoblamiento de especies de fauna silvestre; *6)* la participación de las organizaciones sociales, públicas o privadas, y los demás interesados en la preservación de la biodiversidad; *7)* el fomento y desarrollo de la investigación de la fauna y flora silvestre, y de los materiales genéticos, con el objeto de conocer su valor científico, ambiental, económico y estratégico para la Nación; *8)* el fomento del trato digno y respetuoso a las especies animales, con el propósito de evitar la crueldad en contra de éstas; 9) el desarrollo de actividades productivas alternativas para las comunidades rurales; y *10)* el conocimiento biológico tradicional y la participación de las comunidades, así como los pueblos indígenas en la elaboración de programas de biodiversidad de las áreas en que habiten (artículo 79).

El precepto formula, incluso de una manera más suficiente y congruente que el precepto original, la política que debe seguirse para proteger la rica diversidad biológica que presentan los sistemas naturales mexicanos, hoy amenazada. Varias de estas políticas coinciden con las prescripciones del Convenio sobre la Diversidad Biológica, que se examina más adelante. La primera de ellas consiste, precisamente, en la preservación de la diversidad biológica y del hábitat natural de las especies de flora y fauna.

Estos criterios son reiterados, por lo que hace a la sostenibilidad del aprovechamiento de la flora y fauna silvestres por el artículo 83 de la LGEEPA que dispone que "el aprovechamiento de los recursos naturales en áreas que sean el hábitat de especies de flora o fauna silvestres, especialmente de las endémicas, amenazadas o en peligro de extinción, deberá hacerse de manera que no se alteren las condiciones necesarias para la subsistencia, desarrollo y evolución de dichas especies" (párrafo primero). Agrega el mismo precepto que "la Secretaría deberá promover y apoyar el manejo de la flora y fauna silvestre, con base en el conocimiento biológico tradicional, información técnica, científica y económica, con el propósito de hacer un aprovechamiento sustentable de las especies" (párrafo segundo).

[2] La NOM-059 ECOL-1994 determina las especies y subespecies de flora y fauna terrestres y acuáticas en peligro de extinción, amenazadas, raras y las sujetas a protección, estableciendo especificaciones para su protección.

Los criterios para la preservación y aprovechamiento sostenible de la flora y fauna silvestres mencionados en el artículo 79, *deben ser considerados por las autoridades competentes* en los siguientes casos: *1)* el otorgamiento de concesiones, permisos y, en general, de toda clase de autorizaciones para el aprovechamiento, posesión, administración, conservación, repoblación, propagación y desarrollo de la flora y fauna silvestres; *2)* el establecimiento o modificación de vedas de la flora y fauna silvestres; *3)* las acciones de sanidad fitopecuaria; *4)* la protección y conservación de la flora y fauna del territorio nacional, contra la acción perjudicial de plagas y enfermedades, o la contaminación que pueda derivarse de actividades fitopecuarias; *5)* el establecimiento de un sistema nacional de información sobre biodiversidad y de certificación del uso sostenible de sus componentes que desarrolle la Comisión Nacional para el Conocimiento y Uso de la Biodiversidad, así como la regulación de la preservación y restauración de flora y fauna silvestre; *6)* la formulación del programa anual de producción, repoblación, cultivo, siembra y diseminación de especies de la flora y fauna acuáticas; *7)* la creación de áreas de refugio para proteger las especies acuáticas que así lo requieran; y *8)* la determinación de los métodos y medidas aplicables o indispensables para la conservación, cultivo y repoblación de los recursos pesqueros (artículo 80).

Una de las novedades que incorporaron las modificaciones de 1996 en este precepto y sobre la que vale la pena llamar la atención es la creación de un sistema nacional de información sobre diversidad biológica y de certificación del uso sostenible de sus componentes, a cargo de la Comisión Nacional para el Conocimiento y Uso de la Biodiversidad. Este sistema nacional de información aparece como algo diverso del Sistema Nacional de Información y de Recursos Naturales que establece el artículo 159 bis de la misma LGEEPA. Por su parte, la certificación del uso sostenible de los componentes de la diversidad biológica se suma a otros certificados que también incorporaron las modificaciones de 1996 a la LGEEPA, en correspondencia con una tendencia mundial de establecer este tipo de acreditaciones.

En lo que concierne a las *medidas para la protección y aprovechamiento de la flora y fauna silvestres y acuáticas*, la LGEEPA regula, en primer término, las *vedas*, que es un tema que también se trata en otras leyes. La LGEEPA comienza por prescribir en su artículo 81 que la Secretaría de Medio Ambiente, Recursos Naturales y Pesca "establecerá las vedas de la flora y fauna silvestre, y su modificación o levantamiento, con base en los estudios que para tal efecto previamente lleve a cabo" (párrafo primero). A continuación, dispone que "las vedas tendrán como finalidad la preservación, repoblación, propagación, distribución, aclimatación o refugio de los especímenes, principalmente de aquellas especies endémicas, amenazadas, en peligro de extinción o sujetas a protección especial" (párrafo segundo). Y agrega que "los instrumentos jurídicos mediante los cuales se establezcan vedas, deberán precisar su naturaleza y temporalidad, los límites de las áreas o zonas vedadas y las especies de la flora o la fauna comprendidas en ellas, de conformidad con las disposiciones legales que resulten aplicables" (párrafo tercero). Y concluye prescribiendo que "dichos instrumentos deberán publicarse en el órgano oficial de difusión del Estado o Estados donde se ubique el área vedada, sin perjuicio de lo dispuesto en la Ley Federal sobre Metrología y Normalización y demás ordenamientos aplicables" (párrafo cuarto). Estas disposiciones sobre vedas se encuentran complementadas por las disposiciones sobre flora y fauna que establecen las Leyes Federales de Caza y de Pesca, así como la Ley Forestal.

La expedición de *normas oficiales mexicanas* es otra de las medidas que prevé la LGEEPA para la protección de estos elementos naturales. En efecto, prescribe el artículo 84 de la Ley que "la Secretaría expedirá las normas oficiales mexicanas para la preservación y aprovechamiento sustentable de la flora y fauna silvestre y otros recursos biológicos".

Otra medida importante para la protección de estos elementos naturales consiste en establecer *medidas de regulación o restricción a la exportación, importación y tránsito de especímenes de la flora y fauna silvestres*. En consonancia con las disposiciones sobre la materia que contiene la Ley de Comercio Exterior de 1993 (*Diario Oficial de la Federación,* 27-VII-97), el artículo 85 de la LGEEPA prescribe que, "cuando así se requiera para la protección de especies, la Secretaría promoverá ante la Secretaría de Comercio y Fomento Industrial el establecimiento de medidas de regulación o restricción, en forma total o parcial, a la exportación o importación de especímenes de la flora y fauna silvestres e impondrá las restricciones necesarias para la circulación o tránsito por el territorio nacional de especies de la flora y fauna silvestres procedentes del y destinadas al extranjero". Esta disposición se relaciona con la atribución que le confiere a la Secretaría la fracción XX del artículo 32 bis de la Ley Orgánica de la Administración Pública Federal, reformado en 1994, para

> imponer las restricciones que establezcan las disposiciones aplicables, sobre la circulación o tránsito por el territorio nacional de especies de la flora y fauna silvestres procedentes del o destinadas al extranjero, y promover ante la Secretaría de Comercio y Fomento Industrial el establecimiento de medidas de regulación o restricción, en forma total o parcial, a su importación o exportación, cuando se requiera para su conservación o aprovechamiento.[3]

Entre las medidas que establece la LGEEPA para proteger la flora y fauna silvestres se encuentra un conjunto de regulaciones que se refieren al *aprovechamiento económico* de las mismas, que fueron incorporadas a la Ley por las modificaciones de 1996. Esas regulaciones especifican, en primer término, que corresponde a la Secretaría aplicar las disposiciones

[3] En relación con este tema véase además el Decreto que establece la codificación y clasificación de mercancías cuya importación está sujeta a regulación ecológica (*Diario Oficial de la Federación,* 29-VIII-1994).*

* Véase Addenda, § 6.

que sobre preservación y aprovechamiento sostenible de especies de fauna silvestre establezcan la LGEEPA y otras leyes, así como autorizar su aprovechamiento en actividades económicas, sin perjuicio de las facultades que correspondan a otras dependencias, conforme a otras leyes (artículo 86). Pues bien, estas autorizaciones están condicionadas por las reglas que para ese efecto establecen los artículos 87 y 87 bis de la LGEEPA.

La primera de esas reglas dispone que la autorización para el aprovechamiento de especies de flora y fauna silvestres en actividades económicas podrá concederse *cuando la tasa de explotación sea menor a la de renovación natural de las poblaciones* o, si no es así, *cuando los particulares garanticen su reproducción controlada o desarrollo en cautiverio o semicautiverio*, de acuerdo con las normas oficiales mexicanas que al efecto expida la Secretaría (párrafo primero del artículo 87).

La segunda de esas reglas prescribe que no podrá autorizarse el aprovechamiento sobre poblaciones naturales de *especies amenazadas o en peligro de extinción*, excepto en los casos en que se garantice su reproducción controlada y el desarrollo de poblaciones de las especies que correspondan (párrafo segundo del artículo 87).

La tercera de esas reglas dispone que la autorización para el aprovechamiento sustentable de *especies endémicas* se otorgará conforme a las normas oficiales mexicanas que al efecto expida la Secretaría, siempre que dicho aprovechamiento no amenace o ponga en peligro de extinción a la especie (párrafo tercero del artículo 87).

La cuarta de esas reglas exige que el aprovechamiento de especies de flora y fauna silvestre cuente con el *consentimiento expreso* del propietario o legítimo poseedor del predio en que éstas se encuentren (párrafo cuarto del artículo 87).

La quinta de esas reglas se refiere a la *colecta de especies de flora y fauna silvestre, así como de otros recursos biológicos con fines de investigación científica*, que en rigor no es propiamente una actividad económica. La LGEEPA establece que dicha colecta requiere de autorización de la Secretaría y deberá sujetarse a los términos y formalidades que se establezcan en las normas oficiales mexicanas que se expidan, así como en los demás ordenamientos que resulten aplicables. En todo caso, se deberá garantizar que los resultados de la investigación estén a disposición del público. Dichas autorizaciones no podrán amparar el aprovechamiento para fines de utilización en biotecnología, que es un tema regulado en el artículo 87 bis de la Ley (párrafo quinto del artículo 87).

La sexta de esas reglas regula el aprovechamiento de *recursos forestales no maderables y de leña para usos domésticos*, disponiendo que dicho aprovechamiento se sujetará a las normas oficiales mexicanas que expida la Secretaría y demás disposiciones aplicables (párrafo sexto del artículo 87).

Finalmente, la séptima de esas reglas se refiere al *aprovechamiento de especies de flora y fauna silvestres, así como de otros recursos biológicos con fines de utilización en la biotecnología*. Dicho aprovechamiento requiere de autorización de la Secretaría, que sólo puede otorgarse si se cuenta con el consentimiento previo, expreso e informado, del propietario o legítimo poseedor del predio donde se encuentre el recurso biológico. Estas personas, además, tienen derecho a una repartición equitativa de los beneficios que se deriven o puedan derivarse de ese aprovechamiento, con arreglo a las disposiciones jurídicas aplicables. Agrega la Ley que la Secretaría y las demás dependencias competentes, establecerán los mecanismos necesarios para intercambiar información respecto de autorizaciones o resoluciones relativas al aprovechamiento de recursos biológicos para los fines de utilización en biotecnología. Esto es lo que dispone el artículo 87 bis de la LGEEPA, siguiendo de cerca las prescripciones del Convenio sobre la Diversidad Biológica que se examina en la sección 105 de este capítulo sobre acceso a los recursos genéticos, en especial su artículo 15. Sin embargo, el tema está lejos de ser regulado de la manera minuciosa que es requerida. Un ejemplo de lo anterior es la cuestión de los contratos mediante los cuales se lleve a cabo el acceso a los recursos genéticos, en los que se expresarán, utilizando el lenguaje del Convenio, los "términos mutuamente convenidos" y en el que, por lo general, se pactará la participación justa y equitativa de los beneficios que se deriven de la utilización de los recursos genéticos.[4]

Las reglas sobre aprovechamiento económico de la flora y fauna silvestres incluyen una que se aplica sólo a esta última, que autoriza a la Secretaría para otorgar a los propietarios o poseedores de los predios los permisos cinegéticos que corresponda, siempre que garanticen la reproducción controlada y el desarrollo de poblaciones de fauna silvestre (párrafo cuarto del artículo 87).

Finalmente, las normas que se están examinando establecen una disposición que se refiere al *financiamiento de las actividades relativas a la protección de la diversidad biológica*. En efecto, prescribe el artículo 87 bis 1 de la LGEEPA que los ingresos que la Federación perciba por concepto del otorgamiento de permisos, autorizaciones y licencias en materia de flora y fauna silvestre, se destinarán a la realización de acciones de preservación y restauración de la biodiversidad en las áreas que constituyan el hábitat de las especies de flora y fauna silvestre respecto de las cuales se otorgaron los permisos, licencias o autorizaciones correspondientes.

[4] La importancia de la regulación del acceso a los recursos genéticos se pone de manifiesto con la relevancia económica que está adquiriendo la aplicación industrial de los cambios biotecnológicos. Un tomate nativo de los Andes del Perú, por ejemplo, recogido en 1962 por un científico estadounidense y luego de diez generaciones de cruzar híbridos, está produciendo varias especies nuevas de tomate de mayor tamaño, color más rojo y un 2.5 por ciento más dulces que los tomates originales. Se ha calculado que esta aportación del tomate peruano representa un beneficio aproximado de 20 millones de dólares anuales para la industria tomatera estadounidense. Un porcentaje mínimo de esos beneficios podría representar una contribución decisiva para la conservación en Perú (*Cf.* el artículo "La semilla de un millón de dólares: diversidad genética y afán de lucro" de Stacey Anderson, publicado en la revista del PNUMA *Nuestro Planeta*, Tomo 4, Número 1, 1992).

Las disposiciones sobre la flora y fauna silvestre concluye con una disposición relativa al *trato que debe dársele a los animales*. Establece el artículo 82 bis 2 de la LGEEPA que "el Gobierno Federal, del Distrito Federal y de los municipios, en el ámbito de sus respectivas competencias, regularán el trato digno y respestuoso que deberá dársele a los animales".

98. La Ley Federal de Sanidad Vegetal

La sanidad vegetal se encuentra actualmente regida por esta Ley de 1994 (*Diario Oficial de la Federación*, 5-I-1994), que abrogó la Ley de Sanidad Fitopecuaria de los Estados Unidos Mexicanos de 1974. Anteriormente, la Ley Federal de Sanidad Animal de 1993 había derogado las disposiciones en materia de sanidad animal de la misma Ley de Sanidad Fitopecuaria de 1974, estableciendo un tratamiento separado para dicha materia.

La Ley Federal de Sanidad Vegetal tiene como finalidad "regular y promover la sanidad vegetal" (artículo 1º), esto es, "promover y vigilar la observancia de las disposiciones fitosanitarias, diagnosticar y prevenir la diseminación e introducción de plagas de los vegetales, sus productos y subproductos; establecer medidas fitosanitarias; y regular la efectividad biológica, aplicación, uso y manejo de insumos, así como el desarrollo y prestación de actividades y servicios fitosanitarios" (artículo 2º). Se trata de una materia que se relaciona directamente con la protección de las especies vegetales y, como tal, una materia cuya regulación tiene su fundamento constitucional en párrafo tercero de la Carta Fundamental, en tanto lo que se regula es la conservación de recursos naturales susceptibles de apropiación.

Las disposiciones de sanidad vegetal contenidas en la Ley se refieren a los siguientes temas: *1)* medidas fitosanitarias, cuyo objeto es prevenir, confinar, excluir, combatir o erradicar las plagas que afectan a los vegetales, sus productos o subproductos; *2)* movilización, importación y exportación, entre otras mercancías, de vegetales, sus productos o subproductos; *3)* campañas y cuarentenas; *4)* control de insumos, actividades y servicios; *5)* Dispositivo Nacional de Emergencia de Sanidad Vegetal; *6)* aprobaciones; *7)* certificaciones; y *8)* verificaciones e inspecciones (artículos 19 a 60).

Estos temas fueron desarrollados por el Reglamento de la Ley en Materia Vegetal (artículos 1° a 194), publicado en el *Diario Oficial de la Federación* del 18 de enero de 1980, así como por algunas normas de un Reglamento (*Diario Oficial de la Federación,* 8-II-1972; con erratas en *Diario Oficial de la Federación,* 23-II-1972), que establece las disposiciones a que se sujetará el funcionamiento de viveros o centros de multiplicación y/o propagación de las plantas arbóreas, arbustivas y herbáceas, productoras de frutos de ornato, productoras de flores y hortícolas, en la República Mexicana (artículos 1 a 35). El párrafo segundo del artículo 2º transitorio de la Ley Federal de Sanidad Vegetal estableció que, mientras no se expidieran las disposiciones correspondientes, continuarían aplicándose, en lo que no se opusieran a la nueva Ley, las disposiciones reglamentarias y administrativas vigentes a la fecha de su entrada en vigor.

En la actualidad, se encuentra configurada como delito *la difusión de una enfermedad de las plantas o de los animales con peligro de la economía rural*. Así lo dispone la fracción II del artículo 254 del Código Penal para el Distrito Federal en Materia de Fuero Común y para toda la República en Materia de Fuero Federal, como consecuencia de las reformas, adiciones y derogaciones que experimentó en 1996.

99. La Ley Federal de Variedades Vegetales*

En 1961 se celebró un *Convenio internacional para la protección de obtenciones vegetales*, revisado en 1978. México es parte contratante en este Convenio.* De este Convenio deriva la Ley Federal de Variedades Vegetales, publicada en el *Diario Oficial de la Federación* del 25 de octubre de 1996. Esta Ley tiene por objeto proteger los derechos de los obtentores de variedades vegetales y su aplicación e interpretación, para efectos administrativos, corresponde al Ejecutivo Federal a través de la Secretaría de Agricultura, Ganadería y Desarrollo Rural (artículo 1º). Esta Ley es considerada aquí porque promueve el incremento de la diversidad biológica.

El artículo 4º de la Ley reconoce a los obtentores de variedades vegetales *dos tipos de derechos*: *1)* el derecho inalienable e imprescriptible de ser reconocido como obtentor de una variedad vegetal; y *2)* el derecho de aprovechar y explotar, en forma exclusiva y de manera temporal, una variedad vegetal y su material de propagación (semillas), para su producción, reproducción, distribución o venta, así como para la producción de otras variedades vegetales o híbridos con fines comerciales.

Sin embargo, de acuerdo con el artículo 5º de la misma Ley *no se requiere del consentimiento del obtentor de una variedad vegetal* para utilizarla: *1)* como fuente o insumo de investigación para el mejoramiento genético de otras variedades vegetales; *2)* en la multiplicación del material de propagación, siempre y cuando sea para uso propio como grano para consumo o siembra, conforme al Reglamento de la Ley y las normas oficiales mexicanas que se establezcan; y *3)* para el consumo humano o animal, que beneficie exclusivamente a quien la coseche.

Para que pueda otorgarse el título de obtentor de una variedad vegetal *es menester que ésta cumpla con algunas características*, a saber: *1)* que sea nueva; *2)* que sea distinta; *3)* que sea estable; y *4)* que sea homogé-

* Véase Addenda, § 4.
* Véase Addenda, § 3.

nea. Así lo dispone el artículo 7º de la Ley, que precisa en qué consiste cada una de estas características.

Presentada la solicitud respectiva, en la que se deberá proponer una denominación para la variedad, la Secretaría debe examinar si se cumplen con los requisitos de novedad, denominación y llenado formal establecidos por la Ley. En caso positivo, debe entregar al obtentor, dentro de los 120 días naturales siguientes a su presentación, una *constancia de presentación* en tanto se otorga el título de obtentor. Todo titular de una constancia se presume obtentor de la respectiva variedad vegetal, mientras se le otorgue el título correspondiente (artículos 8º a 18 de la Ley).

La necesidad de conciliar los derechos del obtentor con la satisfacción de las necesidades básicas de la población, determina que cuando haya *circunstancias de emergencia* se pueda otorgar una licencia a otras personas para la explotación de una variedad vegetal determinada. Se entiende que hay circunstancias de emergencia cuando la explotación de una variedad vegetal dada se considera indispensable para satisfacer las necesidades básicas de un sector de la población y exista deficiencia en la oferta o abasto. En ese caso, si el obtentor de dicha variedad vegetal, debidamente requerido para cubrir la emergencia, no puede o no tiene interés en hacerlo, se convocará mediante licitación pública a terceros que tengan interés en hacerlo y se otorgará una licencia para cubrir la emergencia por un plazo determinado (artículos 25 a 28).

100. La protección de la fauna silvestre en la Ley Federal de Caza

Tal como ocurre con la fauna acuática, la protección de la fauna silvestre terrestre está regulada en un ordenamiento jurídico que parecería estar destinado a reglamentar su apropiación, como lo indica la denominación del mismo. Sin embargo, la verdad es que la Ley Federal de Caza vigente (*Diario Oficial de la Federación,* 5-I-1952) —que remplazó a la Ley de Caza de 1940— tiene por objeto "orientar y garantizar la conservación, restauración y fomento de la fauna silvestre que subsiste libremente en el territorio nacional, regulando su aprovechamiento" (artículo 1º), es decir, va más allá de la pura reglamentación de la caza.[5]

Ello no ocurre sólo en México. En efecto, la caza era reglamentada en los países de América Latina en los códigos civiles y en los códigos rurales y/o administrativos o en las leyes de policía, donde existían este tipo de ordenamientos. En muchos países, las regulaciones respectivas fueron sustituidas por leyes de caza, algunas de las cuales todavía

[5] La Ley Federal de Caza tiene su fundamento constitucional en el varias veces mencionado párrafo tercero del artículo 27 de la Constitución Política, en la medida que se ocupa de la conservación de un elemento natural susceptible de apropiación, sin perjuicio de lo que dispone el artículo 3º de la misma Ley sobre la propiedad de la nación respecto de la fauna silvestre.

siguen en vigor, como la ley dominicana de 1931 y la ley uruguaya de 1935. Estas leyes asumieron un enfoque proteccionista de la fauna silvestre, que sólo posteriormente comenzó a reflejarse en la denominación de tales leyes, como ocurrió por ejemplo en el Estatuto de la Fauna Silvestre y Caza colombiano de 1969 y con la Ley de Protección a la Fauna Silvestre venezolana de 1970.

La fauna silvestre está definida en la LFC como la "constituida por los animales que viven libremente y fuera del control del hombre", con la precisión de que "también se consideran silvestres, para los efectos de esta Ley, los domésticos que por abandono se tornen salvajes y por ello sean susceptibles de captura y apropiación por los medios autorizados en este ordenamiento y en su reglamento" (artículo 2º). Esta definición es sustantivamente idéntica a la que contiene la LGEEPA en la fracción XVII de su artículo 3º.

La fauna silvestre es propiedad de la nación, al tenor de lo dispuesto en el artículo 3º de la Ley. En efecto, ese precepto establece que "todas las especies animales que subsisten libremente en el territorio nacional son propiedad de la nación y corresponde a la Secretaría de Agricultura y Ganadería autorizar el ejercicio de la caza y la apropiación de sus productos".

La protección de la fauna silvestre se regula por un conjunto de disposiciones de la LFC, que están dispersas en los capítulos de la Ley. La regla más fundamental es aquélla que prescribe que "el Ejecutivo de la Unión, previo el estudio correspondiente establecerá las zonas de las reservas nacionales y determinará las vedas temporales o indefinidas para obtener la repoblación, propagación, aclimatación o refugio de los animales silvestres, y principalmente de especies en peligro de extinción" (artículo 9º). Esta facultad es ejercida mediante la Secretaría de Medio Ambiente, Recursos Naturales y Pesca, con arreglo a lo que dispone la fracción XX del artículo 32 bis de la Ley Orgánica de la Administración Pública Federal, modificado en 1994, que le encomienda a esa Secretaría resolver sobre el establecimiento y levantamiento de vedas de caza, así como el ya mencionado artículo 81 de la LGEEPA, cuyo párrafo primero le asigna a la Secretaría la atribución de establecer, modificar y levantar las vedas de la flora y fauna silvestre, con base en los estudios que para tal efecto previamente lleve a cabo. Con base en estas disposiciones, la Secretaría establece anualmente el correspondiente calendario cinegético y el de aves canoras y de ornato.[6]*

[6] Junto con esta norma debe considerarse el artículo 27 de la LFC, que decreta "una veda permanente en el territorio de los parques y reservas nacionales, campos de experimentación y viveros", así como la del artículo 28 que establece que dichos lugares deben ser considerados "centros de propagación de nuevas especies" y ser utilizados por las autoridades del ramo "para fomentar la cría de toda clase de animales no predatorios". Para la aclimatación y propagación, se prevén algunas reglas especiales en los artículos 10 a 12 de la Ley.

* Véase Addenda, § 7.

En ese contexto, se regula el ejercicio del derecho de caza, prohibiéndose aquélla que tiene fines comerciales y limitándose la de carácter deportivo a las épocas permitidas. La captura para fines de investigación científica, culturales o de repoblación, queda sujeta al otorgamiento de una autorización especial. También se reglamentan los permisos de caza, así como las armas de caza y medios de captura. Esto es lo que establecen los artículos 15 a 23 de la Ley.[7]

Otros mecanismos que establece la Ley para la protección de la fauna se refieren a la enseñanza y difusión, así como al transporte y a la exportación de animales silvestres y sus productos. Respecto de lo primero, la LFC establece que la Secretaría "impartirá la enseñanza especializada y difundirá por todos los medios a su alcance, los conocimientos necesarios para asegurar la conservación y fomento de la fauna silvestre nacional" (artículo 8º); y, respecto de lo segundo, que el transporte de animales silvestres o de sus productos o despojos requerirá de permiso, quedando por otra parte prohibida la exportación de piezas de caza vivas o muertas, así como de sus productos y derivados (artículo 24 a 26). También debe considerarse como un mecanismo para la protección de la fauna silvestre la declaración de utilidad pública que la Ley hace respecto de diversas acciones que tienen que ver con la protección de la fauna silvestre (artículo 4º), aunque la verdad es que algunas de las hipótesis allí previstas se pueden considerar como integradas en las hipótesis más generales de las fracciones VII y X del artículo 1º de la Ley de Expropiación.

Por otra parte, el artículo 5º de la Ley establece que la protección de las aves y demás animales silvestres migratorios se ejercerá de acuerdo con los preceptos de la misma Ley y su Reglamento, así como con los tratados internacionales ya celebrados y los que en lo futuro se celebren, con lo que se reconoce la importancia del derecho internacional en esta materia.

Finalmente, la Ley se ocupa de configurar un conjunto de delitos y faltas administrativas para los casos de inobservancia de sus disposiciones, previendo para los primeros la pena de hasta tres años de prisión o multa, así como la inhabilitación para obtener permisos de caza (artículos 29 a 40). Las disposiciones relativas a los delitos fueron, sin embargo, derogadas en 1996. En la actualidad, el artículo 420 del Código Penal para el Distrito Federal en Materia de Fuero Común y para toda la República en Materia Federal sanciona, con penas de seis meses a seis años de prisión y por el equivalente de mil a veinte mil días de multa, a

[7] La LFC dispone, por otra parte, que la Secretaría de Agricultura y Ganadería tendrá a su cargo la inspección y vigilancia de todas las actividades cinegéticas en los términos de la Ley, sus reglamentos y las demás disposiciones que de ella emanen, agregando que las autoridades federales, locales y municipales, los clubes de cazadores y todos los habitantes de la República deberán coadyuvar con la Secretaría para el logro de las finalidades señaladas en la Ley (artículos 6º y 7º). Estas disposiciones debe entenderse modificadas ahora por las reformas y adiciones de 1994 a la Ley Orgánica de la Administración Pública Federal.

quien: *1)* de manera dolosa capture, dañe o prive de la vida a algún mamífero o quelonio marino o recolecte o comercialice en cualquier forma sus productos o subproductos, sin contar con la autorización que, en su caso, corresponda; *2)* realice la caza, pesca o captura de especies acuáticas declaradas en veda, sin contar con la autorización que, en su caso, corresponda; *3)* realice la caza, pesca o captura de especies de la fauna silvestre utilizando medios prohibidos por la normatividad aplicable o amenace la extinción de las mismas; *4)* realice cualquier actividad con fines comerciales con especies de flora o fauna silvestre consideradas endémicas, amenazadas, en peligro de extinción, raras o sujetas a protección especial, así como sus productos o subproductos y demás recursos genéticos, sin contar con la autorización o permiso correspondiente o que, en su caso, estén declaradas en veda; y *5)* dolosamente dañen a estas últimas especies de flora o fauna silvestres.

101. LA LEY FEDERAL DE SANIDAD ANIMAL

Como se ha dicho más atrás, existe una Ley Federal de Sanidad Animal que rige esta materia desde 1993 (*Diario Oficial de la Federación*, 18-I-1993), que derogó las disposiciones en materia de sanidad animal de la Ley de Sanidad Fitopecuaria de 1974, estableciendo un tratamiento separado del tema de la sanidad animal respecto de la sanidad vegetal.

Las disposiciones de la Ley Federal de Sanidad Animal tienen por objeto "establecer las bases para el diagnóstico, la prevención, control y erradicación de las enfermedades y plagas de los animales, con excepción de los que tengan como hábitat el medio acuático" (párrafo primero del artículo 1º).[8]

El esquema de la Ley es similar al que posteriormente iba a tener la Ley Federal de Sanidad Vegetal. En efecto, el Título Segundo de la Ley trata de las medidas zoosanitarias, que define como aquellas que "tienen por objeto prevenir, controlar y erradicar enfermedades y plagas de los animales, con la finalidad de proteger su salud y la del hombre" (artículo 11). Estas medidas deben establecerse en normas oficiales, dentro del marco fijado por la propia Ley. Junto con establecer disposiciones generales sobre la materia, la Ley aborda dentro de ese Título los siguientes temas: *1)* productos y subproductos animales y productos biológicos, químicos, farmacéuticos y alimenticios, para uso en los animales o consumo por éstos; *2)* trato humanitario, cuidado zoosanitario y técnicas de sacrificio de animales; *3)* establecimientos; *4)* movilización, importación

[8] La Ley se aplica a todos los animales, con la excepción de aquellos que tienen como hábitat el medio acuático. La anterior Ley se aplicaba sólo a las especies pecuarias, entendiéndose por tales "la bovina, porcina, ovina, caprina y equina; asimismo, de las aves criadas para su consumo o el de sus productos, las abejas, los conejos; los animales de laboratorio, de zoológico y los destinados a la producción peletera" (párrafo primero del artículo 65).

y exportación; *5)* campañas y cuarentenas; y *6)* Dispositivo Nacional de Emergencia de Sanidad Animal. A continuación, el Título Tercero establece disposiciones sobre los mecanismos de aprobación y verificación.

Durante la vigencia de la anterior Ley se expidieron el Reglamento de la Ley de Sanidad Fitopecuaria de los Estados Unidos Mexicanos en materia de Movilización de Animales y sus productos (*Diario Oficial de la Federación,* 11-VII-1979) y el Reglamento para Campañas de Sanidad Animal (*Diario Oficial de la Federación,* 15-V-1979; con reformas en el *Diario Oficial de la Federación*, 29-5-1992), que regula, con base en lo prescrito en la LSFEUM, como deben llevarse a cabo las actividades tendientes a combatir las plagas y enfermedades que ataquen a los llamados "animales útiles al hombre", en la forma de campañas. A estos temas se refería también el Reglamento sobre el control de productos biológicos, farmacéuticos y alimenticios para animales (*Diario Oficial de la Federación,* 29-V-1963).[9] El artículo 4º transitorio de la Ley Federal de Sanidad Vegetal dispuso que estos Reglamentos continuarían aplicándose, en lo que no la contravinieran, hasta la expedición del Reglamento de la Ley.

Por último, cabe recordar que, como se dijo en la sección 98, en la actualidad se encuentra configurada como delito *la difusión de una enfermedad de las plantas o de los animales con peligro de la economía rural* (fracción II del artículo 254 del Código Penal para el Distrito Federal en Materia de Fuero Común y para toda la República en Materia de Fuero Federal).

102. Las atribuciones de la secretaría de Medio Ambiente, Recursos Naturales y Pesca en materia de flora y fauna silvestres

De acuerdo con las modificaciones introducidas en 1994 a la Ley Orgánica de la Administración Pública Federal, prescribe ahora el artículo 32 bis de esa Ley que corresponde a la Secretaría fomentar la protección, restauración y conservación de los ecosistemas y recursos naturales, formular y conducir la política nacional en materia de recursos naturales, y administrar y regular el uso y promover el aprovechamiento sostenible de los recursos naturales que corresponden a la Federación (fracciones I, II y III). Esto significa que toca a la Secretaría el ejercicio de todas las atribuciones que pudieran corresponderle al Gobierno Federal, entre otros recursos naturales, en materia de flora y fauna silvestres.

El artículo 32 bis de la LOAPF hace explícitas, sin embargo, algunas atribuciones específicas de la Secretaría en este campo, algunas de las cuales se reproducen en la LGEEPA, a saber: *1)* establecer normas oficiales mexicanas sobre el aprovechamiento sostenible de la flora y fauna silvestre (fracción IV); *2)* establecer y promover un sistema de información

[9] Este último Reglamento fue dictado cuando estaba en vigor la Ley de Sanidad Fitopecuaria de 1940, pero cabe considerarlo vigente dado que la Ley ahora en vigor declaró que todos los reglamentos vigentes continuarían aplicándose en lo que no se opusieran a sus disposiciones.

ambiental, que debe incluir entre otras cosas los inventarios de recursos naturales y de población de fauna silvestre (fracción XIV); *3)* resolver sobre el establecimiento y levantamiento de vedas de caza (fracción XX); *4)* imponer las restricciones que establezcan las disposiciones aplicables sobre la circulación o tránsito por el territorio nacional de especies de la flora y fauna silvestre procedentes o destinadas al extranjero (fracción XX); y *5)* promover ante la Secretaría de Comercio y Fomento Industrial el establecimiento de medidas de regulación o restricción a su importación o exportación (fracción XX).

Debe señalarse que, sin embargo, corresponde a la Secretaría de Agricultura, Ganadería y Desarrollo Rural el fomento de los programas y la elaboración de normas oficiales de sanidad animal y vegetal, así como la atención, coordinación, supervisión y evaluación de las campañas de sanidad (artículo 35, fracción IV, de la LOAPF).

103. Las zonas de restauración*

Una de las atribuciones más importantes de la Secretaría se refiere al tema de las llamadas "zonas de restauración", de las que se ocupa el capítulo II del Título II de la Ley.

Antes de las modificaciones de 1996, la LGEEPA regulaba los casos de zonas que presenten graves desequilibrios ecológicos en los artículos 105 y 106, dentro de las normas sobre protección de los suelos y sus recursos. Las modificaciones de 1996 trasladaron estas disposiciones, con algunos cambios, al Título sobre diversidad biológica, como artículos 78, 78 bis y 78 bis 1.

Dispone el párrafo primero del artículo 78 que, en aquellas áreas que presenten procesos de degradación o desertificación, o graves desequilibrios ecológicos, la Secretaría deberá formular y ejecutar *programas de restauración ecológica*, con el propósito de que se lleven a cabo las acciones necesarias para recuperar y restablecer las condiciones que propicien la evolución y continuidad de los procesos naturales que en ella se desarrollaban.

Añade el párrafo segundo del mismo precepto legal que, en la formulación, ejecución y seguimiento de dichos programas, la Secretaría deberá promover la *participación* de los propietarios, poseedores, organizaciones sociales, públicas o privadas, pueblos indígenas, gobiernos locales y demás personas interesadas.

Sin embargo, si se trata de procesos acelerados de desertificación o degradación que impliquen la pérdida de recursos de muy difícil regeneración, recuperación o restablecimiento o afectaciones irreversibles de los ecosistemas o sus elementos, las medidas que deben adoptarse son otras. En efecto, el párrafo primero del artículo 78 bis prescribe que

* Véase Addenda, § 2.

en estos casos la Secretaría deberá promover ante el Ejecutivo Federal la expedición de *declaratorias para el establecimiento de zonas de restauración*. Se trata de una medida extrema de intervención, que el Ejecutivo Federal puede adoptar, con base en estudios que la justifiquen y que la Secretaría deberá elaborar previamente. Agrega el párrafo segundo del mismo precepto legal que, una vez expedidas, las declaratorias deben publicarse en el *Diario Oficial de la Federación* e inscribirse en el Registro Público de la Propiedad correspondiente

Por su parte, el párrafo tercero del artículo 78 bis aclara que las declaratorias pueden comprender, de manera total o parcial, predios sujetos a cualquier régimen de propiedad, añadiendo que ellas deberán expresar: *1)* la delimitación de la zona sujeta a restauración ecológica, precisando superficie, ubicación y deslinde; *2)* las acciones necesarias para regenerar, recuperar o restablecer las condiciones naturales de la zona; *3)* las condiciones a que se sujetarán, dentro de la zona, los usos del suelo, el aprovechamiento de los recursos naturales, la flora y la fauna, así como la realización de cualquier tipo de obra o actividad; *4)* los lineamientos para la elaboración y ejecución del programa de restauración ecológica correspondiente, así como para la participación en dichas actividades de propietarios, poseedores, organizaciones sociales, públicas o privadas, pueblos indígenas, gobiernos locales y demás personas interesadas; y *5)* los plazos para la ejecución del programa de restauración ecológica respectivo.

Por último, el artículo 78 bis 1 prescribe que todos los actos y convenios relativos a la propiedad, posesión o cualquier otro derecho relacionado con bienes inmuebles ubicados en las zonas que fueren materia de las declaratorias a que se refiere el artículo 78 bis quedarán sujetas a la aplicación de las *modalidades* previstas en las propias declaratorias. Los notarios y cualesquiera otros fedatarios públicos, harán constar tal circunstancia al autorizar las escrituras públicas, actos, convenios o contratos en los que intervengan, siendo nulo todo acto, convenio o contrato que contravenga lo establecido en la mencionada declaratoria.

104. Las normas internacionales sobre protección de la flora y fauna silvestres

Como se dijo al inicio de este capítulo, México es Parte Contratante en diversos acuerdos internacionales que se refieren a la protección de la flora y fauna silvestres.

El más antiguo de ellos es la *Convención para la Protección de la Flora, de la Fauna, y de las Bellezas Escénicas Naturales de los Países de América* (*Diario Oficial de la Federación,* 20-V-1942), suscrita en Washington en 1940. Tal como su denominación lo indica, el campo de la Convención es muy amplio, como queda en claro en su Preámbulo, donde se dice que su objeto es proteger y conservar en su ambiente natural, ejemplares de todas las especies y géneros de su flora y su fauna autóctonas, incluyendo las aves migratorias, así como proteger y conservar los paisajes de incomparable belleza, las formaciones geológicas extraordinarias, las regiones y los objetos naturales de interés o valor histórico o científico, y los lugares donde existen condiciones primitivas en los casos a que se refiere la Convención.

Las principales obligaciones que asumen las Partes Contratantes para ese efecto, se refieren a la creación en sus respectivos países de parques nacionales, reservas nacionales y reservas vírgenes, así como adoptar o recomendar a sus cuerpos legislativos la adopción de leyes y reglamentos que aseguren la protección y conservación de los elementos que son objeto de la Convención, y la de cooperar los unos con los otros para promover los propósitos de la misma Convención (Artículos II, V y VI). Asimismo, las Partes Contratantes asumen la obligación de tomar las medidas necesarias para la vigilancia y reglamentación de las importaciones, exportaciones y tránsito de especies protegidas de flora o fauna, o parte alguna de las mismas, por los medios que señala la Convención (Artículo IX). Cabe decir que la Convención se ocupa específicamente de la protección de las aves migratorias o de interés estético y de aquéllas que están amenazadas de extinción, para lo que se incluyen en un Anexo las especies cuya protección es urgente y de especial importancia (Artículos VII y VIII).

Por aves migratorias se entiende "las aves pertenecientes a determinadas especies, todos los individuos de las cuales o algunos de ellos, cruzan, en cualquier estación del año, las fronteras de los países de América..." (Artículo I). Al respecto, la Convención establece que "los Gobiernos Contratantes adoptarán las medidas apropiadas para la protección de las aves migratorias, de valor económico o de interés estético o para evitar la extinción que amenace a una especie determinada", agregando que "se adoptarán las medidas que permitan, hasta donde los respectivos gobiernos lo crean conveniente, utilizar racionalmente aves migratorias, tanto en el deporte como en la alimentación, el comercio, la industria y para estudios o investigaciones científicas (Artículo VII).

Al mismo tema se refiere de una manera más completa la *Convención sobre la Conservación de Especies Migratorias de Animales Silvestres*, suscrita en Bonn en 1979. Aunque México no forma parte de dicha Convención, parece oportuno mencionar por lo menos los principios fundamentales de la misma. Tales principios consisten en lo siguiente: *1)* la importancia que tiene el hecho de que los Estados concedan una atención especial a las especies migratorias cuyo estado de conservación es desfavorable y tomen individualmente o en cooperación las medidas necesarias para conservar dichas especies y su hábitat; *2)* el reconocimiento de la necesidad de tomar medidas con miras a evitar que una especie migratoria no se convierta en una especie amenazada; y *3)* el compromiso de las Partes para promover, cooperar y financiar trabajos de investigación relativos a especies migratorias; para otorgar una protección inmediata a las especies migratorias que figuran en el Anexo I de la Convención; y para concluir acuerdos sobre la conservación y gestión de las especies migratorias incluidas en el Anexo II de la Convención (Artículo II).[10]

Otro de los acuerdos internacionales sobre la materia en que México es Parte Contratante es la *Convención relativa a los Humedales de Importancia Internacional especialmente como hábitat de aves acuáticas*, hecha en la ciudad de Ramsar (Irán) el 2 de febrero de 1971, así como el Protocolo que modifica la mencionada Convención, firmado en París el 3 de diciembre de 1982 (*Diario Oficial de la Federación*, 29-VIII-1986). Los artículos 6 y 7 de la Convención fueron posteriormente enmendados (véase el decreto de promulgación en el *Diario Oficial de la Federación*, 20-I-1993).

La *Convención para la Protección del Patrimonio Mundial, Cultural y Natural* (*Diario Oficial de la Federación*, 2-V-1984) es también un importante instrumento internacional para la protección de la flora y fauna silvestres. Esta Convención fue adoptada en París en 1972, en el seno de la Organización de las Naciones Unidas para la Educación, la Ciencia y la Cultura (UNESCO). Nuevamente, hay que decir que el campo de la Convención es muy amplio, pues regula no sólo la protección del patrimonio natural, sino la del patrimonio cultural. Por otra parte, el concepto de "patrimonio natural" utilizado en la Convención es también muy amplio. En efecto, de acuerdo con el Artículo 2 de la Convención, para sus efectos se considera "patrimonio natural": *1)* los monumentos naturales constituidos por formaciones físicas y biológicas o por grupos de esas formaciones que tengan un valor universal desde el punto de vista estético o científico; *2)* las formaciones geológicas y fisiográficas y las zonas estrictamente delimitadas que constituyan el hábitat de especies animal y vegetal amenazadas, que tengan un valor universal excepcional desde el punto de vista estético o científico; y *3)* los lugares naturales o las zonas naturales estrictamente delimitadas, que tengan un valor universal excepcional desde el punto de vista de la ciencia, de la conservación o de la belleza natural. El concepto de patrimonio natural, sin embargo, tiene sentido restrictivo, desde el momento en que se refiere sólo a aquellos elementos naturales que tienen un valor universal excepcional.

La Convención tiene por objeto proteger el patrimonio cultural y natural de cada Estado, que represente un patrimonio universal en cuya preservación la comunidad internacional entera debe cooperar. Con ese objeto, la Convención establece que a cada Estado le incumbe primordialmente la obligación de identificar, proteger, conservar, rehabilitar y transmitir a las generaciones futuras, el patrimonio cultural y natural situado en su territorio, para lo cual cada Estado procurará adoptar las medidas que la misma Convención señala (Artículos 4 y 5). Pero, además,

[10] El texto de la Convención puede consultarse en Fernando Fuentes (comp.), *Calidad de vida, medio ambiente y ordenación del territorio. Textos internacionales*, CEOTMA-CIFCA, Madrid, 1982, vol. III, pp. 295 y *ss*.

la Convención establece un sistema de asistencia internacional en esta materia (Artículos 19 a 29), creando por otra parte un Comité Intergubernamental de Protección del Patrimonio Mundial, Cultural y Natural dentro de la UNESCO, así como un Fondo para la Protección del Patrimonio Cultural y Natural (Artículos 8 a 18). Es importante hacer notar que para los efectos de la aplicación de la Convención, se prevé la elaboración de una "Lista del patrimonio mundial en peligro" (Artículo 11).

Entre estos instrumentos internacionales debe ser incluida CITES *(Convención sobre el Comercio Internacional de las Especies Amenazadas de Fauna y Flora Silvestres)*, de la que México pasó a ser Parte Contrante en 1992 (*Diario Oficial de la Federación*, 6-III-1992). La Convención fue suscrita en Washington en 1973 y entró en vigor el 1º de julio de 1985. Este acuerdo internacional es uno de los instrumentos más importantes en materia de protección de la flora y fauna silvestres y constituye una respuesta a un problema de una magnitud impresionante: de acuerdo con estimaciones internacionales, el comercio ilegal de especies de flora y fauna silvestres ocupa el tercer lugar en este tipo de actividades ilícitas, siendo superado sólo por el tráfico de armas y de drogas.

Los compromisos asumidos por las Partes Contratantes de CITES consisten, básicamente, en no permitir el comercio de las especies incluidas en sus Apéndices I, II y III, a menos que dicho comercio cumpla con las condiciones impuestas por la misma Convención. El Apéndice I incluye las especies en peligro de extinción que son o pueden ser afectadas por el comercio. De acuerdo con la Convención, el comercio de esas especies debe estar sujeto, dentro de los países miembros de CITES, a una reglamentación estricta, siendo posible su autorización sólo en circunstancias extraordinarias. Por su parte, el Apéndice II incluye todas aquellas especies que, no encontrándose actualmente en peligro inminente de extinción, podrían llegar a estarlo, a menos que su comercio quede sujeto a una reglamentación y control estrictos. En el mismo Apéndice II se incluyen otras especies no afectadas en la actualidad por el comercio, pero que para su manejo eficaz requieren también de una reglamentación y control estrictos. Por último, el Apéndice III incluye todas las especies que cualquiera de las Partes Contratantes manifieste se hallan sometidas a reglamentación dentro de su país, con el objeto de prevenir o restringir su explotación comercial.

Finalmente, entre los acuerdos internacionales para la protección de la flora y fauna silvestres debe mencionarse la *Convención Internacional de Protección Fitosanitaria (Diario Oficial de la Federación,* 4-III-1982), que es otro de los instrumentos internacionales que coadyuvan a la protección de la flora en México. Aprobada en 1951 y reformada en 1979 durante el 20º periodo de sesiones de la Conferencia de la Organización de las Naciones Unidas para la Agricultura y Alimentación (FAO), la Convención establece la obligación de sus partes contratantes de adoptar las medidas legislativas, técnicas y administrativas que se especifican en la misma Convención o en sus acuerdos suplementarios, con el propósito de actuar eficaz y conjuntamente para prevenir la difusión e introducción de plagas en las plantas y productos vegetales y de promover las medidas para combatirlas. En consecuencia, cada Parte Contratante asume la responsabilidad de hacer cumplir todos los requisitos de la Convención dentro de su territorio. Así lo establece su Artículo I.

La Convención prescribe que cada una de las Partes Contratantes tomará las resoluciones necesarias para establecer: *1)* una organización oficial de protección fitosanitaria, con las funciones que la misma Convención señala; *2)* un servicio de información responsable de la difusión dentro del país de los informes sobre plagas de plantas y productos vegetales y sobre los medios para prevenirlas y combatirlas; y *3)* una organización de investigaciones en el campo de la protección fitosanitaria (Artículo 4).

México participa, además, en el *Convenio para la Constitución del Organismo Internacional Regional de Sanidad Agropecuaria* (OIRSA), cuyo objetivo es apoyar los esfuerzos de los Estados miembros para lograr el desarrollo de sus planes de salud animal y vegetal, y el fortalecimiento de sus sistemas cuarentenarios (*Diario Oficial de la Federación*, 13-XII-1991).

105. El Convenio sobre la Diversidad Biológica

Como se sabe, dicho Convenio fue suscrito por 153 Estados (entre ellos, México) y la Comunidad Económica Europea, durante la Conferencia de las Naciones Unidas sobre el Medio Ambiente y el Desarrollo (Río de Janeiro, 3-14 de junio de 1992). Este instrumento internacional había sido negociado desde 1990 por un Comité Intergubernamental (originalmente, un Grupo de Trabajo especial de expertos jurídicos y técnicos), presidido por el embajador Vicente Sánchez. Con posterioridad a la Conferencia, el Convenio fue suscrito por otros países, entre los que se encuentran los Estados Unidos de América.

Los problemas de la conservación de la diversidad biológica, en todo el mundo, se pueden resumir en pocas palabras. Se estima que existen cerca de 30 millones de especies animales y vegetales en el planeta. De ellas, no más de 1.5 millones son conocidas científicamente. Esta extraordinaria diversidad biológica se está reduciendo de manera acelerada. Se estima que en los próximos 30 años desaparecerán aproximadamente 7.5 millones de las especies existentes. La causa más frecuente de la desaparición de las especies es la destrucción de su hábitat, pero también la explotación excesiva de las especies de valor económico, la introducción de especies exóticas y la propia contaminación.

El potencial económico de este patrimonio genético, formado mediante un largo e irrepetible proceso, es incalculable, pero debe suponérsele de consideración: piénsese solamente en que se producen medicamentos por valor de 40 000 millones de dólares anuales a partir de un reducido número de plantas. Sin embargo, los beneficios de la diversidad biológica no son aprovechados por lo general por los pueblos que poseen los recursos genéticos que son explotados económicamente: es conocido el caso, por ejemplo, de la hibridización de la planta del tomate con una variedad silvestre encontrada en el Perú, que generó grandes beneficios económicos para la empresa transnacional que lo procesó (véase la nota 4 de este capítulo).

Lo anterior explica que los *objetivos* del Convenio sean "la conservación de la diversidad biológica, la utilización sostenible de sus componentes y la participación justa y equitativa en los beneficios que se deriven de la utilización de los recursos genéticos, mediante, entre otras cosas, un acceso adecuado a esos recursos y una transferencia apropiada de las tecnologías pertinentes, teniendo en cuenta todos los derechos sobre esos recursos y a esas tecnologías, así como mediante una financiación apropiada" (artículo 1º).

En materia de *principios*, el artículo 3º del Convenio se limita a establecer que, "de conformidad con la Carta de las Naciones Unidas y con los principios del derecho internacional, los Estados tienen el derecho soberano de explotar sus propios recursos en aplicación de su propia política ambiental y la obligación de asegurar que las actividades que se lleven a cabo dentro de su jurisdicción o bajo su control no perjudiquen al medio de otros Estados o de zonas situadas fuera de toda jurisdicción nacional". El precepto reproduce literalmente el Principio 21 de la Declaración de Estocolmo (véase la sección 14), con lo que una importante norma internacional, que tenía un carácter eminentemente político antes que vinculante desde un punto de vista jurídico (de *lege ferenda*) pasa a ser una norma internacional de *lege lata*, por lo menos en el campo de la conservación de la diversidad biológica.

A partir de estos tres objetivos y teniendo en cuenta el principio recién transcrito, el Convenio establece un conjunto de normas sobre *medidas generales*, identificación y seguimiento, conservación *in situ* y *ex situ*, utilización sostenible de los componentes de la diversidad biológica, incentivos, investigación y capacitación, educación y conciencia pública, acceso a los recursos genéticos, acceso a la tecnología y transferencia de tecnología, intercambio de información, cooperación científica y técnica, gestión de la biotecnología y distribución de sus beneficios, recursos financieros, mecanismo financiero, mecanismos institucionales, etc. Como no es posible examinar todos estos temas, a continuación se mencionan las reglas del Convenio que están vinculadas más directamente a sus tres objetivos.

En materia de *conservación de la diversidad biológica* y en consonancia con el principio establecido en el artículo 3º, el Convenio prescribe que "cada Parte Contratante, en la medida de lo posible y según proceda", realizará un conjunto de acciones para la conservación *in situ* de la diversidad biológica,[11] a saber: *1)* establecerá un sistema de áreas prote-

[11] La Convención define la conservación *in situ* como "la conservación de los ecosis-

gidas o áreas donde haya que tomar medidas especiales para la conservación de la diversidad biológica; *2)* cuando sea necesario, elaborará directrices para la selección, el establecimiento y la ordenación de áreas protegidas o áreas donde haya que tomar medidas especiales para conservar la diversidad biológica; *3)* reglamentará o administrará los recursos biológicos importantes para la conservación de la diversidad biológica, ya sea dentro o fuera de las áreas protegidas, para garantizar su conservación y utilización sostenible; *4)* promoverá la protección de ecosistemas y hábitats naturales y el mantenimiento de poblaciones viables de especies en entornos naturales; *5)* promoverá un desarrollo ambientalmente adecuado y sostenible en zonas adyacentes a áreas protegidas, con miras a aumentar la protección de estas zonas; *6)* rehabilitará y restaurará ecosistemas degradados y promoverá la recuperación de especies amenazadas, entre otras cosas mediante la elaboración y la aplicación de planes u otras estrategias de ordenación; *7)* establecerá o mantendrá medios para regular, administrar o controlar los riesgos derivados de la utilización y la liberación de organismos vivos modificados como resultado de la biotecnología que es probable tengan repercusiones ambientales adversas que puedan afectar a la conservación y a la utilización sostenible de la diversidad biológica, teniendo también en cuenta los riesgos para la salud humana; *8)* impedirá que se introduzcan, controlará o erradicará las especies exóticas que amenacen a ecosistemas, hábitats o especies; *9)* procurará establecer las condiciones necesarias para armonizar las utilizaciones actuales con la conservación de diversidad biológica y la utilización sostenible de sus componentes; *10)* con arreglo a la legislación nacional, respetará, preservará y mantendrá los conocimientos, las innovaciones y las prácticas de las comunidades indígenas y locales que entrañen estilos tradicionales de vida pertinentes para la conservación y utilización sostenible de la diversidad biológica y promoverá su aplicación más amplia, con la aprobación y la participación de quienes posean esos conocimientos, innovaciones y prácticas, y fomentará que los beneficios derivados de la utilización de esos conocimientos, innovaciones y prácticas se comportan equitativamente; *11)* establecerá o mantendrá la legislación necesaria y/u otras disposiciones de reglamentación para la protección de especies y poblaciones amenazadas; *12)* reglamentará u ordenará los procesos y categorías de actividades pertinentes cuando, de conformidad con lo prescrito en el artículo 7º de la Convención, se haya determinado un efecto adverso para la diversidad biológica; y *13)* cooperará en el suministro de apoyo financiero y de otra naturaleza para la conservación *in situ* en los términos recién señalados, particularmente a los países en desarrollo (artículo 8º). Este precepto, que establece los compromisos que asumen

temas y los hábitats naturales y el mantenimiento y recuperación de poblaciones viables de especies en sus entornos naturales y, en el caso de las especies domesticadas y cultivadas, en los entornos en que hayan desarrollado sus propiedades específicas" (artículo 2º).

las Partes Contratantes en materia de conservación *in situ*, es una de las disposiciones básicas del Convenio.

En materia de utilización sostenible de los componentes de la diversidad biológica, el artículo 10 del mismo Convenio establece los compromisos de las Partes Contratantes, al disponer que cada una de éstas, "en la medida de lo posible y según proceda", realizará las siguientes acciones: *1)* integrará el examen de la conservación y la utilización sostenible de los recursos biológicos en los procesos nacionales de adopción de decisiones; *2)* adoptará medidas relativas a la utilización de los recursos biológicos para evitar o reducir al mínimo los efectos adversos para la diversidad biológica; *3)* protegerá y alentará la utilización consuetudinaria de los recursos biológicos, de conformidad con las prácticas culturales tradicionales que sean compatibles con las exigencias de la conservación o de la utilización sostenible; *4)* prestará ayuda a las poblaciones locales para preparar y aplicar medidas correctivas en las zonas degradadas donde la diversidad biológica se ha reducido; y *5)* fomentará la cooperación entre sus autoridades gubernamentales y su sector privado en la elaboración de métodos para la utilización sostenible de los recursos biológicos.

En materia de *participación justa y equitativa en los beneficios que se deriven de la utilización de los recursos genéticos*, el artículo 15 del Convenio establece reglas sobre el acceso a los recursos genéticos. La importancia de estas reglas para países como México hace necesario un examen detallado de las mismas. Ellas se desarrollan en los siete párrafos que integran el mencionado artículo 15.[12]

Todo país tiene el derecho de regular soberanamente la materia. En estrecha concordancia con el principio establecido en el ya mencionado artículo 3º del Convenio, dispone el párrafo primero de ese precepto que "la facultad de regular el acceso a los recursos genéticos incumbe a los gobiernos nacionales y está sometida a la legislación nacional". Como es obvio, este derecho no puede ejercerse arbitrariamente. Por eso, el párrafo segundo del mismo precepto dispone que cada Parte Contratante procurará crear condiciones para facilitar a otras Partes Contratantes el acceso a los recursos genéticos para utilizaciones ambientalmente adecuadas y no impondrá restricciones contrarias a los objetivos del Convenio. Hay que decir que antes del Convenio predominaba la idea del libre acceso a los recursos genéticos. En efecto, los casos de restricciones al acceso de ciertos recursos genéticos eran una verdadera excepción. En el plano internacional, por su parte, documentos tales como la Iniciativa Internacional de Recursos Genéticos de la FAO (1983) acogían el principio del libre acceso para cualquier uso.

El Convenio no se aplica a todos los recursos genéticos. Dispone el párrafo tercero del artículo 15 del Convenio que para sus efectos se consi-

[12] En esta descripción se sigue de cerca una exposición que el autor de este libro hizo el 20 de marzo de 1996 ante la Comisión de Medio Ambiente y Recursos Naturales del Senado de la República de Chile.

derarán i) los recursos genéticos suministrados por Partes Contratantes que son países de origen de dichos recursos y ii) los suministrados por las Partes que hayan adquirido dichos recursos de conformidad con el mismo Convenio. En consecuencia, quedan excluidos de su ámbito de aplicación los recursos genéticos adquiridos antes de que entrara en vigor el Convenio y los adquiridos después de ese momento cuando la adquisición no se hubiera ajustado a sus prescripciones.

El acceso a los recursos genéticos se concede por medio de un acuerdo que contenga los términos mutuamente convenidos por los contratantes. La regla del párrafo cuarto del artículo 15 es clara: el acceso debe ser materia de un contrato, que en la práctica será el medio principal para establecer la participación en los beneficios que se deriven de la utilización de los recursos genéticos.

Dicho acceso estará sometido al consentimiento fundamentado previo de la Parte Contratante que proporciona los recursos, a menos que esa Parte decida otra cosa. Así lo establece el párrafo quinto del artículo 15. En la práctica, la información necesaria para fundamentar ese consenso deberá ser proporcionada en la mayor parte de los casos por los futuros usuarios de los recursos.

Deberá haber una plena participación de las Partes Contratantes en las investigaciones científicas subsecuentes. Dispone el párrafo sexto del mismo artículo 15 que cada Parte Contratante procurará promover y realizar investigaciones científicas basadas en los recursos genéticos proporcionados por otras Partes Contratantes con la plena participación de éstas y, de ser posible, en el territorio de las mismas. El precepto innova profundamente en las prácticas tradicionales sobre la materia.

Se deberán compartir en forma justa y equitativa los resultados y beneficios que se generen. Por último, el párrafo séptimo del artículo prescribe que cada Parte Contratante tomará medidas legislativas, administrativas o de política, según proceda, de conformidad con los artículos 16 y 19 y, cuando sea necesario, a través del mecanismo de financiamiento del Convenio previsto en los artículos 20 y 21, para compartir en forma justa y equitativa los resultados de las actividades de investigación y desarrollo y los beneficios derivados de la utilización comercial y de otra índole de los recursos genéticos con la Parte Contratante que aporta esos recursos. Agrega dicho párrafo que esa participación se llevará a cabo en condiciones mutuamente acordadas.

El precepto entra de lleno en la cuestión de la participación justa y equitativa de los beneficios que se deriven de la utilización de los recursos genéticos, para asentar las siguientes reglas: *1)* esta participación debe ser materia de un acuerdo entre las partes; *2)* cada Parte Contratante, independientemente de que sea la que provea el recurso o la que lo adquiere, debe tomar las medidas que correspondan para que tenga lugar la participación justa y equitativa que promueve el Convenio; y *3)* dicha participación debe comprender no sólo los beneficios económicos que se deriven de la utilización comercial de los recursos genéticos suministrados, sino también los resultados de las actividades de investigación y desarrollo de dichos recursos, así como los beneficios de toda índole que se deriven de la mencionada utilización.

En estrecha relación con lo anterior, el artículo 16 del Convenio regula el *acceso a la tecnología y la transferencia de tecnología, incluida la biotecnología,*[13] estableciendo el compromiso de cada Parte Contratante de asegurar y/o facilitar a otras Partes Contratantes el acceso a tecnologías pertinentes para la conservación y utilización sostenible de la diversidad biológica o que utilicen recursos genéticos y no causen daños significativos al medio ambiente, así como la transferencia de esas tecnologías.

El acceso y transferencia de tecnología a los países en desarrollo es materia de reglas especiales dentro del mismo artículo 16, el cual dispone que dicho acceso y transferencia se asegurarán y/o facilitarán en condiciones justas y en los términos más favorables, incluidas las condiciones preferenciales y concesionarias que se establezcan de común acuerdo y, cuando sea necesario, por medio del mecanismo financiero del Convenio. También se dispone que en el caso de *tecnología sujeta a patentes y otros derechos de propiedad intelectual*, el acceso a esa tecnología y su transferencia se asegurarán en condiciones que tengan en cuenta la protección adecuada y eficaz de los derechos de propiedad intelectual y sean compatibles con ella.

Una particular atención se presta en ese precepto al aseguramiento por las Partes Contratantes, que aportan recursos genéticos, del *acceso a la tecnología que utilice ese material y de la transferencia de la misma*. Como la tecnología tiene muchas veces su origen en el sector privado de los países desarrollados, el mismo precepto dispone que cada Parte Contratante tomará medidas legislativas, administrativas o de política con el objeto de que el sector privado facilite el acceso a la tecnología pertinente, su desarrollo conjunto y su transferencia, en beneficio de las instituciones gubernamentales y el sector privado de los países en desarrollo.

Finalmente, y a partir del reconocimiento explícito de que las patentes y otros derechos de propiedad intelectual pueden influir en la aplicación del Convenio, el mencionado precepto establece el deber de las Partes Contratantes de cooperar, de conformidad con la legislación nacional y el derecho internacional, para velar por que esos derechos apoyen y no se opongan a los objetivos del Convenio.

La *gestión de la biotecnología y la distribución de sus beneficios* es objeto de algunas regulaciones especiales. En efecto, dispone el artículo 19 del Convenio que cada Parte Contratante adoptará medidas legislativas, administrativas o de política, según proceda, para asegurar la participación efectiva en sus actividades de investigación sobre biotecnología de las Partes Contratantes que aportan recursos genéticos para tales

[13] El artículo 2º de la Convención define la biotecnología como "toda aplicación tecnológica que utilice sistemas biológicos y organismos vivos o sus derivados para la creación o modificación de productos o procesos para usos específicos".

investigaciones, en particular los países en desarrollo, así como para asegurar que estas actividades se lleven a cabo, cuando sea factible, en los propios países que hacen dichos aportes.

Además, establece ese precepto que cada Parte Contratante adoptará todas las medidas practicables para promover e impulsar en condiciones justas y equitativas el acceso prioritario de las Partes Contratantes, en particular los países en desarrollo, a los resultados y beneficios derivados de las biotecnologías basadas en recursos genéticos aportados por dichas Partes.

Las amenazas que pueden derivarse de la biotecnología son también consideradas: el mismo precepto dispone que las Partes estudiarán la necesidad y modalidades de un *protocolo que establezca procedimientos adecuados en la esfera de la transferencia, manipulación y utilización de cualesquiera organismos vivos modificados,* resultantes de la biotecnología, que puedan tener efectos adversos para la conservación y la utilización sostenible de la diversidad biológica.

Respecto de las *disposiciones financieras* del Convenio, hay que señalar que en su artículo 20 se establece el compromiso de cada Parte Contratante de proporcionar, con arreglo a su capacidad, apoyo e incentivos financieros respecto de las actividades que tengan la finalidad de alcanzar los objetivos del Convenio, así como el compromiso de las Partes que son países desarrollados de proporcionar recursos financieros nuevos y adicionales para que las Partes que son países en desarrollo puedan sufragar íntegramente el incremento convenido de los costos que entrañe la aplicación de medidas en cumplimiento de las obligaciones del Convenio y beneficiarse de sus disposiciones. Por su parte, el artículo 21 del Convenio dispone que se establecerá un mecanismo para el suministro de recursos financieros a las Partes que son países en desarrollo, con caracter de subvenciones o en condiciones favorables. Mientras se establece ese mecanismo, sus funciones podrían ser desempeñadas por el Fondo para el Medio Ambiente Mundial (*Global Environment Facility* o GEF), constituido en 1990 por el Programa de las Naciones Unidas para el Desarrollo, el Programa de las Naciones Unidas para el Medio Ambiente y el Banco Mundial, siempre que este Fondo fuera reestructurado de acuerdo con los criterios del propio Convenio (artículo 39).

El Convenio establece una *Conferencia de las Partes*, que es el mecanismo institucional más importante de este intrumento internacional (artículo 23), así como una Secretaría (artículo 24), que provisoriamente será la que establezca el Director Ejecutivo del Programa de las Naciones Unidas para el Medio Ambiente (artículo 40).[14]

México ratificó con toda oportunidad el Convenio (*Diario Oficial de la Federación*, 7-V-1993), al igual que otros países, lo que permitió que

[14] Para mayores detalles es recomendable la lectura del trabajo realizado por el Centro de Derecho Ambiental de la UICN que lleva por título *Guía del Convenio sobre la Diversidad Biológica*, publicado en español en 1996.

entrara en vigor rápidamente (1993). La pronta entrada en vigor del Convenio no ha implicado, sin embargo, un también pronto desarrollo, en todo el mundo, de la legislación nacional que implemente jurídicamente el Convenio en todos sus alcances. Hasta ahora, se han celebrado tres Conferencias de las Partes, la última de ellas en Buenos Aires en 1996, que muestran de manera palmaria los escasos avances que se han hecho en el mundo. En México, los avances que se han hecho se expresan en las modificaciones de 1996 a la LGEEPA que se han examinado en este capítulo y en el anterior. Se echa de menos, sin embargo, una regulación exhaustiva del acceso a los recursos genéticos, que asegure una distribución justa y equitativa de los beneficios que se deriven de su utilización.

Se trata, por cierto, de una empresa complicada, en tanto supone la revisión y adecuación de casi todo el derecho sobre la naturaleza vigente en cada país, que hasta antes del Convenio se había ocupado básicamente de proteger ciertas especies o ciertos ecosistemas "privilegiados", si se nos permite el uso de la expresión, en tanto raros, únicos, endémicos, amenazados o en peligro de extinción. La tarea, ahora, es proteger la diversidad biológica como un valor en sí mismo, es decir, a todas las especies y a todos los ecosistemas.

VII. LAS ÁREAS NATURALES PROTEGIDAS

106. El concepto de área natural protegida. 107. Los distintos tipos y características de las áreas naturales protegidas. 108. El establecimiento de las áreas naturales protegidas. 109. El manejo y vigilancia de las áreas naturales protegidas. 110. El Sistema Nacional de las Areas Naturales Protegidas (SINAP). 111. La situación actual de las áreas naturales protegidas. 112. La revisión de las áreas naturales protegidas de competencia federal.

106. El concepto de área natural protegida

ESTE CAPÍTULO se ocupa de las áreas naturales protegidas, que como se ha dicho es el principal, pero no el único, de los instrumentos para la conservación de la diversidad biológica. Para ese efecto, se examina el concepto de área natural protegida, se describen los distintos tipos y características de dichas áreas, se analiza el manejo y vigilancia de las mismas, se reseña la situación actual de esas áreas y, por último, se examina el sistema de revisión de ellas establecido en las modificaciones de 1996 a la LGEEPA, que es la Ley que regula la materia.

Alguna vez se ha señalado que "las áreas naturales protegidas (ANP) constituyen porciones de nuestro planeta, terrestres o acuáticas, en donde el ambiente original no ha sido esencialmente alterado por el hombre y que están sujetas a regímenes especiales de protección".[1] Comúnmente, las ANP se identifican con los parques nacionales, que en verdad son sólo una de las muchas formas que puede asumir una ANP, así como con una idea de intangibilidad absoluta de las zonas protegidas, lo que por otra parte se ha hecho relativo. En la actualidad, el concepto de ANP se remite, sin embargo, de manera principal a la idea de "reserva de la biosfera", que fue desarrollada en la primera parte de los años setenta mediante el programa "El hombre y la biosfera" de la UNESCO.

> Las reservas de la biosfera pretenden combinar la conservación de la naturaleza, la investigación científica, la vigilancia, la educación ambiental y la participación de la población local. La pretensión original fue la de crear un conjunto de áreas enlazadas mediante un sistema internacional coordinado (MAB, 1974). Este concepto tiene su origen sobre todo a partir de las experiencias de protección de áreas en países no industrializados, en donde no han funcionado los esquemas tradicionales de parques nacionales [...] La opción propuesta por las reservas de la biosfera es que las áreas protegidas se inte-

[1] *Cf.* Carlos Alcérreca *et al.*, *Fauna silvestre y áreas naturales protegidas*, Fundación Universo Veintiuno, México, 1988, p. 69.

gren a la problemática local y se abran al hombre, en vez de encerrarse tras sus muros. Las reservas de la biosfera intentan proteger muestras representativas de los ecosistemas naturales del orbe, pero también abarcan zonas ya alteradas por diferentes usos humanos, lo que permite estudiar y monitorear la interacción del hombre con su medio. La conservación se concibe como usar bien y no como prohibir el uso.[2]

En este tipo de ideas se inspira la regulación que la LGEEPA hace sobre la materia, empezando por la *definición* de áreas naturales protegidas que contiene la fracción II de su artículo 3º, que de acuerdo con las modificaciones de 1996 dispone a la letra lo que sigue:

> Areas naturales protegidas: Las zonas del territorio nacional y aquéllas sobre las que la nación ejerce su soberanía y jurisdicción, en donde los ambientes originales no han sido significativamente alterados por la actividad del ser humano o que requieren ser preservadas y restauradas y están sujetas al régimen previsto en la presente Ley.

En armonía con esta disposición, el párrafo primero del artículo 44 de la LGEEPA, que encabeza las disposiciones sobre las áreas naturales protegidas, prescribe, de acuerdo con el nuevo texto que le dio las modificaciones de 1996, lo siguiente:

> Las zonas del territorio nacional y aquéllas sobre las que la Nación ejerce soberanía y jurisdicción, en las que los ambientes originales no han sido significativamente alterados por la actividad del ser humano, o que requieren ser preservadas y restauradas, quedarán sujetas al régimen previsto en esta Ley y los demás ordenamientos aplicables.

En consecuencia, para la LGEEPA un área natural protegida es un espacio físico-natural en el que el ambiente original no ha sido significativamente alterado por la actividad del ser humano o que requiere ser preservada o restaurada, por lo que queda sujeta al régimen previsto en las disposiciones de la LGEEPA relativas a las áreas naturales protegidas.

El párrafo segundo del mismo artículo 44, por su parte, hace explícitos *los alcances que el establecimiento de un área natural protegida tiene para los propietarios, poseedores o titulares de otros derechos sobre tierras, aguas y bosques comprendidos dentro de ella*, al disponer que tales personas "deberán sujetarse a las modalidades que de conformidad con la presente Ley, establezcan los decretos por los que se constituyan dichas áreas, así como a las demás previsiones contenidas en el programa de manejo y en los programas de ordenamiento ecológico que correspondan". El texto anterior a las modificaciones de 1996 se limitaba a decir que estas áreas implicaban "la imposición de las limitaciones que determinen las autoridades competentes para realizar en ellas sólo los usos y aprovechamientos social y nacionalmente necesarios".

[2] *Ibid.*, pp. 74 y 75, donde se citan como fuente a López Ornat y Consejo (1986).

Del *objeto* que persigue el establecimiento de áreas naturales protegidas se ocupa el artículo 45 de la LGEEPA, modificado en 1996. Este precepto permite entender los alcances que tienen las ANP como instrumento de la política nacional ambiental. Dispone ese artículo 45 que el establecimiento de áreas naturales protegidas tiene por objeto: *1)* preservar los ambientes naturales representativos de las diferentes regiones biogeográficas y ecológicas y de los ecosistemas; *2)* salvaguardar la diversidad genética de las especies silvestres de las que depende la continuidad evolutiva; así como asegurar la preservación y el aprovechamiento sustentable de la biodiversidad del territorio nacional, en particular preservar las especies que están en peligro de extinción, las amenazadas, las endémicas, las raras y las que se encuentran sujetas a protección especial; *3)* asegurar el aprovechamiento sustentable de los ecosistemas y sus elementos; *4)* proporcionar un campo propicio para la investigación científica y el estudio de los ecosistemas y su equilibrio; *5)* generar, rescatar y divulgar conocimientos, prácticas y tecnologías, tradicionales o nuevas que permitan la preservación y el aprovechamiento sustentable de la biodiversidad del territorio nacional; *6)* proteger poblados, vías de comunicación, instalaciones industriales y aprovechamientos agrícolas, mediante zonas forestales en montañas donde se originen torrentes; el ciclo hidrológico de cuencas, así como las demás que tiendan a la protección de elementos circundantes con los que se relacione ecológicamente el área; y *7)* proteger los entornos naturales de zonas, monumentos y vestigios arqueológicos, históricos y artísticos, así como zonas turísticas, y otras áreas de importancia para la recreación, la cultura e identidad nacionales y de los pueblos indígenas. Se trata de enunciados amplios que se refieren a una variada gama de propósitos que pueden autorizar el establecimiento de una ANP.

107. LOS DISTINTOS TIPOS Y CARACTERÍSTICAS DE ÁREAS NATURALES PROTEGIDAS

En materia de *tipos de áreas naturales protegidas*, cabe recordar que, de acuerdo con las reglas sobre distribución de competencias establecidas en la LGEEPA, existirían dos clases de ANP: las áreas naturales protegidas de competencia federal y las áreas naturales protegidas previstas en la legislación local, como se puede ver en los artículos 5º (fracción VIII) y 7º (fracción V), respectivamente.[3]

Por su parte, el artículo 46 de la Ley establece que se consideran áreas naturales protegidas: *1)* las reservas de la biosfera; *2)* los parques nacionales; *3)* los monumentos naturales; *4)* las áreas de protección de

[3] Ello sin perjuicio de las zonas de preservación ecológica de los centros de población, parques urbanos, jardínes públicos y demás áreas análogas previstas por la legislación local, que en los términos de la fracción V del artículo 8° de la LGEEPA pueden ser creadas y administradas por los municipios.

recursos naturales; *5)* las áreas de protección de flora y fauna; *6)* los santuarios; *7)* los parques y reservas estatales; y *8)* las zonas de preservación ecológica de los centros de población. Y aclara que para los efectos de lo establecido en el ese capítulo de la LGEEPA, son de competencia de la Federación las áreas naturales protegidas comprendidas en los números 1 a 6 precedentes.

A continuación, el mismo artículo 46 establecer reglas sobre los parques y reservas estatales, así como sobre las zonas de preservación ecológica de los centros de población. Respecto de los primeros dispone que los gobiernos de los estados y del Distrito Federal, en los términos que establezca la legislación local en la materia, podrán establecer parques y reservas estatales en áreas relevantes a nivel de las entidades federativas, que reúnan las características señaladas en los artículos 48 y 50 de esta Ley. Dichos parques y reservas no podrán establecerse en zonas previamente declaradas como áreas naturales protegidas de competencia de la Federación, salvo que se trate de áreas de protección de recursos naturales. Y respecto de las segundas prescribe que los municipios podrán establecer las zonas de preservación ecológica de los centros de población, conforme a lo previsto en la legislación local. Concluye el mismo precepto legal con la prescripción de que en las áreas naturales protegidas no se podrá autorizar la fundación de nuevos centros de población.

Junto con estas reglas sobre los distintos tipos de las áreas naturales protegidas, el artículo 47 de la LGEEPA establece otra sobre *participación* en su establecimiento, administración y manejo, que es aplicable a todos esos tipos. En efecto, dispone ese precepto que la Secretaría promoverá la participación en esas actividades de sus habitantes, propietarios o poseedores, gobiernos locales, pueblos indígenas, y demás organizaciones sociales, públicas y privadas, con objeto de propiciar el desarrollo integral de la comunidad y asegurar la protección y preservación de los ecosistemas y su biodiversidad. Agrega el mismo precepto que, para tal efecto, la Secretaría podrá suscribir con los interesados los convenios de concertación o acuerdos de coordinación que correspondan.

Las disposiciones sobre las *características de las áreas naturales protegidas* se refieren exclusivamente a aquellas que son de competencia federal y, de manera sistemática, en ocho artículos describen las características de cada uno de los seis tipos de ANP de competencia federal.

El primer tipo de ANP está integrado por las *reservas de la biosfera*, que de acuerdo con el artículo 48 de la LGEEPA deben constituirse en áreas biogeográficas relevantes en el ámbito nacional, representativas de uno o más ecosistemas no alterados significativamente por la acción del ser humano o que requieran ser preservados y restaurados, en los cuales habiten especies representativas de la biodiversidad nacional, incluyendo las consideradas endémicas, amenazadas o en peligro de extinción (párrafo primero).

Las reservas de la biosfera cuentan con *zonas núcleo* y *zonas de amor-*

tiguamiento. En efecto, dispone el mismo artículo 48 que en tales reservas podrá determinarse la existencia de la superficie o superficies mejor conservadas, o no alteradas, que alojen ecosistemas, o fenómenos naturales de especial importancia, o especies de flora y fauna que requieran protección especial, y que serán conceptuadas como zona o zonas núcleo. En ellas podrá autorizarse la realización de actividades de preservación de los ecosistemas y sus elementos, de investigación científica y educación ecológica, y limitarse o prohibirse aprovechamientos que alteren los ecosistemas (párrafo segundo). Y agrega que en las mismas reservas deberá determinarse la superficie o superficies que protejan la zona núcleo del impacto exterior, que serán conceptuadas como zonas de amortiguamiento, en donde sólo podrán realizarse actividades productivas emprendidas por las comunidades que ahí habiten al momento de la expedición de la declaratoria respectiva o con su participación, que sean estrictamente compatibles con los objetivos, criterios y programas de aprovechamiento sustentable, en los términos del decreto respectivo y del programa de manejo que se formule y expida, considerando las previsiones de los programas de ordenamiento ecológico que resulten aplicables (párrafo tercero).

La prescripción genérica en el sentido de que en las zonas núcleo se debe limitar o prohibir aprovechamientos que alteren los ecosistemas, está acompañada de otra norma que prohibe expresamente las siguientes actividades en dichas zonas: *1)* verter o descargar contaminantes en el suelo, subsuelo y cualquier clase de cauce, vaso o acuífero, así como desarrollar cualquier actividad contaminante; *2)* interrumpir, rellenar, desecar o desviar los flujos hidráulicos; *3)* realizar actividades cinegéticas o de explotación y aprovechamiento de especies de flora y fauna silvestres; y *4)* ejecutar acciones que contravengan lo dispuesto por la propia Ley, la declaratoria respectiva y las demás disposiciones que de ellas se deriven (artículo 49).

El segundo tipo de ANP está integrado por los *parques nacionales*, que de conformidad con el artículo 50 de la LGEEPA deben constituirse en los casos de representaciones biogeográficas, a nivel nacional, de uno o más ecosistemas que se signifiquen por su belleza escénica, su valor científico, educativo, de recreo, su valor histórico, por la existencia de flora y fauna, por su aptitud para el desarrollo del turismo, o bien por otras razones análogas de interés general. Dispone el mismo artículo 50 que en los parques nacionales sólo podrá permitirse realizar actividades relacionadas con la protección de sus recursos naturales, el incremento de su flora y fauna y, en general, con la preservación de los ecosistemas y de sus elementos, así como con la investigación, recreación, turismo y educación ecológicos.

Dentro de este tipo de ANP se deben incluir *los parques nacionales marinos*. Prescribe el artículo 51 de la LGEEPA que para los fines generales de todos los parques nacionales, así como para proteger y preservar los ecosistemas marinos y regular el aprovechamiento sustentable de la flora y fauna acuática, se establecerán parques nacionales en las zonas marinas mexicanas, que podrán incluir la zona federal marítimo terrestre contigua. Agrega el mismo precepto que en estas áreas sólo se permitirán actividades relacionadas con la preservación de los ecosistemas acuáticos y sus elementos, las de investigación, repoblación, recreación y educación ecológica, así como los aprovechamientos de recursos naturales que procedan, de conformidad con lo que disponen la propia LGEEPA, la Ley de Pesca, la Ley Federal del Mar, las convenciones internacionales de las que México sea parte y los demás ordenamientos aplicables. En estos casos, las autorizaciones, concesiones o permisos para el aprovechamiento de los recursos naturales, así como el tránsito de embarcaciones en la zona o la construcción o utilización de infraestructura dentro de la misma, quedarán sujetas a lo que dispongan las declaratorias correspondientes. Y concluye ese precepto disponiendo que, para el establecimiento, administración y vigilancia de dichos parques, nacionales establecidos en las zonas marinas mexicanas, así como para la elaboración de su programa de manejo, se deberán coordinar, atendiendo a sus respectivas competencias, la SEMARNAP y la Secretaría de Marina.

El tercer tipo de ANP está integrado por los *monumentos naturales*, que en los términos del artículo 52 de la LGEEPA se deben establecer en áreas que contengan uno o varios elementos naturales, consistentes en lugares u objetos naturales, que por su carácter único o excepcional, interés estético, valor histórico o científico, se resuelva incorporar a un régimen de protección absoluta. Aclara ese precepto que dichos monumentos deben establecerse en la medida en que no tengan ni la variedad de ecosistemas ni la superficie necesaria para ser incluidos en otras categorías de manejo. Y, en lo que hace a las actividades que podrán permitirse en dichas áreas, prescribe el mismo precepto que sólo podrán llevarse a cabo aquellas relacionadas con su preservación, investigación científica, recreación y educación.

El cuarto tipo de ANP está integrado por las *áreas de protección de recursos naturales*, que de acuerdo con el artículo 53 de la LGEEPA, modificado en 1996, son aquellas destinadas a la preservación y protección del suelo, las cuencas hidrográficas, las aguas y en general los recursos naturales localizados en terrenos forestales de aptitud preferentemente forestal, siempre que dichas áreas no queden comprendidas en otra de las categorías previstas en la propia Ley. Aclara ese precepto que se consideran dentro de esta categoría las reservas y zonas forestales, las zonas de protección de ríos, lagos, lagunas, manantiales y demás cuerpos considerados aguas nacionales, particularmente cuando éstos se destinen al abastecimiento de agua para el servicio de las poblaciones. Hay que recordar, como lo hace la exposición de motivos de las modificaciones de 1996, que en el pasado tales áreas incluyeron ciudades y entidades federativas completas, así como áreas agrícolas y ganaderas, que no eran auténticas áreas naturales. Finalmente, en lo que hace a las actividades permitidas en dichas áreas, el mismo precepto dispone que sólo podrán realizarse aquellas relacionadas con la preservación, protección y aprovechamiento sustentable de los recursos naturales en ellas comprendidos, así como con la investigación, recreación, turismo y educación ecológica, de conformidad con lo que disponga el decreto que las establezca, el programa de manejo respectivo y las demás disposiciones jurídicas aplicables.

El quinto tipo de ANP está integrado por las *áreas de protección de la flora y la fauna*, que de conformidad con el artículo 54 de la LGEEPA se deben constituir con arreglo a las disposiciones de la propia LGEEPA, de las Leyes Federal de Caza, de Pesca y de las demás leyes aplicables, en los lugares que contienen los hábitat de cuyo equilibrio y preservación dependen la existencia, transformación y desarrollo de las especies de flora y fauna silvestres. En dichas áreas podrá permitirse la realización de actividades relacionadas con la preservación, repoblación, propagación, aclimatación, refugio, investigación y aprovechamiento sustentable de las especies mencionadas, así como las relativas a educación y difusión en la materia. Además, podrá autorizarse el aprovechamiento de los recursos naturales a las comunidades que ahí habiten en el momento de la expedición de la declaratoria respectiva, o que resulte posible según los estudios que se realicen, el que deberá sujetarse a las normas oficiales mexicanas y usos del suelo que al efecto se establezcan en la propia declaratoria.

Finalmente, el sexto tipo de ANP está integrado por los *santuarios*, que de acuerdo con el artículo 55 de la LGEEPA son aquellas áreas que se establecen en zonas caracterizadas por una considerable riqueza de flora o fauna, o por la presencia de especies, subespecies o hábitat de distribución restringida. Dichas áreas abarcarán cañadas, vegas, relictos, grutas, cavernas, cenotes, caletas, u otras unidades topográficas o geográficas que requieran ser preservadas o protegidas. En los santuarios sólo se pueden permitir actividades de investigación, recreación y educación ambiental, compatibles con la naturaleza y características del área.

La existencia de ANP de competencia federal y de competencia local hace necesaria una cierta compatibilización entre unas y otras. Por eso, el artículo 56 de la LGEEPA establece que las autoridades de los Estados y del Distrito Federal podrán promover, ante el Gobierno Federal, el reconocimiento de las áreas naturales protegidas que conforme a su legislación establezcan, con el propósito de compatibilizar los regímenes de protección correspondientes.

Por último, las disposiciones sobre los tipos y características de las ANP preven, de acuerdo con las modificaciones de 1996, la existencia de un *Consejo Nacional de Áreas Naturales Protegidas*, cuya constitución debe ser promovida por la Secretaría y que estará integrado por representantes de la propia Secretaría, de otras dependencias y entidades de la Administración Pública Federal, así como de instituciones académicas y centros de investigación, agrupaciones de productores y empresarios, organizaciones no gubernamentales y de otros organismos de carácter social o privado, así como personas físicas, con reconocido prestigio en la materia. El Consejo es un órgano de consulta y apoyo de la Secretaría en la formulación, ejecución, seguimiento y evaluación de la política para el establecimiento, manejo y vigilancia de las áreas naturales protegidas de su competencia. Es importante destacar que las opiniones y recomendaciones que formule el Consejo, a diferencia de lo que ocurre con muchos otros organismos consultivos, deberán ser considerados necesariamente por la Secretaría en el ejercicio de las facultades que en materia de áreas naturales protegidas le corresponden conforme a éste y otros ordenamientos jurídicos aplicables. Finalmente, hay que decir que el Consejo está autorizado de manera expresa para invitar a sus sesiones a representantes de los gobiernos de los estados, del Distrito Federal y de los municipios, cuando se traten asuntos relacionados con áreas naturales protegidas de competencia federal que se encuentren dentro de su territorio. Asimismo, el Consejo puede invitar a representantes de ejidos, comunidades, propietarios, poseedores y en general a cualquier persona cuya participación sea necesaria conforme al asunto que en cada caso se trate. Todo esto lo establece el artículo 56 bis de la LGEEPA.

108. El establecimiento de las áreas naturales protegidas

Dispone el artículo 57 de la LGEEPA que las ANP de competencia federal se establecen mediante *declaratorias* que debe expedir el Ejecutivo Federal. Estas declaratorias se expiden *a propuesta de la Secretaría de Medio Ambiente, Recursos Naturales y Pesca*. En efecto, prescribe la fracción VI del artículo 32 bis de la Ley Orgánica de la Administración Pública Federal, modificada en 1994, que corresponde a la Secretaría "proponer al Ejecutivo Federal el establecimiento de áreas naturales protegidas y promover para su administración y vigilancia, la participación de autoridades federales o locales, y de universidades, centros de investigación y particulares".

La expedición de estas declaratorias debe estar precedida de la realización de *estudios* que las justifiquen, los cuales deberán ser puestos a disposición del público, así como de *consultas* que la Secretaría deberá hacer a: *1)* los gobiernos locales en cuyas circunscripciones territoriales se localice el área natural de que se trate; *2)* las dependencias de la Administración Pública Federal que deban intervenir, de conformidad con sus atribuciones; *3)* las organizaciones sociales públicas o privadas, pueblos indígenas, y demás personas físicas o morales interesadas; y *4)* las universidades, centros de investigación, instituciones y organismos de los sectores público, social y privado interesados en el establecimiento, administración y vigilancia de áreas naturales protegidas. Así lo dispone el artículo 58 de la LGEEPA, modificado en 1996.

De acuerdo con el párrafo primero del artículo 59 de la LGEEPA, modificado en 1996, el establecimiento de un ANP puede también tener su origen en *personas interesadas en la constitución de dichas áreas en terrenos que sean de su propiedad o de que disponga mediante contrato con terceros*, cuando se trate de áreas destinadas a la preservación, protección y restauración de la biodiversidad. En efecto, prescribe ese precepto que los pueblos indígenas, las organizaciones sociales, públicas o privadas, y demás personas interesadas, podrán promover ante la Secretaría el establecimiento de dichas áreas en tales terrenos. En estos casos, la Secretaría debe promover ante el Ejecutivo Federal la expedición de la declaratoria respectiva, mediante la cual se establecerá el manejo del área por parte del promovente, con la participación de la Secretaría conforme a las atribuciones que al respecto se le otorgan en la propia LGEEPA.

Pero estas mismas personas pueden optar por *destinar voluntariamente* los predios que les pertenezcan a acciones de preservación de los ecosistemas y su biodiversidad, sin que medie la constitución formal de un ANP. Para tal efecto, deberán solicitar a la Secretaría el reconocimiento respectivo, la que se expresará en un certificado que ésta emitirá y que deberá contener, por lo menos, el nombre del promovente, la denominación del área respectiva, su ubicación, superficie y colindancias, el régimen de manejo a que se sujetará y, en su caso, el plazo de vigencia. Dichos predios se considerarán como áreas productivas dedicadas a una función de interés público. Así lo establece el párrafo segundo del artículo 59 de la LGEEPA, modificado en 1996.

Las declaratorias para el establecimiento de las áreas naturales protegidas de competencia federal deben cumplir con ciertos *requisitos*, en el sentido de que su contenido deberá contemplar, por lo menos, los siguientes componentes previstos en el párrafo primero del artículo 60 de la LGEEPA, modificado en 1996: *1)* la delimitación precisa del área, señalando la superficie, ubicación, deslinde y en su caso, la zonificación correspondiente; *2)* las modalidades a que se sujetará dentro del área el uso o aprovechamiento de los recursos naturales en general o, específicamente, de aquellos sujetos a protección; *3)* la descripción de actividades que podrán llevarse a cabo en el área correspondiente, así como las modalidades y limitaciones a que se sujetarán; *4)* la causa de utilidad pública que en su caso fundamente la expropiación de terrenos, para que la nación adquiera su dominio, cuando al establecerse un área natural protegida se requiera dicha resolución (lo que deberá hacerse con observancia de las previsiones de las Leyes de Expropiación, Agraria y los demás ordenamientos aplicables); *5)* los lineamientos generales para la administración, el establecimiento de órganos colegiados representativos, la creación de fondos o fideicomisos y la elaboración del programa de manejo del área; y *6)* los lineamientos para la realización de las acciones de preservación, restauración y aprovechamiento sustentable de los recursos naturales dentro de las áreas naturales protegidas, para su administración y vigilancia, así como para la elaboración de las reglas administrativas a que se sujetarán las actividades dentro del área respectiva, conforme a lo dispuesto en ésta y otras leyes aplicables.

Es importante señalar que el Ejecutivo Federal no tiene atribuciones discrecionales para imponer *medidas para la preservación y protección de las áreas naturales protegidas*. En efecto, dichas medidas, precisa el párrafo segundo del mismo artículo 60, serán únicamente las que se establecen, según las materias respectivas, en la LGEEPA, las Leyes Forestal, de Aguas Nacionales, de Pesca, Federal de Caza, y las demás que resulten aplicables.

Por último, el párrafo tercero del multicitado artículo 60 dispone que la Secretaría promoverá el *ordenamiento ecológico del territorio dentro y en las zonas de influencia de las áreas naturales protegidas*, con el propósito de generar nuevos patrones de desarrollo regional acordes con objetivos de sustentabilidad.

Una vez expedida la declaratoria, ésta debe *publicarse* en el *Diario Oficial de la Federación* y *notificarse* previamente a los propietarios o poseedores de los predios afectados, en forma personal cuando se conocieren sus domicilios o, en caso contrario, mediante una segunda publicación de la misma declaratoria, que surtirá efectos de notificación. Además, la declaratoria deberá *inscribirse* en el o los registros públicos de la propiedad que corresponda. Esto es lo que dispone el artículo 61 de la LGEEPA, que es uno de los pocos preceptos no modificados en 1996.

Por último, hay que decir que la *modificación* de una declaratoria de ANP es posible en lo que concierne a su extensión y, en su caso, los usos del suelo permitidos o cualquiera de sus disposiciones, pero dicha modificación debe ser hecha por la misma autoridad que la estableció y siguiendo las mismas formalidades previstas en la Ley para la expedición de esa declaratoria. Así lo previene el artículo 62 de la Ley.

109. El manejo y vigilancia de las áreas naturales protegidas

Dispone la fracción VII del artículo 32 bis de la Ley Orgánica de la Administración Pública Federal que corresponde a la Secretaría de Medio Ambiente, Recursos Naturales y Pesca "organizar y administrar áreas naturales protegidas, y supervisar las labores de conservación, protección y vigilancia de dichas áreas cuando su administración recaiga en personas físicas o morales".

Una vez establecida un área natural protegida de competencia federal, la Secretaría deberá designar al *Director* del área de que se trate, quién será responsable de coordinar la formulación, ejecución y evaluación del programa de manejo correspondiente, de conformidad con lo dispuesto en la LGEEPA y las disposiciones que de ella se deriven. Así lo establece el párrafo segundo del artículo 65 de la Ley, modificado en 1996.

La administración de toda ANP debe llevarse a cabo de conformidad con el *programa de manejo* que la Secretaría debe formular dentro del plazo de un año, contado a partir de la publicación de la declaratoria respectiva en el *Diario Oficial de la Federación*. En la preparación del programa de manejo del área natural protegida de que se trate, la Secretaría debe dar participación a los habitantes, propietarios y poseedores de los predios en ella incluidos, a las demás dependencias competentes, los gobiernos estatales, municipales y del Distrito Federal, en su caso, así como a organizaciones sociales, públicas o privadas, y demás personas interesadas. Esto es lo que establece el párrafo primero del artículo 65 de la LGEEPA, modificado en 1996.

El *contenido mínimo del programa de manejo de las áreas naturales protegidas* está descrito en el artículo 66 de la LGEEPA, modificado en 1996, en los siguientes términos: *1)* la descripción de las características físicas, biológicas, sociales y culturales del área natural protegida, en el contexto nacional, regional y local, así como el análisis de la situación que guarda la tenencia de la tierra en la superficie respectiva; *2)* las acciones a realizar a corto, mediano y largo plazos, estableciendo su vinculación con el Plan Nacional de Desarrollo, así como con los programas sectoriales correspondientes. Dichas acciones comprenderán, entre otras las siguientes: de investigación y educación ambientales, de protección y aprovechamiento sustentable de los recursos naturales, la flora y la fauna, para el desarrollo de actividades recreativas, turísticas, obras de infraestructura y demás actividades productivas, de financiamiento para la administración del área, de prevención y control de contingencias, de vigilancia y las demás que por las características propias del área natural protegida se requieran; *3)* la forma en que se organizará la administración del área y los mecanismos de participación de los individuos y comunidades asentadas en la misma, así como de todas aquellas personas, instituciones, grupos y organizaciones sociales interesadas en su protección y aprovechamiento sustentable; *4)* los objetivos específicos del área natural protegida; *5)* la referencia a las normas oficiales mexicanas aplicables a todas y cada una de las actividades a que esté sujeta el área; *6)* los inventarios biológicos existentes y los que se prevea realizar; y *7)* las reglas de carácter administrativo a que se sujetarán las actividades que se desarrollen en el área natural protegida de que se trate. Un resumen del programa de manejo respectivo y el plano de localización del área debe ser *publicado* por la Secretaría en el *Diario Oficial de la Federación*.

La Secretaría puede *delegar la administración* de las ANP de competencia federal, una vez que se cuente con el programa de manejo respectivo. En efecto, dispone el párrafo primero del artículo 67 de la LGEEPA, modificado en 1996, que la Secretaría podrá otorgar a los gobiernos de los estados, de los municipios y del Distrito Federal, así como a ejidos, comunidades agrarias, pueblos indígenas, grupos y organizaciones sociales, y empresariales y demás personas físicas o morales interesadas, la administración de estas áreas naturales protegidas, mediante acuerdos o convenios. Agrega el párrafo segundo del mismo precepto que quienes adquieran la responsabilidad de administrar las áreas naturales protegidas, estarán obligados a sujetarse a las previsiones contenidas en la LGEEPA, los reglamentos, normas oficiales mexicanas que se expidan en la materia, así como a cumplir los decretos por los que se establezcan dichas áreas y los programas de manejo respectivos. Y concluye el párrafo tercero del mismo precepto encomendando a la Secretaría la supervisión y evaluación del cumplimiento de dichos acuerdos y convenios, así como el aseguramiento de que en las autorizaciones para realizar actividades en esas áreas se observen las previsiones establecidas para ese efecto.

Por último, el artículo 74 de la LGEEPA, modificado en 1996, crea el *Registro Nacional de Áreas Naturales Protegidas*, que deberá ser integrado por la Secretaría y en donde deberán inscribirse los decretos mediante los cuales se declaren las áreas naturales protegidas de interés federal, así como los instrumentos que los modifiquen. Además, deberán consignarse en dicho Registro los datos de la inscripción de los decretos respectivos en los registros públicos de la propiedad que correspondan e integrarse al mismo los certificados de reconocimiento de áreas productivas dedicadas a una función de interés público a que se refiere el artículo 59 de la Ley. Este Registro deberá ser integrado, a su vez, al Sistema Nacional de Información Ambiental y de Recursos Naturales y puede ser consultado por cualquier persona.

La LGEEPA contiene otras disposiciones que también inciden en la administración de las ANP, casi todas ellas producto de las modificaciones de 1996. Algunas de ellas se refieren a los asuntos de *propiedad de los predios* en que se constituyen las ANP. Precisa el párrafo primero del artículo 63 que las áreas naturales protegidas establecidas por el Ejecutivo Federal podrán comprender, de manera parcial o total, predios sujetos a cualquier régimen de propiedad. Como es posible que la propiedad de esos predios se encuentre en una situación irregular, el párrafo segundo del mismo precepto dispone que el Ejecutivo Federal, por medio de las dependencias competentes, realizará los programas de regularización de la tenencia de la tierra en las áreas naturales protegidas, con el objeto de dar seguridad jurídica a los propietarios y poseedores de los predios en ellas comprendidos. Y agrega el párrafo tercero de ese precepto que la Secretaría promoverá que las autoridades federales, estatales, municipales y del Distrito Federal, dentro del ámbito de su competencia, en los términos que establezcan las disposiciones jurídicas aplicables y, en su caso, los programas de manejo, den prioridad a los programas de regularización de la tenencia de la tierra en las áreas naturales protegidas de competencia federal. Si las ANP se han constituido en terrenos nacionales, éstos quedarán a disposición de la Secretaría, la cual los destinará a los fines establecidos en el decreto correspondiente, conforme lo dispone el párrafo cuarto del mismo precepto legal.

Otras disposiciones de la LGEEPA se ocupan de lo relativo a las *actividades de exploración, explotación o aprovechamiento de recursos en áreas naturales protegidas*, que como se ha visto se pueden llevar a cabo, en ciertas circunstancias, en dichas áreas. Prescribe el párrafo primero del artículo 64 de la Ley que, en el otorgamiento o expedición de permisos, licencias, concesiones, o en general de autorizaciones para esas actividades, se observarán las disposiciones de la LGEEPA, de las leyes en que se fundamenten las declaratorias de creación correspondiente, así como las prevenciones de las propias declaratorias y los programas de manejo. Añade el párrafo segundo de ese precepto que el solicitante deberá en tales casos demostrar, ante la autoridad competente, su capacidad técnica y económica para llevar a cabo la exploración, explotación o aprovechamiento de que se trate, sin deteriorar el equilibrio ecológico.

En algunos casos, es posible que sea necesaria una *asistencia técnica* para que, efectivamente, estas actividades no causen deterioro al equilibrio ecológico. Por eso, el párrafo tercero del mismo artículo 64 ordena a la Secretaría, así como a las Secretarías de Agricultura, Ganadería y Desarrollo Rural y de la Reforma Agraria, que presten oportunamente a ejidatarios, comuneros y pequeños propietarios la asesoría técnica necesaria para ese efecto, cuando éstos no cuenten con suficientes recursos económicos para procurársela.

Si a pesar de todo se causa un deterioro al equilibrio ecológico, *la autorización concedida para tales actividades pueden ser cancelada o revocada*. Dispone el párrafo cuarto del artículo 64 de la Ley que la Secretaría, tomando como base los estudios técnicos y socioeconómicos practicados, podrá solicitar a la autoridad competente, la cancelación o revocación del permiso, licencia, concesión o autorización correspondiente, cuando la exploración, explotación o aprovechamiento de recursos ocasione o pueda ocasionar deterioro al equilibrio ecológico.

La Ley destina algunas disposiciones especiales a la *realización de obras o actividades* en las ANP. Dispone el párrafo primero del artículo 64 bis 1 que la Federación, los estados, el Distrito Federal y los municipios, en el ámbito de sus respectivas competencias, podrán otorgar a los propietarios, poseedores, organizaciones sociales, públicas o privadas, pueblos indígenas, y demás personas interesadas, concesiones, permisos o autorizaciones para la realización de obras o actividades en las áreas naturales protegidas, de conformidad con lo que establece esta Ley, la declaratoria y el programa de manejo correspondientes. Como se puede ver, esta regla es aplicable a todas las ANP, aunque no sean de competencia federal. Por otra parte, cabe señalar que los núcleos agrarios, pueblos indígenas y demás propietarios o poseedores de los predios en los que se pretendan desarrollar las obras o actividades anteriormente señaladas, tienen preferencia para obtener los permisos, concesiones y autorizaciones respectivos, de acuerdo con lo prescrito en el párrrafo segundo del mismo precepto.

La LGEEPA se ocupa, además, de los asuntos que se refieren al *financiamiento* de las ANP. Dispone para ese efecto su artículo 64 bis que el Ejecutivo Federal, por medio de la Secretaría, pero en coordinación con la Secretaría de Hacienda y Crédito Público, así como los gobiernos de las entidades federativas y de los municipios, en el ámbito de sus respectivas competencias deberán realizar las siguientes actividades: *1)* promover las inversiones públicas y privadas para el establecimiento y manejo de las áreas naturales protegidas; *2)* establecer o en su caso promover la utilización de mecanismos para captar recursos y financiar o apoyar el manejo de las áreas naturales protegidas; *3)* establecer los incentivos económicos y los estímulos fiscales para las personas, y las organizaciones sociales, públicas o privadas, que participen en la administración y vigilancia de las áreas naturales protegidas, así como para quienes aporten recursos para tales fines o destinen sus predios a acciones de preservación en términos del artículo 59 de la Ley; y *4)* promover ante la Secretaría de Hacienda y Crédito Público, que en las participaciones federales a estados o municipios se considere como criterio la superficie total que cada uno de éstos destine a la preservación de los ecosistemas y su biodiversidad, en términos de lo dispuesto en el artículo 46 de la Ley.

Estas disposiciones son complementadas por el artículo 75 bis de la LGEEPA, en virtud del cual los *ingresos* que la Federación perciba por concepto del otorgamiento de permisos, autorizaciones y licencias en materia de áreas naturales protegidas, conforme lo determinen los ordenamientos aplicables, se destinarán a la realización de acciones de preservación y restauración de la biodiversidad dentro de las áreas en las que se generen dichos ingresos.

Finalmente, el artículo 75 de la LGEEPA dispone que *todos los actos, convenios y contratos relativos a la propiedad, posesión o cualquier derecho relacionado con bienes inmuebles ubicados en áreas naturales protegidas* deberán contener referencia de la declaratoria correspondiente y de sus datos de inscripción en el Registro Público de la Propiedad, prescribiendo además que los notarios y cualesquiera otros fedatarios públicos sólo podrán autorizar las escrituras públicas, actos, convenios o contratos en los que intervengan, cuando se cumpla con lo dispuesto en este artículo.

110. El Sistema Nacional de las Áreas Naturales Protegidas (SINAP)

En la actualidad, la LGEEPA le dedica sólo dos preceptos a esta materia. El primero, que es su artículo 76, se refiere a la constitución del mencionado Sistema, creado en el texto original del artículo 76 de la Ley. Dispone ahora ese precepto: "La Secretaría integrará el Sistema Nacional de Areas Naturales Protegidas, con el propósito de incluir en el mismo las áreas que por su biodiversidad y características ecológicas sean consideradas de especial relevancia en el país" (párrafo primero). Y agrega: "La integración de áreas naturales protegidas de competencia federal al Sistema Nacional de Áreas Naturales Protegidas, por parte de la Secretaría, requerirá la previa opinión favorable del Consejo Nacional de Áreas Naturales Protegidas" (párrafo segundo).

Este artículo 76 amerita algunos comentarios. Como ocurre siempre que se establece un sistema, el propósito que se persigue por medio de la institución del SINAP es la crear una organización funcional, que permita relacionar entre sí las áreas naturales protegidas de competencia federal. Pero ahora el SINAP no incluye todas las áreas naturales protegidas de competencia federal, como antes de las modificaciones de 1996, sino sólo aquellas que "por su biodiversidad y características ecológicas sean consideradas de especial relevancia en el país". Por otra parte, la integración de esas áreas al SINAP requiere de la previa opinión favorable del Consejo Nacional de Áreas Naturales Protegidas, que en este caso es vinculante para la Secretaría.

El segundo de esos preceptos, que es el artículo 77 de la Ley, previene lo siguiente: "Las dependencias de la Administración Pública Federal, los gobiernos de los estados, del Distrito Federal y de los municipios, deberán considerar en sus programas y acciones que afecten el territorio de un área natural protegida de competencia federal, así como en el otorgamiento de permisos, concesiones y autorizaciones para obras o actividades que se desarrollen en dichas áreas, las previsiones contenidas en la presente Ley, los reglamentos, normas oficiales mexicanas que se expidan en la materia, en los decretos por los que se establezcan las áreas naturales protegidas y en los programas de manejo respectivos.

Este artículo 77 también amerita algunos comentarios. Los propósitos específicos de la creación del SINAP consisten en permitir un manejo homogéneo de las áreas naturales protegidas que resguarde de manera efectiva los ecosistemas y sus elementos. Sin embargo, ese propósito puede frustarse por programas o acciones ajenos a la Secretaría, así como por la realización de obras o actividades autorizadas por otras autoridades en las ANP de competencia federal. De allí que ese precepto legal disponga que tales autoridades deberán observar las previsiones contenidas en la LGEEPA, así como en los reglamentos, normas oficiales mexicanas que se expidan en la materia, en los decretos por los que se establezcan las áreas naturales protegidas y en los programas de manejo respectivos.

111. La situación actual de las áreas naturales protegidas

De acuerdo con el *Programa de Medio Ambiente 1995-2000*, hacia junio de 1995 el Sistema Nacional de Áreas Protegidas (SINAP) comprendía 89 ANP formalmente constituidas, que cubrían poco más de 5% del territorio nacional (10 millones de hectáreas) y que se desagregaban de la siguiente manera: 18 reservas de la biosfera, 13 reservas especiales de la biosfera, 44 parques nacionales, tres parques marinos nacionales, tres monumentos naturales y ocho áreas de protección de flora y fauna silvestres y acuáticas.

La cifra parece alta, en términos absolutos. Sin embargo, el mismo *Programa* puntualiza que ella es desproporcionalmente pequeña y poco representativa de la diversidad biológica y ecológica de México. Incluso, es inferior a la de otros países que cuentan con mucha menor diversidad biológica. A lo anterior se suma el hecho de que las superficies individuales de estas ANP, salvo excepciones, son pequeñas, lo que impide garantizar la supervivencia de poblaciones de muchas especies fundamentales por razones de alcance y otras, condenándolas técnicamente a la extinción.

La tendencia, hasta ahora, ha sido ampliar progresivamente las áreas de protección, a veces de una manera inconsulta. De acuerdo con estimaciones oficiales, hacia 1988 las áreas naturales protegidas administradas por la desaparecida Secretaría de Desarrollo Urbano y Ecología eran 63, con una extensión de 2 234 183 hectáreas, que representaba 1.11% del territorio nacional. Ya en esa época se reconocía que muchas de las ANP estaban en un proceso de deterioro.[4] El Programa Nacional de Protección del Medio Ambiente 1990-1994, por su parte, señalaba que el SINAP contaba hacia esas fechas con 65 áreas, con una cobertura de cerca de seis millones de hectáreas, que equivalen aproximadamente a 3% de la superficie total del país. Pero también reconocía que las ANP enfrentaban un conjunto de problemas, que allí se detallan (véase la sección 1.2.1 de ese documento).

Actualmente, el *Programa de Medio Ambiente 1995-2000* expresa con toda claridad que, hacia 1994, las ANP carecían casi en su totalidad de programas de manejo, de personal y de presupuestos suficientes, a veces ni siquiera simbólico, de modo que el único instrumento de protección con que contaban era el decreto de su establecimiento. Su supervivencia se explica, en algunos casos, por su inaccesibilidad, que las pone a salvo de los avances de los frentes de colonización y de la frontera agropecuaria, así como de otras presiones. Lo dicho en ese Programa es reiterado por el *Programa de Áreas Naturales Protegidas de México 1995-2000*.[5]

Es evidente que la política nacional de las ANP requiere de cambios que hagan posible transformar la existencia puramente virtual de muchas de ellas en existencia real. Las modificaciones de 1996 a la LGEEPA proporcionan el marco jurídico para iniciar una revisión de las ANP que permita concentrar los esfuerzos en las áreas que sean verdaderamente representativas del patrimonio natural de la nación, así como para darles una existencia real y, de manera paulatina, impulsar su ampliación.

Se trata de una tarea no exenta de dificultades. Como se dice en otra publicación oficial de la SEMARNAP, las áreas naturales protegidas son unidades productoras de bienes y servicios ambientales, pero su man-

[4] *Cf.* el *Informe General de Ecología*, elaborado en 1988 por la Comisión Nacional de Ecología (p. 51).

[5] Este último es una publicación de la Secretaría de Medio Ambiente, Recursos Naturales y Pesca, editada por el Instituto Nacional de Ecología en mayo de 1996.

tención exige en el corto plazo altos desembolsos por parte de quienes las tienen a su cargo, en función de beneficios que se generan en el largo plazo y que, además, son de naturaleza colectiva. Esto hace necesario que se asuma plenamente el carácter de unidades productivas que tienen las áreas naturales protegidas y, asimismo, que sus costos sean asumidos mediante arreglos institucionales especiales.[6]

112. La revisión de las áreas naturales protegidas de competencia federal

Como se dijo más atrás, la exposición de motivos de las modificaciones de 1996 puntualizó, en lo que respecta a las áreas de protección de recursos naturales, que en el pasado tales áreas incluyeron ciudades y entidades federativas completas, así como áreas agrícolas y ganaderas, que no eran auténticas áreas naturales. Este uso y abuso del régimen de las áreas naturales protegidas llevó al legislador, con motivo de las modificaciones de 1996, a disponer una reclasificación de aquellas áreas que aún conservan su vocación natural y que cumplen con las características que le dieron origen, según expresa la misma exposición de motivos, así como a disponer una revisión de las áreas de protección de los recursos naturales. Con ello, señala dicha exposición, "se dará mayor certeza y seguridad sobre la política de protección, preservación y aprovechamiento sustentable de los ecosistemas en ellas incorporados, ya que a la fecha no ha sido factible ningún tipo de manejo respecto de ellas".

Estas ideas se materializan en tres disposiciones transitorias de las modificaciones de 1996. La primera de ellas es el artículo séptimo transitorio, que responde a la necesidad de reclasificar las ANP y que dispone que la Secretaría, mediante acuerdo que se publicará en el *Diario Oficial de la Federación*, deberá determinar la categoría de área natural protegida que, conforme a lo dispuesto en la LGEEPA, corresponderá a las áreas o zonas que hayan sido establecidas con anterioridad a la entrada en vigor de las modificaciones de 1996, con la finalidad de cumplir alguno o algunos de los propósitos establecidos en el artículo 45 de la Ley General del Equilibrio Ecológico y la Protección al Ambiente, o cuya caracterización sea análoga o similar a la descripción de alguna de las áreas naturales protegidas de competencia federal previstas en el artículo 46 de dicho ordenamiento.

Por su parte, el artículo octavo transitorio, que responde a la necesidad de revisar las áreas de protección de recursos naturales, agrega que, tratándose de las reservas forestales, reservas forestales nacionales, zonas protectoras forestales, zonas de restauración y propagación forestal y las zonas de protección de ríos, manantiales, depósitos y en general, fuentes para el abastecimiento de agua para el servicio de las poblaciones, la

[6] *Cf.* Instituto Nacional de Ecología, *Áreas naturales: economía e instituciones*, Cuadernos de Trabajo núm. 3, México, noviembre de 1995.

Secretaría deberá realizar los estudios y análisis que sean necesarios para determinar si las condiciones que dieron lugar a su establecimiento no se han modificado y si los propósitos previstos en el instrumento mediante el cual se declaró su constitución corresponden a los objetivos y características señalados en los artículos 45 y 53 de la Ley General del Equilibrio Ecológico y la Protección al Ambiente (párrafo primero).

Agrega el párrafo segundo del mismo precepto que, en caso de que conforme a los estudios y análisis que se lleven a cabo, sea necesario modificar los decretos mediante los cuales se declaran las áreas y zonas anteriormente señaladas, la Secretaría deberá promover ante el Ejecutivo Federal la expedición del decreto que corresponda, previa opinión favorable del Consejo Nacional de Áreas Naturales Protegidas. Una vez más la opinión de ese Consejo es vinculante para la Secretaría.

Por último, el párrafo tercero de ese precepto ordena a la Secretaría poner a disposición de los gobiernos locales, propietarios, poseedores, grupos y organizaciones sociales, públicas o privadas, instituciones de investigación y educación superior y demás personas interesadas, los estudios o análisis que realice para los efectos a que se refiere este artículo octavo transitorio, con el propósito de que éstos le presenten las opiniones y propuestas que consideren procedentes. La Secretaría deberá incorporar en dichos estudios y análisis las consideraciones que estime pertinentes en relación con las opiniones y propuestas que le sean remitidas, a fin de hacerlas del conocimiento del Consejo Nacional de Áreas Naturales Protegidas, previamente a que éste emita su recomendación respecto de la procedencia de la modificación del decreto correspondiente.

El artículo noveno transitorio, finalmente, se ocupa de una situación especial, que es la evaluación del impacto ambiental de obras y actividades que se lleven a cabo en estas áreas de protección de recursos naturales. Como se sabe, de conformidad con la fracción XI del artículo 28 de la LGEEPA dicha evaluación es requerida para las obras que se realicen en las ANP de competencia de la Federación. En el caso de estas áreas y zonas, dicha evaluación será requerida sólo cuando se trate de alguno de los supuestos previstos en las fracciones I a X o XII y XIII del mencionado artículo 28 y la autorización respectiva se otorgará de conformidad con lo dispuesto en el propio ordenamiento y las disposiciones que del mismo se deriven. En otras palabras, dicha evaluación será requerida no en función de la naturaleza de ANP del área o zona de que se trate, sino de la naturaleza de la obra o actividad a realizarse dentro de ella. Se trata en nuestra opinión de una disposición de carácter permanente, que se incluyó como transitoria.

VIII. LA PROTECCIÓN DE LOS RECURSOS FORESTALES

113. El concepto de recursos forestales. 114. Los recursos forestales en México. 115. La protección de los recursos forestales en la Ley Forestal. Disposiciones generales. 116. Las atribuciones de la Secretaría de Medio Ambiente, Recursos Naturales y Pesca. 117. El aprovechamiento de los recursos forestales y la forestación y la reforestación. 118. El cambio de utilización de los terrenos forestales y de aptitud preferentemente forestal. 119. El transporte, almacenamiento y transformación de las materias primas forestales. 120. La prevención, combate y control de incendios forestales. 121. La sanidad forestal. 121. Los programas de restauración y las vedas forestales. 123. El fomento al aprovechamiento sostenible, conservación, protección y restauración forestales. 124. La protección del paisaje. 125. La protección de los recursos forestales en la LGEEPA. 126. Inspección, auditorías técnicas y medidas de seguridad. 127. Las infracciones forestales y los delitos forestales.

113. El concepto de recursos forestales

En este capítulo se examina la protección de los recursos forestales que, como se ha dicho debe ser tratada de manera separada de la protección de la flora silvestre, dado que la primera cuenta con una legislación especial, que incluso se extiende más allá de lo que podría calificarse como "flora silvestre", con arreglo a las definiciones incorporadas en 1997 a la Ley Forestal.

En efecto, por "recursos forestales" debe entenderse, de acuerdo con la definición que proporciona la propia Ley Forestal, "la vegetación forestal, natural, artificial o inducida, sus productos o residuos, así como los suelos de los terrenos forestales o de aptitud preferentemente forestal" (artículo 3º bis, fracción VIII).

Esta definición presenta tres componentes básicos, que también son definidos por la Ley Forestal, a saber: *1)* "vegetación forestal", que es el "conjunto de plantas dominadas por especies arbóreas, arbustivas o crasas, que crecen y se desarrollan en forma natural formando bosques, selvas y vegetación de zonas áridas" (artículo 3º bis, fracción XVI); *2)* "terrenos forestales", que son "los que están cubiertos por vegetación forestal, excluyendo aquellos situados en zonas urbanas" (artículo 3º bis, fracción XV); y *3)* "terrenos de aptitud preferentemente forestal", que son "aquellos que no estando cubiertos por vegetación forestal, por sus condiciones de clima, suelo y topografía, puedan incorporarse al uso forestal, excluyendo los situados en áreas urbanas y los que, sin sufrir degradación permanente, pueden ser utilizados en agricultura y ganadería" (artículo 3º bis, fracción XIV).

En consecuencia, por recursos forestales cabe entender no sólo la vegetación forestal de carácter natural, que es aquella parte de la flora silvestre que se distingue por el dominio de especies arbóreas, arbustivas y crasas, sino además la vegetación forestal de carácter artificial o inducida, así como sus productos o residuos e, incluso, los suelos de los terrenos forestales o de aptitud preferentemente forestal.

El enfoque de la legislación forestal está dirigido, como se puede ver, al desarrollo de un recurso económico, constituido por terrenos forestales o de vocación forestal y por la vegetación forestal que se desarrolla habitualmente en los primeros, así como a la protección de ese recurso. Se trata, en buenas cuentas, de la protección de lo "forestal" y no sólo de un componente de la flora silvestre.

En este capítulo se analiza la protección jurídica de los recursos forestales, tal como se establece en la Ley Forestal de 1992 (*Diario Oficial de la Federación* del 22 de diciembre de ese año), que vino a reemplazar a la Ley Forestal de 1986, así como de su Reglamento. Cabe advertir, sin embargo, que la Ley Forestal de 1992 a su vez fue profundamente modificada en 1997 (*Diario Oficial de la Federación* del 20 de mayo de ese año), en términos tales que esa modificación afectó a la casi totalidad de sus preceptos. Esto exigirá modificaciones también importantes al Reglamento, cuyas disposiciones con todo seguirán en vigor en lo que no contravenga a los cambios legales de 1997, tal como lo dispone el artículo 2º transitorio del respectivo Decreto. Junto con estas disposiciones se analizan otras de la LGEEPA, que también se refieren a la protección de los recursos forestales.*

114. Los recursos forestales en México

La riqueza, pero también los problemas que presentan los recursos forestales del país, son enormes.[1] México cuenta aproximadamente con 55 millones de hectáreas de bosques y selvas, que representan más de 25% del territorio nacional. De éstas, 32.5 millones de hectáreas aproximadamente son formaciones cerradas (58% del total del arbolado) y 22.9 millones de hectáreas son formaciones abiertas (42%). Los bosques templados incluyen coníferas, latifoliadas y mesófilos, que se distribuyen principalmente en las áreas montañosas del país. Las selvas están integradas por vegetación del trópico húmedo y trópico seco. La mitad corresponde a bosques templados de coníferas y encinos y la otra mitad a selvas tropicales. Los ecosistemas de México tienen una importante re-

[1] La información que sigue ha sido extraída del *Programa Forestal y de Suelo 1995-2000*.
* Véase Addenda, § 4.

levancia biológica (por razones de megadiversidad y de endemismo), ambiental (en tanto son elementos de estabilización de suelos y conservación de los ciclos del agua, así como para la captura del carbón), social (como fuente de subsistencia de la población rural) y económica (como fuente de productos maderables y no maderables para consumo nacional o de exportación, así como para el turismo y la recreación).

El 80% de la superficie forestal nacional es de propiedad social, 15% es de propiedad privada (pequeños propietarios con bosques de menos de 20 hectáreas) y 5% es de propiedad nacional. La propiedad social integra comunidades y ejidos con una población aproximada de 10 millones de personas, de las cuales más de 27% habla alguna lengua indígena. Estas comunidades rurales que poseen recursos forestales representan 28% de las comunidades y ejidos del país.

Los niveles de deforestación de los bosques y selvas son muy altos. La verdad es que no existe certidumbre sobre las tasas de deforestación: las estimaciones para la década de los ochenta oscilan entre 370 mil a 1.5 millones de hectáreas anuales. Como quiera que sea, se trata de tasas altas. Las causas de la deforestación son variables según regiones y tipos de bosques. La expansión de la frontera agropecuaria, sin embargo, ha sido la causa principal: entre 1970 y 1990 el área forestal se redujo 13% mientras los terrenos dedicados a la agricultura se incrementaron 39% y los destinados a la ganadería 15%. Otras causas dominantes del proceso de deforestación son la tala clandestina y los incendios, principalmente los provocados para aumentar la productividad de pastos destinados al ganado.

En los últimos años, sin embargo, el fenómeno de deforestación ha decrecido como consecuencia de la disminución en los desmontes no controlados, que se debe principalmente a la baja rentabilidad agropecuaria en terrenos marginales y la poca accesibilidad de bosques y selvas naturales remanentes. Pero, el área identificada con degradación forestal se ha incrementado de 17.8 millones de hectáreas a 22.2 millones de hectáreas, entre 1985 y 1994. Estos terrenos han perdido calidad como recurso forestal debido a procesos de perturbación y fragmentación atribuidos a la disminución de biomasa y la pérdida del potencial productivo.

115. La protección de los recursos forestales en la Ley Forestal. Disposiciones generales

La Ley Forestal de 1992 es el ordenamiento jurídico más importante en la materia. Como se ha dicho, ella sustituyó a la Ley Forestal de 1986,[2] pero a su vez fue profundamente modificada en 1997, en términos tales

[2] A partir de la Constitución Política de 1917, el país ha contado con seis leyes forestales: las Leyes Forestales de 1926, 1942, 1947, 1960 y 1986, a las que se agregó la Ley Forestal de 1992.

que esa modificación afectó, como se ha dicho, a la casi totalidad de sus preceptos.

La expedición de la Ley Forestal en 1992 se explicó en su momento por las reformas que en esa época se hicieron al artículo 27 constitucional, así como por la expedición de una Ley Agraria que vino a sustituir a la Ley Federal de Reforma Agraria. El propósito de la Ley Forestal de 1992 era, según lo explicó su exposición de motivos, remover uno de los obstáculos más importantes para la capitalización del sector forestal, abriendo la puerta a la creación de la pequeña propiedad forestal y la libre asociación entre ejidatarios y comuneros, y de ellos con terceros. Con ese propósito, la Ley Forestal de 1992 modificó la normatividad que regía la actividad forestal, redefiniendo el papel del Estado en dicha actividad.

Hasta ahora, estos cambios, que entre otras cosas procuran estimular el desarrollo de plantaciones comerciales en extensiones suficientes para lograr economías de escala que hagan competitivo el aprovechamiento forestal con técnicas modernas, no han contribuido de manera significativa a eliminar las presiones existentes respecto de los bosques y selvas nativos, ni han alcanzado sus objetivos económicos. Las modificaciones de 1997 se explican, en parte, por el fenómeno persistente de disminución de la participación del sector forestal en la economía nacional, que ha terminado representando menos del uno por ciento del Producto Interno Bruto. Sin embargo, dichas modificaciones se explican básicamente por la necesidad de que los recursos silvícolas se aprovechen de manera sostenible, como lo puntualiza la respectiva exposición de motivos, que la Ley Forestal de 1992 no había atendido suficientemente.

La Ley Forestal "es reglamentaria del Artículo 27 de la Constitución Política de los Estados Unidos Mexicanos" (artículo 1º, párrafo primero), esto es, tiene su fundamento constitucional en ese precepto de la Carta Fundamental y por consiguiente, como todas las de su género, debe entenderse inspirada en la idea de regular, en beneficio social, el aprovechamiento de los elementos naturales susceptibles de apropiación, con objeto de hacer una distribución equitativa de la riqueza pública, cuidar de su conservación, lograr el desarrollo equilibrado del país y el mejoramiento de las condiciones de vida de la población rural y urbana.

La Ley Forestal, de acuerdo con las modificaciones de 1997, está estructurada por 58 artículos, que se distribuyen en cuatro Títulos que tratan, sucesivamente, de las disposiciones generales; de la administración y manejo de los recursos forestales; del fomento a la actividad forestal; y de las visitas de inspección, auditorías técnicas, medidas de seguridad e infracciones.

El *objeto* de la Ley es "regular y fomentar la conservación, protección, restauración, aprovechamiento, manejo, cultivo y producción de los recursos forestales del país, a fin de propiciar el desarrollo sustentable" (artículo 1º, párrafo primero). En consecuencia, el campo de aplicación de la Ley está circunscrito al tema de los recursos forestales, tal como ellos son definidos por la propia Ley, según se ha visto en la sección anterior.

La *política forestal* es la primera de las materias de que se ocupa la Ley. En efecto, el párrafo segundo del artículo 1º establece uno a uno los propósitos de esa política a lo largo de catorce fracciones, pero con la prevención de que esa política y, en general, las normas y medidas que se observen en la regulación y fomento de las actividades forestales "deberán sujetarse a los principios, criterios y disposiciones previstas en la Ley General del Equilibrio Ecológico y la Protección al Ambiente, en lo que resulten aplicables". Esta disposición debe ser entendida en el contexto de las modificaciones de 1996 a la LGEEPA, que como se dice en la sección 34, revirtió la anómala situación creada por el texto original de esa Ley, que hacía supletorias las disposiciones de la LGEEPA frente a las disposiciones contenidas en leyes especiales, como es el caso de la Ley Forestal. A partir de 1996, según se recuerda en esa sección, sólo en lo no previsto por la LGEEPA se aplican las disposiciones contenidas en otras leyes relacionadas con la materia que regula esta Ley.

La *propiedad de los recursos forestales*, señala el nuevo artículo 3º de la Ley Forestal, corresponde a los propietarios de los terrenos donde ellos se ubiquen. Y agrega el mismo precepto que "los procedimientos establecidos por esta Ley no alterarán el régimen de propiedad de dichos terrenos".

Esta disposición ha generado muchas controversias, pues va contra la generalizada creencia de que los bosques y selvas son propiedad de la nación. La verdad es que los bosques y selvas han sido siempre de propiedad de los dueños de los terrenos donde se ubican, de acuerdo con las reglas del derecho común, que establece que la propiedad de los bienes da derecho a todos lo que ellos producen, o se les une o incorpora natural o artificialmente (derecho que recibe el nombre de "accesión"), como se puede ver por ejemplo en los artículos 886 y siguientes del Código Civil para el Distrito Federal en Materia Común y para toda la República en Materia Federal.

La confusión se origina quizás porque la Constitución Política establece en el párrafo tercero de su artículo 27, como se ha dicho varias veces (véase en especial la sección 19), que la nación tendrá en todo tiempo el derecho de imponer a la propiedad privada las modalidades que dicte el interés público, así como el de regular, en beneficio social, el aprovechamiento de los recursos naturales susceptibles de apropiación, con objeto de hacer una distribución equitativa de la riqueza pública, cuidar su conservación, lograr el desarrollo equilibrado del país y el mejoramiento de las condiciones de vida de la población rural y urbana.

Con base en ese precepto constitucional, las leyes forestales expedidas desde 1926 en adelante han impuesto a la propiedad privada las modalidades que dicte el interés público y han regulado, en beneficio social, el aprovechamiento de los recursos naturales susceptibles de apropiación, entre ellos los bosques y selvas, estableciendo que sus disposiciones se aplicarán el régimen de propiedad de los terrenos donde ellos se ubiquen. Así lo hacía también el texto original del artículo 3º de la Ley Forestal de 1992, al disponer en su párrafo primero lo siguiente: "Las disposiciones de esta Ley son aplicables en los terrenos forestales y en aquellos con aptitud preferentemente forestal, cualquiera que sea su régimen de propiedad". Pero estas disposiciones no modificaban, ni podían hacerlo, dicho régimen, transformando los recursos forestales en propiedad de la nación cuando ellos se ubicaban en terrenos que no eran de propiedad de la nación.

La *aplicación* de la Ley corresponde al Ejecutivo Federal, por conducto de la Secretaría de Medio Ambiente, Recursos Naturales y Pesca (artículo 4º). Esta atribución correspondía antes a la ex Secretaría de Agricultura y Recursos Hidráulicos, hoy Secretaría de Agricultura, Ganadería y Desarrollo Rural.

Los restantes artículos del Título I están destinados a regular las atribuciones de la Secretaría de Medio Ambiente, Recursos Naturales y Pesca, así como los acuerdos de coordinación y concertación entre la Secretaría y los gobiernos de los estados y el Distrito Federal, y entre la misma Secretaría y las personas físicas y morales de los sectores social y privado. La primera de esas materias exige un análisis especial, que se hace en la siguiente sección.

116. LAS ATRIBUCIONES DE LA SECRETARÍA DE MEDIO AMBIENTE, RECURSOS NATURALES Y PESCA

Las atribuciones de la SEMARNAP en materia forestal fueron establecidas, primeramente, en las modificaciones de 1994 a la Ley Orgánica de la Administración Pública Federal y, luego, fueron desarrolladas en el artículo 5º de la Ley Forestal, modificado en 1997, pero no exactamente en los mismos términos. Esto hace hace necesario el examen de ambas Leyes.

Como se ha dicho varias veces, de acuerdo con las modificaciones introducidas en 1994 a la Ley Orgánica de la Administración Pública Federal corresponde a la Secretaría fomentar la protección, restauración y conservación de los ecosistemas y recursos naturales, formular y conducir la política nacional en materia de recursos naturales, y administrar y regular el uso y promover el aprovechamiento sostenible de los recursos naturales que corresponden a la Federación. Esto significa que toca a la Secretaría el ejercicio de todas las atribuciones que pudieran corresponderle al Gobierno Federal, entre otros recursos naturales, en materia de recursos forestales.

El artículo 32 bis de la LOAPF hace explícitas, sin embargo, algunas atribuciones específicas de la Secretaría en este campo, además de aquellas que se refieren a la flora silvestre en general, como es el caso de las siguientes: *1)* Fomentar y realizar programas de reforestación y restauración ecológica, con la cooperación de las autoridades federales y estatales (fracción XIII); *2)* realizar el censo de predios forestales y silvopastoriles y de sus productos (fracción XIX) ; *3)* levantar, organizar y manejar la cartografía y estadística forestal (fracción XIX); *4)* llevar el registro y cuidar la conservación de los árboles históricos y notables del país (fracción XIX); y *5)* resolver sobre el establecimiento y levantamiento de vedas forestales (fracción XX).

Por su parte, el artículo 35 de la misma LOAPF, que regula las atribuciones de la Secretaría de Agricultura, Ganadería y Desarrollo Rural, le confiere otras atribuciones específicas a la SEMARNAP cuando establece que a la primera de esas Secretarías le corresponden atribuciones tales como: *1)* participar junto con la Secretaría de Medio Ambiente, Recursos Naturales y Pesca en la conservación de los pastizales y bosques, así como aplicar las técnicas y procedimientos conducentes (fracción XII); y *2)* participar, junto con la Secretaría de Medio Ambiente, Recursos Naturales y Pesca, en la promoción de plantaciones forestales, de acuerdo con los programas formulados y que competa realizar al Gobierno Federal, por sí o en cooperación con los gobiernos de los estados, municipios o de particulares (fracción XX). Hay que puntualizar que, sin embargo, de acuerdo con la LOAPF corresponde exclusivamente a la Secretaría de Agricultura, Ganadería y Desarrollo Rural el fomento de los programas y la elaboración de normas oficiales de sanidad animal y vegetal, así como la atención, coordinación, supervisión y evaluación de las campañas de sanidad (fracción IV).

De su lado, el nuevo artículo 5º de la Ley Forestal le encomienda a la SEMARNAP funciones específicas, como son las siguientes: *1)* realizar y mantener actualizado el inventario forestal nacional; *2)* determinar los criterios para caracterizar y delimitar los distintos tipos de zonas forestales en que se dividirá el territorio nacional, escuchando la opinión del Consejo Técnico Consultivo Nacional Forestal; *3)* elaborar y expedir, previa opinión del Consejo Técnico Consultivo Nacional Forestal, normas oficiales mexicanas en materia forestal y vigilar su cumplimiento; *4)* autorizar el aprovechamiento de recursos forestales maderables y la forestación, así como evaluar y supervisar su manejo forestal e impacto ambiental; *5)* organizar y manejar el Registro Forestal Nacional; *6)* autorizar el cambio de utilización de los terrenos forestales; *7)* ejercer la administración de los terrenos nacionales forestales cuya administración no corresponda a otra dependencia y supervisar las labores de conservación, protección y vigilancia, cuando su administración recaiga, mediando acuerdo o convenio, en personas físicas o morales; *8)* supervisar, coordinar y ejecutar las acciones para la prevención y combate de incendios, plagas y enfermedades forestales; *9)* vigilar el cumplimiento de las normas oficiales mexicanas sanitarias relativas a las especies forestales, así como expedir el certificado correspondiente y, en su caso, aprobar o inspeccionar a las personas físicas o morales que actúen como organismos de certificación o unidades de verificación, conforme a la legislación en materia de sanidad vegetal; *10)* elaborar estudios para, en su caso, recomendar el establecimiento o levantamiento de vedas forestales; *11)* formular y organizar, en coordinación con las dependencias competentes de la Administración Pública Federal, con los gobiernos de los estados y del Distrito Federal y con las organizaciones de los sectores social y privado, programas de forestación y reforestación para el rescate de zonas degradadas; *12)* promover, en coordinación con las dependencias competentes, la creación de empresas forestales, la organización y capacitación social para la producción y propiciar la asociación equitativa entre ejidatarios, comuneros, pequeños propietarios y otros productores forestales, así como entre éstos y los inversionistas; *13)* impulsar la participación directa de los propietarios y poseedores de los recursos forestales en la protección, vigilancia, ordenamiento, aprovechamiento, cultivo, transformación y comercialización de los mismos; *14)* celebrar, de acuerdo con lo prescrito en la propia Ley Forestal, acuerdos y convenios en materia forestal con los gobiernos de los estados y del Distrito Federal, así como con otras instituciones públicas y personas físicas o morales de los sectores social y privado; *15)* promover, en coordinación con las dependencias competentes, programas y proyectos de educación, capacitación, investigación, comunicación y difusión, orientados a la promoción de la cultura forestal; *16)* verificar el cumplimiento de esta ley y de las disposiciones que de ella se deriven y requerir la acreditación de la legal procedencia de las materias primas forestales; *17)* imponer medidas de seguridad y las sanciones que correspondan a las infracciones que se cometan en materia forestal, así como denunciar los delitos en dicha materia a las autoridades competentes; y *18)* las demás que señala la propia Ley Forestal.

Dos puntualizaciones deben hacerse respecto de estas atribuciones. Primero, corresponde a la SEMARNAP vigilar el cumplimiento de las normas oficiales mexicanas sanitarias relativas a las especies forestales, pero la elaboración de dichas normas y, en general, de todas las normas de sanidad vegetal es una atribución de la Secretaría de Agricultura, Ganadería y Desarrollo Rural. Y, segundo, los delitos forestales a que se refiere la fracción XVII del artículo 5º la Ley Forestal se encuentran ahora tipificados en el Código Penal para el Distrito Federal y para toda la República en Materia de Fuero Federal. Estos delitos se examinan al final del presente capítulo.

Finalmente, entre las disposiciones generales de la Ley que se vinculan a las atribuciones de la Secretaría, se encuentra su nuevo artículo 6º, que ordena a la SEMARNAP la constitución de un *Consejo Técnico Consultivo Nacional Forestal*, mismo que deberá ser integrado por representantes de la propia Secretaría y de otras dependencias y entidades de la Administración Pública Federal, así como con representantes de instituciones académicas y centros de investigación, agrupaciones de productores y empresarios, organizaciones no gubernamentales y otras organizaciones de carácter social y privado, relacionadas con la materia forestal. Cabe recordar que la ex Secretaría de Agricultura y Recursos Hidráulicos contaba con un Consejo Técnico Consultivo Forestal Nacional, cuya naturaleza e integración eran casi idénticos a la de este nuevo Consejo. El mismo artículo 6º ordena, además, la constitución de Consejos Regionales, también previstos en su anterior texto, en los que podrán participar (el texto anterior decía "participarán") representantes de los gobiernos de los estados y municipios, ejidos, comunidades y pequeños propietarios y demás personas físicas y morales interesadas. El cambio más importante consiste quizás en la disposición que ordena a la Secretaría propiciar una integración equilibrada de todos los Consejos.

117. EL APROVECHAMIENTO DE LOS RECURSOS FORESTALES Y LA FORESTACIÓN Y REFORESTACIÓN

Las normas de la Ley que tienen una mayor relevancia para el tema de la protección de los recursos forestales, se encuentran en su Título II, que como se ha dicho versa sobre la administración y manejo de los recursos forestales. En efecto, allí se hallan las normas sobre inventario y registro forestal nacional; aprovechamiento de recursos forestales; forestación y reforestación; participación social y derecho a la información; cambios de utilización de los terrenos forestales y de aptitud preferentemente forestal; transporte, almacenamiento y transformación de materias primas forestales; servicios técnicos forestales; prevención, combate y control de incendios forestales; sanidad forestal; programas de restauración y vedas forestales. Algunas de estas materias se examinarán a continuación, a partir de las normas sobre aprovechamiento de recursos forestales, forestación y reforestación.

Dispone el artículo 11 de la Ley Forestal, modificado en 1997, que el *aprovechamiento* de recursos forestales maderables en terrenos forestales o de aptitud preferentemente forestal requiere de *autorización* de la Secretaría. En cambio, de acuerdo con el artículo 13 de la Ley, también modificado en 1997, el aprovechamiento con fines comerciales de recursos forestales no maderables requiere sólo de un *aviso* a la Secretaría, mientras que el aprovechamiento de recursos y materias primas forestales para uso doméstico, así como las actividades silvopastoriles en terrenos forestales sólo deben ajustarse a las *normas oficiales mexicanas* que expida la Secretaría.

De acuerdo con el artículo 12 de la Ley, para obtener dicha autorización, es menester presentar, entre otras cosas, un *programa de manejo forestal*, que debe cumplir con los requisitos que señala la fracción III del artículo 12 de la Ley (pero si la superficie es igual o menor a 20 hectáreas, se puede presentar un programa simplificado). Entre esos requisitos figuran las medidas para conservar y proteger el hábitat de especies de flora y fauna silvestres amenazadas o en peligro de extinción; las medidas de prevención y mitigación de impactos ambientales, en las distintas etapas de la aplicación del programa de manejo; los compromisos de forestación o reforestación que se contraigan; etc. Si se trata de aprovechamientos forestales en selvas tropicales y de especies de difícil regeneración, así como en áreas naturales protegidas, se debe presentar, además, una *manifestación de impacto ambiental* (como lo ordena, además, la fracción V del artículo 28 de la LGEEPA), la cual se integrará al programa de manejo respectivo para su autorización simultánea.

De conformidad con el artículo 14 de la Ley, la autorización solicitada a la Secretaría puede ser: *1) concedida en los términos solicitados*; o *2) concedida de manera condicionada* a su modificación o al establecimiento de medidas adicionales de manejo forestal o de prevención y mitigación de impactos ambientales; o *3) denegada*. Estas dos últimas hipótesis están especialmente reguladas en el mismo precepto legal.

La *autorización condicionada* impone a la Secretaría el deber de señalar las restricciones o requisitos que deberán observarse en la ejecución del programa de manejo forestal presentado. Estas restricciones o requisitos sólo podrán estar encaminados a prevenir, mitigar o compensar los efectos negativos del respectivo aprovechamiento sobre los ecosistemas.

La *denegación de la autorización* solicitada, por su parte, sólo puede tener lugar en los casos en que exista alguna o algunas de las causales previstas en el mismo precepto legal, esto es, cuando: *1)* se contravenga lo establecido en la Ley Forestal, su reglamento, las normas oficiales mexicanas o en las demás disposiciones legales y reglamentarias aplicables; *2)* se comprometa la diversidad biológica de la zona y la regeneración y capacidad productiva de los terrenos en cuestión; o *3)* exista falsedad en la información proporcionada por los promoventes respecto de cualquier elemento de los programas de manejo correspondientes.

En todo caso, cabe recordar que el artículo 100 de la LGEEPA prescribe que *las autorizaciones para el aprovechamiento de recursos forestales implican la obligación de hacer un aprovechamiento sostenible de ese recurso*. Cuando las actividades forestales deterioren gravemente el equilibrio ecológico, afecten la biodiversidad de la zona, así como la regeneración y capacidad productiva de los terrenos, la Secretaría debe revocar, modificar o suspender la autorización respectiva, en términos de lo dispuesto por la propia LGEEPA y la Ley Forestal.

En materia de *forestación*, la Ley Forestal hace una serie de exigencias para que ella se lleve a cabo, según el tipo de forestación que se pretende realizar. Si se trata de una *forestación que se realiza con fines de producción comercial*, la Ley distingue entre aquellas que se lleven a cabo: *1)* en superficies menores o iguales a 20 hectáreas, en cuyo caso es menester un *aviso escrito* del interesado a la Secretaría; *2)* en superficies mayores a 20 y menores o iguales a 250 hectáreas, en cuyo caso se exige un *informe de forestación* a la Secretaría para su autorización; y *3)* en superficies mayores a 250 hectáreas, en cuyo caso es necesaria una *autorización* de la Secretaría. En cambio, si la *forestación se realiza con propósitos de conservación y restauración*, ella queda sujeta sólo a lo dispuesto en el Reglamento de la Ley, las normas oficiales mexicanas que emita la Secretaría o las demás disposiciones legales y reglamentarias aplicables en materia de impacto ambiental. Esto último se aplica también a las *actividades de reforestación y las prácticas de agroforestería*, a menos que estas actividades se realicen en terrenos forestales sujetos a aprovechamiento, en cuyo caso deben incluirse en el respectivo plan de manejo. Esto es lo que disponen, en síntesis, los artículos 15 a 19 de la Ley.[3]

Además, el artículo 19 bis 3 asienta una limitación importante en materia de forestación, al prohibir el establecimiento de forestaciones con propósitos de producción comercial en sustitución de la vegetación natural de los terrenos forestales, lo que por otra parte constituye una infracción al tenor de lo dispuesto en la fracción II del artículo 47 de la Ley. Sin embargo, no quedan comprendidas dentro de esta prohibición las actividades de reforestación artificial de especies nativas con propósitos de mejoramiento productivo ni las prácticas de agroforestería.

La Ley Forestal establece, finalmente, algunas *disposiciones comunes* al aprovechamiento de los recursos forestales y a la forestación y reforestación. La principal de ellas tiene por objeto combatir los abusos de que han sido víctimas los propietarios y poseedores de los recursos forestales, en especial las comunidades indígenas. En concordancia con lo establecido en el artículo 3º en el sentido de que la propiedad de los recursos forestales corresponde a los propietarios de los terrenos donde ellos se ubiquen, el artículo 19 bis 4, incorporado en 1997 a la Ley, dispone que *las autorizaciones en materia forestal sólo se otorgarán a los propietarios de los terrenos y a las personas legalmente facultadas por aquéllos o por resolución de autoridad competente*. Agrega el mismo precepto que cuando la solicitud de una autorización en materia forestal sobre terrenos propiedad de un ejido, comunidad o comunidad indígena sea presentada por un tercero, éste deberá acreditar el consentimiento del núcleo agrario mediante el acuerdo de asamblea que lo autorice, de conformidad con la Ley Agraria. Si la superficie es mayor de 200 hectáreas, la Secretaría debe solicitar la opinión del Consejo Regional o Nacional. En todo caso, la Secretaría, en coordinación con las demás

[3] La forestación y la reforestación no consisten simplemente en plantar árboles donde los hubo, sino más bien en devolverle a los terrenos forestales su aptitud de tales, esto es, restituirles la cubierta vegetal y también su fertilidad. Así lo exige la explotación que se hace de los recursos forestales y, en general, los procesos que provocan su extinción y la pérdida de la fertilidad de los suelos forestales. En México, el ritmo de forestación y reforestación es muy inferior al de desforestación, no obstante las disposiciones como las que se examinarán a continuación. Este fenómeno se explica no sólo por la inobservancia que han tenido este tipo de normas, sino también y de manera especial por la práctica de las talas ilegales, que representan una parte significativa de los aprovechamientos forestales y que desbordan todos los programas de forestación y reforestación.

dependencias de la Administración Pública Federal, deberá procurar que los aprovechamientos de recursos forestales se realicen "garantizando los derechos que la ley reconozca a las comunidades indígenas".

Cabe advertir que la Ley Forestal configura como *infracciones administrativas* distintas conductas que se relacionan con lo que se ha venido diciendo en esta sección. En efecto, su artículo 47 establece, en primer término, que constituye infracción forestal llevar a cabo el aprovechamiento de recursos forestales, la forestación y la reforestación, en contravención a las disposiciones de la Ley Forestal, de su reglamento o de las normas oficiales mexicanas aplicables (fracción III). También constituyen infracciones administrativas realizar en terrenos forestales o de aptitud preferentemente forestal cualquier tipo de obras o actividades distintas al aprovechamiento de sus recursos, en contravención a las mismas normas (fracción I), así como establecer cultivos agrícolas, encerraderos de ganado o labores de pastoreo en terrenos forestales, sin apego a las disposiciones contenidas en el programa de manejo autorizado o en contravención del reglamento o de las normas oficiales mexicanas aplicables (fracción V), o extraer suelo forestal en contravención a lo dispuesto en esta Ley, las normas oficiales mexicanas o en las demás disposiciones legales y reglamentarias aplicables, o realizar cualquier acción que comprometa la regeneración y capacidad productiva de los terrenos forestales (fracción VII).

El mismo precepto legal configura como infracciones forestales no dar los avisos o presentar los informes a que se refiere la Ley (fracción IX) y incurrir en falsedad respecto de cualquier información o documento que se presente a la Secretaría (fracción XIV).

118. EL CAMBIO DE UTILIZACIÓN DE LOS TERRENOS FORESTALES Y DE APTITUD PREFERENTEMENTE FORESTAL

Las modificaciones de 1997 reordenaron y adicionaron las disposiciones de la Ley Forestal de 1992 sobre el cambio de utilización de los terrenos forestales y de aptitud preferentemente forestal, mediante un capítulo especial que destina tres artículos a la materia (19 bis 11, 19 bis 12 y 19 bis 13).

De acuerdo con el artículo 19 bis 11, *la Secretaría puede autorizar el cambio de utilización de los terrenos forestales*, por excepción y previa opinión del Consejo Regional, *siempre que los estudios técnicos respectivos demuestren que el nuevo uso no comprometerá la diversidad biológica, ni provocará la erosión de suelos, el deterioro de la calidad del agua o la disminución en su captación*. Esta autorización debe atender lo que en su caso disponga el ordenamiento ecológico correspondiente, las normas oficiales mexicanas y demás disposiciones legales y reglamentarias aplicables.

El artículo 19 bis 12 regula la situación de los *terrenos agrícolas o pecuarios que son forestados con propósitos de producción comercial* y permite que, a la conclusión de la forestación, sean *reincorporados* a su utilización anterior, para lo cual se debe dar aviso por escrito a la Secretaría. El artículo 19 bis 13, finalmente, se refiere a los casos de *transmisión de la propiedad o de los derechos de uso o usufructo sobre terrenos forestales o de aptitud preferentemente forestal para los cuales existe aviso o autorización en los términos de la Ley Forestal*, disponiendo que el enajenante, además de cumplir con la legislación aplicable al régimen de propiedad, deberá informarlo a la Secretaría, lo que se hará constar en el documento en el que se formalice la transmisión.

Este mismo precepto agrega que cuando se trate de terrenos en los que se realicen forestaciones con propósitos de producción comercial en superficies mayores a 250 hectáreas, *la transferencia de los derechos derivados de la autorización sólo podrá surtir efectos una vez que la Secretaría haya emitido dictamen sobre su procedencia*, para lo cual deberá haber solicitado opinión al Consejo Regional o Nacional. Se trata de una importante regla incorporada por las modificaciones de 1997, que permite a la Secretaría mantener el control de la correcta utilización de esos terrenos.

Además, el artículo 119 bis 13 impone, a los adquirentes de la propiedad o de derechos de uso usufructo sobre terrenos forestales o de aptitud preferentemente forestal, el deber de cumplir con los términos de los avisos y programas de manejo, así como con las condicionantes en materia de manejo forestal o de impacto ambiental respectivas.

Por último, hay que advertir que cambiar la utilización de los terrenos forestales sin contar con la autorización correspondiente, constituye una infracción forestal (artículo 47, fracción VI).

119. El transporte, almacenamiento y transformación de las materias primas forestales

Para combatir los aprovechamientos ilegales, la Ley establece normas sobre el transporte, almacenamiento y transformación de materias primas forestales, disponiendo el artículo 20 al respecto que quienes realicen estas actividades con dichas materias, exceptuadas aquellas destinadas al uso doméstico, *deberán acreditar su legal procedencia* con la documentación y sistemas de control siguientes: *1)* avisos de aprovechamiento, a los que se podrán integrar marcas, sellos o códigos para su identificación, cuando se trate de madera en rollo, con escuadría o de recursos forestales no maderables; *2)* remisiones forestales, facturas o documentos de venta, en los demás casos; y *3)* registros de existencias cuando se trate de centros de almacenamiento o transformación (párrafo primero).

Agrega el mismo precepto que corresponde a los titulares de las autorizaciones de aprovechamiento de recursos forestales y a quienes realicen las actividades a que se refiere este artículo, expedir y utilizar la documentación o los sistemas de control necesarios. La Secretaría está sólo faculada para realizar los actos tendientes a la autorización, validación, supervisión y vigilancia de dichos instrumentos (párrafo segundo).

Para facilitar el control que debe ejercer la Secretaría, el artículo 21 establece que los responsables de los centros de almacenamiento y transformación de materias primas forestales deberán proporcionarle un aviso de funcionamiento, a más tardar dentro de los 30 días siguientes al inicio de sus operaciones.

Finalmente, el artículo 22 dispone que corresponde a quienes transportan o realizan actos de comercio o transformación de materias primas maderables acreditar, en los términos que fijen el Reglamento de la Ley y las normas oficiales mexicanas que expida la Secretaría, que dichas materias provienen de aprovechamientos para los cuales existe autorización.

El artículo 47 de la Ley configura como *infracción forestal* no contar con la documentación o sistemas de control que acrediten la legal procedencia de materias primas forestables, obtenidas en el aprovechamiento o forestación respectivo (fracción VIII). También son infracciones forestales transportar, almacenar, transformar o poseer materias primas forestales, sin contar con la documentación o los sistemas de control para acreditar su legal procedencia (fracción X), así como utilizar ilícitamente la documentación o los sistemas de control que acrediten dicha procedencia (fracción XI) y facturar o amparar materias primas forestales que no hubieran sido obatenidas de conformidad con las disposiciones de la Ley Forestal, su reglamento o de las normas oficiales mexicanas aplicables, a fin de simular su legal procedencia. Por último, es infracción forestal alterar para fines ilícitos la documentación o los sistema de control que acrediten dicha procedencia (fracción XXII).

120. La prevención, combate y control de incendios forestales

En materia de incendios forestales, cabe decir que éstos pueden tener como causa factores naturales o la mano del hombre. En uno y otro caso, los incendios implican la destrucción de importantes recursos bióticos y la pérdida de casi todo el ecosistema. Los efectos de los incendios forestales han aumentado sin cesar, en todo el mundo. Una parte importante de ellos se debe a prácticas agrícolas inadecuadas o mal ejecutadas. Sin embargo, hay que tener presente que el fuego actúa también como regulador importante en la vida de los ecosistemas, en ciertas circunstancias. En efecto, existen ciertos ecosistemas cuyo desarrollo se controla precisamente a través del fuego, que favorece la existencia de ciertas especies a costa de otras. A partir de la constatación de este hecho, el hombre también ha pretendido utilizar el fuego como un factor de regulación. La cuestión, en estos casos, consiste en establecer un apropiado control del uso deliberado del fuego.

Las disposiciones de la Ley Forestal en materia de prevención, combate y control de incendios prescriben, en primer término, que la Secretaría, oyendo al Consejo Técnico Consultivo Forestal Nacional, establecerá las normas oficiales mexicanas que se deberán cumplir para prevenir, combatir y controlar los incendios, así como los métodos y formas en que se puede hacer uso del fuego (artículo 27).

A continuación, esas disposiciones encomiendan a la Secretaría la supervisión, coordinación y ejecución de las acciones necesarias para la prevención, combate y control de incendios. Corresponde a la misma Secretaría promover la asistencia, para esos efectos, de las demás dependencias de la Administración Pública Federal y de las autoridades locales, así como procurar la participación de instituciones del sector social y privado y de la ciudadanía en general (artículo 28).

Por último, esas disposiciones prescriben que los propietarios o poseedores de los terrenos forestales y de aptitud preferentemente forestal y sus colindantes, así como quienes realicen el aprovechamiento de recursos forestales, la forestación y reforestación, están obligados a ejecutar trabajos para prevenir, combatir y controlar los incendios forestales, en los términos de las normas oficiales mexicanas aplicables, así como a reportar a la Secretaría la existencia de los incendios forestales que detecten. Este último deber corresponde también a las autoridades civiles y militares y a las empresas de transporte (artículo 29, reformado en 1997).

Existen diversas *infracciones forestales* relacionadas con el tema de los incendios, como son no prevenir, combatir o controlar, estando legalmente obligado para ello, los incendios forestales, así como negarse, sin causa justificada, a prevenir o combatir los incendios que afecten la vegetación forestal, en desacato de mandato legítimo de la Secretaría (artículo 47, fracciones XVII y XVIII). También constituyen infracciones forestales provocar por imprudencia incendios en terrenos forestales o de aptitud preferentemente forestal o provocarlos intencionalmente en contravención a las normas oficiales mexicanas aplicables (artículo 47, fracciones XIX y XX), así como no dar aviso a la Secretaría de la existencia de incendios forestales que se detecten (artículo 47, fracción XXI).

121. La sanidad forestal

Las disposiciones de la Ley Forestal sobre sanidad forestal están limitadas a los artículos 30 y 31 de la Ley, este último reformado en 1997. Sin embargo, la verdad es que esta materia se rige principalmente por las disposiciones de la Ley Federal de Sanidad Vegetal de 1994, examinadas en la sección 98 de este libro.

El artículo 30 de la Ley Forestal establece que la Secretaría, escuchando la opinión del Consejo, dictará las normas oficiales mexicanas para prevenir, controlar y combatir las plagas y las enfermedades forestales (párrafo primero), agregando que las dependencias y entidades de la administración pública federal y, en su caso, las de los gobiernos de los estados, del Distrito Federal y de los municipios, prestarán su colaboración para prevenir, controlar y combatir dichas plagas y enfermedades (párrafo segundo).

El artículo 31 de la Ley Forestal, por su parte, prescribe que los ejidatarios, comuneros y demás propietarios o poseedores de los terrenos forestales o de aptitud preferentemente forestal, así como los titulares de autorizaciones de aprovechamiento de recursos forestales maderables, forestación o reforestación, están obligados a realizar los trabajos de sanidad forestal que sean necesarios, a partir del momento en que sean notificados por la Secretaría y de acuerdo con los lineamientos que dicte la misma Secretaría. Esta prevención va acompañada de otra en virtud de la cual, en caso de imposibilidad por parte de los obligados para ejecutar esos trabajos, la Secretaría los llevará a cabo, mediante el cobro de los derechos que conforme a la ley procedan.

Existen diversas *infracciones forestales* relacionadas con el tema de la sanidad vegetal, como son no prevenir, combatir o controlar, estando legalmente obligado para ello, las plagas y enfermedades, así como negarse, sin causa justificada, a prevenir o combatir las plagas y enfermedades que afecten la vegetación forestal, en desacato de mandato legítimo de la Secretaría (artículo 47, fracciones XVII y XVIII).

122. Los programas de restauración y las vedas forestales

La Ley Forestal destina dos preceptos a estos temas: se trata de los artículos 32 y 32 bis, incorporados a la Ley con motivo de las modificaciones de 1997, en sustitución del antiguo artículo 32, que regulaba sólo las vedas forestales. Estos cambios se explican en la exposición de motivos de la iniciativa de reformas, adiciones y derogaciones a la Ley Forestal, a partir de una crítica al régimen de las vedas forestales existente hasta ese momento: "la historia de las vedas forestales en nuestro medio da cuenta de resultados contrarios a aquellos que las motivaron", dice esa exposición de motivos, puntualizando que las vedas forestales establecidas en el pasado muchas veces se decretaron respecto de dimensiones territoriales exageradas y con base en criterios absolutamente discrecionales de la autoridad, ajenos a los propósitos de estos instrumentos de conservación. Esto trajo como consecuencia un mayor deterioro de los recursos forestales.

Por eso, las modificaciones de 1997 instauran un sistema diferente, en el que la veda forestal se transforma en un régimen de excepción. En efecto, en los casos de procesos de degradación o desertificación, o graves desequilibrios ecológicos en terrenos forestales o de aptitud preferentemente forestal, se deben llevar a cabo programas de restauración ecológica. La veda forestal, en cambio, sólo puede ser decretada cuando concurren ciertas circunstancias excepcionales que establece la propia Ley.

Dispone el artículo 32 de la Ley que los *programas de restauración ecológica* deben formularse y ejecutarse cuando se presenten, como se ha dicho, procesos de degradación o desertificación, o graves desequilibrios ecológicos en terrenos forestales o de aptitud preferentemente forestal. Dichos programas tienen por propósito que se lleven a cabo las acciones necesarias para la recuperación y restablecimiento de las condiciones que propicien la evolución y continuidad de los procesos naturales que en ellos se desarrollaban.

Por su parte, dispone el párrafo primero del artículo 32 bis de la Ley que el Ejecutivo Federal podrá decretar *vedas forestales*, con base en los estudios técnicos que elabore la Secretaría para justificar la medida, previa opinión del Consejo y respetando la garantía de audiencia de ejidatarios, comuneros y demás propietarios o poseedores de los terrenos afectados, así como de los titulares de autorizaciones de aprovechamiento de recursos forestales maderables y forestación sobre dichos terrenos. Pero para que se pueda decretar vedas forestales es menester que éstas: *1)* constituyan modalidades de aprovechamiento de los recursos forestales comprendidos en las declaratorias de áreas naturales protegidas; *2)* formen parte de las acciones o condiciones establecidas para las áreas que se declaren como zonas de restauración ecológica; o *3)* tengan como finalidad la conservación, repoblación, propagación, diseminación, aclimatación o refugio de especies endémicas, amenzadas, en peligro de extinción o sujetas a protección especial.

El párrafo segundo del artículo 32 bis exceptúa de las vedas a los terrenos en los que se realice el aprovechamiento forestal o la forestación de conformidad con los instrumentos de manejo establecidos en la Ley Forestal, en tanto no se ponga en riesgo grave e inminente a la diversidad biológica.

Por su parte, el párrafo tercero del artículo 32 bis dispone que los decretos que establezcan vedas forestales precisarán las características, temporalidad, excepciones y límites de las superficies y recursos forestales vedados, así como, en su caso, las medidas que adoptará el Ejecutivo Federal para apoyar a las comunidades afectadas. Dichos decretos deberán ser publicados en dos ocasiones en el *Diario Oficial de la Federación* y por una sola vez en los diarios de mayor circulación del lugar donde se ubiquen los terrenos y recursos forestales vedados.

Finalmente, el párrafo cuarto del artículo 32 bis prescribe que las dependencias y entidades de la Administración Pública Federal y, en su caso, las de los gobiernos locales de los estados, del Distrito Federal y de los municipios, prestarán su colaboración para que se cumpla con lo que señalen las vedas forestales, en los términos de los acuerdos y convenios que se celebren.

Aunque la Ley Forestal no lo diga es obvio que las vedas pueden levantarse (como lo decía la Ley de 1986) o modificarse (como lo decía la Ley de 1960), en cuyo caso habrá de seguirse el mismo procedimiento empleado para decretarlas (como lo precisaba la Ley de 1986). Por lo demás, así lo establece la LGEEPA en sus disposiciones generales sobre vedas de especies de la flora y la fauna silvestres.

Por último, hay que señalar que constituye una *infracción forestal* contravenir las disposiciones contenidas en los decretos por los que se establezcan vedas forestales (artículo 47, fracción XVI).

123. El fomento al aprovechamiento sostenible, conservación, protección y restauración forestales

Esta materia se encuentra regulada en el Título III de la Ley Forestal, que como se ha dicho está destinado a tratar el tema del fomento a la actividad forestal específicamente en el capítulo I de ese Título, que fue modificado de una manera significativa en 1997.

En síntesis, las disposiciones sobre la materia imponen a la Secretaría y demás dependencias de la Administración Pública Federal el deber de establecer medidas, programas e instrumentos económicos para fomentar, inducir e impulsar la inversión y participación de los sectores social y privado en la conservación, protección, restauración, aprovechamiento sostenible y uso múltiple de los recursos forestales, así como para la promoción y desarrollo de forestaciones, de conformidad con los objetivos prioritarios que la misma Ley señala (artículo 33).

Como lo recuerda la propia Ley, las medidas, programas e instrumentos relativos a la actividad forestal deberán sujetarse a las disposiciones de la Ley de Presupuesto, Contabilidad y Gasto Público Federal y del Presupuesto de Egresos de la Federación para el ejercicio fiscal que corresponda (artículo 33 bis). Este último será, en definitiva, quién hará financiaramente posibles tales medidas, programas e instrumentos.

Hay que señalar que los ejidos, comunidades, pequeños propietarios, las organizaciones de productores y demás personas interesadas pueden elaborar propuestas de política de desarrollo, financiamiento y fomento en materia forestal, las cuales, para su aplicación, serán concertadas con la Secretaría y las dependencias competentes de la Administración Pública Federal (artículo 33 bis 1).

En todo caso, la Secretaría debe promover la elaboración y ejecución de las medidas, programas e instrumentos económicos que se requieran para fomentar las labores de conservación, protección, restauración y aprovechamiento forestal sostenible, así como para la realización de forestaciones con fines de restauración, protección de cuencas, producción de leñas, agroforestales, comerciales y de cualquier naturaleza (artículo 34).

124. La protección del paisaje

Por lo general, la protección del paisaje se asocia, aunque no exclusivamente, a la protección de los bosques y selvas. Pero también este tema suele estar vinculado al de las áreas naturales protegidas.

En México, el paisaje carece de un sistema específico de protección en la legislación interna, porque lo cierto es que ningún ordenamiento jurídico establece reglas especiales para ese efecto. La Ley General del Equilibrio Ecológico y la Protección al Ambiente, incluidas sus modificaciones de 1996, no subsanaron este vacío. En efecto, la LGEEPA no contiene ninguna disposición que se refiera al tema. Quizás, esta materia hubiera podido ser legislada entre las disposiciones de la Ley sobre áreas naturales protegidas. Lo que más se aproxima a la idea de la protección del paisaje es la disposición que incluye entre los propósitos de la determinación de las áreas naturales protegidas, a la preservación de los ambientes naturales representativos de las diferentes regiones biogeográficas del país (artículo 45, fracción I); pero la verdad es que este propósito no cubre todo lo que implica la protección del paisaje.

La Ley Federal de Protección al Ambiente, en cambio, por lo menos consideraba este tema, como lo ponían de manifiesto las dos referencias que hacía al respecto. La primera de ellas en su artículo 3º, que disponía que sería motivo de prevención y control por parte del Ejecutivo Federal los contaminantes y sus causas que en forma directa o indirecta dañaran o degradaran, entre otros, al paisaje. Esta referencia al paisaje se incluyó en la reforma que en 1984 se hizo al mencionado artículo 3º. La segunda estaba en el párrafo segundo del artículo 6º, que imponía a las dependencias del Ejecutivo Federal el deber de estudiar, planear, programar, evaluar y calificar los proyectos o trabajos que allí se indicaban, "cuidando la conservación del paisaje urbano y natural". Esta referencia al paisaje también forma parte de una reforma que en 1984 se hizo al citado artículo 6º.

Hay, sin embargo, algunas disposiciones aisladas en otros ordenamientos jurídicos que se refieren a esta materia, por ejemplo el Reglamento para el Aprovechamiento del Derecho de Vía de las Carreteras Federales y Zonas Aledañas, que prohibe instalar o pintar anuncios en lugares que afecten la perspectiva panorámica del paisaje (véase la sección 249). Sin embargo, lo más relevante sobre la materia se encuentra en las normas internacionales que se examinaron en la parte final del capítulo sobre diversidad biológica y que establecen reglas especiales para la protección del paisaje.

125. La protección de los recursos forestales en la LGEEPA

En general, la LGEEPA no trata el tema de la protección de los recursos forestales, que se supone reservado a la Ley Forestal. Algunas disposiciones de la LGEEPA, sin embargo, incursionan en este tema.

Las primeras de ellas están en las reglas sobre evaluación del impacto ambiental, que someten a dicha evaluación los aprovechamientos forestales en selvas tropicales y especies de difícil regeneración, las plantaciones forestales, y los cambios de uso del suelo de áreas forestales, así como en selvas y zonas áridas.

Las segundas de ellas están en la reglas sobre el aprovechamiento racional del suelo y "sus recursos", como es el caso del ya mencionado artículo 100, donde se establece que las autorizaciones para el aprovechamiento de los recursos forestales implican la obligación de explotarlos de una manera sostenible (véase la sección 121). Otras disposiciones, en cambio, se refieren de manera específica a la protección de las zonas selváticas, como es el caso de los artículos 101 y 102 de la Ley, modificados en 1996. El primero establece las acciones prioritarias que el Gobierno Federal deberá llevar a cabo en esas zonas, a saber: *1)* la preservación y el aprovechamiento sostenible de los ecosistemas selváticos, donde existan actividades agropecuarias establecidas; *2)* el cambio progresivo de la práctica de roza, tumba y quema a otras que no impliquen deterioro de los ecosistemas, o de aquéllas que no permitan su regeneración natural o que alteren los procesos de sucesión ecológica; *3)* el cumplimiento, en la extracción de recursos no renovables, de los criterios establecidos en la propia LGEEPA, así como de las normas oficiales mexicanas que al efecto se expidan; *4)* la introducción de cultivos compatibles con los ecosistemas y que favorezcan su restauración cuando hayan sufrido deterioro; *5)* la regulación ecológica de los asentamientos humanos; *6)* la pie prevención de los fenómenos de erosión, deterioro de las propiedades físicas, químicas o biológicas del suelo y la pérdida duradera de la vegetación natural; y *7)* la regeneración, recuperación y rehabilitación de las zonas afectadas por fenómenos de degradación o desertificación, a fin de restaurarlas. El precepto sale al encuentro de uno de los problemas ambientales más graves del país y le impone al Gobierno Federal la realización de un conjunto de acciones que miran a la prevención de sus causas más habituales. El segundo precepto deja asentado que todas las autorizaciones que afecten el uso del suelo en las zonas selváticas o áridas, así como el equilibrio ecológico o sus ecosistemas, quedan sujetas a los criterios y disposiciones que establece la misma LGEEPA y los demás ordenamientos jurídicos aplicables.

Finalmente, dispone el artículo 105 de la LGEEPA (antes, artículo 107) que en los estímulos fiscales que se otorguen a las actividades forestales deberán considerarse criterios ecológicos, de manera que se promuevan el desarrollo y fomento integral de las actividades forestales, el establecimiento y ampliación de plantaciones forestales, y las obras para la protección de suelos forestales en los términos de la propia LGEEPA y de la Ley Forestal.

126. Inspección, auditorias técnicas y medidas de seguridad

Como se ha dicho más atrás, corresponde a la Secretaría de Medio Ambiente, Recursos Naturales y Pesca verificar el cumplimiento de la Ley Forestal y demás disposiciones que de ella se deriven y requerir la acreditación de la legal procedencia de las materias primas forestales, así como imponer medidas de seguridad y las sanciones que correspondan a las infracciones que se cometan en materia forestal y denunciar los delitos en dicha materia a las autoridades competentes (fracciones XVI y XVII del artículo 4º).

Esta tarea de verificación la lleva a cabo la Secretaría por medio de *visitas o auditorías técnicas*, que tienen por objeto, precisamente, constatar el cumplimiento de lo dispuesto en la Ley Forestal, su reglamento, las normas oficiales mexicanas aplicables y las demás disposiciones que de este ordenamiento se derivan (artículo 44, párrafo primero).

Las personas inspeccionadas deben dar *facilidades* para la realización de las visitas de inspección y auditorías técnicas, mismas que deben realizarse de acuerdo con las formalidades que para la materia se señalan en la LGEEPA. Hay que advertir que, si no se otorgan dichas facilidades, se incurre en una infracción administrativa que permitirá a la Secretaría imponer la correspondiente sanción, así como aplicar las medidas de seguridad establecidas en la Ley (artículo 44, párrafos segundo y tercero). En efecto, prescribe la fracción II del artículo 47 que es infracción obstaculizar al personal autorizado de la Secretaría la realiación de visitas de inspección o auditorías técnicas.

De acuerdo con el artículo 45 de la Ley Forestal, modificado en 1997, las *medidas de seguridad* se aplican, salvo en el caso recién mencionado, como consecuencia de una visita de inspección o de una auditoría técnica, pero también como consecuencia de estudios específicos que realice la Secretaría. Ellas son procedentes sólo cuando se determine que existe riesgo inminente de daño o deterioro grave a los ecosistemas forestales, o bien cuando los actos, hechos u omisiones pudieran dar lugar a la imposición del decomiso como sanción administrativa (párrafo primero).

Las medidas de seguridad autorizadas por la Ley Forestal son las siguientes: *1)* el *aseguramiento precautorio* de los recursos y materias primas forestales, así como de los bienes, vehículos, utensilios, herramientas, equipo y cualquier instrumento directamente relacionado con la acción u omisión que origine la imposición de esta medida; *2)* la *clausura temporal*, parcial o total, de las instalaciones, maquinaria o equipos, según corresponda, para el aprovechamiento, almacenamiento o transformación de los recursos y materias primas forestales o de los sitios o instalaciones en donde se desarrollan los actos que puedan dañar a la diversidad biológica o los recursos naturales; y 3) *la suspensión temporal*, parcial o total, del aprovechamiento, de la forestación, de la reforestación o de la actividad de que se trate. La Secretaría puede imponer una o más de estas medidas de seguridad y, cuando sea el caso, designar al inspeccionado como depositario de los bienes retenidos (párrafos primero y segundo del artículo 45, modificados en 1997).

Como todas las de su naturaleza, las medidas de seguridad establecidas en la Ley Forestal son esencialmente provisionales. Por eso, su artículo 46, modificado en 1997, prescribe que su imposición debe ir acompañada del señalamiento de las acciones que se deben llevar a cabo para subsanar las irregularidades que las motivaron, así como los plazos para realizarlas, a fin de que, una vez satisfechas, se ordene el retiro de las medidas.

127. Las infracciones y los delitos forestales

A diferencia de la LGEEPA, la Ley Forestal contiene en su artículo 47, modificado en 1997, un catálogo de las infracciones forestales. Recuérdese que la LGEEPA se limita a establecer que las violaciones a esa Ley, sus reglamentos y las disposiciones que de ella emanen serán sancionadas administrativamente por la Secretaría. En cambio, la Ley Forestal enumera, una a una, las diversas conductas que deben ser sancionadas administrativamente.

En las secciones anteriores se ha descrito, para cada materia específica que ha sido tratada, las infracciones relacionadas con dichas materias. En esta sección se examinan las sanciones administrativas previstas para esas infracciones, así como la determinación de dichas infracciones y su imposición, temas que son regulados en términos más o menos similares a los de la LGEEPA (véanse las secciones 84 a 88). La parte final de esta sección se ocupa de los delitos forestales. Todas estas disposiciones son el producto de las modificaciones de 1997.

Prescribe el artículo 48 de la Ley Forestal que las infracciones establecidas en ella serán sancionadas administrativamente por la Secretaría en la resolución que ponga fin al procedimiento de inspección respectivo, con una o más de las medidas: *1) amonestación*; *2)* imposición de *multa*; *3) suspensión temporal*, parcial o total, de las autorizaciones de aprovechamiento de recursos forestales o de la forestación o de la inscripción registral o de las actividades de que se trate; *4) revocación* de la autorización o inscripción registral; *5) decomiso* de las materias primas forestales obtenidas, así como de los instrumentos, maquinaria, equipos y herramientas y/o de los medios de transporte utilizados para cometer la infracción; y *6) clausura temporal o definitiva*, parcial o total, de las instalaciones, maquinaria y equipos de los centros de almacenamiento y transformación de materias primas forestales, o de los sitios o instalaciones donde se desarrollan las actividades que den lugar a la respectiva infracción. A estas medidas debería agregarse las *medidas de restauración* a que se refiere el párrafo primero del artículo 52, que ese precepto califica como "sanción".

Como se ha dicho, las sanciones administrativas se aplican en la resolución que ponga fin al procedimiento de inspección. Así lo establece la parte inicial del artículo 48. En este punto, es menester tener presente que el artículo 56 de la Ley Forestal dispone que en estas materias se aplicarán supletoriamente las disposiciones de la Ley General del Equilibrio Ecológico y la Protección al Ambiente, la Ley Federal de Procedimiento Administrativo y la Ley Federal sobre Metrología y Normalización. Por consiguiente, cabe entender que la aplicación de las sanciones administrativas previstas en la Ley Forestal debe llevarse a cabo dentro de un proceso administrativo como el previsto en la LGEEPA, en el que debe respetarse la garantía de audiencia establecida en el párrafo segundo del artículo 14 constitucional.

En todo caso, al momento de aplicar las sanciones administrativas la Secretaría debe tomar en consideración la gravedad de la infracción de que se trate y, además, tener en cuenta: *1)* los daños que se hubieren producido o puedan producirse, así como el tipo, localización y cantidad del recurso dañado; *2)* el beneficio directamente obtenido; *3)* el carácter intencional o no de la acción u omisión; *4)* el grado de participación e intervención en la preparación y realización de la infracción; *5)* las condiciones económicas, sociales y culturales del infractor; y *6)* la reincidencia.

Algunas de las sanciones administrativas tienen regulaciones especiales que la Secretaría debe considerar en el momento de su imposición. En efecto, la *amonestación* debe imponerse en todos los casos a los infractores y tenerse en cuenta para incrementar la sanción económica a los reincidentes (artículo 51, párrafo final). Por su parte, la *multa* tiene montos determinados para cada infracción en la propia Ley, pero deberá aplicarse el doble en caso de reincidencia. Sin embargo, la Secretaría podrá otorgar al infractor, justificando plenamente su decisión, la opción de pagar la multa o realizar trabajos o inversiones equivalentes en materia de conservación, protección o restauración de los recursos forestales, siempre y cuando se garanticen las obligaciones del infractor, éste no sea reincidente y no se trate de irregularidades que impliquen la existencia de riesgo inminente de daño o deterioro grave de los ecosistemas forestales. Recuérdese que una disposición más o menos similar se encuentra en la LGGEPA, como resultado de las modificaciones de 1996 (véase la sección 84). Todo lo anterior lo establece el artículo 49 de la Ley Forestal.

Otras reglas que la Secretaría debe tener en cuenta al momento de imponer las sanciones son las siguientes: *1)* cuando en una sola acta de inspección aparezca que se han cometido diversas infracciones, deberán ser sancionadas todas ellas individualmente (artículo 51, párrafo segundo); *2)* son responsables solidariamente de las infracciones quienes intervienen en su preparación o realización (artículo 53); *3)* las sanciones aplicadas pueden conmutarse por una multa equivalente a cinco días de salario mínimo cuando la infracción se realice por el responsable afectando estrictamente los recursos necesarios para satisfacer sus necesidades personales y familiares inmediatas, o cuando la infracción se cometa por cuenta o con financiamiento de terceros y el responsable actúe en razón de sus condiciones de extrema necesidad económica (artículo 54).

En contra de las resoluciones de la Secretarías que impongan sanciones puede interponerse el *recurso de revisión*. Además, cualquier persona física o moral de las comunidades afectadas puede interponer el recurso previsto en el artículo 180 de la LGEEPA, en los casos a que se refiere ese precepto (artículo 57).

En materia de delitos forestales hay que recordar que éstos se encuentran ahora tipificados en el Código Penal para el Distrito Federal y para toda la República en Materia de Fuero Federal. El primero de los delitos forestales previstos en ese Código se refiere a la *introducción al territorio nacional o comercialización de recursos forestales, flora o fauna silvestre viva, sus productos o derivados o cadáveres que padezcan o hayan padecido de enfermedades contagiosas* (artículo 417). El segundo delito allí previsto se refiere al *desmonte o destrucción de la vegetación natural y al corte, arranque, derribo o tala de árboles, así como a la realización de aprovechamientos forestales o cambios de uso del suelo* (artículo 418, párrafo primero). El tercer delito previsto en ese Código se refiere a los *incendios en bosques, selva o vegetación natural* (artículo 418, párrafo segundo). Y el cuarto delito previsto en ese Código se refiere al *transporte, comercio, acopio o transformación de troncos de árboles procedentes de aprovechamientos forestales no autorizados* (artículo 419).

Antes, el artículo 58 de la Ley Forestal se limitaba a tipicar como delito el transporte, comercio o transformación de madera en rollo procedente de aprovechamientos para los cuales no se hubiera autorizado un programa de manejo. Esta disposición fue derogada por las modificaciones de 1996 al mencionado Código Penal y, como si esto no fuera suficiente, fue derogado nuevamente por las modificaciones de 1997 a la Ley Forestal.

IX. LA PROTECCIÓN DE LOS SUELOS

128. El contenido del capítulo. 129. Los problemas de la protección de los suelos en México. 130. La protección jurídica de los suelos. Las atribuciones de la Secretaría de Medio Ambiente, Recursos Naturales y Pesca. 131. El aprovechamiento sostenible de los suelos. Los criterios para la política ambiental nacional sobre los suelos en la LGEEPA. 132. La protección de los suelos frente a las prácticas agropecuarias. 133. La protección de los suelos frente a las prácticas agropecuarias en la LGEEPA. 134. La protección de los suelos en la Ley Agraria. 135. La cuestión de los minifundios, los latifundios y las tierras ociosas. 136. La protección de los suelos en la Ley de Distritos de Desarrollo Rural. 137. La prevención y control de la contaminación de los suelos en la LGEEPA: la regulación de los residuos. 138. La regulación de los residuos en otros ordenamientos jurídicos. 139. La artificialización excesiva de los suelos: los productos agroquímicos en la LGEEPA, la Ley Federal de Sanidad Vegetal y la Ley General de Salud. 140. La Convención internacional de lucha contra la desertificación en los países afectados por la sequía grave o desertificación, en especial en África.

128. El contenido del capítulo

El examen de los aspectos jurídicos de la protección de los suelos plantea algunas cuestiones metodológicas, porque el análisis de este tema se puede llevar a cabo desde distintos puntos de vista. Uno de ellos sería el relativo a los problemas que pueden afectar a los suelos, que no es por cierto un método apropiado, dado que la legislación sobre la materia no está organizada en función de esos problemas, salvo en lo que se refiere a la contaminación. En efecto, la legislación sobre suelos no regula específicamente problemas tales como la erosión, la salinización, la laterización, la desertificación, etc., sino que trata en general de la degradación de los suelos, en disposiciones que por lo general están dispersas, con la excepción antes indicada de la contaminación de los mismos, que está regulada de una manera especial y en disposiciones relativamente organizadas entre sí. Otro punto de vista para estudiar la protección jurídica de los suelos sería el que toma en consideración sus usos, lo cual parece más apropiado, dado que la legislación sobre la materia tiende a distinguir dichos usos cuando establece reglas para la protección de los suelos. Los usos principales del suelo son los agrícolas y ganaderos, los forestales, los urbanos, los de transporte, los industriales, y los de recreación y turismo.

De acuerdo con la idea de organizar el desarrollo de este libro siguiendo de cerca la manera como se encuentra estructurada la legislación ambiental mexicana, en el presente capítulo se estudia la protección jurídica de los suelos desde una doble perspectiva: su protección frente a las prácticas agropecuarias y ante las prácticas contaminantes. El examen de la protección de los suelos se circunscribe a las prácticas agropecuarias, a partir de que esos usos provocan los procesos más importantes de degradación de los suelos. Por consiguiente, el estudio de la protección de los mismos frente a otros usos se reserva para el momento en que se examinan, por separado, las actividades forestales, urbanísticas, industriales, etc. Por otra parte, el estudio de la protección de los suelos frente a las prácticas contaminantes, se limita básicamente a la regulación de los residuos no peligrosos y de los productos agroquímicos, teniendo en cuenta como está organizado el tratamiento de este tema en la Ley General del Equilibrio Ecológico y la Protección al Ambiente. Por cierto, los asuntos relativos a los productos agroquímicos también podrían examinarse entre las actividades agropecuarias o desde el punto de vista de sus efectos en la salud humana.

En consecuencia, este capítulo abarca, además de una somera presentación de los problemas de los suelos en México, una descripción del sistema de protección jurídica de los suelos frente a las prácticas agropecuarias. Esta descripción se refiere principalmente al examen de las disposiciones de la propia LGEEPA que contienen los principios de la política ambiental nacional sobre la materia, así como de las normas que regulan la protección de los suelos frente a las prácticas agropecuarias; pero abarca además las disposiciones relativas a este tema que están en la Ley Agraria, la Ley de Distritos de Desarrollo Rural. Por su parte, la protección de los suelos frente a las prácticas contaminantes se examina en torno a las reglas de la LGEEPA y, en particular, de sus normas sobre regulación de los residuos, así como de las que se establecen en otros ordenamientos jurídicos sobre el mismo tema de los residuos. El capítulo concluye con un análisis del régimen de los productos agroquímicos en la LGEEPA, así como en la Ley Federal de Sanidad Vegetal y la Ley General de Salud.

129. LOS PROBLEMAS DE LA PROTECCIÓN DE LOS SUELOS EN MÉXICO

México presenta un mosaico muy complejo de suelos. De acuerdo con la clasificación hecha por FAO/UNESCO en 1988, en el país existen 24 de los 28 tipos de suelos de esa clasificación. Los suelos cumplen con una función productiva cuya importancia no es necesario destacar. Pero además cumplen con algunas funciones ambientales relevantes. Piénsese por ejemplo que la preservación de hábitats completos depende de que se garantice la permanencia del respectivo sustrato edáfico, lo que hace de los suelos un factor primordial para la conservación de la diversidad biológica. De otro lado, la productividad primaria asociada con la extensión y capacidad de los suelos es un factor esencial en el balance de los gases de efecto invernadero en la atmósfera y el cambio climático. La materia orgánica de los suelos, por otra parte, conforma por sí misma un depósito de carbono.[1]

Desde hace tiempo, sin embargo, se viene señalando que "la erosión de los suelos es el problema ecológico más severo que sufren los recursos naturales renovables de México": la erosión afecta "entre un 30% y un 40% del territorio nacional con grados severos a muy severos de erosión, o sea, entre 60 y 80 millones de hectáreas".[2]

Si se tienen en cuenta todos los grados de erosión posible, esta cifra es aún más considerable. En efecto, de acuerdo a informaciones oficiales, de los 200 millones de hectáreas del territorio nacional, 154 millones están sujetos a diversos grados de erosión (leve, moderada, severa, muy severa), lo que equivale a casi 80% del territorio nacional. De conformidad con ese mismo diagnóstico, 30 millones, lo que representa 15% del territorio nacional, están ya erosionadas en un nivel severo o muy severo.[3]

En general, la erosión de los suelos tiene que ver, primero, con el hecho de que éstos no son utilizados de acuerdo con sus aptitudes naturales y, segundo, de que su manejo no es técnicamente adecuado. Esto provoca la pérdida de la fertilidad del suelo, esto es, la pérdida de su *humus*, con las sustancias que lo hacen productivo, como el nitrógeno, el fósforo, el potasio y otras (aunque la erosión de los suelos también puede tener su causa en fenómenos naturales, como las lluvias y los vientos). La degradación de los suelos puede conducir a esa situación sin regreso que se denomina desertificación.

En México, la erosión de sus suelos tienen que ver básicamente con las *actividades agrícolas y ganaderas*, especialmente con las desarrolladas en la segunda parte del siglo XX, sobre todo en áreas tropicales, áridas y semiáridas, como lo puntualiza el diagnóstico oficial que contiene el *Programa de Medio Ambiente 1995-2000*. Estas actividades, que han influido en la deforestación y en la destrucción de los ecosistemas, han sido determinantes en la generación de muchos problemas, entre ellos la erosión.[4]

De los 200 millones de hectáreas que componen el territorio nacional, 20 millones (10%) están destinadas a la agricultura y 130 millones (65%) a la ganadería. La superficie destinada a la agricultura se man-

[1] Cf. para lo anterior el *Programa Forestal y de Suelos 1995-2000*, que describe además otras funciones ambientales de los suelos, que son también alteradas por su deterioro.

[2] *Cf.* Víctor Manuel Toledo *et al.*, *La producción rural en México: alternativas ecológicas*, Fundación Universo Veintiuno, México, 1989, p. 16. Véase también Julia Carabias *et al.*, *Manejo de recursos naturales y pobreza rural,* FCE-UNAM, México, 1994.

[3] Se trata de estimaciones hechas en la página 27 del *Programa de Medio Ambiente 1995-2000*. Por su parte, el *Programa Forestal y de Suelos 1995-2000* eleva esta cifra a 16.6% (p. 33).

[4] Para todo lo que sigue, *cf.* pp. 21 a 27 de ese documento.

tiene igual desde hace casi dos décadas, aunque con variaciones anuales. Pero estas hectáreas no son las mismas, ya que periódicamente algunas se abandonan por erosión u otros fenómenos y otras se abren al cultivo, en términos tales que parece que el país se encuentra en el límite de su potencial agrícola. Por su parte, la enorme superficie destinada a la ganadería es el resultado de un acelerado proceso de *ganaderización* de la economía nacional con base en la ganadería extensiva: en 1950 se destinaban a la ganadería sólo 50 millones de hectáreas, es decir, 25% del territorio nacional.

El diagnóstico oficial respecto de las *actividades agrícolas* del sector moderno y del sector tradicional es claro: "La agricultura comercial y altamente tecnificada presenta problemas en cuanto al uso eficiente de la energía y de los suelos y es vulnerable al ataque de plagas, mientras que la agricultura tradicional campesina presenta graves tendencias de erosión y es muy dependiente de las variaciones del clima". En ambos casos, pero por diferentes razones y con excepciones, los sistemas agrícolas que prevalecen en México "se encuentran frecuentemente en contradicción con un uso sustentable de nuestros ecosistemas".

En el caso de la *agricultura moderna*, desde hace mucho se ha llamando la atención sobre su decidida orientación hacia el monocultivo. Este modelo, dicen algunos autores, "modifica las condiciones naturales con el objeto de implantar ecosistemas artificiales basados en una sola especie (*monocultivo*) y sobre superficies extensas, que se mantienen mediante grandes insumos energéticos y económicos."[5] Sus espectaculares resultados iniciales, se ven contrarrestados por sus inconvenientes ecológicos, que más temprano o más tarde se transforman en una limitante. En efecto, "el modelo tecnológico especializado en la agricultura resulta ecológicamente inadecuado porque entre otras cosas produce la erosión del suelo y el abatimiento de su fertilidad, la salinización y el agotamiento de los mantos acuíferos en las áreas de riego, la contaminación a partir de los fertilizantes y plaguicidas químicos que utiliza, la disminución de la diversidad (erosión) genética de las especies cultivadas, el aumento de vulnerabilidad a nuevas plagas y enfermedades de los monocultivos extensos, o el uso cada vez mayor de insumos energéticos no renovables (petróleo y gas natural)".[6] En México, aunque se sabe poco de los efectos ecológicos de la agricultura moderna, existen algunos indicios preocupantes sobre el nivel de la erosión, como consecuencia, entre otros factores, de ese tipo de agricultura, que en las áreas de temporal y de pendiente, por ejemplo, "obliga a dejar los terrenos agrícolas desprovistos de cubierta vegetal durante un periodo del año", lo que los hace muy vulnerables.[7]

En el caso de la *agricultura tradicional*, es frecuente el sobrecultivo,

[5] *Cf.* Víctor Manuel Toledo *et. al.*, *Ecología y autosuficiencia alimentaria*, Siglo XXI, México, 1985, p. 22.

[6] *Ibid.*, p. 38.

[7] *Ibid.*, p. 41.

que también influye en la perdida de fertilidad y en la erosión, generando una cadena que va de la disminución del rendimiento de los cultivos y de la superficie cultivada, pasando por cambios en la estructura de los cultivos (cultivos de menor productividad), hasta la intensificación del sobreuso del suelo.

El diagnóstico oficial respecto de las *actividades pecuarias* es igualmente claro:

> El desarrollo pecuario ha mantenido una relación de contradicción con los recursos naturales. La frontera pecuaria crece a costa de los ecosistemas tropicales y templados, y también de los de las zonas áridas, y se convierte en la actividad económica con impactos ambientales de mayor alcance [...] En el norte la ganadería ha sobrepasado sus potreros y soporta varias veces el número de cabezas ecológicamente recomendable. Ello ha provocado un cambio radical de la composición florística de los pastizales y una reducción de la permeabilidad de los suelos, lo cual aumenta la escorrentía y provoca una erosión acelerada de los mismos. En las zonas tropicales cálido-húmedas, durante décadas, la ganaderización se abrió paso mediante la deforestación de grandes extensiones. La sustitución de los extremadamente complejos ecosistemas selváticos por pastizales para la ganadería extensiva ha supuesto un incalculable costo ecológico para la nación.

Algunos autores han estimado que el *sobrepastoreo en la zona norte* del país se ha llevado al extremo de que los ecosistemas respectivos "soporten el triple del número de cabezas recomendado por el coeficiente de agostadero técnicamente recomendado".[8] Los mismos autores se han ocupado de hacer algunos cálculos del costo ecológico que ha representado la ocupación por la ganadería de las zonas con selvas tropicales húmedas del país, que es el ecosistema con mayor potencial productivo con que cuenta la Nación: por cada hectárea dedicada a producir 0.5 a 1 cabeza de ganado, la nación ha perdido alrededor de 250 especies de plantas y unas 200 de animales, que conforman un potencial forestal, alimenticio, medicinal, industrial, doméstico y por supuesto forrajero, perdidos para siempre. También han señalado el hecho de que se ha incrementado sustancialmente el destino de las mejores tierras del país al cultivo forrajero: en 1980, cerca de tres millones de hectáreas estaban dedicadas a ese tipo de cultivo. Por último, han subrayado que el régimen jurídico de tenencia de la tierra favorece la existencia de latifundios ganaderos para la práctica de la ganadería extensiva. Por otra parte, la política de expansión de la frontera agrícola del propio Estado y sus mecanismos de aplicación han permitido la deforestación con maquinaria de grandes extensiones de terreno con fines pecuarios en el trópico.[9]

La referencia hecha al *régimen jurídico de tenencia de la tierra* por

8 *Ibid.*, p. 47.

9 *Cf.* para todo lo que sigue Víctor M. Toledo *et. al.*, *Ecología y autosuficiencia alimentaria*, *cit. supra*, pp. 46 a 48.

estos autores, que se refiere específicamente al sistema de inafectabilidad ganadera, amerita algunas reflexiones adicionales. En términos generales, la estructura de la tenencia de la tierra influye de una manera importante en el uso de los suelos. El complejo latifundio-minifundio que ha prevalecido en América Latina, ha dado lugar simultáneamente a un uso excesivo del suelo y a una subutilización del mismo. El uso excesivo se ha llevado a cabo, dentro de los latifundios, en las áreas de la frontera agrícola, causando un deterioro muy superior al que han generado los minifundios. En estos últimos, por su parte, han predominado los cultivos superiores a la capacidad del suelo, por razones de sobrevivencia de los minifundistas. De otro lado, la subutilización del suelo ha sido una de las características de los latifundios tradicionales, en los que la productividad ha estado por debajo de los niveles potenciales que teóricamente podrían alcanzarse sin degradar los recursos. Además, la subutilización ha coexistido con el deterioro de estos últimos, cuando se han aplicado métodos basados en técnicas inadecuadas.[10] En México se ha reproducido históricamente esta estructura de la tenencia de la tierra, con los cambios por todos conocidos en el período que siguió a la Revolución de 1910.

Otro de los problemas serios que presentan los suelos en México es su *contaminación por residuos*. El *Programa Nacional para la Protección del Medio Ambiente 1990-1994* ofrecía una visión de la contaminación de los suelos por residuos, hacia esa época, en los siguientes términos: "Si se consideran todas las fuentes, en México se producen diariamente 52 mil toneladas de desechos sólidos municipales y 370 mil toneladas de residuos industriales". De los primeros, se recolectaban únicamente 75% y de las cantidades recolectadas sólo 16 mil toneladas se colocaban adecuadamente en rellenos sanitarios controlados. Por su parte, el control de los residuos sólidos industriales representaba igualmente un problema de proporciones: de las 370 mil toneladas que diariamente se generaban, 13 mil correspondían a materiales que tenían características peligrosas. Tradicionalmente, los residuos industriales se depositan en terrenos baldíos y en forma clandestina. La infraestructura para el tratamiento estaba constituida por tres plantas y diez confinamientos controlados, que tenía una capacidad para procesar y disponer finalmente sólo 30% del total nacional de residuos industriales peligrosos.[11] La situación del Distrito Federal era particularmente crítica: se estimaba que la capital del país generaba más de 27 000 toneladas diarias de residuos, distribuidos de la siguiente manera: 10 056 toneladas de residuos domiciliarios, 14 153 toneladas de residuos industriales no tóxicos y 2 498 toneladas de residuos industriales peligrosos.[12] Estas cifras apa-

[10] Para todo lo anterior, *cf*. Nicolo Gligo, "El manejo integrado de recursos naturales agrícolas" en *Revista Interamericana de Planificación*, SIAP, México, vol. XVIII, núm 69, marzo de 1984, pp. 94 y *ss*.

[11] *Cf*. la sección 1.2.4 de ese Programa (*Diario Oficial de la Federación*, 10-VII-1990).

[12] Sobre el particular, véase Iván Restrepo, Gerardo Bernache y Willian Rathje, *Los*

recen actualizadas, en lo que hace a los residuos industriales peligrosos, en el *Programa para la minimización y manejo de los residuos industriales peligrosos en México 1996-2000*, que estima en ocho millones de toneladas la generación anual de esos residuos y que asevera que sólo 12% de los mismos se controlan adecuadamente.[13]

Hay que señalar, además, que la explotación minera genera grandes cantidades de residuos, algunos de ellos peligrosos, que el *Programa para el Medio Ambiente 1995-2000* estima entre 300 mil y 500 mil toneladas diarias.[14] Por su parte, la industria petrolera, en sus procesos de refinación y petroquímica, genera anualmente 1.7 millones de toneladas de residuos. Los desechos de la industria agrícola revisten también importancia, pero se carece de un inventario de sus fuentes y de sus volúmenes.[15]

Los cultivos ilegales de drogas contribuyen también al deterioro de los suelos. En territorio mexicano se produce mariguana, goma de opio y heroína cruda. Por sus características, los cultivos de mariguana se pueden encontrar en casi todo el territorio nacional, mientras que las áreas de producción de la amapola se encuentran limitadas sólo a ciertas zonas del país. Entre 1989 y 1991 se erradicaron 55 823 hectáreas de cultivo de estupefacientes: 57% de mariguana y 43% de amapola.[16] Esta sola cifra permite deducir que un número importante de tierras están siendo sustraídas a la producción agrícola para ser destinadas a cultivos ilegales de drogas, cuyo desarrollo deteriora gravemente los suelos y cuya erradicación mediante ciertos métodos los termina por empobrecer de una manera casi definitiva. No está por demás decir que existen factores que favorecen el acelerado incremento de los cultivos ilegales de drogas en el país, tales como las altas ganancias de este negocio ilícito; la vecindad con el mayor mercado de consumo de drogas del mundo (los Estados Unidos de América, con el que México comparte casi 3 000 kilómetros de frontera); la pobreza y marginalidad de grupos de campesinos; las condiciones climáticas y orográficas del país, que incluso favorecen la clandestinidad de los cultivos, etcétera.

130. La protección jurídica de los suelos. Las atribuciones de la Secretaría de Medio Ambiente, Recursos Naturales y Pesca

De acuerdo con las modificaciones introducidas en 1994 a la Ley Orgánica de la Administración Pública Federal corresponde a la Secretaría

demonios del consumo (basura y contaminación), Centro de Ecodesarrollo, México, 1991, así como Iván Restrepo y David Phillips, *La basura: consumo y desperdicio en el Distrito Federal*, Instituto Nacional del Consumidor-Centro de Ecodesarrollo, México, 1985.

[13] *Cf.* la página 75 de ese Programa (SEMARNAP, México, 1996, 165 pp.)

[14] *Cf.* la página 55 de ese Programa, *cit. supra*.

[15] *Idem*.

[16] Para lo anterior, *cf*. *Programa Nacional para el Control de Drogas 1989-1994* (*Diario Oficial de la Federación*, 29-IV-1992).

fomentar la protección, restauración y conservación de los ecosistemas y recursos naturales, formular y conducir la política nacional en materia de recursos naturales, y administrar y regular el uso y promover el aprovechamiento sostenible de los recursos naturales que corresponden a la Federación

Esto significa que, en principio, toca a la Secretaría el ejercicio de todas las atribuciones que pudieran corresponderle al Gobierno Federal para proteger, entre otros recursos naturales, en materia de suelos. El artículo 35 de la LOAPF, modificado en 1994, establece sin embargo que corresponde a la Secretaría de Agricultura, Ganadería y Desarrollo Rural participar junto con la Secretaría de Medio Ambiente, Recursos Naturales y Pesca en la conservación de los suelos agrícolas, así como aplicar las técnicas y procedimientos conducentes (fracción XII).

131. EL APROVECHAMIENTO SOSTENIBLE DE LOS SUELOS. LOS CRITERIOS DE LA POLÍTICA AMBIENTAL NACIONAL SOBRE LOS SUELOS EN LA LGEEPA

La LGEEPA destina su Título Tercero al tema del aprovechamiento sostenible de los elementos naturales agua, suelo y recursos naturales, no renovables. Las normas que se examinan a continuación forman parte del capítulo II de ese Título y se refieren básicamente a los criterios para la preservación y aprovechamiento sostenible del suelo.

Al tratarse de la política ambiental nacional, se dijo que además de los principios establecidos en el artículo 15 de la LGEEPA para la formulación de esa política, la misma Ley desarrolla otros que denomina "criterios", que son más específicos. También se dijo que la técnica que sigue la LGEEPA en todos estos casos consiste en vincular tales criterios, inmediatamente después de haberlos enunciado, a los actos de las autoridades que tienen que ver con la materia de que se trate, incluidos los actos normativos (véase la sección 64).

Así ocurre en el caso de los suelos, respecto de los cuales el artículo 98 de la LGEEPA, modificado en 1996, establece los siguientes criterios: *1)* el uso de los suelos debe ser compatible con su vocación natural y no debe alterar el equilibrio de los ecosistemas; *2)* el uso de los suelos debe hacerse de manera que mantengan su integridad física y su capacidad productiva; *3)* los usos productivos del suelo deben evitar prácticas que favorezcan la erosión, degradación o modificación de las características topográficas, con efectos ecológicos adversos; *4)* en las acciones de preservación y aprovechamiento sustentable del suelo, deberán considerarse las medidas necesarias para prevenir o reducir su erosión, deterioro de las propiedades físicas, químicas o biológicas del suelo y la pérdida duradera de la vegetación natural; *5)* en las zonas afectadas por fenómenos de degradación o desertificación, deberán llevarse a cabo las acciones de regeneración, recuperación y rehabilitación necesarias, a fin de restaurarlas; y *6)* la realización de las obras públicas o privadas que por sí mismas puedan provocar deterioro severo de los suelos, deben incluir acciones equivalentes de regeneración, recuperación y restablecimiento de su vocación natural.

Además de lo anterior, el artículo 99 de la LGEEPA, también modificado en 1996, establece una vinculación precisa entre estas políticas específicas sobre suelos y un conjunto de actos de las autoridades que tienen que ver con los suelos, al disponer que los anteriores criterios ecológicos serán considerados en: *1)* los apoyos a las actividades agrícolas que otorgue el Gobierno Federal, de manera directa o indirecta, sean de naturaleza crediticia, técnica o de inversión, para que promuevan la progresiva incorporación de cultivos compatibles con la preservación del equilibrio ecológico y la restauración de los ecosistemas; *2)* la fundación de centros de población y la radicación de asentamientos humanos; *3)* el establecimiento de usos, reservas y destinos en los planes de desarrollo urbano, así como en las acciones de mejoramiento y conservación de los centros de población; *4)* la determinación de usos, reservas y destinos en predios forestales; *5)* el establecimiento de zonas y reservas forestales; *6)* la determinación o modificación de los límites establecidos en los coeficientes de agostadero; *7)* las disposiciones, lineamientos técnicos y programas de protección y restauración de suelos en las actividades agropecuarias, forestales e hidráulicas; *8)* el establecimiento de Distritos de Conservación del Suelo; *9)* la ordenación forestal de las cuencas hidrográficas del territorio nacional; *10)* el otorgamiento y la modificación, suspensión o revocación de permisos de aprovechamiento forestal; *11)* las actividades de extracción de materias del subsuelo; la exploración, explotación, beneficio y aprovechamiento de sustancias minerales; las excavaciones y todas aquellas acciones que alteren la cubierta y suelos forestales; y *12)* la formulación de los programas de ordenamiento ecológico a que se refiere la LGEEPA.

La mera enunciación de los actos de las autoridades que quedan vinculados a los criterios ecológicos para el aprovechamiento racional del suelo, pone de manifiesto la importancia de estas políticas. Piénsese solamente en la trascendencia que presenta el hecho de que los apoyos a las actividades agrícolas que otorga el Gobierno Federal queden condicionados a que el uso que se haga del suelo sea compatible con su vocación natural y a que dichos usos mantengan su integridad física y su capacidad productiva.

Las zonas áridas son materia de especial preocupación de la LGEEPA, que destina dos preceptos a este tema. El primero de ellos dispone que en la realización de actividades en zonas áridas, deberán observarse los criterios que para la preservación y aprovechamiento sostenible del suelo se establecen en la propia LGEEPA y las demás disposiciones que resulten aplicables (artículo 101 bis). Y el segundo, que todas las autorizaciones que afecten el uso del suelo en las zonas áridas, así como el equilibrio ecológico de sus ecosistemas, quedan sujetas a los criterios y disposiciones que establecen la misma LGEEPA y demás aplicables (artículo 102).

132. La protección de los suelos frente a las prácticas agropecuarias

Como se ha dicho, la regla fundamental para la protección de los suelos consiste en que se utilicen de acuerdo con sus aptitudes naturales y con una técnica adecuada. En consecuencia, un sistema jurídico de protección de los suelos frente a las prácticas agrícolas y ganaderas debe establecer que esas actividades se lleven a cabo en terrenos que tengan dicha vocación y que se tome en cuenta la necesidad de su conservación. Sin embargo, no es frecuente que las actividades agropecuarias sean reguladas jurídicamente desde la perspectiva de la protección de los suelos, ni desde ninguna otra que no sea la relativa al régimen de dominio de las tierras.

Entre nosotros y hasta la aparición de la LGEEPA, la protección jurídica de los suelos frente a las prácticas agropecuarias estaba regulada en un conjunto de normas, que estaban dispersas en diversos ordenamientos jurídicos y que abordaban esta materia desde distintos puntos de vista.[17]

Hoy, las reglas principales sobre la materia están en la LGEEPA. Cabe advertir que, además de que las disposiciones de otras leyes sobre la misma materia son supletorias de la LGEEPA (párrafo final del artículo 1º), el artículo 2º de la Ley Agraria reconoce esta preeminencia de la LGEEPA (y de la Ley General de Asentamientos Humanos), al disponer que el ejercicio de los derechos de propiedad agraria, "en lo relacionado con el aprovechamiento urbano y el equilibrio ecológico, se ajustará a lo dispuesto en la Ley General de Asentamientos Humanos y la Ley del Equilibrio Ecológico y la Protección al Ambiente" (párrafo segundo).

Por otra parte, hasta antes de la LGEEPA, tampoco existían normas jurídicas encaminadas a regular de una manera integral el manejo de las tierras agrícolas y ganaderas teniendo en cuenta la necesidad de su conservación, salvo excepciones, como por ejemplo las reglas de la Ley

[17] La cuestión de los usos de las tierras con arreglo a su vocación era tratada, por ejemplo, desde la perspectiva de los límites que la Ley Forestal de 1960 ponía a la llamada "expansión de la frontera agropecuaria" a costa de los terrenos forestales, al someter los desmontes a un sistema de autorizaciones. Hoy, el cambio de utilización de los terrenos forestales está sujeto a un régimen estricto de autorización, que se analiza en el capítulo anterior.

Por su parte, la Ley General de Asentamientos Humanos protegía los usos agrícolas de los suelos frente a sus usos urbanos, cuando incluía entre las regulaciones la propiedad en los centros de población, una norma que tenía por objeto establecer una preferencia de los usos agrícolas de las tierras, así como de sus usos forestales y mineros, frente a los usos urbanos de las mismas. Así lo establecía el artículo 47 de la Ley, que a partir de 1984 pasó a ser su artículo 48. El tema se encuentra ahora regulado en los términos que se examinan en el capítulo XVI de este libro.

Otras disposiciones sobre los usos de los suelos conforme a su vocación natural se encontraban en la Ley Federal de Reforma Agraria y, sobre todo, en la Ley de Fomento Agropecuaria, ambas abrogadas por la Ley Agraria de 1992.

Forestal de 1986 que protegía los terrenos forestales frente al pastoreo y algunas normas de las entonces vigentes Ley Federal de Reforma Agraria y Ley de Fomento Agropecuario. En términos generales, no existían normas que, desde la perspectiva de la protección de los suelos, prohibieran de una manera sistemática las prácticas relacionadas con la sobreutilización o subutilización de los suelos. Dicho también en términos muy generales, el principio de la libertad económica prevalecía en esta materia, como en muchas, sobre cualquier otra norma. La LGEEPA vino a llenar muchos de estos vacíos.

Hay que señalar que siempre han existido las bases constitucionales suficientes para expedir ordenamientos jurídicos que permitan orientar las actividades agropecuarias y, por tanto, procurar un manejo ambientalmente adecuado de los suelos agrícolas y ganaderos. Recuérdese que el párrafo tercero del artículo 27 constitucional, examinado en el capítulo II de este libro, no sólo permite adoptar medidas tendientes a la conservación de los recursos naturales, sino que ordena que se pongan en vigor, cualquiera que sea el sistema de propiedad de que se trate (cuando prescribe que "se dictarán las medidas necesarias", entre otras cosas, "para evitar la destrucción de los elementos naturales y los daños que la propiedad pueda sufrir en perjuicio de la sociedad"). Incluso, la protección de los suelos frente a las prácticas agropecuarias tiene una base constitucional más específica aún con la reforma de 1983 al artículo 27 constitucional, que le adicionó una fracción XX a ese precepto e introdujo la idea del "desarrollo rural integral", estableciendo entre otras cosas que el Estado "fomentará la actividad agropecuaria y forestal para el óptimo uso de la tierra", lo que significa considerar el óptimo uso de la tierra como uno de los componentes esenciales de la política para el desarrollo rural integral. A este tema se regresa más adelante.

La Ley General del Equilibrio Ecológico y la Protección al Ambiente vino a definir un sistema jurídico de protección de los suelos frente a dichas prácticas agropecuarias, mediante normas que son el núcleo de dicho sistema. Tales normas establecen los principios para una política ecológica general en materia de protección de los suelos y vinculan dichos principios a un conjunto de actividades de las autoridades que tienen que ver con los suelos, al disponer que en esas actividades deberá tenerse en cuenta los criterios ecológicos definidos por la propia Ley. Las mismas normas contemplan también mecanismos específicos para la protección de los suelos frente a las actividades agropecuarias, entre los que destacan las declaratorias para regular el uso de los suelos, el aprovechamiento de los recursos y la realización de actividades

En la sección anterior se examinaron los principios para la política nacional ambiental que se refiere a la protección de los suelos. A continuación se analizan otras reglas de la LGEEPA que tratan de la protección de los mismos frente a las actividades agropecuarias.

133. La protección de los suelos en la LGEEPA frente a las prácticas agropecuarias

La LGEEPA establece algunos criterios ecológicos que se refieren a determinadas actividades o a determinadas zonas. Entre ellos figuran los criterios relacionados con los recursos forestales y con las zonas selváticas, mismos que por razones de método se examinan en el capítulo relativo a la protección de los recursos forestales. Se trata de los artículos 100, 101 y 105. Otras disposiciones, en cambio, se refieren específicamente a *la protección de los suelos frente a las actividades agropecuarias*. Se trata de los artículos 103 y 104, que se examinan en esta sección.

El primero de ellos, modificado en 1996, dispone:

> Quienes realicen actividades agrícolas y pecuarias deberán llevar a cabo las prácticas de preservación, aprovechamiento sustentable y restauración necesarias para evitar la degradación del suelo y desequilibrios ecológicos y, en su caso, lograr su rehabilitación, en los términos de lo dispuesto por ésta y las demás leyes aplicables.

Se trata de un mandato dirigido a los productores agropecuarios, en términos de un deber cuyas consecuencias jurídicas no precisa la Ley. Las modificaciones de 1996 se limitaron a perfeccionar este precepto, ampliando sus alcances.

El segundo de ellos prescribe:

> La Secretaría promoverá ante la Secretaría de Agricultura, Ganadería y Desarrollo Rural y las demás dependencias competentes, la introducción y generalización de prácticas de protección y restauración de los suelos en las actividades agropecuarias, así como la realización de estudios de impacto ambiental previos al otorgamiento de autorizaciones para efectuar cambios del uso del suelo, cuando existan elementos que permitan prever grave deterioro de los suelos afectados y del equilibrio ecológico en la zona.

La primera parte de esta disposición favorece el cumplimiento por los productores agropecuarios del mandato contenido en el artículo 103. De otro lado, la introducción de los estudios de impacto ambiental para otorgar autorizaciones para cambiar el uso del suelo, permite prevenir de manera adecuada el deterioro del suelo, especialmente en los casos de actividades pecuarias.

Antes de las modificaciones de 1996, las disposiciones sobre suelos incluían algunos preceptos sobre los casos de suma gravedad de deterioro de los suelos y sus recursos (artículos 105 y 106). Estas disposiciones figuran ahora, con algunos cambios, entre las normas sobre protección de la diversidad biológica, bajo el concepto de "zonas de restauración" (véase la sección 103).

134. La protección de los suelos en la Ley Agraria

La Ley Agraria, publicada en el *Diario Oficial de la Federación* del 26 de febrero de 1992, es "reglamentaria del artículo 27 constitucional en materia agraria" (artículo 1º) y, en consecuencia, regula la propiedad agraria.

La Ley Agraria fue expedida con base en las reformas introducidas al artículo 27 constitucional (*Diario Oficial de la Federación*, 6-I-1992) para propiciar una importante transformación del régimen de la propiedad agraria instaurado en el país a partir de la histórica Ley de 6 de enero de 1915 y, en términos más generales, un cambio significativo en las actividades agrarias. La Ley Agraria abrogó la Ley Federal de Reforma Agraria hasta ese entonces vigente (*Diario Oficial de la Federación*, 16-IV-1971, varias veces modificada), que fue el último de los ordenamientos expedido para la consecución de los propósitos agrarios establecidos en el texto original del artículo 27 constitucional.[18]

Como se ha dicho, el artículo 2º. de la Ley establece que el ejercicio de los derechos de propiedad agraria, "en lo relacionado con el aprovechamiento urbano y el equilibrio ecológico, se ajustará a lo dispuesto en la Ley General de Asentamientos Humanos y la Ley del Equilibrio Ecológico y la Protección al Ambiente" (párrafo segundo). De esta manera, la Ley Agraria condiciona el ejercicio de esos derechos a las disposiciones ambientales que se refieran, entre otras materias, a la protección de los suelos. Sin embargo, la Ley Agraria también contiene un conjunto de disposiciones de relevancia ambiental, como las siguientes:

1) El artículo 5º dispone que "las dependencias y entidades de la Administración Pública Federal fomentarán el cuidado y conservación de los recursos naturales y promoverán su aprovechamiento racional y sostenido para preservar el equilibrio ecológico".

2) Diversas disposiciones de la Ley procuran mantener la integridad de los bosques y selvas tropicales ubicadas en tierras ejidales. Por lo pronto, es nula de pleno derecho la asignación de parcelas en bosques o selvas tropicales (artículo 59). Por otra parte, la posesión que habilita para adquirir los mismos derechos que un ejidatario sobre su parcela, no permite en ningún caso la adquisición de bosques y selvas (artículo 48). Finalmente, la terminación del régimen ejidal implica la asignación en pleno dominio de las tierras ejidales a los ejidatarios, excepto cuando se trate de bosques o selvas tropicales, que deben pasar a propiedad de la Nación (artículo 29).

3) El artículo 66 dispone que la localización, deslinde y fraccionamien-

[18] La Reforma Agraria hizo una redistribución de la propiedad rural que afectó 90% del territorio nacional: en la actualidad, los ejidos, comunidades y propiedades privadas reunen 177 millones de hectáreas, de las cuales 103 millones corresponden a los casi 30 mil ejidos y comunidades existentes (*cf. Programa Sectorial Agrario 1995-2000*, Diario Oficial de la Federación, 10-I-1996.

to de la zona de urbanización de los ejidos y su reserva de crecimiento deberán observar las normas técnicas que emita la SEDESOL.

4) Los núcleos de población que cuentan con tierras ubicadas en el área de crecimiento de un centro de población, pueden beneficiarse de la urbanización de sus tierras; pero, está prohibida la urbanización de las tierras ejidales que se ubiquen en áreas naturales protegidas, incluyendo las zonas de preservación ecológica de los centros de población, cuando se contraponga a lo previsto en la respectiva declaratoria. Así lo disponen los artículos 87 y 88 de la Ley.

5) Los bienes ejidales y comunales pueden ser expropiados por causas de utilidad pública tales como la realización de acciones para el ordenamiento ecológico y para promover y ordenar el desarrollo y la conservación de los recursos agropecuarios, forestales y pesqueros (fracciones II y III del artículo 93).

135. LA CUESTIÓN DE LOS MINIFUNDIOS, LATIFUNDIOS Y TIERRAS OCIOSAS

Un aspecto especial del sistema jurídico de protección de los suelos respecto de sus usos agrícolas se encuentra constituido por las normas que tienen por objeto combatir los minifundios, los latifundios y la existencia de tierras ociosas, que favorecen tanto la sobreutilización como la subutilización de los suelos.

La Ley Federal de Reforma Agraria vigente hasta 1992 procuraba corregir el fenómeno del minifundio, propiciando la colectivización de los ejidos. La Ley Agraria en vigor no propició la explotación colectiva de las tierras parceladas de los ejidos, al invertir la regla establecida en la Ley Federal de Reforma Agraria. En efecto, dispuso esa Ley que en ningún caso la asamblea ni el comisario ejidal podrán usar, disponer o determinar dicha explotación "sin el previo consentimiento escrito de sus titulares" (artículo 77). Sin embargo, la misma Ley estableció la posibilidad de que los ejidatarios concedieran el uso o usufructo de sus parcelas o aportaran sus derechos de usufructo a la formación de sociedades, o enajenaran sus derechos parcelarios, o enajenaran sus parcelas cuando hubieran llegado a adoptar su dominio pleno (artículos 79 a 83). Estas disposiciones, expedidas para transformar el régimen de la propiedad agraria, permiten que los minifundios existentes puedan formar parte de una explotación agrícola más amplia.[19]

Por su parte, la Ley de Fomento Agropecuario también se ocupaba de este fenómeno, estableciendo reglas para la reagrupación de la pequeña propiedad. A esta materia estaba destinado el Título Cuarto de la Ley. Para los efectos de la misma, se consideraba minifundio "la superficie

[19] El artículo 130 de la LFRA establecía que "los ejidos provisionales o definidos se explotarán en forma colectiva, salvo cuando los interesados determinen su explotación en forma individual, mediante acuerdo tomado en Asamblea General, convocada especialmente con las formalidades establecidas por esta Ley"

de terrenos que destinándose a la explotación agrícola, tenga una extensión hasta de cinco hectáreas de riego o humedad o sus equivalentes en otras clases de tierra, así como la que no baste para obtener cuando menos una producción que arroje como beneficio el doble del salario mínimo en el campo que corresponda a la región" (artículo 63).[20]

Como se ha dicho, el latifundio también presenta inconvenientes desde un punto de vista ambiental. La Revolución Mexicana se planteó como uno de sus objetivos inmediatos el reparto de la tierra y la destrucción del sistema feudal-hacendista en que se asentaba el viejo régimen. Las reformas de 1992 han puesto término al reparto de la tierra, pero subsisten las disposiciones sobre la prohibición de los latifundios y su fraccionamiento establecidas en la Constitución Política de 1917.

En los términos de la Ley Agraria, se consideran latifundios "las superficies de tierras agrícolas, ganaderas y forestales que, siendo de propiedad de un solo individuo, excedan los límites de la pequeña propiedad" (artículo 115). Los límites de la pequeña propiedad individual agrícola, ganadera y forestal están establecidos en la Constitución Política y en la Ley Agraria (fracción XV del artículo 27 constitucional y artículos 117 a 123 de la Ley). A las sociedades propietarias de tierras agrícolas, ganaderas y forestales les está permitido, sin embargo, ser dueñas de extensiones hasta 25 veces mayores que la pequeña propiedad individual (fracción IV del artículo 27 constitucional y artículo 126 de la Ley). Las extensiones que excedan los límites establecidos para la pequeña propiedad deben ser fraccionadas y enajenadas.[21]

El tema de las tierras sin explotación —y también de aquélla subexplotadas—, interesa al derecho ambiental, en tanto esa situación, si bien puede favorecer la conservación de los suelos y de los ecosistemas que se sustentan en los mismos, puede también ser un factor determinante de la sobreexplotación de otros suelos y, en algunos casos, permitir una degradación de las tierras sin explotar que de otra manera podría evitarse.

La materia estaba regulada por la Ley de Fomento Agropecuario, que abrogó la Ley de Tierras Ociosas de 1920 y definió las tierras ociosas como "los terrenos aptos para la producción agrícola que se encuentren sin explotación, en los términos y condiciones que expresamente señala esta Ley" (artículo 71).[22]

[20] Por consiguiente, la idea de minifundio estaba vinculada en esa Ley no sólo a una determinada superficie agrícola que se considera insuficiente, sino también a la aptitud de la tierra de que se trate para generar una determinada producción mínima.

[21] Debe señalarse que la definición de pequeña propiedad ganadera ha favorecido el creciente proceso de ganaderización a que se ha hecho referencia en la sección 113 de este libro, ya que la Constitución considera como tal la que no exceda de la superficie necesaria para mantener hasta 500 cabezas de ganado mayor o su equivalente en ganado menor, en los términos que fije la ley, de acuerdo con la capacidad forrajera de los terrenos.

[22] Tales términos y condiciones consistían en la declaración de ociosidad de las tierras que debía hacer la Secretaría de Agricultura y Recursos Hidráulicos, cuando dichas tierras no estaban cultivadas en las fechas y en las áreas mínimas que fijaba para cada región

La idea de "tierras ociosas" fue eliminada de la legislación mexicana por la Ley Agraria, que se limita a regular la situación de los terrenos baldíos y nacionales. Son baldíos los terrenos de la Nación que no han salido de su dominio por título legalmente expedido y que no han sido deslindados o medidos. Estos terrenos deben deslindarse y medirse en los términos de la Ley Agraria. Son nacionales los terrenos baldíos ya deslindados y medidos, así como los recobrados por la Nación por virtud de nulidad de los títulos que respecto de ellos se hubieren otorgado. La Secretaría de la Reforma Agraria está facultada para enajenar a título oneroso terrenos nacionales a particulares.

Las disposiciones de la Ley Agraria están complementadas por el Reglamento de la Ley Agraria en Materia de Ordenamiento Rural (*Diario Oficial de la Federación*, 4-1-1996), que establece las regulaciones sobre excedentes de la propiedad rural, expropiaciones de bienes ejidales y comunales, deslinde de terrenos baldíos y su declaración como nacionales, los mecanismos de desincorporación y la regularización de las colonias agrícolas y ganaderas.

136. LA PROTECCIÓN DE LOS SUELOS EN LA LEY DE DISTRITOS DE DESARROLLO RURAL

Existen otros ordenamientos jurídicos que se ocupan de la protección de los suelos frente a las prácticas agropecuarias. Uno de ellos era la Ley de Conservación del Suelo y Agua, publicada en el *Diario Oficial de la Federación* del 6 de julio de 1946. Aunque dicha Ley parecía haber perdido toda importancia, el hecho es que, formalmente, estuvo vigente hasta 1996, año en que fue derogada explícitamente por el artículo 2º transitorio del Decreto que reformó, adicionó y derogó diversas disposiciones de la LGEEPA. Diverso es el caso de la Ley de Distritos de Desarrollo Rural.

Como se ha dicho, en 1983 se adicionó al artículo 27 constitucional una fracción XX, en la que se estableció lo que sigue: "El Estado promoverá las condiciones para el desarrollo rural integral con el propósito de generar empleos y garantizar a la población campesina el bienestar y su participación e incorporación en el desarrollo nacional, y fomentará la actividad agropecuaria y forestal para el óptimo uso de la tierra, con obras de infraestructura, insumos, crédito, servicio de capacitación y asistencia técnica. Asimismo expedirá la legislación reglamentaria para planear y organizar la producción agropecuaria, su industrialización y comercialización, considerándolas de interés público". De esta manera se incorporó a la Constitución Política la idea del "desarrollo rural integral", cuyo análisis, por cierto, excede los propósitos de este libro.[23] Lo rele-

la misma Secretaría. La consecuencia de la declaración de ociosidad era la ocupación de las tierras por la Nación, para su aprovechamiento en la forma que determinaba la misma LFA (artículos 72 a 93).

[23] Sobre el particular, *cf.* por ejemplo Antonio Riva Palacio, "El desarrollo rural inte-

vante desde el punto de vista ambiental de dicha reforma constitucional es la consideración del "óptimo uso de la tierra" como uno de los componentes esenciales de la política para el desarrollo rural integral.

Más tarde se expidió la Ley de Distritos de Desarrollo Rural (*Diario Oficial de la Federación*, 28-I-1988), en cuyo artículo 1º quedó consignado que ella "es reglamentaria de la fracción XX del Artículo 27 Constitucional en lo relativo a la organización y fomento de las actividades agropecuarias, forestales y de acuacultura, así como su industrialización y comercialización" (párrafo primero). Esta Ley también debe considerarse dentro del examen que se está haciendo de la protección de los suelos frente a las prácticas agropecuarias.

Los Distritos de Desarrollo Rural son unidades de desarrollo económico y social circunscritas a un espacio territorial determinado, que en los términos de esta Ley se establecen para: *1)* articular y dar coherencia regional a las políticas de desarrollo rural; *2)* realizar los programas operativos de la Secretaría de Agricultura y Recursos Hidráulicos y llevar a cabo la coordinación con las dependencias y entidades de la Administración Pública Federal que participan en el Programa Nacional de Desarrollo Rural Integral y los programas sectoriales que de él derivan, así como con los gobiernos estatales y municipales; *3)* concertar acciones con las organizaciones de productores y los sectores social y privado; y *4)* hacer converger las acciones, servicios y recursos destinados a fomentar la producción agropecuaria, forestal, de la agroindustria, la acuacultura y, en general, el desarrollo integral de los habitantes del campo (artículo 6º).

Es importante señalar que los Distritos de Desarrollo Rural no son una forma más de organización rural, que coexiste con los distintos tipos de Distritos establecidos en otras leyes. En efecto, el artículo 15 de la Ley dispone que "los Distritos de Desarrollo Rural que se establezcan, asumirán las atribuciones y funciones de los Distritos y Unidades de Riego, de los Distritos de Drenaje y de Temporal y de los Distritos de Acuacultura, con apego a las normas que en forma específica para cada uno de éstos señalan los ordenamientos legales". En otras palabras, dichos Distritos representan una forma superior e integral de organización de la producción agropecuaria, forestal y de acuacultura, en la que se irán subsumiendo los distintos tipos de Distritos preexistentes que menciona esa disposición.

Es evidente que el tema de esta Ley va mucho más allá de los asuntos ambientales, pero también que sus disposiciones están vinculadas a éstos, incluidos los asuntos relativos a la protección de los suelos. En otras palabras, se trata de una Ley de relevancia o interés ambiental, en tanto regula materias que tienen que ver con los ecosistemas terrestres y sus componentes, con la particularidad de que ella incorpora la dimen-

gral", en José Francisco Ruiz y Diego Valadés (coordinadores), *Nuevo Derecho Constitucional Mexicano*, Porrúa, México, 1983, pp. 175 a 178.

sión ambiental a sus prescripciones. Esto queda en claro desde el primero de sus artículos, en el que se previene que la ordenación y regulación de los Distritos de Desarrollo Rural comprenderá, entre otras materias, "el aprovechamiento racional de los recursos naturales" (fracción IV de su párrafo final).

La cuestión del aprovechamiento racional de los recursos naturales, incluido el suelo, se encuentra presente a lo largo de toda la Ley, empezando por su artículo 4º, que declara de interés público "la preservación de los recursos naturales" (fracción II). La constitución misma de los Distritos de Desarrollo Rural tiene en cuenta la dimensión ambiental, dado que ellos comprenden "zonas con características ecológicas y socioeconómicas homogéneas para la actividad agropecuaria, forestal, de las agroindustrias y de acuacultura bajo condiciones de riego, de drenaje y de temporal con objeto de planear, fomentar y promover el Desarrollo Rural Integral".

A continuación se señalan las disposiciones de la Ley que se refieren específicamente a la conservación del suelo, tema que indefectiblemente es vinculado en este ordenamiento jurídico al de la conservación del agua. La primera de ellas aparece con motivo de las atribuciones de los Comités Directivos de los Distritos de Desarrollo Rural, entre las que se incluye la de promover la integración de los usuarios de prácticas de conservación del suelo y del agua, para que las operen, conserven, mejoren y administren, con la supervisión de la Secretaría de Agricultura y Recursos Hidráulicos (artículo 18, fracción VII). Más adelante, dentro de las funciones de los Comités Técnicos, que son órganos de apoyo de los Comités Directivos de los Distritos de Desarrollo Rural, se incluye la de formular y proponer el proyecto de reglamento de operación de dichos Distritos que debe ocuparse, entre otras cosas, de la operación, conservación y administración de las prácticas de conservación del suelo y agua (artículo 22, fracción IX). Por último, se dispone que las dependencias y entidades de la Administración Pública Federal que inciden en el medio rural, deberán coordinarse en el seno de los Comités Estatales de Planeación para el Desarrollo, para que en los Distritos de Desarrollo Rural sus acciones se orienten, entre otros fines, a aprovechar el potencial de desarrollo del medio rural conservando sus recursos naturales, especialmente la tierra y el agua (artículo 32, fracción VI).

Para terminar, debe decirse que en el *Diario Oficial de la Federación* del 16 de julio de 1987 se publicó el "Acuerdo por el que se establecen distritos de desarrollo rural, los cuales comprenden zonas con características ecológicas y socio-económicas homogéneas para la actividad agropecuaria, forestal, acuícola y agroindustrial bajo condiciones de riego, de drenaje, de temporal y de acuacultura con objeto de planear, fomentar y promover el desarrollo rural integral". En este ordenamiento jurídico de tan larga denominación, se fijan las bases para la constitución de los distritos de desarrollo rural.

En el capítulo X sobre protección de las aguas continentales se vuelve al tema de los Distritos de Desarrollo Rural, a raíz del examen que se hace de los usos de éstas y, en especial, de sus usos para la acuacultura.

137. La prevención y control de la contaminación de los suelos en la LGEEPA: la regulación de los residuos

La LGEEPA considera el problema de la prevención y control de contaminación del suelo en sus artículos 134 a 144 y lo hace desde la perspectiva, por una parte, de los *residuos* y, por la otra, de los *plaguicidas, fertilizantes y demás materiales peligrosos*.

En materia de *residuos*, hay que comenzar por recordar la distribución de competencias establecida por la LGEEPA en esta materia entre la Federación, los estados y los municipios. Como se dijo en el capítulo III, corresponde a la Federación "la regulación y el control de la generación manejo y disposición final de materiales y residuos peligros para el ambiente o los ecosistemas, así como para la preservación de los recursos naturales" (artículo 5º, fracción VI), mientras que corresponde a los estados "la regulación de los sistemas de recolección, transporte, almacenamiento, manejo, tratamiento y disposición final de los residuos sólidos e industriales que no estén considerados como peligrosos de conformidad con lo dispuesto en el artículo 137 de la presente Ley" (artículo 6º, fracción VI), quedando reservada a los municipios la facultad de aplicar "las disposiciones jurídicas relativas a la prevención y control de los efectos sobre el ambiente ocasionados por la generación, transporte, almacenamiento, manejo, tratamiento y disposición final de los residuos sólidos e industriales" de estos últimos residuos (artículo 8º, fracción IV).

Pues bien, los residuos peligrosos están regulados en un capítulo especial de la propia LGEEPA, junto con los materiales peligrosos y dentro de las normas sobre protección al ambiente. Pero la LGEEPA también regula los residuos en general (peligrosos o no peligrosos), en los ya mencionados artículos 134 a 142, desde la perspectiva de la prevención y control de la contaminación de los suelos. Esto pudiera parecer una contradicción con la división de competencias que establece la propia LGEEPA, pero no lo es porque la protección de los suelos es un asunto de orden federal, sea que esta contaminación se genere por residuos, peligrosos o no, o por otras sustancias

Las reglas de los mencionados artículos 134 a 142, modificadas en 1996, se refieren a la política ambiental nacional sobre la prevención y control de la contaminación de los suelos, a ciertos aspectos de la protección de los suelos por contaminación de residuos u otras sustancias y a la contaminación transfronteriza por residuos.

Las disposiciones de la LGEEPA que se ocupan de la *política ambiental nacional para la prevención y control de la contaminación de los suelos* (por residuos o por cualquier otra sustancia contaminante, como los plaguicidas, fertilizantes y sustancias tóxicas) enuncian los *criterios* sobre la materia en el artículo 134 de la Ley, a saber: *1)* corresponde al Estado y a la sociedad prevenir la contaminación del suelo; *2)* deben ser controlados los residuos en tanto que constituyen la principal fuente de contaminación de los suelos; *3)* es necesario prevenir y reducir la generación de residuos sólidos, municipales e industriales, así como incorporar técnicas y procedimientos para su reuso y reciclaje y regular su manejo y disposición final eficientes; *4)* la utilización de plaguicidas, fertilizantes y sustancias tóxicas, debe ser compatible con el equilibrio de los ecosistemas y considerar sus efectos sobre la salud humana a fin de prevenir los daños que pudieran ocasionar; y *5)* en los suelos contaminados por la presencia de materiales o residuos peligrosos deberán llevarse a cabo las acciones necesarias para recuperar o restablecer sus condiciones, de tal manera que puedan ser utilizados en cualquier tipo de actividad prevista por el programa de desarrollo urbano o de ordenamiento ecológico que resulte aplicable.

Luego de enunciar estos criterios, la LGEEPA destina su artículo 135, también modificado en 1996, a establecer los casos en que ellos deben ser *observados*, a saber: *1)* la ordenación y regulación del desarrollo urbano; *2)* la operación de los sistemas de limpia y de disposición final de residuos municipales en rellenos sanitarios; *3)* la generación, manejo y disposición final de residuos sólidos, industriales y peligrosos, así como en las autorizaciones y permisos que al efecto se otorguen; y *4)* el otorgamiento de todo tipo de autorizaciones para la fabricación, importación, utilización y en general la realización de actividades relacionadas con plaguicidas, fertilizantes y sustancias tóxicas.

También puede considerarse como un criterio ecológico general sobre la materia, las normas sobre *empaques y envases* contenidas en el artículo 141 de la LGEEPA, modificado en 1996. En efecto, dispone el párrafo primero de ese precepto que la Secretaría, en coordinación con las Secretarías de Comercio y Fomento Industrial y de Salud, deben expedir normas oficiales mexicanas para la fabricación y utilización de empaques y envases para todo tipo de productos, cuyos materiales permitan reducir la generación de residuos sólidos. Y agrega el párrafo segundo del mismo precepto que dichas dependencias deberán promover ante los organismos nacionales de normalización respectivos, la emisión de normas mexicanas en las materias a las que se refiere este precepto.

Las reglas básicas sobre prevención y control de la contaminación de los suelos se encuentran en los artículos 139 y 136 de la LGEEPA, modificados en 1996. El primero de ellos establece el *deber de que toda descarga, depósito o infiltración de sustancias o materiales contaminantes se sujete a las disposiciones jurídicas sobre la materia*. El segundo establece que los residuos que se acumulen o puedan acumularse y se depositen o infiltren en los suelos *deberán reunir las condiciones necesarias para prevenir o evitar*: *1)* la contaminación del suelo; *2)* las alteraciones nocivas en el proceso biológico de los suelos; *3)* las alteraciones en el suelo que perjudiquen su aprovechamiento, uso o explotación; y *4)* riesgos y problemas de salud. A estas reglas se agrega la contenida en el artículo 140 de la LGEEPA, también modificado en 1996, que se refiere al caso específico de los *residuos de lenta degradación*, prescribiendo su generación, manejo y disposición final deberá sujetarse a lo que se establezca en las normas oficiales mexicanas que al respecto expida la Secretaría, en coordinación con la Secretaría de Comercio y Fomento Industrial.

La violación de estas normas puede implicar la comisión del *delito de contaminación de los suelos*. En efecto, el artículo 416 del Código Penal para el Distrito Federal en Materia de Fuero Común y para toda la República en Materia de Fuero Federal sanciona con pena de tres meses a seis años de prisión y de mil a veinte mil días de multa *al que sin la autorización que en su caso se requiera, o en contravención a las disposiciones legales, reglamentarias y normas oficiales mexicanas descargue, deposite o inflitre, o lo autorice u ordene, aguas residuales, líquidos químicos o bioquímicos, desechos o contaminantes en los suelos, que ocasionen o puedan ocasionar daños a la salud pública, a los recursos naturales, a la flora, a la fauna, a la calidad del agua de las cuencas o de los ecosistemas* (fracción I). Quizás vale la pena subrayar que el delito se comete sin necesidad de que se provoquen los daños: basta la posibilidad cierta de que éstos se causen. Se trata, entonces, de un delito de peligro.

La LGEEPA destina, además, un par de disposiciones a los *residuos sólidos municipales*. La primera de ellas prescribe que queda sujeto a la autorización de los municipios o del Distrito Federal, conforme a sus leyes locales en la materia y a las normas oficiales mexicanas que resulten aplicables, el funcionamiento de los sistemas de recolección, almacenamiento, transporte, alojamiento, reuso, tratamiento y disposición final de residuos sólidos municipales; pero que será la Secretaría la que expida las normas a que deberán sujetarse los sitios, el diseño, la construcción y la operación de las instalaciones destinadas a la disposición final de dichos residuos (artículo 137). La segunda encomienda a la Secretaría promover la celebración de acuerdos de coordinación y asesoría con los gobiernos estatales y municipales para implantar y mejorar sistemas de recolección, tratamiento y disposición final de residuos sólidos municipales, así como para identificar opciones de reutilización y disposición final de dichos residuos, incluyendo la elaboración de inventarios de los mismos y sus fuentes generadoras (artículo 138).

Las disposiciones de la LGEEPA sobre prevención y control de la contaminación de los suelos por residuos se encuentran complementadas por diversas *Normas Oficiales Mexicanas*. Cabe recordar que, antes de que entrara en vigor la LGEEPA, se expidieron algunas Normas Oficiales Mexicanas sobre contaminación de los suelos por residuos, especialmente municipales. Las más importantes corresponden a los años 1984 y 1985 y cancelan otras expedidas hace más de una década, pero también se extienden a materias que no habían sido reguladas hasta ese entonces. A partir de 1988 y de acuerdo con lo que establecía la LGEEPA sobre este tema, se expidieron diversas normas técnicas ecológicas en materia de residuos, que se concentraron en los residuos peligrosos. En 1992, sin embargo, la Ley Federal de Metrología y Normalización, como se ha dicho, modificó el sistema de las normas técnicas ecológicas establecido en la LGEEPA, de modo que a partir de esa fecha se comenzaron a expedir Normas Oficiales Mexicanas sobre la materia, mismas que se abocaron básicamente a la cuestión de los residuos peligrosos.

Es importante recordar que, de conformidad con el artículo 32 bis, fracción IV, de la Ley Orgánica de la Administración Pública Federal (modificada en 1994), la Secretaría es responsable de establecer, con la participación que corresponda a otras dependencias y a las autoridades estatales y municipales, normas oficiales mexicanas sobre residuos peligrosos. El tema de los residuos peligrosos, sin embargo, se examina en el capítulo relativo a las actividades industriales, porque la verdad es que dicho tema y, más aún, el de los "materiales y residuos peligros", que son elementos regulados conjuntamente por la LGEEPA, excede la cuestión de la contaminación del suelo. La propia Ley lo trata por separado en el capítulo V de su Título Cuarto (artículos 150 a 153). Por cierto, el tema de los residuos peligrosos también excede el de las actividades industriales, puesto que no todos esos residuos tienen un origen industrial. Sin embargo, es evidente que los materiales y residuos peligrosos presentan nexos más estrechos con las actividades industriales que con la contaminación de los suelos, lo que hace aconsejable entonces que su régimen se examine en el capítulo que se refiere a tales actividades.

138. La regulación de los residuos en otros ordenamientos jurídicos

Los residuos están regulados por otros ordenamientos jurídicos, entre los que debe mencionarse al Reglamento de Tránsito en Carreteras Federales, que dispone que está prohibido dejar o tirar, sobre la vía pública, basura, botellas, vidrios, clavos, tachuelas, alambre, latas y otro material que pueda dañar a las personas o vehículos que hacen uso de la vía (artículo 66).

Aunque la Ley General de Salud no se ocupa directamente de los residuos, es necesario considerar las atribuciones que le corresponden a la hoy Secretaría de Salud en materia de efectos del ambiente en la salud humana. En ese sentido, debe recordarse que corresponde a esa Secretaría, entre otras atribuciones, determinar los valores de concentración máximas permisibles para el ser humano de contaminantes en el ambiente, así como promover y apoyar el saneamiento básico (artículo 118, fracciones primera y cuarta).

También debe mencionarse el Reglamento para los Establecimientos Industriales y Comerciales Molestos, Insalubres o Peligrosos, que se ocupa de los sonidos, trepidaciones, cambios sensibles de temperatura, luces, polvos, chispas, humos, vapores de agua o malos olores de los mismos establecimientos. Estas disposiciones también pueden ser consideradas desde el punto de vista de la regulación de los residuos.

En América Latina, el tema de los residuos peligrosos se ha incorporado a las Constituciones Políticas de Argentina, Colombia y Paraguay, que contienen disposiciones que prohiben el ingreso al territorio nacional de residuos peligros. Del tema de los residuos en general se ocupan las leyes generales sobre la protección del medio ambiente y otros ordenamientos jurídicos que tratan de diversas materias. Una de las excepciones es Argentina, que cuenta con una legislación especial sobre residuos peligrosos.[24]

139. La artificialización excesiva de los suelos: los productos agroquímicos en la LGEEPA, la Ley Federal de Sanidad Vegetal y la Ley General de Salud

Otro problema relacionado con la protección de los suelos tiene que ver con el uso de los fertilizantes y los plaguicidas promovido por la llamada "revolución verde", pues su incorporación a las prácticas agrícolas ha traído consecuencias lamentables cuando han sido utilizados de una manera excesiva. En México, no se sabe mucho sobre la acción de los fertilizantes sobre los suelos, aunque la superficie fertilizada se ha incrementado en una forma notable de 1.78 millones de hectáreas en 1960 a 10.2 millones en 1983. El hecho es que el uso indiscriminado de fertilizantes puede causar alteraciones químicas en los suelos e, incluso, problemas de toxicidad para las plantas. Por otra parte, el uso de los plaguicidas también se ha incrementado en forma notable durante los últimos treinta años: en 1960 se registró un uso de 14 mil toneladas y en 1990 este valor se elevó a 60 mil toneladas, con una tasa de incremento anual de 5%.[25] Hay que señalar que el uso también indiscriminado de los plaguicidas puede aumentar las plagas y enfermedades que están llamados a combatir (por aumento de la resistencia de los vectores), lo que origina a su vez un círculo vicioso (porque hace necesaria una mayor diversificación y dosificación de los plaguicidas) y, en definitiva, genera

[24] La tendencia histórica en los países industrializados ha sido establecer el régimen jurídico de los residuos en leyes especiales, como ha sido por ejemplo el caso de los Estados Unidos de América, donde la cuestión de los desechos sólidos fue regulada por la Ley sobre Disposición de Desechos Sólidos de 1965 (*Solid Waste Disposal Act*), modificada por la Ley sobre Recuperación de Recursos de 1970 (*Resource Recovery Act*) y más tarde por la Ley sobre Conservación y Recuperación de Recursos de 1976 (*Resource Conservation and Recovery Act*), que hicieron prevalecer el concepto de recuperación sobre el de disposición. En Alemania el ordenamiento básico sobre la materia fue la Ley sobre Disposición de Residuos de 1977, modificada en 1982, así como por las diversas leyes sobre disposición de residuos de los Estados federados. En Francia, la Ley núm. 75-633 del 15 de julio de 1975, relativa a la eliminación de desechos y la recuperación de materiales, fue a su vez en ese país el ordenamiento más general sobre le tema en ese país. En España, la Ley de Desechos y Residuos Sólidos Urbanos de 1975 se ocupó de regular a nivel nacional, por vez primera, esta materia.

[25] *Cf.* el *Programa de Medio Ambiente 1995-2000*, p. 25.

problemas de toxicidad para los seres humanos y para los propios cultivos. Con todo, no se puede prescindir de los plaguicidas en un país como México, donde los ataques de las plagas y enfermedades a la agricultura ocasionan pérdidas de hasta 30% de la producción agrícola y del 20% de la producción almacenada.[26]

La LGEEPA contiene una disposición sobre plaguicidas y los fertilizantes en el capítulo relativo a la prevención y control de la contaminación del suelo, que se refiere a las *normas oficiales mexicanas* sobre la materia. Se trata del artículo 143, modificado en 1996, que es aplicable a "los plaguicidas, fertilizantes y demás materiales peligrosos".

Prescribe esa norma que los materiales peligrosos, entre los cuales se incluyen los plaguicidas y fertilizantes, quedarán sujetos a las normas oficiales mexicanas que expidan en el ámbito de sus respectivas competencias, la Secretaría y las Secretarías de Agricultura, Ganadería y Desarrollo Rural, de Salud y de Comercio y Fomento Industrial.

El mismo precepto legal dispone que el Reglamento de la LGEEPA sobre la materia establecerá la regulación, que dentro del mismo marco de coordinación deba observarse en actividades relacionadas con dichos materiales, incluyendo la disposición final de sus residuos, empaques y envases vacíos, medidas para evitar efectos adversos en los ecosistemas y los procedimientos para otorgar las autorizaciones correspondientes.

Además, el artículo 144 de la LGEEPA faculta a la Secretaría de Medio Ambiente, Recursos Naturales y Pesca para que participe, de manera coordinada con las Secretarías de Salud, de Agricultura, Ganadería y Desarrollo Rural y de Comercio y Fomento Industrial, en la determinación de *restricciones arancelarias y no arancelarias relativas a la importación y exportación de materiales peligrosos*, entre los cuales cabe incluir a los plaguicidas y fertilizantes.[27]

Las disposiciones fundamentales sobre productos agroquímicos están en la Ley Federal de Sanidad Vegetal que se examinó en el capítulo VI, cuya, finalidad es regular y promover la sanidad vegetal y que trata, en consecuencia, la efectividad biológica, aplicación, uso y manejo de los insumos que se utilizan para ese efecto. Pero este tema se encuentra regulado por la Ley General de Salud (*Diario Oficial de la Federación*, 7-II-1984), desde el punto de vista de la protección de la salud humana.[28]

[26] Los datos están extraídos del *Programa Nacional de Desarrollo Rural Integral 1985-1988*, sección 2.5.13 (*Diario Oficial de la Federación*, 20-V-1985).

[27] Véase el Acuerdo de la SEMARNAP que establece la clasificación y codificación de mercancías cuya importación está sujeta a regulación por parte de las dependencias que integran la Comisión Intersecretarial para el Control del Proceso y Uso de Plaguicidas, Fertilizantes y Sustancias Tóxicas (*Diario Oficial de la Federación*, 16-I-1996)*

* Véase Addenda, § 6.

[28] En otros países, estas materias están reguladas por leyes especiales. Así, en los Estados Unidos de América existe una Ley Federal sobre Insecticidas, Pesticidas y Raticidas de 1947 (Federal Insecticide, Fungicide and Rodenticide Act, FIFRA), modificada en 1972 por la Ley Federal sobre Control de los Pesticidas en el Ambiente (Federal Environmental Pesticides Control Act, FEPCA) y nuevamente modificada en 1975. En Alemania existen diversas

El artículo 38 de la Ley Federal de Sanidad Vegetal establece que la Secretaría de Agricultura, Ganadería y Desarrollo Rural establecerá, mediante normas oficiales mexicanas, los procedimientos para certificar y evaluar la efectividad biológica, aplicación, uso y manejo en el campo, que deberán reunir los insumos fitosanitarios y de nutrición vegetal. El mismo precepto legal dispone que esa Secretaría determinará las actividades y servicios fitosanitarios cuya prestación y desarrollo deberá sujetarse a normas oficiales y a la certificación y verificación correspondientes.

Por insumo fitosanitario debe entenderse cualquier sustancia o mezcla utilizada en el control de plaga de los vegetales tales como plaguicidas, agentes de control biológico, material transgénico, feromonas, atrayentes y variedades de plantas cultivadas resistentes a plagas (artículo 5º de la Ley). A su vez, por insumo de nutrición vegetal debe entenderse cualquier sustancia o mezcla que contenga elementos útiles para la nutrición y desarrollo de los vegetales (artículo 5º de la Ley).

La Ley General de Salud se ocupa también de los productos agroquímicos, desde el punto de vista de sus efectos en la salud humana. Así, el Título XII sobre control sanitario de productos y servicios y de su importación y exportación, contiene un capítulo que se refiere específicamente a los plaguicidas y fertilizantes, así como a las llamadas sustancias tóxicas. De acuerdo con la Ley, se entiende por plaguicida "cualquier sustancia o mezcla de sustancia que se destine a destruir, controlar, prevenir o repeler la acción de cualquier forma de vida animal o vegetal". En consecuencia, la expresión plaguicida comprende los herbicidas y fungicidas. Por su parte, por fertilizante se entiende "cualquier sustancia o mezcla de sustancia que se destinen a mejorar el crecimiento y productividad de las plantas". Así lo dispone el artículo 278 de la LGS.

Aparte de las disposiciones que son comunes a todos los productos sometidos a control sanitario (artículo 194 a 214), la Ley General de Salud establece algunas disposiciones específicas respecto de los plaguicidas y los fertilizantes. Así, además de señalar las atribuciones de la Secretaría de Salubridad y Asistencia en la materia, la Ley prescribe que "durante el proceso y uso de los plaguicidas y fertilizantes, se evitará el contacto y la proximidad de los mismos con alimentos y otros objetos cuyo empleo, una vez contaminado, represente riesgo para la salud humana" (artículo 280). Asimismo, la Ley prescribe que "en las etiquetas de los envases de plaguicidas y fertilizantes, además de lo establecido en el artículo 210 de esa Ley, en lo conducente, deberán ostentar claramente la leyenda sobre los peligros que implica el manejo del producto,

leyes que se ocupan de la misma materia, como la Ley de Fertilizantes de 1977, la Ley sobre DDT de 1972, etc. En Francia, la regularización sobre plaguicidas se encuentra en la Ley de 2 de noviembre de 1943, cuyo campo de aplicación fue extendido por la Ley de 22 de diciembre de 1972, mientras que los fertilizantes están regidos por la Ley de 13 de julio de 1979. Hay que hacer notar que el 28 de noviembre de 1985, la Conferencia de la FAO adoptó el Código Internacional de Conducta para la Distribución y Utilización de Plaguicidas.

su forma de uso, sus antídotos en caso de intoxicación y el manejo de los envases que los contengan o los hayan contenido, de conformidad con las disposiciones legales aplicables y las normas que dicte la Secretaría de Salubridad y Asistencia" (artículo 281). Estas disposiciones deben entenderse en concordancia con las de la Ley Federal de Protección al Consumidor que tratan de las etiquetas de productos peligrosos en general.

Además de establecer reglas generales sobre importación y los productos sujetos a control sanitario, la Ley General de Salud incluye alguna reglas para los plaguicidas y fertilizantes. En ese sentido prescribe que "se requiere autorización sanitaria de la Secretaría de Salubridad y Asistencia para la importación de los mismos" y que "la importación de plaguicidas o componentes de acción residual y los de cualquier composición química, únicamente se autorizarán cuando éstos no entrañen peligro para la salud humana y no sea posible la sustitución de los mismos". También se prevé que "cuando se autorice la importación de las sustancias mencionadas en el artículo anterior, corresponde a la Secretaría de Salubridad y Asistencia vigilar y controlar las actividades que con ellas se efectúan, en los términos de las disposiciones aplicables". Así lo establecen los artículo 298 y 299 de la Ley.

140. La Convención Internacional de Lucha contra la Desertificación en los Países Afectados por la Sequía Grave o la Desertificación, en Especial en África

Durante la Conferencia de las Naciones Unidas sobre el Medio Ambiente y el Desarrollo (Río de Janeiro, 1992) se planteó nuevamente el problema de la desertificación y la sequía que afecta a muchos países. Diversos estudios mundiales de la situación y el ritmo de avance de la desertificación realizados por el Programa de las Naciones Unidas para el Medio Ambiente en 1977, 1984 y 1991 ya habían alertado a la opinión pública mundial sobre este problema.

La Agenda 21 recogió esta preocupación en su capítulo 12, donde además de destacar que la desertificación es la degradación de los suelos de zonas áridas, semiáridas y subhumedas secas resultante de diversos factores, entre ellos las variaciones climáticas y las actividades humanas, subrayó que la desertificación afecta a la sexta parte, aproximadamente, de la población mundial, a 70% de todas las tierras secas, equivalente a 3 600 millones de hectáreas y a la cuarta parte de la superficie total de tierras del mundo. Allí se consignó que los efectos más visibles de la desertificación, aparte de la pobreza generalizada, son la degradación de 3 300 millones de hectáreas de pastizales, que constituyen 73% de la superficie total de estas tierras y tienen poca capacidad de sustento; la perdida de fertilidad de los suelos y la degradación de su estructura en cerca de 47% de las tierras secas, que constituyen tierras marginales de cultivo de secano; y la degradación de 30% de las tierras de cultivo de regadío en tierras secas con una gran densidad de población y un gran potencial agrícola. Cabe decir que esta situación es especialmente grave en África, donde 66% de su superficie consiste en desiertos o tierras secas y donde 73% de sus tierras agrícolas secas ya han sufrido degradación

La misma Agenda 21 estableció que la prioridad de la lucha contra la desertificación debería ser la aplicación de medidas preventivas a las tierras que aún no han sido afectadas por la degradación o lo han sido en mínimo grado; pero también subrayó que debían olvidarse las zonas gravemente degradadas.

La desertificación representa una amenaza para la subsistencia de más de 900 millones de personas en unos 100 países. De hecho, la mayor parte de los 800 millones de personas que en el mundo no tienen acceso a una alimentación adecuada vive en tierras secas. La desertificación es una de las causas más importantes de la generación de "refugiados ambientales", es decir, de personas que deben abandonar sus lugares de origen por haber llegado a carecer éstos de condiciones ambientales mínimas para la vida humana.

En respuesta a esta dramática situación, con posterioridad a la Cumbre de la Tierra negociaron más de 100 gobiernos una *Convención internacional de lucha contra la desertificación en los países afectados por sequía grave o desertificación, en particular en África*. Esta negociación concluyó en junio de 1994 y la Convención fue abierta a la firma de todos los países del mundo en París los días 14 y 15 de octubre de 1994. México suscribió y, prontamente, ratificó la Convención, publicándose el decreto de aprobación de la Convención en el *Diario Oficial de la Federación* del 12 de enero de 1995.

La Convención define la "lucha contra la desertificación" como el conjunto de las actividades que forman parte de un aprovechamiento integrado de la tierra en zonas áridas, semiáridas y subhúmedas secas para el desarrollo sostenible y que tienen por objeto prevenir o reducir la degradación de las tierras, rehabilitar tierras parcialmente degradadas y recuperar tierras desertificadas (Artículo 1)

El objetivo de la Convención es la lucha contra la desertificación mediante la adopción de medidas eficaces en todos los niveles, apoyadas por acuerdos de cooperación y asociación internacionales, en el contexto de un enfoque integrado acorde con la Agenda 21, para contribuir al logro del desarrollo sostenible (Artículo 2).

En concordancia con este objetivo, la Convención desarrolla a lo largo de 40 artículos un marco jurídico para fomentar la preparación y realización de programas de acción a nivel nacional, subregional y regional, así como para promover la cooperación científica y técnica y la adopción de medidas de apoyo, todo ello con una importante participación de la cooperación internacional. La Convención está integrada, además, por cuatro Anexos para su aplicación en África, Asia, América Latina y el Caribe, y el Mediterráneo Norte, respectivamente.

X. LA PROTECCIÓN DE LAS AGUAS CONTINENTALES

141. Los problemas de la protección de las aguas en México. 142. El marco constitucional de las aguas. 143. Los ordenamientos jurídicos que tratan de la protección de las aguas. 144. Las atribuciones de las autoridades federales en materia de aguas. La Secretaría de Medio Ambiente, Recursos Naturales y Pesca y la Comisión Nacional del Agua. 145. La protección de las aguas en la Ley General del Equilibrio Ecológico y la Protección al Ambiente. 146. La Ley de Aguas Nacionales. 147. La programación hidráulica. 148. Los derechos de uso o aprovechamiento de aguas nacionales. 149. Las zonas reglamentadas, de vedas o de reserva. 150. Los usos del agua. 151. Las aguas del subsuelo. 152. Las aguas internacionales. 153. La prevención y control de la contaminación del agua y de los ecosistemas acuáticos. Las aguas residuales. 154. El tratamiento y el reuso de las aguas residuales. 155. La prevención y control de la contaminación del agua en la Ley de Aguas Nacionales. 156. La reglamentación de la prevención y control de la contaminación de las aguas y las normas oficiales mexicanas sobre la materia. 157. Las aguas residuales en la Ley General de Salud.

141. Los problemas de la protección de las aguas en México

Sobre la importancia que tiene el agua para la vida, no parece necesario hablar aquí. Pero quizás sea conveniente subrayar que el problema de la protección del agua se refiere no sólo a su *cantidad,* sino también a su *calidad*. Un importante trabajo sobre la materia, subraya precisamente en su título estos dos aspectos fundamentales de la protección del agua.[1]

En efecto, respecto del primero de estos aspectos debe señalarse que algunas modificaciones que el hombre ha introducido en el ambiente han influido negativamente en el ciclo hidrológico o en ciertas fases suyas, disminuyendo la oferta natural de agua frente a una demanda siempre creciente, hasta el punto que se dice hoy que el agua es un recurso "difícilmente renovable". La protección de las aguas tiene que ver entonces, en primer lugar, con el mantenimiento de las condiciones naturales que permiten el proceso de su renovación, es decir, el ciclo de su evaporación, precipitación, depósito y flujo. La protección de las aguas tiene que ver, en segundo lugar, con el uso racional del recurso.

Respecto al mantenimiento de la calidad de las aguas, hay que recordar que, históricamente, los cuerpos de aguas han sido utilizados por el

[1] *Cf.* Mauricio Athié, *Calidad y cantidad del agua en México,* Fundación Universo Veintiuno, México, 1987.

hombre, entre otros propósitos, como recipientes de toda clase de desechos, incluidas las mismas aguas desechadas (aguas residuales), lo que ha determinado una alarmante pérdida de su calidad. Es oportuno dejar en claro que el agua no es un elemento natural "puro". En consecuencia, cuando se habla de la mantención de la calidad del agua, lo que se pretende decir es que el agua debe mantener aquellas aptitudes suyas que le permiten satisfacer necesidades que son diversas y que presentan requerimientos de calidad distintos entre sí (consumo humano y de animales, riego de la tierra, usos recreativos e industriales, etc.), por lo que más bien habría que hablar de "calidades" del agua.

México cuenta con recursos hídricos relativamente escasos, cuya *disponibilidad* es dada por el escurrimiento superficial y el agua del subsuelo. Esto hace de la protección de sus aguas uno de los problemas nacionales más relevantes. Por otra parte, la disponibilidad del agua se concentra principalmente en el sureste del país, donde la densidad de la población y la demanda de agua son bajas. En cambio, en el centro, norte y noroeste, donde la densidad de la población es mayor y la demanda es alta, el agua es escasa.

En materia de *aguas superficiales*, cabe señalar que el escurrimiento superficial virgen promedio anual es de 410 km^2 y la infraestrucutra hidráulica actual proporciona una capacidad de almacenamiento de 130 km^3, lo que se traduce en una capacidad de regulación de 82 km^3. De ellos, 26 km^3 se destinan a la generación de energía eléctrica, 49 km^2 a la satisfacción de demandas consuntivas y el resto se evapora. En materias de *aguas subterráneas*, hay que decir que el país cuenta con 459 acuíferos, de los que se extraen un total de 24 km^3 anuales. 80 de esos acuíferos presentan problemas de sobreexplotación. La recarga natural promedio de los acuíferos es de 48 km^3 anuales, que sumada a la recarga inducida en zonas de riego, que se estiman del orden de 15 km^3, dan una recarga total de de 63 km^3.[2]

Por lo que respecta a la *calidad del agua*, debe tenerse presente que evaluaciones hechas de las principales cuencas del país, mediante el Indice de Calidad del Agua (ICA) que toma en cuenta 16 parámetros, concluyen que prácticamente todos los grandes cuerpos de agua importantes tienen extensas zonas contaminadas. Por su alto nivel de contaminación es prioritario atender 15 cuencas de las 314 con que cuenta el país.[3]

Un problema especial lo presenta la infestación del agua por *malezas acuáticas*, cuyo desarrollo se ve favorecido por la existencia de nutrientes (fósforo y nitrógeno), provenientes de retornos agrícolas y descargas de aguas residuales domésticas e industriales. Esta situación afecta a 68 mil hectáreas en 268 cuerpos de agua, 10 mil kilómetros de canales y 14 mil kilómetros de drenes.[4]

[2] *Cf.* el *Programa Hidráulico 1995-2000* (editado por la Secretaría de Medio Ambiente, Recursos Naturales y Pesca, pp. 15 a 17).

[3] *Ibid*, p. 16.

[4] *Idem*.

Otro problema especial es la *contaminación por aguas residuales*. El uso doméstico del agua genera 7.3 km^3 al año de aguas residuales, de las cuales sólo son recolectadas en el alcantarillado 5.5 km^3 al año. Aunque se cuenta con infraestructura para tratar 1.4 km3 al año, la verdad es que se tratan adecuadamente sólo 0.53 km^3 al año, de modo que se descargan 6.8 km^3 de aguas residuales sin tratar al medio ambiente.[5] Por su parte, el uso industrial del agua genera 2.05 km^3, con 1.6 millones de toneladas de DBO al año, equivalente a la contaminación generada por 68 millones de habitantes. El caudal tratado de aguas residuales es de 0.17 km^3 al año, lo que representa sólo 8% de lo generado, con una remoción estimada de 0.12 millones de toneladas de DBO. En consecuencia, el caudal sin tratar es de 1.88 km^3 anuales, con 1.28 millones de toneladas de DBO anuales.[6]

El Programa Hidráulico 1995-2000 se propone superar estos problemas mediante un conjunto de acciones que buscan compatibilizar el crecimiento económico con la protección ambiental. Por ello, la nueva política hidráulica pretende ir más allá de los aspectos estrictamente regulatorios y establece un proceso de promoción e inducción de inversiones, creación de mercados y financiamiento, con participación de toda la sociedad.[7] El Programa se propone prestar una atención especial al saneamiento integral de cuencas hidrólogicas mediante acciones conjuntas de los sectores público y privado, con estímulos fiscales e incentivos económicos, "bajo el principio de el que contamina paga y quien no cumple la norma será sancionado".[8] En concordancia con lo anterior, el Programa presta una especial atención a los consejos de cuenca.[9]

142. El marco constitucional de las aguas

El sistema de protección jurídica de las aguas debe examinarse a partir de su régimen de dominio. El régimen de dominio de las aguas está regulado básicamente en la Constitución Política, que además de señalar que la propiedad de las aguas que están dentro de los límites del territorio nacional corresponde originariamente a la nación, la cual ha tenido y tiene el derecho de transmitir su dominio a los particulares, constituyendo la propiedad privada (véase la sección 17), atribuye también a la nación el dominio directo de las aguas que expresamente se enumeran para ese efecto, declarando que las demás deben considerarse como parte de la propiedad de los terrenos por los que corran o en los que se encuentren sus depósitos.

En efecto, el párrafo quinto del artículo 27 constitucional dispone que

[5] *Ibid.*, p. 21.
[6] Cifra estimada para 1994 (*ibidem*, p. 25)
[7] *Ibid.* p. 2.
[8] *Ibid.*, p. 3.
[9] Véase la parte final de la sección 147 de este libro.

son de propiedad de la Nación las aguas de los mares territoriales en la extensión y términos que fije el derecho internacional; las aguas marinas interiores; las lagunas y esteros que se comuniquen permanente o intermitentemente con el mar; las de los lagos interiores de formación natural que están ligados directamente a corrientes constantes; la de los ríos y sus afluentes directos o indirectos desde el punto del cauce en que se inician las primeras aguas permanentes, intermitentes o torrenciales, hasta su desembocadura en el mar, lagos, lagunas o esteros de propiedad nacional; la de las corrientes constantes o intermitentes y sus afluentes directos o indirectos, cuando aquéllas en toda su extensión o en partes de ellas sirva de límite al territorio nacional o a dos entidades federativas, o cuando pase de una entidad federativa a otra o cruce la línea divisoria de la República; la de los lagos, lagunas o esteros cuyos vasos, zonas o riberas, estén cruzadas por líneas divisorias de dos o más entidades o entre la República y un país vecino, o cuando el límite de las riberas sirva de lindero entre dos entidades federativas o a la República con un país vecino; las de los manantiales que broten en las playas, zonas marítimas, cauces, vasos o riberas de los lagos, lagunas o esteros de propiedad nacional y las que se extraigan de las minas; y los cauces, lechos o riberas de los lagos y corrientes interiores, en la extensión que fija la ley.

El mismo párrafo quinto agrega que "las aguas del subsuelo pueden ser libremente alumbradas mediante obras artificiales y apropiarse por el dueño del terreno; pero, cuando lo exija el interés público o se afecten otros aprovechamientos, el Ejecutivo Federal podrá reglamentar su extracción y utilización y aun establecer zonas vedadas, al igual que para las demás aguas de propiedad nacional". Finalmente, dicho párrafo previene que "cualesquiera otras aguas no incluidas en la enumeración anterior, se considerarán como parte integrante de la propiedad de los terrenos por los que corran o en los que encuentren sus depósitos; pero si se localizaren en dos o más predios, el aprovechamiento de estas aguas se considerará de utilidad pública y quedará sujeto a las disposiciones que dicten los estados".

El artículo 27 de la Constitución establece, además, que el dominio de la nación sobre las aguas es inalienable e imprescriptible y que la explotación, el uso o aprovechamiento de las mismas por los particulares o por sociedades constituidas conforme a las leyes mexicanas, no podrá realizarse sino mediante concesiones otorgadas por el Ejecutivo Federal, de acuerdo con las reglas y condiciones que establezcan las leyes (párrafo sexto). Asimismo, el artículo 27 de la Constitución establece algunas reglas sobre la capacidad para adquirir el dominio de las aguas o concesiones de las mismas.

En concordancia con lo anterior, la Constitución faculta explícitamente al Congreso de la Unión para expedir leyes sobre el uso y el aprovechamiento de las aguas de jurisdicción federal (fracción XVII del artículo 73).

Estas disposiciones constitucionales que establecen el régimen de dominio de las aguas, deben considerarse en el contexto de otras contenidas en el mismo artículo 27 constitucional y que se han examinado en el capítulo II de este libro. Con esto queremos remitirnos especialmente a las prescripciones constitucionales que consagran el principio de la función social de la propiedad privada y que establecen el deber del Estado de velar por la distribución equitativa de la riqueza pública constituida por los recursos naturales y por la conservación de los mismos.

Del conjunto de todas estas disposiciones resulta que el Estado tiene el deber constitucional de cuidar por la protección de las aguas. Ello deberá hacerlo con las aguas que son propiedad de la nación; pero también con aquellas que no lo son. En lo que concierne a las primeras, las leyes sobre el uso o aprovechamiento de las mismas que expida el Congreso de la Unión de acuerdo con la facultad que le concede la fracción XVII del artículo 73 constitucional, deberán tener en cuenta este mandato de la Constitución Política, como lo hace la recientemente vigente Ley de Aguas Nacionales, que trata de las aguas de jurisdicción federal. Pero las facultades del Congreso de la Unión se extienden también a las aguas que no son de propiedad de la nación, dado que en cualquier tiempo la nación puede imponer a la propiedad privada las modalidades que dicte el interés público, así como regular en beneficio social el aprovechamiento de los elementos naturales susceptibles de apropiación, con el objeto de hacer una distribución equitativa de la riqueza pública y cuidar de su conservación. Más aún, el Estado tiene el deber de adoptar las medidas necesarias para evitar la destrucción de los recursos naturales en general y del agua en particular, como lo manda el mismo párrafo tercero del artículo 27 constitucional.

A diferencia de lo que hacía la Ley Federal de Aguas, la vigente Ley de Aguas Nacionales no desarrolla el régimen de dominio de las aguas establecido en la Constitución Política, sino que se limita a señalar que para los efectos de dicha Ley se entenderá por aguas nacionales "las aguas propiedad de la Nación, en los términos del párrafo quinto del artículo 27 de la Constitución Política de los Estados Unidos Mexicanos" (artículo 3º, fracción I). Cabe decir que, en materia de dominio de las aguas, la Suprema Corte de Justicia de la Nación ha establecido jurisprudencia sobre lo que deben considerarse aguas nacionales y aguas de propiedad privada. Así, por ejemplo, la Corte ha declarado que "como el artículo 27 constitucional, en el párrafo relativo, establece los requisitos que se necesitan para considerar cuáles aguas son nacionales, es indudable que sólo tienen este carácter las que llenan tales requisitos de excepción, pues las demás son de propiedad privada".[10] También la Corte ha dicho que "del contexto del artículo 27 constitucional, se ve que son aguas nacionales, las corrientes que no sufren interrupción, es decir, que son perennes o permanentes, y las intermitentes, en su rama principal cuando atraviesen dos o más estados",[11] precisando que "la continuidad y permanencia de las aguas de una corriente depende de su naturaleza misma, y de ninguna manera, de hechos extraños en los que intervenga la mano del

[10] *Cf.* la tesis núm. 325 en *Tesis de ejecutorias 1917-1975. Apéndice al Semanario Judicial de la Federación,* Tercera Parte, Segunda Sala. México, 1975, p. 541.

[11] *Ibid.*, tesis núm. 326, p. 543.

hombre".[12] La misma Corte ha dejado asentado que "las aguas de los manantiales que son aprovechadas o que se consumen dentro de un mismo predio, no son nacionales".[13]

143. Los ordenamientos jurídicos que tratan de la protección de las aguas

En México, las aguas están reguladas por una pluralidad de ordenamientos jurídicos de diversos niveles jerárquicos, que tienen como punto de partida las normas del artículo 27 de la Constitución Política que se refieren a dicha materia. Como estos ordenamientos están subordinados a las ideas básicas establecidas en la Constitución respecto de la distribución equitativa y conservación de los recursos hídricos, todos ellos, de una u otra manera, tienen que ver con la protección de las aguas.[14]

En este capítulo se analizan sólo aquellos ordenamientos jurídicos que establecen las disposiciones más importantes sobre protección de las aguas, que son, además de la Constitución Política, la Ley General del Equilibrio Ecológico y la Protección al Ambiente y la Ley de Aguas Nacionales, así como la Ley General de Salud y otros ordenamientos que se mencionan más adelante.

La protección de las aguas, por cierto, abarca un universo de problemas que por lo general no están regulados en un mismo ordenamiento jurídico. El problema global consiste en la protección de las cuencas, lo que exige una ordenación de las mismas, esto es, la realización de las acciones necesarias para la protección del sistema hidrográficos en su conjunto y de cada uno de sus elementos. La contaminación de las aguas es uno de los problemas específicos que enfrenta la protección de las aguas y, como tal, suele estar en el centro de las preocupaciones del sistema jurídico. La contaminación de las aguas tiene como causas principales la descarga de todo tipo de desechos en ellas, sean ríos o arroyos, lagos o lagunas. Los ríos, en especial, han sido siempre considerados como conductores apropiados de efluentes y como receptores adecuados de aguas residuales, lo que ha traído como consecuencia, entre otros problemas, los de su sedimentación (o azolvamiento). La misma

[12] *Ibid.*, tesis núm. 328, p. 552.

[13] *Ibid.*, tesis núm. 327, p. 55l.

[14] La dispersión de las regulaciones sobre aguas se está terminando y dichas regulaciones se están simplificando. Como anécdota, vale la pena decir que en 1983 se estableció que en relación con las aguas existían "7 leyes federales; 7 reglamentos; 65 decretos que afectan un solo tipo de aguas; 30 decretos que crean, delimitan o amplían el establecimiento de distritos y unidades de riego; 36 decretos diversos; 58 acuerdos sobre la organización, zonas de influencia y límites de distritos de riego; 52 acuerdos que declaran veda para concesionar el recurso; y 13 acuerdos que crean, abrogan o limitan las funciones o existencia de organismos relacionados con el agua". *Cf.* Jesús Romero, *Algunos aspectos del agua y la ecología* en *II Reunión regional sobre legislación ambiental. Contaminación por aguas*, Secretaría de Desarrollo Urbano y Ecología, México, 1983, p. 122).

descarga de contaminantes en los suelos que se infiltran en el subsuelo, afecta los cuerpos de aguas subterráneas. Los cambios que se introducen en los cuerpos de aguas pueden también conducir a procesos indeseados de eutroficación, de salinización de sobresaturación. Un manejo apropiado de las aguas debe resolver estos problemas y otros tales como la prevención y control de la erosión hídrica y las sequías, el establecimiento de las reservas y vedas adecuadas, etcétera.[15]

144. Las atribuciones de las autoridades federales en materia de aguas. La Secretaría de Medio Ambiente, Recursos Naturales y Pesca y la Comisión Nacional del Agua

Hasta 1994, las principales atribuciones en materia de aguas estaban asignadas a la ex Secretaría de Agricultura y Recursos Hidráulicos, hoy Secretaría de Agricultura, Ganadería y Desarrollo Rural. Las modificaciones hechas ese año a la Ley Orgánica de la Administración Pública Federal transfirieron a la Secretaría de Medio Ambiente, Recursos Naturales y Pesca muchas de estas atribuciones. En el capítulo III de este libro se ha hecho una referencia a estos cambios, que ahora se precisa al tenor de lo que dispone el texto actual del artículo 32 bis de esa Ley, donde se dice que corresponde a esta Secretaría el despacho, entre otros, de los siguientes asuntos:

1) Formulación y conducción de la política nacional. "Formular y conducir la política nacional en materia de recursos naturales, siempre que no esté encomendada expresamente a otra dependencia, así como en materia de [...] agua [...], con la participación que corresponda a otras dependencias y entidades"(fracción II).

2) Administración y regulación del uso y promoción del aprovechamiento

[15] En los países industrializados, la preocupación por la protección de las aguas se ha concentrado especialmente en los problemas de contaminación, como lo ponen de manifiesto los numerosos ordenamientos jurídicos que se abocan especialmente a este tema. Así, por ejemplo, en los Estados Unidos de América existe una Ley Federal sobre el Control de la Contaminación de las Aguas (*Federal Water Pollution Control Act* —FWPCA—, que data de 1948, aunque fue modificada cinco veces antes de que, en 1972, llegara a tener el texto hoy vigente (pero, no debe olvidarse que, en 1899, se había puesto en vigor la *Rivers and Harbors Appropriations Act*, conocida como la *Refuse Act*). La FWPCA, al igual que otras de ese país, contiene una declaración de políticas, que están encaminadas a "restaurar y mantener la integridad química, física y biológica de las aguas de la Nación" (sección 117), a través de programas, cuya formulación y ejecución son reguladas en la Ley. Además, en 1974 fue promulgada una Ley sobre Seguridad del Agua Potable (Safe Drinking Water Act, SDWA), que contiene entre otras cosas importantes disposiciones respecto a la protección de las aguas subterráneas (secciones 1421 *et seq*). En los países de América Latina el recurso natural más legislado suele ser el agua. En el presente siglo, la materia ha sido regulada especialmente por Leyes o Códigos de Aguas, que van desde la Ley boliviana de 1906 hasta el nuevo Código chileno de 1981, que suelen contener normas sobre protección del recurso. Pero la agudización del problema de la contaminación del agua, también ha determinado que la nueva legislación ambiental se haya ocupado de la protección de las aguas, como lo hace la LGEEPA entre nosotros.

sustentable. "Administrar y regular el uso y promover el aprovechamiento sustentable de los recursos naturales que corresponde a la Federación" (fracción III).

3) Normas oficiales mexicanas. "Establecer, con la participación que corresponda a otras dependencias y a las autoridades estatales y municipales, normas oficiales mexicanas [...] sobre los ecosistemas naturales; sobre el aprovechamiento sustentable de los recursos naturales [...] sobre descargas de aguas residuales" (fracción IV).

4) Vigilancia. "Vigilar y estimular, en coordinación con las autoridades federales, estatales y municipales, el cumplimiento de las leyes, normas y programas relacionados [...] aguas [...], así como, en su caso, imponer las sanciones procedentes (fracción V).

5) Estudios, trabajos y servicios hidrológicos y geohidrológicos. "Dirigir los estudios, trabajos y servicios [...] hidrológicos y geohidrológicos, [...] y participar en los convenios internacionales sobre la materia (fracción XXI).

6) Trabajos de hidrología. "Organizar, dirigir y reglamentar los trabajos de hidrología en cuencas, cauces y álveos de aguas nacionales, tanto superficiales como subterráneos" (XXIII)

7) Aprovechamiento. "Administrar, controlar y reglamentar el aprovechamiento de cuencas hidráulicas, vasos, manantiales y aguas de propiedad nacional, y de las zonas federales correspondientes, con exclusión de los que se atribuya expresamente a otra dependencia; establecer y vigilar el cumplimiento de las condiciones particulares que deban satisfacer las descargas de aguas residuales, cuando sean de jurisdicción federal; autorizar, en su caso, el vertimiento de aguas residuales en el mar, en coordinación con la Secretaría de Marina, cuando provengan de fuentes móviles o plataformas fijas; en cuencas, cauces y demás depósitos de aguas de propiedad nacional; y promover y, en su caso, ejecutar y operar la infraestructura y los servicios necesarios para el mejoramiento de la calidad del agua en las cuencas" (fracción XXIV).

8) Obras de riego y otras. "Estudiar, proyectar, construir y conservar, con la participación que corresponda a la Secretaría de Agricultura, Ganadería y Desarrollo Rural, las obras de riego, desecación, drenaje, defensa y mejoramiento de terrenos y las de pequeña irrigación, de acuerdo con los programas formulados y que competa realizar al Gobierno Federal, por sí o en cooperación con las autoridades estatales y municipales o de particulares" (fracción XXV). En relación con esta atribución, cabe señalar que corresponde a la Secretaría de Agricultura, Ganadería y Desarrollo Rural "programar y proponer, con la participación que corresponde a la Secretaría de Medio Ambiente, Recursos Naturales y Pesca, la construcción de pequeñas obras de irrigación" (artículo 35, fracción XIX).

9) Regulación y vigilancia de la conservación. "Regular y vigilar la conservación de las corrientes, lagos y lagunas, en la protección de cuencas alimentadoras y las obras de corrección torrencial" (fracción XXVI).

10) Manejo del sistema hidrológico del Valle de México. "Manejar el sistema hidrológico del Valle de México" (fracción XXVII).

11) Control y obras de defensa. "Controlar los ríos y demás corrientes y ejecutar las obras de defensa contra inundaciones" (fracción XXIII).

12) Sistemas nacionales de riego. "Organizar y manejar la explotación de los sistemas nacionales de riego, con la intervención de los usuarios, en los términos que determinen las leyes, en coordinación, en su caso, con la Secretaría de Agricultura, Ganadería y Desarrollo Rural" (fracción XXIX).

13) Obras hidráulicas internacionales. "Ejecutar las obras hidráulicas que deriven de tratados internacionales" (fracción XXXII).

14) Dotación de agua. "Intervenir, en su caso, en la dotación de agua a los centros de población e industrias; fomentar y apoyar técnicamente el desarrollo de los sistemas de agua potable, drenaje, alcantarillado y tratamiento de aguas residuales que realicen las autoridades locales; así como programar, proyectar, construir, administrar, operar y conservar por sí, o mediante el otorgamiento de la asignación o concesión que en su caso se requiera, o en los términos del convenio que celebre, las obras y servicios de captación, potabilización, tratamiento de aguas residuales, conducción y suministro de aguas" (fracción XXXI).

15) *Otorgamiento de contratos, concesiones, licencias, permisos, autorizaciones y asignaciones, así como reconocimiento de derechos.* "Otorgar contratos, concesiones, licencias, permisos, autorizaciones, asignaciones, y reconocer derechos, según corresponda, en materia de aguas (fracción XXXIX).

Estas atribuciones de la Secretaría de Medio Ambiente, Recursos Naturales y Pesca deben considerarse en el contexto de las facultades de la *Comisión Nacional del Agua*. Esta Comisión fue creada por Decreto como un órgano administrativo desconcentrado de la ex Secretaría de Agricultura y Recursos Hidráulicos (*Diario Oficial de la Federación,* 16-I-1989), cuyas funciones eran, entre otras, "administrar y regular, en los términos de la ley, las aguas nacionales, la infraestructura hidráulica y los recursos que se le destinen" (artículo 2º, fracción IV).

Para ese efecto, a la Comisión Nacional del Agua se le asignó, entre otras atribuciones, "las que conforme a la legislación correspondan a la Secretaría de Agricultura y Recursos Hidráulicos en materia de recursos hidráulicos, salvo aquellas que por disposiciones legales o reglamentarias se le atribuyan expresamente al Titular de la citada Secretaría" (artículo 3º, fracción I). Pero en ese Decreto quedó establecido que dicho Titular "podrá revisar, confirmar, modificar, revocar y nulificar, en su caso, las resoluciones del órgano administrativo desconcentrado, de conformidad con las disposiciones relativas" (artículo 6º). La Comisión quedó a cargo de un Director General designado por el Ejecutivo Federal (artículo 4º) De conformidad con un Decreto posterior (*Diario Oficial de la Federación,* 19-IV-1991), la Comisión pasó a contar con un Consejo Técnico, integrado por los titulares de las Secretarías de Hacienda y Crédito Público,

Programación y Presupuesto (hoy, suprimida), Contraloría General de la República, Agricultura y Recursos Hidráulicos (hoy, la Secretaría de Agricultura, Ganadería y Desarrollo Rural) y Desarrollo Urbano y Ecología (hoy, la Secretaría de Medio Ambiente, Recursos Naturales y Pesca). Estas atribuciones de la Comisión Nacional del Agua fueron desarrolladas en el Reglamento Interior de la Secretaría de Agricultura y Recursos Hidráulicos (*Diario Oficial de la Federación,* 14-V-1990, con modificaciones en *Diario Oficial de la Federación,* 4-VI-1992).[16]

Esta situación fue modificada en 1992 por la Ley de Aguas Nacionales. Dispone ese ordenamiento jurídico que "la autoridad y administración en materia de aguas nacionales y de sus bienes públicos inherentes corresponde al Ejecutivo Federal, quien la ejercerá directamente o a través de la Comisión" (artículo 4º), esto es, no a través de la entonces Secretaría de Agricultura y Recursos Hidráulicos, de la que la Comisión era jurídicamente un organismo desconcentrado (como lo confirma por otra parte la fracción V del artículo 3° de la propia Ley de Aguas Nacionales). De conformidad con esta Ley, al entonces Secretario de Agricultura y Recursos Hidráulicos le fueron asignadas sólo las siguientes atribuciones: *1)* proponer al Ejecutivo Federal la política hidráulica del país; *2)* fungir como Presidente del Consejo Técnico de la Comisión; y *3)* las que en materia hidráulica le asignen específicamente las disposiciones legales (artículo 8º). En cambio, a la Comisión le pasó a corresponder el ejercicio de las atribuciones que conforme a la Ley de Aguas Nacionales son propias de la autoridad en materia hidráulica, dentro del ámbito de la competencia federal, excepto las que debe ejercer directamente el Ejecutivo Federal (fracción I del artículo 9°), así como las demás que señalan las restantes 15 fracciones de ese mismo precepto. Además, la Ley de Aguas Nacionales dotó a la Comisión de un Consejo Técnico que está integrado por los titulares de las Secretarías de Hacienda y Crédito Público, de Desarrollo Social, de la Contraloría General de la Federación, de Energía, Minas e Industria Paraestatal, de Agricultura y Recursos Hidráúlicos (que lo preside), de Salud y de Pesca (artículo 10). Aunque la Comisión no es un organismo descentralizado que esté dotado de personería jurídica, la Ley señala que su representación legal corresponderá a un Director General que será designado por el Presidente de la República (artículo 12). Cabe señalar que la misma Ley prevé la existencia de "consejos de cuenca", que serán establecidos por la Comisión, previo acuerdo de su Consejo Técnico, como instancias de coordinación y concertación (artículo 13).

[16] El Departamento del Distrito Federal, a su vez, cuenta con una Comisión de Aguas, creada como un órgano administrativo desconcentrado para prestar, por cuenta propia o a través de terceros, el servicio público de agua potable, drenaje y tratamiento y reuso de aguas residuales en el Distrito Federal, así como para administrar, operar y conservar la infraestructura hidráulica necesaria para la prestación de dicho servicio y que para tal efecto le asigne el Departamento del Distrito Federal (*Diario Oficial de la Federación,* 14-VII-1992).

Las modificaciones de 1994 a la Ley Orgánica de la Administración Pública Federal, que transfirieron a la SEMARNAP las atribuciones en materia de aguas que detentaba la ex Secretaría de Agricultura y Recursos Hidráulicos, determinaron que la Comisión Nacional del Agua se transformara en un órgano administrativo desconcentrado de la Secretaría de Medio Ambiente, Recursos Naturales y Pesca, pero las disposiciones de la Ley de Aguas Nacionales que se han citado no fueron modificadas. En consecuencia, el varias veces mencionado Reglamento Interior de la Secretaría de Medio Ambiente, Recursos Naturales y Pesca dispuso que a dicho órgano administrativo desconcentrado le corresponderían las atribuciones que se establecen en la Ley de Aguas Nacionales, su Reglamento y el propio Reglamento Interior de la SEMARNAP (artículo 37).

145. La protección de las aguas en la Ley General del Equilibrio Ecológico y la Protección al Ambiente

A diferencia de lo que hacía la Ley Federal de Protección al Ambiente, la LGEEPA se ocupa de la protección de las aguas a través de disposiciones que no sólo regulan la prevención y control de la contaminación del agua, especialmente por aguas residuales, sino también mediante normas que regulan el aprovechamiento sustentable del agua y de los ecosistemas acuáticos. A esta última materia está destinado el capítulo I del Título Tercero de la LGEEPA, que trata del aprovechamiento sustentable de los elementos naturales y, entre ellos, del agua y los ecosistemas acuáticos (artículos 88 a 97). Por su parte, el tema de la prevención y control de la contaminación de las aguas, especialmente por aguas residuales, se regula en el capítulo II del Título Cuarto de la LGEEPA, que se ocupa de la protección al ambiente, lo que en el lenguaje de esta Ley significa la prevención y control de la contaminación.

Es importante señalar que la LGEEPA trata en forma conjunta la protección de las aguas continentales y de las aguas marinas. En efecto, la Ley Federal de Protección al Ambiente de 1982 destinaba un capítulo especial a la protección del medio marino. En cambio, la LGEEPA optó por regular ambas materias en unas mismas normas.

A continuación se examina las disposiciones de la LGEEPA sobre el aprovechamiento sustentable del agua y de los ecosistemas acuáticos, mismas que tratan las siguientes materias: *1)* los criterios ecológicos para el aprovechamiento sustentable del agua y de los ecosistemas acuáticos; *2)* las actividades de las autoridades públicas que deben tener en consideración dichos criterios ecológicos; y *3)* las medidas que deben adoptarse para el aprovechamiento sustentable del agua y de los ecosistemas acuáticos.

En materia de *criterios ecológicos para el aprovechamiento sustentable del agua y los ecosistemas acuáticos*, el artículo 88 de la Ley, modificado en 1996, establece como tales los siguientes: *1)* corresponde al Estado y a la sociedad la protección de los ecosistemas acuáticos y del equilibrio de los elementos naturales que intervienen en el ciclo hidrológico; *2)* el aprovechamiento sustentable de los recursos naturales que comprenden los ecosistemas acuáticos debe realizarse de manera que no se afecte su equilibrio ecológico; *3)* para mantener la integridad y el equilibrio de los elementos naturales que intervienen en el ciclo hidrológico, se deberá considerar la protección de suelos y áreas boscosas y selváticas y el mantenimiento de caudales básicos de las corrientes de agua, y la capacidad de recarga de los acuíferos; y *4)* la preservación y el aprovechamiento sustentable del agua, así como de los ecosistemas acuáticos es responsabilidad de sus usuarios, así como de quienes realicen obras o actividades que afecten dichos recursos.

Los criterios ecológicos recién enunciados deben ser *tomados en consideración por las autoridades públicas en las actividades* que señala el artículo 89 de la Ley, modificado en 1996, entre las que se destaca por su importancia la integración y formulación del Programa Nacional Hidráulico. En efecto, ese precepto dispone que los criterios para el aprovechamiento racional del agua y de los ecosistemas acuáticos serán considerados en: *1)* la formulación e integración del Programa Nacional Hidráulico; *2)* el otorgamiento de concesiones, permisos y, en general, de toda clase de autorizaciones para el aprovechamiento de recursos naturales o la realización de actividades que afecten o puedan afectar el ciclo hidrológico; *3)* el otorgamiento de autorizaciones para la desviación, extracción o derivación de aguas de propiedad nacional; *4)* el establecimiento de zonas reglamentadas, de veda o de reserva; *5)* las suspensiones o revocaciones de permisos, autorizaciones, concesiones o asignaciones otorgados conforme a las disposiciones previstas en la Ley de Aguas Nacionales, en aquellos casos de obras o actividades que dañen los recursos hidráulicos nacionales o que afecten el equilibrio ecológico; *6)* la operación y administración de los sistemas de agua potable y alcantarillado que sirven a los centros de población e industrias; 7) las previsiones contenidas en el programa director para el desarrollo urbano del Distrito Federal respecto de la política de reuso de aguas; 8) las políticas y programas para la protección de especies acuáticas endémicas, amenazadas, en peligro de extinción o sujetas a protección especial; *9)* las concesiones para la realización de actividades de acuacultura, en términos de lo previsto en la Ley de Pesca; y *10)* la creación y administración de áreas o zonas de protección pesquera.

Por su lado, el artículo 91 de la LGEEPA agrega que la autorización para afectar el curso o cauce de las corrientes de agua se sujetará a los criterios ecológicos contenidos en la propia Ley. El precepto reitera en parte la disposición contenida en la fracción III del artículo 89, a la que se ha hecho referencia en el número 3 del párrafo anterior.

En lo que toca a las *medidas para el aprovechamiento sustentable del agua y los ecosistemas acuáticos*, la LGEEPA prescribe como la primera de ellas que la Secretaría, en coordinación con la Secretaría de Salud, expedirán las *normas oficiales mexicanas* para el establecimiento y manejo de zonas de protección de ríos, manantiales, depósitos y en general, fuentes de abastecimiento de agua para el servicio de las poblaciones e industrias, y promoverá el establecimiento de reservas de agua para consumo humano (artículo 90, modificado en 1996).

La segunda medida la establece el artículo 92 de la Ley, modificado en 1996, en virtud del cual las autoridades deben promover el *ahorro y uso eficiente del agua, el tratamiento de aguas residuales y su reuso*, todo ello con el propósito de asegurar la disponibilidad del agua y abatir los niveles de desperdicio.

La tercera medida que prescribe la LGEEPA para este efecto consiste en el mandato que confiere a la Secretaría para que realice las acciones tendientes a evitar, y en su caso controlar *procesos de eutroficación, salinización y cualquier otro proceso de contaminación* en las aguas nacionales (artículo 93, modificado en 1996).

Las restantes medidas que establece la LGEEPA se refieren al *aprovechamiento sustentable de los ecosistemas acuáticos* (artículos 94 a 97, modificados en 1996). El primero de esos preceptos asienta que la exploración, explotación, aprovechamiento y administración de los recursos acuáticos vivos y no vivos, se sujetará a lo que establecen *esta Ley, la Ley de Pesca, las normas oficiales mexicanas y las demás disposiciones aplicables*. El segundo de ellos se refiere a los *estudios de impacto ambiental* que la Secretaría debe solicitar a los interesados, previo al otorgamiento de concesiones, permisos y en general, autorizaciones para la realización de actividades pesqueras, cuando el aprovechamiento de las especies ponga en peligro su preservación o pueda causar desequilibrio ecológico (que es un tema que se examinó en la sección 73). El tercero de esos preceptos encomienda a la Secretaría la expedición de las *normas oficiales mexicanas* para la protección de los ecosistemas acuáticos, así como *promover la concertación de acciones de preservación y restauración de los ecosistemas acuáticos con los sectores productivos y las comunidades*. Y, el último, encomienda a la misma Secretaría el establecimiento de *viveros, criaderos y reservas de especies de flora y fauna acuáticas*. Se trata de una medida para promover la acuacultura, que es un tema que se desarrolla más adelante.

146. La Ley de Aguas Nacionales

La Ley de Aguas Nacionales, publicada en el *Diario Oficial de la Federación* del 1º de diciembre de 1992 (erratas publicadas en el mismo periódico, 15-II-1993), fue expedida para reemplazar la Ley Federal de Aguas de 1972. La nueva Ley es reglamentaria del artículo 27 constitucional en materia de aguas nacionales y su objeto es "regular la explotación, uso o aprovechamiento de dichas aguas, así como la preservación de su calidad" (artículo 1º). La idea de la protección de las aguas, por tanto, está presente en la Ley de Aguas Nacionales desde la primera de sus disposiciones.[17] En todo caso, recuérdese que esta Ley, al igual que todas las de su naturaleza, debe considerarse como supletoria de la LGEEPA, en virtud de lo dispuesto en las modificaciones de 1996 al párrafo final del artículo 1º de esta última.

La Ley de Aguas Nacionales está integrada por 124 artículos permanentes organizados en diez títulos, que tratan sucesivamente de las siguientes materias: disposiciones preliminares; administración del agua; programación hidráulica; derechos de uso o aprovechamiento de aguas nacionales; zonas reglamentadas, de veda o de reserva; usos del agua; prevención y control de la contaminación del agua; inversión de infraestructura hidráulica; bienes nacionales a cargo de la Comisión; e infracciones, sanciones y recursos. Sus disposiciones fueron reglamentadas en 1994, mediante el Reglamento de la Ley de Aguas Nacionales (*Diario Oficial de la Federación,* 12-I-1994), que abrogó el Reglamento de 1936 y otros ordenamientos reglamentarios sobre la materia.*

La Ley de Aguas Nacionales se expidió cuando la Ley General del Equilibrio Ecológico y la Protección al Ambiente tenía ya algunos años en vigor. Como se ha visto, esta última Ley contiene varias disposiciones que se refieren a la protección de las aguas, desde el punto de vista del aprovechamiento racional del agua y los ecosistemas acuáticos. Estas disposiciones fueron examinadas en la sección 145. La misma Ley contiene, además, un conjunto de disposiciones que se refieren a la protección de las aguas, pero desde el punto de vista de la prevención y control de la contaminación del agua y de los ecosistemas acuáticos. Estas disposiciones se examinan en la sección 153. Por su parte, la Ley de Aguas Nacionales contiene disposiciones que persiguen un aprovechamiento racional del agua (a lo largo de todo su articulado) y, además, que buscan la preservación de la calidad del agua (específicamente en el Título Séptimo, que está destinado a la prevención y control de la contaminación del agua). En las secciones que siguen se examinan las disposiciones de la Ley de Aguas Nacionales que se refieren a estas materias, estableciéndose sus relaciones con las normas de la Ley General del Equilibrio Ecológico y la Protección al Ambiente.

La Ley de Aguas Nacionales fue generada en el contexto del proceso de cambios iniciado en 1991 con las reformas al artículo 27 constitucional y la expedición de la Ley Agraria (examinadas en el capítulo IX) y que continuaron en 1992 con la expedición de la nueva Ley Forestal y la propia Ley de Aguas Nacionales, ambas consideradas como corolarios de las modificaciones que se hicieron en el régimen agrario. Ello fue puesto de manifiesto en su exposición de motivos, donde se dijo que la ahora abrogada Ley Federal de Aguas, aun cuando había sido reformada

[17] A partir de la Constitución de 1917 se expidieron diversas leyes sobre la materia, a saber: la Ley sobre Irrigación de 1926, la Ley de Riego de 1946, la Ley de Aguas de Propiedad Nacional de 1929, la segunda Ley de Aguas de Propiedad Nacional de 1934 y la Ley Federal de Aguas de 1972.

* Véase Addenda, § 3.

varias veces, ya no concordaba "plenamente con el esfuerzo de modernización de la legislación mexicana, específicamente, con el realizado en materia de planeación, administración pública, bienes nacionales, salud, equilibrio ecológico, pesca y, principalmente, con las recientes reformas al artículo 27 constitucional y la nueva Ley Agraria, que tienen por objetivo revitalizar y llevar mayor libertad y justicia al campo"; pero se agregó que la nueva legislación también se justificaba por "los cambios profundos que ocurren en todos los órdenes en el mundo y en México, los cuales obligan a modernizar las leyes e instituciones para enfrentar los retos que se nos presentan en el umbral del siglo XXI".

En el momento en que se expidió, la Ley de Aguas Nacionales se encontraba vigente el antiguo texto del párrafo final del artículo 1º de la LGEEPA, en virtud del cual las disposiciones de esta Ley se aplicarían sin perjuicio de las contenidas en otras leyes sobre cuestiones específicas que se relacionan con las materias que regulaba la propia LGEEPA. Como recién se dijo, ese texto prescribe ahora que en todo lo no previsto por la LGEEPA se aplicarán las disposiciones contenidas en otras leyes relacionadas con las materias que regula la misma LGEEPA, de modo que las disposiciones de la Ley de Aguas Nacionales pasaron a ser supletorias respecto de las disposiciones de la LGEEPA.

147. La programación hidráulica

La programación hidráulica, de la que se ocupa el Título Tercero de la Ley de Aguas Nacionales, es el primero de los mecanismos a utilizarse para alcanzar un aprovechamiento racional del agua. De este mecanismo se ocuparon las últimas reformas y adiciones que se hicieron a la Ley Federal de Aguas de 1972 (*Diario Oficial de la Federación,* 13-I-1986), mismas que introdujeron un nuevo capítulo a dicha Ley que trataba de la planeación del aprovechamiento y conservación de las aguas.

Las nuevas disposiciones en vigor están en el artículo 15 de la Ley de Aguas Nacionales y se limitan a establecer que la formulación, implantación y evaluación de la programación hidráulica comprenderá: *1)* la aprobación por parte del Ejecutivo Federal del programa nacional hidráulico respectivo; *2)* la formulación e integración de subprogramas específicos, regionales, de cuencas, estatales y sectoriales que permitan la concesión o asignación de la explotación, uso o aprovechamiento del agua, así como el control y preservación de la misma; *3)* la formulación y actualización del inventario de las aguas nacionales y de sus bienes públicos inherentes, así como el de los usos del agua y de la infraestructura para su aprovechamiento y control; *4)* la integración y actualización del catálogo de proyectos para el aprovechamiento del agua y para la preservación y control de su calidad; *5)* la clasificación de los cuerpos de agua de acuerdo con los usos a que se destinen, y la elaboración de los balances hidráulicos en cantidad y calidad y por cuencas y regiones hidrológicas; *6)* la formulación de estrategias y políticas para la regulación del uso o aprovechamiento del agua, y *7)* la promoción de los mecanismos de consulta, concertación y participación para la ejecución de programas y para su financiamiento, que permitan la concurrencia de los usuarios y de sus organizaciones y de las dependencias y entidades de la Administración Pública Federal, estatal o municipal.

La preocupación por la participación del sector privado en la programación hidráulica es confirmada por el párrafo final del artículo 15, que a la letra dice: "La formulación, seguimiento, evaluación y modificación de la programación hidráulica, en los términos de la Ley de Planeación, se efectuará con el concurso de los consejos de cuenca o, en su defecto, por los mecanismos que garanticen la participación de los usuarios". Los consejos de cuenca son una creación de la propia Ley de Aguas Nacionales, cuyo artículo 13 los define como "instancias de coordinación y concertación entre la Comisión, las dependencias y entidades de las instancias federal, estatal o municipal y los representantes de los usuarios, con objeto de formular y ejecutar programas y acciones para la mejor administración de las aguas nacionales, el desarrollo de la infraestructura hidráulica y de los servicios respectivos y la preservación de los recursos de la cuenca" (párrafo primero). Agrega ese precepto que la Comisión concertará con los usuarios, en el ámbito de los consejos de cuenca, las posibles limitaciones temporales a los derechos existentes para enfrentar situaciones de emergencia, escasez extrema, sobreexplotación o reseva. En estos casos, añade ese precepto, tendrá prioridad el uso doméstico (párrafo segundo).[18]

148. LOS DERECHOS DE USO O APROVECHAMIENTO DE LAS AGUAS NACIONALES*

La explotación, uso o aprovechamiento de las aguas nacionales se realiza mediante "concesión" o "asignación". La *concesión* es el acto jurídico en virtud del cual se otorga a una persona física o moral el derecho para explotar, usar o aprovechar las aguas de propiedad nacional (artículo 20, párrafo primero). La *asignación*, por su parte, es el acto jurídico por el cual se otorga el derecho de explotación, uso o aprovechamiento de las aguas de propiedad nacional a las dependencias y organismos descentralizados de la Administración Pública Federal, estatal o municipal (artículo 20, párrafo segundo). Esta diferenciación es puramente conceptual porque las asignaciones se rigen por las mismas reglas que las concesiones y los asignatarios son considerados concesionarios para los efectos de la Ley de Aguas Nacionales (artículo 20, párrafo tercero).

[18] El Programa de Trabajo para 1997 de la SEMARNAP muestra los avances que se han hecho en este campo y se propone avanzar en la constitución de los consejos faltantes (véase el resumen de dicho Programa en la página 55 de una publicación de ese nombre de la propia SEMARNAP).

* Véase Addenda, § 4.

A diferencia de lo que disponían las anteriores leyes de aguas en materia de prelación para el uso de las aguas de propiedad nacional,[19] en la Ley de 1992 los criterios para el otorgamiento de las concesiones son los siguientes: *1)* el otorgamiento se hará por licitación pública, cuando la Comisión haya reservado ciertas aguas para ese efecto al prever la concurrencia de varios interesados, y *2)* cuando no exista tal reserva, el otorgamiento se hará al primer solicitante; pero si los distintos solicitantes hubieran concurrido simultáneamente, el otorgamiento se hará al que ofrezca los mejores términos y condiciones (artículo 22).

Tanto la solicitud como el título de la concesión deben expresar, entre otras menciones, el volumen de consumo requerido y el uso que se le dará al agua, así como el punto de descarga con las condiciones de cantidad y calidad y el proyecto de obra a realizar o las características de las obras existentes para su extracción y aprovechamiento, así como las respectivas para la descarga (artículos 21 y 23). Incluso, ese uso puede ser modificado por el concesionario o asignatario sin más deber que dar aviso, si no se altera el "uso consuntivo" establecido en el título (artículo 25). Se entiende por "uso consuntivo" el volumen de agua de una calidad determinada que se consume al llevar a cabo una actividad específica, uso que en los términos de la Ley de Aguas Nacionales se determina como la diferencia del volumen de una cantidad determinada que se extrae, menos el volumen de una cantidad también determinada que se descarga, y que se señalan en el título respectivo (fracción X del artículo 3º).

Los concesionarios o asignatarios tienen, entre otras, las siguientes obligaciones: *1)* sujetarse a las disposiciones generales y normas en materia de seguridad hidráulica y de equilibrio ecológico y protección al ambiente, y *2)* cumplir con los requisitos de uso eficiente del agua y realizar su reúso en los términos de las normas oficiales y de las condiciones particulares que al efecto se establezcan (artículo 29).

Los concesionarios o asignatarios tienen, entre otras facultades, la de transmitir los derechos de sus títulos mediante un simple aviso o, cuando se puedan afectar los derechos de un tercero o alterar o modificar las condiciones hidrológicas o ecológicas de las cuencas o acuíferos, con autorización previa de la Comisión (artículo 33). En todo caso, la Comisión puede autorizar las transmisiones de los títulos, dentro de la misma cuenca o acuífero, sin mayor trámite que su inscripción en el Registro Público de Derechos de Agua, mediante acuerdos que deberán publicarse en el *Diario Oficial de la Federación* (artículo 34, párrafos primero y se-

[19] Así, por ejemplo, el artículo 25 de la Ley Federal de Aguas de 1972 establecía el siguiente orden de prelación: "I. Usos domésticos; II. Servicios públicos urbanos; III. Abrevaderos de ganado; IV. Riego de terrenos: *1)* Ejidales y comunales. *2)* De propiedad privada. V. Industrias: *1)* Generación de energía eléctrica para servicio público. *2)* Otras industrias. VI. Acuacultura; VII. Generación de energía eléctrica para servicio privado; VIII. Lavado y entarquinamiento de terrenos, y IX. Otros. La Secretaría de Agricultura y Recursos Hidráulicos debía observar ese orden, pero el Ejecutivo Federal podía alterarlo cuando lo exigía el interés público, salvo en el caso de los usos domésticos, que siempre tenían preferencia.

gundo). Si se trata de la transmisión de los derechos para explotar, usar o aprovechar aguas del subsuelo en zonas de veda o reglamentadas, dicha transmisión debe convenirse junto con la transmisión de la propiedad de los terrenos respectivos; pero también se podrá efectuar la transmisión por separado en la forma y términos que establezca el reglamento, quedando en todo caso obligados solidariamente quien transmite y quien adquiere los derechos a sufragar los gastos que ocasione la clausura del pozo que no se utilizará (artículo 35).

149. LAS ZONAS REGLAMENTADAS, DE VEDAS O DE RESERVA

La Ley de Aguas Nacionales establece, además, tres mecanismos importantes para la protección de las aguas: la reglamentación de la extracción y utilización de aguas nacionales, el establecimiento de zonas de veda y la declaración de reserva de aguas. Se trata de medidas que el Ejecutivo Federal puede adoptar en los siguientes casos de interés público: *1)* para prevenir o remediar la sobreexplotación de los acuíferos; *2)* para proteger o restaurar un ecosistema; *3)* para preservar fuentes de agua potable o protegerlas contra la contaminación; *4)* para preservar y controlar la calidad del agua, o *5)* por escasez o sequía extraordinaria (artículo 38).

En la reglamentación de la explotación, uso o aprovechamiento de las aguas nacionales, el Ejecutivo Federal debe fijar los volúmenes de extracción y descarga que se podrán autorizar, las modalidades o límites de los derechos de los concesionarios y asignatarios, y las demás disposiciones especiales que se requieran (artículo 39, párrafo primero). En los decretos de veda, el Ejecutivo Federal debe señalar la ubicación y delimitación de la misma, así como sus consecuencias y modalidades (artículo 40, párrafo primero). En las declaraciones de reserva, el Ejecutivo Federal puede establecer la reserva total o parcial de las aguas nacionales para usos específicos (artículo 41).

150. LOS USOS DEL AGUA

Una parte importante de la Ley de Aguas Nacionales está destinada a la regulación de los usos de las aguas (Título Sexto, artículos 48 a 84). Los usos allí normados son el *uso público urbano*, el *uso agrícola*, el *uso en generación de energía eléctrica* y el *uso en otras actividades productivas* (entre las que se mencionan las actividades industriales, de acuacultura y turismo). Dentro de ese mismo Título se regula el control de avenidas y la protección contra inundaciones. Muchas de estas normas tienen una especial relevancia ambiental.

Cuando se trata de aguas nacionales para *uso público urbano*, éstas son asignadas por la Comisión al respectivo sistema estatal o municipal de agua potable y alcantarillado (artículo 44, párrafo primero). En todo caso, es competencia de las autoridades municipales, con el concurso de los gobiernos de los estados en los términos de la ley, la explotación, uso o aprovechamiento de las aguas nacionales que se les hubieran asignado, incluyendo las residuales, desde el punto de su extracción o entrega por la Comisión y hasta el sitio de su descarga a cuerpos receptores que sean bienes nacionales, quedando reservada dicha explotación, uso o aprovechamiento a las autoridades municipales a través de sus entidades paraestatales o de concesionarios (artículo 45). Sin embargo, y siempre que concurran ciertos requisitos, la Comisión puede realizar las obras de captación o almacenamiento, conducción y, en su caso, tratamiento o potabilización para el abastecimiento de agua, con los fondos pertenecientes al erario federal, o con fondos obtenidos con aval o mediante cualquier otra forma de garantía otorgada por la Federación (artículo 46). Por último, previene la Ley de Aguas Nacionales que las descargas de aguas residuales a bienes nacionales o su infiltración en terrenos que puedan contaminar el subsuelo o los acuíferos, se sujeta a las disposiciones sobre prevención y control de la contaminación de la propia Ley (artículo 47). Recuérdese, sin embargo, que la LGEEPA también contiene disposiciones sobre la materia y que, de acuerdo con las modificaciones de 1996, sólo en lo no previsto en esa Ley se aplican las disposiciones contenidas en otras leyes relacionadas con esa materia.[20]

En lo que se refiere al *uso agrícola*, la Ley de Aguas Nacionales comienza por precisar que los ejidatarios, comuneros y pequeños propietario, así como los ejidos, comunidades, sociedades y demás personas que sean titulares o poseedores de tierras agrícolas, ganaderas o forestales dispondrán del derecho de explotación, uso o aprovechamiento de las aguas nacionales que se le hubieren concesionado, con la precisión de que cuando se trate de concesiones para riego la Comisión puede autorizar su aprovechamiento en terrenos distintos de los señalados en la concesión, siempre que el nuevo adquirente de los derechos sea su propietario o poseedor y no se causen perjuicios a terceros (artículo 48). El Título Sexto contiene, además, disposiciones especiales sobre el uso del agua en ejidos y comunidades, sobre las unidades de riego que pueden formar los productores rurales, sobre los distritos de riego y sobre el drenaje agrícola.

En materia de *uso de las aguas nacionales en generación de energía eléctrica*, la Ley establece que, con base en los estudios, los planes generales sobre aprovechamiento de los recursos hidráulicos del país y la programación hidráulica establecida en la propia Ley, la Comisión otorgará, en los volúmenes de agua disponibles, el respectivo título de asignación a favor de la Comisión Federal de Electricidad, debiendo señalar

[20] Señala el *Programa Hidráulico 1995-2000* en su página 20 que a nivel nacional, en 1995, de una población estimada de 91.6 millones de habitantes, 15.1 millones carecen de servicio de agua potable y 30.2 millones de alcantarillado. Los mayores rezagos se localizan en el medio rural: 47.5% sin servicio de agua potable y 79.1% sin servicio de alcantarillado.

en dicho título el volumen destinado a la generación de energía eléctrica y enfriamiento de plantas, así como las causas por las cuales se podrá terminar la asignación (artículo 78). Es de señalarse que la Ley agrega que "que el Ejecutivo Federal determinará si las obras hidráulicas correspondientes al sistema hidroeléctrico deberán realizarse por la Comisión Nacional del Agua o por la Comisión Federal de Electricidad" (artículo 79).

En lo que respecta al *uso del agua en otras actividades productivas*, la Ley se limita a señalar que dicho uso se podrá realizar por personas morales o físicas previa la concesión respectiva otorgada por la Comisión en los términos de la misma Ley y su Reglamento (artículo 82, párrafo primero).[21]

Por último, en materia de *control de avenidas y protección contra las inundaciones* la Ley faculta a la Comisión para realizar obras destinadas a esos propósitos, así como para clasificar las zonas en atención a sus riesgos de posible inundación, emitir las normas y recomendaciones necesarias, establecer las medidas de operación y otras y aplicar los fondos de contingencia integrados a ese efecto (artículo 83). La Comisión también está facultada para determinar la operación de la infraestructura hidráulica respecto del control de avenidas y tomar las medidas necesarias para dar seguimiento a fenómenos metereológicos extremos, promoviendo o realizando las acciones preventivas que se requieran, etcétera (artículo 84).

151. Las aguas del subsuelo

A diferencia de lo que ocurría con la Ley Federal de Aguas de 1972, la Ley vigente sobre la materia no contiene reglas especiales para la regulación de las aguas del subsuelo, que por lo general se rigen por las mismas reglas que las aguas superficiales, salvo en ciertos casos de excepción, algunos de los cuales ya han sido examinados.

Sin embargo, es importante llamar la atención sobre preceptos como el párrafo primero del artículo 18 de la Ley de Aguas Nacionales, que establece: "Las aguas del subsuelo podrán ser libremente alumbradas mediante obras artificiales, excepto cuando el Ejecutivo Federal por causa

[21] Llama la atención el hecho de que no existan disposiciones especiales sobre el uso industrial del agua, no obstante que este uso se ha incrementado velozmente en los últimos años, incluso en épocas de virtual estancamiento del sector industrial. En efecto, señalaba el *Programa Nacional de Aprovechamiento del Agua 1991-1994* que, en el período 1980-1988, la extracción de agua para uso industrial pasó de 5,302 millones de metros cúbicos a 8,500, esto es, tuvo un incremento del 46.5%. Este elevado consumo iba acompañado de un bajo nivel de reuso, a pesar de que por lo menos 60% de la demanda industrial de agua podía cubrirse con agua de reuso. Las estimaciones para 1994, hechas sólo sobre la base de 1,387 empresas ubicadas fuera de las zonas urbanas y consideradas como las más importantes por el uso y descarga de agua, son de 2.5 km^3, como se puede leer en la página 24 del *Programa Hidráulico 1995-2000*.

de interés público reglamente su extracción y utilización, establezca zonas vedadas o declare su reserva." El precepto tiene su punto de partida en el párrafo quinto del artículo 27 constitucional, que prescribe lo siguiente: "Las aguas del subsuelo pueden ser libremente alumbradas mediante obras artificiales y apropiarse por el dueño del terreno; pero cuando lo exija el interés público o se afecten otros aprovechamientos, el Ejecutivo Federal podrá reglamentar su extracción y utilización y aun establecer zonas vedadas al igual que para las demás aguas de propiedad nacional."

Hay que decir que aunque el precepto constitucional puede sugerir la idea de que las aguas del subsuelo no son de propiedad de la nación, ellas han sido consideradas tradicionalmente como tales por la legislación sobre la materia. Así lo hacía la Ley Federal de Aguas de 1972, que las incluía explícitamente en su enumeración de las aguas de propiedad de la nación (artículo 5º, fracción XI), y así lo hace la Ley de Aguas Nacionales vigente, que no contiene una enumeración de esa naturaleza, pero que regula dichas aguas como si fueran aguas nacionales.

Hay que decir también que en la discusión de la Ley Federal de Aguas se planteó la necesidad de modificar el párrafo quinto del artículo 27 constitucional, para incluir expresamente las aguas del subsuelo en la enumeración de las aguas de propiedad nacional. Al respecto, las Comisiones Unidas de agua e irrigación nacionales y de la segunda sección de estudios legislativos de la Cámara de Senadores opinaron que no era necesario tal reforma, porque el precepto constitucional en cuestión, al disponer que el Ejecutivo Federal podrá reglamentar su extracción y utilización y aun establecer zonas vedadas, "al igual que para las demás aguas de propiedad nacional", ya les está atribuyendo este carácter a las aguas del subsuelo. A juicio de esas Comisiones, "el régimen de las aguas [del subsuelo] es de propiedad nacional y [...] lo reglamentado por los párrafos quinto y sexto en cuanto a aguas del subsuelo libremente alumbradas y, en cuanto a todas, es el sistema de constitución del dominio privado sobre ellas".[22]

Agrega el párrafo segundo del artículo 18 de la Ley que, independientemente de lo anterior, la explotación, uso o aprovechamiento de las aguas del subsuelo causará las contribuciones fiscales que señale la ley, como ocurre con todas las aguas nacionales.

Y concluye el artículo 19 disponiendo que, cuando se den los casos de interés público que conforme al artículo 38 de la Ley autorizan al Ejecutivo Federal para reglamentar la extracción y utilización de aguas nacionales y establecer zonas de veda o declarar la reserva de aguas, será de interés público el control de la extracción y utilización de las aguas del subsuelo, inclusive de las que hayan sido libremente alumbradas.

[22] *Cf.* Martha Chávez Padrón, *Ley Federal de Aguas*, Porrúa, México, 3a. ed., 1981, p. 67.

152. Las aguas internacionales

En esta sección se analiza el problema de la protección de las aguas internacionales, en función de lo que es relevante para México, esto es, la protección de los ríos internacionales, que son aquellos que fluyen por los territorios de dos o más Estados o entre dichos territorios. En este último caso, tales ríos hacen las veces de frontera. En esa situación están los ríos Bravo y Colorado en la frontera norte de México (desde el Tratado de Guadalupe Hidalgo con los Estados Unidos de América, en 1848) y los ríos Suchiate y Usumacinta en la frontera sur del país (desde el Tratado con la República de Guatemala, en 1882). El uso internacional consiste en trazar la frontera sobre una línea imaginaria que corre por el centro del cauce; ésta es la solución que se ha seguido en general, con los mencionados ríos. De esta manera, forman parte del territorio mexicano una porción del cauce y de las aguas de esos ríos. De conformidad con el artículo 27 constitucional, tales aguas son propiedad de la nación. En consecuencia, la protección de las mismas se rige en principio por los ordenamientos federales respectivos.

Sin embargo, en estos casos el derecho interno de un país no puede resolver el problema de la protección de las aguas. Ello es mucho más evidente aun cuando se trata de ríos que fluyen de un territorio a otro, como es el caso de los ríos Bravo y Colorado y, además, del río Tijuana. La solución debe buscarse entonces en el derecho internacional que es el llamado a regular estas situaciones. A falta de tratados o convenciones multilaterales sobre la materia, los países ribereños suelen procurar una regulación apropiada de este problema por medio de acuerdos internacionales bilaterales, como ha ocurrido entre México y los Estados Unidos de América respecto de los ríos Bravo y Colorado, así como del río Tijuana. Con todo, los tratados internacionales en vigor son notoriamente insuficientes para resolver los cada vez más complejos problemas que presentan estos ríos, incluidos los relativos a la distribución de aguas, que son la materia a que se abocan.

Los acuerdos internacionales que se refieren específicamente a esta materia son la Convención para la Equitativa Distribución de las Aguas del Río Bravo (21 de mayo de 1906) y el Tratado sobre Distribución de Aguas Internacionales entre los Estados Unidos Mexicanos y los Estados Unidos de América (3 de febrero de 1944). Como su denominación lo indica, estos acuerdos internacionales están dirigidos fundamentalmente a reglar una adecuada distribución de las aguas de los ríos internacionales de que se ocupan. El primero tuvo por objeto satisfacer las demandas de los agricultores mexicanos del Valle de Juárez ante la disminución progresiva de los escurrimientos del río Bravo y fue el producto de numerosas y lentas negociaciones. La Convención se refiere exclusivamente al tramo del río Bravo comprendido desde las ciudades de Juárez (Chihuahua) y El Paso (Texas), hasta Fort Quitman (Texas), y establece la obligación de los Estados Unidos de entregar a México un determinado volumen anual de agua. El segundo de ellos fue el resultado de negociaciones más largas y complicadas aún y se refiere al tramo del río Bravo comprendido entre Fort Quitman (Texas) y el Golfo de México, así como al río Colorado. En el Tratado se establece cómo se asignarán a ambos países las aguas de esos ríos. Respecto del río Tijuana, en cambio, se establece sólo un procedimiento que podría llevar a una distribución equitativa de sus aguas. Este Tratado transforma la preexistente Comisión Internacional de Límites en una Comisión Internacional de Límites y Aguas, que ha tenido un importante papel en la ejecución de dicho Tratado. Hay que decir que mientras la Convención de 1906 se basa en consideraciones de cortesía internacional (esto es, con desconocimiento de los derechos de México sobre las aguas que se le asignan), el Tratado de 1944 declara estar inspirado en el deseo de fijar y delimitar claramente los derechos de ambos países sobre los ríos a que se refiere el Tratado.

La Convención de 1906 trata de la cantidad de las aguas a entregarse a México, pero no de su calidad. Respecto a los volúmenes asignados, hay que decir que terminaron siendo insuficientes para las necesidades del Valle de Juárez y, además, no siempre se ha entregado la cantidad convenida por razones de sequía (lo que estaba previsto en la Convención). Pero la aplicación de la cláusula de sequía parece haber carecido de equidad.[23] En cuanto a la calidad de las aguas, en cambio, no ha habido problemas, a diferencia de lo ocurrido con las aguas del río Colorado.

El Tratado de 1944 ha sido considerado como uno de los modelos en su género y efectivamente lo es desde muchos puntos de vista. Sin embargo, con el correr de los años se ha comenzado a poner de manifiesto su insuficiencia para resolver algunos problemas que no fueron debidamente considerados en su época. Debe señalarse que, con todo, algunos de estos problemas se han podido resolver de acuerdo con los mecanismos del mismo Tratado, como es el caso del importante problema de la salinidad de las aguas del río Colorado.

En efecto, la Comisión Internacional de Límites y Aguas puede, de acuerdo con el Tratado de 1944, formular decisiones que, aprobadas por los gobiernos, o no rechazadas en un término de dos meses por ellos, pasan a ser instrumentos bilaterales obligatorios jurídicamente. Como dice un autor, "las Actas de la Comisión, aprobadas por ambos gobiernos, son emanaciones del Tratado y equivalen a convenios ejecutivos internacionales, y se convierten en normas legales obligatorias. Son actos inmediatamente derivados del Tratado y puede decirse que tienen por ello la misma validez. Entre ellas destacan el Acta 18, del 22 de marzo de 1965 que se relaciona precisamente con medidas provisionales para atajar la salinidad del Colorado; el Acta 241, que va algo más adelante, de 14

[23] *Cf.* Jenaro Paz Reyes, "División de las aguas del Río Bravo (Grande) entre México y los Estados Unidos", en Clark S. Knowlton (comp.), *International Water along the Mexican-American Border,* The University of Texas at El Paso, 1969, pp. 17 y 18.

de julio de 1972; el Acta 242, del 30 de agosto de 1973, por la cual se soluciona en forma casi definitiva el conflicto de salinidad de las aguas del Colorado, y el Acta 261, del 24 de septiembre de 1979, que encarga a la Comisión la tarea de formular recomendaciones inmediatas para la solución permanente de la salubridad de las aguas a lo largo de la línea divisoria.[24]

Al hacer un balance de las cuestiones que suscitan estas aguas internacionales, César Sepúlveda ha señalado que "existen cuatro problemas identificables. El primero es la distribución equitativa de esas aguas en función de los tratados existentes. El segundo se refiere a la escasez futura de líquido; el tercero tiene que ver con la contaminación de esas aguas; el último es el relativo a las aguas del subsuelo, para lo cual no existe todavía un buen punto de partida, y sus problemas conexos, como la distribución y la contaminación".[25] Siguiendo al mismo autor, cabe decir que parece necesario revisar las cantidades fijas asignadas a México, que hoy resultan inequitativas para las zonas de Juárez y el Colorado. También hay que decir que debe iniciarse un conjunto de acciones de conservación para satisfacer las crecientes demandas de agua, que no fueron previstas en su época. La cuestión de la contaminación o de la calidad de esas aguas es otro problema altamente preocupante, que tampoco fue previsto en el Tratado de 1944 y menos aún en la Convención de 1906. Finalmente, las aguas del subsuelo en la zona fronteriza han planteado una serie de problemas inéditos sobre su eventual distribución y manejo, que nunca fueron considerados y a los cuales ambos países deben abocarse con la urgencia que el caso demanda.[26]

Creemos con César Sepúlveda que una buena solución para los tres primeros problemas consistiría en ratificar y ampliar las atribuciones de la Comisión Internacional de Límites y Aguas, en el marco de las disposiciones vigentes. El cuarto problema, en cambio exigiría nuevos acuerdos internacionales, que como dice nuestro autor, requerirían de previos y cuidadosos estudios técnicos.

Entre tanto, el Convenio sobre Cooperación para la Protección y Mejoramiento del Medio Ambiente en la Zona Fronteriza de 1983, establece un conjunto de principios que deberán ser considerados para solucionar los problemas ambientales fronterizos y configura otros mecanismos para ese efecto, que por cierto no excluyen los preexistentes. En efecto, en ese Convenio se dice que "las Partes acuerdan coordinar sus esfuerzos de conformidad con sus propias legislaciones nacionales y acuerdos bilaterales vigentes para atender problemas de contaminación

[24] *Cf.* César Sepúlveda, "Los recursos hidráulicos en la zona fronteriza México-Estados Unidos. Perspectiva de la problemática hacia el año 2000. Algunas recomendaciones", en César Sepúlveda y Albert Utton (comps.), *The U.S.-Mexico border region: anticipating resource needs and issues to the year 2000,* Texas Western Press, 1984, p. 357 (que es una publicación bajo la forma de un libro del *Natural Resources Journal,* vol. 22, núm. 4, de la University of New Mexico Law School).

[25] *Ibid.*, p. 359.

[26] *Ibid.*, p. 359 a 361.

del [...] agua en la zona fronteriza" (Artículo 5). Los mecanismos establecidos para este propósito son los mencionados más atrás. En todo caso, en el Convenio queda claro que éste no "prejuzgará o de manera alguna afectará las funciones encargadas a la Comisión Internacional de Límites y Aguas, de conformidad con el Tratado de Aguas de 1944" (Artículo 12, párrafo II").[27]

153. LA PREVENCIÓN Y CONTROL DE LA CONTAMINACIÓN DEL AGUA Y LOS ECOSISTEMAS ACUÁTICOS. LAS AGUAS RESIDUALES*

A partir de esta sección se examina el tema de la prevención y control de la contaminación de las aguas, que es tratado tanto por la Ley General del Equilibrio Ecológico y la Proteccción al Ambiente como por la Ley de Aguas Nacionales.

En efecto, la primera de esas Leyes destina el capítulo II del Título Cuarto de la Ley, que se denomina "prevención y control de la contaminación del agua y de los ecosistemas acuáticos" (artículos 117 a 133), a regular esa materia. En esas disposiciones se establecen: *1)* los criterios ecológicos sobre la contaminación del agua y de los ecosistemas acuáticos; *2)* la vinculación de dichos criterios con las distintas actividades de las autoridades públicas que inciden en la materia; *3)* la participación de las autoridades locales en la prevención y control de la contaminación del agua; *4)* las actividades que quedan sujetas a regulación federal o local para evitar la contaminación del agua; *5)* las reglas sobre prohibi-

[27] Nuestro punto de vista en esta materia lo expresamos hace ya algunos años en una ponencia que preparamos con el profesor Albert Utton de la Universidad de Nuevo México, intitulada "Aspectos jurídicos y reglamentarios en la administración y manejo del agua en la región fronteriza entre México y Estados Unidos". En dicho documento destaca que, sin perjuicio de lo allí expuesto, hay que entender que los problemas de calidad y cantidad de las aguas superficiales y del subsuelo en la zona fronteriza están vinculados, en definitiva, a la dinámica de los procesos productivos en ambos lados de la frontera. En consecuencia, expresamos que los problemas hídricos de la zona fronteriza no podrán resolverse sólo con acuerdos internacionales sobre aguas, sino será también menester corregir las tendencias que presenta el crecimiento de la zona. Por eso, en dicho documento postulamos que se procure moderar la demanda del agua en ambos lados de la frontera, por medio de medidas que regulen los procesos productivos en la zona fronteriza y que los armonicen con la base natural en que se sustentan. Por cierto, la interdependencia de las economías fronterizas hará necesario que algunas o muchas de estas medidas sean adoptadas coordinadamente. En tal caso, deberá tomarse en cuenta la soberanía, los derechos y los intereses de ambos países, en el marco de un espíritu de cooperación y en pie de igualdad. Esta ponencia fue elaborada para el simposio sobre "El manejo ambientalmente adecuado del agua en la zona fronteriza México-Estados Unidos. (Experiencia y perspectivas)", organizado por El Colegio de la Frontera Norte y El Colegio de México (Tijuana, B.C., junio de 1986) y fue publicada años más tarde, desglosada en diversos capítulos, por el mismo Colegio de la Frontera Norte, junto con otros trabajos (*cf.* José Luis Trava *et al.*, *Manejo ambiental adecuado del agua: la frontera México-Estados Unidos. Situación y perspectivas*, El Colegio de la Frontera Norte, Tijuana, 1991, 265 pp.)

* Véase Addenda, § 4

ciones y deberes en relación con la contaminación por aguas residuales, que se refieren básicamente a la descarga de aguas residuales; *6)* el monitoreo de la calidad de las aguas; y *7)* el tratamiento y el reuso de las aguas residuales. Repárese en que dichas normas se extienden a la contaminación de aguas continentales y marítimas. Los preceptos que se refieren específicamente al tratamiento y reuso de las aguas residuales se examinan en la sección siguiente y los que se refieren a la contaminación del medio marino se analizan en el capítulo XIII (véase la sección 173). Muchas de estas disposiciones fueron modificadas en 1996.

Por su parte, la Ley de Aguas Nacionales destina un Título a esta materia, que se ocupa, en primer término, de desarrollar un verdadero catálogo de las atribuciones de la Comisión Nacional del Agua en este campo y, en segundo término, de establecer normas para prevenir y controlar la contaminación del agua. El conjunto de estas disposiciones son supletorias de las normas de la Ley General del Equilibrio Ecológico y la Protección al Ambiente, ya que de acuerdo con las modificaciones de 1996 a esta Ley, como se ha dicho repetidamente, las normas de la LGEEPA prevalecen sobre las contenidas en otros ordenamientos que se refieren a la misma materia. Por esta razón, las disposiciones de la Ley de Aguas Nacionales son analizadas a continuación de las previstas en la LGEEPA, en la sección 155.

Entrando al examen de las normas de la Ley General del Equilibrio Ecológico y la Protección al Ambiente sobre prevención y control de la contaminación del agua y los ecosistemas acuáticos, cabe examinar, en primer término, los *criterios ecológicos* establecidos por esa Ley, que son los siguientes: *1)* la prevención y control de la contaminación del agua, es fundamental para evitar que se reduzca su disponibilidad y para proteger los ecosistemas del país; *2)* corresponde al Estado y a la sociedad prevenir la contaminación de ríos, cuencas, vasos, aguas marinas y demás depósitos y corrientes de agua, incluyendo las aguas del subsuelo; *3)* el aprovechamiento del agua en actividades productivas susceptibles de producir contaminación, conlleva la responsabilidad del tratamiento de las descargas, para reintegrarla en condiciones adecuadas para su uso en otras actividades y para mantener el equilibrio de los ecosistemas; *4)* las aguas residuales de origen urbano deben recibir tratamiento previo a su descarga en ríos, cuencas, vasos, aguas marinas y demás depósitos o corrientes de agua, incluyendo las aguas del subsuelo; y 5) la participación y corresponsabilidad de la sociedad es condición indispensable para evitar la contaminación del agua (artículo 117).

En consecuencia, la Ley establece, entre otras cosas, una política que procura incrementar la disponibilidad del agua, mediante el tratamiento de las aguas residuales para su reuso en otras actividades, pero que también procura evitar desequilibrios ecológicos. La responsabilidad que en este sentido le cabe a la sociedad, se subraya en la Ley en forma hasta reiterativa.

Las *actividades de las autoridades públicas que quedan vinculadas a estos criterios ecológicos*, son las siguientes: *1)* La expedición de normas oficiales mexicanas para el uso, tratamiento y disposición de aguas residuales, para evitar riesgos y daños a la salud pública; *2)* la formulación de las normas oficiales mexicanas que deberá satisfacer el tratamiento del agua para el uso y consumo humano, así como para la infiltración y descarga de aguas residuales en cuerpos receptores considerados aguas nacionales. A este respecto, establece el artículo 119 de la LGEEPA, modificado en 1996, que la Secretaría expedirá las normas oficiales mexicanas que se requieran para prevenir y controlar la contaminación de las aguas nacionales, conforme a lo dispuesto en la propia LGEEPA, en la Ley de Aguas Nacionales, su Reglamento y las demás disposiciones que resulten aplicables; *3)* los convenios que celebre el Ejecutivo Federal para entrega de agua en bloque a los sistemas usuarios o a usuarios, especialmente en lo que se refiere a la determinación de los sistemas de tratamiento de aguas residuales que deban instalarse; *4)* el establecimiento de zonas reglamentadas, de veda o de reserva en términos de la Ley de Aguas Nacionales; *5)* las concesiones, asignaciones, permisos y en general autorizaciones que deban obtener los concesionarios, asignatarios o permisionarios, y en general los usuarios de las aguas propiedad de la nación, para infiltrar aguas residuales en los terrenos, o para descargarlas en otros cuerpos receptores distintos de los alcantarillados de las poblaciones; *6)* la organización, dirección y reglamentación de los trabajos de hidrología en cuencas, cauces y álveos de aguas nacionales, superficiales y subterráneos; y *7)* la clasificación de cuerpos receptores de descarga de aguas residuales, de acuerdo a su capacidad de asimilación o dilución y la carga contaminante que éstos puedan recibir (artículo 118, modificado en 1996).

La enumeración de las actividades de las autoridades públicas en las cuales se deben considerar los criterios ecológicos sobre prevención y control de la contaminación del agua y los ecosistemas acuáticos es bastante completa. Sin embargo, la verdad es que estos criterios deben observarse en todas las actividades públicas que incidan en la materia, estén o no expresamente mencionadas en la Ley, pues los mandatos que contienen la política ecológica son obligatorios en todos los casos en que alguna actividad pública pueda contribuir a prevenir y controlar la contaminación del agua y los ecosistemas acuáticos.

En materia de *participación de las autoridades locales en la prevención y control de la contaminación del agua*, el nuevo artículo 119 bis de la LGEEPA dispone que corresponde a los gobiernos de los estados y de los municipios, por sí o mediante sus organismos públicos que administren el agua, así como al del Distrito Federal, de conformidad con la distribución de competencias establecida en esta Ley y conforme lo dispongan sus leyes locales en la materia, lo siguiente: *1)* el control de las descargas de aguas residuales a los sistemas de drenaje y alcantarillado; *2)* la vigilancia de las normas oficiales mexicanas correspondientes, así como requerir a quienes generen descargas a dichos sistemas y no cumplan con éstas, la instalación de sistemas de tratamiento; *3)* determinar el monto de los derechos correspondientes para que el municipio o autoridad estatal respectiva pueda llevar a cabo el tratamiento necesario, y en su caso, proceder a la imposición de las sanciones a que haya lugar; y *4)* llevar y actualizar el registro de las descargas a los sistemas de drenaje y alcantarillado que administren, el que será integrado al registro nacional de descargas a cargo de la Secretaría.

En lo que hace a *las actividades que quedan sujetas a regulación federal o local para evitar la contaminación del agua*, el artículo 120 de la LGEEPA dispone que tales actividades serán las siguientes: *1)* Las descargas de origen industrial; *2)* las descargas de origen municipal y su mezcla incontrolada con otras descargas; *3)* las descargas derivadas de actividades agropecuarias; *4)* las descargas de desechos, sustancias o residuos generados en las actividades de extracción de recursos no renovables; *5)* la aplicación de plaguicidas, fertilizantes y sustancias tóxicas; *6)* las infiltraciones que afecten los mantos acuíferos; y *7)* el vertimiento de residuos sólidos, materiales peligrosos y lodos provenientes del tratamiento de aguas residuales, en cuerpos y corrientes de agua (artículo 120).

Las *prohibiciones y deberes que se establecen en relación con la prevención y control de la contaminación por aguas residuales* se concretan en la prohibición de descargar esas aguas sin previo tratamiento y el permiso o autorización de la autoridad, así como en el señalamiento de las condiciones que deben reunir dichas aguas para ser descargadas y la prescripción de observar las normas técnicas ecológicas en las descargas y, en su caso, las condiciones particulares de descarga. La violación de la prohibición de descargar aguas residuales fuera del marco establecido por la LGEEPA puede conducir a la comisión del delito configurado en la fracción I del artículo 416 del Código Penal para el Distrito Federal en Materia Común y para toda la República en Materia de Fuero Federal, como se dice más adelante.

La prohibición de descargar aguas residuales sin previo tratamiento y el permiso o autorización de la autoridad, está contenida en el artículo 121 de la LGEEPA, que a continuación se transcribe: "No podrán descargarse o infiltrarse en cualquier cuerpo o corriente de agua o en el suelo o subsuelo, aguas residuales que contengan contaminantes, sin previo tratamiento y el permiso o autorización de la autoridad federal, o de la autoridad local en los casos de descargas en aguas de jurisdicción local o a los sistemas de drenaje y alcantarillado de los centros de población".

El precepto de la LGEEPA se refiere a las "aguas residuales que contengan contaminantes" y establece que sólo se podrán descargar o infiltrar cuando concurran las siguientes dos condiciones: *1)* que estas aguas sean tratadas previamente; y *2)* que se cuente con el permiso o autorización de la autoridad para hacerlo. Con arreglo a la Ley de Aguas Nacionales corresponde a la Comisión de Aguas Nacionales otorgar ese permiso, la que incluso puede sustituir la exigencia de dicho permiso por un simple aviso (artículo 88 de la Ley de Aguas Nacionales).

Es indiferente que dichas aguas se descarguen en cuerpos o corrientes de agua o en el suelo, o se infiltren en el subsuelo. En consecuencia, el bien jurídicamente tutelado no es sólo el agua, sino también el suelo. Por otra parte, la LGEEPA extiende este mandato al ámbito local de una manera indirecta, al señalar que la autorización deberá provenir, en los casos de descargas en aguas de jurisdicción local o a los sistemas de drenaje y alcantarillado en los centros de población, de la autoridad local correspondiente. De su lado, la Ley de Aguas Nacionales prescribe que corresponde a los municipios el control de las descargas de aguas residuales a los sistemas de drenaje o alcantarillado (artículo 88).

A continuación, el artículo 122 de la LGEEPA, modificado en 1996, señala las condiciones mínimas que deben reunir las aguas residuales provenientes de usos públicos urbanos y las de usos industriales o agropecuarios que se descarguen en los sistemas de drenaje y alcantarillado de las poblaciones o en las cuencas, ríos, cauces, vasos y demás depósitos o corrientes de agua, así como las que por cualquier medio se infiltren en el subsuelo, y en general, las que se derramen en los suelos. Estas condiciones son las necesarias para prevenir: *1)* la contaminación de los cuerpos receptores; *2)* las interferencias en los procesos de depuración de las aguas; y *3)* los trastornos, impedimentos o alteraciones en los correctos aprovechamientos, o en el funcionamiento adecuado de los sistemas, y en la capacidad hidráulica en las cuencas, cauces, vasos, mantos acuíferos y demás depósitos de propiedad nacional, así como de los sistemas de alcantarillado. Estas condiciones deben ser tomadas en cuenta por las autoridades llamadas a otorgar el respectivo permiso o autorización, incluidas las autoridades locales (dada la referencia que se hace a la descarga en los sistemas de alcantarillado de las poblaciones, que es una materia local).

Luego, el artículo 123 de la LGEEPA, también modificado en 1996, prescribe que todas las descargas en las redes colectoras, ríos, acuíferos, cuencas, cauces, vasos, aguas marinas y demás depósitos o corrientes de agua y los derrames de aguas residuales en los suelos o su infiltración en terrenos, deberán satisfacer las normas oficiales mexicanas que para tal efecto se expidan, y en su caso, las condiciones particulares de descarga que determine la Secretaría o las autoridades locales. Corresponderá a quien genere dichas descargas realizar el tratamiento previo requerido.

Este precepto deja en claro que se pueden establecer condiciones particulares de descarga, cuando ello sea necesario para prevenir y controlar la contaminación por aguas residuales. Estas condiciones pueden fijar requisitos más rigurosos que los previstos en las respectivas normas técnicas ecológicas y, por cierto, prevalecen sobre dichas normas. El mismo precepto aclara, además, que el tratamiento previo requerido corresponderá a quien genere dichas descargas.

Como se dijo, la descarga de aguas residuales puede implicar la comisión de un delito. En efecto, el artículo 416 del Código Penal para el Distrito Federal en Materia de Fuero Común y para toda la República en Materia de Fuero Federal sanciona con pena de tres meses a seis años de prisión y de mil a veinte mil días de multa, *al que sin la autorización que en su caso se requiera, o en contravención a las disposiciones legales, reglamentarias y normas oficiales mexicanas descargue, deposite o infiltre, o lo autorice u ordene, aguas residuales en los ríos, cuencas, vasos y demás depósitos o corrientes de agua de jurisdicción federal, que ocasionen o puedan ocasionar daños a la salud pública, a los recursos naturales, a la flora, a la fauna, a la calidad del agua de las cuencas o de los ecosistemas* (fracción I). Hasta 1996, un delito similar se encontraba tipificado en el artículo 186 de la LGEEPA.

El precepto del Código Penal no se limita a sancionar penalmente la descarga de aguas residuales, pues también castiga la descarga, depósito o infiltración de líquidos químicos o bioquímicos, así como de desechos o contaminantes en ríos, cuencas, cauces, vasos o demás depósitos o corrientes de agua de jurisdicción federal, en términos similares a la descarga de aguas residuales.

En la misma fracción I del artículo 416 se establece, además, que cuando se trate de *aguas para ser entregadas en bloque a centros de población*, la pena se podrá elevar hasta en tres años más.

Al igual de lo que sucede con el delito de contaminación de suelos, estos delitos se cometen cuando las acciones tipificadas como tales causen o puedan causar daños, lo que significa que dichos delitos están tipificados como delitos de peligro, no siendo necesario para incurrir en la comisión del mismo que se provoquen realmente los daños a que se refiere el precepto, sino sólo que exista la posibilidad cierta de que se causen dichos daños.[28]

En todo caso, cuando las aguas residuales afecten o puedan afectar fuentes de abastecimiento de agua, la Secretaría lo comunicará a la Secretaría de Salud y negará el permiso o autorización correspondiente, o revocará, y en su caso, ordenará la suspensión del suministro. Así lo dispone el artículo 124 de la LGEEPA.

Por último, en materia de *monitoreo de la calidad de las aguas*, el artículo 133 de la LGEEPA, modificado en 1996, dispone que la Secretaría, con la participación que en su caso corresponda a la Secretaría de Salud conforme a otros ordenamientos legales, realizará un sistemático y permanente monitoreo de dicha calidad de las aguas, para detectar la presencia de contaminantes o exceso de desechos orgánicos y aplicar las medidas que procedan. En los casos de aguas de jurisdicción local se coordinará con las autoridades de los Estados, el Distrito Federal y los municipios.

[28] Por su parte, el artículo 457 de la Ley General de Salud sanciona penalmente "al que por cualquier medio contamine un cuerpo de agua, superficial o subterránea, cuyas aguas se destinen para uso o consumo humano, con riesgo para la salud de las personas". De su lado, la Ley Federal de Aguas configura como una falta a sancionarse administrativamente, la conducta de "arrojar sin permiso, en los cauces o vasos de propiedad nacional, aguas de desechos industriales" (artículo 175, fracción I).

154. El tratamiento y reuso de las aguas residuales

Este tema está regulado en diversas disposiciones del mismo capítulo II del Título IV de la LGEEPA, que se refieren a la necesidad de tratar las aguas residuales, los equipos de tratamiento de aguas residuales de origen urbano, la programación y construcción de obras e instalaciones de purificación de aguas de procedencia industrial y al reuso de aguas residuales en la industria y en la agricultura.

Más atrás se dijo que el artículo 92 de la Ley, modificado en 1996, establece que las autoridades deben promover, entre otras cosas, *el tratamiento de aguas residuales y su reuso*, todo ello con el propósito de asegurar la disponibilidad del agua y abatir los niveles de desperdicio.

Por eso, uno de los criterios ecológicos establecidos por la Ley en materia de prevención y control de la contaminación consiste, precisamente, en que el aprovechamiento del agua en actividades productivas susceptibles de producir contaminación conlleva la responsabilidad del tratamiento de las descargas, para reintegrarla en condiciones adecuadas para su uso en otras actividades y para mantener el equilibrio de los ecosistemas, como también se dijo más atrás (artículo 117, fracción III).

En concordancia con ese criterio ecológico, el artículo 129 dispone que el otorgamiento de asignaciones, autorizaciones, concesiones o permisos para la explotación, uso o aprovechamiento de aguas en actividades económicas susceptibles de contaminar dicho recurso, *estará condicionado al tratamiento previo necesario de las aguas residuales que se produzcan*.

Para asegurar un correcto cumplimiento de este deber de tratamiento de las aguas residuales, establece el artículo 126 de la LGEEPA que los *equipos de tratamiento de las aguas residuales de origen urbano* que diseñen, operen o administren los municipios, las autoridades estatales, o el Distrito Federal, deberán cumplir con las normas oficiales mexicanas que al efecto se expidan.

Y, a continuación, el artículo 127 dispone que la Secretaría, en coordinación con la Secretaría de Salud, emitirán opinión, con base en los estudios de la cuenca y sistemas correspondientes, para la *programación y construcción de obras e instalaciones de purificación de aguas residuales de procedencia industrial*.

Por su parte, en materia de *reuso de las aguas residuales* dispone el párrafo primero del artículo 128 que *las aguas residuales provenientes de los sistemas de drenaje y alcantarillado urbano podrán utilizarse en la industria y en la agricultura* si se someten en los casos que se requiera, al tratamiento que cumpla con las normas oficiales mexicanas emitidas por la Secretaría, y en su caso, por la Secretaría de Salud (artículo 128, párrafo primero). Y agrega el párrafo segundo del mismo precepto que, en los aprovechamientos existentes de aguas residuales en la agricultura, se promoverán acciones para mejorar la calidad del recurso, la reglamentación de los cultivos y las prácticas de riego.

155. La prevención y control de la contaminación del agua en la Ley de Aguas Nacionales

Como se ha dicho, el Título sobre la materia se ocupa, en primer término, de desarrollar un verdadero catálogo de las atribuciones de la Comisión Nacional del Agua en este campo y, en segundo término, de establecer normas para prevenir y controlar la contaminación del agua.

En materia de atribuciones de la Comisión, el artículo 86 de la Ley establece como tales las siguientes: *1)* "promover y, en su caso, ejecutar y operar la infraestructura federal y los servicios necesarios para la preservación, conservación y mejoramiento de la calidad del agua en las cuencas hidrológicas y acuíferos, de acuerdo con las normas oficiales mexicanas respectivas y las condiciones particulares de descarga" (fracción I); *2)* "formular programas integrales de protección de los recursos hidráulicos en cuencas hidrológicas y acuíferos, considerando las relaciones existentes entre los usos del suelo y la cantidad y calidad del agua" (fracción II); *3)* establecer y vigilar el cumplimiento de las condiciones particulares de descarga que deben satisfacer las aguas residuales que se generen en bienes y zonas de jurisdicción federal; de aguas residuales vertidas directamente en aguas y bienes nacionales, o en cualquier terreno cuando dichas descargas puedan contaminar el subsuelo o los acuíferos; y en los demás casos previstos en la Ley General del Equilibrio Ecológico y la Protección al Ambiente" (fracción III); *4)* "autorizar, en su caso, el vertido de aguas residuales en el mar, y en coordinación con la Secretaría de Marina cuando provengan de fuentes móviles o plataformas fijas" (fracción IV); *5)* "vigilar, en coordinación con las demás autoridades competentes, que el agua suministrada para consumo humano cumpla con las normas de calidad correspondiente, y que el uso de las aguas residuales cumpla con las normas de calidad de agua emitidas para tal efecto" (fracción V); *6)* "promover o realizar las medidas necesarias para evitar que basura, desechos, materiales y sustancias tóxicas y lodos, producto de los tratamientos de aguas residuales, contaminen las aguas superficiales o del subsuelo, y los bienes nacionales que señala el artículo 113" (fracción VI), y *7)* "ejercer las atribuciones que corresponden a la Federación en materia de prevención y control de la contaminación del agua y de su fiscalización y sanción, en los términos de la Ley General del Equilibrio Ecológico y la Protección al Ambiente, salvo que corresponda a otra dependencia conforme a la Ley Orgánica de la Administración Pública Federal" (fracción VII).

Uno de los mecanismos básicos para el ejercicio de estas atribuciones son las Declaratorias de Clasificación de los Cuerpos de Aguas Nacionales, que la Comisión debe expedir y hacer publicar en el *Diario Oficial de la Federación*. En esas Declaratorias, la Comisión debe determinar los parámetros que habrán de cumplir las descargas, la capacidad de asimilación y dilución de los cuerpos de aguas nacionales y las cargas de contaminantes que éstos pueden recibir, así como las metas de calidad y los plazos para alcanzarlas (artículo 87).

Los restantes preceptos de este Título Séptimo están destinados a regular las descargas de aguas residuales en cuerpos receptores que sean aguas nacionales o demás bienes nacionales, incluyendo aguas marinas, así como en los casos de infiltración en terrenos que sean bienes nacionales o en otros terrenos, cuando puedan contaminar el subsuelo o los acuíferos. La idea más general es que estas descargas requieren de permiso de la Comisión, pero ésta puede sustituir el permiso por un simple aviso mediante acuerdos de carácter general por cuenca, acuífero, zona, localidad o usos. En todo caso, corresponde a los municipios el control de las descargas de aguas residuales a los sistemas de drenaje o alcantarillado. Esto es lo que dispone el artículo 88 de la Ley. Por otra parte, la Comisión puede ordenar la suspensión de las actividades que dan origen a las descargas de aguas residuales, en los casos previstos en el artículo 92 de la Ley e, incluso, puede revocar el permiso de descarga de dichas aguas en los casos señalados en el artículo 93 de la Ley. Además, la Comisión debe realizar la inspección o fiscalización de las descargas de aguas residuales para verificar el cumplimiento de la Ley, haciendo constar sus resultados en actas circunstanciadas que pueden servir de base para la aplicación de las sanciones legales (artículo 95).

Hay que señalar que la explotación, uso o aprovechamiento de bienes del dominio público de la Nación como cuerpos receptores de aguas residuales pueden motivar el pago de derechos. En efecto, el artículo 276 de la vigente Ley Federal de Derechos prescribe:

> Están obligados a pagar el derecho por uso o aprovechamiento de bienes del dominio público de la Nación como cuerpos receptores de las descargas de aguas residuales, las personas físicas o morales que descarguen en forma permanente, intermitente o fortuita, aguas residuales en ríos, cuencas, cauces, vasos, aguas marinas y demás depósitos o corrientes de agua, así como los que descarguen aguas residuales en los suelos o las infiltren en terrenos que sean bienes nacionales o que puedan contaminan el subsuelo o los acuíferos, en los términos de los dispuesto en esta Ley

Esta disposición es recogida por el párrafo segundo del artículo 112 de la Ley de Aguas Nacionales, que a la letra dispone:

> La explotación, uso o aprovechamiento de bienes del dominio público de la Nación como cuerpos receptores de descargas de aguas residuales motivará el pago del derecho que establece la Ley Federal de Derechos. El pago es independiente del cumplimiento de lo dispuesto en esta ley sobre la prevención y control de la calidad del agua; de lo dispuesto en la Ley General del Equilibrio Ecológico y la Protección al Ambiente; y en la Ley General de Salud.

Quizás sea importante señalar que la Ley de Aguas Nacionales contiene en su Título Décimo y final un conjunto de disposiciones sobre infracciones y sanciones administrativas (que pueden consistir en multas y clausura), así como sobre el recurso de revisión que los particulares pueden interponer contra los actos o resoluciones definitivas de la Comisión que causen agravio a éstos. También puede ser importante advertir que el artículo décimo transitorio de la Ley establece que seguirán vigentes las normas técnicas ecológicas e hidráulicas que haya expedido la dependencia de la Administración Pública Federal competente mientras no se expidan las normas oficiales mexicanas en los términos de la Ley Federal sobre Metrología y Normalización.

156. La reglamentación de la prevención y control de la contaminación de las aguas y las normas oficiales mexicanas sobre la materia

La aplicación de las disposiciones que se han examinado requiere de la existencia de normas reglamentarias y técnicas que haga posible dicha aplicación.

Las primeras estaban contenidas en el Reglamento para la Prevención y Control de la Contaminación de Aguas (*Diario Oficial de la Federación,* 29-III-1973, con reformas y adiciones en *Diario Oficial de la Federación,* 22-XII-75).[29] Este Reglamento fue abrogado por el Reglamento de la Ley de Aguas Nacionales (*Diario Oficial de la Federación*, 12-I-1994, con fe de erratas en *Diario Oficial de la Federación*, 94), cuyas disposiciones sobre la materia, en consonancia con la preeminencia que tenían las normas de la Ley de Aguas Nacionales sobre la LGEEPA, fueron las que pasaron a reglamentar la prevención y control de la contaminación del agua. Estas normas están ubicadas dentro del Título Séptimo del Reglamento, que se denomina "Prevención y Control de la Contaminación de las Aguas" (artículos 133 a 156).

Por su parte, las normas técnicas que hacen posible la aplicación de las disposiciones legales sobre la materia están contenidas, en primer término, en un conjunto de normas oficiales mexicanas, que se pusieron en vigor fundamentalmente a partir de la década de los setenta, con motivo de la expedición de la Ley Federal para Prevenir y Controlar la Contaminación Ambiental (1971) y, más tarde, del Reglamento para la Prevención y Control de la Contaminación de las Aguas (1973).[30]

Esta situación comenzó a cambiar cuando la LGEEPA introdujo en 1987 las llamadas normas técnicas ecológicas, mismas que se empezaron a expedir desde junio de 1988 y que comprendían, entre otras materias,

[29] Este Reglamento fue puesto en vigor durante la vigencia de la LFPCCA y, de acuerdo con lo que previno el artículo 3º transitorio de la LFPA, se siguió aplicando durante la vigencia de ésta, en lo que no la contraviniera. La vigencia del Reglamento fue extendida, a su vez, por la LGEEPA, cuyo artículo 3° transitorio dispuso que mientras no se expidieran las correspondientes disposiciones reglamentarias, seguirían en vigor las que han regido hasta ahora, en lo que no la contravengan. En consecuencia, dicho Reglamento estuvo vigente, en todo lo que no era contrario a las disposiciones de la LGEEPA, hasta su abrogación en 1994.

[30] El más alto número de ellas corresponden al período 1980-1982.

las concernientes a la contaminación de las aguas. Sin embargo, con la expedición en 1993 de la nueva Ley Federal de Metrología y Normalización hubo un retorno al sistema de las normas oficiales mexicanas.[31] En la actualidad, se está procurando simplificar al máximo esta normatividad técnica.

157. Las aguas residuales en la Ley General de Salud

La Ley General de Salud se ocupa también de la misma materia, aunque desde una perspectiva circunscrita a la cuestión de la salud humana, cuando establece que queda prohibida la descarga de aguas residuales o de contaminantes en cualquier cuerpo de agua superficial o subterráneo, cuyas aguas se destinen para uso o consumo humano. Los usuarios que utilicen aguas que posteriormente serán utilizadas para uso o consumo de la población, están obligados a darles el tratamiento correspondiente a fin de evitar riesgos para la salud humana (artículo 122).

[31] A partir de esa fecha se expidieron un conjunto de normas oficiales mexicanas sobre aguas residuales, que se pueden consultar en una edición del Programa de las Naciones Unidas para el Medio Ambiente (Serie de Legislación Ambiental núm. 4, vol. I, 1995).

XI. LA PROTECCIÓN DE LOS RECURSOS NATURALES NO RENOVABLES

158. La delimitación del tema. 159. Los problemas de la protección de los recursos minerales y del ambiente respecto de los efectos de las actividades mineras. 160. El régimen constitucional de los recursos minerales. 161. La protección de los recursos minerales en la Ley Minera. 162. La protección del ambiente de los efectos de las actividades mineras en la Ley Minera. 163. La protección del ambiente de los efectos de las actividades mineras en la Ley General del Equilibrio Ecológico y la Protección al Ambiente. 164. Las atribuciones de las dependencias federales.

158. La delimitación del tema

Hasta ahora se ha examinado el sistema de protección de un conjunto de elementos que integran los ecosistemas terrestres, como son los suelos, la flora, la fauna y las aguas continentales. En este capítulo se aborda el tema de los recursos naturales no renovables que forman parte de esos ecosistemas, aunque también están en los ecosistemas marinos. Se trata de algunos componentes abióticos que tienen la connotación de un "recurso natural", en la medida en que conllevan una significación económica para el hombre, pero que también tienen la connotación de su "no renovabilidad", lo que en estricto rigor significa que son "de génesis antigua", como se dice hoy en día con más exactitud. Estos recursos naturales no renovables son los minerales.

A la ecología le interesan las sustancias inorgánicas, como el carbono, el nitrógeno, el fósforo y otras, en tanto elementos abióticos de un ecosistema que forman parte de sus ciclos biogeoquímicos, esto es, en tanto nutrientes. Aquí, las sustancias minerales se consideran como recursos naturales no renovables —que es la manera como las nombra la legislación—, cuya protección es necesaria para satisfacer las necesidades de las sociedades industriales, que ejercen una enorme presión sobre estos recursos y amenazan con colapsarlos. Lo que preocupa a la legislación sobre la materia —y más adelante veremos cuáles son el contenido y los límites de esa preocupación— es evitar una extracción irrestricta y poco adecuada que pueda conducir al agotamiento prematuro de los depósitos existentes. Sin embargo, hay aún otra perspectiva desde la cual se pueden considerar las sustancias minerales bajo un prisma ambiental, que consiste en el enfoque dirigido a los efectos que causan sobre el ambiente las actividades relacionadas con la exploración, explotación y beneficio de los minerales. Esto también constituye una preocupación para la legislación.

En este capítulo se examinan ambos aspectos de los recursos naturales no renovables, esto es, la cuestión de la protección de los mismos —lo que se ajustaría a la denominación del capítulo—, y la protección del ambiente respecto de los efectos que generan las actividades mineras, que excede esa denominación, pero que es conveniente tratar aquí porque está regulada en los mismos ordenamientos jurídicos que se ocupan de la protección de los recursos naturales no renovables.

De este examen se excluyen, sin embargo, los recursos energéticos no renovables, como los hidrocarburos y los minerales radiactivos, que se consideran en el siguiente capítulo. La razón de su exclusión tiene que ver no sólo con el hecho de que ellos se regulan en ordenamientos jurídicos distintos de los que tratan las demás sustancias minerales, sino también con el propósito de presentar la problemática de todos los recursos energéticos en un mismo capítulo.

En consecuencia, a continuación se analizan, desde una perspectiva ambiental, las disposiciones que se refieren a las sustancias minerales, a partir de las reglas que sobre el particular establece la Constitución Política. Luego se considera el sistema de protección de los recursos minerales, a la luz de lo que dispone sobre el particular la Ley Minera de 1992. Después se revisan las normas de esa misma Ley que tratan de la protección del ambiente respecto de los efectos de las actividades mineras, para luego examinarse la misma materia, pero desde la perspectiva de la LGEEPA. Finalmente, se señalan las atribuciones de que disponen las dependencias federales para la protección de los recursos minerales y del ambiente respecto de los efectos de las actividades mineras.

159. Los problemas de la protección de los recursos minerales y del ambiente respecto de los efectos de las actividades mineras

México es un país especialmente rico en depósitos minerales, los que sin embargo no están aún debidamente explorados o explotados. Se estima que 1.6 millones de kilómetros cuadrados del territorio nacional tienen condiciones geológicas apropiadas para los procesos metalogenéticos. Con todo, sólo 2 500 kilómetros cuadrados de esa superficie, es decir, 1.5%, se ha concesionado para su exploración o explotación. Se trata de una proporción que es igual a la que existía en la época colonial.[1]

Esta situación de desaprovechamiento de los recursos minerales pudiera llevar a pensar que su explotación ha tenido poca incidencia en la economía nacional, lo cual no es cierto. Por el contrario, desde la Colonia

[1] *Cf. Informe sobre el estado del medio ambiente en México, cit. supra,* p. 16. Por su parte, el *Programa Nacional de Modernización de la Minería 1990-1994* (*Diario Oficial de la Federación,* 6-VI-1990, con erratas en *Diario Oficial de la Federación,* 12-VII-1990) señala que sólo se ha explorado aproximadamente el 10% de la superficie nacional.

la minería ha sido una actividad altamente significativa en la economía nacional, no sólo desde el punto de vista de la satisfacción de las necesidades internas, sino también como fuente para la captación de divisas a través de la exportación de minerales. México ocupa un lugar importante en el escenario mundial de los minerales. La minería ha contribuido de una manera importante a la generación del PIB nacional, así como a la generación de las divisas, aunque este último hecho haya quedado en un segundo plano durante el auge de las exportaciones petroleras. En los años recientes la actividad minera ha sido el sector más dinámico de la economía nacional —no obstante la contracción que ha experimentado la economía en su conjunto—, y su participación como fuente generadora de divisas, después de la actividad petrolera, está en proceso de incremento, a pesar de la caída de los precios de las materias primas en el mercado mundial.[2]

Todos estos datos permiten formular algunas reflexiones sobre la protección de los recursos minerales. En principio, esta problemática parece estar constituida por la tendencia a la sobrexplotación de los recursos minerales que se pueden considerar más rentables en el corto plazo, en especial de aquellos que son exportables. Las condiciones generales de la economía y, sobre todo, las relaciones financieras de México con el exterior, la caída de los precios internacionales del petróleo y la propia caída de los precios de los minerales en el mercado mundial, configuran un escenario que propicia la sobrexplotación de ciertos recursos. Es cierto que México posee, aparentemente, grandes reservas minerales, pero que no han sido suficientemente determinadas. Esto último conduce a una segunda cuestión de la problemática de la protección de los recursos minerales, a saber, la carencia de un inventario nacional de dichos recursos, con base en el cual se pueda diseñar una política de protección y de explotación de los mismos, que incluya la constitución de áreas de reservas nacionales. Tal carencia dificulta la formulación de una política que pudiera corregir las tendencias que conducen al agotamiento prematuro de ciertos recursos, y, en algunos casos, a su explotación en forma poco adecuada.

Respecto de la problemática de los efectos de las actividades mineras en el ambiente, hay que decir que tradicionalmente no ha habido una preocupación seria para prevenir y controlar dichos efectos. Lo anterior se expresa con mucha claridad en la legislación minera, que por lo general no ha regulado esta materia. Las actividades mineras suelen traer consigo la destrucción de áreas naturales, en especial cuando se trata de explotaciones a cielo abierto, que habitualmente ocupan grandes superficies de terreno. Estas actividades determinan procesos de deforestación, con todas las consecuencias del caso. Por otra parte, generan contaminación de los suelos y de las aguas, superficiales y subterráneas. Sin

[2] *Cf. Informe General de Ecología, cit. supra,* p. 67 y el mismo *Programa Nacional de Modernización de la Minería 1990-1994.*

embargo, a estos hechos se les presta tradicionalmente poca atención. Es significativo que el Programa Nacional de Minería 1984-1988 no haya mencionado la prevención y control de los efectos ambientales de las actividades mineras como una de sus preocupaciones, más que en una oportunidad y en relación únicamente con las plantas de beneficio, fundición y refinación. Pero también hay que destacar que el Programa de Modernización de la Minería 1990-1994 incluye un programa operativo de protección del medio ambiente en la industria minera.[3]

El Informe Nacional de Ecología de 1988 destaca algunos de los problemas que generan las actividades mineras en el medio ambiente. Allí se identifica como un ejemplo notorio de contaminación minera "los procesos hidrometalúrgicos en que los desechos y jales no son almacenados en depósitos adecuados y, además, son arrojados a los ríos y arroyos. La mayor parte de los residuos que se generan son nuevos para los sistemas biológicos, y los organismos vivientes no pueden degradarlos fácilmente; tal es el caso de algunos elementos pesados, como el plomo, mercurio y cromo, que cuando se acumulan en el fondo de los lagos constituyen fuentes potenciales de contaminación susceptibles de incorporarse a la cadena alimentaria".[4] En el mismo Informe también se señala el caso de los procesos pirometalúrgicos, en los que "el ambiente es afectado por las emisiones de gases, fundamentalmente con azufre y plomo", así como los problemas que genera la minería y que inciden "sobre áreas urbanas, agrícolas y forestales y, en algunos casos, alteran considerablemente los ecosistemas".[5]

160. El régimen constitucional de los recursos minerales

Dentro del marco de las prescripciones generales sobre los recursos naturales examinadas en el Capítulo II, el artículo 27 de la Constitución Política establece que corresponde a la nación el dominio directo de todos los minerales o sustancias en vetas, mantos, masas o yacimientos, que constituyan depósitos cuya naturaleza sea distinta de los componentes del terreno. En efecto, dispone el párrafo cuarto de ese precepto:

> Corresponde a la nación el dominio directo [...] de todos los minerales o substancias que en vetas, mantos, masas o yacimientos constituyan depósitos cuya naturaleza sea distinta de los componentes de los terrenos, tales como los minerales de los que se extraigan metales y metaloides utilizados en la industria; los yacimientos de piedras preciosas, de sal de gema y las salinas formadas directamente por las aguas marinas; los productos derivados de la

[3] *Cf. Programa Nacional de Minería 1984-1988* y, en especial, la referencia a la contaminación que está en la sección 4.1.3 de dicho Programa (*Diario Oficial de la Federación* 17-VIII-1984), así como la sección 3.13 del *Programa Nacional de Modernización de la Minería 1990-1994*.

[4] *Cf.* p. 68 del mencionado Informe, *cit. supra*.

[5] *Idem*.

descomposición de las rocas, cuando su explotación necesite trabajos subterráneos; los yacimientos minerales u orgánicos de materias susceptibles de ser utilizadas como fertilizantes; los combustibles minerales sólidos...

La Constitución también prescribe que el dominio de la nación sobre estos recursos es inalienable e imprescriptible, y que la explotación, uso, o aprovechamiento de los mismos, por los particulares o por sociedades constituidas conforme a las leyes mexicanas, no podrá realizarse sino mediante concesiones, otorgadas por el Ejecutivo Federal, de acuerdo con las reglas y condiciones que establezcan las leyes. En todo caso, las normas legales relativas a obras o trabajos de explotación de los minerales y sustancias a que se refiere el párrafo cuarto del artículo 27, regularán la ejecución y comprobación de las que se efectúen o deban efectuarse a partir de su vigencia, independientemente de la fecha de otorgamiento de la concesión, y su inobservancia dará lugar a la cancelación de ésta. El Gobierno Federal tiene la facultad de establecer reservas nacionales y suprimirlas. Las declaratorias correspondientes las hará el Ejecutivo en los casos y condiciones que las leyes prevean (artículo 27, párrafo sexto). Por su parte, la misma Constitución señala que no constituirán monopolios las funciones que el Estado ejerza de manera exclusiva en las áreas estratégicas como las de los minerales (artículo 28, párrafo cuarto).

De esta manera, la Constitución establece las bases fundamentales para una política de protección de los recursos minerales. En efecto, el dominio directo que la nación tiene sobre esos recursos le permite controlar, en todos sus aspectos, la explotación de los mismos. Por otra parte, el Ejecutivo Federal puede velar por la protección de esos recursos a través del establecimiento de reservas nacionales.

Estas reglas constitucionales sobre los recursos minerales se desarrollan en la vigente Ley Minera (*Diario Oficial de la Federación*, 26-VI-1992), que remplazó la Ley Reglamentaria del Artículo 27 Constitucional en Materia Minera de 1975. Esta Ley cuenta con un Reglamento (*Diario Oficial de la Federación*, 29-III-1993). La Ley Minera fue expedida por el Congreso de la Unión en virtud de la atribución que explícitamente le confiere la Constitución para legislar sobre minería (artículo 73, fracción X) y, al igual que su predecesora, es reglamentaria del artículo 27 constitucional en materia minera. A dicha Ley se sujetan "la exploración, explotación y beneficio de las sustancias que en vetas, mantos, masas o yacimientos constituyan depósitos cuya naturaleza sea distinta de los componentes de los terrenos" (artículo 3º). En este ordenamiento están, fundamentalmente, las escasas normas que se refieren a la protección de los recursos minerales y a la protección del ambiente respecto de las actividades mineras. Esta última materia, sin embargo, también está regulada desde 1988 por la LGEEPA.

161. La protección de los recursos minerales en la Ley Minera

Al igual que la Ley de 1975, la Ley Minera vigente tiene una orientación básicamente productivista, aunque lo cierto es que también contiene más y mejores normas sobre la protección de los recursos minerales que su predecesora.[6]

Por lo pronto, luego de enumerar los minerales o sustancias comprendidos en su ámbito de aplicación, la Ley Minera faculta al Ejecutivo Federal para que, mediante decreto que será publicado en el *Diario Oficial de la Federación*, incluya dentro los mismos todos los que considere convenientes atendiendo "a la necesidad de promover la explotación racional y la preservación de los recursos naturales no renovables en beneficio de la sociedad" (artículo 4º, fracción IX). Por otra parte, la misma Ley faculta a la Secretaría de Energía, Minas e Industria Paraestatal (cuyas atribuciones sobre la materia pasaron en 1994 a la Secretaría de Comercio y Fomento Industrial) para regular "el aprovechamiento racional y preservación de los recursos minerales de la Nación" (artículo 7º fracción I).

Otros preceptos importantes para la protección de los recursos minerales son los que se refieren a las reservas minerales. En principio, la exploración y explotación de los minerales o sustancias mineras puede realizarse mediante concesiones mineras otorgadas por la Secretaría de Energía, Minas e Industria Paraestatal (desde 1994, por la Secretaría de Comercio y Fomento Industrial). Pero el Consejo de Recursos Minerales debe llevar a cabo la exploración del territorio nacional con el objeto de identificar y cuantificar los recursos minerales potenciales de la nación por medio de asignaciones mineras que serán expedidas por la Secretaría únicamente en favor de ese organismo (que es un organismo descentralizado con personalidad jurídica y patrimonio propios, coordinado sectorialmente por la Secretaría). Ahora bien, por causas de utilidad pública o para la satisfacción de necesidades futuras del país pueden establecerse reservas mineras. Estas reservas se constituyen por decreto del Ejecutivo Federal que será publicado en el *Diario Oficial de la Federación*. Sobre las zonas incorporadas a dichas reservas no pueden otorgarse concesiones ni asignaciones mineras. Así lo dispone el párrafo tercero del artículo 10 de la Ley.

Agrega el párrafo final del artículo 13 de la misma Ley que

[6] Este carácter productivista de la legislación mexicana es compartido por la generalidad de las leyes mineras, por lo menos en el ámbito latinoamericano. Así ocurre también con el Código de Minería argentino de 1887 (varias veces modificado), el Código de Recursos Minerales panameño de 1963, el Código de Minería boliviano de 1965, la Ley General de Minería peruana de 1971, la Ley Minera dominicana de 1971, etc., que están inspirados fundamentalmente en el propósito de estimular el desarrollo de las actividades mineras. Sin embargo, el Código argentino ha sido recientemente modificado por la Ley núm. 24 585, sobre protección ambiental para la actividad minera, que le incorporó un título complementario sobre la materia.

solamente podrán incorporarse a reservas mineras zonas cuya exploración haya sido realizada previamente por el Consejo de Recursos Minerales mediante asignación, se justifique su incorporación con base en el potencial minero de la zona, determinado mediante obras y trabajos de exploración a semidetalle, y se acredite la causa de utilidad pública o se trate de minerales o sustancias considerados dentro de las áreas estratégicas a cargo del Estado.

Por su parte, el Reglamento de la Ley Minera añade que para incorporar una zona a reservas mineras, la Secretaría previamente deberá llevar a cabo el análisis costo-beneficio de dicha incorporación, con base en el valor a precios de mercado de las reservas minerales —probables y potenciales—, cubicadas con motivo de las obras y trabajos desarrollados y el beneficio que se obtendría por el uso alterno del terreno o del depósito mineral que contenga (artículo 32).

162. La protección del ambiente de los efectos de las actividades mineras en la Ley Minera

En general, esta Ley no establece reglas para la protección del ambiente respecto de los efectos de la exploración, explotación, beneficio y aprovechamiento de las sustancias minerales.

Por el contrario, su artículo 6º establece que la exploración, la explotación y el beneficio de los minerales o sustancias a que esta Ley se refiere son de utilidad pública y "serán preferentes sobre cualquiera otro uso o aprovechamiento del terreno". Por eso, el artículo 13 de la Ley dispone que "las concesiones y asignaciones mineras" se otorgarán al primer solicitante en los llamados "terrenos libres". Se entiende por terrenos libres todos los comprendidos dentro del territorio nacional, con excepción de: *1)* las zonas marinas mexicanas, los zócalos submarinos de las islas, cayos y arrecifes, el lecho submarino y el subsuelo de la zona económica exclusiva; *2)* las zonas incorporadas a reservas mineras; *3)* las concesiones y asignaciones mineras vigentes, y *4)* las solicitudes de concesión y asignación mineras en trámite (artículo 14). En consecuencia, son terrenos libres, todo tipo de suelos, sean agrícolas, pecuarios, forestales, etc., que no estén comprendidos en esos casos de excepción.

Sin embargo, la Ley Minera también establece algunas restricciones a las actividades mineras para efectos de la protección del ambiente. En primer término, la Ley incluye entre las obligaciones de los titulares de concesiones de exploración y de explotación la que consiste en "sujetarse a las disposiciones generales y a las normas técnicas específicas aplicables a la industria minerometalúrgica en materia de seguridad en las minas y de equilibrio ecológico y protección al ambiente" (artículo 27, fracción IV). En segundo término, la Ley establece que "en las actividades de exploración, explotación y beneficio de minerales o sustancias, los concesionarios deberán procurar el cuidado del medio ambiente y la protección ecológica, de conformidad con la legislación y la normatividad de la materia" (artículo 39). Y, en tercer término, la Ley establece que "las obras y trabajos de exploración y de explotación dentro de poblaciones, presas, canales, vías generales de comunicación y otras obras públicas, al igual que dentro de la zona federal marítimo-terrestre y las áreas naturales protegidas, únicamente podrán realizarse con autorización de la autoridad que tenga a su cargo los referidos bienes, zona o áreas, en los términos que señalen las disposiciones aplicables" (artículo 20).

163. La protección del ambiente de los efectos de las actividades mineras en la Ley General del Equilibrio Ecológico y la Protección al Ambiente

Los vacíos que en esta materia presentaba la legislación ambiental federal fueron subsanados por la LGEEPA, en sus artículos 108 y 109, modificados en 1996, que integran el capítulo III del Título III sobre los "efectos de la explotación de los recursos renovables en el equilibrio ecológico".

La primera de esas disposiciones faculta a la SEMARNAP para expedir normas oficiales mexicanas destinadas a prevenir y controlar los efectos generados en la exploración y explotación de los recursos no renovables en el equilibrio ecológico e integridad de los ecosistemas.

El precepto delimita los propósitos de esas normas técnicas, al señalar que deben permitir: *1)* el control de la calidad de las aguas y la protección de las que sean utilizadas o sean el resultado de esas actividades, de modo que puedan ser objeto de otros usos; *2)* la protección de los suelos y de la flora y fauna silvestres, de manera que las alteraciones topográficas que generen esas actividades sean oportuna y debidamente tratadas; y *3)* la adecuada ubicación y formas de los desmontes y formas de los depósitos de desmontes, relaves y escorias de las minas y establecimientos de beneficio de los minerales. En consecuencia, el precepto está encaminado a proteger las aguas, los suelos y la flora y fauna silvestres, así como el entorno de las actividades mineras, esto último mediante de una apropiada ubicación de los establecimientos de beneficio y de una adecuada localización y formas de depósitos de desmontes, relaves y escorias.

La segunda disposición previene que las normas oficiales mexicanas sobre la materia serán observadas por los titulares de concesiones, autorizaciones y permisos para el uso, aprovechamiento, exploración y explotación de los recursos naturales no renovables.

Como es obvio, estas reglas son aplicables a las actividades mineras que se refieren a los minerales reservados a la Federación. Recuérdese que el artículo 5º de la LGEEPA coloca dentro de la esfera de las atribuciones de la Federación "la regulación de las actividades relacionadas con la exploración y explotación de los minerales, substancias y demás recursos del subsuelo que corresponden a la Federación, en lo relacionado a los efectos que dichas actividades puedan generar sobre el equilibrio ecológico y el ambiente" (fracción XIV, modificada en 1996). En cambio, el artículo 7º de la misma LGEEPA, modificado en 1996, señala que compete a los estados

> la prevención y control de la contaminación generada por el aprovechamiento de las sustancias no reservadas a la Federación, que constituyan depósitos de naturaleza semejante a los componentes de los terrenos, tales como rocas o productos de su descomposición que sólo puedan utilizarse para la fabricación de materiales para la construcción u ornamento de obras (fracción X).

Por otra parte, cabe recordar que el artículo 28 de la LGEEPA, modificado en 1996, somete al mecanismo de la evaluación del impacto ambiental a la exploración, explotación y beneficio de minerales y sustancias reservadas a la Federación, en los términos de la Ley Minera (fracción III), como se ha visto en el capítulo V de este libro. Es evidente que la aplicación de la evaluación del impacto ambiental a este tipo de actividades puede contribuir de una manera significativa a proteger el medio ambiente de los efectos de las actividades mineras.

164. Las atribuciones de las dependencias federales

Todo lo dicho hasta ahora pone de manifiesto que la protección de los recursos minerales, incluida la protección del medio ambiente de los efectos de las actividades mineras, no es una función que esté absolutamente reglada en la legislación federal, sino más bien una función cuyo desarrollo está sujeto a la discreción de los órganos competentes en materia minera de la Federación. Por tanto, es importante recordar las atribuciones que en esta materia tienen tales órganos.

Hasta la expedición de la Ley General del Equilibrio Ecológico y la Protección al Ambiente, la responsabilidad fundamental de proteger los recursos minerales del país recaía en la entonces Secretaría de Energía, Minas e Industria Paraestatal (SEMIP), con arreglo a las disposiciones de la Ley Orgánica de la Administración Pública Federal. En efecto, de acuerdo con su artículo 33 a esa Secretaría le correspondían, entre otras atribuciones, las siguientes sobre materias mineras: *1)* poseer, vigilar, conservar o administrar los bienes que constituyan recursos naturales no renovables, así como otorgar, conceder y permitir su uso, aprovechamiento y explotación, cuando dichos recursos no estén encomendados expresamente a otras dependencias; *2)* proyectar, realizar y mantener al corriente el inventario de los recursos naturales no renovables que no estén expresamente encomendados a otras dependencias y promover y, en su caso, organizar la investigación técnico-industrial en la materia; y *3)* llevar el catastro minero y regular la industria en este ramo (fracciones I, II, V, VI y VII). Es claro que estas atribuciones permitían a dicha Secretaría la protección del patrimonio mineral de la Nación y, además, la protección del medio ambiente ante los efectos de las actividades mineras, mediante una adecuada regulación de la industria minera.

En 1988, la LGEEPA facultó a la entonces SEDUE (hoy SEMARNAP), para evaluar el impacto ambiental de la exploración, explotación y beneficio de minerales y sustancias reservadas a la Federación, así como para expedir normas oficiales mexicanas para prevenir y controlar los efectos nocivos generados para el medio ambiente con motivo de las actividades mineras, todo ello en los términos señalados en la sección anterior.

Por su parte, el artículo 13 de la Ley Minera de 1992 incluyó entre las atribuciones de la entonces Secretaría de Energía, Minas e Industria Paraestatal algunas que son relevantes desde un punto de vista ambiental, tales como: *1)* la ya mencionada facultad de regular el aprovechamiento racional y preservación de los recursos minerales de la Nación; *2)* la atribución de participar con las dependencias competentes en la elaboración de las normas técnicas específicas relativas a la industria minerometalúrgica, en materia de seguridad en las minas y de equilibrio ecológico y protección al ambiente; y *3)* la facultad de someter a la consideración del Ejecutivo Federal los proyectos de decreto para determinar la concesibilidad de minerales o sustancias, así como los relativos a la incorporación o desincorporación de zonas de reservas mineras.

Finalmente, en 1994 las reformas a la Ley Orgánica de la Administración Pública Federal determinaron que las atribuciones de la entonces SEMIP, que se transformó en la actual Secretaría de Energía, pasaran a la Secretaría de Comercio y Fomento Industrial (SECOFI), que es en la actualidad el órgano rector de las actividades mineras. De acuerdo con el artículo 34 de la LOAPF, corresponde ahora a esta última Secretaría las siguientes atribuciones en materia minera: *1)* formular y conducir la política nacional minera (fracción XXVII); *2)* fomentar el aprovechamiento de los recursos minerales y llevar el catastro minero, así como regular la explotación de salinas ubicadas en terreno de propiedad nacional y en las formadas directamente por las aguas del mar (fracción XXVIII); y *3)* otorgar contratos, concesiones, permisos, autorizaciones y asignaciones en materia minera, en los términos de la legislación correspondiente (fracción XXIX).

XII. LA PROTECCIÓN DE LOS RECURSOS ENERGÉTICOS

165. El campo de la protección jurídica de los recursos energéticos. 166. La problemática de los recursos energéticos en México. 167. Las atribuciones de la Secretaría de Energía. 168. El régimen jurídico de los hidrocarburos. 169. La protección del petróleo y del ambiente respecto de las actividades petroleras en la Ley Reglamentaria del Artículo 27 Constitucional en el Ramo del Petróleo y su Reglamento. 170. La protección del petróleo y del ambiente respecto de las actividades petroleras en el Reglamento de Trabajos Petroleros. 171. La industria petroquímica. 172. Los cambios introducidos por la Ley General del Equilibrio Ecológico y la Protección al Ambiente. 173. El régimen jurídico de la energía eléctrica. 174. Los aspectos jurídicos ambientales de la energía eléctrica. 175. Las modificaciones introducidas por la Ley General del Equilibrio Ecológico y la Protección al Ambiente. 176. El régimen jurídico de la energía nuclear. 177. Los usos energéticos de los combustibles nucleares. Las plantas nucleoeléctricas. 178. Los usos no energéticos del material radioactivo. 179. La protección de los minerales radioactivos. 180. La protección del ambiente respecto de los efectos de las actividades relacionadas con los materiales radioactivos. 181. Los residuos radioactivos. 182. La responsabilidad civil, penal y laboral. 183. Las atribuciones de la Secretaría de Energía y de otros organismos en materia nuclear. 184. La energía nuclear ante la Ley General del Equilibrio Ecológico y la Protección al Ambiente. 185. El derecho internacional sobre la energía nuclear.

165. El campo de la protección juridíca de los recursos energéticos

La protección de los recursos energéticos es una cuestión vital dentro del campo de la protección del medio ambiente: las fuentes de energía son recursos naturales, casi todos ellos no renovables o difícilmente renovables, que el modelo de desarrollo vigente tiende a derrochar, poniendo en peligro la sostenibilidad del propio modelo. Hay que hacer notar, sin embargo, que entre 1970 y 1990 los países industrializados han logrado reducir en 29% la cantidad de energía por unidad de producto. Por otro lado, la manera como se utilizan las fuentes de energía es también una cuestión vital en el campo de la protección del medio ambiente: el mismo modelo del desarrollo vigente privilegia la utilización de energéticos que son altamente contaminantes, como es el caso de la combustión de los hidrocarburos.

La industria y el transporte son las actividades humanas que consumen más energía (37% y 30%, respectivamente, de la energía mundial). Como es de suponerse, el consumo de energía se concentra en los países industrializados, en los que vive sólo el 30% de la población mundial, pero donde se consume el 85% de la energía mundial. Una parte importante de la demanda de energía es satisfecha mediante la madera, que en comparación con otras fuentes de energía tiene un bajo contenido energético por unidad de peso: cerca de 1 500 millones de seres humanos en los países subdesarrollados satisfacen sus requerimientos de energía con la madera, generando una enorme presión sobre los recursos forestales.

Como hay muchos tipos de energía, los ordenamientos jurídicos que se ocupan de los recursos energéticos suelen ser diferentes entre sí. Por otra parte, la poca o ninguna utilización de ciertas fuentes de energía, trae consigo que no sean consideradas como recursos y, en consecuencia, carezcan de una regulación jurídica. Existen fuentes de energía (como la energía solar, eólica, geotérmica, mareomotriz y de olas y otras), que son escasamente utilizadas por el hombre, mientras que existen otras (como la energía eléctrica, energía por combustión de hidrocarburos o de otras sustancias como el carbón, y la energía nuclear), sobre las cuales recae el peso de mantener el desarrollo de las modernas estructuras sociales y económicas, que son altamente demandantes de recursos energéticos.

En México sigue habiendo una fuerte dependencia respecto de una sola energía: el crudo y el gas. En efecto, la hidroelectricidad, el carbón y la geotermia siguen representando una parte mínima de la producción energética del país.[1]

166. La problemática de los recursos energéticos en México

Tal como lo destaca el *Programa de Desarrollo y Reestructuración del Sector de la Energía 1995-2000* (sección 2.4), los bajos precios que predominaron hasta finales de la década de los ochenta y el haber considerado por mucho tiempo a los combustibles fósiles como un recurso ilimitado, llevó a la creación del uso final de energía con altos índices de consumo por unidad de producto.[2] Es evidente que se puede y se debe hacer un

[1] En 1982, la producción de energía primaria destinada al mercado nacional estuvo constituida en 92.9% por crudo y gas, mientras que la hidroelectricidad, el carbón y la geotermia representaron, respectivamente sólo 5.1%, 1.7% y 0.3% de esa producción (*cf.* sección 2.2.3. del *Programa Nacional de Energéticos 1984-1988*, publicado en el *Diario Oficial de la Federación* 15-VIII-84). No existen cifras tan precisas sobre esa dependencia en la actualidad, pero la información proporcionada sobre la producción energética por el *Programa de Desarrollo y Reestructuración del Sector de la Energía 1995-2000* (publicado en el *Diario Oficial de la Federación* 19-II-1996, con modificaciones en el mismo periódico del 25-VII-1997) muestra la misma tendencia.

[2] Este consumo se incrementó en el período 1970-1982 9% anualmente, según recuerda el *Programa Nacional de Energéticos 1984-1988* mencionado en la nota anterior.

esfuerzo importante de ahorro de energía. El mismo Programa que se acaba de mencionar calcula que el potencial económicamente factible es de un mínimo de 20% del consumo actual.[3]

Otro de los problemas importantes que señalaba el mismo Programa es la ya mencionada dependencia de los hidrocarburos como fuente de energía. Señala el mencionado Programa que la generación de energía eléctrica en 1994 más que duplicó la instalada en 1980, lo cierto es que el crecimiento más elevado se encuentra en la capacidad de generación a base de hidrocarburos, que se incrementó en poco más de 100% desde 1980.

El acelerado incremento de la producción petrolera, que fue la consecuencia de la política de transformar a México en un importante exportador de petróleo y que llevó a duplicar su producción en pocos años, produjo una serie de efectos sociales y económicos en el país. Aquí se mencionarán sólo los efectos puramente ambientales de este desarrollo de la industria petrolera.

Los efectos ambientales generados por las industrias energéticas son particularmente graves en el caso de la industria petrolera. Los impactos ambientales de esta industria se producen desde el momento mismo en que, localizado un pozo, se inician los trabajos de construcción, que implican una profunda modificación de la topografía, con las consecuencias que son de suponer. La perforación del pozo, por su parte, genera humos, polvos y ruidos, así como una gran cantidad de desechos sólidos y líquidos contaminantes. Las operaciones de limpieza del pozo, a su vez, generan otro tipo de desperdicios contaminantes. Luego, la separación del aceite, el gas y las aguas congénitas de los yacimientos, dan lugar a otros procesos de contaminación, que se expresan fundamentalmente en la contaminación atmosférica que provoca la quema del gas natural y la contaminación de los suelos y las aguas por la descarga de las aguas congénitas, que tienen un alto contenido de sales. Los procesos subsiguientes de almacenamiento, refinación, distribución, etc. pueden por su parte generar consecuencias ambientales graves, como los derrames de hidrocarburos y las explosiones de gas. El derrame espectacular de hidrocarburos que tuvo lugar en la sonda de Campeche, en 1979, por el descontrol del pozo Ixtoc I, afectó profundamente al respectivo ecosistema. A su vez, la explosión de gas que se produjo en 1984 en los depósitos del Valle de México tuvo como secuela la lamentable pérdida de muchas vidas humanas y daños materiales de proporciones. A lo anterior se debe agregar la explosión que sacudió a Guadalajara en 1992 con también lamentables consecuencias, hecho que de acuerdo con algunas opiniones se debió a la infiltración de gasolina en el sistema de drenaje de la ciudad.

A estos problemas se suman otros que han suscitado una justicada preocupación mundial, como son la contaminación atmosférica derivada del uso de los combustibles fósiles y la amenaza del cambio climático

[3] *Idem.*

originada por la emisión de los llamados gases de efecto de invernadero. Aunque estos temas son examinados en el capítulo XV de este libro, debe consignarse aquí, como lo hace el mismo *Programa de Desarrollo y Reestructuración del Sector de la Energía 1995-2000*, que la calidad de los combustibles es un tema de particular relevancia por las especificaciones más estrictas que se están estableciendo respecto de los combustibles para transporte (en particular, gasolina y diésel) y en los combustibles industriales (combustóleo de bajo contenido de azufre y mayor uso de gas industrial). Por otra parte, cada vez se plantea con más fuerza la exigencia de reducir las emisiones a la atmósfera de los llamados gases de efecto de invernadero, entre otros el bióxido de carbono, para enfrentar la amenaza del cambio climático global.[4]

Los esfuerzos que se han hecho hasta ahora para controlar la contaminación por hidrocarburos son descritos en el varias veces mencionado *Programa de Desarrollo y Reestructuración del Sector de la Energía 1995-2000*, donde se señala la importancia que Petróleos Mexicanos (PEMEX) ha dado al cumplimiento de la normatividad existente.[5] La verdad es que desde hace tiempo se viene destacando lo anterior. Así, por ejemplo, el *Informe General de Ecología de 1988* destacaba que en el bienio 1987-1988 Petróleos Mexicanos duplicó, en términos reales, el presupuesto destinado a dar mantenimiento a todas las plantas e instalaciones y a la construcción de obras de protección ambiental, aseverando que de esta manera se había asegurado "que todas las instalaciones cuenten con sistemas de tratamiento de aguas residuales y con los quemadores requeridos para evitar la emisión de humos" (como se puede leer en la página 68 de ese documento). Sin embargo, la actividad petrolera, en especial las actividades de refinación y petroquímicas, siguen generando niveles altos de contaminación y el deterioro de su entorno natural.[6]

El conjunto de la problemática de los energéticos en México muestra con mucha claridad la necesidad de que se lleve a la práctica una política de ahorro del consumo energético y de diversificación del mismo. Hacia el primero de esos propósitos apuntó la creación, mediante un acuerdo publicado en el *Diario Oficial de la Federación* del 28 de septiembre de 1989, de la Comisión Nacional para el Ahorro de la Energía (CONAE), como órgano técnico de consulta de las dependencias y entidades de la Administración Pública Federal, así como de los gobiernos de los estados y los municipios y de los particulares, cuando así lo soliciten, en materia de ahorro y uso eficiente de la energía. Posteriormente, esta Comisión fue dotada un Reglamento Interno (*Diario Oficial de la Federación,* 30-III-90).[7]

[4] *Cf.* la sección 1.1 de ese Programa.

[5] *Cf.* la sección 2.2.5.1 de dicho Programa.

[6] Así lo establece el varias veces mencionado *Programa de Medio Ambiente 1995-2000*, en su página 53.

[7] Hay que recordar que en 1971 se expidió un Acuerdo por el que se creó la Comisión de Energéticos, con el objeto de estudiar y promover el mejor uso de los recursos energéticos,

Sin embargo, el ritmo de crecimiento del consumo energético va en aumento, en especial en el campo automotriz. En efecto, en el período 1980-1994 el consumo de las gasolinas creció a 7.6% mientras que los consumos industriales lo hicieron sólo a 3.4%. Por cierto, ha habido mejoras en las gasolinas, lo que ha disminuido sus efectos contaminantes. Así, por ejemplo, entre 1990 y 1994 se consiguió una reduccción de 75% de las emisiones de óxidos de azufre en el Valle de México y de 85% en las emisiones de plomo entre 1989 y 1995.[8]

Poner en práctica una política distinta no es una tarea imposible dado el control que el Estado tiene de los recursos energéticos disponibles en el país. Sin embargo, tampoco se trata de una tarea fácil, pues implica no sólo modificar profundas inercias en la conducción del Estado, sino también un cierto tipo de reconversión industrial y, además, modificar hábitos y tendencias muy arraigados en el conjunto de la sociedad.

Para ese efecto, sin embargo, se debe contar con una legislación adecuada para la protección de los recursos energéticos y, además, para la protección del ambiente respecto de los efectos de las industrias energéticas. El presente capítulo se destina al examen de estos aspectos ambientales de la legislación sobre recursos energéticos.

167. Las atribuciones de la Secretaría de Energía

Como se ha visto en el capítulo anterior, la varias veces mencionada reforma de 1994 a la Ley Orgánica de la Administración Pública Federal transformaron a la entonces Secretaría de Energía, Minas e Industria Paraestatal (ex SEMIP) en la Secretaría de Energía. Las atribuciones de esta Secretaría se encuentran consignadas en el artículo 33 de la LOAPF, a lo largo de doce fracciones que le encomiendan el despacho de los siguientes asuntos:

1) Conducir la política energética del país.

2) Ejercer los derechos de la nación en materia de petróleo y todos los carburos de hidrógeno sólidos, líquidos y gaseosos; energía nuclear; así como respecto del aprovechamiento de los bienes y recursos naturales que se requieran para generar, conducir, transformar, distribuir y abastecer energía eléctrica que tenga por objeto la prestación de servicio público.

3) Conducir la actividad de las entidades paraestatales cuyo objeto

de acuerdo con las disponibilidades y reservas, en función de las necesidades que a corto y a largo plazo requiera el desarrollo del país (*Diario Oficial de la Federación*, 27-II-1971). Por otra parte, cabe señalar que ahora existe una Comisión Reguladora de Energía, que es un órgano desconcentrado de la Secretaría de Energía creado por Ley publicada en el *Diario Oficial de la Federación* del 31 de octubre de 1995, pero su propósito es sólo regular el desarrollo eficiente de ciertas actividades relacionadas con la energía eléctrica y el gas. Esta Comisión fue creada, primeramente, por Decreto (*Diario Oficial de la Federación*, 4-X-1993)

[8] *Cf.* la sección 2.2.5.1 del *Programa de Desarrollo y Reestructuración del Sector de la Energía 1995-2000.*

esté relacionado con la explotación y transformación de los hidrocarburos y la generación de energía eléctrica y nuclear, con apego a la legislación en materia ecológica.

4) Participar en foros internacionales respecto de las materias competencia de la Secretaría, con la intervención que corresponda a la Secretaría de Relaciones Exteriores y proponer a ésta la celebración de convenios y tratados internacionales en tales materias.

5) Promover la participación de los particulares, en los términos de las disposiciones aplicables, en la generación y aprovechamiento de energía, con apego a la legislación en materia ecológica.

6) Llevar a cabo la planeación energética a mediano y largo plazos, así como fijar las directrices económicas y sociales para el sector energético paraestatal.

7) Otorgar concesiones, autorizaciones y permisos en materia energética, conforme a las disposiciones aplicables.

8) Realizar y promover estudios e investigaciones sobre ahorro de energía, estructuras, costos, proyectos, mercados, precios y tarifas, activos, procedimientos, reglas, normas y demás aspectos relacionados con el sector energético, y proponer, en su caso, las acciones conducentes.

9) Regular y, en su caso, expedir normas oficiales mexicanas sobre producción, comercialización, compraventa, condiciones de calidad, suministro de energía y demás aspectos que promuevan la modernización, eficiencia y desarrollo del sector, así como controlar y vigilar su debido cumplimiento.

10) Regular y, en su caso, expedir normas oficiales mexicanas en materia de seguridad nuclear y salvaguardias, incluyendo lo relativo al uso, producción, explotación, aprovechamiento, transportación, enajenación, importación y exportación de materiales radioactivos, así como controlar y vigilar su debido cumplimiento.

11) Llevar el catastro petrolero.

12) Las demás que le encomienden expresamente las leyes y reglamentos.

168. El régimen jurídico de los hidrocarburos

El artículo 27 de la Constitución Política establece que corresponde a la nación el dominio directo del "petróleo y todos los carburos de hidrógeno sólidos, líquidos o gaseosos..." (párrafo cuarto), agregando que en lo que se refiere al petróleo y a los carburos de hidrógeno sólidos, líquidos o gaseosos "no se otorgarán concesiones ni contratos, ni subsistirán los que en su caso se hayan otorgado y la Nación llevará a cabo la explotación de sus productos, en los términos que señale la Ley Reglamentaria respectiva..." (párrafo sexto). Además, el artículo 28 constitucional señala que no constituirán monopolios las funciones que el Estado ejerza de manera exclusiva en el área estratégica del petróleo y los demás hidrocarburos, así como de la petroquímica básica (párrafo cuarto).

Estas disposiciones constitucionales se desarrollan principalmente en la Ley Reglamentaria del Artículo 27 Constitucional en el Ramo del Petróleo, que fue publicada en el *Diario Oficial de la Federación* del 29 de noviembre de 1958 (con reformas en *Diario Oficial de la Federación,* 30-XII-1977, 11-V-1995 y 13-XI-1996), así como por el Reglamento de esta Ley (*Diario Oficial de la Federación,* 25-VIII-1959; con erratas en *Diario Oficial de la Federación,* 24-IX-1959). También debe considerarse la Ley Orgánica de Petróleos Mexicanos y Organismos Subsidiarios (*Diario Oficial de la Federación,* 16-VII-1992), que remplazó a la anterior Ley Orgánica de 1971, y el por ahora vigente Reglamento de esa Ley Orgánica (*Diario Oficial de la Federación,* 10-VIII-1972), así como el Reglamento de Trabajos Petroleros (*Diario Oficial de la Federación,* 27-II-1974).

Con arreglo a la primera de esas leyes, la industria petrolera abarca, luego de las modificaciones de 1995 y 1996, lo siguiente: *1)* la exploración, la explotación, la refinación, el transporte, el almacenamiento, la distribución y las ventas de primera mano del petróleo y los productos que se obtengan de la refinación de éstos; *2)* la elaboración, el transporte y las ventas de primera mano del gas, así como el transporte y el almacenamiento indispensables y necesarios para interconectar su explotación y elaboración; y *3)* la elaboración, el almacenamiento, el transporte, la distribución y las ventas de primera mano de aquellos derivados del petróleo y el gas que sean susceptibles de servir como materias primas industriales básicas, mismos que allí son enumerados (artículo 3º). Sólo la nación puede llevar a cabo las distintas actividades relacionadas con los hidrocarburos que constituyen la industria petrolera (artículo 2º). La nación lleva a cabo la exploración y la explotación del petróleo y las demás actividades que constituyen la industria petrolera, por conducto de Petróleos Mexicanos, que es una institución pública descentralizada cuya estructura, funciones y régimen interno está regulado por la ya mencionada Ley Orgánica de Petróleos Mexicanos y Organismos Subsidiarios (artículo 4º, párrafo primero). Sin perjuicio de lo dispuesto en el artículo 3º, el transporte, almacenamiento y distribución de gas pueden ser llevados a cabo por los sectores social y privado, previo permiso (artículo 4º, párrafo segundo). Lo anterior no obsta para que Petróleos Mexicanos pueda celebrar, con personas físicas o morales, los contratos de obra y de prestación de servicios que la mejor realización de sus actividades requiera (artículo 6º.). Por otra parte, la industria petrolera y las actividades a que se refiere el párrafo segundo del artículo 4º de la Ley son de la exclusiva jurisdicción federal y, por consiguiente, únicamente el Gobierno Federal puede dictar las disposiciones técnicas, reglamentarias y de regulación que las rijan (artículo 9º).

169. LA PROTECCIÓN DEL PETRÓLEO Y DEL AMBIENTE RESPECTO DE LAS ACTIVIDADES PETROLERAS EN LA LEY REGLAMENTARIA DEL ARTÍCULO 27 CONSTITUCIONAL EN EL RAMO DEL PETRÓLEO Y SU REGLAMENTO

De acuerdo con el artículo 8º de la Ley Reglamentaria del Artículo 27 Constitucional en el Ramo del Petróleo, el Ejecutivo Federal está facultado para establecer zonas de reservas petroleras en terrenos que por sus posibilidades petrolíferas así lo ameriten, con la finalidad de garantizar el abastecimiento futuro del país. La incorporación de terrenos a las reservas o la desincorporación de las mismas, deben ser hechas por decreto presidencial, fundado en los dictámenes técnicos respectivos.[9]

La posibilidad de establecer zonas de reservas petroleras constituye, sin lugar a dudas, un mecanismo importante para la protección de este recurso natural no renovable. Sin embargo, esa protección se ha alcanzado fundamentalmente, y en la práctica, a través de la fijación de la llamada "plataforma petrolera". En efecto, a partir de 1980 se ha establecido de manera formal el máximo de explotación diaria de petróleo, no sólo para equilibrar los precios de ese producto en el mercado internacional, sino también para proteger el petróleo mexicano de una explotación que pudiera conducir más rápidamente al agotamiento del recurso.

En lo que se refiere a la protección del ambiente respecto de los efectos de las actividades petroleras, hay que decir que esta cuestión debe analizarse a partir de lo dispuesto en el artículo 10 (modificado en 1995) de la Ley Reglamentaria del Artículo 27 Constitucional en el Ramo del Petróleo, que prescribe en su párrafo primero lo siguiente:

> La industria petrolera es de utilidad pública, preferente sobre cualquier aprovechamiento de la superficie y del subsuelo de los terrenos, incluso sobre la tenencia de ejidos o comunidades y procederá la ocupación provisional, la definitiva o la expropiación de los mismos, mediante la indemnización legal, en todos los casos en que lo requieran la nación o su industria petrolera.

En consecuencia, en materia de usos del suelo, las actividades petroleras tienen preferencia sobre cualquiera otra, inclusive sobre las actividades mineras.

Por otra parte, debe señalarse que la Secretaría de Energía debe asignar a Petróleos Mexicanos los terrenos que esta institución le solicite o que el Ejecutivo Federal considere conveniente asignarle para fines de exploración y explotación petroleras. La Secretaría puede rehusar o cancelar las asignaciones en los casos previstos por el Reglamento de la Ley. Así lo dispone el artículo 5º de la misma Ley, modificado en 1995. Sin embargo el reconocimiento y la exploración superficial de los terrenos

[9] Hay que señalar que el artículo 16 de la Ley del Petróleo (*Diario Oficial de la Federación*, 31-XII-1925) ya había facultado al Ejecutivo Federal para designar "zonas de reserva en terrenos libres" facultad que fue ejercida por Decreto publicado en el *Diario Oficial de la Federación*, 19-V-1933 (adicionado en *Diario Oficial de la Federación*, 19-II-1943).

para investigar sus posibilidades petroleras, requieren únicamente de permiso de la Secretaría. Si hubiere oposición del propietario o poseedor cuando los terrenos sean particulares, o de los representantes legales de los ejidos o comunidades cuando los terrenos estén afectados al régimen ejidal o comunal, la Secretaría podrá otorgar el permiso, oyendo a las partes, mediante el reconocimiento que haga Petróleos Mexicanos de la obligación de indemnizar a los afectados por los daños y perjuicios que pudieran causarse (artículo 7º, también modificado en 1995).

Además de estas normas sobre exploración y explotación deben considerarse las relativas a la refinación, que están en los artículos 23 a 25 del Reglamento de la Ley. El primero de esos preceptos establece que "la refinación petrolera comprende los procesos industriales que convierten los hidrocarburos naturales en cualquiera de los siguientes productos genéricos: combustibles líquidos o gaseosos, lubricantes, grasas, parafinas, asfaltos solventes y los subproductos que generen dichos procesos". No obstante la significación que la refinación petrolera tiene en la protección del ambiente, y, en especial de la atmósfera, las disposiciones relativas del Reglamento no establecen ninguna prescripción al respecto.

En síntesis, las disposiciones de la Ley y su Reglamento tutelan la protección del recurso, pero no la protección del ambiente respecto de los efectos de las actividades petroleras. La Ley establece una prioridad a favor de la industria petrolera sobre cualquier otro uso posible de los suelos y limita las obligaciones de Petróleos Mexicanos a la de indemnizar a los afectados por los daños y perjuicios que pudieran causarse con los trabajos petroleros. Pero las normas internacionales sobre la materia establecen algo más.

170. La protección del petróleo y del ambiente respecto de las actividades petroleras en el Reglamento de Trabajos Petroleros

De acuerdo con el artículo 11 de la Ley Reglamentaria, corresponde al Ejecutivo Federal dictar las normas técnicas a que debe estar sujeta la explotación petrolera. Con base en esta disposición legal se dictó el ya mencionado Reglamento de Trabajos Petroleros, el cual prescribe que los trabajos petroleros requieren de permiso previo de la Secretaría competente.[10]

[10] Para estos efectos, se entienden por trabajos petroleros "los trabajos u obras de perforación somera o profunda de pozos petroleros, ya sea con fines de exploración o explotación, así como su profundización, reparaciones mayores y taponamiento; los necesarios para el empleo de métodos secundarios y terciarios de recuperación en campos desarrollados, para la mayor eficiencia de la explotación y recuperación de hidrocarburos; la instalación de islas artificiales y plataformas fijas u otras localizadas en las zonas lacustres, en la plataforma continental o en los zócalos submarinos de las islas, que sean utilizadas directamente o indirectamente en la explotación petrolera; la construcción y el uso de tuberías de descarga, baterías de separación, tuberías colectoras, estaciones de almacenamiento, de bombeo y de compresión; la construcción y el uso de oleoductos, gasoductos

Las disposiciones generales del Reglamento de Trabajos Petroleros contienen una serie de prescripciones de interés ambiental. Así, por ejemplo, cuando se establece la obligación de acompañar a la solicitud de permiso una memoria descriptiva y los planos necesarios, se expresa que las memorias descriptivas tienen por objeto justificar técnica y económicamente las obras y construcciones, desde el punto de vista de la seguridad y el mejor aprovechamiento de todos los hidrocarburos naturales (artículo 7º). Por otra parte, el Reglamento establece que Petróleos Mexicanos tiene la obligación de mantener todas sus instalaciones en buen estado sanitario y de conservación (artículo 23). Además, el Reglamento prescribe que, con el propósito de cuidar los intereses de la nación en materia de explotación petrolera, los permisionarios tienen la obligación de dar aviso por la vía más rápida en caso de accidentes en las instalaciones, a la dirección o agencia respectiva y a la Secretaría de Salubridad y Asistencia, cuando en cualquier forma se afecte a la ecología o se contamine el ambiente (artículo 29). Con base en las reformas, adiciones y derogaciones de diciembre de 1982, de mayo de 1992 y de diciembre de 1994 a la Ley Orgánica de la Administración Pública Federal, debe entenderse que este último aviso debía darse a la Secretaría de Desarrollo Urbano y Ecología y, luego, a la Secretaría de Desarrollo Social (ahora a la SEMARNAP).

Las disposiciones generales sobre trabajos petroleros contenidas en los artículos 1º a 50, se desarrollan en los artículos 51 a 293 del mismo Reglamento, que tratan de las siguientes materias: exploración, perforación, producción, taponamiento de pozos, transporte, almacenamiento y terminales y plantas de almacenamiento y distribución.

171. La industria petroquímica

La industria petroquímica tiene un carácter altamente contaminante. Sin embargo, no existen disposiciones jurídicas especiales que protejan al medio ambiente de los efectos nocivos de esta actividad. La industria petroquímica básica, que está delimitada por las reformas que se hicieron en 1996 a la Ley Reglamentaria del Artículo 27 Constitucional en el Ramo del Petróleo y que fueron publicadas en el *Diario Oficial de la Federación* del 13 de noviembre de ese año, es manejada por PEMEX Petroquímica. La industria petroquímica secundaria, en los términos fijados por esa reforma, fue desincorporada con el objeto de reactivar la inversión y el crecimiento de esa industria.

y tuberías de productos, así como sus ramales; la construcción y el uso de terminales y cargaderos; la protección y el uso de plantas de almacenamiento y distribución de productos; así como las ampliaciones y modificaciones sustanciales a las instalaciones con la industria petrolera...". Se exceptúan de este régimen las plantas de tratamiento de gas, las de extracción de gasolina natural, las refinerías y las plantas petroquímicas, que se rigen por reglamentos especiales (artículo 1º).

Con motivo de esos cambios y con el objeto de desregular esta actividad, se abrogó el Reglamento de la Ley Reglamentaria del artículo 27 Constitucional en el Ramo del Petróleo, en Materias de Petroquímica (*Diario Oficial de la Federación,* 9-II-1971), que por lo demás carecía de disposiciones ambientales, como no fuera su artículo 10.[11]

172. Los cambios introducidos por la Ley General del Equilibrio Ecológico y la Protección al Ambiente

La LGEEPA complementó las disposiciones existentes sobre protección del medio ambiente respecto de las actividades petroleras, con dos tipos de mecanismos: la evaluación del impacto ambiental y las normas oficiales mexicanas

Como se ha visto en el capítulo V, la evaluación del impacto ambiental se aplica a la "industria del petróleo" (artículo 28, fracción II, modificada en 1996), que es un concepto que comprende, de acuerdo con lo dispuesto en el artículo 3º de la Ley Reglamentaria del Artículo 27 Constitucional en el Ramo del Petróleo, un conjunto de actividades que van desde la exploración y explotación del petróleo hasta las ventas de primera mano de los derivados del petróleo (véase lo dicho a este respecto en la sección 168).

Por otra parte, las disposiciones que se han examinado en el capítulo anterior sobre las facultades de la SEMARNAP para expedir las normas oficiales mexicanas que sean necesarias para prevenir y controlar los efectos generados en la exploración y explotación de los recursos naturales no renovables (artículos 108 y 109 de la LGEEPA, modificados en 1996), son plenamente aplicables al caso de los recursos petroleros. En consecuencia, la SEMARNAP está facultada, por ejemplo, para expedir normas oficiales mexicanas que protejan los suelos, de manera que las alteraciones topográficas que generen las actividades petroleras sean oportuna y debidamente tratadas.

En concordancia con los cambios introducidos por la LGEEPA, la Ley Orgánica de Petróleos Mexicanos expedida en 1992 incluye entre las obligaciones de los directores generales de los organismos descentralizados que ahora forman parte de la estructura de PEMEX "cuidar de la observancia de las disposiciones relativas al equilibrio ecológico y preservación del medio ambiente que garanticen el uso adecuado de los recursos petroleros".[12]

[11] Allí se regulaban los permisos y autorizaciones para la elaboración de productos petroquímicos, estableciéndose que la Secretaría competente, oyendo previamente la opinión de la Comisión Petroquímica Mexicana y en cada caso a los interesados, podría expedir permisos para llevar a cabo dicha elaboración. En esos permisos, que debían publicarse en el *Diario Oficial de la Federación*, se establecería, entre otras cosas, la ubicación de la planta donde se elaborarán los productos, en el entendido de que podría cambiarse dicha ubicación previa autorización de la Secretaría.

[12] *Cf.* la fracción XI del artículo 11.

173. EL RÉGIMEN JURÍDICO DE LA ENERGÍA ELÉCTRICA

De acuerdo con la Constitución Política, corresponde exclusivamente a la nación generar, conducir, transformar, distribuir y abastecer energía eléctrica que tenga por objeto la prestación del servicio público correspondiente. La misma Constitución señala que en esta materia no se otorgarán concesiones a los particulares y la nación aprovechará los bienes y recursos naturales que se requieran para dichos fines. Así lo establece el párrafo sexto de su artículo 27. Por otra parte, la Constitución Política agrega que no constituirá monopolio las funciones que el Estado ejerza de manera exclusiva en materia de electricidad, que es calificada como un "área estratégica" (artículo 28).

Sobre estas bases constitucionales, la Ley del Servicio Público de Energía Eléctrica (*Diario Oficial de la Federación,* 22-XII-1975; con reformas en *Diario Oficial de la Federación,* 27-XII-1983) regula la prestación de ese servicio, lo que comprende: *1)* la planeación del sistema eléctrico nacional; *2)* la generación, conducción, transformación, distribución y venta de energía eléctrica; y *3)* la realización de todas las obras, instalaciones y trabajos que requieran la planeación, ejecución, operación y mantenimiento del sistema eléctrico nacional (artículo 3º). Es de señalarse que no se considera servicio público el autoabastecimiento de energía eléctrica para satisfacer intereses particulares, individualmente considerado (artículo 3º). Esta Ley se encuentra complementada por el Reglamento de la Ley del Servicio Público de Energía Eléctrica, publicado en el *Diario Oficial de la Federación* del 31 de mayo de 1993 y reformado en dos oportunidades (*Diario Oficial de la Federación*, 19-V-1994 y 25-VI-1997).[13]*

La prestación del servicio público de energía eléctrica está a cargo de un organismo público descentralizado, con personalidad jurídica y patrimonio propio, denominado Comisión Federal de Electricidad (artículos 7º y 8º). Las actividades de ese organismo deben sujetarse a las disposiciones que sobre la prestación del servicio público de energía eléctrica expida la Secretaría de Energía, la cual también debe autorizar los programas que proponga la misma Comisión para la prestación del servicio. Sin embargo, todos los aspectos técnicos relacionados con la generación, transmisión y distribución de energía eléctrica son de responsabilidad exclusiva de la Comisión. Así lo establecen los artículo 5º y 6º de la Ley.

[13] Este Reglamento abrogó, entre otros ordenamientos jurídicos, el Reglamento de la Ley del Servicio Público de Energía Eléctrica en Materia de Autoabastecimiento, publicado en el *Diario Oficial de la Federación* del 31 de mayo de 1991, actividad que pasó a regirse por el nuevo Reglamento.

* Véase Addenda, § 3.

174. Los aspectos jurídicos ambientales de la energía eléctrica

La Ley del Servicio Público de Energía Eléctrica carece prácticamente de consideraciones ambientales. En efecto, se limita en el capítulo relativo a las obras e instalaciones necesarias para la prestación del servicio público de energía eléctrica (artículos 20 a 24), a prescribir, que la Comisión Federal de Electricidad deberá mantener en condiciones de seguridad y, cuando se trate de ejecutar obras en calles, calzadas, jardines, plazas y demás lugares públicos, junto a las medidas de seguridad apropiadas, deberá evitar que se impida el uso público de tales lugares, a menos que sea inevitable.

Sin embargo, los problemas que plantean las obras e instalaciones necesarias para la prestación del servicio público de energía respecto de la protección del ambiente, son considerables. Ellos se expresan fundamentalmente de las modificaciones nocivas que las estaciones hidroeléctricas pueden generar en el ciclo hidrológico y en la contaminación atmosférica que pueden producir las estaciones termoeléctricas.

Hasta antes de la expedición de la LGEEPA, las disposiciones específicas para la protección del ambiente en estos casos estaban, en cuanto a las estaciones hidroeléctricas, en el artículo 101 de la Ley Federal de Aguas (hoy remplazada por la Ley de Aguas Nacionales), y por lo que hace a las estaciones termoeléctricas, en los artículos 17 a 20 de la Ley Federal de Protección al Ambiente. La primera de esas disposiciones establecía que "los estudios y la planeación de los aprovechamientos hidráulicos destinados a la generación de energía eléctrica que realice la Comisión Federal de Electricidad, una vez aprobados por la Secretaría (de Agricultura y Recursos Hidráulicos), formarán parte de los planes generales sobre aprovechamiento de los recursos hidráulicos del país", introduciendo así una autorización especial que deberá otorgarse teniendo en cuenta, principalmente, la protección del ciclo hidrológico. Por su parte, las disposiciones citadas de la LFPA que tenían por objeto proteger la atmósfera de la contaminación, mencionaban expresamente a las instalaciones termoeléctricas como fuentes emisoras de contaminantes atmosféricos y facultaban a la SEDUE para combatir la contaminación atmosférica.[14]

175. Las modificaciones introducidas por la Ley General del Equilibrio Ecológico y la Protección al Ambiente

La Ley General del Equilibrio Ecológico y la Protección al Ambiente complementó las disposiciones en esta materia, al disponer que la industria eléctrica quedaría sujeta a la evaluación previa de su impacto

[14] También pueden estimarse relevantes para estos efectos las disposiciones sobre las plantas nucleoeléctricas de la Ley Reglamentaria del Artículo 27 Constitucional en Materia Nuclear, que por razones de método se examinan más adelante.

ambiental (artículo 28, fracción II, modificada en 1996), en los términos que se han examinado en el capítulo V de este libro.

Por su parte, el artículo 111 bis de la LGEEPA, que es una disposición que forma parte de las normas sobre prevención y control de la contaminación atmosférica y que incorporada en 1996, previene que para la operación y funcionamiento de las fuentes fijas de jurisdicción federal que emitan o puedan emitir olores, gases o partículas sólidas o líquidas a la atmósfera, se requerirá autorización de la SEMARNAP, especificando que, entre otras, se consideran fuentes fijas de jurisdicción federal la industria de generación de energía eléctrica.[15]

176. El régimen jurídico de la energía nuclear

La materia está regulada, en primer término, por la Constitución Política, a la que por reformas y adiciones publicadas en el *Diario Oficial de la Federación*, 6-II-1975, se le incorporó como párrafo séptimo de su artículo 27, el siguiente: "Corresponde también a la nación el aprovechamiento de los combustibles nucleares para la generación de energía nuclear y la regulación de sus aplicaciones en otros propósitos. El uso de la energía nuclear sólo podrá tener fines pacíficos." En concordancia con lo anterior, en la fracción X del artículo 73 constitucional se agregó a las facultades del Congreso de la Unión, la de legislar en toda la República, respecto de la "energía nuclear". Más tarde, las reformas al artículo 28 constitucional publicadas en el *Diario Oficial de la Federación,* 2-II-1983, introdujeron en el párrafo cuarto de ese precepto la idea de que no constituían monopolios las funciones que el Estado ejerce de manera exclusiva, entre otras áreas estratégicas, en la "generación de energía nuclear".

Estas bases constitucionales —que tratan de lo nuclear desde la perspectiva de la energía nuclear—, se desarrollan por la Ley Reglamentaria del Artículo 27 Constitucional en Materia Nuclear (*Diario Oficial de la Federación,* 4-II-1985), que es el ordenamiento que actualmente rige esa materia.[16]

[15] Cabe recordar que que la hoy desaparecida SEDUE comenzó a expedir en 1988 un conjunto de criterios ecológicos que se refieren a la misma materia. Así, en el *Diario Oficial de la Federación* del 14 de diciembre de ese año, se publicaron sendos criterios ecológicos que se refieren, en primer término, a la selección y preparación de sitios destinados a la instalación de sistemas para aprovechamiento hidroeléctrico, así como para la construcción y operación de estos sistemas, y en segundo término, a la selección y preparación de sitios destinados a la instalación de centrales termoeléctricas convencionales, así como para la construcción de las mismas. Más tarde, en el *Diario Oficial de la Federación* del 7 de junio de 1989 se publicaron los criterios ecológicos para la selección, exploración y preparación de sitios destinados a la instalación de sistemas geotermoeléctricos, así como su construcción. Al día siguiente, se publicaron los criterios ecológicos para la selección y preparación de sitios y trayectorias, construcción, operación y mantenimiento de líneas de transmisión y de subestaciones de alta tensión y de subestaciones eléctricas de potencia.

[16] Esta Ley estuvo precedida por otra de la misma denominación (*Diario Oficial de la Federación,* 26-I-1979), que fue abrogada expresamente por el artículo 2° transitorio de

La Ley vigente tiene por objeto regular "la exploración, la explotación y el beneficio de minerales radioactivos, así como el aprovechamiento de los combustibles nucleares, los usos de la energía nuclear, la investigación de la ciencia y la técnica nucleares, la industria nuclear y todo lo relacionado con la misma (artículo 1º, párrafo primero). Algunos de estos términos son definidos por la propia Ley.[17]

Los materiales radioactivos pueden tener un uso tanto energético como no energético. Tales usos deben sujetarse a las disposiciones reglamentarias que para ese efecto expida el Ejecutivo Federal (artículo 2º, párrafo segundo).[18]

La exploración, explotación y beneficio de minerales radioactivos —que son propiedad de la nación— no pueden ser materia de concesión o contrato (artículo 5º) y sólo pueden ser llevados a cabo por el organismo público descentralizado que se denomina Consejo de Recursos Minerales, mediante asignación de la Secretaría de Energía, Minas e Industria Paraestatal (artículos 9º y 10), hoy Secretaría de Energía.

Estas actividades dan origen a la llamada "industria nuclear", que está especialmente regulada por la Ley que se está examinando (artículos 11 a 18). El concepto de "industria nuclear" comprende todas las fases del ciclo de combustible (desde la "refinación" hasta el "quemado", así como el "reprocesamiento" y las últimas fases, incluyendo el almacenamiento definitivo y temporal de combustible irradiado o de los desechos radioactivos derivados del reprocesamiento), pero también otras actividades que la Ley enuncia: *1)* la producción de agua pesada, en su caso, y su uso en reactores nucleares; *2)* el diseño de los sistemas nucleares de suministro de vapor; *3)* el diseño y la fabricación de los equipos y componentes del sistema nuclear de suministro de vapor de las centrales nucleoeléctricas y otros reactores nucleares; *4)* la producción y aplicación de los radioisótopos, así como el procesamiento, acondicionamiento y disposición final de sus residuos radioactivos, y *5)* el diseño, fabricación y empleo de reactores nucleares y fuentes de radiación para la investigación y desarrollo tecnológicos (artículo 11).

la Ley vigente. La nueva Ley, entre otras cosas, suprimió el organismo público descentralizado Uranio Mexicano, que era el agente exclusivo del Estado mexicano para explorar, explotar, beneficiar y comercializar minerales radiactivos, etcétera.

[17] Por "mineral radiactivo" se entiende "el que contenga uranio, torio o combinaciones de ambos en una concentración igual o superior a 300 partes por millón, y los demás minerales susceptibles de ser utilizados para la fabricación de combustibles nucleares que determine expresamente la Secretaría de Energía, o el que contenga menos de esas partes cuando así lo determine la misma Secretaría" (artículo 3°, fracción IX). Por "combustible nuclear" se entiende "el material constituido por uranio natural, enriquecido, o uranio empobrecido hasta el grado que fije la Secretaría de Energía, o el material fisionable que se emplea en cualquier reactor nuclear" (artículo 3°, fracción I).

[18] Por "material radioactivo" se entiende "cualquier material que contiene uno o varios núclidos que emiten espontáneamente partículas o radiación electromagnética, o que se fisionan espontáneamente" (artículo 3°, fracción VII). Por "uso no energético de material radioactivo" se entiende "la utilización de material radioactivo y equipo que lo contenga, y

177. Los usos energéticos de los combustibles nucleares. Las plantas nucleoeléctricas

En concordancia con la respectiva prescripción constitucional, el artículo 15 de la Ley declara que el aprovechamiento de los elementos combustibles nucleares con fines energéticos corresponde a la nación (párrafo primero).

El más importante de esos aprovechamientos consiste hasta ahora en la generación de electricidad. En efecto, en México se comenzó a estudiar, desde la segunda mitad de la década de los sesenta, la posibilidad de la instalación de una planta nucleoeléctrica, definiéndose finalmente el proyecto conocido como "Laguna Verde". En 1971 se adjudicaron los primeros contratos para esa instalación. Sin embargo, la planta comenzó a ponerse en operación sólo a fines de 1988. Entre tanto, el proyecto de Laguna Verde dividió de manera profunda la opinión pública y generó incluso movilizaciones sociales. Las experiencias de Three Miles Island (1979) y de Chernobyl (1986), reavivaron la polémica que desde hace años venían sosteniendo los círculos gubernamentales responsables del proyecto y los adversarios del mismo.[19]

Esta fuerte oposición a las plantas nucleoeléctricas se reproduce en muchas partes del mundo. Los argumentos que se manejan habitualmente se relacionan, por una parte, con los elevados costos de esta nueva fuente de energía y, por otra, con los riesgos para la salud y el medio ambiente que representan los accidentes a los que las plantas están expuestas. La cuestión de la disposición de los residuos radiactivos, que es un problema aún no resuelto de manera satisfactoria, es otro de los argumentos que se utilizan para impugnar el desarrollo de la industria nucleoeléctrica: hasta 1990, las 420 plantas nucleoeléctricas que existen en 27 países del mundo habían generado más de dos millones de metros cúbicos de residuos radiactivos, algunos de los cuales podrían permanecer en el ambiente hasta 1 600 años.

Los países que cuentan con este tipo de industria han reaccionado de distintas maneras. En Suecia, por ejemplo, se ha resuelto desmantelar las importantes instalaciones existentes en un plazo de 25 años. En Estados Unidos de América se ha desacelerado la expansión de la industria nucleoeléctrica: en algunos estados de ese país se llegó incluso a prohibir temporalmente las plantas nucleoeléctricas. Sin embargo, en países

generadores de radiación ionizante, con propósitos industriales, médicos, agrícolas o de investigación" (artículo 3º, fracción X).

[19] Los argumentos en pro de Laguna Verde han sido difundidos en forma amplia por la Comisión Federal de Electricidad, especialmente a lo largo de 1988 y a través de los medios de comunicación de masas. Los argumentos en contra de Laguna Verde son quizás menos conocidos. Una compilación hecha en 1987 por José Arias y Luis Barquera, que recoge varios trabajos sobre las razones en que se fundamenta la oposición al proyecto, permite sin embargo conocer lo más sustantivo de la posición del movimiento contra Laguna Verde (*¿Laguna Verde nuclear? ¡No, gracias!*, Claves de Análisis, México, 1988).

como Francia, algunos estados de la ex Unión Soviética, Japón y Alemania, se ha seguido desarrollando la industria nucleoeléctrica de una manera significativa. En América Latina, Argentina y Brasil no han modificado su política energética, aunque sus experiencias en este campo no han sido del todo felices. En Brasil, la nueva Constitución Política ha tomado nota de las objeciones que se suelen formular sobre la ubicación de las plantas nucleoeléctricas y ha dispuesto que su localización sea determinada por ley federal (artículo 225). Es evidente que esta polémica continuará mientras no se despejen las múltiples dudas que genera dicha alternativa energética. El Informe de la Comisión Mundial sobre el Medio Ambiente y el Desarrollo recomienda que la producción de energía nuclear sólo se justifica "si existen soluciones firmes de los problemas por ahora sin resolver que dicha energía plantea" y ha declarado que "debe concederse la máxima prioridad a la investigación y perfeccionamiento de soluciones ambientalmente apropiadas y económicamente viables, así como de los medios requeridos para aumentar la seguridad en el uso de la energía nuclear".[20]

Pues bien, regresando a la Ley debe señalarse que el párrafo segundo de su artículo 15 previene que la generación de electricidad a partir del uso de combustibles nucleares se llevará a cabo en forma exclusiva por la Comisión Federal de Electricidad, que es el organismo público encargado de la prestación del servicio público de energía. Corresponde a esa Comisión el diseño y la construcción de las plantas nucleoeléctricas, para lo que debe oir la opinión del Instituto Nacional de Investigaciones Nucleares. Como se ha visto en el capítulo V y se reitera más adelante, la LGEEPA ha agregado, por su parte, que este tipo de plantas y, en general, todas las actividades vinculadas a los materiales radioactivos, requieren de una evaluación previa del impacto ambiental, correspondiendo a la SEMARNAP realizar dicha evaluación (artículo 154).

178. Los usos no energéticos del material radioactivo

Como es sabido, el material radioactivo tiene un conjunto de aplicaciones en el campo industrial, médico, agrícola y de investigación. La Ley dispone sobre el particular que la utilización de reactores nucleares con fines no energéticos sólo se llevará a cabo por el sector público y por las universidades, los institutos y los centros de investigación autorizados conforme a la misma Ley (artículo 15, párrafo tercero), a lo que hay que agregar que el empleo de reactores nucleares en general se debe sujetar a las normas que para tal efecto expida la Secretaría de Energía, Minas e Industria Paraestatal (hoy, la Secretaría de Energía) y a la vigilancia de la misma (artículo 13, párrafo segundo).

Por otra parte, la Ley prescribe que la producción, el uso y la apli-

[20] *Cf.* p. 231 de *Nuestro futuro común,* Alianza Editorial, Madrid, 1988.

cación de radioisótopos (así como la fabricación de los componentes del sistema nuclear de suministro de vapor, con excepción del combustible nuclear) son actividades que podrán llevarse a cabo por el sector público, por sí o con los sectores social y privado, previa autorización de la Secretaría. Pero la producción de radioisótopos mediante la utilización de reactores nucleares sólo se llevará a cabo por el sector público, las universidades, los institutos y los centros de investigación autorizados conforme a la Ley. Las autorizaciones para la producción de radioisótopos, a partir del uso de combustible nuclear, se expiden por el titular de la Secretaría de Energía, Minas e Industria Paraestatal (hoy, la Secretaría de Energía) y se publican en el *Diario Oficial de la Federación*. Así lo dispone el artículo 16 de la Ley.

179. La protección de los minerales radioactivos

La explotación racional de los minerales radiactivos —que hasta ahora es un recurso escaso en el país—[21] queda garantizada en cierta manera por el hecho de que las asignaciones respectivas deben hacerse "de conformidad con las políticas que para el logro de los objetivos o prioridades de la planeación nacional y sectorial del desarrollo se establezcan" (artículo 10).

Por otra parte, la exportación de minerales o materiales radioactivos tiene una "plataforma" legal. En efecto, en el artículo 18 de la Ley se prevé que "en las exportaciones de minerales o materiales radioactivos se atenderá siempre a la autosuficiencia del país" y se dispone que "en su caso, la autorización no podrá exceder, anualmente, de 5% de las reservas probadas que el país habrá de requerir, conforme al programa que se formule de acuerdo al Plan Nacional de Desarrollo..." (fracción V).

180. La protección del ambiente respecto de los efectos de las actividades relacionadas con los materiales radioactivos

Las actividades relacionadas con los minerales radioactivos generan efectos que, de no existir las medidas de seguridad apropiadas, representan un alto riesgo para la vida humana y para el ambiente en general.[22]

[21] La magnitud real del potencial uranífero total del país sigue siendo incierta por haberse paralizado las investigaciones sobre el tema a principios de la década de los ochenta. En el varias veces mencionado *Programa de Desarrollo y Reestructuración del Sector de la Energía 1995-2000* se repite lo ya dicho en la sección 2.2.2. del *Programa Nacional de Energéticos 1984-1988*, donde se señalaba que a esa fecha se conocía la existencia de alrededor de 14 500 toneladas de uranio, de las cuales se estima que únicamente 10,600 toneladas presentan posibilidades de extraerse.

[22] El incidente radioactivo iniciado en 1983 en Ciudad Juárez, Chih., puso de manifiesto las consecuencias que puede traer consigo un manejo descuidado de materiales radioactivos. Calificado como "el peor accidente radioactivo de Norteamérica", se originó en la transformación de una bomba Cobalto-60 en material de chatarra, que posteriormente fue

La Ley destina un capítulo especial a esta materia (artículos 19 a 40), distinguiendo entre seguridad nuclear, seguridad radiológica y seguridad física.

La seguridad nuclear es el conjunto de acciones y medidas encaminadas a evitar que los equipos, materiales e instalaciones nucleares y su funcionamiento constituyan riesgos para la salud del hombre y sus bienes, o detrimentos en la calidad del ambiente (artículo 20). La seguridad radiológica tiene por objeto proteger a los trabajadores, a la población y sus bienes, y al ambiente general, mediante la prevención y limitación de los efectos que pudieren resultar de la exposición a la radiación ionizante (artículo 21). La seguridad física en las instalaciones nucleares o radiactivas tiene por objeto, finalmente, evitar actos intencionales que causen o puedan causar daños o alteraciones tanto a la salud pública, como al robo o empleo no autorizado de material nuclear o radiactivo (artículo 22, párrafo primero).

La idea más general de la Ley consiste en que la seguridad "deberá tomarse en cuenta desde la planeación, diseño, construcción y operación, hasta el cierre definitivo y desmantelamiento de las instalaciones nucleares radiactivas, así como en las disposiciones y destino final de todos sus desechos" (artículo 19). Esa prescripción va acompañada por otra igualmente general, en virtud de la cual "las instalaciones nucleares y radioactivas deberán contar con sistemas de seguridad física, nuclear y radiológica que satisfagan los requisitos que al respecto se establezcan en otros ordenamientos y en las disposiciones reglamentarias de esta Ley" (artículo 22, párrafo segundo).[23]

Las disposiciones de la Ley que regulan más específicamente estas materias se remiten por lo general a las normas reglamentarias de la

utilizado para la fabricación de varillas y otras piezas metálicas, distribuidas más tarde por todo el territorio de México y también por el de Estados Unidos. El Cobalto-60 es un isótopo que emite radiaciones ionizantes que se emplean en medicina para la curación de tumores de cáncer. Estas radiaciones no pueden verse, sentirse y olerse, por lo que no se detectan sino por medio de instrumentos apropiados, como ocurrió en el caso del incidente de Ciudad Juárez. En efecto, este hecho se pudo conocer sólo cuando, fortuitamente, fueron detectadas las radiaciones que emitían varillas fabricadas con ese material de chatarra, que estaban siendo transportadas por territorio estadunidense. La bomba de Cobalto-60 había sido adquirida por el Centro de Especialidades de Ciudad Juárez en 1977, pero no fue nunca utilizada y permaneció almacenada en la bodega de ese Centro, hasta que dos empleados del mismo la desarmaron para venderla como chatarra. Los efectos ambientales de este incidente y, en especial, en la salud humana se están aún investigando, pero se estima que las dosis de exposición fueron más altas incluso que las del accidente de la Isla de Tres Millas, en los Estados Unidos. *Cf.* para todo lo anterior Margarita Castillejos y Fernando Ortiz Monasterio, *La contaminación por Cobalto-60 en Ciudad Juárez, Chihuahua,* El Colegio de México, México, 1985 (documento de la serie "Actualizaciones"), así como la bibliografía allí citada.

[23] Instalación nuclear es "aquella en la que se fabrica, procesa, utiliza, reprocesa o almacena combustible o material nuclear", mientras que instalación radioactiva es "aquella en la que se produce, fabrica, almacena o hace uso de material radiactivo o equipo que la contenga; o se tratan, condicionan o almacenan desechos radiactivos" (artículo 3º, fracciones II y III).

misma Ley (que aún no han sido expedidas) y a otros ordenamientos aplicables (como es el caso de la Ley General de Salud y sus Reglamentos).

En todo caso, esas disposiciones establecen un sistema de autorizaciones para el emplazamiento, diseño, construcción, operación, modificación, cese de operaciones, cierre definitivo y desmantelamiento de las instalaciones nucleares y radiactivas, así como para la adquisición, importación, exportación, posesión, uso, transferencia, transporte, almacenamiento y destino o disposición final de material radiactivo y dispositivos generadores de radiación ionizante (artículos 26 y 29), que se extiende al manejo, transporte, almacenamiento y custodia de materiales y combustibles nucleares y materiales radiactivos y equipos que los contengan (artículo 30). La autorización para la construcción y operación de una instalación nuclear se regula con más detalle, mediante el señalamiento que se hace de la información que deberá proporcionarse para su otorgamiento, la cual debe incluir un plan de emergencia radiológica, así como la que sea necesaria para la evaluación del impacto que origine en el ambiente (artículo 28). La Ley permite exigir, además, que para la operación de las instalaciones se cuente con el personal de seguridad radiológica (artículo 27).

La Ley asocia el tema de las salvaguardias con el de la seguridad. Las salvaguardias tienen por objeto organizar y mantener un sistema nacional de registro y control de todos los materiales nucleares, a efecto de verificar que no se produzca desviación alguna de dichos materiales, de usos pacíficos a la manufactura de armas nucleares u otros usos no autorizados (artículo 24, párrafo primero).

Para la observancia de las normas sobre seguridad y salvaguardias, la Comisión Nacional de Seguridad Nuclear y Salvaguardias debe llevar a cabo una vigilancia permanente sobre las instalaciones nucleares y radiactivas (artículo 32). La misma Comisión está facultada para ordenar la ejecución de medidas correctivas, así como para ordenar y ejecutar medidas preventivas (artículo 33 y 34). Otros mecanismos para asegurar esa observancia consisten en la suspensión y cancelación de las autorizaciones otorgadas, así como en la aplicación de multas administrativas (artículos 35, 37, 38 y 39). Las suspensiones y cancelaciones de autorizaciones otorgadas y las multas y medidas de seguridad, deben ser impuestas por un procedimiento en el cual se escuchará a los interesados y mediante resoluciones motivadas y fundadas (artículo 36), que en todo caso pueden ser impugnadas (artículo 40).

181. Los residuos radioactivos

La producción y eliminación de los residuos radiactivos que acompañan a todas las actividades nucleares, se ha constituido en un problema grave, no sólo en los países desarrollados. Entre nosotros, el incidente radiactivo de Ciudad Juárez puso de manifiesto las complicaciones que presenta el depósito de residuos radiactivos.[24]

La Ley Reglamentaria del Artículo 27 Constitucional en Materia Nuclear se ocupa de este problema en diversas disposiciones. Por lo pronto, dentro del concepto de "industria nuclear" queda comprendido tanto el almacenamiento definitivo y temporal del combustible irradiado o de los desechos radioactivos derivados del reprocesamiento, como el procesamiento, acondicionamiento y disposición final de los residuos radioactivos de la producción y aplicación de los radioisótopos (artículo 11, fracciones IV y VIII).

Estas actividades, como todas las que corresponden a la industria nuclear, deben llevarse a cabo conforme a los lineamientos y programas que apruebe el Ejecutivo Federal, por conducto de la Secretaría de Energía (artículo 12). Por otra parte, la Ley prevé que corresponde a la misma Secretaría tener a su cargo el almacenamiento, transporte y depósito de desechos radioactivos cualquiera que sea su origen y, en su caso, autorizar a los organismos públicos correspondientes el almacenamiento temporal de desechos radioactivos derivados de la utilización de combustibles nucleares (artículo 18, fracciones VII y VIII). De su lado, el concepto de seguridad involucra las actividades que se refieren a la disposición y destino final de todos los desechos de las instalaciones nucleares y radioactivas (artículo 19). Además, el destino o disposición final de material radioactivo y dispositivos generadores de radiación ionizante, sólo puede llevarse a cabo con autorización que expedirá la Secretaría, por conducto de la Comisión Nacional de Seguridad Nuclear y Salvaguardias, con independencia de otras autorizaciones, entre ellas la de la Secretaría de Salud respecto de los materiales y dispositivos utilizados con fines médicos (artículo 29). De su lado, entre las atribuciones de la mencionada Comisión figura todo lo relativo al procesamiento, acondicionamiento, vertimiento y almacenamiento de desechos radioactivos y cualquier disposición que de ellos se haga (artículo 50, fracción III). Por su parte, la Ley General de Salud exige un permiso sanitario para la disposición de los desechos radioactivos (artículo 125).

Estas disposiciones se complementan con la Ley General del Equilibrio Ecológico y la Protección al Ambiente que, como se dijo en el capítulo V, exige que las instalaciones de tratamiento, confinamiento o eliminación de residuos radiactivos sean sometidas a la evaluación previa de su impacto ambiental. La SEMARNAP debe realizar dicha evaluación, con la participación que corresponda a la Secretaría de Energía (artículos 28, fracción IV, de la LGEEPA, y 5º, fracción IX, del Reglamento sobre la materia).

[24] *Idem.*

182. La responsabilidad civil, penal y laboral

Las medidas administrativas que se adopten de acuerdo con la Ley, "no excluyen la responsabilidad civil, penal o laboral que, en su caso, resulten a cargo del titular de la autorización por daños a las personas o a sus bienes" (artículo 34, párrafo final).

Respecto a la responsabilidad civil, cabe recordar que existe un ordenamiento jurídico específico sobre la materia, que es la Ley de Responsabilidad Civil por Daños Nucleares (*Diario Oficial de la Federación,* 31-XII-1974). En esa Ley se establece que el operador de una instalación nuclear —que es la persona designada, reconocida o autorizada por el Estado para ese efecto— tiene una responsabilidad civil objetiva por los daños causados por un accidente nuclear que ocurra en una instalación a su cargo o en el que intervengan sustancias nucleares peligrosas producidas en dicha instalación siempre que no formen parte de una remesa de las mismas (artículos 4º y 5º). La responsabilidad del operador frente a terceros por un accidente nuclear determinado, tiene como importe máximo la cantidad de cien millones de pesos (artículo 14). La Ley no cubre todo el campo de la responsabilidad civil posible en esta materia y la limita a una cantidad que hoy resulta irrisoria.

El modelo en que se inspiró la Ley de Responsabilidad Civil por Daños Nucleares es el Convenio sobre Responsabilidad Civil en Materia de Energía Nuclear, suscrito en París el 29 de julio de 1960 y enmendado el 28 de enero de 1964 y el 16 de noviembre de 1982. El Convenio de París tiene un Convenio suplementario, suscrito en Bruselas el 31 de enero de 1963 y enmendado el 28 de enero de 1964 y el 16 de diciembre de 1974. México no forma parte de estos Convenios, que fueron suscritos en el marco de la Organización de Cooperación y Desarrollo Económicos. Cabe señalar que la manera como se adaptó el Convenio de París a la legislación interna nacional, no fue afortunada. Un detalle significativo que revela la forma inadecuada como el Convenio fue vertido a la legislación interna nacional es el hecho de que el artículo 2º, literal "e" de la Ley define al "operador de una instalación nuclear" como "la persona designada, reconocida y autorizada por *un Estado* en cuya jurisdicción se encuentre la instalación nuclear" (las cursivas son obviamente nuestras y los comentarios huelgan). Sin embargo, creemos que entre las muchas críticas que se le podrían hacer a esta Ley, resulta fundamental la que se refiere a la fijación de un límite para la responsabilidad. En efecto, en su momento el Convenio estableció un sistema para determinar el importe máximo de la indemnización a pagarse por el daño causado en un accidente nuclear, sobre la base de las llamadas "unidades de cuenta" del Acuerdo Monetario Europeo (artículo 7). Por su parte, la Ley hizo lo mismo. Esto significa, en buenas cuentas, que la responsabilidad civil por el daño nuclear se transforma en una verdadera "irresponsabilidad" civil más allá de una cierta cantidad, que además entre nosotros es hoy absurda.

Esta situación se ha modificado ya que México ha pasado a ser parte contratante en la Convención de Viena sobre Responsabilidad Civil por Daños Nucleares (*Diario Oficial de la Federación,* 18-VII-1989). La Convención fue promovida por el Organismo Internacional de Energía Atómica y suscrita en Viena el 21 de mayo de 1963. Sus objetivos consisten en fijar normas mínimas que ofrezcan una protección financiera contra los daños derivados de determinadas aplicaciones pacíficas de la energía nuclear.[25]

El hecho es que esta Convención ha establecido en el párrafo primero de su artículo V que "el Estado de la instalación podrá limitar el importe de la responsabilidad del explotador a una suma no inferior a 5 millones de dólares de los Estados Unidos por cada accidente nuclear". En consecuencia, la Convención no fija un importe máximo de la indemnización, como lo hace el Convenio de París, sino por el contrario un importe mínimo, para el caso de que los Estados contratantes pretendieran limitar la responsabilidad del explotador, como lo hace la Ley que se ha venido comentando.

En cuanto a la responsabilidad penal, la verdad es que la Ley Reglamentaria del Artículo 27 Constitucional en Materia Nuclear no configura ningún delito en esta materia. Tampoco lo hace la Ley General del Equilibrio Ecológico y la Protección al Ambiente. En consecuencia, la única responsabilidad penal que pudiera derivarse en este campo es la que resulta del delito de utilización ilegal de fuentes de radiación tipificado en la Ley General de Salud, que sanciona penalmente "a quien sin la autorización correspondiente, utilice fuentes de radiación que ocasionen o puedan ocasionar daño a la salud de las personas" (artículo 458).[26]

Finalmente, por lo que toca a la responsabilidad laboral, es menester anticipar que existen disposiciones específicas sobre la materia, que se examinan en el Capítulo XXII de este libro, en la parte relativa a los efectos del ambiente laboral en la salud de los trabajadores.

183. Las atribuciones de la Secretaría de Energía y de otros organismos en materia nuclear

La Ley Reglamentaria del Artículo 27 Constitucional en Materia Nuclear prescribe que su aplicación corresponderá a dicha Secretaría, en el ámbito de su competencia (artículo 4º). La competencia de esa Secre-

[25] Se trata de objetivos similares a los del Convenio de París, por lo que se ha hecho necesario un Protocolo Común relativo a la aplicación de la Convención de Viena y del Convenio de París, que fue suscrito en Viena el 21 de septiembre de 1988, pero que aún no ha entrado en vigor. Este Protocolo elimina los conflictos que podrían surgir si se aplicaran simultáneamente ambos instrumentos a un incidente nuclear.

[26] La Ley Federal de Protección al Ambiente tipificaba como delito la conducta de "generar emisiones de radiaciones ionizantes que ocasionen graves daños a la salud pública, la flora, la fauna o los ecosistemas" (artículo 77, fracción III). Este precepto no fue reproducido por la LGEEPA, que en cambio tipificó como un delito la realización de actividades

taría está delimitada fundamentalmente por el artículo 33 de la Ley Orgánica de la Administración Pública Federal, que ha sido examinado en la sección 167 de este capítulo. Allí se han mencionado el conjunto de atribuciones de dicha Secretaría que se relacionan con la energía nuclear.

Por otra parte, la misma Ley prevé la existencia del Instituto Nacional de Investigaciones Nucleares y de la Comisión Nacional de Seguridad Nuclear y Salvaguardias, que habían sido creados por su predecesora. El Instituto Nacional de Investigaciones Nucleares es un organismo público descentralizado, cuyo objeto consiste en realizar investigación y desarrollo en el campo de la ciencia y tecnología nuclear y difundir sus avances para vincularlos al desarrollo económico, social, científico y técnico del país (artículos 41 y 42, párrafo primero). La investigación y desarrollo que realice el Instituto deben ser congruentes con las políticas nacionales y llevarse a cabo de acuerdo con los programas que para tal efecto se aprueben (artículo 42, párrafo segundo), lo que significa que deben ser congruentes con la planeación del desarrollo. Las atribuciones del Instituto se detallan en la misma Ley (artículo 43). Por su lado, la Comisión Nacional de Seguridad Nuclear y Salvaguardias es un órgano desconcentrado dependiente de la Secretaría de Energía, cuyas atribuciones están reglamentadas por la propia Ley y se refieren fundamentalmente a las materias que dan a la Comisión la denominación que tiene (artículo 50). Las atribuciones de la Comisión pueden ser ejercidas directamente por el Ejecutivo Federal, por conducto del titular de la Secretaría de Energía (artículo 50, párrafo final).

184. La energía nuclear ante la Ley General del Equilibrio Ecológico y la Protección al Ambiente

La Ley General del Equilibrio Ecológico y la Protección al Ambiente aborda en dos oportunidades el tema de la energía nuclear y, en ambas ocasiones lo hace con motivo de la evaluación del impacto ambiental. Además, la LGEEPA contiene un capítulo sobre energía nuclear, cuyo único artículo reitera el deber de la Secretaría de Energía, ya consignado en la LOAPF, de que las actividades respectivas se lleven a cabo con apego a las normas sobre la materia.

En efecto, prescribe la fracción III del artículo 28 de la LGEEPA, modificada en 1996, que deberá someterse a la evaluación de su impacto ambiental la exploración, explotación y beneficio de minerales y sustancias reservadas a la Federación en los términos de la Ley Reglamentaria del Artículo 27 Constitucional en Materia Nuclear.

Por su parte, prescribe la fracción IV del mismo precepto legal que

altamente riesgosas sin contar con las autorizaciones respectivas o violando las normas de seguridad y operación aplicables, cuando se ocasionaren graves daños a la salud pública, la flora o la fauna o los ecosistemas (artículo 183).

deberán someterse a dicha evaluación las instalaciones de tratamiento, confinamiento o eliminación de residuos radioactivos.

Por último, dispone el artículo 154 de la LGEEPA que la Secretaría de Energía y la Comisión Nacional de Seguridad Nuclear y Salvaguardias, con la participación que, en su caso, corresponda a la Secretaría de Salud, cuidarán que la exploración, explotación y beneficio de minerales radioactivos, el aprovechamiento de los combustibles nucleares, los usos de la energía nuclear y en general, las actividades relacionadas con la misma, se lleven a cabo con apego a las normas oficiales mexicanas sobre seguridad nuclear, radiológica y física de las instalaciones nucleares o radioactivas, de manera que se eviten riesgos a la salud humana y se asegure la preservación del equilibrio ecológico y la protección al ambiente, correspondiendo a la SEMARNAP realizar la evaluación de impacto ambiental.[27]

185. El derecho internacional sobre la energía nuclear

La energía nuclear, que alguna vez fuera calificada como "el fuego de Prometeo", es al mismo tiempo la amenaza más considerable para la supervivencia de la humanidad.

Los niveles a que llegó la carrera armamentista entre los Estados Unidos y la ex Unión Soviética, con base en la energía nuclear y el progresivo desarrollo de armas nucleares en otros países, así como las consecuencias que tendría una eventual conflagración nuclear sobre la suerte del planeta Tierra, son suficientemente conocidos, de modo que no es necesario abundar sobre ellos. Bástenos decir que la ocurrencia de lo que se ha dado en llamar "el invierno nuclear" —el ambiente global modificado por una guerra nuclear—, representaría el término de las condiciones que hacen posible la casi totalidad de las formas de vida que hoy conocemos, empezando por la humana. La trágica y absurda paradoja en que vivimos, ha generado un movimiento mundial en favor de la paz y, en especial, de la limitación de los usos de la energía nuclear a fines pacíficos y la desaparición de las armas nucleares, lo que ha dado origen a un conjunto de tratados internacionales encaminados a esos propósitos, que pueden parecer insuficientes, pero que no dejan de ser importantes.

México ha desempeñado un papel significativo en la formación de este nuevo derecho internacional, especialmente en la celebración del Tratado de Tlatelolco o Tratado para la Proscripción de las Armas Nucleares en la América Latina y el Caribe (*Diario Oficial de la Federación,* 16-XII-1967; con modificaciones en *Diario Oficial de la Federación,* 27-XII-1991, 6-VII-1992 y 5-VIII-1993), suscrito en la ciudad de México el

[27] Es interesante recordar que en 1986 y, en consecuencia, antes de que entraran en vigor estos preceptos, la hoy desaparecida SEDUE había aprobado la manifestación de impacto ambiental presentada por la Comisión Federal de Electricidad respecto de la planta nucleoeléctrica "Laguna Verde", como se puede leer en la página 74 del varias veces mencionado *Informe General de Ecología*.

14 de febrero de 1967. En virtud de este Tratado, las Partes Contratantes se comprometen a utilizar exclusivamente con fines pacíficos el material y las instalaciones nucleares sometidos a su jurisdicción y a prohibir e impedir en sus respectivos territorios: *1)* el ensayo, uso, fabricación, producción o adquisición, por cualquier medio, de toda arma nuclear, por sí mismas, directa o indirectamente, por mandato de terceros o de cualquier otro modo; y *2)* el recibo, almacenamiento, instalación, emplazamiento o cualquier forma de posesión de toda arma nuclear, directa o indirectamente, por sí mismas, por mandato de terceros o de cualquier otro modo. De acuerdo con este Tratado, las Partes Contratantes se comprometen, asimismo, a abstenerse de realizar, fomentar o autorizar, directa o indirectamente, el ensayo, el uso, la fabricación, la producción, la posesión o el dominio de toda arma nuclear o de participar en ello de cualquier manera. Así lo establece el Artículo 1 del Tratado.

Con el fin de asegurar el cumplimiento de las obligaciones establecidas en el Tratado, éste crea un organismo internacional denominado Organismo para la Proscripción de las Armas Nucleares en América Latina y el Caribe (artículo 7). Por otra parte, el Tratado establece un sistema de control (artículos 12 a 18), en el que se incluye la prescripción de que cada Parte Contratante negociará acuerdos con el Organismo Internacional de Energía Atómica para la aplicación de las salvaguardias de éste a sus actividades nucleares (artículo 13).[28]

El Tratado de Tlatelolco no menoscaba los derechos de las Partes Contratantes para usar, de conformidad con sus disposiciones, la energía nuclear con fines pacíficos, de modo particular en su desarrollo económico y progreso social (artículo 17). En consecuencia, el mismo Tratado autoriza a las Partes Contratantes para llevar a cabo explosiones con fines pacíficos, o prestar su colaboración a terceros para los mismos fines; entre las limitaciones que establece el Tratado y de acuerdo con un procedimiento previsto para ese efecto, incluye entre otras cosas la obligación de informar con la antelación debida "las medidas que se tomarán para evitar riesgos a la población, flora, fauna y territorios de otra y otras Partes" (artículo 18).

Otro de los instrumentos internacionales fundamentales en esta materia es el Tratado sobre la No Proliferación de Armas Nucleares, abierto a la firma de los países interesados en las ciudades de Washington, Londres y Moscú, el 1º de julio de 1968. México es parte de ese Tratado desde 1969 (*Diario Oficial de la Federación,* 17-X-1969). De acuerdo con el Tratado, cada Estado poseedor de armas nucleares que sea parte en el mismo

[28] Este último organismo cumple iguales funciones respecto del Tratado sobre la No Proliferación de Armas Nucleares que se examina más adelante. México concluyó un Acuerdo con ese organismo que se refiere a ambos Tratados y que se denomina "Acuerdo entre los Estados Unidos Mexicanos y el Organismo Internacional de Energía Atómica para la aplicación de salvaguardias en relación con el Tratado para la Proscripción de las Armas Nucleares en la América Latina y el Tratado sobre la No Proliferación de Armas Nucleares" (*Diario Oficial de la Federación,* 25-VII-1975).

se compromete a no traspasar a nadie armas nucleares u otros dispositivos nucleares explosivos ni el control sobre tales armas o dispositivos, sea directa o indirectamente, y a no ayudar, alentar o inducir en forma alguna a ningún Estado no poseedor de armas nucleares a fabricar o adquirir de otra manera armas nucleares u otros dispositivos nucleares explosivos, ni el control sobre tales armas o dispositivos (artículo I). De su lado, cada Estado no poseedor de armas nucleares que sea parte en el tratado se compromete a no recibir de nadie ningún traspaso de armas nucleares u otros dispositivos nucleares explosivos ni el control sobre tales armas o dispositivos explosivos, sea directa o indirectamente; a no fabricar ni adquirir de otra manera armas nucleares u otros dispositivos nucleares explosivos, y a no recabar ni recibir ayuda alguna para la fabricación de armas nucleares u otros dispositivos nucleares explosivos (artículo II). Asimismo, los Estados no poseedores de armas nucleares que son parte en el Tratado se comprometen a aceptar las salvaguardias estipuladas en un acuerdo que ha de negociarse y concertarse con el Organismo Internacional de Energía Atómica, a efectos únicamente de verificar el cumplimiento de las obligaciones asumidas (artículo III). Nada de lo dispuesto en el Tratado afecta el derecho inalienable de todas sus partes para desarrollar la investigación, la producción y la utilización de la energía nuclear con fines pacíficos sin discriminación (artículo IV). Además, cada parte en el Tratado se compromete a celebrar negociaciones de buena fe sobre medidas eficaces relativas a la cesación de la carrera de armamentos nucleares en fecha cercana y al desarme nuclear, y sobre un tratado de desarme general y completo bajo estricto y eficaz control internacional (artículo VI). Por último, ninguna disposición del Tratado menoscaba el derecho de cualquier grupo de Estados a concertar tratados regionales a fin de asegurar la ausencia total de armas nucleares en sus respectivos territorios (artículo VII), como es el caso del Tratado de Tlatelolco.

México es también parte de otros tratados que se refieren a ciertos aspectos más específicos de la misma materia y que, en el contexto del propósito más general de disminuir la carrera armamentista, tienden a proteger explícitamente el ambiente natural. Así ocurre con el Tratado por el cual se Prohíben los Ensayos con Armas Nucleares en la Atmósfera, en el Espacio Ultraterrestre y debajo del Agua (*Diario Oficial de la Federación,* 25-II-1964), suscrito en Moscú el 5 de agosto de 1963 y en el que figuran como "partes originarias" los gobiernos de los Estados Unidos de América, del Reino Unido y de la ex Unión Soviética. Lo mismo cabe decir del Tratado sobre Prohibición de Emplazar Armas Nucleares y otras Armas de Destrucción en Masa en los Fondos Marinos y Oceánicos y su Subsuelo (*Diario Oficial de la Federación,* 8-V-1984), adoptado en Londres, Moscú y Washington el 11 de febrero de 1971.

En el curso de 1988, se incrementó la participación de México en los tratados y otros acuerdos internacionales sobre materias vinculadas a la energía nuclear. En efecto, México pasó a ser parte contratante en la

Convención sobre la Protección Física de los Materiales Nucleares (*Diario Oficial de la Federación,* 14-VI-1988), aprobada en Viena el 26 de octubre de 1979. El propósito de esa Convención es facilitar el traslado seguro de materiales nucleares y adoptar medidas eficaces para su protección física. Por otro lado, México pasó a ser parte contratante en la Convención sobre la Pronta Notificación de Accidentes Nucleares y en la Convención sobre Asistencia en Caso de Accidente Nuclear o Emergencia Radiológica (ambas publicadas en el *Diario Oficial de la Federación,* 29-VII-1988). Estas convenciones fueron aprobadas en Viena el 26 de septiembre de 1986. El objetivo de la primera Convención es facilitar lo antes posible la información pertinente sobre accidentes nucleares, de modo que se puedan reducir al mínimo sus consecuencias transfronterizas, mientras que el objetivo de la segunda es facilitar la pronta asistencia en caso de accidente nuclear o emergencia radiológica.

Por último, México ha pasado a ser parte en la Convención sobre Seguridad Nuclear, suscrita en Viena en 1994 (*Diario Oficial de la Federación*, 24-III-1997). Los objetivos de esa Convención son: *1)* conseguir y mantener un alto grado de seguridad nuclear en todo el mundo a través de la mejora de medidas nacionales y de la cooperación internacional, incluida, cuando proceda, la cooperación técnica relacionada con la seguridad; *2)* establecer y mantener defensas eficaces en las instalaciones nucleares contra los potenciales riesgos radiológicos a fin de proteger a las personas, a la sociedad y al medio ambiente de los efectos nocivos de la radiación ionizante emitida por dichas instalaciones; y *3)* prevenir los accidentes con consecuencias radiológicas y mitigar éstas en caso de que se produjesen.

Un tema que debe ser mencionado aquí, aunque no se refiere precisamente a las armas nucleares, es el relativo a las armas químicas. Su capacidad para provocar destrucción en masa así lo amerita. El Protocolo de Ginebra de 1925 prohibió el empleo bélico de gases asfixiantes, tóxicos o similares y de medios bacteriológicos. Más tarde, se generó una Convención sobre la prohibición del desarrollo, la producción y el almacenamiento de armas bacteriológicas (biológicas) y toxínicas y sobre destrucción (Londres, Moscú y Washington, 1972). Hoy, existe una Convención sobre la Prohibición del Desarrollo, la Producción, el Almacenamiento y el Empleo de Armas Químicas y su Destrucción, suscrita en París en 1993 y de la que México es parte contratante (*Diario Oficial de la Federación*, 5-X-1994).

Tercera Parte

LA PROTECCIÓN DE LOS ECOSISTEMAS MARINOS

XIII. LA PROTECCIÓN DE LOS ECOSISTEMAS MARINOS EN EL DERECHO INTERNO

186. El contenido del capítulo. 187. La problemática de la protección de los ecosistemas marinos. 188. Las bases constitucionales del régimen jurídico del mar. 189. La Ley Federal del Mar. 190. El aprovechamiento sostenible de los ecosistemas acuáticos y la contaminación del medio marino: la Ley General del Equilibrio Ecológico y la Protección al Ambiente. 191. La protección de la flora y fauna marinas: la Ley de Pesca y otros ordenamientos jurídicos. 192. La acuacultura. 193. Los terrenos ganados al mar: la Ley General de Bienes Nacionales.

186. El contenido del capítulo

Con este capítulo se inicia el estudio de la protección jurídica de los ecosistemas marinos. En el examen de este tema se hace una distinción entre el sistema de protección establecido en el derecho interno y el establecido en el derecho internacional. No se trata de dos temas diferentes, sino de uno solo que, sin embargo, ha alcanzado un desarrollo considerable en el plano internacional.

El mar es el ecosistema más extenso sobre la superficie de la Tierra, pues cubre cerca de 70% de ella. El mar ha sido una fuente tradicional de alimentos para los seres humanos y, en la actualidad, es una fuente importante de recursos energéticos y minerales. Por otra parte, los mares y océanos en su conjunto son un factor decisivo para la regulación de los climas terrestres y para el mantenimiento de concentraciones favorables de dióxido de carbono y de oxígeno en la atmósfera.

La contaminación del medio marino ha alcanzado proporciones enormes. Por lo pronto, el mar ha sido siempre considerado por el hombre como el recipiente natural de toda clase de desperdicios. La mayor parte de los desechos del mundo, cerca de 20 mil millones de toneladas anuales, son vertidos en el mar, por lo general sin ningún tratamiento previo. El 90% de esos desechos permanecen en las zonas costeras, que son zonas altamente productivas, a diferencia de lo que ocurre con las zonas de las grandes profundidades. El incremento de la generación de residuos y su diversificación hacia rubros como los desechos tóxicos y nucleares, ha agravado la contaminación del medio marino.

Otras causas de la contaminación marina son la explotación de energéticos y recursos minerales en las zonas costeras, así como el transporte marítimo, especialmente en forma de vertidos de hidrocarburos. Las mismas actividades turísticas y de recreación en el mar, han provocado daños de consideración en los ecosistemas marinos, cuando no han sido debidamente reguladas. Por su parte, los usos militares del mar, incluidos los ensayos de armas nucleares, han contribuido a la contaminación del medio marino.

Hasta ahora, las consecuencias de la contaminación marina se expresan en el deterioro de los ecosistemas marinos y en los daños a la salud humana. Es probable, sin embargo, que la contaminación marina alcance proporciones que terminen afectando la alta mar, con resultados imprevisibles.

Además de los problemas de la contaminación marina, deben considerarse los que generan la explotación irracional de los recursos pesqueros, que en más de una ocasión han puesto en peligro la supervivencia de ciertas especies.

En este capítulo se examina, en primer término, el régimen jurídico del mar desde el punto de vista de sus bases constitucionales y de la Ley Federal del Mar. A continuación, se analizan los diversos aspectos del sistema de protección del medio marino establecido en la legislación federal. Uno de ellos se refiere a la contaminación del medio marino y se trata básicamente en la LGEEPA. Otro es la protección de la fauna y flora marinas, que es un tema regulado principalmente por la Ley de Pesca, pero también por la LGEEPA. Una materia de especial interés dentro de este tema es la relativa a los distritos de acuacultura. Y un tercer aspecto de la protección del medio marino se refiere a los terrenos ganados al mar, del cual se ocupa la Ley General de Bienes Nacionales.

Existen aún otras materias que se vinculan con la protección del medio marino en el derecho interno, como es el caso de del transporte y de las actividades turísticas. Por razones de método, el estudio de las disposiciones atinentes a la protección del medio marino que están en otros ordenamientos jurídicos se reservan para el momento en que se analicen las actividades del transporte y del turismo, respectivamente.

187. La problemática de la protección de los ecosistemas marinos

México es un país que tiene una enorme riqueza en sus ecosistemas marinos: 10 000 kilómetros de litoral, 500 000 kilómetros cuadrados de plataforma continental, 16 000 kilómetros cuadrados de hectáreas de superficie estuárica y cerca de 12 500 kilómetros cuadrados de lagunas costeras[1] que, junto a derechos sobre amplias zonas marítimas, le aseguran a México una riqueza potencial que pocos países en el mundo tienen. El *Programa de Pesca y Acuacultura 1995-2000* subraya la importancia que tiene la situación geográfica de México, que favorece la diversidad biológica en sus aguas, tanto continentales como marinas.[2]

[1] Los datos han sido extraídos de Víctor Manuel Toledo *et al.*, *cit. supra*, p. 21.

[2] *Cf.* la edición de la SEMARNAP de dicho Programa (p. 19). Allí se precisa que México cuenta con aproximadamente tres millones de km^2 de Zona Económica Exclusiva (que

Desde hace tiempo se viene criticando que el potencial pesquero del país ha sido desaprovechado y mal aprovechado. En materia de desaprovechamiento quizás sea útil señalar que el *Programa de Pesca y Acuacultura 1995-2000* precisa que la producción pesquera nacional manifestó un crecimiento acelerado durante el período 1977-1981, alcanzando su máximo histórico de 1,565,465 toneladas en ese último año. Posteriormente, presentó un descenso significativo durante 1982 y 1983, para iniciar después otro período de recuperación, que le permitió alcanzar nuevamente en 1989 su segundo nivel más alto: 1 519 882 toneladas. Sin embargo, a partir de ese año la producción ha decrecido, sin poder recuperar un nivel estable: en 1994 se obtuvieron 1 260 019 toneladas, lo que representa una reducción de 19.5% y de 17.1% respecto de 1981 y 1989.[3]

En materia de mal aprovechamiento, se ha dicho insistentemente que en la pesca también ha prevalecido el modelo tecnológico de tipo especializado —como en el caso de la agricultura y la ganadería—, orientándose a la explotación de no más de 25 especies de un potencial cercano a las 300 especies comestibles. Además, 82.58% de las especies capturadas está constituido sólo por cuatro especies: camarón, sardina, anchoveta y atún. El camarón, que representa 54.5% del valor total de la producción pesquera, es un producto de exportación. Las prácticas monoproductoras traen como consecuencia que, en el caso del camarón, se devuelvan al mar ocho toneladas de fauna de acompañamiento por cada tonelada capturada, de muchas especies comestibles (en 1979 se tiraron como basura 700 mil toneladas). La pesca del camarón, además del desaprovechamiento y destrucción de su fauna de acompañamiento, es una de las prácticas pesqueras menos redituable desde el punto de vista energético.[4]

Los ecosistemas costeros están sujetos a intensas presiones. El *Programa de Medio Ambiente 1995-2000* (p. 33) subraya que, en el Golfo de México, las industrias petroleras y petroquímicas, tanto de México como de Estados Unidos, vierten sobre el Golfo sus aguas residuales, contaminando en alto grado los recursos costeros y la biodiversidad marina de esta zona. En ambos litorales mexicanos, otras actividades productivas plantean problemas serios, como es el caso de la agricultura y sus aguas de retorno con altas concentraciones de plaguicidas y las descargas de beneficios de café, ingenios azucareros, fábricas papeleras, textiles y químicas. Además, las concentración urbana e industrial de las zonas costeras del Golfo de México generan otros impactos ambientales costeros que pueden considerarse relevantes.[5]

incluye 358 mil km² de plataforma continental) y 2.9 millones de hectáreas de aguas interiores (que incluye 1.5 millones de hectáreas de lagunas litorales). La extensión del litoral es de aproximadamente 11 500 km.

[3] *Ibid.*, p. 11.

[4] *Cf.* para todo lo anterior Víctor Manuel Toledo *et al.*, *op. cit. supra*, pp. 34 y 35.

[5] En su momento, el *Programa Nacional para la Protección del Medio Ambiente 1990-1994*

188. Las bases constitucionales del régimen jurídico del mar

La Constitución Política establece que el territorio nacional comprende, entre otros, el de las islas, incluyendo los arrecifes y cayos y los mares adyacentes; el de las islas de Guadalupe y las de Revillagigedo, situadas en el océano Pacífico; la plataforma continental y los zócalos de las islas, cayos y arrecifes, y las aguas de los mares territoriales en la extensión que fija el derecho internacional, y las marítimas interiores (artículo 42, fracciones II a V).

Agrega la Constitución que las islas, cayos y arrecifes de los mares adyacentes que pertenezcan al territorio nacional, la plataforma continental, los zócalos submarinos de las islas, de los cayos y arrecifes, los mares territoriales, y las aguas marítimas interiores, "dependerán" directamente del Gobierno de la Federación, con excepción de aquellas islas sobre las que hasta la fecha hayan ejercido jurisdicción los Estados (artículo 48). En ese sentido, es más claro el artículo 27 de la misma Constitución Política, que establece que corresponde a la nación el dominio directo de todos los recursos naturales de la plataforma continental y los zócalos submarinos de las islas y que son propiedad de la nación las aguas de los mares territoriales, en la extensión y términos que fije el derecho internacional, así como las aguas marinas interiores (artículo 27, párrafos cuarto y quinto).

Además, la Constitución prescribe que la nación ejerce en una zona económica exclusiva situada fuera del mar territorial y adyacente a éste, los derechos de soberanía y las jurisdicciones que determinen las leyes del Congreso. La zona económica exclusiva se extiende a 200 millas náuticas, medidas a partir de la línea de base desde la cual se mide el mar territorial. En aquellos casos en que esa extensión produzca superposición con la de las zonas económicas exclusivas de otros Estados, la delimitación de las respectivas zonas se hace en la medida en que resulte necesaria, mediante acuerdo con estos Estados (artículo 27, párrafo octavo). Este párrafo fue incorporado en 1976 a la Constitución Política (*Diario Oficial de la Federación,* 6-II-1976) y desarrollado por la hoy abrogada Ley Reglamentaria del Párrafo Octavo del Artículo 27 Constitucional, relativo a la Zona Económica Exclusiva (*Diario Oficial de la Federación,* 13-II-1976; reformas en *Diario Oficial de la Federación,* 3-II-1983).

señalaba que los recursos acuáticos tanto costeros como continentales han sufrido severas pertubaciones en su equilibrio ecológico natural. Agregaba que las causas son varias: "la contaminación producida por el vertimiento de aguas residuales, la pesca incidental, los asentamientos en torno a plantas de procesamiento pesquero y la actividad de los centros turísticos. Hay efectos notorios, como la destrucción de manglares y de recintos naturales para el refugio, la alimentación, la reproducción y la crianza de numerosas especies". Y destacaba los efectos de la contaminación marina sobre dichos recursos, en los siguientes términos: "La contaminación marina, cuyos principales agentes son los residuos orgánicos e inorgánicos, afecta directamente la sobreviviencia de peces y de algunos invertebrados de importancia sanitaria y comercial como los moluscos bivalvos" (sección 1.2.1).

189. La Ley Federal del Mar

La protección de los ecosistemas marinos debe ser examinada primeramente desde la perspectiva de la Ley Federal del Mar (*Diario Oficial de la Federación,* 8-I-1986, con erratas en el *Diario Oficial de la Federación,* 9-I-1986), que es reglamentaria de los párrafos cuarto, quinto, sexto y octavo del artículo 27 de la Constitución Política, en lo relativo a las zonas marinas mexicanas (artículo 1º).

Esta Ley abrogó la antes mencionada Ley Reglamentaria del Párrafo Octavo del Artículo 27 Constitucional, relativo a la Zona Económica Exclusiva (artículo 2º transitorio). La LFM está estrechamente vinculada a la Convención de las Naciones Unidas sobre el Derecho del Mar, en tanto sigue sus principales orientaciones, algunas de las cuales, por otra parte, estaban ya incorporadas al derecho interno del país. La LFM está estructurada por dos Títulos que contienen disposiciones generales y reglas sobre las zonas marinas, respectivamente.

La Ley Federal del Mar rige en las zonas marinas que forman parte del territorio nacional y, en lo aplicable, más allá de éste en las zonas marinas donde la nación ejerce derechos de soberanía, jurisdicciones y otros derechos (artículo 2º). Las zonas marinas mexicanas son, de acuerdo con la LFM, el mar territorial, las aguas marinas interiores, la zona contigua, la zona económica exclusiva, la plataforma continental y las plataformas insulares, y cualquier otra permitida por el derecho internacional (artículo 3º). En todas estas zonas, la nación ejerce los poderes, derechos, jurisdicciones y competencias que la LFM establece, de conformidad con la Constitución Política y con el derecho internacional (artículo 4º). La LFM recoge entonces la distinción que debe hacerse entre los distintos tipos de derechos que integran lo que ahora se denominan "derechos territoriales del Estado", como por lo demás lo había hecho antes la Ley Reglamentaria del Párrafo Octavo del Artículo 27 Constitucional y la propia Constitución Política.

Desde esa perspectiva, la Ley Federal del Mar deja en claro que la soberanía de la nación y sus derechos de soberanía, jurisdicciones y competencias dentro de los límites de las respectivas zonas marinas, se ejercen respecto a: *1)* las obras, islas artificiales, instalaciones y estructuras marinas; *2)* el régimen aplicable a los recursos marinos vivos, inclusive su conservación y utilización; *3)* el régimen aplicable a los recursos marinos no vivos, inclusive su conservación y utilización, y *4)* el aprovechamiento económico del mar, inclusive la utilización de minerales disueltos en sus aguas, la producción de energía eléctrica o térmica derivada de las mismas, de las corrientes y de los vientos, la captación de energía solar en el mar, el desarrollo de la zona costera, la maricultura, el establecimiento de parques marinos nacionales, la promoción de la recreación y el turismo, y el establecimiento de comunidades pesqueras (artículo 6º).

Las instalaciones marítimas en general tienen importancia desde un punto de vista ambiental por los efectos que ellas pueden generar en los ecosistemas marinos. La LFM establece que la nación tiene derecho exclusivo, en las zonas marinas mexicanas, de construir y de autorizar y reglamentar la construcción, operación y utilización de islas artificiales, de instalaciones y estructuras, de conformidad con la propia LFM, la Ley General de Bienes Nacionales, la Ley de Obras Públicas y demás disposiciones aplicables en vigor (artículo 16). La misma LFM agrega que la construcción, instalación, conservación, mantenimiento, reparación y demolición de bienes inmuebles dedicados a la exploración, localización, perforación, extracción y desarrollo de recursos marinos, o destinados a un servicio público o al uso común en las zonas marinas mexicanas deberá hacerse observando las disposiciones legales vigentes en la materia (artículo 17), entre las cuales deben considerarse aquellas que se refieren a la protección del ambiente en general y de los ecosistemas marinos en particular. La protección de los ecosistemas está estrechamente ligada a la protección de los recursos y al aprovechamiento económico del mar, respecto de los cuales la LFM establece que deberán observarse las disposiciones aplicables sobre la materia. Así, en cuanto a las medidas de conservación y utilización por nacionales y extranjeros de los recursos vivos en las zonas marinas mexicanas, ellas deberán adoptarse de acuerdo con la legislación sobre pesca, las disposiciones emanadas de ella y otras aplicables (artículo 18), mientras que la exploración, explotación, beneficio, aprovechamiento, refinación, transportación, almacenamiento, distribución y venta de los hidrocarburos y minerales, en las zonas marinas mexicanas, se regirá por las Leyes Reglamentarias del Artículo 27 Constitucional en el Ramo del Petróleo y en Materia Minera (hoy, la Ley Minera) y sus respectivos reglamentos, así como por las disposiciones aplicables de la LFM (artículo 19). Cualquier otra actividad diversa que implique la explotación, uso y aprovechamiento económico de las zonas marinas mexicanas, se regirán por las correspondientes disposiciones reglamentarias de los párrafos cuarto, quinto y sexto del artículo 27 constitucional, así como por la LFM y las demás leyes y reglamentos aplicables (artículo 20).

La Ley Federal del Mar dedica además un capítulo especial, dentro de las disposiciones generales, a la protección y preservación del medio marino, así como a la investigación científica marina. En ese sentido, la LFM establece que "en el ejercicio de los poderes, derechos y competencias de la Nación dentro de las zonas marítimas mexicanas, se aplicarán la Ley Federal de Protección al Ambiente (hoy, la LGEEPA), la Ley General de Salud y sus respectivos Reglamentos, la Ley Federal de Aguas (hoy, la Ley de Aguas Nacionales) y demás leyes y reglamentos aplicables vigentes o que se adopten, incluidos la presente Ley, su reglamento y las normas pertinentes del derecho internacional para prevenir, reducir y controlar la contaminación del medio marino" (artículo 21). De esta manera, la Ley deja en claro que se aplicará en dichas zonas el derecho interno sobre la protección de los ecosistemas, así como el derecho internacional sobre la materia, que comprende entre otras normas aquellas de la Convención de las Naciones Unidas sobre el Derecho del Mar que se refieren a la protección y preservación del medio marino, las cuales se examinan más adelante (véanse los párrafos 184 y siguientes). Incluso, en materia de investigación científica marina, la LFM no deja de señalar que, en la realización de las actividades correspondientes dentro de las zonas marinas mexicanas, se aplicarán, entre otros principios, el de que dichas actividades respetarán todas las leyes y reglamentos pertinentes a la protección y preservación del medio marino (artículo 22, fracción IV).

Las reglas sobre las zonas marinas mexicanas regulan en detalle el mar territorial, las aguas marinas interiores, la zona contigua, la zona económica exclusiva y la plataforma continental o insular. El mar territorial se fija en una anchura de 12 millas marinas (22 224 metros) medidas de conformidad con las disposiciones de la Ley y su futuro Reglamento (artículo 25), todo lo cual concuerda con lo establecido en la Convención de las Naciones Unidas sobre el Derecho del Mar (artículo 3º y *ss.)* Una disposición similar estaba ya prevista en la Ley General de Bienes Nacionales. Sobre esa franja de mar, incluido su lecho y subsuelo así como el espacio aéreo superestante, la nación ejerce soberanía (artículos 23 y 24). La misma soberanía se ejerce por la nación sobre las áreas denominadas aguas marinas interiores, que son las comprendidas entre las costas nacionales, tanto continentales como insulares, y el mar territorial mexicano (artículo 34). Esta soberanía se extiende al espacio aéreo superestante, así como al lecho del subsuelo de esas aguas (artículo 35), las que incluyen: *1)* la parte norte del Golfo de California; *2)* las de las bahías internas; *3)* las de los puertos; *4)* las internas de los arrecifes; y *5)* las de las desembocaduras o deltas de los ríos, lagunas y estuarios comunicados permanente o intermitentemente con el mar (artículo 36). En estricta concordancia con la Convención sobre el Derecho del Mar (artículo 33), la LFM agrega que la zona contigua al mar territorial se extiende a 24 millas marinas (44 448 metros), contadas desde las líneas de base a partir de las cuales se mide la anchura del mar territorial mexicano (artículo 43). La nación tiene competencia sobre esa zona para tomar las medidas de fiscalización necesarias con el objeto de: *1)* prevenir las infracciones de las normas aplicables de la LFM, de su Reglamento, y de las leyes y reglamentos aduaneros fiscales, de inmigración o sanitarios que pudieren cometerse en el territorio, en las aguas marinas interiores o en el mar territorial mexicano, y *2)* para sancionar las infracciones a dichas normas, cometidas en el territorio, en las aguas marinas interiores o en el mar territorial mexicano (artículo 42). Entendemos que estas medidas de fiscalización comprenden la prevención y sanción de las infracciones a las disposiciones sobre protección de los ecosistemas marinos, pues así lo indica el contexto de la Ley y de la propia Convención de las Naciones Unidas sobre el Derecho del Mar, como se verá a continuación.

Las normas sobre zona económica exclusiva son más complejas. La LFM establece que la zona económica exclusiva mexicana se extiende a 200 millas marinas (370 400 metros), contadas desde las líneas de base a partir de las cuales se mide la anchura del mar territorial (artículo 50), todo ello en concordancia con lo ya establecido en el párrafo octavo del artículo 27 constitucional y de la propia Convención de las Naciones Unidas sobre el Derecho del Mar (cuyo artículo 57 prescribe que dicha zona "no se extenderá más allá de 200 millas marinas contadas" ...etc.). Sobre esa zona la nación ejerce, por una parte, derechos de soberanía para los fines de exploración y explotación, conservación y administración de los recursos naturales, tanto vivos como no vivos, ya sean renovables o no renovables, del lecho y el subsuelo del mar y de las aguas suprayacentes, y con respecto a otras actividades con miras a la exploración y explotación económica de la zona, tal como producción de energía derivada del agua, de las corrientes y de los vientos; y por otra parte, jurisdicción en relación con las disposiciones de la propia LFM, de su Reglamento y del derecho internacional y con respecto: *1)* al establecimiento y utilización de islas artificiales, instalaciones y estructuras; *2)* a la investigación científica marina, y *3)* a la protección y preservación del medio marino. Además, la nación ejerce los demás derechos (y está sometida a los demás deberes) que fija la LFM, su Reglamento y el derecho internacional. Así lo establece el artículo 47 de la Ley, que reproduce el artículo 56 de la Convención. La LFM dispone, además, que el Poder Ejecutivo Federal dictará las medidas adecuadas de administración y conservación para que los recursos vivos no se vean amenazados por una explotación excesiva, determinará la captura permisible de recursos vivos en la zona económica exclusiva y, sin perjuicio de lo anterior, promoverá la utilización óptima de dichos recursos (artículo 56).[6]

Finalmente, respecto de la plataforma continental o insular, la Ley Federal del Mar establece que ella abarca el lecho y el subsuelo de las áreas submarinas que se extienden más allá del mar territorial, y a todo lo largo de la prolongación natural del territorio nacional, hasta el borde exterior del margen continental, o bien hasta 200 millas marinas contadas desde las líneas de base a partir de las cuales se mide la anchura del mar territorial, en los casos de que el borde exterior del margen continental no llegue a esa distancia (artículo 62). Respecto de la exploración y explotación de los recursos naturales de la plataforma continental o de las plataformas insulares, la nación ejerce derechos de soberanía exclusivos, en el sentido de que si México no las explora o no explota sus recursos naturales, nadie puede emprender estas actividades sin expreso consentimiento de las autoridades nacionales competentes (artículos 57 y 58). Estas disposiciones son estrictamente concordantes con los preceptos de la Convención de las Naciones Unidas sobre el Derecho del Mar que se refieren a la misma materia (artículos 76 y 77).

[6] Hay que señalar que la Ley Reglamentaria del Párrafo Octavo del Artículo 27 Constitucional, relativo a la Zona Económica Exclusiva, ya había establecido normas similares a las que se acaban de examinar (artículos 4º, 6 º y 7º).

190. El aprovechamiento sostenible de los ecosistemas acuáticos y la contaminación del medio marino: la Ley General del Equilibrio Ecológico y la Protección al Ambiente

Como se dijo en el capítulo X de este libro, la LGEEPA no contiene un capítulo especial sobre la protección del medio marino, como era el caso de la Ley Federal de Protección al Ambiente de 1982, que regulaba por lo menos el tema de la contaminación marina en su capítulo V, mediante cinco artículos que básicamente prohibían la descarga, sin previo tratamiento y sin autorización, de contaminantes en las aguas marinas y establecían otras reglas.

En cambio, la LGEEPA optó por regular conjuntamente el aprovechamiento sostenible de las aguas continentales y marítimas y de los ecosistemas acuáticos en general, así como la prevención y control de la contaminación de las mismas aguas. En consecuencia, son aplicables a las aguas marítimas y los ecosistemas marinos las disposiciones sobre la materia que se han examinado en el capítulo X de este libro.

Entre ellas hay algunas que se refieren específicamente al medio marino y, en particular, a los criterios ecológicos que deben aplicarse en ese medio (artículo 117) y que las autoridades públicas, en las actividades que le son propias, deben observar (artículo 118). También cabe recordar que la LGEEPA establece un conjunto de prohibiciones y deberes en relación con la prevención y control de la contaminación por aguas residuales, que también son aplicables a la contaminación del medio marino. Lo fundamental es que no se pueden descargar en el medio marino aguas residuales que contengan contaminantes, sin tratamiento previo y el permiso o autorización de la autoridad federal (artículo 121). Esa autoridad federal es la Secretaría de Medio Ambiente, Recursos Naturales y Pesca, a la que le compete autorizar el vertimiento de aguas residuales en el mar, en coordinación con la Secretaría de Marina cuando provenga de fuentes móviles o plataformas fijas. Tales aguas deben reunir ciertas condiciones mínimas que la misma Ley establece (artículo 122) y, de todas maneras, deben observar las normas técnicas ecológicas que para tal efecto se expidan y, en su caso, las condiciones de descarga que determine la Secretaría de Medio Ambiente, Recursos Naturales y Pesca (artículo 123, párrafo primero).

Estas disposiciones están reforzadas por la tipificación del delito previsto en el artículo 416 del Código Penal para el Distrito Federal en Materia de Fuero Común y para toda la República en Materia de Fuero Federal sanciona con pena de tres meses a seis años de prisión y de mil a veinte mil días multa, *al que sin la autorización que en su caso se requiera, o en contravención a las disposiciones legales, reglamentarias y normas oficiales mexicanas descargue, deposite o inflitre, o lo autorice u ordene, aguas residuales, líquidos químicos o bioquímicos, desechos o contaminantes en [...] aguas marinas [...], que ocasionen o puedan ocasio-*

nar daños a la salud pública, a los recursos naturales, a la flora, a la fauna, a la calidad del agua de las cuencas o de los ecosistemas (fracción I). Hasta 1996, un delito similar se encontraba tipificado en el artículo 186 de la LGEEPA.

Todas estas reglas deben tenerse presente para determinar los alcances de las únicas tres disposiciones de la LGEEPA que se refieren específicamente a la contaminación de las aguas marinas y cuyo estudio se ha reservado para este capítulo sobre la protección de los ecosistemas marinos en el derecho interno, así como otras normas que se relacionan con dichas disposiciones. Se trata de los artículos 130, 131 y 132 de la Ley, todos ellos modificados en 1996, que están en las reglas sobre prevención y control de la contaminación del agua y los ecosistemas acuáticos.

El artículo 130 establece que la SEMARNAP autorizará el vertido de aguas residuales en aguas marinas, de conformidad con lo dispuesto en la Ley de Aguas Nacionales, su Reglamento y las normas oficiales mexicanas que al respecto expida. Pero cuando el origen de las descargas provenga de fuentes móviles o de plataformas fijas en el mar territorial y la zona económica exclusiva la Secretaría se coordinará con la Secretaría de Marina para expedir las autorizaciones correspondientes.[7]

En relación con esta materia hay que señalar que México es parte contratante en el Convenio para la Prevención de la Contaminación del Mar por Vertimiento de Desechos y Otras Materias (*Diario Oficial de la Federación,* 16-VII-1975), más conocido como el "Convenio de Vertimiento de Londres". De este Convenio deriva el Reglamento para Prevenir y Controlar la Contaminación del Mar por Vertimiento de Desechos y Otras Materias (*Diario Oficial de la Federación,* 23-I-1979, con aclaraciones en *Diario Oficial de la Federación,* 12-VI-1979), que se aplica "a los vertimientos deliberados de materias, sustancias o desechos en aguas marítimas jurisdiccionales mexicanas" (artículo 1º). De acuerdo con el Reglamento, toda persona física o moral requiere de autorización para efectuar vertimientos deliberadamente (artículo 5º). El otorgamiento está sujeto a las disposiciones del mismo Reglamento, en cuyos Anexos se enumeran ciertas sustancias respecto a las cuales el otorgamiento de un permiso de vertimiento queda sujeto a determinadas exigencias de la autoridad (Anexo I), así como ciertas sustancias y materias que para su vertimiento requieren especial atención (Anexo II). El Reglamento señala también los factores que deberán examinarse al establecer criterios que rijan la concesión de permisos para el vertimiento de materias en el mar (Anexo III).[8]

[7] Establece el artículo 2º de la Ley Orgánica de la Armada de México que es función de la Armada de México, entre otras, "intervenir en la prevención y control de la contaminación marítima, dentro de su área de responsabilidad, en coordinación con las dependencias competentes y de conformidad con los ordenamientos legales aplicables" (fracción X).

[8] El sistema de competencias administrativas establecido primeramente por la LFPA y ahora reafirmado por la LGEEPA, modifica las disposiciones precedentes sobre la materia.

Por su parte, el artículo 131 dispone que, para la protección del medio marino, la SEMARNAP emitirá las normas oficiales mexicanas para la explotación, preservación y administración de los recursos naturales, vivos y abióticos, del lecho y el subsuelo del mar y de las aguas suprayacentes, así como las que deberán observarse para la realización de actividades de exploración y explotación en la zona económica exclusiva.

Finalmente, el artículo 132 prescribe que la SEMARNAP se coordinará con las Secretarías de Marina, de Energía, de Salud y de Comunicaciones y Transportes, a efecto de que dentro de sus respectivas atribuciones intervengan en la prevención y control de la contaminación del medio marino, así como en la preservación y restauración del equilibrio de sus ecosistemas, con arreglo a lo establecido en la propia Ley, en la Ley de Aguas Nacionales, la Ley Federal del Mar, las convenciones internacionales de las que México forma parte y las demás disposiciones aplicables.

191. LA PROTECCIÓN DE LA FLORA Y FAUNA MARINAS: LA LEY DE PESCA Y OTROS ORDENAMIENTOS JURÍDICOS

El ordenamiento jurídico fundamental en materia de protección de la fauna y flora marinas es la vigente Ley de Pesca (*Diario Oficial de la Federación,* 25-VI-1992), que vino a sustituir a la Ley Federal de Pesca de 1986. El artículo 1º de la Ley señala que "es reglamentaria del artículo 27 de la Constitución Política de los Estados Unidos Mexicanos en lo relativo a los recursos naturales que constituyen la flora y fauna cuyo medio de vida total, parcial o temporal, sea el agua". De acuerdo con la misma disposición, el objeto de la Ley es "garantizar la conservación, la preservación y el aprovechamiento racional de los recursos pesqueros y establecer las bases para su adecuado fomento y administración".[9]

La Ley de Pesca es aplicable "en las aguas de jurisdicción federal a que se refieren los párrafos quinto y octavo del artículo 27 constitucional y en las embarcaciones de bandera mexicana que realicen actividades pesqueras en alta mar o en aguas de jurisdicción extranjera, al amparo de concesiones, permisos, autorizaciones o de cualquier otro acto jurídico similar que haya otorgado algún gobierno extranjero a México o a sus nacionales" (artículo 2º).

Las principales disposiciones de la Ley en lo concerniente a la protección de la flora y fauna acuáticas están constituidas por las normas que

En efecto, en 1978 se puso en vigor un Acuerdo Presidencial por el que, para los efectos del artículo VI del Convenio de Vertimiento de Londres, la Secretaría de Marina sería la autoridad que ejercería todas y cada una de las funciones previstas en dicho Convenio (*Diario Oficial de la Federación,* 30-I-78). En concordancia con lo anterior, se le confirió a la Secretaría de Marina la atribución exclusiva de expedir tales permisos. Sin embargo, las nuevas disposiciones de la LFPA y, más tarde, de la LGEEPA, modificaron esta situación en el sentido antes indicado.

[9] La Ley de Pesca se encuentra complementada por un Reglamento publicado en el *Diario Oficial de la Federación* del 21 de julio de 1992.

conceden facultades a la ex Secretaría de Pesca para adoptar un conjunto de medidas que se refieren a esta materia y que, en la actualidad, deben entenderse concedidas a la Secretaría de Medio Ambiente, Recursos Naturales y Pesca, con la que se refundió dicha Secretaría. En efecto, corresponde a la SEMARNAP el ejercicio de algunas de las atribuciones relativas a la pesca que correspondían a la antigua Secretaría de Pesca, que el artículo 43 de la Ley Orgánica de la Administración Pública Federal (modificado en 1991 y en 1992), otorgaba a dicha Secretaría en sus fracciones XXXIV, XXXV, XXXVI, XXXVIII y XL, las que pasaron a formar parte de las fracciones XXXII a XXXIX del artículo 32 bis de esa Ley.

Las medidas a que se está haciendo referencia son, en especial, las contenidas en el artículo 3º: *1)* elaborar, publicar y mantener actualizada la Carta Nacional Pesquera que contenga el inventario de recursos pesqueros en aguas de jurisdicción federal, susceptibles de aprovechamiento (fracción I); *2)* promover el desarrollo de la acualtura en coordinación con otras dependencias de los gobiernos federal, estatal y municipal (fracción IV); *3)* dictar medidas tendientes a la protección de los quelonios, mamíferos marinos y especies acuáticas sujetas a protección especial o en peligro de extinción y participar con las dependencias competentes en la determinación de estas dos últimas (fracción V); *4)* fijar los métodos y medidas para la conservación de los recursos pesqueros y la repoblación de las áreas de pesca; regular la creación de áreas de refugio para proteger las especies acuáticas que así lo requieran, y establecer las épocas y zonas de veda (fracción VI); *5)* determinar, de acuerdo con las condiciones técnicas y naturales, las zonas de captura y cultivo, las de reserva en aguas interiores y frentes de playa para la recolección de postlarvas, crías, semillas y otros estadios biológicos, así como las épocas y volúmenes a que deberá sujetarse la colecta (fracción VII); *6)* regular la introducción de especies de la flora y fauna acuáticas en cuerpos de agua de jurisdicción federal; definir las normas técnicas sanitarias para garantizar el sano desarrollo de las especies acuáticas y comprobar las medidas de prevención y control en materia de sanidad acuícola, en forma directa o por medio de laboratorios debidamente acreditados, en coordinación con las dependencias competentes de la Administración Pública Federal (fracción VIII) y *7)* establecer los volúmenes de captura permisible; regular el conjunto de instrumentos, artes, equipos, personal y técnicas pesqueras; el número de embarcaciones y sus características, aplicables a la captura de determinada especie o grupos de especies; fijar la época, talla o peso mínimo de los especímenes susceptibles de captura y proponer las normas para su manejo, conservación y traslado (fracción IX).

Estas atribuciones deben concordarse con el texto del artículo 32 bis de la LOAPF, modificado en 1994, donde figuran como facultades de la Secretaría de Medio Ambiente, Recursos Naturales y Pesca las que antes correspondían a la Secretaría de Pesca.

La Ley de Pesca establece, además, que la Secretaría contará con el apoyo del Instituto Nacional de Pesca para el desarrollo de sus actividades de investigación científica y tecnológica. Corresponde a ese Instituto, que es un organismo desconcentrado de la SEMARNAP, realizar investigaciones científicas y tecnológicas de la flora y fauna acuáticas; dar asesoría para preservar, repoblar, fomentar, cultivar y desarrollar especies pesqueras; emitir opinión de carácter técnico y científico que proporcione elementos de juicio a la autoridad pesquera, cuando ésta lo solicite, para la administración y conservación de los recursos, y las demás funciones que le asigne el Reglamento Interior de la propia Secretaría (artículo 21, párrafo final).

También parece importante señalar que las concesiones, permisos y autorizaciones a que se refiere la Ley de Pesca pueden ser revocadas, entre otras causas, cuando sus titulares "afecten al ecosistema o lo pongan en riesgo inminente" (artículo 17, fracción I). Sin perjuicio de lo anterior, el artículo 24 la Ley de Pesca configura como infracciones, entre otras, las siguientes: *1)* Explotar, siendo titular de una concesión o permiso, una especie o grupos de especies, en volúmenes mayores o fuera de las normas técnicas y económicas establecidas en el título respectivo (fracción III); *2)* transportar en embarcaciones destinadas a la pesca instrumentos explosivos o sustancias contaminantes no autorizados (fracción XVI); *3)* utilizar instrumentos, artes o métodos de pesca prohibidos o no autorizadas (fracción XVII); *4)* extraer, capturar, poseer, transportar o comerciar especies declaradas en veda o con talla o peso inferiores al mínimo especificado por la Secretaría u obtenerlas de zonas o sitios de refugio o de repoblación (fracción XIX), y *5)* capturar deliberadamente o sin ajustarse a las normas técnicas establecidas, quelonios o mamíferos marinos y especies en peligro de extinción, sin autorización de la Secretaría (fracción XX).

Otro de los ordenamientos jurídicos que se ocupa de la protección de la flora y fauna marinas es la Ley General del Equilibrio Ecológico y la Protección al Ambiente. Como se ha dicho en el Capítulo VIII de este libro, la LGEEPA regula conjuntamente la flora y la fauna acuáticas, terrestre y marina, por lo que son aplicables a estas últimas las disposiciones examinadas en dicho capítulo. En ese sentido, cabe recordar que la LGEEPA establece ciertos criterios ecológicos, es decir, principios de política ecológica general, que rigen también para la flora y la fauna marinas. Estos criterios ecológicos deben ser observados por las autoridades competentes, especialmente en los casos que la misma Ley señala. Además, la LGEEPA prevé ciertas medidas que favorecen la protección de la flora y fauna marinas, como son las vedas, que como se ha visto es un tema que también está regulado en la Ley de Pesca. Otra de las medidas que prevé la LGEEPA es la expedición de normas técnicas ecológicas de conservación y aprovechamiento del hábitat de la flora y la fauna acuáticas.

192. La acuacultura

Un tema recurrente ha sido la importancia que puede asumir la acuacultura en México. En efecto, diversos estudios han venido demostrando que, por ejemplo, los estuarios y las aguas costeras marinas son de una alta fertilidad natural, comparable con los mejores terrenos agrícolas. Lo anterior es especialmente relevante para el caso de México, que cuenta con 16 000 kilómetros cuadrados de superficie estuárica y, aproximadamente, 12 500 kilómetros cuadrados de lagunas costeras, como se señala en un trabajo sobre ecología y autosuficiencia alimentaria.[10] Los autores de ese trabajo concluyen que "desde un punto de vista ecológico el principal potencial pesquero está, más que en el mar, en las posibilidades de la acuicultura de las aguas continentales y sobre todo en los ecosistemas estuarinos", añadiendo que se ha calculado que "si el total de las lagunas costeras de México se manejase con fines acuícolas se contaría con alimentos equivalentes a 26 millones de hectáreas agrícolas.[11] En ese sentido, hay que recordar que la base de todo ecosistema está constituida por los nutrientes y la luz solar. En el mar, estos elementos están generalmente muy separados, pues los primeros están en el fondo y los segundos en la superficie, por lo que la productividad media del océano es sólo la tercera parte de los continentes. Ello no ocurre en las aguas estuarinas y costeras, que son de poca profundidad y ricas en materias orgánicas, por lo que ofrecen una gran diversidad de especies. La mayor parte del mar, en cambio, tiene una escasa productividad —equivalente a los desiertos terrestres—, y la captura de especies se lleva a cabo respecto de las situadas al extremo de cadenas alimenticias bastante largas.[12]

El *Programa de Pesca y Acuacultura 1995-2000* destaca la importancia de esta actividad, pero también muestra en su página 11 los resultados de producción, que se caracterizan por flutuaciones importantes que denotan signos de inestabilidad y desarticulación de la estructura productiva. Así, por ejemplo, en el período 1983-1989 se presentó un crecimiento promedio anual de 8.6%, al pasar de 122 148 toneladas en el primero de esos años a 181 697 en el último de esos años. Sin embargo, hasta ahora no se ha vuelto a alcanzar la cifra de 1989: en 1994 se produjeron 171 389 toneladas, lo que representa un decremento de 7.03% respecto de 1989.

El artículo 88 de la Ley Federal de Aguas, actualmente reemplazada por la Ley de Aguas Nacionales, establecía los Distritos de Acuacultura, cuyo objeto era la preservación y el mejoramiento de las condiciones

[10] *Cf.* Víctor Manuel Toledo *et. al., Ecología y autosuficiencia alimentaria, cit. supra*, p. 21.

[11] *Ibid.*, p. 52. El *Programa Nacional de Aprovechamiento del Agua 1991-1994 (Diario Oficial de la Fderación, 5-XII-1991)* destaca que de la superficie existente sólo se utiliza 3.6% para cultivo de especies de agua dulce y 1% para el de camarón.

[12] *Idem.*

naturales de las aguas de propiedad nacional, para el fomento y la explotación de las especies acuáticas animales y vegetales y la explotación de sales y minerales.

Como era obvio, los Distritos de Acuacultura podían constituirse en el medio marino. Así lo dejaba en claro la propia Ley Federal de Aguas, cuando en la fracción I del artículo 89 disponía que dichos Distritos se podían integrar, entre otros elementos, con "las porciones correspondientes de los mares territoriales, zonas federales, zonas marítimas terrestres respectivas y la plataforma continental, comprendidas en su perímetro".

Las reglas de la Ley Federal de Aguas sobre los Distritos de Acuacultura no fueron reproducidas por la Ley de Aguas Nacionales, la que sin embargo estableció, como se dice en el capítulo X de este libro, que la explotación, uso o aprovechamiento de las aguas nacionales en actividades de acuacultura se puede realizar previa la concesión respectiva, pero agregando que la Comisión de Aguas Nacionales, en coordinación con la entonces Secretaría de Pesca (que hoy forma parte de la SEMARNAP), otorgará facilidades para desarrollar la acuacultura y otorgar las concesiones de agua necesarias, apoyando asimismo el aprovechamiento acuícola en la infraestructura hidráulica federal (artículo 82).

193. Los terrenos ganados al mar: la Ley General de Bienes Nacionales

La Ley General de Bienes Nacionales vigente (*Diario Oficial de la Federación,* 8-I-1982; con erratas en *Diario Oficial de la Federación,* 12-II-1982 y 24-III-1982, así como reformas y adiciones en *Diario Oficial de la Federación,* 7-II-1984 y 3-I-1992), contiene algunas disposiciones que conciernen a la protección del medio marino. En efecto, la LGBN regula, entre otras materias, la zona federal marítima y los terrenos ganados al mar (artículos 49 a 56). Aquí interesan las disposiciones relativas a los terrenos ganados al mar, en tanto una modificación del medio marino.

Al respecto, el artículo 53 de la Ley establece que "sólo podrán realizarse obras para ganar artificialmente terrenos al mar, con la previa autorización de la Secretaría de Desarrollo Urbano y Ecología (hoy, la SEMARNAP) y con la participación de la Secretaría de Comunicaciones y Transportes, las cuales determinarán la forma y términos para ejecutar dichas obras" (párrafo primero).

La materia está regulada también por el Reglamento de la Zona Federal Marítimo-Terrestre y de los Terrenos Ganados al Mar (*Diario Oficial de la Federación,* 17-VI-1982), que establece que las normas, políticas y procedimientos para el control, administración, inspección y vigilancia de la zona federal marítimo-terrestre y de los terrenos ganados al mar o a cualquier otro depósito que se forme con aguas marinas (artículo 1º). En ese Reglamento se define como terrenos ganados al mar, o a cualquier otro depósito que se forme con aguas marinas, a "aquellas superficies de tierra que se encuentren entre los límites de las zonas federal marítimo-terrestre nueva y original que existía antes de que por causas naturales o artificiales se descubran y ganen los terrenos" (artículo 6º).

Cabe recordar que, conforme a las modificaciones de 1994 a la Ley Orgánica de la Administración Pública Federal, corresponde a la Secretaría de Medio Ambiente, Recursos Naturales y Pesca ejercer la posesión y propiedad de la nación en las playas, zona federal marítimo terrestre, terrenos ganados al mar y salinas, así como regular la explotación de salinas ubicadas en terreno de propiedad nacional y en las formadas directamente por las aguas del mar (artículo 32 bis, fracción VIII).

XIV. LA PROTECCIÓN DE LOS ECOSISTEMAS MARINOS EN EL DERECHO INTERNACIONAL

194. El derecho internacional del mar

El derecho internacional del mar es el producto histórico de la oposición a la idea de que el mar podía ser apropiado por algunas naciones y en favor de la idea del mar como un bien común de la humanidad, abierta a todas las naciones. En definitiva, prevaleció la concepción del mar como una *res communis* y del *mare liberum* contra la del *mare clausum,* iniciándose una época en que predominó sin contrapeso el llamado principio de la "libertad de los mares".

En los últimos 40 años, el derecho internacional del mar se ha transformado en la rama más dinámica del derecho internacional, en virtud de las profundas transformaciones que han experimentado las relaciones entre las naciones sobre el mar. Estos cambios se han expresado en numerosos acuerdos internacionales, últimamente coronados por la Convención de las Naciones Unidas sobre el Derecho del Mar, que es un texto que al mismo tiempo integra mucho de lo existente respecto del derecho del mar, pero también innova en materias que se encontraban insuficientemente reguladas o no reguladas.

La Convención fue suscrita en 1982 por 119 países, pero entró en vigor sólo en 1995. En efecto, el artículo 308 de esa Convención prescribe que ella "entrará en vigor 12 meses después de la fecha en que haya sido depositado el sexagésimo instrumento de ratificación o de adhesión", hecho que ocurrió en 1994 (en 1990, solamente 43 países habían ratificado la Convención).

México ha suscrito y ratificado un número importante de acuerdos internacionales que se refieren, de una u otra manera, a la protección de los ecosistemas marinos. En este capítulo se examinan los principales, incluidos aquellos que se refieren a organismos internacionales que tienen que ver con los ecosistemas marinos, como la Organización Marítima Internacional y la Organización Latinoamericana de Desarrollo Pesquero.

Por otra parte, debe señalarse que en esta enumeración podrían incluirse el Tratado por el cual se Prohiben los Ensayos con Armas Nucleares en la Atmósfera, en el Espacio Ultraterrestre y debajo del Agua, así como el Tratado sobre prohibición de Emplazar Armas Nucleares y otras Armas de Destrucción en Masa en los Fondos Marinos, Oceánicos y su Subsuelo; pero estos instrumentos internacionales se mencionan, por razones de método, en el capítulo XII.

195. La Convención Internacional para la Reglamentación de la Caza de la Ballena

De la Convención Internacional para la Reglamentación de la Caza de la Ballena (*Diario Oficial de la Federación,* 30-VI-1949) sólo cabe decir que tiene por objeto proteger a todas las especies de ballena de la caza excesiva y salvaguardar para las generaciones futuras los recursos naturales representados por las poblaciones de ballena (artículo 1º). La Convención tiene anexo un Reglamento, así como un Protocolo (*Diario Oficial de la Federación,* 09-IV-1959) que contiene una regulación detallada de la caza de la ballena.

195. El Convenio Internacional para Prevenir la Contaminación por los Buques, 1973, y otros acuerdos internacionales sobre la contaminación del medio marino

El 12 de mayo de 1954 se aprobó un Convenio Internacional para Prevenir la Polución de las Aguas del Mar por Hidrocarburos (enmendado en 1962 y en 1969), cuyo objeto era establecer una serie de medidas para evitar la contaminación del mar por descargas de hidrocarburos hechas desde buques. Muchos países, entre ellos México, fueron parte contratante en dicho Convenio.

Este Convenio fue sustituido en 1973 por el llamado "Convenio Internacional para Prevenir la Contaminación por Buques, 1973", al que se le adicionó en 1978 un Protocolo denominado "Protocolo de 1978 relativo al Convenio Internacional para Prevenir la Contaminación por Buques, 1973". México pasó a ser parte contratante en ambos instrumentos internacionales (el Convenio fue publicado en el *Diario Oficial de la Federación* del 8 de julio de 1992 y el Protocolo en el del 7 de julio de 1992), así como de diversas enmiendas (*Diario Oficial de la Federación*, 26-X-1993). El nuevo Convenio, más conocido como MARPOL, trata de los derrames de hidrocarburos, pero en un contexto más amplio que el anterior, en la medida en que toma en cuenta todas las formas de contaminación que tienen que ver con la navegación.

México es parte contratante, además, del Convenio Internacional relativo a la Intervención en Alta Mar en Casos de Accidentes que cause una Contaminación por Hidrocarburos (Bruselas, 1969), así como del Protocolo relativo a la Intervención en Alta Mar en Casos de Contaminación del Mar por Sustancias Distintas de los Hidrocarburos (Londres, 1973). Ambos instrumentos internacionales buscan reducir la contaminación del medio marino por incidentes de buques, mediante la autorización que se concede a sus partes contratantes para tomar en alta mar las medidas que permitan prevenir, mitigar y eliminar todo peligro grave e inminente contra su litoral o intereses conexos (*Diario Oficial de la Federación*, 25-V-1976 y 19-V-1980, respectivamente, este último con erratas en *Diario Oficial de la Federación*, 1-VIII-1980).

México ha pasado también a ser parte contratante en otros acuerdos internacionales sobre la materia, como es el caso del Convenio Internacional sobre Responsabilidad Civil por Daños causados por la Contaminación de las Aguas del Mar por Hidrocarburos (Bruselas, 1969) y sus tres Protocolos con enmiendas (1976, 1984 y 1982), así como del Convenio Internacional de Constitución de un Fondo Internacional de Indemnización de Daños causados por la Contaminación de Hidrocarburos (Bruselas, 1971) y de sus tres Protocolos con enmiendas (1976, 1984 y 1992).[1] México es también parte contratante en el Convenio Internacional sobre Cooperación, Preparación y Lucha contra la Contaminación por Hidrocarburos.[2]

También hay que señalar que existe un Acuerdo de Cooperación entre los Estados Unidos Mexicanos y los Estados Unidos de América sobre Contaminación del Medio Marino por Derrame de Hidrocarburos y otras Sustancias Nocivas (*Diario Oficial de la Federación*, 18-V-1981). De

[1] Los decretos de promulgación de estos acuerdos internacionales pueden consultarse en el *Diario Oficial de la Federación* del 9 de agosto de 1994 y del 6 de febrero de 1995. El tema de la contaminación del medio marino por hidrocarburos se desarrolla también en otros acuerdos internacionales en los que México no es parte contratante, como es el caso del Convenio sobre Responsabilidad Civil por los Daños de Contaminación por Hidrocarburos resultantes de la Exploración y Explotación de los Recursos Minerales de los Fondos Marinos (Londres, 1977).

[2] El decreto de promulgación aparece publicado en el *Diario Oficial de la Federación* del 6 de febrero de 1995.

conformidad con este Acuerdo, las Partes convienen en establecer un plan conjunto de contingencia sobre contaminación del medio marino por derrames de hidrocarburos u otras sustancias nocivas, con el fin de desarrollar medidas que permitan tratar incidentes contaminantes y de garantizar una respuesta adecuada en cada caso que pueda afectar de manera significativa las áreas definidas en el mismo Acuerdo. Hay que señalar, además, que México puso en vigor en 1981, un plan de contingencia para combatir y controlar derrames de hidrocarburos y sustancias nocivas en el mar. Este plan nacional fue formulado por la Comisión Intersecretarial de Saneamiento Ambiental y, por Acuerdo presidencial (*Diario Oficial de la Federación,* 15-IV-1981), fue declarado de carácter permanente y de interés social y aplicable a las áreas cuya soberanía corresponde a la Nación de acuerdo con la Ley.

197. El Convenio sobre la Prevención de la Contaminación del Mar por Vertimiento de Desechos y otras Materias

Uno de los instrumentos internacionales más importantes para prevenir la contaminación del medio marino es el Convenio sobre la Prevención de la Contaminación del Mar por Vertimiento de Desechos y Otras Materias (Ciudad de México, Londres, Moscú y Washington, 1972), conocido como el Convenio de Vertimiento de Londres (*Diario Oficial de la Federación,* 15-VII-1975).

Allí se establece un régimen de prohibiciones y de permisos que se aplican a todo tipo de materiales y sustancias. En efecto, el Convenio de Vertimiento de Londres dispone que las partes contratantes prohibirán el vertimiento de los desechos y otras materias enumeradas en su Anexo I, mientras que el vertimiento de los desechos y otras materias enumeradas en el Anexo II quedará sujeto a un permiso especial previo y el vertimiento de los demás desechos o materias quedará sujeto a un permiso general previo. El otorgamiento de estos permisos debe considerar cuidadosamente todos los factores que se incluyen en el Anexo III del Convenio. Por otra parte, nada de lo dispuesto en el mismo Convenio puede ser interpretado en el sentido de impedir que una parte contratante prohíba, en lo que a ella concierne, el vertimiento de desechos y otras materias distintos de los mencionados en su Anexo I.

Para el cumplimiento de este Convenio fue expedido el ya mencionado Reglamento para Prevenir y Controlar la Contaminación del Mar por Vertimiento de Desechos y otras Materias. La autoridad designada por México para las funciones previstas en el Convenio fue la Secretaría de Marina (*Diario Oficial de la Federación,* 30-I-1978), lo que debe entenderse modificado en la forma que se ha señalado en el capítulo anterior.

198. Las cuatro Convenciones de Ginebra. La Convención sobre el Mar Territorial y la Zona Contigua

El 29 de abril de 1958 se suscribieron en Ginebra las Convenciones sobre el Mar Territorial y la Zona Contigua, sobre Plataforma Continental, sobrfe la Alta Mar y sobre la Pesca y la Conservación de los Recursos Vivos del Alta Mar. Prescribe el artículo 311 de la Convención de las Naciones Unidas sobre el Derecho Mar que ella prevalecerá "en las relaciones entre los Estados Partes, sobre las Convenciones de Ginebra sobre el Derecho del Mar, de 29 de abril de 1958".

En la Convención sobre el Mar Territorial y la Zona Contigua (*Diario Oficial de la Federación,* 15-X-1966) se establece el principio de que "la soberanía de un Estado se extiende, fuera de su territorio y de sus aguas interiores, a una zona de mar adyacente a sus costas, designada con el nombre de mar territorial" (artículo 1º). La misma Convención se ocupa de señalar como se delimitará el mar territorial (artículos 3º a 13).

Desde un punto de vista ambiental, fue importante que en esa Convención se estableciera que en una zona de alta mar contigua a su mar territorial, el estado ribereño podrá adoptar las medidas necesarias para, entre otras, evitar las infracciones a sus leyes de policía sanitaria que pudieran cometerse en su territorio o en su mar territorial (artículo 24). Sin embargo, lo anterior fue superado por México desde que extendió su mar territorial hasta 12 millas marinas, conforme a la modificación que se hizo en 1969 a los párrafos primero y segundo de la fracción segunda del artículo 18 de la anterior Ley General de Bienes Nacionales (*Diario Oficial de la Federación,* 26-XII-1969). La vigente Ley General de Bienes Nacionales de 1982 confirmó lo anterior, al prescribir en su artículo 29, fracción II, que eran bienes de uso común "el mar territorial hasta una distancia de 12 millas marinas (22 224 metros), de acuerdo con lo dispuesto con la Constitución Política de los Estados Unidos Mexicanos, las leyes que de ella emanen y el derecho internacional...".

En relación con esta materia, cabe recordar que existe un Decreto que prohíbe a los barcos de cualquier nacionalidad que naveguen en aguas territoriales de México, o interiores del país, descargar aceites o mezclas aceitosas en las mismas aguas (*Diario Oficial de la Federación,* 15-VII-1961).

199. La Convención sobre Plataforma Continental

La plataforma continental —llamada también "plataforma submarina" o "zócalo submarino"— es aquella meseta situada debajo del mar que rodea los continentes y que se extiende hasta el punto donde comienzan los grandes abismos oceánicos.

La posibilidad de explotar los recursos naturales de la plataforma continental, comenzó a suscitar hace sólo pocas décadas la preocupación por reivindicar su dominio para las naciones ribereñas. Como bien recuerda César Sepúlveda,[3] la cuestión de la plataforma continental pasó a ser objeto de una atención especial a partir de una proclama del presidente Truman, el 28 de septiembre de 1945, en la que se expresó lo siguiente: "...el gobierno de los Estados Unidos considera los recursos naturales del subsuelo y del fondo del mar de la plataforma continental por debajo del alta mar próximo a las costas de los Estados Unidos como pertenecientes a éstos y sometidos a su jurisdicción y control".

En México, por reformas a los artículos 27, 42 y 48 de la Constitución Política (*Diario Oficial de la Federación,* 20-I-60), esta idea fue incorporada al ordenamiento jurídico fundamental. En efecto, el párrafo cuarto del artículo 27 constitucional prescribe ahora que "corresponde a la Nación el dominio directo de todos los recursos naturales de la plataforma continental y los zócalos submarinos y las islas...". Por su parte, la fracción IV del artículo 42 declara que el territorio nacional comprende "la plataforma continental y los zócalos submarinos de las islas, cayos y arrecifes". Por último, el artículo 48 previene que, entre otros, "la plataforma continental, los zócalos submarinos de las islas, los cayos y arrecifes", dependerán directamente del Gobierno de la Federación.

La Convención sobre Plataforma Continental (*Diario Oficial de la Federación*, 16-XII-1966) la define como: "1) el lecho del mar y el subsuelo de las zonas submarinas adyacentes a las costas pero situadas fuera de la zona del mar territorial, hasta una profundidad de 200 metros o, más allá de este límite, hasta donde la profundidad de las aguas suprayacentes permite la explotación de los recursos naturales de dichas zonas; 2) el lecho del mar y del subsuelo de las regiones marinas análogas, adyacentes a las costas de las islas" (artículo 1º).

La Convención establece que el Estado ribereño ejerce derechos de soberanía sobre la plataforma continental para la exploración y la explotación de sus recursos naturales. Estos derechos son exclusivos e independientes de su ocupación real o ficticia, así como de toda declaración expresa. Para los efectos de la Convención, por "recursos naturales" se entienden "los recursos minerales y otros recursos no vivos del lecho del mar y del subsuelo". Dicha expresión comprende, asimismo, "los organismos vivos, pertenecientes a especies sedentarias, es decir, aquellos que en el periodo de explotación están inmóviles en el lecho del suelo o del subsuelo, o sólo pueden moverse en constante contacto físico con dichos lechos y subsuelos" (artículo 2º). Desde un punto de vista ambiental, es especialmente relevante el artículo 5º de la Convención, en tanto dispone que todo Estado ribereño está obligado a adoptar en las zonas de seguridad "todas las medidas adecuadas para proteger los recursos vivos del mar contra agentes nocivos".

[3] *Cf.* su *Derecho internacional*, Porrúa, México, 10a. edición, 1981, p. 185.

200. La Convención sobre la Alta Mar

Esta Convención (*Diario Oficial de la Federación,* 19-X-1966; con erratas en *Diario Oficial de la Federación,* 22-II-1967) tiene por objeto declarar abierta la alta mar a todas las naciones, dejando establecido que ningún Estado podrá pretender legítimamente someter cualquier parte de ella a su soberanía. Se entiende por "alta mar" la parte del mar no perteneciente al mar territorial ni a las aguas interiores del Estado. La libertad del alta mar comprende, entre otras, la libertad de navegación, la libertad de pesca, la libertad de tender cables y tuberías submarinos, y la libertad de volar sobre la alta mar. Estas libertades y otras reconocidas por los principios generales del derecho internacional —agrega la misma Convención— serán ejercidas por todos los Estados con la debida consideración para con los intereses de otros Estados en su ejercicio de la libertad de alta mar (artículos 1º y 2º). Sin embargo, hay que decir que la libertad de pesca fue reglamentada en Ginebra simultáneamente con la libertad de alta mar, estableciéndose algunos límites a la primera.

Desde un punto de vista ambiental, tienen particular relevancia las disposiciones de los artículos 24 y 25 de la Convención. El primero de esos preceptos establece que "todo Estado está obligado a dictar disposiciones para evitar la contaminación de las aguas por los hidrocarburos vertidos de los buques, desprendido de las tuberías submarinas o producidos por la explotación y exploración del suelo y del subsuelo submarinos teniendo en cuenta las disposiciones de los convenios existentes en la materia". El segundo de los mismos preceptos prescribe que "todo Estado está obligado a tomar medidas para evitar la contaminación del mar debido a la inmersión de desperdicios radiactivos, teniendo en cuenta las normas y reglamentaciones que puedan dictar los organismos internacionales competentes". Agrega ese último precepto que "todos los Estados están obligados a colaborar con los organismos internacionales competentes en la adopción de medidas para evitar la contaminación del mar y del espacio aéreo suprayacente resultante de cualesquiera actividades realizadas con sustancias radiactivas o con otros agentes nocivos".

201. La Convención sobre Pesca y Conservación de los Recursos Vivos de la Alta Mar

La Convención (*Diario Oficial de la Federación,* 22-X-1966) define la conservación de los recursos vivos de la alta mar como "el conjunto de medidas que permiten obtener un rendimiento óptimo constante de estos recursos, de manera que aumente hasta el máximo el abastecimiento de alimentos y de otros productos marinos" con la prevención de que, al formularse los programas de conservación, "se tendrá en cuenta la necesidad de asegurar en primer lugar el abastecimiento de alimentos para el consumo humano" (artículo 2º).

La Convención establece que todos los Estados tienen el derecho de que sus nacionales se dediquen a la pesca en alta mar, pero observando sus obligaciones convencionales, los intereses del Estado ribereño que se estipulan en la misma Convención, y las disposiciones sobre la conservación de los recursos vivos de la alta mar que se incluyen en esta Convención. Los Estados tienen la obligación de adoptar o de colaborar con otros Estados en la adopción de las medidas que, en relación con sus respectivos nacionales, puedan ser necesarias para la conservación de los recursos vivos de la alta mar (artículo 1º).

En ese orden de ideas, el artículo 3º de la Convención prescribe que "el Estado cuyos nacionales se dedican a la pesca de cualquier reserva o reservas de peces y otros recursos vivos del mar en una zona cualquiera de la alta mar donde no pesquen los nacionales de otros Estados deberá adoptar medidas en esa zona respecto de sus propios nacionales, cuando sea necesario para la conservación de los recursos vivos afectados". Agrega el artículo 4º de la Convención que "si los nacionales de dos o más Estados se dedican a pescar de la misma o de las mismas reservas de peces u otros recursos marinos vivos en cualquier zona o zonas de la alta mar, dichos Estados, a petición de cualquiera de ellos, entablarán negociaciones con el objeto de adoptar de común acuerdo para sus nacionales las medidas necesarias para la conservación de los recursos vivos afectados", previéndose que si los Estados interesados no pudiesen llegar a un acuerdo en un plazo de 12 meses, cualquiera de las partes podrá entablar el procedimiento previsto en el artículo 9º (que es un procedimiento de arbitraje).

202. La Convención de las Naciones Unidas sobre el Derecho del Mar

La Convención de las Naciones Unidas sobre el Derecho del Mar (*Diario Oficial de la Federación,* 1-VI-1983) fue suscrita el 10 de diciembre de 1982 en Montego Bay (Jamaica) pero entre los países suscriptores no figuraron algunos muy importantes, como los Estados Unidos de América y el Reino Unido.

La Convención fue el resultado de un largo y complicado proceso, que se inició en 1967 y se extendió hasta 1982. Una importante etapa de este proceso estuvo constituida por la aprobación de la Asamblea General de las Naciones Unidas, en 1970, a una Declaración sobre los principios que rigen los fondos y el lecho del océano más allá de los límites de jurisdicción nacional. Ello llevó a la convocatoria de la Tercera Conferencia de las Naciones Unidas sobre el Derecho del Mar, con el propósito de revisar, perfeccionar o sustituir el régimen establecido por las cuatro Convenciones de Ginebra. No obstante el fracaso inicial de la Conferencia (Caracas, 1974), en sus sucesivos periodos de sesiones se pudo ir avanzando en la formación del consenso necesario, hasta que se llegó al acuerdo definitivo (Montego Bay, 1982).

El sentido general de la Convención de las Naciones Unidas sobre el Derecho del Mar queda perfectamente ilustrado por las consideraciones incorporadas a su texto. Allí se afirma que ésta tiene por objeto satisfacer la necesidad de un nuevo orden jurídico sobre la materia que sea generalmente aceptable. También se dice que la Convención procura regular todas las cuestiones que se refieren a los espacios marinos, considerándolos en su conjunto. Por otra parte, se expresa que está inspirada en la conveniencia de establecer, con el debido respeto de la soberanía de todos los Estados, un orden jurídico para los mares y océanos que facilite la comunicación internacional y promueva los usos con fines pacíficos de los mares y océanos, la utilización equitativa y eficiente de sus recursos, el estudio, la protección y la preservación del medio marino y la conservación de sus recursos vivos. Asimismo, se manifiesta que a través de la Convención se desarrollan los principios incorporados en la resolución 2749 (XXV), del 17 de diciembre de 1970, en la cual la Asamblea General de las Naciones Unidas declaró solemnemente, entre otras cosas, que las zonas de los fondos marinos y oceánicos y sus subsuelos fuera de los límites de la jurisdicción nacional, así como sus recursos, son patrimonio común de la humanidad, y que su exploración y explotación se realizará en beneficio de toda la humanidad, independientemente de la situación geográfica de los Estados.

La Convención está integrada por 320 artículos y 9 Anexos. Estos 320 artículos están organizados en 17 partes, que a su vez se dividen en secciones. Para los efectos de este libro, interesan especialmente las disposiciones contenidas en la Parte V sobre zona económica exclusiva, en la Parte VI sobre plataforma continental, en la Parte VII sobre la alta mar, en la Parte XI sobre la llamada "Zona", y en la Parte XII sobre protección y preservación del medio marino.

203. La Zona Económica Exclusiva en la Convención

La Convención define la zona económica exclusiva como "un área situada más allá del mar territorial adyacente a éste, sujeto al régimen jurídico específico establecido en esta Parte del acuerdo con el cual los derechos y la jurisdicción del Estado ribereño y los derechos de libertad de los demás Estados se rigen por las disposiciones pertinentes de esta Convención" (artículo 55). Además, la Convención precisa que "la zona económica exclusiva no se extenderá más allá de 200 millas marinas contadas desde la línea de base a partir de las cuales se mide la anchura del mar territorial" (artículo 57). Esta disposición concuerda con el párrafo octavo del artículo 27 constitucional, en tanto esta última disposición señala que dicha zona se extenderá a 200 millas náuticas, medidas a partir de la línea de base desde la cual se mide el mar territorial.

El artículo 56 de la Convención prescribe que el Estado ribereño tiene derechos de soberanía en la zona económica exclusiva "para los fines de exploración y explotación, conservación y administración de los recursos naturales, tanto vivos como no vivos de las aguas suprayacentes al lecho y del lecho y el subsuelo del mar, y con respecto a otras actividades con miras a la exploración y explotación económica de la zona, tal como la producción de energía derivada del agua de las corrientes y de los vientos". Agrega el mismo precepto que el Estado ribereño también tiene en dicha zona jurisdicción para, entre otros fines, la protección y preservación del medio marino y la investigación científica marina.

A partir de esta disposición fundamental, la Convención regula entre otras materias la conservación de los recursos vivos, especificando que el Estado ribereño determinará la captura permisible de los recursos vivos en su zona económica exclusiva, pero también asegurará mediante medidas adecuadas de conservación y administración que la preservación de los recursos vivos de su zona económica exclusiva no se vea amenazada por un exceso de explotación (artículo 61).

La Convención regula también la situación de las poblaciones que están dentro de las zonas económicas exclusivas de dos o más Estados ribereños o tanto dentro de las zonas exclusivas como en un área más allá de ésta y adyacente a ella, a efecto de procurar la conservación y el desarrollo de dichas poblaciones (artículo 63).

Por último, la Convención se ocupa de la situación de las especies altamente migratorias, de los mamíferos marinos, de las poblaciones anádromas y de las especies catádromas, para los efectos de su conservación (artículos 64 a 67).

Para concluir, quizás sea importante recordar que la idea de la zona económica exclusiva tuvo su primera manifestación en el derecho internacional, a través de la llamada "Declaración de Zona Marítima" o "Declaración de Santiago", suscrita el 18 de agosto de 1952 por los gobiernos de Chile, Ecuador y Perú, con motivo de la Primera Conferencia de Explotación y Conservación de las Riquezas Marítimas, que se llevó a cabo en Santiago de Chile. En esa Declaración se expresa que "los factores geológicos y biológicos que condicionan la existencia, conservación y desarrollo de la fauna y flora marítimas en las aguas que bañan las costas de los países declarantes, hacen que la antigua extensión del mar territorial y de la zona contigua sean insuficientes para la conservación, desarrollo y aprovechamiento de esas riquezas a que tienen derecho los países costeros", por lo que "los Gobiernos de Chile, Ecuador y Perú proclaman como norma de su política internacional marítima, la soberanía y jurisdicción exclusiva que a cada uno de ellos corresponde sobre el mar que baña las costas de sus respectivos países, hasta una distancia mínima de 200 millas marinas desde las referidas costas". Para la realización de los fines señalados en la Declaración, se constituyó una Comisión Permanente del Pacífico Sudeste, a la que se le encomendó en su Convenio constitutivo efectuar los estudios y tomar las resoluciones previstas en el Convenio "para la conservación y mejor aprovechamiento de la fauna y demás riquezas marítimas, tomando en cuenta los intereses de los países", etc. Al Convenio constitutivo de la Comisión Permanente del Pacífico Sudeste se adhirieron posteriormente Colombia y Panamá.[4]

204. La plataforma continental en la Convención

En materia de plataforma continental, la Convención establece que "la plataforma de un Estado ribereño comprende el lecho y el subsuelo de las áreas submarinas que se extienden más allá de su mar territorial y a todo lo largo de la prolongación natural de su territorio hasta el borde exterior del margen continental, o bien hasta una distancia de 200 millas marinas contadas desde las líneas de base a partir de las cuales se mide la anchura del mar territorial, en los casos en que el borde exterior del margen continental no llegue a esa distancia" (artículo 76).

Prescribe la misma Convención que "el Estado ribereño ejerce derechos de soberanía sobre la plataforma continental a los efectos de su exploración y de la explotación de sus recursos naturales", derechos que tienen carácter de exclusivos, siendo independientes de la ocupación real o ficticia por el Estado de tal plataforma (artículo 77).

205. La alta mar en la Convención*

En cuanto a la alta mar, el concepto de la misma resulta del artículo 86 de la Convención, en tanto dispone que "las disposiciones de esta Parte se aplican a todas las partes del mar no incluidas en la zona económica exclusiva, en el mar territorial o en las aguas interiores de un Estado y en las aguas archipelágicas de un Estado archipelágico...". La Parte VII de la Convención incluye toda una sección destinada a regular la conservación y administración de los recursos vivos en la alta mar. En ese sentido, además de establecer que todos los Estados tienen derecho a que sus nacionales se dediquen a la pesca en alta mar, se establecen las limitaciones necesarias para la conservación de los recursos vivos. Para ese efecto, el artículo 117 de la Convención prescribe que todos los Estados tienen el deber de adoptar las medidas que, en relación con sus respectivos nacionales, sean necesarias para la conservación de los recursos vivos de la alta mar, o de cooperar con otros Estados en su adopción. Agrega el artículo 118 de la misma Convención que los Estados

[4] *Cf.* la publicación oficial de esa Comisión, intitulada *Comisión Permanente del Pacífico Sur* (Colombia-Chile-Ecuador-Perú), Editorial Ecuador, Quito, 1985, edición español-inglés. *Cf.* además la Introducción que hace Hugo Llanos a su libro *La creación del nuevo derecho del mar: el aporte de Chile*, Editorial Jurídica de Chile, Santiago, 1991.

* Véase Addenda, § 3.

cooperarán entre sí en la conservación y administración de los recursos vivos de las zonas de alta mar.

206. Los fondos marinos y oceánicos y su subsuelo en la Convención

Las disposiciones más novedosas de la Convención de las Naciones Unidas sobre el Derecho del Mar en materia de protección del medio marino, se refieren a lo que en esa Convención se denomina "Zona".

El artículo 1º de la Convención dispone que se entenderá por "Zona" los fondos marinos y oceánicos y su subsuelo fuera de los límites de la jurisdicción nacional. Por su parte, el artículo 136 de la misma Convención declara que "la Zona y sus recursos son patrimonio común de la humanidad". A su vez, el artículo 133 de la Convención establece que por recursos "se entiende todos los recursos minerales sólidos, líquidos y gaseosos *in situ* en la Zona, situados en los fondos marinos o en su subsuelo, incluidos los nódulos polimetálicos". Estos recursos, una vez extraídos de la Zona, se denominan "minerales". Con base en la idea de que todos los recursos pertenecen a toda la humanidad, la Convención crea una Autoridad Internacional de los fondos marinos, que actúa en nombre de dicha humanidad (artículos 156 a 191).

Respecto a las actividades que se realicen en la Zona, la Convención prevé que deben adoptarse todas las medidas que sean necesarias para asegurar la eficaz protección del medio marino contra los efectos nocivos que puedan resultar de esas actividades. Para ese efecto, la Autoridad debe establecer las normas, reglamentos y procedimientos apropiados, entre otras cosas, para prevenir, reducir y controlar la contaminación del medio marino y otros riesgos, así como para proteger y conservar los recursos naturales de la Zona y prevenir los daños a la flora y la fauna marinas (artículo 145). Por su parte, las actividades en la Zona se realizarán, según se dispone en la Convención, de manera que fomenten el desarrollo saludable de la economía mundial y el crecimiento equilibrado del comercio internacional y promuevan la cooperación internacional en pro del desarrollo general de todos los países, especialmente de los Estados en desarrollo, con miras a asegurar entre otras cosas la administración ordenada, segura, y racional de los recursos de la Zona, incluidas la realización eficiente de las actividades en la Zona y, de conformidad con sólidos principios de conservación, la evitación de desperdicios innecesarios (artículo 150).

207. La protección del medio marino en la Convención

Finalmente, la Convención se ocupa en su Parte XII (artículos 192 a 237), de la protección y preservación del medio marino en general. Con ese objeto, establece que todos los Estados tienen la obligación de proteger y preservar el medio marino, dejando en claro que los Estados tienen también el derecho soberano de explotar sus recursos naturales con arreglo a su política de medio ambiente y de conformidad con su obligación de proteger y preservar el medio marino (artículos 192 y 193).

En realidad, las disposiciones contenidas en esta Parte se refieren a la "contaminación del medio marino", debiendo entenderse por tal "la introducción por el hombre, directa o indirectamente, de sustancias o energía en el medio marino incluidos los estuarios, que produzcan o puedan producir efectos nocivos tales como daños a los recursos vivos y a la vida marina, peligros para la salud humana, obstaculización de las actividades marinas, incluidos la pesca y otros usos legítimos del mar, deterioro de la calidad del agua del mar para su utilización y menoscabo de los lugares de esparcimiento" (artículo 1º). De ahí que el artículo 194 de la Convención señale que los Estados tomarán todas las medidas necesarias para prevenir, reducir y controlar la contaminación del medio marino. El artículo 195 de la misma Convención, por su parte, establece el deber de no transferir daños o peligros ni transformar un tipo de contaminación en otro. Por último, el artículo 196 de la Convención prescribe que los Estados tomarán las medidas necesarias para prevenir, reducir y controlar la contaminación del medio marino causada por la utilización de tecnología bajo su jurisdicción o control o la introducción intencional o accidental en un sector determinado del medio marino de especies extrañas o nuevas que puedan causar en él cambios considerables y perjudiciales. Éstas son las disposiciones generales que contiene la sección 1 en la parte relativa a la protección y preservación del medio marino.

A continuación, la sección 2 de esta parte se ocupa de regular la cooperación mundial y regional para la protección y preservación del medio marino, estableciendo reglas sobre la notificación de daños inminentes o reales; sobre los planes de emergencia contra la contaminación; sobre estudios, programas de investigación e intercambio de información y datos, y sobre criterios científicos para la reglamentación.

Otro tema del que se ocupa la misma parte es el relativo a la asistencia científica y técnica a los Estados en desarrollo, prescribiendo un trato preferencial (artículos 202 y 203). Luego, la Convención regula la vigilancia y evaluación ambiental. Con ese objeto, establece reglas sobre la vigilancia de los riesgos de contaminación o de sus efectos, sobre la publicación de informes, y sobre la evaluación de los efectos potenciales de las actividades (artículos 204 a 206). Éstas son las materias reguladas en las secciones 3 y 4 de la Convención.

La sección 5, sobre reglas internacionales y legislación nacional para prevenir, reducir y controlar la contaminación del medio marino, provee la necesidad de que se dicten las normas necesarias con ese objeto.

Para ese efecto, el artículo 207 establece que "los Estados dictarán leyes y reglamentos para prevenir, reducir y controlar la contaminación del medio marino procedente de fuentes terrestres, incluidos los ríos, estuarios, tuberías y estructuras de desagüe, teniendo en cuenta las reglas y estándares, así como las prácticas y procedimientos recomendados, que se hayan convenido internacionalmente...". A continuación, el artículo 208 prescribe que "los Estados ribereños dictarán leyes y reglamentos para prevenir, reducir y controlar la contaminación del medio marino resultante directa o indirectamente de las actividades relativas a los fondos marinos sujetas a su jurisdicción y de las islas artificiales, instalaciones y estructuras bajo su jurisdicción...". Por su parte, el artículo 209 dispone que "se establecerán normas, reglamentos y procedimientos internacionales para prevenir, reducir y controlar la contaminación del medio marino resultante de las actividades de la Zona...". A su vez, el artículo 210 prescribe que "los Estados dictarán leyes y reglamentos para prevenir, reducir y controlar la contaminación del medio marino por vertimiento...". De su lado, el artículo 211 establece que "los Estados, actuando por conducto de las organizaciones internacionales competentes o de una conferencia diplomática general, establecerán reglas y estándares de carácter internacional para prevenir, reducir y controlar la contaminación del medio marino causada por buques y promoverán la adopción, del mismo modo y siempre que sea apropiado, de sistemas de ordenación del tráfico destinado a reducir al mínimo el riesgo de accidentes que puedan provocar la contaminación del medio marino, incluido el litoral, o afectar adversamente por efecto de la contaminación a los intereses conexos de los Estados ribereños...". Finalmente, el artículo 212 dispone que "para prevenir, reducir y controlar la contaminación del medio marino desde la atmósfera o a través de ella, los Estados dictarán leyes y reglamentos aplicables al espacio aéreo bajo su soberanía y a los buques que enarbolen su pabellón o estén matriculados en su territorio y a las aeronaves matriculadas en su territorio, teniendo en cuenta las reglas y estándares así como las prácticas y procedimientos recomendados, convenidos internacionalmente, y a la seguridad de la navegación aérea".

Como se puede advertir, la Convención regula a través de las disposiciones recién transcritas todas las formas posibles de contaminación del medio marino, a saber: *1)* la contaminación del medio marino procedente de fuentes terrestres, que es una materia que no está tratada por ningún instrumento internacional de carácter global, no obstante que se trata de una de las formas más comunes de contaminación de dicho medio; *2)* la contaminación del medio marino resultante de actividades relativas a los fondos marinos sujetos a la jurisdicción nacional; *3)* la contaminación del medio marino resultante de las actividades de la Zona; *4)* la contaminación del medio marino causada por buques, y *5)* la contaminación del medio marino desde la atmósfera o a través de ella. La contaminación del medio marino a través de la atmósfera se regula en un instrumento internacional de carácter global.

La Convención se ocupa también de establecer reglas en su sección 6 que regulan la ejecución de las normas emanadas para la protección y preservación del medio marino, indicando en cada caso quiénes serán los encargados de velar por dicha ejecución. Con tal propósito, la Convención hace una distinción entre la ejecución respecto de la contaminación procedente de fuentes terrestres, la ejecución respecto de la contaminación resultante de actividades en la Zona, la ejecución respecto de la contaminación por vertimiento, la ejecución por el Estado del pabellón, la ejecución por el Estado del puerto, la ejecución por los Estados ribereños, y la ejecución respecto de la contaminación desde la atmósfera o a través de ella (artículos 213 a 222).

Además, la Convención establece una serie de normas en su sección 7 que tienen por objeto garantizar la aplicación de las disposiciones para prevenir, reducir y controlar la contaminación del medio marino. A ese objeto se refieren los artículos 223 a 233.

La sección 8 de esta parte contiene a su vez reglas sobre las zonas cubiertas de hielo. Así, el artículo 234 establece que "los Estados ribereños tienen derecho a dictar y hacer cumplir leyes y reglamentos no discriminatorios para prevenir, reducir y controlar la contaminación del medio marino causada por buques en las zonas cubiertas de hielo dentro de los límites de la zona económica exclusiva...".

En la misma Parte XII, su sección 9 establece asimismo reglas sobre responsabilidad. En ese sentido, el artículo 245 prescribe que "los Estados son responsables del cumplimiento de sus obligaciones internacionales relativas a la protección y preservación del medio marino...", de conformidad con el derecho internacional. El mismo precepto dispone que "los Estados asegurarán que sus sistemas jurídicos ofrezcan recursos que permitan la pronta y adecuada indemnización u otra reparación de los daños causados por la contaminación del medio marino por personas naturales o jurídicas bajo su jurisdicción". El referido precepto también establece que "a fin de asegurar una pronta y adecuada indemnización de todos los daños resultantes de la contaminación del medio marino, los Estados cooperarán en la aplicación del derecho internacional existente y en el ulterior desarrollo del derecho internacional relativo a las responsabilidades y obligaciones relacionadas con la evaluación de los daños y su indemnización y a la solución de las controversias conexas así como, cuando proceda, a la evaluación de criterios y procedimientos para el pago de una indemnización adecuada, tales como seguros obligatorios o fondos de indemnización".

Por otra parte, la sección 10 de esta parte contiene disposiciones sobre la inmunidad soberana, en el sentido de que sus disposiciones sobre la protección y preservación del medio marino no se aplicarán a los buques de guerra, naves auxiliares, otros buques o aeronaves pertenecientes o utilizadas por un Estado y utilizados a la sazón únicamente para un servicio público no comercial.

Finalmente, la Parte XII de la Convención se refiere en su sección 11 a las obligaciones contraídas en virtud de otras Convenciones sobre protección y conservación del medio marino, prescribiendo con ese objeto que las disposiciones de esta Parte XII no afectarán tales Convenciones, ni los acuerdos que puedan celebrarse para aprobar los principios generales de la propia Convención. Agrega también la Convención que las obligaciones específicas contraídas por los Estados en virtud de convenciones especiales con respecto a la protección y preservación del medio marino, deben cumplirse de manera compatible con los principios y objetivos generales de la Convención de las Naciones Unidas sobre el Derecho del Mar (artículo 227).

208. El Convenio para la Protección y el Desarrollo del Medio Marino en la Región del Gran Caribe

Este Convenio fue aprobado en una Conferencia de Plenipotenciarios convocada para ese efecto, que se llevó a cabo los días 21 a 24 de marzo de 1983, en Cartagena de Indias (Colombia). El Convenio fue el resultado de un conjunto de negociaciones entre los países ribereños del Gran Caribe, que fueron impulsadas por el Programa de las Naciones Unidas para el Medio Ambiente y, en especial, por su Programa para Mares Regionales. México suscribió *ad referendum* dicho Convenio y, actualmente, es parte del mismo (*Diario Oficial de la Federación,* 2-VIII-1985; con erratas en *Diario Oficial de la Federación,* 3-XII-1985).

Este acuerdo internacional pretende abarcar todos los aspectos del deterioro del ambiente de la Región del Gran Caribe, teniendo en consideración que los progresos ya realizados a través de otros acuerdos internacionales, no satisfacen cabalmente las necesidades especiales de esa Región, según se expresa en el preámbulo del Convenio.

La zona de aplicación del Convenio es el medio marino del Golfo de México, el mar Caribe y las zonas adyacentes del océano Atlántico al sur de los 30 grados de latitud norte y dentro de las 200 millas marinas de las costas atlánticas de los Estados que son parte del Convenio. Esta zona de aplicación no comprende las aguas interiores de las Partes Contratantes. Así lo establecen los artículos 1 y 2 de ese acuerdo internacional.

La idea más general del Convenio consiste en que las Partes Contratantes procuren concertar acuerdos bilaterales o multilaterales, incluidos acuerdos regionales o subregionales, para la protección del medio marino de la zona de aplicación del Convenio (artículo 3).

Sin perjuicio de lo anterior, el Convenio establece una serie de obligaciones generales y especiales para las Partes Contratantes. Las primeras consisten en la obligación de adoptar, individual o conjuntamente, todas las medidas adecuadas para prevenir, reducir y controlar la contaminación de la zona de aplicación del Convenio y para asegurar una ordenación racional del medio, utilizando los instrumentos más viables de que dispongan y en la medida de sus posibilidades (artículo 4). Las segundas se refieren a la contaminación causada por buques; a la procedente de fuentes terrestres; a la resultante de actividades relativas a los fondos marinos; a la contaminación transmitida por la atmósfera y a las zonas especialmente protegidas (artículos 5 a 10), consistiendo en la obligación de adoptar las medidas adecuadas para combatir esas formas de contaminación y proteger ciertas zonas.

El Convenio establece, además, un sistema de cooperación en casos de emergencia, así como de cooperación científica y técnica (artículos 11 y 13). Por otro lado, está previsto que las Partes Contratantes evaluarán de acuerdo con sus posibilidades, o se asegurarán de que se evalúe, el posible impacto de proyectos de desarrollo importantes sobre el medio marino, especialmente en las zonas costeras (artículo 12). En cuanto a la responsabilidad y la indemnización por los daños resultantes de la contaminación en la zona de aplicación del Convenio, se establece que las Partes Contratantes cooperarán con miras a la adopción de normas y procedimientos adecuados conforme al derecho internacional (artículo 14).

Junto al Convenio, se aprobó un Protocolo relativo a la cooperación para combatir los derrames de hidrocarburos en la región del Gran Caribe (*Diario Oficial de la Federación,* 5-VIII-1985), que como lo indica su denominación, es aplicable "a los incidentes de derrame de hidrocarburos que tengan como resultado la contaminación del medio marino y costero de la Región del Gran Caribe o que afecten adversamente a los intereses conexos de una o varias Partes Contratantes o constituyan un peligro considerable de contaminación" (artículo 2). Dicho Protocolo tiene un Anexo sobre arbitraje. Además, en una cláusula que aparece como anexa al mismo Protocolo, se prevé que las Partes Contratantes prepararán los cambios necesarios para extender el Protocolo a la cooperación regional para la lucha contra los derrames de sustancias peligrosas distintas de los hidrocarburos, disponiéndose que entre tanto el Protocolo se aplicará provisionalmente a las sustancias peligrosas distintas de los hidrocarburos.

209. El Convenio Internacional sobre Salvamento Marítimo, 1989.

Este Convenio (*Diario Oficial de la Federación,* 6-III-1992) tiene por objeto adaptar las reglas internacionales existentes sobre la materia a los requerimientos actuales, en especial a la protección del medio ambiente. En dicho Convenio se establece, entre otras cosas, que las operaciones de salvamento deberán realizarse con la debida diligencia para evitar o reducir al mínimo los daños al medio ambiente (Artículo 8). Por daños al medio ambiente se entienden los daños materiales que afecten considerablemente a la salud del ser humano, a la flora o fauna marinas o a los recursos marinos que se encuentren en aguas costeras o interiores o en las aguas adyacentes a éstas, ocasionados por la contaminación, impurificación, incendio, explosión u otros sucesos graves de análoga importancia (Artículo 1).

El Convenio también dispone que nada de lo previsto en él afectará el derecho del Estado ribereño interesado en tomar medidas, de conformidad con los principios generalmente reconocidos del derecho internacional, para proteger sus costas e intereses conexos contra la contaminación o la amenaza de contaminación resultante de un siniestro marítimo o de actos relacionados con dicho siniestro, incluido el derecho de dar instrucciones relacionadas con las operaciones de salvamento (artículo 9).

Además, el Convenio previene que todo Estado Parte, al dictar reglas o adoptar decisiones acerca de las cuestiones relacionadas con operaciones de salvamento, tales como la admisión en puerto de buques necesitados de socorro o la prestación de servicios a los salvadores, tendrá en cuenta la necesidad de que exista cooperación entre los salvadores, las otras partes interesadas y las autoridades públicas con el fin de asegurar la ejecución eficaz y satisfactoria de las operaciones de salvamento encaminadas a salvar vidas humanas o bienes en peligro, así como evitar daños al medio ambiente en general (artículo 11).

Las operaciones de salvamento que produzcan un resultado útil dan derecho a recompensa. La recompensa se determina de acuerdo con ciertos criterios, entre los cuales figura la pericia y los esfuerzos desplegados por los salvadores para evitar o reducir al mínimo los daños al medio ambiente. El Convenio establece una compensación especial para los salvadores de buques que directamente o por la naturaleza de su carga constituyen una amenaza de daño para el medio ambiente. Estas reglas se encuentran en los artículos 12 a 14 del Convenio.

210. La protección del medio marino en la Convención Constitutiva de la Organización Marítima Internacional

Establece el texto actual del artículo 1º de esta Convención (*Diario Oficial de la Federación,* 8-VIII-1970; con erratas en *Diario Oficial de la Federación,* 13-X-1970 y enmiendas en *Diario Oficial de la Federación,* 5-VI-1981 y 27-IV-1983), que una de las finalidades de la Organización es fomentar la adopción de normas tan elevadas como sea posible respecto de, entre otras cosas, la contención de la contaminación del mar ocasionada por los buques.

A partir de las enmiendas introducidas a la Convención en 1975, la Organización cuenta ahora con un Comité de Protección del Medio Marino, que está integrado por todos los miembros de la Organización (artículo 37). Corresponde a ese Comité examinar todas las cuestiones que sean de competencia de la organización respecto de la prevención y contención de la contaminación del mar ocasionada por los buques y, de una manera especial, las cuestiones que expresamente le encomienda la misma Convención (artículo 38).

211. La protección del medio marino en el Convenio Constitutivo de la Organización Latinoamericana de Desarrollo Pesquero

La Organización Latinoamericana de Desarrollo Pesquero (OLDEPESCA) tiene como propósito fundamental atender adecuadamente las exigencias alimentarias de América Latina, utilizando su potencial de recursos pesqueros en beneficio de sus pueblos, mediante la concertación de acciones conjuntas tendientes al desarrollo constante de los países y al fortalecimiento permanente de la cooperación regional en el sector. Así lo establece el artículo 4º de su Convenio Constitutivo (*Diario Oficial de la Federación,* 20-VII-1983; y erratas en *Diario Oficial de la Federación,* 8-IX-1983).

Sin embargo, dicho Convenio tiene también relevancia ambiental, en tanto dispone —como no podía dejar de hacerlo— que entre los objetivos de la Organización figuran los de: *1)* promover el adecuado aprovechamiento de los recursos pesqueros, preservando el medio marino y de agua dulce, mediante la aplicación de políticas racionales de conservación de los recursos, y *2)* promover e intensificar la cooperación latinoamericana en el desarrollo de la explotación de los recursos del mar y de agua dulce en beneficio de los pueblos de la región.[5]

[5] México es también miembro del Convenio que crea la Organización Atunera del Pacífico Oriental (*Diario Oficial de la Federación*, 24-I-1991). El objeto de esta Organización es contribuir a alcanzar, a través de la cooperación internacional de sus miembros, la conservación, protección y óptima utilización de las especies altamente migratorias a que se refiere el Convenio y que se desplazan en su área de aplicación.

Cuarta Parte

LA PROTECCIÓN DE LA ATMÓSFERA Y DEL ESPACIO ULTRATERRESTRE

XV. LA PROTECCIÓN DE LA ATMÓSFERA Y DEL ESPACIO ULTRATERRESTRE

212. El contenido del capítulo. 213. Los problemas de la contaminación atmosférica. 214. El espacio aéreo y el espacio ultraterrestre. 215. La protección de la atmósfera en la Ley General del Equilibrio Ecológico y la Protección al Ambiente. 216. El sistema federal para la protección de la atmósfera. 217. El Reglamento de la LGEEPA en Materia de Prevención y Control de la Contaminación de la Atmósfera. 218. Las normas oficiales mexicanas. 219. El Reglamento de la LGEEPA para la Prevención y Control de la Contaminación generada por Vehículos Automotores que circulan por el Distrito Federal y los Municipios de su Zona Conurbada. 220. La contaminación atmosférica transfronteriza. 221. La protección jurídica de la capa de ozono. 222 La prevención y control del cambio climático. 223. La protección jurídica del espacio ultraterrestre.

212. El contenido del capítulo

En este capítulo se examina el sistema de la protección jurídica de uno de los más importantes recursos ambientales que integran el medio físico: la atmósfera.

El capítulo se inicia con breves consideraciones sobre los problemas de la contaminación atmosférica, que incluyen algunos de los asuntos globales más preocupantes que se vinculan con la protección de la atmósfera, como son la destrucción de la capa de ozono y el cambio climático.

La protección de la atmósfera está hoy normada de manera principal por la Ley General del Equilibrio Ecológico y la Protección al Ambiente, que regula la prevención y control de la contaminación de la atmósfera a nivel federal. Antes de la expedición de la LGEEPA, la misma materia fue tratada por la Ley Federal de Protección al Ambiente de 1982 y por la Ley Federal para Prevenir y Controlar la Contaminación Ambiental de 1971. Puede decirse que, con esta última Ley se inició una nueva época respecto de la regulación de la protección de la atmósfera en México.

En efecto, hasta ese momento la cuestión de la contaminación de la atmósfera era concebida las más de las veces como un tema de las relaciones de vecindad. Así ocurría desde la época del derecho romano del periodo clásico, que concedía acción al vecino en contra de los humos nocivos provenientes de una industria. Este criterio se expresa claramente en el Código Civil para el Distrito Federal vigente, que en 1928 dejó establecido que nadie puede construir, entre otras cosas, chimeneas cerca de una pared ajena o de copropiedad, sin guardar las distancias prescritas por los reglamentos, etc. (artículo 845). Pero, en algunas ocasiones la cuestión era regulada desde el punto de vista de la salud humana, como un tema propio del saneamiento ambiental. Así sucedía también entre nosotros con el Reglamento para los Establecimientos Molestos, Insalubres o Peligrosos de 1940, que tiene su base en el Código Sanitario vigente en ese entonces. Otra perspectiva para la regulación de la atmósfera ha estado constituida por los reglamentos u ordenanzas nacionales o locales sobre el tránsito, que fueron estableciendo límites para la emisión de los vehículos automotores, como ocurrió en México por ejemplo con el Reglamento de Tránsito en Carreteras Federales de 1975 (que remplazó al antiguo Reglamento de Tránsito en los Caminos Nacionales y en los Particulares de Concesión Federal, de 1932).

El cambio a que nos referimos consistió, precisamente, en comenzar a considerar la atmósfera como uno de los elementos esenciales para la existencia, desarrollo y transformación de los organismos vivos, como por lo demás habían hecho o lo estaban haciendo otros países, más allá de las preocupaciones inspiradas en criterios de las relaciones de vecindad y/o de naturaleza sanitaria.

A continuación se examinan las disposiciones de la Ley General del Equilibrio Ecológico y la Protección al Ambiente que establecen el sistema jurídico federal para la protección de la atmósfera. Luego, se analiza su desarrollo en el Reglamento de la LGEEPA en Materia de Prevención y Control de la Contaminación de la Atmósfera y en las normas oficiales que regulan esta misma materia. También se examina el Reglamento que se ocupa de la contaminación atmosférica que tiene su origen en la circulación de vehículos automotores en el Distrito Federal y su zona conurbada.

La última parte de este capítulo está destinada al análisis del tratamiento que reciben en el derecho internacional algunos problemas especialmente relevantes, como son la contaminación atmosférica transfronteriza, la destrucción de la capa de ozono y el cambio climático. También se examina en esta última parte la protección jurídica del espacio ultraterrestre, a la luz de los tratados y otros acuerdos internacionales vigentes sobre la materia.

213. Los problemas de la contaminación atmosférica

La atmósfera con oxígeno dentro de la cual se han creado y desarrollado las formas de vida terrestre que conocemos, se formó mediante un proceso de "oxigenación" de la misma que llevó millones de años. Esta oxigenación permitió a su vez la formación de una capa de ozono en la parte superior de la atmósfera, que protege la vida terrestre de los efectos letales de la radiación ultravioleta.

Sin embargo, la atmósfera y la propia capa de ozono, están expuestas a ser destruidas. Los niveles que ha alcanzado la contaminación de la atmósfera en algunos lugares de la Tierra son verdaderamente alarmantes.

La atmósfera es el resultado de una precisa combinación de varios elementos (además del oxígeno), al que llamamos "aire puro". La calidad del aire puede ser degradada por la variación significativa de las proporciones en que están presentes sus distintos componentes (piénsese en un aumento importante de la cantidad de bióxido de carbono que naturalmente contiene el aire) o por la introducción en la atmósfera de otros componentes gaseosos o de materia en forma de partículas (que es lo que suele denominarse en sentido restringido "contaminación atmosférica"). Aunque existen formas naturales de contaminación de la atmósfera, como es el caso de las erupciones volcánicas, la verdad es que por lo general es una consecuencia de las acciones de los hombres.

Los diversos tipos de contaminación atmosférica y los efectos que generan han sido estudiados desde hace tiempo, sin que esto haya significado por cierto la formación de un conocimiento exento de polémicas y vacíos, especialmente en lo que concierne a los efectos de los contaminantes atmosféricos.[1]

La contaminación del aire genera efectos nocivos no sólo respecto de la atmósfera propiamente, sino también de la salud humana, la flora, la fauna y los bienes en general.

Por lo pronto, la contaminación de la atmósfera provoca modificaciones en la misma, generando aparte del conocido fenómeno de disminución de la visibilidad por dispersión de la luz, la formación de niebla y la reducción de la cantidad de la luz solar que llega a la Tierra.

Pero la concentración de la contaminación atmosférica en ciertos puntos afecta también la salud humana, generando no sólo molestias, sino muchas veces enfermedades crónicas y, en algunos casos, la muerte, como lo atestiguan conocidos episodios de desastres atmosféricos (como el de Londres de 1952). Los efectos de la contaminación atmosférica alcanzan también a la flora —el fenómeno de la "lluvia ácida" del que se habla más adelante constituye una de las manifestaciones más espectaculares de tales efectos—, así como a la fauna. También los bienes en general son víctimas de los altos índices de concentración de contaminantes en la atmósfera, ya que se deterioran al depositarse dichos contaminantes en ellos, lo que a veces se expresa incluso en procesos de corrosión y destrucción.

En materia de derecho comparado, cabe decir que por razones obvias, los países industrializados se han ocupado desde hace tiempo de la protección de la atmósfera. Ése es el caso, por ejemplo, de los Estados

[1] Entre esos contaminantes figuran principalmente los óxidos de carbono, los compuestos que contienen azufre y los que contienen nitrógeno, el propio ozono en proporciones no adecuadas y los gases llamados "oxidantes", etc. Estos contaminantes son el resultado de procesos tales como la combustión de carbón, petróleo y gas natural para generar calor o energía (termoeléctricas, motores a explosión, etc). También figuran entre dichos contaminantes las partículas, especialmente las que resultan de los procesos metalúrgicos (fundidoras) y de otros procesos industriales (productoras de cemento, celulosa, vidrios, etc.). Una particular preocupación ha generado el plomo que se agrega a la gasolina y se expele en gran cantidad a la atmósfera por los motores que utilizan ese combustible.

Unidos de América, donde a mediados de la década de los cincuenta comenzaron a ponerse en vigor disposiciones federales para combatir la contaminación de la atmósfera, que se agregaron a las disposiciones locales ya en vigencia. Actualmente, en ese país la materia se regula, a nivel federal, en la *Clean Air Act* de 1967, modificada en 1970, 1977 y 1990 (las reformas de este último año son muy importantes). En Japón, por su parte, existe también una Ley sobre Contaminación del Aire vigente desde 1968, así como una Ley sobre el Tránsito de Vehículos por Carreteras vigente desde 1951 (modificada en 1970), y una Ley para el Control de Malos Olores vigente desde 1971. En Suecia, a su vez, de esta materia se ocupan numerosos cuerpos de normas, que regulan fundamentalmente la contaminación causada por los vehículos automotores y los combustibles (como la Ley sobre el Uso de Vehículos Automotores en Espacios Abiertos de 1975, la Ley y la Ordenanza sobre el sulfuro contenido en los combustibles de 1976, la Ordenanza Real sobre Escapes de Vehículos de 1972, etc.). En España, se puso en vigor en 1972 una Ley de Protección del Ambiente Atmosférico (reglamentada en 1975), cuyo objeto es "prevenir, vigilar y corregir las situaciones de contaminación atmosférica, cualesquiera que sean las causas que las produzcan" (artículo 1º).

En América Latina, la protección de la atmósfera es una materia que carece por lo general de una legislación especial. Del tema se ocupan los códigos o leyes de salud y los ordenamientos que emanan de ellos, como cuestión de saneamiento ambiental. De la contaminación por vehículos automotores se ocupan especialmente las ordenanzas o reglamentos del tránsito. Sin embargo, en algunos casos, las leyes que se refieren al ambiente en su conjunto o a la contaminación ambiental dedican algunas normas a esta materia. Argentina presenta la singularidad en el conjunto de los países de América Latina de contar con un ordenamiento específico sobre la materia: la Ley núm. 20,284 de 1973, denominada Ley de preservación de los recursos del aire (que es también una ley de adhesión, pero a la cual no ha adherido aún ninguna provincia, por lo que sólo rige en la Capital Federal).

En México,[2] hay regiones o zonas en que la gran concentración industrial y urbana ha influido en una forma determinante en el deterioro de la calidad del aire, como son la zona metropolitana de la ciudad de México, la zona metropolitana de la ciudad de Monterrey, la zona conurbada Minatitlán-Coatzacoalcos y la zona metropolitana de la ciudad de Guadalajara, en ese orden de importancia. Por otra parte, la existencia de áreas urbano-industriales en la zona fronteriza del norte del país, da origen a ciertos problemas específicos de contaminación de la atmósfera, como ocurre en el área Tijuana-San Diego y en el área Ciudad

[2] La información que se proporciona a continuación ha sido extraída de Humberto Bravo, *La contaminación del aire en México*, Fundación Universo Veintiuno, México, 1987, pp. 71 y *ss*.

Juárez-El Paso. Los problemas más graves de contaminación atmosférica están, sin embargo, en la Zona Metropolitana de la Ciudad de México (ZMCM). En efecto, la concentración urbana-industrial de esta zona, aunada a las características topográficas y meteorológicas del Valle de México, determinan que la otrora "región más transparente" (Alfonso Reyes), presente hoy altos índices de contaminación de su atmósfera. Sólo una pequeña parte de los contaminantes atmosféricos de esta zona tienen su origen en fenómenos naturales: se trata principalmente de las tolvaneras o tempestades de polvo, que por lo general tienen lugar en la época de secas. La mayor parte de esos contaminantes tienen su origen en fuentes móviles, que según estimaciones hechas hacia 1983, aportan el 81% de la masa de contaminantes emitidos. La contaminación atmosférica de origen industrial se debe a la existencia de cerca de 1 500 establecimientos que generan emisiones contaminantes, de los cuales alrededor de 70 son responsables del 85% de las emisiones.

Como señala el *Programa de Medio Ambiente 1995-2000*, la solución del problema de la contaminación atmosférica ha ido mostrando dimensiones poco exploradas e incluso desconocidas anteriormente. Así lo muestran los resultados dispares que ofrecen las medidas adoptadas. En el caso de la Zona Metropolitana del Valle de México (ZMVM) algunas medidas han generado resultados positivos, como por ejemplo el control de la tendencia alcista del plomo, bióxido de azufre y partículas suspendidas totales. Las gasolinas mexicanas cumplen ahora con estándares internacionales. El diésel y el combustóleo han mejorado, disminuyendo su contenido de azufre. Sin embargo, ciertos contaminantes han alcanzado niveles inaceptables, como es el caso del ozono, cuyos niveles están por encima de las normas en más de 85% de los días del año. Igualmente serio es el incremento de partículas suspendidas menores a 10 micrómetros de diámetro aerodinámico (PM10).[3]

A principios de esta última década del siglo XX, el problema de la contaminación atmosférica en la ZMVM era descrito por el Programa Nacional para la Protección del Medio Ambiente 1990-1994 en términos de un problema de características críticas como consecuencia de la excesiva concentración urbano-industrial y de las condiciones geográficas y meteorológicas de la región. En ella se concentraba 20% de los establecimientos industriales del país, 40% de la inversión industrial y 42% de la población económicamente activa. Se estimaba que en la ZMVM circulan casi tres millones de vehículos automotores, mismos que contribuyen con 80% al total de la contaminación atmosférica (sección 1.2.3). Sin embargo, los establecimientos industriales también generaban problemas graves de contaminación atmosférica, especialmente en materia de partículas suspendidas totales, que son muy dañinas para la salud humana. En esa época existía un Programa Integral contra la Contaminación Atmosférica de la Zona Metropolitana de la Ciudad de México.

[3] *Cf.* la edición oficial de ese Programa de la SEMARNAP, pp. 42 y 43.

Una idea de la magnitud del problema la proporcionaba la cifra de 4 600 millones de dólares comprometidos para el período 1991-1994 para reducir sólo en 37% las emisiones contaminantes del aire en la ciudad de México.[4]

Hoy existe un *Programa para Mejorar la Calidad del Aire en el Valle de México 1995-2000* que se propone continuar el combate contra la contaminación atmosférica en el Valle de México mediante un conjunto de instrumentos diversos e interrelacionados. El objetivo de este Programa es lograr gradualmente menores niveles de contaminación durante el día y tener menos contingencias al año, como resultado de un abatimiento del 50% de las emisiones de hidrocarburos, 40% de óxidos de nitrógeno y 45% de partículas suspendidas de origen antropogénico, para el año 2000.[5]

La destrucción de la capa de ozono que se ubica en la capa superior de la atmósfera, es un problema que viene concitando la atención de la opinión pública mundial desde hace muchos años. El fenómeno consiste en un descenso de la concentración del ozono en la capa superior de la atmósfera, que se debe a la acción que ejercen los llamados clorofluorocarbonados y otras sustancias químicas producidas por la industria en el proceso de creación y de descomposición del ozono. Este descenso puede llegar a exponer a los seres humanos a niveles de radiación que sean perjudiciales para su salud, así como generar otros efectos ambientales nocivos. Existen evidencias de ese descenso, que en su mayor parte ha tenido lugar desde mediados de la década de los setenta. Por otra parte, algunas mediciones del nivel de ozono sobre la Antártida han mostrado un descenso del 40% desde 1957, pero sólo durante la estación primaveral. Este fenómeno es conocido como el "agujero de la capa de ozono".

Otro de los problemas globales de suma gravedad vinculados a la contaminación de la atmósfera es el cambio climático, conocido también como el problema del sobrecalentamiento de la Tierra o "efecto invernadero". Se trata de un eventual aumento de la temperatura de la superficie terrestre de entre 1.5 a 4.5% para el año 2030, que sería la consecuencia de las concentraciones cada vez más altas de gases en la atmósfera, en especial del dióxido de carbono que resulta de la combustión de materias fósiles. De acuerdo con los estudios disponibles, estos cambios generarían efectos nocivos importantes en la agricultura y en los ecosistemas naturales, así como graves inundaciones en las tierras bajas, como consecuencia del ascenso del nivel del mar. Por consiguiente, se requiere un esfuerzo concertado entre las naciones para reducir el ritmo de

[4] *Cf.* el discurso pronunciado por el entonces Secretario de Desarrollo Social, Luis Donaldo Colosio, en la Conferencia de las Naciones Unidas sobre el Medio Ambiente y el Desarrollo.

[5] *Cf.* la página 130 de la publicación oficial de ese Programa del Departamento del Distrito Federal, Gobierno del Estado de México, Secretaría de Medio Ambiente, Recursos Naturales y Pesca, y Secretaría de Salud.

combustión de materias fósiles y de producción de los demás gases de invernadero. Es muy importante la contribución que a este esfuerzo presten las naciones que precisamente presentan los más altos índices de combustión de materias fósiles y de producción de los demás gases de efecto invernadero.

214. El espacio aéreo y el espacio ultraterrestre

Con la palabra "atmósfera" se designa aquella envoltura de aire que rodea al globo terráqueo y que es objeto del sistema de protección jurídica que se examina en este capítulo. La atmósfera está contenida en lo que se denomina el "espacio aéreo", que es una noción jurídica que debe ser examinada. La idea de la protección ha comenzado a extenderse últimamente a lo que está más allá del espacio aéreo, es decir, a lo que convencionalmente se designa con la expresión de "espacio ultraterrestre".

La noción de que el territorio de los Estados se extendía al espacio aéreo superestante, comenzó a desarrollarse en el presente siglo, como consecuencia de la primera Guerra Mundial y de la aeronavegación, así como de los progresos que hubo en materia de comunicaciones a través del éter. En general, puede decirse que la idea de reconocer a los Estados derechos territoriales sobre el espacio aéreo superestante, no tuvo oposición.

Entre nosotros, el espacio aéreo superestante al territorio nacional pasó a ser considerado claramente como parte del mismo a partir de la reforma que modificó los artículos 27, 42 y 48 constitucionales (*Diario Oficial de la Federación*, 20-I-1960). Así, en el primero quedó consignado que "corresponde a la Nación el dominio directo…[del]…espacio situado sobre el territorio nacional, en la extensión y términos que fije el derecho internacional..." (párrafo cuarto), mientras que en el segundo quedó establecido que el territorio nacional comprende, entre otros, "el espacio situado sobre el territorio nacional, con la extensión y modalidades que establezca el propio derecho internacional (fracción VI). Por su parte, en el artículo 48 constitucional se introdujo la idea de que "el espacio situado sobre el territorio nacional", junto a otras partes del mismo, "dependerán directamente del Gobierno de la Federación".[6]

El derecho de los Estados sobre el espacio aéreo superestante a su territorio, les permite legislar soberanamente, entre otras materias, sobre la protección de la atmósfera contenida en dicho espacio. Sin embargo, y como se ha visto, las regulaciones sobre la protección de la atmósfera son de antigua data.

[6] La Ley Federal del Mar (*Diario Oficial de la Federación*, 13-I-1986) ha venido a precisar la soberanía de la Nación sobre el espacio aéreo que corresponde a las zonas marítimas, al disponer que "la soberanía de la Nación se extiende al espacio aéreo sobre el Mar Territorial..." (artículo 24), así como que la misma soberanía se extiende "al espacio aéreo sobre las Aguas Marinas Interiores..." (artículo 35).

La noción de espacio ultraterrestre adquirió relevancia jurídica desde el momento mismo en que comenzó a vislumbrarse la posibilidad de que el hombre utilizara aquella parte del Universo que está más allá de la atmósfera terráquea. La noción de espacio ultraterrestre implica colocar un límite a lo que se denomina espacio aéreo. En general, no existe ninguna duda sobre la necesidad de fijar un límite al espacio aéreo. La cuestión consiste en alcanzar un consenso sobre los variados criterios que ya se han formulado sobre el particular. Hasta ahora, el problema fundamental que se ha planteado entre los Estados se refiere al uso del espacio ultratrerrestre, a partir de la consideración básica de que dicho espacio no es susceptible de apropiación por parte de ningún país. Ya existen algunos tratados y acuerdos internacionales sobre la materia.

215. La protección de la atmósfera en la Ley General del Equilibrio Ecológico y la Protección al Ambiente

Las disposiciones de la LGEEPA sobre la protección de la atmósfera se encuentran en los artículos 110 a 116, que son las disposiciones que integran el capítulo I de su Título Cuarto. Este capítulo lleva la denominación de "prevención y control de la contaminación de la atmósfera", que es la materia allí tratada. Algunas de estas disposiciones fueron modificadas en 1996.

Para entender el alcance de las disposiciones contenidas en esos preceptos, es menester recordar lo dicho en el capítulo III de este libro sobre las competencias sobre la materia de la Federación, los estados y los municipios, así como del Distrito Federal. En efecto, corresponde a la Federación "la regulación de la contaminación de la atmósfera de todo tipo de fuentes emisoras, así como la prevención y el control en zonas o fuentes fijas de jurisdicción federal" (artículo 5º, fracción XII), mientras que corresponde a los estados "la prevención y control de la contaminación atmosférica generada por fuentes fijas que funcionen como establecimientos industriales, así como por fuentes móviles, que conforme a lo establecido en esta Ley no sean de competencia federal" (artículo 7º, fracción III). Por su parte, corresponde a los municipios:

> La aplicación de las disposiciones jurídicas en materia de prevención y control de la contaminación atmosférica generada por fuentes fijas que funcionen como establecimientos mercantiles o de servicios, así como de emisiones de contaminantes a la atmósfera provenientes de fuentes móviles que no sean consideradas de jurisdicción federal, con la participación que de acuerdo con la legislación estatal corresponda al gobierno del estado [artículo 8º, fracción III].

Finalmente, "corresponden al Gobierno del Distrito Federal, en materia de preservación del equilibrio ecológico y la protección al ambiente, conforme a las disposiciones legales que expida la Asamblea Legislativa del Distrito Federal, las facultades a que se refieren los artículos 7º y 8º de esta Ley" (artículo 9º). En consecuencia, en la actualidad el régimen de las competencias ambientales del Distrito Federal es igual al de los estados y municipios.

Por otra parte, hay que recordar lo dicho en el capítulo III en el sentido de que la división de competencias que hizo la LGEEPA en 1988 era aplicable sólo a partir del momento en que las legislaturas locales dictaran las leyes, y los ayuntamientos las ordenanzas, reglamentos y bandos de policía y buen gobierno, para regular las materias que según las disposiciones de la propia LGEEPA era de competencia de los estados y municipios (párrafo segundo del artículo 2º transitorio). Una disposición similar fue incluida en el artículo 5º transitorio de la iniciativa de modificaciones de 1996. En efecto, dispone ese precepto que la Federación, en coordinación con las autoridades de las entidades federativas y municipales, según corresponda, aplicará lo dispuesto en este Decreto en el ámbito local, en aquellas materias cuya competencia no correspondía a dichos órdenes de gobierno antes de la entrada en vigor del presente Decreto, hasta en tanto sean expedidos y modificados los ordenamientos señalados en el artículo 3º transitorio, que dispone la adecuación de la legislación local existente a las modificaciones de 1996.

En consecuencia, las disposiciones que se examinarán a continuación son aplicables en el campo de la prevención y control de la contaminación de la atmósfera en zonas o en casos de fuentes de jurisdicción federal; pero también son aplicables a la contaminación generada en zonas o por fuentes emisoras de jurisdicción local, mientras las legislaturas locales y, en su caso, los ayuntamientos, no expidan los ordenamientos que regularán esta materia o, en su caso, las adecúen a las modificaciones de 1996.

216. El sistema federal para la proteccion de la atmósfera

Las disposiciones de la LGEEPA sobre la prevención y control de la contaminación de la atmósfera establecen, en primer término, los *criterios* sobre la materia, que se reducen a lo siguiente: *1)* la calidad del aire debe ser satisfactoria en todos los asentamientos humanos y las regiones del país; y *2)* las emisiones de los contaminantes de la atmósfera, sean de fuentes artificiales o naturales, fijas o móviles, deben ser reducidas y controladas, para asegurar una calidad del aire satisfactoria para el bienestar de la población y el equilibrio ecológico (artículo 110). Se trata de una disposición que no tuvo modificaciones en 1996.

A continuación, el artículo 111 de la LGEEPA, modificado en 1996, establece las *atribuciones* que tiene la SEMARNAP para controlar, reducir o evitar la contaminación de la atmósfera. Estas atribuciones son las siguientes:

1) "Expedir las normas oficiales mexicanas que establezcan la calidad ambiental de las distintas áreas, zonas o regiones del territorio nacional, con base en los valores de concentración máxima permisible para la salud pública de contaminantes en el ambiente, determinados por la Secretaría de Salud" (fracción I).

2) "Integrar y mantener actualizado el inventario de las fuentes emisoras de contaminantes a la atmósfera de jurisdicción federal, y coordinarse con los gobiernos locales para la integración del inventario nacional y los regionales correspondientes" (fracción II).

3) "Expedir las normas oficiales mexicanas que establezcan por contaminante y por fuente de contaminación, los niveles máximos permisibles de emisión de olores, gases así como de partículas sólidas y líquidas a la atmósfera provenientes de fuentes fijas y móviles" (fracción III).

4) "Formular y aplicar programas para la reducción de emisión de contaminantes a la atmósfera, con base en la calidad del aire que se determine para cada área, zona o región del territorio nacional. Dichos programas deberán prever los objetivos que se pretende alcanzar, los plazos correspondientes y los mecanismos para su instrumentación" (fracción IV).

5) "Promover y apoyar técnicamente a los gobiernos locales en la formulación y aplicación de programas de gestión de calidad del aire, que tengan por objeto el cumplimiento de la normatividad aplicable" (fracción V).

6) "Requerir a los responsables de la operación de fuentes fijas de jurisdicción federal, el cumplimiento de los límites máximos permisibles de emisión de contaminantes, de conformidad con lo dispuesto en el artículo 37 de la presente Ley, su reglamento y en las normas oficiales mexicanas respectivas (fracción VI).

7) "Expedir las normas oficiales mexicanas para el establecimiento y operación de los sistemas de monitoreo de la calidad del aire" (fracción VII).

8) "Expedir las normas oficiales mexicanas para la certificación por la autoridad competente, de los niveles de emisión de contaminantes a la atmósfera provenientes de fuentes determinadas" (fracción VIII).

9) "Expedir, en coordinación con la Secretaría de Comercio y Fomento Industrial, las normas oficiales mexicanas que establezcan los niveles máximos permisibles de emisión de contaminantes a la atmósfera, provenientes de vehículos automotores nuevos en planta y de vehículos automotores en circulación, considerando los valores de concentración máxima permisible para el ser humano de contaminantes en el ambiente, determinados por la Secretaría de Salud" (fracción IX).

10) "Definir niveles máximos permisibles de emisión de contaminantes a la atmósfera por fuentes, áreas, zonas o regiones, de tal manera que no se rebasen las capacidades de asimilación de las cuencas atmosféricas y se cumplan las normas oficiales mexicanas de calidad del aire" (fracción X).

11) "Promover en coordinación con las autoridades competentes, de conformidad con las disposiciones que resulten aplicables, sistemas de derechos transferibles de emisión de contaminantes a la atmósfera" (fracción XI).

12) "Aprobar los programas de gestión de calidad del aire elaborados por los gobiernos locales para el cumplimiento de las normas oficiales mexicanas respectivas" (fracción XII).

13) "Promover ante los responsables de la operación de fuentes contaminantes, la aplicación de nuevas tecnologías, con el propósito de reducir sus emisiones a la atmósfera" (fracción XIII).

14) "Expedir las normas oficiales mexicanas que establezcan las previsiones a que deberá sujetarse la operación de fuentes fijas que emitan contaminantes a la atmósfera, en casos de contingencias y emergencias ambientales" (fracción XIV).[7]

Este largo precepto, cuya transcripción sin embargo ha sido necesaria, actualiza y agrega algunas atribuciones a las que la Secretaría tenía desde 1988. Muchas de ellas son una desagregación de la atribución genérica que tiene la Federación de expedir normas oficiales mexicanas y vigilar su cumplimiento en las materias reguladas por la LGEEPA (artículo 5º, fracción V), facultad que ejerce a través de la SEMARNAP.

Pero hay otras atribuciones que le encomiendan a la Secretaría la realización de diversas actividades que exceden el campo puramente regulatorio. Entre ellas destaca, por ejemplo, su facultad de formular y aplicar programas para reducir la emisión de contaminantes a la atmósfera, con base en la calidad del aire que se determine para cada área, zona o región del territorio nacional, así como la de promover y apoyar técnicamente a los gobiernos locales en la formulación y aplicación de programas de gestión de calidad del aire. Esta última atribución se vincula con la que tiene para aprobar los programas de gestión de calidad del aire elaborados por los gobiernos locales para el cumplimiento de las normas oficiales mexicanas respectivas.

Es de suma importancia la atribución que tiene la Secretaría para definir niveles máximos permisibles de emisión de contaminantes a la atmósfera por fuentes, áreas, zonas o regiones, de tal manera que no se rebasen las capacidades de asimilación de las cuencas atmosféricas y se cumplan las normas oficiales mexicanas de calidad del aire.

Por último, llama la atención la atribución que tiene la Secretaría para promover, en coordinación con las autoridades competentes, de conformidad con las disposiciones que resulten aplicables, sistemas de derechos transferibles de emisión de contaminantes a la atmósfera. Se trata de un instrumento económico cuya utilización ha sido muy discutida.

[7] Es de señalarse que por Acuerdo Presidencial se creó la Comisión para Prevenir y Controlar la Contaminación Ambiental en la Zona Metropolitana del Valle de México, cuyo objeto es definir y coordinar las políticas, programas y proyectos, así como verificar la ejecución de las acciones que las dependencias y entidades de la Administración Pública deban emprender contra la contaminación ambiental en dicha Zona (*Diario Oficial de la Federación*, 8-I-1992).

A continuación, el artículo 111 bis regula las *fuentes fijas de jurisdicción federal*, estableciendo que se requiere autorización de la Secretaría para la operación y funcionamiento de dichas fuentes, cuando ellas emitan o puedan emitir olores, gases o partículas sólidas o líquidas a la atmósfera. El precepto precisa que el reglamento que al efecto se expida determinará los subsectores específicos pertenecientes a cada uno de los sectores industriales antes señalados, cuyos establecimientos se sujetarán a las disposiciones de la legislación federal, en lo que se refiere a la emisión de contaminantes a la atmósfera.[8]

Luego, el artículo 112 de la LGEEPA, modificado en 1996, incursiona en el campo de las *atribuciones de los gobiernos de los estados, del Distrito Federal y de los municipios en materia de prevención y control de la contaminación de la atmósfera*, al establecer algunas reglas sobre como ejercerán dichas autoridades las atribuciones que le confieren los artículos 7º, 8º y 9º de la propia LGEEPA, así como la legislación local sobre la materia. Dispone ese precepto legal que dichos gobiernos:

1) "Controlarán la contaminación del aire en los bienes y zonas de jurisdicción local, así como en fuentes fijas que funcionen como establecimientos industriales, comerciales y de servicios, siempre que no estén comprendidos en el artículo 111 bis de esta Ley" (fracción I).

2) "Aplicarán los criterios generales para la protección a la atmósfera en los planes de desarrollo urbano de su competencia, definiendo las zonas en que sea permitida la instalación de industrias contaminantes" (fracción II).

3) "Requerirán a los responsables de la operación de fuentes fijas de jurisdicción local, el cumplimiento de los límites máximos permisibles de emisión de contaminantes, de conformidad con lo dispuesto en el reglamento de la presente Ley y en las normas oficiales mexicanas respectivas" (fracción III).

4) "Integrarán y mantendrán actualizado el inventario de fuentes de contaminación" (fracción IV).

5) "Establecerán y operarán sistemas de verificación de emisiones de automotores en circulación" (fracción V).

6) "Establecerán y operarán, con el apoyo técnico, en su caso, de la Secretaría, sistemas de monitoreo de la calidad del aire. Los gobiernos locales remitirán a la Secretaría los reportes locales de monitoreo atmosférico, a fin de que aquélla los integre al Sistema Nacional de Información Ambiental" (fracción VI).

7) "Establecerán requisitos y procedimientos para regular las emisiones del transporte público, excepto el federal, y las medidas de tránsito, y en su caso, la suspensión de circulación, en casos graves de contaminación" (fracción VII).

[8] La LGEEPA dispone que se considerarán fuentes fijas de jurisdicción federal las industrias química, del petróleo y petroquímica, de pinturas y tintas, automotriz, de celulosa y papel, metalúrgica, del vidrio, de generación de energía eléctrica, del asbesto, cementera y calera y de tratamiento de residuos peligrosos (artículo 111 bis, párrafo segundo).

8) "Tomarán la medidas preventivas necesarias para evitar contingencias ambientales por contaminación atmosférica" (fracción VIII).

9) "Elaborarán los informes, sobre el estado del medio ambiente en la entidad o municipio correspondiente, que convengan con la Secretaría a través de los acuerdos de coordinación que se celebren" (fracción IX).

10) "Impondrán sanciones y medidas por infracciones a las leyes que al efecto expidan las legislaturas locales, o a los bandos y reglamentos de policía y buen gobierno que expidan los ayuntamientos, de acuerdo con esta Ley" (fracción X).

11) "Formularán y aplicarán, con base en las normas oficiales mexicanas que expida la Federación para establecer la calidad ambiental en el territorio nacional, programas de gestión de calidad del aire" (fracción XI).

12) "Ejercerán las demás facultades que les confieren las disposiciones legales y reglamentarias aplicables" (fración XII).

Como se puede ver, este extenso precepto legal, luego de reiterar en su fracción I el campo de competencia de los gobiernos locales, establece los contenidos mínimos de la legislación local sobre prevención y control de la contaminación de la atmósfera (fracciones II a XI). Llama la atención que en estas disposiciones se haya incluido un tema ajeno a la materia de que tratan, como es la elaboración de los informes sobre el estado del medio ambiente en las correspondientes entidades o municipios (fracción IX).

La regla fundamental en materia de prevención y control de la contaminación de la atmósfera consiste en el *deber de no emitir contaminantes a la atmósfera* que es establecido por el artículo 113 de la LGEEPA en los siguientes términos:

> No podrán emitirse contaminantes a la atmósfera, que ocasionen o puedan ocasionar desequilibrios ecológicos o daños al ambiente. En todas las emisiones a la atmósfera deberán ser observadas las previsiones de esta Ley y de las disposiciones reglamentarias que de ella emanen, así como las normas oficiales mexicanas expedidas por la Secretaría. Cuando dichas emisiones contengan materiales o residuos peligrosos se requerirá para su emisión la previa autorización de la Secretaría.[9]

El precepto que se acaba de transcribir, en el que las modificaciones de 1996 se limitaron a sustituir la referencia que se hacía a las normas técnicas ecológicas por "normas oficiales mexicanas", contiene varias prescripciones que deben ser examinadas cuidadosamente:

[9] En la iniciativa del Ejecutivo Federal se establecía simplemente que "en todas las emisiones a la atmósfera deberán ser observadas las normas técnicas ecológicas expedidas por la Secretaría. Cuando dichas emisiones...etcétera". En la Comisión de Ecología de la Cámara de Diputados se consideró que era menester establecer una "obligación más clara de no emitir contaminantes a la atmósfera que causen desequilibrio ecológico", por lo que incorporó el primer acápite que ahora aparece en el texto del artículo 113.

1) La prohibición de emitir contaminantes a la atmósfera está condicionada por el hecho de que éstas causen o puedan causar desequilibrios ecológicos o daños al ambiente. En consecuencia, no toda emisión de contaminantes a la atmósfera está prohibida. De hecho, algunas de nuestras acciones más cotidianas implican la emisión de contaminantes a la atmósfera *(v.gr.* conducir un vehículo automotor). Lo que está prohibido son las emisiones de contaminantes que ocasionen o puedan ocasionar desequilibrios ecológicos o daños al ambiente. Por tanto, no es menester que estos desequilibrios o daños se causen necesariamente: basta que exista la posibilidad de que sean causados.[10]

2) Los alcances de esta prohibición quedan precisados porque en las emisiones de contaminantes a la atmósfera "deberán ser observadas las previsiones de esta Ley y de las disposiciones reglamentarias que de ella emanen, así como las normas oficiales mexicanas expedidas por la Secretaría", lo que significa que esa prohibición queda calificada, en definitiva, por los requisitos y parámetros que establezcan esos ordenamientos jurídicos, como lo pone de manifiesto, por lo demás, la manera como se tipifica el delito de contaminación de la atmósfera que se examinará a continuación.

3) Las emisiones que contengan materiales o residuos peligrosos deben contar con una autorización previa de la Secretaría. Más adelante, la LGEEPA dispone que la instalación y operación de sistemas para el manejo de residuos peligrosos requiere de esa misma autorización (artículo 151).

Esta prohibición de emitir contaminantes a la atmósfera va acompañada de la tipificación del *delito de contaminación de la atmósfera*, que se encontraba en el artículo 185 de la LGEEPA y que, luego de las modificaciones de 1996, fue incorporada a la fracción II del artículo 415 del Código Penal para el Distrito Federal en Materia de Fuero Común y para toda la República en Materia de Fuero Federal. Dispone ese precepto que se impondrá pena de tres meses a seis años de prisión y de mil a veinte mil días multa a quien "con violación a lo establecido en las disposiciones legales o normas oficiales mexicanas aplicables, despida, descargue en la atmósfera, o lo autorice u ordene, gases, humos y polvos que ocasionen daños graves a la salud pública, a los recursos naturales. a la flora o la fauna o a los ecosistemas, siempre que dichas emisiones provengan de fuentes fijas de jurisdicción federal, conforme a lo previsto en la Ley General del Equilibrio Ecológico y la Protección al Ambiente". Se trata de un delito de daño, que anteriormente estaba tipificado como un delito de mero peligro, pues no era necesario que estos daños graves se ocasionaran efectivamente, sino que bastaba la posibilidad de que pudiera ocasionarse.

[10] La expresión "contaminante" se define por la LGEEPA. A mayor abundamiento, existe una Norma Oficial Mexicana sobre terminología en materia de contaminación atmosférica (*Diario Oficial de la Federación,* 15-VI-1986), que canceló otra similar expedida durante la vigencia de la LFPCCA (*Diario Oficial de la Federación,* 18-XII-1975).

Las disposiciones de la LGEEPA sobre prevención y control de la contaminación de la atmósfera incluyen algunas *reglas complementarias sobre la política que deberá observarse en esta materia*, que son las siguientes: *1)* las autoridades competentes promoverán, en las zonas que se hubieren determinado como aptas para uso industrial, próximas a áreas habitacionales, la instalación de industrias que utilicen tecnologías y combustibles que generen menor contaminación (artículo 114); *2)* la Secretaría promoverá que para determinar los usos del suelo que definan los programas de desarrollo urbano respectivos se consideren las condiciones topográficas, climatológicas y meteorológicas para asegurar la adecuada dispersión de contaminantes (artículo 115); y *3)* para otorgar estímulos fiscales, las autoridades competentes considerarán a quiénes adquieran, instalen u operen equipo para el control de emisiones contaminantes a la atmósfera; a quiénes fabriquen, instalen o proporcionen mantenimiento a equipos de filtrado, combustión, control y, en general, de tratamiento de emisiones que contaminen a la atmósfera; a quienes realicen investigaciones de tecnología cuya aplicación disminuya la generación de emisiones contaminantes; y a quienes ubiquen o relocalicen sus instalaciones para evitar emisiones contaminantes en zonas urbanas (artículo 116).

217. El Reglamento de la LGEEPA en Materia de Prevención y Control de la Contaminación de la Atmósfera

El 25 de noviembre de 1988 fue publicado en el *Diario Oficial de la Federación* el Reglamento de la LGEEPA en Materia de Prevención y Control de la Contaminación de la Atmósfera, que desarrolla las disposiciones de esa Ley que se refieren al sistema federal para la protección de la atmósfera. Este Reglamento deberá ser adecuado a las modificaciones de 1996 a la LGEEPA.

El Reglamento abroga de manera explícita el Reglamento para la Prevención y Control de la Contaminación Atmosférica Originada por la Emisión de Humo y Polvos de 1971, derogando además todas las disposiciones que se le opongan (artículo segundo transitorio). El nuevo Reglamento se aplica en los casos de contaminación de la atmósfera que son de competencia federal, pero el artículo sexto transitorio dispone que mientras las autoridades locales no expidan los ordenamientos jurídicos sobre la materia, corresponderá a la Federación aplicar el Reglamento en el ámbito local (párrafo primero), en estricta concordancia con lo previsto en el mencionado artículo segundo transitorio, párrafo segundo, de la LGEEPA. Por lo que toca al Distrito Federal, el párrafo segundo del artículo sexto transitorio del Reglamento establece que corresponderá al Departamento del Distrito Federal aplicar el Reglamento en los asuntos de su competencia.

El Reglamento está estructurado por 52 artículos permanentes, que se integran en cinco capítulos que tratan, sucesivamente, de sus disposiciones generales, de la emisión de contaminantes a la atmósfera generada por fuentes fijas, de la emisión de contaminantes a la atmósfera generada por fuentes móviles, del sistema nacional de información de la calidad del aire, y de las medidas de control y de seguridad y sanciones.

Las disposiciones sobre *emisión de contaminantes a la atmósfera generada por fuentes fijas* establecen que la emisión de partículas sólidas y líquidas de esta naturaleza no deberán exceder los niveles máximos permisibles de emisión e inmisión por contaminantes y por fuente de contaminación que se establezcan en las normas técnicas ecológicas (hoy, normas oficiales mexicanas) que para tal efecto expida la Secretaría. Como es de rigor, dichas normas deben expedirse en coordinación con la Secretaría de Salud, con base en la determinación de los valores de concentración máxima permisible para el ser humano de contaminantes en el ambiente que esta última determine (artículo 16, párrafo primero).

Como es obvio, estas normas técnicas ecológicas pueden establecer valores permisibles diferentes, según si se trata de fuentes existentes, de nuevas fuentes y de fuentes localizadas en zonas críticas (artículo 16, párrafo segundo).

A continuación, el Reglamento precisa las obligaciones de los responsables de fuentes fijas de jurisdicción federal que emiten gases o partículas sólidas a la atmósfera, entre las cuales están las siguientes: *1)* emplear equipos y sistemas que controlen las emisiones a la atmósfera; *2)* integrar un inventario de sus emisiones contaminantes; *3)* instalar plataformas y puertos de muestreo; *4)* medir sus emisiones contaminantes; *5)* llevar a cabo el monitoreo perimetral de sus emisiones contaminantes, en los casos que señala el mismo Reglamento; *6)* llevar una bitácora de operación y mantenimiento de sus equipos de proceso y de control; *7)* dar aviso anticipado a la Secretaría del inicio de operación de sus procesos; y *8)* dar aviso inmediato a la Secretaría en caso de falla del equipo de control (artículo 17).

Además, el Reglamento establece que, sin perjuicio de las autorizaciones que expidan otras autoridades competentes, las fuentes fijas de jurisdicción federal que emitan o puedan emitir gases o partículas sólidas o líquidas a la atmósfera, requerirán de licencia de funcionamiento expedida por la Secretaría, la que tendrá una vigencia indefinida (artículo 18). Esta obligación es exigible a las fuentes preexistentes, cuando no hubieren cumplido con las disposiciones vigentes anteriores al Reglamento que establecían una obligación similar (artículo tercero transitorio).[11]

[11] De acuerdo con el Reglamento para la Prevención y Control de la Contaminación Atmosférica Originada por la Emisión de Humo y Polvos de 1971, el establecimiento de nuevas industrias que podían generar ese tipo de contaminación o la ampliación de las ya existentes, requería de licencia. Además, el artículo segundo transitorio de ese Reglamento fijaba un plazo para que los propietarios de industrias emisoras de contaminantes se ajustaran a sus prescripciones. Incluso, se expidió un Acuerdo que señalaba el trámite de la licencia para establecer nuevas industrias o ampliar las existentes, a que se referían los

Los artículos 19 y 20 reglamentan el procedimiento que se debe seguir para solicitar la mencionada licencia y, en su caso, los términos en que la Secretaría debe otorgarla. De estas disposiciones cabe destacar el párrafo final del artículo 20, que permite a la Secretaría establecer niveles máximos de emisión específicos para aquellas fuentes fijas que por sus características especiales de construcción o por las peculiaridades en los procesos que comprenden, no pueden encuadrarse en las normas técnicas ecológicas respectivas.

Los artículos 21 a 27 establecen algunas reglas complementarias, entre las cuales hay algunas especialmente relevantes, como la que faculta a la Secretaría para modificar los niveles máximos de emisión que hubiere establecido con arreglo a lo previsto en el recién mencionado artículo 20, cuando: *1)* la zona en que se ubique la fuente se convierta en zona crítica; *2)* existan tecnologías de control de contaminantes de la atmósfera más eficientes; y *3)* existan modificaciones en los procesos de producción empleados por la fuente (artículo 22). También es especialmente relevante la regla que somete la combustión a cielo abierto a un permiso de la Secretaría (artículo 27).[12]

Por lo que toca a las disposiciones sobre *emisiones de contaminantes a la atmósfera generadas por fuentes móviles*, también prescribe el Reglamento que dichas emisiones no deberán exceder los niveles máximos permisibles de emisión que se establezcan en las normas técnicas ecológicas que expida la Secretaría. Estas normas deben ser expedidas en coordinación con la Secretaría de Comercio y Fomento Industrial y la Secretaría de Energía, Minas e Industria Paraestatal (hoy, Secretaría de Energía), tomando en cuenta los valores de concentración máxima permisible para el ser humano de contaminación en el ambiente, determinados por la Secretaría de Salud (artículo 28).

A continuación, el Reglamento establece un conjunto de deberes para la prevención y control de la contaminación de la atmósfera por fuentes móviles. Así, el artículo 29 prescribe que los fabricantes de automotores deberán aplicar los métodos, procedimientos, partes, componentes y equipos que aseguren que no se rebasarán los niveles máximos permisibles de emisión de contaminantes a la atmósfera que establezcan las normas técnicas ecológicas correspondientes. Correlativamente, el artículo 30 dispone que la Secretaría de Comercio y Fomento Industrial, de acuerdo con sus facultades, únicamente autorizará la fabricación y ensamble de vehículos automotores que no rebasen niveles máximos de emisión previstos en las mismas normas. Por su parte, los artículos 31 a 33 se ocupan de la prevención y control de la contaminación de la at-

artículos 8º y 9º del Reglamento de 1971 (*Diario Oficial de la Federación,* 18-VIII-1975; erratas en *Diario Oficial de la Federación,* 15-X-1975).

[12] En general, las disposiciones que se acaban de analizar son aplicables a los olores generados por las mismas fuentes fijas, que es una materia que la LGEEPA regula en otras normas, por lo que serán reexaminadas en lo que sea pertinente en el capítulo XX de este libro.

mósfera por el servicio de transporte público federal, estableciendo que sus concesionarios deberán asegurarse de que las emisiones de sus vehículos no rebasen dichos máximos y disponiendo que los mismos estarán sometidos a un programa de verificación. Los artículos 34 a 40 del Reglamento, que son las restantes disposiciones de este capítulo sobre fuentes móviles, regulan con minuciosidad el establecimiento y operación de los centros de verificación.

218. Las normas oficiales mexicanas

Las disposiciones legales y reglamentarias que se refieren a la prevención y control de la contaminación de la atmósfera se remiten permanentemente a las normas oficiales mexicanas que la Secretaría debe expedir para ese efecto.

Antes de las modificaciones de 1996, estas referencias eran hechas a las normas técnicas ecológicas establecidas en 1988 por la LGEEPA y que debían expedir, primero, la Secretaría de Desarrollo Urbano y Ecología y, luego, la Secretaría de Desarrollo Social.

Este sistema fue modificado en 1993 por la nueva Ley de Metrología y Normalización, que restableció en este campo el sistema de Normas Oficiales Mexicanas que se había aplicado hasta 1988.

En la primera edición de este libro nos ocupamos de señalar, una a una, las normas oficiales mexicanas expedidas antes de 1988 y las normas técnicas ecológicas expedidas a partir de ese año. En la imposibilidad de hacer lo mismo en esta segunda edición, así como de reseñar las nuevas normas oficiales mexicanas sobre contaminación de la atmósfera, remitimos al lector a un libro que contiene aquellas expedidas entre 1993 y 1994, con la prevención de que se ha continuado con el proceso de normalización.[13]

202. El Reglamento de la LGEEPA para la Prevención y Control de la Contaminación generada por Vehículos Automotores que circulan por el Distrito Federal y los Municipios de su Zona Conurbada

La alta incidencia de la contaminación por vehículos automotores en la muy deteriorada situación de la atmósfera del Distrito Federal y su zona conurbada, condujo a que se expidiera un Reglamento especial sobre la materia, mismo que fue publicado en el *Diario Oficial de la Federación* del 25 de noviembre de 1988.

El Reglamento es aplicable a las emisiones de los vehículos automo-

[13] Se trata de un libro realizado con el apoyo de la Procuraduría Federal de Protección al Ambiente cuya elaboración nos correspondió coordinar, (PNUMA, *Normas Oficiales Mexicanas*, Vol. II, México, 1995, 275 pp.).

tores que circulen en el territorio del Distrito Federal y su zona conurbada, materia que el artículo 3º declara como "asunto de interés de la Federación", con base en lo que disponía la fracción VII del artículo 5º. de la LGEEPA.[14]

El Reglamento está integrado por 45 artículos, que se distribuyen en cuatro capítulos que tratan, de manera sucesiva, de las disposiciones generales sobre la materia, de la verificación obligatoria, de las limitaciones para prevenir y controlar la contaminación de la atmósfera que se derive de las emisiones de los vehículos automotores y de las sanciones.

En el Capítulo I se establecen, además del objeto del Reglamento y las definiciones de algunos términos, las reglas que contienen las prohibiciones y obligaciones generales sobre la materia, así como las atribuciones de las distintas autoridades que participan en su aplicación. En materia de *prohibiciones y obligaciones generales,* el artículo 4º del Reglamento prescribe: *1)* que las emisiones de los vehículos automotores que circulen en el territorio del Distrito Federal y de su zona conurbada, no deberán rebasar los límites máximos permisibles establecidos en las normas técnicas ecológicas que expida la SEMARNAP (párrafo primero), y *2)* que los propietarios de dichos vehículos deberán observar las medidas de prevención y control de la contaminación atmosférica con arreglo a las disposiciones aplicables (párrafo segundo). En materia de *atribuciones de las distintas autoridades que participan en la aplicación del Reglamento,* cabe decir que los artículos 5º a 8º y los artículos tercero y sexto transitorios del Reglamento, siguen de cerca, pero no siempre, las reglas de la LGEEPA que descentralizan la facultad de prevenir y controlar la contaminación de la atmósfera por fuentes móviles, no obstante la declaración que hace su artículo 3º sobre la naturaleza federal de esa materia. En efecto, el Reglamento establece que corresponde al Departamento del Distrito Federal prevenir y controlar la contaminación generada por vehículos automotores que circulen en su territorio, sin perjuicio de la facultad de la SEMARNAP de participar en esta tarea de conformidad con el acuerdo de coordinación que al efecto celebre con el Departamento (artículos 7º, fracción I, y 6º, fracción IV, respectivamente), lo que significa reproducir lo dispuesto en las fracciones I de los apartados "B" y "A" del artículo 9º de la LGEEPA. En lo que toca a la prevención y control de la contaminación generada por vehículos automotores que circulen en los municipios del Estado de México que conforman la zona conurbada al Distrito Federal, en cambio, el artículo 5º del Reglamento dispone que la SEMARNAP, en los términos del artículo 3º del mismo Reglamento, promoverá la celebración de un acuerdo de coordinación con el Gobierno del Estado de México y por conducto

[14] Como se recordará, esta última disposición incluía entre los asuntos de interés de la Federación "los que afecten el equilibrio ecológico de dos o más entidades federativas". Con base en ese precepto, el artículo 3° del Reglamento declara que corresponde a la Federación "combatir la contaminación generada por los vehículos automotores que circulen en el Distrito Federal y su zona conurbada".

de éste con los mencionados municipios, "para el efecto de lo dispuesto en el presente Reglamento" (párrafo segundo). En consecuencia, el precepto razona con base en la naturaleza federal de esta materia. El artículo tercero transitorio, por su parte, prescribe algo similar, agregando que el propósito de ese acuerdo de coordinación será "la aplicación de este Reglamento en dicha zona". De su lado, el artículo 8º señala las facultades que la SEMARNAP puede ejercer en la mencionada zona conurbada, pero no incluye la facultad general de prevenir y controlar la contaminación generada por vehículos automotores que circulen en esa zona. El artículo sexto transitorio, sin embargo, previene que mientras las autoridades del Estado de México no expidan los ordenamientos jurídicos que regularán esta materia, "la Secretaría de Desarrollo Urbano y Ecología (luego, la Secretaría de Desarrollo Social y hoy la SEMARNAP) aplicará las medidas y sanciones que prevé este Reglamento en los municipios conurbados al Distrito Federal, conforme a lo previsto en el Artículo Segundo Transitorio de la Ley", lo que da a entender que esta materia se considera de naturaleza local.

El Capítulo II del Reglamento trata de la *verificación obligatoria de los vehículos automotores registrados en el territorio del Distrito Federal y los municipios de su zona conurbada, así como de los vehículos destinados al servicio público federal que circulen en el mismo territorio,* que es una de las medidas principales que introduce el Reglamento para combatir la contaminación de la atmósfera por fuentes móviles. Este capítulo se inicia con una sección que contiene las disposiciones que regulan los centros de verificación vehicular obligatoria (artículos 11 a 17). A continuación, en una segunda sección se reglamenta la situación de los vehículos de transporte privado o al servicio particular de carga de pasajeros, así como los destinados al servicio público local, que estén registrados en el territorio del Distrito Federal y los municipios de su zona conurbada. Al respecto, se establece que dichos vehículos automotores "deberán ser sometidos a verificación en el periodo y centro de verificación particular que les corresponda, conforme al programa que formulen la Secretaría, el Departamento, y en su caso, las autoridades del Gobierno del Estado de México y, con su participación, la de sus municipios" (artículo 18, párrafo segundo). Más adelante, en una tercera sección se regula la situación de los vehículos automotores destinados al servicio público federal que circulen en el Distrito Federal y los municipios de su zona conurbada, disponiéndose que éstos "deberán ser sometidos a verificación en el periodo y centro de verificación que les corresponda conforme al programa que formulen la Secretaría de Comunicaciones y Transportes en coordinación con la Secretaría" (artículo 24, párrafo primero). Finalmente, en una sección cuarta se establecen las reglas sobre inspección a los centros de verificación autorizados (artículos 29 y 30).[15]

[15] Por Acuerdo del jefe del Departamento del Distrito Federal, publicado en el *Diario*

El Capítulo III del Reglamento, por su parte, introduce un conjunto de medidas que persiguen el mismo propósito, bajo la forma de *limitaciones para prevenir y controlar la contaminación de la atmósfera que se derive de las emisiones de los vehículos automotores*. Estas medidas pueden ser aplicadas en el territorio del Distrito Federal y su zona conurbada, en caso de contingencia ambiental o de emergencia ecológica (artículos 32 y 34). Las medidas pueden consistir en: *1)* limitar o suspender la circulación vehicular en zonas o vías de comunicación determinadas, medida que puede aplicarse incluso respecto de los vehículos destinados al servicio público federal; *2)* restringir la circulación de los vehículos automotores, conforme a ciertos criterios que señala el mismo Reglamento, y *3)* retirar de la circulación los vehículos automotores que no respeten las limitaciones y restricciones establecidas.

Los criterios establecidos por el Reglamento para la aplicación de la segunda medida, son los siguientes: *1)* zonas determinadas; *2)* año-modelo de los vehículos; *3)* tipo, clase o marca; *4)* número de placas de circulación, y *5)* calcomanía por día o periodo determinado. Por Acuerdo del jefe del Departamento del Distrito Federal publicado en el *Diario Oficial de la Federación* del 8 de noviembre de 1989, se establecieron los criterios para limitar la circulación de los vehículos automotores en el Distrito Federal un día a la semana (Acuerdo que fue seguido por otro publicado en el *Diario Oficial de la Federación* 1-III-1990). Allí se fijaron los términos del Programa conocido como "Hoy no circula". Sin perjuicio de este Acuerdo, los crecientes niveles de contaminación atmosférica determinaron que se expidiera otro (*Diario Oficial de la Federación*, 3-12-1991), que establece medidas para limitar la circulación de los vehículos automotores en el Distrito Federal, incluyendo a los que tengan placas de otras entidades federativas o del extranjero, para prevenir y controlar contingencias ambientales o emergencias ecológicas en esta entidad federativa (lo que permitió que durante la crisis del invierno de 1992 se extendiera esa limitación a dos días a la semana). Finalmente, existe otro Acuerdo del jefe del Departamento del Distrito Federal que establece las medidas para restringir la circulación de vehículos automotores que prestan el servicio público de transporte de pasajeros en sus modalidades de taxis sin itinerario fijo y colectivos en esta entidad federativa (*Diario Oficial de la Federación*, 31-10-1991).

Por otra parte, el Reglamento prevé que aunque no exista una situación de contingencia ambiental o de emergencia ecológica, se pueden aplicar las medidas antes indicadas para reducir los niveles de emisión de contaminantes de los vehículos automotores (artículo 32, párrafo fi-

Oficial de la Federación del 6 de marzo de 1991, se estableció que deberán ser sometidos a dos verificaciones de emisión de contaminantes cada año los vehículos automotores que consuman gasolina, diesel o gas, destinados al servicio público de transporte de carga y pasajeros; de negociaciones mercantiles; de transporte escolar; de personal, y de las dependencias y entidades de la Administración Pública Federal y del Departamento del Distrito Federal, registrados en esta entidad federativa.

nal). Además, el Reglamento autoriza el retiro de la circulación de los vehículos automotores que circulen cuando se pueda apreciar que, en forma ostensible, sus emisiones de contaminantes rebasan los límites máximos permisibles establecidos en las normas técnicas ecológicas aplicables (artículo 35, párrafo primero).

Finalmente, el Capítulo IV del Reglamento establece las *sanciones que deben aplicarse a los conductores de vehículos por violaciones a los preceptos de la LGEEPA, el Reglamento, las normas técnicas ecológicas y demás disposiciones aplicables, así como a los propietarios responsables de los centros de verificación* (artículos 36 a 45).

220. La contaminación atmosférica transfronteriza

Los sistemas jurídicos de protección atmosférica resultan insuficientes hoy en día, si no contienen normas internacionales para evitar la contaminación atmosférica transfronteriza.

El problema de la contaminación atmosférica transfronteriza, no es de reciente data. Entre los muchos antecedentes que podrían citarse, tiene especial relevancia el llamado caso del "Trail Smelter", en tanto fue materia de una decisión judicial en 1941. Se trataba de una fundidora ubicada en la British Columbia (Canadá), a siete millas de la frontera con los Estados Unidos de América, cuyas emisiones de ácido sulfúrico y otras terminaron dañando las tierras fronterizas estadunidenses. En la sentencia dictada por el Tribunal de Arbitraje constituido para ese efecto, se estableció la procedencia de una indemnización por los daños causados y la responsabilidad del Estado canadiense por la conducta de la fundidora.[16] El problema ha terminado por adquirir grandes dimensiones. En efecto, si se considera la cuestión de la contaminación atmosférica transfronteriza sólo desde el punto de vista de una de sus consecuencias más temibles —la llamada "lluvia ácida" y sus repercusiones en los ecosistemas forestales—, la magnitud de la misma se podrá comprender a la luz de un informe publicado por el Worldwatch Institute de Washington en 1984, de acuerdo con el cual unos cinco millones de hectáreas de superficie forestal (cuatro millones en Europa y un millón en los Estados Unidos de América), están amenazados de muerte por la "lluvia ácida". La lluvia ácida se ha ido incrementando: se estima que en los países industrializados es con frecuencia 10 veces más alta que hace 20 años.

La gravedad del problema llevó a que, en 1979, casi todos los países de Europa y, además, los Estados Unidos de América y Canadá, suscribieran un Convenio sobre la contaminación atmosférica transfronteriza a larga distancia, que tiene por objeto proteger a la población y a su am-

[16] *Cf.* este caso y otros en Luis Miguel Díaz, *Responsabilidad del Estado y contaminación,* Editorial Porrúa, S.A., México, 1982.

biente contra la contaminación atmosférica y tratar de limitar y, en la medida de lo posible, reducir gradualmente y prevenir dicha contaminación, incluida la que se desplaza a través de las fronteras.[17]

México no forma parte de ningún tratado o acuerdo internacional global o regional que se refiera específicamente a esta materia. Sin embargo, los eventuales problemas de contaminación atmosférica transfronteriza con los Estados Unidos de América, deben entenderse en el ya mencionado Convenio sobre Cooperación y Mejoramiento del Medio Ambiente en la Zona Fronteriza suscrito con ese país el 14 de agosto de 1983. En efecto, en ese Convenio se establece que las Partes coordinarán sus esfuerzos, de conformidad con sus propias legislaciones nacionales y acuerdos bilaterales vigentes, "para atender problemas de contaminación del aire [...] en la zona fronteriza" (artículo 5). Los mecanismos del Convenio se examinaron en el Capítulo V.

Lo mismo ocurre con los eventuales problemas de contaminación transfronteriza con la República de Guatemala, pues el ya mencionado Convenio sobre la Protección y Mejoramiento del Ambiente en la Zona Fronteriza, suscrito con ese país el 10 de abril de 1987, establece que las Partes coordinarán sus esfuerzos, de conformidad con sus propias legislaciones y acuerdos internacionales vigentes en la materia, "para atender problemas de contaminación del aire [...] de interés común y para tal efecto podrán concluir por la vía diplomática arreglos específicos, los cuales al serle anexados formarán parte integrante de este Convenio" (artículo 3).

221. La protección jurídica de la capa de ozono

La atmósfera con oxígeno que hoy conocemos y que hace posible las formas de vida existentes, se creó y se mantiene gracias a la capa de ozono que la rodea, protegiéndola de la acción de la radiación ultravioleta. Sin embargo, la capa de ozono también está amenazada por la acción del hombre y, con ella, la vida sobre la Tierra, en los términos que se han examinado al inicio de este capítulo.

En marzo de 1985 y por convocatoria del Programa de las Naciones Unidas para el Medio Ambiente, tuvo lugar en Viena una Conferencia de Plenipotenciarios sobre Protección de la Capa de Ozono. En esa Conferencia, 23 países (entre ellos, México), suscribieron un acuerdo internacional sobre la materia, que se denominó el Convenio de Viena para la Protección de la Capa de Ozono. El Convenio fue ratificado por México (*Diario Oficial de la Federación,* 22-XII-1987; erratas *Diario Oficial de la Federación,* 17-III-1988) y entró en vigor el 22 de septiembre de 1988, esto es, 90 días después de la fecha en que se depositó el vigésimo instrumento de ratificación, aceptación, aprobación o adhesión.

[17] El Convenio fue aprobado en Ginebra el 13 de noviembre de 1979 y entró en vigor, para la mayoría de los países que lo suscribieron, el 16 de marzo de 1983.

En el Convenio se establece como obligación general que las Partes adoptarán las medidas que sean apropiadas de acuerdo con las disposiciones del mismo Convenio y de sus Protocolos, para proteger la salud humana y el ambiente contra los efectos adversos que resulten o puedan resultar de las actividades que modifiquen o puedan modificar la capa de ozono. En concordancia con lo anterior, el Convenio prevé que las Partes cooperarán entre sí en el campo de la investigación y de las observaciones sistemáticas, así como en los campos jurídicos, científicos y técnicos, transmitiéndose la información correspondiente a las medidas que adopten para la ejecución del Convenio y de sus Protocolos.

En septiembre de 1987, se llevó a cabo en Montreal una nueva Conferencia, en la que se adoptó un Protocolo relativo a las sustancias agotadoras de la capa de ozono, que fue suscrito por 23 países (entre ellos, México) y la Comunidad Económica Europea. El Protocolo de Montreal fue oportunamente aprobado por México (*Diario Oficial de la Federación,* 25-I-1988) y promulgado (*Diario Oficial de la Federación,* 12-II-1990).

Las reglas del Protocolo tienen por objeto poner en aplicación las disposiciones del Convenio de Viena, básicamente a través de medidas de control que consisten en el compromiso de las Partes de reducir, de manera progresiva, su nivel de consumo de las sustancias que se enumeran en el Anexo "A" del Protocolo. Por "consumo" se entiende la producción, más las importaciones y menos las exportaciones, de las sustancias controladas. La meta final del Protocolo consiste en que, del l° de julio de 1998 al 30 de junio de 1999, y en cada periodo sucesivo de 12 meses, el nivel calculado de consumo de cada Parte de las sustancias controladas que figuran en el grupo I del Anexo "A", no supere el 50% de su nivel calculado de consumo correspondiente a 1986.

El Protocolo establece, además, medidas de control del comercio con Estados que no sean Parte del mismo, mediante el compromiso que asume cada Parte contratante en el sentido de prohibir la importación de sustancias controladas procedentes de esos Estados y de no exportarlas a tales Estados.

La situación de los países en desarrollo es considerada especialmente por el Protocolo, a través de reglas que permiten en ciertos casos un aplazamiento del cumplimiento de las medidas de control y que, en todo caso, procuran facilitar el uso de tecnologías alternativas y de productos sustitutivos por esos países.

Por último, hay que decir que el 29 de junio de 1990 fue adoptada en Londres una Enmienda al Protocolo de Montreal, que México aceptó (*Diario Oficial de la Federación*, 27-XII-1991) y que entró en vigor el 10 de agosto de 1992. Esta enmienda establece metas más ambiciosas para el desaparición de las sustancias que agotan la capa de ozono. Una nueva enmmienda fue hecha posteriormente (*Diario Oficial de la Federación*, 24-X-1994).

222. La prevención y control del cambio climático

Durante la Conferencia de las Naciones Unidas sobre el Medio Ambiente y el Desarrollo que se llevó a cabo en Rio de Janeiro (Brasil), del 3 al 14 de junio de 1992, fue suscrita por 153 estados (entre ellos México) y la Comunidad Económica Europea una Convención Marco de las Naciones Unidas sobre el Cambio Climático. Esta convención fue generada en el seno de un Comité Intergubernamental de Negociación, presidido por el señor Jean Ripert, que finalmente la aprobó en Nueva York el 9 de mayo de 1992. El objetivo de la Convención es "la estabilización de las concentraciones de gases de efecto invernadero en la atmósfera a un nivel que impida interferencias antropógenas peligrosas en el sistema climático" (artículo 2º). La Convención define los gases de efecto de invernadero como "aquellos componentes gaseosos de la atmósfera, tanto naturales como antropógenos, que absorben y reemiten radiación infrarroja" *(v. gr.* el dióxido de carbono); el sumidero como "cualquier proceso, actividad o mecanismo que absorbe un gas de efecto invernadero, un aerosol o un precursor de un gas de efecto invernadero de la atmósfera" *(v. gr.* los bosques); y el depósito como "uno o más componentes del sistema climático en que está almacenado un gas de efecto invernadero o un precursor de un gas de efecto invernadero" (artículo 1º).

La Convención establece un conjunto de principios que deben guiar las medidas que adopten las Partes para lograr el objetivo de la convención y la aplicación de sus disposiciones (artículo 3º), así como los compromisos que ellas asumen en virtud de la misma convención, que presentan la particularidad de que no son enteramente iguales para todas las Partes (artículo 4º). Estas dos disposiciones están íntimamente vinculadas entre sí y son sin lugar a dudas las normas más importantes de la Convención, por lo que serán analizadas con algún detenimiento.

En materia de principios, la Convención razona con base en la existencia de una *responsabilidad común pero diferenciada de las Partes*. Esta diferenciación se explica tanto por la diversa responsabilidad histórica como actual de las Partes en la generación de las emisiones de gases de efecto invernadero, como por la diversa capacidad de las mismas Partes para llevar a cabo las medidas que se requiere adoptar. Por otra parte, la Convención razona con base en el reconocimiento del derecho de todas las Partes al desarrollo, esto es, con base en un principio de *equidad*, que en materia de cambio climático se expresaría diciendo que todos tienen derecho a emitir una cantidad equivalente de gases de efecto de invernadero.

El *principio de la responsabilidad común pero diferenciada*, que se inspira en el principio 7 de la Declaración de Río, es recogido por la Convención en varias disposiciones, así como en las consideraciones que integran su propio preámbulo, que subrayan los elementos diferenciadores de dicha responsabilidad, como son la *responsabilidad histórica y actual de las Partes*[18] y su *capacidad*.[19] Por su parte, el *principio de la equidad*, que se inspira en el principio 3 de la Declaración de Río, es también recogido en diversas disposiciones de la convención, así como en su preámbulo.[20]

A la luz de estos principios es posible entender lo que la convención establece en *materia de compromisos* de las Partes, que como se ha dicho no son enteramente iguales para todas ellas. En efecto, la Convención distingue entre *los compromisos de todas las Partes* y *los compromisos de las Partes que figuran en el Anexo I* (los países desarrollados) *y los que figuran en el Anexo II* (los países desarrollados y los países "en transición a una economía mercado").

Los *compromisos asumidos por todas las Partes* están condicionados "por sus responsabilidades comunes pero diferenciadas y el carácter es-

[18] A la responsabilidad actual y pasada se refiere, por lo pronto, el párrafo tercero de las consideraciones, donde se toma nota de que, tanto históricamente como en la actualidad, la mayor parte de las emisiones de gases de efecto invernadero del mundo han tenido su origen en los países desarrollados. Lo mismo hace el párrafo sexto de las consideraciones, cuando alude a las responsabilidades comunes pero diferenciadas de las Partes. Estas referencias se transforman en uno de los principios de la convención, cuando su artículo 3º prescribe que las Partes, en las medidas que adopten para lograr el objetivo de la Convención y aplicar sus disposiciones, se guiarán, entre otras cosas, por el principio de que el sistema climático se protegerá de acuerdo con las responsabilidades comunes pero diferenciadas de las mismas Partes. De este principio se desprende como corolario, hecho explícito por el propio Artículo 3, que "las Partes que son países desarrollados deberían tomar la *iniciativa* en lo que respecta a combatir el cambio climático y sus efectos adversos".

[19] A la "capacidad" se refiere el párrafo sexto de las consideraciones, cuando reconoce que la respuesta internacional al cambio climático requiere de la participación de todos los países, de conformidad, entre otros elementos, con "las capacidades" de éstos. Esta referencia se transforma, más adelante, en uno de los principios de la convención. En efecto, su artículo 3° dispone que las Partes, en las medidas que adopten para lograr el objetivo de la convención y aplicar sus disposiciones, se guiarán, entre otras cosas, por el principio de que el sistema climático se protegerá de acuerdo con las diversas "capacidades" de las mismas Partes.

[20] Las consideraciones que integran el preámbulo de la Convención, por lo pronto, toman nota de que las emisiones per cápita de los países en desarrollo son todavía relativamente reducidas y que la proporción del total de emisiones originada en esos países aumentará para permitirles satisfacer sus necesidades sociales y de desarrollo (párrafo tercero). También se reconoce en el preámbulo que la participación de los países en una respuesta internacional efectiva y apropiada debe tener en consideración sus diversas condiciones sociales y económicas (párrafo sexto), así como el hecho de que las normas aplicadas por algunos países pueden ser inadecuadas y representar un costo económico y social injustificado para otros países, en particular los países en desarrollo (párrafo décimo), etc. Estas consideraciones se transforman, más adelante, en principios de la Convención. Desde luego, el primero de los principios del artículo 3° dispone: "Las Partes deberían proteger el sistema climático en beneficio de las generaciones presentes y futuras, sobre la base de la equidad". Y el cuarto de esos principios prescribe: "Las Partes tienen derecho al desarrollo sostenible y deberán promoverlo. Las políticas y medidas para proteger el sistema climático contra el cambio inducido por el ser humano deberían ser apropiadas para las condiciones específicas de cada una de las Partes y estar integradas en los programas nacionales de desarrollo, tomando en cuenta que el crecimiento económico es esencial para la adopción de medidas encamiandas a hacer frente al cambio climático".

pecífico de sus prioridades nacionales y regionales de desarrollo, de sus objetivos y de sus circunstancias" (artículo 4º, párrafo primero). Además, estos compromisos están condicionados, cuando se trate de países en desarrollo, por la manera como las Partes que son países desarrollados lleven a la práctica efectivamente sus compromisos relativos a los recursos financieros y la transferencia de tecnología (artículo 4º, párrafo séptimo).[21]

De los diez compromisos asumidos por todas las Partes, destacaremos a continuación sólo los cuatro primeros, a saber: *1)* la elaboración de inventarios nacionales de las emisiones antropógenas por las fuentes y de la absorción por los sumideros de todos los gases de efecto invernadero; *2)* la formulación y aplicación de programas nacionales (y, según proceda, regionales), que contengan medidas orientadas a mitigar el cambio climático y facilitar la adaptación adecuada al mismo; *3)* la promoción y apoyo al desarrollo, aplicación y difusión (incluida la transferencia) de tecnologías, prácticas y procesos que controlen, reduzcan o prevengan las emisiones antropógenas de gases de efecto invernadero; y *4)* la promoción de la gestión sostenible de los sumideros y depósitos de todos los gases de efecto invernadero, así como la promoción y apoyo con la cooperación de todas las Partes de tales sumideros y depósitos.

Además, *los países mencionados en el Anexo I* de la Convención, entre los cuales están los mayores generadores de gases de efecto invernadero, asumieron ciertos compromisos "específicos", que básicamente consisten en la obligación de adoptar políticas nacionales y tomar las medidas correspondientes de mitigación del cambio climático, limitando sus emisiones antropógenas de dichos gases y protegiendo y mejorando sus sumideros y depósitos de los mismos. La Convención establece que tales políticas y medidas deberán demostrar que los países desarrollados están tomando la iniciativa en lo que respecta a modificar las tendencias a más largo plazo de las emisiones antropógenas de dióxido de carbono y otros gases de efecto invernadero, reconociendo que el regreso antes de fines del decenio de los noventa a los niveles anteriores de dichas emisiones contribuiría a modificar las mencionadas tendencias. Además, esas Partes asumen el compromiso de presentar, dentro de los seis meses siguientes a la entrada en vigor de la Convención para cada una de ellas y periódicamente de allí en adelante, información detallada a la Conferencia de las Partes acerca de las políticas y medidas adoptadas, así como acerca de las proyecciones resultantes con respecto a las emisiones antropógenas por las fuentes y la absorción por los sumidores de gases de efecto invernadero para ese período, con el fin de volver individual o conjuntamente a los niveles de 1990 de esas emisiones. La Conferencia de las Partes, en su primer período de sesiones, debe examinar

[21] En ese sentido, hay que recordar que las Partes que son países desarrollados y las demás Partes que figuran en el Anexo II de la Convención se obligaron a cooperar con los países en desarrollo para que éstos pudieran cumplir con sus compromisos.

dichos compromisos para ver si son adecuados y, en su caso, adoptar las medidas apropiadas, que podrán consistir en la aprobación de enmiendas a las disposiciones de la Convención que los establecen. Un segundo examen de tales disposiciones debe realizarse a más tardar el 31 de diciembre de 1998 y luego otros a intervalos regulares determinados por la Conferencia de las Partes, hasta que se alcance el objetivo de la Convención (artículo 4º, párrafo segundo, incisos "a" y "b").

Asimismo, *las Partes que son países desarrollados y las demás Partes desarrolladas que figuran en el Anexo II* se obligaron a proporcionar recursos financieros nuevos y adicionales para cubrir ciertos gastos vinculados a la ejecución de la Convención en que deban incurrir las Partes que son países en desarrollo, así como a ayudar a aquéllas que son particularmente vulnerables a los efectos adversos del cambio climático a hacer frente a los costos que entrañe su adaptación a dichos efectos. Las mismas Partes se obligaron, además, a tomar todas las medidas posibles para promover, facilitar y financiar, según proceda, la transferencia de tecnologías y conocimientos prácticos ambientalmente sanos, o el acceso a ellos, a otras Partes, especialmente las Partes que son países en desarrollo, a fin de que puedan aplicar las disposiciones de la Convención.

La Convención establece la existencia de una Conferencia de las Partes, que es el órgano supremo de la misma encargado de examinar regularmente su aplicación, así como de tomar las decisiones necesarias para promover su eficaz aplicación (artículo 7). La Convención también define un mecanismo de financiamiento para el suministro de recursos financieros a título de subvención o en condiciones de favor para, entre otras cosas, la transferencia de tecnología (artículo 11). Provisionalmente, el funcionamiento de este mecanismo de financiamiento estará a cargo del Fondo para el Medio Ambiente Mundial, que es conocido por su sigla en inglés, GEF *(Global Environmental Facility)* y que fue constituido en 1990 por el Programa de las Naciones Unidas para el Desarrollo, el Programa de las Naciones Unidas para el Medio Ambiente y el Banco Mundial (artículo 21, párrafo 3).

Como se puede ver, la Convención no estableció metas ni compromisos financieros determinados. Ese no era el propósito de los gobiernos de los países en desarrollo y de otros países, pero la posición contraria del gobierno de los Estados Unidos de América terminó por prevalecer sobre ese propósito. En consecuencia, el establecimiento de metas y financieros determinados quedó entregada a eventuales enmiendas de la Convención aprobadas por la Conferencia de las Partes o a la celebración de protocolos de la Convención aprobados por la misma Conferencia.[22]

[22] Al momento de concluirse la preparación del manuscrito de esta segunda edición del libro, se encuentra próxima la III Conferencia de las Partes (Kioto, Japón), que pondrá una vez más a prueba la solidez de este acuerdo internacional. En efecto, en la I Conferencia de las Partes (Berlín, 1995), se acordó que los incisos "a" y "b" del párrafo segundo del artículo 4º, que establecen los compromisos iniciales de las Partes que figuran en el Anexo I, no eran "adecuados" y se decidió la preparación de un protocolo u otro instrumentos ju-

223. La protección jurídica del espacio ultraterrestre

La materia está regida fundamentalmente por el Tratado sobre los principios que deben regir la Actividad de los Estados en la Exploración y Utilización del Espacio Ultraterrestre, incluso la Luna y otros Cuerpos Celestes. Este Tratado fue aprobado en Londres, Moscú y Washington el 27 de enero de 1967 y entró en vigor el 10 de octubre del mismo año. Entre los Estados que forman parte del Tratado, figuran los Estados Unidos de América y la ex Unión Soviética. El Tratado fue también ratificado por México, para el cual entró en vigor el 31 de enero de 1968.

La idea fundamental del Tratado es que la exploración y la utilización del espacio ultraterrestre están abiertas a toda la humanidad y que no conducirán a la apropiación de dicho espacio por parte de ningún país, así como dejar establecida la prohibición de colocar objetos portadores de armas nucleares y otras armas de destrucción en masa en el espacio ultraterrestre, quedando obligados los países contratantes a utilizar la Luna y otros cuerpos celestes para fines exclusivamente pacíficos. Así lo previenen los artículos I y II del Tratado.

El Tratado se ocupa directamente de la protección del espacio ultraterrestre, en tanto dispone que los países contratantes deben evitar la contaminación nociva del mismo. Pero también se ocupa de la contaminación proveniente del espacio ultraterrestre cuando prescribe que los mismos países contratantes deben evitar los cambios desfavorables en el medio ambiente de la Tierra como consecuencia de la introducción en él de materia extraterrestre. Así lo establece el artículo IX del Tratado.

Además, el Tratado deja asentado el principio de que los Estados son responsables internacionalmente de las actividades nacionales que realicen en el espacio ultraterrestre y de los daños que puedan causar a los demás países contratantes (artículos VI y VII). En consecuencia, los efectos nocivos que genere la actividad de los Estados en el espacio ultraterrestre, tanto repecto del mismo espacio como del ambiente terrestre, son responsabilidad del Estado que ha llevado a cabo esa actividad.

Existen otros ordenamientos internacionales que se relacionan con la misma materia. Entre ellos está el Tratado por el cual se prohíben los Ensayos Nucleares en la Atmósfera, en el Espacio Ultraterrestre y debajo del Agua, que por razones de método se menciona junto a otros ordenamientos relativos a materias nucleares en otro capítulo de este libro (véase la sección 168). En cambio, no pueden dejar de tratarse aquí el Convenio sobre Registro de Objetos Lanzados al Espacio Ultraterrestre (*Diario Oficial de la Federación*, 23-III-1977) y el Acuerdo sobre el Salva-

rídico que permitiera avanzar en los objetivos de la convención. Las dificultades de esta negociación, que debería culminar en la III Conferencia de las Partes, muestran cuán lejos se está de un verdadero compromiso para enfrentar el reto que plantea el cambio climático global.*

* Véase Addenda, § 11.

mento y la Devolución de Astronautas y la Restitución de Objetos Lanzados al Espacio Ultraterrestre (*Diario Oficial de la Federación,* 20-IX-1969), en tanto regulan ciertos aspectos de la contaminación proveniente del espacio ultraterrestre.

El primero prescribe que todo Estado que lance un objeto espacial en órbita terrestre o más allá debe inscribirlo en un registro que llevará a tal efecto. El secretario general de las Naciones Unidas llevará a su vez un registro en el que se inscribirá la información que deben proporcionarle los Estados de lanzamiento, de conformidad con el mismo Convenio. Así lo establecen sus artículos II, III y IV.

El segundo prescribe, además de la obligación de colaborar en los salvamentos y devoluciones de astronautas y en la restitución de objetos a que se refiere el Acuerdo, que "la Parte Contratante que tenga motivo para creer que un objeto espacial o partes componentes del mismo descubiertos por ella en otro lugar, son de naturaleza peligrosa o nociva, podrá notificarlo a la autoridad de lanzamiento, la que deberá adoptar de inmediato medidas eficaces, bajo la dirección y el control de dicha Parte Contratante, para eliminar el posible peligro de daños" (artículo 5º). Lo que se regula en el Acuerdo es, por tanto, la contaminación que eventualmente provenga del espacio ultraterrestre por medio de objetos espaciales.

Ambos ordenamientos se vinculan de manera estrecha con el Tratado sobre los Principios que deben regir la Actividad de los Estados en la Exploración y Utilización del Espacio Ultraterrestre, de lo que se deja testimonio en los mismos. También se vincula a dicho Tratado el Convenio sobre Responsabilidad Internacional por Daños Causados por Objetos Espaciales (*Diario Oficial de la Federación,* 8-VIII-1974), que como lo expresa su denominación trata de temas de responsabilidad por daños, pero sólo respecto de los causados por un objeto espacial en la superficie de la Tierra o a las aeronaves en vuelo (Artículo II).

Por último, cabe decir que la necesidad de aplicar concretamente y desarrollar las disposiciones de todos estos instrumentos internacionales, en lo concerniente a la Luna y otros cuerpos celestes, a la luz de los progresos en la exploración y utilización del espacio, determinó en 1979 la celebración del Acuerdo que debe regir las actividades de los Estados en la Luna y otros Cuerpos Celestes, del que México es ahora parte contratante (*Diario Oficial de la Federación*, 27-XII-1991).

QUINTA PARTE

LA ORDENACIÓN DEL AMBIENTE CONSTRUIDO

XVI. LA ORDENACIÓN DE LOS ASENTAMIENTOS HUMANOS

224. La delimitación del tema. 225. Los asentamientos humanos y la población. 226. El marco constitucional de los asentamientos humanos. 227. La Ley General de Asentamientos Humanos. 228. La regulación de los asentamientos humanos y el nivel y calidad de la vida de la población. 229. La regulación de la población. 230. La atención de los sectores sociales más desprotegidos. 231. La planeación del ordenamiento territorial de los asentamientos humanos y del desarrollo urbano de los centros de población. 232. Las regulaciones a la propiedad en los centros de población. 233. La vivienda. 234. La LGEEPA, los asentamientos humanos y la vivienda.

224. La delimitación del tema

Hasta ahora se ha examinado el sistema jurídico de protección de los ecosistemas naturales en tanto componentes del medio ambiente. Con ese propósito se han revisado en las partes segunda, tercera y cuarta de este libro los ordenamientos jurídicos que protegen los ecosistemas terrestres y marítimos, así como la atmósfera. Se trata de lo que en otros lugares se denomina el "derecho de protección de la naturaleza" o derecho de la biosfera.

En esta parte quinta se analiza la ordenación del ambiente construido o, como se dijo al inicio de la parte segunda, el "derecho de la tecnosfera". En efecto, junto al derecho de la biosfera existe un derecho de la tecnosfera, que igualmente forma parte del sistema jurídico de protección del medio ambiente. Lo que distingue a uno de otro es la perspectiva que asumen para la protección del medio ambiente. En efecto, mientras el derecho de la biosfera enfatiza la protección del medio natural, pero para hacerlo tiene que regular las actividades humanas referidas a la tecnosfera levantada dentro de la biosfera, el derecho de la tecnosfera concentra su atención en la ordenación del ambiente construido, pero con el propósito de que esa ordenación sea apropiada para la existencia del hombre y la protección de la naturaleza. En definitiva, el bien jurídicamente tutelado es el mismo: el medio ambiente. Por consiguiente, la diferencia que hay entre el derecho de la tecnosfera y el derecho de la biosfera es una cuestión de enfoque.

La expresión "ambiente construido" se refiere aquí a los elementos ambientales creados por el hombre, que son integrados al medio natural en que se desarrolla su existencia e influyen sobre ésta, tal como lo hacen los elementos creados por la naturaleza y que configuran su ambiente natural. El ambiente construido está conformado entonces por las obras materiales creadas por el hombre, que devienen en elementos ambientales en tanto pueden llegar a condicionar, positiva o negativamente, su propia existencia; pero también la de los demás organismos vivos, pues al modificar el medio natural e integrarse al mismo, pasan a formar parte de sus respectivos sistemas de ambiente.

Por "ordenación del ambiente construido" se entiende a su vez la regulación de las conductas humanas que tienen que ver con la creación de dicho ambiente. Esta regulación busca no sólo el establecimiento de una relación armónica entre éste y el ambiente natural —en términos de que el primero no genere consecuencias adversas al segundo—, sino también y de manera principal que el ambiente creado por el hombre no genere efectos negativos para el propio hombre. Las normas jurídicas que se ocupan de la ordenación del ambiente construido, por tanto, tienen una orientación preferentemente antropocéntrica, a diferencia de las que se han examinado hasta ahora, que buscan la protección de todos los organismos vivos, incluido el hombre. Como es obvio, no se pretende establecer una tajante línea divisoria entre unas y otras, pues la verdad es que sus contrastes son sólo de matices.

En el concepto de ordenación del ambiente construido queda comprendida la regulación de las actividades que se llevan a cabo dentro de dicho ambiente (como son las industriales, de transporte, recreacionales o de cualquier otra índole), teniendo en cuenta que éstas puedan provocar impactos ambientales adversos no sólo hacia el ambiente natural, sino también hacia el hombre y su ambiente construido. Por cierto, de ellas también se ocupa lo que se denomina "el derecho de protección de la naturaleza", que cumple esa función, entre otras cosas, para proteger al propio hombre. Las diferencias que se pueden encontrar entre ese derecho y el que ahora se examinará son, nuevamente, de matiz.

Por consiguiente, en este capítulo se examina, para comenzar con el tema, la ordenación de los asentamientos humanos, que es el elemento más general del ambiente construido y en torno al cual giran todos sus elementos. Para ese efecto, se analizan las prescripciones más relevantes de la Ley General de Asentamientos Humanos, así como su marco constitucional. Dada la estrecha relación entre los asentamientos humanos y los fenómenos demográficos, se examinan también las disposiciones pertinentes de la Ley General de Población, aunque la verdad es que el tema de la población excede al de los asentamientos humanos. Junto a lo anterior, se estudia la regulación de la vivienda, que es un elemento fundamental de los asentamientos humanos, lo que se hace alrededor de las normas de la Ley Federal de Vivienda. Finalmente, se revisan las disposiciones de la LGEEPA en materia de asentamientos humanos y vivienda.

Una parte importante del ambiente construido está configurado por las industrias. La influencia de las actividades industriales en el ambiente en general, ha determinado que este tema sea materia de un capítulo especial. Lo mismo se hace con otra parte importante del ambiente construido —las vías de comunicación—, cuya regulación se examina en otro capítulo, junto a la que se refiere a las actividades de transporte que se lleva a cabo en ellas. Por su parte, las actividades turísticas son también materia de un capítulo especial. El ruido, la energía térmica y las vibraciones, son factores ambientales que se examinan en esta parte quinta, dado las relaciones que tienen con las actividades que se llevan a cabo dentro del ambiente construido. Finalmente, se destina un capítulo especial a aquella parte del ambiente construido conformada por los monumentos arqueológicos, artísticos e históricos, que integran el patrimonio cultural de la nación que a su vez condiciona, en un sentido también cultural, el desarrollo de sus miembros.

225. Los asentamientos humanos y la población

Como se ha dicho, el elemento más general del ambiente construido y respecto del cual giran los demás, es el "asentamiento humano", que entre nosotros está definido por la Ley del ramo como "la radicación de un determinado conglomerado demográfico con el conjunto de sus sistemas de convivencia, en un área física localizada, considerando dentro de la misma los elementos naturales y las obras materiales que la integran" (artículo 2º, fracción I, de la Ley General de Asentamientos Humanos). Junto a este concepto, se define también el de "centros de población", como "las áreas urbanas ocupadas por las instalaciones necesarias para su vida normal las que se reserven a su expansión futura; las constituidas por los elementos naturales que cumplen una función de preservación de las condiciones ecológicas de dichos centros, y las que por resolución de la autoridad competente se dediquen a la fundación de los mismos..." (artículo 2º, fracción II, de la misma Ley).

Los asentamientos humanos modifican de una manera profunda el medio natural, pues no sólo lo ocupan físicamente, sino también le plantean un conjunto de requerimientos que influyen en el equilibrio de los ecosistemas naturales. En efecto, los asentamientos humanos son grandes demandantes de energéticos y de todo tipo de recursos, que aunque necesarios para el funcionamiento de una ciudad, no son producidos por ésta.

Todo asentamiento humano precisa, por decirlo así, de un área natural de sustentación, que le proporcione los combustibles que utiliza, el agua necesaria para sus actividades, los alimentos requeridos por su población, etc., pues a diferencia de lo que ocurre con los ecosistemas naturales, los asentamientos humanos no funcionan sobre la base de la energía natural y tampoco generan los alimentos que permiten la vida de sus habitantes. Más aún, los asentamientos humanos producen una importante cantidad de residuos que no siempre pueden reabsorber adecuadamente. Como es obvio, la creciente complejidad que va asumiendo la vida dentro de un asentamiento humano, implica requerimientos cada vez mayores de sustentación, que se expresan en presiones extraordinarias sobre los ecosistemas naturales y, por consiguiente, en su paulatina degradación.

La problemática de los asentamientos humanos no se puede examinar separada de los fenómenos demográficos, en especial de la tasa de crecimiento y de la distribución de la población en el territorio nacional.

México presentaba hasta hace poco tiempo una de las tasas más altas de crecimiento demográfico en el mundo: en el periodo 1940-1980, la población tuvo un crecimiento promedio anual superior al 3%. Esto determinó que la población total del país pasara de 19.6 millones de habitantes en 1940, a 66.8 en 1980. Pero, el promedio anual de la tasa de crecimiento ha descendido en los últimos años: la tasa promedio anual de crecimiento de la población entre 1960 y 1970 fue de 3.3%, mientras que entre 1980 y 1990 la misma tasa de crecimiento fue de cerca de 2.3%. Las estimaciones preliminares del censo de 1990 indicaron que el país tenía una población total de 81 140 000 habitantes.[1] Para el año 2000 se prevé un crecimiento anual tendencial de alrededor de 1.5 por ciento.

En este capítulo, sin embargo, se examina únicamente la relación entre tasa de crecimiento de la población y su distribución en el territorio, para caracterizar la problematica de los asentamientos humanos. El *Programa Nacional de Desarrollo Urbano 1995-2000* muestra la acelerada evolución que ha mostrado la población urbana en el país: en 1900, uno de cada 10 habitantes residía en centros urbanos (localidades de 15 mil y más habitantes), mientras que actualmente seis de cada 10 habitantes son urbanos, esto es, 60% de la población nacional. De ellos, la mayor parte se ubica en centros de población de 100 mil y más habitantes, que en 1980 representaban 79% de la población urbana, pero que en 1990 representaron 77.3%. Más de un cuarto de la población del país se aloja en cuatro zonas metropolitanas: ciudad de México, Guadalajara, Monterrey y Puebla. La población de la Zona Metropolitana de la ciudad de México, sin embargo, representa el doble de las otras tres zonas metropolitanas. Es de señalarse que también en estas zonas se advierte un decremento de su participación en la población urbana, que va de 55.5% en 1980 a 47.4% en 1990 de dicha población.[2]

El tema de la población se asocia por lo general con el tema del dete-

[1] Los datos han sido extraídos de fuentes oficiales, como son el *Programa Nacional de Desarrollo Urbano 1990-1994* (*Diario Oficial de la Federación,* 14-VIII-1990), sección 1.1.1; el *Programa Nacional de Salud 1984-1988* (*Diario Oficial de la Federación,* 23-VIII-1984), sección 1.1 y el *Programa Nacional de Población 1989-1994* (*Diario Oficial de la Federación,* 22-IV-1991); el *Informe sobre el estado del medio ambiente en México* de 1986, y el *Informe General de Ecología* de 1988. *Cf.* también Vicente Sánchez *et al.*, *Población, recursos y medio ambiente en México,* Fundación Universo Veintiuno, México, 1989.

[2] Cf. pp. 19 a 24 de la edición oficial de ese Programa de la Secretaría de Desarrollo Social (México, 1996, 107 pp.).

rioro de los recursos naturales. En efecto, es común que muchas transformaciones negativas de los recursos naturales sean explicadas a partir de las presiones que se derivarían de las altas tasas de crecimiento demográfico. En efecto, un factor significativo del deterioro del medio ambiente sería que la capacidad de carga de los ecosistemas se sobrepasa, allí donde una población creciente ejerce presiones inusuales sobre los mismos. La relación entre población y medio ambiente, sin embargo, "no es directa ni simple, sino que está mediada por la organización socioeconómica. Es la sociedad, más que la población *per se* o su tamaño, la que interactúa con y transforma la base de los recursos naturales y el medio ambiente a través de la ocupación del espacio que caracteriza al proceso de desarrollo...".[3] Así, por ejemplo, los patrones de consumo que son comunes a los habitantes de los países desarrollados determinan que las presiones que éstos ejercen sobre el medio ambiente sean varias veces superiores a las que ejercen los habitantes de los países subdesarrollados y, en su conjunto, sean más significativas en los desequilibrios entre la población y el medio ambiente que algunos fenómenos específicos de concentración demográfica que en verdad generan una sobrecarga de determinados ecosistemas naturales.

En este capítulo, sin embargo, se examina únicamente la relación entre la tasa de crecimiento de la población y su distribución en el territorio, para caracterizar la problemática de los asentamientos humanos. En México, el problema de la explosión demográfica ha sido acompañado por un creciente proceso de urbanización: en 1900, el grado de urbanización fue de 10.5%; en 1940 de 20%; en 1960 de 45.9%; en 1970 de 49.6%; en 1980 de 53.2%, y en 1990 de 60.6%. Por otra parte, las estimaciones oficiales indican que, de no modificarse las tendencias existentes, este fenómeno de urbanización continuará en aumento. La concentración de la población en las ciudades se explica tanto por la concentración de las nuevas actividades industriales y comerciales, como por la creciente marginalidad rural, que determina la migración de los campesinos a las ciudades en busca de mejores condiciones de vida. A lo anterior hay que agregar que el proceso de urbanización en México se concentra, a su vez, en las grandes ciudades (México, Guadalajara, Monterrey y Puebla), en las que viven alrededor de 21.6 millones de habitantes, lo que contrasta por otra parte con la notable dispersión que se observa en otras áreas.[4]

El crecimiento de la población y su distribución en el territorio nacional explican las características de los problemas de los asentamientos humanos. En efecto, la excesiva concentración de la población en los grandes centros urbanos determina que en éstos se presenten severas insuficiencias en materia de suelo, equipamiento, vivienda y servicios públicos. Es casi innecesario decir que estas insuficiencias afectan a la

[3] *Cf.* Vicente Sánchez *et. al.*, *op. cit.*, nota anterior, p. 26.
[4] *Cf. Programa Nacional de Desarrollo Urbano 1990-1994, cit.* en la nota 1 de este capítulo.

población de menores ingresos, en especial a los sectores marginales de esos grandes centros. En el otro extremo, la situación de las localidades con poca población es más dramática aún, pues allí carecen prácticamente de todo.

La gravedad de la situación de los asentamientos humanos en todo el mundo, pero en especial la que afectaba a los países subdesarrollados, determinó que en 1976 se llevara a cabo en Vancouver una Conferencia de las Naciones Unidas sobre los Asentamientos Humanos (HABITAT). Esta Conferencia fue convocada atendiendo a una recomendación de la Conferencia de las Naciones Unidas sobre el Medio Humano de 1972 y a otras resoluciones de la Asamblea General. Al igual de lo que ocurrió con esta última Conferencia, HABITAT se constituyó en un hito de referencia importante para la toma de conciencia de esta problemática, así como para el diseño de políticas sobre asentamientos humanos.

Es importante recordar algunos de los párrafos principales de la Declaración de Vancouver, que contiene principios generales y directrices para la acción. Entre los principios generales se incluye uno que dice, a la letra, lo que sigue:

> El mejoramiento de la calidad de la vida de los seres humanos es el primero y el más importante de los objetivos de toda política de asentamientos humanos. Esas políticas deben facilitar el rápido y continuo mejoramiento de la calidad de la vida de todas las personas, comenzando por la satisfacción de las necesidades básicas de alimentos, vivienda, agua pura, empleo, salud, educación, capacitación, seguridad social sin discriminación alguna basada en la raza, el color, el sexo, el idioma, la religión, la ideología, el origen nacional o social u otra causa, en un marco de libertad, dignidad y justicia social *[principio 1]*.

Los principios generales también reiteran la importancia de la protección del ambiente en general, en especial cuando se establece que "las naciones deben evitar la contaminación de la biosfera y de los océanos y deben unirse a los esfuerzos por poner término a la explotación irracional de todos los recursos ambientales..." *[principio 11]*. Entre las directrices para la acción figuran, entre otras, las siguientes: "La responsabilidad de preparar planes de estrategias especiales y adoptar políticas de asentamientos humanos para orientar los esfuerzos de desarrollo socioeconómico compete a los gobiernos..." *[principio 2]*; "la política de asentamientos humanos debe propender a la integración o coordinación armoniosa de una amplia variedad de componentes, incluidos, por ejemplo, el crecimiento y la distribución de la población, el empleo, las viviendas, el ordenamiento de la tierra, la infraestructura y los servicios..." *[principio 3]*; "es de importancia fundamental que en los esfuerzos nacionales e internacionales se dé prioridad a mejorar el hábitat rural..." *[principio 4]*; etcétera.

226. El marco constitucional de los asentamientos humanos

Los asentamientos humanos están regulados desde una perspectiva fuertamente ambiental, desde 1976. En esa época se modificó la Constitución Política y se expidió la Ley General de Asentamientos Humanos (*Diario Oficial de la Federación*, 26/V/1976), créandose un sistema en el que destaca la planeación del desarrollo urbano, que pasó a presidir la normatividad sobre la materia y a constituirse en uno de los instrumentos esenciales para la ordenación racional del medio ambiente. Esta Ley fue sustituida por otra de igual denominación (*Diario Oficial de la Federación*, 21-VII-1993, con adiciones el 5-VIII-1994), que es el texto que rige la materia en la actualidad.

La Constitución de 1917 no contenía ninguna disposición en materia urbana. Por tanto, las facultades sobre estas materias estaban reservadas a los estados, con arreglo a lo previsto en el artículo 124 constitucional. El proceso de urbanización a que nos referimos en la sección anterior, tuvo lugar, entonces, en el marco de la legislación local sobre asentamientos humanos, con la participación de los municipios. La mencionada reforma constitucional de 1976 modificó esta situación, al establecer un sistema de concurrencia del Gobierno Federal, de los estados y de los municipios en materia de asentamientos humanos. En consecuencia, la referida reforma federalizó esta materia; pero no de una manera absoluta sino relativa, mediante un sistema de concurrencia de lo que la respectiva iniciativa llamó "los tres niveles de gobierno".

En efecto, la reforma constitucional de 1976 reconoció los agudos desequilibrios que había generado el caótico proceso de urbanización de las últimas décadas, vinculó ese proceso con los problemas del desarrollo; tomó nota de las responsabilidades de la Federación en muchas materias que influían en los asentamientos humanos; relacionó los procesos urbanos con la protección del ambiente y la calidad de la vida de las personas, etc., para concluir que era menester iniciar una planeación de los asentamientos humanos —con la participación de los municipios, los estados y la propia Federación—, que tuviera en cuenta los múltiples factores que concurren a configurar la problemática urbana.[5]

[5] En la iniciativa presidencial con que se acompañó la reforma que se propuso al Constituyente Permanente, se dijo que "los problemas del campo influyen y se reflejan en el crecimiento de los centros urbanos, y la problemática de éstos a su vez, impacta y dificulta las soluciones a las necesidades de los campesinos del país", por lo que se pronunció en contra de la "caduca dicotomía campo-ciudad" y enunció el principio de que "igual atención merecen esos dos contextos del conjunto nacional y que para el mejor aprovechamiento de los recursos naturales, humanos, administrativos y financieros, entre otros, se deben aplicar políticas y medidas administrativas que consideren su interrelación, su apoyo mutuo y en conjunto, una integración que los vincule económica y socialmente". En la misma iniciativa también se dijo que "era necesario establecer las normas para que la planeación y ordenación de los centros urbanos de población integren a éstos de manera conveniente al desarrollo socioeconómico del país", enfatizándose que debía procurar-

La reforma estuvo encaminada, en primer término, a reformar el párrafo tercero del artículo 27 constitucional, para precisar que la regulación del aprovechamiento de los elementos naturales susceptibles de apropiación sería hecha "en beneficio social", pero, fundamentalmente, para vincular esta idea con la de "lograr el desarrollo equilibrado del país y el mejoramiento de las condiciones de vida de la población rural y urbana" y agregar, a continuación, que como consecuencia de lo anterior se dictarían las medidas necesarias para "ordenar los asentamientos humanos y establecer adecuadas provisiones, usos, reservas y destinos de tierras, aguas y bosques, a efecto de ejecutar obras públicas y de planear y regular la fundación, conservación, mejoramiento y crecimiento de los centros de población...", con lo que quedaron establecidos en la Constitución Política los principios fundamentales que habrían de presidir la ordenación de los asentamientos humanos.

En segundo término, la reforma agregó al artículo 73 constitucional una nueva fracción (XXIX-C), a través de la cual se dejó establecido que el Congreso de la Unión estaría facultado "para expedir las leyes que establezcan la concurrencia del Gobierno Federal, de los estados y de los municipios, en el ámbito de sus respectivas competencias, en materia de asentamientos humanos, con objeto de cumplir los fines previstos en el párrafo tercero del artículo 27 de esta Constitución". De esta manera, se le entregó al Congreso de la Unión la facultad constituyente de federalizar las cuestiones de asentamientos humanos que quedarían dentro de la jurisdicción federal; pero, en el bien entendido de que ellas no podían ser federalizadas de una manera absoluta, sino que, por el contrario, repartidas entre la Federación, los estados y los municipios, en los términos de la Ley federal sobre la materia.

La reforma se abocó, en tercer término, a completar el diseño de este sistema de concurrencia, mediante la adición de una fracción IV al artículo 115 constitucional, por la cual se dejó en claro que "los estados y municipios, en el ámbito de sus competencias, expedirán las leyes, reglamentos y disposiciones administrativas que sean necesarias para

se "el mejoramiento de las condiciones de vida de la población, así como la promoción de una distribución adecuada de la misma, en las zonas urbanas y rurales". La iniciativa, además, recordó que "en los términos de la vigente distribución de competencias del sistema federal mexicano, la Federación ejerce facultades decisivas en el desarrollo urbano, como son las correspondientes a la tenencia de la tierra, agua, bosques, contaminación ambiental, vías generales de comunicación, energía eléctrica, y en otras materias; así como en lo relativo a la promoción económica, las inversiones públicas de la Federación, tienen impacto determinante en dicho proceso, condicionan las posibilidades del crecimiento agrícola e industrial, y dan origen a la creación de fuentes de trabajo, las que constituyen el elemento de atracción básica en la elección que los grupos humanos toman para asentarse". Sin embargo, la iniciativa también reconoció que "la multiplicidad de elementos y de competencias que inciden en el fenómeno urbano nos llevan al principio de que la estructura jurídica que dé regulación al mismo, deberá establecer la concurrencia de los tres niveles de gobierno a través de nuevas formas de colaboración...", rechazando en consecuencia la federalización de todas las acciones públicas necesarias para ese efecto, posición que calificó de "conservadora" y "antihistórica".

cumplir con los fines señalados en el párrafo tercero del artículo 27 de esta Constitución en lo que se refiere a los centros urbanos y de acuerdo con la Ley federal de la materia". El mismo artículo 115 constitucional fue adicionado, además, con una fracción V que estuvo dirigida a resolver el problema de la conurbación en dos o más entidades federativas y que dispuso, a la letra, lo que sigue: "Cuando dos o más centros urbanos situados en territorios municipales de dos o más entidades federativas formen o tiendan a formar una continuidad geográfica, la Federación, las entidades federativas y los municipios respectivos, en el ámbito de sus competencias, planearán y regularán de manera conjunta y coordinada el desarrollo de dichos centros con apego a la Ley federal de la materia." Estas últimas fracciones fueron modificadas en 1983, en la forma que se examinó más atrás; pero sus ideas permanecieron en lo que ahora son los textos de las fracciones V y VI del mismo artículo 115.

227. La Ley General de Asentamientos Humanos

Como se ha dicho, en 1976 se expidió la primera Ley General de Asentamientos Humanos, que en 1993 fue sustituida por una segunda Ley, cuyo objeto está descrito por su artículo 1º en los siguientes términos:

1) Establecer la concurrencia de la Federación, de las entidades federativas y de los municipios, para la ordenación y regulación de los asentamientos humanos en el territorio nacional.

2) Fijar las normas básicas para planear y regular el ordenamiento territorial de los asentamientos humanos y la fundación, conservación, mejoramiento y crecimiento de los centros de población.

3) Definir los principios para determinar las provisiones, reservas, usos y destinos de áreas y predios que regulen la propiedad en los centros de población.

4) Determinar las bases para la participación social en materia de asentamientos humanos.

Este objeto es desarrollado por la Ley a lo largo de 60 artículos, que se organizan en nueve capítulos que tratan, sucesivamente, las siguientes materias: disposiciones generales, concurrencia y coordinación de autoridades, planeación del ordenamiento territorial de los asentamientos humanos y del desarrollo urbano de los centros de población, conurbaciones, regulaciones a la propiedad en los centros de población, reservas territoriales, participación social, fomento al desarrollo urbano y control del desarrollo urbano.

Las materias tratadas en esta Ley exceden la temática ambiental propiamente tal, de modo que aquí sólo serían desarrollar aquéllas que están vinculadas de manera estricta a dicha temática. Por eso, en las siguientes secciones se examinan las disposiciones relativas a la planeación del ordenamiento territorial de los asentamientos humanos, las regulaciones a la propiedad en los centros de población y la participación social.

La estrecha relación que tienen los asentamientos humanos y la población hace necesario, sin embargo, que previamente se examine este tema en torno a la manera como se encuentra regulada la población, así como la cuestión de la atención de los sectores sociales más desprotegidos.

228. La regulación de los asentamientos humanos y el nivel y calidad de la vida de la población

La regulación de los asentamientos humanos tiene como propósito último mejorar el nivel y la calidad de la vida de la población urbana y rural mediante un conjunto de acciones que muestran la estrecha relación entre medio ambiente construido y medio ambiente natural.

Esta materia se encuentra normada en el artículo 3º de la LGAH, que a lo largo de 19 fracciones señala las acciones mediante las cuales el ordenamiento territorial de los asentamientos humanos y el desarrollo urbano de los centros de población tenderán a mejorar el nivel y la calidad de la vida de la población urbana y rural. Algunas de estas acciones se mencionan a continuación por su relación directa con importantes problemas ambientales del país.

1) El desarrollo socioeconómico sustentable del país, armonizando la interrelación de las ciudades y el campo y distribuyendo equitativamente los beneficios y cargas del proceso de urbanización (fracción II).

2) La distribución equilibrada y sustentable de los centros de población y las actividades económicas en el territorio nacional (fracción III).

3) El desarrollo sustentable de las regiones del país (fracción V).

4) La protección del patrón de asentamiento humano rural y de las comunidades indígenas (fracción VIII).

5) La estructuración interna de los centros de población y la dotación suficiente y oportuna de infraestructura, equipamiento y servicios urbanos (fracción XI).

6) La prevención, control y atención de riesgos y contingencias ambientales y urbanos en los centros de población (fracción XII).

7) La conservación y mejoramiento del ambiente en los asentamientos humanos (fracción XIII).

8) La preservación del patrimonio cultural de los centros de población (fracción XIV)

229. La regulación de la población

Las disposiciones sobre los asentamientos humanos deben considerarse junto a las normas jurídicas que regulan la población y que están en la Constitución Política, así como en la Ley General de Población (*Diario Oficial de la Federación,* 7-I-1974, varias veces modificada, la última de ellas el 8-XI-1996). Esta Ley cuenta con un Reglamento (*Diario Oficial de la Federación,* 31-VIII-1992).

De acuerdo con el *Programa Nacional de Población* 1995-2000 (*Diario Oficial de la Federación*, 7-VIII-1995), la población en México ascendía, a mediados de 1995, a 91.6 millones de habitantes. La tasa de crecimiento anual es en la actualidad de 2.05%, lo que contrasta con la tasa de 3.4% de hace treinta años. Sin embargo, en ese período la población pasó de 42.5 millones a 91.6 millones. Esta tendencia de crecimiento de la población en números absolutos continuará en los próximos años, aunque a tasas cada vez menores. El fenómeno migratorio ha estado influyendo, empero, en el crecimiento de la población (para 1990, cerca de 4.5 millones de mexicanos residían en los Estados Unidos, esto es, 5.4% de la población residente en el país para ese año). En cambio, México sigue siendo un país de escasa inmigración (para 1990, no más de 400 mil). Por su parte, la esperanza de vida al nacer se ha incrementado de manera sensible: en 1930 era de 35 años para los hombres, y para las mujeres, de 37 años, mientras que en 1994 era de 69 y 75 años, respectivamente, lo que implica una modificación importante en la composición de la población.

La Constitución Política se refiere al crecimiento de la población y a su distribución en el territorio nacional, en sendos preceptos que están localizados en el capítulo de las garantías individuales y que establecen como derechos fundamentales de las personas tanto la planeación de los hijos como la elección del lugar de residencia, con lo que queda excluido, en principio, que el Estado mexicano pueda regular el crecimiento de la población y su distribución en el territorio nacional. Se trata, por una parte, del actual párrafo tercero del artículo 4º constitucional, donde se prescribe que "toda persona tiene derecho a decidir de manera libre, responsable e informada sobre el número y el espaciamiento de los hijos", y por la otra, del artículo 11 constitucional, donde se establece que "todo hombre tiene derecho para entrar en la República, salir de ella, viajar por su territorio y mudar de residencia, sin necesidad de carta de seguridad, pasaporte, salvo-conducto y otros requisitos semejantes...", aunque también en ese precepto se agrega que "el ejercicio de este derecho estará subordinado a las facultades de la autoridad judicial, en los casos de responsabilidad criminal o civil, y a las de la autoridad administrativa, por lo que toca a las limitaciones que impongan las leyes sobre emigración, inmigración y salubridad general de la República, o sobre extranjeros perniciosos residentes en el país".

El párrafo tercero del artículo 4º constitucional que se acaba de transcribir, fue incorporado a la Carta Fundamental de México por una reforma publicada en el *Diario Oficial de la Federación* del 31 de diciembre de 1974. Esta reforma constitucional se explica porque la entonces recién vigente Ley General de Población había facultado a la Secretaría de Gobernación, entre otras cosas, para realizar programas de planeación familiar, pero también para vigilar que tales programas y los que realizaran los organismos privados, "se lleven a cabo con absoluto respeto de los derechos fundamentales del hombre y preserven la dignidad de la familia..." (artículo 3º, fracción II). Sin embargo, el derecho fundamental de las personas para decidir sobre el número y espaciamiento de los hijos, no estaba aún consagrado de manera explícita por la Constitución Política. Aparentemente, el párrafo tercero del artículo 4º constitucional se limita a reconocer la existencia de un derecho fundamental; pero la verdad es que también legitima al más alto nivel jurídico posible la política de control demográfico que implica la planeación familiar, con los límites que establece el mismo precepto. En efecto, el ejercicio "informado" de esta libertad fundamental, justifica y quizás impone la existencia de programas de planeación familiar por parte del Estado mexicano.

Por su parte, el artículo 11 constitucional establece otro principio importante en materia de población, que se refiere a su distribución en el territorio nacional. En efecto, como regla general toda persona tiene el derecho fundamental de establecer su residencia en cualquier punto de la República. Por consiguiente, la distribución de la población en el territorio nacional es la consecuencia del ejercicio de una libertad fundamental. Una inadecuada distribución de la población en el territorio nacional —como la que existe en los términos descritos en este mismo capítulo—, genera sin embargo efectos ambientales adversos, en primer término, para las mismas personas que radican en algún punto de la República poco apropiado para ese efecto. Teóricamente, esta radicación inadecuada es el resultado del ejercicio de una libertad fundamental, pero en la práctica es muchas veces la consecuencia de un estado de necesidad. Con todo, al Estado mexicano no le cabe sino respetar las decisiones individuales en materia de residencia, pues así se lo impone con toda claridad el texto del artículo 11 de la Constitución Política. Esto no implica, por cierto, que al Estado le esté vedado "procurar" una distribución racional de la población en el territorio nacional a través de las políticas de población y de asentamientos humanos. Al contrario, de acuerdo con la legislación vigente y, en especial, con la Ley General de Población y la Ley General de Asentamientos Humanos, el Estado mexicano tiene el deber de fomentar una ocupación racional del territorio nacional. Porque lo que en verdad le está prohibido es impedir a las personas que, en el ejercicio del derecho fundamental de que se está hablando, elijan el lugar de su residencia.

Sin embargo, también entendemos que con base en el mismo artículo 11 constitucional es posible que, por razones ambientales, el ejercicio de este derecho pueda llegar a ser materia de restricciones en ciertos casos de excepción, que habrían de ser rigurosamente calificados por la ley desde el momento en que se trata de restricciones a un derecho fundamental y que, bajo ningún respecto, podrían llegar a hacer nugatoria la libertad de residencia. Con lo anterior nos referimos al hecho de que el precepto constitucional en cuestión dispone que el ejercicio de este derecho fundamental está subordinado a las facultades de la autoridad administrativa, por lo que toca a las limitaciones que impongan las leyes, entre otras materias, sobre "salubridad general de la República". Pues bien, si se tiene presente que la prevención y control de la contaminación ambiental, desde el punto de vista de sus efectos nocivos en la salud humana, es una materia de salubridad general, habrá que convenir en que las leyes sobre la materia podrían jurídicamente facultar a la autoridad administrativa para restringir en ciertos casos el ejercicio de la libertad de residencia, si ello implicara la generación de efectos ambientales adversos para la salud de las personas. Éste sería el caso, por ejemplo, de la radicación de las personas en algún lugar cuyos niveles de contaminación ambiental son claramente peligrosos para la salud humana. Pero, por esta vía no se podría llegar a darle a la autoridad administrativa la facultad de distribuir a la población en el territorio nacional de una manera que le parezca apropiada. Hasta el momento, este tipo de facultades no han sido concedidas a las autoridades administrativas por las leyes sobre la materia.

A partir de estas normas constitucionales, la Ley General de Población faculta a la Secretaría de Gobernación —que es la dependencia encargada de formular y conducir la política de población (artículo 27, fracción XXV, de la LOAPF)—, para dictar y ejecutar, o en su caso promover ante las dependencias competentes o entidades correspondientes, las medidas necesarias para fines tales como adecuar los programas de desarrollo económico y social a las necesidades de la población, realizar programas de planeación familiar, promover la plena integración de los grupos marginados al desarrollo nacional, procurar la planificación de los centros de población urbana, y procurar la movilización de la población con objeto de adecuar su distribución geográfica a las posibilidades del desarrollo nacional (artículo 3º). La Ley crea además el Consejo Nacional de Población, al cual le encomienda la planeación demográfica del país, con el objeto de incluir a la población en los programas de desarrollo económico y social que se formulen en el sector gubernamental y vincular los objetivos de éstos con las necesidades que plantean los problemas demográficos (artículos 5º y 6º).

Hay que señalar que en virtud de las modificaciones introducidas en mayo de 1992 a la Ley Orgánica de la Administración Pública Federal, la nueva Secretaría de Desarrollo Social quedó facultada para "proyectar la distribución de la población y la ordenación territorial de los centros de población, conjuntamente con las dependencias y entidades de la Administración Pública Federal que corresponde, así como coordinar las acciones que el Ejecutivo Federal convenga con los Ejecutivos Estatales para la realización de acciones coincidentes en esta materia, con la participación de los sectores social y privado" (fracción IX del artículo 32).

230. La atención de los sectores sociales más desprotegidos*

En el capítulo I de este libro se ha dicho que el incremento de la pobreza a niveles sin precedente en nuestra región y en otras partes del mundo, ha llevado a hablar con más precipitación que reflexión de la "contaminación de la pobreza" y ha favorecido la difusión de la hipótesis de que "los pobres contaminan", en circunstancias de que pobreza y deterioro ambiental son más bien efectos paralelos e interactuantes de un mismo proceso global de desarrollo deformante. Por eso, en la Declaración de Río se proclama solemnemente que

> todos los Estados y todas las personas deberán cooperar en la tarea nacional de erradicar la pobreza como requisito indispensable del desarrollo sostenible, a fin de reducir las disparidades en los niveles de vida y responder mejor a las necesidades de la mayoría de los pueblos del mundo *[principio 5].*

La creación de la Secretaría de Desarrollo Social en 1992 debe ser considerada, entre otras cosas, como una respuesta institucional a los problemas de la extrema pobreza existente en México. En efecto, desde esa Secretaría se han estado llevando a cabo los programas para combatir la pobreza, especialmente la que padecen los grupos indígenas.

En relación con los indígenas, hay que recordar que la reforma publicada en el *Diario Oficial de la Federación* del 28-I-1992, que introdujo el siguiente párrafo primero al artículo 4º de la Constitución Política: "La Nación mexicana tiene una composición pluricultural sustentada originalmente en sus pueblos indígenas. La Ley protegerá y promoverá el desarrollo de sus lenguas, culturas, usos, costumbres, recursos y formas específicas de organización social, y garantizará a sus integrantes el efectivo acceso a la jurisdicción del Estado. En los juicios y procedimientos agrarios en que aquéllos sean parte, se tomarán en cuenta sus prácticas y costumbres jurídicas en los términos que establezca la ley."

La población indígena de México está formada por 56 grupos étnicos diferenciados y, aunque no existe certeza sobre el particular, podría superar los 10 millones de personas. El ya mencionado *Programa Nacional de Población 1995-2000* llama la atención sobre los elevados índices de mortalidad y fecundidad que presenta dicha población, señalando por ejemplo que este último, hacia 1990, era más del doble del resto de la población (5.7 hijos contra 2.8 hijos).

No existe una legislación propiamente indigenista que establezca un sistema de protección de este importante segmento de la población del país, como no sea la Ley que en 1948 estableció el Instituto Nacional Indigenista, que hoy se encuentra adscrito a la SEDESOL.

Hay que señalar, además, que México es parte en el Convenio 169 sobre Pueblos Indígenas y Tribales en Países Independientes, adoptado en

* Véase Addenda, § 7.

la Septuagésima Sexta Reunión de la Conferencia General de la Organización Internacional del Trabajo (*Diario Oficial de la Federación*, 24-I-1991). Ese Convenio contiene disposiciones sobre política general a seguirse respecto de dichos pueblos, sin perjuicio de las que se refieren propiamente a las condiciones de empleo de los trabajadores pertenecientes a esos pueblos.

En este punto, es menester recordar, asimismo, que la Declaración de Río contiene una importante disposición sobre los pueblos indígenas y el desarrollo sostenible:

> Los pueblos indígenas y sus comunidades, así como otras comunidades locales, desempeñan un papel fundamental en la ordenación del medio ambiente y en el desarrollo debido a sus conocimientos y prácticas tradicionales. Los Estados deberían reconocer y prestar el apoyo debido a su identidad, cultura e intereses y velar porque participaran efectivamente en el logro del desarrollo sostenible *[principio 22]*.

231. La planeación del ordenamiento territorial de los asentamientos humanos y del desarrollo urbano de los centros de población

El ordenamiento territorial de los asentamientos humanos es, de acuerdo con la definición que proporciona la propia LGAH, "el proceso de distribución equilibrada y sustentable de la población y de las actividades económicas en el territorio nacional" (artículo 3º, fracción XIV). Por su parte, la misma LGAH define el desarrollo urbano como "el proceso de planeación y regulación de la fundación, conservación, mejoramiento y crecimiento de los centros de población" (artículo 3º, fracción VIII). El establecimiento de las normas básicas para planear y regular el ordenamiento territorial de los asentamientos humanos y la fundación, conservación, mejoramiento y crecimiento de los centros de población es, como se ha dicho, una de las materias fundamentales de que se ocupa la LGAH.

Dispone el artículo 12 de la Ley que esta actividad se llevará a cabo mediante los siguientes instrumentos de planeación: *1)* el programa nacional de desarrollo urbano; *2)* los programas estatales de desarrollo urbano; *3)* los programas de ordenación de zonas conurbadas; *4)* los planes o programas municipales de desarrollo urbano; *5)* los programas de desarrollo urbano de los centros de población; y *6)* los programas de desarrollo urbano derivados de los anteriores instrumentos de planeación y que determinan la propia LGAH y la legislación estatal de desarrollo urbano.

Establece esa misma disposición legal que la Federación y las entidades federativas podrán convenir mecanismos de planeación regional para coordinar acciones e inversiones que propicien el ordenamiento territorial de los asentamientos humanos ubicados en dos o más entidades, ya sea que se trate de zonas metropolitanas o de sistemas de centros de población cuya relación lo requiera, con la participación que corresponda a los muncipios de acuerdo con la legislación local.

Puntualiza el artículo 18 de la Ley que las autoridades de la Federación, de las entidades federativas y los municipios, en la esfera de sus respectivas competencias, harán cumplir los planes o programas de desarrollo urbano y la observancia de la propia LGAH y de la legislación estatal de desarrollo urbano.

Dentro de las disposiciones sobre la materia, la LGAH hace dos referencias en el artículo 19 a asuntos regulados por la Ley General del Equilibrio Ecológico y la Protección al Ambiente.

En efecto, el párrafo primero de ese artículo 19 prescribe que "los planes o programas de desarrollo urbano deberán considerar los criterios generales de regulación ecológica de los asentamientos humanos establecidos en los artículos 23 a 27 de la Ley General del Equilibrio Ecológico y la Protección al Ambiente y en las normas oficiales mexicanas en materia ecológica". Como se ha visto en la sección 65 bis 1, estas disposiciones de la LGEEPA fueron modificadas en 1996, de modo que dicha referencia debe entenderse hecha ahora al artículo 23, que establece los criterios ambientales que deben tenerse en cuenta en la planeación del desarrollo urbano y la vivienda.

Por su parte, el párrafo segundo del artículo 19 establece que "las autorizaciones de manifestación de impacto ambiental que otorguen la Secretaría o las entidades federativas y los municipios conforme a las disposiciones jurídicas ambientales, deberán considerar la observancia de la legislación y los planes o programas en materia de desarrollo urbano". La referencia que aquí se hace a la Secretaría de Desarrollo Social, que en 1993 era la encargada en el nivel federal de autorizar las obras o actividades sujetas a evaluación de impacto ambiental, debe entenderse hecha a la Secretaría de Medio Ambiente, Recursos Naturales y Pesca, que es la dependencia encargada de otorgar estas autorizaciones.

232. Las regulaciones a la propiedad en los centros de población

De acuerdo con el artículo 27 de la LGAH, el ejercicio del derecho de propiedad, de posesión o de cualquier otro derivado de la tenencia de bienes inmuebles ubicados en los centros de población se sujetará a las provisiones, reservas, usos y destinos que determinen las autoridades competentes, en los planes o programas de desarrollo urbano aplicables, para que se dé cumplimiento de esta manera a los fines señalados en el párrafo tercero del artículo 27 constitucional en materia de fundación, conservación, mejoramiento y crecimiento de los centros de población. La definición de los principios para determinar las provisiones, reservas, usos y destinos de áreas y predios que regulen la propiedad en los centros de población es, como se ha visto, una de las materias fundamentales de que se ocupa la LGAH.[6]

[6] Repárese en que la LGAH de 1993, a diferencia de su predecesora, extiende esta regulación del ejercicio del derecho de propiedad al ejercicio del derecho de posesión o de

Las expresiones "provisiones", "reservas", "usos" y "destinos" están definidas en el artículo 3º de la LGAH. Las primeras son "las áreas que serán utilizadas para la fundación de centros de población" (fracción XV); las segundas son "las áreas de un centro de población que serán utilizadas para su crecimiento" (fracción XVI); los terceros son "los fines particulares a que podrán dedicarse determinadas zonas o predios de un centro de población" (fracción XIX); y los cuartos son "los fines públicos a que se prevea dedicar determinadas zonas o predios de un centro de población.[7]

La fundación de los centros de población requiere de un decreto expedido por la legislatura de la entidad federativa correspondiente, que deberá contener las determinaciones provisión de tierras, ordenar la formulación del plan o programa de desarrollo urbano respectivo y asignar la categoría político administrativa al centro de población. Así lo dispone el artículo 29 de la LGAH.

Es importante determinar qué tipo de tierras deberán utilizarse para la fundación de centros de población. Dos preceptos de la LGAH concurren a precisarlo. En primer término, el artículo 30, que prescribe que la fundación de centros de población deberá realizarse en tierras susceptibles para el aprovechamiento urbano, evaluando su impacto ambiental y respetando primordialmente las áreas naturales protegidas, el patrón de asentamiento humano rural y las comunidades indígenas. Y, en segundo término, el artículo 28, que en su párrafo segundo previene que las tierras agrícolas y forestales, así como las destinadas a la preservación ecológica, deberían utilizarse preferentemente en dichas actividades o fines.

Las disposiciones sobre conservación, mejoramiento y crecimiento de los centros de población que contiene la LGAH son especialmente importantes desde un punto de vista ambiental. Dispone el artículo 31 de la Ley que los planes o programas municipales de desarrollo urbano señalarán las acciones específicas para esos efectos y establecerán la zonificación correspondiente. Agrega el artículo 32 que la legislacion estatal de desarrollo urbano señalará los requisitos y alcances de las acciones de conservación, mejoramiento y crecimiento de los centros de población y establecerá para ese efecto las disposiciones relativas a las materias que señala ese mismo precepto legal. Y precisa el artículo 33 que para la ejecución de las acciones de conservación y mejoramiento de los centros de población, además de las previsiones señaladas en el artículo anterior, la legislación estatal de desarrollo urbano deberá establecer otras disposiciones que dicho precepto indica.

cualquier otro derivado de la tenencia de bienes inmuebles ubicados en los centros de población.

[7] Aclara el párrafo primero del artículo 28 de la LGAH que las áreas y predios de un centro de población, cualquiera que sea su régimen jurídico, están sujetos a las disposiciones que en materia de ordenación urbana dicten las autoridades conforme a la propia LGAH y demás disposiciones aplicables.

Algunas de las disposiciones especiales que debe contener dicha legislación, al tenor de lo que establece el mencionado artículo 33 de la LGAH, se señalan a continuación: *1)* la protección ecológica de los centros de población; *2)* la proporción que debe existir entre las áreas verdes y las edificaciones destinadas a la habitación, los servicios urbanos y las actividades productivas; *3)* la preservación del patrimonio cultural y de la imagen urbana de los centros de población; *4)* la dotación de servicios, equipamiento o infraestructura urbana, en áreas carentes de ellas; *5)* la prevención, control y atención de riesgos y contingencias ambientales y urbanos en los centros de población.

233. La vivienda

La vivienda constituye —además de uno de los satisfactores fundamentales de las necesidades básicas de los individuos— un elemento principal de los asentamientos humanos y, como tal, un factor importante del ambiente construido por el hombre.

La Constitución Política incorporó en 1983 el llamado derecho a la vivienda a las garantías individuales previstas en su Capítulo I, mediante adición al artículo 4º de un nuevo párrafo (*Diario Oficial de la Federación,* 7-III-1983), que prescribe lo siguiente: "Toda familia tiene derecho a disfrutar de vivienda digna y decorosa. La ley establecerá los instrumentos y apoyos necesarios a fin de alcanzar tal objetivo" (actual párrafo quinto). A continuación, se expidió una Ley Federal de Vivienda (*Diario Oficial de la Federación,* 7-II-1984), que "es reglamentaria del Artículo 4º, párrafo quinto, de la Constitución General de la República" y cuyas disposiciones "tienen por objeto establecer y regular los instrumentos y apoyos para que toda familia pueda disfrutar de vivienda digna y decorosa (artículo 1º).

Estas disposiciones inciden en uno de los grandes problemas nacionales: hacia 1990 el déficit habitacional del país era aproximadamente de 6.1 millones de viviendas. Este déficit correspondía casi en su totalidad a viviendas consideradas como inadecuadas en función de su espacio y del tipo de materiales con que están edificadas. Así se podía leer en la sección 1.2 del Programa Nacional de Vivienda 1990-1994 (*Diario Oficial de la Federación,* 5-VII-1990). Hacia 1994 el déficit nacional era de 4.6 millones de viviendas, entre necesidades de construcción y mejoramiento, como lo señala el Plan Nacional de Desarrollo 1995-2000 *(Diario Oficial de la Federación,* 31-V-1995).

En este libro se examinan sólo los aspectos ambientales de la regulación jurídica del derecho a la vivienda y de la vivienda misma. En ese orden de ideas, lo primero que hay que destacar es que la Ley Orgánica de la Administración Pública Federal comenzó por establecer que habría una "política general de vivienda", cuya formulación y conducción quedó a cargo de la desaparecida Secretaría de Desarrollo Urbano y

Ecología (artículo 37, fracción I, de acuerdo con la reforma publicada en el *Diario Oficial de la Federación,* 29-XII-1982). Debe señalarse que, de acuerdo con las reformas, derogaciones y adiciones de mayo de 1992 a dicha Ley, corresponde actualmente a la Secretaría de Desarrollo Social la formulación, conducción y evaluación de la política de desarrollo social y, en particular, de la de vivienda (artículo 32, fracción I). En 1984, la Ley Federal de Vivienda —que denominó "política nacional de vivienda" a la entonces política "general" sobre la materia—, estableció los lineamientos generales a que ésta se sujetaría. Entre esos lineamientos figuran el "impulso a la función de la vivienda como factor de ordenamiento territorial y estructuración de los centros de población y de arraigo y mejoría de la población rural en su medio", así como el de "la integración de la vivienda a su entorno ecológico y la preservación de los recursos y características del medio ambiente" (artículo 2º fracciones VIII y XI), con lo que la LFV hace patente, desde un principio, su especial preocupación por la vivienda como factor ambiental.

Hay que señalar, además, que la misma Ley establece los "instrumentos y apoyos al desarrollo de la política nacional de vivienda", que incluyen, en primer término, "la formulación, instrumentación, control y evaluación de los programas de las dependencias y entidades de la Administración Pública Federal, que participan en la producción, asignación, financiamiento y mejoramiento de la vivienda" (artículo 4º, fracción I). A esa materia está destinado el Capítulo II de la Ley, que trata de la programación de las acciones públicas federales de vivienda y establece que ello se hará a través de: *1)* el Programa Sectorial de Vivienda; *2)* los programas institucionales de las entidades de la Administración Pública Federal que lleven a cabo acciones habitacionales, y *3)* los programas operativos anuales de la Secretaría de Desarrollo Urbano y Ecología (hoy, de la Secretaría de Desarrollo Social) y de las demás dependencias y entidades de la Administración Pública Federal, que regirán las acciones habitacionales específicas. Esta programación está sujeta no sólo a la LFV, sino además a la Ley de Planeación y al Plan Nacional de Desarrollo, debiendo por otra parte ser congruente con los programas de desarrollo urbano y vivienda estatales y municipales, en los términos de los respectivos acuerdos de coordinación (artículo 7º). Las normas sobre programación ponen también de manifiesto su preocupación por la vivienda como factor ambiental. Así, el Programa Sectorial de Vivienda debe abarcar, entre otros lineamientos básicos, "la aplicación de criterios ecotécnicos" (artículo 1º fracción VII, que por lo demás son los criterios que la Secretaría debe incorporar en las normas de diseño y construcción de la vivienda (artículo 6º, fracción IX). Por su parte, los programas institucionales deben ajustarse, en lo conducente, al Programa Sectorial de Vivienda (artículo 14, párrafo primero). En todo caso, los programas operativos anuales de las entidades de la Administración Pública Federal que lleven a cabo acciones de vivienda, deben ser congruentes "con los programas sectoriales de desarrollo urbano y ecología" (artículo 15, fracción IV), y los programas de las mismas entidades que lleven a cabo acciones para la vivienda rural deben tender, entre otras cosas, "a la utilización de procedimientos de conservación y desarrollo ecológico" (artículo 18).

Otro de los instrumentos y apoyos al desarrollo de la política nacional de vivienda está constituido por las normas sobre tierra para la vivienda (artículo 4º, fracción II), las que prevén, por ejemplo, que las entidades de la Administración Pública Federal podrán adquirir y enajenar predios para destinarse a programas de vivienda, mediante la autorización de la Secretaría de Desarrollo Urbano y Ecología (hoy, la Secretaría de Desarrollo Social), que se otorgará en condiciones tales como su compatibilidad con lo previsto en los Programas Sectoriales de Desarrollo Urbano y Vivienda y de Ecología, así como la observancia de los planes y disposiciones locales que regulen el uso del suelo (artículo 23, fracciones II y III).

Las reglas sobre las normas y tecnología para la vivienda —que son también instrumentos y apoyos para el desarrollo de la política nacional de vivienda (artículo 4º, fracción IV) y que son la materia de que se ocupa el Capítulo V de la LFV— incluyen además consideraciones de naturaleza ambiental, como por ejemplo cuando prescriben que las normas de tecnología para la construcción de las viviendas deberán tener en cuenta, entre otros elementos, "la utilización de ecotécnicas y de ingeniería ambiental aplicable a la vivienda" (que deberá considerar *inter alia* "la racionalización del uso del agua y sus sistemas de reutilización") y "el aprovechamiento de fuentes alternas de energía" (artículo 40, fracciones II y IV).

Éstos son algunos de los aspectos ambientales que presenta la regulación jurídica de la vivienda. Su marco es el Sistema Nacional de Vivienda, establecido por la LFV y definido como "el conjunto integrado y armónico de relaciones jurídicas, económicas, sociales, políticas, tecnológicas y metodológicas que dan coherencia a las acciones, instrumentos y procesos de los sectores público, social y privado, orientados a la satisfacción de las necesidades de vivienda" (artículo 3º). Dentro de ese marco, la Secretaría de Desarrollo Social —que en la actualidad es la encargada de coordinar dicho Sistema (artículo 6º, fracción IV)— está facultada para celebrar, cuando proceda, convenios de coordinación con los gobiernos de los estados y los municipios, así como convenios de concertación con las organizaciones sociales y los particulares (artículos 57 y 63).

De conformidad con las reformas, adiciones y derogaciones de mayo de 1992 a la Ley Orgánica de la Administración Pública Federal, corresponde a la Secretaría de Desarrollo Social promover y concertar programas de vivienda y apoyar su ejecución, con la participación de los gobiernos estatales y municipales y los sectores social y privado; fomentar la organización de sociedades cooperativas de vivienda y materiales de construcción, en coordinación con las Secretarías de Trabajo y Previsión Social y de Comercio y Fomento Industrial, y promover y apoyar mecanismos de financiamiento para la vivienda, con la participación de las dependencias y entidades de la Administración Pública Federal correspondientes, de los gobiernos estatales y municipales, de las instituciones de crédito y de los diversos grupos sociales (artículo 32, fracciones XII, XIII y XIV).

234. LA LGEEPA, LOS ASENTAMIENTOS HUMANOS Y LA VIVIENDA

La considerable influencia que los asentamientos humanos y la vivienda ejercen en el medio ambiente llevó a que la LGEEPA incluyera algunas disposiciones sobre la materia que en su momento se llamó "regulación ecológica de los asentamientos humanos" (artículos 23 a 27) y que, luego de las modificaciones de 1996, se llama "regulación ambiental de los asentamientos humanos" (artículo 23). En los términos de la exposición de motivos de la iniciativa de dichas modificaciones, éstas tuvieron por objeto reforzar la vinculación que existe entre la planeación del desarrollo urbano y la preservación del equilibrio ecológico y la protección al ambiente, mediante la ampliación de los criterios ambientales que deben observarse en la planeación y gestión de las ciudades y que constituyen los lineamientos para un desarrollo urbano sostenible.

En efecto, desde la perspectiva de la LGEEPA, el desarrollo urbano y la vivienda es uno de los instrumentos de la política ambiental y, por consiguiente, las normas que la LGEEPA destina a esta materia pretenden poner al servicio de la política ambiental las acciones que tienen que ver con los asentamientos humanos y la vivienda.

Estas disposiciones no establecen normas sobre planeación del desarrollo urbano y la vivienda, que son materia de los ordenamientos jurídicos especiales ya examinados, sino que políticas ambientales específicas, bajo la forma de "criterios" que deben tenerse en consideración en dicha planeación. Desde ese punto de vista, tales disposiciones son complementarias de la Ley General de Asentamientos Humanos y la Ley Federal de Vivienda.

En la actualidad, estas disposiciones se encuentran reducidas al artículo 23 de la LGEEPA, donde se dice que "para contribuir al logro de los objetivos de la política ambiental, la planeación del desarrollo urbano y la vivienda, además de cumplir con lo dispuesto en el artículo 27 constitucional en materia de asentamientos humanos, considerará los siguientes criterios", mismos que son enunciados a lo largo de nueve fracciones. Ellos han sido mencionados en la sección 69 y son examinados a continuación en función con la relación que tienen con diversos asuntos ambientales.

1) Los planes o programas de desarrollo urbano deberán tomar en cuenta los lineamientos y estrategias contenidas en los programas de ordenamiento ecológico del territorio. El precepto se refiere a la importante subordinación de estos planes o programas al ordenamiento ecológico del territorio, que ha sido analizado en la sección 68 de este libro.

2) En la determinación de los usos del suelo, se buscará lograr una diversidad y eficiencia de los mismos y se evitará el desarrollo de esquemas segregados o unifuncionales, así como las tendencias a la suburbanización extensiva. El precepto se vincula a las demás disposiciones de la LGEEPA relativa a la protección de los suelos, que es un tema analizado básicamente en el capítulo IX de este libro.

3) En la determinación de las áreas para el crecimiento de los centros de población, se fomentará la mezcla de los usos habitacionales con los productivos que no representen riesgos o daños a la salud de la población y se evitará que se afecten áreas con alto valor ambiental. El precepto se relaciona con las disposiciones sobre localización de las actividades productivas que se analizan en el capítulo siguiente y con las disposiciones sobre protección de los suelos forestales y agrícolas que se han examinado en los capítulos VIII y IX de este libro.

4) Se deberá privilegiar el establecimiento de sistemas de transporte colectivo y otros medios de alta eficiencia energética y ambiental. El precepto se inscribe dentro de las normas protectoras de los recursos energéticos y de la atmósfera, examinadas en los capítulos XII y XV de este libro.

5) Se establecerán y manejarán en forma prioritaria las áreas de conservación ecológica en torno a los asentamientos humanos. El precepto se refiere a las zonas de preservación ecológica de los centros de población, mencionadas en el artículo 46, fracción X, de la LGEEPA, como áreas naturales protegidas que, sin embargo, no son de competencia de la Federación.

6) Las autoridades de la Federación, los estados, el Distrito Federal y los municipios, en la esfera de su competencia, promoverán la utilización de instrumentos económicos, fiscales y financieros de política urbana y ambiental, para inducir conductas compatibles con la protección y restauración del medio ambiente y con un desarrollo urbano sustentable. El precepto se inscribe dentro la tendencia de propiciar el uso de instrumentos económicos para la protección del medio ambiente, como los que son analizados en el capítulo V de este libro.

7) El aprovechamiento del agua para usos urbanos deberá incorporar de manera equitativa los costos de su tratamiento, considerando la afectación a la calidad del recurso y la cantidad que se utilice. En el capítulo X de este libro se examinan los problemas vinculados con el escaso tratamiento de las aguas residuales provenientes de usos urbanos.

8) Para determinar las áreas para actividades altamente riesgosas se establecerán las zonas intermedias de salvaguarda en las que no se permitirán los usos habitacionales, comerciales u otros que pongan en riesgo a la población. En el capítulo siguiente se analizan los problemas creados por el desarrollo de actividades altamente riesgosas en los centros de población.

9) La política ecológica debe buscar la corrección de aquellos desequilibrios que deterioren la calidad de vida de la población y, a la vez, prever las tendencias de crecimiento del asentamiento humano, para mantener una relación suficiente entre la base de recursos y la población, y cuidar de los factores ecológicos y ambientales que son parte integrante de la calidad de la vida. El precepto apunta al problema básico que crean los asentamientos humanos en relación con la base de los recursos naturales. Los asentamientos humanos son grandes demandantes de servicios ambientales y, por consiguiente, en su desarrollo debe tenerse especialmente en consideración la relación de armonía que deben establecer con el medio natural que le presta dichos servicios ambientales.

XVII. LA REGULACIÓN DE LAS ACTIVIDADES INDUSTRIALES

235. El contenido del capítulo

Como se ha dicho, las industrias ocupan una parte importante del ambiente construido y sus actividades ejercen una influencia determinante sobre el medio ambiente en general. Esta influencia se refiere al ambiente construido del que forman parte las industrias, pero también al medio natural en el que se sustentan y desarrollan las actividades industriales, esto es, a las fuentes de aprovisionamiento de energía y de recursos naturales que son necesarios para los procesos industriales, así como a los suelos, aguas y aire en los que se descargan los residuos sólidos, líquidos y gaseosos que generan las actividades industriales.

En este capítulo se examinan algunas normas jurídicas que contienen disposiciones que se ocupan de los efectos ambientales de dichas actividades, empezando por la Ley General del Equilibrio Ecológico y la Protección al Ambiente. Cabe decir que en ninguna de esas normas jurídicas, incluidas las de la LGEEPA, la materia está regulada de una manera integral. Sin embargo, la verdad es que por lo menos la Ley ha venido a llenar algunos importantes vacíos en la materia. Un renglón significativo de estas normas jurídicas se ocupa de las actividades riesgosas y de los materiales y residuos peligrosos, así como de la contaminación de la atmósfera, el suelo y el agua. Otro renglón importante se encuentra constituido por las normas que tratan de la localización industrial, mediante la descentralización territorial de las mismas. Por último, un renglón potencialmente importante de estos ordenamientos jurídicos es la legislación sobre ciencia y tecnología, incluida su transferencia, así como sobre inversiones extranjeras.

En consecuencia, el análisis que se hace del sistema jurídico de protección del ambiente frente a las actividades industriales, se inicia con el estudio de las disposiciones de la LGEEPA que se refieren a la materia. Este estudio comprende las nuevas disposiciones sobre actividades altamente riesgosas y sobre materiales y residuos peligrosos, así como el Convenio de Basilea sobre el Control de los Movimientos Transfronterizos de los Desechos Peligrosos y su Eliminación. A continuación se examinan las reglas de la Ley General de Salud que son atinentes al mismo tema. Luego, se revisan las disposiciones que tratan de la localización industrial. Después, se analizan los ordenamientos jurídicos que tienen que ver con el desarrollo de la tecnología industrial, así como con la transferencia de tecnología y la inversión extranjera, que son factores que influyen de manera significativa en los efectos ambientales de las actividades industriales. Por último, se mencionan las normas vigentes sobre competencia de las Secretarías de Estado en materia de política industrial, dado que la ausencia de una legislación integral en materia de protección del ambiente de los efectos de las actividades industriales confiere una especial importancia a las medidas que se pueden adoptar estableciendo una política industrial que sea ambientalmente apropiada.

Vale la pena advertir que el hecho de que no exista en el país un ordenamiento jurídico que se ocupe de regular integralmente los efectos ambientales de las actividades industriales, no significa que nunca haya habido regulaciones sobre la materia. Esta función la cumplió en otra época el Reglamento para los Establecimientos Industriales o Comerciales Molestos, Insalubres o Peligrosos de 1940. Pero, este Reglamento, en consonancia con la situación que prevalecía en esa época, se basó exclusivamente en consideraciones sanitarias y, por otra parte, reguló la materia en función de las relaciones de vecindad. En efecto, su expedición se fundamentó en el entonces Código Sanitario vigente y su propósito fue "la protección de los vecinos" (artículo 1º), es decir, sus prescripciones estuvieron encaminadas exclusivamente a prohibir aquellas conductas que pudieran implicar molestias o daños a la salud o situaciones de peligro para los vecinos. La mayor parte de las disposiciones del Reglamento, están superadas por las nuevas normas vigentes en materia de contaminación.[1]

[1] El Reglamento de 1940 está inspirado en la idea de las "instalaciones clasificadas", que tiene su origen en el derecho francés. Al respecto cabe recordar que en 1810 se expidió en ese país un decreto, complementado en 1815 por una ordenanza relativa a las manufacturas y talleres insalubres, incómodos o peligrosos, que dividía los establecimientos en tres clases de acuerdo con su alejamiento respecto de las casas-habitación y que hacía exigible una autorización previa para su funcionamiento. Este sistema napoleónico fue abrogado por la Ley del 19 de diciembre de 1917 sobre establecimientos peligrosos, insalubres o incómodos, la que a su vez fue abrogada por una nueva Ley sobre instalaciones clasificadas, del 19 de julio de 1976, actualmente en vigor.

236. Los problemas ambientales generados por las actividades industriales

Las actividades industriales fueron, desde la década de los cuarenta hasta el inicio de la década de los ochenta, el factor más dinámico del crecimiento económico de México, como lo pone de manifiesto la composición del producto interno bruto del país en ese período. En efecto, mientras la economía en México creció a un ritmo aproximado de 6% anual, la industria lo hizo en alrededor de 8%, lo que significó que, en cuarenta años, duplicara su participación en el producto interno bruto, que pasó de menos de 20% en 1940 a cerca de 39% en 1980.[2]

Esta circunstancia le dio a México el perfil de un país industrializado, en el que se reprodujeron, muchas veces de una manera más acentuada aún, aquellas formas de deterioro del ambiente que son la consecuencia directa de las actividades industriales que no están sometidas a las limitaciones necesarias para impedir que se generen tales consecuencias.

Aunque el ajuste estructural de la década de los ochenta implicó un decremento del crecimiento industrial (con excepción del sector industrial exportador), ese perfil no fue afectado de manera sensible. El auge industrial de la década de los noventa, con los altibajos de la crisis de 1994, más bien ha confirmado dicho perfil, así como los problemas ambientales generados por las actividades industriales.

En términos generales, los problemas ambientales que crean las actividades industriales tienen que ver con la falta de adecuación de los respectivos procesos productivos al medio natural en que se apoyan, pero también al medio construido dentro del cual tienen lugar. Esta falta de adecuación puede ser considerada desde diversos puntos de vista. Para ese efecto es indispensable examinar las características del proceso de industrialización en las últimas décadas, que en países como los de América Latina es un proceso que forma parte de un estilo de desarrollo exógeno, impuesto a partir de la conclusión de la Segunda Guerra Mundial.

En lo que ahora interesa, cabe decir que este estilo de desarrollo no toma en consideración la necesidad de compatibilizar los procesos económicos con los procesos naturales y, en el sector industrial, impone un modelo de industrialización cuyos efectos negativos en el ambiente se traducen en la sobreexplotación de ciertos recursos naturales y la subutilización de otros (con base en la teoría de las ventajas comparativas); en una utilización intensiva de energía por combustibles, en especial el petróleo (la industria consume 37% de la energía mundial) y en una concentración de las empresas, con formas monopólicas u oligopólicas, que tienden a radicarse en los grandes centros urbanos (con las consiguientes consecuencias negativas de los procesos de metropolización); en la ge-

[2] *Cf. Programa Nacional de Fomento Industrial y Comercio Exterior 1984-1988* (*Diario Oficial de la Federación*, 13-VIII-1984), sección 2.1.

neración de residuos (2 100 millones de toneladas de residuos sólidos); en el impulso de actividades eminentemente tóxicas o de alta peligrosidad (como las que corresponden a las industrias más dinámicas); y en el incremento acelerado de los procesos de contaminación de las aguas, los suelos y el aire, como consecuencia de las descargas no sujetas a conrol de un cada vez mayor número de aguas residuales, desechos industriales, gases y partículas, progresivamente más tóxicos o peligrosos (338 millones de toneladas de residuos peligrosos, así como 50% del dióxido de carbono y 90% de los óxidos de azufre).

En este modelo de industrialización hay que incluir, por cierto, la tendencia a la relocalización de industrias que presenta inconvenientes ambientales en sus países de origen, en la que tienen una participación importante las empresas transnacionales. En este sentido, debe recordarse que la Declaración de Río contiene un principio sobre la materia: "Los Estados deberán cooperar efectivamente para desalentar o evitar la relocalización y la transferencia a otros Estados de cualesquiera actividades o substancias que causen degradación ambiental grave o se consideren nocivas para la salud humana" *(principio 14)*.

Uno de los aspectos más relevantes de los efectos negativos de las actividades industriales en el ambiente está constituido por la concentración excesiva de las industrias en los grandes centros urbanos, como consecuencia de decisiones erróneas, desde un punto de vista ambiental, sobre la localización de las empresas. En efecto, la localización de las industrias se ha resuelto tradicionalmente de acuerdo con criterios que tienen que ver, a su vez, con la localización de la mano de obra y sobre todo del mercado al que se destinarán los productos industriales. Lo anterior ha determinado que las instalaciones industriales se hayan concentrado en los grandes centros urbanos. Al deterioro de la calidad de la vida de los habitantes de los grandes centros urbanos por la inexistencia de la infraestructura necesaria, se ha agregado el incremento de los niveles de contaminación ambiental, derivado de la concentración de las actividades industriales, por lo general no sujetas a ningún control, en áreas geográficas extremadamente reducidas.

Estos problemas ambientales generados por las actividades industriales se han reproducido puntualmente en México. En efecto, el crecimiento industrial del período 1940-1980 fue caracterizado, por ejemplo, por su excesiva concentración en los grandes centros urbanos. En el caso de la zona metropolitana de la ciudad de México, es de señalarse que allí se produce cerca de un tercio de los productos manufacturados, mientras que que casi las dos terceras partes de los mismos se producen sólo en las cinco entidades federadas más grandes del país. La concentración de las actividades industriales en esa mínima porción del territorio nacional (0.48%), cuyas características topográficas y climáticas por otra parte no son adecuadas, ha contribuido de una manera importante a generar los graves problemas de contaminación de la atmósfera propios del Valle de México, que afectan a su numerosa población (aunque en esta zona es más relevante aún la contribución de los vehículos automotores).[3] La misma concentración excesiva ha significado en esta misma zona una presión extraordinaria sobre el agua, cuyo consumo creciente por las industrias ha perjudicado otros usos posibles, en especial el consumo humano y, de manera más específica, de los sectores de menores ingresos de la población de los centros urbanos. Algo similar puede decirse respecto de las diversas formas de contaminación del agua y del suelo.

A los problemas de la concentración excesiva de las actividades industriales en México, se agrega la presión extraordinaria que estas actividades han ejercido históricamente sobre la energía, en especial sobre la electricidad y los derivados del petróleo. Ello contrasta con los esfuerzos que se han hecho en los países desarrollados para reducir el consumo de energía. En el período 1978-1993, por ejemplo, en los países de la OCDE la intensidad energética se redujo en 20%, mientras que en México creció en 13%.

A fines de la década de los noventa, la política industrial sigue considerando sólo de manera marginal los problemas de las actividades industriales. El *Programa de Política Industrial y Comercio Exterior* 1995-2000 contiene, por cierto, algunas referencias a los problemas ambientales generados por las actividades industriales y, por ejemplo, propicia el ahorro energético.[4] El fenómeno de la globalización de la economía a que estamos asistiendo, acompañada de la apertura del comercio exterior, plantea serios interrogantes sobre la conveniencia de la propia globalización, si ello implica reproducir patrones de producción y consumo que históricamente han mostrado ser insostenibles desde un punto de vista ambiental. Este mismo fenómeno subraya la importancia que pasan a tener las regulaciones ambientales internacionales, dentro de las cuales deben incluirse las que se están generando en el sector privado *(v.gr. ISO* 14000).

237. La protección jurídica del ambiente de los efectos de las actividades industriales en la LGEEPA

El examen de la protección jurídica del ambiente de los efectos de las actividades industriales, debe hacerse a partir del artículo 5º constitucional, que establece la llamada "libertad económica" y que fue examinado más atrás. En efecto, es de recordarse que ese precepto constitu-

[3] El *Programa de Medio Ambiente 1995-2000* recuerda que el inventario de emisiones de 1994 incluye 4 623 empresas, que en su conjunto emiten 105 721 toneladas anuales, destacando por otra parte la concentración de estas emisiones dentro del sector industrial. En efecto, tan sólo 94 empresas emiten cerca de 70% de los contaminantes totales del sector a la atmósfera y, respecto de ciertos contaminantes, cerca de 83% de las emisiones totales (pp. 54 y 55).

[4] *Cf.* la sección 1.2 de ese Programa, publicado en el *Diario Oficial de la Federación* del 31 de mayo de 1996.

cional dispone que "a ninguna persona podrá impedírsele que se dedique a la profesión, industria, comercio o trabajo que le acomode, siendo lícitos..."; pero, agrega que "el ejercicio de esa libertad sólo podrá vedarse por determinación judicial, cuando se ataquen los derechos de tercero, o por resolución gubernativa, dictada en los términos que marque la Ley, cuando se ofendan los derechos de la sociedad..." (párrafo primero). En consecuencia, la Constitución Política permite que se impongan restricciones a las actividades industriales en función de los derechos de la sociedad. Entre estas restricciones deben entenderse incluidas aquellas que limitan las actividades industriales por consideraciones que tienen que ver con la protección del ambiente.

De acuerdo con lo que establece la Constitución Política, corresponde a las leyes establecer los términos en los cuales la autoridad gubernativa puede someter a limitaciones el ejercicio de la libertad de industria. En el pasado inmediato, las limitaciones más importantes que tenían una naturaleza netamente económica, con base en la Ley de Atribuciones del Ejecutivo Federal en Materia Económica y en la Ley Orgánica del Artículo 28 Constitucional en Materia de Monopolios (ambas leyes fueron abrogadas por la Ley Federal de Competencia Económica, publicada en el *Diario Oficial de la Federación* del 24 de diciembre de 1992). En verdad, las limitaciones basadas en consideraciones ambientales eran y son escasas, si se exceptúa las contenidas en la Ley General del Equilibrio Ecológico y la Protección al Ambiente, que se examinan a continuación.*

Como se ha dicho, la LGEEPA no regula de una manera sistemática la protección del ambiente de los efectos de las actividades industriales. En términos generales, ese tema está normado indirectamente por las disposiciones que se refieren a la protección de la naturaleza de los efectos nocivos del ambiente. Sin embargo, la verdad es que la LGEEPA también se ocupa de la materia mediante algunas disposiciones que regulan directamente el tema de la industria y el medio ambiente, como las reglas que tratan del ordenamiento ecológico y de la evaluación del impacto ambiental.

En materia de *ordenamiento ecológico*, hay que recordar, por lo menos, que el artículo 20 de la LGEEPA establece que el ordenamiento ecológico general del territorio determinará los lineamientos y estrategias ecológicas para la localización de actividades productivas y de los asentamientos humanos, mientras que el artículo 20 bis 3 dispone algo similar respecto del ordenamiento ecológico regional. Y en materia de *evaluación del impacto ambiental*, debe considerarse que la fracción III del artículo 29 de la LGEEPA extiende el campo de aplicación de ese instrumento de la política ambiental a la industria petrolera, petroquímica, química, siderúrgica, papelera, azucarera, del cemento y eléctrica.

Otras disposiciones de la LGEEPA que tienen que ver con este tema, aunque no exclusivamente con los efectos ambientales de las activida-

* Véase Addenda, § 3.

des industriales, son los relativos a las *actividades altamente riesgosas* y a los *materiales y residuos peligrosos*. El examen de ambas materias se ha reservado para este capítulo, teniéndose en consideración que la mayor parte de las actividades altamente riesgosas tienen una naturaleza industrial y que los materiales y residuos peligrosos se asocian por lo general a las actividades industriales (el examen del régimen jurídico de los residuos no peligrosos, en cambio, fue hecho en el capítulo IX, por la vinculación que presenta ese tema con la contaminación de los suelos).

238. Las actividades altamente riesgosas

Se trata de una materia que la Ley General del Equilibrio Ecológico y la Protección al Ambiente incorporó a la legislación propiamente ambiental en 1988, pues la Ley Federal de Protección al Ambiente no la había incluido entre sus prescripciones. El tema, sin embargo, no era ajeno a la legislación federal mexicana, que hacia esa época contaba con un número importante de normas dispersas en diversos ordenamientos jurídicos que se refería a la seguridad en las actividades industriales y de servicios, muchas veces en estrecha vinculación con la legislación laboral.

La materia está regulada de manera sistemática en los artículos 145 a 149, que integran el Capítulo V del Título IV sobre "actividades consideradas como altamente riesgosas". La mayor parte de estas disposiciones fueron modificadas en 1996.

Las actividades que deben ser consideradas como altamente riesgosas para los efectos de lo establecido sobre el particular por la LGEEPA no están enumeradas en la propia Ley. En efecto, su artículo 146 se limita a encomendar a la Secretaría de Medio Ambiente, Recursos Naturales y Pesca la *clasificación* de aquéllas que deban considerarse como tales en virtud de las características corrosivas, reactivas, explosivas, tóxicas, inflamables o biológico-infecciosas (CRETIB) para el equilibrio ecológico o el ambiente, de los materiales que se generen o manejen en los establecimientos industriales, comerciales o de servicios, considerando, además, los volúmenes de manejo y la ubicación del establecimiento. Esta clasificación debe ser hecha conforme al Reglamento sobre la materia, previa opinión de las Secretarías de Energía, de Comercio y Fomento Industrial, de Salud, de Gobernación y del Trabajo y Previsión Social.[5]

De acuerdo con la LGEEPA, las actividades altamente riesgosas se deben llevar a cabo con apego a sus propias prescripciones y, además, las disposiciones reglamentarias que de ella emanen y las normas oficiales mexicanas que se expidan. Quienes realicen actividades altamente riesgosas, en los términos del Reglamento correspondiente, deberán formu-

[5] Hasta ahora, se han publicado dos listados de actividades altamente riesgosas: el primero se refiere al manejo de sustancias tóxicas y el segundo al manejo de sustancias inflamables y explosivas (*Diario Oficial de la Federación,* 20-III-1990 y 4-V-1992, respectivamente).

lar y presentar a la Secretaría un *estudio de riesgo ambiental*, así como someter a la aprobación de dicha dependencia y de las Secretarías de Gobernación, de Energía, de Comercio y Fomento Industrial, de Salud, y del Trabajo y Previsión Social, los *programas para la prevención de accidentes* en la realización de tales actividades, que puedan causar graves desequilibrios ecológicos. Así lo dispone el artículo 147 de la LGEEPA.

Las prescripciones de la LGEEPA sobre esta materia están reforzadas con la tipificación de un *delito* en el artículo 414 del Código Penal para el Distrito Federal en Materia de Fuero Común y para toda la República en Materia de Fuero Federal (que antes se encontraba tipificado en el artículo 183 de la propia LGEEPA). Prescribe esa disposición que se aplicará pena de tres meses a seis años de prisión y de mil a veinte mil días multa, al que sin contar con las autorizaciones respectivas o violando las normas oficiales mexicanas a que se referiere el artículo 147 de la LGEEPA, realice, autorice u ordene la realización de actividades que conforme a ese mismo ordenamiento se consideren como altamente riesgosas y que ocasionen daños a la salud pública, a los recursos naturales, a la flora, a la fauna o a los ecosistemas (párrafo primero). La pena de prisión se incrementará hasta en tres años si dichas actividades se llevan a cabo en un centro de población (párrafo segundo).

Dentro de ese mismo Capítulo se establece un conjunto de normas que se refieren a la *localización de las actividades consideradas altamente riesgosas*. Dispone el artículo 145 de la LGEEPA que la Secretaría promoverá que en la determinación de los usos del suelo se especifiquen las zonas en las que se permita el establecimiento de industrias, comercios o servicios considerados riesgosos por la gravedad de los efectos que puedan generar en los ecosistemas o en el ambiente tomándose en consideración: *1)* las condiciones topográficas, meteorológicas, climatológicas, geológicas y sísmicas de las zonas; *2)* su proximidad a centros de población, previendo las tendencias de expansión del respectivo asentamiento y la creación de nuevos asentamientos; *3)* los impactos que tendría un posible evento extraordinario de la industria, comercio o servicio de que se trate, sobre los centros de población y sobre los recursos naturales; *4)* la compatibilidad con otras actividades de las zonas; *5)* la infraestructura existente y necesaria para la atención de emergencias ecológicas; y *6)* la infraestructura para la dotación de servicios básicos.

Esta norma se encuentra complementada por otra que se refiere a los casos en que, para garantizar la seguridad de los vecinos de una industria que lleve a cabo actividades altamente riesgosas, sea necesario establecer una *zona intermedia de salvaguarda*. Se trata del artículo 148, que faculta al Gobierno Federal para, mediante declaratoria, establecer restricciones a los usos urbanos que pudieran ocasionar riesgos para la población. El mismo precepto establece que la Secretaría promoverá, ante las autoridades locales competentes, que los planes o programas de desarrollo urbano establezcan que en dichas zonas no se permitirán los usos habitacionales, comerciales u otros que pongan en riesgo a la población.

Por último, el artículo 149 establece que los estados y el Distrito Federal regularán la realización de actividades que no sean consideradas altamente riesgosas, cuando éstas afecten el equilibrio de los ecosistemas o el ambiente dentro de la circunscripción territorial correspondiente, de conformidad con las normas oficiales mexicanas que resulten aplicables, agregando que la legislación local definirá las bases a fin de que la Federación, los estados, el Distrito Federal y los municipios, coordinen sus acciones respecto de las actividades a que se refiere este precepto.

239. Los materiales y residuos peligrosos*

El problema de los residuos peligrosos en México ha alcanzado niveles preocupantes. Se estima que la generación total de residuos peligrosos de origen industrial en el país asciende a un volumen aproximado de ocho millones de toneladas anuales, lo que no incluye los jales mineros (que también podrían ser peligrosos y que representan entre 3 00 000 a 500 000 toneladas diarias). Por otra parte, la infraestructura y los sistemas de manejo en operación son sumamente precarios.[6]

La materia se encuentra regulada por los artículos 150 a 153 de la LGEEPA, que integran el capítulo VI de su Título IV y que lleva por denominación "materiales y residuos peligrosos". Estas disposiciones fueron modificadas de manera profunda en 1996.

La *regulación* de los materiales y residuos peligrosos está incorporada en las disposiciones de la propia LGEEPA, así como en su Reglamento y las normas oficiales mexicanas que expida la Secretaría, previa opinión de las Secretarías de Comercio y Fomento Industrial, de Salud, de Energía, de Comunicaciones y Transportes, de Marina y de Gobernación. La regulación del manejo de esos materiales y residuos incluirá según corresponda, su uso, recolección, almacenamiento, transporte, reuso, reciclaje, tratamiento y disposición final (artículo 150, párrafo primero).

Por su parte, la *clasificación* de los materiales y residuos peligrosos está encomendada al Reglamento y a las normas oficiales mexicanas sobre la materia, que deberán contener los criterios y listados respectivos, identificándolos por su grado de peligrosidad y considerando sus características y volúmenes. Corresponde a la Secretaría la regulación y el control de los materiales y residuos peligrosos (artículo 150, párrafo segundo).

Los requisitos para el *etiquetado y envasado, así como para la evaluación de riesgo e información sobre contingencias y accidentes que pudieran generarse por su manejo, particularmente tratándose de sustancias químicas*, debe ser materia de las normas oficiales mexicanas que debe

* Véase Addenda, § 6.

[6] *Cf.* p. 42 del *Programa para la minimización y manejo integral de los residuos peligrosos en México* (SEMARNAP, México, 1996).

expedir la Secretaría, en coordinación con las antes mencionadas dependencias.

En lo que hace a la *responsabilidad*, la LGEEPA establece el principio llamado "de la cuna a la tumba". En efecto, dispone el párrafo primero del artículo 151 que "la responsabilidad del manejo y disposición final de los residuos peligrosos corresponde a quien los genera". Y agrega el mismo párrafo que, en el caso de que se contraten los servicios de manejo y disposición final de los residuos peligrosos con empresas autorizadas por la Secretaría y los residuos sean entregados a dichas empresas, la responsabilidad por las operaciones será de éstas, independientemente de la responsabilidad que, en su caso, tenga quien los generó.

En todo caso, quienes generen, reusen o reciclen residuos peligrosos, deberán hacerlo del *conocimiento* de la Secretaría en los términos previstos en el Reglamento de la presente Ley (artículo 151, párrafo segundo).

Por otra parte, el *confinamiento de residuos peligrosos* está limitado a aquellos que no puedan ser técnica y económicamente sujetos de reuso, reciclamiento o destrucción térmica o físico química, quedando estrictamente prohibido el confinamiento de residuos peligrosos en estado líquido (artículo 151, párrafo tercero).

La Secretaría de Medio Ambiente, Recursos Naturales y Pesca ejerce un control sobre diversas actividades vinculadas con el manejo de los residuos peligros. En efecto, requiere de *autorización previa* de la Secretaría: *1)* la prestación de servicios a terceros que tenga por objeto la operación de sistemas para la recolección, almacenamiento, transporte, reuso, tratamiento, reciclaje, incineración y disposición final de residuos peligrosos; *2)* la instalación y operación de sistemas para el tratamiento o disposición final de residuos peligrosos, o para su reciclaje cuando éste tenga por objeto la recuperación de energía, mediante su incineración; y *3)* la instalación y operación, por parte del generador de residuos peligrosos, de sistemas para su reuso, reciclaje y disposición final, fuera de la instalación en donde se generaron dichos residuos.

La *prevención y reducción de la generación de residuos peligrosos, así como su reuso y reciclaje* es altamente deseable. Por eso, el párrafo primero del artículo 152 dispone que la SEMARNAP promoverá programas tendientes a ese propósito, prescribiendo el párrafo segundo del mismo precepto que, en aquellos casos en que los residuos peligrosos puedan ser utilizados en un proceso distinto al que los generó, el Reglamento de la Ley y las normas oficiales mexicanas que se expidan deberán establecer los mecanismos y procedimientos que hagan posible su manejo eficiente desde el punto de vista ambiental y económico. Estas normas son complementadas por los párrafos tercero y cuarto del mismo artículo. Establece el primero de esos preceptos que los residuos peligrosos que sean usados, tratados o reciclados en un proceso distinto al que los generó, dentro del mismo predio, serán sujetos a un control interno por parte de la empresa responsable, de acuerdo con las formalidades que establezca el Reglamento de la presente Ley. Y dispone el segundo de dichos preceptos que en los casos en que dichos residuos deban ser transportados a un predio distinto a aquél en el que se generaron, se estará a lo dispuesto en la normatividad aplicable al transporte terrestre de residuos peligrosos.[7]

La *contaminación del suelo por materiales o residuos peligrosos* es objeto de una disposición especial, que establece la obligación de su "limpieza" por parte de los responsables del manejo de dichos materiales o residuos. Establece sobre el particular el artículo 152 bis de la LGEEPA que cuando la generación, manejo o disposición final de materiales o residuos peligrosos, produzca contaminación del suelo, dichos responsables deberán llevar a cabo las acciones necesarias para recuperar y restablecer las condiciones del mismo, con el propósito de que éste pueda ser destinado a alguna de las actividades previstas en el programa de desarrollo urbano o de ordenamiento ecológico que resulte aplicable, para el predio o zona respectiva.

Por último, la LGEEPA se ocupa extensamente de la *importación y exportación de materiales o residuos peligrosos*, mediante su artículo 153. Este extenso tratamiento se justifica porque uno de los problemas ambientales globales más acuciantes es precisamente el movimiento transfronterizo de este tipo de materiales o residuos, en especial de países industrializados a países subdesarrollados. Las modificaciones de 1996 introdujeron algunos cambios a ese precepto.

Dispone el artículo 153 que la importación o exportación de materiales o residuos peligrosos se sujetará a las restricciones que establezca el Ejecutivo Federal, de conformidad con lo dispuesto en la Ley de Comercio Exterior, debiendo en todo caso observarse las siguientes disposiciones: *1)* corresponderá a la Secretaría el control y la vigilancia ecológica de los materiales o residuos peligrosos importados o a exportarse, aplicando las medidas de seguridad que correspondan, sin perjuicios de lo que sobre este particular prevé la Ley Aduanera; *2)* únicamente podrá autorizarse la importación de materiales o residuos peligrosos para su tratamiento, reciclaje o reuso cuando su utilización sea conforme a las leyes, reglamentos, normas oficiales mexicanas y demás disposiciones vigentes; *3) no podrá autorizarse la importación de materiales o residuos peligrosos cuyo único objeto sea su disposición final o simple depósito, almacenamiento o confinamiento en el territorio nacional o en las zonas donde la nación ejerce su soberanía y jurisdicción, o cuando su uso o fabricación no esté permitido en el país en que se hubiere elaborado* (lo que sale al paso de cualquier intento de que México se transforme en un "basurero" de otros países); *4)* no podrá autorizarse el tránsito por terri-

[7] Existe un Reglamento para el Transporte de Materiales y Residuos Peligrosos (*Diario Oficial de la Federación*, 27-IV-1993), complementado por un Acuerdo que establece modalidades en la prestación del servicio de transporte terrestre de materiales y residuos peligrosos, para los efectos de prestación de la garantía de cumplimiento de la obligación de reparar daños que la carga pueda ocasionar al medio ambiente (*Diario Oficial de la Federación*, 5-XI-1996).

torio nacional de materiales peligrosos que no satisfagan las especificaciones de uso o consumo conforme a las que fueron elaborados, o cuya elaboración, uso o consumo se encuentren prohibidos o restringidos en el país al que estuvieren destinados; ni podrá autorizarse el tránsito de tales materiales o residuos peligrosos, cuando provengan del extranjero para ser destinados a un tercer país; *5)* el otorgamiento de autorizaciones para la exportación de materiales o residuos peligrosos quedará sujeto a que exista consentimiento expreso del país receptor; *6)* los materiales y residuos peligrosos generados en los procesos de producción, transformación, elaboración o reparación en los que se haya utilizado materia prima introducida al país con el régimen de importación temporal, inclusive los regulados en el artículo 85 de la Ley Aduanera, deberán ser retornados al país de procedencia dentro del plazo que para tal efecto determine la Secretaría; *7)* el otorgamiento de autorizaciones por parte de la Secretaría para la importación o exportación de materiales o residuos peligrosos quedará sujeto a que se garantice debidamente el cumplimiento de lo que establezca la presente Ley y las demás disposiciones aplicables así como la reparación de los daños y perjuicios que pudieran causarse tanto en el territorio nacional como en el extranjero. Asimismo, la exportación de residuos peligrosos deberá negarse cuando se contemple su reimportación al territorio nacional; no exista consentimiento expreso del país receptor; el país de destino exija reciprocidad; o implique un incumplimiento de los compromisos asumidos por México en los tratados y convenciones internacionales en la materia.

Las autorizaciones que se hubieren otorgado para la importación o exportación de materiales y residuos peligrosos pueden *revocarse*, sin perjuicio de la imposición de la sanción o sanciones que corresponda. Esta revocación procede en los siguientes casos: *1)* cuando por causas supervinientes, se compruebe que los materiales o residuos peligrosos autorizados constituyen mayor riesgo para el equilibrio ecológico que el que se tuvo en cuenta para el otorgar la autorización correspondiente; *2)* cuando la operación de importación o exportación no cumplan los requisitos fijados en la guía ecológica que expida la Secretaría; *3)* cuando los materiales o residuos peligrosos ya no posean los atributos o características conforme a los cuales fueron autorizados; y *4)* cuando se determine que la autorización fue transferida a una persona distinta a la que solicitó la autorización, o cuando la solicitud correspondiente contenga datos falsos, o presentados de manera que se oculte información necesaria para la correcta apreciación de la solicitud (artículo 153, fracción VIII).

Por cierto, en la aplicación de las disposiciones sobre movimientos transfronterizos de residuos peligrosos y su eliminación, se deben tener en cuenta las reglas del Convenio de Basilea sobre la materia, suscrito y ratificado por México (*Diario Oficial de la Federación*, 8-IX-1991), que se examina en la siguiente sección.

Para concluir, digamos que el Código Penal para el Distrito Federal en Materia de Fuero Común y para toda la República en Materia de Fuero Federal tipifica un *delito* en esta materia, al disponer que se impondrá pena de tres meses a seis años de prisión y de mil a veinte mil días de multa a quien, sin autorización de la autoridad federal competente o contraviniendo los términos en que ésta haya sido concedida, realice cualquier actividad con residuos peligrosos que ocasionen o puedan ocasionar daños a la salud pública, a los recursos naturales, la fauna, la flora o a los ecosistemas (artículo 415, fracción I). Se trata de un delito de mero peligro, que antes se encontraba tipificado en el artículo 184, párrafo primero, de la LGEEPA. La misma pena se aplica a quien contraviniendo los términos de la autorización que para el efecto hubiere otorgado la Secretaría, importe o exporte materiales o residuos peligrosos (artículo 184, párrafo primero), aunque en términos diversos.

Las reglas sobre residuos peligrosos de la LGEEPA fueron desarrolladas en el Reglamento de la Ley General del Equilibrio Ecológico y la Protección al Ambiente sobre Residuos Peligrosos (*Diario Oficial de la Federación*, 25-XI-1988), mismo que deberá ser adecuado a las modificaciones que se introdujeron en 1996 sobre esta materia. El tema se encuentra regulado, además, por un conjunto de normas oficiales mexicanas.[8]

240. El Convenio de Basilea sobre el Control de los Movimientos Transfronterizos de los Desechos Peligrosos y su Eliminación

Este Convenio fue aprobado en Basilea el 22 de marzo de 1989, en una Conferencia de Plenipotenciarios convocada por el director ejecutivo del Programa de las Naciones Unidas para el Medio Ambiente y en la que participaron los gobiernos de 116 países, entre ellos México. El Convenio fue suscrito por 35 países y entró en vigor el 5 de mayo de 1992.

El propósito básico de este Convenio es regular los movimientos transfronterizos de desechos peligrosos y otros desechos, de modo que dichos movimientos sean permitidos sólo cuando el transporte y la eliminación final de los mismos sean ambientalmente racionales. Por "manejo ambientalmente racional de los desechos peligrosos o de otros desechos" se entiende, con arreglo a lo previsto en el párrafo ocho del artículo 2 del Convenio de Basilea, "la adopción de todas las medidas posibles para garantizar que los desechos peligrosos y otros desechos se manejen de manera que queden protegidos el medio ambiente y la salud humana contra los efectos nocivos que pueden derivarse de tales desechos".

Para determinar el alcance del Convenio, éste distingue entre los desechos que hay que controlar y los que requieren de una consideración

[8] *Cf.* la publicación del PNUMA, *Normas Oficiales Mexicanas* (Serie de Legislación Ambiental, núm. 4, vol. III, México, 1995), que contiene los textos de las normas oficiales mexicanas sobre la materia expedidas hasta ese entonces, empezando por la que establece las características de los residuos peligrosos, el listado de los mismos y los límites que hacen un residuo peligroso por su toxicidad al ambiente.

especial. Los primeros se enumeran en el Anexo I del Convenio y son los llamados "desechos peligrosos"; los segundos son los enumerados en el Anexo II del Convenio y son los llamados "otros desechos". Sin embargo, no deben considerarse desechos peligrosos aquellos que estando incluidos en el Anexo I, no reúnen las características de peligrosidad descritas en el Anexo III del mismo Convenio. Por el contrario, deben considerarse desechos peligrosos aquellos que, no estando incluidos en el Anexo I, son definidos o considerados peligrosos por la legislación interna de las Partes Contratantes que sean Estado de exportación, de importación o de tránsito.

El Convenio de Basilea regula los movimientos transfronterizos de desechos peligrosos y su eliminación a partir de un conjunto de obligaciones generales que asumen sus Partes contratantes. La primera de esas obligaciones consiste en prohibir o no permitir la exportación de desechos peligrosos y otros desechos a las Partes que hayan prohibido dicha importación, así como prohibir o no permitir la exportación de los mismos a los Estados que no hayan prohibido su importación, a menos que el Estado de importación dé su consentimiento por escrito a la importación de que se trate. La segunda de esas obligaciones consiste en la adopción de un conjunto de medidas que sean apropiadas para provocar, entre otros, los siguientes efectos: *1)* reducir al mínimo la generación de desechos peligrosos y otros desechos dentro de su territorio; *2)* establecer instalaciones adecuadas para el manejo ambientalmente racional de los desechos peligrosos y otros desechos, que en la medida de lo posible estarán ubicadas dentro de su territorio; *3)* velar porque las personas que participan en el manejo de los desechos peligrosos y otros desechos dentro de su territorio adopten las medidas necesarias para impedir que ese manejo dé lugar a una contaminación y, en caso de que se produzca ésta, para reducir al mínimo sus consecuencias; *4)* velar porque el movimiento transfronterizo de los mismos desechos se reduzca al mínimo compatible con un manejo ambientalmente racional; *5)* no permitir la exportación de tales desechos a un Estado o grupo de Estados pertenecientes a una organización de integración económica y/o política que sean Partes, particularmente a países en subdesarrollo, que hayan prohibido en su legislación todas las importaciones, o si tienen razones para creer que los mencionados desechos no serán sometidos a un manejo ambientalmente racional; *6)* exigir que se proporcione información a los Estados interesados sobre el movimiento transfronterizo de desechos peligrosos y otros desechos propuesto, con arreglo a lo dispuesto en el Anexo V-A, para que se declaren abiertamente los efectos de ese movimiento sobre la salud humana y el medio ambiente; *7)* impedir la importación de esos desechos si tiene razones para creer que los mismos no serán sometidos a un manejo ambientalmente racional, y *8)* cooperar con otras Partes y organizaciones interesadas directamente y por conducto de la Secretaría en actividades como la difusión de información sobre los movimientos transfronterizos de desechos peligrosos y otros desechos, a fin de mejorar su manejo ambientalmente racional e impedir su tráfico ilícito. La tercera de esas obligaciones consiste en que las Partes considerarán como delictivo el tráfico ilícito de desechos peligrosos y otros desechos (como lo hace entre nosotros la LGEEPA). La cuarta de esas obligaciones consiste en el compromiso que asumen las Partes de adoptar las medidas jurídicas, administrativas y de otra índole que sean necesarias para aplicar y hacer cumplir las disposiciones del Convenio. La quinta de esas obligaciones consiste en que ninguna de las Partes permitirá que los desechos peligrosos y otros desechos se exporten a un Estado que no sea Parte o se importen de un Estado que no sea Parte. Y la sexta de esas obligaciones consiste en que las Partes se obligan a no permitir la exportación de desechos peligrosos y otros desechos para su eliminación en la zona situada al sur de los 60 grados de latitud sur, sean o no esos desechos objeto de un movimiento transfronterizo. Así lo establece el artículo 3 del Convenio.

El Convenio establece otras obligaciones generales en el mismo artículo 4, así como los procedimientos para los movimientos transfronterizos (artículo 6). Pero también regula otro conjunto de materias, que aquí sólo se mencionan para proporcionar una visión general de su contenido, tales como los movimientos transfronterizos de una Parte a través de Estados que no sean Partes, la obligación de reimportar, el tráfico ilícito, la cooperación internacional, los acuerdos bilaterales y otros, las consultas sobre la responsabilidad, la transmisión de información, los aspectos financieros, y los mecanismos operativos del Convenio.

Independientemente de la existencia del Convenio de Basilea, cabe señalar que la Declaración de Río se ocupa del mismo tema, en los siguientes términos:

> Los Estados deberán cooperar efectivamente para desalentar o evitar [...] la transferencia a otros Estados de cualesquiera [...] sustancias que causen degradación ambiental grave o se consideren nocivas para la salud humana *[principio 14].*

241. LA PROTECCIÓN DEL AMBIENTE DE LOS EFECTOS DE LAS ACTIVIDADES INDUSTRIALES EN LA LEY GENERAL DE SALUD

Las actividades industriales también están reguladas, para los efectos de la protección del ambiente, por la Ley General de Salud. En efecto, esa Ley dispone que requieren de licencia sanitaria "los establecimientos industriales, comerciales o de servicios, con las excepciones que se establezcan en las disposiciones generales aplicables" (artículo 373, fracción I).

La licencia sanitaria es una de las formas que asume la llamada "autorización sanitaria", que la LGS define como "el acto administrativo mediante el cual la autoridad sanitaria competente permite a una persona pública o privada, la realización de actividades relacionadas con la salud humana, en los casos y con los requisitos y modalidades que determine esta Ley y demás disposiciones generales aplicables" (artículo 368, párrafo primero).

Esta licencia tiene que ver, por cierto, con el control sanitario que se ejerce sobre los efectos de la salud humana del ambiente laboral; pero también con los efectos de las actividades industriales (o comerciales o de servicios) en el ambiente, desde la perspectiva de la salud humana.

En relación con esta materia, debe recordarse que existen ciertos giros denominados de "mínimo riesgo", que son aquellas actividades industriales, comerciales o de servicio que no contaminan el ambiente y que no producen molestias o daños a la salud con el servicio que proporcionan. Estos giros no requieren de la inspección sanitaria previa para la expedición de la licencia respectiva, que debe otorgarse de inmediato, sin perjuicio de que dicha inspección se realice posteriormente para comprobar sus condiciones sanitarias. Este procedimiento simplificado de expedición de las licencias sanitarias, así como los giros que deben considerarse de "mínimo riesgo", fueron establecidos por un Acuerdo secretarial *(Diario Oficial de la Federación,* 30-VI-1982), que se adicionó más tarde con la inclusión de nuevos giros *(Diario Oficial de la Federación,* 10-X-1983), para ser modificados más tarde por otro Acuerdo secretarial *(Diario Oficial de la Federación,* 6-XI-1984), que liberó de ese requisito a ciertos establecimientos, sin perjuicio del control sanitario que la Secretaría debe mantener sobre dichos establecimientos. Por su parte, un Acuerdo expedido en 1988 eximió del requisito de la licencia a ciertos establecimientos de microindustria (*Diario Oficial de la Federación,* 24-XI-1988).

242. LAS MEDIDAS FISCALES PARA LA LOCALIZACIÓN Y RELOCALIZACIÓN INDUSTRIAL

El extraordinario nivel de concentración geográfica que alcanzaron las actividades industriales en México llevó al gobierno federal a adoptar algunas medidas fiscales sobre la materia. En efecto, con base en las prescripciones del entonces vigente Plan Nacional de Desarrollo Urbano, a partir de 1978 se expidió una serie de decretos y acuerdos que tenía por objeto fomentar el desarrollo industrial y la desconcentración territorial de las industrias. Así, se expidió primero un Decreto mediante el cual el Ejecutivo Federal otorgaría los estímulos que establecía ese Decreto a las empresas que llevaran a cabo nuevas instalaciones industriales (*Diario Oficial de la Federación,* 29-XII-1978; con erratas en (*Diario Oficial de la Federación,* 12-I-1979; reformas y adiciones en *Diario Oficial de la Federación,* 19-VI-1979; y aclaraciones en *Diario Oficial de la Federación,* 21-VI-1979).

Más tarde, se dictó un Decreto por el que se establecieron zonas geográficas para la ejecución del Programa de Estímulos para la Desconcentración Territorial de las Actividades Industriales, previstas en el Plan Nacional de Desarrollo Urbano (*Diario Oficial de la Federación,* 2-II-1979; con reformas en *Diario Oficial de la Federación,* 29-XI-1982). En este Decreto se configuraron tres zonas geográficas: la llamada Zona I, de estímulos preferenciales; la llamada Zona II, de prioridades estatales; la llamada Zona III de ordenamiento y regulación.

A continuación, se expidió un Decreto que estableció los estímulos fiscales para el fomento del empleo y la inversión en las actividades industriales (*Diario Oficial de la Federación,* 6-III-1979; con erratas en *Diario Oficial de la Federación,* 8-III-1979; y con reformas en *Diario Oficial de la Federación,* 11-VI-1981 y 24-III-1982). Aunque ese Decreto tenía por objeto fomentar el empleo y la inversión en las actividades industriales, de acuerdo con la clasificación de las mismas que fueran consideradas prioritarias por la entonces Secretaría de Patrimonio y Fomento Industrial para la ejecución del Plan Nacional de Desarrollo Industrial, los referidos estímulos no dejaron de otorgarse atendiendo también al lugar en que se desarrollara la actividad industrial respectiva, conforme al Decreto por el que se establecen zonas geográficas para la ejecución del Programa de Estímulos para la Desconcentración Territorial de las Actividades Industriales, antes mencionado. El Decreto de marzo de 1979 fue complementado por un Acuerdo secretarial que estableció los estímulos fiscales para el fomento del empleo y de la inversión en las actividades industriales (*Diario Oficial de la Federación,* 9-III-1979; con erratas en *Diario Oficial de la Federación,* 2-IV-1979).

Luego, se expidió un Decreto por el que se promueve la reubicación industrial fuera de la Zona III A y se controla y regula el establecimiento y ampliación de empresas industriales y de servicio dentro de esa Zona (*Diario Oficial de la Federación,* 1-XII-1981).

La relocalización industrial cobró un nuevo impulso en la Administración 1982-1988, durante la cual se expidió un Decreto que promueve la reubicación industrial fuera de la Zona III A, a que se refiere el diverso de 2 de febrero de 1979 (*Diario Oficial de la Federación,* 22-I-1985). El nuevo Decreto estableció el otorgamiento de estímulos fiscales a las empresas industriales que, estando localizadas en la Zona III A (que es la llamada Área de Crecimiento Controlado, compuesta por el Distrito Federal y un conjunto de municipios), se reubicaran fuera de ella, de conformidad con los lineamientos consignados en el mismo Decreto. En este ordenamiento se creó una Comisión Intersecretarial para la Reubicación Industrial, integrada entre otros por un representante de la actual Secretaría de Desarrollo Social (artículo 21). Estaba previsto que este Decreto tendría una vigencia que no excedería de cinco años. El nuevo Decreto abrogó al de 1981 y fue complementado, posteriormente, por una Resolución de carácter general de la mencionada Comisión, que determina la lista de los parques y corredores industriales de la Zona III B (*Diario Oficial de la Federación,* 8-VIII-1985).

En 1986 se modificó el sistema de medidas para fomentar el empleo y la inversión en actividades industriales, así como desconcentrar las mismas, mediante la expedición de tres nuevos ordenamientos jurídicos, que fueron publicados en el *Diario Oficial de la Federación* del 22 de enero de 1986. Se trata del Decreto que establece los estímulos fiscales para fomentar el empleo, la inversión en actividades industriales prioritarias y el desarrollo regional; del Decreto por el que se establecen las zonas geográficas para la descentralización industrial y el otorgamiento de estímulos (adicionado por otro publicado en el *Diario Oficial de la Federación* del 25 de noviembre de 1986); y del Acuerdo que establece las actividades industriales prioritarias (reformado y adicionado por otro publicado en el *Diario Oficial de la Federación*, del 25 de noviembre de 1986).

Esta política fiscal de localización industrial fue acompañada de una política de promoción de parques y zonas industriales. En 1992 se expidió un Decreto que promueve la creación y operación de parques industriales, que abrogó las disposiciones anteriores sobre la materia, que databan de 1980 (*Diario Oficial de la Federación*, 18-V-1993)

243. Las medidas de la LGEEPA para la localización industrial

El fenómeno de la concentración industrial se ha venido modificando en los últimos años. En efecto, hoy es perceptible una tendencia hacia la desconcentración, que en el Valle de México es evidente. Las razones que han generado dicha desconcentración son diversas, pero la determinante parece haber sido la comprensión por las empresas de que las economías de aglomeración generan costos crecientes, no solamente económicos.

El hecho es que, en la actualidad, las medidas para la localización industrial son básicamente las previstas en la propia Ley General del Equilibrio Ecológico y la Protección al Ambiente. En diversas partes de este libro se ha hecho una referencia a las mismas. En esta sección, se proporciona una visión de conjunto de todas ellas.

Estas medidas se encuentran vinculadas a las normas sobre *ordenamiento ecológico del territorio* y la *realización de actividades altamente riesgosas*. En efecto, prescribe el artículo 20 de la LGEEPA que el ordenamiento ecológico general del territorio determinará los lineamientos y estrategias ecológicas para la localización de actividades productivas y de los asentamientos humanos, Por su parte, el artículo 20 bis 3 dispone algo similar respecto del ordenamiento ecológico regional. Y en materia de actividades consideradas altamente riesgosas dispone el artículo 145 de la LGEEPA que la Secretaría promoverá que en la determinación de los usos del suelo se especifiquen las zonas en las que se permita establecer industrias, comercios o servicios considerados riesgosos por la gravedad de los efectos que puedan generar en los ecosistemas o en el ambiente.

Dichas prescripciones se encuentran complementadas por el artículo 23 de la propia LGEEPA, sobre *regulación ambiental de los asentamientos humanos*, donde se dice que la planeación del desarrollo urbano y la vivienda deberá considerar los criterios que allí se indican, entre los cuales figuran algunos que se refieren directamente a la localización industrial. Este es el caso, por ejemplo, de la fracción III de ese precepto, que prescribe que en la determinación de las áreas para el crecimiento de los centros de población, se fomentará la mezcla de los usos habitacionales con los productivos que no representen riesgos o daños a la salud de la población y se evitará que se afecten áreas con alto valor ambiental. Y este es el caso, además, de la fracción VIII del mismo precepto, que dispone que en la determinación de áreas para actividades altamente riesgosas se establecerán las zonas intermedias de salvaguarda en las que no se permitirán los usos habitacionales, comerciales u otros que pongan en riesgo a la población.

La LGEEPA contiene, por último, algunas disposiciones sobre la localización y relocalización de las actividades industriales que se vinculan al otorgamiento de *estímulos fiscales*. Entre ellas se encuentra la fracción IV del artículo 22 bis, que incluye la ubicación y reubicación de instalaciones industriales en áreas ambientalmente adecuadas entre las actividades prioritarias para efectos del otorgamiento de dichos estímulos conforme a la Ley de Ingresos de la Federación. Lo mismo ocurre con la ubicación o reubicación de instalaciones que se haga para evitar emisiones que contaminen la atmósfera en zonas urbanas (artículo 115, fracción IV).

244. Las medidas de la Ley General de Asentamientos Humanos para la localización industrial

Lo dicho en la sección anterior pone de manifiesto la relevancia que tienen para la localización industrial las disposiciones de la Ley General de Asentamientos Humanos, examinada en el capítulo XVI de este libro.

Como se dijo en ese capítulo XVI, el establecimiento de las normas básicas para planear y regular el ordenamiento territorial de los asentamientos humanos y la fundación, conservación, mejoramiento y crecimiento de los centros de población es una de las materias fundamentales de que se ocupa la LGAH.

Esta actividad se lleva a cabo mediante los diversos instrumentos de planeación en el capítulo XVI, que son los que en definitiva determinarán la localización precisa de las actividades industriales. En esa determinación deben tomarse en cuenta los criterios contenidos en la regulación ambiental de los asentamientos humanos que establece la LGEEPA.

Se trata de una materia local. Sin embargo, la LGAH establece que la legislación sobre la materia deberá contener algunas disposiciones especiales sobre ciertas materias. Entre ellas se incluye la proporción que debe existir entre las áreas verdes y las edificaciones destinadas a la habitación, los servicios urbanos y las actividades productivas.

245. La tecnología industrial, la transferencia de tecnología y la inversión extranjera

Hasta ahora se han examinado los ordenamientos jurídicos que establecen algunas limitaciones a las actividades industriales para proteger al medio ambiente, en especial las que se refieren a las actividades consideradas altamente riesgosas, los materiales y residuos peligrosos y la localización de las actividades industriales. Al lado de estos ordenamientos jurídicos existen otros que podrían contribuir incluso con mayor eficiencia al mismo propósito, como son los que se refieren a la tecnología y a las inversiones extranjeras.

En efecto, muchos de los problemas ambientales que presentan las actividades industriales tienen que ver con el tipo de tecnología que se emplea. La sustitución de las tecnologías en uso por "tecnologías limpias" es un asunto de suma importancia. Como se sabe, un número altamente significativo de las tecnologías que se utilizan en el país son de procedencia extranjera. Por consiguiente, es altamente relevante que en el proceso de transferencia de tecnología se consideren especialmente los efectos ambientales de las tecnologías que se están admitiendo en el país. Del mismo modo, es indispensable que el desarrollo de las tecnologías nacionales sea orientado hacia la creación de aquéllas que sean ambientalmente apropiadas. Si así se hace, será posible prevenir, de manera no sólo oportuna sino también económica y ambientalmente adecuada, muchos de los efectos negativos de las actividades industriales.

Por otra parte, hay que considerar que una parte significativa del desarrollo industrial del país corresponde a la inversión extranjera y que, además, existe una tendencia de las empresas trasnacionales de relocalizar las industrias que presentan inconvenientes ambientales en sus países de origen. En consecuencia, es de mucha importancia que en el proceso de admisión de las inversiones extranjeras se tenga en cuenta la necesidad de evitar aquellas que estén orientadas al desarrollo de actividades industriales que generen consecuencias ambientales peligrosas.

Lamentablemente, la verdad es que los ordenamientos jurídicos que se refieren a la tecnología y, en especial, a la trasferencia de tecnología, ni propician la utilización de tecnologías ambientales apropiadas ni ponen restricciones a la importación de tecnologías inadecuadas desde un punto de vista ambiental, por lo menos de una manera explícita. Lo mismo cabe decir de los ordenamientos jurídicos que regulan la inversión extranjera.

En consecuencia, las disposiciones sobre la materia se reducen a aquellas que se encuentran dispersas en la Ley General del Equilibrio

Ecológico y la Protección al Ambiente en materia de promoción de las tecnologías ambientalmente apropiadas.

Entre esas disposiciones figura la fracción XIII del artículo 5º, que reserva a la Federación la facultad de *fomentar la aplicación de tecnologías, equipos y procesos que reduzcan las emisiones y descargas contaminantes provenientes de cualquier tipo de fuente*, en coordinación con las autoridades de los estados, el Distrito Federal y los municipios, así como de *establecer las disposiciones que deberán observarse para el aprovechamiento sustentable de los energéticos*.

A partir de esa atribución de la Federación, el artículo 22 bis de la LGEEPA incluye entre las actividades prioritarias para efectos del otorgamiento de los *estímulos fiscales* que se establezcan conforme a la Ley de Ingresos de la Federación, las siguientes: *1)* la investigación, incorporación o utilización de mecanismos, equipos y tecnologías que tengan por objeto evitar, reducir o controlar la contaminación o deterioro ambiental, así como el uso eficiente de recursos naturales y de energía; *2)* la investigación e incorporación de sistemas de ahorro de energía y de utilización de fuentes de energía menos contaminantes; y *3)* el ahorro y aprovechamiento sostenible y la prevención de la contaminación del agua.

Por otra parte, el artículo 36 de la LGEEPA vincula la expedición de *normas oficiales mexicanas* en materia ambiental al hecho de estimular o inducir a los agentes económicos para reorientar sus procesos y tecnologías a la protección del ambiente y al desarrollo sostenible, pero con la salvedad de que en la formulación de dichas normas no podrá establecerse el uso obligatorio de tecnologías específicas, en los términos examinados en el capítulo V de este libro.

A su vez, el artículo 45 de la LGEEPA incluye entre los propósitos del establecimiento de *áreas naturales protegidas* la generación, el rescate y la divulgación de conocimientos, prácticas y tecnologías, tradicionales o nuevas que permitan la preservación y el aprovechamiento sostenible de la diversidad biológica del territorio nacional.

Por último, la LGEEPA se ocupa especialmente de la tecnología en materia de *prevención y control de la contaminación atmosférica*. A ese respecto el artículo 111, fracción XIII, establece que la Secretaría deberá promover, ante los responsables de la operación de fuentes contaminantes, la aplicación de nuevas tecnologías, con el propósito de reducir sus emisiones a la atmósfera. A continuación, el artículo 114 dispone que las autoridades competentes promoverán, en las zonas que se hubieren determinado como aptas para uso industrial, próximas a áreas habitacionales, la instalación de industrias que utilicen tecnologías y combustibles que generen menor contaminación. Y, por último, el artículo 116, fracción III, previene que para otorgar estímulos fiscales, las autoridades competentes considerarán, entre otros, a quienes realicen investigaciones de tecnología cuya aplicación disminuya la generación de emisiones de contaminantes.

246. Las atribuciones de la Secretaría de Comercio y Fomento Industrial en materia de política industrial

El tema de la política industrial en la Administración Pública Federal tiene importancia ambiental porque las actividades industriales en México están fuertemente determinadas por la política económica del Estado. En efecto, el proceso de industrialización que ha tenido lugar en el país en las últimas décadas ha sido, por así llamarlo, un proceso de industrialización "deliberado", es decir, impulsado por el Estado. Esa característica se ha mantenido incluso en épocas recientes. Lo que ha cambiado son los métodos mediante los cuales el Estado ha seguido impulsando el proceso de industrialización.

Por consiguiente, aunque no exista en el país un marco jurídico apropiado para regular las actividades industriales y, en especial, sus efectos en el ambiente, la verdad es que dicha regulación se puede alcanzar, en la práctica, a través de una política industrial ambientalmente adecuada del propio Estado.

Las atribuciones en materia de política industrial están concentradas en la Secretaría de Comercio y Fomento Industrial, en los términos que establece la Ley Orgánica de la Administración Pública Federal. Las normas jurídicas pertinentes no le asignan a la política industrial un contenido que la relacione con consideraciones ambientales. Sin embargo, no hay que olvidar que en la formulación de esa política la Administración está vinculada, por una parte, al sistema jurídico, y por la otra a la planeación nacional del desarrollo, en tanto el Plan Nacional de Desarrollo y los programas que lo complementan son obligatorios para la Administración Pública Federal. En consecuencia, la formulación de la política industrial debe tomar en consideración, entre otros elementos, las prescripciones ambientales del sistema jurídico y, además, las establecidas en el Plan Nacional de Desarrollo y los programas vigentes.

Prescribe el artículo 34 de la Ley Orgánica de la Administración Pública Federal que corresponde a la Secretaría de Comercio y Fomento Industrial "formular y conducir las políticas generales de industria" (fracción I). También corresponde a esa Secretaría de Estado "establecer la política de industrialización, distribución y consumo de los productos agrícolas, ganaderos, forestales, minerales y pesqueros, en coordinación con las dependencias competentes" (fracción III).

Estas atribuciones son extendidas por el mismo artículo 34 a materias tales como "regular la producción industrial con exclusión de la que esté asignada a otras dependencias" (fracción XIX); "asesorar a la iniciativa privada en el establecimiento de nuevas industrias en las empresas que se dediquen a la exportación de manufacturas nacionales" (fracción XX); "fomentar, regular y promover el desarrollo de la industria de transformación" (fracción XXI); "fomentar, estimular y revisar la producción económica del artesanado, de las artes populares y de las industrias familiares" (fracción XXII); "promover, orientar, fomentar y estimular la industria nacional" (fracción XXIII); "promover, orientar, fomentar y estimular el desarrollo de la industria pequeña, mediana y rural y regular la organización de productores industriales" (fracción XXIV); y "promover y, en su caso, organizar la investigación técnico-industrial" (fracción XXV).

En 1994, las reformas a la Ley Orgánica de la Administración Pública Federal determinaron que la atribuciones de la entonces SEMIP, que se transformó en la actual Secretaría de Energía, pasaran a la Secretaría de Comercio y Fomento Industrial (SECOFI), que es en la actualidad el órgano rector de las actividades mineras. En consecuencia, ahora corresponde a este última Secretaría la atribución de formular y conducir la política nacional minera, tal como lo establece la fracción XXVII del artículo 34.

En cambio, la nueva Secretaría de Energía conservó la facultad de conducir la política energética del país, así como llevar a cabo la planeación energética de mediano y largo plazos y fijar las directrices económicas para el sector energético paraestatal (artículo 33, fracciones I y VIII), lo que incluye empresas que ejercen una fuerte presión sobre el medio ambiente, como es el caso de Petróleos Mexicanos y la Comisión Federal de Electricidad.

247. La contaminación industrial transfronteriza

Las características de la industria moderna determinan que sus efectos ambientales puedan extenderse más allá de las fronteras de los países en donde están emplazadas.

En México, la regulación de los efectos ambientales transfronterizos negativos de las actividades industriales se circunscribe, en primer lugar, a la zona geográfica que tiene que ver con su frontera norte, en los términos del varias veces mencionado Convenio sobre Cooperación y Mejoramiento del Medio Ambiente en la Zona Fronteriza, suscrito con los Estados Unidos de América el 14 de agosto de 1983, que por otra parte se refiere exclusivamente a la contaminación industrial transfronteriza que pudiera afectar los suelos, el agua y el aire.

En efecto, tal como se ha dicho en los capítulos que se refieren a la protección de estos elementos naturales, el referido Convenio establece el compromiso de ambos países de adoptar las medidas apropiadas para prevenir, reducir y eliminar fuentes de contaminación en su respectivo territorio —entre ellas las fuentes de contaminación industrial—, que pudieran afectar la denominada "zona fronteriza". Con ese objeto, el Convenio dispone que ambos países coordinarán sus esfuerzos, de conformidad con sus propias legislaciones nacionales y acuerdos bilaterales vigentes, para atender los problemas de contaminación del aire, de los suelos y del agua en la zona fronteriza, lo que incluye la contaminación de origen industrial. Como se ha dicho, el Convenio se limita a los efectos ambientales nocivos que pudiera generar la contaminación transfronteriza en el área situada hasta 100 kilómetros de ambos lados de la línea divisoria de los dos países; pero, por otra parte, se refiere a todas las fuentes de contaminación, donde quiera que estén situadas.

Otro tanto ocurre con la zona geográfica de la frontera sur de México, con arreglo a lo prescrito en el ya mencionado Convenio sobre la Protección y Mejoramiento del Ambiente en la Zona Fronteriza, suscrito con la República de Guatemala el 10 de abril de 1987, puesto que en dicho Convenio ambos países asumen el compromiso de adoptar las medidas apropiadas para prevenir, reducir y eliminar en su territorio, las fuentes de contaminación que afecten la zona fronteriza, lo que incluye las fuentes de contaminación industrial. En el mismo Convenio, ambos países acuerdan coordinar sus esfuerzos de conformidad con sus propias legislaciones nacionales y acuerdos internacionales vigentes en la materia, para atender problemas de contaminación del aire, tierra y agua y otros problemas ambientales de interés común y, para tal efecto, señalan que podrán concluir por la vía diplomática acuerdos específicos, que serán anexados al Convenio y formarán parte de éste.

XVIII. LA REGULACIÓN DE LAS VÍAS DE COMUNICACIÓN Y DEL TRANSPORTE

248. Las vías de comunicación y el transporte. 249. Las disposiciones generales de la Ley de Vías Generales de Comunicación. 250. La Ley de Caminos, Puentes y Autotransporte Federal. 251. La Ley de Navegación. 252. La Ley de Aviación Civil y la Ley de Aeropuertos. 253. La Ley Federal de Telecomunicaciones. 254. Las atribuciones de la Secretaría de Comunicaciones y Transporte.

248. Las vías de comunicaciòn y el transporte

El principal ordenamiento jurídico sobre la materia era la Ley de Vías Generales de Comunicación (*Diario Oficial de la Federación,* 19-II-1940, muchas veces modificada), expedida por el Congreso de la Unión en el ejercicio de la facultad que le otorga la Constitución Política para "dictar leyes sobre vías generales de comunicación y sobre postas y correos" (artículo 73, fracción XVII). Esta Ley estaba complementada por un conjunto de reglamentos.

El sistema jurídico sobre las vías generales de comunicación, sin embargo, fue modificado últimamente con la expedición de diversas leyes relativas a las vías generales de comunicación, como son la Ley de Caminos, Puentes y Autrotransporte Federal (*Diario Oficial de la Federación,* 22-XII-1993), la Ley de Navegación (*Diario Oficial de la Federación,* 4-I-1994), la Ley Reglamentaria del Servicio Ferroviario (*Diario Oficial de la Federación,* 12-V-1995), la Ley Federal de Telecomunicaciones (*Diario Oficial de la Federación,* 7-VI-1995), la Ley de Aviación Civil (*Diario Oficial de la Federación,*12-V-1995) y la Ley de Aeropuertos (*Diario Oficial de la Federación,* 22-XII-1995). Estas leyes han venido a sustituir las regulaciones sobre las materias de que ellas tratan contenidas en la Ley de Vías Generales de Comunicación, derogando las disposiciones relativas de esta Ley de 1940. De ella quedan prácticamente sólo una parte de sus disposiciones generales (artículos 1º a 128), algunas de las cuales se encuentran incluso derogadas por lo que hace al tema de los caminos, puentes y autotransporte federal.

En consecuencia, el estudio de las reglas ambientales sobre vías de comunicación y del transporte en la legislación sobre la materia debe hacerse, básicamente, a partir de estos últimos ordenamientos jurídicos y, sólo en forma subsidiaria, de la Ley sobre Vías Generales de Comunicación, así como de la propia LGEEPPA. Sin embargo, esta nueva legislación sobre vías de comunicación y transporte se caracteriza porque carece de disposiciones de relevancia ambiental.

Lo mismo puede decirse de la planeación vigente en la materia, que en verdad ignora las consideraciones ambientales que deben acompañar a la realización de estas importantes actividades. En efecto, el Programa de Desarrollo del Sector Comunicaciones y Transporte, publicado en el *Diario Oficial de la Federación* del 25 de marzo de 1996 parte de un diagnóstico del sector que destaca los avances, pero que también reconoce los rezagos, por lo que se propone modernizar y ampliar la infraestructura del transporte y las comunicaciones, lo que permite augurar nuevos desarrollos en este campo, que la crisis económica de fines de 1994 sólo han postergado. Sin embargo, siguiendo una pauta que se ha generalizado desde hace algunos años, deja las consideraciones ambientales al "sector" que le corresponde.

249. Las disposiciones generales de la Ley de Vías Generales de Comunicación

Prescribe la LVCG que las vías generales de comunicación y los medios de transporte que operen en ellas están sujetos exclusivamente a los Poderes Federales, correspondiéndole al Ejecutivo ejercer sus facultades por conducto de la Secretaría de Comunicaciones y Transportes en los casos que menciona la Ley (artículo 3º).

La construcción, establecimiento y explotación de las vías generales de comunicación requiere de concesión o permiso del Ejecutivo Federal, a través de la misma Secretaría (artículo 8º). Recibida la solicitud de concesión, se deben efectuar los estudios técnicos que correspondan de acuerdo con las bases generales y la "la normatividad establecida en materia de conservación del equilibrio ecológico". En caso de que estos estudios fueran favorables, la solicitud con las modificaciones que acuerde la Secretaría de Comunicaciones y Transportes debe ser publicada para que las personas que pudieren resultar afectadas presenten sus observaciones. Así lo dispone el párrafo primero del artículo 15 de la LVCG. Recuérdese que con arreglo a la fracción I del artículo 28 de la LGEEPA, los proyectos de vías generales de comunicación requieren una evaluación de su impacto ambiental.

Las disposiciones generales de la LVCG contienen algunas normas que apuntan a la protección del medio ambiente natural. Así, por ejemplo, el artículo 45 de la Ley recuerda que para llevar a cabo corte de árboles, desmontes, rozas, quemas, en las fajas colindantes con los caminos, vías férreas, líneas telegráficas, telefónicas, aeródromos, ríos y canales navegables y flotables, en una extensión de un kilómetro a cada lado del límite del derecho de vías o de los márgenes de los ríos y canales, las empresas de vías generales de comunicación deben cumplir con los requisitos que establezcan las leyes y reglamentos forestales respectivos, además de contar con una autorización expresa de la Secretaría de Comunicaciones y Transportes (párrafo primero).

Por su parte, el artículo 46 de la Ley dispone que la construcción de obras e instalaciones de anuncios dentro o fuera del derecho de vía de las vías generales de comunicación, queda también sujeta a una autorización especial de la misma Secretaría. El Reglamento para el Aprovechamiento del Derecho de Vía de las Carreteras Federales y Zonas Aledañas, publicado en el *Diario Oficial de la Federación* del 5 de febrero de 1992, establece en materia de instalación de anuncios en los terrenos adyacentes al derecho de vía de las carreteras federales que sólo se autorizarán dichos anuncios en las zonas fijadas por la Secretaría de Comunicaciones y Transportes, agregando que los permisionarios no podrán instalar o pintar anuncios en lugares que afecten la perspectiva panorámica del paisaje (artículos 25 y 32, fracción VIII).[1]

La LVCG se ocupa también de la protección del ambiente construido, cuando establece que las empresas de vías generales de comunicación no pueden, dentro de los límites urbanizados y urbanizables de las poblaciones, poner obstáculos que impidan o estorben en cualquier forma o molesten el uso público de las calles, calzadas o plazas, a juicio de las autoridades locales. Por otra parte, no se puede autorizar la construcción de estaciones radiodifusoras dentro de los límites de las poblaciones, salvo lo dispuesto en las convenciones internacionales. Esto es lo que establece el artículo 43 de la Ley.

Asimismo, las reglas sobre explotación de las vías generales de comunicación —que tratan del transporte que tiene lugar en las vías generales de comunicación— contienen algunas disposiciones de interés ambiental. Entre ellas está la que faculta a la Secretaría de Comunicaciones y Transportes para introducir a las condiciones del servicio público en las vías generales de comunicación y medios de transporte ya establecidos o que en lo sucesivo se establezcan, todas las modalidades que dicte el interés del mismo (artículo 51), lo que le permite, por ejemplo, ordenar que se suspenda el servicio de las vías o medios de transporte cuando no reúnan las condiciones debidas de eficacia, seguridad e higiene (fracción II del mismo artículo). También puede considerarse de interés ambiental la norma en virtud de la cual las empresas de transporte quedan obligadas a suministrar oportuna y preferentemente, a mover con rapidez, a cargar y descargar con el cuidado debido, los vehículos que contengan animales y mercancías de fácil descomposición, como frutas, legumbres, etcétera (artículo 64).

[1] El Reglamento para la Construcción de Obras e Instalaciones de anuncios dentro del Derecho de Vía de las Carreteras de Jurisdicción Federal y en Areas Aledañas (*Diario Oficial de la Federación*, 16-XI-1981), remplazado por este nuevo Reglamento, incluía algunas disposiciones sobre protección del paisaje y otros elementos ambientales. Así, el artículo 8º de ese Reglamento prescribía que la Secretaría podía negar el permiso cuando juzgara que la instalación de los anuncios o construcción de las obras alteraban las características naturales o belleza escénica del lugar. Además, el artículo 20 del mismo Reglamento prohibía la instalación de anuncios o construcciones de obras publicitarias en los caminos nacionales, dentro de una distancia de 250 metros, a partir del límite de los parques nacionales y zonas arqueológicas o monumentos históricos.

Para concluir con las disposiciones generales de la LVCG, hay que mencionar que las maniobras de carga, descarga, estiba, desestiba, alijo, acarreo, almacenaje y transbordo que se ejecuten en las zonas federales, son consideradas por la Ley como actividades conexas con las vías generales de comunicación y, por tanto, su realización requiere el permiso de la Secretaría de Comunicaciones y Transportes. Así lo establece el artículo 124 de la Ley, que —además sujeta a los titulares de los permisos para ejecutar maniobras de servicio público a la jurisdicción de la misma Secretaría en lo que se refiere a la clasificación de efectos, responsabilidades por demora, pérdidas, mermas y averías y, en general, para todo lo relativo a sus relaciones con el público. La materia está regulada de una manera más detallada en el Reglamento del Artículo 124 de la Ley de Vías Generales de Comunicación (*Diario Oficial de la Federación,* 4-V-1951), que regula el otorgamiento del mencionado permiso y las prescripciones que rigen para este tipo de maniobras, sean de servicio público o particular. Las disposiciones respectivas no contienen normas específicamente referidas a la protección del ambiente, lo que implica un vacío importante, dado los efectos que suelen generar tales maniobras.

Estas normas deben entenderse a la luz del artículo 36 de la Ley Orgánica de la Administración Pública Federal, que establece las atribuciones de la Secretaría de Comunicaciones y Transportes. En el mencionado artículo 36 se encomienda a esa Secretaría la función de "formular y conducir las políticas y programas para el desarrollo del transporte y las comunicaciones de acuerdo a las necesidades del país" y, entre otras muchas atribuciones, la de "cuidar de los aspectos ecológicos en los derechos de vía de las vías federales de comunicación" (artículo 36, fracciones I y XXV, respectivamente, esta última modificada en mayo de 1992).

A lo anterior debe agregarse que, en conformidad con la Ley General de Salud, corresponde a la Secretaría del ramo "ejercer el control sanitario de las vías generales de comunicación, incluyendo los servicios auxiliares, obras, construcciones, demás dependencias y accesorios de las mismas y de las embarcaciones, ferrocarriles, aeronaves y vehículos terrestres destinados al transporte de carga y pasajeros (artículo 118, fracción VI). Esta disposición está entre las normas de la LGS que se refieren a los efectos del ambiente en la salud y que facultan a las autoridades sanitarias para establecer las normas, tomar las medidas y realizar las actividades a que se refiere esa Ley, tendientes a la protección de la salud humana ante los riesgos y daños que dependen de las condiciones del ambiente (artículo 116). En consecuencia, la Secretaría de Comunicaciones y Transportes, en el ejercicio de sus funciones en materia de vías generales de comunicación y de transporte, debe atender también a los criterios establecidos por las autoridades sanitarias para la protección de la salud respecto de los efectos del ambiente.

250. La Ley de Caminos, Puentes y Autotransporte Federal

Las disposiciones específicas sobre comunicaciones terrestres que contenía el Libro Segundo de la Ley de Vías Generales de Comunicación (ferrocarriles, tranvías, caminos y puentes) fueron derogadas por esta Ley y la Ley Reglamentaria del Servicio Ferroviario. Hay que decir que esas disposiciones regulaban escasamente los aspectos ambientales de las comunicaciones terrestres.

La Ley de Caminos, Puentes y Autotransporte Federales no contiene disposiciones de relevancia ambiental. El párrafo final del artículo 22 de la Ley prescribe que los terrenos y aguas nacionales, así como los materiales existentes en ellos, podrán ser utilizados para la construcción, conservación y mantenimiento de los caminos y puentes conforme a las disposiciones legales. En materia de caminos, el artículo 25 de la Ley establece que la Secretaría, tomando en cuenta las circunstancias de cada caso, podrá prever la construcción de los libramientos necesarios que eviten el tránsito pesado por las poblaciones.

Sin embargo, cabe recordar que existe un Reglamento de Tránsito en Carreteras Federales (*Diario Oficial de la Federación,* 10-VI-1975), que contiene un conjunto de reglas de relevancia ambiental. En efecto, ese Reglamento prescribe, entre otras cosas, que queda prohibido instalar bocinas y otros dispositivos de advertencia que emitan sonidos irrazonablemente fuertes o agudos en los vehículos de motor y que los mismos vehículos deben estar provistos de un silenciador de escape en buen estado de funcionamiento y conectado permanentemente para evitar ruidos excesivos. Por otra parte, el motor de todo vehículo debe estar ajustado de manera que impida el escape de humo en cantidad excesiva. Además, el equipo de aire acondicionado de los vehículos debe estar construido e instalado de manera que al accionarse no despida sustancias tóxicas e inflamables. Finalmente, la carga de mal olor o repugnante a la vista debe transportarse en caja cerrada. Esto es lo que disponen los artículo 28, 29, 34 y 75 del Reglamento. La vigilancia de los caminos de jurisdicción federal corresponde a la Policía Federal de Caminos, cuyo Reglamento (*Diario Oficial de la Federación,* 25-VIII-1978) la instituye como una corporación dependiente de la Secretaría de Comunicaciones y Transportes.

251. La Ley de Navegación*

El régimen jurídico de las comunicaciones por agua presenta mucho interés ambiental, tanto desde el punto de vista de la ejecución de las obras necesarias para dichas comunicaciones, cuanto desde el punto de vista del transporte por agua, dado que tales actividades suelen modi-

* Véase Addenda, § 3.

ficar significativamente el ambiente natural de los lugares donde se llevan a cabo.

La LGVC regulaba las comunicaciones por agua mediante algunas disposiciones específicas, que fueron derogadas por la Ley de Navegación. Estas disposiciones específicas, sin embargo, se referían escasamente a la protección del medio ambiente. La Ley de Navegación, por su parte, se refiere al medio ambiente sólo con motivo de las normas sobre hundimiento y remoción, cuando autoriza a la autoridad marítima para ordenar al propietario o naviero que tome las medias adecuadas, entre otros casos, cuando a juicio de dicha autoridad el hecho constituya un peligro para la preservación del medio ambiente (artículo 126). En consecuencia, rigen en esta materia las normas generales sobre protección del ambiente y a las normas especiales sobre protección de las aguas.

252. Ley de Aviación Civil y la Ley de Aeropuertos*

El desarrollo de las comunicaciones aeronáuticas las ha transformado en una actividad que genera considerables impactos ambientales. La localización de los aeropuertos y su operación constituyen, por ejemplo, un motivo de preocupación ambiental, que en otras épocas no existía.

Como señala un estudio sobre la materia, "hace veinte años la construcción de un aeropuerto sólo respondía a consideraciones aeronáuticas", que se han ido haciendo complejas; pero a las que se han agregado las correspondientes a los impactos ambientales que generan los aeropuertos, que se refieren no sólo a la vida y seguridad de las comunidades vecinas, sino también a la contaminación atmosférica y por ruido que genera su operación. En efecto, la contaminación atmosférica en los aeropuertos y sus cercanías "reviste condiciones que merecen especial atención". Lo mismo ocurre con los ruidos, pues "al pasar de los motores alternativos de hélice a los turborreactores, el nivel de ruido de los aeropuertos ha subido considerablemente".[2]

Lo que se dice de los aeropuertos debe extenderse a la operación en general de las aeronaves, cuyos efectos ambientales no están aún suficientemente estudiados. Sin embargo, la operación de aviones supersónicos en la estratosfera han despertado una serie de preocupaciones, que se relacionan con la capa de ozono y con los efectos que generan los vuelos supersónicos en la radiación solar.

El régimen jurídico específico de las comunicaciones aeronáuticas se encontraba en la Ley de Vías Generales de Comunicación. Este régimen fue derogado por la Ley de Aviación Civil y la Ley de Aeropuertos. Hay que decir que las disposiciones de relevancia ambiental de ese régimen eran escasas, por lo que era necesario remitirse continuamente a las

* Véase Addenda, § 3.

[2] *Cf.* Hilario Domínguez, *Emplazamiento e impacto medioambiental de los aeropuertos* en *Tres casos de impacto ambiental*, CIFCA, Madrid, 1977, pp. 13 *et passim*.

normas generales sobre protección del ambiente y, en especial, a las relativas a la contaminación atmosférica y por ruido.

La Ley de Aviación Civil contiene un capítulo sobre la protección del ambiente, que desarrolla en un artículo la normatividad sobre la materia. En efecto, dispone el párrafo primero del artículo 76 de la Ley que las aeronaves que sobrevuelen, aterricen o despeguen en territorio nacional deberán observar las disposiciones que correspondan en materia de protección al ambiente, particularmente en relación a homologación del ruido y emisión de contaminantes. Y agrega el párrafo segundo del mismo precepto que la Secretaría de Comunicaciones y Transportes fijará los plazos para que se realicen adecuaciones en las aeronaves que, para los efectos de ese precepto, así lo requieran y, en su caso, establecerá los lineamientos para la sustitución de la flota aérea.

Lo mismo hace la Ley de Aeropuertos, que en su artículo 74 previene que, en los aeródromos civiles, los concesionarios y permisionarios deberán observar las disposiciones aplicables en materia de protección al ambiente, particularmente en lo que corresponde a la atenuación del ruido y el control efectivo de la contaminación del aire, agua y suelo, tanto en sus instalaciones, como en su zona de protección.

253. La Ley Federal de Telecomunicaciones

El régimen jurídico de las comunicaciones eléctricas también presenta interés desde el punto de vista ambiental, no sólo porque sus instalaciones modifican el ambiente natural, sino porque su operación significa una ocupación importante del espacio aéreo.

Este régimen se encontraba en la la Ley de Vías Generales de Comunicación hasta la expedición de la Ley Federal de Telecomunicaciones, que derogó una parte importante de las disposiciones que se referían a esta materia.

La verdad es que, desde un punto de vista ambiental, tales disposiciones carecían de relevancia. Por el contrario, con el espíritu de fomentar el desarrollo de los servicios de comunicación —que por otra parte son indispensables—, la LVCG autorizaba la ocupación con sus líneas, para los servicios de la llamada Red Nacional, de los terrenos, edificios y construcciones de propiedad federal, así como los de los estados y municipios, previo acuerdo con los mismos. Si se trata de propiedades de los particulares, en caso de no llegarse a un acuerdo se debe proceder a la expropiación respectiva. La Secretaria tiene, asimismo, el derecho de mandar desramar o derribar los árboles que perjudiquen las comunicaciones eléctricas de propiedad federal. Esto es lo que dispone el artículo 387 de la Ley, que permanece en vigor.

La Ley Federal de Telecomunicaciones declara que corresponde al Estado la rectoría en la materia para la protección y seguridad de la nación, estableciendo que en todo momento el Estado mantendrá el dominio sobre el espectro radioeléctrico y las posiciones orbitales asignadas al país (artículo 2º). Las vías generales de comunicación que son materia de esta Ley, así como los servicios que en ellos se presten, son de jurisdicción federal (artículo 5º, párrafo primero). La instalación, operación y mantenimiento de cableado subterráneo y aéreo y equipo destinado al servicios de las redes públicas de telecomunicaciones, son consideradas de interés público; pero estas actividades deben cumplir "con las disposiciones estatales y municipales en materia de desarrollo urbano y protección ecológicas aplicables" (artículo 5º, párrafo segundo).

Estas son las disposiciones sectoriales sobre la materia. En consecuencia, al igual que en otros casos, las normas jurídica para la protección del ambiente respecto de estas vías de comunicación y de su explotación, hay que buscarlas en los ordenamientos jurídicos que regulan la protección del ambiente y de sus elementos —en especial, en la Ley General del Equilibrio Ecológico y la Protección al Ambiente—, antes que en los ordenamientos jurídicos sectoriales que regulan la actividad de que se trata.

254. Las atribuciones de la Secretaría de Comunicaciones y Transportes

De acuerdo con la Ley Orgánica de la Administración Pública Federal, corresponde a la Secretaría de Comunicaciones y Transportes un conjunto de atribuciones que le permite llevar adelante una política nacional sobre la materia, que podría enriquecerse con las consideraciones ambientales apropiadas.

En efecto, dispone el artículo 36 de la LOAPF que corresponde a esa Secretaría "formular y conducir las políticas y los programas para el desarrollo del transporte y las comunicaciones de acuerdo a las necesidades del país" (fracción I). La única referencia que se hace allí al medio ambiente se encuentra en la atribución de la Secretaría de "cuidar los aspectos ecológicos en los derechos de vía de las vías federales de comunicación" (fracción XXV). Sin embargo, las amplias atribuciones de que dispone la Secretaría para llevar adelante una política de transportes y de comunicaciones ambientalmente apropiadas.

Entre ellas cabe mencionar sus atribuciones en materia de construcción de los caminos federales, el otorgamiento de concesiones, la vigilancia del funcionamiento y operación del autotransporte en las carreteras federales y la realización de la vigilancia general del servicio de policía en las mismas carreteras federales (fracciones XXI, IX y X, respectivamente); sus atribuciones en materia de construcción de vías férreas y de regulación y vigilancia del sistema ferroviario; sus atribuciones en materia de construcción y conservación de puentes (fracciones XXI y XXII); sus atribuciones en materia de administración de puertos (fracción XX); sus atribuciones en materia de marina mercante (fracción XVII); y sus atribuciones en materia de telecomunicaciones (fracción II).

XIX. LA REGULACIÓN DE LAS ACTIVIDADES TURÍSTICAS

255. El impacto ambiental de las actividades turísticas

Al igual que las industrias y las vías de comunicación, las instalaciones turísticas son un componente importante del ambiente construido. Por su parte, las actividades que se lleven a cabo a partir de las instalaciones turísticas, son una fuente potencial de impactos ambientales. La llamada "industria sin chimeneas" no es algo ajeno a la generación de efectos ambientales importantes, contra lo que esa denominación pudiera sugerir. Estos efectos pueden llegar a características altamente inconvenientes en los países donde el turismo representa un renglón importante de sus actividades económicas, como es el caso de México. No está de más señalar que dichos efectos adversos terminan afectando, más temprano que tarde, la misma actividad que los genera. De allí que se esté abriendo paso la política del "turismo sustentable", que es recogida explícitamente entre nosotros por el *Programa de Desarrollo del Sector Turismo 1995-2000* (*Diario Oficial de la Federación*, 27-VI-1976).

El turismo ha sido una actividad en expansión a lo largo de toda la segunda mitad del siglo XX. Sólo en 1995, el movimiento internacional de turistas fue de 567 millones de personas, con un gasto de 372 mil millones de dólares, que representó un incremento de 7.2% respecto del año anterior. Se calcula que este volumen de turistas se duplicará en los próximos 15 años. La actividad turística va en camino de encabezar el intercambio comercial mundial, en un ámbito de creciente competencia entre los países que tradicionalmente han captado una parte importante del turismo internacional.

En 1995, México captó más de 85 millones de turistas internacionales, con una derrama de 6154 millones de dólares. Como dice el mencionado Programa, la sustentabilidad es una estrategia imprescindible para el desarrollo equilibrado, a mediano y largo plazos, de los destinos y regiones turísticas prioritarias. Las ventajas comparativas de México en materia de capital natural y cultural deben conservarse y aprovecharse de manera sostenible. Un turismo convencional, desvinculado de las consecuencias que produce sobre la naturaleza y la cultura, tiende a deteriorar ese capital y, finalmente, es contrario a la propia rentabilidad del turismo.

Por otra parte, no son de desdeñar las oportunidades que ofrece el llamado "ecoturismo", que armoniza las actividades turísticas con el medio ambiente. La Ley General del Equilibrio Ecológico y la Protección al Ambiente toma nota de lo anterior al vincular explícitamente los parques nacionales y las áreas de protección de los recursos naturales con el turismo. En efecto, dispone el artículo 50 de la LGEEPA que los parques nacionales se constituirán, entre otras razones, "por su aptitud para el desarrollo del turismo, o bien por otras razones análogas de interés general", autorizándose, por consiguiente, la realización en ellos de actividades turísticas. Por su parte, prescribe el artículo 53 de la LGEEPA que en las áreas de protección de recursos naturales sólo podrán realizarse actividades relacionadas, entre otras, con el turismo, de conformidad con lo que disponga el decreto que las establezca, el programa de manejo respectivo y las demás disposiciones jurídicas aplicables.

256. LA REGULACION DE LAS ACTIVIDADES TURÍSTICAS

Las actividades turísticas están principalmente reguladas por la Ley Federal de Turismo (*Diario Oficial de la Federación*, 6-II-1984), que abrogó la anterior Ley de la misma denominación (*Diario Oficial de la Federación*, 15-I-1980). Este ordenamiento jurídico está complementado por el Reglamento de la Ley Federal de Turismo (*Diario Oficial de la Federación*, 2-V-1994, con erratas el 19-VII-1994).

La Ley Federal de Turismo tiene en cuenta que las actividades turísticas pueden generar impactos ambientales importantes, como queda de manifiesto en la enunciación de su objeto, que incluye entre otros "la creación, conservación, mejoramiento, protección y aprovechamiento de los recursos y atractivos turísticos nacionales" (artículo 2º, fracción III). De esta manera, la LFT deja en claro que uno de sus propósitos consiste en proteger los innumerables y variados elementos naturales de México que constituyen ciertamente atractivos turísticos de mucha importancia, así como los creados por el hombre en este país.

Además de lo anterior, la LFT tiene por objeto "la programación de la actividad turística", "la promoción, fomento y desarrollo del turismo", "la protección y auxilio de los turistas" y "la regulación, clasificación y control de los servicios turísticos" (artículo 2º, fracciones I, II, IV, y V, respectivamente).

La idea de protección al ambiente enunciada en el artículo 2º de la LFT la reiteran las normas que se ocupan del fomento al turismo. En efecto, la Secretaría de Turismo, que es la dependencia a través de la cual el Ejecutivo Federal aplica la LFT y que, en términos más generales, es la encargada de formular y conducir la política de desarrollo de la actividad turística nacional (artículos 1º, de la LFT y 42, fracción I, de la

LOAPF), aparece en esas normas sobre fomento al turismo como la dependencia que tiene a su cargo dicho fomento, "para lo cual llevará a cabo acciones encaminadas a proteger, mejorar, incrementar y difundir los atractivos y servicios turísticos del país, así como a alentar las corrientes turísticas nacionales y las provenientes del exterior" (artículo 29).

Más aún, la LFT dispone "las dependencias y entidades de la Administración Pública Federal, y los gobiernos estatales y municipales, en los términos que se convengan y en el ámbito de sus respectivas competencias y jurisdicciones, coadyuvarán con la Secretaría en la realización de la actividad al fomento del turismo" (artículo 30), lo que implica entre otras cosas colaborar con la protección, mejoramiento e incremento de los elementos naturales y creados por el hombre que constituyan atractivos turísticos. Por otra parte, la LFT prescribe "la Secretaría colaborará con las dependencias y entidades que tengan a su cargo la administración y conservación de parques y bosques nacionales, playas, lagos, lagunas y ríos, zonas arqueológicas, edificios, monumentos u objetos de valor histórico o cultural, museos y otros atractivos turísticos, a efecto de impulsar su aprovechamiento turístico" (artículo 32).

El conjunto de estas disposiciones y de otras de la misma Ley Federal de Turismo dejan en claro que ese ordenamiento jurídico procura armonizar las actividades turísticas y el impacto que pudieren generar con el ambiente natural y construido, en términos de que éstos se pongan al servicio del turismo, pero también el turismo al servicio de la protección del ambiente.[1]

257. Las zonas de desarrollo turístico prioritario

Son de especial interés ambiental aquellas normas de la LFT que se refieren a las llamadas "zonas de desarrollo turístico prioritario", materia a la que la Ley le destina su Capítulo IV (artículos 18 a 22). El primero de esos preceptos dispone que "la Secretaría [de Turismo], conjuntamente con la Secretaría de Desarrollo Urbano y Ecología [hoy, la SEMARNAP] y con la participación de los gobiernos estatales y municipales, promoverán la determinación de zonas de desarrollo turístico prioritario, a efecto de que se expidan las declaratorias de uso del suelo turístico en los términos de las leyes respectivas, para crear o ampliar centros de

[1] En ese sentido, cabe destacar que las propias normas reglamentarias de la Ley Federal de Turismo han comenzado a establecer reglas que contribuyen a la protección del ambiente. En efecto, además de las normas que contiene el propio Reglamento de la Ley Federal de Turismo, puede citarse como ejemplo el artículo 23 del Reglamento para la prestación del servicio turístico del buceo (*Diario Oficial de la Federación*, 24-2-1992), que contiene una norma en virtud de la cual los guías de buceo y los usuarios están obligados a informar la existencia de basura o de desperdicios marinos, así como a salvaguardar el entorno ecológico y la protección del medio ambiente marino donde realicen el buceo en conformidad con lo que dispongan las leyes.

desarrollo turístico. Cuando proceda, se recabará la opinión de la Secretaría de la Reforma Agraria" (artículo 18).

A lo anterior hay que agregar que, de acuerdo con la misma LFT, "podrán ser consideradas como de desarrollo turístico prioritario, aquellas zonas que por sus características constituyan un atractivo turístico real o potencial evidente" (artículo 19). Las actividades que la Secretaría de Turismo debe llevar a cabo en las zonas de desarrollo turístico prioritario están reguladas por la propia Ley (artículos 20 a 22).

En relación con esta misma materia, cabe señalar que la fracción II del artículo 42 de la LOAPF establece, entre otras facultades de la Secretaría de Turismo, la de "promover en coordinación con las entidades federativas las zonas de desarrollo turístico nacional y formular en forma conjunta con la Secretaría de Desarrollo Urbano y Ecología [hoy, con la Secretaría de Medio Ambiente, Recursos Naturales y Pesca] la declaratoria respectiva". Por su parte, cabe también recordar que, como se ha visto en el capítulo V de este libro, la Ley General del Equilibrio Ecológico y la Protección al Ambiente establece la exigencia de la evaluación previa del impacto ambiental de los "desarrollos inmobiliarios que afecten los ecosistemas costeros", que incluye obviamente las instalaciones turísticas en esos ecosistemas (artículo 28, fracción IX, de la LGEEPA, modificado en 1996).[2]

258. Las actividades turísticas en el derecho internacional

Del impacto que las actividades turísticas pueden tener en el medio ambiente, se ocupa también el importante Convenio entre los Estados Unidos Mexicanos y los Estados Unidos de América sobre el Desarrollo y Facilitación del Turismo (*Diario Oficial de la Federación,* 16-III-1984), que remplazó al de 1978.

En efecto, en ese Convenio se prevé, entre otras cosas, que "las Partes fomentarán la presentación equilibrada y objetiva de sus patrimonios históricos y socioculturales respectivos y alentarán el respeto a la dignidad humana y a la preservación de los recursos culturales, arqueológicos y ecológicos" (artículo III.3). En otras palabras, el Convenio tiene en cuenta que las actividades turísticas en sus respectivos territorios pueden provocar un impacto negativo en sus recursos culturales, arqueológicos y ecológicos, por lo que asumen el compromiso de fomentar una conducta de respeto por parte de los turistas frente a la preservación de dichos recursos.

México también suscribió un Convenio de Cooperación Turística con el gobierno de Belice. El decreto de aprobación de dicho Convenio aparece publicado en el *Diario Oficial de la Federación* del 6 de agosto de 1990.

[2] Antes de esa modificación, la LGEEPA exigía la evaluación previa del impacto ambiental de los desarrollos turísticos federales (artículo 29, fracción V).

XX. LA PROTECCIÓN DEL AMBIENTE DE LOS EFECTOS DEL RUIDO, VIBRACIONES, ENERGÍA TÉRMICA Y LUMÍNICA, OLORES Y CONTAMINACIÓN VISUAL

259. Los problemas del ruido, las vibraciones, la energía térmica y lumínica, los olores y la contaminación visual. 260. La protección del ambiente en la LGEEPA respecto de los efectos del ruido, vibraciones, energía térmica y lumínica, olores y contaminación visual. 261. El Reglamento para la Protección del Ambiente contra la Contaminación Originada por la Emisión de Ruido. 262. Las normas oficiales mexicanas sobre contaminación por ruido. 263. Las otras formas de contaminación. La contaminación por olores. 264. La contaminación proveniente de establecimientos industriales o comerciales molestos, insalubres y peligrosos.

259. Los problemas del ruido, las vibraciones, la energía térmica y lumínica, los olores y la contaminación visual

Estos problemas no están vinculados exclusivamente con el tema del ambiente construido, que es la materia de que se ocupa esta parte quinta del libro. Sin embargo, existe una estrecha relación entre estas formas de contaminación y las actividades industriales, comerciales y de servicio, incluidas las actividades de transporte y de turismo, que se desarrollan en los asentamientos humanos. Por esa razón, se ha estimado preferible examinar en esta parte quinta las disposiciones jurídicas que se refieren a la protección del ambiente respecto de estas formas de contaminación.

Aunque el ruido no es un problema moderno, la verdad es que el llamado progreso material de las sociedades modernas lo ha convertido en un factor que cada día influye más negativamente sobre la salud humana y, en general, sobre el bienestar de las personas, como consecuencia de la introducción de todo tipo de máquinas y artefactos cuyo uso y abuso ha creado un ambiente sónico al que el ser humano no está adaptado. Este fenómeno se presenta con particular intensidad en los grandes centros urbanos, donde las condiciones de hacinamiento los transforman en verdaderos infiernos acústicos, como ocurre por ejemplo en ciertas zonas de la ciudad de México.

Los efectos del ruido no están aún suficientemente estudiados. Sin embargo, por lo menos es claro que la exposición a ruidos de una cierta intensidad se traduce en pérdidas temporales y permanentes de la capacidad auditiva en los seres humanos, así como la frecuencia, intensidad y significado del ruido generan un conjunto de perturbaciones en las actividades tales como el trabajo, el descanso, la comunicación, etc., afectando psicológicamente a los individuos.

Por otra parte, las vibraciones (trepidaciones) y la energía térmica (el calor) y lumínica, así como los olores, se han constituido también en factores ambientales negativos, a veces de mucha importancia. Antes, estos fenómenos estaban confinados en los lugares donde se generaban, por lo general los establecimientos industriales. En el capítulo siguiente se examinan los ordenamientos jurídicos que protegen el medio ambiente laboral de estos elementos nocivos para la salud de los trabajadores. Sin embargo, las consecuencias negativas de las vibraciones y de la energía térmica y lumínica, así como de los olores, se han multiplicado y extendido, invadiendo otros espacios, que van incluso más allá de los estrictamente vecinales y que a veces comprenden ciudades completas, provocando un impacto adverso no sólo en la salud y bienestar de las personas, sino también en sus bienes y en los ecosistemas en general.

La llamada "contaminación visual" se ha transformado también en un factor ambiental de una cierta importancia. Se trata de un fenómeno que no genera desequilibrios ecológicos, en el sentido estricto del término, pero que indudablemente afecta la calidad de vida de las personas.

260. La protección del ambiente en la LGEEPA de los efectos del ruido, vibraciones, energía térmica y lumínica, olores y contaminación visual

Durante la vigencia de la Ley Federal de Protección al Ambiente existían normas para la protección del ambiente respecto de los efectos del ruido, las vibraciones y la energía térmica. La LGEEPA amplió este campo a la protección del ambiente de los efectos de la energía lumínica, los olores y la contaminación visual.

Esta materia es básicamente local. Como se ha dicho en el capítulo III, corresponde a la Federación "la regulación de la prevención de la contaminación ambiental originada por ruido, vibraciones, energía térmica, lumínica y olores perjudiciales para el equilibrio ecológico y el ambiente" (artículo 5º, fracción XV). En cambio, corresponde a los estados "la prevención y control de la contaminación generada por la emisión de ruido, vibraciones, energía térmica, lumínica y olores perjudiciales al equilibrio ecológico o al ambiente, proveniente de fuentes fijas que funcionen como establecimientos industriales, así como, en su caso, de fuentes móviles" (artículo 7º, fracción VII).

Por su parte, el artículo 8º reserva a los municipios

> la aplicación de las disposiciones jurídicas relativas a la prevención y control de la contaminación por ruido, vibraciones, energía térmica, radiaciones electromagnéticas y lumínica y olores perjudiciales para el equilibrio ecológico y el ambiente, proveniente de fuentes fijas que funcionen como establecimientos mercantiles o de servicios, así como la vigilancia del cumplimiento de las dispo-

siciones que, en su caso, resulten aplicables a las fuentes móviles excepto las que conforme a esta Ley sean consideradas de jurisdicción federal [fracción VI].

Esta facultad de regulación de la Federación determina que, cuando la LEEGPA establece la respectiva prohibición de contaminar, lo haga en términos amplios, es decir, con alcances tanto para la Federación como para las entidades federativas y los municipios. En efecto, el primer acápite de ese precepto dispone:

> Quedan prohibidas las emisiones de ruido, vibraciones, energía térmica y lumínica y la generación de contaminación visual, en cuanto rebasen los límites máximos contenidos en las normas oficiales mexicanas que para ese efecto expida la Secretaría, considerando los valores de concentración máxima permisible para el ser humano de contaminantes en el ambiente que determine la Secretaría de Salud [modificado en 1996].

Para mayor claridad, el acápite segundo de ese mismo párrafo deja establecido que "las autoridades federales o locales, según su esfera de competencia, adoptarán las medidas para impedir que se transgredan dichos límites y en su caso, aplicarán las sanciones correspondientes".[1]

La prohibición establecida en el párrafo primero del artículo 155 se remite a las normas oficiales mexicanas que para ese efecto expida la SEMARNAP, considerando los valores de concentración máxima permisible al ser humano de contaminación en el ambiente que determine la Secretaría de Salud. Esto último se debe a que, con arreglo a lo previsto en la fracción I del artículo 118 de la Ley General de Salud, corresponde a la Secretaría de ese ramo "determinar los valores de concentración máxima permisible para el ser humano de contaminantes en el ambiente". Por su parte, el párrafo primero del artículo 156 prescribe, en estrecha relación con lo anterior, que "las normas oficiales mexicanas en materias objeto del presente capítulo, establecerán los procedimientos a fin de prevenir y controlar la contaminación por ruido, vibraciones, energía térmica, lumínica, radiaciones electromagnéticas y olores, y fijarán los límites de emisión respectivos" (modificado en 1996).[2]

El Código Penal para el Distrito Federal en Materia de Fuero Común y para toda la República en Materia de Fuero Federal incluye la tipifica-

[1] El precepto omite mencionar los olores entre los contaminantes cuyas emisiones, más allá de los límites máximos contenidos en las normas oficiales mexicanas, quedan prohibidas. Sin embargo, del párrafo primero del artículo 156 y de la propia denominación del capítulo, así como de los preceptos que establecen la competencia de la Federación y de las entidades federativas y municipios en esta materia, resulta clara la intención del legislador de comprender a los olores entre los contaminantes cuyos efectos deben ser prevenidos y controlados.

[2] El precepto ahora olvida mencionar la contaminación visual entre las materias de que deben ocuparse las normas oficiales mexicanas, no obstante que en el artículo anterior había hecho una referencia explícita a la misma. Sin embargo, no cabe duda alguna de que la Secretaría, con base en sus facultades generales en este tema, podría expedir las normas oficiales mexicanas que fueren necesarias sobre contaminación visual.

ción de un delito, como una de las medidas para hacer efectiva la prohibición de contaminar en este campo. En efecto, el artículo 415 de ese Código dispone que se impondrá pena de tres meses a seis años de prisión y de mil a veinte mil días multa, a quien en contravención a las disposiciones legales o normas oficiales mexicanas genere emisiones de ruido, vibraciones, energía térmica o lumínica, provenientes de fuentes emisoras de jurisdicción federal, conforme a lo previsto en la LEEGPA, que ocasionen daños a la salud pública, a los recursos naturales, a la flora, a la fauna o los ecosistemas.

Es claro que muchas de estas formas de contaminación podrían evitarse si se adoptan las medidas necesarias en las obras e instalaciones que pueden generarlas. Por eso, el párrafo segundo del artículo 155 de la LGEEPA prescribe que "en la construcción de obras o instalaciones que generen energía térmica, ruido o vibraciones, así como en la operación o funcionamiento de las existentes deberán llevarse a cabo acciones preventivas y correctivas para evitar los efectos nocivos de tales contaminantes".

261. El Reglamento para la Protección del Ambiente contra la Contaminación Originada por la Emisión de Ruido

Las disposiciones de la LGEEPA sobre protección del ambiente de los efectos del ruido, vibraciones, energía térmica y lumínica, olores y contaminación visual, están escasamente desarrolladas por reglamentos. Como se ha visto en el Capítulo XV de este libro, el tema de la contaminación por olores se ha reglamentado, a nivel federal, por el ordenamiento jurídico que se ocupa de la prevención y control de la contaminación de la atmósfera.

Lo que está reglamentado desde hace algún tiempo es la contaminación originada por la emisión de ruido. En efecto, durante la vigencia de la LFPCCA se puso en vigor un Reglamento para la Prevención y Control de la Contaminación Ambiental Originada por la Emisión de Ruido (*Diario Oficial de la Federación*, 2-I-1976), que fue abrogado por el Reglamento para la Protección del Ambiente contra la Contaminación Originada por la Emisión de Ruido (*Diario Oficial de la Federación*, 6-XII-1982), cuyo objeto fue proveer, en la esfera administrativa, el cumplimiento de la Ley Federal de Protección al Ambiente, en lo que se refiere a la emisión contaminante de ruido proveniente de fuentes artificiales (artículo 1º). Este Reglamento está en vigor en lo que no contravenga a la LGEEPA, como lo marca el artículo 3º transitorio de esa Ley.

El Reglamento define el "ruido" como "todo sonido indeseable que moleste o perjudique a las personas" (artículo 5º. Por otra parte, el Reglamento establece que se consideran como fuentes artificiales de contaminación ambiental originada por la emisión de ruido, las siguientes: "I. Fijas. Todo tipo de industrias, máquinas con motores de combustión, terminales y bases de autobuses y ferrocarriles, aeropuertos, clubes cinegéticos y polígonos de tiros; ferias, tianguis, circos y otras semejantes; II. Móviles. Aviones, helicópteros, ferrocarriles, tranvías, tracto-camiones, autobuses integrales, camiones, automóviles, motocicletas, embarcaciones, equipo y maquinaria con motores de combustión y similares" (artículo 6º). Esta descripción de las fuentes artificiales de contaminación ambiental originada por la emisión de ruido es puramente enunciativa.

El Reglamento está integrado por 79 artículos, que se organizan en nueve capítulos que tratan sucesivamente de las siguientes materias: disposiciones generales, definiciones, emisión de ruido, medidas de orientación y de educación, vigilancia e inspección, procedimiento para aplicar sanciones, recurso administrativo de inconformidad, acción popular y sanciones.

Las principales disposiciones del Reglamento están ubicadas en el capítulo tercero, sobre emisión de ruido (artículo 7º a 40). En ese capítulo se distingue entre la emisión de ruido en fuentes fijas y en fuentes móviles. Respecto de las primeras se establece que el nivel de emisión de ruido máximo permisible es de 68 decibeles de las 6 a las 22 horas y de 65 decibeles de las 22 a las 6 horas. En cambio, respecto de las segundas se establecen niveles diversos, que en el caso de los automóviles, camiones, autobuses, tracto-camiones y similares, son de 79 a 84 decibeles, según el peso bruto vehicular.

El mismo Reglamento establece la posibilidad de que una fuente fija pueda exceder los niveles señalados con una autorización especial (artículos 12 a 14). Por otra parte, se prescribe que los establecimientos industriales, comerciales, de servicio público y en general toda edificación, deberán construirse de tal forma que permitan un aislamiento acústico suficiente para que el ruido generado en su interior no rebase los niveles permitidos (artículo 15). También se establecen restricciones y zonas de restricciones para la emisión de ruido (artículos 19 a 21).

En materia de fuentes móviles de emisión de ruido, el Reglamento incluye algunas normas especiales relativas a los aeropuertos, a la aeronavegación, los transportes ferroviarios y los servicios públicos de autotransporte (artículos 23 a 28). La emisión de ruido en la vía publica, comprendida la que corresponda a operaciones de carga o descarga, es materia de regulaciones especiales (artículos 22, 36 y 40). En este sentido, cabe tener presente que el Reglamento de Tránsito en Carreteras Federales incluye también algunas normas en materia de ruido de vehículos (artículo 28). Finalmente, el Reglamento sanciona como ruido no doméstico la realización reiterada de actividades ruidosas que molesten a los vecinos (artículo 46).

262. Las normas oficiales mexicanas sobre contaminación por ruido

Las normas oficiales mexicanas sobre la materia se ocupan de diversos aspectos de la contaminación por ruido. Así, la Norma Oficial Mexicana

NOM-079-ECOL-93 establece los límites máximos permisibles de emisión de ruido de vehículos automotores nuevos en planta y su método de medición. Por su parte, la Norma Oficial Mexicana NOM-080-ECOL-93 establece los límites máximos permisibles de misión de ruido proveniente del escape de los vehículos automotores, motocicletas y triciclos motorizados en circulación y métodos de medición.

A su vez, la Norma Oficial Mexicana NOM-081-ECOL-93 establece los límites máximos permisibles de emisión de ruido de las fuentes fijas y su método de medición. Por último, la Norma Oficial Mexicana NOM-082-ECOL-93 establece los límites máximos permisibles de emisión de ruido de las motocicletas y triciclos motorizados nuevos en planta y su método de medición.

263. LAS OTRAS FORMAS DE CONTAMINACIÓN. LA CONTAMINACIÓN POR OLORES

Las otras formas de contaminación, con excepción de la contaminación por olores, carecen hasta ahora de una reglamentación posterior a la LGEEPA. En efecto, la contaminación por vibraciones y por energía térmica y lumínica está regulada sólo por algunas disposiciones del Reglamento para los Establecimientos Industriales o Comerciales Molestos, Insalubres o Peligrosos de 1940, que se examinan a continuación. Por su parte, la contaminación visual no cuenta con reglamentación de ninguna especie, como no sea aquella disposición del Reglamento de Tránsito en Carreteras Federales en virtud de la cual la carga repugnante a la vista debe transportarse en caja cerrada.

Como se ha dicho en el capítulo XV de este libro, la contaminación por olores está regulada en el Reglamento de la LGEEPA en Materia de Prevención y Control de la Contaminación de la Atmósfera, junto a las emisiones de contaminantes a la atmósfera generadas por fuentes fijas y por fuentes móviles.

En consecuencia, la emisión de olores que se generen por fuentes fijas se rige básicamente por las siguientes normas: *1)* la emisión de olores no deberá exceder los niveles máximos de emisión e inmisión, por contaminantes y por fuente de contaminación, que se establezcan en las normas oficiales mexicanas que para tal efecto expida la SEMARNAP; *2)* los responsables de las fuentes fijas de jurisdicción federal por las que se emitan olores están obligados a realizar las acciones que señala el artículo 17 del Reglamento; y *3)* las fuentes fijas de jurisdicción federal que emitan o puedan emitir olores requieren de licencia de funcionamiento expedida por la SEMARNAP.

Por su parte, la emisión de olores que se generen por fuentes móviles se rige fundamentalmente por las siguientes reglas: *1)* las emisiones de olores no deberán exceder los niveles máximos permisibles que se establezcan en las normas oficiales mexicanas que expida la SEMARNAP, en coordinación con las Secretarías de Comercio y Fomento Industrial y de Energía; *2)* los fabricantes de automotores deberán aplicar los métodos que aseguren que no se rebasarán esos niveles máximos permisibles; y *3)* la Secretaría de Comercio y Fomento Industrial únicamente autorizará la fabricación y ensamble de vehículos automotores que no rebasen los mismos niveles máximos permisibles.

264. La contaminación proveniente de establecimientos industriales o comerciales molestos, insalubres y peligrosos

En el capítulo XVI de este libro, se hizo una referencia al Reglamento para los Establecimientos Industriales o Comerciales Molestos, Insalubres o Peligrosos de 1940, con motivo de la protección del ambiente de los efectos de las actividades industriales. Allí se dijo que este Reglamento, expedido con base en el Código Sanitario vigente en esa época, regula las situaciones generadas por esos establecimientos que pudieran implicar molestias o daños o peligros para los vecinos.

Pues bien, entre otras situaciones de esa naturaleza, en dicho Reglamento se regulan las "molestias por trepidaciones y cambios sensibles de temperatura". En efecto, el artículo 3º del Reglamento prescribe que los establecimientos industriales o comerciales y sus dependencias pueden ser molestos por "...trepidaciones, cambios sensibles de temperatura...". Agrega el Reglamento que tales establecimientos "son molestos por trepidaciones, cuando al transmitirse éstas a las habitaciones vecinas se registran sacudimientos superiores al número 3 de la escala de Mercalli" (artículo 5º). Además, el mismo Reglamento establece que dichos establecimientos "son molestos por cambios sensibles de temperatura cuando existan dispositivos que la modifiquen lo suficiente para que, en las habitaciones vecinas, se produzcan cambios superiores o inferiores a 2 grados centígrados en relación con los límites de la zona confortable de temperatura" (artículo 6º).

Para combatir las molestias por trepidaciones, el Reglamento establece que se podrá exigir la adopción de una o todas las medidas siguientes: *1)* que la cimentación de las máquinas no esté ligada a la cimentación general de la construcción; *2)* que en los casos que sea necesario, se hagan cimentaciones especiales sobre material aislante; *3)* que se caven capas de 20 centímetros como mínimo abajo del nivel de la línea de cimentación de las máquinas y se llenen con material aislante, y *4)* que las flechas no se apoyen en los muros colindantes ni en otros que puedan transmitir la trepidación a las habitaciones vecinas (artículo 12).

Por su parte, para combatir los cambios sensibles de temperatura, el Reglamento establece que los aparatos caloríficos o frigoríficos deben estar separados de los muros colindantes por la distancia que se fije en cada caso y, de no ser suficiente este alejamiento, deben revestirse el muro colindante y el aparato con material aislante del calor (artículo 13).

Además, el Reglamento incluye algunas normas para las situaciones de "molestias por luces". Con ese propósito, su artículo 14 prescribe que el trabajo que se lleve a cabo en los establecimientos industriales o comerciales deberá efectuarse en locales cerrados, cuyos claros de iluminación estén revestidos de vidrios despulidos. Señala el mismo precepto que en los trabajos efectuados con el arco voltaico para soldadura eléctrica, deberán adoptarse las precauciones necesarias para evitar los deslumbramientos.

Todas estas disposiciones sobre contaminación por vibraciones y energía térmica y lumínica deben considerarse vigentes mientras no se expidan las normas reglamentarias pertinentes, tal como lo establece el artículo 3º transitorio de la LGEEPA.

XXI. LA PROTECCIÓN DEL PATRIMONIO CULTURAL DE LA NACIÓN

265. La idea de la protección jurídica del patrimonio cultural de la nación. 266. El desarrollo histórico del sistema jurídico para la protección del patrimonio cultural. 267. El objeto jurídicamente tutelado por el sistema de protección del patrimonio cultural de la nación 268. Las reglas para la protección del patrimonio cultural de la nación. 269. La protección del patrimonio cultural de la nación desde la perspectiva del derecho internacional.

265. La idea de la protección jurídica del patrimonio cultural de la nación

Esta parte quinta relativa a la ordenación del ambiente construido se cierra con el presente capítulo, que está destinado al examen de las disposiciones que se refieren a la protección jurídica del patrimonio cultural de la nación.[1]

Pudiera parecer extraño que un libro que trata del derecho ambiental incluya, como uno de sus temas, la protección del patrimonio cultural de la nación. Sin embargo, esto no es extraño en la literatura jurídico-ambiental. Así, por ejemplo, el primer gran tratado de derecho ambiental publicado en Francia a principios de la década de los setenta, se ocupó de la protección de lo que se ha llamado el "ambiente cultural".[2] En América Latina, los primeros trabajos sobre la materia también incluyeron este tema dentro del campo del derecho ambiental.[3] El autor de este libro, por su parte, siguió el mismo criterio en su *Derecho ambiental mexicano* de 1987 y en la primera edición de este libro.

La preocupación que el derecho ambiental muestra por este tema se explica porque importantes corrientes del pensamiento ambiental consideran que la calidad de la vida de las personas está determinada no sólo por el ambiente "físico", sino también por el ambiente "social", lo

[1] Algunas partes de este capítulo están basadas en un trabajo más extenso del autor, que versa sobre "El objeto jurídicamente tutelado por los sistemas de protección del patrimonio cultural y natural de México" y que fue publicado en Enrique Florescano (compilador), *El patrimonio cultural de México* (Fondo de Cultura Económica y Consejo Nacional para la Cultura y las Artes, México, 1994, pp. 381-405).

[2] *Cf.* Jean Lamarque, *Droit de la protection de la nature et de l'environnement,* París, LGDJ, 1973. Esta tradición la ha continuado Michel Prieur en Francia con su *Droit de l'environnement,* París, Dalloz, 1984.

[3] *Cf.* Guillermo J. Cano, *Derecho, política y administración ambientales,* Buenos Aires, Depalma, 1979, pp. 187 y 335.

que incluye el ambiente "cultural". Este enfoque ambientalista, por cierto, se contrapone al enfoque puramente "ecologista", que circunscribe la problemática ambiental a la protección de la naturaleza. La protección del patrimonio cultural de la nación es una materia que por lo general se trata dentro de lo que se denomina el "ambiente construido", porque una visión restringida de ese patrimonio, pero que es la que predomina en los ordenamientos jurídicos, conduce a que el objeto de la protección sean los bienes culturales, que son bienes "construidos". Por otra parte, hay que señalar que esta vinculación entre el patrimonio cultural y el patrimonio natural de la nación, no es del todo ajena al derecho tanto interno como internacional. En efecto, en algunos casos la protección del patrimonio cultural se ha regulado junto a la protección de algunos aspectos del medio físico, como son los paisajes naturales y en general las bellezas escénicas.

Las disposiciones que se examinan en este capítulo son el producto histórico de la revalorización que en un momento dado comenzó a hacerse de los bienes culturales de la nación, como elementos que son esenciales para la identidad y el desarrollo espiritual de su pueblo. En México, este proceso de revalorización es relativamente reciente, en tanto tiene su origen en la transformación del Estado mexicano iniciada por la Revolución de 1910. Como bien se ha dicho, es mérito del Estado moderno mexicano "haber creado una noción de identidad nacional y de patrimonio cultural aceptada por vastos sectores de la población del país".[4]

En efecto, la conquista europea de los territorios americanos trajo consigo la destrucción de las bases de la cultura aborigen y la imposición de la cultura de los conquistadores, en especial de las convicciones religiosas y las expresiones físicas de esas convicciones. La construcción del Estado nacional en la América hispánica durante el siglo XIX, no trajo consigo el rescate de las tradiciones culturales que el periodo colonial había combatido, sino por el contrario, un impulso más fuerte aún a las creencias sobre el progreso material y espiritual que predominaban en Europa fue lo que hizo imposible la existencia de un modelo cultural de profundas raíces sociales. El rescate de la memoria histórica de nuestros pueblos se circunscribió al culto de la personalidad de ciertos héroes seleccionados del mundo antiguo y, en los espíritus románticos, a la reminiscencia de algunas tradiciones que pasaron a ser "folclóricas".[5]

La aparición de estas disposiciones implicó el surgimiento de un nuevo campo en el derecho positivo, de características por lo demás muy

[4] *Cf.* Enrique Florescano, "Patrimonio y política cultural de México: los desafíos del presente y del futuro", en *Antropología,* Boletín Oficial del Instituto Nacional de Antropología e Historia, Nueva época, núm. 15-16, julio-octubre de 1987, p. 4.

[5] Por cierto, esto no significa que nunca hayan existido disposiciones jurídicas para la protección de por lo menos algunos componentes del patrimonio cultural. Así, por ejemplo, una de las Leyes de Reforma se ocupó de esta materia, al prescribir que "los libros, impresos, manuscritos, pinturas, antigüedades y demás objetos pertenecientes a las co-

dinámicas, como lo muestra precisamente el caso de México, cuyo sistema jurídico vigente para la protección de su patrimonio cultural presenta un desarrollo importante, en consonancia con la riqueza de dicho patrimonio.

De acuerdo con estimaciones oficiales, el patrimonio cultural de la nación mexicana está disperso en todo el territorio del país y se halla constituido por alrededor de 200 000 sitios arqueológicos y más de 100 000 monumentos históricos, así como por una pluralidad de tradiciones y una diversidad de expresiones artísticas y culturales, lo que por cierto contrasta con la escasez de los recursos para atenderlo debidamente y, en definitiva, plantea una tarea inagotable que debe comprometer los esfuerzos de toda la sociedad.[6]

266. El desarrollo histórico del sistema jurídico para la protección del patrimonio cultural

La legislación vigente sobre la materia tiene su fundamento en la fracción XXV del artículo 73 de la Constitución Política de 1917, que a partir de 1966[7] faculta al Congreso de la Unión, entre otras cosas, "para legislar sobre monumentos arqueológicos, artísticos e históricos, cuya conservación sea de interés nacional".

Desde un punto de vista constitucional, también es relevante en esta materia el artículo 3º de la Carta Fundamental de México, relativo a la enseñanza, que en la actualidad[8] dispone que la educación que imparta el Estado será nacional, en cuanto atenderá, entre otras cosas, "a la continuidad y acrecentamiento de nuestra cultura" (fraccion I, inciso "b").

A partir de las normas constitucionales sobre la materia, en las últimas seis décadas se han expedido un conjunto de ordenamientos jurídicos que fueron definiendo la nueva política cultural del Estado mexicano y creando los mecanismos necesarios para su aplicación. Este proceso se inició con la Ley sobre Protección y Conservación de Monumentos y Bellezas Naturales de 1930, para continuar luego con los siguientes ordenamientos jurídicos: la Ley sobre Protección y Conservación de Monumentos Arqueológicos e Históricos, Poblaciones Típicas y Lugares de Belleza Natural de 1934, que abrogó a la Ley de 1930; la Ley Federal del Patrimonio Cultural de la Nación de 1970, que abrogó a la Ley de 1934; y, finalmente, la hoy vigente Ley Federal sobre Monumentos y Zonas Arqueológicos, Artísticos e Históricos de 1972, que a su vez abrogó a la Ley de 1970.

munidades religiosas suprimidas, se aplicarán a los museos, liceos, bibliotecas y otros establecimientos públicos" (artículo 12 de la Ley de Nacionalización de los Bienes Eclesiásticos, del 12 de julio de 1859).

[6] Cf. el Programa de Cultura 1995-2000, publicado en el *Diario Oficial de la Federación* del 21 de febrero de 1996 (sección 5.5.1).

[7] Este precepto constitucional fue reformado en 1934, 1946, 1992 y 1993.

[8] Este precepto constitucional fue reformado en 1934, 1946 y 1992.

Junto a ellos, se expidieron otros ordenamientos que también contribuyeron a definir las políticas sobre protección del patrimonio cultural y, además, a establecer los instrumentos que eran indispensables para su aplicación, como las leyes que crearon las instituciones a las que el Estado terminó por confiar las principales responsabilidades en esta materia, a saber: la Ley Orgánica del Instituto Nacional de Antropología e Historia de 1934, la Ley Orgánica del Instituto de Bellas Artes y Literatura de 1946 y la Ley del Instituto Nacional Indigenista de 1948. A estas instituciones se sumó el Consejo Nacional para la Cultura y las Artes (*Diario Oficial de la Federación,* 7-XII-1988), así como la Comisión Nacional para la Preservación del Patrimonio Cultural (*Diario Oficial de la Federación,* 28-VI-1989).

Las disposiciones de estos seis últimos ordenamientos jurídicos, con sus reformas y adiciones, así como las de otras leyes federales y de los diversos reglamentos sobre la materia, configuran la estructura del sistema jurídico vigente en México para la protección del patrimonio cultural de la nación.

Dicho sistema jurídico está complementado con los tratados y otros acuerdos internacionales que versan sobre la misma materia y en los que México es parte contratante, como es el caso de la Convención sobre las Medidas que deben adoptarse para prohibir e impedir la Importación, la Exportación y la Transferencia de Propiedad Ilícita de Bienes Culturales de 1970 y la Convención para la Protección del Patrimonio Mundial, Cultural y Natural de 1972, así como de diversos tratados de cooperación bilaterales que se refieren concreta y específicamente a la recuperación de bienes arqueológicos, históricos y culturales robados.

267. El objeto jurídicamente tutelado por el sistema de protección del patrimonio cultural de la nación

El objeto jurídicamente tutelado por los sistemas de protección como el que se está examinando, es el patrimonio cultural de la nación. Por patrimonio cultural de una nación se entiende habitualmente el conjunto de los monumentos arqueológicos, artísticos e históricos que son representativos de la cultura nacional.

Como se dice en la sección 63 de este libro, la palabra "patrimonio" se emplea en estos casos en un sentido distinto del que es común en el derecho moderno, esto es, evoca la idea de un conjunto de bienes que se trasmite de generación en generación, que por lo mismo deben conservarse para que puedan trasmitirse. De acuerdo con esa acepción, el patrimonio cultural de una nación sería el conjunto de los bienes culturales que habitualmente han sido transmitidos de generación en generación dentro de esa nación.

Este uso de la palabra "patrimonio" no coincide con la significación moderna del término, especialmente en el campo del derecho civil, sino sólo en el hecho de que se utiliza para designar una universalidad de cosas que pertenecen a alguien. Pero el sentido que asume en estos casos la expresión "cosas" e incluso la expresión "pertenencia" es distinto. En efecto, los bienes culturales son "cosas" independientemente del hecho de que sean o no susceptibles de valorizarse en dinero. Por otra parte, la relación de pertenencia entre la nación y esos bienes no implica necesariamente que ésta sea su propietaria, en el sentido civil de la expresión, sino más bien que la nación tiene una potestad sobre tales bienes que le permite regular el uso y disposición de los mismos, incluso en los casos en que ellos son civilmente de propiedad de personas físicas o morales distintas de la nación.

En México, la legislación sobre la materia ha rehuido por lo general el uso de la expresión "patrimonio cultural de la Nación"[9] y, por tanto, no la ha definido. Sin embargo, en los términos de la legislación vigente, el patrimonio cultural de la nación puede ser definido como el conjunto de los bienes o cosas u objetos materiales, creados por lo general con la mediación del hombre, que presentan para esa nación un interés histórico, artístico o científico (arqueológico, antropológico, etnológico, paleontológico, etc.). La calificación de ese interés puede estar hecha por el propio derecho positivo, como ocurre cuando el bien cultural de que se trate es incluido explícitamente en alguna definición legal, o pueda quedar entregada a la discrecionalidad de las autoridades encargadas de la aplicación del derecho positivo. Así resulta de la Ley Federal sobre Monumentos y Zonas Arqueológicos, Artísticos e Históricos vigente, que extiende su campo de protección a ciertos bienes culturales, que ella misma señala y define.

En efecto, con arreglo al párrafo primero del artículo 5º de la Ley, dichos bienes culturales son: *1)* los monumentos arqueológicos, artísticos, históricos y zonas de monumentos; *2)* los determinados expresamente en la propia Ley, y *3)* los que sean declarados como tales, de oficio o a petición de parte. Como se ha dicho, la propia Ley se encarga de definir cada una de las categorías de monumentos y de zonas de monumentos, así como de señalar cuáles son los bienes que tienen la calidad de culturales por determinación de la Ley y en qué casos se puede declarar que ciertos bienes tienen dicha calidad.

Por *monumentos arqueológicos* se entienden "los bienes muebles e inmuebles, producto de culturas anteriores al establecimiento de la hispá-

[9] Es de recordarse que, sin embargo, dicha expresión fue empleada para denominar una ley sobre la materia que estuvo en vigor durante un corto periodo. Se trata de la Ley Federal del Patrimonio Cultural de la Nación, publicada en el *Diario Oficial de la Federación* del 16 de diciembre de 1970, que sólo estuvo en vigor hasta 1972. El artículo 2º de dicha Ley intentaba una definición del patrimonio cultural de la nación, al disponer lo que sigue: "El Patrimonio Cultural de la Nación está constituido por todos los bienes que tengan valor para la cultura desde el punto de vista del arte, la historia, la tradición, la ciencia o la técnica, de acuerdo con lo que dispone esta Ley." Pero, a continuación, su artículo 3º enumeraba lo que para sus efectos habrían de considerarse "bienes de valor cultural".

nica en el territorio nacional, así como los restos humanos, de la flora y de la fauna, relacionados con estas culturas" (artículo 28). Es interesante señalar que una reforma a la Ley introdujo la idea de que "las disposiciones sobre monumentos y zonas arqueológicos serán aplicables a los vestigios o restos fósiles de seres orgánicos que habitaron el territorio nacional en épocas pretéritas y cuya investigación, conservación, restauración, recuperación o utilización revistan interés paleontológico, circunstancia que deberá consignarse en la respectiva declaratoria que expedirá el Presidente de la República" (artículo 28 *bis*).

De otro lado, por *monumentos artísticos* se entienden los bienes muebles e inmuebles que revistan valor estético relevante (artículo 33, párrafo primero). Finalmente, por *monumentos históricos* se entienden "los bienes vinculados con la historia de la Nación, a partir del establecimiento de la cultura hispánica en el país, en los términos de la declaratoria respectiva o por determinación de la Ley" (artículo 35).

Por su parte, señala la Ley que *zona de monumentos arqueológicos* "es el área que comprende varios monumentos arqueológicos inmuebles, o en que se presuma su existencia" (artículo 39). En cambio, *zona de monumentos artísticos* "es el área que comprende varios monumentos artísticos asociados entre sí, con espacios abiertos o elementos topográficos, cuyo conjunto revista valor estético en forma relevante" (artículo 40). Y, por último, *zona de monumentos históricos* "es el área que comprende varios monumentos históricos relacionados con un suceso nacional o la que se encuentre vinculada a hechos pretéritos de relevancia para el país" (artículo 41).

En lo que se refiere a los *monumentos por determinación de la Ley*, cabe decir que, de acuerdo con su artículo 36, esta categoría queda reservada a los siguientes monumentos que son calificados de históricos: *1)* Los inmuebles construidos en los siglos XVI al XIX, destinados a templos y sus anexos; arzobispados, obispados y casas curales; seminarios, conventos o cualesquiera otros dedicados a la administración, divulgación, enseñanza o práctica de un culto religioso; así como a la educación y a la enseñanza, a fines asistenciales o benéficos; al servicio y ornato públicos y al uso de las autoridades civiles y militares. En esta subcategoría se incluyen, además, los muebles que se encuentren o se hayan encontrado en dichos inmuebles y las obras civiles relevantes de carácter privado realizadas en los siglos XVI al XIX inclusive; *2)* los documentos y expedientes que pertenezcan o hayan pertenecido a las oficinas y archivos de la Federación, de los estados o de los municipios y de las casas curales, y *3)* los documentos originales manuscritos relacionados con la historia de México y los libros, folletos y otros impresos en México o en el extranjero, durante los siglos XVI al XIX, que por su rareza e importancia para la historia mexicana merezcan ser conservados en el país. Es de señalarse que las colecciones científicas y técnicas podrán elevarse a esta categoría, mediante la *declaratoria* correspondiente (artículo 37).

Estas reglas del derecho interno mexicano son similares a las que contiene el derecho internacional vigente. Las diferencias entre ellas son de matices. Lo importante es que en ambos casos el concepto de patrimonio cultural de la nación se remite a un conjunto de bienes o cosas u objetos materiales, que han sido creados por lo general con la mediación del hombre y que se considera deben ser protegidos por el significado cultural que ellos presentan para la nación a que pertenecen.

Es importante señalar que esta visión del objeto jurídicamente tutelado en la legislación sobre protección del patrimonio cultural de la nación, que reduce ese objeto a un conjunto de bienes materiales que tienen un significado cultural para la nación, ha comenzado a merecer algunas críticas, que se derivan de la revisión que se está haciendo del concepto de "patrimonio cultural de la nación". En efecto, existe una corriente de pensamiento que tiende a expandir el concepto de patrimonio cultural de la nación más allá de los bienes, cosas u objetos materiales que pueden integrarlo. A esa corriente de pensamiento se refiere un autor cuando dice:

> ...desde un punto de vista teórico y conceptual, hoy, a fines del siglo XX, nos enfrentamos a una ampliación y redefinición de la noción de patrimonio cultural que desafía nuestras ideas y concepciones heredadas. Lo que antes se entendía como patrimonio arqueológico, histórico y artístico, y que casi siempre se refería a los testimonios y símbolos sociales de las clases dominantes (templos, palacios, centros ceremoniales, objetos pertenecientes a los grupos aristocráticos), hoy se ha ampliado para abarcar los asentamientos campesinos, las zonas de cultivo, la habitación popular, la cultura material, las tecnologías tradicionales o las expresiones de las mentalidades populares...[10]

Al mismo tema se refiere otro autor, señalando además que esa ampliación "...no cuenta aún con legislación suficiente para proteger tan diversas manifestaciones culturales e intervenir en sus usos contemporáneos". Y agrega que "a menudo, las leyes existentes no prevén las prácticas de organismos oficiales y de agentes particulares, o entran en conflicto con ellas...".[11]

268. Las reglas para la protección del patrimonio cultural de la nación

Como se ha dicho, el ordenamiento jurídico fundamental sobre la materia es la Ley Federal sobre Monumentos y Zonas Arqueológicos, Artísticos e Históricos (*Diario Oficial de la Federación,* 6-V-1972, con reformas y adiciones en *Diario Oficial de la Federación,* 28-XII-1974, 26-XI-1984 y 13-I-1986). Esta Ley regula la investigación, protección, conservación, restauración y recuperación de los monumentos arqueológicos, artísti-

[10] *Cf.* Enrique Florescano, *op. cit.* en nota 365, p. 5.
[11] *Cf.* Néstor García, *op. cit. supra,* p. 11.

cos e históricos y de las zonas de monumentos, actividades que son declaradas de utilidad pública (artículo 2º). La Ley cuenta con un Reglamento, que fue publicado en el *Diario Oficial de la Federación* del 8 de diciembre de 1975 (con reformas, derogaciones y adiciones en el *Diario Oficial de la Federación*, 5-I-93).

Los monumentos arqueológicos, artísticos e históricos y las zonas de monumentos que no sean determinados expresamente por la Ley, deben ser declarados como tales por el Presidente de la República, mediante resolución que será publicada en el *Diario Oficial de la Federación*. Esta resolución deberá, además, inscribirse en el Registro Público de Monumentos y Zonas Arqueológicos e Históricos o en el Registro Público de Monumentos y Zonas Artísticos, según corresponda (artículos 5º, 37 y 21 de la Ley).

En lo que toca a los *monumentos arqueológicos*, muebles e inmuebles, la Ley dispone que son propiedad de la nación inalienables e imprescriptibles (artículo 27). El que encuentre bienes arqueológicos deberá dar aviso a la autoridad civil más cercana. La autoridad correspondiente debe expedir la constancia oficial del aviso o, en su caso, de la entrega, así como informar al Instituto Nacional de Antropología e Historia, dentro de las 24 horas siguientes, para que éste determine lo que corresponda (artículo 29). Toda clase de trabajos materiales para descubrir o explotar monumentos arqueológicos sólo pueden ser realizados por el Instituto Nacional de Antropología e Historia o por instituciones científicas de reconocida solvencia moral, previa autorización (artículo 30). El mismo Instituto debe suspender los trabajos que se ejecuten en monumentos arqueológicos sin autorización o que violen la autorización concedida, así como aquellos en que haya sustracción de materiales arqueológicos (artículo 32).

Los propietarios de bienes inmuebles o muebles declarados *monumentos históricos o artísticos*, deberán conservarlos y, en su caso, restaurarlos (artículos 6º, párrafo primero, y 13). Los propietarios de bienes inmuebles colindantes con un monumento que pretendan realizar obras de excavación, cimentación, demolición o construcción que puedan afectar las características de los monumentos históricos o artísticos, deben obtener permiso (artículo 6º, párrafo segundo).

En lo que se refiere a los *monumentos artísticos y de las zonas de monumentos artísticos*, la Ley crea una Comisión Nacional de Zonas y Monumentos Artísticos, a la cual le corresponde hacer la declaratoria de los monumentos artísticos y de las zonas de monumentos artísticos (artículo 34). A partir de las reformas y adiciones que se hicieron en 1984 a la Ley, dicha Comisión está integrada, entre otros, por un representante de la SEDUE. En casos urgentes, el Instituto Nacional de Bellas Artes y Literatura puede hacer una declaratoria provisional en el caso de que se trate.

La misma Ley contiene una serie de normas para la protección, restauración, conservación, comercio y transporte de los bienes que integran el patrimonio cultural de la nación. En esta materia tienen competencia especialmente el Instituto Nacional de Antropología e Historia respecto de los monumentos y zonas de monumentos arqueológicos e históricos, y el Instituto Nacional de Bellas Artes y Literatura en materia de monumentos y zonas de monumentos artísticos (artículos 44 y 45 de la Ley).

La Ley, además, *sanciona penalmente algunas conductas especialmente graves,* como las siguientes: *1)* la realización de trabajos materiales de exploración arqueológica, por excavación, remoción o por cualquier otro medio, en monumentos arqueológicos inmuebles o en zonas de monumentos arquelógicos, sin la autorización del Instituto Nacional de Antropología e Historia (artículo 47); *2)* la disposición para sí o para otro de un monumento arqueológico mueble, cuando la persona se valga de un cargo o comisión del Instituto Nacional de Antropología e Historia o de la autorización otorgada por éste para la ejecución de trabajos arqueológicos (artículo 48); *3)* la realización de cualquier acto traslaticio de dominio de un monumento arqueológico mueble o el comercio de éste, así como su transporte, exhibición o reproducción, sin el permiso y la inscripción correspondiente (artículo 49); *4)* la tenencia ilegal por una persona de un monumento arqueológico o un monumento histórico mueble, que hubiere encontrado en alguno de los inmuebles que tienen la calidad de históricos con arreglo a la fracción I del artículo 36 (artículo 50); *5)* el apoderamiento de un monumento mueble arqueológico, histórico o artístico sin consentimiento de quien puede disponer de él (artículo 51); *6)* el daño o destrucción por medio de incendio, inundación o explosión, de un monumento arqueológico, artístico o histórico (artículo 52), y *7)* la exportación o el intento de exportación, por cualquier medio, de un monumento arqueológico, artístico e histórico, sin permiso (artículo 53).

Todas las demás violaciones a la Ley o a su Reglamento que no estén tipificadas como delitos, son consideradas infracciones que deben ser sancionadas administrativamente.

269. La protección del patrimonio cultural de la nación desde el punto de vista del derecho internacional

En 1970, la Conferencia General de la Organización de las Naciones Unidas para la Educación, la Ciencia y la Cultura (UNESCO) aprobó una Convención sobre las medidas que deben adoptarse para prohibir e impedir la importación, la exportación y la transferencia de propiedad ilícita de bienes culturales. Esta Convención fue aprobada por México y debidamente promulgada (*Diario Oficial de la Federación,* 4-IV-1973). En la Convención se establece que se considerarán como bienes culturales los objetos que hayan sido expresamente determinados por cada Estado como de importancia para la arqueología, la prehistoria, la historia, la literatura, el arte y la ciencia y que pertenezcan a las categorías que son enumeradas por la misma Convención (artículo 1º). A continuación se reconoce que la importación, la exportación y la transferencia de propiedad ilícitas de los bienes culturales constituyen una de las causas principales del empobrecimiento del patrimonio cultural de los países de origen de dichos bienes y que la colaboración internacional es uno de los medios más eficaces para proteger sus bienes culturales respectivos contra todos los peligros que entrañan aquellos actos, por lo que los Estados Partes se comprometen a combatir esas prácticas con los medios de que dispongan, sobre todo suprimiendo sus causas, deteniendo su curso y ayudando a efectuar las reparaciones que se impongan (artículo 2º). Con base en lo anterior, se declaran ilícitas la importación, la exportación y la transferencia de propiedad de los bienes culturales que se efectúen infringiendo las disposiciones adoptadas por los Estados Partes en virtud de la Convención (artículo 3º). Consecuentemente, los Estados Partes en la Convención asumen una serie de obligaciones a este respecto, que no pueden ser resumidas aquí (artículos 5º a 17).

En 1972, la misma Conferencia General de la UNESCO adoptó una Convención para la protección del patrimonio mundial, cultural y natural, que también fue aprobada por México y debidamente promulgada (*Diario Oficial de la Federación,* 2-V-1984). A esta Convención se ha hecho referencia más atrás, con motivo del examen de la protección jurídica de la flora y de la fauna. Aquí debe señalarse que para los efectos de la Convención se considera "patrimonio cultural": *1)* los monumentos: obras arquitectónicas, de escultura o de pintura monumentales, elementos o estructuras de carácter arqueológico, inscripciones, cavernas y grupos de elementos, que tengan un valor universal excepcional desde el punto de vista de la historia, del arte o de la ciencia; *2)* los conjuntos: grupos de construcciones, aisladas o reunidas, cuya arquitectura, unidad e integración en el paisaje es de un valor universal excepcional desde el punto de vista de la historia, del arte o de las ciencias, y *3)* los lugares: obras del hombre u obras conjuntas del hombre y de la naturaleza así como las zonas, incluidos los lugares arqueológicos, que tengan un valor excepcional desde un punto de vista histórico, estético, etnológico o antropológico (artículo 1º). Como se ha dicho, a cada Estado le incumbe primordialmente la obligación de identificar, proteger, conservar, rehabilitar y transmitir a las generaciones futuras, el patrimonio cultural situado en su territorio, para lo cual cada Estado procurará adoptar las medidas que la misma Convención señala (artículos 4º y 5º. Sin perjuicio de lo anterior, la Convención establece que la comunidad internacional entera tiene el deber de cooperar en la protección de ese patrimonio universal (artículos 6º y 7º). Como se ha visto, la Convención crea un Comité Intergubernamental de Protección del Patrimonio Mundial, Cultural y Natural, dentro de la Organización de las Naciones Unidas para la Educación, la Ciencia y la Cultura, así como un Fondo para la protección del patrimonio cultural y natural. La misma Convención establece las condiciones y modalidades de la asistencia internacional en esta materia (artículos 8º a 29).

Además de estas Convenciones, México ha suscrito y aprobado tratados de cooperación bilaterales que se refieren específicamente a la recuperación de bienes arqueológicos, históricos y culturales robados, como es el caso por ejemplo del Tratado concluido sobre la materia con los Estados Unidos de América.

Sexta Parte

LA PROTECCIÓN DE LA SALUD HUMANA DE LOS EFECTOS DEL AMBIENTE

XXII. LA PROTECCIÓN DE LA SALUD HUMANA DE LOS EFECTOS DEL AMBIENTE

270. El saneamiento ambiental. 271. Los efectos nocivos del ambiente sobre la salud humana. 272. El derecho a la protección de la salud y el saneamiento ambiental. 273. La regulación de los efectos del ambiente en la salud humana. 274. Los valores de concentración máxima permisible para el ser humano de contaminantes en el ambiente. 275. El agua para el uso o consumo humano. 276. Las aguas residuales. 277. El saneamiento básico. 278. La ingeniería sanitaria. 279. El control sanitario de las vías generales de comunicación y de los medios de transporte. 280. Los efectos del ambiente en la salud y el manejo de los productos industriales gaseosos de alta peligrosidad y de las sustancias tóxicas o peligrosas. 281. Los efectos del ambiente en la salud y el manejo de materiales radioactivos y de fuentes de radiación. 282. Los efectos del ambiente en la salud y la investigación. 283. Los efectos del ambiente laboral en la salud. La salud ocupacional. 284. La higiene y seguridad en el trabajo. 285. La higiene y seguridad para los trabajadores regidos por el Apartado "A" del artículo 123 constitucional. 286. La higiene y seguridad para los trabajadores regidos por el Apartado "B" del artículo 123 constitucional. 287. Los efectos del ambiente laboral en la salud humana ante el derecho internacional.

270. El saneamiento ambiental

En este capítulo se examinan las normas jurídicas que se ocupan de la protección de la salud humana frente a los efectos nocivos del ambiente, desde la perspectiva de la legislación sanitaria. Se trata de una materia tradicionalmente regulada en dicha legislación que se denomina "saneamiento ambiental" y que se refiere por lo habitual al conjunto de actividades que tienen por objeto establecer ciertas condiciones sanitarias en el hábitat del hombre, que se estiman indispensables para la protección de su salud. Sin embargo, este concepto de saneamiento ambiental ha ido cambiando con el correr del tiempo, en consonancia con los cambios que han experimentado los conceptos de ambiente y salud, como se verá a continuación.

Por cierto, las normas jurídicas que regulan el saneamiento ambiental no son las únicas que se ocupan de la protección de la salud de los efectos del ambiente, porque la verdad es que prácticamente toda la legislación ambiental, de manera directa o indirecta, está orientada hacia el mismo propósito. Así lo hacen, por ejemplo, los ordenamientos jurídicos que protegen al ambiente en su conjunto o al ambiente natural en especial, como es el caso de la Ley General del Equilibrio Ecológico y Protección al Ambiente, que tutela en forma indirecta la salud humana de los efectos del ambiente, desde el momento en que la utiliza como uno de los parámetros fundamentales para calificar las situaciones de deterioro del ambiente en su conjunto o del ambiente natural. En consecuencia, hay que tener claro que el examen de la protección de la salud humana de los efectos del ambiente a través de la óptica de la legislación sanitaria, implica el estudio de sólo uno de los aspectos jurídicos que presenta el sistema de protección de la salud de las personas frente a las condiciones ambientales.

En efecto, resulta difícil, si no imposible, establecer en abstracto un criterio para diferenciar el campo de la protección de la salud humana frente a los efectos nocivos del ambiente que sería propio de la legislación sanitaria, del campo que en esta materia habría de ser cubierto por otro tipo de legislación ambiental. Ello se debe, por lo pronto, a que el concepto de saneamiento ambiental —que permitiría quizás delimitar lo que es propio de la legislación sanitaria— es un concepto históricamente mudable. Pero, por otra parte, es menester considerar que la propia idea de ambiente como un sistema en el que se expresan un conjunto de variadas y múltiples interacciones, impide este tipo de diferenciaciones, que en buenas cuentas sólo pueden hacerse en torno a ciertos matices.

Así, en este caso, lo más aproximado a la verdad que puede decirse es que la legislación sanitaria se ocupa de la protección de la salud humana frente a los efectos ambientales nocivos, teniendo en cuenta, exclusivamente, la salud de las personas, mientras que las normas que tratan de la misma materia en otros tipos de ordenamientos jurídicos, lo hacen desde una perspectiva más amplia, esto es, desde la perspectiva de la protección del ambiente en su conjunto. Las dificultades que presenta hacer la diferenciación a que nos estamos refiriendo determina, en la práctica, que en diversas ocasiones se produzca una superposición de los diversos ordenamientos jurídicos que regulan esta materia, lo que por lo demás es frecuente en la legislación ambiental en esta etapa de su desarrollo histórico.

Durante mucho tiempo la legislación sanitaria fue considerada como el núcleo de la legislación ambiental, ya que se entendía que esta última se refería, de manera principal, a la protección de la salud humana frente a los efectos ambientales adversos al hombre. En esa época, este tema estaba reservado exclusivamente a la legislación sanitaria y ésta lo enfocaba tomando en cuenta sólo aquellos efectos que, por una parte, tenían una naturaleza patógena y, por la otra, eran generados por aquel ambiente creado por el hombre, que conformaba su hábitat. Así se estructuró el concepto tradicional de saneamiento ambiental.

Este concepto, sin embargo, se ha venido modificando, como ya se ha dicho, en consonancia con los cambios que han experimentado los conceptos de ambiente y de salud. Estas modificaciones han determinado, a su vez, un cambio en el plano de la legislación ambiental, incluida la legislación sanitaria.

En efecto, por lo pronto la moderna concepción holística y sistémica del ambiente, ha llevado a la conclusión de que la protección de la salud humana frente a los efectos ambientales nocivos es parte inseparable de la protección del ambiente en su conjunto y de cada uno de sus elementos, por lo que la legislación que trata de esta materia habría de ocuparse de ella, como lo ha terminado haciendo. De esta manera, el tema ha dejado de estar monopolizado por la legislación sanitaria y ha pasado a incorporarse a prácticamente toda la legislación ambiental.

Por otro lado, la idea de que la salud no consiste simplemente en un estado en el que no están presentes las enfermedades, sino que, de acuerdo con la conocida definición de la Organización Mundial de la Salud, en un estado de completo bienestar físico, mental y social, ha modificado el concepto de saneamiento ambiental en las legislaciones sanitarias más modernas, pues lo ha extendido no sólo al combate de los efectos puramente patógenos del ambiente, sino a todos los que pueden contribuir a deteriorar ese bienestar físico, mental y social. Más aún, hay que señalar que en el campo ambientalista ha comenzado a forjarse una visión de la salud que va incluso un paso más allá de esta definición, en tanto visualiza a la salud no sólo como un estado, sino también como un proceso de interacción entre el ser humano y su ambiente social y natural, en el que ambos se modifican mutuamente en el tiempo y en el espacio.[1] Este tipo de conceptualizaciones de la salud humana ha terminado vinculándola con la idea de la "calidad de vida" y, por tanto, con la legislación ambiental, proyectando la legislación sanitaria sobre la materia hacia el corazón de la legislación ambiental.

En México, la legislación sanitaria se ha ocupado de la protección de la salud humana frente a los efectos nocivos del ambiente, bajo la influencia de concepciones diversas sobre lo que es el saneamiento del ambiente. En efecto, mientras el Código Sanitario de 1954 se mantuvo dentro del enfoque tradicional y, en consecuencia, el concepto de saneamiento ambiental incluyó sólo las acciones que tenían por objeto combatir los efectos patógenos que podían derivarse del ambiente creado por el hombre y que hacía las veces de un hábitat, el Código Sanitario de 1973 asumió otra postura, que tenía que ver con la Ley Federal para Prevenir y Controlar la Contaminación Ambiental de 1971 y con las responsabilidades que dicha Ley había encomendado a la entonces Secretaría de Salubridad y Asistencia.

[1] Lo anterior se puede ilustrar con la definición que Vicente Sánchez y Margarita Castillejos hacen de la salud como "una propiedad permanente, pero variable en nivel y expresión, que resulta medible a través de la capacidad individual para rechazar o recuperarse de los efectos de las injurias químicas, físicas, infecciosas, psicológicas o sociales, aprovechando los estímulos para seguir el proceso de maduración hacia la plena expresión de las potencialidades del ser". (*Cf.* su *Estudio de los efectos del medio ambiente sobre la salud humana en el Valle de México*, México, 1984, p. 8, colección documentos de trabajo, El Colegio de México, México.)

Esto se explica porque la LFPCCA fue expedida, como se recordará, para prevenir y controlar la contaminación ambiental y para mejorar, conservar y restaurar el medio ambiente (artículo 1º) quedando su aplicación a cargo de la Secretaría de Salubridad y Asistencia (artículo 5º). Pero como las disposiciones de esta Ley se superponían, en ciertos aspectos, a las disposiciones sobre saneamiento ambiental del Código Sanitario en ese entonces vigente, el nuevo Código que entró en vigor en 1973 optó por ampliar el concepto de saneamiento ambiental —que denominó "saneamiento del ambiente"—, en tanto lo hizo extensivo no sólo a las "actividades de mejoramiento, conservación y restauración del medio ambiente tendiente a preservar la salud, así como de prevención y control de aquellas condiciones del ambiente que perjudican la salud humana" (artículo 44), sino también a las investigaciones y programas que tuvieran por objeto "la preservación de los sistemas ecológicos y el mejoramiento del medio, así como aquellos para el desarrollo de técnicas y procedimientos que permitan prevenir, controlar y abatir la contaminación del ambiente" (artículo 46). De esta manera, no fue extraño que en el Código Sanitario de 1973 se volvieran a regular, bajo el concepto de saneamiento del ambiente, materias tales como la prevención y control de la contaminación de la atmósfera, del suelo y del agua —que constituían el cuerpo de la LFPCCA—, aunque las disposiciones respectivas fueron por lo general circunscritas a los casos de contaminación que dañaren o pudieren dañar "la salud de los seres humanos". En consecuencia, la protección de la salud humana frente a los efectos nocivos del ambiente, quedó prácticamente identificada con la protección del ambiente.

En 1984, sin embargo, la Ley General de Salud —que abrogó el Código Sanitario de 1973— modificó el alcance que ese Código le había dado al concepto de "saneamiento del ambiente" e, incluso, sustituyó esa expresión por la de "los efectos del ambiente en la salud", cuando reguló las materias que tradicionalmente integraban la legislación sobre saneamiento ambiental. En efecto, dicha Ley procuró delimitar la protección de la salud humana de los efectos nocivos del ambiente, circunscribiéndola a ciertos temas específicos de generación de efectos ambientales que causaren o pudieran causar riesgos o daños a la salud de las personas, esto es, la concentración excesiva de contaminantes en el ambiente que sean perjudiciales para el ser humano; el agua para uso o consumo humano; las aguas residuales; el saneamiento básico; la ingeniería sanitaria; el control sanitario de las vías generales de comunicación; el manejo de productos industriales gaseosos de alta peligrosidad y de sustancias tóxicas o peligrosas, y el manejo de materiales radiactivos y de fuentes de radiación, que son situaciones respecto de las cuales no cabe ninguna duda de su carácter de condiciones ambientales que generen riesgos o daños para la salud humana, pero que no son, ni con mucho, las únicas que tienen esta naturaleza. Sin embargo, la Ley General de Salud tomó la precaución de incluir, además, una norma que faculta a la Secretaría de Salud para llevar a cabo actividades similares a las que puede realizar en los casos anteriores, en todas las situaciones que causen o puedan causar riesgos o daños a la salud de las personas.

Es evidente que en este cambio influyó no sólo la mayor dimensión que había asumido la protección del ambiente a la luz de la nueva Ley Federal de Protección al Ambiente que entró en vigor a principios de 1982, sino también y de manera principal el hecho de que esta función fue sacada del campo de la competencia de la Secretaría de Salubridad y Asistencia, para ser encomendada a la nueva Secretaría de Desarrollo Urbano y Ecología, creada por las reformas y adiciones que se hicieron a fines de ese mismo año a la Ley Orgánica de la Administración Pública Federal. En efecto, la modificación que hubo en el campo de las competencias administrativas hizo necesario que el concepto de saneamiento ambiental quedara de nuevo limitado a cuestiones que atañen exclusivamente a la protección de la salud humana.

Sin embargo, esto no significa que la idea de saneamiento ambiental en la Ley General de Salud haya regresado a otras épocas, cuando estaba vinculada por lo general a los efectos ambientales de naturaleza patógena que tienen su origen en el ambiente creado por el hombre, pues esa conclusión sería contradictoria con el concepto de salud que inspira dicha Ley, que en nuestra opinión supera la visión tradicional de la salud como un estado del ser humano en el que están ausentes las enfermedades y que, por el contrario, se aproxima al concepto moderno de salud como un estado de completo bienestar físico, mental y social. Así lo dan a entender las fracciones I y II del artículo 2º de la Ley, en las que se precisa que el derecho de protección a la salud tiene, entre otras finalidades, "el bienestar físico y mental del hombre para contribuir al ejercicio pleno de sus capacidades" y "la prolongación y mejoramiento de la calidad de la vida humana". Esta visión de la salud es la que debe tenerse en cuenta cuando se analizan las disposiciones relativas a los efectos del ambiente en la salud que contiene la Ley General de Salud.

Por consiguiente, dichas disposiciones deben interpretarse, como lo indica el concepto de salud que maneja esta Ley, en un sentido que permita hacerlas aplicables no sólo en los casos de efectos ambientales que provoquen enfermedades en los seres humanos, sino también que modifiquen su bienestar físico y mental, restringiendo el ejercicio pleno de sus capacidades, o que impidan la prolongación y mejoramiento de la calidad de sus vidas. Lo anterior tiene especial importancia en el caso de aquella facultad que la Ley le otorga a la Secretaría de Salud para llevar a cabo las actividades necesarias en todas las situaciones que causen o puedan causar riesgos o daños a la salud de las personas.

En suma, la idea de saneamiento ambiental que está en la Ley General de Salud —bajo la expresión "los efectos del ambiente en la salud"— es más amplia que la tradicional de la legislación sanitaria, pues se refiere a todo tipo de efectos ambientales que pudieran ser desfavorables para la calidad de la vida de los seres humanos.

Las disposiciones de la LGS que se ocupan de esta materia serán examinadas en el presente capítulo, junto a otras de la misma Ley que se refieren a los efectos nocivos de ese microambiente que es el ambiente laboral. En efecto, la LGS regula la protección de la salud humana frente a los efectos nocivos del ambiente, desde una doble perspectiva, que queda establecida desde su artículo 3º, donde se declara que son materia de salubridad general, entre otras, "la prevención y control de los efectos nocivos de los factores ambientales en la salud del hombre" (fracción XIII) y "la salud ocupacional y el saneamiento" (fracción XIV).[2]

La distinción que hace la LGS entre los efectos del ambiente en general en la salud humana y los del ambiente laboral en la salud de los trabajadores se toma en cuenta en el presente capítulo. El análisis de los efectos del ambiente laboral en la salud de los trabajadores incluye, además del examen de las disposiciones respectivas de la Ley General de Salud, la de los diversos ordenamientos jurídicos laborales que también se ocupan de los efectos del ambiente de trabajo en la salud humana.

271. Los efectos nocivos del ambiente sobre la salud humana

Es un hecho que las condiciones ambientales pueden generar un número importante de riesgos para la salud humana. Esta circunstancia ha determinado la formación de una nueva área de conocimiento científico que se denomina "salud ambiental". En opinión de algunos autores, el concepto de salud ambiental se refiere "tanto al estudio de los agentes ambientales que pueden producir alteraciones sobre la salud de las poblaciones humanas, como al diseño y puesta en marcha de estrategias de intervención encaminadas a contender con este problema".[3]

Sin embargo, de acuerdo con los mismos autores, "a pesar de que existe una gran cantidad de evidencias empíricas sobre las consecuencias para la salud de la exposición a ciertos peligros específicos, puede afirmarse que el estudio del efecto de factores más complejos o de varios factores combinados está aún en sus inicios".[4]

Uno de los efectos del ambiente en la salud humana más relevante tiene que ver con la contaminación de las aguas, que explica una parte importante de las enfermedades gastrointestinales. Lo mismo ocurre con las diversas formas de contaminación del suelo —que por lo general in-

[2] La Ley se ocupa de ambos temas en sendos capítulos de su Título Séptimo, sobre promoción de la salud, que es definida a su vez por la LGS como una actividad que tiene por objeto "crear, conservar las condiciones deseables de salud para toda la población y propiciar en el individuo las actitudes, valores y conductas adecuadas para motivar su participación en beneficio de la salud individual y colectiva" (artículo 110).

[3] *Cf.* Daniel López, Deyanira González de León y Ana Rosa Moreno, *La salud ambiental en México,* Fundación Universo Veintiuno, México, 1987, p. 20.

[4] *Ibid.*, p. 17.

fluyen en la contaminación de las aguas—, en especial en aquella forma de contaminación que genera la inadecuada disposición de excretas humanas, que es fuente de enfermedades transmisibles en las zonas donde radican los grupos de más bajos ingresos. La contaminación de la atmósfera, por su parte, provoca todo tipo de complicaciones en el aparato respiratorio, contribuyendo al incremento de las enfermedades respiratorias agudas, así como en los ojos, la piel, etc. Por otro lado, la contaminación por ruido genera, aparte de ciertas formas de sordera temporal o definitiva, una serie de transtornos fisiológicos y psicológicos. Este cuadro de la contaminación y sus efectos en la salud humana se agrava con la presencia de sustancias químicas tóxicas, que concurren a provocar un conjunto de consecuencias, entre las cuales está el cáncer.

El ambiente creado por el hombre también contribuye a la producción de efectos nocivos para la salud humana. Ello es especialmente notorio en los casos de hacinamiento provocado por las deficiencias e insuficiencias habitacionales, que favorecen la propagación de las enfermedades transmisibles y afectan el bienestar físico, mental y social. Las carencias habitacionales se vinculan en parte con el proceso de urbanización e hiperurbanización, que ha traído consigo un conjunto de efectos indeseables para la salud humana, que van desde la multiplicación de los accidentes —en especial los accidentes del tránsito—, hasta una serie de trastornos mentales y sociales que tienen que ver con las dificultades de adaptación de los seres humanos a las condiciones de vida de los centros urbanos, donde la concentración del ingreso y la propiedad, aunada a la carencia de cualquier planeación de los asentamientos humanos, propician el surgimiento de zonas marginales en las que no es posible que se alcancen los niveles mínimos de bienestar físico, mental y social a que tienen derecho todos los seres humanos.

Por otra parte, las informaciones disponibles sobre las causas de mortalidad y morbilidad de la población de un país, difícilmente ofrecen datos confiables sobre las vinculaciones entre la morbi-mortalidad de la población de que se trata y sus condiciones ambientales. Esto se explica porque dichas informaciones son elaboradas para medir los niveles de enfermedad y no los niveles de salud, en el sentido antes indicado. Por cierto, la carencia de estudios que establezcan con la precisión deseable las relaciones que existen entre la salud y las condiciones ambientales, impide a su vez que haya una metodología que permita hacer las mediciones correspondientes.

Así ocurre también en México, donde al decir de los mismos autores no se cuenta "con un sistema de información específicamente orientado al problema de la salud ambiental, ni en sus componentes de exposiciones a factores de riesgo presentes en el ambiente, ni en lo concerniente a la identificación de las consecuencias sobre la salud derivadas de los peligros ambientales". Por otra parte, el examen de las fuentes posibles de información sobre daños a la salud en el país no permite "hacer una caracterización razonable de los efectos que el deterioro ambiental creciente está ejerciendo sobre la población".[5]

En ese sentido, son particularmente interesantes los análisis hechos por los autores del estudio sobre la salud ambiental en México que se han venido citando, a partir de la información disponible sobre la mortalidad general en el país, no obstante las reservas que formulan los mismos autores sobre la necesidad de que éstos sean mejor precisados "por medio de investigaciones, del desarrollo de sistemas informativos y de análisis más elaborados de la información que se recaba rutinariamente". Remitimos al lector al examen que allí se hace sobre la mortalidad por cáncer, por enfermedades respiratorias, por accidentes, y por enfermedades infecciosas y parasitarias, así como a la reseña sobre accidentes ambientales que han tenido repercusión en la salud de la población y a los estudios de casos sobre problemas de salud ambiental en México contenidos en el mismo trabajo.[6]

El *Programa de Reforma del Sector Salud 1995-2000*, por su parte, reconoce que diversos riesgos para la salud tienen su origen, o son preservados o exacerbados, por factores ambientales, por lo que considera que el conocimiento de la interacción entre la población y su entorno constituye un componente importante para la salud pública. Este Programa se propone, entre otras muchas cosas, identificar los riesgos ambientales, promover actividades de investigación y establecer estrategias de control en fomento sanitario, saneamiento básico y mejoramiento del ambiente, así como generar la normatividad requerida que permita regular el uso de susancias químicas, radioactivas y riesgos físicos, vigilando su correcta aplicación.[7]

272. El derecho a la protección de la salud y el saneamiento ambiental

Las normas sobre protección de la salud de los efectos nocivos del ambiente, al igual que otras disposiciones de la Ley General de Salud, deben ser consideradas como reglamentarias del derecho de protección a la salud que tiene toda persona, en los términos del artículo 4º constitucional.

En efecto, tal como se ha dicho, desde 1983 la Constitución Política incluye entre los derechos fundamentales consagrados en su Capítulo I sobre garantías individuales, el llamado "derecho a la protección de la salud", cuyas características ya han sido descritas (véase la sección 28). Aquí sólo se recordará que el precepto respectivo dispone que "toda per-

[5] *Ibid.*, pp. 158 y 174.

[6] *Cf.* la *op.cit.* en la nota 3 de este capítulo, pp. 174 y *ss*.

[7] *Cf.* la sección 5.2 de ese Programa, publicado en el *Diario Oficial de la Federación* del 11 de marzo de 1996 en la sección 211.

sona tiene derecho a la protección de la salud", para señalar a continuación que "la Ley definirá las bases y modalidades para el acceso a los servicios de salud y establecerá la concurrencia de la Federación y las entidades federativas en materia de salubridad general, conforme a lo que dispone la fracción XVI del artículo 73 de esta Constitución".

En relación con lo anterior, la Ley sobre la materia —que es la Ley General de Salud (*Diario Oficial de la Federación,* 7-II-1984, varias veces modificada)— declara que ella "reglamenta el derecho a la protección de la salud que tiene toda persona en los términos del artículo 4º de la Constitución Política de los Estados Unidos Mexicanos, establece las bases y modalidades para el acceso a los servicios de salud y la concurrencia de la Federación y las entidades federativas en materia de salubridad general" (artículo 1º). La misma Ley, además, señala que "para los efectos del derecho de protección a la salud", entre otros, "los referentes a [...] la promoción del saneamiento básico y el mejoramiento de las condiciones sanitarias del ambiente" (artículo 26, fracción I).

273. La regulación de los efectos del ambiente en la salud humana

El artículo 116 de la LGS prescribe que "las autoridades sanitarias establecerán las normas, tomarán las medidas y realizarán las actividades a que se refiere esta Ley tendientes a la protección de la salud humana ante los riesgos y los daños dependientes de las condiciones del ambiente". A su vez, el artículo 117 de la misma Ley agrega que "la formulación y conducción de la política de saneamiento ambiental corresponde a la Secretaría de Desarrollo Urbano y Ecología (hoy, a la Secretaría de Medio Ambiente, Recursos Naturales y Pesca), en coordinación con la Secretaría de Salubridad y Asistencia, en lo referente a la salud humana" (lo que debe entenderse modificado en los términos señalados en el capítulo III de este libro).[8]

La regulación de los efectos del ambiente en la salud se refiere, como se ha dicho, a las siguientes materias: *1)* los valores de concentración máxima permisible para el ser humano de contaminantes en el ambiente; *2)* el agua para uso y consumo humano; *3)* las aguas residuales; *4)* el saneamiento básico; *5)* la ingeniería sanitaria; *6)* el control sanitario de las vías generales de comunicación, y *7)* las situaciones que, en general, causen o puedan causar riesgos o daños a la salud de las personas, entre ellas ciertas situaciones específicas que se examinan por separado.

[8] Ambos preceptos señalan la competencia de las autoridades sanitarias en la materia. Son autoridades sanitarias el Presidente de la República, el Consejo de Salubridad General, la Secretaría de Salud y los gobiernos de las entidades federativas, incluyendo el del Departamento del Distrito Federal (artículo 4º de la LGS). La participación de la Secretaría en la formulación y conducción de la política de saneamiento ambiental, ya definida en la LOAPF, es nuevamente hecha explícita, con el alcance de que se circunscribe a "lo referente a la salud humana" (hoy modificado, como se ha visto en el capítulo IV). La mención que

274. Los valores de concentración máxima permisible para el ser humano de contaminantes en el ambiente

Respecto a esta materia, la LGS se limita a señalar que corresponde a la Secretaría de Salud "determinar los valores de concentración máxima permisible para el ser humano de contaminantes en el ambiente" (artículo 118, fracción I).

Sobre el particular, hay que tener presente que la LGEEPA recuerda en varias ocasiones esta atribución de la Secretaría de Salud, vinculándola a otras que son propias de la SEMARNAP. Así, por ejemplo, la fracción I del artículo 111 de la Ley prescribe que la SEMARNAP expedirá las normas oficiales mexicanas correspondientes en materia de contaminación de la atmósfera, "con base en los valores de concentración máxima permisible para la salud pública de contaminantes en el ambiente, determinados por la Secretaría de Salud", mientras que la fracción IX del mismo artículo dispone que la SEMARNAP, al expedir las normas oficiales mexicanas para reducir las emisiones de origen vehicular, deberá considerar "los valores de concentración máxima permisible para el ser humano de contaminantes en el ambiente, determinados por la Secretaría de Salud". Por su parte, el párrafo primero del artículo 155 de la misma Ley, al referirse a las normas oficiales mexicanas que expida la SEMARNAP en materia de emisión de ruido y otros contaminantes, señala que deberán tener en cuenta "los valores de concentración máxima permisible para el ser humano de contaminantes en el ambiente que determine la Secretaría de Salud".

Sin perjuicio de lo anterior, nos parece claro que la SEMARNAP deberá tener en cuenta la determinación que haya hecho la Secretaría de Salud de los valores de concentración máxima permisible para el ser humano de contaminantes en el ambiente, en todos los casos en que ella expida una norma oficial mexicana que incluya el establecimiento de máximos permisibles para emisión de contaminantes que puedan afectar la salud humana.

275. El agua para uso o consumo humano

Dispone la LGS que corresponde a la Secretaría de Salud "emitir las normas técnicas a que deberá sujetarse el tratamiento del agua para uso y consumo humano" (artículo 118, fracción II), añadiendo que a la misma Secretaría y a los gobiernos de las entidades federativas les corresponde "vigilar y certificar la calidad del agua para uso y consumo humano" (artículo 119, fracción II).[9]

se hace a las "autoridades sanitarias" en general se explica por el sistema de descentralización que establece la LGS.

[9] Por norma técnica se entiende "el conjunto de reglas científicas o tecnológicas de carácter obligatorio, emitidas por la Secretaría de Salubridad y Asistencia que establezcan los requisitos que deban satisfacerse en la organización y prestación de servicios, así co-

En materia de vigilancia, es menester recordar que, con arreglo a lo previsto en el artículo 133 de la LGEEPA, compete a la Secretaría de Medio Ambiente, Recursos Naturales y Pesca realizar un sistemático y permanente monitoreo de la calidad de las aguas, "con la participación que en su caso corresponda a la Secretaría de Salud". Este precepto no deroga, sino que complementa, la disposición de la LGS que se está examinando, en tanto extiende el campo de la vigilancia a todas las aguas e incluye en esa tarea a la SEMARNAP.

Hay que decir, además, que la LGS configura como delito la contaminación por cualquier medio de un cuerpo de agua, superficial o subterráneo, cuyas aguas se destinen para uso o consumo humano, con riesgo para la salud de las personas (artículo 457), lo que también se sanciona, en términos más amplios, en el artículo 186 de la LGEEPA.

Por otra parte, la LGS prescribe que "las personas que intervengan en el abastecimiento de agua no podrán suprimir la dotación de los servicios de agua potable y avenamiento de los edificios habitados, excepto en los casos que determinen las disposiciones generales aplicables" (artículo 121). Esta última referencia debe entenderse en el marco de lo que disponía el artículo 36 de la Ley Federal de Aguas, en el sentido de que "a los usuarios que dejen de pagar dos o más mensualidades por el consumo de agua en los sistemas que intervenga la Secretaría [de Agricultura y Recursos Hidráulicos], a que se refiere el artículo anterior, se les limitará el servicio a la satisfacción de sus necesidades que fije el reglamento, hasta que regularicen sus pagos" (según el texto de las reformas y adiciones a la LFA publicadas en el *Diario Oficial de la Federación* del 13 de enero de 1986).

276. Las aguas residuales

En lo que concierne a las aguas residuales, el artículo 118 de la LGS prescribe que corresponde a la Secretaría de Salud "establecer criterios sanitarios para la fijación de las condiciones particulares de descarga, el tratamiento y uso de aguas residuales, o en su caso para la elaboración de normas técnicas ecológicas en la materia" (fracción III). Como se ha visto en el capítulo X de este libro, diversas disposiciones de la LGEEPA, modificadas en 1996, recuerdan la participación que le corresponde la

mo en el desarrollo de actividades en materia de salubridad general, con el objeto de uniformar principios, criterios, políticas y estrategias" (artículo 14 de la LGS). Para ese efecto, se creó una Comisión Consultiva de Normas Técnicas en materia de salubridad general (Acuerdo secretarial publicado en el *Diario Oficial de la Federación* del 21 de agosto de 1984), que más tarde fue reestructurada por otro Acuerdo (*Diario Oficial de la Federación*, 19-V-1988). En el *Diario Oficial de la Federación* del 6 de enero de 1992 se publicó un catálogo de las normas técnicas vigentes en materia de salubridad general. Con posterioridad a dicha publicación, se expidió la norma técnica 359 que establece los requisitos sanitarios que debe reunir el agua para uso y consumo humano que se distribuye por medio de cisternas en vehículos motorizados (*Diario Oficial de la Federación*, 26-VI-1992).

Secretaría de Salud en materia de aguas residuales (artículos 124, 127, 128 y 132).

Por su parte, el artículo 122 de la misma LGS agrega que "queda prohibida la descarga de aguas residuales sin el tratamiento para satisfacer los criterios sanitarios emitidos de acuerdo con la fracción III del artículo 118, así como de residuos peligrosos que conlleven riesgos para la salud pública, a cuerpos de aguas que se destinan para uso o consumo humano".

277. El saneamiento básico

Respecto al saneamiento básico, la LGS se limita a señalar que corresponde a la Secretaría de Salud "promover y apoyar al saneamiento básico" (artículo 118, fracción IV). Aunque la expresión "saneamiento básico" carece de una connotación específica en la LGS, es posible entender, con base en el concepto general de "saneamiento", que designa las acciones necesarias para la existencia de condiciones sanitarias mínimas, tales como las relativas a los servicios de agua potable, de alejamiento de excreta, de recolección de basura, etcétera.

En ese sentido, cabe recordar que uno de los objetivos del Sistema Nacional de Salud establecido por la LGS consiste precisamente en "apoyar el mejoramiento de las condiciones sanitarias del medio ambiente que propicien el desarrollo satisfactorio de la vida" (artículo 6º, fracción V).

La existencia en México de áreas con saneamiento básico deficiente ha propiciado la propagación del cólera. Existe una norma técnica cuyo objeto es uniformar los principios y criterios del Sistema Nacional de Salud respecto a las actividades relacionadas con la prevención y el control del cólera (*Diario Oficial de la Federación*, 13-VIII-1991).

278. La ingeniería sanitaria

En materia de ingeniería sanitaria, el artículo 118 de la LGS se limita a prescribir que corresponde a la Secretaría de Salud "asesorar en criterios de ingeniería de obras públicas o privadas para cualquier uso" (fracción V).

279. El control sanitario de las vías generales de comunicación y de los medios de transporte

La LGS dispone sobre el particular que corresponde a la Secretaría de Salud ejercer ese control sobre tales vías, "incluyendo los servicios auxiliares, obras, construcciones, demás dependencias y accesorios de las mismas, y de las embarcaciones, ferrocarriles, aeronaves y vehículos terrestres destinados al transporte de carga y pasajeros" (artículo 118, fracción VI); pero, además, regula la sanidad marítima, aérea y terrestre en particular, desde el punto de vista de la sanidad internacional (artículos 363 a 367).

Las disposiciones de la Ley sobre control sanitario en general están desarrolladas por el Reglamento de la Ley General de Salud en materia de Control Sanitario de Actividades, Establecimientos, Productos y Servicios (*Diario Oficial de la Federación,* 18-I-1988).

280. Los efectos del ambiente en la salud y el manejo de los productos industriales gaseosos de alta peligrosidad y de las sustancias tóxicas o peligrosas

El artículo 118 de la LGS dispone que corresponde a la Secretaría de Salud, "en general, ejercer actividades similares a las anteriores ante situaciones que causen o puedan causar riesgos o daños a la salud de las personas" (fracción VII).

Con lo anterior, queda establecido que la Secretaría está facultada para llevar a cabo acciones tales como determinar criterios sanitarios o expedir normas técnicas o ejercer el control sanitario, frente a situaciones de cualquier naturaleza que causen o puedan causar riesgos o daños a la salud de las personas. Esto debe interpretarse en el sentido señalado más atrás.

En el mismo capítulo sobre efectos del ambiente en la salud, la LGS regula dos de estas situaciones: el manejo de los productos industriales gaseosos de alta peligrosidad y el manejo de materiales radiactivos y fuentes de radiación. Respecto de la primera, la LGS sólo señala que la Secretaría de Salud "proporcionará a la Secretaría de Comercio y Fomento Industrial y, en general, a las demás autoridades competentes, los requisitos técnicos sanitarios para que el almacenamiento, distribución, uso y manejo del gas natural, del gas licuado de petróleo y otros productos industriales gaseosos que sean de alta peligrosidad, no afecten la salud de las personas, los que serán de observancia obligatoria y, en su caso, deberán incorporarse a las normas oficiales mexicanas" (artículo 123). Entre nosotros, el amplio uso que se hace del gas licuado de petróleo, determina que esta materia esté regulada en forma detallada.[10]

Fuera de este capítulo, la LGS hace algunas referencias a las llamadas "sustancias tóxicas", que define como "las que por constituir un riesgo para la salud, determine la Secretaría de Salud en las listas que, para efecto de control sanitario, se publiquen en el *Diario Oficial de la Federación* y en la *Gaceta Sanitaria* (artículo 278, fracción III). La Ley dispone que se ejerce un control sanitario sobre estas sustancias que debe ajustarse a lo establecido en los artículos 194 y siguientes de la misma LGS y demás disposiciones aplicables, de acuerdo con el riesgo que represen-

[10] Lo que no ha impedido por cierto graves accidentes, entre ellos la explosión en 1984 de la gasera de Petróleos Mexicanos ubicada en San Juan Ixhuatepec (Estado de México).

ten directa o indirectamente para la salud humana (artículo 282). Los plaguicidas y fertilizantes están sujetos a reglas especiales, que por razones de método se han examinado en el Capítulo VII. En todo caso, la LGS sanciona penalmente "al que sin autorización de la Secretaría de Salubridad y Asistencia [hoy Secretaría de Salud] o contraviniendo los términos en que ésta ha sido concedida, elabore, introduzca al territorio nacional, transporte, distribuya, comercie, almacene, posea, deseche o, en general, realice actos con las sustancias tóxicas o peligrosas a que se refiere el artículo 278 de esta Ley, con inminente riesgo a la salud de las personas..." (artículo 456).

Este tema también se trata en la LGEEPA, que como se ha visto en el capítulo XVII regula, por una parte, la situación de las llamadas "actividades altamente riesgosas" y, por la otra, de los llamados "materiales y residuos peligrosos".

281. Los efectos del ambiente en la salud y el manejo de materiales radioactivos y de fuentes de radiación

El artículo 125 de la LGS dispone que "requiere de autorización sanitaria, la posesión, comercio, importación, exportación, distribución, transporte y utilización de fuentes de radiación de uso médico; así como la eliminación y desmantelamiento de las mismas y la disposición de sus desechos, debiendo sujetarse en lo que se refiere a las condiciones sanitarias a lo que establece esta Ley y otras disposiciones aplicables" (párrafo primero). El mismo precepto agrega que: en lo que se refiere a unidades de rayos X de uso odontológico, bastará que el propietario notifique por escrito su adquisición, uso, venta o disposición final, a la autoridad sanitaria dentro de los diez días siguientes. Su uso se sujetará a las normas radiológicas que al efecto se emitan" (párrafo segundo). Y concluye: "la Secretaría de Salud en coordinación con las demás dependencias involucradas, expedirá las normas a que deban sujetarse los responsables de las fuentes de radiación ionizante destinadas a uso diferente del tratamiento médico" (párrafo tercero). El permiso establecido en el párrafo primero del artículo 125 de la LGS viene a agregarse entonces al sistema de autorizaciones que la Ley Reglamentaria del Artículo 27 Constitucional en Materia Nuclear establece sobre el particular. La necesidad de dicho permiso está confirmada por el artículo 375, fracción III, de la misma LGS.[11]

[11] De acuerdo con el artículo 124 de la LGS, "se consideran fuentes de radiación cualquier dispositivo o sustancia que emita radiación ionizante en forma cuantificable. Estas fuentes pueden ser de dos clases: aquellas que contienen material radioactivo como elemento generador de la radiación y las que la generan con base en un sistema electromecánico adecuado" (párrafo tercero). Llama la atención el hecho de que en el otorgamiento de este permiso no se escuche la opinión de la Comisión Nacional de Seguridad Nuclear y Salvaguardias, que es el organismo que está a cargo de las autorizaciones que establece la Ley Reglamentaria del Artículo 27 Constitucional en Materia Nuclear.

La LGS se ocupa en especial de la seguridad radiológica. A este respecto, su artículo 126 prescribe que "la construcción de obras o instalaciones, así como la operación o el funcionamiento de las existentes, donde se usen fuentes de radiación para fines médicos, industriales, de investigación u otros, deberán observar las normas de seguridad radiológica que al efecto se emitan" (párrafo primero), agregando que "la Secretaría de Salud y las autoridades federales, estatales y municipales en sus respectivos ámbitos de competencia, se coordinarán para evitar que se instalen o edifiquen comercios, servicios y casas habitación en las áreas aledañas en donde funcione cualquier establecimiento que implique un riesgo grave para la salud de la población" (párrafo segundo). Por su parte, el artículo 127 de la misma Ley dispone que, "sin perjuicio de lo que establecen en la Ley Federal del Trabajo y sus reglamentos, en relación con las labores peligrosas e insalubres, el cuerpo humano sólo podrá ser expuesto a radiaciones dentro de los máximos permisibles que establezca la Secretaría de Salubridad y Asistencia [hoy Secretaría de Salud], incluyendo sus aplicaciones para la investigación médica y de diagnóstico y terapéutica". En consonancia con todo lo anterior, el artículo 119 de la LGS previene que corresponde a la Secretaría de Salud y a los gobiernos de las entidades federativas "vigilar la seguridad radiológica para el uso y aprovechamiento de fuentes de radiación, sin perjuicio de la intervención que corresponda a otras autoridades competentes" (fracción III).

Estas disposiciones de la LGS se desarrollan en el Reglamento General de Seguridad Radiológica, publicado en el *Diario Oficial de la Federación* del 22 de noviembre de 1988. También se han expedido algunas Normas Oficiales Mexicanas sobre esta misma materia.

Por último, cabe señalar que el artículo 458 de la LGS sanciona como delito la utilización, sin la autorización correspondiente, de fuentes de radiaciones que ocasionen o puedan ocasionar daños a la salud de las personas.

282. LOS EFECTOS DEL AMBIENTE EN LA SALUD Y LA INVESTIGACIÓN

La LGS destina un precepto a la investigación dentro del mismo capítulo relativo a los efectos del ambiente en la salud. Se trata de la fracción I del artículo 119, que señala como atribución de la Secretaría de Salud y de los gobiernos de las entidades federativas en sus respectivos ámbitos de competencia, la de "desarrollar investigación permanente y sistemática de los riesgos y daños que para la salud de la población origine la contaminación del ambiente". Esta disposición tiene como marco aquella más amplia de la misma LGS, en virtud de la cual una de las finalidades del derecho a la protección de la salud consiste en el desarrollo de la investigación científica y tecnológica para la salud (artículo 2º, fracción VII).

283. Los efectos del ambiente laboral en la salud. La salud ocupacional

Como se ha dicho, la LGS regula los efectos del ambiente en la salud, tanto desde una perspectiva general como de una perspectiva más específica, que se refiere de manera exclusiva a ese microambiente que es el ambiente de trabajo. El tema se denomina "salud ocupacional". De este tema trata también y con mayor detenimiento, la legislación laboral, con la denominación de "higiene y seguridad en el trabajo". Sin embargo, hay que decir que el tema de la salud ocupacional comprende no sólo la cuestión de la salud de los trabajadores propiamente tales, sino de todo tipo de personas que desempeñan actividades de las llamadas "ocupacionales" y que no implican necesariamente la existencia de una relación jurídica de trabajo.

Prescribe el artículo 128 de la LGS que "el trabajo o las actividades sean comerciales, industriales, profesionales o de otra índole, se ajustarán, por lo que a la protección de la salud se refiere, a las normas que al efecto dicten las autoridades sanitarias, de conformidad con esta Ley y demás disposiciones legales sobre salud ocupacional" (párrafo primero). Para ese efecto, el artículo 129 de la misma LGS confiere a la Secretaría de Salud las siguientes atribuciones: "I. Establecer los criterios para el uso y manejo de sustancias, maquinarias, equipo y aparatos, con objeto de reducir los riesgos a la salud del personal ocupacionalmente expuesto, poniendo particular énfasis en el manejo de sustancias radiactivas y fuentes de radiación. II. Determinar los límites máximos permisibles de exposición de un trabajador a contaminantes, y coordinar y realizar estudios de toxicología al respecto, y III. Ejercer junto con los gobiernos de las entidades federativas, el control sanitario sobre los establecimientos en los que se desarrollen actividades ocupacionales, para el cumplimiento de los requisitos que en cada caso deban reunir, de conformidad con lo que establezcan los reglamentos respectivos."

Es interesante señalar que la preocupación por la investigación está nuevamente presente en esta Ley, al disponer su artículo 130 que "la Secretaría de Salubridad y Asistencia, en coordinación con las autoridades laborales y las instituciones públicas de seguridad social, y los gobiernos de las entidades federativas, en sus respectivos ámbitos de competencia, promoverán, desarrollarán y difundirán investigación multidisciplinaria que permita prevenir y controlar las enfermedades y accidentes ocupacionales, y estudios para adecuar los instrumentos y equipos de trabajo a las características del hombre".

El hecho de que en esta materia puedan ser administrativamente competentes tanto autoridades sanitarias como laborales determina que deban actuar de manera coordinada. Por eso, el artículo 128 de la LGS prescribe que "cuando dicho trabajo y actividades (ocupacionales) se realicen en centros cuyas relaciones laborales estén sujetas al apartado

"A" del Artículo 123 Constitucional, las autoridades sanitarias se coordinarán con las laborales para la expedición de las normas respectivas" (párrafo segundo). Por su parte, el artículo 131 de la misma Ley dispone que "la Secretaría de Salud llevará a cabo programas tendientes a prevenir accidentes y enfermedades del trabajo. Tratándose del trabajo sujeto al régimen del Apartado "A" del Artículo 123 Constitucional lo hará en forma coordinada con la Secretaría del Trabajo y Previsión Social".

284. La higiene y seguridad en el trabajo

Como se ha dicho, las reglas que protegen específicamente a los trabajadores de los efectos nocivos del ambiente laboral configuran aquel tema que, en los textos de derecho laboral, se conoce con el nombre de "higiene y seguridad en el trabajo"[12] y que habitualmente forma parte de una materia más amplia que se llama "seguridad social".

Para examinar las normas jurídicas sobre higiene y seguridad en el trabajo, es menester distinguir entre los trabajadores regidos por el Apartado "A" del artículo 123 constitucional y los trabajadores regidos por el Apartado "B" del mismo precepto. Como se sabe, las bases que la Constitución establece para las leyes sobre el trabajo en el Apartado "A" del artículo 123, rigen "entre los obreros, jornaleros, empleados, domésticos, artesanos y de una manera general, todo contrato de trabajo", mientras que las bases establecidas en el Apartado "B" del mismo precepto constitucional lo son para las leyes del trabajo "entre los Poderes de la Unión, el Gobierno del Distrito Federal y sus Trabajadores".

285. La higiene y seguridad para los trabajadores regidos por el Apartado "A" del artículo 123 constitucional

Respecto de las bases establecidas en el Apartado "A" del artículo 123, cabe decir que la Constitución comienza por configurar la prohibición de las labores insalubres o peligrosas (fracción II) para agregar a continuación que "el patrón estará obligado a observar, de acuerdo con la naturaleza de sus negociaciones, los preceptos legales sobre higiene y seguridad de las instalaciones de su establecimiento y adoptar las medidas adecuadas para prevenir accidentes en el uso de las máquinas, instrumentos y materiales de trabajo, así como a organizar de tal manera éste, que resulte la mayor garantía para la salud y la vida de los trabajadores, y del producto de la concepción, cuando se trate de mujeres embarazadas. Las leyes contendrán, al efecto, las sanciones procedentes en cada caso" (fracción XV).

[12] *Cf.* por ejemplo, Mario de la Cueva, *El nuevo derecho mexicano del trabajo*, Porrúa, México, 1981, tomo II, 2a. edición, pp. 103 y *ss.*

La materia está regulada principalmente por la Ley Federal del Trabajo vigente (*Diario Oficial de la Federación,* 1-IV-1970, varias veces modificada), que incluye diversas normas sobre higiene y seguridad en el trabajo, aplicables a todas las relaciones de trabajo o a algunas de ellas en especial, y que establecen las sanciones correspondientes. No es posible desarrollar aquí el contenido de cada una de estas normas.[13] En todo caso, hay que destacar que el artículo 509 de la Ley Federal del Trabajo prevé la existencia de Comisiones Mixtas de Seguridad e Higiene en el trabajo, que están reguladas por un instructivo especial. La misma materia está tratada también, como se ha dicho, por la Ley General de Salud, bajo el concepto de "salud ocupacional" (artículos 128 a 132); pero, lo es además por la Ley del Seguro Social (*Diario Oficial de la Federación,* 12-III-1973, varias veces modificada), desde el punto de vista de prevención de riesgos del trabajo (artículos 88 a 91). El primero de esos preceptos establece que el Instituto Mexicano del Seguro Social "está facultado para proporcionar servicios de carácter preventivo, individualmente o a través de procedimientos de alcance general, con el objeto de evitar la realización de riesgos de trabajo entre la población asegurada".

La higiene y seguridad en el trabajo está específicamente regulada en el Reglamento Federal de Seguridad e Higiene en el Trabajo (*Diario Oficial de la Federación,* 21-I-1997, con aclaraciones en el mismo periódico, 28-I-1997), que vino a reemplazar al Reglamento sobre la materia de 1978. Con base en este último, se expidieron 21 instructivos sobre diversos temas entre 1983 y 1991.[14]

Desde el punto de vista de las competencias administrativas, hay que señalar que corresponde a la Secretaría del Trabajo y Previsión Social "estudiar y ordenar las medidas de seguridad e higiene industriales, para la protección de los trabajadores, y vigilar su cumplimiento" (artículo 4°, fracción XI, de la LOAPF), mientras que corresponde a la Secretaría de Salud "poner en práctica las medidas tendientes a conservar la salud de los trabajadores del campo y de la ciudad y la higiene industrial, con excepción de lo que se relacione con la previsión social en el trabajo" (artículo 39, fracción XVII, de la LOAPF).

La seguridad de los trabajadores mineros es materia de disposiciones especiales. En efecto, el artículo 43 de la Ley Minera dispone que el derecho de realizar las obras y trabajos de exploración o de explotación se suspenderá cuando éstos pongan en peligro la vida o integridad física de los trabajadores o de los miembros de la comunidad y faculta a la Secretaría competente para disponer la inmediata suspensión provisional de las obras y trabajos, al igual que las medidas de seguridad por adop-

[13] *Cf.*, por ejemplo, los artículos 5°, 132, 134, 330, 352, 423, 504, 509, 512, 512-A a E, 523, 526 a 527-A, 529, 540, 541, 876, 878 y 875 a 889 de la Ley Federal del Trabajo .

[14] Entre ellos, el Instructivo núm. 19, relativo a la constitución, registro y funcionamiento de la Comisión Mixta de Seguridad e Higiene en el Trabajo (*Diario Oficial de la Federación*, 29-IV-91). Este Instructivo remplaza a uno anterior publicado en el *Diario Oficial de la Federación* del 19 de agosto de 1981.

tarse, si la visita de inspección que en su caso se practique revela peligro o daño inminente. Existía un Reglamento de Seguridad de los Trabajadores de las Minas (*Diario Oficial de la Federación,* 13-III-1977; con erratas en *Diario Oficial de la Federación,* 13-IV-1977), cuyas disposiciones tenían por objeto la protección del trabajador contra los peligros que amenazan su salud o su vida y la seguridad en los trabajos relativos a la explotación minera de las sustancias a que se refiere la Ley en la materia (artículos 1º y 3º). Las prescripciones contenidas en los 275 artículos del Reglamento trataban materias tales como los trabajos en minas superficiales y subterráneas, así como en minas a tajo abierto y en minas de carbón; los explosivos y disparadas; los informes de accidentes e inspecciones de seguridad; los exámenes médicos, primeros auxilios, salvamento y equipo de personal de seguridad; los mapas de operaciones mineras y otras materias similares. El Reglamento fue abrogado en 1997 por el nuevo Reglamento Federal de Seguridad e Higiene en el Trabajo.

286. La higiene y seguridad para los trabajadores regidos por el Apartado "B" del artículo 123 constitucional

Respecto de los trabajadores regidos por el Apartado "B" del artículo 123 constitucional, cabe señalar que la Carta Fundamental no incluye normas especiales sobre la higiene y seguridad en el trabajo; pero, por lo menos establece las bases mínimas sobre las cuales se organizará la seguridad social de dichos trabajadores, prescribiendo, entre otras cosas, que cubrirá los accidentes y enfermedades profesionales; las enfermedades no profesionales y la maternidad, y la jubilación, la invalidez, la vejez y la muerte (inciso "a" de la fracción XI).

Por su parte, el artículo 46 de la Ley del Instituto de Seguridad y Servicios Sociales de los Trabajadores al Servicio del Estado (*Diario Oficial de la Federación,* 27-XII-1983), establece que "la seguridad e higiene en el trabajo, en las dependencias y entidades, se normará por lo establecido en la Ley Federal de los Trabajadores al Servicio del Estado y por las disposiciones de esta Ley y sus reglamentos". Sin embargo, la verdad es que la Ley Federal de los Trabajadores al Servicio del Estado, Reglamentaria del Apartado "B" del artículo 123 constitucional (*Diario Oficial de la Federación,* 28-XII-1963, varias veces modificada), contiene pocas disposiciones sobre higiene y seguridad en el trabajo. Entre ellas figura el artículo 43, fracción II, que establece que son obligaciones de los titulares de las dependencias y entidades "cumplir con todos los servicios de higiene y de prevención de accidentes a que están obligados los patrones en general". Por su parte, el artículo 88 de la misma Ley prescribe que las condiciones generales de trabajo establecerán, entre otros elementos, "las medidas que deben adoptarse para prevenir la realización de riesgos profesionales" (fracción II), así como "las labores insalubres y peligrosas que no deben desempeñar los menores de edad y la protección que se dará a las trabajadoras embarazadas" (fracción X). Otras disposiciones sobre la materia están en los artículos 110 y 111 de la Ley, que se refieren a los riesgos profesionales de las enfermedades no profesionales. En todo caso, hay que tener presente que, conforme a las prescripciones generales de la Ley, en lo previsto por ella o por disposiciones especiales "se aplicarán supletoriamente y en su orden, la Ley Federal del Trabajo, el Código Federal de Procedimientos Civiles, las leyes del orden común, la costumbre, el uso, los principios generales de derecho y la equidad". En consecuencia, las disposiciones sobre higiene y seguridad en el trabajo de la Ley Federal del Trabajo son aplicables, supletoriamente, a los trabajadores al servicio del Estado, lo que viene a llenar los vacíos de la Ley del ramo.

287. Los efectos del ambiente laboral en la salud humana ante el derecho internacional

México ha suscrito y aprobado una serie de tratados y convenios internacionales sobre higiene y seguridad en el trabajo. Entre ellos, debe destacarse el Convenio sobre Seguridad y Salud de los Trabajadores y Medio Ambiente de Trabajo (*Diario Oficial de la Federación,* 6-III-1984). Este Convenio fue adoptado por la Conferencia General de la Organización Internacional del Trabajo, el 22 de junio de 1981. El Convenio establece los principios para una política nacional sobre la materia, cuando prescribe que "todo miembro deberá, en consulta con las organizaciones más representativas de empleadores y trabajadores interesadas y habida cuenta de las condiciones y prácticas nacionales, formular, poner en práctica y reexaminar periódicamente una política nacional coherente en materia de seguridad y salud de los trabajadores y medio ambiente de trabajo", agregando que "esta política tendrá por objeto prevenir los accidentes y los daños para la salud que sean consecuencia del trabajo, guarden relación con la actividad laboral o sobrevengan durante el trabajo, o reducción del mismo, en la medida en que sea razonable y factible, las causas de los riesgos inherentes al medio ambiente de trabajo" (artículo 4º). El Convenio agrega que "todo miembro deberá adoptar, por vía legislativa o reglamentaria o por cualquier otro método conforme a las condiciones y a la práctica nacionales, y en consulta con las organizaciones representativas de empleadores y de trabajadores interesadas, las medidas necesarias para dar efecto al artículo 4º del presente Convenio" (artículo 8º). El Convenio también incluye acciones en la empresa, cuando prescribe que "deberá exigirse a los empleadores que, en la medida en que sea razonable y factible, garanticen que los lugares de trabajo, la maquinaria, el equipo y las operaciones y procesos que estén bajo su control, son seguros y no entrañan riesgo alguno para la seguridad y la salud de los trabajadores", a lo que agrega la exigencia a los mismos empleadores de que "garanticen que los agentes y las sustancias químicos, físicos y biológicos que están bajo su control no entrañan riesgos para la salud cuando se toman medidas de protección adecuadas", así como la obligación de los empleadores de "suministrar ropas y equipos de protección apropiados a fin de prevenir, en la medida en que sea razonable y factible, los riesgos y accidentes o efectos perjudiciales para la salud" (artículo 16).

Existen además otros Convenios internacionales que se refieren a materias más específicas de la seguridad en el trabajo. Éste es el caso del Convenio concerniente al empleo de la cerusa en la pintura (*Diario Oficial de la Federación,* 11-III-1938), que es uno de los ordenamientos jurídicos internacionales más antiguos para la protección del ambiente del trabajo, pues tuvo su origen en un proyecto adoptado por la Tercera Reunión de la Conferencia General de la Organización Internacional del Trabajo, en 1921. También es el caso del Convenio relativo a las condiciones de empleo de los trabajadores de las plantaciones (*Diario Oficial de la Federación,* 14-IX-1960; con erratas en *Diario Oficial de la Federación,* 8-X-1960). Dicho Convenio tuvo su origen en una Conferencia de la Organización Internacional del Trabajo celebrada en 1958.

Por otra parte, existe un Convenio relativo a la Prevención de los Accidentes del Trabajo de la Gente del Mar (*Diario Oficial de la Federación,* 21-I-1975). Este Convenio fue adoptado por la Conferencia General de la Organización Internacional del Trabajo en 1970. En relación con la misma materia existe un Convenio Internacional para la Seguridad de la Vida Humana en el Mar, 1974 (*Diario Oficial de la Federación,* 9-V-1977), que fue suscrito en la ciudad de Londres, el 1º de noviembre de ese año. Si bien este último Convenio excede la materia de la higiene y seguridad del trabajo en el mar, evidentemente la comprende. Es de señalarse que este Convenio contiene, además, disposiciones de relevancia ambiental en materia de transporte de mercancía peligrosa y en materia de buques de propulsión nuclear. El Convenio a que nos estamos refiriendo cuenta con un Protocolo suscrito en 1988 (*Diario Oficial de la Federación,* 6-II-1995). También existe un Convenio sobre Seguridad e Higiene de los Trabajadores Portuarios (*Diario Oficial de la Federación,* 21-V-1982), adoptado el 25 de junio de 1979 por la Conferencia General de la Organización Internacional del Trabajo.

Otro acuerdo internacional que se refiere a materias más específicas de la seguridad en el trabajo es el Convenio sobre Seguridad y Salud en la Construcción (*Diario Oficial de la Federación,* 25-I-1991), que de conformidad con su artículo 1 "se aplica a todas las actividades de la construcción, es decir, los trabajos de edificación de las obras públicas y los trabajos de montaje y desmontaje, incluidos cualquier proceso, operación o transporte en las obras desde la preparación de las obras hasta la conclusión del proyecto" (párrafo primero).

Una importancia especial presenta el Convenio relativo a la Protección de los Trabajadores contra las Radiaciones Ionizantes (*Diario Ofi-*

cial de la Federación, 23-I-1984), adoptado el 22 de junio de 1960 por la misma Conferencia General de la Organización Internacional del Trabajo. Lo mismo cabe decir del Convenio sobre los Servicios de Salud en el Trabajo (*Diario Oficial de la Federación,* 13-IV-1987).

Finalmente, cabe recordar que México ha pasado también a ser parte contratante en el ya mencionado Convenio 169 sobre Pueblos Indígenas y Tribales en Países Independientes, adoptado en la Septuagésima Sexta Reunión de la Conferencia General de la Organización Internacional del Trabajo (*Diario Oficial de la Federación,* 24-I-1991). Ese Convenio contiene disposiciones sobre contratación y condiciones de empleo de los trabajadores perteneciente a dichos pueblos.

SÉPTIMA PARTE

HACIA UNA POLÍTICA LEGISLATIVA PARA LA PROTECCIÓN DEL AMBIENTE EN MÉXICO

XXIII. LA EFICIENCIA Y LA EFICACIA DE LA LEGISLACIÓN AMBIENTAL

288. El contenido del capítulo. 289. Algunas conclusiones sobre el sistema jurídico vigente para la protección del ambiente en México. 290. Los problemas de aplicación de la legislación ambiental: las cuestiones teóricas de su eficacia y eficiencia. 291. Las razones de la ineficiencia. 292. Las razones de la ineficacia. 293. La eficiencia de la legislación ambiental mexicana. La cuestión de su desarrollo. 294. La eficiencia de la legislación ambiental mexicana. La presencia de la idea del desarrollo sostenible en el sistema jurídico vigente. 295. La eficiencia de la legislación ambiental mexicana. Su consideración de las cuestiones naturales y sociales involucradas en los problemas ambientales. 296. La eficiencia de la legislación ambiental mexicana. Sus mecanismos de aplicación. 297. La eficiencia de la legislación ambiental mexicana. Su heterogeneidad estructural. 298. La eficacia de la legislación ambiental mexicana.

288. El contenido del capítulo

El examen que se ha hecho de la legislación ambiental mexicana vigente se ha concentrado, como se ha dicho desde el inicio de esta segunda edición, en el sistema jurídico federal sobre la materia. Hasta ahora, se encuentra en proceso de desarrollo la legislación local que vendrá a sustituir, en los asuntos que la LGEEPA ha colocado en la órbita de las atribuciones de los gobiernos de las entidades federativas y los municipios, a la legislación federal que se refiere a dichos asuntos. Entre 1988 y 1996 este proceso generó como resultado que todas las legislaturas locales expidieran las respectivas leyes estatales del equilibrio ecológico y la protección al ambiente, así como la expedición de algunos reglamentos locales importantes. En el Distrito Federal, por su parte, se expidió la Ley Ambiental del Distrito Federal (*Diario Oficial de la Federación,* 9-VII-96). Sin embargo, las modificaciones de 1996 a la LGEEPA han hecho necesario que se revisen todos estos avances, mediante un proceso de adecuación a la nueva normatividad federal que recién se está iniciando. El derecho ambiental mexicano a nivel local, que ocupará un lugar principal en un futuro que esperamos sea próximo, requerirá de análisis especiales de los que este libro aún no se ocupa.*

El capítulo final de nuestro *Derecho ambiental mexicano* de 1987 se destinó a responder a los interrogantes que fluían de la exposición que se había hecho del sistema jurídico para la protección del ambiente vi-

*Véase Addenda § 8.

gente en México en ese entonces. Tales interrogantes eran: ¿Cuenta México con un sistema jurídico apropiado para la protección de su ambiente? Y si no es así, ¿qué se debe hacer? La respuesta a esos interrogantes llevó a la elaboración de un diagnóstico, que concluyó que el país no contaba con un sistema jurídico adecuado para la protección de su ambiente, así como a la formulación de algunos lineamientos de política legislativa para la protección del ambiente a través de los cuales se proponían las reformas que se estimaban indispensables para dotar a México de un sistema jurídico apropiado para ese efecto. Lo mismo se hizo en los dos capítulos finales de la primera edición de este *Manual de derecho ambiental mexicano*, publicado en 1994.

Sin embargo, las circunstancias en las cuales se escribió ese capítulo final en 1987, así como las que inspiraron lo dicho en 1994, se han modificado de una manera importante. En efecto, en estos últimos diez años la legislación ambiental mexicana en el nivel federal ha experimentado los cambios más significativos de su breve historia moderna, pues en 1987 se inició un profundo proceso de perfeccionamiento de la legislación ambiental mexicana, que se ha venido desarrollando de manera sostenida hasta ahora, en términos que por otra parte son especialmente dinámicos. Los puntos más sobresalientes de este proceso están constituidos por la reforma a los artículos 27 y 73 constitucionales, por la expedición de la Ley General del Equilibrio Ecológico y la Protección al Ambiente y por las modificaciones que se hicieron a esa Ley en 1996, así como por la expedición de diversos reglamentos y la formulación de un conjunto de normas oficiales mexicanas. A nivel local, como se ha dicho, también ha habido avances, que será necesario analizar en el momento en que se consoliden.

Estos cambios, que no cabe calificar sino de felices, no eliminan sin embargo la actualidad de los interrogantes formulados en otros momentos, pero sí exigen que los planteamientos allí hechos sean revisados cuidadosamente. En efecto, no obstante los avances que se han hecho en este campo, la verdad es que sigue siendo posible y necesario preguntarse cuán apropiado es el sistema jurídico vigente para la protección del ambiente en México y, en su caso, qué debe hacerse para perfeccionarlo. En general, ningún sistema jurídico, en ninguna parte del mundo y en ninguna época de la historia universal, ha alcanzado un nivel de excelencia que haya permitido alguna vez excluir la posibilidad de un comentario crítico a su respecto, así como negar la necesidad de su perfeccionamiento. En el campo de la legislación ambiental este hecho es más claro aún, porque lo cierto es que dicha legislación está recién en la etapa de la construcción de sus principios y técnicas, a partir de lo que hoy se considera medio ambiente y de lo que hoy se estiman son las exigencias que demanda su protección. Por otra parte, ningún análisis de este tipo puede circunscribirse sólo a los elementos formales de la legislación ambiental, sino que también debe extenderse a los problemas que presenta su aplicación.

Por eso, el presente capítulo se ocupa una vez más de examinar los méritos y deméritos de la legislación ambiental mexicana y, el capítulo siguiente, de formular algunos lineamientos de política legislativa para su perfeccionamiento. Pero en esta segunda edición de nuestro *Manual de derecho ambiental mexicano* se eliminan todos los planteamientos hechos en las versiones anteriores que han quedado superados con los cambios que se han introducido en la legislación ambiental. Como contrapartida, se profundiza el análisis de los planteamientos que así lo ameritan, en función de los problemas que presenta la aplicación de la legislación ambiental.

289. Algunas conclusiones sobre el sistema jurídico vigente para la protección del ambiente en México

Como se ha visto en los capítulos precedentes, México cuenta con un sistema jurídico para la protección del ambiente, que en el nivel federal está integrado por algunas disposiciones de la Constitución Política y por la Ley General del Equilibrio Ecológico y la Protección al Ambiente, así como por un conjunto considerable de leyes federales y acuerdos internacionales que regulan la protección de ciertos recursos naturales o los efectos ambientales de algunas actividades. De estos ordenamientos jurídicos se deriva a su vez otro conjunto significativo de disposiciones que concurren a disciplinar la ordenación del ambiente.

Además, en este sistema jurídico para la protección del ambiente inciden un número importante de normas jurídicas que pertenecen a ordenamientos que regulan otras materias, por lo general asuntos de orden económico, pero que tienen relevancia o interés ambiental. El objetivo principal de este libro ha sido, precisamente, ofrecer una visión panorámica, pero totalizadora, de la estructura de este sistema jurídico para la protección del ambiente y de sus interacciones con otros sectores de la legislación federal, en especial con la legislación económica.

Por otra parte, y como consecuencia de la política de descentralización de la gestión ambiental que inspira a la legislación vigente sobre la materia, está comenzando a emerger, al lado del sistema federal pero en estrecha conexión con éste, un sistema jurídico local para la protección del ambiente, que se ocupa de regular los asuntos que la LGEEPA ha colocado en la esfera de las atribuciones de los gobiernos de los estados y los municipios. Hasta ahora, el sistema jurídico local para la protección del ambiente presenta un desarrollo que se puede calificar de incipiente; pero, es claro que en un tiempo más pasará a ocupar un lugar importante dentro de la legislación ambiental del país.

En consecuencia, el sistema jurídico vigente para la protección del ambiente en México no está aún totalmente definido, sino que está inmerso en un proceso de perfeccionamiento, que se inició en 1987 y que todavía no ha concluido. Por eso, el análisis que se haga de los méritos y deméritos de este sistema, debe tener en cuenta las tendencias que muestran los cambios que se están generando, que por lo demás son sumamente alentadores.

Quizás vale la pena decir que la idea de que el país cuenta con un sistema jurídico para la protección del ambiente, parece obvia, pero no lo es tanto. En efecto, con frecuencia la legislación ambiental se identifica exclusivamente con los ordenamientos jurídicos que se han expedido en los últimos años para la protección del ambiente con arreglo a la moderna concepción que visualiza a éste de una manera holística y sistémica, es decir, con lo que en el capítulo I de este libro se denominó "legislación propiamente ambiental". Así ocurre también entre nosotros. En consecuencia, es posible que mucha gente, incluidos no pocos juristas, piensen que en México la legislación ambiental no tiene otra expresión que no sea la LGEEPA (y antes, las leyes que la precedieron), así como las disposiciones que derivan de ella. Se trata de una idea equivocada de la legislación ambiental, que excluye muchos ordenamientos jurídicos que tienen relevancia o interés ambiental, en tanto rigen conductas humanas que de alguna manera generan efectos de los que cabe esperar una modificación significativa, sea positiva o negativa, de las condiciones de existencia de los organismos vivos. Estos ordenamientos jurídicos, que por lo general están inspirados por una visión sectorialista y reduccionista del ambiente, rigen un conjunto importante de las situaciones ambientales. Más aún, la legislación sectorial de relevancia ambiental ocupa hasta hoy la parte más importante de la historia de la legislación ambiental y, en los hechos, es la que principalmente regula la protección del ambiente, incluso en los países que cuentan con los ordenamientos jurídicos modernos que han superado la visión reduccionista y sectorialista de la protección del ambiente que prevaleció en el pasado. Porque la verdad es que, en esos países, tales ordenamientos han venido sólo a superponerse a la legislación preexistente de carácter sectorial o casual, modificándola en algunos puntos, pero no remplazándola del todo. Y, en los países que no cuentan con legislación propiamente ambiental, la protección del ambiente queda regida casi completamente por la legislación sectorial de relevancia ambiental. También hay que recordar la profunda influencia que sigue ejerciendo en la regulación de los asuntos ambientales, aquel sector del sistema jurídico general que en el capítulo I de este libro ha sido denominado legislación de relevancia ambiental "casual".

Sin embargo, el hecho de que México cuente con un sistema jurídico para la protección del ambiente, no significa necesariamente que éste sea apropiado. La verdad es que, incluso luego de las reformas, el sistema parece seguir teniendo más críticos que defensores, si tenemos en consideración los juicios que comúnmente se formulan. En efecto, las bondades de este sistema suelen ser juzgadas por la opinión pública en función de los indicadores fundamentales del medio ambiente en el país y, como tales indicadores no son satisfactorios, la conclusión que se deriva es que México no cuenta con un sistema jurídico adecuado para ese efecto. Algunas veces, sin embargo, se reconocen las bondades formales de dicho sistema y la crítica es dirigida a su "poca eficacia", es decir, al contraste que presentan lo "normado" y lo "normal". De este planteamiento crítico se deriva la conclusión de que no es necesaria una política legislativa para la protección del ambiente en México, sino más bien una estricta aplicación de la legislación vigente. Pero, otras veces, esta poca eficacia del sistema jurídico existente se vincula a su "obsolescencia", con lo cual se retorna a las críticas formales de ese sistema.

En nuestra opinión, todos estos comentarios contienen algunos elementos de verdad, porque lo cierto es que el sistema jurídico vigente para la protección del ambiente en México sigue presentando algunos problemas, especialmente en su aplicación, a pesar de los importantes progresos hechos en el campo de su perfeccionamiento formal. Sin embargo, dichos comentarios no proporcionan una imagen fiel de los verdaderos problemas de la legislación ambiental del país. Este hecho conduce a que muchas veces se propicien políticas legislativas equivocadas o insuficientes, cuando del plano de las críticas se pasa al plano de las propuestas para corregir la situación que se está criticando. En consecuencia, es indispensable profundizar el examen de los problemas del sistema jurídico vigente para la protección del ambiente en México y, en especial, de los problemas que presenta su aplicación, para establecer así las premisas de una política legislativa sobre la materia que sea congruente con la realidad.

Se trata del análisis de las típicas cuestiones "eficiencia" y de "eficacia" de las normas jurídicas, que son términos con que se designan técnicamente situaciones diversas, pero que muchas veces están estrechamente relacionadas entre sí, hasta el punto de confundirse una con otra. Con todo, la distinción entre eficiencia y eficacia es importante para fines de análisis, por lo que dicha distinción se emplea en este libro.[1]

Antes de iniciar ese examen, es necesario hacer algunos señalamientos, por un lado, sobre la importancia que tiene el hecho de que el país cuente con un sistema jurídico para la protección de su medio ambiente y, por el otro, sobre cuáles son los límites propios de la eficacia de dicho sistema. Con lo primero, se procurará salir al paso de los críticos que estiman que la existencia de un sistema jurídico adecuado no es totalmente irrelevante para lograr la ordenación del medio ambiente. Y, con lo segundo, se buscará poner en claro que no cabe esperar que los problemas ambientales sean resueltos por el solo hecho de que exista un sistema jurídico apropiado para la protección del ambiente. Ambos postulados se pueden resumir diciendo que la legislación ambiental es una

[1] Este ejercicio lo hemos hecho más de una vez respecto de la legislación ambiental vigente en los países de América Latina y el Caribe, en distintos foros y publicaciones (*Cf.* por ejemplo nuestro ensayo *Aspectos institucionales y jurídicos del medio ambiente, incluida la participación de las organizaciones no gubernamentales en la gestión ambiental*, BID, Washington, 1991, 142 pp. De este libro existe una versión en lengua inglesa).

condición necesaria, pero no suficiente, para alcanzar una ordenación satisfactoria del medio ambiente y propiciar un desarrollo sostenible.

El hecho de que México cuente con un sistema jurídico para la protección del ambiente, tiene una importancia que no siempre es valorada debidamente. En general, la legislación ambiental es un instrumento esencial para la ordenación del ambiente, por lo menos en los llamados "Estados de Derecho". En otras palabras, en las sociedades que, como suele decirse, pretenden ser "gobernadas por las leyes", el derecho es una condición necesaria para alcanzar los objetivos que esas mismas sociedades se plantean como deseables. Así ocurre también en el campo de la gestión ambiental del Estado, dado que está indisolublemente ligada al derecho, tanto en su génesis como a lo largo de todo su desarrollo. En ese sentido, es de recordarse que la calificación de un objetivo social como un fin estatal y, por consiguiente, la creación de un nuevo cometido del Estado, es una cuestión que compete al propio sistema jurídico estatal. En consecuencia, la legislación ambiental es la fuente de la incorporación de la gestión ambiental a la función pública del Estado, así como de la organización que ésta asume. Por otra parte, la política ambiental del Estado se formula muchas veces mediante el mismo sistema jurídico estatal, por lo general en sus términos más amplios, pero también a veces en forma detallada. Por tanto, la legislación ambiental es también la fuente principal de la política ambiental. Finalmente, la aplicación de la política ambiental requiere de un conjunto de mecanismos, la mayoría de los cuales deben ser establecidos por el sistema jurídico estatal. En consecuencia, la legislación ambiental es, además, la fuente principal de los mecanismos para la aplicación de la política ambiental.

La importancia de este hecho suele ser oscurecida, sin embargo, por los problemas que presenta la aplicación de la legislación ambiental. Más adelante se examinan con detenimiento estos problemas. Por ahora, es conveniente hacer algunas puntualizaciones sobre los problemas de aplicación que presentan todos los sistemas jurídicos —nos referimos a las cuestiones generales de eficacia del derecho—, para que se tenga en claro que el derecho no puede garantizar por sí mismo la consecución de sus objetivos y, por consiguiente, que tampoco la legislación ambiental no puede, ni podrá nunca, garantizar por sí misma el logro de los fines que le son propios, esto es, ordenar el medio ambiente y favorecer el establecimiento de un modelo de desarrollo sostenible.

En general, las reglas jurídicas se expiden para uniformar las conductas humanas, de modo de hacerlas socialmente apropiadas. Para alcanzar ese propósito, el derecho se vale del componente coactivo que es propio de toda regla jurídica y que consiste en la amenaza de la aplicación de una sanción, incluso a través de la fuerza, a quienes no observan sus prescripciones. Este atributo es lo que hace del derecho una técnica social específica, distinta de cualquiera otra. Sin embargo, las conductas de los hombres están determinadas no sólo por el temor que suele suscitar la amenaza de la aplicación de una sanción jurídica, sino también por un complejo conjunto de factores económicos y culturales, que algunas veces pueden estar en conflicto con los mandatos contenidos en las reglas jurídicas y, consecuentemente, pueden incluso promover un incumplimiento generalizado de dichos mandatos. Por cierto, las conductas de los hombres que interesan al derecho, responden por lo general a la amenaza que se formula por el propio derecho. Esto ocurre sin lugar a dudas cuando existe alguna certidumbre sobre la efectividad de la misma, pero también cuando coincide lo prescrito por el sistema jurídico y lo que comúnmente se entiende como prohibido o permitido de acuerdo con los intereses económicos y la cultura dominantes en la sociedad de que se trate. Si no existe esa coincidencia, se suscitará un conflicto que incluso puede llegar a provocar desviaciones masivas respecto del orden jurídico establecido, como sucede en ciertas ocasiones.

En conclusión, la legislación ambiental es un componente esencial de la capacidad de respuesta del Estado frente a los desafíos que plantea la problemática ambiental, pero no es suficiente por sí misma para resolver de una manera integral dicha problemática. Por consiguiente, la crítica a la legislación ambiental debe dirigirse a los problemas que son propios del sistema jurídico para la protección del ambiente, es decir, a sus problemas de ineficacia y de ineficiencia. La tarea del crítico de la legislación ambiental consiste, entonces, en identificar correctamente esos problemas, investigar las razones de dichos problemas, y proponer los cambios jurídicos que serían necesarios para proporcionarle el más alto grado de eficacia y de eficiencia que el derecho puede conferirse a sí mismo.

290. Los problemas de aplicación de la legislación ambiental: las cuestiones teóricas de su eficacia y eficiencia

La palabra "eficacia" designa el grado de acatamiento de una norma jurídica por quienes son sus destinatarios. La palabra "eficiencia", por su parte, designa el grado de idoneidad que posee una norma jurídica para satisfacer la necesidad que se tuvo en cuenta al expedirla.

Hay que advertir que estos términos no siempre se emplean en el sentido antes indicado. Así, por ejemplo, en el mismo campo del derecho ambiental un autor ha sostenido que la eficacia "entraña una cuestión de hecho, susceptible de gradación, que alude a la medida en que los comportamientos imperados por sus preceptos responden a las necesidades sociales tenidas en vista al tiempo de su dictación", mientras que la eficiencia, que es también una cuestión de hecho susceptible de gradación, "alude al obedecimiento, espontáneo o provocado, del deber ser impuesto por la norma".[2] Como podrá apreciarse, en este caso al térmi-

[2] *Cf.* Rafael Valenzuela, *Requerimientos para el desarrollo y la implementación de la legislación ambiental en América Latina,* pp. 92-94. Se trata de un documento preparado para el

no "eficacia" se le ha dado el sentido que le hemos asignado a la expresión "eficiencia" y viceversa. Creemos que esto podría generar algunas confusiones, pues el sentido generalmente aceptado por la ciencia jurídica para el término "eficacia" es precisamente el que hemos adoptado.[3]

La eficacia y la eficiencia de la legislación ambiental son como las dos caras de una misma medalla. Sin embargo, los analistas de los problemas que presenta la aplicación de la legislación ambiental suelen concentrar su atención exclusivamente en el examen de las cuestiones de ineficacia, quizás porque la eficacia es un fenómeno propiamente normativo, mientras que la eficiencia es un fenómeno que rebasa ese ámbito. Por otra parte, estos exámenes carecen por lo general de estudios que midan el grado de acatamiento de las normas jurídico-ambientales y, por tanto, que muestren con precisión los niveles de ineficacia de dichas normas.

Se trata de un punto de vista equivocado, pues las cuestiones de ineficiencia son tanto o más graves que las cuestiones de ineficacia y, en muchos casos, determinan su existencia. En efecto, la eficacia de las normas jurídicas es muchas veces la consecuencia de la ineficiencia de las mismas, es decir, de la falta de idoneidad de las normas jurídicas para satisfacer las necesidades que se tuvieran en cuenta al momento de establecerse. Sin embargo, el análisis que por lo general se hace sobre la ineficacia de la legislación ambiental se detiene sólo en su falta de aplicación, sin adentrarse en las razones de ineficiencia que pueden explicar el escaso grado de aplicación de dicha legislación, con lo que el análisis de eficacia pierde en profundidad y no va más allá de los conocidos razonamientos sobre la "falta de voluntad política" para la aplicación de la legislación ambiental y otros similares.

Por lo general, este tipo de razonamientos sobre la menguada aplicación de la legislación ambiental descansa en el supuesto de que existen las normas jurídico-ambientales que son apropiadas para prevenir y controlar los problemas que se están examinando. Pero es raro que se verifique la existencia de ese supuesto. Cuando se hace, ello implica un análisis de eficiencia y no de eficacia, pues lo que se está constatando es el grado de idoneidad de la norma jurídico-ambiental para satisfacer la necesidad que se tuvo en vista al expedirla. Sin embargo, en el estado actual del desarrollo de la legislación ambiental, que como se ha dicho es incipiente, parece de rigor iniciar el estudio de los problemas que suscita la aplicación de esa legislación con los análisis sobre su eficiencia.

Congreso Mundial de Derecho Ambiental, que tuvo lugar en Montevideo, Uruguay, en octubre-noviembre de 1981.

[3] *Cf.* por ejemplo a Hans Kelsen, *La teoría pura del derecho*, Eudeba, Buenos Aires, 1961, en pp. 25, 36, 52, 53, 141 *in fine*.

292. LAS RAZONES DE LA INEFICIENCIA

En síntesis, las razones que pueden hacer ineficiente una determinada legislación ambiental tienen que ver con el escaso desarrollo de las normas que son necesarias para regular una determinada situación ambiental o, si existe ese desarrollo, con el enfoque equivocado de dichas normas en lo que se refiere al tratamiento jurídico de esa situación ambiental. Estas razones pueden desagregarse a su vez en muchas otras. A continuación se hace un rápido análisis de cada una, que evita hasta donde es posible dichas desagregaciones.

El *escaso desarrollo de la legislación ambiental* determina que muchas veces no existan las normas jurídico-ambientales que serían necesarias para la regulación de ciertos problemas. Sin embargo, hay que puntualizar que los casos de anomia absoluta no son tan habituales en la legislación ambiental como los de anomia relativa. En otras palabras, es poco usual que un determinado problema ambiental no sea regulado de alguna manera. En cambio, es bastante frecuente que esa regulación sea incompleta, es decir, que las normas existentes no se encuentren complementadas por otras normas que harían posible su aplicación.

Así, por ejemplo, cuando una norma legal establece que queda prohibido contaminar la atmósfera, por lo general sus prescripciones no se extienden a la precisión de los casos en que se considerará que existe una situación de contaminación atmosférica. En efecto, lo más probable será que dicha norma legal se remita a los reglamentos y normas técnicas que deberán calificar cada uno de los casos de contaminación de la atmósfera, excluyendo por cierto los casos de contaminación *de minimus*. Mientras no se expidan tales reglamentos y normas técnicas, la norma legal que establece la prohibición de contaminar la atmósfera quedará sin aplicación. En este caso, estaremos ciertamente frente a una situación de ineficacia, esto es, de falta de acatamiento de la norma por sus destinatarios; pero en el fondo de las cosas esta situación de ineficacia no será sino la consecuencia necesaria de una situación de ineficiencia.

Por tanto, es de suma importancia que en el diseño de la política legislativa para la protección del medio ambiente se tenga presente que la función de regular jurídicamente los problemas ambientales no se agota, ni con mucho, mediante la expedición de normas tan amplias como las que, por lo general, se propone incorporar a los ordenamientos ambientales. La incorporación de esas normas debe considerarse, por lo general, sólo como el primer paso para la regulación integral de un determinado problema ambiental.

El escaso desarrollo de la legislación ambiental debe ser considerado también desde la perspectiva del derecho internacional para la protección del medio ambiente, dada la gravedad que presentan los problemas ambientales mundiales y regionales. Estos problemas, por otra parte, están estrechamente vinculados con los problemas nacionales, hasta el punto de que en un número importante de casos, son sólo dimensiones diversas de un mismo problema.

La verdad es que los tratados y otros acuerdos internacionales vigentes sobre la materia son francamente insuficientes para regular los problemas mundiales y regionales existentes. Por lo pronto, no existe un acuerdo internacional de carácter global o regional que establezca los derechos y deberes de los Estados ante las amenazas que pueden comprometer el equilibrio ecológico de todo el planeta o de sus diversas regiones. De otro lado, una parte significativa de dichos problemas no tienen o sólo recién están recibiendo un tratamiento jurídico internacional, como es el caso del fenómeno del cambio climático global y de la pérdida de la diversidad biológica, para citar sólo dos ejemplos que son suficientemente conocidos.

Incluso algunos de los instrumentos existentes no han entrado aún en vigor por la carencia de las adhesiones o ratificaciones necesarias para ese efecto. Así ocurrió durante un largo tiempo con la Convención de las Naciones Unidas sobre el Derecho del Mar.

La menguada participación de los Estados en el desarrollo del derecho internacional se puede ilustrar con el caso de los países de América Latina y el Caribe. Un estudio hecho en 1991 indica que existen 132 instrumentos internacionales globales de carácter multilateral. Estos instrumentos podrían haber generado 1485 ratificaciones o adhesiones por parte de los países de nuestra región. Sin embargo, dichos instrumentos han dado lugar a sólo 367 ratificaciones o adhesiones, lo que representa un nivel de participación del orden de 24.71%.[4] La escasa participación de que estamos hablando es aún más grave de lo que dice esta cifra: por lo general estos instrumentos han sido generados sin una intervención que pueda calificarse como importante de parte de muchos de nuestros países.

Como es obvio, esta escasa participación de los Estados en algunos instrumentos internacionales les resta efectividad. A esta escasa efectividad del derecho internacional concurre muchas veces el poco desarrollo de los instrumentos internos que son necesarios para la aplicación del derecho internacional y, en una medida importante, la inexistencia de mecanismos jurisdiccionales apropiados que hagan exigibles los compromisos asumidos por los Estados en los tratados y otros acuerdos internacionales sobre la materia.

El *enfoque equivocado que la legislación ambiental asume para el tratamiento jurídico de muchos problemas ambientales* es la segunda de las grandes razones que explican la ineficiencia de dicha legislación y, por ende, su ineficacia. La falta de idoneidad de las normas jurídico-am-

[4] Este dato ha sido extraído de la versión preliminar del estudio preparado por Alberto Székely para el Programa de las Naciones Unidas para el Medio Ambiente, que presenta la situación del derecho internacional ambiental en la región hacia 1991. Esta situación, sin embargo, ha mejorado en los últimos años.

bientales para satisfacer las necesidades que se tuvieron en cuenta al momento de su expedición, que puede ser inicial o sobreviniente, tiene su explicación en numerosos y complejos factores; pero como quiera que sea conduce indefectiblemente a la no aplicación de dichas normas o a una escasa aplicación de las mismas, a partir de la consideración de que son a todas luces inadecuadas para corregir las situaciones ambientales a que se refieren.

Una desagregación de los numerosos y complejos factores que explican este tipo de ineficiencia de la legislación ambiental en muchas partes del mundo, indica que se presenta cuando concurren todos o algunos de los siguientes elementos: *1)* La escasa presencia de la idea del desarrollo sostenible en la legislación ambiental y en el conjunto del sistema jurídico del que forma parte; *2)* la insuficiente o equivocada consideración de los "datos" científicos y sociales que están involucrados en el problema ambiental de que se trate; *3)* la carencia de los mecanismos necesarios para la aplicación de la legislación ambiental o lo inapropiado de los mecanismos existentes, y *4)* la heterogeneidad estructural de la legislación ambiental.

Por supuesto, los elementos que contribuyen a definir un cuadro de ineficiencia de una legislación ambiental presentan diferencias de grados según la legislación de que se trate. Así sucede también con el caso de México. A continuación se examina cada uno de estos factores de ineficiencia y, más adelante, se detalla la especificidad con que se dan en el caso de la legislación ambiental mexicana.

El más importante de los factores de ineficiencia de la legislación ambiental es lo que hemos denominado *la escasa presencia de la idea del desarrollo sostenible en la legislación ambiental y en el conjunto del sistema jurídico del que ésta forma parte,* vale decir, la insuficiente incorporación de esta idea en la propia legislación ambiental y, más importante aún, en el sistema jurídico general, especialmente en la legislación económica. En efecto, la escasa incorporación de la dimensión ambiental en el conjunto del sistema jurídico y, de manera particular, en los ordenamientos jurídicos que concurren a disciplinar el estilo de desarrollo predominante, determina que muchas veces la legislación ambiental sea insuficiente y, por tanto, ineficaz, para corregir las situaciones ambientales indeseables propiciadas por el sistema jurídico general. Así, por ejemplo, el establecimiento de parámetros apropiados para prevenir y controlar la contaminación de la atmósfera puede transformarse en una medida insuficiente y, en consecuencia, ineficaz, si en forma paralela se sigue estimulando de manera desmesurada el desarrollo del transporte privado y, por consiguiente, se sigue propiciando un estilo de "desarrollo" que hará inútil cualquier parámetro para prevenir y controlar la contaminación de la atmósfera.

La *insuficiente o equivocada consideración de los "datos" científicos y sociales que están involucrados en el problema ambiental de que se trate,* es un factor recurrente de la ineficiencia de la legislación ambiental. Este factor de ineficiencia se presenta cuando las normas jurídicas en vigor son inadecuadas, dado que no consideran en forma científica el problema de que se trata o, lo que es incluso más frecuente, no toman en cuenta los problemas sociales que están vinculados a las situaciones ambientales que se desean corregir.

La *carencia de los mecanismos necesarios para la aplicación de la legislación ambiental o lo inapropiado de los mecanismos existentes,* es también un factor recurrente de la ineficiencia de la legislación ambiental. Por lo general, existe una estrecha relación entre la inadecuación social de la norma jurídico-ambiental y los mecanismos previstos para su aplicación. En efecto, la falta de consideración del "dato social" que es indispensable tener en cuenta para regular apropiadamente una determinada situación ambiental, lleva a que se ponga el acento en los mecanismos correctivos antes que en los preventivos, esto es, a que no se establezcan previsiones para remover las causas que generan las situaciones ambientales indeseables. Estas insuficiencias determinan que las respectivas normas no sean acatadas y que las sanciones tampoco sean aplicadas. Es evidente que este tipo de normas sólo son eficaces para corregir desviaciones individuales y no desviaciones masivas del orden jurídico establecido.

La *heterogeneidad estructural de la legislación ambiental* es, como se ha dicho muchas veces, una característica propia de dicha legislación en la etapa actual de su desarrollo. Con esta expresión nos referimos a la coexistencia en esa legislación de ordenamientos jurídicos que responden a una visión sectorialista y reduccionista de la problemática ambiental y de normas que tienen una relevancia ambiental meramente "casual". Por razones obvias, esta heterogeneidad estructural constituye un factor determinante de la ineficiencia de la legislación ambiental.

292. LAS RAZONES DE LA INEFICACIA

El análisis teórico que se ha hecho de los factores de la ineficiencia de la legislación ambiental, muestra con claridad que, en definitiva, una parte considerable de los problemas de eficacia son, en verdad, problemas de eficiencia. Porque, en estricto rigor, una norma jurídica es ineficaz sólo cuando siendo apropiada para regular la situación de que se trata, es incapaz de transformar las regularidades sociales existentes y subordinarlas a sus prescripciones, es decir, cuando no puede transformar una determinada regularidad social en una regularidad "jurídica", en tanto influida por el derecho. Incluso, en la falta de aplicación de una norma jurídica pueden influir problemas de eficiencia del sistema de aplicación de las normas jurídicas en general o de un determinado sector de éstas.

Sin embargo, la incapacidad de una norma jurídica para transformar una regularidad social en una regularidad jurídica, no puede explicarse siempre mediante razones puramente jurídicas, sino también y por lo general de una manera decisiva, por razones que tienen que ver con el conjunto del escenario social en que debe operar la norma jurídica. En efecto, hay circunstancias de ineficiencia como las que se han señalado, que pueden explicar la ineficacia de una norma jurídico-ambiental. Este tipo de factores que obstan a la eficacia de la legislación ambiental, deben corregirse por la vía de los cambios jurídicos. Pero muchas veces en esa falta de aplicación intervienen otros factores, entre los cuales se incluyen las deficiencias que presentan las instituciones encargadas de aplicar administrativa y judicialmente las normas jurídicas y, más profundamente, el desconocimiento o la escasa valoración social de las normas que quedan sin aplicación. La ineficacia de la legislación ambiental debe ser considerada, por tanto, como el resultado de un conjunto complejo de causas, entre ellas algunas que se refieren a la eficiencia del propio sistema jurídico, pero también muchas otras que escapan al ámbito del derecho.

La verdad es que los problemas de ineficacia propiamente tales de la legislación ambiental, sólo pueden ser examinados a través de un análisis concreto de cada situación concreta y que sólo de una manera general es posible formular algunas hipótesis básicas que pueden concurrir a explicar la escasa aplicación de la legislación ambiental, independientemente de su falta de eficiencia, como son las que se avanzaron en la sección anterior, esto es: *1)* La insuficiente valoración social de la legislación ambiental por sus destinatarios, lo que muchas veces incluye el desconocimiento de la misma, y *2)* las deficiencias que presentan las instituciones encargadas de aplicar administrativa y judicialmente la legislación ambiental.

La primera de esas hipótesis vincula la ineficacia de la legislación ambiental con la inexistencia de una conciencia ambiental sólida en la ciudadanía, que incluya el conocimiento de la legislación sobre la materia y que garantice no sólo su acatamiento espontáneo por la población, sino también que haga más fácil su aplicación por las instancias administrativas y judiciales competentes.

La segunda vincula la ineficacia de la legislación ambiental, en primer término, con las deficiencias que presentan las actividades que desarrollan las instancias administrativas encargadas de su aplicación, que muchas veces se explican por la carencia de los recursos humanos, materiales y financieros indispensables para llevar a cabo una gestión ambiental apropiada. La misma hipótesis vincula la ineficacia de la legislación ambiental, en segundo término, con las deficiencias que presenta la aplicación judicial de dicha legislación, por causas que muchas veces tienen que ver con razones de ineficiencia de la propia legislación ambiental, que no tiene previstos mecanismos apropiados para su aplicación por los órganos jurisdiccionales, pero también con otros factores como la escasa existencia de operadores jurídicos calificados en el campo del derecho ambiental (jueces y abogados). Estas deficiencias se reflejan puntualmente en la escasa frecuencia con que se promueven asuntos ambientales ante los tribunales de justicia. Este hecho expresa de alguna manera las dificultades que presenta el acceso a la justicia en este tipo de asuntos y que deberían ser superados, por lo pronto, con una legislación especial sobre la tutela judicial de los intereses colectivos y difusos, como es el caso de los intereses ambientales.

Esperamos que con lo dicho haya quedado suficientemente en claro, desde el punto de vista teórico, las diferencias que cabe hacer entre las cuestiones de eficacia y de eficiencia de la legislación ambiental, así como las relaciones que existen entre unas y otras.

Corresponde ahora adentrarse en el análisis de las cuestiones específicas de eficacia y eficiencia de la legislación ambiental mexicana. Este examen debe iniciarse con el análisis de las cuestiones de eficiencia, dado que por lo general éstas determinan la eficacia de dicha legislación.

293. La eficiencia de la legislación ambiental mexicana. La cuestión de su desarrollo

Como ya se dijo, uno de los factores más relevantes de la ineficiencia de la legislación ambiental y que ha incidido de una manera especialmente significativa en la generación de los problemas que presenta la aplicación de la legislación ambiental en muchas partes del mundo, consiste en su escaso desarrollo, es decir, en la insuficiente regulación de las situaciones ambientales. Este fenómeno se ha dado también en México durante mucho tiempo, pero se ha venido corrigiendo en los últimos años.

Por lo pronto, los acelerados avances tecnológicos y los nuevos conocimientos sobre las relaciones de interdependencia ecológica, dejan atrás con mucha facilidad las previsiones formuladas por la legislación ambiental. Por otra parte, hay que reiterar que la legislación ambiental requiere para su aplicación de un determinado desarrollo normativo, esto es, de la existencia de normas que tengan ese grado de especificidad que hace posible, jurídicamente, su aplicación.

En México, tanto la Ley Federal para Prevenir y Controlar la Contaminación Ambiental de 1971 como la Ley Federal de Protección al Ambiente de 1982 eran manifiestamente insuficientes frente a los requerimientos jurídicos que planteaba la protección del medio ambiente en una sociedad moderna. Desde ese punto de vista, la expedición de la LGEEPA representó un importante progreso, en tanto amplió significativamente el campo de la regulación de las situaciones ambientales. Por otra parte, durante la vigencia de la LFPCCA y de la LFPA no se expidieron ni con mucho todos los reglamentos que eran necesarios para la aplicación de esas leyes y, además, rara vez éstos fueron actualizados. Además, las normas técnicas que se pusieron en vigor durante el periodo de la vigencia de esas leyes fueron más bien escasas, quizás con excepción de las que se referían a la contaminación de las aguas.

Por el contrario, en los primeros diez años de vigencia de la LGEEPA se han hecho importantes avances cuantitativos y cualitativos en materia de desarrollo de la legislación ambiental, como se ha visto a lo largo de este libro. En ese sentido, son especialmente relevantes las modificaciones hechas a la LGEEPA en 1996. Sin embargo, lo que queda por hacer es mucho más de lo que se ha hecho, entre otras razones porque la misma LGEEPA, en particular sus modificaciones de 1996, plantean la exigencia de la expedición de muchos y complejos reglamentos, así como de una igualmente significativa cantidad de normas oficiales mexicanas no menos complejas. Además, es necesario que se desarrolle la legislación local sobre las materias ambientales que han quedado colocadas dentro de las atribuciones de los gobiernos estatales y municipales, así como que se adecúen a las modificaciones de 1996.

Estos progresos contrastan con la tendencia tan en boga a la "desregulación de las actividades", esto es, a la eliminación de las normas que determinan cómo deben llevarse a cabo las actividades económicas y sociales. Como vivimos en una época caracterizada por el predominio de fundamentalismos de los más variados tipos, esta tendencia comenzó a expresarse en México, a veces de manera indiscriminada, en términos de alcanzar en algunas oportunidades a la legislación ambiental. Sin embargo, ha habido una reacción en ese sentido, que se expresa de manera cabal, por ejemplo, en las mencionadas modificaciones de 1996. El problema básico de la legislación ambiental en México no consiste en la sobrerregulación de la protección del medio ambiente y la promoción del desarrollo sostenible, sino en la falta de regulaciones, esto es, su incompletitud. Otra cosa es la necesaria modernización de las regulaciones existentes, que muchas veces incluye la simplificación de algunas de ellas.

En cambio, puede decirse que la participación de México en la formación y aplicación del derecho internacional para la protección del medio ambiente ha sido en general satisfactoria y, por cierto, es muy superior a la que se observa en muchos otros países de América Latina y el Caribe. Hace algunos años, esta participación se expresó con mucha fuerza en las iniciativas que tenían que ver con la lucha por la paz y la protección internacional de los ecosistemas marinos. Sin embargo, el país aparecía con un cierto rezago en su participación en el derecho internacional relativo a otros temas del medio ambiente.[5] Esta situación, sin embargo, se ha modificado en sentido positivo, ya que su participación en estas actividades se ha incrementado en una forma digna de encomio.

[5] *Cf.* Alejandro Galván, *México en las cuestiones internacionales del medio ambiente: participación y perspectivas*, UNAM (tesis profesional), México, 1983, pp. 190 y 191.

294. La eficiencia de la legislación ambiental mexicana. La presencia de la idea del desarrollo sostenible en el sistema jurídico vigente

Es probable que uno de los factores que ha incidido más directamente en la generación de los problemas que presenta la aplicación de la legislación ambiental en muchas partes del mundo, es el hecho de que ésta no se ha ocupado suficientemente de modificar el marco jurídico dentro del cual se desenvuelve el modelo de desarrollo predominante en cada país. Recuérdese que es habitual que la lógica productiva de ese modelo se oriente preferentemente hacia la maximización de la tasa de ganancia en el corto plazo, sin considerar la perdurabilidad de la base natural que hace posible los procesos económicos y, por consiguiente, la sustentabilidad de dichos procesos en el largo plazo. Esta ineficiencia de la legislación ambiental ha determinado su propia ineficacia, en tanto su aplicación se ha estrellado con las regularidades sociales existentes, especialmente en sus determinaciones económicas.

Así ha ocurrido también en México. En efecto, tal como se ha subrayado en diversos pasajes de este libro, por lo general la legislación económica federal no condiciona el desarrollo de los procesos económicos que ella misma regula a la observancia de algunos criterios elementales para la protección de la base natural que hace posible dichos procesos y, en general, para tutelar la calidad de la vida de los habitantes del país. En otras palabras, la idea del desarrollo sostenible ha tenido tradicionalmente una escasa presencia en dicha legislación, entendiéndose por desarrollo sostenible el modelo de crecimiento que satisface las necesidades de la generación presente sin comprometer la capacidad de las generaciones futuras para satisfacer sus propias necesidades.[6]

En cambio, la legislación ambiental se ha venido ocupando, de manera progresiva, de incorporar la idea del desarrollo sostenible y de condicionar, en algunos casos, la aplicación de la legislación económica a la observancia de criterios que promueven ese tipo de desarrollo. Las modificaciones de 1996 a la LGEEPA son particularmente ilustrativas de esta tendencia. Como se dijo en el capítulo III de este libro, un cambio significativo de esas modificaciones consistió en que se hizo explícito que la Ley tiene por objeto "propiciar el desarrollo sustentable". Y, como se ha visto a lo largo de este mismo libro, este propósito de la Ley ha sido incorporado en muchas de sus normas.*

La disposición básica sobre la materia es, como se dice en la sección 68, el párrafo segundo del 17 de la LGEEPA, que prescribe que en la planeación nacional del desarrollo se deberá incorporar la política ambiental y el ordenamiento ecológico, así como que los lineamientos de esa política deberán observarse en la planeación y realización de las accio-

[6] Esta es la conocida definición que proporciona, como se dijo en el capítulo I del libro, el Informe de la Comisión Mundial sobre el Medio Ambiente y Desarrollo (véasela p. 67 de *Nuestro futuro común, cit.* nota 36).

* Véase Addenda, § 1.

nes a cargo de las dependencias y entidades de la administración pública federal, conforme a sus respectivas esferas de competencia, así como en el ejercicio de las atribuciones que las leyes confieran al Gobierno Federal para regular, promover, restringir, prohibir, orientar y en general inducir las acciones de los particulares en los campos económico y social. Se trata de una norma de extraordinaria importancia, que ya contenía el texto original de la LGEEPA.

Esta disposición básica está acompañada de muchas otras en la propia LGEEPA. Entre ellas deben recordarse las normas sobre instrumentos económicos mencionadas en la sección 69 de este libro, así como las normas sobre criterios ecológicos y su vinculación a las actividades de las autoridades públicas, que se encuentran dispersas a lo largo de toda la LGEEPA. En general, en esta Ley son recurrentes las referencias que se hacen al "desarrollo sustentable" y, en muchas más ocasiones, al "aprovechamaiento sustentable" de los recursos naturales.

En consecuencia, desde un punto de vista estrictamente jurídico puede decirse que la idea del desarrollo sostenible ha sido incorporada de una manera bastante significativa en la legislación nacional, por medio de los condicionamientos que la legislación ambiental le ha impuesto a la legislación económica. Por tanto, también puede decirse que se ha terminado por remplazar la concepción del desarrollo subyacente en la legislación económica por una concepción más acorde con la idea del desarrollo sostenible.

Sin embargo, hasta ahora esos cambios jurídicos no han mostrado una gran eficacia. La verdad es que se trata de reformas que persiguen una transformación profunda del modelo económico vigente y, por lo mismo, de un objetivo que razonablemente no se puede alcanzar en el corto plazo y por el solo imperio del sistema jurídico para la protección del medio ambiente. El establecimiento de un modelo de desarrollo sostenible exige cambios sustanciales de los patrones de producción y de consumo vigentes, lo que también implica transformaciones importantes de los patrones culturales que acompañan al modelo económico existente. Por otra parte, la propia interdependencia de los procesos ecológicos y económicos a nivel mundial, hace que el objetivo del desarrollo sostenible sea más difícil de alcanzar si no es compartido por toda la comunidad internacional, en la medida de las responsabilidades y de las posibilidades de cada país.

La falta de eficacia de estos condicionamientos ambientales a la política y la práctica económica es preocupante. Es responsabilidad del Gobierno Federal en su conjunto la estricta observancia de esos condicionamientos. Pero como lo muestra la experiencia, las disposiciones existentes deben desarrollarse y reforzarse con otras disposiciones, que en nuestra opinión deberán inscribirse en los propios ordenamientos que integran la legislación económica federal, así como establecer mecanismos jurídicos especiales que contribuyan a su eficacia.

En ese contexto, resulta francamente preocupante para la protección del medio ambiente de México la orientación hacia la globalización que muestra la economía nacional, que es una tendencia que, desde el punto de vista ambiental, no puede ser aceptada sino con reservas (dicho al margen de cualquier otra visión de los problemas del desarrollo a escala nacional y mundial, diferente a la visión hoy hegemónica). En efecto, si la globalización se entiende como la adhesión irrestricta al modelo económico mundial que prevalece en nuestros días y que es eminentemente insostenible, la meta del desarrollo sostenible estará cada vez más lejos de ser alcanzada en México y, por el contrario, el país estará cada vez más cerca de entrar en una grave crisis ambiental. Independientemente de lo anterior, esto es, con o sin globalización de la economía, la verdad es que el modelo económico mundial está gravitando negativamente sobre el medio ambiente en México y en todos los lugares del mundo. La cuestión consiste en que la globalización de la economía vaya acompañada de una modificación de ese modelo, con el indispensable concurso de quienes tienen las mayores responsabilidades en el deterioro ambiental en el nivel planetario y también las mayores posibilidades de cambiar ese estado de cosas. En el capítulo siguiente se regresa a este tema, cuando se examina la viabilidad de una sociedad ambientalmente sostenible en el actual contexto internacional.

295. La eficiencia de la legislación ambiental mexicana. Su consideración de las cuestiones naturales y sociales involucradas en los problemas ambientales

Otra de las causas más generalizadas y profundas de la ineficiencia de la legislación ambiental y, por consiguiente, uno de los factores determinantes de su ineficacia, tiene que ver con la manera equivocada con que se combaten jurídicamente los problemas ambientales, a partir de una consideración insuficiente o errónea de las cuestiones naturales y sociales involucradas en dichos problemas.

En efecto, muchas veces la legislación ambiental actual es ineficiente y, en definitiva, no se aplica, porque no considera en forma científicamente adecuada el problema de que se trata o, lo que es más grave, no toma en cuenta de la manera debida los problemas sociales involucrados en las situaciones ambientales que se desean corregir. Lo mismo ocurre en el plano del derecho internacional. En efecto, a veces los instrumentos internacionales que se ponen en vigor nacen o se hacen rápidamente obsoletos. En otras ocasiones, no toman debidamente en cuenta los obstáculos materiales que se pueden oponer a su aplicación. En no pocas oportunidades dichos instrumentos carecen de los mecanismos apropiados para su aplicación. El conjunto de estos factores los hace ineficientes y les resta eficacia.

Durante mucho tiempo, la legislación ambiental mexicana ha estado inmersa en este tipo de enfoques equivocados, lo que por lo demás ha ocurrido con casi todas las legislaciones de otros países. Entre nosotros, la expedición de normas jurídicas que no consideraron los problemas económicos y sociales involucrados en las situaciones ambientales que se deseaban corregir, ha determinado que hayan entrado a regir en una especie de vacío social y hayan sido inaplicables *ab initio*. En efecto, por lo general estas normas jurídicas han expresado una actitud puramente "voluntarista" de sus autores, en la medida en que éstos han pretendido resolver los problemas ambientales con base en la sola voluntad del Estado, pasando por alto las cuestiones económicas y sociales que han concurrido a generar los problemas o a impedir sus soluciones y, por consiguiente, omitiendo la adopción de las medidas que eran necesarias para procurar la aplicación de las normas que estaba expidiendo.

En otras ocasiones, además, no se ha tenido en consideración el "dato natural", esto es, se ha legislado sin el debido conocimiento científico de la realidad sobre la que se estaba normando. Esto se explica por la falta de desarrollo o de difusión de los conocimientos ambientales indispensables para la expedición de normas jurídicas apropiadas.

Desde este punto de vista, la LGEEPA es la expresión de un enfoque diverso sobre lo que debe ser la legislación ambiental, ya que no se limita a establecer prohibiciones y sanciones, sino que, además y de manera principal, busca remover los obstáculos que se oponen a la existencia de un medio ambiente adecuado, es decir, procura actuar más sobre las causas del deterioro ambiental que sobre sus efectos, teniendo en cuenta por otra parte los problemas sociales que están presentes en la generación de la problemática ambiental. Los mecanismos de participación social que establece la Ley, reforzados con las modificaciones de 1996, son ilustrativos de su voluntad de considerar tales problemas. Además, la LGEEPA le asigna una importancia decisiva a las normas oficiales mexicanas en la regulación de las situaciones ambientales, tendencia que fue confirmada con las modificaciones de 1996. Estas normas son, en definitiva, las que regularán lo que está ambientalmente permitido o prohibido, lo que por cierto es una garantía de consideración del "dato" natural involucrado en los problemas ambientales.

Sin embargo, esta Ley debe coexistir con un conjunto importante de ordenamientos jurídicos que se refieren a la protección de ciertos elementos ambientales o a los efectos ambientales nocivos de algunas actividades, en los que no hay una visión social de la problemática ambiental y predominan los mecanismos puramente correctivos, con el agravante de que las disposiciones de estos ordenamientos prevalecen sobre la LGEEPA. En consecuencia, esta última Ley no elimina completamente los enfoques equivocados que han sido característicos en la legislación ambiental mexicana.

296. La eficiencia de la legislación ambiental mexicana. Sus mecanismos de aplicación

Como se ha dicho, la legislación ambiental carece muchas veces de los mecanismos necesarios para la aplicación de sus disposiciones o, en su defecto, establece mecanismos inapropiados. Este factor de ineficiencia, como también se ha dicho, está íntimamente vinculado con el tratamiento equivocado que especialmente desde un punto de vista social se dispensa a los asuntos ambientales. Esto es característico de los ordenamientos jurídicos que ponen más énfasis en los mecanismos correctivos que en los preventivos, con la consecuencia de que las sanciones previstas en la legislación se transforman en medidas que no se pueden aplicar o que son socialmente inaceptables o, algunas veces, inocuas.

La legislación ambiental mexicana ha participado de esa tendencia. En efecto, muchas de sus normas jurídicas se han limitado a prescribir prohibiciones y a imponer sanciones para los casos de las violaciones de dichas prohibiciones, sin establecer programas que consideraran los problemas sociales que obstaban a la aplicación de dichas normas. En otras palabras, ha habido una clara tendencia a privilegiar los mecanismos correctivos sobre los preventivos o, lo que es lo mismo, a actuar más sobre los efectos ambientales nocivos que sobre sus causas.

La LGEEPA ha representado una reacción contra esa tendencia, como se puede ver en el capítulo V de este libro, donde se han examinado con detenimiento los instrumentos de la política ambiental que establece la Ley.

297. La eficiencia de la legislación ambiental mexicana. Su heterogeneidad estructural

La heterogeneidad estructural que caracteriza a la legislación ambiental en vigor en el país, es otro de los factores que conspiran contra su eficiencia y, por tanto, contra su eficacia. Se trata de una característica que tiene que ver con la manera como se han venido formando históricamente los sistemas jurídicos para la protección del medio ambiente en muchas partes del mundo.

Con la expresión "heterogeneidad estructural" nos referimos a que la legislación ambiental mexicana, al igual que muchas otras, está integrada casi exclusivamente por ordenamientos jurídicos que se limitan a regular sólo ciertos elementos ambientales o los efectos nocivos de algunas actividades, sin considerar las relaciones que existen entre esos elementos o actividades y los demás elementos que forman parte del sistema ambiental de que se trata. Por otra parte, lo que hemos denominado legislación de relevancia ambiental "casual" sigue influyendo de manera significativa en el conjunto del sistema jurídico para la protección del medio ambiente en el país.

No cabe ninguna duda que es preocupante la dualidad del sistema jurídico vigente en el país para la protección del ambiente, en cuyo interior coexisten, como se ha dicho, una legislación de naturaleza merística, que representa la mayor parte de ese sistema, con otra de naturaleza holística, que hasta hace poco tiempo tenía un escaso desarrollo (y, además, una legislación meramente "casual"). Lo preocupante es que el enfoque reduccionista y sectorialista propio de la primera no sólo es insuficiente para una apropiada protección del ambiente, sino que propicia la existencia de contradicciones dentro del mismo sistema. También es preocupante la influencia que sigue ejerciendo la legislación de relevancia ambiental "casual" dentro del sistema.

Es habitual que la inquietud que se externa alrededor de este punto, se refiera únicamente al elevado número de ordenamientos jurídicos que integran la legislación ambiental mexicana, que se aproxima al medio millar. Este hecho no es muy preocupante en sí mismo. Tampoco tiene nada de sorprendente. En general, la manera como se han constituido históricamente los sistemas jurídicos vigentes para la protección del medio ambiente, esto es, el método de regular cada materia ambiental por separado, ha determinado que todos esos sistemas cuenten con un número considerable de ordenamientos jurídicos, los que, además, muchas veces regulan varias veces una misma materia.

Por otra parte, es difícil, si no imposible, que todas las normas jurídicas sobre protección del medio ambiente se integren en un solo ordenamiento, por lo menos en la actualidad. A este punto se regresa en este mismo capítulo, cuando se trata de la conveniencia de la codificación ambiental. Tampoco es necesario que así sea: lo importante, en definitiva, es que las normas jurídicas que tratan de la protección del medio ambiente sean congruentes entre sí, a partir de una misma concepción sobre cómo debe regularse.

En consecuencia, lo verdaderamente preocupante es la heterogeneidad estructural de dichas normas, vale decir, su carencia de criterios homogéneos para la regulación de los problemas ambientales. En cambio, la heterogeneidad formal de esas normas, esto es, su notable dispersión física dentro del sistema jurídico nacional, no debería despertar tantas inquietudes. Es cierto que este hecho puede representar un obstáculo para el conocimiento y, por ende, para la aplicación de la legislación ambiental, pero se trata de un obstáculo que es superable.

Por cierto, la expedición de la LGEEPA ha contribuido de manera importante a la homogeneidad del sistema jurídico vigente en el país para la protección del medio ambiente, a partir de su enfoque globalista y transectorial de la problemática ambiental. En un principio, esos avances estaban condicionados por el hecho de que sus disposiciones no prevalecían sobre las de otras leyes que se referían a cuestiones específicas relacionadas con su materia y, por supuesto, sobre las leyes sobre recursos naturales que se expidieron con posterioridad a 1988. Sin embargo, como se ha dicho de manera reiterada, esta situación se revirtió en 1996 e, incluso, las nuevas disposiciones que se están expidiendo sobre la materia, como es el caso de las importantes modificaciones de 1997 a la Ley Forestal, reconocen esta primacía de la LGEEPA sobre sus propias disposiciones. Todo esto favorece una progresiva homogeneización del sistema jurídico vigente.

298. La eficacia de la legislación ambiental mexicana

Hasta este momento se han examinado los factores que le restan eficiencia a la legislación ambiental mexicana y, por tanto, que contribuyen a su ineficacia. Corresponde ahora examinar directamente la eficacia de esa legislación.

Como se ha dicho, una norma jurídica es ineficaz sólo cuando siendo apropiada para regular la situación de que se trata, es incapaz de transformar las regularidades sociales existentes y subordinarlas a sus prescripciones, es decir, cuando tal norma no puede transformar una determinada regularidad social en una regularidad "jurídica", en tanto influida por el derecho. Dicha transformación se alcanza sólo cuando la conducta de los hombres se uniforman del modo socialmente propiciado por la norma jurídica. Esta subordinación de las conductas humanas a las prescripciones jurídicas se puede lograr de una manera espontánea, pero también de una manera coactiva, es decir, mediante la aplicación de una sanción, incluso a través de la fuerza. Cuando concurren todas estas circunstancias, se dice que la norma jurídica es eficaz. La ineficacia supone entonces un determinado grado de inaplicación de la norma jurídica, sea por parte de sus destinatarios, sea por las autoridades llamadas a poner en movimiento los mecanismos coactivos de dicha norma.

En consecuencia, la cuestión de la ineficacia no consiste, simplemente, en que una norma jurídica no se cumpla. En verdad, todas las normas jurídicas presentan un cierto grado de incumplimiento voluntario por parte de sus destinatarios, que hace necesario el empleo de los mecanismos coactivos que contienen las mismas normas. Por otra parte, no siempre los incumplimientos voluntarios de las normas jurídicas son seguidos de la aplicación de sus mecanismos coactivos. En estricto rigor, la cuestión de la ineficacia se presenta sólo cuando el grado de cumplimiento voluntario o forzado de una norma jurídica es mediano, bajo o nulo. Dicho con otras palabras: la cuestión de la ineficacia se plantea sólo cuando el grado de incumplimiento de una norma jurídica alcanza niveles alarmantes, es decir, se generaliza. Pero esto supone que esa norma jurídica es verdaderamente apropiada para regular la situación ambiental a que se refiere, esto es, idónea para transformar una determinada regularidad social en otra.

Sobre la ineficacia de la legislación ambiental se han vertido algunas opiniones, pero no se han hecho propiamente estudios que permitan medir con precisión el grado de ineficacia en cuestión, es decir, las verdaderas dimensiones del fenómeno. Sin embargo, la única investigación que conocemos sobre la materia y que es una encuesta preliminar realizada en América Latina y el Caribe entre 300 personas involucradas en los problemas ambientales de un número seleccionado de países de la región, muestra por lo menos que, en opinión de los agentes encuestados, el grado de eficacia de la legislación ambiental es considerado de mediano a bajo, siendo de señalarse que en algunos sectores es francamente nulo.

Por lo general, el incumplimiento generalizado de la legislación ambiental se explica a través de una combinación de razones subjetivas y objetivas, con algún énfasis en la cuota de responsabilidad que les cabe a las autoridades encargadas de su aplicación. Así, por ejemplo, un autor colombiano expresa que el Código de su país "no se ha aplicado en debida forma porque hay muchos intereses en juego", agregando que "la preservación del ambiente coloca en entredicho al sistema industrial, y consecuencialmente, al modelo de desarrollo tradicional". Pero el mismo autor añade que "es evidente que las normas ambientales no se han aplicado [...] tal vez por desidia y negligencia de los funcionarios encargados de aplicarlas o por carencia de colaboración de los particulares". Otro autor de ese mismo país habla "de una gran timidez" en la ejecución de la ley y la política ambiental, así como de una "carencia de decisión política" para aplicar integralmente el Código colombiano.[7] Este tipo de explicaciones está bastante difundido y contiene algunos elementos de verdad que es necesario tener en cuenta.

Nuestro punto de vista sobre la ineficacia de la legislación ambiental se resumió más atrás cuando se dijo que es menester hacer un análisis concreto de cada situación concreta y que, sólo de una manera general, es posible formular algunas hipótesis que pueden concurrir a explicar la escasa aplicación de la legislación ambiental, independientemente de su falta de eficiencia, como son las siguientes hipótesis básicas: *1)* la insuficiente valoración social de la legislación ambiental por sus destinatarios, lo que muchas veces incluye el desconocimiento de la misma, y *2)* las deficiencias que presentan las instituciones encargadas de aplicar administrativa y judicialmente la legislación ambiental.

La eficacia de la legislación ambiental tiene que ver sobre todo con su valoración por parte de la población. Se trata de un factor de ineficacia relacionado con el incipiente desarrollo de la conciencia ambiental de los miembros de la sociedad. En efecto, la formación de una conciencia ambiental sólida en la ciudadanía, que incluya el conocimiento de la legislación sobre la materia, garantiza su acatamiento espontáneo por la población. Pero, además, la valoración social de la legislación ambiental por la población también hace más eficaz su aplicación por las instancias administrativas y judiciales competentes.

[7] Se trata de Germán E. Rojas y Miguel Patiño, ambos citados por Rafael Valenzuela en la *op. cit.* en la nota inicial de este capítulo.

En México se han hecho muchos progresos en la formación de una conciencia ambiental de la ciudadanía en general, pero lo cierto es que todavía queda mucho por hacer. Lo importante es que se siga impulsando este proceso. En la actualidad, el desarrollo de la formación de la conciencia ambiental en el país presenta características desiguales en los distintos sectores de la sociedad, en las diversas regiones del país e, incluso, respecto de los variados asuntos que integran la problemática ambiental de México. Así, por ejemplo, ha sido extraordinariamente alto el nivel de acatamiento espontáneo de las medidas jurídicas que se han adoptado en los últimos tiempos para combatir la contaminación de la atmósfera por emisiones de los vehículos automotores en el Valle de México. Esto muestra un alto grado de sensibilidad de la población frente a ese problema de la contaminación atmosférica en esta zona del país.

Por cierto, a ello ha contribuido también la eficiencia con que las autoridades administrativas competentes han sostenido la aplicación de estas medidas, no sólo en el campo de la represión sino además de la prevención. Esto nos lleva directamente al análisis del segundo de los factores básicos de la ineficacia de la legislación ambiental, es decir, las deficiencias que presentan por lo general las instituciones encargadas de aplicar administrativa y judicialmente la legislación ambiental.

En este caso, como en muchos otros, la eficacia de la legislación depende en una medida importante de la actividad de las instituciones encargadas de aplicarla administrativamente. En general, las autoridades administrativas llamadas a aplicar la legislación ambiental, tienen los siguientes deberes: *1)* contribuir al desarrollo de la legislación ambiental mediante la preparación de reglamentos y normas técnicas que hagan posible su aplicación; *2)* desarrollar programas que coadyuven a remover las causas y/o corregir los efectos de los problemas ambientales; *3)* velar por la observancia de la legislación ambiental, y *4)* aplicar las sanciones administrativas que sean procedentes en los casos de violación de la legislación ambiental. Sin embargo, la verdad es que las instituciones encargadas de aplicar administrativamente la legislación ambiental, lo hacen por lo general con mucha dificultad.

Una parte de las insuficiencias que presentan las actividades de esas instituciones se explica por cómo están estructuradas jurídicamente y por las insuficiencias de la propia legislación ambiental que deben aplicar, es decir, por razones de ineficiencia de su marco jurídico. Pero otra parte muy importante de estas insuficiencias se explican por la carencia de los recursos humanos, materiales y financieros que son indispensables para una rigurosa aplicación administrativa de la legislación ambiental. En el caso de México, la Secretaría de Desarrollo Urbano y Ecología, sobre la cual recayó hasta mayo de 1992 la carga administrativa más pesada de la gestión ambiental, no contó nunca con los recursos necesarios para la aplicación de los ordenamientos jurídicos ambientales. Por el contrario, los recursos de esa Secretaría fueron afectados de una manera sensible por las políticas de ajustes para el sector público federal de los últimos años. Lo mismo ha ocurrido con el Departamento del Distrito Federal que, sin embargo tiene ahora mayores responsabilidades en la aplicación de la legislación ambiental. Casi es innecesario decir que la aplicación de la legislación local que se expida a raíz de la descentralización de la gestión ambiental en los gobiernos de los estados y municipios, será exitosa sólo en la medida en que las administraciones locales cuenten con los recursos humanos, materiales y financieros apropiados para ese efecto.

Esta precaria existencia de las instituciones encargadas de la aplicación administrativa de la legislación ambiental y, en especial, de la desaparecida SEDUE, explica los retardos que siempre presentó el desarrollo de la legislación federal y, en la actualidad, de la propia LGEEPA, así como, en alguna medida, de la legislación local; la falta de ejecución de programas prescritos por la legislación para contribuir a la remoción de las causas y/o la corrección de los efectos de los problemas ambientales; la escasa vigilancia del acatamiento de la legislación ambiental, y la poca aplicación de las sanciones administrativas previstas para las violaciones de esa legislación.

Por otra parte, las deficiencias en la aplicación judicial de la legislación ambiental son un componente importante de la escasa eficacia de dicha legislación. En este caso, tales deficiencias se explican básicamente por la ineficiencia de la propia legislación ambiental, que no tiene previstos mecanismos apropiados para su aplicación por los órganos jurisdiccionales. Hasta donde sabemos, ni siquiera se ha promovido la iniciación de procesos para juzgar a los responsables de delitos del orden federal tipificados en la legislación ambiental desde hace ya algunos años, no obstante que hay hechos que ameritaban por lo menos una averiguación previa. Tampoco la comisión de hechos ambientalmente ilícitos ha generado los correspondientes procesos para hacer efectiva la responsabilidad civil de sus autores o, por lo menos, ha conducido a condenas de restablecimiento de la situación anterior a la comisión del respectivo hecho ilícito o de pago de los daños y perjuicios. Se trata de hechos profundamente significativos, que muestran la patética distancia que todavía separa a la legislación ambiental de su aplicación en sede jurisdiccional. En el capítulo V de este libro se ha analizado especialmente la cuestión de la responsabilidad civil extracontractual, a la luz de las características específicas que presenta el daño ambiental, señalándose las insuficiencias del sistema jurídico general que rige este tipo de daños, tanto de un punto de vista sustantivo como procesal.

Sin embargo, también hay que decir que la creación en 1992 de la Procuraduría Federal de Protección al Ambiente (PROFEPA) se constituyó en el paso inicial de lo que puede ser un significativo mejoramiento de la aplicación de la legislación ambiental en México, por lo menos en un plano administrativo. En diversas partes de este libro, pero especialmente en el capítulo V, se han señalado las distintas atribuciones que tiene la PROFEPA, en particular en el campo de la aplicación de la legislación ambiental en sede administrativa. La existencia de esta Procuraduría ha permitido el desarrollo de programas de inspección y vigilancia que están impulsando un acatamiento más riguroso a la legislación ambiental.[8]

Este hecho pone de manifiesto la importancia que tiene reforzar las instancias administrativas que están encargadas de aplicar la legislación ambiental. Sin embargo, el problema de la eficacia de dicha legislación, incluso en un plano administrativo, no concluye con la existencia de un organismo como la PROFEPA. En efecto, a ese nivel es indispensable que, además, existan los mecanismos jurídicos adecuados para la aplicación de la legislación ambiental. Las modificaciones de 1996 a la LGEEPA han mejorado sensiblemente estos mecanismos. Subsisten, sin embargo, algunos problemas. Quizás el problema más grave sea la aplicación coactiva de las medidas que la PROFEPA pueda dictar para subsanar las irregularidades detectadas, en caso de que el infractor se resista a dar cumplimiento a las obligaciones de hacer o de no hacer que impliquen esas medidas. La Procuraduría carece de facultades para hacer efectiva por sí misma las obligaciones del infractor, como no sea por medio de la aplicación de multas (lo que a su vez tiene sus límites), o para impetrar ante la autoridad judicial la ejecución de dichas obligaciones. Esta situación es más crítica aún en el caso de que el infractor pone término a las actividades que desarrollaba y abandona el lugar de éstas.

Lo mismo puede decirse de la aplicación de la legislación ambiental en sede jurisdiccional, especialmente en el campo penal. En efecto, las modificaciones de 1996 al Código Penal introdujeron cambios importantes, como es el caso de las medidas adicionales que la autoridad judicial puede adoptar, en particular la que consiste en la realización de las acciones necesarias para restablecer las condiciones de los elementos naturales que constituyen los ecosistemas afectados al estado en que se encontraban antes de realizarse el delito. Ella puede no sólo resolver el problema que origine la inobservancia de las medidas ordenadas por la PROFEPA para subsanar las irregularidades detectadas, sino alcanzar, incluso coactivamente, el restablecimiento del medio ambiente a sus condiciones originarias, que es uno de los objetivos primarios de la legislación ambiental. Por supuesto, esta solución sólo puede darse en los casos de conductas tipificadas como delitos.

[8] El *Programa de Medio Ambiente 1995-2000* da cuenta de que con la creación de la PROFEPA se comenzó a desarrollar un ambicioso programa de inspección y vigilancia en materia industrial, que hacia 1995 representaba la ralización diaria de más de mil visitas. En sólo dos años y medio, el número de visitas. En sólo dos años y medio, el número de visitas fue equivalente a una vez y media las realizadas enlas dos décadas anteriores. Un dato interesante: el número de industrias en situación irregular decreció entre 1992 y 195 (pp. 64 y 65). Un boletín de marzo de 1997 de la PROFEPA actualiza esas cifras e informa sobre la tendencia a la disminución del porcentaje de visitas en que se constatan infracciones graves y el incremento de las visitas en las que no se constatan infracciones.*

* Véase Addenda, § 9.

El punto más crítico sigue siendo la cuestión de la responsabilidad civil por el daño ambiental. Como se ha visto, el medio ambiente es un bien que la Ley califica como patrimonio común de la nación: dispone la fracción X del artículo 15 de la LGEEPA que "los ecosistemas son patrimonio común de la sociedad". Las conductas que dañan ese patrimonio común son ilícitas: la LGEEPA hace ilícitas las conductas que causan daño al medio ambiente y al equilibrio ecológico, es decir a un conjunto de elementos y funciones que se definen como medio ambiente, o algunos de sus componentes o propiedades como los recursos naturales y la diversidad biológica.

Sin embargo, este patrimonio común carece de un titular que pueda protegerlo civilmente mediante el ejercicio de las acciones que correspondan ante las autoridades judiciales. Por el contrario, la composición de los conflictos civiles que genera la inobservancia de la legislación ambiental está remitida a los Códigos civiles locales, como si fueran conflictos en los que están involucrados sólo intereses individuales y, en consecuencia, como si fueran litigios subordinados sólo a los intereses de los particulares. Desde esta perspectiva, lo que queda tutelado en sede civil son los intereses de los particulares en función de los daños causados a su salud y a sus bienes, con arreglo a disposiciones procesales previstas para la composición de los litigios en los que están involucrados este tipo de intereses y que, en consecuencia, sólo conceden el derecho de accionar civilmente a quienes son personalmente afectados en esos intereses.

Esta situacion hace problemático el acceso a la justicia ambiental civil, entendido como la posibilidad de obtener la solución expedita y completa por las autoridades judiciales de un conflicto jurídico de naturaleza civil.[9] La paradoja consiste en que la justicia civil para el medio ambiente está vinculada a dos ideas jurídicas básicas, que han sido ya incluidas en la legislación ambiental mexicana: el deber del Estado de proteger el medio ambiente y promover el desarrollo sostenible en beneficio de las generaciones presentes y futuras, así como el derecho de toda persona a un medio ambiente apropiado, también en beneficio de las generaciones presentes y futuras. Sin embargo, ambas ideas han sido incorporadas de una manera incompleta, que obsta tanto al adecuado cumplimiento de ese deber como al ejercicio irrestricto de ese derecho. Ello gravita de manera negativa sobre la eficacia de la propia legislación ambiental.

[9] La cuestión del acceso a la justicia en materia ambiental es algo más complejo que los problemas que presenta la legitimación para accionar (o "interés jurídico"), que es sólo uno de los componentes de los que se podría llamar "la justicia para el medio ambiente".

XXIV. ELEMENTOS DE UNA POLÍTICA LEGISLATIVA PARA LA PROTECCIÓN DEL AMBIENTE EN MÉXICO

299. La necesidad de una política legislativa para la protección del ambiente en México. 300. El proceso de formulación de la política legislativa para la protección del ambiente. 301. Las propuestas del Gobierno Federal sobre política legislativa para la protección del medio ambiente en México para el período 1995-2000. 302. Nuestras propuestas para la política legislativa sobre la protección del ambiente en México. 303. El reforzamiento de la gestión ambiental del Estado como un supuesto básico de la política legislativa para la protección del medio ambiente. 304. El desarrollo de la legislación ambiental. 305. La incorporación de la dimensión ambiental en la legislación del desarrollo. 306. El perfeccionamiento de algunos de los mecanismos para la aplicación de la legislación ambiental: el establecimiento del derecho fundamental a un medio ambiente adecuado. 307. La tutela jurisdiccional de los derechos ambientales. El acceso a la justicia ambiental. 308. La adecuación e integración de los ordenamientos jurídicos que se refieren a la protección del ambiente. La codificación ambiental. 309. La difusión de la legislación ambiental y la enseñanza e investigación del derecho ambiental. 310. El desarrollo del derecho internacional para la protección del ambiente: hacia la construcción de un orden internacional que propicie el desarrollo sostenible y garantice la seguridad ambiental de los individuos y las naciones. 311. La viabilidad de una sociedad mundial ambientalmente sostenible: la Conferencia de las Naciones Unidas sobre el Medio Ambiente y el Desarrollo.

299. La necesidad de una política legislativa para la protección del ambiente en México

El análisis de los problemas de eficiencia y de eficacia que presenta el sistema jurídico vigente para la protección del medio ambiente ha puesto de manifiesto que, a pesar de los avances que se han hecho en los últimos seis años, dicho sistema requiere aún de cambios que lo hagan más apropiado para ese efecto.

En consecuencia, ha llegado el momento de ocuparse de la segunda pregunta que se planteaba al inicio del capítulo anterior: ¿qué hacer? La respuesta parece obvia: es menester diseñar una política legislativa para la protección del medio ambiente en México, que contenga las propuestas necesarias para superar los inconvenientes que presenta el sistema jurídico vigente. Sin embargo, esta respuesta no está exenta de polémica, porque también hay quienes piensan que no tiene ningún sentido, en este caso o en cualquier otro, formular ningún tipo de política legislativa. De donde resulta ineludible ocuparse, previamente de otra pregunta, a saber ¿es necesaria una política legislativa para la protección del ambiente en México?

Este tema ha sido tratado en forma sumaria en el capítulo anterior, cuando se explicó la importancia que tiene el hecho de que el país cuente con un sistema jurídico para la protección de su medio ambiente, contra la opinión de los críticos de la legislación ambiental que estiman que la existencia de un sistema jurídico, adecuado o no, es totalmente irrelevante para lograr la ordenación del medio ambiente. Junto a lo anterior, se han señalado cuáles son los límites propios de la eficacia de dicho sistema, para poner en claro que no cabe esperar que los problemas ambientales sean resueltos por el solo hecho de que exista un sistema jurídico apropiado para la protección del ambiente. Todo ello se ha resumido diciendo que la legislación ambiental es una condición necesaria, pero no suficiente, para alcanzar una ordenación satisfactoria del medio ambiente.

Sobre el primer punto, sólo cabe agregar que está bastante difundida la idea de que la formulación de una política legislativa para la protección del medio ambiente es un ejercicio estéril en países como los nuestros, porque es notorio que la legislación ambiental no se aplica y, en consecuencia, es de esperarse que aquella que la sustituya tampoco se aplique. Estos críticos ignoran, por cierto, que el derecho puede hacerse más eficaz a través de su perfeccionamiento. Otra idea bastante difundida y muy vinculada a la anterior, es que debe procurarse que la legislación ambiental vigente se aplique realmente, porque contiene todas las reglas necesarias para la protección del medio ambiente. La persistencia e incremento de los problemas ambientales se explicarían por la falta de aplicación de dicha legislación. En consecuencia, no sería necesario formular una política legislativa para la protección del medio ambiente. Este tipo de razonamiento carece de un análisis crítico mínimo de la legislación ambiental vigente, pues de una manera dogmática afirma que dicha legislación es apropiada. Por otra parte, su propuesta es de un simplismo asombroso. Porque, ¿qué significa "procurar" que la legislación ambiental vigente se aplique? Significa combatir la "falta de voluntad política", la "desidia", la "negligencia", etc., que serían en opinión de esos críticos los únicos factores que explicarían la ineficacia de la legislación ambiental. Lo que se postula, entonces, es un cambio de conducta de las autoridades encargadas de la aplicación de la legislación ambiental.

Sobre el segundo punto, hay que reiterar que ninguna política legislativa para la protección del medio ambiente en México podrá generar por sí misma el cambio ambiental que se persigue, pero también que éste no es concebible sin el concurso del derecho. Como señala de manera sintética un colega ambientalista: "nada cambia por el derecho; nada cambia sin el derecho" (por lo menos en los Estados de Derecho). En ese sentido, hay que entender que el cambio ambiental que se postula, esto es, la ordenación del medio ambiente y el establecimiento de un modelo de desarrollo sostenible, es un cambio social bastante significativo. En consecuencia, al cambio ambiental le son aplicables las consideraciones que pueden formularse respecto de cualquier cambio social. Todo cambio social supone una modificación del modo de integración de una sociedad. Lo mismo sucede con el cambio ambiental, en tanto ese modo de integración es el que determina la relación sociedad-naturaleza, es decir, la manera como la sociedad media la naturaleza y, además, los efectos sociales de esa mediación.

La función del derecho en los procesos de cambio social, vale decir, la relación entre derecho y cambio social, se ha discutido extensamente en el ámbito de la sociología jurídica. Las tesis que se manejan al respecto son las que consideran al derecho como un obstáculo al cambio social o, por el contrario, como un factor del mismo. Por lo general, estas tesis se formulan en un plano eminentemente abstracto y, por lo mismo, carecen de la fuerza explicativa necesaria para analizar los procesos históricos concretos.

La verdad es que lo único que se puede sostener en un plano abstracto, es que el derecho cumple una función integradora de la sociedad y, por consiguiente, los procesos de cambio social, que como se ha dicho suponen una modificación del modo de integración de una sociedad, es probable que pasen de alguna manera por el derecho. Sin embargo, lo cierto es que no existen principios universales de cambio, porque cada sociedad tiene su propio modo de integración. Por tanto, las especificidades que históricamente presenta cada sociedad, impiden que se puedan formular conclusiones generales válidas a este respecto. De ahí que lo más aproximado a la verdad sea que el derecho es uno de los factores del cambio social y, en algunos casos, un prerrequisito del mismo, pero sólo en las sociedades que aceptan al derecho como el principio de las prácticas sociales existentes. Creemos que ése es el caso de México.

En consecuencia, todo indica que el país requiere de una política legislativa para la protección de su medio ambiente, que contribuya a superar los problemas de ineficiencia y de ineficacia que presenta la legislación ambiental vigente. Esta es también la opinión del Gobierno Federal que, como se verá a continuación, ha formulado, mediante la planeación nacional del desarrollo y para el período 1995-2000, un conjunto de propuestas legislativas encaminadas a perfeccionar el marco jurídico de la protección del medio ambiente en México. Algunas de esas propuestas se han puesto en práctica.

300. El proceso de formulación de la política legislativa para la protección del ambiente

Ahora lo importante es atender a una tercera pregunta, a saber ¿cómo debe formularse una política legislativa para la protección del medio ambiente en México? Nuestra respuesta es que la formulación de esa política debe expresarse a través de un programa, que señale todos y cada uno de los pasos que deben darse. La necesidad de ese programa se explica no sólo por la naturaleza compleja de esa tarea, sino también por el carácter eminentemente progresivo que tiene el perfeccionamiento de la legislación ambiental y su aplicación. En efecto, dicha función debe entenderse como un proceso, que se desarrolla en etapas. Incluso, este proceso debe considerarse como una actividad permanente, pues la legislación ambiental debe renovarse de manera continua, a la luz de lo que indiquen las evaluaciones que se hagan periódicamente sobre su eficiencia y su eficacia. Por cierto, en ese programa deben evitarse aquellos excesos que conducen a la expedición de ordenamientos jurídicos que, desde un principio, son inaplicables. En este punto, es menester atenerse al célebre consejo que Miguel de Cervantes Saavedra pone en boca de Don Quijote, cuando éste instruye a Sancho Panza sobre las conductas que debe observar en el gobierno de la ínsula de Barataria:

> No hagas muchas pragmáticas, y si las hicieres, procura que sean buenas, y, sobre todo, que se guarden y cumplan; que las pragmáticas que no se guardan, lo mismo es que si no lo fuesen; antes dan a entender que el Príncipe que tuvo discreción y autoridad para hacerlas, no tuvo valor para hacer que se guardaran; y las leyes que atemorizan y no se ejecutan, vienen a ser como la viga, rey de las ranas; que al principio las espantó, y con el tiempo la menospreciaron y se subieron sobre ella.[1]

La formulación de una política legislativa apropiada para la protección del medio ambiente, supone algunas actividades previas, como son la recopilación y sistematización de la legislación ambiental vigente y el análisis de su eficiencia y eficacia. Entre nosotros se ha avanzado bastante en el primero de esos puntos, pero no lo suficiente respecto del segundo.

La exigencia de llevar a cabo una recopilación y sistematización exhaustiva de la legislación ambiental vigente se explica por la simple razón de que no es posible acometer la formulación de ninguna política legislativa si antes no se tiene en claro cuáles son las normas que rigen actualmente la materia. Dicho así, parece una tarea simple. Sin embargo, el elevado número de normas jurídicas que se refieren a la protección del medio ambiente y su dispersión dentro del sistema jurídico a que pertenecen, dificultan su conocimiento. Esto determina que, por lo general, no existan recopilaciones que faciliten ese conocimiento, como no sean aquellas que tienen un carácter más casual que exhaustivo, en la medida que no son el producto de una revisión completa y sistemática de las fuentes, sino de informaciones de segunda mano.

La exigencia del análisis que debe hacerse respecto de la eficiencia y

[1] *Cf.* la carta de Don Quijote a Sancho Panza, gobernador de la ínsula de Barataria (segunda parte, Capítulo II).

eficacia de la legislación ambiental vigente, es fundamental. Esta actividad implica examinar, hasta dónde es necesario y posible, cuáles son los grados de eficiencia y eficacia de las normas jurídicas existentes y, en su caso, determinar las razones que pudieran hacerlas, relativa o absolutamente, ineficientes o ineficaces. Si no media este tipo de análisis, es más que posible que se diseñe una política legislativa que no contribuya a resolver ningún problema, como ha ocurrido tantas veces. Dicho análisis debe ir acompañado de otros de naturaleza eminentemente técnica (en sentido social y natural), que indiquen cuáles serían las normas apropiadas para remplazar a aquellas que son ineficientes y, si fuere el caso, llenar los vacíos existentes. Es muy importante que el examen de la eficiencia de la legislación ambiental se extienda a cómo se articula con el sistema jurídico a que pertenece y, en especial, que se tengan en consideración los obstáculos que dicho sistema jurídico opone a la aplicación de la legislación ambiental.

Finalmente, el diseño del programa exige que se tengan en claro las premisas en que se fundamentará la política legislativa para la protección del medio ambiente, que en nuestra opinión deberán derivarse de lo que aquí se ha llamado una visión holística y sistémica del medio ambiente. En síntesis, esto implica que la política legislativa debe proponerse la regulación de todos los elementos que integran el medio ambiente, procurando que ellos, en tanto sistemas de ambiente, actúen de manera favorable respecto de la existencia y desarrollo de los organismos vivos y, en especial, que propicien una mejor calidad de la vida de las personas. En consecuencia, la legislación ambiental debe abocarse a regular todas las conductas humanas posibles que puedan incidir de una manera determinante en los procesos de interacción entre los sistemas de los organismos vivos y sus sistemas de ambiente, organizando además una gestión del medio ambiente que garantice su protección.

301. Las propuestas del Gobierno Federal sobre política legislativa para la protección del medio ambiente en México para el periodo 1995-2000

En 1987 se planteó en nuestro *Derecho ambiental mexicano* la necesidad de formular una política legislativa para la protección del ambiente, mediante un programa federal que señalara los pasos para el desarrollo progresivo de la legislación ambiental en el país. Con ese objeto, se formularon algunas propuestas de cambios legislativos que podían ser considerados dentro del mencionado programa.

Aunque dicho programa nunca fue formulado de manera explícita, por lo menos en los términos que se han planteado, el hecho es que durante la Administración del presidente Miguel de la Madrid (1982-1988) se hicieron avances sustantivos en la materia, los que en muchos sentidos fueron coincidentes con los lineamientos de los cambios propuestos en nuestro libro. Incluso, puede decirse que de alguna manera el gobierno federal definió desde 1987 la estrategia de su programa de política legislativa para la protección del ambiente por medio de la LGEEPA.

En efecto, antes de la expedición de la LGEEPA, lo más sustantivo de la definición de la política legislativa para la protección del medio ambiente estaba en el Programa Nacional de Ecología 1984-1988, que enunciaba cuatro lineamientos básicos en la materia que denominaba "política de legislación ambiental".[2] Estos lineamientos, que eran básicamente correctos, pero que no representaban la formulación de un programa comprehensivo de política legislativa para la protección del medio ambiente, fueron primero reducidos en la práctica por las llamadas "36 medidas" y, luego, por las llamadas "100 medidas".[3] Sin embargo, estos lineamientos y medidas fueron incluso superados por la expedición de las reformas constitucionales a los artículos 27 y 73, de la Ley General del Equilibrio Ecológico y la Protección al Ambiente, de algunos de sus reglamentos, y de ciertas normas técnicas ecológicas. En este caso, la práctica legislativa superó a su programación.

Por otra parte, la Administración del presidente Carlos Salinas (1988-1994) enunció un conjunto de lineamientos sobre su política legislativa para la protección del ambiente durante el período 1989-1994, primero por medio del Plan Nacional de Desarrollo en vigor para dicho periodo y luego mediante el Programa Nacional para la Protección del Medio Ambiente 1990-1994.

En ese sentido, cabe recordar que el Plan Nacional de Desarrollo 1989-1994[4] destacó en su momento la "heterogeneidad estructural" del sistema vigente y propició que se completara el nuevo marco jurídico creado a partir de la LGEEPA, mediante la expedición de reglamentos y normas técnicas ecológicas, así como con la expedición de las respectivas leyes locales sobre la materia. Además, propició una participación más importante de México en la formación del derecho internacional ambiental.[5]

Estos lineamientos de política legislativa fueron desarrollados por el Programa Nacional para la Protección del Medio Ambiente 1990-1994, que estableció cuáles serían las acciones específicas que se llevarían a cabo en este campo, de acuerdo con los lineamientos del PND. Tales acciones fueron descritas en la parte del Programa que se denominó el "marco legal".[6] Estas acciones se extendieron, además, al campo del derecho internacional.[7]

[2] *Cf.* la sección 8.12 de ese Programa (*Diario Oficial de la Federación* 26-IX-1984).

[3] Véase el folleto editado por la SEDUE en enero de 1987, con el título *Ecología. 100 medidas necesarias*.

[4] Para todo lo que sigue, véase la sección 6.3.8 "Marco legal" del Plan Nacional de Desarrollo 1989-1994 (*Diario Oficial de la Federación*, 31-V-1989).

[5] *Ibid.*, sección 6.3.12.

[6] *Cf.* la sección 5.1 de ese Programa (*Diario Oficial de la Federación* 10-VII-90).

[7] *Idem.*

Durante esa Administración se avanzó en la reglamentación de la LGEEPA, se inició el desarrollo de un nuevo esquema de normas técnicas mediante la elaboración de normas oficiales mexicanas y se expidieron diversas leyes que incidían sobre la protección de ciertos recursos naturales (Ley Agraria, Ley de Aguas Nacionales y Ley Forestal), que han sido analizadas en este libro. En el plano internacional, México participó más activamente en los foros internacionales, pasó a ser parte contratante en diversos acuerdos internacionales (entre ellos, el CITES y los acuerdos de Río) y suscribió el Acuerdo de Cooperación Ambiental, en el marco del Tratado de Libre Comercio para América del Norte. En 1992, además, se creó la Secretaría de Desarrollo Social, a la que se le asignaron las funciones ambientales que desempeñaba la Secretaría de Desarrollo Urbano y Ecología.

La Administración del presidente Ernesto Zedillo (1994-2000) se inició con el reforzamiento de la gestión ambiental en el nivel federal, mediante la creación de la Secretaría de Medio Ambiente, Recursos Naturales y Pesca. Al igual de lo que ha ocurrido en el pasado inmediato, la planeación nacional del desarrollo diseñada para este sexenio contiene un programa legislativo para la protección del medio ambiente, que se expresa en el Plan Nacional de Desarrollo 1995-2000 y en los diversos programas sectoriales que concurren a definir la política ambiental del sexenio, a saber, el Programa de Medio Ambiente 1995-2000, el Programa Forestal y de Suelos 1995-2000, el Programa Hidráulico 1995-2000 y el Programa de Pesca y Acuacultura 1995-2000.

El *Plan Nacional de Desarrollo 1995-2000* contiene una sección sobre política ambiental para un crecimiento sustentable, donde establece un conjunto de directrices. Entre ellas, figura la de consolidar e integrar la normatividad y en garantizar su cumplimiento. El PND destaca la importancia que tiene el cuidado del medio ambiente y los recursos naturales a partir de un efectivo cumplimiento de las leyes.

En consonancia con lo anterior, el *Programa de Medio Ambiente 1995-2000* incluye entre sus objetivos particulares "elevar los niveles de cumplimiento de la legislación ambiental a través de una estrategia que se oriente al logro de metas ambientales y que combine una mayor cobertura de las acciones de inspección y vigilancia, el fomento al cumplimiento voluntario de la normatividad y la participación social" (p. 77). Sin embargo, también se incluye entre esos objetivos lo que el Programa denomina "la modernización de la regulación" y "el fortalecimiento de las capacidades de gestión y participación de la sociedad, en el marco de un activo proceso de cumplimiento de la ley" (p. 77).[8]

El Programa de Medio Ambiente 1995-2000 desarrolla el tema del estímulo y vigilancia del cumplimiento de la normatividad ambiental como

[8] La idea de la "modernización de la regulación" es muy importante, en tanto busca incrementar la eficiencia del sistema regulatorio, procurando minimizar sus costos sociales. Como se dice en el Programa que se está examinando, las regulaciones deben orientarse,

una de sus estrategias básicas, en función de la cual se establecen ciertos proyectos y acciones que se consideran prioritarios.[9] Allí se menciona la necesidad de los cambios legislativos que desembocaron en las modificaciones de 1996 a la LGEEPA, los que son considerados como indispensables para facilitar que se alcancen los objetivos de esa estrategia.

Los proyectos y acciones que se consideran prioritarios en ese Programa son los siguientes: *1)* establecimiento del sistema de indicadores de cumplimiento de la normatividad ambiental por parte de la industria; *2)* programa de investigación sobre cumplimiento de la ley en materia ambiental y de recursos naturales; *3)* ampliación de la cobertura de las funciones de vigilancia en materia de recursos forestales; *4)* creación del Servicio Nacional de Vigilancia de Recursos Naturales; *5)* operación de los sistemas de verificación y supervisión de la actividad industrial: *6)* operación de los sistemas de verificación y supervisión del aprovechamiento forestal, la silvicultura, pesca y flora y fauna silvestre; *7)* operación de los sistemas de verificación y supervisión de la evaluación del impacto ambiental y de la Zona Federal Marítimo Terrestre; *8)* sistema de atención a emergencias y contingencias en los recursos naturales; y *9)* instalación de comités mixtos de inspección y vigilancia en materia de recursos naturales.

Por su parte, el *Programa Forestal y de Suelos 1995-2000* reconoce que la Ley Forestal de 1992 presenta "limitaciones en el diseño de instrumentos y programas de fortalecimiento de las instancias ejecutoras", señala que una de las principales demandas es "la revisión de la Ley Forestal y su respectivo Reglamento" y agrega que se promoverá dicha revisión "en el seno del Consejo Técnico Consultivo y de los respectivos estados" (pp. 19 y 51). En materia de suelos, el mismo Programa destaca la obsolescencia de la Ley de Suelos y Aguas de 1946 (p. 37) y propone, entre otras medidas, su revisión y adecuación, así como "la revisión y adecuación de las leyes colaterales que inciden en la regulación del suelo: "Ley de Aguas Nacionales, Ley Forestal, Ley del Equilibrio Ecológico y la Protección al Ambiente, Ley Minera, Ley Agraria y Ley de Distritos de Desarrollo Rural" (p. 74). Como se ha visto en el capítulo VIII de este libro, en 1997 se modificó de una manera profunda la Ley Forestal y se abrogó la Ley de Aguas y Suelos.

El *Programa Hidráulico 1995-2000*, en cambio, no contiene una política legislativa para el sector, como no sea la formulación de diversas normas oficiales mexicanas que allí se señalan y la reformulación de 44 normas oficiales mexicanas sobre calidad de la descarga de aguas residuales, para sustituirlas por únicamente tres normas oficiales mexicanas (p. 53).

entre otras cosas, hacia el establecimiento de normas de calidad ambiental antes que el establecimiento de normas que midan desempeños individuales y por contaminantes. Dentro de esta modernización de la regulación desempeñan un papel importante los instrumentos económicos.

[9] Para todo lo que sigue, véase las pp. 166 a 171 de ese Programa.

Por último, el *Programa de Pesca y Acuacultura 1995-2000* contiene una propuesta de cambio importante de revisión del marco legal que rije esas actividades (p. 64). Esa propuesta se refiere no sólo a la revisión de la Ley sobre la materia y su Reglamento, sino además a todo el conjunto de la normas legales y reglamentarias que inciden en el desarrollo de las actividades pesqueras y acuícolas. La propuesta se extiende a la formulación de todas las normas oficiales mexicanas necesarias para la aplicación del Código de Conducta para la Pesca Responsable en todos los subsectores (captura, acuacultura, procesamiento y comercialización).[10]

302. Nuestras propuestas para la política legislativa sobre la protección del ambiente en México.

En nuestro *Derecho ambiental mexicano* de 1987 hicimos un conjunto de propuestas[11] que, en una medida importante, se llevaron a la práctica en los años siguientes. Así, nuestra propuesta sobre la incorporación de la idea de la protección del medio ambiente a la Constitución y su vinculación al desarrollo económico y social, así como su reconocimiento como función del Estado fue incorporada al artículo 27 constitucional, en los términos que se han visto en el capítulo II. Por otra parte, nuestra propuesta sobre descentralización de la gestión ambiental fue recogida en el artículo 73 constitucional, de la manera que se ha examinado en el mismo capítulo II. Con base en estas reformas constitucionales, se expidió la Ley General del Equilibrio Ecológico y la Protección al Ambiente, que sustituyó la Ley Federal de Protección al Ambiente y que en términos generales se corresponde con la propuesta que hicimos de que se expidiera una nueva "ley marco". En efecto, en su oportunidad planteamos la necesidad de que se sustituyera la Ley Federal de Protección al Ambiente vigente en ese entonces por un nuevo ordenamiento jurídico que debería: 1) establecer el sistema de concurrencia en materia ambiental de la Federación y de los estados y municipios; y 2) regular la política nacional para la protección del medio ambiente, así como los mecanismos para su formulación, ejecución, control y evaluación. También propusimos que se hiciera un esfuerzo para incorporar la dimensión ambiental en el sistema jurídico general y, en especial, en la legislación económica, que es una tarea que ha sido llevada a cabo por la propia LGEEPA. Otra de nuestras propuestas estuvo dirigida al desarrollo de la legislación ambiental, incluido el derecho internacional, así

[10] Esta programación legislativa se desagrega anualmente en los llamados Programa de Trabajo. En el Programa de Trabajo 1997 se establece, dentro del capítulo relativo a la adecuación legislativa, que se promoverá la reforma de la Ley Forestal y su Reglamento, así los Reglamentos de Impacto Ambiental, de Residuos Peligrosos, de Aguas Nacionales, de Pesca y la Regulación sobre Vida Silvestre (página 62)

[11] Véanse las pp. 478 y *ss.* de ese libro, editado como se ha dicho por la Fundación Universo Veintiuno.

como al establecimiento de mecanismos preferentemente preventivos para su aplicación. En los primeros cinco años de vigencia de la LGEEPA se expidieron un número importante de reglamentos y normas técnicas ecológicas (más tarde, normas oficiales mexicanas). Por otra parte, la participación de México en la formación y aplicación del derecho internacional para la protección del medio ambiente, se incrementó significativamente en este mismo periodo. En materia de mecanismos para la aplicación de la legislación ambiental, la LGEEPA tomó partido de una manera decidida por los mecanismos preventivos para la aplicación de la legislación ambiental. Finalmente, también se propuso que se introdujera la participación social en la gestión ambiental, que es una idea que fue recogida por la misma LGEEPA.

En la primera edición de nuestro *Manual de derecho ambiental mexicano* de 1994, junto con constatar este hecho, reformulamos nuestras propuestas, tomando en cuenta los cambios ocurridos entre 1987 y 1992. La primera de ellas se refería al reforzamiento de la gestión ambiental del Estado, como un supuesto básico de la política legislativa para la protección del medio ambiente. Hay que reconocer que una de las primeras medidas de la presente Administración consistió en reforzar, desde un punto de vista político y jurídico-administrativo, la gestión ambiental federal, mediante la creación de la Secretaría de Medio Ambiente, Recursos Naturales y Pesca. El desarrollo de la legislación ambiental, que era la segunda de nuestras propuestas, también ha experimentado avances considerables. La cuestión ahora es discutir qué tipo de desarrollo de esa legislación es el más apropiado para las circunstancias presentes. Las modificaciones de 1996 a la LGEEPA ofrecen una orientación que es menester tener en cuenta. El tema de la incorporación de la dimensión ambiental en la legislación del desarrollo, en cambio, no presenta avances significativos. Lo mismo ocurre con el tema del perfeccionamiento de algunos mecanismos para la aplicación de la legislación ambiental, en especial el establecimiento del derecho fundamental a un medio ambiente apropiado y el fortalecimiento de la tutela jurisdiccional de los derechos ambientales. La adecuación e integración de los ordenamientos jurídicos que se refieren a la protección del medio ambiente ya presenta algunos avances, a partir de las modificaciones de 1996 a la LGEEPA que establecieron la primacía de esa Ley sobre los ordenamientos sectoriales y las modificaciones de 1997 a la Ley Forestal, que la adecuaron a la LGEEPA. La difusión de la legislación ambiental y la enseñanza e investigación del derecho ambiental, como uno de los supuestos básicos para la eficiencia y eficacia de dicha legislación, también presenta algunos avances. Un punto crítico, en cambio, son las dificultades por las que atraviesa el desarrollo del derecho internacional para la protección del medio ambiente, a más de cinco años de la Conferencia de las Naciones Unidas sobre el Medio Ambiente y el Desarrollo (Río de Janeiro, 1992).

En esta segunda edición de nuestro *Manual de derecho ambiental mexicano* es necesario, sin embargo, no sólo insistir sobre algunas de esas propuestas, sino también replantear otras a la luz de los cambios ocurridos entre 1992 y 1997, teniendo en cuenta por otra parte las propuestas que vienen del Gobierno Federal. Al igual que en la primera edición, la premisa que sirve de punto de partida a estas propuestas es la idea de que la política legislativa para la protección del medio ambiente en México debe estar encaminada a que se superen las causas de la ineficiencia y, por tanto, de la ineficacia de la legislación ambiental vigente, contribuyendo así a establecer un modelo de desarrollo sostenible en el país. Pero es necesario subrayar una vez más que el establecimiento de ese modelo no es una tarea que, desde el punto de vista jurídico, deba ser considerada como una función reservada exclusivamente a la legislación ambiental. En estricto rigor, la legislación ambiental es sólo uno de los componentes jurídicos en que habrá de apoyarse la trasformación del modelo de desarrollo vigente. En general, todo el sistema jurídico y, especialmente, la legislación económica, deberá apoyar dicha trasformación, que por otra parte es un cambio que supone otros cambios.

Nuestras propuestas se ocupan, en primer término, del reforzamiento de la gestión ambiental del Estado, que no es un tema que pudiera calificarse como estrictamente jurídico, pero que se incluye aquí porque dicho reforzamiento es un supuesto básico de toda política legislativa para la protección del medio ambiente que pretenda ser exitosa. En segundo término, nuestras propuestas plantean algunas medidas que nos parecen necesarias para superar los problemas de ineficiencia e ineficacia que se han tratado en el capítulo anterior y que, al igual de lo que se hizo en la primera edición de este libro, consisten en el desarrollo de la legislación ambiental, la incorporación de la dimensión ambiental en la legislación del desarrollo, la adecuación e integración de los ordenamientos jurídicos que se refieren a la protección del medio ambiente, y el perfeccionamiento de los mecanismos para la aplicación de la legislación ambiental. Este último tema se desarrolla a partir del reconocimiento constitucional del derecho fundamental a un medio ambiente apropiado y del perfeccionamiento de los mecanismos para la tutela administrativa y jurisdiccional de éste y otros derechos. La difusión de la legislación ambiental, así como la enseñanza y la investigación del derecho ambiental, es otro tema del que se ocupan estas propuestas. Finalmente, el desarrollo del derecho internacional para la protección del medio ambiente y su aplicación se examina por separado del desarrollo de la legislación ambiental, en consideración de las especificidades que presenta dicho desarrollo y de la importancia que debe asignársele en un mundo crecientemente interdependiente, tanto desde un punto de vista económico como desde un punto de vista ecológico. Este tema se examina junto al de la seguridad ambiental, por las vinculaciones existentes entre ambos.

303. EL REFORZAMIENTO DE LA GESTIÓN AMBIENTAL DEL ESTADO COMO UN SUPUESTO BÁSICO DE LA POLÍTICA LEGISLATIVA PARA LA PROTECCIÓN DEL MEDIO AMBIENTE.

En los tiempos que corren, nunca resulta innecesario recordar que la gestión ambiental corresponde principalmente al Estado, como una derivación de la función que cumple en materia de desarrollo. Desde hace ya muchos años, el Estado mexicano asumió la responsabilidad de impulsar el desarrollo económico y social, aunque con grados y matices diferentes, según las distintas circunstancias históricas. En consecuencia, el modelo de desarrollo que hoy conocemos en México es en gran medida el resultado de políticas estatales, que hasta hoy siguen siendo su principal punto de apoyo. Por eso, el establecimiento de un modelo de desarrollo sostenible en el país requiere de una importante participación del Estado.

En efecto, la meta del desarrollo sostenible sólo es concebible en México mediante la aplicación de medidas en gran escala, que tengan la suficiencia necesaria para modificar el modelo económico vigente, que ha sido creado y mantenido con el concurso del propio Estado mexicano. Lo anterior supone el diseño y la puesta en práctica de medidas que sólo pueden ser adoptadas y aplicadas por el propio Estado. En consecuencia, el Estado debe ser considerado como el actor principal para establecer un modelo de desarrollo sostenible, que haga compatibles los requerimientos del crecimiento con la preservación del medio ambiente.

Históricamente, el Estado mexicano ya ha asumido este papel al hacer suya una parte importante de la gestión ambiental. En los próximos años, sin embargo, esta gestión del Estado deberá ser reforzada considerablemente para que pueda enfrentar con éxito el creciente deterioro del medio ambiente en el país y contribuir al establecimiento de un modelo de desarrollo sostenible.

La política de "adelgazamiento" del Estado que se ha puesto en práctica en muchos países de América Latina como respuesta a la crisis financiera del propio Estado y, en términos más generales, como parte de políticas económicas neoconservadoras, no favorece por cierto la propuesta del reforzamiento de la gestión ambiental del Estado. Por el contrario, hasta ahora esa política ha debilitado las iniciativas que se comenzaron a tomar en los años setenta para establecer una sólida gestión estatal del ambiente. Como se ha dicho en la sección 39, las políticas de ajuste de los años ochenta han repercutido de una manera significativa en los sistemas administrativos para la gestión ambiental, que son los eslabones más débiles de la estructura administrativa. Esto también ha ocurrido en México. Sin embargo, la situación se está revirtiendo.

No es éste el lugar para tratar los pro y contra de la política de "adelgazamiento". En todo caso, vale la pena recordar con Ricardo Koolen y ante la pretensión tan común en nuestros días de "modernizar" al Estado mediante su indiscriminado "adelgazamiento", que el Estado es "la forma superior de organización jurídico-política que toda sociedad civilizada se da para armonizar y hacer confluir los intereses individuales y sectoriales en el interés colectivo de alcanzar determinados objetivos comunes nacionales" y que "solamente desde allí, desde el esclarecimiento común de esos objetivos, cobra sentido la discusión y determinación del *qué*, el *cuánto*, el *para qué* y el con *qué* del Estado".[12]

El reforzamiento de los sistemas administrativos para la gestión ambiental, tanto a nivel federal como local, es un supuesto básico de cualquier política legislativa para la protección del medio ambiente. Esto implica cambios estructurales en la gestión ambiental del Estado, como su descentralización y transectorización, así como la creciente participación de la ciudadanía en esa gestión. Por otra parte, la asignación de recursos humanos, materiales y financieros apropiados es un prerrequisito para que dichos sistemas desarrrollen satisfactoriamente no sólo las importantes funciones normativas que ahora tienen a su cargo, sino también para la aplicación de las normas jurídicas en vigor. Esto es particularmente evidente en el nivel local, donde la descentralización de la gestión ambiental está determinando que los gobiernos de las entidades federativas y municipios asuman funciones que requieren de un sólido sistema administrativo en este campo, con el que no cuentan en la actualidad.

Por otra parte, el reforzamiento de la gestión ambiental sólo puede ser considerado como un componente de una reforma del Estado mexicano más amplia, que haga posible la protección del medio ambiente en el contexto de la transformación del modelo de desarrollo vigente. En efecto, un eventual reforzamiento de la gestión ambiental sólo tendría sentido si va acompañado de cambios profundos del propio Estado. La propia gestión ambiental es una de las expresiones más connotadas de los cambios que se requieren para que los países que integran la comunidad internacional ingresen al siglo XXI sobre bases más sólidas. Las dificultades con que se lleva a cabo la gestión ambiental en muchas partes del mundo son, por su parte, una clara manifestación de los problemas que plantean las estructuras estatales obsoletas a un proyecto de avanzada.

La llamada "reforma del Estado" es una expresión con la que se designa la consolidación de un Estado de Derecho en el cual se pueda alcanzar un sistema políticamente democrático, económicamente eficiente, socialmente justo y ambientalmente apropiado. La reforma del Estado presenta una vertiente política y una vertiente administrativa. La primera plantea un conjunto de modificaciones en la organización del Estado y de la sociedad civil, así como en el funcionamiento de la sociedad polí-

[12] *Cf.* "Perspectivas ambientales de la Argentina para la próxima década", publicado en Centro Latinoamericano de Estudios Ambientales/Fundación Friedrich Ebert, *Crisis ambiental y desarrollo económico. Aportes a la discusión en la Argentina*, Alan Centro Gráfico, Buenos Aires, 1991.

tica y sus relaciones con los ciudadanos; la segunda, un conjunto de cambios en la organización de la Administración Pública y su funcionamiento, así como en sus relaciones con los administrados. Ambas vertientes se complementan mutuamente, en términos de que no pueden concebirse en forma separada. La reforma del Estado es un prerrequisito de una sociedad verdaderamente moderna.

La reforma del Estado no debe ser identificada con la idea tan en boga de limitar la intervención del Estado en la economía y procurar sin más consideraciones su sustitución por mecanismos de mercado. En la Tercera Reunión de Consulta sobre el Medio Ambiente, organizada por el Banco Interamericano de Desarrollo (Caracas, junio de 1991), el ex presidente Miguel de la Madrid hizo algunas reflexiones sobre la reforma del Estado, de las cuales transcribimos ciertos pasajes que nos parecen especialmente apropiados para ilustrar lo que se está diciendo:

> ...A veces pareciera que esta expresión significara el achicamiento y el debilitamiento del Estado, cuando en nuestros países, por una parte, existe una tradición cultural que le ha dado relevancia al Estado y, por la otra, debido a los retos que se visualizan para nuestras naciones, todavía hay muchas tareas que deben atribuirse al Estado dentro de un nuevo contexto [...] El mercado es muy eficiente para asignar recursos en el corto plazo; sin embargo, la experiencia mundial demuestra que en el largo y aun en el mediano plazo, dichos problemas (los problemas del desarrollo) no se resuelven con simples mecanismos de mercado. Hace un momento, también se decía que los fenómenos de equidad social no se resuelven tampoco automáticamente por mecanismos de mercado. Allí también se necesita una acción social a través de la organización política para moderar las tendencias que a menudo surgen en las etapas iniciales del desarrollo en materia de equidad social [...] (en materia de medio ambiente) es indispensable que haya autoridad, que haya legislación, lo que debe contribuir a matizar toda esta idea de la reforma del Estado [...] aquí también estamos viendo cómo, por una parte, hay que limitar al Estado y, por otra, hay que fortalecerlo, dependiendo de un equilibrio que solamente en cada país se puede definir en términos específicos...[13]

Sólo en el seno de un Estado reformado puede operar efectivamente la descentralización y la transectorización de la gestión ambiental. En efecto, las iniciativas que se han adoptado en ese sentido, no han podido ser eficaces en sistemas políticos y administrativos que tienden a centralizar las funciones públicas y a organizar sus actividades a través de esquemas puramente sectoriales. Lo mismo ha ocurrido con la participación ciudadana en la gestión ambiental, en los sistemas políticos que de manera abierta o subrepticia mantienen a los miembros de la sociedad civil en una condición de súbditos antes que de ciudadanos y en el que las leyes no son igualmente obligatorias para todos.

Los cambios políticos que se generaron a partir de la presente Admi-

[13] *Cf.* Banco Interamericano de Desarrollo/Comité del Medio Ambiente, *Tercera consulta sobre el medio ambiente*, BID, Washington, 1991.

nistración, de los que son una consecuencia las históricas elecciones generales del 6 de julio de 1997, ponen de manifiesto que se está desarrollando una reforma del Estado mexicano, cuyos alcances son un tema que excede las posibilidades de este libro y las capacidades de su autor. Sin embargo, lo que aquí puede decirse es que esta reforma del Estado mexicano puede plantear escenarios inéditos para el reforzamiento de la gestión ambiental.

Hasta ahora ese reforzamiento se ha expresado, como se ha dicho, con la creación de la Secretaría de Medio Ambiente, Recursos Naturales y Pesca. Pero esta creación no ha ido acompañada de las asignaciones financieras necesarias para el cumplimiento de una programación ambiental tan ambiciosa como la que se ha planteado mediante los instrumentos de la planeación nacional del desarrollo.[14]

304. El desarrollo de la legislación ambiental

Tal como se ha señalado en el capítulo anterior, la legislación ambiental requiere para su aplicación de un determinado desarrollo normativo, esto es, de normas que tengan ese grado de especificidad que hace posible, jurídicamente, su aplicación. La falta de desarrollo de la legislación ambiental es una de las principales razones de su ineficiencia y, por consiguiente, de su ineficacia. En consecuencia, un lineamiento esencial en un programa de política legislativa para la protección del medio ambiente es determinar y calendarizar los pasos que deben darse para completar el desarrollo de la legislación ambiental.

Por eso es urgente que se impulse, hasta sus últimas consecuencias, el proceso de desarrollo de la legislación ambiental que se ha venido dando en los últimos tiempos. En los momentos en que se concluye la segunda edición de este libro, esto implica, en primer término, la adecuación de los reglamentos de la LGEEPA a las modificaciones que experimentó en 1996 esa Ley, así como la formulación de las respectivas normas oficiales mexicanas. En segundo término, esto implica el desarrollo y adecuación de la legislación sectorial federal, a todos sus niveles. Las propuestas de desarrollo de la legislación sectorial planteadas en la planeación nacional del desarrollo dan una idea de la magnitud de esta tarea. Y, en tercer término, esto implica el desarrollo y adecuación de la legislación local, empezando con la Ley Ambiental del Distrito Federal.[15]

[14] En el Programa de Trabajo 1997 citado en la nota 10 se informa que el presupuesto de la SEMARNAP para 1997 fue de 9 198.5 millones de pesos (lo que equivale aproximadamente a 1 139.8 millones de dólares moneda estadounidense). La cifra no tiene nada de espectacular para un país que presenta muchos rezagos ambientales. La mayor parte de ella está destinada a la Comisión Nacional del Agua (7 142 200 000 de pesos).

[15] Al momento en que se concluye la segunda edición de este libro no sólo se han expedido las leyes locales sobre el equilibrio ecológico y la protección al ambiente en todos los estados de la República, sino además se ha desarrollado alguna normatividad especial en torno de estas leyes. Sin embargo, estos avances deben ser adecuados a las nuevas disposi-

Estamos firmemente convencidos de que estas acciones, llevadas a cabo de manera oportuna y adecuada, contribuirán a superar muchos de los problemas de ineficiencia y, en consecuencia, de ineficacia, que hasta ahora se observan en la legislación ambiental mexicana.

Para concluir, deberíamos decir que el desarrollo de la legislación ambiental es una tarea que supone una revisión permanente de la misma. Los acelerados avances tecnológicos y los nuevos conocimientos sobre las relaciones de interdependencia ecológica, dejan atrás con mucha facilidad las previsiones formuladas por la legislación ambiental. Por otra parte, las cambiantes situaciones sociales pueden generar nuevos problemas que carecen de una regulación jurídica apropiada. Pero también el incipiente desarrollo del derecho ambiental conduce con pocas dificultades a la utilización de técnicas jurídicas inadecuadas para el tratamiento de los problemas ambientales.

La revisión permanente de la legislación ambiental es un componente fundamental de la política legislativa para la protección del medio ambiente. Hay que entender que ningún ordenamiento jurídico que se expida en este campo, incluida la propia Ley General del Equilibrio Ecológico y la Protección al Ambiente, está exento de errores iniciales o sobrevinientes. En este sector del sistema jurídico, como también en otros, cabe aplicar lo que el insigne Andrés Bello dijera, en 1855, al presentar el proyecto de uno de los Códigos civiles más célebres del siglo pasado en nuestra América Latina: "Yo no presumo ofreceros bajo estos respectos una obra perfecta; ninguna tal ha salido hasta ahora de las manos del hombre." Sin embargo, el sistema jurídico que proponía ese Código estaba respaldado por un importante desarrollo histórico de la disciplina del derecho civil y de la propia legislación civil, empezando por el Código Civil de los franceses de 1803. El derecho ambiental, considerado como una disciplina científica y como una legislación, carece en la actualidad de ese desarrollo histórico.

305. La incorporación de la dimensión ambiental en la legislación del desarrollo

Uno de los primeros lineamientos que debe figurar en toda política legislativa para la protección del medio ambiente, es la incorporación de la dimensión ambiental en la legislación del desarrollo. Como se ha dicho de manera insistente a lo largo de este libro, el principal factor del deterioro del medio ambiente en México, como en muchas otras partes, es el predominio de la lógica productiva de un modelo de desarrollo que se orienta de manera preferente hacia la maximización de la tasa de ganancia en el corto plazo, sin considerar la perdurabilidad de la base na-

ciones de la LGEEPA y, esperamos, revisados a la luz de la experiencia que ha generado su aplicación.

tural que hace posible los procesos económicos y, por consiguiente, la sustentabilidad de dichos procesos en el largo plazo. El predominio de dicha lógica ha sido favorecido por la legislación económica federal que, por lo general, no ha condicionado el desarrollo de los procesos económicos que ella misma regula a la observancia de algunos criterios ambientales que son verdaderamente elementales.

En el capítulo anterior, se ha recordado que en los principales ordenamientos jurídicos que regulan el desarrollo en México no está presente la idea del desarrollo sostenible, salvo algunas excepciones. También se ha indicado que la LGEEPA ha procurado salvar la distancia entre la legislación económica y la legislación ambiental, mediante un conjunto de preceptos cuyo propósito es vincular la política económica con la ambiental que la misma LGEEPA establece. Se trata de cambios formales, cuyo grado de eficacia está por verse. Pero es posible que ese grado de eficacia se incremente si dichos cambios se extienden a los ordenamientos jurídicos que integran la legislación económica federal. Esto pudiera considerarse innecesario en términos de estricta técnica jurídica y, en especial, a la luz del principio de la "unidad del sistema jurídico"; pero no lo es en la práctica, si se tiene presente el claro predominio de las tendencias puramente economicistas en el seno del Estado, especialmente en los órganos encargados de ejercer la rectoría estatal de la economía. Por supuesto, un cambio de esta naturaleza no podría garantizar por sí mismo una transformación del modelo de desarrollo vigente. Sin embargo, podría coadyuvar a una mayor eficacia de la legislación ambiental.

La propuesta de incorporar explícitamente la dimensión ambiental en los ordenamientos jurídicos que regulan el desarrollo, busca entonces superar esa situación de "extravagancia" (en el sentido etimológico del término, precisado en la sección 9 de este libro) en que vive la legislación ambiental, esto es, en ese "vagar fuera" del sistema jurídico general, como un cuerpo extraño al mismo, lo que dificulta su aplicación. Se trata de una tarea que ha quedado pendiente después de la expedición de la LGEEPA, que armonizaría las nuevas disposiciones de esa Ley sobre la materia con los ordenamientos jurídicos en los que inciden dichas disposiciones, en beneficio de una aplicación más rigurosa de la propia legislación ambiental y de la idea del desarrollo sostenible.

Sobre el particular, debe señalarse que existe una fuerte tendencia a seguir considerando el desarrollo sostenible como una cuestión "sectorial" y, por consecuencia, a la legislación ambiental como algo ajeno a la legislación del desarrollo. En efecto, el desarrollo sostenible ha alcanzado un reconocimiento explícito como una de las más altas prioridades nacionales, pero de la cual que se ocupa sólo un sector del Gobierno Federal. En cambio, de esa otra alta prioridad nacional que es el crecimiento económico se ocupa prácticamente el resto del Gobierno Federal. Medio ambiente y desarrollo siguen caminos separados. La escasa presencia de la idea del desarrollo sostenible en la legislación económica es una expresión de lo que se está diciendo.

En todo caso, la eficiencia de la legislación ambiental pasa por una adecuada consideración del contexto en que se debe aplicar. Sobre el particular, la Declaración de Río establece lo siguiente:

> Los Estados deberán promulgar leyes eficaces sobre el medio ambiente. Las normas ambientales, y los objetivos y prioridades en materia de ordenación del medio ambiente, deberían reflejar el contexto ambiental y de desarrollo al que se aplican. Las normas aplicadas por algunos países pueden resultar inadecuadas y representar un costo social y económico injustificado para otros países, en particular los países en desarrollo *[principio 11]*.

306. El perfeccionamiento de algunos de los mecanismos para la aplicación de la legislación ambiental: el establecimiento del derecho fundamental a un medio ambiente adecuado

En el capítulo anterior destacamos como uno de los factores de ineficiencia de la legislación ambiental la inexistencia de mecanismos apropiados para su aplicación. Aunque la expedición de la LGEEPA ha representado un notable avance en materia de mecanismos para la aplicación de la legislación ambiental mexicana, quedan aún pendientes algunas iniciativas que podrían hacer más eficiente dicha legislación, mismas que no se consideran en el programa oficial sobre política legislativa para la protección del medio ambiente. Dos de ellas nos preocupan especialmente: la cuestión del establecimiento del derecho fundamental a un medio ambiente adecuado y a la cuestión de la tutela jurisdiccional de los derechos ambientales, que son, por lo demás, cuestiones vinculadas entre sí.

En la parte final del capítulo II, se ha señalado como el derecho fundamental a un medio ambiente apropiado está de una cierta manera recogido entre nosotros por la LGEEPA y en la propia Constitución Política, en tanto allí se establece el llamado "derecho a la protección de la salud". Sin embargo, también se ha señalado que la propuesta de incorporación de este derecho fundamental a la Constitución Política tiene un sentido diverso a la manera como ha sido hasta ahora recibido entre nosotros ese derecho.

En ese sentido, hay que destacar que el establecimiento en la Constitución Política del derecho humano fundamental a un medio ambiente adecuado debe tener en cuenta la distinción que suele hacerse entre las normas preceptivas y las normas programáticas de una Carta Fundamental. Las primeras son disposiciones que generan derechos y obligaciones que pueden hacerse efectivos de inmediato y, por tanto, están dotadas de la coercitividad propia de una norma jurídica. En consecuencia, el titular de esos derechos tiene la posibilidad de exigir la tutela jurisdiccional de los mismos, mediante los recursos judiciales que le franquea la ley, empezando por la propia Constitución Política. Las segundas, en cambio, son disposiciones que simplemente establecen directivas de acción para los poderes públicos, de modo que los derechos que ellas establecen no son "derechos" en el sentido propio de la expresión, sino meras expectativas, que carecen de tutela jurisdiccional y que el Estado debe procurar satisfacer mediante acciones apropiadas para ese efecto. En consecuencia, el derecho humano fundamental a un ambiente adecuado debe ser establecido mediante una disposición que tenga fuerza preceptiva o prescriptiva, lo que implica que puede hacerse efectivo a través de las garantías procesales que se establezcan para ese efecto.

Otra cosa es el establecimiento del deber del Estado y de la propia sociedad de proteger el medio ambiente, removiendo los obstáculos que se oponen al ejercicio de ese derecho, que es una típica disposición programática. Aquí no se trata de crear la expectativa, como ocurre con algunos de los así llamados "derechos sociales", de que los individuos lleguen algún día a disfrutar de un medio ambiente adecuado, sino de crear un "derecho" en el estricto sentido de la palabra. Por eso, es a todas luces conveniente que dicho derecho sea consagrado explícitamente, en los términos que le son propios, como lo hemos propuesto de manera reiterada.

307. La tutela jurisdiccional de los derechos ambientales. El acceso a la justicia ambiental

La existencia de un sistema jurídico para la protección del medio ambiente supone la existencia de las garantías necesarias para que se hagan efectivos todos los derechos que se derivan de ese sistema para las personas. "Toda sociedad en la cual la garantía de los derechos no está asegurada, ni la división de poderes determinada, carece de constitución". Con estas palabras, los revolucionarios franceses consignaron en la Declaración de los Derechos del Hombre y del Ciudadano, hace ya más de 200 años, un principio básico de los sistemas jurídicos democráticos, a saber, la existencia de los mecanismos necesarios para que los derechos puedan hacerse efectivos y, en especial, la posibilidad de recurrir ante tribunales independientes de todos los demás poderes públicos en demanda del reconocimiento de tales derechos, incluido el derecho fundamental a un medio ambiente apropiado que se ha examinado en la sección anterior.

Se trata del problema del "acceso a la justicia ambiental", que en el capítulo anterior ha sido definido como la posibilidad de obtener la solución expedita y completa por las autoridades judiciales de un conflicto jurídico y que se diferencia de la legitimación para accionar (o "interés jurídico") en tanto esta última es sólo uno de sus componentes, según se precisa en la sección 298.

En la misma sección 298 se ha dicho que la justicia para el medio ambiente presenta problemas preocupantes, especialmente en materia civil. Ello hace necesaria una revisión exhaustiva de los mecanismos previstos para solucionar esos conflictos. En México no existen prácticamente procesos judiciales en que se ventilen intereses ambientales. Esto denota que existen obstáculos considerables para acceder a la justicia administrativa, civil y penal en demanda de la aplicación de la legislación ambiental. Se trata de un fenómeno altamente preocupante, que hace de la legislación ambiental un "derecho muerto".

Las modificaciones de 1996 a la LGEEPA han mejorado esta situación, especialmente en el campo administrativo. En ese sentido, cabe decir que una parte importante de la tutela jurisdiccional de los intereses ambientales tiene que ver con la actividad de los tribunales de lo contencioso-administrativo. La protección de los individuos contra los excesos de la administración constituye la materia denominada lo contencioso-administrativo. En los países que han seguido la tradición jurídico-administrativa de la Francia del siglo XIX, hay una jurisdicción especial que conoce de esta materia. A falta de ella, corresponde a los tribunales ordinarios de justicia la protección de los derechos de los administrados. Por razones obvias, los reclamos de los administrados contra los excesos de la administración tienen una particular relevancia cuando se trata de la protección del medio ambiente.

Uno de los muchos problemas que se presentan en el campo de lo contencioso-administrativo son las dificultades para que los grupos sociales interesados en la protección del ambiente pueden acceder a la justicia, en defensa de los intereses de la comunidad. De estas dificultades da cuenta, por ejemplo, un jurista alemán, al describir la situación que prevalece en los tribunales administrativos de su país cuando se trata de pleitos referidos a temas ambientales altamente controvertidos. En opinión de ese jurista, dichos tribunales han restringido el acceso a la justicia administrativa de tales grupos y limitado la revisión judicial al daño privado, individualmente diferenciado, tratando a los demandantes como particulares aislados y no como miembros de un grupo más amplio afectado por una decisión administrativa. Es interesante señalar que, a juicio del mismo jurista, "el surgimiento del partido verde como un poder en la política alemana se puede atribuir, entre otras causas, a la insatisfacción general por la falta de respuesta del régimen jurídico ante los problemas ambientales".[16] La cuestión del acceso a la justicia de los administrados tiene ya un principio de solución entre nosotros con base en el artículo 180 de la LGEEPA, modificado en 1996.

Sin embargo, queda aún mucho por hacer. Una de las cuestiones que parecen apremiantes es la inexistencia de un órgano social para la protección jurídica del medio ambiente. Este papel podría ser desempeña-

[16] *Cf.* Eckard Rehbinder, "La representatividad de los intereses ambientales conforme al derecho administrativo de la República Federal de Alemania" en *Ambiente y Recursos Naturales* (Revista de derecho, política y administración), La Ley, Buenos Aires, enero-marzo 1985, vol. II, núm. 1, pp. 66 y 67.

do por la propia Procuraduría Federal de Protección al Ambiente, mediante una ley que la transformara en el órgano social apropiado para ese efecto y la dotara de todas las atribuciones necesarias para participar en los procesos penales y civiles que origine la aplicación de la legislación ambiental. Una alternativa a lo anterior sería la creación de un órgano *ad hoc* o la asignación de estas funciones a los organismos existentes de procuración de justicia.[17]

Otra de las cuestiones que también parecen apremiantes es la transformación del proceso penal mediante el cual se hace efectiva la responsabilidad por un delito ambiental, en la sede apropiada para el ejercicio de las acciones civiles que correspondan, con la participación de la PROFEPA o de quien represente los intereses de la sociedad en estos casos.

Junto con ello, deberían modificarse las normas sustantivas que regulan la responsabilidad penal y las modalidades que la agravan o atenúan, la responsabilidad penal de las personas morales, el principio de la obediencia debida, la prescripción, etc. Una especial atención debería prestarse a la cuestión constitucional de las leyes penales en blanco.

Pero como se ha dicho en forma reiterada, la modificación de las normas sustantivas que regulan la responsabilidad civil por el daño ambiental y, consecuentemente, de los procesos mediante los cuales se hace efectiva esa responsabilidad, parece lo más apremiante. Cualquier modificación que se haga en ese sentido, en nuestra opinión, debe tener en cuenta que en la reparación del daño ambiental está involucrado un interés social y debe comprender, a lo menos, una regulación completa de esa materia y regulaciones procesales especiales para hacer efectiva dicha reparación.

La regulación completa del daño al ambiente es algo complejo. En nuestra opinión, y sin pretender ser exhaustivo, lo que debe normarse por no estar regulado, o estarlo de manera insuficiente, son asuntos tales como: *1)* la caracterización del daño ambiental y de sus componentes; *2)* la extensión de la responsabilidad a la comisión por omisión; *3)* la naturaleza subjetiva u objetiva de la responsabilidad; *4)* la relación entre autorización administrativa y responsabilidad civil; *5)* la determinación del monto de los daños y perjuicios y de los beneficiarios de la indemnización; *6)* las modalidades de la responsabilidad en los casos de pluralidad de agentes; *7)* la transmisión de la responsabilidad; *8)* la responsabilidad por el ejercicio de un derecho; *9)* los seguros y otras garantías; *10)* la responsabilidad por los actos del Estado o sus agentes; *11)* la responsabilidad internacional; y *12)* los régimenes de excepción de la responsabilidad civil por el daño ambiental

[17] La defensa judicial de los intereses ambientales es una tarea que puede corresponder a otros funcionarios públicos, como se observa en el derecho comparado en normas que incluso tienen un rango constitucional. En Argentina, por ejemplo, la Constitución le asigna esa función al Defensor del Pueblo. En otras nuevas constituciones latinoamericanas se establece expresamente el deber que tiene en ese sentido el Ministerio Público. Así, por ejemplo, la Constitución de Colombia de 1991 dispone que el Procurador General de la

Las regulaciones procesales especiales para hacer efectiva dicha reparación, por otra parte, las entendemos como la inclusión de un Título especial en el Código Federal de Procedimientos Civiles, para los casos de jurisdicción federal, o en los códigos de procedimientos civiles de los estados, en los casos de jurisdicción local, de algunas reglas de particular aplicación a los respectivos procesos, sobre materias tales como: *1)* un régimen especial de medidas cautelares, habida consideración de la naturaleza eminentemente preventiva en que se ventile la responsabilidad por el daño ambiental; *2)* un régimen también especial de legitimación para accionar, que tenga en cuenta la naturaleza normalmente colectiva y difusa de los intereses cuya tutela se pretende; *3)* un sistema de pruebas y de su valoración, que tome en consideración las complejidades técnicas de los hechos en que se fundamentan las acciones ejercidas y que dé mayores facultades a los jueces para ponderar las pruebas; *4)* la facultad del juez para extender la sentencia a puntos no sometidos a su consideración, hacer una condena por el daño global originado y, en su caso, establecer el destino de la indemnización, velando en todo momento por la ejecución del fallo; *5)* la posibilidad de revisión del fallo más de los límites habituales de la cosa juzgada, teniendo en cuenta el interés social involucrado en estos casos; y *6)* en general, el otorgamiento al juez de amplias facultades para orientar el proceso, modificando la naturaleza eminentemente dispositiva del proceso civil.

308. La adecuación e integración de los ordenamientos jurídicos que se refieren a la protección del ambiente. La codificación ambiental

También ha quedado pendiente la tarea de armonizar las disposiciones de los demás ordenamientos que se refieren a la protección del ambiente, tanto entre sí como con la propia LGEEPA. Más atrás se ha hablado de la heterogeneidad estructural que caracteriza a la legislación ambiental, esto es, su carencia de criterios homogéneos para regular los problemas ambientales. Esta coexistencia de ordenamientos jurídicos inspirados en una visión holística y sistémica del mismo con ordenamientos jurídicos inspirados en una visión sectorialista y reduccionista del medio ambiente, es una fuente de contradicciones y, por tanto, de ineficiencia.

Como se ha dicho en la sección 297 la expedición de la LGEEPA ha contribuido de manera importante a la homogeneidad del sistema jurídico vigente en el país para la protección del medio ambiente, a partir de su enfoque globalista y transectorial de la problemática ambiental. El obs-

Nación, por sí o por medio de sus delegados, tiene entre otras funciones la de "defender los intereses colectivos, en especial el ambiente" (artículo 277). Por su parte, la Constitución de Paraguay de 1992 incluye entre los deberes del Ministerio Público el de "promover la acción penal pública para defender el patrimonio público y social, el ambiente y otros intereses difusos, así como los derechos de los pueblos indígenas" (artículo 268).

táculo que representaba el hecho de que sus disposiciones no prevalecían sobre las de otras leyes que versaban sobre cuestiones específicas relacionadas con su materia ha desaparecido como consecuencia de las modificaciones de 1996. Esto favorecerá una progresiva homogeneización del sistema jurídico vigente.

La práctica de la aplicación de la LGEEPA, sin embargo, sigue mostrando algunas contradicciones que deberán ser salvadas mediante reformas de los ordenamientos jurídicos vigentes que regulan la protección de algunos elementos ambientales o los efectos ambientales de ciertas actividades. La política legislativa para la protección del ambiente debe evitar que estas contradicciones surjan, mediante un programa de armonización de esos ordenamientos jurídicos con las disposiciones de la LGEEPA.

En nuestra opinión, este proceso de adecuación e integración de los ordenamientos jurídicos que se refieren a la protección del medio ambiente, debe incluir una profunda revisión de la aplicación a los asuntos ambientales de la denominada "legislación de relevancia ambiental casual". En efecto, dicha legislación sigue influyendo de una manera significativa en la legislación ambiental mexicana, como sucede por ejemplo con cuestiones tales como los daños y perjuicios al medio ambiente y la tutela jurisdiccional del mismo, que continúan siendo regidas por reglas civiles y procesales que son absolutamente inapropiadas. Lo mismo ocurre con algunas cuestiones vinculadas a los ilícitos penales en materia ambiental.

Con lo dicho no se está proponiendo la codificación de la legislación ambiental como una tarea inmediata. Opinamos que la codificación ambiental debe considerarse como una meta a la que se arriba casi espontáneamente, luego de un proceso de desarrollo de la legislación ambiental por el cual recién estamos comenzando a transitar. En general, la codificación es una tarea de integración de normas jurídicas que se refieren a una misma materia y que están dispersas en diversos ordenamientos, que busca eliminar contradicciones o reiteraciones y llenar vacíos, pero también y sobre todo adecuarlas a una concepción que les proporcione un criterio de unidad. Tal ha sido el sentido del proceso de codificación en todo el mundo, a partir del siglo XIX.[18]

En consecuencia, cuando se postula la codificación ambiental, lo que se está proponiendo es la integración, en un solo texto y bajo una concepción holística y sistémica del medio ambiente, de todas las normas jurídicas que se refieren de alguna manera a su protección. Esto supone por lo pronto la recopilación de dichas normas y su sistematización bajo la forma de un Código. Sin embargo, la tarea fundamental de la codificación consiste en la revisión y adecuación de esas normas de acuerdo

[18] *Cf.* por ejemplo la clásica polémica Thibaut-Savigny en la Alemania de inicios del siglo XIX, sobre la codificación civil en ese país (en *La codificación,* introducción y selección de textos de Jacques Stern, trad. esp. José Díaz, Editorial Aguilar, Madrid, 1970, 220 pp.).

con un criterio que les proporcione la debida unidad y armonía. Esto implica eliminar las contradicciones y reiteraciones que se encuentren en la legislación preexistente, así como llenar sus vacíos mediante la creación de nuevas normas, todo ello a la luz de los principios propios del derecho ambiental y con arreglo a las técnicas más adecuadas para la protección del medio ambiente.

La codificación se asemeja, entonces, a la tarea de adecuación e integración que estamos proponiendo. La diferencia está en cuándo debe llevarse a cabo. En efecto, entendemos que la codificación ambiental debe ser programada como la etapa final de un proceso de formulación de política legislativa para la protección del medio ambiente y no como una etapa inicial de ese proceso, que es la etapa por la que está pasando el desarrollo de la legislación ambiental en México y su aplicación, así como el propio derecho ambiental en tanto disciplina científica. La codificación es, en verdad, un momento de síntesis, al que sólo se arriba cuando existen las condiciones objetivas apropiadas.

La verdad es que la codificación de la legislación ambiental es un camino poco transitado hasta ahora. En América Latina y el Caribe sólo existen dos ordenamientos ambientales con esa denominación, que son los ya mencionados Código Nacional de Recursos Naturales Renovables y de Protección al Medio Ambiente de Colombia y Código del Medio Ambiente y los Recursos Naturales de Perú. En cambio, los demás países de la región que han modernizado su legislación ambiental, han optado por la elaboración de las llamadas "leyes generales" sobre el medio ambiente, dado que se limitan a establecer principios generales para su protección, a los que quedan subordinadas las leyes que se refieren a situaciones específicas.

Se ha dicho que la diferencia entre estas leyes generales y un Código consiste en que un Código requiere, en primer término, el equivalente de una ley general sobre el medio ambiente (una parte general) y, en segundo término, los diversos capítulos que exigen la regulación de todos los elementos ambientales. Por eso, se ha afirmado que la diferencia entre estas dos formas de legislar es principalmente de cantidad, destacando la exigencia de que un gran número de leyes sean revisadas, pero también adecuadas.[19]

México ha optado por una vía intermedia. En efecto, la Ley General del Equilibrio Ecológico y la Protección al Ambiente es algo más que una ley "general" (en el sentido antes indicado), en lo que se refiere a las materias de que trata; pero es algo menos que un Código, pues no pretende integrar y adecuar a ella toda la legislación preexistente. Pasar a la codificación ambiental exigiría en este momento, entre otras cosas, separar las normas jurídicas que se ocupan de la protección del medio ambiente en esa legislación preexistente, de las que regulan otras mate-

[19] *Cf.* UNEP, *Manual on environmental legislation*, Nairobi, 1979, p. 33 (en cooperación con la Asociación Internacional de Derecho).

rias, especialmente la explotación económica de los recursos ambientales o la realización de actividades económicas que generan efectos ambientales, lo que por ahora no siempre es posible e, incluso, deseable.

La idea de la codificación de la legislación ambiental mexicana, sin embargo, no puede ser descartada o postergada *sine dies*. Por el contrario, creemos que la adecuación e integración de la legislación ambiental debe llevarse a cabo en el marco de una labor de codificación ambiental, incluso como un método de trabajo que parece especialmente apropiado para una correcta adecuación e integración de la legislación ambiental; pero en la inteligencia de que el código ambiental que se vaya diseñando será el producto final de un proceso de política legislativa para la protección al ambiente y no su producto inicial, esto es, un producto decantado por la experiencia ganada a través de la legislación ambiental y su aplicación, así como por los avances de la disciplina del derecho ambiental.

309. La difusión de la legislación ambiental y la enseñanza e investigación del derecho ambiental

En el capítulo anterior se ha planteado que una de las primeras condiciones de eficacia de la legislación ambiental consiste en su conocimiento y valoración por sus destinatarios, lo que pone de manifiesto la importancia que tiene este elemento en la formación de una conciencia ambiental sólida en la población. En ese mismo capítulo se ha subrayado lo importantes que son la enseñanza y la investigación del derecho ambiental para el perfeccionamiento de la propia legislación ambiental y su aplicación. Creemos que estas cuestiones no pueden ser ajenas a un programa legislativo para la protección del medio ambiente en México.

La importancia de la formación de una conciencia ambiental en la población no se discute. Sin embargo, pocas veces se incluye dentro de las actividades respectivas la difusión de la legislación ambiental. Esta difusión, que es un mecanismo auxiliar pero indispensable de la política legislativa para la protección del medio ambiente en el país, debe llevarse a cabo, en nuestra opinión, como una campaña permanente, que transmita los contenidos y propósitos de la legislación ambiental y que contribuya a su valoración por la sociedad.

La enseñanza del derecho ambiental es otra condición básica para incrementar la eficacia de la legislación ambiental. En el país existen pocos operadores jurídicos calificados en el campo del derecho ambiental (administradores, abogados y jueces). Como ocurre en muchas otras partes, en todos estos años no se han hecho muchos progresos en materia de enseñanza del derecho ambiental. En un trabajo sobre este tema[20]

[20] *Cf*. Raúl Brañes, "La formación en derecho ambiental a nivel universitario" en Enrique Leff (Coordinador), *Ciencias sociales y formación ambiental* (Gedisa, Barcelona, 1994, 321 pp.).

hemos dicho que, aunque parezca paradójico, los mayores avances en la enseñanza del derecho ambiental suelen hacerse en programas de enseñanza que no tienen un carácter jurídico, como es el caso de los programas que se imparten en carreras universitarias o en niveles de posgrado o en cursos de capacitación, cuyos objetivos son el conocimiento de la problemática ambiental y de sus soluciones. En estas ocasiones, el derecho ambiental se presenta como la "legislación ambiental" y, por lo general, forma parte de los programas de una cátedra.

En cambio, la enseñanza del derecho ambiental en las facultades de Derecho se reduce, por lo menos en México, a la que se imparte en algunas cátedras de un escaso número de facultades, como asignaturas que casi siempre tienen el carácter de opcionales en los programas para graduados. Sin embargo es de destacarse que la Facultad de Derecho de la Universidad Nacional Autónoma de México ya ha incorporado esa asignatura como obligatoria dentro del plan de estudios de la Licenciatura en Derecho.

En todo caso, creemos que este tipo de esfuerzos sirven sólo para introducir a los estudiantes en el tema y motivarlos para estudios más completos de la materia. Como quiera que sea, es importante que esta formación se proporcione en el marco de una formación ambiental básica, que proporcione los conocimientos suficientes sobre los asuntos ambientales y desarrolle la capacidad de aplicarlos a situaciones concretas, así como que conduzca a una formación interdisciplinaria, que entre otras cosas propicie la existencia de un marco valorativo compartido en torno de un objetivo común y coloque a lo jurídico en su exacta dimensión de variable de la trama ambiental.[21]

Este hecho hace sumamente problemática la enseñanza del derecho ambiental dentro de un programa para graduados, a menos que se limite, como se ha dicho, a una introducción a la disciplina. En términos generales, lo recomendable es promover la enseñanza del derecho ambiental en posgrado y en equipos interdisciplinarios, mediante estructuras *ad hoc*.[22]

Por último, es de señalarse que la investigación del derecho ambiental debe ser considerada no sólo como un soporte de su enseñanza, sino también como un elemento de apoyo indispensable para el propio desarrollo de la legislación ambiental, cuyos avances dependen en buena medida de los que se hagan en el campo del estudio de los principios y las técnicas específicas del derecho ambiental, así como en el conocimiento de los modelos legislativos existentes en otras partes del mundo y de las experiencias que han generado.

[21] En este punto, *cf*. Rafael Valenzuela, *op. cit*., nota 35.

[22] Como se ha dicho más atrás, en los últimos años participamos, junto con algunos distinguidos colegas, en esfuerzos sobre este tema, que condujeron a la elaboración de una propuesta de plan general para la formación en derecho ambiental en América Latina y el Caribe (PNUMA, *Plan general para la formación en derecho ambiental en América Latina y el Caribe*, México, 1996, 206 pp.), publicación que estuvo precedida de un trabajo sobre

310. El desarrollo del derecho internacional para la protección del ambiente: hacia la construcción de un orden internacional que propicie el desarrollo sostenible y garantice la seguridad ambiental de los individuos y las naciones

Por último, un punto importante a considerarse en la política legislativa sobre la materia es la participación más plena de México en el desarrollo del derecho internacional para la protección del ambiente, como felizmente se ha estado haciendo en los últimos años.

Como se ha dicho, los problemas ambientales a nivel nacional, regional y mundial, están estrechamente vinculados entre sí y, en muchos casos, no son sino dimensiones diversas de un mismo problema. El desarrollo del derecho internacional para la protección del medio ambiente, por consiguiente, es tan importante como el desarrollo del derecho interno. Por otra parte, lo cierto es que uno y otro están estrechamente vinculados entre sí. El derecho interno para la protección del medio ambiente carece de sentido si no se proyecta en el campo internacional. Además, el derecho internacional no puede avanzar de manera independiente del derecho interno, pues los compromisos que se asumen a través de los tratados y otros acuerdos internacionales sobre la protección del ambiente, por lo general se llevan a la práctica en el marco de la legislación ambiental interna, a la que se remiten los respectivos instrumentos internacionales. Algunas veces, esa legislación no prevé las medidas que son necesarias para ejecutar tales compromisos, por lo que es necesario crearlas especialmente. Esta situación acarrea dilaciones en el cumplimiento de los compromisos internacionales asumidos por los Estados. En consecuencia, es menester promover, simultáneamente, el desarrollo de la legislación ambiental interna y del derecho internacional.

El derecho internacional para la protección del medio ambiente no puede desarrollarse unilateralmente. Por eso, es indispensable que todos los gobiernos del mundo y las organizaciones internacionales presten una mayor atención al desarrollo del derecho internacional para la protección del ambiente. En términos más específicos, puede decirse que es necesario: *1)* que los Estados que aún no lo hayan hecho, se adhieran a los instrumentos internacionales existentes, o los ratifiquen en caso de que los hubieran suscrito. Como se ha dicho, algunos de esos instrumentos no han entrado aún en vigor por la carencia de las adhesiones o ratificaciones necesarias para ese efecto, como ocurrió durante un largo tiempo con la Convención de las Naciones Unidas sobre el Derecho del Mar. En otros casos, la participación de los Estados en el respectivo instrumento internacional es escasa, lo que le resta efectividad; *2)* que se revisen muchos de los tratados y otros acuerdos internacionales en vigor, a la luz de las experiencias que ha generado su apli-

lineamientos para la formación en derecho ambiental (PNUMA, *Hacia un sistema para la formación en derecho ambiental*, México, 1995, 66 pp.)

cación y de los nuevos conocimientos existentes sobre la problemática ambiental a nivel mundial. Esa revisión debe comprender los mecanismos de ejecución del respectivo instrumento internacional, así como la remoción de los obstáculos materiales que pudieran haber dificultado su aplicación, y *3)* que se avance en el diseño, negociación y adopción de nuevos tratados y otros acuerdos internacionales sobre la materia, teniendo en cuenta las dimensiones que han alcanzado algunos problemas y, sobre todo, previendo la ocurrencia de otros que pueden llegar a amenazar gravemente el equilibrio ecológico del planeta.

Por otro lado, es indispensable que el nuevo derecho internacional para la protección del ambiente tenga en cuenta la idea del desarrollo sostenible. Al respecto, es menester recordar que antes de la Conferencia de las Naciones Unidas sobre el Medio Ambiente y el Desarrollo (Río de Janeiro, 1992) se generaron dos documentos importantes. El primero de ellos es *Perspectiva hasta el año 2000 y más adelante*, aprobado por el Consejo de Administración del Programa de las Naciones Unidas para el Medio Ambiente, que la Asamblea General de las Naciones Unidas adoptó como guía para la preparación de los futuros programas de mediano plazo para el medio ambiente a nivel de todo el sistema de las Naciones Unidas. En ese documento se planteó la posibilidad de un convenio mundial sobre la protección y mejoramiento del medio ambiente.[23] El segundo es el varias veces mencionado *Informe Brundtland,* que propuso a la Asamblea General de las Naciones Unidas la preparación, primero, de una Declaración Universal, y luego de una Convención sobre la Protección del Medio Ambiente y el Desarrollo Duradero. La Declaración Universal sería una Carta que regiría la conducta de los Estados en un período de transición hacia el desarrollo duradero y se constituiría en la base de la Convención sobre Protección del Medio Ambiente y el Desarrollo Duradero, que posteriormente establecería los derechos soberanos y las obligaciones recíprocas de todos los Estados respecto de la protección del medio ambiente y el desarrollo duradero.[24] Esta propuesta nos parece de mucho interés, pues está dirigida a la adopción de instrumentos internacionales que son necesarios como marco general del cambio cualitativo que es menester imprimir al desarrollo del derecho internacional para la protección del medio ambiente. La construcción de un sólido orden jurídico para la protección del medio ambiente que propicie el desarrollo sostenible es una materia que debería haber concentrado la atención de todos los gobiernos del mundo en la Conferencia de las Naciones Unidas sobre el Medio Ambiente y el Desarrollo, que se llevó a cabo en junio de 1992. De esta Conferencia nos ocupamos en la sección siguiente. Por ahora, debemos decir que dicho orden es en definitiva el

[23] *Cf.* la página *iv* del documento sobre la Perspectiva publicado por el PNUMA, Nairobi, 1988. En su página 31 se dice que la aparición progresiva de normas y principios ambientales generales y la codificación de los acuerdos existentes, podrían dar lugar a un convenio de esta naturaleza.

[24] *Cf.* pp. 391 y 392 de *Nuestro futuro común*, varias veces citado.

único mecanismo que puede garantizar la seguridad ambiental de los individuos y de las Naciones, cada vez más expuestos a daños o a amenazas de daños en un mundo que se ha ido haciendo progresivamente más complejo y peligroso.

En un trabajo que hicimos en 1989,[25] señalábamos como la revolución científico-tecnológica que ha tenido lugar en la humanidad y los nuevos conocimientos sobre la interdependencia planetaria han transformado la percepción que teníamos los seres humanos sobre la naturaleza y la sustancia del problema de la seguridad individual y colectiva y ha terminado colocando la cuestión ambiental en la esfera de los problemas de la seguridad. En efecto, la capacidad tecnológica desarrollada por los seres humanos en las últimas décadas les permite por primera vez en su historia modificar de manera profunda el mundo en que vivimos y, paradójicamente, destruirlo de una manera total. Estos cambios nos han obligado a comenzar a considerar el problema de la seguridad, antes que nada, desde una perspectiva global, es decir, como un problema de "seguridad mundial" o "seguridad común", según lo dejara asentado el Informe Palme en la década de los años setenta. Porque la verdad es que no existe en la actualidad, si así pudiera decirse, una solución individual o nacional para enfrentar todas las amenazas que ahora penden sobre las generaciones presentes y futuras.

Por otra parte, los nuevos conocimientos sobre la interdependencia planetaria también han trasladado el problema de la seguridad a otras esferas. Vinculado tradicionalmente a la noción de los conflictos armados, el concepto de seguridad se asociaba escasamente, hasta hace no mucho, a las amenazas que tienen que ver con los asuntos sociales y económicos que afectan a los seres humanos, así como con los asuntos ambientales ligados a éstos. Esta visión clásica y unidimensional de la seguridad está cambiando desde hace ya algunos años, al punto que progresivamente se ha ido reconociendo que la calidad de la vida de las personas depende en una medida importante de factores ambientales y que, incluso, la supervivencia de la especie humana sobre el planeta no está condicionada sólo por el desarrollo de un conflicto nuclear de alta escala.

De esta manera ha comenzado a emerger el concepto de "seguridad ambiental", que en ese mismo trabajo definimos como la situación de una persona o de una colectividad humana que está exenta tanto de daños ambientales que amenazan su existencia o deterioran la calidad de su vida, como del peligro de ser víctima de esos daños.

Es claro que la seguridad ambiental plantea nuevos desafíos a la sobe-

[25] *Cf.* Raúl Brañes, *Seguridad ambiental en América del Sur: Los principales problemas y los nuevos desafíos a la soberanía*, Comisión Sudamericana de Paz, Santiago de Chile, 1990. Se trata de una ponencia presentada en el Seminario sobre los cambios en el sistema internacional y los nuevos desafíos a la soberanía y a la seguridad en América del Sur, organizado por esa Comisión y que se llevó a cabo en Santiago de Chile los días 11 a 14 de julio de 1989.

ranía de los Estados, en tanto exige que éstos contribuyan más ampliamente al desarrollo del derecho internacional para la protección del medio ambiente, lo que se expresa en la aceptación de algunas limitaciones adicionales a dicha soberanía. Pero es claro también, como lo sostuvimos en dicho trabajo, que no existe en verdad un dilema "soberanía o protección del medio ambiente", en los términos planteados por algunos fundamentalistas de la doctrina de la soberanía de los Estados, que permanecen anclados a una versión anacrónica de dicha doctrina. La soberanía es un concepto político de carácter histórico, que ya no denota la existencia de un poder absoluto y perpetuo, sino que de un poder que puede estar condicionado por el derecho internacional y que, posiblemente, estará cada día más condicionado, si es que la humanidad transita, como esperamos, hacia el establecimiento de un orden jurídico universal, que sea justo para todos los individuos y las naciones y que sea presidido por una autoridad que tenga el poder efectivo de aplicarlo.

Esto no significa una declaración de obsolescencia de la idea de la soberanía nacional, como algunas veces se ha hecho. Creemos que mientras no exista aquel orden jurídico universal a que nos hemos referido, sino que por el contrario siga subsistiendo el sistema internacional subrepticia o abiertamente imperial en que vivimos, los Estados nacionales deberán seguir siendo reconocidos como la única instancia válida del poder político en el mundo y la soberanía deberá continuar siendo considerada como un elemento inherente a ellos. Por su parte, la defensa de la soberanía nacional deberá seguir siendo el principio básico que oriente la acción del Estado, especialmente en las naciones menos privilegiadas dentro del sistema mundial.

311. La viabilidad de una sociedad mundial ambientalmente sostenible: la Conferencia de las Naciones Unidas sobre el Medio Ambiente y el Desarrollo

A lo largo de este libro se ha dicho más de una vez que el derecho ambiental es una condición necesaria, pero no suficiente, para generar los cambios ambientales que son necesarios en nuestra sociedad. Con esa premisa, en este capítulo se han reseñado los elementos de política legislativa para la protección del medio ambiente en México que hemos considerado indispensables para que el país cuente realmente con una legislación que no sólo proteja el medio ambiente y propicie un modelo de desarrollo sostenible, sino también que pueda aplicarse de una manera integral.

En esta reseña se han tomado en cuenta los importantes avances que se han hecho en los últimos años en el desarrollo de la legislación ambiental mexicana, incluido el derecho internacional, así como la programación oficial que se ha hecho en materia de política legislativa para la protección del medio ambiente. Nuestras propuestas para el perfeccionamiento de la legislación ambiental mexicana y su aplicación, en consecuencia, pueden considerarse como complementarias de la programación que ya se ha iniciado a través de la planeación nacional del desarrollo vigente en el país.

Todo este ejercicio, sin embargo, carecería de sentido si considera que el proyecto de una sociedad ambientalmente sostenible en México no es viable desde un punto de vista económico, social, político y cultural, o lo que es más importante aún, si no es viable el proyecto de una sociedad mundial ambientalmente sostenible. En efecto, es difícil, por no decir imposible, que México pueda transformarse en una sociedad de estas características sino dentro de un proceso de cambios mundiales que apunten hacia la misma finalidad. Por otra parte, en definitiva lo importante es que los cambios ambientales se lleven a cabo en todo el planeta, ya que vivimos en "una sola Tierra" (aunque compuesta por muchos "mundos") y, por tanto, lo que se debe postular es una sociedad universal ambientalmente sostenible, que comparta un "futuro común" dentro de un nuevo e indispensable orden mundial.

Existen muchas razones para creer que los países que integran este planeta se mueven con muchas dificultades hacia la meta del desarrollo sostenible. Por lo pronto, los países subdesarrollados carecen de los recursos financieros y tecnológicos indispensables para su transformación en sociedades ambientalmente sostenibles. En esos países, la cooperación internacional —la siempre difícil e insuficiente cooperación internacional— es una *conditio sine qua non* para cambios importantes. Pero, más allá de esta situación específica y también como un hecho que la explica, la verdad es que en los países desarrollados no se ven signos inequívocos de modificaciones significativas.

En su conjunto, la economía mundial tuvo un crecimiento sin precedente a partir de la conclusión de la Segunda Guerra Mundial (1945), que sólo vino a interrumpirse con la recesión de los años 1972-1973. En ese periodo, el crecimiento económico estuvo acompañado de una productividad agrícola cada vez más alta. Sin embargo, nunca ha estado más lejos la humanidad del paradigma del desarrollo sostenible. En efecto, este crecimiento fue esencialmente desigual entre las naciones y en el interior de las mismas, hasta el punto de que algo que parece tan sencillo, como es la satisfacción de las necesidades básicas de la población mundial, sobre todo si se tienen en cuenta los espectaculares avances científicos y tecnológicos que se han hecho durante este siglo, se transformó en algo muy complicado. En 1990, la población mundial llegó a los 5 000 millones de personas. La calidad de vida de esas personas no es igual: existen en el planeta en que vivimos 1 116 millones de pobres absolutos, cuya situación contrasta con la de otras personas que parecen extremadamente ricas. En efecto, en los países más pobres el ingreso anual promedio per cápita está bajo los 300 dólares y en los países ricos es de 14 500 dólares, lo que ciertamente influye en la esperanza de vida al nacer que puede tener, por ejemplo, un habitante de África (52 años) y un habitante de un país industrializado (73 años). Las contradicciones van en aumento: en 1990 la cifra de hambrientos crónicos se incrementó a 550 millones de personas (en 1970 los hambrientos crónicos fueron 460 millones), no obstante que en los últimos 20 años aumentó la producción per cápita de alimentos. Pero, paralelamente se fue haciendo más difícil el acceso a los alimentos de un número creciente de personas. Esta marginalización se expresa de una manera dramática en el acelerado proceso de urbanización no planificada que se observa en el Tercer Mundo y que genera inmensos cinturones de miseria que se caracterizan entre otras cosas por sus deplorables condiciones sanitarias. Es evidente que hay algo que no ha caminado bien en esta segunda parte del siglo XX. Tampoco se ha hecho nada significativo por superar estos contrastes: el total de la ayuda anual a los países subdesarrollados es equivalente al gasto militar mundial de... sólo 15 días!

Sin embargo, lo más grave es la manera como la población mundial está mal satisfaciendo sus necesidades, pues se está comprometiendo de una manera peligrosa la posibilidad de que las futuras generaciones puedan hacer lo propio. Las presiones cada vez mayores que se están ejerciendo sobre los recursos naturales y la progresiva contaminación del aire, del agua y del suelo ya están generando un creciente deterioro de la calidad de vida de muchas personas y algunas limitaciones a los propios procesos productivos, que pueden desembocar en una verdadera crisis ambiental a nivel global. Las características de este tipo de crisis ya son conocidas: de ellas pueden dar testimonio, por ejemplo, los 10 millones de africanos que entre 1984 y 1985 se transformaron en verdaderos "refugiados ambientales". La verdad es que el estilo de desarrollo imperante ha afectado la base de los recursos naturales y ha generado procesos de urbanización descontrolados que llevan consigo pobreza y contaminación, así como graves desequilibrios para el planeta, como ocurre por ejemplo con la contaminación de la atmósfera y de los mares y océanos, además de los riesgos que han implicado para ese equilibrio la amenaza de la guerra y sus preparativos.

En este último medio siglo se ha hecho claro que el modelo de crecimiento vigente es insostenible no sólo porque no ha permitido la satisfacción de las necesidades básicas de la población y, por el contrario, ha privilegiado sólo a unos pocos en detrimento de los más (el 5% de la población del planeta consume el 33% de los recursos mundiales), sino también porque está comprometiendo la posibilidad de que las generaciones futuras puedan satisfacer sus necesidades básicas. Es evidente que la población mundial puede y debe vivir mejor: para ese efecto es necesario que "los ricos vivan más acordes con la ecología" (como dice el Informe Bruntland) y, en definitiva, es menester que haya una sustitución de los patrones de producción y de consumo, pues lo cierto es que tampoco sería posible que todos viviéramos como nuestros ricos (por lo pronto, no hay una base energética que lo permita).

A finales de los años ochenta y principios de los noventa, hubo algunos signos alentadores de cambios. El primero de ellos fue la resolución 44/228 de la Asamblea General de las Naciones Unidas, que en diciembre de 1989 convocó a una Conferencia sobre el Medio Ambiente y el Desarrollo, fijando los términos de referencia de esa Conferencia y definiendo las bases para su preparación. A continuación, un nuevo espíritu, si así pudiera decirse, comenzó a manifestarse en diversos planos. Por ejemplo, en el plano financiero mundial comenzó a abrirse paso la idea de que para hacer avances sustantivos en el campo del medio ambiente de los países subdesarrollados era menester un esfuerzo solidario de toda la comunidad internacional. Esta idea se concretó en dos iniciativas importantes. En primer término, durante 1990 el Banco Mundial, el Programa de las Naciones Unidas para el Desarrollo y el Programa de las Naciones Unidas para el Medio Ambiente, anunciaron la constitución de un Fondo de 1 300 millones de dólares (el varias veces mencionado *Global Environmental Facility*, GEF, o Fondo para el Medio Ambiente Mundial), para la participación de los países subdesarrollados en el tratamiento de los problemas ambientales globales e hicieron un llamado a los países industrializados, que aún no lo han hecho, para que expresaran su voluntad de apoyar financieramente estos esfuerzos. También en 1990 se constituyó un Fondo de 160 millones de dólares, que pronto podría ser incrementado hasta llegar a 240 millones de dólares, mediante contribuciones que provinieron sólo de los países desarrollados y que se comenzaron a aplicar exclusivamente al financiamiento de las actividades concernientes al Protocolo de Montreal que lleven a cabo los países subdesarrollados.

En la perspectiva de la Conferencia de las Naciones Unidas sobre el Medio Ambiente y el Desarrollo, los países de América Latina y el Caribe, incluido México, comenzaron a definir una posición conjunta frente a las cuestiones propias de esa Conferencia. En diversos planteamientos se subrayó que la solución de los problemas ambientales de la región estaba estrechamente vinculada con la solución de la crisis económica por la que atraviesan nuestros países, en especial a la solución del problema de su agobiante deuda externa. Por consiguiente, se destacó la importancia que tenía la cooperación internacional y, sobre todo, un nuevo orden internacional, que permitieran a nuestros países reencontrar el camino del crecimiento y enfrentar sus problemas ambientales. Muchas veces se dijo que parte de esos problemas eran la consecuencia del apoyo que prestó esta región, a través de la explotación de sus recursos naturales, al desarrollo de los países industrializados, subrayándose que existía una "deuda ambiental" para con nuestra región. Por otro lado, se insistió en el hecho de que los recursos financieros y tecnológicos para la protección del medio ambiente global estaban precisamente en los mismos países que habían contribuido de una manera decisiva a generar los problemas ambientales globales y, por tanto, que era necesario que los países industrializados contribuyeran financiera y técnicamente a la solución de esos problemas en la medida de sus disponibilidades y capacidades, pero también de sus responsabilidades.[26]

Finalmente, la Conferencia se llevó a cabo en Río de Janeiro (Brasil), del 3 al 14 de junio de 1992, esto es, veinte años después de la Conferencia de Estocolmo. La celebración de la Conferencia estuvo precedida de negociaciones que se realizaron básicamente en los cuatro periodos de sesiones de su Comité Preparatorio. En definitiva, la Conferencia aprobó: *1)* una declaración de principios titulada "Declaración de Río sobre el Medio Ambiente y el Desarrollo"; *2)* un plan de acción titulado "Agenda 21", y *3)* una declaración de principios respecto de la ordenación, la conservación y el desarrollo sostenible de los bosques de todo tipo. Además, en la Conferencia se inició la suscripción de los dos acuerdos internacionales globales que ya se han examinado en este libro, a saber la Convención Marco de las Naciones Unidas sobre el Cambio Climático y el Convenio sobre la Diversidad Biológica.

La Declaración de Río reafirma la Declaración de Estocolmo y, "tratando de basarse en ella", proclama 27 principios que buscan "establecer una alianza mundial nueva y equitativa mediante la creación de nuevos niveles de cooperación entre los Estados, los sectores clave de las sociedades y las personas", así como "alcanzar acuerdos internacionales en los que se respeten los intereses de todos y se proteja la integridad del sistema ambiental y de desarrollo mundial".

La Agenda 21 es un detallado plan de acción por áreas de problemas, que contiene estimaciones de costos y procura asignar responsabilidades. En la Conferencia de Río se discutieron básicamente los compromisos para financiar la Agenda 21 y, en especial, la propuesta de que los países industrializados destinaran a la ayuda oficial para el desarrollo el 0.7% de su Producto Nacional Bruto dentro de los próximos años. Finalmente este porcentaje fue aceptado, pero sin que se definiera en qué momento debía alcanzarse.

La Declaración sobre Bosques es un conjunto de principios respecto de la ordenación, la conservación y el desarrollo sostenible de los bosques de todo tipo, que busca un consenso mundial sobre la materia y carece de fuerza jurídica obligatoria.

Para nuestros propósitos, es importante destacar el "compromiso" que asumieron los países desarrollados. Dice la Agenda 21: "Los países desarrollados reafirman su compromiso de alcanzar la meta aceptada por las Naciones de un 0.7% de su Producto Nacional Bruto para la Ayuda Oficial al Desarrollo y están de acuerdo en que aquellos países que aún no han alcanzado esa meta aumenten sus programas de ayuda para alcanzarla lo más pronto posible y asegurar una rápida y efectiva ejecución de la Agenda 21. Algunos países acordaron o han acordado al-

[26] Hay un conjunto de documentos importantes que deben revisarse para entender la posición de los países de América Latina y el Caribe frente a las cuestiones del medio ambiente y el desarrollo, entre ellos la "Plataforma de Tlatelolco" de 1991.

canzar dicha meta hacia el año 2000. Se ha decidido que la Comisión de Desarrollo Sostenible revise y vigile periódicamente los progresos hechos para alcanzar esa meta. Este proceso de revisión deberá combinar sistemáticamente la vigilancia de la ejecución de la Agenda 21 con la revisión de los recursos financieros disponibles."

En cambio, la Declaración de Río fue bastante pródiga en materia de principios sobre cooperación internacional. Entre ellos, destacan los siguientes:

> Los Estados deberán cooperar con espíritu de solidaridad mundial para conservar, proteger y restablecer la salud y la integridad del ecosistema de la Tierra. En vista de que han contribuido en distinta medida a la degradación del medio ambiente mundial, los Estados tienen responsabilidades comunes pero diferenciadas. Los países desarrollados reconocen la responsabilidad que les cabe en la búsqueda internacional del desarrollo sostenible, en vista de las presiones que sus sociedades ejercen en el medio ambiente mundial y de las tecnologías y los recursos financieros de que disponen *[principio 7].*

Como se puede advertir, el principio 7, además de establecer el deber de los Estados en el plano de la cooperación internacional, subraya que a todos ellos les cabe una responsabilidad común, pero diferenciada en razón de su grado de participación en la degradación del medio ambiente mundial. Asimismo, el principio que se está examinando destaca que a los países desarrollados les corresponde una responsabilidad principal en la búsqueda internacional del desarrollo sostenible, dado que, por una parte, sus sociedades son las que ejercen una mayor presión para la degradación del medio ambiente y dado que, por otra parte, ellos son los que disponen de las mayores posibilidades tecnológicas y financieras para combatir dicha degradación.[27]

Como el desarrollo sostenible no puede concebirse sino dentro de un sistema económico internacional apropiado, la Declaración de Río establece más adelante:

> Los Estados deberían cooperar para promover un sistema económico internacional favorable que llevara al crecimiento económico y al desarrollo sostenible de todos los países, a fin de abordar en mejor forma los problemas de la degradación ambiental. Las medidas de política comercial para fines ambientales no deberían constituir un medio de discriminación arbitraria o injustificable ni una restricción velada del comercio internacional. Se debería evitar tomar medidas unilaterales para solucionar los problemas ambientales que se

[27] En materia de cooperación internacional, el principio 24 de la Declaración de Estocolmo se limitaba a establecer lo que sigue: "Todos los países, grandes o pequeños, deben ocuparse con espíritu de cooperación y en pie de igualdad de las cuestiones internacionales relativas a la protección y mejoramiento del ambiente. Es indispensable cooperar, mediante acuerdos multilaterales o bilaterales o por otros medios apropiados, para controlar, evitar, reducir y eliminar eficazmente los efectos perjudiciales que las actividades que se realicen en cualquier esfera puedan tener para el medio, teniendo en cuenta debidamente la soberanía y los intereses de todos los Estados."

producen fuera de la jurisdicción del país importador. Las medidas destinadas a tratar los problemas ambientales transfronterizos o mundiales deberían, en la medida de lo posible, basarse en un consenso internacional *[principio 12]*.

La cooperación internacional en materia de tecnología es objeto de un principio especial en la Declaración de Río:

> Los Estados deberían cooperar para reforzar la creación de capacidades endógenas para lograr un desarrollo sostenible, aumentando el saber científico mediante el intercambio de conocimientos científicos y tecnológicos, e intensificando el desarrollo, la adaptación, la difusión y la transferencia de tecnologías, entre éstas, tecnologías nuevas e innovadoras *[principio 9]*.

Lo mismo ocurre con la atención preferente que debe prestarse a la situación y las necesidades especiales de los países en desarrollo. Al respecto, la Declaración de Río establece:

> La situación y las necesidades especiales de los países en desarrollo, en particular los países menos adelantados y los más vulnerables desde el punto de vista ambiental, deberán recibir prioridad especial. En las medidas internacionales que se adopten con respecto al medio ambiente y al desarrollo también se deberían tener en cuenta los intereses y las necesidades de todos los países *[principio 6]*.

La elaboración del manuscrito de la primera edición de este libro fue concluida en los meses que han seguido a la celebración de la Conferencia y mientras se emitían todo tipo de opiniones sobre sus resultados. En esa ocasión, junto con decir que nuestro libro no era el lugar para juzgar los resultados globales de la Conferencia, dejamos por lo menos consignado que la Conferencia registró algunos avances en materia de desarrollo sostenible, que fueron definidos con mucha fortuna como "acuerdos sin compromisos" y que por cierto no fueron los deseables, si se tiene en cuenta el escenario político creado con motivo de la Conferencia. Nos referíamos en ese entonces a los foros establecidos para sus preparativos y a la propia Conferencia, que contó con la participación de 173 Estados y la presencia física de 118 Jefes de Estado y de Gobierno, generando así una oportunidad excepcional para alcanzar acuerdos significativos, a nivel mundial, en materia de desarrollo sostenible.

En esa misma ocasión, dijimos que este hecho planteaba un severo interrogante sobre si había llegado efectivamente "el tiempo del desarrollo sostenible" o si, por el contrario, no existían aún las condiciones políticas necesarias para que la humanidad pudiera reorientar sus actividades y ponerse a salvo de una crisis ambiental que, por definición, sería de difícil o imposible recuperación. La cuestión era, como también dijimos en dicha ocasión, que los plazos para una profunda rectificación son cada vez más breves y los márgenes de maniobra cada vez más estrechos.

A más de cinco años de la celebración de la Conferencia, ya es posible y necesario formular algunos comentarios adicionales. Como es sabido, durante 1997 se llevó a cabo una sesión extraordinaria de la Asamblea General de las Naciones Unidas para evaluar la Conferencia, denominada popularmente "Río más Cinco" (Nueva York, 23-28 de junio de 1997). Cerca de 180 países, incluidos 44 Jefes de Estado y de Gobierno, participaron en dicha reunión, cuyo propósito fue revisar los avances realizados desde la Cumbre de la Tierra. Los resultados de esta sesión extraordinaria de la Asamblea fueron considerados por muchos participantes como poco satisfactorios. En ella se reafirmó que la Agenda 21 es el plan de acción fundamental para alcanzar el desarrollo sostenible, pero no fue posible lograr un acuerdo en torno a una declaración política.

Esta reunión confirmó que las metas de los programas de la Agenda 21, incluidos los programas jurídicos, están ahora más lejos de ser alcanzadas que hace cinco años. Este hecho se explica básicamente por la falta de apoyo de la cooperación internacional. Como se dijo, la Cumbre de la Tierra fue pródiga en acuerdos y escasa en compromisos. Los compromisos que se evitaron asumir se refieren al financiamiento de la Agenda 21 y, en especial, a la propuesta de que los países industrializados destinaran a la ayuda oficial para el desarrollo 0.7% de su Producto Nacional Bruto dentro de los próximos años. Finalmente dicho, porcentaje fue aceptado, pero sin que se definiera en que momento debía alcanzarse. Esta situación no pudo ser superada por la reunión de Nueva York.

Lo sucedido no puede considerarse como el hito final de un proceso mundial de mucha significación, pero pone de manifiesto la importancia que tiene el insustituible esfuerzo interno para provocar las transformaciones productivas que son necesarias para lograr el desarrollo sostenible.

En diciembre de 1994 se inició la más severa de las crisis que recurrentemente afectan a México. Con muchas dificultades, el país está recuperando su crecimiento económico y está modificando sus estructuras productivas. Pero, tal como lo ha dejado establecido alguna vez la CEPAL,

> las transformaciones productivas deben ser compatibles con la conservación del medio ambiente físico y, en consecuencia, la dimensión ambiental y geográfico-espacial debe incorporarse plenamente al proceso de desarrollo. En ese sentido, se trata, por una parte, de revertir las tendencias negativas del agotamiento de los recursos naturales, del crecimiento del deterioro por contaminación y de los desequilibrios globales; y, por otra, de aprovechar las oportunidades de utilizar los recursos naturales, sobre la base de la investigación y conservación.[28]

[28] *Cf.* Comisión Económica para América Latina y el Caribe, *Transformación productiva con equidad*, Editorial Universitaria, Santiago de Chile, 1990, p. 14.

A MANERA DE EPÍLOGO DE LA SEGUNDA EDICIÓN

La idea de cerrar la segunda edición de este libro con un epílogo, al igual de lo que se hizo en la edición anterior, tiene su origen en la preocupación de su autor por las reservas que generan el pensamiento y el movimiento ambientalistas en muchos círculos influyentes.

Hoy, estas reservas se expresan, a veces, de una manera francamente hostil: el antiambientalismo emergente que se observa en algunos lugares del mundo pone de manifiesto que los tiempos en que prevalecía, por lo menos, una cierta condescendencia generalizada hacia los planeamientos ambientales pueden estar quedando atrás.

En la primera edición de este libro se destacó que el ambientalismo, en tanto cuerpo de ideas y movimiento social que encarna esas ideas, no es una "moda", que pueda vincularse al romanticismo o al pesimismo filosófico que ha estado presente en otras épocas de la historia. El ambientalismo no predica un hipotético "retorno a la naturaleza" ni augura una inevitable catástrofe universal.

El ambientalismo es un cuerpo de ideas en desarrollo y un movimiento social en ciernes, que postula un cambio importante de los patrones de producción y consumo vigentes para asegurar la continuidad de la vida en el planeta y una sensible mejoría de la calidad de la vida de sus habitantes. Por tanto, el ambientalismo implica una severa crítica a las estructuras sociales que propician el desarrollo insostenible y, consecuentemente, tiene una dimensión política.

En último término, el ambientalismo es un llamado a la conciencia de los seres humanos, que plantea a éstos los antiguos problemas de la ética, es decir, que exige a la presente generación el ejercicio de su libertad de elegir en qué tipo de planeta quiere vivir y qué tipo de planeta desea legar a las generaciones futuras. Este llamado se inserta con dificultades en un medio cultural dominado por enfoques fragmentarios de la sociedad, que tienden a lo anecdótico y a la trivialización de la historia.

El derecho ambiental es una de las maneras como se expresa lo que podría llamarse la "ética ambiental". La razón de ser del derecho ambiental así como su desarrollo y vigencia efectiva están estrechamente vinculados al éxito que tenga esta nueva ética, no sólo en el pensamiento colectivo sino también en la práctica social. Es nuestra convicción más profunda que esa ética prevalecerá.

ADDENDA

Esta nota tiene por propósito informar a los lectores sobre las principales modificaciones en el campo legislativo durante los meses que fueron necesarios para la preparación editorial de este libro (noviembre de 1997 a diciembre de 1998), con una indicación de la(s) página(s) en que inciden.

§1. En los últimos días de diciembre de 1998, el Congreso de la Unión aprobó una iniciativa de origen parlamentario por la que se adiciona un párrafo quinto al artículo 4º constitucional, en virtud del cual "toda persona tiene derecho a un medio ambiente adecuado para su desarrollo y bienestar". Lamentablemente, el establecimiento de ese derecho no va acompañado de las garantías procesales específicas que son necesarias, si se tienen presente las características de este derecho, para hacerlo efectivo. Asimismo, en esa inciativa se reforma el artículo 25 constitucional para incorporar en el párrafo primero la idea de que el desarrollo debe ser "sustentable" y extender la aplicación del párrafo sexto a las empresas del sector público [pp. 81, 86 y 100-103].

§2. Para evitar el cambio del uso del suelo a raíz de los graves incendios forestales que afectaron al país durante el verano de 1998, se expidió un Acuerdo que tiene por objeto fijar los lineamientos a que deberá sujetarse el programa de restauración ecológica denominado "Campaña para evitar el cambio de uso de suelo por los incendios forestales" (*Diario Oficial de la Federación* del 22-VI-1998). Este Acuerdo fue seguido de un Decreto por el que se declaran zonas de restauración ecológica diversas superficies afectadas por los incendios de 1998, publicado en el *Diario Oficial de la Federación* del 23-IX-1998 [pp. 315-316].

§3. Fueron promulgados diversos instrumentos internacionales de naturaleza global, entre ellos el Convenio Internacional para la Protección de Obtenciones Vegetales de 2 de diciembre de 1961, revisado en Ginebra el 10 de noviembre de 1972 y el 23 de octubre de 1978 (*Diario Oficial de la Federación* del 20-IV-1998) [p. 309]. También se publicó el Decreto de aprobación del Acuerdo sobre el Programa Internacional para la Conservación de los Delfines (*Diario Oficial de la Federación* del 08-XII-1998), que incide en el levantamiento del embargo atunero establecido por los Estados Unidos de América en contra de México y otros países [p. 501].

§4. Se publicaron los Reglamentos de diversas leyes, entre ellos el nuevo Reglamento de la Ley Forestal (*Diario Oficial de la Federación* del

25-IX-1998) [p. 347], el Reglamento de la Ley Federal de Variedades Vegetales (*Diario Oficial de la Federación* del 24-IX-1998) [p. 309] y el Reglamento de la Ley del Servicio Público de Energía en Materia de Aportaciones *(Diario Oficial de la Federación* del 10-XI-1998) [p. 455]. También fueron publicados el Reglamento de la Ley de Navegación (*Diario Oficial de la Federación* del 16-XI-1998) [p. 596], el Reglamento de la Ley de Aviación Civil (*Diario Oficial de la Federación* del 07-XII-1998) [p. 597], y el Reglamento de la Ley Federal de Competencia Económica (*Diario Oficial de la Federación* del 04-III-1998) [p. 573]. Por último, se reformó el Reglamento de Aguas Nacionales *(Diario Oficial de la Federación* del 10-XII-1997) [p. 412].

§4En materia de aguas, fue promulgado un Acuerdo por el que se autoriza en todas las zonas de veda o reglamentadas la transmisión de los derechos del agua sin la propiedad de la tierra (*Diario Oficial de la Federación* del 11-II-1998) [p. 414], así como un Instructivo para la presentación, vigilancia y seguimiento de programas de acciones para mejorar la calidad de aguas residuales (*Diario Oficial de la Federación* del 31-III-1998) [p. 423]. También fue publicada en el *Diario Oficial de la Federación* del 03-VI-1998 la Norma Oficial Mexicana NOM-002-ECOL-1996, que establece los límites máximos permisibles de contaminantes en las descargas de aguas residuales a los sistemas de alcantarillado, urbano o municipal [p. 423].

§5. Se reformaron y adicionaron diversas disposiciones del Acuerdo por el que se establece los procedimientos para obtener la licencia ambiental única, mediante un trámite único, así como la actualización de la información de emisiones mediante una cédula de operación anual (*Diario Oficial de la Federación* del 09-IV-1998) [p. 234 n. 21].

§6. Otros cambios registrados en este período fueron el Acuerdo que establece la clasificación y codificación de las mercancías cuya importación está sujeta a regulación por parte de las dependencias que integran la Comisión Intersecretarial para el Control del Proceso y Uso de Plaguicidas, Fertilizantes y Sustancias Tóxicas (*Diario Oficial de la Federación* del 26-VIII-1998) [p. 393 n. 27], así como el Acuerdo sobre el procedimiento del trámite para efectuar el retorno de residuos peligrosos y el formato oficial e instructivo del llenado (*Diario Oficial de la Federación* del 04-XI-1998) [p. 576].

§7. Además, en el *Diario Oficial de la Federación* del 10-VIII-1998 fue publicado el Acuerdo por el que se establece el Calendario de aprovechamiento cinegético y de aves canoras y de ornato para la temporada 1998-1999 [p. 311]. También fue promulgado el Programa para Superar la Pobreza 1995-2000 (*Diario Oficial de la Federación* del 02-II-1998) [558].

§8. En el campo de la legislación local, debe señalarse que los Estados de Campeche, Coahuila, Hidalgo, México y Tabasco pasaron a contar con nuevas leyes sobre el equilibrio ecológico y la protección del ambiente [p. 649]. En el Distrito Federal se publicó el Reglamento de la Ley Ambiental de esa entidad (*Diario Oficial de la Federación* del 03-XII-1997) [140 n. 23].

§9. A fines de 1998 se publicaron dos importantes documentos que no pudieron ser considerados en esta segunda edición del *Manual de derecho ambiental mexicano*. Se trata, en primer término, del volumen titulado *Estadísticas del Medio Ambiente* (INEGI-SEMARNAP, México, 1998, 461 pp.), que es a la vez el *Informe de la Situación General en Materia de Equilibrio Ecológico y Protección al Ambienten 1995-1996*. La información contenida en este documento permitiría rectificar, actualizar y complementar muchos datos estadísticos de este libro, que corresponden básicamente a la información contenida en la planeación nacional del desarrollo 1995-2000. Y se trata, en segundo término, del Informe Trianual 1995-1997 de la Procuraduría Federal de Protección al Ambiente, que reseña en sus 245 páginas las actividades en dicho período de ese órgano desconcentrado de la SEMARNAP. El documento contiene la información más completa disponible sobre la aplicación de la legislación ambiental mexicana, desde la perspectiva de las actividades de esa Procuraduría. Esto permitiría revisar el tema de la aplicación de la legislación ambiental mexicana examinado en esta edición del *Manual de derecho ambiental mexicano*.

§. El 10 de agosto de 1998 entró en vigor una nueva Constitución Política en Ecuador, que cuenta con diversas disposiciones ambientales (página 97). Por su parte, en El Salvador y Panamá se aprobaron durante 1998 una Ley del Medio Ambiente y una Ley General del Ambiente, respectivamente [p. 42]. En Brasil entró en vigor en 1998 la Ley núm. 9605, Ley Penal Ambiental [p. 272 n. 33]. En lo que concierne a la gestión ambiental, debe señalarse que, en Argentina, el Decreto núm. 146 de 1998 amplió a cuatro las subsecretarías (Recursos Hídricos, de Ordenamiento Ambiental, de Desarrollo Sustentable y de Coordinación, y colocó bajo la dependencia de la misma Secretaría de Recursos Naturales y Desarrollo Sustentable diversos organismos que antes dependían del Ministerio de Economía. Por su parte, en Bolivia, la Ley núm. 1788 de 1997, Ley de Organización del Poder Ejecutivo, transformó el Ministerio de Desarrollo Sostenible y el Ambiente en el Ministerio de Desarrollo Sostenible y Planificación, asignando la explotación integral de los recursos naturales renovables al nuevo Ministerio de Agricultura, Ganadería y Desarrollo Rural [p. 124].

§11. Durante la III Conferencia de las Partes en la Convención Marco de las Naciones Unidas sobre el Cambio Climático (Kioto, diciembre de

1997), se llegó finalmente a un consenso sobre metas específicas en materia de reducción de gases de efecto invernadero, luego de arduas y complicadas negociaciones. En efecto, allí se aprobó el llamado "Protocolo de Kioto de la la Convención Marco de las Naciones Unidas sobre el Cambio Climático", que establece una reducción en promedio de 5.2% con respecto a los niveles registrados en 1990. Asimismo, en el Protocolo se crea un mecanismo para el "desarrollo limpio", que permitiría a los países en desarrollo obtener recursos que combatan el cambio climático. Las reducciones estipuladas en el Protocolo fueron calificadas en muchos círculos no gubernamentales como "insuficientes". Téngase presente que el Panel Intergubernamental para el Cambio Climático (IPCC), organismo oficial integrado por científicos de todo el mundo, considera que las emisiones globales deberían reducirse, dentro de 30 o 40 años, en un 50% respecto de los niveles de 1990. En la IV Conferencia (Buenos Aires, noviembre de 1998) hubo acuerdo sólo en el establecimiento de un programa de trabajo [página 541, nota 22]

ÍNDICE DE LEGISLACIÓN NACIONAL

ÍNDICE DE LEGISLACIÓN EXTRANJERA

ÍNDICE DE TRATADOS Y OTROS ACUERDOS INTERNACIONALES

ÍNDICE TEMÁTICO

ÍNDICE GENERAL

Quinta Parte

LA ORDENACIÓN DEL AMBIENTE CONSTRUIDO [543]

Sexta Parte

La protección de la salud humana de los efectos del ambiente

Séptima Parte

HACIA UNA POLÍTICA LEGISLATIVA PARA LA PROTECCIÓN DEL AMBIENTE EN MÉXICO

[647]

Manual de derecho ambiental mexicano, de Raúl Brañes,
se terminó de imprimir y encuadernar en junio de 2012
en Impresora y Encuadernadora Progreso, S. A. de C. V. (IEPSA),
calzada San Lorenzo 244, 09830, México, D. F.

El tiraje fue de 1 000 ejemplares.

ALBERTO GLENDER • VÍCTOR LICHTINGER
(compiladores)

La diplomacia ambiental

México y la Conferencia de las Naciones Unidas sobre Medio Ambiente y Desarrollo

LA "CUMBRE DE LA TIERRA", como también se llama a la Conferencia de las Naciones Unidas sobre Medio Ambiente y Desarrollo, realizada en Río de Janeiro, Brasil, en junio de 1992, no tiene, hasta hoy, precedentes en la historia de la humanidad. En Río se abrió la expectativa de que finalmente los hombres y mujeres del mundo coincidirían en un punto: salvar a nuestro planeta. La conciencia de la gravedad del desequilibrio ecológico mundial influyó para considerar en diversos foros internacionales serios problemas ambientales, que demandaban ya desde los años sesenta una urgente atención.

La Conferencia tuvo un logro, aunque intangible, de primera importancia: colocó el desarrollo sustentable en la agenda de prioridades de la comunidad de las naciones.

La presente obra expresa el pensamiento de expertos ambientalistas y de personalidades del medio político y académico sobre los temas tratados en la Conferencia, con hincapié en el desarrollo sustentable en América Latina y el pensamiento en México en torno a este concepto de desarrollo.

La intención de este libro es contribuir al entendimiento de las principales contradicciones de nuestra época, y "ampliar la cultura del desarrollo sustentable, con el fin último de lograr cambios fundamentales en actitudes, acciones y decisiones".

SECCIÓN DE OBRAS DE POLÍTICA Y DERECHO

Coedición con la SECRETARÍA DE RELACIONES EXTERIORES

1ª edición, 1994, 440 pp.

ISBN 968-16-4387-9

PETER J. BOWLER

Historia Fontana de las ciencias ambientales

PARA QUE EL MUNDO dejara de ser sólo tierra —origen y destino del hombre—, y algo más que la línea cotidiana donde se hienden los pasos como raíces, fue necesario ir más allá no sólo de las primeras aldeas, sino también allende las futuras fronteras de la metrópoli y el imperio. El tránsito se posibilitaba por caminos impensados. Los reptiles se confundían con las aves. Los árboles con las semillas. Y el mono... La voluntad se encarnaba —bajaba del Cielo— en la oposición del pulgar y no en la comunicación de los índices de la Capilla Sixtina. El caos parecía ser no sólo el principio sino también el fin. Las inamovibles montañas, las tormentas y la fuerza estatuaria de los mares acabarían por evidenciar su malestar ante aquel cosquilleo que se antojaba interminable.

La validación de la historia de las ciencias ambientales, o mejor, la exploración y descubrimiento de las implicaciones evidentes y profundas de la investigación científica desde su más antiguo origen es el boceto a partir del cual Bowler plasma capas y pincelazos en este lienzo erudito que no sólo acerca sino comunica al lector con el medio.

SECCIÓN DE OBRAS DE CIENCIA Y TECNOLOGÍA

Edición del FONDO DE CULTURA ECONÓMICA

1ª edición en inglés 1992. *The Fontana history of the environmental sciences.* Harper Collins Publishers.

1ª edición en español 1998, 468 pp.

ISBN 968-16-5485-4

JEREMY LEGGETT
(compilador)

El calentamiento del planeta
Informe de Greenpeace

EL CLIMA DE UN PLANETA como el que habitamos no se reduce a lo que sucede en la atmósfera. Es más que eso, pues lo produce una compleja serie de interacciones entre ella y los océanos, los casquetes polares, los seres animados y aun las rocas y los sedimentos; pero es precisamente la emisión de gases y por lo tanto la atmósfera alterada, lo que ha causado una variación tan drástica que incluso deteniéndola a los niveles actuales, las concentraciones seguirán ascendiendo hasta llegar a límites nunca alcanzados en toda la historia humana.

Esta compilación da una puntual respuesta de Greenpeace al caso. Aborda asuntos para los que, como cada autor indica, hay vías de solución a nuestro alcance: como la suspensión de la deforestación y el cambio de métodos agrícolas, el muy factible empleo de energéticos renovables que pueden garantizar ganancias millonarias, y cómo se tiene que volver a pensar en términos políticos, económicos y sociales si se quiere llegar algún día a la estabilización de los ecosistemas para salvaguardar el futuro del planeta.

SECCIÓN DE OBRAS DE CIENCIA Y TECNOLOGÍA

Edición del FONDO DE CULTURA ECONÓMICA

1ª edición en inglés 1990. *Global Warming. the Greenpeace Report.* Oxford University Press.

1ª edición en español 1996, 528 pp.

ISBN 968-16-5108-1

JOHN G. ROBINSON / KENT H. REDFORD
(compiladores)

Uso y conservación de la vida silvestre neotropical

USO Y CONSERVACIÓN, palabras antónimas, ¿cómo relacionarlas, sobre todo cuando se trata de la vida silvestre y en muchos casos de especies en peligro de extinción? ¿Cuál es la perspectiva que debe adoptar la humanidad para el aprovechamiento de los animales silvestres: la ética o la pragmática? Esto es, ¿tenemos el derecho de usar la vida silvestre para nuestro be-neficio, o la especies cuentan con derechos propios?

Esta obra estudia los problemas del actual reino tropical, desde México hasta América del Sur. Como su título lo sugiere, este libro nos plantea una pregunta fundamental: ¿Podremos mantener una comunidad biológica al mismo tiempo que consumimos sus recursos? Sus autores nos revelan que existen las posibilidades de satisfacer las necesidades humanas sin poner en riesgo la sobrevivencia de otras formas de vida en nuestro planeta.

SECCIÓN DE OBRAS DE CIENCIA Y TECNOLOGÍA

Edición del FONDO DE CULTURA ECONÓMICA

1ª edición en inglés 1991. *Neotropical Wildlife Use and Conservation.* University of Chicago Press. Traducción de Agustín Bárcena.

1ª edición en español 1997, 616 pp.

ISBN 968-16-4252-X